日本人物レファレンス事典

皇族・貴族篇

日外アソシエーツ

BIOGRAPHY INDEX

8,187 Japanese Imperial Family and Noblemen
Appearing in 383 Volumes of
222 Biographical Dictionaries and Encyclopedias

Compiled by
Nichigai Associates, Inc.

©2015 by Nichigai Associates, Inc.
Printed in Japan

本書はディジタルデータでご利用いただくことが
できます。詳細はお問い合わせください。

●編集担当● 尾崎 稔

刊行にあたって

　本書は、古代から現代までの日本の皇族・貴族が、どの事典にどんな名前で掲載されているかが一覧できる総索引である。

　人物について調べようとするとき、事典類が調査の基本資料となる。しかし、人名事典、百科事典、歴史事典、テーマごとの専門事典、都道府県別・国別の事典など、数多くの事典類の中から、特定の人物がどの事典のどこに掲載されているかを把握することは容易ではない。そうした人物調査に役立つ総索引ツールとして、小社では「人物レファレンス事典」シリーズを刊行してきた。1983年から最初のシリーズを刊行開始し、1996年から2013年には、その後に出版された事典類を索引対象に追加、時代別に再構成した新訂増補版として、「古代・中世・近世編」「古代・中世・近世編 Ⅱ（1996-2006）」「明治・大正・昭和（戦前）編」「明治・大正・昭和（戦前）編 Ⅱ（2000-2009）」「昭和（戦後）・平成編」「昭和（戦後）・平成編 Ⅱ（2003-2013）」の6種を刊行、さらにそこでは索引対象に入っていなかった地方人物事典、県別百科事典を対象とした「郷土人物編」を2008年に刊行した。また、外国人を対象とした「外国人物レファレンス事典」シリーズでは、1999年から2011年に、時代別に「古代－19世紀」「古代－19世紀 第Ⅱ期（1999-2009）」「20世紀」「20世紀 第Ⅱ期（2002-2010）」の4種を刊行した。これらのシリーズは、人物調査の第一段階の基本ツールとして、時代や地域に応じてご活用いただいているが、特定分野の人物を広範に調べるためには、日本人は7種、外国人は4種すべてを検索する必要があった。

　本書では、分野別の事典総索引として、既刊の「文芸篇」「美術篇」「科学技術篇」「音楽篇」「思想・哲学・歴史篇」「芸能篇」「政治・外交篇（近現代）」「軍事篇（近現代）」に続き、222種383冊の事典から日本の皇族・貴族をピックアップ。各天皇とその子女（親王、内親王、法親王、入道

親王、王、女王など)、天皇・皇太子の配偶者(皇后、中宮、女御、妃、次代の天皇の生母)、明治以降の各宮家の妃、および概ね飛鳥時代以降の貴族(三位以上の官位を得た公卿以外にも、飛鳥時代の大豪族、奈良時代以降の主な官人、堂上公家の家柄で四位以下の人物の一部、明治以降の華族の当主)など、あわせて8,187人を収録した。人名見出しには、人物同定に役立つよう、人名表記・読み・生没年、事典類に使われた異表記・異読み・別名を示し、加えて活動時期や身分、肩書、係累などを簡潔に示して人物の概要がわかるようにした。その上で、どの事典にその人物が載っているか、どんな見出し(表記・読み・生没年)で掲載されているかを一覧することができ、日本の皇族・貴族を網羅的に収録した最大級の人名ツールとして使える。さらに、外国の皇帝や王なども収録対象としている「西洋人物レファレンス事典 政治・外交・軍事篇」「東洋人物レファレンス事典 政治・外交・軍事篇」と併せれば、世界の皇族・貴族を幅広く調べることができる。

　ただし誤解のないように改めて付言するが、本書はあくまでも既存の事典類の総索引である。そのため、索引対象とした事典類(収録事典一覧を参照)に掲載されていない人物は本書にも掲載されない。したがって例えば現代の若い皇族方や、事績・経歴が不詳のため従来の事典に全く掲載されていない貴族などは収録されていない。

　編集にあたっては、誤りのないよう調査・確認に努めたが、人物確認や記述に不十分な点もあるかと思われる。たとえば皇族・貴族の子弟で、若くして出家し僧籍に入った人物などは残念ながら掲載しきれなかった。その他お気づきの点はご教示いただければ幸いである。本書が、既刊の「人物レファレンス事典」シリーズと同様に、人物調査の基本ツールとして図書館・研究機関等で広く利用されることを期待したい。

　2015年6月

　　　　　　　　　　　　　　　日外アソシエーツ

凡　例

1．本書の内容

　　本書は、国内で刊行された人物事典、百科事典、歴史事典、地域別人名事典などに掲載されている、日本の皇族・貴族の総索引である。但しプロフィール記載のない“職歴名簿”の類いは索引対象外とした。見出しとしての人名表記・読みのほか、異表記・異読み・別名、生没年、その人物の活動時期、身分・肩書・職業、係累・業績など人物の特定に最低限必要なプロフィールを記載するとともに、その人物がどの事典にどのような表記・読みで掲載されているかを明らかにしたものである。

2．収録範囲と人数

(1) 別表「収録事典一覧」に示した 222 種 383 冊の事典類に掲載されている、日本の皇族・貴族を収録した。

(2) 皇族については以下のように収録した。

・明治以前は、神武天皇以来の天皇とその子女、親王や王とその子女を出家者も含め収録。

・上記皇族の配偶者は原則非収録。例外として皇后・中宮・女御など天皇・皇太子の妃でも高位の女性や正妃、および次代以降の天皇の生母と准后は収録対象とした。

・明治以降は皇室典範に基づき、宮家の妃も皇族として収録した。

(3) 貴族については以下のように収録した。

・公卿（三位以上）のみならず、飛鳥時代以降の大豪族・名族・官人・公家などは四位以下でも幅広く収録。

・ただし公卿でも「社家」は収録対象外。また「堂上家」でも神職家・医家など特殊な職掌で朝廷に仕えた家の場合は公卿のみ収録。「諸大夫」も一部収録した。

・平安時代の桓武平氏・清和源氏などは嫡流の滅亡までは軍事貴族として一部収録対象に含めた。

・戦国武将化した公家（例えば土佐一条、伊勢北畠）は原則収録対象。但し飛騨姉崎家は僭称後は対象外とした。

(5)

・逆に公家化した武家（足利将軍家など）、及び戦国以降の武家（例えば織田・豊臣・徳川）は三位以上であっても収録対象外。

・全体として貴族の男子は収録対象に含めたが、配偶者・女子は収録対象外。

・明治以降の華族は、公家華族の当主のみ収録対象。配偶者や子女は対象外。また武家華族（旧大名家）・勲功華族・神官・僧家は原則対象外。

（4）上記の結果として 8,187 人、事典項目のべ 47,801 件を収録した。

3．記載事項

（1）人名見出し

1）同一人物は、各事典での表記・読みに関わらず 1 項目にまとめた。その際、最も一般的と思われるものを代表表記・代表読みとし、太字の見出しとした。但し明治以降の宮家や皇籍離脱した旧皇族等の場合、事典類で使われている形以外の人名表記を見出しとした場合がある。また朝臣・大連など古代のカバネ（姓）は省いた。

2）代表表記に対し同読みの異表記がある場合は、代表表記の後に（ ）で囲んで示した。

　　例：安貴王（阿紀王，阿貴王）

3）代表読みに対し部分的に清濁音・拗促音の差のある読みが存在する場合は、代表読みの後に「，」で区切って表示した。

　　例：かわばたさねふみ，かわばたさねぶみ

4）事典によっては読みの「ぢ」「づ」を「じ」「ず」に置き換えているものと、両者を区別しているものとがある。本書は、代表読みでは区別する方式を採った。その上で、事典によって「ぢ」「じ」、「づ」「ず」の違いがある場合は、代表読みの後に「，」で区切って表示した。

　　例：ほづみしんのう，ほずみしんのう

（2）人物説明

1）生没年表示

①対象事典に掲載されている生没年（月日）を代表生没年として示した。

②生没年に諸説ある場合、過半数の事典で一致する年（月日）があればそれを採用した。過半数の一致がない場合は＊で示した（比較は生年、没年それぞれで行った）。

③年表示は和暦と西暦の併記とした。和暦・西暦のいずれか一方だけが掲載されている場合は編集部で換算して記載した。事典類に掲載されている年単位の対応を採用、または一律に換算したため、明治５年以前では月日によっては誤差の生じている可能性もある。およその目安としてご利用いただきたい。

④生年のみ不詳、没年は判明の場合、生年の部分には「？」を用いた。没年のみ不詳の場合も同様とした。

⑤生年・没年とも不詳の場合は、「生没年不詳」とした。

⑥現代の物故者などで、没年を記載した事典がない場合、没年を表示しなかったものがある。

2) 異表記・異読み・別名

本書の見出しと異なる表記・読みを採用している事典がある場合は、それらをまとめて[別]として掲載した。

3) プロフィール

人物を同定するための最低限の情報として、その人物の活動時期と身分・肩書・職業、係累、業績を記載した。

①本書の活動時期は以下の基準で区分した。

・上代　６世紀半ば（仏教伝来、宣化・欽明朝の頃）まで
・飛鳥時代　８世紀初頭（奈良遷都、文武・元明朝の頃）まで
・奈良時代　８世紀末（長岡・平安遷都、桓武朝の開始頃）まで
・平安時代前期　９世紀末～10世紀初頭（醍醐朝の開始頃）まで
・平安時代中期　11世紀後半（後三条天皇即位、白河院政開始）まで
・平安時代後期　12世紀末（平氏滅亡、鎌倉幕府成立）まで
・鎌倉時代前期　13世紀後半（元寇、北条氏得宗家専制の確立）まで
・鎌倉時代後期　14世紀前半（鎌倉幕府滅亡）まで
・南北朝時代　14世紀末（南北朝の合一）まで
・室町時代　15世紀後半（応仁・文明の乱）まで
・戦国時代　16世紀半ば（織田信長上洛、室町幕府滅亡）まで
・安土桃山時代　17世紀初頭（関ヶ原の戦い、江戸幕府成立）まで
・江戸時代前期　17世紀末（綱吉将軍就任、元禄時代開始）まで
・江戸時代中期　18世紀末（田沼時代終焉、家斉将軍就任）まで
・江戸時代後期　19世紀半ば（黒船来航、開国）まで
・江戸時代末期　1867～68年（王政復古、明治改元）まで

・明治期　1912年まで
・大正期　1926年まで
・昭和期　1988年まで
・平成期　1989年以降
②人物の身分・肩書、係累・業績を簡潔に記載した。

(3) 掲載事典

1) その人物が掲載されている事典を¶の後に略号で示した。（略号は別表「収録事典一覧」を参照）

2) 事典における記載が、見出しの代表表記、代表読み、生没年表示と異なるときは略号の後に（　）で囲んでその内容を示した。その際、生年は㊤、没年は㊲で表した。

3) 事典が西暦・和暦のいずれかしか記載していない場合はそれを示し、西暦・和暦の両方を記載していれば両方を示した。

(4) 共通事項

1) 漢字は原則新字体・常用漢字に統一した。また正字・俗字などの異体字も一部統一した。

2) 和暦における「元年」は「1年」と表示した。

4．参照項目

見出しの代表表記、代表読みと異なる別表記・別読みからは、必要に応じて参照項目を立てた。

5．排　列

(1) 人名見出しの読みの五十音順に排列した。
(2)「ぢ」「づ」と「じ」「ず」は排列上も区別した。
(3) 同読みの場合は同じ表記のものをまとめた。
(4) 読み、表記とも同一の人物は、おおむね活動時期の古い順番に並べた。
(5) 掲載事典は略号の五十音順に記載した。

6．収録事典一覧

(1) 本書で索引対象にした事典類の一覧を次ページ以降（9～14ページ）に掲げた。
(2) 略号は本書において掲載事典名の表示に用いたものである。
(3) 掲載は略号の五十音順とした。

収録事典一覧

略号	書　　名	出版社	刊行年
愛知百	愛知百科事典	中日新聞本社	1976.10
会　津	会津大事典	国書刊行会	1985.12
青森人	青森県人名事典	東奥日報社	2002.8
青森百	青森県百科事典	東奥日報社	1981.3
秋田百	秋田大百科事典	秋田魁新報社	1981.9
朝　日	朝日日本歴史人物事典	朝日新聞社	1994.11
石川百	書府太郎―石川県大百科事典 改訂版	北国新聞社	2004.11
維　新	明治維新人名辞典	吉川弘文館	1981.9
茨城百	茨城県大百科事典	茨城新聞社	1981.10
岩　史	岩波日本史辞典	岩波書店	1999.10
岩手百	岩手百科事典 新版	岩手放送	1988.10
海　越	海を越えた日本人名事典	日外アソシエーツ	1985.12
海越新	海を越えた日本人名事典 新訂増補版	日外アソシエーツ	2005.7
江　戸	江戸市井人物事典	新人物往来社	1974.11
江戸東	江戸東京市井人物事典	新人物往来社	1976.10
愛媛百	愛媛県百科大事典 上・下	愛媛新聞社	1985.6
江　文	江戸文人辞典	東京堂出版	1996.9
演　奏	日本の演奏家 クラシック音楽の 1400 人	日外アソシエーツ	2012.7
黄　檗	黄檗文化人名辞典	思文閣出版	1988.12
大分百	大分百科事典	大分放送	1980.12
大分歴	大分県歴史人物事典	大分合同新聞社	1996.8
大阪人	大阪人物辞典	清文堂出版	2000.11
大阪墓	大阪墓碑人物事典	東方出版	1995.11
岡山人	岡山人名事典	日本文教出版	1978.2
岡山百	岡山県大百科事典 上・下	山陽新聞社	1980.1
岡山歴	岡山県歴史人物事典	山陽新聞社	1994.10
沖縄百	沖縄大百科事典 上・中・下	沖縄タイムス社	1983.5
織　田	織田信長家臣人名辞典	吉川弘文館	1995.1
音　楽	新音楽辞典 人名	音楽之友社	1982.10
音　人	音楽家人名事典	日外アソシエーツ	1991.1
香川人	香川県人物・人名事典	四国新聞社	1985.6
香川百	香川県大百科事典	四国新聞社	1984.4
科　技	科学・技術人名事典	北樹出版	1986.3

略号	書　名	出版社	刊行年
鹿児島百	鹿児島大百科事典	南日本新聞社	1981.9
学校	学校創立者人名事典	日外アソシエーツ	2007.7
角史	角川日本史辞典 新版	角川書店	1996.11
神奈川人	神奈川県史 別編1 人物 神奈川歴史人名事典	神奈川県	1983.3
神奈川百	神奈川県百科事典	大和書房	1983.7
鎌倉	鎌倉事典 新装普及版	東京堂出版	1992.1
鎌室	鎌倉・室町人名事典	新人物往来社	1985.11
岐阜百	岐阜県百科事典 上・下	岐阜日日新聞社	1968.2～4
教育	教育人名辞典	理想社	1962.2
京都	京都事典 新装版	東京堂出版	1993.10
郷土茨城	郷土歴史人物事典 茨城	第一法規出版	1978.10
郷土愛媛	郷土歴史人物事典 愛媛	第一法規出版	1978.7
郷土香川	郷土歴史人物事典 香川	第一法規出版	1978.6
郷土神奈川	郷土歴史人物事典 神奈川	第一法規出版	1980.6
郷土岐阜	郷土歴史人物事典 岐阜	第一法規出版	1980.12
郷土群馬	郷土歴史人物事典 群馬	第一法規出版	1978.10
郷土滋賀	郷土歴史人物事典 滋賀	第一法規出版	1979.7
京都大	京都大事典	淡交社	1984.11
郷土千葉	郷土歴史人物事典 千葉	第一法規出版	1980.1
郷土栃木	郷土歴史人物事典 栃木	第一法規出版	1977.2
郷土長崎	郷土歴史人物事典 長崎	第一法規出版	1979.4
郷土長野	郷土歴史人物事典 長野	第一法規出版	1978.2
郷土奈良	郷土歴史人物事典 奈良	第一法規出版	1981.10
京都府	京都大事典 府域編	淡交社	1994.3
郷土福井	郷土歴史人物事典 福井	第一法規出版	1985.6
郷土和歌山	郷土歴史人物事典 和歌山	第一法規出版	1979.10
近現	日本近現代人名辞典	吉川弘文館	2001.7
近女	近現代日本女性人名事典	ドメス出版	2001.3
近世	日本近世人名辞典	吉川弘文館	2005.12
近文	日本近代文学大事典 1～3(人名)	講談社	1977.11
公卿	公卿人名大事典	日外アソシエーツ	1994.7
公家	公家事典	吉川弘文館	2010.3
熊本百	熊本県大百科事典	熊本日日新聞社	1982.4
群馬人	群馬県人名大事典	上毛新聞社	1982.11
群馬百	群馬県百科事典	上毛新聞社	1979.2
系西	戦国大名系譜人名事典 西国編	新人物往来社	1985.11
系東	戦国大名系譜人名事典 東国編	新人物往来社	1985.11
芸能	日本芸能人名事典	三省堂	1995.7

略号	書　名	出版社	刊行年
現 朝	現代日本朝日人物事典	朝日新聞社	1990.12
現執1期	現代日本執筆者大事典	日外アソシエーツ	1978.5~1980.4
現執2期	現代日本執筆者大事典 77/82	日外アソシエーツ	1984.3~1986.3
現執3期	新現代日本執筆者大事典	日外アソシエーツ	1992.12~1993.6
現 情	現代人名情報事典	平凡社	1987.8
現 人	現代人物事典	朝日新聞社	1977.3
現 日	現代日本人物事典	旺文社	1986.11
考 古	日本考古学人物事典	学生社	2006.2
高知人	高知県人名事典 新版	高知新聞社	1999.9
高知百	高知県百科事典	高知新聞社	1976.6
国 際	国際人事典 幕末・維新	毎日コミュニケーションズ	1991.6
国 史	国史大辞典 1~15	吉川弘文館	1979.3~1997.4
国 書	国書人名辞典 1~4(本文)	岩波書店	1993.11~1998.11
国書5	国書人名辞典 5(補遺)	岩波書店	1999.6
古 史	日本古代史大辞典	大和書房	2006.1
古 代	日本古代氏族人名辞典	吉川弘文館	1990.11
古 中	日本古代中世人名辞典	吉川弘文館	2006.11
コン改	コンサイス日本人名事典 改訂版	三省堂	1990.4
コン4	コンサイス日本人名事典 第4版	三省堂	2001.9
コン5	コンサイス日本人名事典 第5版	三省堂	2009.1
埼玉人	埼玉人物事典	埼玉県	1998.2
埼玉百	埼玉大百科事典	埼玉新聞社	1974.3~1975.5
佐賀百	佐賀県大百科事典	佐賀新聞社	1983.8
作 曲	日本の作曲家	日外アソシエーツ	2008.6
札 幌	札幌人名事典	北海道新聞社	1993.9
茶 道	茶道人物辞典	柏書房	1981.9
詩 歌	和漢詩歌作家辞典	みづほ出版	1972.11
滋賀百	滋賀県百科事典	大和書房	1984.7
史 研	日本史研究者辞典	吉川弘文館	1999.6
四国文	四国近代文学事典	和泉書院	2006.12
詩 作	詩歌作者事典	鼎書房	2011.11
史 人	日本史人物辞典	山川出版社	2000.5
児 人	児童文学者人名事典 日本人編 上・下	出版文化研究会	1998.10
静岡百	静岡大百科事典	静岡新聞社	1978.3
静岡歴	静岡県歴史人物事典	静岡新聞社	1991.12
島根人	島根県人名事典	伊藤菊之輔	1970.9
島根百	島根県大百科事典 上・下	山陰中央新報社	1982.7
島根歴	島根県歴史人物事典	山陰中央新報社	1997.11

(11)

略号	書　　名	出版社	刊行年
写家	日本の写真家	日外アソシエーツ	2005.11
社史	近代日本社会運動史人物大事典	日外アソシエーツ	1997.1
重要	日本重要人物辞典 新訂版	教育社	1988.12
小説	日本現代小説大事典 増補縮刷版	明治書院	2009.4
庄内	庄内人名辞典 新編	庄内人名辞典刊行会	1986.11
植物	植物文化人物事典	日外アソシエーツ	2007.4
食文	日本食文化人物事典	筑波書房	2005.4
諸系	日本史諸家系図人名辞典	講談社	2003.11
女史	日本女性史大辞典	吉川弘文館	2008.1
女性	日本女性人名辞典	日本図書センター	1993.6
女性普	日本女性人名辞典 普及版	日本図書センター	1998.10
新芸	新撰 芸能人物事典 明治〜平成	日外アソシエーツ	2010.11
神史	神道史大辞典	吉川弘文館	2004.7
真宗	真宗人名辞典	法蔵館	1999.7
人書79	人物書誌索引	日外アソシエーツ	1979.3
人書94	人物書誌索引 78/91	日外アソシエーツ	1994.6
人情	年刊人物情報事典81 上・下	日外アソシエーツ	1981.6
人情1	年刊人物情報事典 82(1)	日外アソシエーツ	1982.10
人情3	年刊人物情報事典 82(3)	日外アソシエーツ	1982.10
人情5	年刊人物情報事典 82(5)	日外アソシエーツ	1982.10
神人	神道人名辞典	神社新報社	1986.7
新潮	新潮日本人名辞典	新潮社	1991.3
新文	新潮日本文学辞典 増補改訂	新潮社	1988.1
人名	日本人名大事典〔覆刻版〕	平凡社	1979.7
人名7	日本人名大事典 現代	平凡社	1979.7
世紀	20世紀日本人名事典 1・2	日外アソシエーツ	2004.7
政治	政治家人名事典 新訂 明治〜昭和	日外アソシエーツ	2003.10
姓氏愛知	角川日本姓氏歴史人物大辞典 23(愛知県)	角川書店	1991.10
姓氏石川	角川日本姓氏歴史人物大辞典 17(石川県)	角川書店	1998.12
姓氏岩手	角川日本姓氏歴史人物大辞典 3(岩手県)	角川書店	1998.5
姓氏鹿児島	角川日本姓氏歴史人物大辞典 46(鹿児島県)	角川書店	1994.11
姓氏神奈川	角川日本姓氏歴史人物大辞典 14(神奈川県)	角川書店	1993.4
姓氏京都	角川日本姓氏歴史人物大辞典 26(京都市)	角川書店	1997.9
姓氏群馬	角川日本姓氏歴史人物大辞典 10(群馬県)	角川書店	1994.12
姓氏静岡	角川日本姓氏歴史人物大辞典 22(静岡県)	角川書店	1995.12
姓氏富山	角川日本姓氏歴史人物大辞典 16(富山県)	角川書店	1992.7
姓氏長野	角川日本姓氏歴史人物大辞典 20(長野県)	角川書店	1996.11
姓氏宮城	角川日本姓氏歴史人物大辞典 4(宮城県)	角川書店	1994.7

略号	書　名	出版社	刊行年
姓氏山口	角川日本姓氏歴史人物大辞典 35（山口県）	角川書店	1991.12
世　人	世界人名辞典 新版 日本編 増補版	東京堂出版	1990.7
世　百	世界大百科事典 1～23	平凡社	1964.7～1967.11
世百新	世界大百科事典 改訂新版 1～30	平凡社	2007.9
先　駆	事典近代日本の先駆者	日外アソシエーツ	1995.6
戦　合	戦国武将・合戦事典	吉川弘文館	2005.3
戦　国	戦国人名辞典 増訂版	吉川弘文館	1973.7
戦　辞	戦国人名辞典	吉川弘文館	2006.1
全　書	日本大百科全書 1～24	小学館	1984.11～1988.11
戦　人	戦国人名事典	新人物往来社	1987.3
戦　補	戦国人名辞典 増訂版（補遺）	吉川弘文館	1973.7
体　育	体育人名辞典	逍遥書院	1970.3
大　百	大日本百科事典 1～23	小学館	1967.11～1971.9
多　摩	多摩の人物史	武蔵野郷土史刊行会	1977.6
千葉百	千葉大百科事典	千葉日報社	1982.3
伝　記	世界伝記大事典 日本・朝鮮・中国編	ほるぷ出版	1978.7
徳島百	徳島県百科事典	徳島新聞社	1981.1
徳島歴	徳島県歴史人名鑑（徳島県人名事典 別冊）	徳島新聞社	1994.6
渡　航	幕末・明治 海外渡航者総覧	柏書房	1992.3
栃木百	栃木県大百科事典	栃木県大百科事典刊行会	1980.6
栃木歴	栃木県歴史人物事典	下野新聞社	1995.7
鳥取百	鳥取県大百科事典	新日本海新聞社	1984.11
富山百	富山大百科事典	北日本新聞社	1994.8
富山文	富山県文学事典	桂書房	1992.9
長野百	長野県百科事典 補訂版	信濃毎日新聞社	1981.3
長野歴	長野県歴史人物大事典	郷土出版社	1989.7
奈良文	奈良近代文学事典	和泉書院	1989.6
新潟百	新潟県大百科事典 上・下	新潟日報事業社	1977.1
新潟百別	新潟県大百科事典 別巻	新潟日報事業社	1977.9
日　音	日本音楽大事典	平凡社	1989.3
日　史	日本史大事典	平凡社	1992.11～1994.2
日　女	日本女性文学大事典	日本図書センター	2006.1
日　人	講談社日本人名大辞典	講談社	2001.12
日　本	日本人名事典	むさし書房	1996.7
俳　句	俳句人名辞典	金園社	1997.2
幕　末	幕末維新人名事典	新人物往来社	1994.2
藩臣3	三百藩家臣人名事典 3	新人物往来社	1988.4
美　術	日本美術史事典	平凡社	1987.5

(13)

略号	書　名	出版社	刊行年
百　科	大百科事典 1～15	平凡社	1984.11～1985.6
兵庫人	兵庫県人物事典 上・中・下	のじぎく文庫	1966.12～1968.6
兵庫百	兵庫県大百科事典 上・下	神戸新聞出版センター	1983.10
広島百	広島県大百科事典 上・下	中国新聞社	1982.11
福井百	福井県大百科事典	福井新聞社	1991.6
福岡百	福岡県百科事典 上・下	西日本新聞社	1982.11
福島百	福島大百科事典	福島民報社	1980.11
仏　教	日本仏教人名辞典	法蔵館	1992.1
仏　史	日本仏教史辞典	吉川弘文館	1999.11
仏　人	日本仏教人名辞典	新人物往来社	1986.5
文　学	日本文学小辞典	新潮社	1968.1
平　史	平安時代史事典	角川書店	1994.4
平　日	平凡社日本史事典	平凡社	2001.2
平　和	平和人物大事典	日本図書センター	2006.6
北　条	北条氏系譜人名辞典	新人物往来社	2001.6
北海道百	北海道大百科事典 上・下	北海道新聞社	1981.8
北海道文	北海道文学大事典	北海道新聞社	1985.10
北海道歴	北海道歴史人物事典	北海道新聞社	1993.7
万　葉	万葉集歌人事典 新装版	雄山閣出版	1992.1
三　重	三重先賢伝	玄玄荘	1931.7
三重続	續三重先賢伝	別所書店	1933.7
宮城百	宮城県百科事典	河北新報社	1982.4
宮崎百	宮崎県大百科事典	宮崎日日新聞社	1983.10
民　学	民間学事典 人名編	三省堂	1997.6
名　画	日本名画家伝	青蛙房	1967.11
明治1	図説明治人物事典―政治家・軍人・言論人	日外アソシエーツ	2000.2
名　僧	事典日本の名僧	吉川弘文館	2005.2
山形百	山形県大百科事典	山形放送	1983.6
山形百新	山形県大百科事典 新版	山形放送	1993.10
山口百	山口県百科事典	大和書房	1982.4
山梨百	山梨百科事典 増補改訂版	山梨日日新聞社	1989.7
陸　海	日本陸海軍総合事典 第2版	東京大学出版会	2005.8
履　歴	日本近現代人物履歴事典	東京大学出版会	2002.5
履歴2	日本近現代人物履歴事典 第2版	東京大学出版会	2013.4
歴　大	日本歴史大事典 1～3	小学館	2000.7
和歌山人	和歌山県史 人物	和歌山県	1989.3
和　俳	和歌・俳諧史人名事典	日外アソシエーツ	2003.1

日本人物レファレンス事典

皇族・貴族篇

【あ】

阿栄 あえい
？ ～応永27(1420)年
室町時代の女性。崇光天皇の皇女。
¶女性，人名，日人

青海皇女 あおうみのひめみこ
→飯豊青皇女(いいとよあおのひめみこ)

青海夫人勾子 あおみのおおとじのまがりこ
生没年不詳
飛鳥時代の女性。欽明天皇の妃。
¶古代，女性，日人

赤染時用 あかぞめのときもち
生没年不詳
平安時代中期の官人(右衛門尉・大隅守)。女流歌人・赤染衛門の(養)父。
¶姓氏京都，平史

県犬養石次 あがたのいぬかいのいわすき
？ ～天平14(742)年 [別]県犬養宿禰石次《あがたのいぬかいのすくねいわすき》
奈良時代の官人(参議)。
¶公卿([没]天平14(742)年10月14日)，古代(県犬養宿禰石次 あがたのいぬかいのすくねいわすき)，諸系，日人

県犬養大伴 あがたのいぬかいのおおとも
？ ～大宝1(701)年 [別]県犬養大伴《あがたいぬかいのおおとも》，県犬養連大伴《あがたのいぬかいのむらじおおとも》
飛鳥時代の官人。壬申の乱の功臣。
¶朝日(あがたいぬかいのおおとも [没]大宝1年7月29日(701年9月6日))，古代(県犬養連大伴 あがたのいぬかいのむらじおおとも)，コン改(あがたいぬかいのおおとも)，コン4(あがたいぬかいのおおとも)，諸系，人名(あがたいぬかいのおおとも)，日人

県犬養貞守 あがたのいぬかいのさだもり
生没年不詳 [別]県犬養大宿禰貞守《あがたのいぬかいのおおすくねさだもり》，県犬養貞守《あがたいぬかいのさだもり，あがたのいぬかいさだもり》
平安時代前期の官人。
¶国書(あがたのいぬかいさだもり)，古代(県犬養大宿禰貞守 あがたのいぬかいのおおすくねさだもり)，日人，平史(あがたいぬかいのさだもり)

県犬養沙弥麻呂 あがたのいぬかいのさみまろ
[別]県犬養宿禰沙弥麻呂《あがたのいぬかいのすくねさみまろ》
奈良時代の官人。
¶古代(県犬養宿禰沙弥麻呂 あがたのいぬかいのすくねさみまろ)

県犬養為政 あがたのいぬかいのためまさ
生没年不詳 [別]県犬養為政《あがたいぬかいのためまさ》
平安時代中期の兼検非違使の衛門府官人。
¶平史(あがたいぬかいのためまさ)

県犬養広刀自 あがたのいぬかいのひろとじ
？ ～天平宝字6(762)年 [別]県犬養広刀自《あがたいぬかいのひろとじ》，県犬養宿禰広刀自《あがたのいぬかいのすくねひろとじ》
奈良時代の女性。聖武天皇の妃。
¶朝日(あがたいぬかいのひろとじ [没]天平宝字6年10月14日(762年11月4日))，国史，古史(あがたいぬかいのひろとじ)，古代(県犬養宿禰広刀自 あがたのいぬかいのすくねひろとじ)，古中，コン改(あがたいぬかいのひろとじ)，コン4(あがたいぬかいのひろとじ)，史人(あがたいぬかいのひろとじ [没]762年10月14日)，諸系，女性(あがたいぬかいのひろとじ [没]天平宝字6(762)年10月14日)，新潮([没]天平宝字6(762)年10月14日)，人名(あがたいぬかいのひろとじ)，日史(あがたいぬかいのひろとじ [没]天平宝字6(762)年10月14日)，日人，百科(あがたいぬかいのひろとじ)，歴大(あがたいぬかいのひろとじ)

県犬養吉男 あがたのいぬかいのよしお
生没年不詳 [別]県犬養吉男《あがたいぬかいのよしお》，県犬養宿禰吉男《あがたのいぬかいのすくねよしお》
奈良時代の国守。
¶諸系，人名(あがたいぬかいのよしお)，姓氏群馬(県犬養宿禰吉男 あがたのいぬかいのすくねよしお)，日人，万葉(県犬養宿禰吉男 あがたのいぬかいのすくねよしお)

県女王 あがたのじょおう
生没年不詳
奈良時代の女性。斎宮。
¶女性

赤松宮 あかまつのみや
→興良親王(おきよししんのう)

秋枝王 あきえおう
平安時代前期の仲嗣王の王子。
¶人名

安貴王(阿紀王，阿貴王) あきおう
[別]安貴王《あきのおおきみ》
奈良時代の皇族、万葉歌人。春日王の王子。
¶国書(生没年不詳)，古代(阿貴王)，詩歌(あきのおおきみ)，人名(阿紀王)，日人(生没年不詳)，万葉(あきのおおきみ)，和俳(あきのおおきみ 生没年不詳)

顕邦王 あきくにおう
→白川顕邦王(しらかわあきくにおう)

顕子女王 あきこじょおう
寛永16(1639)年～延宝4(1676)年 [別]顕子女王《あきこにょおう》，光厳院《こうごんいん》，高厳

院《こうげんいん》
江戸時代前期の女性。伏見宮貞清親王の第7王女。
¶コン改(あきこにょおう)、コン4(あきこにょおう)、諸系、女性(㊐寛永16(1639)年2月13日 ㊌延宝4(1676)年8月5日)、女性(高厳院こうげんいん ㊐寛永17(1640)年2月13日 ㊌延宝4(1676)年8月5日)、人名、日人

光子女王 あきこじょおう
文政2(1819)年～明治39(1906)年
江戸時代後期～明治期の女性。孝仁親王の第3王女。
¶日人

昭子女王 あきこじょおう
→昭子女王(しょうしじょおう)

明子女王 あきこじょおう
寛永15(1638)年～延宝8(1680)年7月8日 ㊙池田明子《いけだあきこ》
江戸時代前期の女性。高松宮好仁親王の第1王女。後西天皇の女御。
¶女性(池田明子 いけだあきこ ㊐?)、女性、人名、日人

昱子内親王 あきこないしんのう
寛喜3(1231)年～寛元4(1246)年 ㊙昱子内親王《いくしないしんのう》
鎌倉時代前期の女性。後堀河天皇の第3皇女。
¶女性(㊐寛喜3(1231)年9月29日 ㊌寛元4(1246)年8月15日)、人名(いくしないしんのう)、日人

暲子内親王 あきこないしんのう
→八条院(はちじょういん)

顕子内親王(昭子内親王) あきこないしんのう
寛永6(1629)年～延宝3(1675)年 ㊙顕子内親王《けんしないしんのう》
江戸時代前期の女性。後水尾天皇の第4皇女。
¶女性(けんしないしんのう ㊐寛永6(1629)年8月 ㊌延宝3(1675)年閏4月)、女性(昭子内親王 ㊐寛永6(1629)年8月27日 ㊌延宝3(1675)年4月26日)、人名(昭子内親王)、日人

秋子内親王 あきこないしんのう
→秋子内親王(しゅうしないしんのう)

昭子内親王 あきこないしんのう
寛永2(1625)年9月～慶安4(1651)年 ㊙照子内親王《てるこないしんのう》
江戸時代前期の女性。後水尾天皇の第3皇女。
¶女性、女性(照子内親王 てるこないしんのう ㊌慶安4(1651)年5月)、日人

章子内親王 あきこないしんのう
→二条院(にじょういん)

明子内親王 あきこないしんのう
?～斉衡1(854)年 ㊙明子内親王《めいしないしんのう》
平安時代前期の女性。淳和天皇皇女。
¶人名(めいしないしんのう)、日人、平史

観子内親王 あきこないしんのう
→宜陽門院(せんようもんいん)

韶子内親王 あきこないしんのう
→韶子内親王(しょうしないしんのう)

顕子女王 あきこにょおう
→顕子女王(あきこじょおう)

秋篠王 あきしのおう
奈良時代の官人(治部大輔)。臣籍降下して豊国姓を名乗る。
¶古代、日人(生没年不詳)

秋篠禅師 あきしのぜんじ
生没年不詳
平安時代前期の僧。嵯峨天皇の皇子。
¶仏教

秋篠宮紀子 あきしののみやきこ
昭和41(1966)年9月11日～ ㊙秋篠宮妃紀子《あきしののみやひきこ》
昭和～平成期の女性。秋篠宮文仁親王の妃。
¶世紀、日人(秋篠宮妃紀子 あきしののみやひきこ)、履歴2(秋篠宮妃紀子 あきしののみやひきこ)

秋篠宮文仁親王 あきしののみやふみひとしんのう
昭和40(1965)年11月30日～ ㊙秋篠宮文仁《あきしののみやふみひと》、文仁親王《ふみひとしんのう》、礼宮文仁《あやのみやふみひと》
昭和～平成期の皇族。山階鳥類研究所総裁、日本動物園水族館協会総裁。明仁天皇第2皇子。平成2年創家。
¶現親(秋篠宮文仁 あきしののみやふみひと)、現日(礼宮文仁 あやのみやふみひと)、諸系、世紀(秋篠宮文仁 あきしののみやふみひと)、日人、履歴2(秋篠宮文仁 あきしののみやふみひと)

秋篠安人 あきしののやすひと
天平勝宝4(752)年～弘仁12(821)年 ㊙秋篠安人《あきしののやすんど、あきしのやすひと》、秋篠朝臣安人《あきしのあそんやすひと》
奈良時代～平安時代前期の公卿(参議)。従四位下土師宇遅の子。
¶朝日(㊌弘仁12年1月10日(821年2月15日))、公卿(㊐天平勝宝6(754)年 ㊌弘仁12(821)年2月10日)、国史、古史、古代(秋篠朝臣安人 あきしののあそんやすひと ㊐743年 ㊌812年)、古中、史人(㊌821年1月10日)、新潮(㊐天平勝宝6(754)年 ㊌弘仁12(821)年1月10日)、姓氏京都(あきしののやすんど ㊐743年 ㊌812年)、新潟百、日史(㊌弘仁12(821)年1月10日)、日人、百科、平史、歴大(あきしのやすひと)

秋篠安人 あきしののやすんど
→秋篠安人(あきしののやすひと)

昭登親王 あきなりしんのう
→昭登親王(あきのりしんのう)

安貴王　あきのおおきみ
→安貴王（あきおう）

精宮　あきのみや
文政8（1825）年5月～大正2（1913）年6月　[別]有馬韶子《ありまあきこ》
江戸時代末期～明治期の皇族。有栖川宮韶仁親王の第4王女。はじめ水戸藩主徳川慶篤と婚約していたが、幕府は久留米藩主有馬頼咸にめあわせた。
¶国書（有馬韶子　ありまあきこ　[生]文政8（1825）年5月19日　[没]大正2（1913）年6月6日），女性，女性普

誠宮　あきのみや
嘉永1（1848）年～嘉永6（1853）年
江戸時代末期の伏見宮邦家親王の第10王子。
¶人名，日人

昭登親王　あきのりしんのう
長徳4（998）年～長元8（1035）年　[別]昭登親王《あきなりしんのう》
平安時代中期の花山天皇の第2皇子。
¶人名，日人，平史（あきなりしんのう）

彰仁親王　あきひとしんのう
→小松宮彰仁親王（こまつのみやあきひとしんのう）

明仁親王　あきひとしんのう
→天皇明仁（てんのうあきひと）

彰仁親王妃頼子　あきひとしんのうひよりこ
→小松宮頼子（こまつのみやよりこ）

昭平親王　あきひらしんのう
天暦8（954）年～長和2（1013）年　[別]昭平親王《しょうへいしんのう》，昭平入道親王《あきひらにゅうどうしんのう》
平安時代中期の村上天皇の皇子（常陸太守）。
¶国書（しょうへいしんのう　[没]長和2（1013）年6月28日），人名，日人（昭平入道親王　あきひらにゅうどうしんのう），平史

昭平入道親王　あきひらにゅうどうしんのう
→昭平親王（あきひらしんのう）

顕広王　あきひろおう
嘉保2（1095）年～治承4（1180）年　[別]白川顕広《しらかわあきひろ》
平安時代後期の貴族。神祇伯、白川家の祖。
¶朝日（[没]治承4年7月19日（1180年8月11日）），鎌室，国書（白川顕広　しらかわあきひろ　[没]治承4（1180）年7月19日），古史，諸系，神人，新潮（[没]治承4（1180）年7月19日），世人（[没]治承4（1180）年7月19日），日人，平史

慧子内親王　あきらけいこないしんのう
→慧子内親王（けいしないしんのう）

晃親王　あきらしんのう
→山階宮晃親王（やましなのみやあきらしんのう）

悪左府　あくさふ
→藤原頼長（ふじわらのよりなが）

飽波女王　あくなみのじょおう
生没年不詳
奈良時代の女性。光仁天皇により位階を授けられた。
¶女性

悪霊左府　あくりょうさふ
→藤原顕光（ふじわらのあきみつ）

揚梅盛親　あげうめもりちか
→楊梅盛親（やまももりちか）

曙立王　あけたつのおう
上代の開化天皇の孫。大俣王の子。
¶古代，日人

朝融王　あさあきらおう
→久邇朝融（くにあさあきら）

安積親王　あさかしんのう
神亀5（728）年～天平16（744）年　[別]安積皇子《あさかのみこ》，安積親王《あさかのしんのう》
奈良時代の聖武天皇の皇子。
¶朝日（[没]天平16年閏1月13日（744年3月1日）），岩史（[没]天平16（744）年閏1月13日），角史，京都（[生]神亀5（728）年？），国史，古史，古代，古中，コン改（[生]神亀5（728）年？），コン4（[生]神亀5（728）年？），史人（[没]744年閏1月13日），諸系，新潮（[没]天平16（744）年閏1月13日），人名（あさかのしんのう），日史（[生]神亀5（728）年？　[没]天平16（744）年閏1月13日），日人，百科（[生]神亀5（728）年？），万葉（安積皇子　あさかのみこ），歴大

朝香千賀子　あさかちかこ
大正10（1921）年5月～昭和27（1952）年12月6日
昭和期の皇族。朝香宮鳩彦王の長男孚彦王の妃。伯爵藤堂高紹の五女。戦後皇籍離脱。
¶女性，女性普

安積皇子　あさかのみこ
→安積親王（あさかしんのう）

朝香宮正彦王　あさかのみやただひこおう
→音羽正彦（おとわただひこ）

朝香宮千賀子　あさかのみやちかこ
→朝香千賀子（あさかちかこ）

朝香宮允子　あさかのみやのぶこ
明治24（1891）年8月7日～昭和8（1933）年　[別]允子内親王《のぶこないしんのう》，朝香宮妃允子《あさかのみやひのぶこ》
明治～昭和期の皇族。明治天皇の第8皇女。
¶諸系（朝香宮妃允子　あさかのみやひのぶこ），女性（允子内親王　のぶこないしんのう　[没]昭和8（1933）年11月），女性普（允子内親王　のぶこないしんのう　[没]昭和8（1933）年11月），世紀（[没]昭和8（1933）年11月3日），日人（朝香宮妃允子　あさかのみやひのぶこ　[没]昭和8（1933）年11月3日）

朝香宮鳩彦王 あさかのみややすひこおう
→朝香鳩彦（あさかやすひこ）

朝香鳩彦 あさかやすひこ
明治20（1887）年10月2日〜昭和56（1981）年4月12日　[別]朝香宮鳩彦王《あさかのみややすひこおう》
明治〜昭和期の皇族、陸軍軍人。大将。近衛師団長などを歴任。戦後は、新皇室典範により皇族の身分を離れる。
¶現朝，現情，諸系，世紀，日人，陸海（朝香宮鳩彦王　あさかのみややすひこおう）

朝右王 あさすけおう
平安時代前期の官人（従四位下・美作守）。
¶古代，日人（生没年不詳）

麻田狎賦 あさだのかりふ
[別]麻田連狎賦《あさだのむらじかりふ》
奈良時代の官人。
¶古代（麻田連狎賦　あさだのむらじかりふ），日人（生没年不詳）

麻田陽春 あさだのやす，あさたのやす
生没年不詳　[別]答本陽春《つほようしゅん》，麻田陽春《あさだのようしゅん》，麻田連陽春《あさたのむらじやす，あさだのむらじやす》
奈良時代の官人、文人。
¶朝日（あさだのようしゅん），国史（あさだのようしゅん），古史，古代（麻田連陽春　あさだのむらじやす），古中（あさだのようしゅん），コン改，コン4，詩歌（麻田連陽春　あさだのむらじやす），史人，新潮，人名（答本陽春　つほようしゅん），人名（麻田連陽春　あさだのむらじやす），日史，日人，百科，福岡百，万葉（麻田連陽春　あさたのむらじやす），和俳

麻田陽春 あさだのようしゅん
→麻田陽春（あさだのやす）

阿佐殿 あさどの
生没年不詳
南北朝時代の女性。長慶天皇または後亀山天皇の中宮。
¶女性，日人

朝野魚養 あさぬのなかい
→朝野魚養（あさののなかい）

朝野魚養 あさののいおかい
→朝野魚養（あさののなかい）

朝野魚養 あさののうおかい
→朝野魚養（あさののなかい）

朝野鹿取 あさののかとり
宝亀5（774）年〜承和10（843）年　[別]朝野鹿取《あさのかとり，あさののしかとり》，朝野朝臣鹿取《あさののあそんかとり》
平安時代前期の文人、公卿（参議）。大和国の正六位上忍海連鷹取の子。
¶朝日（[没]承和10年6月11日（843年7月11日）），公卿（あさののしかとり　[没]承和10（843）年6月11日），国史，国書（あさのかとり　[没]承和10（843）年6月11日），古代（朝野朝臣鹿取　あさののあそんかとり），古中，コン改，コン4，詩歌，史人（[没]843年6月11日），新潮（[没]承和10（843）年6月11日），人名（あさのかとり），姓氏群馬（あさのあそんかとり），日史（[没]承和10（843）年6月11日），日人，百科，平史，和俳（[没]承和10（843）年6月11日）

朝野鹿取 あさののしかとり
→朝野鹿取（あさののかとり）

朝野鷹取 あさののたかとり
生没年不詳
平安時代前期の官人。朝野鹿取の父。
¶平史

朝野魚養 あさののなかい
生没年不詳　[別]朝野魚養《あさののいおかい，あさののうおかい》，朝野宿禰魚養《あさぬのすくねなかい，あさのすくねなかい，あさののすくねなかい》，忍海原連魚養《おしぬみのはらむらじうおかい》
奈良時代の官人、能書家。
¶朝日，国史，古代（朝野宿禰魚養　あさののすくねなかい），古中，コン改（あさののうおかい），コン4（あさののうおかい），史人，新潮，人名（朝野宿禰魚養　あさのすくねなかい），世人（朝野宿禰魚養　あさぬのすくねなかい），日人，平史（あさののいおかい）

浅野恭子 あさのやすこ
明治31（1898）年11月14日〜大正8（1919）年1月16日
明治〜大正期の女性。伏見宮博恭王の第1王女。
¶女性，女性普

朝原内親王 あさはらないしんのう
宝亀10（779）年〜弘仁8（817）年　[別]朝原内親王《あしたのはらのないしんのう》
平安時代前期の女性。桓武天皇の第2皇女。平城天皇の妃。
¶朝日（[没]弘仁8年4月25日（817年5月14日）），女性（[没]弘仁8（817）年4月25日），人名（あしたのはらのないしんのう），新潟百，日人，平史

朝原道永 あさはらのみちなが
生没年不詳　[別]朝原忌寸道永《あさはらのいみきみちなが》，朝原道永《あさはらみちなが》
奈良時代の官人。
¶国書（あさはらみちなが），古代（朝原忌寸道永　あさはらのいみきみちなが），新潟百，日人，平史

朝彦親王 あさひこしんのう
文政7（1824）年〜明治24（1891）年　[別]粟田宮朝彦親王《あわたのみやあさひこしんのう》，久邇宮朝彦親王《くにのみやあさひこしんのう》，青蓮院宮《しょうれんいんのみや》，尊融《そんゆう》，尊融法親王《そんゆうほうしんのう》，中川宮朝彦親王《なかがわのみやあさひこしんのう》，粟田宮《あわたのみや》，尊融法親王《そんゆうほうしんのう》，中川宮《なかがわのみや》，中川宮朝彦《な

かがわのみやあさひこ》，尹宮《いんのみや》
江戸時代末期～明治期の皇族、宮廷政治家。伏見宮邦家親王の第4子。公武合体に努め、政変を推進。維新後は伊勢神宮祭主などを務めた。
¶朝日（[生]文政7年1月28日（1824年2月27日）[没]明治24（1891）年10月29日），維新，岩史（[生]文政7（1824）年1月28日　[没]明治24（1891）年10月25日），角史，京都（尊融親王　そんゆうしんのう），近現，近世，国史，国書（[生]文政7（1824）年1月28日　[没]明治24（1891）年10月29日），コン改，コン4，コン5，史人（中川宮朝彦親王　なかがわのみやあさひこしんのう　[生]1824年1月28日　[没]1891年10月25日），重要（青蓮院宮　しょうれんいんのみや　[生]文政7（1824）年1月28日　[没]明治24（1891）年10月29日），諸系（中川宮朝彦親王　なかがわのみやあさひこしんのう），神史，真宗（尊融　そんゆう　[生]文政7（1824）年5月8日　[没]明治24（1891）年10月24日），神人，新潮（[生]文政7（1824）年1月28日　[没]明治24（1891）年10月29日），人名，世人，全書，日史（[生]文政7（1824）年1月28日　[没]明治24（1891）年10月25日），日人（中川宮朝彦親王　なかがわのみやあさひこしんのう），日本，幕末（[没]1891年10月29日），百科，歴大

旭小太郎　あさひこたろう
→岩倉具定（いわくらともさだ）

朝仁親王　あさひとしんのう
元久1（1204）年～建長2（1250）年
鎌倉時代前期の後鳥羽天皇の皇子。
¶人名

薊瓊入媛　あざみにいりひめ
[別]阿邪美能伊理毘売《あざみのいりびめ》
上代の女性。垂仁天皇の妃。
¶古代，女性，人名（阿邪美能伊理毘売　あざみのいりびめ），日人

阿邪美能伊理毘売　あざみのいりびめ
→薊瓊入媛（あざみにいりひめ）

足鏡別王　あしかがみわけのおう
生没年不詳
上代の皇族。日本武尊の子。
¶姓氏神奈川

朝原内親王　あしたのはらのないしんのう
→朝原内親王（あさはらないしんのう）

葦原王　あしはらおう
奈良時代の皇族。山前王の王子。殺人を犯し、臣籍降下の上で流罪となる。
¶古代，日人（生没年不詳）

飛鳥井栄雅　あすかいえいが
→飛鳥井雅親（あすかいまさちか）

飛鳥井雅有　あすかいがゆう
→飛鳥井雅有（あすかいまさあり）

飛鳥井曽衣　あすかいそえ
→飛鳥井雅量（あすかいまさかず）

飛鳥井経有　あすかいつねあり
？　～興国4/康永2（1343）年5月4日
鎌倉時代後期～南北朝時代の公卿（非参議）。権中納言飛鳥井雅孝の長男。
¶公卿，公家（経有〔飛鳥井家〕　つねあり），国書

飛鳥井雅永　あすかいなさなが
→飛鳥井雅永（あすかいまさなが）

飛鳥井教定　あすかいのりさだ
？　～文永3（1266）年4月8日　[別]二条教定《にじょうのりさだ》
鎌倉時代前期の学者、公卿（非参議）。参議飛鳥井雅経の長男。
¶朝日（二条教定　にじょうのりさだ　[没]文永3年4月8日（1266年5月14日）），鎌室（二条教定　にじょうのりさだ），鎌室，公卿，公家（教定〔飛鳥井家〕　のりさだ），国史，国書（[生]承元4（1210）年），古中，コン改（二条教定　にじょうのりさだ　[生]承元4（1210）年），コン4（二条教定　にじょうのりさだ　[生]承元4（1210）年），諸系（[生]1210年），新潮，日史，日人（[生]1210年），歴大（二条教定　にじょうのりさだ），和俳

飛鳥井教雅　あすかいのりまさ
？　～寛喜2（1230）年3月14日
平安時代後期～鎌倉時代前期の公家・歌人・蹴鞠家。
¶国書

飛鳥井雅顕　あすかいまさあき
？　～弘安1（1278）年　[別]藤原雅顕《ふじわらのまさあき》
鎌倉時代前期の歌人。
¶国書，諸系，人名（藤原雅顕　ふじわらのまさあき），日人，和俳（藤原雅顕　ふじわらのまさあき）

飛鳥井雅章　あすかいまさあき
慶長16（1611）年～延宝7（1679）年
江戸時代前期の歌人、公家（権大納言）。権大納言飛鳥井雅庸の三男。
¶朝日（[生]慶長16年3月1日（1611年4月13日）[没]延宝7年10月12日（1679年11月15日）），京都，京都大，近世，公卿（[生]慶長16（1611）年3月1日　[没]延宝7（1679）年10月12日），公家（雅章〔飛鳥井家〕　まさあき　[生]慶長16（1611）年3月1日　[没]延宝7（1679）年10月12日），国史，国書（[生]慶長16（1611）年3月1日　[没]延宝7（1679）年10月12日），コン改，コン4，詩歌，史人（[生]1611年3月1日　[没]1679年10月12日），諸系，新潮（[生]慶長16（1611）年3月1日　[没]延宝7（1679）年10月12日），人名，姓氏京都，日人，和俳（[生]慶長16（1611）年3月1日　[没]延宝7（1679）年10月12日）

飛鳥井雅敦　あすかいまさあつ
天文17（1548）年～天正6（1578）年8月7日
安土桃山時代の公卿（参議）。権大納言飛鳥井雅春の長男。

¶公卿, 公家（雅敦〔飛鳥井家〕　まさあつ), 国書, 戦人

飛鳥井雅有 あすかいまさあり
仁治2（1241）年～正安3（1301）年1月11日　[別]飛鳥井雅有《あすかいがゆう》
鎌倉時代後期の歌人、公卿（参議）。左兵衛督飛鳥井教定の子。
¶朝日（[没]正安3年1月11日（1301年2月20日））, 鎌室, 公卿, 公家（雅有〔飛鳥井家〕　まさあり）, 国書, 詩歌, 諸系, 人書94, 新潮, 新文, 人名, 全書, 日人, 文学（あすかいがゆう）, 北条, 和俳

飛鳥井雅家 あすかいまさいえ
？ ～元中2/至徳2（1385）年
南北朝時代の公卿（非参議）。権中納言飛鳥井雅孝の三男。
¶公卿, 公家（雅家〔飛鳥井家〕　まさいえ), 国書

飛鳥井雅香 あすかいまさか
元禄16（1703）年～明和2（1765）年
江戸時代中期の公家（権大納言）。内大臣西園寺致季の次男で権中納言飛鳥井雅豊の養子。
¶公卿（[生]元禄16（1703）年6月7日　[没]明和2（1765）年12月18日）, 公家（雅香〔飛鳥井家〕　まさか　[生]元禄16（1703）年8月7日　[没]明和2（1765）年12月19日）

飛鳥井雅量 あすかいまさかず
生没年不詳　[別]飛鳥井曽衣《あすかいそえ》
戦国時代の公家、歌人、蹴鞠家。
¶高知人（飛鳥井曽衣　あすかいそえ）, 高知百（飛鳥井曽衣　あすかいそえ）, 国書, 諸系, 人名（飛鳥井曽衣　あすかいそえ）, 日人

飛鳥井雅賢 あすかいまさかた
天正13（1585）年～寛永3（1626）年
江戸時代前期の公家、歌人。
¶京都大, 島根歴（[生]天正12（1584）年）, 諸系, 人名, 姓氏京都, 日人

飛鳥井雅重 あすかいまさしげ
享保6（1721）年6月6日～安永8（1779）年6月3日
江戸時代中期の公家（権大納言）。権大納言飛鳥井雅香の子。
¶公卿, 公家（雅重〔飛鳥井家〕　まさしげ), 国書

飛鳥井雅孝 あすかいまさたか
弘安4（1281）年～正平8/文和2（1353）年5月17日
鎌倉時代後期～南北朝時代の公卿（権中納言）。参議飛鳥井雅有の長男。
¶公卿（[生]弘安6（1283）年）, 公家（雅孝〔飛鳥井家〕　まさたか）, 国書

飛鳥井雅威 あすかいまさたけ
宝暦8（1758）年12月16日～文化7（1810）年7月27日
江戸時代中期～後期の公家（権大納言）。権大納言飛鳥井雅重の子。
¶公卿, 公家（雅威〔飛鳥井家〕　まさたけ), 国書

飛鳥井雅種 あすかいまさたね
文明11（1479）年～明応4（1495）年6月2日
戦国時代の公家・歌人。
¶国書

飛鳥井雅親 あすかいまさちか
応永24（1417）年～延徳2（1490）年12月22日
[別]飛鳥井栄雅《あすかいえいが》
室町時代～戦国時代の歌人、公卿（権大納言）。権中納言飛鳥井雅世の長男。
¶朝日（[没]延徳2年12月22日（1491年1月31日））, 岩史, 鎌室（[生]応永23（1416）年）, 京都大（飛鳥井栄雅　あすかいえいが）, 公卿, 公家（雅親〔飛鳥井家〕　まさちか）, 国史, 国書, 古中, コン改, コン4, 史人, 諸系（[没]1491年）, 新潮（[生]応永23（1416）年）, 人名, 姓氏京都, 世人, 全書, 戦人, 大百, 日史, 日人（[没]1491年）, 和俳

飛鳥井雅綱 あすかいまさつな
延徳1（1489）年～＊
戦国時代の公卿（権大納言）。権大納言飛鳥井雅俊の子。
¶公卿（[没]永禄6（1563）年10月5日）, 公家（雅綱〔飛鳥井家〕　まさつな　[没]永禄6（1563）年8月21日）, 国書（[没]元亀2（1571）年）, 戦辞（[没]？）, 戦人（[没]？）

飛鳥井雅経 あすかいまさつね
嘉応2（1170）年～承久3（1221）年3月11日　[別]藤原雅経《ふじわらのまさつね, ふじわらまさつね》
鎌倉時代前期の歌人、公卿（参議）。飛鳥井家の祖。入道刑部卿難波頼経の次男。
¶朝日（[没]承久3年3月11日（1221年4月5日））, 岩史, 鎌室, 公卿, 公家（雅経〔飛鳥井家〕　まさつね）, 芸能, 国史, 国書, 古中, コン改, コン4, 茶道（藤原雅経　ふじわらのまさつね）, 詩歌, 史人, 諸系, 新潮, 新文（藤原雅経　ふじわらのまさつね）, 人名, 姓氏京都, 世人, 全書（藤原雅経　ふじわらのまさつね）, 体育（[生]1169年）, 日音, 日史（藤原雅経　ふじわらのまさつね）, 日人, 百科（藤原雅経　ふじわらのまさつね）, 文学（藤原雅経　ふじわらのまさつね）, 平史（藤原雅経　ふじわらのまさつね）, 歴大（藤原雅経　ふじわらのまさつね）, 和俳

飛鳥井雅庸 あすかいまさつね
永禄12（1569）年～元和1（1615）年12月22日
安土桃山時代～江戸時代前期の歌人、公家（権大納言）。参議飛鳥井雅敦の子。
¶朝日（[生]永禄12年10月20日（1569年11月28日）　[没]元和1年12月22日（1616年2月9日））, 近世, 公卿, 公家（雅庸〔飛鳥井家〕　まさつね　[生]永禄12（1569）年10月20日）, 国史, 国書（[生]永禄12（1569）年10月20日）, 史人（[生]1569年10月20日）, 諸系（[没]1616年）, 人名, 戦辞（[生]永禄12年10月20日（1569年11月28日）　[没]元和1年12月22日（1616年2月9日））, 戦人, 戦補, 日人（[没]1616年）, 和俳

飛鳥井雅宣　あすかいまさつら
→難波宗勝（なんばむねかつ）

飛鳥井雅俊　あすかいまさとし
寛正3（1462）年～大永3（1523）年　[別]藤原雅俊《ふじわらのまさとし》
戦国時代の公卿（権大納言）。権大納言飛鳥井雅親の子。
¶公卿（[生]寛正2（1461）年　[没]大永3（1523）年4月11日），公家（雅俊〔飛鳥井家〕　まさとし　[没]大永3（1523）年4月11日），国書（[没]大永3（1523）年4月11日），諸系，人名（藤原雅俊　ふじわらのまさとし　[生]1461年），人名（[生]1461年），戦人，日人

飛鳥井雅朝　あすかいまさとも
生没年不詳
鎌倉時代後期～南北朝時代の公家・歌人。
¶国書

飛鳥井雅豊　あすかいまさとよ
寛文4（1664）年5月30日～正徳2（1712）年7月22日
江戸時代中期の公家（権中納言）。権大納言飛鳥井雅章の三男。
¶公卿，公家（雅豊〔飛鳥井家〕　まさとよ），国書

飛鳥井雅直　あすかいまさなお
寛永12（1635）年12月4日～寛文2（1662）年9月9日
江戸時代前期の公家。
¶国書

飛鳥井雅永　あすかいまさなが
生没年不詳　[別]飛鳥井雅永《あすかいなさなが》
室町時代の公卿（権中納言）。権中納言飛鳥井雅縁の次男。
¶公卿，公家（雅永〔飛鳥井家〕　まさなが），国書（あすかいなさなが）

飛鳥井雅宣　あすかいまさのぶ
→難波宗勝（なんばむねかつ）

飛鳥井雅教　あすかいまさのり
→飛鳥井雅春（あすかいまさはる）

飛鳥井雅典　あすかいまさのり
文政8（1825）年10月25日～明治16（1883）年2月23日
江戸時代末期～明治期の公家（権大納言）。権大納言飛鳥井雅久の子。
¶維新，公卿（[没]明治16（1883）年2月），公家（雅典〔飛鳥井家〕　まさのり），国書，幕末

飛鳥井雅春　あすかいまさはる
永正17（1520）年9月22日～文禄3（1594）年1月12日　[別]飛鳥井雅教《あすかいまさのり》
戦国時代～安土桃山時代の公卿（権大納言）。権大納言飛鳥井雅綱の子。
¶公卿，公家（雅春〔飛鳥井家〕　まさはる），国書，戦辞（飛鳥井雅教　あすかいまさのり　[生]永正17年9月22日（1520年11月2日）　[没]文禄3年1月12日（1594年3月3日）），戦人（飛鳥井雅教　あすかいまさのり）

飛鳥井雅久　あすかいまさひさ
寛政12（1800）年11月4日～安政4（1857）年7月4日
江戸時代末期の公家（権大納言）。権大納言飛鳥井雅光の子。
¶公卿，公家（雅久〔飛鳥井家〕　まさひさ），国書

飛鳥井雅冬　あすかいまさふゆ
生没年不詳
南北朝時代の公家・歌人。
¶国書

飛鳥井雅光　あすかいまさみつ
天明2（1782）年10月6日～嘉永4（1851）年9月18日
江戸時代後期の公家（権大納言）。権大納言飛鳥井雅威の子。
¶公卿（[生]天明2（1782）年2月16日），公家（雅光〔飛鳥井家〕　まさみつ），国書

飛鳥井雅宗　あすかいまさむね
？　～興国4/康永2（1343）年8月30日
鎌倉時代後期～南北朝時代の公卿（非参議）。権中納言飛鳥井雅孝の次男。
¶公卿，公家（雅宗〔飛鳥井家〕　まさむね），国書

飛鳥井雅望　あすかいまさもち
天保13（1842）年～明治39（1906）年
明治期の公卿、歌人。伯爵。華族会館に設置された蹴鞠保存会の師範として尽力。
¶公卿（[生]天保13（1842）年5月5日　[没]明治39（1906）年4月20日），公家（雅望〔飛鳥井家〕　まさもち　[生]天保13（1842）年5月5日　[没]明治39（1906）年4月21日），諸系，人名，日人

飛鳥井雅康　あすかいまさやす
永享8（1436）年～永正6（1509）年　[別]宋世《そうせい》
室町時代～戦国時代の歌人、公卿（権中納言）。権中納言飛鳥井雅世の次男。
¶朝日（[没]永正6年10月26日（1509年12月7日）），公卿（[没]永正6（1509）年10月26日），公家（雅康〔飛鳥井家〕　まさやす　[没]永正6（1509）年10月26日），国書（[没]永正6（1509）年10月26日），諸系，人名，戦辞（[没]永正6年10月26日（1509年12月7日）），全書，戦人（生没年不詳），新潟百，日人，和俳（[没]永正6（1509）年10月26日）

飛鳥井雅世　あすかいまさよ
元中7/明徳1（1390）年～享徳1（1452）年
室町時代の歌人、公卿（権中納言）。権中納言飛鳥井雅縁の長男。
¶鎌室，公卿（[没]享徳1（1452）年2月1日），公家（雅世〔飛鳥井家〕　まさよ　[没]享徳1（1452）年2月），国史，国書（[没]宝徳4（1452）年2月1日），古中，コン改，コン4，茶道，史人（[没]1452年2月1日），諸系，新潮（[没]享徳1（1452）年2月1日），人名，世人，全書，日史（[没]享徳1（1452）年2月2日），日人，百科，歴大，和俳

あすかい　　　　　　　　　　　　　10　　　　　　　日本人物レファレンス事典

飛鳥井雅能 あすかいまさよし
　　生没年不詳
　　南北朝時代〜室町時代の公家・歌人。
　　¶国書

飛鳥井雅縁 あすかいまさより
　　正平13/延文3（1358）年〜正長1（1428）年
　　南北朝時代〜室町時代の歌人、公卿（権中納言）。
　　左中将飛鳥井雅家の子。
　　¶公卿（㊟正長1（1428）年10月5日），公家（雅縁
　　〔飛鳥井家〕　まさより　㊟正長1（1428）年11
　　月），国書（㊟正長1（1428）年10月2日），諸系，
　　人名，日人，和俳

明日香親王 あすかしんのう
　　？　〜承和1（834）年
　　平安時代前期の桓武天皇の皇子。
　　¶古代，人名，姓氏群馬，日人，平史

飛鳥田女王 あすかだのじょおう
　　＊〜延暦1（782）年
　　奈良時代の女性。舎人親王の王女。
　　¶朝日（㊞神亀4（727）年頃　㊟延暦1年6月9日
　　（782年7月23日）），古代（㊞？），女性（㊞？
　　㊟天応2（782）年6月9日），日人（㊞727年頃）

飛鳥皇女 あすかのおうじょ
　　→飛鳥皇女（あすかのひめみこ）

飛鳥皇女 あすかのこうじょ
　　→飛鳥皇女（あすかのひめみこ）

飛鳥皇女（明日香皇女）あすかのひめみこ
　　？　〜文武天皇4（700）年　㊟飛鳥皇女《あすかの
　　おうじょ，あすかのこうじょ》
　　飛鳥時代の女性。天智天皇の皇女。
　　¶朝日，古代，コン改，コン4，女性（あすかのこ
　　うじょ　㊟文武4（700）年4月4日），人名，日人
　　（あすかのおうじょ），万葉（明日香皇女）

安宿王 あすかべおう
　　生没年不詳　㊟安宿王《あすかべのおう，あすかべ
　　のおおきみ，あすかべのおおぎみ》
　　奈良時代の皇族、官人（正四位下内匠頭）。長屋
　　王の五男。臣籍降下して高階真人となる。
　　¶朝日，国史，古史，古代，古中，コン改（あす
　　かべのおう），コン4（あすかべのおう），史人，
　　諸系，新潮，人名（あすかべのおおぎみ），日
　　史，百科（あすかべのおう），万葉（あす
　　かべのおおきみ）

安宿王 あすかべのおおきみ，あすかべのおおぎみ
　　→安宿王（あすかべおう）

飛鳥部豊宗 あすかべのとよむね
　　㊟飛鳥部造豊宗《あすかべのみやつことよむね》
　　平安時代前期の官人（従五位下）。
　　¶古代（飛鳥部造豊宗　あすかべのみやつことよ
　　むね）

安宿媛 あすかべひめ
　　→光明皇后（こうみょうこうごう）

東隆彦 あずまたかひこ
　　→華頂宮博経親王（かちょうのみやひろつねしんのう）

安曇粟麻呂 あずみのあわまろ
　　生没年不詳
　　平安時代前期の官人。
　　¶平史

阿曇稲敷 あずみのいなしき
　　㊟阿曇連稲敷《あずみのむらじいなしき》
　　飛鳥時代の学者。
　　¶古代（阿曇連稲敷　あずみのむらじいなしき），
　　日人（生没年不詳）

阿曇刀 あずみのかたな，あづみのかたな
　　生没年不詳　㊟阿曇宿襧刀《あずみのすくねかた
　　な》
　　奈良時代の官人、内膳司の長官（奉膳）。
　　¶朝日，古代（阿曇宿襧刀　あずみのすくねかた
　　な），コン改（あづみのかたな），コン4（あづみ
　　のかたな），日人

安曇継成 あずみのつぐなり
　　生没年不詳　㊟安曇宿襧継成《あずみのすくねつ
　　ぐなり》
　　奈良時代の官人。
　　¶古代（安曇宿襧継成　あずみのすくねつぐな
　　り），日人，平史

阿曇頬垂 あずみのつらたり
　　㊟阿曇連頬垂《あずみのむらじつらたり》
　　飛鳥時代の外交官。
　　¶古代（阿曇連頬垂　あずみのむらじつらたり），
　　日人（生没年不詳）

阿曇比羅夫（阿曇比邏夫，安曇比羅夫）あずみのひら
　　ふ，あずみのひらふ；あづみのひらふ
　　生没年不詳　㊟阿曇比羅夫《あづみのひらぶ》，阿
　　曇連比羅夫《あずみのむらじひらぶ》
　　飛鳥時代の官人。百済救済の軍の将軍。
　　¶朝日，岩史，角史，国史（あずみのひらぶ），古
　　史（あずみのひらぶ），古代（阿曇連比羅夫　あ
　　ずみのむらじひらぶ），古中（あずみのひら
　　ぶ），コン改（あづみのひらぶ），コン4（あづみ
　　のひらぶ），コン4（安曇比羅夫），史人，新潮，
　　人名，世人（阿曇比邏夫），全書，長野歴（あづ
　　みのひらふ），日史，日人，百科

安曇広吉 あずみのひろよし
　　㊟安曇宿襧広吉《あずみのすくねひろよし》
　　奈良時代〜平安時代前期の官人（従五位上）。
　　¶古代（安曇宿襧広吉　あずみのすくねひろよ
　　し），日人（生没年不詳）

安曇三国 あずみのみくに
　　㊟安曇宿襧三国《あずみのすくねみくに》
　　奈良時代の地方官（従五位下）。
　　¶埼玉人（生没年不詳），人名，日人（生没年不
　　詳），万葉（安曇宿襧三国　あずみのすくねみ
　　くに）

皇族・貴族篇

麻生信子 あそうのぶこ
→三笠宮信子（みかさのみやのぶこ）

阿蘇宮（阿曽宮）**あそのみや**
鎌倉時代後期の皇族。後醍醐天皇の皇子。
¶人名，新潟百〔阿曽宮　生没年不詳〕

敦明親王 あつあきらしんのう
正暦5（994）年～永承6（1051）年　㉕小一条院《こいちじょういん》
平安時代中期の三条天皇の第1皇子。
¶朝日（小一条院　こいちじょういん　㊌正暦5年5月9日（994年6月20日）　㉕永承6年1月8日（1051年2月21日）），岩史（小一条院　こいちじょういん　㊌正暦5（994）年5月9日　㉕永承6（1051）年1月8日），角史（小一条院　こいちじょういん，京都大（小一条院　こいちじょういん，国史，国書（小一条院　こいちじょういん　㊌正暦5（994）年5月9日　㉕永承6（1051）年1月8日），古史，古中，コン改（小一条院　こいちじょういん），コン4（小一条院　こいちじょういん），史人（㊌994年5月9日　㉕1051年1月8日），諸系，新潮（小一条院　こいちじょういん　㊌正暦5（994）年5月9日　㉕永承6（1051）年1月8日），姓氏京都，世人（小一条院　こいちじょういん），世人（㊌正暦5（994）年5月　㉕永承6（1051）年1月8日），世百（小一条院　こいちじょういん），全書，日史（㊌正暦5（994）年5月9日　㉕永承6（1051）年1月8日），日人，百科，平史，歴大

敦賢親王 あつかたしんのう
長暦3（1039）年～承保4（1077）年
平安時代中期の皇族（式部卿）。敦明親王の王子で、三条天皇の皇孫。
¶国書（㉕承保4（1077）年8月17日），人名，日人，平史

敦固親王 あつかたしんのう
？～延長4（926）年　㊌敦固親王《あつもとしんのう》
平安時代中期の宇多天皇の皇子。
¶国書（あつもとしんのう　㊌寛平1（889）年頃？　㉕延長4（926）年12月28日），コン改，コン4，諸系（㉕927年），人名，日人（㉕927年），平史

淳子女王 あつこじょおう
生没年不詳　㊌淳子女王《じゅんしじょおう》
平安時代後期の女性。式部卿敦賢親王の王女。
¶女性（じゅんしじょおう），日人，平史

敦子女王(1) あつこにょおう
㊌敦子女王《あつこにょおう》
平安時代中期の三条天皇曾孫，敦賢親王の王女。
¶人名（あつこにょおう）

敦子女王(2) あつこじょおう
→清棲敦子（きよすあつこ）

厚子内親王 あつこないしんのう
→池田厚子（いけだあつこ）

同子内親王 あつこないしんのう
→同子内親王（どうしないしんのう）

篤子内親王 あつこないしんのう
→篤子内親王（とくしないしんのう）

惇子内親王 あつこないしんのう
→惇子内親王（じゅんしないしんのう）

敦子内親王 あつこないしんのう
？～延長8（930）年
平安時代中期の女性。清和天皇の第5皇女、加茂斎院。
¶女性（㉕延長8（930）年1月13日），人名，日人，平史

濃子内親王 あつこないしんのう
→濃子内親王（のうしないしんのう）

諄子内親王 あつこないしんのう
→諄子内親王（じゅんしないしんのう）

敦子女王 あつこにょおう
→敦子女王(1)（あつこじょおう）

敦貞親王 あつさだしんのう
長和3（1014）年～康平4（1061）年
平安時代中期の皇族（式部卿）。敦明親王の王子で、三条天皇の皇孫。
¶人名，日人，平史

敦実親王 あつざねしんのう
→敦実親王（あつみしんのう）

敦輔王 あつすけおう
寛徳1（1044）年～天永2（1111）年
平安時代中期～後期の皇族、公卿（神祇伯）。敦明親王の長男である敦貞親王の王子。三条天皇の曽孫。
¶国書（㉕天永2（1111）年11月29日），神人（生没年不詳），人名，日人，平史

淳良親王 あつながしんのう
室町時代の伝承上の皇族。後花園天皇の皇子。応仁の乱を避けた越中国で殺されたという。
¶日人

敦儀親王 あつのりしんのう
長徳3（997）年～天喜2（1054）年
平安時代中期の皇族（式部卿）。三条天皇の第2皇子。
¶人名，日人，平史

敦平親王 あつひらしんのう
長保1（999）年～永承4（1049）年
平安時代中期の皇族（式部卿）。三条天皇の第3皇子。
¶人名，日人，平史

敦文親王 あつふみしんのう, あつぶみしんのう
承保1（1074）年～承暦1（1077）年
平安時代後期の皇族。白河天皇の第1皇子。
¶人名（あつぶみしんのう），日人（㉕1075年），

平史

あ

敦昌親王　あつまさしんのう
生没年不詳
平安時代中期の皇族。敦明親王の王子。
¶コン改，コン4，人名，日人，平史

厚見王　あつみおう
[別]厚見王《あつみのおおきみ》
奈良時代の官人(従五位上・少納言)。天武天皇の孫で、舎人親王の子。
¶国書(生没年不詳)，古代，日人(生没年不詳)，万葉(あつみのおおきみ)

敦実親王　あつみしんのう
寛平5(893)年～康保4(967)年　[別]敦実親王《あつざねしんのう》
平安時代中期の宇多天皇の皇子。宇多源氏の祖。
¶朝日([没]康保4年3月2日(967年4月14日))，国史，国書([没]康保4(967)年3月2日)，古史，古中，コン改，コン4，史人([没]967年3月2日)，諸系，新潮([没]康保4(967)年3月2日)，人名，日音，日人，平史，歴大，和俳

敦道親王　あつみちしんのう
天元4(981)年～寛弘4(1007)年
平安時代中期の冷泉天皇の皇子、歌人。
¶国書([没]寛弘4(1007)年10月2日)，コン改，コン4，史人([没]1007年10月2日)，諸系，人書94，新潮([没]寛弘4(1007)年10月2日)，人名，日史([没]寛弘4(1007)年10月2日)，日人，百科，平史，和俳

厚見王　あつみのおおきみ
→厚見王(あつみおう)

阿曇刀　あづみのかたな
→阿曇刀(あずみのかたな)

阿曇比羅夫(阿曇比羅夫)　**あづみのひらふ，あづみのひらぶ**
→阿曇比羅夫(あずみのひらふ)

敦元親王　あつもとしんのう
治安3(1023)年～長元5(1032)年
平安時代中期の敦明親王の皇子。
¶人名，日人，平史

敦固親王　あつもとしんのう
→敦固親王(あつかたしんのう)

敦康親王　あつやすしんのう
長保1(999)年～寛仁2(1018)年
平安時代中期の一条天皇の第1皇子。
¶朝日([生]長保1年11月7日(999年12月17日)　[没]寛仁2年12月17日(1019年1月25日))，国史，古史，古中，史人([生]999年11月7日　[没]1018年12月17日)，諸系([没]1019年)，新潮([生]長保1(999)年11月7日　[没]寛仁2(1018)年12月17日)，人名，姓氏京都，日史([生]長保1(999)年11月7日　[没]寛仁2(1018)年12月17日)，日人([没]1019年)，平史

敦慶親王　あつよししんのう
仁和3(887)年～延長8(930)年
平安時代中期の宇多天皇の皇子。
¶国書([没]延長8(930)年2月28日)，人名，日人([生]888年)，平史

安勅内親王　あてのないしんのう
？～斉衡2(855)年　[別]安勅内親王《あてないしんのう》
平安時代前期の女性。桓武天皇の第13皇女。
¶女性([没]斉衡2(855)年9月17日)，人名，日人，平史(あてないしんのう)

高貴宮　あてのみや
→悦仁親王(としひとしんのう)

阿刀大足　あとのおおたり
生没年不詳　[別]阿刀宿禰大足《あとのすくねおおたり》
平安時代前期の学者(従五位下)。空海のおじ。
¶朝日，香川人，香川百，古代(阿刀宿禰大足　あとのすくねおおたり)，新潮，日人，平史

阿刀忠行　あとのただゆき
生没年不詳
平安時代中期の官人。「延喜式」編者の一人。
¶平史

安斗智徳　あとのちとこ
生没年不詳　[別]安斗宿禰智徳《あとのすくねちとこ》
飛鳥時代の官人(従五位下)。大海人皇子の舎人。
¶朝日，古代(安斗宿禰智徳　あとのすくねちとこ)，コン改，コン4，新潮，日人

阿刀春正　あとのはるまさ
生没年不詳
平安時代前期の文人・貴族(従五位上)。
¶平史

朧嘴鳥皇子　あとりのおうじ
生没年不詳
上代の記・紀にみえる欽明天皇の皇子。
¶日人

穴太内人　あなとうちひと
→穴太内人(あのうのうちひと)

穴太内人　あなほのうちと
→穴太内人(あのうのうちひと)

穴太内人　あなほのうちひと
→穴太内人(あのうのうちひと)

穴穂尊　あなほのみこと
→安康天皇(あんこうてんのう)

穴穂部皇子　あなほべのおうじ
→穴穂部皇子(あなほべのみこ)

穴穂部間人皇女　あなほべのはしひとのおうじょ
→穴穂部間人皇女(あなほべのはしひとのひめみこ)

穴穂部間人皇女　あなほべのはしひとのこうじょ
→穴穂部間人皇女（あなほべのはしひとのひめみこ）

穴穂部間人皇女　あなほべのはしひとのひめみこ
？～推古29（621）年12月21日　[別]埿部穴穂部皇女《はしひとのあなほべのひめみこ》，間人皇后《はしひとのこうごう》，穴穂部間人皇女《あなほべのはしひとのおうじょ，あなほべのはしひとのこうじょ，あなほべはしひとおうじょ》
飛鳥時代の女性。欽明天皇の皇女。用明天皇の皇后で、聖徳太子の母。
¶朝日（[没]推古29年12月21日（622年2月7日）），岩史，角史（あなほべはしひとおうじょ），京都府（間人皇后　はしひとのこうごう），国史（あなほべのはしひとのおうじょ），古史，古代（埿部穴穂部皇女　はしひとのあなほべのひめみこ），古中（あなほべのはしひとのおうじょ），コン改，コン4，史人，諸系（あなほべのはしひとのおうじょ　[没]622年），女性（あなほべのはしひとのこうじょ），新潮，人名（あなほべのはしひとのこうじょ），世人（あなほべのはしひとのこうじょ　[没]推古29（621）年12月），全書（あなほべのはしひとのこうじょ），日史（あなほべのはしひとのおうじょ），日人（あなほべのはしひとのおうじょ　[没]622年），百科，歴大（あなほべのはしひとのおうじょ）

穴穂部皇子　あなほべのみこ
？～用明天皇2（587）年　[別]埿部穴穂部皇子《はしひとのあなほべのおうじ，はしひとのあなほべのみこ》，穴穂部皇子《あなほべおうじ，あなほべのおうじ》，泥部穴穂部皇子《はしひとのあなほべのおうじ》
飛鳥時代の欽明天皇の皇子。
¶朝日（[没]用明2年6月7日（587年7月17日）），岩史（[没]用明2（587）年6月7日），角史（あなほべおうじ），国史（あなほべのおうじ），古史，古代（埿部穴穂部皇子　はしひとのあなほべのみこ），古中（あなほべのおうじ），コン改（生没年不詳），コン4（生没年不詳），史人（[没]587年6月7日？），諸系（あなほべのおうじ），新潮（[没]用明2（587）年6月7日），人名（埿部穴穂部皇子　はしひとのあなほべのおうじ），世人（あなほべのおうじ　[没]587年6月7日），全書（あなほべのおうじ），日史（あなほべのおうじ　[没]用明2（587）年6月7日），日人（あなほべのおうじ），百科，歴大（あなほべのおうじ）

姉小路顕朝　あねがこうじあきとも
建暦2（1212）年～文永3（1266）年9月20日
鎌倉時代前期の公卿（権大納言）。参議藤原宗隆の子。
¶公卿，公家（顕朝〔八条家（絶家）〕　あきとも），国書，国書5

姉小路家綱　あねがこうじいえつな
？～元中7/明徳1（1390）年　[別]姉小路家綱《あねこうじいえつな》
南北朝時代の公卿（参議）。宮内卿姉小路高基の長男。
¶郷土岐阜（生没年不詳），公卿（あねこうじいえつな），公家（家綱〔小一条流姉小路家（絶家）〕　いえつな），諸系，日人

姉小路公聡　あねがこうじきみあき
寛延2（1749）年10月26日～寛政6（1794）年1月6日　[別]姉小路公聡《あねがこうじきんとし》
江戸時代中期の公家（権大納言）。権大納言姉小路公文の子。
¶公卿，公家（公聡〔姉小路家〕　きんあき），国書（あねがこうじきんとし）

姉小路公景　あねがこうじきみかげ
慶長7（1602）年～慶安4（1651）年　[別]姉小路公景《あねがこうじきんかげ》
江戸時代前期の公家（権大納言）。権中納言阿野実顕の三男。
¶公卿（[生]慶長7（1602）年9月12日　[没]慶安4（1651）年12月11日），公家（公景〔姉小路家〕　きんかげ　[生]慶長7（1602）年9月12日　[没]慶安4（1651）年12月11日），諸系（あねがこうじきんかげ）

姉小路公量　あねがこうじきみかず
慶安4（1651）年3月20日～享保8（1723）年5月25日
江戸時代前期～中期の公家（権大納言）。蔵人頭・左中将姉小路実道の子。
¶公卿，公家（公量〔姉小路家〕　きんかず）

姉小路公朝　あねがこうじきみとも
？～文保1（1317）年9月23日
鎌倉時代後期の公卿（権中納言）。権中納言姉小路実尚の子。
¶公卿，公家（公朝〔姉小路家〕　きんとも）

姉小路公文　あねがこうじきみふみ
正徳3（1713）年1月26日～安永6（1777）年11月29日
江戸時代中期の公家（権大納言）。左中将姉小路実武の子。
¶公卿，公家（公文〔姉小路家〕　きんふみ）

姉小路公義　あねがこうじきみよし
→姉小路公義（あねがこうじきんとも）

姉小路公景　あねがこうじきんかげ
→姉小路公景（あねがこうじきみかげ）

姉小路公遂　あねがこうじきんかつ
→姉小路公遂（あねがこうじきんすい）

姉小路公知　あねがこうじきんさと
→姉小路公知（あねがこうじきんとも）

姉小路公遂　あねがこうじきんすい
寛政6（1794）年6月13日～安政4（1857）年1月29日　[別]姉小路公遂《あねがこうじきんかつ，あねこうじきんすい》
江戸時代末期の公家（権中納言）。右中将姉小路公春の子。
¶公卿（あねこうじきんすい），公家（公遂〔姉小路家〕　きんかつ），国書（あねがこうじきんかつ）

姉小路公聡 あねがこうじきんとし
→姉小路公聡（あねがこうじきみあき）

姉小路公義 あねがこうじきんとも
安政6（1859）年4月4日〜明治38（1905）年1月7日 [別]姉小路公義《あねがこうじきみよし，あねのこうじきんとも》
明治期の外交官。伯爵。岩倉使節団に同行、アメリカ経由でドイツに留学。駐米日本公使館一等書記官などを務める。
¶海越（あねのこうじきんとも），海越新（あねのこうじきんとも），諸系，渡航（あねがこうじきみよし）

姉小路公知 あねがこうじきんとも
天保10（1839）年12月5日〜文久3（1863）年 [別]姉小路公知《あねがこうじきんさと，あねのこうじきんとも》
江戸時代末期の公家、宮廷政治家。
¶朝日（[生]天保10年12月5日（1840年1月9日） [没]文久3年5月20日（1863年7月5日）），維新，岩史（[没]文久3（1863）年5月20日），角史，京都大，近世，国史，国書（あねがこうじきんさと [没]文久3（1863）年5月21日），コン改（あねのこうじきんとも），コン4（あねのこうじきんとも），詩歌（あねのこうじきんとも），史人（あねがこうじきんさと [没]1863年5月20日），諸系（あねがこうじきんさと [生]1840年），新潮（[没]文久3（1863）年5月20日），人名（あねのこうじきんとも），姓氏京都，世人（[没]文久3（1863）年5月20日），日史（あねがこうじきんさと [没]文久3（1863）年5月20日），日人（[生]1840年），幕末（[没]1863年7月5日），百科，歴大（あねがこうじきんさと）

姉小路公宣 あねがこうじきんよし
養和1（1181）年〜嘉禄1（1225）年5月27日
鎌倉時代前期の公卿（権大納言）。姉小路家の祖。左大臣三条実房の三男。
¶公卿，公家（公宣〔姉小路家〕 きんよし）

姉小路実紀 あねがこうじさねえ
延宝7（1679）年〜延享3（1746）年
江戸時代前期〜中期の公家・歌人。
¶国書（[生]延宝7（1679）年3月29日 [没]延享3（1746）年8月14日），諸系，日人

姉小路実武 あねがこうじさねたけ
元禄9（1696）年8月21日〜享保11（1726）年2月22日
江戸時代中期の公家（参議）。権大納言姉小路公量の次男。
¶公卿，公家（実武〔姉小路家〕 さねたけ）

姉小路実次 あねがこうじさねつぎ
正安2（1300）年〜建武2（1335）年8月11日
鎌倉時代後期〜南北朝時代の公卿（参議，但馬権守）。権中納言姉小路公朝の長男。
¶公卿，公家（実次〔姉小路家〕 さねつぎ）

姉小路実富 あねがこうじさねとみ
？ 〜正平8/文和2（1353）年
南北朝時代の公卿（非参議）。権中納言姉小路公朝の次男。
¶公卿，公家（実富〔姉小路家〕 さねとみ）

姉小路実尚 あねがこうじさねなお
鎌倉時代前期の公卿（権中納言）。権大納言姉小路公宣の三男。
¶公卿（生没年不詳），公家（実尚〔姉小路家〕 さねなお）

姉小路実文 あねがこうじさねふみ
→藤原実文（ふじわらのさねぶみ）

姉小路実世 あねがこうじさねよ
元久1（1204）年〜文永1（1264）年 [別]姉小路実世《あねのこうじさねよ》
鎌倉時代前期の公卿（権中納言）。権大納言姉小路公宣の長男。
¶鎌室（あねのこうじさねよ），公卿（[生]元久1（1205）年 [没]？），公家（実世〔姉小路家〕 さねよ [生]1205年 [没]？），諸系，日人

姉小路高基 あねがこうじたかもと
*〜正平13/延文3（1358）年
南北朝時代の公卿（非参議）。飛騨姉小路家の祖。内蔵頭・参議藤原頼基の子。
¶公卿（[生]？ [没]延文3/正平13（1358）年3月2日），公家（高基〔小一条流姉小路家（絶家）〕 たかもと [生]？ [没]延文3（1358）年3月2日），諸系（[生]1298年），日人（[生]1298年）

姉小路忠方 あねがこうじただかた
仁治2（1241）年〜弘安5（1282）年12月19日
鎌倉時代後期の公卿（権中納言）。権大納言姉小路顕朝の子。
¶公卿，公家（忠方〔八条家（絶家）〕 ただかた）

姉小路尹綱 あねがこうじただつな
？ 〜応永18（1411）年 [別]姉小路頼時《あねのこうじよりとき》，姉小路尹綱《あねのこうじただつな》
南北朝時代〜室町時代の武将、中流公家。
¶朝日（[没]応永18（1411）年8月），鎌室（あねのこうじただつな），郷土岐阜，諸系，人名（あねのこうじただつな），日人

姉小路忠時 あねがこうじただとき
生没年不詳 [別]姉小路忠時《あねのこうじただとき》
鎌倉時代の公家。
¶北条（あねのこうじただとき）

姉小路嗣頼 あねがこうじつぐより
？ 〜元亀3（1572）年 [別]三木嗣頼《みきつぐより，みつきつぐより》，三木良頼《みつきよしより，みつぎよしより》，姉小路嗣頼《あねのこうじつぐより》
戦国時代〜安土桃山時代の公卿、飛騨国司、武将（従三位・参議）。戦国大名三木直頼の子。飛騨国司姉小路家を乗っ取って公卿となる。
¶織田（三木良頼 みつぎよしより [没]元亀3（1572）年11月12日），岐阜百（三木良頼 みつきよしより），郷土岐阜（三木良頼 みつきよ

しより)，公卿(三木嗣頼　みきつぐより　[没]元亀3(1572)年11月12日)，公家(良頼〔小一条流姉小路家(絶家)〕　よしより　[没]元亀3(1572)年11月12日)，国書(三木良頼　みつきよしより　[没]元亀3(1572)年11月12日)，諸系，人名(あねのこうじつぐより)，戦辞(三木良頼　みつきよしより　[没]元亀3年11月12日(1572年12月16日))，戦人(三木嗣頼　みつきつぐより)，日人

姉小路済継　あねがこうじなりつぐ
文明2(1470)年～永正15(1518)年
戦国時代の公卿(参議)。権中納言姉小路基綱の子。
¶公卿([没]永正15(1518)年5月29日)，公家(済継〔小一条流姉小路家(絶家)〕　なりつぐ　[没]永正15(1518)年5月30日)，国書([没]永正15(1518)年5月30日)，諸系，戦人，日人

姉小路済俊　あねがこうじなりとし
永正3(1506)年～大永7(1527)年10月2日
戦国時代の公家・歌人。
¶国書

姉小路昌家　あねがこうじまさいえ
？～文明1(1469)年　[別]姉小路昌家《あねのこうじまさいえ》
室町時代の飛騨国司、公卿(参議)。参議姉小路家綱の子。
¶鎌室(あねのこうじまさいえ　生没年不詳)，公卿(生没年不詳)，公家(昌家〔小一条流姉小路家(絶家)〕　まさいえ)，諸系，人名(あねのこうじまさいえ)，日人

姉小路基綱　あねがこうじもとつな
嘉吉1(1441)年～永正1(1504)年　[別]姉小路基綱《あね(が)こうじもとつな，あねこうじもとつな，あねのこうじもとつな》
室町時代～戦国時代の歌人、公卿(権中納言)。参議姉小路昌家の子。
¶岐阜百(あね(が)こうじもとつな)，公卿([没]永正1(1504)年4月23日)，公家(基綱〔小一条流姉小路家(絶家)〕　もとつな　[没]永正1(1504)年4月23日)，国書([没]永正1(1504)年4月23日)，諸系，人名(あねのこうじもとつな　[生]1446年)，戦人，日人，和俳

姉小路頼時　あねがこうじよりとき
→姉小路尹綱(あねがこうじただつな)

姉小路(家名)　あねこうじ
→姉小路(あねがこうじ)

姉子女王　あねこじょおう
生没年不詳　[別]姣子女王《よしこじょおう》，姉子女王《あねこにょおう》
平安時代中期の女性。是忠親王の王女か。陽成天皇の後宮に入り、元良親王・元平親王を産む。
¶女性，人名(あねこにょおう)，日人，平史(姣子女王　よしこじょおう)

姉子女王　あねこにょおう
→姉子女王(あねこじょおう)

姉小路(家名)　あねのこうじ
→姉小路(あねがこうじ)

穴太内人　あのうのうちひと
生没年不詳　[別]穴太内人《あなとうちひと，あなほのうちと，あなほのうちひと》
平安時代前期の明法家。
¶角史(あなほのうちと)，コン改(あなほのうちひと)，コン4(あなほのうちひと)，新潮(あなほのうちひと)，人名(あなとうちひと)，日人，平史，歴大(あなほのうちひと)

穴太愛親　あのうのよしちか
生没年不詳
平安時代中期の弁官局の官人(従五位下)。
¶平史

阿野公緒　あのきみお
寛文6(1666)年～寛保1(1741)年9月3日
江戸時代中期の公家(権大納言)。権大納言阿野実藤の次男。
¶公卿，公家(公緒〔阿野家〕　きんつぐ　[生]寛文6(1666)年12月22日)

阿野公業　あのきみかず
慶長4(1599)年～天和3(1683)年12月6日
江戸時代前期の公家(権大納言)。権大納言阿野実顕の子。
¶公卿，公家(公業〔阿野家〕　きんかず)

阿野公誠　あのきみしげ
→阿野公誠(あのきんみ)

阿野公為　あのきみため
南北朝時代の公卿(非参議)。内大臣阿野実為の子。
¶公卿(生没年不詳)，公家(公為〔阿野家〕　きんため)

阿野公倫　あのきみとも
安永2(1773)年～寛政12(1800)年7月12日
江戸時代中期～後期の公家(権中納言)。右中将阿野実紐の子。
¶公卿([生]安永2(1773)年3月10日)，公家(公倫〔阿野家〕　きんとも　[生]安永2(1773)年閏3月10日)

阿野公縄　あのきみなわ
享保13(1728)年12月14日～天明1(1781)年6月28日　[別]阿野公縄《あのきんのり》
江戸時代中期の公家(権大納言)。権中納言阿野実惟の子。
¶公卿([没]天明1(1781)年6月30日)，公家(公縄〔阿野家〕　きんなわ)，国書(あのきんのり)

阿野公寛　あのきみひろ
嘉禎1(1235)年～？
鎌倉時代後期の公卿(非参議)。左中将阿野実直の長男。

¶公卿，公家（公寛〔阿野家（絶家）〕　きんひろ）

阿野公熈　あのきみひろ
応永24（1417）年～文明4（1472）年8月7日
室町時代の公卿（権中納言）。権中納言阿野実治の子。
¶公卿，公家（公熈〔阿野家〕　きんひろ）

阿野公縄　あのきんのり
→阿野公縄（あのきみなわ）

阿野公誠　あのきんみ
文政1（1818）年～明治12（1879）年　[別]阿野公誠《あのきみしげ》
江戸時代末期～明治期の公家（権中納言）。左権中将阿野実典の子。
¶維新，公卿（あのきみしげ　[生]文政1（1818）年3月17日　[没]明治12（1879）年6月），公家（公誠〔阿野家〕　きんみ　[生]文化15（1818）年3月17日　[没]明治12（1879）年6月1日），諸系，姓氏京都，幕末（[没]1879年6月1日）

阿野実顕　あのさねあき
天正9（1581）年～正保2（1645）年11月8日
江戸時代前期の公家（権大納言）。右少将阿野季時の孫、僧内山上乗院の子。
¶公卿（[生]天正9（1581）年3月13日），公家（実顕〔阿野家〕　さねあき　[生]天正9（1581）年3月13日），国書，諸系

阿野実敦　あのさねあつ
鎌倉時代後期の公卿（非参議）。左中将阿野公寛の子。
¶公卿（生没年不詳），公家（実敦〔阿野家（絶家）〕　さねあつ）

阿野実廉　あのさねかど
正応1（1288）年～？　[別]阿野実廉《あのさねやす》
鎌倉時代後期の公卿（非参議）。左中将阿野公廉の子。
¶朝日，公卿（あのさねやす　[生]弘安10（1287）年），公家（実廉〔阿野家〕　さねかど），国史，古中，史人，諸系，新潮，日史，日人，百科

阿野実惟　あのさねこれ
元禄13（1700）年2月7日～寛保3（1743）年6月30日　[別]阿野実惟《あのさねただ》
江戸時代中期の公家（権中納言）。権大納言阿野公緒の子。
¶公卿，公家（実惟〔阿野家〕　さねこれ），国書（あのさねただ）

阿野実惟　あのさねただ
→阿野実惟（あのさねこれ）

阿野実為　あのさねため
生没年不詳
南北朝時代の公卿（内大臣）。大納言阿野実村の次男。
¶朝日，公卿，国史，国書，古中，史人（[没]1399年？），諸系，日人

阿野実直　あのさねなお
承元3（1209）年～建長3（1251）年9月10日　[別]藤原実直《ふじわらさねなお》
鎌倉時代前期の公卿（非参議）。信濃守阿野公佐の子。
¶公卿，公家（実直〔阿野家〕　さねなお），北条（藤原実直　ふじわらさねなお）

阿野実典　あのさねのり
寛政10（1798）年7月1日～天保9（1838）年1月14日
江戸時代後期の公家（非参議）。権中納言阿野公倫の子。
¶公卿，公家（実典〔阿野家〕　さねのり），国書

阿野実治　あのさねはる
？　～宝徳1（1449）年2月11日
室町時代の公卿（権中納言）。左中将阿野公為の長男。
¶公卿，公家（実治〔阿野家〕　さねはる）

阿野実紐　あのさねひも
延享3（1746）年～天明6（1786）年7月26日　[別]阿野実紐《あのさねもと》
江戸時代中期の公家（参議）。権大納言阿野公縄の子。
¶公卿（[生]延享3（1747）年6月25日），公家（実紐〔阿野家〕　さねひも　[生]延享3（1746）年6月25日），国書（あのさねもと　[生]延享3（1746）年5月24日）

阿野実藤　あのさねふじ
寛永11（1634）年2月15日～元禄6（1693）年9月21日
江戸時代前期の公家（権大納言）。権大納言阿野公業の子。
¶公卿，公家（実藤〔阿野家〕　さねふじ）

阿野実文　あのさねふみ
？　～正和5（1316）年9月
鎌倉時代後期の公卿（非参議）。左中将阿野公仲の長男。
¶公卿（[没]正和5（1315）年9月），公家（実文〔阿野家〕　さねふみ），国書

阿野実村　あのさねむら
生没年不詳
南北朝時代の公卿（大納言）。大納言阿野季継の長男。
¶公卿

阿野実紐　あのさねもと
→阿野実紐（あのさねひも）

阿野実廉　あのさねやす
→阿野実廉（あのさねかど）

阿野季継　あのすえつぐ
生没年不詳
南北朝時代の公卿（大納言）。宮内卿阿野実廉の子。
¶公卿，国書

阿野季綱 あのすえつな
文明3(1471)年～永正8(1511)年9月16日
戦国時代の公卿(非参議)。権中納言阿野公熙の子。
¶公卿,公家(季綱〔阿野家〕　すえつな),戦人

阿野季遠 あのすえとお
応永16(1409)年～?
室町時代の公卿(権中納言)。左中将阿野公為の次男。
¶公卿,公家(季遠〔阿野家〕　すえとお)

安濃内親王 あののないしんのう
?～承和8(841)年　[別]安濃内親王《あのないしんのう》
平安時代前期の女性。桓武天皇の第4皇女。
¶女性([没]承和8(841)年8月30日),人名,日人,平史(あのないしんのう)

阿野廉子 あのれんし
正安3(1301)年～正平14/延文4(1359)年　[別]新待賢門院《しんたいけんもんいん》,藤原廉子《ふじわらのかとこ,ふじわらのれんし》
鎌倉時代後期～南北朝時代の女性。後醍醐天皇の後宮、後村上天皇の母。
¶朝日([没]延文4/正平14年4月29日(1359年5月26日)),岩史([没]延文4/正平14(1359)年4月29日),大阪墓([没]正平14/延文4(1359)年4月29日),角史,鎌室(新待賢門院　しんたいけんもんいん　[生]応長1(1311)年),郷土奈良(藤原廉子　ふじわらのかとこ),国史(新待賢門院　しんたいけんもんいん),国書(新待賢門院　しんたいけんもんいん　[没]正平14(1359)年4月29日),古中(新待賢門院　しんたいけんもんいん),コン改([生]応長1(1311)年),コン4,史人(新待賢門院　しんたいけんもんいん　[没]1359年4月29日),諸系,女性(新待賢門院　しんたいけんもんいん),新潮(新待賢門院　しんたいけんもんいん　[没]延文4/正平14(1359)年4月29日),人名(新待賢門院　しんたいけんもんいん),世人([生]応長1(1311)年　[没]正平14/延文4(1359)年4月29日),世人(新待賢門院　しんたいけんもんいん),全書([生]1311年),日史([生]応長1(1311)年　[没]延文4/正平14(1359)年4月29日),日人,百科([生]応長1(1311)年),歴大,和俳

吾平津媛 あひらつひめ
[別]阿比良比売《あひらひめ》,吾平津媛命《あひらづひめのみこと》
上代の女性。神武天皇の妃。
¶古代(阿比良比売　あひらひめ),女性,人名(吾平津媛命　あひらづひめのみこと),姓氏鹿児島(阿比良比売　あひらひめ),日人

吾平津媛命 あひらづひめのみこと
→吾平津媛(あひらつひめ)

阿比良比売 あひらひめ
→吾平津媛(あひらつひめ)

油小路(家名) あぶらこうじ
→油小路(あぶらのこうじ)

油小路隆家 あぶらのこうじたかいえ
延元3/暦応1(1338)年～正平22/貞治6(1367)年4月3日
南北朝時代の公卿(権中納言)。権大納言油小路隆蔭の子。
¶公卿,公家(隆家〔油小路家〕　たかいえ)

油小路隆蔭 あぶらのこうじたかかげ
→四条隆蔭(しじょうたかかげ)

油小路隆前 あぶらのこうじたかさき
享保15(1730)年9月21日～文化14(1817)年11月29日　[別]油小路隆前《あぶらのこうじたかちか》
江戸時代中期～後期の公家(権大納言)。権大納言油小路隆典の三男。
¶公卿,公家(隆前〔油小路家〕　たかさき),国書(あぶらのこうじたかちか),諸系

油小路隆貞 あぶらのこうじたかさだ
元和8(1622)年～元禄12(1699)年9月3日
江戸時代前期の公家(権大納言)。権中納言油小路隆基の子。
¶公卿,公家(隆貞〔油小路家〕　たかさだ),国書

油小路隆真 あぶらのこうじたかざね
万治3(1660)年～享保14(1729)年
江戸時代中期の公家(権中納言)。権大納言油小路隆貞の子。
¶公卿([生]万治3(1660)年5月3日　[没]享保14(1729)年閏9月7日),公家(隆真〔油小路家〕　たかざね　[生]万治3(1660)年5月3日　[没]享保14(1729)年閏9月7日),諸系,人名,日人

油小路隆前 あぶらのこうじたかちか
→油小路隆前(あぶらのこうじたかさき)

油小路隆継 あぶらのこうじたかつぐ
宝徳1(1449)年～天文4(1535)年7月　[別]四条隆継《しじょうたかつぐ》
室町時代～戦国時代の公卿(権中納言)。参議西川房任の子。
¶公卿([生]文明1(1469)年),公家(隆継〔油小路家〕　たかつぐ),戦人(四条隆継　しじょうたかつぐ)

油小路隆董 あぶらのこうじたかなお
天保10(1839)年～明治41(1908)年　[別]油小路隆董《あぶらのこうじたかのぶ》
明治期の華族。殿掌。殿掌取締、伯爵。賀茂葵祭、春日、男山両社等の勅使を務めた。
¶諸系,人名(あぶらのこうじたかのぶ),日人

油小路隆夏 あぶらのこうじたかなつ
*～応仁2(1468)年
室町時代の公卿(権大納言)。権中納言油小路隆信の子。
¶公卿([生]?　[没]応仁2(1468)年6月),公家(隆夏〔油小路家〕　たかなつ　[生]1404年　[没]応仁

2 (1468) 年6月4日)

あ

油小路隆信 あぶらのこうじたかのぶ
正平20/貞治4 (1365) 年～応永26 (1419) 年
南北朝時代～室町時代の公卿 (権中納言)。権中納言油小路隆家の子。
¶鎌室 ([生]?), 公卿 ([没]応永26 (1419) 年8月28日), 公家 (隆信〔油小路家〕 たかのぶ [没]応永26 (1419) 年8月28日), 諸系, 日人

油小路隆董 あぶらのこうじたかのぶ
→油小路隆董 (あぶらのこうじたかなお)

油小路隆典 あぶらのこうじたかのり
貞享1 (1684) 年2月17日～延享3 (1746) 年8月22日
江戸時代中期の公家 (権大納言)。民部卿油小路隆真の子。
¶公卿, 公家 (隆典〔油小路家〕 たかのり)

油小路隆道 あぶらのこうじたかまさ
寛政6 (1794) 年6月12日～天保5 (1834) 年6月21日
江戸時代後期の公家。
¶国書

油小路隆基 あぶらのこうじたかもと
文禄4 (1595) 年～明暦1 (1655) 年12月2日
江戸時代前期の公家 (権中納言)。油小路隆継の養子。
¶公卿, 公家 (隆基〔油小路家〕 たかもと), 諸系

油小路隆彭 あぶらのこうじたかもり
→油小路隆彭 (あぶらのこうじたかゆき)

油小路隆彭 あぶらのこうじたかゆき
宝暦9 (1759) 年9月8日～寛政4 (1792) 年10月8日
[別]油小路隆彭《あぶらのこうじたかもり》
江戸時代中期の公家 (権中納言)。民部卿油小路隆前の子。
¶公卿, 公家 (隆彭〔油小路家〕 たかみち), 国書 (あぶらのこうじたかもり)

安倍章親 あべのあきちか
生没年不詳
平安時代中期の陰陽寮の官人 (天文博士・正五位下)。
¶平史

阿倍秋麻呂 あべのあきまろ
[別]阿倍朝臣秋麻呂《あべのあそんあきまろ》
奈良時代の官人 (正五位下)。
¶古代 (阿倍朝臣秋麻呂 あべのあそんあきまろ), 日人 (生没年不詳)

阿倍東人 あべのあずまひと
? ～延暦18 (799) 年 [別]阿倍朝臣東人《あべのあそんあずまひと》
奈良時代～平安時代前期の官人 (従四位上)。
¶古代 (阿倍朝臣東人 あべのあそんあずまひと), 諸系, 日人

安倍兄雄 (阿倍兄雄) あべのあにお
? ～大同3 (808) 年 [別]阿部兄雄《あべのえお》, 安倍兄雄《あべのしげお》, 安倍朝臣兄雄《あべのあそんあにお》
平安時代前期の公卿 (畿内観察使)。参議阿倍島麻呂の曽孫、従五位上阿倍粳虫の孫、無位阿倍道守の子。
¶朝日 ([没]大同3年10月19日 (808年11月10日)), 公卿 ([没]大同3 (808) 年10月19日), 古代 (安倍朝臣兄雄 あべのあそんあにお), コン改 (阿倍兄雄), コン4 (阿倍兄雄), 諸系, 新潮 (阿倍兄雄 [没]大同3 (808) 年10月19日), 人名 (阿部兄雄 あべのえお), 日人, 平史 (あべのしげお)

安倍有郷 あべのありさと
? ～寛正5 (1464) 年6月 [別]西洞院有郷《にしのとういんありさと》
室町時代の公卿 (非参議)。長禄2年従二位に叙される。
¶公卿 (西洞院有郷 にしのとういんありさと 生没年不詳), 公家 (有郷〔安倍家 (絶家) 2〕 ありさと)

安倍有富 あべのありとみ
室町時代の公卿 (非参議)。
¶公卿 (生没年不詳), 公家 (有富〔安倍家 (絶家) 2〕 ありとみ)

安倍有脩 あべのありなが
→土御門有脩 (つちみかどありなが)

安倍家麻呂 (阿部家麻呂) あべのいえまろ
→阿倍家麻呂 (あべのやかまろ)

阿倍磐城雄公 あべのいわきのおきみ
[別]阿倍磐城臣雄公《あべのいわきのおみおきみ》
平安時代前期の磐城郡司 (従五位下)。
¶福島百 (阿倍磐城臣雄公 あべのいわきのおみおきみ)

阿倍内麻呂 あべのうちのまろ
→阿倍倉梯麻呂 (あべのくらはしまろ)

阿倍内麻呂 (阿部内麻呂) あべのうちまろ
→阿倍倉梯麻呂 (あべのくらはしまろ)

阿部兄雄 あべのえお
→安倍兄雄 (あべのあにお)

阿倍毛人 あべのえみし
? ～宝亀3 (772) 年 [別]阿倍朝臣毛人《あべのあそんえみし》
奈良時代の官人 (参議)。
¶公卿 ([没]宝亀3 (772) 年11月), 古代 (阿倍朝臣毛人 あべのあそんえみし), 日人

阿倍老人 あべのおいひと
→阿倍老人 (あべのおきな)

安倍男笠 あべのおがさ
天平勝宝5 (753) 年～天長3 (826) 年
奈良時代～平安時代前期の官人 (従四位上・主殿頭)。
¶平史

阿倍老人 あべのおきな
[別]阿倍朝臣老人《あべのあそみおきな》,阿倍老人《あべのおいひと》
奈良時代の遣唐使随員。
¶人名（あべのおいひと），日人（生没年不詳），万葉（阿倍朝臣老人　あべのあそみおきな）

安倍奥道（安部息道，阿倍息道） あべのおきみち
？　～宝亀5（774）年　[別]阿倍朝臣息道《あべのあそんおきみち》,安倍朝臣奥道《あべのあそみおきみち》,安部朝臣息道《あべのあそんおきみち》
奈良時代の官人（従四位下）。
¶古代（阿倍朝臣息道　あべのあそんおきみち），人名，姓氏群馬（安部朝臣息道　あべのあそんおきみち），日人，万葉（安倍朝臣奥道　あべのあそみおきみち）

安倍興行（安部興行） あべのおきゆき
生没年不詳　[別]安倍朝臣興行《あべのあそんおきゆき》
平安時代前期の官人（大宰大弐・式部大輔）。
¶朝日，古代（安倍朝臣興行　あべのあそんおきゆき），コン改，コン4，諸系，人名（安部興行），姓氏群馬（安倍朝臣興行　あべのあそんおきゆき），日人，平史

阿倍小足媛 あべのおたらしひめ
生没年不詳　[別]小足媛《おたらしひめ》
飛鳥時代の女性。孝徳天皇の妃。
¶朝日，国史，古代（小足媛　おたらしひめ），古中，コン改，コン4，史人，諸系，女性（小足媛　おたらしひめ），新潮，人名（小足媛　おたらしひめ），日人

安倍弟当 あべのおとまさ
？　～大同3（808）年
平安時代前期の廷臣（従四位下）。
¶諸系，人名，日人

安倍雄能麻呂 あべのおのうまろ
？　～天長3（826）年　[別]安倍朝臣雄能麻呂《あべのあそんおのうまろ》
奈良時代～平安時代前期の官人（従四位上・左馬頭）。
¶姓氏群馬（安倍朝臣雄能麻呂　あべのあそんおのうまろ）

阿倍首名 あべのおびとな
664年～神亀4（727）年　[別]阿倍朝臣首名《あべのあそんおびとな》
飛鳥時代～奈良時代の中級官人（兵部卿・正四位下）。
¶古代（阿倍朝臣首名　あべのあそんおびとな），日人

阿倍清継（安倍清繼） あべのきよつぐ
生没年不詳
平安時代の地方官（従五位下越前介）。
¶人名，日人，平史（安倍清繼）

阿倍浄成 あべのきよなり
[別]阿倍朝臣浄成《あべのあそんきよなり》
奈良時代の官人（正五位上・鋳銭長官・美作守）。
¶古代（阿倍朝臣浄成　あべのあそんきよなり），日人（生没年不詳）

安倍清行 あべのきよゆき
天長2（825）年～昌泰3（900）年　[別]安倍清行《あべきよゆき》,安倍朝臣清行《あべのあそんきよゆき》
平安時代前期の官人、歌人（従四位上讃岐守）。
¶国書（あべきよゆき），古代（安倍朝臣清行　あべのあそんきよゆき），コン改，コン4，諸系，人名，日人，平史，和俳

阿倍久努麻呂 あべのくぬのまろ
[別]阿倍久努朝臣麻呂《あべのくぬのあそんまろ》
飛鳥時代の官人。
¶古代（阿倍久努朝臣麻呂　あべのくぬのあそんまろ），日人（生没年不詳）

阿倍倉梯麻呂（阿部倉梯麿） あべのくらはしのまろ
→阿倍倉梯麻呂（あべのくらはしまろ）

阿倍倉梯麻呂（阿部倉梯麿） あべのくらはしまろ
？　～大化5（649）年　[別]阿倍倉梯麻呂《あべのくらはしのまろ》,阿倍内麻呂《あべのうちのまろ，あべのうちまろ》,阿部内麻呂《あべのうちまろ》
飛鳥時代の廷臣（左大臣）。阿倍鳥子臣・阿倍内臣鳥の子か。
¶朝日（あべのくらはしのまろ　[没]大化5年3月17日（649年5月3日）），岩史（阿倍内麻呂　あべのうちのまろ　[没]大化5（649）年3月17日），角史（阿倍内麻呂　あべのうちのまろ），公卿（[没]大化5（649）年3月17日），国史（阿倍内麻呂　あべのうちのまろ），古史，古代（あべのくらはしのまろ），古中（阿倍内麻呂　あべのうちのまろ），コン改，コン4，史人（阿倍内麻呂　あべのうちのまろ　[没]649年3月17日），重要（阿倍内麻呂　あべのうちまろ），諸系（あべのくらはしのまろ），新潮（あべのくらはしのまろ　[没]大化5（649）年3月17日），人名（阿部倉梯麿），世人（阿倍内麻呂　あべのうちのまろ　[没]大化5（649）年3月17日），世百，全書（阿倍内麻呂　あべのうちまろ），大百，日史（[没]大化5（649）年3月17日），日人（あべのくらはしのまろ），百科，歴大（阿倍内麻呂　あべのうちまろ）

安倍黒麻呂 あべのくろまろ
生没年不詳　[別]安倍朝臣黒麻呂《あべのあそんくろまろ》
奈良時代の官人（日向守）。藤原広嗣の乱で活躍。
¶朝日，古代（安倍朝臣黒麻呂　あべのあそんくろまろ），コン改，コン4，日人

阿倍子嶋 あべのこしま
？　～天平宝字8（764）年　[別]阿倍朝臣子嶋《あべのあそんこしま》
奈良時代の中級官人（従四位下上総守）。
¶古代（阿倍朝臣子嶋　あべのあそんこしま），諸系，日人

安倍比高 あべのこれたか
→安倍比高（あべのなみたか）

あ

安倍猨嶋墨縄 あべのさしまのすみなわ
[別]安倍猨嶋朝臣墨縄《あべのさしまのあそんすみなわ》
奈良時代の征夷副将軍。敗軍の責任を問われる。
¶古代(安倍猨嶋朝臣墨縄　あべのさしまのあそんすみなわ), 日人(生没年不詳)

安倍貞行 あべのさだゆき
生没年不詳　[別]安倍朝臣貞行《あべのあそんさだゆき》
平安時代前期の官人(従四位上。刑部卿・大宰大弐)。
¶朝日, 古代(安倍朝臣貞行　あべのあそんさだゆき), 諸系, 人名, 姓氏群馬(安倍朝臣貞行　あべのあそんさだゆき), 日人, 平史

阿倍沙弥麻呂(安倍沙美麿, 安倍沙弥麻呂) あべのさみまろ
? 〜天平宝字2(758)年　[別]阿倍朝臣沙弥麻呂《あべのあそんさみまろ》, 安倍朝臣沙弥麻呂《あべのあそみさみまろ》
奈良時代の官人(参議)。
¶公卿([没]天平宝字2(758)年4月20日), 古代(阿倍朝臣沙弥麻呂　あべのあそんさみまろ), 人名(安倍沙美麿), 日人(安倍沙弥麻呂), 万葉(安倍朝臣沙弥麻呂　あべのあそみさみまろ)

安倍兄雄 あべのしげお
→安倍兄雄(あべのあにお)

阿倍嶋麻呂(阿倍島麻呂) あべのしままろ
? 〜天平宝字5(761)年　[別]阿倍朝臣嶋麻呂《あべのあそんしままろ》
奈良時代の官人(参議)。右大臣阿倍御主人の孫、中納言阿倍広庭の子。
¶公卿(阿倍島麻呂　[没]天平宝字6(762)年3月1日), 古代(阿倍朝臣嶋麻呂　あべのあそんしままろ), 諸系, 日人

安倍季弘 あべのすえひろ
保延2(1136)年〜正治1(1199)年
平安時代後期〜鎌倉時代前期の陰陽師(正四位下穀倉院別当)。
¶諸系, 平史

阿倍宿奈麻呂(阿部宿奈麻呂) あべのすくなまろ
? 〜養老4(720)年　[別]阿倍朝臣宿奈麻呂《あべのあそんすくなまろ》
飛鳥時代〜奈良時代の官人(大納言)。筑紫大宰帥大錦上阿倍比羅夫の子。
¶朝日([没]養老4年1月27日(720年3月10日)), 公卿([没]養老4(720)年1月11日), 国史, 古代(阿倍朝臣宿奈麻呂　あべのあそんすくなまろ), 古中, コン改, コン4, 史人([没]720年1月10日, (異説)1月24日), 諸系, 新潮([没]養老4(720)年1月10日), 人名(阿部宿奈麻呂), 日史([没]養老4(720)年1月27日), 日人, 百科, 歴大

阿倍駿河 あべのするが
生没年不詳
奈良時代の官人、持節鎮狄将軍。
¶朝日, コン改, コン4, 諸系, 日人

安倍晴明 あべのせいめい
延喜21(921)年〜寛弘2(1005)年　[別]安倍晴明《あべせいめい, あべのはるあきら》
平安時代中期の陰陽家。「今昔物語」などに逸話がある。
¶朝日, 岩史, 大阪人(あべせいめい　[生]延喜19(919)年　[没]寛弘2(1005)年9月), 岡山百, 角史, 京都, 京都大([生]延喜11(911)年), 国史, 国書(あべせいめい　[没]寛弘2(1005)年9月26日), 古史, 古中, コン改, コン4, 史人([没]1005年?), 諸系, 神史, 新潮, 人名([生]?), 姓氏京都, 世人([没]寛弘2(1005)年9月26日), 世百([生]?), 全書, 大百, 日史([没]寛弘2(1005)年9月26日), 日人, 百科, 平史(あべのはるあきら), 歴大

安倍孝重 あべのたかしげ
生没年不詳　[別]安倍孝重《あべたかしげ》
鎌倉時代前期の陰陽家。
¶国書(あべたかしげ)

安倍忠顕 あべのただあき
生没年不詳　[別]安倍忠顕《あべただあき》
鎌倉時代後期の公家・歌人。
¶国書(あべただあき)

阿倍橘娘 あべのたちばなのいらつめ
? 〜天武9(681)年　[別]阿倍橘娘《あべたちばなのいらつめ》, 橘娘《たちばなのいらつめ》
飛鳥時代の女性。天智天皇の嬪。
¶諸系, 女性([没]天武9(681)年2月29日), 女性(橘娘　たちばなのいらつめ　生没年不詳), 人名(あべたちばなのいらつめ), 日人

安倍親成 あべのちかなり
生没年不詳　[別]安倍親成《あべちかなり》
室町時代の官人(大蔵大輔)。
¶国書(あべちかなり)

安倍親宗 あべのちかむね
生没年不詳
平安時代後期の陰陽師。
¶平史

安倍親職 あべのちかもと
? 〜仁治1(1240)年　[別]安倍親職《あべちかもと》
鎌倉時代前期の陰陽師。
¶鎌室(あべちかもと), 諸系, 日人(あべちかもと)

阿倍継麻呂(阿部継麿) あべのつぎまろ
→阿倍継麻呂(あべのつぐまろ)

阿倍継麻呂 あべのつぐまろ
? 〜天平9(737)年　[別]阿倍朝臣継麻呂《あべのあそみつぎまろ, あべのあそんつぐまろ》, 阿部継麿《あべのつぎまろ》
奈良時代の官人(遣新羅国大使)。
¶古代(阿倍朝臣継麻呂　あべのあそんつぐまろ), 人名(阿部継麿　あべのつぎまろ), 日人, 万葉(阿倍朝臣継麻呂　あべのあそみつぎまろ)

皇族・貴族篇 21 あへのひ

安倍経明 あべのつねあき
生没年不詳
平安時代後期の陰陽師、漏刻博士。
¶平史

安倍時親 あべのときちか
生没年不詳
平安時代中期の陰陽博士。
¶平史

安倍俊清 あべのとしきよ
寛徳1（1044）年〜大治4（1129）年
平安時代中期〜後期の書博士。
¶平史

安倍奉親 あべのともちか
生没年不詳
平安時代中期の陰陽家。
¶平史

安倍豊継 あべのとよつぐ
㊙安倍朝臣豊継《あべのあそみとよつぐ》
奈良時代の官吏。
¶人名，日人（生没年不詳），万葉（安倍朝臣豊継　あべのあそみとよつぐ）

阿倍鳥 あべのとり
生没年不詳　㊙阿倍鳥臣《あべのとりのおみ》
飛鳥時代の官人。四大夫の一人。
¶朝日，古代（阿倍鳥臣　あべのとりのおみ），コン改，コン4，諸系，新潮，日史，日人，百科

安部内親王 あべのないしんのう
生没年不詳
奈良時代の女性。淳仁天皇の皇女。
¶女性，人名，日人

阿倍仲麻呂 (安倍仲麻呂) あべのなかまろ
文武天皇2（698）年〜大暦5（770）年　㊙阿倍仲麻呂《あべなかまろ》，阿倍朝臣仲麻呂《あべのあそんなかまろ》
奈良時代の遣唐留学生。717年遣唐留学生として遣唐使に随行して入唐。科挙に合格し唐朝に仕官して玄宗皇帝に仕える。遂に帰国を果たせず長安で死去。
¶朝日，岩史（㊥大宝1（701）年），角史，郷土奈良（㊥699年），国史（㊥701年），国書（あべなかまろ　㊥大宝1（701）年　㊥神護景雲4（770）年1月），古史，古代（阿倍朝臣仲麻呂　あべのあそんなかまろ），古中，コン改，コン4，詩歌（安倍仲麻呂　㊥701年），史人（㊥698年？　㊥770年？），重要（㊥文武2（698）年？），諸系（㊥698年，（異説）701年），新潮（㊥文武2（698）年，（異説）大宝1（701）年　㊥宝亀1（770）年1月），人名（安倍仲麻呂　㊥698年？），世人（㊥文武2（701）年　㊥宝亀1（770）年7月1日），世百（㊥701年），全書，大百，伝記（安倍仲麻呂），日史，日人（㊥698年，（異説）701年），百科，歴大，和俳

安倍比高 あべのなみたか
生没年不詳　㊙安倍朝臣比高《あべのあそんなみ

たか》，安倍比高《あべのこれたか》
平安時代前期の官人、軍人（従五位下・陸奥鎮守府将軍）。
¶古代（安倍朝臣比高　あべのあそんなみたか），諸系，日人，平史（あべのこれたか）

安倍業俊 あべのなりとし
保延5（1139）年〜建久3（1192）年
平安時代後期の陰陽家。
¶平史

阿倍爾閇 (阿倍爾閇) あべのにえ
？〜霊亀2（716）年　㊙阿倍朝臣爾閇《あべのあそんにえ》
飛鳥時代〜奈良時代の中級官人（造大幣司長官・長門守・従四位下）。
¶古代（阿倍朝臣爾閇　あべのあそんにえ），日人

安倍信行 あべののぶゆき
生没年不詳
平安時代中期の検非違使・左衛門大尉。
¶平史

安倍晴明 あべのはるあきら
→安倍晴明（あべのせいめい）

安倍晴道 あべのはるみち
嘉保1（1094）年〜仁平3（1153）年
平安時代後期の陰陽師。陰陽権助、天文博士。
¶諸系，人名，日人，平史（㊥1086年）

安倍久脩 あべのひさなが
→土御門久脩（つちみかどひさなが）

阿倍比羅夫 (阿部比羅夫，安倍比羅夫) あべのひらふ，あべのひらぶ
生没年不詳　㊙阿倍引田臣比羅夫《あべのひけたのおみひらぶ》
飛鳥時代の官人、武将。水軍を率い、東北地方日本海側の蝦夷を討って越の国守となる。のち朝鮮にも遠征したが、663年白村江の戦いで唐・新羅の連合軍に敗れた。
¶青森百（あべのひらぶ），秋田百（あべのひらぶ），朝日，岩史，岩手百（安倍比羅夫），角史，国史（あべのひらぶ），古史（あべのひらぶ），古代（阿倍引田臣比羅夫　あべのひけたのおみひらぶ），古中（あべのひらぶ），コン改（あべのひらぶ），コン4（あべのひらぶ），史人，重要，諸系，新潮，人名（阿部比羅夫），姓氏岩手（阿部比羅夫），世人（あべのひらぶ），世百（阿部比羅夫），全書，大百，富山百，新潟百，日史，日人，百科，福井百，北海道百（あべのひらぶ），北海道歴（阿部比羅夫　あべのひらぶ），宮城百（阿部比羅夫　あべのひらぶ），歴大

安倍枚麻呂 あべのひらまろ
？〜弘仁3（812）年　㊙安倍朝臣枚麻呂《あべのあそんひらまろ》
平安時代前期の官人（従四位下）。
¶古代（安倍朝臣枚麻呂　あべのあそんひらまろ），日人

あ

安倍広賢 あべのひろかた
嘉承2(1107)年～応保2(1162)年
平安時代後期の陰陽家。
¶平史

阿倍広庭(阿部広庭, 安倍広庭) あべのひろにわ
*～天平4(732)年 [別]阿倍朝臣広庭《あべのあそんひろにわ》,安倍広庭《あべひろにわ》,安倍朝臣広庭《あべのあそみひろにわ》
飛鳥時代～奈良時代の官人(中納言)。右大臣阿倍御主人の子。
¶朝日([生]斉明5(659)年 [没]天平4年2月22日(732年3月22日)), 公卿([生]天智2(663)年 [没]天平4(732)年2月22日), 国史([生]?), 国書(安倍広庭 あべひろにわ [生]斉明5(659)年? [没]天平4(732)年2月22日), 古代(阿倍朝臣広庭 あべのあそんひろにわ [生]659年), 古中([生]?), コン改([生]?), コン4([生]?), 詩歌(安倍広庭 [生]659年), 史人([生]659年 [没]732年2月22日), 諸系([生]659年), 新潮([生]?), 人名(阿部広庭 [生]659年), 日史([生]? [没]天平4(732)年2月22日), 日人([生]659年), 百科([生]?), 万葉(安倍朝臣広庭 あべのあそみひろにわ), 和俳([生]斉明5(659)年)

安倍寛麻呂 あべのひろまろ
*～弘仁11(820)年
平安時代前期の公卿(参議)。治部卿従四位上安倍東人の三男。
¶公卿([生]? [没]弘仁11(820)年11月11日), 平史([生]757年)

安倍広基 あべのひろもと
生没年不詳
平安時代後期の天文博士、陰陽師。
¶平史

安倍房上 あべのふさかみ
生没年不詳
平安時代前期の官人(河内守)。
¶平史, 和歌山人

阿倍真勝(安倍真勝) あべのまかつ
天平勝宝6(754)年～天長3(826)年 [別]阿倍朝臣真勝《あべのあそんまかつ》, 安倍真勝《あべのまかつ》
奈良時代～平安時代前期の官人。
¶古代(阿倍朝臣真勝 あべのあそんまかつ), 日人, 平史(安倍真勝)

安倍真君(阿部真君) あべのまきみ
生没年不詳
飛鳥時代～奈良時代の官人(越後守・従五位下)。
¶庄内, 新潟百(阿部真君)

安倍真直 あべのまなお
生没年不詳 [別]安倍真直《あべまなお》,安倍朝臣真直《あべのあそんまなお》
平安時代前期の官僚、学者。医方書「大同類聚方」の著者。
¶朝日, 国史, 国書(あべまなお), 古代(安倍朝臣真直 あべのあそんまなお), 古中, 史人, 新潮, 人名, 世人, 日人, 平史

阿倍摩侶 あべのまろ
[別]阿倍臣摩侶《あべのおみまろ》
飛鳥時代の官人。倉梯麻呂と同一説あり。
¶古代(阿倍臣摩侶 あべのおみまろ), 日人(生没年不詳)

阿倍御主人(阿部御主人) あべのみうし
舒明7(635)年～大宝3(703)年 [別]阿倍御主人《あべのみぬし》,布勢御主人《ふせのみぬし》,布勢朝臣御主人《ふせのあそんみうし》
飛鳥時代の公卿(右大臣)。布勢麿古臣の子。
¶朝日([没]大宝3年閏4月1日(703年5月20日)), 公卿([没]大宝3(703)年閏4月1日), 国史, 古史, 古代(布勢朝臣御主人 ふせのあそんみうし), 古中, コン改(あべのみぬし [生]?), コン4, 史人([生]? [没]703年閏4月1日), 諸系, 新潮([没]大宝3(703)年閏4月), 人名(阿部御主人 [生]?), 日史([没]大宝3(703)年閏4月1日), 日人, 百科

安倍三寅 あべのみとら
生没年不詳
平安時代前期の官人(従五位上・鎮守府将軍)。
¶平史

阿倍御主人 あべのみぬし
→阿倍御主人(あべのみうし)

阿倍虫麻呂(阿部虫麿, 安倍虫麻呂) あべのむしまろ
? ～天平勝宝4(752)年 [別]阿倍朝臣虫麻呂《あべのあそんむしまろ》,安倍朝臣虫麻呂《あべのあそみむしまろ》
奈良時代の中級官人、歌人(中務大輔従四位下)。
¶古代(阿倍朝臣虫麻呂 あべのあそんむしまろ), 人名(阿部虫麿), 日人, 万葉(安倍朝臣虫麻呂 あべのあそみむしまろ), 和俳(阿部虫麿)

安倍宗明 あべのむねあき
生没年不詳
平安時代後期の陰陽師、天文博士。
¶平史

安倍宗時 あべのむねとき
生没年不詳 [別]安倍宗時《あべむねとき》
南北朝時代の公家・歌人。
¶国書(あべむねとき)

安倍宗長 あべのむねなが
生没年不詳 [別]安倍宗長《あべむねなが》
南北朝時代の公家・歌人。
¶国書(あべむねなが)

安倍守経 あべのもりつね
? ～応永29(1422)年
室町時代の公卿(非参議)。
¶公卿([没]応永29(1422)年10月), 公家(守経〔安倍家(絶家)1〕 もりつね [没]応永29(1422)年閏10月)

阿倍家麻呂(安倍家麿)　あべのやかまろ
生没年不詳　[別]阿倍朝臣家麻呂《あべのあそんやかまろ》,安倍家麻呂《あべのいえまろ》,阿部朝臣家麻呂《あべのあそんいえまろ》,安倍家麿《あべのやかまろ》
奈良時代の武官(上野守・左兵衛督・石見守)。
¶秋田百(安倍家麻呂　あべのいえまろ),古代(阿倍朝臣家麻呂　あべのあそんやかまろ),庄内(安倍家麿),諸系,姓氏群馬(阿部朝臣家麻呂　あべのあそんいえまろ),日人

安倍泰邦　あべのやすくに
→土御門泰邦(つちみかどやすくに)

安倍泰親　あべのやすちか
天永1(1110)年〜寿永2(1183)年　[別]安倍泰親《あべやすちか》
平安時代後期の陰陽家。
¶朝日,鎌室(あべやすちか),国史,国書(あべやすちか　[生]天永1(1110)年?　[没]寿永2(1183)年?),古史,古中,コン改(生没年不詳),コン4(生没年不詳),史人,諸系,新潮([生]天永1(1110)年?　[没]寿永2(1183)年?),人名,姓氏京都,世人(生没年不詳),日史(生没年不詳),日人,百科(生没年不詳),平史,歴大

安倍泰福　あべのやすとみ
→土御門泰福(つちみかどやすとみ)

安倍泰長　あべのやすなが
生没年不詳
平安時代後期の陰陽師。
¶平史

安倍安仁　あべのやすひと
延暦12(793)年〜貞観1(859)年　[別]安倍朝臣安仁《あべのあそんやすひと》
平安時代前期の公卿(大納言)。参議・兼大宰大弐安倍寛麻呂の次男。
¶朝日([没]貞観1年4月23日(859年5月28日)),公卿([没]天安3(859)年4月23日),国史,古代(安倍朝臣安仁　あべのあそんやすひと),古中,コン改,コン4,史人([生]793年,(異説)795年　[没]859年4月23日),諸系,新潮([没]貞観1(859)年4月23日),人名,日人,平史,歴大

阿倍安麻呂(阿部安麻呂)　あべのやすまろ
生没年不詳
奈良時代の官人(遣唐大使)。
¶朝日,コン改,コン4,諸系,人名(阿部安麻呂),日人

安倍泰光　あべのやすみつ
生没年不詳　[別]安倍泰光《あべやすみつ》
南北朝時代の公家・歌人。
¶国書(あべやすみつ)

安倍吉人(安部吉人)　あべのよしひと
天応1(781)年〜承和5(838)年　[別]安部吉人《あべよしひと》
奈良時代〜平安時代前期の官人(正四位下・治部卿)。
¶国書(安部吉人　あべよしひと　[没]承和5(838)年6月10日),平史

安倍吉平　あべのよしひら
天暦8(954)年〜万寿3(1026)年
平安時代中期の陰陽家。安倍晴明の子。
¶朝日([没]万寿3年12月18日(1027年1月28日)),国史,古史,古中,史人([没]1026年12月18日),諸系([没]1027年),新潮([没]万寿3(1026)年12月18日),人名,姓氏京都,日人([没]1027年),平史,歴大

安倍吉昌　あべのよしまさ
?〜寛仁3(1019)年
平安時代中期の陰陽師。
¶諸系,人名,日人,平史

阿保親王(安保親王)　あぼしんのう
延暦11(792)年〜承和9(842)年
平安時代前期の平城天皇の第1皇子。
¶朝日([没]承和9年10月22日(842年11月27日)),角史,京都,京都大,国史,古史,古代,古中(安保親王),コン改,コン4,史人([没]842年10月22日),諸系,新潮([没]承和9(842)年10月22日),人名,姓氏京都,姓氏群馬,世人([没]承和9(842)年10月22日),全書,大百,日史([没]承和9(842)年10月22日),日人,百科,兵庫百,平史,歴大

英保代作　あぼのしろつくり
生没年不詳　[別]英保首代作《あぼのおびとしろつくり》
奈良時代の官人(従五位下)。
¶兵庫百(英保首代作　あぼのおびとしろつくり)

阿保経覧　あぼのつねみ,あほのつねみ
?〜延喜12(912)年　[別]阿保経覧《あほつねみ》
平安時代前期〜中期の官人(主税頭従五位下)。
¶国書(あほつねみ　[没]延喜12(912)年1月17日),諸系,日人,平史

阿保人上　あぼのひとがみ
生没年不詳
奈良時代〜平安時代前期の官人(正五位下)。
¶平史

尼子娘　あまこのいらつめ
飛鳥時代の女性。天武天皇の嬪。高市皇子の母。
¶女性(生没年不詳),人名

天豊津媛命　あまとよつひめのみこと
[別]泉媛《いずみひめ》,天豊津媛命《あまのとよつひめのみこと》
上代の女性。懿徳天皇の皇后。
¶女性(あまのとよつひめのみこと),人名(泉媛　いずみひめ),人名,日人

海犬養五百依　あまのいぬかいのいおより
[別]海犬養宿禰五百依《あまのいぬかいのすくねいおより》
奈良時代の中級官人。

¶古代（海犬養宿禰五百依　あまのいぬかいのすくねいおより），日人（生没年不詳）

海犬養岡麻呂（海犬養岡麿）　あまのいぬかいのおかまろ
生没年不詳　[別]海犬養宿禰岡麻呂《あまのいぬかいのすくねおかまろ》
奈良時代の官人、歌人。
¶朝日，コン改，コン4，人名（海犬養岡麿），日人（海犬養岡麿），万葉（海犬養宿禰岡麻呂　あまのいぬかいのすくねおかまろ），和俳

海犬養勝麻呂　あまのいぬかいのかつまろ
[別]海犬養連勝麻呂《あまのいぬかいのむらじかつまろ》
飛鳥時代の官人、入鹿暗殺の加担者。
¶古代（海犬養連勝麻呂　あまのいぬかいのむらじかつまろ），日人（生没年不詳）

天押帯日子命　あめおしたらしひこのみこと
上代の孝昭天皇の皇子。
¶古代

天国排開広庭尊　あめくにおしはらきひろにわのみこと
→欽明天皇（きんめいてんのう）

天足彦国押人命　あめたらしひこくにおしひとのみこと
上代の孝昭天皇の第1皇子。
¶人名，日人

天豊財重日足姫尊　あめとよたからいかしひたらしひめのみこと
→皇極天皇（こうぎょくてんのう）

天帯根命　あめのたらしねのみこと
上代の「旧事本紀」にみえる景行天皇の皇子。
¶日人

天渟中原瀛真人尊　あめのぬなはらおきのまひとのみこと
→天武天皇（てんむてんのう）

天命開別尊　あめみことひらかすわけのみこと
→天智天皇（てんぢてんのう）

天万豊日尊　あめよろずとよひのみこと
→孝徳天皇（こうとくてんのう）

阿夜　あや
生没年不詳　[別]阿夜御前《あやごぜん，あやのごぜ》
平安時代後期の女性。鳥羽天皇の皇女。
¶女性（阿夜御前　あやのごぜ），人名（阿夜御前　あやごぜん），日人，平史

操子女王　あやこじょおう
→操子女王(2)（そうしじょおう）

阿夜御前　あやごぜん
→阿夜（あや）

文馬養　あやのうまかい
→文馬養（ふみのうまかい）

綾小路敦有　あやのこうじあつあり
元亨2（1322）年～応永7（1400）年2月15日
南北朝時代～室町時代の公卿（参議）。備前権守綾小路有頼の子。
¶朝日（[生]元亨3（1323）年　[没]応永7年2月15日（1400年3月10日）），鎌室（[生]元亨3（1323）年），公卿（[生]正和5（1316）年），公家（敦有〔綾小路家〕　あつあり），国書，諸系，日音（[生]元亨2（1322）年，（異説）元亨3（1323）年），日人

綾小路有長　あやのこうじありおさ
→綾小路有長（あやのこうじありなが）

綾小路有良　あやのこうじありかず
嘉永2（1849）年5月20日～明治40（1907）年6月16日
江戸時代末期～明治期の華族（子爵）。雅楽演奏家。
¶芸能，諸系，新芸，人名，世紀，日音，日人

綾小路有胤　あやのこうじありたね
寛文4（1664）年10月12日～寛保2（1742）年9月6日
江戸時代中期の公家（権中納言）。権中納言綾小路俊景の子。
¶公卿，公家（有胤〔綾小路家〕　ありたね）

綾小路有時　あやのこうじありとき
？　～文保2（1318）年11月14日
鎌倉時代後期の公卿（参議）。権中納言綾小路信有の子。
¶公卿，公家（有時〔綾小路家〕　ありとき）

綾小路有俊　あやのこうじありとし
応永26（1419）年～？
室町時代～戦国時代の公卿（権中納言）。民部卿山科行有の子。
¶公卿，公家（有俊〔綾小路家〕　ありとし），国書，日音（[没]明応4（1495）年）

綾小路有長　あやのこうじありなが
寛政4（1792）年10月4日～明治14（1881）年2月12日　[別]綾小路有長《あやのこうじありおさ》
江戸時代末期～明治期の公家（権大納言）。権大納言綾小路俊資の子。
¶公卿（あやのこうじありおさ　[没]明治6（1873）年9月），公家（有長〔綾小路家〕　ありなが），国書，日音（[没]明治14（1881）年2月11日）

綾小路有美　あやのこうじありよし
享保7（1722）年8月28日～寛政5（1793）年9月15日
江戸時代中期の公家（権大納言）。権大納言・按察使綾小路俊宗の子。
¶公卿，公家（有美〔綾小路家〕　ありよし）

綾小路有頼　あやのこうじありより
永仁3（1295）年～元徳1（1329）年7月18日
鎌倉時代後期の公卿（参議）。権中納言綾小路信有の子。
¶公卿，公家（有頼〔綾小路家〕　ありより），国書

皇族・貴族篇　　25　　あらつの

綾小路家政 あやのこうじいえまさ
明治10（1877）年3月23日〜大正9（1920）年12月4日
明治〜大正期の侍従、華族（子爵）。明治天皇、大正天皇の側近として奉仕。
¶人名，世紀，日人

綾小路茂賢 あやのこうじしげかた
？　〜正中2（1325）年6月3日
鎌倉時代後期の公卿（非参議）。権中納言・按察使綾小路経賢の子。
¶公卿，公家（茂賢〔庭田家〕　しげかた）

綾小路高有 あやのこうじたかあり
文禄4（1595）年〜正保1（1644）年1月25日
江戸時代前期の公家（参議）。正三位五辻之仲の次男。
¶公卿，公家（高有〔綾小路家〕　たかあり），諸系

綾小路経賢 あやのこうじつねかた
鎌倉時代後期の公卿（非参議）。権中納言・按察使綾小路経賢の子。
¶公卿（生没年不詳），公家（経賢〔庭田家〕　つねかた）

綾小路経資 あやのこうじつねすけ
→庭田経資（にわたつねすけ）

綾小路俊景 あやのこうじとしかげ
寛永9（1632）年1月2日〜元禄1（1688）年6月17日
江戸時代前期の公家（権中納言）。参議綾小路高有の子。
¶公卿，公家（俊景〔綾小路家〕　としかげ）

綾小路俊量 あやのこうじとしかず
宝徳3（1451）年〜永正15（1518）年7月10日
戦国時代の公卿（権中納言）。権中納言綾小路有俊の子。
¶公卿，公家（俊量〔綾小路家〕　としかず），国書，諸系，戦人，日音（㊱？）

綾小路俊賢 あやのこうじとしかた
文政7（1824）年閏8月23日〜嘉永7（1854）年
江戸時代末期の公家（非参議）。権大納言綾小路有長の子。
¶公卿（㊱嘉永7（1854）年7月10日），公家（俊賢〔綾小路家〕　としかた　㊱安政1（1854）年閏7月10日）

綾小路俊資 あやのこうじとしすけ
→綾小路俊資（あやのこうじとしもと）

綾小路俊宗 あやのこうじとしむね
元禄3（1690）年3月8日〜明和7（1770）年9月1日
江戸時代中期の公家（権大納言）。権中納言綾小路有胤の子。
¶公卿，公家（俊宗〔綾小路家〕　としむね），国書

綾小路俊資 あやのこうじとしもと
宝暦8（1758）年11月4日〜天保4（1833）年11月17

日　㊲綾小路俊資《あやのこうじとしすけ》
江戸時代中期〜後期の公家（権大納言）。権大納言庭田重熙の次男。
¶公卿（㊱宝暦8（1758）年11月8日），公家（俊資〔綾小路家〕　としすけ），国書（あやのこうじとしすけ）

綾小路成賢 あやのこうじなりかた
？　〜元中8/明徳2（1391）年4月5日
南北朝時代の公卿（参議）。備前権守綾小路有頼の子。
¶公卿，公家（成賢〔綾小路家〕　なりかた），国書

綾小路信有 あやのこうじのぶあり
＊〜正中1（1324）年9月10日
鎌倉時代後期の公卿（権中納言）。権中納言源有資の子。
¶公卿（㊱文永6（1269）年），公家（信有〔綾小路家〕　のぶあり　㊱1258年？），日音（㊱正嘉2（1258）年）

綾小路信俊 あやのこうじのぶとし
正平10/文和4（1355）年〜永享1（1429）年6月18日
南北朝時代〜室町時代の公卿（権中納言）。参議綾小路敦有の子。
¶公卿，公家（信俊〔綾小路家〕　のぶとし），国書

綾小路護 あやのこうじまもる
明治26（1893）年〜昭和48（1973）年10月21日
大正〜昭和期の華族（子爵）。郢曲‖19代郢曲源家流師範。
¶日音

阿夜御前 あやのごぜ
→阿夜（あや）

礼宮文仁 あやのみやふみひと
→秋篠宮文仁親王（あきしのみやふみひとしんのう）

文仁親王 あやひとしんのう
延宝8（1680）年〜宝永8（1711）年
江戸時代中期の霊元天皇の第8皇子。桂宮の第6代。
¶国書（㊱延宝8（1680）年8月16日　㊲宝永8（1711）年3月6日），諸系，人名，日人

荒木忍国 あらきのおしくに
㊲荒木臣忍国《あらきのおみおしくに》
飛鳥時代の官人（従五位下遠江介）。
¶古代（荒木臣忍国　あらきのおみおしくに），日人（生没年不詳）

糠君娘（糠君娘） あらきみのいらつめ，あらぎみのいらつめ
㊲粳娘《ぬかのいらつめ》
上代の女性。仁賢天皇の妃。春日山田皇女の母。
¶女性（糠君娘　あらぎみのいらつめ），女性（粳娘　ぬかのいらつめ），日人

阿良都命 あらつのみこと
上代の景行天皇の曽孫。御諸別命の子。

¶古代，日人

有明親王 ありあきらしんのう
延喜10（910）年～応和1（961）年
平安時代中期の皇族（兵部卿）。醍醐天皇の皇子。
¶諸系，人名，日人，平史

有子内親王(1) ありこないしんのう
？～貞観4（862）年　[別]有子内親王《ゆうしないしんのう》
平安時代前期の女性。淳和天皇の皇女。
¶女性（ゆうしないしんのう　[没]貞観4（862）年2月25日），人名，日人，平史

有子内親王(2) ありこないしんのう
鎌倉時代前期の守貞親王の王女。
¶人名，日人（生没年不詳）

有佐王 ありさおう
生没年不詳
平安時代前期の官人。
¶新潟百

有栖川宮貞子 ありすがわのみやさだこ
嘉永3（1850）年10月27日～明治5（1872）年1月9日　[別]有栖川宮妃貞子《ありすがわのみやひさだこ》，熾仁親王妃貞子《たるひとしんのうひさだこ》
江戸時代末期～明治期の女性。有栖川宮熾仁親王の妃。15代将軍徳川慶喜の異母妹。
¶女性，女性普，人名（熾仁親王妃貞子　たるひとしんのうひさだこ　[没]1871年），日人（有栖川宮妃貞子　ありすがわのみやひさだこ）

有栖川宮幟仁親王 ありすがわのみやたかひとしんのう
文化9（1812）年～明治19（1886）年1月24日　[別]幟仁親王《たかひとしんのう》，有栖川宮幟仁《ありすがわのみやたかひと》
江戸時代末期～明治期の皇族。有栖川宮韶仁親王の子。父の死により有栖川宮家を継ぐ。明治天皇の習字師範を努める。
¶朝日（幟仁親王　たかひとしんのう　[生]文化9年1月5日（1812年2月17日）），維新（幟仁親王　たかひとしんのう），近現（幟仁親王　たかひとしんのう），近世（幟仁親王　たかひとしんのう），国史（幟仁親王　たかひとしんのう），国書（幟仁親王　たかひとしんのう　[生]文化9（1812）年1月5日），コン改，コン4，コン5，史人（[生]1812年1月5日），諸系（幟仁親王　たかひとしんのう），神史（幟仁親王　たかひとしんのう），神人，新潮（幟仁親王　たかひとしんのう　[生]文化9（1812）年1月5日），人名（幟仁親王　たかひとしんのう），日人，幕末（幟仁親王　たかひとしんのう），歴大（幟仁親王　たかひとしんのう），和俳（幟仁親王　たかひとしんのう　[生]文化9（1812）年1月5日）

有栖川宮威仁親王 ありすがわのみやたけひとしんのう
文久2（1862）年1月13日～大正2（1913）年　[別]威仁親王《たけひとしんのう》，有栖川宮威仁《ありすがわのみやたけひと》，稠宮
明治～大正期の皇族、海軍軍人。元帥。有栖川宮幟仁親王の第4王子。西南戦争に従軍。横須賀海兵団団長などを歴任。
¶朝日（威仁親王　たけひとしんのう　[生]文久2年1月13日（1862年2月11日）　[没]大正2（1913）年7月5日），海越（[没]大正2（1913）年7月10日），海越新（[没]大正2（1913）年7月10日），近現（威仁親王　たけひとしんのう），国際，国史（威仁親王　たけひとしんのう），コン改，コン5，史人（[没]1913年7月5日），諸系（威仁親王　たけひとしんのう），新潮（威仁親王　たけひとしんのう　[没]大正2（1913）年7月10日），人名（威仁親王　たけひとしんのう），世紀（有栖川宮威仁　ありすがわのみやたけひと　[没]大正2（1913）年7月5日），姓氏京都，渡航（[没]1913年7月10日），日史（威仁親王　たけひとしんのう　[没]大正2（1913）年7月10日），日人，百科（威仁親王　たけひとしんのう），陸海（[没]大正2年7月7日）

有栖川宮董子 ありすがわのみやただこ
安政2（1855）年5月12日～大正12（1923）年2月7日　[別]有栖川宮妃董子《ありすがわのみやひただこ》，熾仁親王妃董子《たるひとしんのうひただこ》
明治期の皇族。慈恵病院幹事長。有栖川宮熾仁親王の継妃。日清戦争時には篤志看護婦人会を発足。
¶女性，女性普，人名（熾仁親王妃董子　たるひとしんのうひただこ），先駆，日人（有栖川宮妃董子　ありすがわのみやひただこ）

有栖川宮栽仁王 ありすがわのみやたねひとおう
明治20（1887）年9月22日～明治41（1908）年　[別]栽仁王《たねひとおう》，有栖川宮栽仁《ありすがわのみやたねひと》
明治期の皇族。有栖川宮第10代威仁親王の第1王子。
¶諸系（栽仁王　たねひとおう），人名（栽仁王　たねひとおう），世紀（有栖川宮栽仁　ありすがわのみやたねひと　[没]明治41（1908）年4月3日），日人

有栖川宮熾仁親王 ありすがわのみやたるひとしんのう
天保6（1835）年～明治28（1895）年　[別]有栖川宮熾仁《ありすがわのみやたるひと》，熾仁親王《たるひとしんのう》
江戸時代末期～明治期の皇族。参謀総長。有栖川宮幟仁親王の王子。尊皇攘夷運動を支持。戊辰戦争では東征大総督、西南戦争では征討総督。
¶朝日（熾仁親王　たるひとしんのう　[生]天保6年2月19日（1835年3月17日）　[没]明治28（1895）年1月15日），維新（熾仁親王　たるひとしんのう），岩史（[生]天保6（1835）年2月19日　[没]明治28（1895）年1月15日），海越新（[生]天保6（1835）年2月19日　[没]明治28（1895）年1月15日），江戸（有栖川宮熾仁　ありすがわのみやたるひと），角史，京都大，近現（熾仁親王　たるひとしんのう），近世（熾仁親王　たるひとしんのう），国際，国史（熾仁親王　たるひとしんのう），コン改，コン4，コン5，茶道，史人（[生]1835年2月19日　[没]1895年1月15日），重要（[生]天保6（1835）年2月19日　[没]明治28（1895）

年1月15日），諸系（熾仁親王　たるひとしんのう），真宗（熾仁親王　たるひとしんのう）㋬天保6（1835）年2月19日　㋺明治28（1895）年1月15日），新潮（熾仁親王　たるひとしんのう）㋬天保6（1835）年2月19日　㋺明治28（1895）年1月15日），人名（熾仁親王　たるひとしんのう），姓氏京都，世人（熾仁親王　たるひとしんのう）㋬天保6（1835）年2月19日　㋺明治28（1895）年1月24日），世百，全書，大百，渡航（㋬1835年2月19日　㋺1895年1月28日），日史（熾仁親王　たるひとしんのう　㋬天保6（1835）年2月19日　㋺明治28（1895）年1月15日），日人，日本，幕末（熾仁親王　たるひとしんのう　㋺1895年1月15日），百科（熾仁親王　たるひとしんのう），福岡百（㋺明治28（1895）年1月25日），明治1，山梨百（㋬天保6（1835）年2月19日　㋺明治28（1895）年1月24日），陸海（㋬天保6年2月19日　㋺明治28年1月15日），歴大

有栖川宮利子女王　ありすがわのみやとしこじょおう
→伏見宮利子（ふしみのみやとしこ）

有栖川宮広子　ありすがわのみやひろこ
文政2（1819）年〜明治8（1875）年　㋺有栖川宮妃広子《ありすがわのみやひろこ》，熾仁親王妃広子《たかひとしんのうひこ》
江戸時代末期〜明治期の女性。有栖川宮熾仁親王の妃。左大臣二条斉信の第5女。
¶人名（熾仁親王妃広子　たかひとしんのうひろこ），日人（有栖川宮妃広子　ありすがわのみやひろこ）

有栖川宮慰子（有栖川宮尉子）　ありすがわのみややすこ
文久4（1864）年2月8日〜大正12（1923）年6月29日　㋺有栖川宮妃慰子《たけひとしんのうひやすこ》，有栖川宮慰子《ありすがわのみやひやすこ》，有栖川宮尉子《ありすがわのみややすこ》
明治〜大正期の皇族。慈恵病院総裁。有栖川宮威仁親王の妃。欧米の救貧施設を視察し，慈恵病院幹事長などを務める。
¶女性，女性普（有栖川宮尉子），人名（威仁親王妃慰子　たけひとしんのうひやすこ），世紀，日人（有栖川宮妃慰子　ありすがわのみやひやすこ）

有栖川宮幸仁親王　ありすがわのみやゆきひとしんのう
→幸仁親王（ゆきひとしんのう）

有栖川宮職仁親王　ありすがわのみやよりひとしんのう
→職仁親王（よりひとしんのう）

在原滋春　ありはらのしげはる
生没年不詳　㋺在原滋春《ありわらしげはる，ありわらのしげはる》，在原朝臣滋春《ありわらのあそんしげはる》
平安時代前期の歌人，業平の二男。
¶国書（ありわらしげはる），古代（在原朝臣滋春　ありわらのあそんしげはる），コン改（ありわらのしげはる），コン4（ありわらのしげはる），

諸系，人名（ありわらのしげはる），日人，平史，山梨百，和俳（ありわらのしげはる）

在原相安　ありはらのすけやす
生没年不詳
平安時代中期の官人。大宰府追補使。
¶平史

在原友于　ありはらのともゆき
*〜延喜10（910）年　㋺在原朝臣友于《ありはらのあそんともゆき》，在原友于《ありわらのともゆき》
平安時代前期〜中期の公卿（参議）。中納言在原行平の子。
¶公卿（ありわらのともゆき）　㋬？　㋺延喜10（910）年4月20日），古代（在原朝臣友于　ありはらのあそんともゆき），平史（㋬843年）

在原業平　ありはらのなりひら
天長2（825）年〜元慶4（880）年　㋺在原業平《ありわらなりひら，ありわらのなりひら》，在原朝臣業平《ありはらのあそんなりひら》，在五中将《ざいごちゅうじょう》
平安時代前期の歌人。平城天皇皇子阿保親王の五男。六歌仙，三十六歌仙の一人。
¶朝日（ありわらのなりひら）㋬元慶4年5月28日（880年7月9日）），岩史（ありわらのなりひら）㋺元慶4（880）年5月28日），江戸（ありわらのなりひら），角box（ありわらのなりひら），神奈川人（ありわらのなりひら），京都（ありわらのなりひら），郷土神奈川（ありわらのなりひら），京都大（ありわらのなりひら），郷土奈良（ありわらのなりひら），国史，国書（ありわらなりひら）㋺元慶4（880）年5月28日），古史，古代（在原朝臣業平　ありはらのあそんなりひら），古中，コン改（ありわらのなりひら），コン4（ありわらのなりひら），埼玉人（ありわらのなりひら）㋺元慶4（880）年5月28日），詩歌，史人（ありわらのなりひら）㋺880年5月28日），重要（ありわらのなりひら），諸系，人書79（ありわらのなりひら），人書94（ありわらなりひら），新潮（ありわらのなりひら）㋺元慶4（880）年5月28日），新文（㋺慶4（880）年5月28日），人名（ありわらのなりひら），姓氏愛知（ありわらのなりひら）㋬835年），姓氏京都（ありわらのなりひら），世人（ありわらのなりひら）㋺元慶4（880）年5月28日），世百（ありわらのなりひら），全書（ありわらのなりひら），大百（ありわらのなりひら），伝記（ありわらのなりひら），日史（ありわらのなりひら）㋺元慶4（880）年5月28日），日人，日百（ありわらのなりひら），兵庫百（ありわらのなりひら），文学，平史，歴大（ありわらのなりひら），和俳（ありわらのなりひら）　㋺元慶4（880）年5月28日）

在原棟梁　ありはらのむなはり
→在原棟梁（ありはらのむねはり）

在原棟梁　ありはらのむねはり
？〜昌泰1（898）年　㋺在原朝臣棟梁《ありはらのあそんむねはり》，在原棟梁《ありはらのむねやな，ありわらのむなはり，ありわらのむねはり，あ

りわらのむねやな,ありわらむねはり》
平安時代前期の歌人。
¶国史, 国書(ありわらむねはり), 古代(在原朝臣棟梁　ありはらのあそんむねはり), 古中, コン改(ありわらのむねやな), コン4(ありわらのむねやな), 史人(ありわらのむねはり　[没]898年2月), 諸系, 新潮(ありわらのむねはり　[没]昌泰1(898)年2月), 人名(ありわらのむなはり), 日人, 平史(ありはらのむねやな), 和俳(ありわらのむねはり)

在原棟梁 **ありはらのむねやな**
→在原棟梁(ありはらのむねはり)

在原元方 **ありはらのもとかた**
生没年不詳　[別]在原元方《ありわらのもとかた,ありわらもとかた》
平安時代中期の歌人。
¶朝日(ありわらのもとかた), 国書(ありわらもとかた), コン改(ありわらのもとかた　[生]仁和4(888)年　[没]天暦7(953)年), コン4(ありわらのもとかた　[生]仁和4(888)年　[没]天暦7(953)年), 史人(ありわらのもとかた), 諸系, 新潮(ありわらのもとかた), 人名(ありわらのもとかた　[生]888年　[没]953年), 日人, 百科(ありわらのもとかた), 平史, 和俳(ありわらのもとかた　[生]仁和4(888)年)

在原守平 **ありはらのもりひら**
生没年不詳　[別]在原守平《ありわらのもりひら》, 在原朝臣守平《ありはらのあそんもりひら》
平安時代前期の官吏。平城天皇皇子阿保親王の四男。
¶神奈川人(ありわらのもりひら), 古代(在原朝臣守平　ありはらのあそんもりひら), 諸系, 日人

在原安貞 **ありはらのやすさだ**
生没年不詳　[別]在原朝臣安貞《ありはらのあそんやすさだ》
平安時代前期の官吏。
¶古代(在原朝臣安貞　ありはらのあそんやすさだ), 諸系, 日人

在原行平 **ありはらのゆきひら**
弘仁9(818)年～寛平5(893)年　[別]在原行平《ありわらのゆきひら,ありわらゆきひら》, 在原朝臣行平《ありはらのあそんゆきひら》
平安時代前期の歌人、公卿(中納言)。平城天皇の皇子阿保親王の三男。
¶朝日(ありわらのゆきひら　[没]寛平5年7月19日(893年9月3日)), 角史(ありわらのゆきひら), 教育(ありわらのゆきひら), 公卿(ありわらのゆきひら　[没]寛平5(893)年7月19日), 国史, 国書(ありわらゆきひら　[没]寛平5(893)年7月19日), 古史([生]813年), 古代(在原朝臣行平　ありはらのあそんゆきひら), 古中, コン改(ありわらのゆきひら), コン4(ありわらのゆきひら), 詩歌(ありわらのゆきひら), 史人(ありわらのゆきひら　[没]893年7月19日), 諸系, 新潮(ありわらのゆきひら　[没]寛平5(893)年7月19日), 人名(ありわらのゆきひら), 姓氏京都(ありわらのゆきひら), 世人(ありわらのゆきひら　[没]寛平5(893)年7月19日), 全書(ありわらのゆきひら), 大百(ありわらのゆきひら), 鳥取百(ありわらのゆきひら), 日史(ありわらのゆきひら　[没]寛平5(893)年7月19日), 日人, 百科(ありわらのゆきひら), 平史, 歴大(ありわらのゆきひら), 和俳(ありわらのゆきひら　[没]寛平5(893)年7月19日)

在原善淵 **ありはらのよしふち**
弘仁7(816)年～貞観17(875)年　[別]在原善淵《ありわらのよしふち》
平安時代前期の神祇伯。
¶神人(ありわらのよしふち　[没]貞観17(875)年2月), 平史

有馬韶子 **ありまあきこ**
→精宮(あきのみや)

有馬貞子 **ありまさだこ**
明治20(1887)年8月～昭和39(1964)年8月16日
明治～昭和期の女性。北白川宮能久親王の第2王女。小説家有馬頼義の母。
¶女性, 女性普

有間皇子(有馬皇子) **ありまのおうじ**
→有間皇子(ありまのみこ)

有間皇子(有馬皇子) **ありまのみこ**
舒明天皇12(640)年～斉明天皇4(658)年　[別]有間皇子《ありまおうじ,ありまのおうじ》, 有馬皇子《ありまのおうじ,ありまのみこ》
飛鳥時代の孝徳天皇の皇子。
¶朝日([没]斉明4年11月11日(658年12月11日)), 岩史([没]斉明4(658)年11月11日), 角史(ありまおうじ), 郷土奈良, 郷土和歌山([生]604年), 国史(ありまのおうじ), 古史, 古代, 古中(ありまのおうじ), コン改, コン4, 詩歌(有馬皇子), 史人([没]658年11月11日), 重要(ありまのおうじ　[没]斉明4(658)年11月11日), 諸系(ありまのおうじ), 新潮([没]斉明4(658)年11月11日), 新文([没]斉明4(658)年11月11日), 人名(有馬皇子　ありまのおうじ), 世人(ありまのおうじ), 世百(ありまのおうじ), 全書(ありまのおうじ), 大百(ありまのおうじ), 日史(ありまのおうじ　[没]斉明4(658)年11月11日), 日人(ありまのおうじ), 百科, 兵庫百(ありまのおうじ), 文学, 万葉, 歴大(ありまのおうじ), 和歌山人(有馬皇子), 和俳([没]斉明4(658)年11月11日)

有馬頼子 **ありまよりこ**
→小松宮頼子(こまつのみやよりこ)

有良安岑 **ありよしのやすみね**
[別]有良朝臣安岑《ありよしのあそんやすみね》
平安時代前期の官人。橘清野の孫。
¶古代(有良朝臣安岑　ありよしのあそんやすみね), 日人(生没年不詳)

在原(家名) **ありわら**
→在原(ありはら)

阿礼姫 あれひめ
上代の孝霊天皇の妃。
¶人名

淡路廃帝 あわじのはいてい
→淳仁天皇(じゅんにんてんのう)

淡路御原皇女 あわじのみはらのおうじょ
→淡路御原皇女(あわじのみはらのこうじょ)

淡路御原皇女 あわじのみはらのこうじょ
[別]淡路御原皇女《あわじのみはらのおうじょ,あわじみはらのこうじょ》
上代の女性。応神天皇の皇女、根鳥皇子の妃。
¶女性,人名(あわじみはらのこうじょ),日人(あわじのみはらのおうじょ)

粟田口定孝 あわたぐちさだのり
天保8(1837)年〜大正7(1918)年12月
江戸時代後期〜明治期の神職・華族。葉室顕考の六男。
¶神人

粟田口教経 あわたぐちたかつね
? 〜正応5(1292)年8月21日 [別]粟田口教経《あわたぐちのりつね》
鎌倉時代後期の公卿(参議)。大納言二条良教の次男。
¶公卿,公家(教経〔粟田口家(絶家)〕 のりつね),国書(あわたぐちのりつね)

粟田口忠輔 あわたぐちただすけ
1271年〜?
鎌倉時代後期〜南北朝時代の公卿(大納言)。権中納言二条経良の子。
¶公卿(生没年不詳),公家(忠輔〔粟田口家(絶家)〕 ただすけ)

粟田口忠成 あわたぐちただなり
生没年不詳
奈良時代の公家・歌人。
¶国書

粟田口嗣房 あわたぐちつぎふさ
→粟田口嗣房(あわたぐちつぐふさ)

粟田口嗣房 あわたぐちつぐふさ
文永6(1269)年〜徳治2(1307)年7月11日 [別]粟田口嗣房《あわたぐちつぎふさ》
鎌倉時代後期の公卿(参議)。大納言二条良教の三男。
¶公卿,公家(嗣房〔粟田口家(絶家)〕 つぐふさ),国書(あわたぐちつぎふさ)

粟田口教経 あわたぐちのりつね
→粟田口教経(あわたぐちたかつね)

粟田口基良 あわたぐちもとよし
→藤原基良(ふじわらのもとよし)

粟田口良教 あわたぐちよしのり
→藤原良教(ふじわらのよしのり)

粟田馬養 あわたのうまかい,あわたのうまがい
生没年不詳
奈良時代の官人、通詞(従五位上備中守)。
¶朝日,コン改,コン4,人名(あわたのうまがい),日人

粟田女王 あわたのおおきみ
→粟田女王(あわたのじょおう)

粟田兼房 あわたのかねふさ
生没年不詳
平安時代後期の歌人。
¶人名,日人,和俳

粟田関白 あわたのかんぱく
→藤原道兼(ふじわらのみちかね)

粟田左大臣 あわたのさだいじん
→藤原在衡(ふじわらのありひら)

粟田女王 あわたのじょおう
? 〜天平宝字8(764)年 [別]粟田女王《あわたのおおきみ》
奈良時代の皇族か。
¶女性([没]天平宝字8(764)年5月4日),日人,万葉(あわたのおおきみ)

粟田鷹守 あわたのたかもり
? 〜大同1(806)年 [別]粟田朝臣鷹守《あわたのあそんたかもり》
奈良時代〜平安時代前期の官人。上野守・治部大輔を歴任。
¶姓氏群馬(粟田朝臣鷹守 あわたのあそんたかもり)

粟田奈勢麻呂 あわたのなせまろ
? 〜神護景雲1(767)年 [別]粟田朝臣奈勢麻呂《あわたのあそんなせまろ》
奈良時代の官人(従四位下遠江守)。
¶古代(粟田朝臣奈勢麻呂 あわたのあそんなせまろ),日人

粟田必登 あわたのひと
[別]粟田朝臣必登《あわたのあそんひと》
奈良時代の官人(従五位上)。
¶古代(粟田朝臣必登 あわたのあそんひと),日人(生没年不詳)

粟田人上(粟田人神) あわたのひとかみ
? 〜天平10(738)年 [別]粟田朝臣人神《あわたのあそんひとかみ》
奈良時代の官人(造薬師寺大夫・従四位下武蔵守)。
¶朝日([没]天平10年6月8日(738年6月29日)),コン改,コン4,埼玉人([没]天平10(738)年6月1日),埼玉百(粟田朝臣人神 あわたのあそんひとかみ),人名,日人

粟田人成 あわたのひとなり
生没年不詳
奈良時代の官人。相模守・従五位下。
¶神奈川人

あ

あ

粟田別当 あわたのべっとう
→藤原惟方（ふじわらのこれかた）

粟田細目 あわたのほそめ
[別]粟田臣細目《あわたのおみほそめ》
飛鳥時代の豪族・廷臣。
¶古代（粟田臣細目　あわたのおみほそめ），日人（生没年不詳）

粟田大夫 あわたのまえつきみ
奈良時代の官人。
¶万葉

粟田真人 あわたのまひと
？～養老3（719）年　[別]粟田朝臣真人《あわたのあそんまひと》
飛鳥時代～奈良時代の学者、官人（中納言）。天足国押人命の裔。
¶朝日（[没]養老3年2月5日（719年2月28日）），岩史（[没]養老3（719）年2月5日），角史，公卿（[没]養老3（719）年2月5日），国史，古代（粟田朝臣真人　あわたのあそんまひと），古中，コン改，コン4，史人（[没]719年2月2日，（異説）2月5日），新潮（[没]養老3（719）年2月5日，（異説）2月2日），人名，世人（[没]養老3（719）年2月5日），世百（[没]718年），全書，日史（[没]養老3（719）年2月5日），日人，百科，歴大

粟田道麻呂 あわたのみちまろ
？～天平神護1（765）年　[別]粟田臣道麻呂《あわたのおみみちまろ》
奈良時代の医師、官人（参議）。
¶朝日，公卿（生没年不詳），古史，古代（粟田臣道麻呂　あわたのおみみちまろ），コン改（生没年不詳），コン4，人名，日人

粟田宮朝彦親王 あわたのみやあさひこしんのう
→朝彦親王（あさひこしんのう）

粟田諸姉 あわたのもろえ
→粟田諸姉（あわたのもろね）

粟田諸姉 あわたのもろね
[別]粟田諸姉《あわたのもろえ》，粟田朝臣諸姉《あわたのあそんもろね》
奈良時代の女性。淳仁天皇の妃。
¶古代（粟田朝臣諸姉　あわたのあそんもろね），女性（生没年不詳），人名，日人（あわたのもろえ　生没年不詳）

粟津王 あわづおう
飛鳥時代の大津皇子の王子。
¶人名，日人（生没年不詳）

粟津清胤 あわづきよたね
享保14（1729）年9月25日～？
江戸時代中期の公家（右兵衛大尉・従五位下）。
¶国書

粟津義清 あわづよしきよ
1750年～文政12（1829）年3月15日
江戸時代後期の公家（有栖川宮諸大夫）。養父は甲斐守正六位下粟津清直。
¶公家（義清〔有栖川宮諸大夫 粟津家（藤原氏）〕よしきよ）

阿波院 あわのいん
→土御門天皇（つちみかどてんのう）

阿波大臣 あわのおとど
→藤原経宗（ふじわらのつねむね）

粟野三位中将 あわのさんみちゅうじょう
生没年不詳
南北朝時代の南朝の公家か。
¶徳島歴

粟鱒麻呂 あわのますまろ
生没年不詳　[別]粟凡直鱒麻呂《あわのおうしのあたえますまろ》，粟凡鱒麻呂《あわおおしのますまろ，あわのおおしのますまろ》
平安時代前期の明法博士。
¶コン改（粟凡鱒麻呂　あわのおおしのますまろ），コン4（粟凡鱒麻呂　あわのおおしのますまろ），人名（粟凡鱒麻呂　あわおおしのますまろ），徳島歴（粟凡直鱒麻呂　あわのおうしのあたえますまろ），日人，平史（粟凡鱒麻呂　あわのおおしのますまろ）

安嘉門院 あんかもんいん
承元3（1209）年～弘安6（1283）年　[別]邦子内親王《くにこないしんのう，ほうしないしんのう》
鎌倉時代前期の女性。高倉天皇の第2皇子守貞親王の2女。
¶朝日（[没]弘安6年9月4日（1283年9月26日）），鎌室，京都大，コン改，コン4，史人（[没]1283年9月4日），諸系，女性（[没]弘安6（1283）年9月4日），新潮（[没]弘安6（1283）年9月4日），人名，姓氏京都，世人，全書，日人，歴大

安閑天皇 あんかんてんのう
雄略10（466）年～安閑2（535）年　[別]勾大兄広国押武金日尊《まがりのおおえひろくにおしたけかなひのみこと》
上代の第27代の天皇。継体天皇の子。
¶朝日，岩史（[没]安閑2（535）年12月17日），角史，国史，古史，古代，古中，コン改（生没年不詳），コン4（生没年不詳），史人，重要（生没年不詳），諸系（[没]536年），新潮，人名，世人，全書，大百，日史，日人（[没]536年），歴大（[生]？）

安喜門院 あんきもんいん
承元1（1207）年～弘安9（1286）年　[別]三条有子《さんじょうありこ》，藤原有子《ふじわらのありこ，ふじわらのゆうし，ふじわらゆうし》
鎌倉時代前期の女性。後堀河天皇の皇后。太政大臣三条公房の娘。
¶朝日（[生]承元2（1208）年　[没]弘安9年2月6日（1286年3月2日）），鎌室，コン改，コン4，史人（[没]1286年1月6日），諸系，女性（[没]弘安9（1286）年2月6日），新潮（[没]弘安9（1286）年2月6日），人名，日人

安居院知輔 あんごいんともすけ
？～元中9/明徳3（1392）年12月23日

南北朝時代の公卿（参議）。権中納言安居院行知の子。
¶公卿，公家（知輔〔安居院家（絶家）〕　ともすけ）

安居院行兼 あんごいんゆきかね
正和5（1316）年～正平7/文和1（1352）年8月22日
鎌倉時代後期～南北朝時代の公卿（非参議）。平家末裔の従三位平行高の子。
¶公卿，公家（行兼〔安居院家（絶家）〕　ゆきかね）

安居院行知 あんごいんゆきとも
南北朝時代の公卿（権中納言）。補蔵人頭・宮内卿安居院行兼の子。
¶公卿（生没年不詳），公家（行知〔安居院家（絶家）〕　ゆきとも）

安康天皇 あんこうてんのう
[別]穴穂尊《あなほのみこと》，穴穂天皇《あなほのすめらみこと》
上代の第20代の天皇。允恭天皇の子。
¶朝日（生没年不詳），岩史（生没年不詳），角史，国史，古史，古代，古中，コン改（生没年不詳），コン4（生没年不詳），史人，重要（生没年不詳），諸系，新潮，人名，世人，全書，大百，日史，日人，歴大（生没年不詳）

晏子内親王 あんしないしんのう
？　～昌泰3（900）年　[別]晏子内親王《やすこないしんのう》
平安時代前期の女性。文徳天皇の第1皇女。
¶女性（やすこないしんのう　[没]昌泰3（900）年7月20日），人名，日人，平史（やすこないしんのう）

安禅寺宮(1) あんぜんじのみや
→応善女王（おうぜんじょおう）

安禅寺宮(2) あんぜんじのみや
→観心女王（かんしんじょおう）

安禅寺宮(3) あんぜんじのみや
→心月女王（しんげつじょおう）

安禅寺宮(4) あんぜんじのみや
→智円（ちえん）

安禅寺宮(5) あんぜんじのみや
→普光女王（ふこうじょおう）

奄智王 あんちおう
？　～延暦3（784）年
奈良時代の王族。鈴鹿王の王子で、高市皇子の孫。臣籍降下で豊野真人となる。
¶古代，日人

安藤惟実 あんどうこれざね，あんどうこれさね
享禄3（1530）年～永禄13（1570）年　[別]恵日光院《えにちこういん》
戦国時代の王族。伏見宮邦輔親王の王子。
¶国書（あんどうこれさね　[没]永禄13（1570）年4月11日），人名，日人

安徳天皇 あんとくてんのう
治承2（1178）年～文治1（1185）年
平安時代後期の第81代の天皇（在位1180～1185）。高倉天皇の第1皇子。
¶朝日（[生]治承2年11月12日（1178年12月22日）[没]文治1年3月24日（1185年4月25日）），岩史（[生]治承2（1178）年11月12日　[没]文治1（1185）年3月24日），香川人，香川百，角史，鎌室，京都，京都大，高知人，高知百，国史，古史，古中，コン改，コン4，史人（[生]1178年11月12日　[没]1185年3月24日），重要（[生]治承2（1178）年11月　[没]文治1（1185）年3月24日），諸系，新潮（[生]治承2（1178）年11月12日　[没]文治1（1185）年3月24日），人名，姓氏京都，世人（[生]治承2（1178）年11月　[没]寿永4（1185）年3月24日），世百，全書，大百，日史（[生]治承2（1178）年11月12日　[没]文治1（1185）年3月24日），日人，百科，福岡百，平史，歴大

安寧天皇 あんねいてんのう
[別]磯城津彦玉手看尊《しきつひこたまてみのみこと》
上代の第3代の天皇。
¶朝日，国史，古史，古代，古中，コン改，コン4，史人，重要（生没年不詳），諸系，新潮，人名，世人，全書，大百，日史，日人，歴大

安福殿女御 あんぷくでんのにょうご
生没年不詳　[別]安福殿女御《あんぷくどののにょご》
南北朝時代の女性。崇光天皇の女御。
¶女性，人名（あんぷくどののにょご），日人

安福殿女御 あんぷくどののにょご
→安福殿女御（あんぷくでんのにょうご）

安法法師 あんぽうほうし
→源趁（みなもとのちん）

【い】

飯高皇女 いいたかのひめみこ
→元正天皇（げんしょうてんのう）

飯豊青皇女 いいとよあおのおうじょ
→飯豊青皇女（いいとよあおのひめみこ）

飯豊青皇女 いいとよあおのこうじょ
→飯豊青皇女（いいとよあおのひめみこ）

飯豊青皇女 いいとよあおのひめみこ
439年～484年11月　[別]青海皇女《あおうみのひめみこ》，飯豊皇女《いいとよおうじょ》，飯豊青皇女《いいとよあおのおうじょ，いいとよあおのこうじょ，いいとよのあおのおうじょ，いいとよのあおのこうじょ，いいとよのあおのひめみこ》，飯豊天皇《いいとよてんのう》
上代の女性。履仲天皇の皇子市辺押磐の王女、または履仲天皇の皇女。
¶朝日（いいとよのあおのひめみこ　生没年不

い

詳），岩史（いいとよのあおのひめみこ　生没年不詳），角史（飯豊皇女　いいとよおうじょ），国史（いいとよのあおのおうじょ），古史，古代（いいとよのあおのひめみこ），古中（いいとよのあおのおうじょ），コン改（生没年不詳），コン4（生没年不詳），史人（いいとよのあおのひめみこ），諸系（いいとよあおのおうじょ），諸系（いいとよあおのおうじょ），女性（いいとよのあおのこうじょ），新潮，人名（いいとよあおのこうじょ），世人（いいとよあおのこうじょ），日史（いいとよあおのおうじょ），日人（いいとよあおのおうじょ），百科，歴大（いいとよあおのおうじょ　生没年不詳）

飯豊皇女 いいとよおうじょ
→飯豊青皇女（いいとよあおのひめみこ）

井伊宜子 いいよしこ
嘉永4（1851）年2月26日～明治28（1895）年1月4日
江戸時代末期～明治期の女性。有栖川宮熾仁親王の王女。彦根藩主井伊直憲の妻。
¶女性，女性普，日人

家原氏主 いえはらのうじぬし
延暦20（801）年～貞観16（874）年
平安時代前期の算博士（従五位上但馬守）。
¶人名，日人，平史

家原郷好 いえはらのさとよし
[別]家原朝臣郷好《いえはらのあそんさとよし》
平安時代前期の官吏（陰陽家，暦博士）。
¶古代（家原朝臣郷好　いえはらのあそんさとよし），日人（生没年不詳）

家原善宗 いえはらのよしむね
生没年不詳　[別]家原善宗《いえはらよしむね》，家原朝臣善宗《いえはらのあそんよしむね》
平安時代前期の医家（従五位下）。
¶朝日，古代（家原朝臣善宗　いえはらのあそんよしむね），コン改，コン4，人名（いえはらよしむね），日人

五百井女王 いおいのじょおう
？　～弘仁8（817）年
奈良時代～平安時代前期の女性。市原王の娘。
¶古代，女性（[没]弘仁8（817）年10月），日人

五百重娘 いおえのいらつめ
生没年不詳　[別]藤原五百重媛《ふじわらのいおえひめ》，藤原五百重娘《ふじわらのいおえのいらつめ》，藤原夫人《ふじわらのぶにん，ふじわらふじん》
飛鳥時代の女性。天武天皇の妃。藤原鎌足の女。
¶朝日，古史，古代（藤原五百重娘　ふじわらのいおえのいらつめ），古代（藤原夫人　ふじわらのぶにん），コン改，コン4，諸系，女性，女性（藤原夫人　ふじわらふじん），人名，人名（藤原五百重媛　ふじわらのいおえひめ），日人，万葉（藤原夫人　ふじわらのぶにん），和俳

五百枝王 いおえのおう
→春原五百枝（はるはらのいおえ）

五百城入彦皇子 いおきいりひこのおうじ
[別]五百城入彦皇子《いおきいりひこのみこ》
上代の景行天皇の皇子。
¶古代（いおきいりひこのみこ），諸系，人名，日人

五百城入彦皇子 いおきいりひこのみこ
→五百城入彦皇子（いおきいりひこのおうじ）

五百城入姫皇女 いおきいりひめのおうじょ
→五百城入姫皇女（いおきいりひめのこうじょ）

五百城入姫皇女 いおきいりひめのこうじょ
[別]五百城入姫皇女《いおきいりひめのおうじょ，いおきいりひめのひめみこ》
上代の女性。景行天皇の皇女。
¶古代（いおきいりひめのひめみこ），女性，人名，日人（いおきいりひめのおうじょ）

五百城入姫皇女 いおきいりひめのひめみこ
→五百城入姫皇女（いおきいりひめのこうじょ）

伊福部女王 いおきべのじょおう
？　～宝亀9（778）年
奈良時代の女官（正四位上）。系譜不詳の女王。
¶女性（[没]宝亀9（778）年11月15日），日人

五百野皇女 いおののおうじょ
→五百野皇女（いおののこうじょ）

五百野皇女 いおののこうじょ
[別]五百野皇女《いおののおうじょ，いおののひめみこ》
上代の女性。景行天皇の皇女。
¶古代（いおののひめみこ），女性，人名，日人（いおののおうじょ）

五百野皇女 いおののひめみこ
→五百野皇女（いおののこうじょ）

五百宮 いおのみや
→猷子女王（みちこじょおう）

伊賀 いが
寛永14（1637）年～正徳4（1714）年
江戸時代前期～中期の女性。後陽成天皇第8皇子良純親王の王女。
¶女性（生没年不詳），人名，日人

伊香色謎命 いかがしこめのみこと，いがかしこめのみこと
[別]伊香色謎命《いがしこめのみこと》
上代の女性。孝元天皇の妃、開化天皇の皇后。
¶古代，史人（いがしこめのみこと），女性（いがかしこめのみこと），人名，日人

伊香王 いかごおう
→甘奈備伊香（かんなびのいかご）

伊香色謎命 いがしこめのみこと
→伊香色謎命（いかがしこめのみこと）

五十日足彦命 いかたらしひこのみこと
上代の垂仁天皇の皇子。

¶人名，新潟百，日人

五十日鶴彦命 いかつるひこのみこと
上代の崇神天皇の皇子。
¶人名，日人

伊香淳行 いかのあつゆき
生没年不詳
平安時代前期の官人。
¶平史

伊賀の采女 いがのうねめ
→伊賀宅子娘（いがのやかこのいらつめ）

伊賀皇子 いがのおうじ
→弘文天皇（こうぶんてんのう）

伊賀皇子 いがのみこ
→弘文天皇（こうぶんてんのう）

伊賀宅子娘 いがのやかこのいらつめ，いがのやかごの
いらつめ
生没年不詳 ㊗伊賀の采女《いがのうねめ》，宅子娘《やかこのいらつめ》，宅子《やかこ》
飛鳥時代の女性。天智天皇の宮人、大友皇子（弘文天皇）の母。
¶朝日（宅子娘　やかこのいらつめ），国史，古史，古代（宅子娘　やかこのいらつめ），古中，コン改，コン4，史人，女性（伊賀の采女　いがのうねめ），新潮，人名（いがのやかごのいらつめ），世人，宅子娘（やかこのいらつめ），日人，歴大

井上内親王 いかみないしんのう，いがみないしんのう
→井上内親王（いのうえないしんのう）

何鹿王 いかるがおう
奈良時代の王族。守部王の王子で、舎人親王の孫。
¶古代，人名，日人（生没年不詳）

五十河媛 いかわひめ
上代の女性。景行天皇の妃。
¶女性，人名，日人

息石耳命 いきしみみのみこと
→息石耳命（おきそみみのみこと）

伊吉乙等 いきのおと
㊗伊吉史乙等《いきのふひとおと》
飛鳥時代の官人。
¶古代（伊吉史乙等　いきのふひとおと）

壱伎韓国（壱岐韓国）いきのからくに
生没年不詳 ㊗壱伎史韓国《いきのふひとからくに》
飛鳥時代の武官。壬申の乱で大友皇子方につく。
¶朝日，古代（壱伎史韓国　いきのふひとからくに），コン改（壱岐韓国），コン4（壱岐韓国），人名（壱岐韓国），日人

伊吉古麻呂（伊吉古麿）いきのこまろ
㊗伊吉連古麻呂《いきのむらじこまろ》
奈良時代の官人（遣唐使）。

¶古代（伊吉連古麻呂　いきのむらじこまろ），人名（伊吉古麿），日人（生没年不詳）

伊吉博徳 いきのはかとこ
生没年不詳 ㊗伊吉博徳《いきはかとこ》，伊吉連博徳《いきのむらじはかとこ》
飛鳥時代の廷臣。大宝律令の制度に参画。
¶朝日，岩史，角史，国史，国書（いきはかとこ），古史，古代（伊吉連博徳　いきのむらじはかとこ），古中，コン改，コン4，史人，新潮，人名，世人，全書，日人，歴大

伊岐致遠 いきのむねとお
生没年不詳
平安時代後期の官僚。
¶平史

伊岐致遠女 いきのむねとおのむすめ
生没年不詳 ㊗伊岐善盛の娘《いきよしもりのむすめ》
平安時代後期の女性。二条天皇の女御、六条天皇の生母。
¶女性（伊岐善盛の娘　いきよしもりのむすめ），日人，平史

伊岐善盛の娘 いきよしもりのむすめ
→伊岐致遠女（いきのむねとおのむすめ）

幾子女王 いくこじょおう
元文2（1737）年〜明和1（1764）年 ㊗高覚女王《こうかくじょおう，こうかくにょおう》，幾宮《いくのみや》
江戸時代中期の女性。閑院宮直仁親王の第6王女。
¶女性（㊂明和1（1764）年11月），女性（高覚女王　こうかくじょおう　㊀元文2（1737）年8月21日　㊂明和1（1764）年11月14日），人名（高覚女王　こうかくにょおう）

軍王 いくさのおおきみ，いくさのおおぎみ
奈良時代の貴族、歌人。百済の王族や舒明朝の皇族に比定する説もあり、詳細は不明。
¶人名（いくさのおおぎみ），日人（生没年不詳），万葉

昱子内親王 いくしないしんのう
→昱子内親王（あきこないしんのう）

生嶋宣盛 いくしまのぶもり
寛永5（1628）年9月20日〜元禄8（1695）年8月19日
江戸時代前期〜中期の公家（桂宮諸大夫）。正五位下・宮内大輔。
¶国書

生嶋秀叙 いくしまひでのぶ
寛政3（1791）年9月22日〜安政3（1856）年1月27日
江戸時代後期〜末期の公家（近江守・正四位下）。京極宮・桂宮の諸大夫。
¶国書

郁芳門院 いくほうもんいん
承保3（1076）年〜永長1（1096）年 ㊗媞子内親王《ていしないしんのう，やすこないしんのう》，六条院《ろくじょういん》

いくめい　　　　　　　　34　　　　　日本人物レファレンス事典

平安時代後期の女性。白河天皇の第1皇女。
¶朝日（㊥承保3年4月5日（1076年5月10日）
㊦永長1年8月7日（1096年8月27日）），京都，京
都大，国史，国書（㊥承保3（1076）年4月5日
㊦嘉保3（1096）年8月7日），古史（媞子内親王
ていしないしんのう），古中，コン改，コン4，
史人（㊥1076年4月5日　㊦1096年8月7日），諸
系，女性（媞子内親王　ていしないしんのう）
㊥承保3（1076）年4月5日　㊦嘉保3（1096）年8
月7日），新潮（㊥承保3（1076）年4月5日　㊦永
長1（1096）年8月7日），人名，姓氏京都，世人，
全書，日史（㊥承保3（1076）年4月5日　㊦永長1
（1096）年8月7日），日人，百科，平史（媞子内
親王　やすこないしんのう），歴大

活目入彦五十狭茅尊 いくめいりひこいさちのみこと
→垂仁天皇（すいにんてんのう）

池尻勝房 いけがみかつふさ
慶安3（1650）年8月10日～正徳1（1711）年2月7日
㊙池尻勝房《いけじりかつふさ》
江戸時代前期～中期の公家（権大納言）。権大納
言池尻共孝の子。
¶公卿（いけじりかつふさ），公家（勝房〔池尻
家〕　かつふさ），人名（㊥1649年），日人

池尻定孝 いけがみさだたか
天明8（1788）年11月17日～文政9（1826）年10月14
日　㊙池尻定孝《いけじりさだたか》
江戸時代後期の公家（非参議）。権大納言池尻暉
房の子。
¶公卿（いけじりさだたか），公家（定孝〔池尻
家〕　さだたか）

池尻胤房 いけがみたねふさ
文政13（1830）年～明治3（1870）年　　㊙池尻胤房
《いけじりたねふさ》
江戸時代末期～明治期の公家（非参議）。正三位
池尻延房の子。
¶公卿（いけじりたねふさ　㊥文政13（1830）年6
月13日　㊦明治3（1870）年4月），公家（胤房
〔池尻家〕　たねふさ　㊥文政13（1830）年6月
11日　㊦明治3（1870）年4月23日），人名，日人

池尻栄房 いけがみてるふさ
享保7（1722）年1月2日～天明8（1788）年1月14日
㊙池尻栄房《いけじりてるふさ》
江戸時代中期の公家（権大納言）。参議梅園久季
の子。
¶公卿（いけじりてるふさ），公家（栄房〔池尻
家〕　しげふさ）

池尻暉房 いけがみてるふさ
宝暦12（1762）年7月5日～嘉永5（1852）年8月17日
㊙池尻暉房《いけじりてるふさ》
江戸時代中期～後期の公家（権大納言）。兵部少
輔池尻定治の子。
¶公卿（いけじりてるふさ），公家（暉房〔池尻
家〕　てるふさ），人名，日人

池尻共条 いけがみともえだ
貞享4（1687）年6月16日～享保12（1727）年7月19

日　㊙池尻共条《いけじりともえだ》
江戸時代中期の公家（非参議）。権大納言池尻勝
房の子。
¶公卿（いけじりともえだ），公家（共条〔池尻
家〕　ともえだ）

池尻共孝 いけがみともたか
*～天和3（1683）年　㊙池尻共孝《いけじりともたか》
江戸時代前期の公家（権大納言）。池尻家の祖。
権大納言清閑寺共房の次男。
¶公卿（いけじりともたか　㊥慶長18（1613）年11
月24日　㊦天和3（1683）年9月14日），公家（共
孝〔池尻家〕　ともたか　㊥慶長18（1613）年
11月24日　㊦天和3（1683）年9月14日），諸系
（㊥1614年），日人（㊥1614年）

池上僧都 いけがみのそうず
→寛忠（かんちゅう）

池尻延房 いけがみのぶふさ
文化3（1806）年11月21日～元治1（1864）年6月2日
㊙池尻延房《いけじりのぶふさ》
江戸時代末期の公家（非参議）。讃岐権守池尻定
孝の子。
¶公卿（いけじりのぶふさ），公家（延房〔池尻
家〕　のぶふさ）

池尻（家名） いけじり
→池尻（いけがみ）

池田明子 いけだあきこ
→明子女王（あきこじょう）

池田厚子 いけだあつこ
昭和6（1931）年3月7日～
昭和～平成期の元皇族。神宮祭主、神社本庁総
裁。昭和天皇の第4皇女。旧備前岡山藩主池田家
当主池田隆政と結婚して皇籍離脱。伊勢神宮祭
主、神社本庁第2代総裁を歴任。
¶岡山百，現朝，現日，諸系，世紀，日人

池田王 いけだのおう
生没年不詳　㊙池田王《いけだおう》
奈良時代の皇族（非参議）。天武天皇の孫、舎人
親王の王子。
¶朝日（いけだおう），公卿，古代，コン改，コン
4，人名，日史（いけだおう），日人，百科，歴
大（いけだおう）

池田春野 いけだのはるの
天平宝字1（757）年～承和5（838）年
奈良時代～平安時代前期の官人（宮内大輔・掃部
頭）。
¶平史

池田真枚（池田真牧） いけだのまひら
生没年不詳　㊙池田朝臣真枚《いけだのあそんま
ひら》
奈良時代の武官（鎮守副将軍）。
¶朝日，古代（池田朝臣真枚　いけだのあそんま
ひら），コン改，コン4，人名（池田真牧），姓

氏群馬（池田朝臣真枚　いけだのあそんまひら），日人，平史

池上内親王 いけのうえないしんのう
→池上内親王（いけのえないしんのう）

池上内親王 いけのえないしんのう
？ ～貞観10（868）年　[別]池上内親王《いけのうえないしんのう》
平安時代前期の女性。桓武天皇の皇女。
¶古代，女性（[没]貞観10（868）年11月23日），日人，平史（いけのうえないしんのう）

池上女王 いけのえのじょおう
生没年不詳
奈良時代の女王（出自不詳）。従三位にまで進む。
¶女性，日人

池大納言 いけのだいなごん
→平頼盛（たいらのよりもり）

池辺王 いけのべのおおきみ
奈良時代の万葉歌人。葛野王の子で、大友皇子の孫、天智天皇の曽孫。淡海三船の父。
¶万葉

池速別命 いけはやわけのみこと
[別]池速別命《いこはやわけのみこと》
上代の垂仁天皇の皇子。
¶人名（いこはやわけのみこと），日人

池原禾守 いけはらのあわもり
[別]池原公禾守《いけはらのきみあわもり》
奈良時代の官人（従五位下・主計頭・大外記）。
¶古代（池原公禾守　いけはらのきみあわもり），日人（生没年不詳）

五十琴姫命 いことひめのみこと
→五十琴姫命（いとこひめのみこと）

池速別命 いこはやわけのみこと
→池速別命（いけはやわけのみこと）

鏞宮（伊佐宮） いさのみや
→政子女王（まさこじょおう）

去来穂別尊 いざほわけのみこと
→履中天皇（りちゅうてんのう）

勇山家継 いさやまのいえつぐ
生没年不詳
平安時代前期の学者（従五位下・大学博士）。
¶平史

勇山文継 いさやまのふみつぐ
宝亀4（773）年～天長5（828）年　[別]勇山文継《いさやまふみつぐ》，勇山連文継《いさやまのむらじふみつぐ》
平安時代前期の学者、漢詩人。
¶朝日（[没]天長5年10月26日（828年12月6日）），神奈川人（いさやまふみつぐ　生没年不詳），国史（生没年不詳），国書（いさやまふみつぐ　[没]天長5（828）年10月26日），古代（勇山連文継　いさやまのむらじふみつぐ），古中（生没年不詳），史人（生没年不詳），新潮（生没年不詳），日人，平史，和俳（[没]？）

石井（家名） いしい
→石井（いわい）

石川王 いしかわおう
？ ～天武8（679）年　[別]石川王《いしかわのおおきみ》
飛鳥時代の皇族、官人。敏達天皇の皇子である難波皇子の子か。
¶朝日（[没]天武8年3月9日（679年4月24日）），岡山百（いしかわのおおきみ），岡山歴（[没]天武8（679）年3月），古代，コン改（いしかわのおおきみ），コン4（いしかわのおおきみ），新潮（いしかわのおおきみ　[没]天武8（679）年3月9日），日人

石川刀子娘 いしかわかたなこのいらつめ
→石川刀子娘（いしかわのとすのいらつめ）

石川石足 いしかわのいしたり
→石川石足（いしかわのいわたり）

石川石足 いしかわのいわたり
天智天皇6（667）年～天平1（729）年　[別]石川石足《いしかわのいしたり》，石川朝臣石足《いしかわのあそんいわたり》
飛鳥時代～奈良時代の官人（権参議）。蘇我連子の孫、中納言小花下安麿の子。
¶朝日（いしかわのいしたり　[没]天平1年8月9日（729年9月6日）），公卿（[生]？　[没]天平1（729）年8月9日），国史，古代（石川朝臣石足　いしかわのあそんいわたり），古中，史人（[生]？　[没]729年8月9日），諸系，新潮（[没]天平1（729）年8月9日），日史（[生]天智6（667）年？　[没]天平1（729）年8月9日），日人，百科（[生]天智6（667）年？）

石川王 いしかわのおおきみ
→石川王（いしかわおう）

石川夫人 いしかわのおおとじ
→蘇我姪娘（そがのめいのいらつめ）

石川大蕤娘 いしかわのおおぬのいらつめ
？ ～神亀1（724）年　[別]石川大蕤比売《いしかわのおおぬひめ》，石川朝臣大蕤比売《いしかわのあそんおおぬひめ》，蘇我大蕤娘《そがのおおぬのいらつめ》，大蕤娘《おおぬのいらつめ》
飛鳥時代～奈良時代の女性。天武天皇の妃。穂積皇子、紀皇女、田形皇女の母。
¶朝日（石川大蕤比売　いしかわのおおぬひめ　[没]神亀1年7月13日（724年8月6日）），古代（石川朝臣大蕤比売　いしかわのあそんおおぬひめ），コン改，コン4，諸系（大蕤娘　おおぬのいらつめ），女性（[没]神亀1（724）年7月），女性（大蕤娘　おおぬのいらつめ　[没]神亀1（724）年7月13日），人名（大蕤娘　おおぬのいらつめ），日人（石川大蕤比売　いしかわのおおぬひめ）

石川大蕤比売 いしかわのおおぬひめ
→石川大蕤娘（いしかわのおおぬのいらつめ）

石川越知人 いしかわのおちひと
生没年不詳　[別]石川越知人《いしかわおちひと》
平安時代前期の漢詩人。
¶国書（いしかわおちひと）

石川弟人 いしかわのおとひと
生没年不詳
奈良時代の官人（越後守従五位下）。
¶新潟百

石川垣守 いしかわのかきもり
？～延暦5（786）年　[別]石川朝臣垣守《いしかわのあそんかきもり》
奈良時代の中級官人。
¶古代（石川朝臣垣守　いしかわのあそんかきもり），史人（[没]786年5月5日），諸系，日史（[没]延暦5（786）年5月5日），日人，百科

石川加美 いしかわのかみ
？～天平19（747）年3月　[別]石川朝臣加美《いしかわのあそんかみ》
奈良時代の官人（従四位下兵部卿）。
¶岡山歴（石川朝臣加美　いしかわのあそんかみ）

石川君子 いしかわのきみこ
生没年不詳　[別]石川朝臣君子《いしかわのあそみきみこ，いしかわのあそんきみこ》
奈良時代の中級官人、歌人。
¶古代（石川朝臣君子　いしかわのあそんきみこ），諸系，日人，万葉（石川朝臣君子　いしかわのあそみきみこ），和俳（石川朝臣君子　いしかわのあそんきみこ）

石川木村 いしかわのきむら
[別]石川朝臣木村《いしかわのあそんきむら》
平安時代前期の官人。
¶古代（石川朝臣木村　いしかわのあそんきむら），日人（生没年不詳）

石川国助 いしかわのくにすけ
[別]石川朝臣国助《いしかわのあそんくにすけ》
奈良時代～平安時代前期の官人（従五位上）。
¶古代（石川朝臣国助　いしかわのあそんくにすけ），日人（生没年不詳）

石川小老 いしかわのこおゆ
生没年不詳
飛鳥時代の朝臣（美濃守従五位上）。
¶郷土岐阜

石川宿奈麻呂 いしかわのすくなまろ
生没年不詳
奈良時代の官人（従五位下越後守）。
¶新潟百

石川足人 いしかわのたりひと
[別]石川朝臣足人《いしかわのあそみたるひと》
奈良時代の地方官（従五位上大宰少弐）。
¶諸系（生没年不詳），人名，日人（生没年不詳），万葉（石川朝臣足人　いしかわのあそみたるひと）

石川足人 いしかわのたるひと
→石川足人（いしかわのたりひと）

石川継人 いしかわのつぐひと
天平13（741）年～天長3（826）年
奈良時代～平安時代前期の官人（従四位上）。
¶平史

石川年足 いしかわのとしたり
持統天皇2（688）年～天平宝字6（762）年　[別]石川朝臣年足《いしかわのあそみとしたり，いしかわのあそんとしたり》，石川年足《いしかわとしたり，いしかわのとしたる》
飛鳥時代～奈良時代の学者、官人（御史大夫）。蘇我連子の曽孫、中納言小花下安麿の孫、権参議石川石足の子。
¶朝日（[没]天平宝字6年9月30日（762年10月21日）），岩史（[没]天平宝字6（762）年9月30日），角史，公卿（いしかわのとしたる　[没]天平宝字6（762）年9月），国史，国書（いしかわとしたり　[没]天平宝字6（762）年9月30日），古史，古代（石川朝臣年足　いしかわのあそんとしたり），古中，コン改，コン4，史人（[没]762年9月30日），島根歴（いしかわとしたり），諸系，神人（[生]？　[没]天平宝字6（762）年9月），新潮（[没]天平宝字6（762）年9月30日），人名，世人（[没]天平宝字6（762）年9月30日），全書，日史（[没]天平宝字6（762）年9月30日），日人，百科，万葉（石川朝臣年足　いしかわのあそみとしたり），歴大

石川年足 いしかわのとしたる
→石川年足（いしかわのとしたり）

石川刀子娘 いしかわのとすのいらつめ
生没年不詳　[別]石川朝臣刀子娘《いしかわのあそんとすのいらつめ》，石川刀子娘《いしかわかたなこのいらつめ，いしかわのとねのいらつめ》
飛鳥時代の女性。文武天皇の嬪。
¶朝日（いしかわのとねのいらつめ），国史，古代（石川朝臣刀子娘　いしかわのあそんとすのいらつめ），古中，コン改（いしかわのとねのいらつめ），コン4（いしかわのとねのいらつめ），史人，女性（いしかわのとねのいらつめ），新潮（いしかわのとねのいらつめ），人名（いしかわかたなこのいらつめ），日人

石川刀子娘 いしかわのとねのいらつめ
→石川刀子娘（いしかわのとすのいらつめ）

石川豊成 いしかわのとよなり
？～宝亀3（772）年　[別]石川朝臣豊成《いしかわのあそんとよなり》，石川豊成《いしかわとよなり》
奈良時代の官人（中納言）。蘇我連子の曽孫、中納言小花下安麿の孫、権参議石川石足の子。
¶朝日（[没]宝亀3年9月8日（772年10月8日）），公卿（いしかわとよなり　[没]宝亀3（772）年9月），古代（石川朝臣豊成　いしかわのあそんとよなり），コン改，コン4，諸系，新潮（[没]宝亀3（772）年9月8日），人名，日人

石川永津 いしかわのながつ
延暦4（785）年～斉衡1（854）年

奈良時代～平安時代前期の貴族（正五位下）。
¶平史

石川永年 いしかわのながとし
生没年不詳　㊙石川永年《いしかわながとし》
奈良時代の隠岐員外介。石川年足の子。
¶島根歴（いしかわながとし）

石川名足 いしかわのなたり
神亀5（728）年～延暦7（788）年　㊙石川朝臣名足《いしかわのあそんなたり》，石川名足《いしかわなたり，いしかわのなたる》
奈良時代の官人（中納言）。権参議石川石足の孫、御史大夫石川年足の子。
¶朝日（㊞延暦7年6月10日（788年7月17日）），岡山歴（石川朝臣名足　いしかわのあそんなたり　㊞延暦7（788）年6月），公卿（いしかわなたり　㊞延暦7（788）年6月4日），国史，古代（石川朝臣名足　いしかわのあそんなたり），古中，コン改，コン4，史人（㊞788年6月10日），諸系，新潮（㊞延暦7（788）年6月10日），人名（いしかわのなたる），日人

石川名足 いしかわのなたる
→石川名足（いしかわのなたり）

石川広成 いしかわのひろなり
㊙石川朝臣広成《いしかわのあそみひろなり》
奈良時代の官人（国守）。文武天皇の皇子といわれる。のちに高円と改姓。
¶人名，日人（生没年不詳），万葉（石川朝臣広成　いしかわのあそみひろなり）

石川広主 いしかわのひろぬし
生没年不詳　㊙石川広主《いしかわひろぬし》
平安時代前期の漢詩人。
¶国書（いしかわひろぬし）

石川夫人 いしかわのぶにん
→蘇我姪娘（そがのめいのいらつめ）

石川卿 いしかわのまえつきみ
奈良時代の万葉歌人。
¶万葉

石川大夫 いしかわのまえつきみ
飛鳥時代の万葉歌人。
¶万葉

石川真主 いしかわのまぬし
㊙石川朝臣真主《いしかわのあそんまぬし》
平安時代前期の官吏。
¶古代（石川朝臣真主　いしかわのあそんまぬし），日人（生没年不詳）

石川真守 いしかわのまもり
天平1（729）年～延暦17（798）年　㊙石川真守《いしかわまもり》，石川朝臣真守《いしかわのあそんまもり》
奈良時代～平安時代前期の公卿（参議）。権参議石川石足の曽孫、御史大夫石川年足の孫、中納言・左京大夫石川名足の子。
¶公卿（いしかわまもり　㊐天平2（730）年　㊞延暦17（799）年8月19日），古代（石川朝臣真守　いしかわのあそんまもり），日人，平史

石川道益 いしかわのみちます
天平宝字7（763）年～延暦24（805）年
奈良時代～平安時代前期の官人。
¶平史

石川美奈伎麻呂 いしかわのみなきまろ
奈良時代の安房国司。
¶人名，日人（生没年不詳）

石川水通 いしかわのみみち
㊙石川朝臣水通《いしかわのあそみみみち》
奈良時代の歌人。
¶人名，日人（生没年不詳），万葉（石川朝臣水通　いしかわのあそみみみち）

石川宮麻呂（石川宮麿） いしかわのみやまろ
？～和銅6（713）年　㊙石上宮麻呂《いそのかみみやまろ》，石川朝臣宮麻呂《いしかわのあそんみやまろ》
奈良時代の廷臣（散位）。大臣連子の五男。
¶公卿（石上宮麻呂　いそのかみみやまろ　㊐斉明1（655）年　㊞和銅4（711）年12月5日），古代（石川朝臣宮麻呂　いしかわのあそんみやまろ　㊐655年？），諸系，人名（石川宮麿），日人

石川夫人 いしかわふじん
→蘇我姪娘（そがのめいのいらつめ）

石寸名 いしきな
生没年不詳　㊙蘇我石寸名《そがのいしきな》，蘇我石寸名媛《そがのいしきなひめ》
飛鳥時代の女性。用明天皇の嬪。蘇我稲目の娘。
¶諸系，女性，女性（蘇我石寸名　そがのいしきな），人名（蘇我石寸名媛　そがのいしきなひめ），日人

位子女王 いしじょおう
享禄2（1529）年2月16日～元和2（1616）年
戦国時代～江戸時代前期の女性。伏見宮貞敦親王の王女。関白二条晴良の妻。
¶女性（㊞元和2（1616）年8月24日），人名，日人（㊐1530年）

怡子女王 いしじょおう
→怡子内親王（いしないしんのう）

依子内親王 いしないしんのう
寛平7（895）年～承平6（936）年　㊙依子内親王《よりこないしんのう》
平安時代中期の女性。宇多天皇の皇女。
¶国書（㊞承平6（936）年7月1日），女性（㊞承平6（936）年7月1日），人名（よりこないしんのう），日人，平史（よりこないしんのう）

惟子内親王 いしないしんのう
生没年不詳
南北朝時代の女性。後醍醐天皇の皇女。
¶女性，人名，日人

い

為子内親王 いしないしんのう
→為子内親王（ためこないしんのう）

怡子内親王（怡子内親王） いしないしんのう
生没年不詳　[別]北小路斎院《きたこうじのさいいん》,怡子女王《いしじょおう》,怡子内親王《よしこないしんのう》
平安時代後期の輔仁親王（後三条天皇皇子）の王女。
¶女性（怡子女王　いしじょおう），神人（怡子内親王），人名，日人，平史（よしこないしんのう）

石野（家名） いしの
→石野（いわの）

石姫皇女 いしひめのおうじょ
→石姫皇女（いしひめのひめみこ）

石姫皇女 いしひめのこうじょ
→石姫皇女（いしひめのひめみこ）

石姫皇女 いしひめのひめみこ
生没年不詳　[別]石姫《いわのひめ》,石姫皇女《いしひめのおうじょ,いしひめのこうじょ》
飛鳥時代の女性。欽明天皇の皇后。宣化天皇の皇女。
¶朝日，国史（いしひめのおうじょ），古代，古中（いしひめのおうじょ），史人，諸系（いしひめのおうじょ），女性（石姫　いわのひめ），女性（いしひめのこうじょ），新潮，人名（いしひめのこうじょ），日人（いしひめのおうじょ）

石山篤熙 いしやまあつひろ
宝暦12（1762）年9月5日～天保8（1837）年9月24日
江戸時代中期～後期の公家（権中納言）。権中納言壬生基貫の次男。
¶公卿，公家（篤熙〔石山家〕　あつひろ）

石山僧都 いしやまのそうず
→良深（りょうしん）

石山基陳 いしやまもとつら
延享1（1744）年6月23日～文政3（1820）年8月24日
江戸時代中期～後期の公家（権大納言）。権大納言石山基名の子。
¶公卿，公家（基陳〔石山家〕　もとつら）

石山基名 いしやまもとな
享保5（1720）年11月11日～寛政4（1792）年
江戸時代中期の公家（権大納言）。参議姉小路実武の次男。
¶公卿（[没]寛政4（1792）年2月27日），公家（基名〔石山家〕　もとな　[没]寛政4（1792）年閏2月27日）

石山基正 いしやまもとなお
天保14（1843）年～明治27（1894）年12月28日
江戸時代末期～明治期の公家。
¶維新，幕末

石山基文 いしやまもとふみ,いしやまもとぶみ
文政10（1827）年1月7日～明治24（1891）年11月4日
江戸時代末期～明治期の公家（非参議）。左権少将石上基逸の子。
¶維新，公卿（いしやまもとぶみ　[没]明治24（1891）年11月），公家（基文〔石山家〕　もとふみ），幕末

石山師香 いしやまもろか
寛文9（1669）年5月13日～享保19（1734）年10月13日
江戸時代中期の公家（権中納言）。左大臣園基音の孫。
¶公卿，公家（師香〔石山家〕　もろか），国書，諸系，人名，日人

已心院殿 いしんいんどの
→九条道教（くじょうみちのり）

伊須気余理比売 いすけよりひめ
→媛蹈鞴五十鈴媛命（ひめたたらいすずひめのみこと）

五十鈴依媛 いすずよりひめ
→五十鈴依媛命（いすずよりひめのみこと）

五十鈴依媛命 いすずよりひめのみこと
[別]五十鈴依媛《いすずよりひめ》
上代の女性。綏靖天皇の皇后。
¶女性，人名，日人（五十鈴依媛　いすずよりひめ）

伊都内親王 いずないしんのう
→伊都内親王（いとないしんのう）

泉亭静枝 いずみていしずえ
弘化3（1846）年5月1日～大正3（1914）年12月15日
江戸時代末期～明治期の女性。朝彦親王の側室。
¶女性，女性普

泉内親王 いずみのないしんのう
？　～天平6（734）年　[別]泉内親王《いずみないしんのう》
奈良時代の女性。天智天皇の皇女。
¶女性（[没]天平6（734）年2月8日），人名（いずみないしんのう），日人

泉媛 いずみひめ
→天豊津媛命（あまとよつひめのみこと）

出雲王 いずもおう
？　～宝亀8（777）年
奈良時代の王族。鈴鹿王の王子で，高市皇子の孫。
¶古代，日人

出雲乙上 いずものおとがみ
生没年不詳
平安時代前期の官人。
¶新潟百

出雲狛 いずものこま
生没年不詳　[別]出雲臣狛《いずものおみこま》
飛鳥時代の武将。壬申の乱で活躍。
¶朝日，古代（出雲臣狛　いずものおみこま），コン改，コン4，日人

い

出雲果安 いずものはたやす
生没年不詳 [別]出雲臣果安《いずものおみはたやす》
奈良時代の出雲国造。
¶朝日，古代（出雲臣果安 いずものおみはたやす），コン改（出雲臣果安 いずものおみはたやす），コン4（出雲臣果安 いずものおみはたやす），諸系，諸系，新潮，日人

出雲広貞 いずものひろさだ
生没年不詳 [別]出雲広貞《いずもひろさだ》，出雲宿禰広貞《いずものすくねひろさだ》，菅原広貞《すがわらのひろさだ》
平安時代前期の医薬家。「大同類聚方」を編纂。
¶朝日，京都大（[没]貞観12（870）年），国史，国書（いずもひろさだ），古代（出雲宿禰広貞 いずものすくねひろさだ），古中，コン改，コン4，史人，島根歴（いずもひろさだ），新潮，人名（いずもひろさだ [没]870年），人名（菅原広貞 すがわらのひろさだ），世人（[没]貞観12（870）年），全書（[没]869年），日人，平史，歴大

出雲岑嗣(1) いずものみねつぐ
生没年不詳
平安時代前期の官人。
¶新潟百

出雲岑嗣(2) いずものみねつぐ
→菅原岑嗣（すがわらのみねつぐ）

伊勢王 いせのおう
生没年不詳 [別]伊勢王《いせのおおきみ》
飛鳥時代の皇親。係累不明。
¶朝日，コン改（いせのおおきみ），コン4（いせのおおきみ），日人

伊勢大鹿菟名子 いせのおおかのうなこ
[別]伊勢大鹿菟名子《いせおおかのうなこ》
飛鳥時代の女性。敏達天皇の妃、伊勢大鹿首小熊の娘。
¶女性，人名（いせおおかのうなこ），日人（生没年不詳）

伊勢王 いせのおおきみ
→伊勢王（いせのおう）

伊勢興房 いせのおきふさ
生没年不詳 [別]伊勢興房《いせおきふさ》
平安時代前期の官人。
¶国書5（いせおきふさ），平史

石上皇子 いそのかみのおうじ
[別]上王《かみのみこ》
飛鳥時代の欽明天皇の皇子。
¶人名，日人（生没年不詳）

石上乙麻呂（石上乙麿） いそのかみのおとまろ
？ ～天平勝宝2（750）年 [別]石上乙麻呂《いそのかみおとまろ》，石上乙麿《いそのかみおとまろ》，石上朝臣乙麻呂《いそのかみのあそみおとまろ，いそのかみのあそんおとまろ》
奈良時代の歌人、官人（中納言）。左大臣石上麻呂の子。
¶朝日（[没]天平勝宝2（750）年9月），公卿（いそのかみおとまろ [没]天平勝宝2（750）年9月1日），高知人，高知百，国史，国書（石上乙麿 いそのかみおとまろ [没]天平勝宝2（750）年9月1日），古代（石上朝臣乙麻呂 いそのかみのあそんおとまろ），古中，コン改，コン4，詩歌，史人（[没]750年9月1日），諸系，新潮（[没]天平勝宝2（750）年9月1日），人名，日史（[没]天平勝宝2（750）年9月1日），日人，百科，万葉（石上朝臣乙麻呂 いそのかみのあそみおとまろ），和俳（[没]天平勝宝2（750）年9月1日）

石上堅魚 いそのかみのかつお
[別]石上朝臣堅魚《いそのかみのあそみかつお》
奈良時代の官吏。
¶諸系（生没年不詳），人名，日人（生没年不詳），万葉（石上朝臣堅魚 いそのかみのあそみかつお）

石上内親王 いそのかみのないしんのう
？ ～承和13（846）年 [別]石上内親王《いそのかみないしんのう》
平安時代前期の女性。平城天皇の皇女。
¶女性（[没]承和13（846）年9月26日），人名，日人，平史（いそのかみないしんのう）

石上卿 いそのかみのまえつきみ
→石上麻呂（いそのかみのまろ）

石上大夫 いそのかみのまえつきみ
奈良時代の万葉歌人。
¶万葉

石上麻呂 いそのかみのまろ
舒明天皇12（640）年～養老1（717）年 [別]石上卿《いそのかみのまえつきみ》，石上朝臣麻呂《いそのかみのあそみまろ，いそのかみのあそんまろ》，物部麻呂《もののべのまろ》
飛鳥時代～奈良時代の左大臣。石上氏の祖。物部宇常麿の子。
¶朝日（[没]養老1年3月3日（717年4月18日）），角史，郷土奈良，公卿（[没]霊亀3（717）年3月3日），国史，古史（物部麻呂 もののべのまろ），古代（石上朝臣麻呂 いそのかみのあそんまろ），古中，コン改，コン4，史人（[没]717年3月3日），諸系，新潮（[没]養老1（717）年3月3日），人名，世百（[生]641年 [没]718年），日史（[没]養老1（717）年3月3日），日人，百科，万葉（石上卿 いそのかみのまえつきみ），万葉（石上朝臣麻呂 いそのかみのあそみまろ），歴大

石上宅嗣 いそのかみのやかつぐ
天平1（729）年～天応1（781）年 [別]石上宅嗣《いそのかみやかつぎ，いそのかみやかつぐ》，石上朝臣宅嗣《いそのかみのあそみやかつぐ，いそのかみのあそんやかつぐ》
奈良時代の文人、官人（大納言）。左大臣石上麻呂の孫、中納言石上乙麻呂の子。
¶朝日（[没]天応1年6月24日（781年7月19日）），岩史（[没]天応1（781）年6月24日），角史，神奈川人，教育（いそのかみやかつぐ [生]728年），公

い

卿(いそのかみやかつぎ　㊤神亀5(728)年　㊦天応1(781)年6月24日)，国史，国書(いそのかみやかつぐ　㊦天応1(781)年6月24日)，古史(いそのかみやかつぐ)，古代(石上朝臣宅嗣　いそのかみのあそんやかつぐ)，古中，コン改，コン4，史人(㊦781年6月24日)，重要，諸系，新潮(㊦天応1(781)年6月24日)，人名，世人(㊦天応1(781)年6月24日)，世百，全書，日史(㊦天応1(781)年6月24日)，日人，百科，万葉(石上朝臣宅嗣　いそのかみのあそみやかつぐ)，歴大

石上家成 いそのかみのやかなり
養老6(722)年～延暦23(804)年　㊞石上朝臣家成《いそのかみのあそんやかなり》
奈良時代～平安時代前期の公卿。
¶古代(石上朝臣家成　いそのかみのあそんやかなり)，諸系，日人，平史

石上部皇子 いそのかみべのおうじ
㊞伊美賀古王《いみがこのみこ》
飛鳥時代の欽明天皇の皇子。
¶人名，日人(生没年不詳)

石上宮麻呂 いそのかみみやまろ
→石川宮麻呂(いしかわのみやまろ)

石上宅嗣 いそのかみやかつぎ
→石上宅嗣(いそのかみのやかつぐ)

五十宮倫子 いそのみやともこ
→倫子女王(ともこじょおう)

礒部王(磯部王) いそべのおう
奈良時代の天武天皇の皇孫。桑田王の王子。
¶人名(磯部王)，日人(生没年不詳)

胆武別命 いたけるわけのみこと
上代の記・紀にみえる垂仁天皇の皇子。
¶日人

板持鎌束 いたもちのかまつか
奈良時代の官人。
¶古代

板茂安麻呂 いたもちのやすまろ
㊞板茂連安麻呂《いたもちのむらじやすまろ》
奈良時代の官人。
¶古代(板茂連安麻呂　いたもちのむらじやすまろ)

壱志濃王 いちしのおう
天平5(733)年～延暦24(805)年
奈良時代～平安時代前期の皇親(大納言)。湯原王の第二王子で、天智天皇の曽孫。
¶朝日(㊦延暦24年11月12日(805年12月6日))，公卿(㊦延暦24(805)年11月11日)，古代，姓氏京都，日人，平史

一条昭良 いちじょうあきよし
慶長10(1605)年～寛文12(1672)年　㊞一条恵観《いちじょうえかん》，一条兼遐《いちじょうかねとお》，一条昭良《いちじょうあきら》，恵観《えかん》
江戸時代前期の公家(摂政・関白・左大臣)。後陽成天皇の第9皇子で、左大臣・関白一条内基の嗣子。"皇別摂家"としての一条家の祖。
¶朝日(㊤慶長10年4月26日(1605年6月12日)　㊦寛文12年2月12日(1672年3月11日))，岩史(㊤慶長10(1605)年4月26日　㊦寛文12(1672)年2月12日)，京都，京都大(いちじょうあきら)，近世，公卿(㊤慶長10(1605)年4月26日　㊦寛文12(1672)年3月12日)，公家(昭良〔一条家〕　あきよし　㊤慶長10(1605)年4月26日　㊦寛文12(1672)年3月12日)，国史，国書(㊤慶長10(1605)年4月26日　㊦寛文12(1672)年2月12日)，コン4，茶道(一条恵観　いちじょうえかん)，史人(㊤1605年4月26日　㊦1672年2月12日)，諸系，新潮(㊤慶長10(1605)年4月26日　㊦寛文12(1672)年2月12日)，人名，姓氏京都，日人，歴大

一条昭良 いちじょうあきら
→一条昭良(いちじょうあきよし)

一条家経 いちじょういえつね
宝治2(1248)年～永仁1(1293)年12月11日
鎌倉時代後期の公卿(左大臣・摂政)。関白一条実経の長男。
¶鎌室，公卿，公家(家経〔一条家〕　いえつね)，国書(㊤宝治2(1248)年12月6日)，諸系(㊦1294年)，新潮(㊤宝治2(1248)年12月6日)，人名(㊤1230年)，日人(㊦1294年)

一条家房 いちじょういえふさ
鎌倉時代後期の公卿(非参議)。左大臣・摂政一条家経の次男。
¶公卿(生没年不詳)，公家(家房〔一条家〕　いえふさ)

一乗院宮真敬法親王 いちじょういんのみやしんけいほうしんのう
→真敬入道親王(しんけいにゅうどうしんのう)

一条内家 いちじょううちいえ
正応1(1288)年～？
鎌倉時代後期の公卿(権中納言)。太政大臣一条実家の子。
¶公卿，公家(内家〔一条家〕　うちいえ)

一条内実 いちじょううちざね
建治2(1276)年～嘉元2(1304)年12月17日
鎌倉時代後期の公卿(内大臣)。左大臣・摂政一条家経の長男。
¶鎌室，公卿，公家(内実〔一条家〕　うちざね)，国書，諸系(㊦1305年)，人名，日人(㊦1305年)

一条内嗣 いちじょううちつぐ
建武3/延元1(1336)年～？
南北朝時代の公卿(権大納言)。左大臣・関白一条経通の長男。
¶公卿，公家(内嗣〔一条家〕　うちつぐ)，国書5(㊤建武2(1335)年)，諸系，人名，日人

皇族・貴族篇　　　　　　　　　　41　　　　　　　　　　　　いちしよ

一条内経　いちじょううちつね
正応4(1291)年〜正中2(1325)年　別藤原内経
《ふじわらのうちつね》、芬陀利華院殿《ふんだりかいんどの》
鎌倉時代後期の公卿(関白・内大臣)。左大臣一条内実の子。
¶朝日(生正中2年10月1日(1325年11月7日))、鎌室、公卿(没正中2(1325)年12月2日)、公家(内経〔一条家〕　うちつね　没正中2(1325)年10月1日)、国史、国書(没正応4(1291)年7月17日　没正中2(1325)年10月1日)、古中、史人(没1325年10月1日)、諸系、新潮(没正中2(1325)年10月1日)、人名1351年　生1385年)、人名(藤原内経　ふじわらのうちつね)、日史(没正中2(1325)年10月1日)、日人、和俳(藤原内経　ふじわらのうちつね)

一条内房　いちじょううちふさ
→一条兼輝(いちじょうかねてる)

一条内政　いちじょううちまさ
→一条内政(いちじょうただまさ)

一条内基　いちじょううちもと
天文17(1548)年〜慶長16(1611)年
安土桃山時代〜江戸時代前期の公家(左大臣・関白)。関白一条房通の次男。
¶公卿(没慶長16(1611)年7月2日)、公家(内基〔一条家〕　うちもと　没慶長16(1611)年7月2日)、国書(没慶長16(1611)年7月2日)、諸系、人名(生1525年　没1588年)、戦人、日人

一条恵観　いちじょうえかん
→一条昭良(いちじょうあきよし)

一条兼香　いちじょうかねか
*〜寛延4(1751)年8月2日　別一条兼香《いちじょうかねよし》
江戸時代中期の公家(関白・太政大臣)。関白鷹司房輔の末子。
¶朝日(生元禄5年12月16日(1693年1月21日)　没宝暦1年8月2日(1751年9月21日))、岩史(生元禄5(1692)年12月16日)、公卿(いちじょうかねよし　生元禄5(1692)年12月16日)、公家(兼香〔一条家〕　かねか　生元禄5(1692)年12月16日)、国書(生元禄5(1692)年12月16日)、コン4(生元禄6(1693)年)、諸系(生1693年)、人名(いちじょうかねよし　生1702年)、日史(生元禄5(1692)年12月16日)、日人(生1693年)、歴大(生1692年)

一条兼定　いちじょうかねさだ
天文12(1543)年〜天正13(1585)年
安土桃山時代の武将(土佐国司・権中納言)。土佐国司・右中将・阿波権守一条房基の子。
¶朝日(没天正13年7月1日(1585年7月27日))、愛媛百(没天正13(1585)年7月1日)、角史(没天正1(1573)年)、公家(兼定〔土佐一条家(絶家)〕　かねさだ　没天正13(1585)年7月1日)、系西、高知人、高知百、国史、古中、コン改(没天正13(1585)年、(異説)1573年)、コン4(没天正13(1585)年、(異説)1573年)、史

人(没1585年7月1日)、諸系、新潮(没天正13(1585)年7月)、人名(没1573年)、戦合、戦国、戦人、日史(没天正13(1585)年7月1日)、百科、歴大

一条兼輝　いちじょうかねてる
慶安5(1652)年4月13日〜宝永2(1705)年9月10日　別一条内房《いちじょううちふさ》
江戸時代前期〜中期の公家(摂政・関白・右大臣)。右大臣一条教輔の子。
¶朝日(生承応1年4月13日(1652年5月20日)　没宝永2年9月10日(1705年10月7日))、岩史、公卿、公家(兼輝〔一条家〕　かねてる)、国書、コン4、諸系、人名(一条内房　いちじょううちふさ)、日史、日人、歴大

一条兼遐　いちじょうかねとお
→一条昭良(いちじょうあきよし)

一条兼冬　いちじょうかねふゆ
享禄2(1529)年〜天文23(1554)年
戦国時代の公卿(左大臣・関白)。関白一条房通の長男。
¶公卿(没天文23(1554)年2月1日)、公家(兼冬〔一条家〕　かねふゆ　没天文23(1554)年2月1日)、国書(没天文23(1554)年2月1日)、諸系、人名、戦人、日人

一条兼香　いちじょうかねよし
→一条兼香(いちじょうかねか)

一条兼良　いちじょうかねよし
応永9(1402)年〜文明13(1481)年　別一条兼良《いちじょうかねら》、兼良《かねら》、後成恩寺関白《ごじょうおんじかんぱく、のちのじょうおんじかんぱく》
室町時代〜戦国時代の歌学者・公卿(関白・太政大臣)。左大臣・関白一条経嗣の次男。
¶朝日(生応永9年5月7日(1402年6月7日)　没文明13年4月2日(1481年4月30日))、岩史(生応永9(1402)年5月27日　没文明13(1481)年4月2日)、角史、鎌室(いちじょうかねら)、教育、京都(いちじょうかねら)、京都大(いちじょうかねら)、公卿(没応永9(1402)年5月7日　没文明13(1481)年4月2日)、公家(兼良〔一条家〕　かねよし　応永9(1402)年5月7日　没文明13(1481)年4月2日)、国史、国書(生応永9(1402)年5月7日　没文明13(1481)年4月2日)、古中、コン改(いちじょうかねら)、コン4(いちじょうかねら)、詩歌、史人(生1402年5月27日　没1481年4月2日)、重要(いちじょうかねら　没文明13(1481)年4月2日)、諸系、神史、人書94、神人(生応永9(1402)年5月　没文明13(1481)年4月)、新潮(生応永9(1402)年5月7日　没文明13(1481)年4月2日)、新文(生応永9(1402)年5月7日　没文明13(1481)年4月2日)、人名、姓氏京都、世人(いちじょうかねら　生応永9(1402)年5月7日　没文明13(1481)年4月2日)、世百(いちじょうかねら)、全書(いちじょうかねら)、大百(いちじょうかねら)、伝記(いちじょうかねら)、日史(生応永9(1402)年5月27日　没文明13(1481)年4月2

日），日人，俳句（兼良　かねら），百科（いちじょうかねら），仏教（[生]応永9（1402）年5月27日　[没]文明13（1481）年4月2日），文学，平史，歴大，和俳（[生]応永9（1402）年5月7日　[没]文明13（1481）年4月2日）

一条兼良　いちじょうかねら
→一条兼良（いちじょうかねよし）

一条公仲　いちじょうきみなか
→一条公仲（いちじょうきんなか）

一条公勝　いちじょうきんかつ
元亨1（1321）年～元中6/康応1（1389）年　[別]清水谷公勝《しみずだにきんかつ》
鎌倉時代後期～南北朝時代の公家・歌人。
¶公卿（清水谷公勝　しみずだにきんかつ），公家（公勝〔清水谷家〕　きんかつ　[生]？），国書

一条公仲　いちじょうきんなか
？～延慶3（1310）年6月5日　[別]一条公仲《いちじょうきみなか》
鎌倉時代後期の公卿（非参議）。従二位藤原能基の次男。
¶公卿（いちじょうきみなか），公家（公仲〔一条家（絶家）〕　きんなか）

一条公有　いちじょうきんなり
→清水谷公有（しみずだにきんあり）

一条実秋　いちじょうさねあき
？～応永27（1420）年4月21日　[別]清水谷実秋《しみずだにさねあき》
南北朝時代～室町時代の公家・歌人。
¶公卿（清水谷実秋　しみずだにさねあき），公家（実秋〔清水谷家〕　さねあき），国書（[生]至徳1（1384）年）

一条実家　いちじょうさねいえ
建長2（1250）年～正和3（1314）年5月28日
鎌倉時代後期の公卿（太政大臣）。関白一条実経の次男。
¶公卿（[没]正和3（1314）年5月28日，（異説）1月17日），公家（実家〔一条家〕　さねいえ　[生]？），国書，諸系，人名（[生]1249年），日人

一条実孝　いちじょうさねたか
明治13（1880）年3月15日～昭和34（1959）年12月21日
明治～昭和期の軍人、政治家。貴族院議員。華族（公爵）。国家主義者。
¶現朝，コン改，コン5，世紀，政治，日人

一条実経　いちじょうさねつね
貞応2（1223）年～弘安7（1284）年　[別]円明寺殿《えんみょうじどの》，藤原実経《ふじわらのさねつね》
鎌倉時代後期の公卿（摂政・関白・左大臣）。一条家の祖。関白九条道家の三男。
¶朝日（[没]弘安7年7月18日（1284年8月30日）），岩史（[没]弘安7（1284）年7月18日），角史，鎌室，京都府，公卿（[生]貞応1（1222）年　[没]弘安7（1284）年7月18日），公家（実経〔一条家〕　さねつね　[生]1223年？・貞応1（1222）年？　[没]弘安7（1284）年7月18日），国史，国書（[生]貞応2（1223）年10月2日　[没]弘安7（1284）年7月18日），古中，コン改，コン4，史人（[没]1284年7月18日），諸系，新潮（[没]弘安7（1284）年7月18日），人名（藤原実経　ふじわらのさねつね），姓氏京都，日史（[没]弘安7（1284）年7月18日），日人，百科，歴大

一条実輝　いちじょうさねてる
慶応2（1866）年～大正13（1924）年
明治～大正期の海軍軍人。大佐、明治神宮宮司。日清・日露戦争に功績をあげた。東宮侍従長などを歴任し、明治神宮宮司となる。
¶海越新（[生]慶応2（1866）年8月24日　[没]大正13（1924）年7月8日），諸系，神人，人名，世紀（[生]慶応2（1866）年8月24日　[没]大正13（1924）年7月8日），渡航（[生]1866年8月24日　[没]1924年7月8日），日人

一条実豊　いちじょうさねとみ
建治2（1276）年～正平3/貞和4（1348）年
鎌倉時代後期～南北朝時代の公卿（参議）。従二位兵部卿藤原公頼の長男。
¶公卿（[没]貞和4/正平3（1348）年5月11日），公家（実豊〔河鰭家〕　さねとよ　[没]貞和4（1348）年5月12日）

一条実雅　いちじょうさねまさ
建久7（1196）年～安貞2（1228）年　[別]藤原実雅《ふじわらさねまさ，ふじわらのさねまさ》
鎌倉時代前期の公卿（参議）。権中納言藤原能保の三男。
¶朝日（[没]安貞2年4月1日（1228年5月6日）），神奈川人（藤原実雅　ふじわらのさねまさ），鎌室（藤原実雅　ふじわらさねまさ），公卿（藤原実雅　ふじわらのさねまさ　[没]安貞2（1228）年4月1日），公家（実雅〔一条家（絶家）〕　さねまさ　[没]安貞2（1228）年4月1日），史人（[没]1228年4月29日），姓氏京都，日人（藤原実雅　ふじわらのさねまさ），北条（[生]正治1（1199）年）

一条実益　いちじょうさねます
弘安7（1284）年～正平8/文和2（1353）年12月11日
鎌倉時代後期～南北朝時代の公卿（参議）。従二位兵部卿藤原公頼の次男。
¶公卿，公家（実益〔河鰭家〕　さねます）

一条実通　いちじょうさねみち
天明8（1788）年8月2日～文化2（1805）年5月25日
江戸時代後期の公家（権中納言）。左大臣・関白一条忠良の子。
¶公卿，公家（実通〔一条家〕　さねみち）

一条実良　いちじょうさねよし
天保6（1835）年～明治1（1868）年
江戸時代末期の公家（右大臣）。左大臣一条忠香の子。
¶維新，公卿（[生]天保6（1835）年2月28日　[没]明治1（1868）年4月24日），公家（実良〔一条家〕　さねよし　[生]天保6（1835）年2月28日　[没]明治1（1868）年4月24日），国書（[生]天保6（1835）年2

月28日 [没]慶応4(1868)年4月24日), 諸系, 日人, 幕末([没]1868年5月16日)

一条順子 いちじょうじゅんこ
文政10(1827)年～明治41(1908)年
江戸時代末期～明治期の女性。伏見宮邦家親王の王女、明治天皇皇后昭憲皇太后の異母姉で、一条忠香の室。
¶諸系, 女性([生]文政10(1827)年2月4日 [没]明治41(1908)年1月25日), 女性普([生]文政10(1827)年2月4日 [没]明治41(1908)年1月25日), 人名, 日人

一条高能 いちじょうたかよし
安元2(1176)年～建久9(1198)年9月17日 [別]藤原高能《ふじわらのたかよし》
平安時代後期～鎌倉時代前期の公卿(参議)。権中納言藤原能保の長男。
¶朝日([没]建久9年9月17日(1198年10月19日)), 公卿(藤原高能 ふじわらのたかよし [生]久安2(1146)年), 公家(高能〔一条家(絶家)〕 たかよし), 国史, 古中, 史人, 新潮, 姓氏京都, 日史, 日人

一条忠香 いちじょうただか
文化9(1812)年～文久3(1863)年11月7日
江戸時代末期の公家(左大臣)。左大臣・関白一条忠良の次男。
¶維新, 岩史([生]文化9(1812)年2月13日), 京都大, 近世, 公卿([生]文化9(1812)年2月13日), 公家(忠香〔一条家〕 ただか [生]文化9(1812)年2月13日), 国史, 国書([生]文化9(1812)年2月13日), コン4, 史人([生]1812年2月13日), 諸系, 新潮([生]文化9(1812)年2月13日), 姓氏京都, 世人, 日人, 幕末([没]1864年1月25日), 歴大

一条忠輔 いちじょうただすけ
1253年～?
鎌倉時代後期の公卿(非参議)。関白一条実経の四男。
¶公卿(生没年不詳), 公家(忠輔〔一条家〕 ただすけ)

一条内政 いちじょうただまさ
弘治3(1557)年～天正8(1580)年 [別]一条内政《いちじょううちまさ》
安土桃山時代の国司。
¶系西, 高知人([生]1562年), 諸系, 人名(いちじょううちまさ), 戦人, 日人

一条忠良 いちじょうただよし
安永3(1774)年3月22日～天保8(1837)年6月3日
江戸時代後期の公家(左大臣・関白)。関白・左大臣一条輝良の子。
¶近世, 公卿, 公家(忠良〔一条家〕 ただよし), 国史, 国書, 諸系, 人名, 日人

一条経輔 いちじょうつねすけ
生没年不詳
室町時代の公卿(権大納言)。左大臣・関白一条経嗣の長男。
¶公卿, 公家(経輔〔一条家〕 つねすけ), 諸系, 人名, 日人

一条経嗣 いちじょうつねつぐ
正平13/延文3(1358)年～応永25(1418)年 [別]成恩寺関白《じょうおんじかんぱく》
南北朝時代～室町時代の公卿(左大臣・関白)。左大臣・関白一条経通の養子。
¶朝日([没]応永25年11月17日(1418年12月14日)), 岩史([没]応永25(1418)年11月17日), 鎌室, 公卿([没]応永25(1418)年11月17日), 公家(経嗣〔一条家〕 つねつぐ [没]応永25(1418)年11月17日), 国史, 国書([没]応永25(1418)年11月17日), 古中, コン改, コン4, 史人([没]1418年11月17日), 諸系, 新潮([没]応永25(1418)年11月17日), 人名, 姓氏京都, 世人, 日人

一条経通 いちじょうつねみち
文保1(1317)年～正平20/貞治4(1365)年3月10日
南北朝時代の公卿(左大臣・関白)。関白一条内経の子。
¶鎌室, 公卿, 公家(経通〔一条家〕 つねみち), 国書([生]文保1(1317)年12月15日), 諸系([生]1318年), 人名, 日人([生]1318年)

一条輝良 いちじょうてるよし
宝暦6(1756)年～寛政7(1795)年10月14日
江戸時代中期の公家(関白・左大臣)。左大臣・太政大臣一条道香の子。
¶近世, 公卿([生]宝暦6(1756)年11月7日), 公家(輝良〔一条家〕 てるよし [生]宝暦6(1756)年11月7日), 国史, 国書([生]宝暦6(1756)年11月7日), 史人([生]1756年9月17日), 諸系([生]1765年), 新潮([生]宝暦6(1756)年9月17日), 人名, 日人, 歴大

一条天皇 いちじょうてんのう
天元3(980)年～寛弘8(1011)年
平安時代中期の第66代の天皇(在位986～1011)。
¶朝日([生]天元3年6月1日(980年7月15日) [没]寛弘8年6月22日(1011年7月25日)), 岩史([生]天元3(980)年6月1日 [没]寛弘8(1011)年6月22日), 角史, 京都, 京都大, 国史, 国書([生]天元3(980)年6月1日 [没]寛弘8(1011)年6月22日), 古史, 古中, コン改, コン4, 史人([生]980年6月1日 [没]1011年6月22日), 重要([生]天元3(980)年6月1日 [没]寛弘8(1011)年6月22日), 諸系, 新潮([生]天元3(980)年6月1日 [没]寛弘8(1011)年6月22日), 人名, 姓氏京都, 世人([生]天元3(980)年6月 [没]寛弘8(1011)年6月22日), 世百, 全書, 大百, 日史([生]天元3(980)年6月1日 [没]寛弘8(1011)年6月22日), 日人, 百科, 仏教([生]天元3(980)年6月1日 [没]寛弘8(1011)年6月13日), 平史, 歴大

一条朝子 いちじょうときこ
→伏見朝子(ふしみときこ)

一条君 いちじょうのきみ
生没年不詳 [別]一条君《いちじょうぎみ》
平安時代前期の女性歌人。清和天皇皇孫、貞平親

王王女。藤原時平の娘京極御息所褒子の女房。
¶女性，人名（いちじょうぎみ），日人，和俳

一条信能　いちじょうのぶよし
*〜承久3（1221）年　[別]藤原信能《ふじわらののぶよし,ふじわらのぶよし》
鎌倉時代前期の公卿（参議）。権中納言藤原能保の次男。
¶朝日（[生]？　[没]承久3年7月5日（1221年7月25日）），鎌室（[生]建久1（1190）年？），岐阜百（藤原信能　ふじわらののぶよし），郷土岐阜（藤原信能　ふじわらののぶよし　[生]1190年），公卿（藤原信能　ふじわらののぶよし　[生]建久1（1190）年　[没]承久3（1221）年7月），公家（信能〔一条家（絶家）〕　のぶよし　[生]1190年　[没]承久3（1221）年7月5日），新潮（[生]建久1（1190）年？　[没]承久3（1221）年7月5日），人名（[生]？），人名（藤原信能　ふじわらののぶよし　[生]1190年），日人（[生]？）

一条教輔　いちじょうのりすけ
寛永10（1633）年〜宝永4（1707）年
江戸時代前期〜中期の公家（右大臣）。摂政・関白一条昭良の長男。
¶公卿（[生]寛永10（1633）年5月2日　[没]宝永4（1707）年1月6日），公家（教輔〔一条家〕　のりすけ　[生]寛永10（1633）年5月2日　[没]宝永4（1707）年1月6日），諸系，人名（[生]1590年　[没]1664年），日人

一条教房　いちじょうのりふさ
応永30（1423）年〜文明12（1480）年
室町時代〜戦国時代の公卿（左大臣・関白）。土佐一条家の祖。権大納言一条兼良の長男。
¶朝日（[没]文明12年10月5日（1480年11月6日）），角史，鎌室，京都，京都大，公卿（[没]文明12（1480）年10月5日），公家（教房〔一条家〕　のりふさ　[没]文明12（1480）年10月5日），系西，高知人，高知百，国史，国書（[没]文明12（1480）年10月5日），古中，コン改，コン4，史人（[没]1480年10月5日），諸系，新潮（[没]文明12（1480）年10月5日），人名，世人，戦人，日人，歴大

一条美子　いちじょうはるこ
→昭憲皇太后（しょうけんこうたいごう）

一条房家　いちじょうふさいえ
文明7（1475）年〜天文8（1539）年
戦国時代の土佐国司・権大納言。左大臣・関白一条教房（土佐一条の祖）次男。
¶公卿（[没]天文8（1539）年11月13日），公家（房家〔土佐一条家（絶家）〕　ふさいえ　[没]天文8（1539）年11月13日），系西（[生]1477年），高知人（[生]1477年），諸系，人名，戦人，日人

一条房経　いちじょうふさつね
正平2/貞和3（1347）年〜正平21/貞治5（1366）年12月27日
南北朝時代の公卿（権大納言）。左大臣・関白一条経通の次男。
¶公卿，公家（房経〔一条家〕　ふさつね），国書

一条房冬　いちじょうふさふゆ
明応7（1498）年〜天文10（1541）年
戦国時代の土佐国司・権中納言。土佐国司・権大納言一条房家の長男。
¶公卿（[生]長享2（1488）年　[没]天文10（1541）年11月6日），公家（房冬〔土佐一条家（絶家）〕　ふさふゆ　[没]天文10（1541）年11月6日），系西，高知人，諸系，人名，戦人，日人

一条房通　いちじょうふさみち
永正6（1509）年〜弘治2（1556）年
戦国時代の公卿（関白・左大臣）。土佐国司・権大納言一条房家の二男。
¶公卿（[没]弘治2（1556）年10月30日），公家（房通〔一条家〕　ふさみち　[没]弘治2（1556）年10月30日），高知人，国書（[没]弘治2（1556）年10月30日），諸系，人名，戦人，日人

一条房基　いちじょうふさもと
大永2（1522）年〜天文18（1549）年
戦国時代の非参議・土佐国司。土佐国司・権中納言一条房冬の子。
¶公卿（[没]天文18（1549）年4月12日），公家（房基〔土佐一条家（絶家）〕　ふさもと　[没]天文18（1549）年4月12日），系西，高知人，諸系，人名，戦人，日人

一条冬実　いちじょうふゆざね
弘安1（1278）年〜*
鎌倉時代後期の公卿（権中納言）。左大臣・摂政一条家経の三男。
¶公卿（[没]？），公家（冬実〔一条家〕　ふゆざね　[没]康永1（1342）年12月25日）

一条冬基　いちじょうふゆもと
→醍醐冬基（だいごふゆもと）

一条冬良　いちじょうふゆよし
寛正5（1464）年〜永正11（1514）年3月27日　[別]一条冬良《いちじょうふゆら》
戦国時代の公卿（太政大臣・関白）。権大納言一条兼良の次男。
¶朝日（[生]寛正5年6月25日（1464年7月29日）　[没]永正11年3月27日（1514年4月21日）），岩史，角史，公卿（いちじょうふゆら　[生]寛正5（1464）年6月25日），公家（冬良〔一条家〕　ふゆよし　[生]寛正5（1464）年6月25日），高知人，国史，国書（[生]寛正5（1464）年6月25日），古中，コン改（いちじょうふゆら），コン4（いちじょうふゆら），史人（[生]1464年6月25日），諸系，新潮（[生]寛正5（1464）年6月），人名（いちじょうふゆら），姓氏京都，世人（いちじょうふゆら　[生]寛正5（1464）年6月），全書（いちじょうふゆら），戦人，大百（いちじょうふゆら），日史，日人，歴大，和俳（いちじょうふゆら）

一条冬良　いちじょうふゆら
→一条冬良（いちじょうふゆよし）

一条政房　いちじょうまさふさ
？　〜文明1（1469）年
室町時代の公卿（権大納言）。左大臣・関白一条

教房の子。

¶公卿（[没]文明1（1469）年10月17日），公家（政房〔一条家〕　まさふさ　[没]文明1（1469）年10月17日），諸系，人名，日人，兵庫百（[生]文安2（1445）年）

一条道香 いちじょうみちか

享保7（1722）年10月10日～明和6（1769）年9月5日　[別]一条道香《いちじょうみちよし》

江戸時代中期の公家（太政大臣）。関白・太政大臣一条兼香の子。

¶公卿（いちじょうみちよし），公家（道香〔一条家〕　みちか），国書，諸系，日人

一条道香 いちじょうみちよし

→一条道香（いちじょうみちか）

一条師良 いちじょうもろなが

→一条師良（いちじょうもろよし）

一条師良 いちじょうもろよし

正嘉2（1258）年～永仁1（1293）年9月29日　[別]一条師良《いちじょうもろなが》

鎌倉時代後期の公卿（非参議）。関白一条実経の三男。

¶公卿，公家（師良〔一条家〕　もろよし），国書（いちじょうもろなが）

一条能清 いちじょうよしきよ

→藤原能清（ふじわらのよしきよ）

一条能基 いちじょうよしもと

承久2（1220）年～弘安8（1285）年1月21日　[別]藤原能基《ふじわらのよしもと》

鎌倉時代の公卿。

¶公卿（藤原能基　ふじわらのよしもと），公家（能基〔一条家（絶家）〕　よしもと），北条（[生]承久3（1221）年）

一条能保 いちじょうよしやす

久安3（1147）年～建久8（1197）年　[別]藤原能保《ふじわらのよしやす，ふじわらよしやす》

平安時代後期～鎌倉時代前期の公卿（権中納言）。右大臣藤原俊家の孫。源頼朝の義弟。京都守護。

¶朝日（[没]建久8年10月13日（1197年11月23日）），岩史（[没]建久8（1197）年10月13日），角史，鎌倉，鎌室，京都（[没]建久8（1197）年，（異説）建久9（1198）年），京都大，公卿（藤原能保　ふじわらのよしやす　[没]建久8（1197）年10月23日），公家（能保〔一条家（絶家）〕　よしやす　[没]建久8（1197）年10月13日），国史，古中，コン改，コン4，史人（[没]1197年10月13日），新潮（[没]建久8（1197）年10月13日），人名（藤原能保　ふじわらのよしやす），姓氏京都，世人（[没]建久8（1197）年10月13日），世人（藤原能保　ふじわらのよしやす），世百（藤原能保　ふじわらのよしやす），全書，日史（[没]建久8（1197）年10月13日），日人，百科，平史（藤原能保　ふじわらのよしやす），歴大

一条頼氏 いちじょうよりうじ

→藤原頼氏（ふじわらのよりうじ）

市辺押羽皇子（市辺押磐皇子） いちのべのおしはのおうじ

→市辺押磐皇子（いちのべのおしはのみこ）

市辺押磐皇子（市辺押羽皇子） いちのべのおしはのみこ

[別]市辺押羽皇子《いちのべのおしはのおうじ》，市辺押磐皇子《いちのべのおしはおうじ，いちのべのおしはのおうじ，いちのべのおしわのおうじ》，磐坂市辺押羽皇子《いわさかのいちのべのおしはのおうじ》，磐坂市辺押磐皇子《いわさかのいちのべのおしはのおうじ》

上代の皇族。履中天皇の皇子で、顕宗天皇・仁賢天皇の父。大泊瀬皇子（のちの雄略天皇）に殺されたという。。

¶朝日（生没年不詳），岩史，角史（いちのべのおしはおうじ　生没年不詳），京都府，国史（いちのべのおしはのおうじ），古史（生没年不詳），古代（市辺押羽皇子），古中（いちのべのおしはのおうじ），コン改（生没年不詳），コン4（生没年不詳），滋賀百，史人，諸系（磐坂市辺押羽皇子　いわさかのいちのべのおしはのおうじ），諸系（磐坂市辺押羽皇子　いわさかのいちのべのおしはのおうじ），新潮，人名（磐坂市辺押磐皇子　いわさかのいちのべのおしはのおうじ），世人（いちのべのおしわのおうじ　生没年不詳），日史（市辺押羽皇子　いちのべのおしはのおうじ），日人（磐坂市辺押羽皇子　いわさかのいちのべのおしはのおうじ），百科（市辺押羽皇子），歴大（いちのべのおしわのおうじ　生没年不詳）

市辺押磐皇子 いちのべのおしわのおうじ

→市辺押磐皇子（いちのべのおしはのみこ）

市原王 いちはらおう

生没年不詳　[別]市原王《いちはらのおう，いちはらのおおきみ》

奈良時代の皇族、歌人。安貴王の王子。

¶朝日，国史，国書，古史，古代，古中，コン改，コン4，詩歌（いちはらのおおきみ），史人，新潮，人名（いちはらのおおきみ），全書（いちはらのおおきみ），日史，日人，百科（いちはらのおう），万葉（いちはらのおおきみ），和俳

市原王 いちはらのおおきみ

→市原王（いちはらおう）

鴨脚加賀 いちょうかが，いちようかが

文政9（1826）年～？　[別]鴨脚光長《いちようみつなが》

江戸時代末期の公家。非蔵人、参与。尊攘運動家。

¶朝日（鴨脚光長　いちようみつなが　[生]文政9年4月10日（1826年5月16日）），維新，日人，幕末（いちようかが）

鴨脚光長 いちようみつなが

→鴨脚加賀（いちょうかが）

斎宮の女御 いつきのみやのにょうご

→徽子女王（きしじょおう）

い

い

一休宗純 いっきゅうそうじゅん
応永1(1394)年～文明13(1481)年 [別]一休《いっきゅう》,宗純《しゅうじゅん,そうじゅん》
室町時代の臨済宗の僧。後小松天皇の子といわれる。
¶朝日([没]文明13年11月21日(1481年12月12日)),岩史([没]文明13(1481)年11月21日),大阪人([生]明徳5(1394)年1月1日),角史,鎌室,教育,京都,京都大,京都府,国史,国書([生]明徳5(1394)年1月1日 [没]文明13(1481)年11月21日),古中,コン改,コン4,茶道,詩歌,史人([没]1481年11月21日),重要([没]文明13(1481)年11月21日),食文([生]明徳5(1394)年1月1日 [没]文明13(1481)年11月21日),諸系,人書79,人書94,人情([没]?),人情5,新潮([生]応永1(1394)年1月1日 [没]文明13(1481)年11月21日),新文([生]応永1(1394)年1月1日 [没]文明13(1481)年11月21日),人名,姓氏京都,世人([没]文明13(1481)年11月21日),世百,全書,大百,伝記,日史(一休 いっきゅう [生]応永1(1394)年1月1日 [没]文明13(1481)年11月21日),日人,美術(一休 いっきゅう),百科(一休 いっきゅう),仏教([生]明徳5(1394)年1月1日 [没]文明13(1481)年11月21日),仏史,仏人(一休 いっきゅう),文学,名僧,歴大,和俳([没]文明13(1481)年11月21日)

逸巌理秀 いつげんりしゅう
→理秀女王(2)(りしゅうじょおう)

五瀬命 いつせのみこと
上代の神武天皇の皇兄。
¶朝日,国史,コン改,コン4,史人,神史,新潮,人名,日史,日人,百科

五辻順仲 いつつじありなか
延享2(1745)年11月19日～文化3(1806)年6月10日 [別]五辻順仲《いつつじよりなか,いつつつじありなか》
江戸時代中期の公家(非参議)。治部卿五辻盛仲の子。
¶公卿(いつつつじありなか [没]?),公家(順仲〔五辻家〕 よりなか),国書(いつつじよりなか)

五辻高仲 いつつじたかなか
文化4(1807)年～明治19(1886)年 [別]五辻高仲《いつつつじたかなか》
江戸時代末期～明治期の公家(非参議)。大蔵大輔五辻景仲の子。
¶維新,公卿(いつつつじたかなか [生]文化4(1807)年12月22日 [没]明治6(1873)年4月),公家(高仲〔五辻家〕 たかなか [生]文化4(1807)年12月22日 [没]明治19(1886)年6月5日),諸系,幕末([没]1886年6月5日)

五辻忠氏 いつつじただうじ
[別]五辻忠氏《いつつつじただうじ》
鎌倉時代後期の公卿(非参議)。従二位左兵衛督藤原宗氏の子。
¶公卿(いつつつじただうじ 生没年不詳),公家(忠氏〔五辻家(絶家)〕 ただうじ)

五辻為仲 いつつじためなか
享禄3(1530)年～天正13(1585)年 [別]五辻為仲《いつつつじためなか》
戦国時代～安土桃山時代の公卿(非参議)。権中納言滋野井季国の次男。
¶公卿(いつつつじためなか [生]享禄2(1529)年 [没]天正12(1584)年6月17日),公家(為仲〔五辻家〕 ためなか [没]天正13(1585)年6月17日),国書([没]天正13(1585)年6月17日),諸系,戦人

五辻親氏 いつつじちかうじ
? ～正和1(1312)年11月29日 [別]五辻親氏《いつつつじちかうじ》
鎌倉時代後期の公卿(非参議)。参議藤原宗親の子。
¶公卿(いつつつじちかうじ),公家(親氏〔五辻家(絶家)〕 ちかうじ)

五辻俊氏 いつつじとしうじ
[別]五辻俊氏《いつつつじとしうじ》
鎌倉時代後期の公卿(参議)。参議藤原俊雅の子。
¶公卿(いつつつじとしうじ 生没年不詳),公家(俊氏〔五辻家(絶家)〕 としうじ)

五辻富仲 いつつじとみなか
寛正2(1461)年～文亀2(1502)年6月29日
室町時代～戦国時代の公家。
¶国書

五辻豊仲 いつつじとよなか
天明7(1787)年11月15日～安政4(1857)年4月27日 [別]五辻豊仲《いつつつじとよなか》
江戸時代後期の公家(非参議)。治部卿五辻順仲の三男。
¶公卿(いつつつじとよなか),公家(豊仲〔五辻家〕 とよなか)

五辻宮 いつつじのみや
平安時代後期の女性。鳥羽天皇の皇女。
¶人名

五辻広仲 いつつじひろなか
貞享4(1687)年7月5日～寛延3(1750)年9月8日 [別]五辻広仲《いつつつじひろなか》
江戸時代中期の公家(非参議)。宣慶の次男。
¶公卿(いつつつじひろなか),公家(広仲〔五辻家〕 ひろなか)

五辻盛仲 いつつじもりなか
宝永7(1710)年12月13日～宝暦12(1762)年9月25日 [別]五辻盛仲《いつつつじもりなか》
江戸時代中期の公家(非参議)。宮内卿五辻広仲の子。
¶公卿(いつつつじもりなか),公家(盛仲〔五辻家〕 もりなか)

五辻諸仲 いつつじもろなか
長享1(1487)年～天文9(1540)年10月28日 [別]五辻諸仲《いつつつじもろなか》
戦国時代の公卿(非参議)。従四位上・右衛門佐

蔵人五辻富仲の子。
¶公卿（いつつつじもろなか），公家（諸仲〔五辻家〕　もろなか），国書，諸系，戦人

五辻安仲 いつつじやすなか
弘化2（1845）年～明治39（1906）年2月9日
江戸時代末期～明治期の公家、宮内省官吏。子爵。王政復古で三職書記御用掛。
¶維新，海越（[生]弘化2（1845）年1月31日），海越新（[生]弘化2（1845）年1月31日），諸系，神人（[生]弘化2（1845）年1月13日），姓氏京都，渡航（[生]1845年1月13日），幕末

五辻泰仲 いつつじやすなか
応永32（1425）年～延徳2（1490）年8月1日
室町時代～戦国時代の公家。
¶国書

五辻之仲 いつつじゆきなか
永禄1（1558）年～寛永3（1626）年11月25日　[別]五辻之仲《いつつつじゆきなか》
安土桃山時代～江戸時代前期の公家（非参議）。権中納言滋野井公古の子。
¶公卿（いつつつじゆきなか），公家（之仲〔五辻家〕　ゆきなか），国書，諸系，戦人

五辻順仲 いつつじよりなか
→五辻順仲（いつつじありなか）

五辻（家名） いつつつじ
→五辻（いつつじ）

伊都内親王 いつないしんのう
→伊都内親王（いとないしんのう）

斎宮 いつのみや
→貞子内親王(2)（さだこないしんのう）

糸井媛命 いといひめのみこと
上代の安寧天皇の妃。
¶人名

糸織媛 いとおりひめ
[別]糸織媛命《いとおりひめのみこと》
上代の綏靖天皇の妃。
¶人名（糸織媛命　いとおりひめのみこと），日人

糸織媛命 いとおりひめのみこと
→糸織媛（いとおりひめ）

懿徳天皇 いとくてんのう
[別]大日本彦耜友尊《おおやまとひこすきとものみこと》
上代の第4代の天皇。
¶朝日，国史，古史，古代，古中，コン改，コン4，史人，重要（生没年不詳），諸系，新潮，人名，世人，全書，大百，日史，日人，歴大

五十琴姫命 いとこひめのみこと
[別]五十琴姫命《いことひめのみこと》
上代の女性。景行天皇の妃。
¶女性，人名（いことひめのみこと）

伊登志別王 いとしわけのおう
上代の垂仁天皇の皇子。
¶古代

伊都内親王 いとないしんのう
？～貞観3（861）年　[別]伊都内親王《いずないしんのう，いつないしんのう》
平安時代前期の女性。桓武天皇の第7皇女、阿保親王の妃で在原業平の母。
¶朝日（[没]貞観3年9月19日（861年10月26日）），国史，国書（[没]貞観3（861）年9月19日），古代（いつないしんのう），古中，史人（[没]861年9月19日），諸系，女性（[生]延暦20（801）年頃　[没]貞観3（861）年9月19日），新潮（[没]貞観3（861）年9月19日），人名，世人，世百，日史（[没]貞観3（861）年9月19日），日人，平史（いずないしんのう），歴大（[生]801年？）

井戸王 いどのおおぎみ
→井戸王（いのへのおおきみ）

糸媛 いとひめ
上代の女性。応神天皇の妃。
¶女性，人名，日人

為奈王 いなおう
生没年不詳
奈良時代の王族。守部王の子で、舎人親王の孫。
¶古代，諸系，日人

稲背入彦皇子 いなせいりひこのおうじ
上代の景行天皇の皇子。
¶人名，日人

韋那磐鍬 いなのいわすき
[別]韋那公磐鍬《いなのきみいわすき》
飛鳥時代の廷臣。
¶古代（韋那公磐鍬　いなのきみいわすき）

威奈大村（伊奈大村） いなのおおむら
天智1（662）年～慶雲4（707）年　[別]伊奈真人大村《いなのまひとおおむら》，威奈真人大村《いなのまひとおおむら》
飛鳥時代の官僚。宣化天皇の末裔。
¶朝日（[没]慶雲4年4月24日（707年5月29日）），郷土奈良（伊奈真人大村　いなのまひとおおむら），古代（威奈真人大村　いなのまひとおおむら），コン改，コン4，全書，日人

因幡内親王 いなばのないしんのう
？～天長1（824）年　[別]因幡内親王《いなばないしんのう》
平安時代前期の女性。桓武天皇の皇女。
¶女性（[没]天長1（824）年9月26日），人名（いなばないしんのう），日人，平史（いなばないしんのう）

稲飯命 いなひのみこと
上代の神名。神武天皇の兄。
¶人名，日人

伊那毘能若郎女（稲日稚郎姫） いなひのわかいらつめ，

いなびのわかいらつめ
上代の女性。景行天皇の妃。
¶女性，人名(稲日稚郎姫　いなびのわかいらつめ)

位奈部橘王　いなべのたちばなのおう
→橘大郎女(2)(たちばなのおおいらつめ)

五十瓊敷入彦皇子　いにしきいりひこのみこ
→五十瓊敷入彦命(いにしきいりひこのみこと)

五十瓊敷入彦命(伊邇色入彦命)**　いにしきいりひこのみこと**
㋵五十瓊敷入彦皇子《いにしきいりひこのみこ》
上代の垂仁天皇の皇子。
¶朝日(五十瓊敷入彦皇子　いにしきいりひこのみこ)，国史，古史，古代，古中，コン改(五十瓊敷入彦皇子　いにしきいりひこのみこ)，コン4(五十瓊敷入彦皇子　いにしきいりひこのみこ)，史人，諸系，新潮(伊邇色入彦命)，人名，日人

犬養五十君　いぬがいいそぎみ
→犬養五十君(いぬかいのいきみ)

犬養五十君　いぬかいのいきみ
？　〜弘文天皇1・天武天皇1(672)年　㋵犬養五十君《いぬがいいそぎみ》，犬養連五十君《いぬかいのむらじいきみ》
飛鳥時代の官僚。壬申の乱に参加。
¶朝日(㋳天武1(672)年7月)，国史，古代(犬養連五十君　いぬかいのむらじいきみ)，古中，コン改，コン4，史人(㋳672年7月)，新潮(㋳天武1(672)年7月23日)，人名(いぬがいいそぎみ)，日人

犬上王　いぬかみおう，いぬがみおう
？　〜和銅2(709)年
飛鳥時代の官人(正四位下・宮内卿)。
¶朝日(いぬがみおう　㋳和銅2年6月28日(709年8月8日))，古代，日人

井上内親王　いのうえないしんのう
養老1(717)年〜宝亀6(775)年　㋵井上内親王《いかみないしんのう，いかみのないしんのう，いがみないしんのう，いのえないしんのう，いのえのないしんのう》
奈良時代の女性。聖武天皇の長女，光仁天皇の皇后。
¶朝日(いのえないしんのう　㋳宝亀6年4月27日(775年5月30日))，岩史(㋳宝亀6(775)年4月27日)，角史(いかみないしんのう)，国史，古史，古代，古中，コン改(いのえないしんのう　㋺?)，コン4(いのえないしんのう　㋺?)，史人(㋳775年4月27日)，諸系，女性(いのえのないしんのう　㋺?　㋳宝亀6(775)年4月27日)，新潮(いのえないしんのう　㋳宝亀6(775)年4月27日)，人名(いかみのないしんのう)，姓氏京都(いのえのないしんのう)，世人(いのえのないしんのう　㋳宝亀6(775)年4月27日)，全書(いのえないしんのう　㋳宝亀6(775)年4月27日)，日史(いかみないしんのう　㋳宝亀6(775)年4月27日)，

日人，百科(いかみないしんのう)，歴大(いかみないしんのう)

井上内親王　いのえないしんのう
→井上内親王(いのうえないしんのう)

猪隈関白　いのくまかんぱく
→近衛家実(このえいえざね)

猪熊教利(猪隈教利)**　いのくまのりとし**
？　〜慶長14(1609)年
江戸時代前期の公家。後陽成天皇の廷臣。
¶朝日(㋳慶長14年10月17日(1609年11月13日))，近世，国史，国書(猪隈教利　㋳慶長14(1609)年10月17日)，史人(㋳1609年10月17日)，日人

井戸王　いのへのおおきみ
㋵井戸王《いどのおおぎみ》
奈良時代の歌人。皇族か。
¶人名(いどのおおぎみ)，日人(生没年不詳)，万葉

イ・バンジャ(李方子)**　いばんじゃ**
→李方子(りまさこ)

今大路孝在　いまおおじたかあり
寛文12(1672)年4月23日〜享保15(1730)年6月25日
江戸時代前期〜中期の公家。
¶国書

今城王　いまきおう
→大原今城(おおはらのいまき)

今城定章　いまきさだあき
→今城定章(いまきさだあや)

今城定淳　いまきさだあつ
→今城定淳(いまきさだのり)

今城定章　いまきさだあや
寛政9(1797)年11月18日〜明治4(1871)年　㋵今城定章《いまきさだあき》
江戸時代末期〜明治期の公家(権大納言)。権中納言今城定成の次男。
¶維新，公卿(いまきさだあき　㋳明治4(1871)年4月)，公家(定章〔今城家〕　さだあき　㋳明治4(1871)年4月19日)，幕末(㋳1871年5月6日)

今城定興　いまきさだおき
享保17(1732)年〜安永5(1776)年5月12日
江戸時代中期の公家(参議)。権中納言今城定種の子。
¶公卿(㋺享保17(1732)年9月7日)，公家(定興〔今城家〕　さだおき　㋺享保17(1732)年9月4日)

今城定国　いまきさだくに
＊〜明治8(1875)年11月29日
江戸時代末期〜明治期の公家(権中納言)。権大納言今城定章の子。

¶維新（[生]1819年），公卿（[生]文政3（1820）年3月19日 [没]明治8（1875）年11月），公家（定国〔今城家〕 さだくに [生]文政3（1820）年3月19日），幕末（[生]1819年）

今城定成 いまきさだしげ
→今城定成（いまきさだなり）

今城定種 いまきさだたね
元禄9（1696）年5月15日～寛延1（1748）年6月29日
江戸時代中期の公家（権中納言）。権中納言今城定経の子。
¶公卿，公家（定種〔今城家〕 さだたね），国書

今城定経 いまきさだつね
明暦2（1656）年6月24日～元禄15（1702）年2月26日
江戸時代前期～中期の公家（権中納言）。権中納言今城定淳の子。
¶公卿，公家（定経〔今城家〕 さだつね）

今城定成 いまきさだなり
安永3（1774）年12月17日～文政11（1828）年6月19日 [別]今城定成《いまきさだしげ》
江戸時代後期の公家（権中納言）。参議今城定興の末男。
¶公卿（[生]安永9（1780）年12月17日），公家（定成〔今城家〕 さだしげ），国書（いまきさだしげ）

今城定淳 いまきさだのり
寛永12（1635）年2月24日～元禄2（1689）年5月27日 [別]今城定淳《いまきさだあつ》
江戸時代前期の公家（権中納言）。今城家の祖。権中納言中山冷泉為尚の子。
¶公卿，公家（定淳〔今城家〕 さだあつ），国書（いまきさだあつ），日人

今小路成冬 いまこうじなりふゆ
[別]今小路成冬《いまのこうじなりふゆ》
室町時代の公卿（非参議）。権中納言今小路持冬の子。
¶公卿（いまのこうじなりふゆ 生没年不詳），公家（成冬〔今小路家（絶家）〕 なりふゆ）

今小路範成 いまこうじのりしげ
文政3（1820）年～元治1（1864）年
江戸時代末期の勤王家。
¶人名，日人

今小路満冬 いまこうじみつふゆ
[別]今小路満冬《いまのこうじみつふゆ》
室町時代の公卿（権中納言）。権大納言今小路師冬の子。
¶公卿（いまのこうじみつふゆ 生没年不詳），公家（満冬〔今小路家（絶家）〕 みつふゆ）

今小路持冬 いまこうじもちふゆ
？ ～永享8（1436）年12月 [別]今小路持冬《いまのこうじもちふゆ》
室町時代の公卿（権中納言）。権中納言今小路満冬の子。
¶公卿（いまのこうじもちふゆ），公家（持冬〔今小路家（絶家）〕 もちふゆ）

今小路師冬 いまこうじもろふゆ
[別]今小路師冬《いまのこうじもろふゆ》
室町時代の公卿（権大納言）。権大納言二条基冬の子。
¶公卿（いまのこうじもろふゆ 生没年不詳），公家（師冬〔今小路家（絶家）〕 もろふゆ）

今園国暎 いまぞのくにてる
嘉永4（1851）年5月～明治26（1893）年4月
江戸時代後期～明治期の神職。明治6年石上神社少宮司に就任、7年依頼免本官兼職。
¶神人

今出河院（今出川院） いまでがわいん
建長5（1253）年～文保2（1318）年 [別]藤原嬉子《ふじわらきし，ふじわらのきし》
鎌倉時代の女性。亀山天皇の中宮。
¶朝日（[生]建長4（1252）年 [没]文保2年4月25日（1318年5月26日）），鎌室，諸系，女性（今出川院 [生]建長4（1252）年 [没]文保2（1318）年4月25日），新潮（[没]文保2（1318）年4月25日），人名（今出川院 [生]1252年），日人

今出川兼季 いまでがわかねすえ
弘安4（1281）年～延元4/暦応2（1339）年1月16日
鎌倉時代後期～南北朝時代の公卿（太政大臣）。今出川家の祖。太政大臣西園寺実兼の三男。
¶朝日（[没]暦応2/延元4年1月16日（1339年2月25日）），鎌室，公卿，公家（兼季〔今出川家〕 かねすえ），国史，国書，古中，コン改，コン4，史人，諸系，新潮，人名（[生]1280年 [没]1338年），世人，日人

今出川公彦 いまでがわきみひこ
→今出川公彦（いまでがわきんひこ）

今出川公顕 いまでがわきんあき
→西園寺公顕（さいおんじきんあき）

今出川公詮 いまでがわきんあき
→今出川公詮（いまでがわきんせん）

今出川公興 いまでがわきんおき
文安3（1446）年～永正11（1514）年
室町時代～戦国時代の公卿（左大臣）。左大臣今出川教季の子。
¶公卿（[生]文安2（1445）年 [没]永正11（1513）年2月4日），公家（公興〔今出川家〕 きんおき [没]永正11（1514）年2月4日），国書（[没]永正11（1514）年2月4日），諸系，人名，日人

今出川公言 いまでがわきんこと
元文3（1738）年8月1日～安永5（1776）年
江戸時代中期の公家（権中納言）。権大納言今出川誠季の子。
¶近世，公卿（[没]安永5（1776）年8月26日），公家（公言〔今出川家〕 きんこと [没]安永5（1776）年8月25日），国史，コン改，コン4，史人（[没]1776年8月25日），諸系，新潮（[没]安永5（1776）年8月25日），人名，日人

今出川公詮 いまでがわきんせん
元禄9(1696)年3月29日～享保16(1731)年2月14日　[別]今出川公詮《いまでがわきんあき》
江戸時代中期の公家(権大納言)。左中将今出川公香の次男。
¶公卿，公家(公詮〔今出川家〕　きんあき)，国書(いまでがわきんあき)

今出川公富 いまでがわきんとみ
*～応永28(1421)年8月9日
室町時代の公卿(権大納言)。権大納言今出川実富の子。
¶公卿([生]応永3(1396)年)，公家(公富〔今出川家〕　きんとみ　[生]1399年)

今出川公直 いまでがわきんなお
建武2(1335)年～応永3(1396)年5月
南北朝時代の公卿(左大臣)。権大納言今出川実尹の子。
¶鎌室，公卿，公家(公直〔今出川家〕　きんなお)，国史，国書，古中，諸系，新潮，人名，日人

今出川公規 いまでがわきんのり
寛永15(1638)年～元禄10(1697)年
江戸時代前期の公家(右大臣)。内大臣徳大寺公信の次男。
¶公卿([生]寛永15(1638)年1月12日　[没]元禄10(1697)年10月26日)，公家(公規〔今出川家〕　きんのり　[生]寛永15(1638)年1月12日　[没]元禄10(1697)年10月26日)，国書([生]寛永15(1638)年1月12日　[没]元禄10(1697)年10月25日)，諸系，人名，日人

今出川公彦 いまでがわきんひこ
永正3(1506)年～天正6(1578)年　[別]今出川公彦《いまでがわきみひこ》
戦国時代～安土桃山時代の公卿(左大臣)。権大納言今出川季孝の子。
¶公卿([没]天正6(1578)年1月23日)，公家(公彦〔今出川家〕　きんひこ　[没]天正6(1578)年1月23日)，人名，戦人(いまでがわきみひこ)，日人

今出川公久 いまでがわきんひさ
文化3(1806)年～天保7(1836)年8月17日
江戸時代後期の公家(権中納言)。権大納言今出川尚季の子。
¶公卿([生]文化3(1806)年5月23日)，公家(公久〔今出川家〕　きんひさ　[生]文化3(1806)年5月22日)

今出川公冬 いまでがわきんふゆ
*～天授6/康暦2(1380)年
南北朝時代の公卿(参議)。参議西園寺実顕の子。
¶公卿([生]元徳1(1329)年)，公家(公冬〔今出河家(絶家)〕　きんふゆ　[生]?)，国書([生]元徳2(1330)年　[没]?)

今出川公行 いまでがわきんゆき
?　～応永28(1421)年6月13日
室町時代の公卿(左大臣)。右大臣今出川実直の子。
¶鎌室，公卿，公家(公行〔今出川家〕　きんゆき)，国書([生]貞治4(1365)年)，諸系([生]1365年)，人名，日人([生]1365年)

今出川公香 いまでがわきんよし
元禄4(1691)年5月1日～*
江戸時代中期の公家(非参議)。右大臣今出川伊季の長男。
¶公卿([没]?)，公家(公香〔今出川家〕　きんよし　[没]宝永6(1709)年2月26日)

今出川伊季 いまでがわこれすえ
万治3(1660)年5月29日～宝永6(1709)年2月26日
江戸時代前期～中期の公家(右大臣)。右大臣今出川公規の子。
¶公卿，公家(伊季〔今出川家〕　これすえ)，国書，諸系，人名，日人

今出川実順 いまでがわさねあや
天保3(1832)年7月13日～元治1(1864)年9月5日　[別]菊亭実順《きくていさねあや》
江戸時代末期の公家(権中納言)。権中納言今出川公久の子。
¶維新，公卿，公家(実順〔今出川家〕　さねあや)，国書，幕末([没]1864年10月4日)

今出川実尹 いまでがわさねただ
正和5(1316)年～興国3/康永1(1342)年8月21日　[別]今出川実尹《いまでがわさねまさ》
鎌倉時代後期～南北朝時代の公卿(権大納言)。太政大臣今出川兼季の子。
¶公卿，公家(実尹〔今出川家〕　さねただ)，国書(いまでがわさねまさ　[生]文保2(1318)年)

今出川実種 いまでがわさねたね
宝暦4(1754)年～享和1(1801)年
江戸時代中期～後期の公家(内大臣)。内大臣西園寺公晃の末子。
¶公卿([生]宝暦4(1754)年6月4日　[没]享和1(1801)年6月22日)，公家(実種〔今出川家〕　さねたね　[生]宝暦4(1754)年6月4日　[没]享和1(1801)年6月22日)，国書([生]宝暦4(1754)年6月4日　[没]享和1(1801)年6月22日)，諸系，人名，日人

今出川実富 いまでがわさねとみ
?　～正長1(1428)年
室町時代の公卿(権大納言)。左大臣今出川公行の子。
¶公卿([没]正長1(1428)年7月8日)，公家(実富〔今出川家〕　さねとみ)

今出川実直 いまでがわさねなお
興国3/康永1(1342)年～応永3(1396)年5月15日
南北朝時代の公卿(右大臣)。権大納言今出川実尹の子。
¶鎌室，公卿，公家(実直〔今出川家〕　さねなお)，国書，諸系，新潮，人名，日人

今出川実尹 いまでがわさねまさ
→今出川実尹(いまでがわさねただ)

今出川季孝 いまでがわすえたか
文明11(1479)年～永正16(1519)年10月5日
戦国時代の公卿（権大納言）。左大臣今出川公興の子。
¶公卿，公家（季孝〔今出川家〕　すえたか），戦人

今出川季持 いまでがわすえもち
天正3(1575)年～慶長1(1596)年6月13日
安土桃山時代の公卿（権中納言）。右大臣今出川晴季の子。
¶公卿，公家（季持〔今出川家〕　すえもち），戦人

今出川経季 いまでがわつねすえ
文禄3(1594)年～承応1(1652)年
江戸時代前期の公家（右大臣）。権中納言今出川季持の子。
¶公卿（㊟文禄3(1594)年11月20日　㊟承応1(1652)年2月9日），公家（経季〔今出川家〕つねすえ　㊐文禄3(1594)年11月20日　㊟慶安5(1652)年2月9日），諸系，日人

今出川尚季 いまでがわなおすえ
天明2(1782)年9月18日～文化7(1810)年8月29日
㊞今出川尚季《いまでがわひさすえ》
江戸時代後期の公家（権大納言）。内大臣今出川実種の子。
¶公卿，公家（尚季〔今出川家〕　なおすえ），国書（いまでがわひさすえ）

今出川誠季 いまでがわのぶすえ
正徳3(1713)年～延享3(1746)年
江戸時代中期の公家（権大納言）。内大臣西園寺致季の末男。
¶公卿（㊟正徳3(1713)年9月17日　㊟延享3(1746)年6月13日），公家（誠季〔今出川家〕のぶすえ　㊐正徳3(1713)年9月17日　㊟延享3(1746)年6月13日），国書（㊟正徳3(1713)年9月17日　㊟延享3(1746)年6月13日），諸系，人名，日人

今出川教季 いまでがわのりすえ
応永32(1425)年～文明15(1483)年
室町時代～戦国時代の公卿（左大臣）。権大納言今出川実富の子。
¶公卿，公家（教季〔今出川家〕　のりすえ），国書（文明15(1483)年12月19日），諸系（㊟1484年），日人（㊟1484年）

今出川晴季 いまでがわはるすえ
天文8(1539)年～元和3(1617)年　㊞菊亭晴季《きくていはるすえ》
安土桃山時代～江戸時代前期の公家（右大臣）。左大臣今出川公彦の子。
¶朝日（㊟元和3年3月28日(1617年5月3日)），近世，公卿（㊟元和3(1617)年3月28日），公家（晴季〔今出川家〕　はるすえ　㊐元和3(1617)年3月28日），国史，国書（㊟元和3(1617)年3月28日），コン改，コン4，史人（㊟1617年3月28日），諸系，新潮（㊟元和3(1617)年3月28

日），人名，姓氏京都（菊亭晴季　きくていはるすえ），戦辞（菊亭晴季　きくていはるすえ　㊟元和3年3月28日(1617年5月3日)），戦人，戦補（菊亭晴季　きくていはるすえ），日人，歴大

今出川尚季 いまでがわひさすえ
→今出川尚季（いまでがわなおすえ）

今小路（家名） いまのこうじ
→今小路（いまこうじ）

今林准后 いまばやしじゅごう
建久7(1196)年～乾元1(1302)年　㊞四条貞子《しじょうさだこ》，藤原貞子《ふじわらていし，ふじわらのていし》
鎌倉時代の女性。太政大臣西園寺実氏の妻。准后宣下を受けた。
¶朝日（㊟乾元1年10月1日(1302年10月22日)），鎌室，諸系，女性，新潮（㊟乾元1(1302)年10月1日），日人

伊美賀古王 いみがこのみこ
→石上部皇子（いそのかみべのおうじ）

忌部黒麻呂 いみべのくろまろ
→忌部黒麻呂（いんべのくろまろ）

妹子内親王 いもこないしんのう
→高松院（たかまついん）

礼子内親王 いやこないしんのう
→礼子内親王(1)（れいしないしんのう）

弥仁親王 いやひとしんのう
→後光厳天皇（ごこうごんてんのう）

伊予親王 いよしんのう
？～大同2(807)年　㊞伊予親王《いよのしんのう》
平安時代前期の桓武天皇の皇子。
¶朝日（㊟大同2年11月12日(807年12月14日)），岩史（㊟大同2(807)年11月12日），角史，京都大，国史，古史，古代，古中，コン改，コン4，史人（㊟807年11月12日），諸系，新潮（㊟大同2(807)年11月12日），人名（いよのしんのう　㊟806年），姓氏京都，世人，世百，全書，大百，日史（㊟大同2(807)年11月12日），日人，百科，平史，歴大

伊予皇子 いよのおうじ
上代の伝承上の孝霊天皇の皇子。
¶日人

伊余部家守 いよべのいえもり
→伊与部家守（いよべのやかもり）

伊余部馬養（伊予部馬養，伊余部馬飼，伊予部馬養）いよべのうまかい
？～大宝2(702)年　㊞伊余部連馬養《いよべのむらじうまかい》
飛鳥時代の学者。大宝律令の編纂に参加。
¶朝日（伊余部馬飼　生没年不詳），角史（生没年不詳），国史，古代（伊余部連馬養　いよべのむらじうまかい），古中，コン改（伊余部馬飼　生

没年不詳)，コン4(伊余部馬飼　生没年不詳)，詩歌(伊与部馬養)，史人(生没年不詳)，新潮，人名(伊予部馬養)，世人(生没年不詳)，日人，和俳(生没年不詳)

い

伊予部年嗣 いよべのとしつぐ
[別]伊予部連年嗣《いよべのむらじとしつぐ》
平安時代前期の官人。
¶古代(伊予部連年嗣　いよべのむらじとしつぐ)

伊与部家守 いよべのやかもり
? ～延暦19(800)年　[別]伊余部連家守《いよべのむらじいえもり》
平安時代前期の学者。
¶古代(伊余部連家守　いよべのむらじいえもり)，平史

入江相尚 いりえすけなお
明暦1(1655)年3月24日～享保1(1716)年
江戸時代前期～中期の公家(非参議)。入江家の祖。権中納言藤谷為条の次男。
¶公卿([没]享保1(1716)年閏2月29日)，公家(相尚〔入江家〕　すけひさ　[没]享保1(1716)年閏2月28日)

入江相永 いりえすけなが
享保14(1729)年9月29日～寛政2(1790)年4月15日
江戸時代中期の公家(非参議)。従二位竹内惟永の末子。
¶公卿，公家(相永〔入江家〕　すけなが)

入江為福 いりえためさち
安政2(1855)年10月～明治7(1874)年12月
江戸時代末期～明治期の医師・子爵。1873年農芸化学を学ぶためドイツに渡る。
¶海越，海越新，渡航

入江為遂 いりえためなる
弘化1(1844)年～?
江戸時代後期～末期の公家。
¶国書

入江為守 いりえためもり
明治1(1868)年～昭和11(1936)年3月19日
明治～昭和期の歌人。御歌所長。「明治天皇御集」「昭憲皇太后御集」編纂。
¶近文，諸系，人名，世紀([生]慶応4(1868)年4月2日)，日人([生]慶応4(1868)年4月20日)，履歴([生]明治1(1868)年4月20日)

入江為善 いりえためよし
天明8(1788)年6月21日～弘化1(1844)年11月18日
江戸時代後期の公家(非参議)。大膳大夫入江為良の子。
¶公卿，公家(為善〔入江家〕　ためたる)

入江為良 いりえためよし
明和2(1765)年12月19日～文化4(1807)年10月27日
江戸時代中期～後期の公家(非参議)。非参議入江相永の孫。
¶公卿，公家(為良〔入江家〕　ためよし)

入江殿(1) いりえどの
永享2(1430)年11月15日～?
室町時代の女性。伏見宮貞常親王の第5王女。
¶女性，人名

入江殿(2) いりえどの
→性恵女王(しょうえじょおう)

入江則韶 いりえのりあき
1738年～文化3(1806)年6月11日
江戸時代後期の公家(一条家諸大夫)。父は正四位下三河守入江則明。
¶公家(則韶〔一条家諸大夫 入江家(藤原氏)〕　のりあき)

入江則賢 いりえのりかた
文政2(1819)年～明治23(1890)年8月23日
江戸時代末期～明治期の公家(一条家諸大夫・雅楽頭)。
¶維新，幕末

入江則精 いりえのりきよ
文政10(1827)年～?
江戸時代末期の公家(三条家諸大夫)。
¶維新，幕末

入江則栄 いりえのりひで
享保12(1727)年2月17日～天明8(1788)年12月15日
江戸時代中期～後期の歌人。
¶国書

入間広成 いるまのひろなり
[別]入間宿禰広成《いるまのすくねひろなり》
奈良時代～平安時代前期の官人、武将。
¶古代(入間宿禰広成　いるまのすくねひろなり)，埼玉人(生没年不詳)，埼玉百(入間宿禰広成　いるまのすくねひろなり)

色部 いろべ
→目子媛(めのこひめ)

石井行忠 いわいゆきただ
享保1(1716)年9月27日～安永6(1777)年
江戸時代中期の公家(権中納言)。権中納言石井行康の子。
¶公卿([没]安永6(1777)年11月30日)，公家(行忠〔石井家〕　ゆきただ　[没]安永6(1777)年11月29日)，国書([没]安永6(1777)年11月29日)，日人

石井行光(岩井行光) いわいゆきてる
文化12(1815)年5月4日～明治12(1879)年4月20日
江戸時代末期～明治期の公家(非参議)。宮内卿石井行遠の子。
¶維新，公卿([没]明治12(1879)年4月)，公家(行光〔石井家〕　ゆきてる)，国書，幕末(岩井行光)

石井行遠　いわいゆきとお
→石井行遠（いわいゆくとお）

石井行豊　いわいゆきとよ
承応2（1653）年5月22日～正徳3（1713）年2月12日　[別]石井行豊《いしいゆきとよ》
江戸時代前期～中期の公家（権中納言）。石井家の祖。権中納言平松時量の次男。
¶公卿，公家（行豊〔石井家〕　ゆきとよ），国書，諸系（いしいゆきとよ），日人

石井行宣　いわいゆきのぶ
宝暦12（1762）年4月14日～天保9（1838）年8月7日
江戸時代中期～後期の公家（権中納言）。権大納言樋口基康の末子。
¶公卿，公家（行宣〔石井家〕　ゆきのぶ），国書

石井行弘　いわいゆきひろ
天明5（1785）年7月6日～安政6（1859）年7月19日
江戸時代後期の公家（権中納言）。権中納言石井行宣の子。
¶公卿，公家（行弘〔石井家〕　ゆきひろ），国書

石井行康　いわいゆきやす
延宝1（1673）年7月2日～享保14（1729）年3月8日
江戸時代中期の公家（権中納言）。権中納言石井行豊の子。
¶公卿，公家（行康〔石井家〕　ゆきやす），国書，日人

石井行遠　いわいゆくとお
享和1（1801）年2月19日～安政5（1858）年9月5日　[別]石井行遠《いわいゆきとお》
江戸時代末期の公家（非参議）。権中納言石井行弘の子。
¶公卿，公家（行遠〔石井家〕　ゆきとお），国書（いわいゆきとお）

磐鹿六鴈　いわかむつかり
→磐鹿六鴈命（いわかむつかりのみこと）

磐鹿六鴈命（磐鹿六雁命）**いわかむつかりのみこと**
[別]磐鹿六鴈《いわかむつかり》
上代の孝元天皇皇子大彦命の孫。膳氏の祖。
¶朝日，国史，古史，古代，史人，食文（磐鹿六雁命），新潮，人名，日史，日人（磐鹿六鴈　いわかむつかり），百科，歴大（磐鹿六雁命）

磐城皇子　いわきのおうじ
[別]磐城皇子《いわきのみこ》
上代の雄略天皇の皇子。
¶岡山歴（いわきのみこ），古代（いわきのみこ），諸系，新潮（いわきのみこ），人名，世人，日人

磐城皇子　いわきのみこ
→磐城皇子（いわきのおうじ）

磐城別　いわきわけ
[別]磐城別王《いわきわけおう》
上代の「日本書紀」にみえる垂仁天皇の孫。
¶人名（磐城別王　いわきわけおう），日人

磐城別王　いわきわけおう
→磐城別（いわきわけ）

磐隈皇女　いわくまのおうじょ
→磐隈皇女（いわくまのこうじょ）

磐隈皇女　いわくまのこうじょ
生没年不詳　[別]磐隈皇女《いわくまのおうじょ》，夢皇女《ゆめのこうじょ》
飛鳥時代の女性。欽明天皇の皇女。
¶女性，人名，日人（いわくまのおうじょ）

岩倉周子　いわくらかねこ
→東伏見周子（ひがしふしみかねこ）

岩倉恒具　いわくらつねとも
元禄14（1701）年7月24日～宝暦10（1760）年7月29日
江戸時代中期の公家（権中納言）。権大納言岩倉乗具の子。
¶近世，公卿，公家（恒具〔岩倉家〕　つねとも），国史，コン改，コン4，史人，諸系，新潮，人名，姓氏京都（[没]1761年），日人

岩倉具起　いわくらともおき
慶長6（1601）年～万治3（1660）年2月6日
江戸時代前期の公家（権中納言）。木工頭岩倉具堯の子。
¶公卿，公家（具起〔岩倉家〕　ともおき），国書（[生]慶長6（1601）年6月14日）

岩倉具選　いわくらともかず
宝暦7（1757）年～文政7（1824）年　[別]岩倉具選《いわくらとものぶ》
江戸時代中期～後期の公家（非参議）。権大納言柳原光綱の末子。
¶公卿（いわくらとものぶ　[生]宝暦7（1757）年1月4日　[没]文政7（1824）年7月7日），公家（具選〔岩倉家〕　とものぶ　[生]宝暦7（1757）年1月4日　[没]文政7（1824）年7月7日），国書（いわくらとものぶ　[生]宝暦7（1757）年1月4日　[没]文政7（1824）年7月7日），諸系，人名（いわくらとものぶ），日人

岩倉具定　いわくらともさだ
嘉永4（1851）年12月27日～明治43（1910）年4月1日　[別]旭小太郎《あさひこたろう》，子静，周丸
明治期の政治家。公爵、宮内大臣。学習院院長、岩倉鉄道学校総長を歴任。
¶朝日（[生]嘉永4年12月27日（1852年1月18日）　[没]明治43（1910）年3月31日），維新，海越（[生]嘉永4（1852）年12月27日），海越新（[生]嘉永4（1852）年12月27日），近現，国史，コン改，コン5，史人，諸系（[生]1852年），新潮，人名，世紀（[生]嘉永4（1852）年12月27日　[没]明治43（1910）年3月31日），姓氏京都，渡航（岩倉具定・旭小太郎　いわくらともさだ・あさひこたろう），日人（[生]1852年），幕末，履歴

岩倉具詮　いわくらともせん
寛永7（1630）年10月27日～延宝8（1680）年4月16日

江戸時代前期の公家(参議)。権中納言岩倉具起の子。
¶公卿, 公家(具詮〔岩倉家〕　ともあき)

岩倉具集 いわくらともちか
安永7(1778)年9月7日～嘉永6(1853)年5月16日
江戸時代後期の公家(権大納言)。右権中将岩倉具選の子。
¶公卿, 公家(具集〔岩倉家〕　ともあい), 姓氏京都

岩倉具綱 いわくらともつな
天保12(1841)年～大正12(1923)年10月16日
江戸時代末期～大正期の公家。幕府委任反対の八十八卿列参に参加。
¶維新, 海越([生]天保12(1841)年4月14日), 海越新([生]天保12(1841)年4月14日), コン5, 諸系, 人名([生]1842年), 世紀([生]天保12(1841)年4月14日), 渡航([生]1841年4月), 日人, 幕末

岩倉具経 いわくらともつね
嘉永6(1853)年～明治23(1890)年10月17日
[別]竜小二郎《りゅうこじろう》, 八千丸, 八千麿, 竜小次郎
明治期の官吏。外務書記官、男爵。岩倉具視の3男。太政官、大蔵省、外務省に勤務。北白川宮別当、宮中顧問官を歴任。
¶朝日([生]嘉永6年6月17日(1853年7月22日)), 維新, 海越([生]嘉永6(1853)年6月17日), 海越新([生]嘉永6(1853)年6月17日), 国際, コン改, コン5, 諸系, 人名, 姓氏京都, 渡航(岩倉具経・竜小二郎　いわくらともつね・りゅうこじろう　[生]1853年6月), 日人, 幕末

岩倉具選 いわくらとものぶ
→岩倉具選(いわくらともかず)

岩倉具栄 いわくらともひで
明治37(1904)年2月8日～昭和53(1978)年11月2日
昭和期の政治学者、英文学者。
¶現情

岩倉具視 いわくらともみ
文政8(1825)年～明治16(1883)年7月20日　[別]華竜, 周丸, 対岳
江戸時代末期～明治期の公家(外務卿・右大臣)。権中納言堀河康親の次男。維新の元勲。倒幕を推進、王政復古を断行した。明治政府では右大臣となり遣外使節として欧米を訪問。
¶朝日([生]文政8年9月15日(1825年10月26日)), 維新, 岩史([生]文政8(1825)年9月15日), 海越([生]文政8(1825)年9月15日), 海越新([生]文政8(1825)年9月15日), 江戸東, 角史, 京都, 京都大, 近現, 近世, 公卿([生]文政8(1825)年9月15日　[没]明治16(1883)年6月20日), 公家(具視〔岩倉家〕　ともみ), 国際, 国史, 国書([生]文政8(1825)年9月15日), コン改, コン4, コン5, 詩歌, 史人([生]1825年9月15日), 重要([生]文政8(1825)年9月15日), 諸系, 人書79, 人書94, 人情1, 神人([生]文政8(1825)年9月15日), 新潮([生]文政8(1825)年9月15日), 人名, 姓氏京都, 世人([生]文政8(1825)年9月15日), 世百, 先駆([生]文政8(1825)年9月15日), 全書, 大百, 伝記, 渡航([生]1825年9月15日), 日史([生]文政8(1825)年9月15日), 日人, 日本, 幕末, 百科, 宮城百, 明治1, 履歴([生]文政8(1825)年9月15日), 歴大

岩倉具慶 いわくらともやす
文化4(1807)年2月4日～明治6(1873)年2月13日
江戸時代末期～明治期の公家(非参議)。権大納言岩倉具集の子。
¶維新, 公卿([没]?), 公家(具慶〔岩倉家〕　ともやす), 幕末

岩倉尚具 いわくらなおとも
→岩倉尚具(いわくらひさとも)

岩倉直麿 いわくらなおまろ
安政2(1855)年～明治26(1893)年
江戸時代末期～明治期の華族。
¶国際

岩倉乗具 いわくらのりとも
寛文6(1666)年8月29日～享保15(1730)年8月23日
江戸時代中期の公家(権大納言)。権大納言千種有維の子。
¶公卿, 公家(乗具〔岩倉家〕　のりとも)

岩倉尚具 いわくらひさとも
元文2(1737)年～寛政11(1799)年　[別]岩倉尚具《いわくらなおとも》
江戸時代中期の公家。宝暦事件に連座。
¶近世, 国史, コン改, コン4, 史人([生]1737年4月20日　[没]1799年1月7日), 諸系, 新潮([生]元文2(1737)年4月20日　[没]寛政11(1799)年1月7日), 人名, 姓氏京都(いわくらなおとも), 日人

磐坂市辺押羽皇子(磐坂市辺押磐皇子) いわさかのいちのべのおしはのおうじ
→市辺押磐皇子(いちのべのおしはのみこ)

石田女王(磐田女王) いわたのじょおう
生没年不詳
奈良時代の女王。称徳天皇呪詛事件に関与し流罪となった。
¶朝日, 古代, 女性, 日人

磐衝別命 いわつくわけのみこと
上代の垂仁の皇子。
¶古代, 人名, 日人

石姫 いわのひめ
→石姫皇女(いしひめのひめみこ)

磐之媛 いわのひめ
?　～仁徳35(347)年　[別]葛城磐之媛《かずらきのいわのひめ, かつらぎのいわのひめ》, 磐之媛命《いわのひめのみこと》, 磐姫皇后《いわのひめのおおきさき, いわのひめのきさき, いわのひめのこうごう》, 磐媛命《いわのひめのみこと》
上代の女性。仁徳天皇の皇后。履中・反正・允恭

い

天皇の母。
¶朝日(葛城磐之媛　かつらぎのいわのひめ　生没年不詳), 大阪人(磐媛命　いわのひめのみこと), 角史, 郷土奈良, 国史(葛城磐之媛　かずらきのいわのひめ), 古史, 古代(磐之媛命　いわのひめのみこと), 古中(葛城磐之媛　かずらきのいわのひめ), コン改, コン4, 詩歌(磐姫皇后　いわのひめのきさき), 史人, 諸系(磐之媛命　いわのひめのみこと), 女性(磐之媛命　いわのひめのみこと), 新潮, 人名(磐之媛命　いわのひめのみこと), 世人(磐姫皇后　いわのひめのこうごう　生没年不詳), 全書, 日史, 日人(磐之媛命　いわのひめのみこと), 百科, 万葉(磐姫皇后　いわのひめのおおきさき), 歴大(生没年不詳), 和俳

磐姫皇后 いわのひめのおおきさき
→磐之媛(いわのひめ)

磐姫皇后 いわのひめのきさき
→磐之媛(いわのひめ)

磐姫皇后 いわのひめのこうごう
→磐之媛(いわのひめ)

磐之媛命(磐媛命) いわのひめのみこと
→磐之媛(いわのひめ)

岩宮 いわのみや
→光子女王(みつこじょおう)

石野基顕 いわのもとあき
寛文10(1670)年11月24日～寛保1(1741)年
江戸時代中期の公家(権中納言)。石野家の祖。権大納言持明院基時の次男。
¶公卿([没]寛保1(1741)年1月23日), 公家(基顕〔石野家〕　もとあき　[没]元文6(1741)年1月26日)

石野基標 いわのもとすえ
寛政1(1789)年8月15日～嘉永2(1849)年9月24日
江戸時代後期の公家(参議)。常陸権介石野基憲の子。
¶公卿, 公家(基標〔石野家〕　もとえた)

石野基佑 いわのもとすけ
天保6(1835)年～明治27(1894)年4月22日
江戸時代末期～明治期の公家。
¶維新, 幕末

石野基幸 いわのもとたか
元禄12(1699)年9月9日～元文4(1739)年6月2日
江戸時代中期の公家(非参議)。権中納言石野基顕の子。
¶公卿, 公家(基幸〔石野家〕　もとたか)

石野基綱 いわのもとつな
宝暦1(1751)年5月21日～文化12(1815)年9月5日
江戸時代中期～後期の公家(権中納言)。権中納言石野基棟の子。
¶公卿, 公家(基綱〔石野家〕　もとつな)

石野基将 いわのもとまさ
嘉永5(1852)年12月～?　[別]石野基将《いしのもとまさ, いしのもともち》
明治期の公家。留学のため官費でイギリスに渡る。
¶海越(いしのもとまさ　生没年不詳), 海越新, 渡航(いしのもともち)

石野基棟 いわのもとむね
享保5(1720)年10月24日～寛政5(1793)年9月21日
江戸時代中期の公家(権中納言)。左中将石野基幸の子。
¶公卿, 公家(基棟〔石野家〕　もとむね)

石野基将 いわのもともち
→石野基将(いわのもとまさ)

石野基安 いわのもとやす
文政1(1818)年7月25日～明治18(1885)年
江戸時代末期～明治期の公家(非参議)。参議石野基標の子。
¶公卿([没]明治18(1885)年8月), 公家(基安〔石野家〕　もとやす　[没]明治18(1885)年8月25日)

磐余諸君 いわれのもろきみ
[別]磐余忌寸諸君《いわれのいみきもろきみ》
奈良時代の官人。昔年の防人歌八首を抄写。
¶人名, 日人(生没年不詳), 万葉(磐余忌寸諸君　いわれのいみきもろきみ)

允恭天皇 いんぎょうてんのう
[別]雄朝津間稚子宿禰尊《おあさつまわくごのすくねのみこと》
上代の第19代の天皇。
¶朝日(生没年不詳), 岩史(生没年不詳), 角史, 国史, 国書(生没年不詳), 古史(生没年不詳), 古代, 古中, コン改(生没年不詳), コン4(生没年不詳), 史人, 重要(生没年不詳), 諸系, 新潮, 人名, 世人, 全書, 大百, 日史, 日人, 万葉, 歴大(生没年不詳)

殷富門院 いんぷもんいん, いんぶもんいん
久安3(1147)年～建保4(1216)年　[別]藤原亮子《ふじわらりょうし》, 亮子内親王《すけこないしんのう, りょうしないしんのう》
平安時代後期～鎌倉時代前期の女性。後白河天皇の第1皇女。安徳天皇の准母。
¶朝日([没]建保4年4月2日(1216年4月20日)), 鎌室, 国史, 古史, 古中, コン改, コン4, 史人([没]1216年4月2日), 諸系, 女性([没]建保4(1216)年4月1日), 新潮([没]建保4(1216)年4月2日), 人名(いんぶもんいん), 世人, 全書, 日史([没]建保4(1216)年4月2日), 日人, 平史(亮子内親王　すけこないしんのう), 歴大

忌部呰麻呂 いんべのあざまろ
[別]忌部宿禰呰麻呂《いんべのすくねあざまろ》
奈良時代の官人。
¶古代(忌部宿禰呰麻呂　いんべのすくねあざまろ), 日人(生没年不詳)

う

斎部広成 いんべのいろなり
→斎部広成（いんべのひろなり）

忌部黒麻呂（忌部黒麿） いんべのくろまろ
生没年不詳　[別]忌部首黒麻呂《いみべのおびとくろまろ》
奈良時代の中級官僚、万葉歌人。
¶朝日，コン改，コン4，人名（忌部黒麿），日人，万葉（忌部首黒麻呂　いみべのおびとくろまろ），和俳

忌部子首 いんべのこびと
？～養老3（719）年　[別]忌部宿禰子首《いんべのすくねこびと》
飛鳥時代～奈良時代の中級官僚。壬申の乱では大海人皇子方に属した。
¶朝日（[没]養老3年閏7月15日（719年9月3日）），古代（忌部宿禰子首　いんべのすくねこびと），コン改，コン4，日人

斎部作賀斯 いんべのさかし
[別]斎部首作賀斯《いんべのおびとさかし》
飛鳥時代の官人。
¶古代（斎部首作賀斯　いんべのおびとさかし），日人（生没年不詳）

忌部色布知 いんべのしこうち
→忌部色弗（いんべのしこぶち）

忌部色弗 いんべのしこぶち
？～大宝1（701）年　[別]忌部宿禰色弗《いんべのすくねしこぶち》，忌部色布知《いんべのしこうち》，忌部色弗《いんべしこぶち》
飛鳥時代の中級官僚。
¶朝日（[没]大宝1年6月2日（701年7月11日）），国書（いんべしこぶち　[没]大宝1（701）年6月），古代（忌部宿禰色弗　いんべのすくねしこぶち），コン改，コン4，人名（忌部色布知　いんべのしこうち），日人

忌部鳥麻呂 いんべのとりまろ
生没年不詳　[別]忌部宿禰鳥麻呂《いんべのすくねとりまろ》
奈良時代の中級官僚。
¶朝日，古代（忌部宿禰鳥麻呂　いんべのすくねとりまろ），コン改，コン4，日人

斎部浜成 いんべのはまなり
生没年不詳　[別]斎部宿禰浜成《いんべのすくねはまなり》，斎部浜成《いんべはまなり》
平安時代前期の官人、遣新羅使。
¶朝日，国書（いんべはまなり），古代（斎部宿禰浜成　いんべのすくねはまなり），日人

斎部広成 いんべのひろなり
生没年不詳　[別]斎部広成《いんべのいろなり，いんべひろなり》，斎部宿禰広成《いんべのすくねひろなり》，物部広成《もののべのひろなり》
平安時代前期の官人。「古語拾遺」の選者。
¶朝日（いんべのいろなり），角史，国史，国書（いんべひろなり），古代（斎部宿禰広成　いんべのすくねひろなり），古中，コン改，コン4，史人，重要，神史，神人（いんべひろなり），新潮，人名，姓氏京都，世人，世百，全書，大百，日史，日人，百科，平史，歴大

忌部濬継 いんべのふかつぐ
生没年不詳
平安時代前期の明法博士。
¶平史

斎部文山 いんべのふみやま
弘仁13（822）年～貞観9（867）年　[別]斎部宿禰文山《いんべのすくねふみやま》
平安時代前期の官人、工芸家。
¶古代（斎部宿禰文山　いんべのすくねふみやま），日人，平史

忌部虫名 いんべのむしな
[別]忌部宿禰虫名《いんべのすくねむしな》
奈良時代の官人。
¶古代（忌部宿禰虫名　いんべのすくねむしな），日人（生没年不詳）

【う】

上杉清藤 うえすぎきよふじ
生没年不詳
鎌倉時代後期～南北朝時代の公家・連歌作者。
¶国書

植松賞雅 うえまつたかまさ
→植松賞雅（うえまつよしまさ）

植松文雅 うえまつふみまさ
明和8（1771）年6月8日～文化12（1815）年8月12日
江戸時代後期の公家（非参議）。権大納言千種有政の次男。
¶公卿，公家（文雅〔植松家〕　あやまさ）

植松雅言 うえまつまさこと
文政9（1826）年～明治9（1876）年6月30日
江戸時代末期～明治期の公家。
¶維新，神人（[生]文政9（1826）年12月28日），幕末

植松雅孝 うえまつまさたか
貞享4（1687）年8月26日～享保15（1730）年9月24日
江戸時代中期の公家（非参議）。参議植松雅永の子。
¶公卿，公家（雅孝〔植松家〕　まさたか）

植松雅陳 うえまつまさつら
寛延3（1750）年2月16日～天明6（1786）年4月20日
江戸時代中期の公家（非参議）。左権中将植松幸雅の子。
¶公卿，公家（雅陳〔植松家〕　まさつら）

植松雅永 うえまつまさなが
承応3（1654）年10月23日～宝永4（1707）年12月16日
江戸時代前期～中期の公家（参議）。植松家の祖。

権大納言千種有能の末男。
¶公卿, 公家(雅永〔植松家〕 まさなが)

植松雅久 うえまつまさひさ
享保6(1721)年11月11日～安永6(1777)年9月5日 ㊙植松幸雅《うえまつゆきまさ》
江戸時代中期の公家(非参議)。宮内卿植松雅孝の次男。
¶近世, 公卿(植松幸雅 うえまつゆきまさ), 公家(幸雅〔植松家〕 ゆきまさ), 国史, コン改(㊈享保7(1722)年), コン4(㊈享保7(1722)年), 史人, 新潮, 人名(㊈1722年), 日人

植松幸雅 うえまつゆきまさ
→植松雅久(うえまつまさひさ)

植松賞雅 うえまつよしまさ
宝永2(1705)年7月24日～天明5(1785)年10月26日 ㊙植松賞雅《うえまつたかまさ》
江戸時代中期の公家(権中納言)。権大納言岩倉具視の三男。松月堂古流牧水派第20世の華道師範。
¶公卿, 公家(賞雅〔植松家〕 よしまさ), 人名(㊈?), 日人(うえまつたかまさ)

兔皇子 うさぎのおうじ
生没年不詳
上代の「日本書紀」にみえる継体天皇の皇子。
¶日人

宇佐美祐清 うさみすけきよ
宝暦9(1759)年8月26日～文政2(1819)年5月21日
江戸時代中期～後期の公家。
¶国書

宇治王 うじおう
奈良時代の官人。
¶古代, 日人(生没年不詳)

氏子内親王 うじこないしんのう
？～仁和1(885)年
平安時代前期の女性。淳和天皇の第1皇女。
¶女性(㊈仁和1(885)年4月2日), 人名, 日人, 平史

宇治大納言 うじだいなごん
→源隆国(みなもとのたかくに)

氏成 うじなり
生没年不詳
鎌倉時代後期～南北朝時代の公家・歌人。
¶国書5

菟道貝鮹皇女 うじのかいだこのおうじょ
→菟道貝鮹皇女(うじのかいたこのこうじょ)

菟道貝鮹皇女 うじのかいたこのこうじょ
生没年不詳 ㊙菟道貝鮹皇女《うじのかいだこのおうじょ, うじのかいだこのひめみこ》
飛鳥時代の女性。敏達天皇, 推古天皇の娘。
¶古代(うじのかいだこのひめみこ), 女性, 日人(うじのかいだこのおうじょ)

菟道貝鮹皇女 うじのかいだこのひめみこ
→菟道貝鮹皇女(うじのかいたこのこうじょ)

宇治関白 うじのかんぱく
→藤原頼通(ふじわらのよりみち)

宇治左大臣 うじのさだいじん
→藤原頼長(ふじわらのよりなが)

菟道磯津貝皇女 うじのしつかいのこうじょ
生没年不詳
飛鳥時代の女性。敏達天皇の皇女。
¶女性

菟道稚郎子 うじのわきいらつこ
㊙菟道稚郎子《うじのわきのいらつこ》, 菟道稚郎子皇子《うじのわきいらつこのおうじ, うじのわきいらつこのみこ》
上代の応神天皇の皇子。
¶朝日(生没年不詳), 京都(生没年不詳), 京都大(生没年不詳), 国史(菟道稚郎子皇子 うじのわきいらつこのおうじ), 古史, 古代, 古中(菟道稚郎子皇子 うじのわきいらつこのおうじ), コン改, コン4, 詩歌(うじのわきいらつこ), 史人(菟道稚郎子皇子 うじのわきいらつこのみこ), 諸系, 新潮, 人名, 姓氏京都, 世人(菟道稚郎子皇子 うじのわきいらつこのおうじ 生没年不詳), 世historical, 全書(生没年不詳), 大百, 日史, 日人, 百科, 歴大(生没年不詳), 和俳(生没年不詳)

菟道稚郎子皇子 うじのわきいらつこのおうじ
→菟道稚郎子(うじのわきいらつこ)

菟道稚郎子皇子 うじのわきいらつこのみこ
→菟道稚郎子(うじのわきいらつこ)

菟道稚郎姫 うじのわきいらつひめ
上代の女性。応神天応の皇女。仁徳天皇の後宮。
¶女性

薄以量 うすいのりかず
→薄以量(うすいもちかず)

薄以緒 うすいのりつぐ
→薄以緒(うすいもちお)

薄以盛 うすいのりもり
→薄以盛(うすいもちもり)

薄以緒 うすいもちお
明応3(1494)年8月9日～弘治1(1555)年5月28日
㊙橘以緒《たちばなもちお》, 薄以緒《うすいのりつぐ, すすきもちお》
戦国時代の公卿(参議)。正四位下行大内記唐橋在数の子。
¶公卿(うすいのりつぐ), 公家(以緒〔橘・薄家(絶家)〕 もちつぐ), 国書(橘以緒 たちばなもちお), 戦人(すすきもちお)

薄以量 うすいもちかず
永享8(1436)年～明応5(1496)年5月5日 ㊙橘以量《たちばなもちかず》, 薄以量《うすいのりかず》

室町時代～戦国時代の公卿（非参議）。宮内卿薄以盛の子。
¶公卿（うすいのりかず），公家（以量〔橘・薄家（絶家）〕　もちかず），国書（橘以量　たちばなもちかず）

薄以盛 うすいもちもり
[別]薄以盛《うすいのりもり》
室町時代の公卿（非参議）。従三位薄以基の養子。
¶公卿（うすいのりもり　生没年不詳），公家（以盛〔橘・薄家（絶家）〕　もちもり）

太秦供康 うずまさともやす
慶応2（1866）年～大正14（1925）年
明治～大正期の華族。
¶世紀（[生]慶応2（1866）年10月29日　[没]大正14（1925）年1月30日），日人

太秦宅守 うずまさのやかもり
生没年不詳　[別]太秦公宅守《うずまさぎみのやかもり》
平安時代前期の官人。
¶姓氏京都（太秦公宅守　うずまさぎみのやかもり）

太秦康光 うずまさやすみつ
明治32（1899）年～昭和53（1978）年
大正～昭和期の温泉研究の権威。男爵。
¶札幌（[生]明治32年3月），北海道百，北海道歴

宇多天皇 うだてんのう
貞観9（867）年～承平1（931）年　[別]宇多上皇《うだじょうこう》，宇多法皇《うだほうおう》，寛平法皇《かんびょうほうおう，かんぴょうほうおう》，亭子院帝《ていじいんのみかど》
平安時代前期の第59代の天皇（在位887～897）。
¶朝日（[没]承平1年7月19日（931年9月3日）），岩史（[生]貞観9（867）年5月5日　[没]承平1（931）年7月19日），角史，京都，京都大，京都府，国史，国書（[生]貞観9（867）年5月5日　[没]承平1（931）年7月19日），古史，古代，古中，コン改，コン4，詩歌，史人（[生]867年5月5日　[没]931年7月19日），重要（[生]貞観9（867）年5月　[没]承平1（931）年7月19日），諸系，新潮（[生]貞観9（867）年5月5日　[没]承平1（931）年7月19日），人名，姓氏京都，世人（[生]貞観9（867）年5月　[没]承平1（931）年7月19日），世百，全書，大百，伝記，日史（[没]承平1（931）年7月19日），日人，百科，仏教（宇多法皇　うだほうおう　[生]貞観9（867）年5月5日　[没]承平1（931）年7月19日），仏人，平史，歴大，和歌山人（宇多上皇　うだじょうこう），和俳（[没]承平1（931）年7月19日）

有智子内親王 うちこないしんのう
大同2（807）年～承和14（847）年　[別]有智子内親王《うちしないしんのう》
平安時代前期の女性。嵯峨天皇の第8皇女。初代斎院。
¶朝日（[没]承和14年10月26日（847年12月7日）），京都（うちしないしんのう），京都大（うちしないしんのう），国史，国書（[没]承和14（847）年10月26日），古史，古代，古中，コン4，詩歌，史人（[没]847年10月26日），諸系，女性（[没]承和14（847）年10月26日），新潮（[没]承和14（847）年10月26日），人名，姓氏京都（うちしないしんのう），世人（[没]承和14（847）年10月26日），世百，全書，大百，日史（[没]承和14（847）年10月26日），日人，百科，平史，歴大，和俳（[没]承和14（847）年10月26日）

有智子内親王 うちしないしんのう
→有智子内親王（うちこないしんのう）

内蔵縄麻呂 うちのくらのなわまろ
→内蔵縄麻呂（くらのなわまろ）

欝色謎命 うつしこめのみこと
上代の女性。孝元天皇の皇后。
¶古代，女性，人名，日人

海住山清房 うつやまきよふさ
？　～文安5（1448）年6月18日
室町時代の公卿（権大納言）。中納言九条氏房の子。
¶公卿，公家（清房〔海住山家（絶家）〕　きよふさ）

海住山高清 うつやまたかきよ
永享7（1435）年～長享2（1488）年　[別]海住山高清《かいじゅせんたかきよ》
室町時代～戦国時代の公卿（権大納言）。権大納言海住山清房の子。
¶公卿，公家（高清〔海住山家（絶家）〕　たかきよ），国書（かいじゅせんたかきよ　[没]長享2（1488）年6月29日）

菟上王 うなかみのおう
上代の開化天皇の孫。大俣王の子。
¶古代，日人

海上女王（海上女皇） うなかみのおおきみ，うなかみのおおぎみ
→海上女王（うながみのじょおう）

海上女王 うながみのじょおう，うなかみのじょおう
生没年不詳　[別]海上女王《うなかみのおおきみ》，海上女皇《うなかみのおおぎみ》
奈良時代の女性。志貴皇子の娘。
¶女性，人名（海上女皇　うなかみのおおぎみ），日人（うなかみのじょおう），万葉（うなかみのおおきみ），和俳

宇奴男人 うぬのおひと
[別]宇努首黒人《うののおびとおひと》，宇奴首男人《うののおびとおひと》
奈良時代の官人。
¶古代（宇奴首男人　うののおびとおひと），人名，万葉（宇努首黒人　うののおびとおひと）

雲飛浄永 うねびのきよなが
生没年不詳
平安時代前期の官人。
¶平史

采女竹羅 うねめのちくら
生没年不詳　[別]采女臣竹羅《うねめのおみちくら》
奈良時代の官人、遣新羅大使。
¶朝日，古代（采女臣竹羅　うねめのおみちくら），コン改，コン4，日人（[没]689年頃）

采女枚夫 うねめのひらぶ
[別]采女朝臣枚夫《うねめのあそんひらぶ》
飛鳥時代～奈良時代の官人。
¶古代（采女朝臣枚夫　うねめのあそんひらぶ），日人（生没年不詳）

宇努黒人（宇奴男人）**うののおひと**
→宇奴男人（うぬのおひと）

鸕野讃良皇女 うののさらのおうじょ
→持統天皇（じとうてんのう）

厩戸皇子 うまやどのおうじ
→聖徳太子（しょうとくたいし）

厩戸皇子 うまやどのみこ
→聖徳太子（しょうとくたいし）

茨田王 うまらだのおおきみ
→茨田王（まんだのおおきみ）

梅小路定矩 うめがこうじさだかど
元和5（1619）年11月6日～元禄8（1695）年11月28日
江戸時代前期の公家（権大納言）。梅小路家の祖。権大納言勧修寺共房の三男。
¶公卿，公家（定矩〔梅小路家〕　さだかね）

梅小路定喬 うめがこうじさだたか
元禄3（1690）年9月2日～享保12（1727）年7月15日
江戸時代中期の公家（非参議）。権大納言梅小路共方の次男。
¶公卿，公家（定喬〔梅小路家〕　さだたか）

梅小路定福 うめがこうじさだとみ
→梅小路定福（うめがこうじさだふく）

梅小路定福 うめがこうじさだふく
寛保3（1743）年1月16日～文化10（1813）年2月14日　[別]梅小路定福《うめがこうじさだとみ》
江戸時代中期～後期の公家（権大納言）。権大納言清閑寺秀定の次男。
¶公卿，公家（定福〔梅小路家〕　さだふく），国書（うめがこうじさだとみ）

梅小路定肖 うめがこうじさだゆき
安永6（1777）年7月19日～天保8（1837）年6月18日
江戸時代後期の公家（参議）。権大納言清閑寺益房の次男。
¶公卿，公家（定肖〔梅小路家〕　さだゆき）

梅小路共方 うめがこうじともかた
承応2（1653）年12月14日～享保12（1727）年7月3日
江戸時代前期～中期の公家（権大納言）。権大納言梅小路定矩の子。
¶公卿，公家（共方〔梅小路家〕　ともかた），国書

梅小路（家名） うめこうじ
→梅小路（うめがこうじ）

梅園実兄 うめぞのさねあに
明和2（1765）年9月11日～天保7（1836）年9月21日
江戸時代中期～後期の公家（権中納言）。左中将梅園成季の子。
¶公卿，公家（実兄〔梅園家〕　さねあに）

梅園実清 うめぞのさねきよ
慶長14（1609）年～寛文2（1662）年
江戸時代前期の公家（非参議）。左中将橋本実勝の次男。
¶公卿（[生]慶長14（1609）年9月16日　[没]寛文2（1662）年6月25日），公家（実清〔梅園家〕　さねきよ　[生]慶長14（1609）年9月16日　[没]寛文2（1662）年6月25日），諸系，日人

梅園実邦 うめぞのさねくに
寛文10（1670）年6月22日～延享2（1745）年12月18日
江戸時代中期の公家（権中納言）。参議梅園季保の子。
¶公卿，公家（実邦〔梅園家〕　さねくに）

梅園実紀 うめぞのさねこと
文政10（1827）年2月9日～明治40（1907）年1月27日
江戸時代末期～明治期の公家（非参議）。右兵衛督梅園実好の子。
¶維新，公卿（[没]明治40（1907）年1月），公家（実紀〔梅園家〕　さねこと），幕末

梅園実縄 うめぞのさねつな
→梅園実縄（うめぞのさねなわ）

梅園実縄 うめぞのさねなわ
享保12（1727）年3月5日～寛政6（1794）年3月18日
[別]梅園実縄《うめぞのさねつな》
江戸時代中期の公家（権中納言）。参議梅園久季の子。
¶公卿，公家（実縄〔梅園家〕　さねなわ），国書（うめぞのさねつな）

梅園実好 うめぞのさねよし
寛政10（1798）年6月26日～明治4（1871）年
江戸時代末期～明治期の公家（非参議）。美濃権介梅園実矩の子。
¶公卿（[没]明治4（1871）年1月），公家（実好〔梅園家〕　さねすみ　[没]明治4（1871）年1月11日）

梅園季保 うめぞのすえやす
正保3（1646）年6月15日～元禄4（1691）年閏8月19日
江戸時代前期の公家（参議）。右兵衛督梅園実清の次男。
¶公卿，公家（季保〔梅園家〕　すえやす）

梅園久季 うめぞのひさすえ
元禄2（1689）年7月6日～寛延2（1749）年3月10日
江戸時代中期の公家（参議）。権大納言池尻勝房

の次男。
¶公卿，公家（久季〔梅園家〕　ひさすえ）

う

梅渓季通 うめたにすえみち
元和1（1615）年～万治1（1658）年
江戸時代前期の公家（参議）。梅渓家の祖。左中将久我通世の次男。
¶公卿（[生]元和1（1615）年3月29日　[没]万治1（1658）年2月2日），公家（季通〔梅渓家〕　すえみち　[生]慶長20（1615）年3月29日　[没]万治1（1658）年2月2日），諸系，日人

梅渓英通 うめたにひでみち
慶安3（1650）年4月5日～享保3（1718）年7月22日
江戸時代前期～中期の公家（権中納言）。参議梅渓季通の子。
¶公卿，公家（英通〔梅渓家〕　ひでみち）

梅渓通賢 うめたにみちかた
享保20（1735）年3月5日～明和2（1765）年5月23日
江戸時代中期の公家（非参議）。左中将梅渓通仲の子。
¶公卿，公家（通賢〔梅渓家〕　みちかた）

梅渓通善 うめたにみちたる
文政4（1821）年7月19日～明治32（1899）年
江戸時代末期～明治期の公家（参議）。参議六条有言の次男。
¶維新，公卿（[没]明治32（1899）年11月），公家（通善〔梅渓家〕　みちたる　[没]明治32（1899）年10月12日），国書（[没]明治32（1899）年10月13日），神人（[生]文政4（1821）年7月），幕末（[没]1899年10月13日）

梅渓通治 うめたにみちとう
→梅渓通治（うめたにみちとお）

梅渓通治 うめたにみちとお
天保2（1831）年～大正5（1916）年　[別]梅渓通治《うめたにみちとう》
江戸時代末期～明治期の公家。
¶維新，神人（うめたにみちとう　[生]天保2（1831）年5月　[没]大正5（1916）年三月），幕末（[没]1916年3月4日）

梅渓通仲 うめたにみちなか
元禄11（1698）年11月11日～元文2（1737）年6月17日
江戸時代中期の公家（非参議）。権中納言梅渓通条の子。
¶公卿，公家（通仲〔梅渓家〕　みちなか）

梅渓通条 うめたにみちなが
寛文12（1672）年12月11日～元文5（1740）年
江戸時代中期の公家（権中納言）。権中納言梅渓英通の子。
¶公卿（[没]元文5（1740）年2月17日），公家（通条〔梅渓家〕　みちえだ　[没]元文5（1740）年3月17日）

梅渓行通 うめたにゆきみち
天明1（1781）年10月10日～文政7（1824）年6月6日
江戸時代後期の公家（参議）。左権少将梅渓通同の子。
¶公卿，公家（行通〔梅渓家〕　ゆきみち），国書

梅宮 うめのみや
→文智女王（ぶんちじょおう）

鸕鶿守皇女 うもりのこうじょ
生没年不詳
飛鳥時代の女性。敏達天皇の皇女。
¶女性

礼仁親王 うやひとしんのう
寛政2（1790）年～寛政3（1791）年　[別]哲宮《あきのみや》
江戸時代後期の光格天皇の皇子。
¶人名

裏辻公理 うらつじきみただ
宝暦6（1756）年5月19日～文化2（1805）年1月13日
江戸時代中期～後期の公家（参議）。権大納言正親町実連の次男。
¶公卿，公家（公理〔裏辻家〕　きんあや）

裏辻公仲 うらつじきんなか
正平13/延文3（1358）年～応永10（1403）年6月7日
南北朝時代～室町時代の公卿（権大納言）。権大納言橋本実文の子。
¶公卿，公家（公仲〔正親町家〕　きんなか）

裏辻公愛 うらつじきんよし
文政4（1821）年～明治15（1882）年10月13日
江戸時代末期～明治期の公家。
¶維新，幕末

裏辻実景 うらつじさねかげ
寛永14（1637）年～＊
江戸時代前期の公家（非参議）。頭右大弁万里小路綱房の次男。
¶公卿（[生]寛永14（1637）年9月22日　[没]寛文8（1668）年5月21日），公家（実景〔裏辻家〕　さねかげ　[生]寛永14（1637）年9月24日　[没]寛文9（1669）年5月21日）

裏辻実秀 うらつじさねひで
→正親町実秀（おおぎまちさねひで）

裏辻実本 うらつじさねもと
享保15（1730）年～明和2（1765）年7月21日
江戸時代中期の公家（参議）。右権中将正親町公通の末子。
¶公卿（[生]享保15（1730）年5月11日），公家（実本〔裏辻家〕　さねもと　[生]享保15（1730）年10月1日）

裏辻季福 うらつじすえとみ
慶長10（1605）年～正保1（1644）年
江戸時代前期の公家（参議）。裏辻家の祖。権少将正親町季康の子。
¶公卿（[没]正保1（1644）年9月2日），公家（季福〔裏辻家〕　すえとみ　[没]寛永21（1644）年9月2日），諸系，日人

裏辻彦六郎　うらつじひころくろう
明治8(1875)年4月1日〜昭和3(1928)年6月16日
明治〜昭和期の子爵。
¶世紀，日人

裏辻恭光　うらつじゆきみつ
→裏松恭光(うらまつゆきみつ)

卜部兼昭　うらべかねあき
室町時代の公卿(非参議)。吉田兼倶の子か。
¶公卿(生没年不詳)，公家(兼昭〔吉田家〕　かねあき)

卜部兼任　うらべかねとう
室町時代の公卿(非参議)。長禄3年従三位に叙される。
¶公卿(生没年不詳)，公家(兼任〔吉田家〕　かねとう)

卜部兼倶　うらべかねとも
→吉田兼倶(よしだかねとも)

卜部兼名　うらべかねな
→吉田兼名(よしだかねな)

卜部兼永　うらべかねなが
応仁1(1467)年〜天文5(1536)年　[別]吉田兼永《よしだかねなが》，卜部兼永《うらべのかねなが》
戦国時代の公卿(非参議)。従二位吉田兼倶の子。
¶鎌室，公卿([没]天文5(1536)年7月27日)，公家(兼永〔藤井家〕　かねなが　[没]天文5(1536)年7月27日)，国史(うらべのかねなが)，国書([没]天文5(1536)年7月27日)，古中(うらべのかねなが)，史人(うらべのかねなが　[没]1536年7月27日)，諸系，神史(うらべのかねなが)，神人，新潮([没]天文5(1536)年7月27日)，戦人(吉田兼永　よしだかねなが)，日人

卜部兼凞(卜部兼熈)　うらべかねひろ
→吉田兼熈(よしだかねひろ)

卜部兼右　うらべかねみぎ
→吉田兼右(よしだかねみぎ)

卜部兼満　うらべかねみつ
→吉田兼満(よしだかねみつ)

卜部兼従　うらべかねより
→萩原兼従(はぎわらかねより)

卜部良連　うらべながつら
→吉田良連(よしだよしつれ)

卜部良長　うらべよしおさ
→吉田良長(よしだよしなが)

裏松明光　うらまつあけみつ
明和8(1771)年8月7日〜文政8(1825)年4月20日
江戸時代後期の公家(参議)。権中納言裏松謙光の子。
¶公卿，公家(明光〔裏松家〕　ひろみつ)

裏松謙光　うらまつかたみつ
→裏松謙光(うらまつけんみつ)

裏松謙光　うらまつけんみつ
寛保1(1741)年7月29日〜文化9(1812)年4月20日
[別]裏松謙光《うらまつかたみつ》
江戸時代中期〜後期の公家(権中納言)。従三位四辻実長の次男。
¶公卿，公家(謙光〔裏松家〕　かねみつ)，国書(うらまつかたみつ)

裏松固禅　うらまつこぜん
→裏松光世(うらまつみつよ)

裏松重光　うらまつしげみつ
→日野重光(ひのしげみつ)

裏松資康　うらまつすけやす
→裏松資康(うらまつもとやす)

裏松良光　うらまつたるみつ
嘉永3(1850)年4月〜大正4(1915)年9月　[別]裏松良光《うらまつよしみつ》
明治〜大正期の侍従。子爵、貴族院議員。私費でドイツに留学する。
¶海越，海越新，渡航(うらまつよしみつ　[生]1850年4月19日　[没]1915年9月12日)

裏松意光　うらまつのりみつ
→裏松意光(うらまつよしみつ)

裏松益光　うらまつますみつ
貞享2(1685)年3月8日〜宝暦8(1758)年12月9日
江戸時代中期の公家(権中納言)。権中納言裏松意光の子。
¶公卿，公家(益光〔裏松家〕　ますみつ)，国書

裏松光世　うらまつみつよ
元文1(1736)年〜文化1(1804)年　[別]固禅《こぜん》，裏松固禅《うらまつこぜん》
江戸時代中期〜後期の有職故実家。
¶朝日([生]元文1年11月11日(1736年12月12日)　[没]文化1年7月29日(1804年9月3日))，角史(裏松固禅　うらまつこぜん)，京都(裏松固禅　うらまつこぜん)，京都大(裏松固禅　うらまつこぜん)，近世，考古(裏松固禅　うらまつこぜん　[生]元文1年(1736年11月11日)　[没]文化1年(1804年7月26日))，国史，国書([生]元文1(1736)年11月11日　[没]文化1(1804)年7月26日)，コン改，コン4，史人([生]1736年11月11日　[没]1804年7月26日)，諸系，新潮([生]元文1(1736)年11月11日　[没]文化1(1804)年7月26日)，人名(固禅　こぜん)，人名(裏松固禅　うらまつこぜん)，姓氏京都，世人([生]元文1(1736)年11月11日　[没]文化1(1804)年7月29日)，全書，大百(裏松固禅　うらまつこぜん)，日史([生]元文1(1736)年11月11日　[没]文化1(1804)年7月26日)，日人，百科，平史

裏松資清　うらまつもときよ
寛永3(1626)年10月17日〜寛文7(1667)年8月13日
江戸時代前期の公家(参議)。裏松家の祖。権中納言烏丸光資の次男。
¶公卿，公家(資清〔裏松家〕　すけきよ)

裏松資康 うらまつもとやす
正平3/貞和4(1348)年～元中7/明徳1(1390)年8月10日　[別]裏松資康《うらまつすけやす》
南北朝時代の公卿(権大納言)。権大納言日野時光の次男。
¶公卿,公家(資康〔日野家〕　すけやす),国書(うらまつすけやす)

裏松恭光 うらまつゆきみつ
寛政12(1800)年6月16日～明治5(1872)年　[別]裏辻恭光《うらつじゆきみつ》
江戸時代末期～明治期の公家(権大納言)。参議裏松明光の子。
¶維新,公卿([没]明治5(1872)年2月),公家(恭光〔裏松家〕　ゆきみつ　[没]明治5(1872)年2月9日),国書([没]明治5(1872)年2月9日),幕末(裏辻恭光　うらつじゆきみつ　[没]1872年3月17日)

裏松意光 うらまつよしみつ
承応1(1652)年2月26日～宝永4(1707)年7月17日　[別]裏松意光《うらまつのりみつ》
江戸時代前期～中期の公家(権中納言)。参議裏松資清の次男。
¶公卿,公家(意光〔裏松家〕　よしみつ),国書(うらまつのりみつ)

裏松良光 うらまつよしみつ
→裏松良光(うらまつたるみつ)

裏松義資 うらまつよしもと
*～永享6(1434)年6月9日
室町時代の公卿(権中納言)。大納言裏松重光の子。
¶公卿([生]応永1(1394)年),公家(義資〔日野家〕　よしすけ　[生]1397年)

漆部伊波 うるしべのいは
→漆部伊波(ぬりべのいわ)

【え】

永安門院 えいあんもんいん
建保4(1216)年～弘安2(1279)年　[別]穠子内親王《じょうしないしんのう》
鎌倉時代前期の女性。順徳天皇の第2皇女。
¶朝日([没]弘安2年11月21日(1279年12月25日)),鎌室,コン改,コン4,女性([没]弘安2(1279)年1月21日),新潮([没]弘安2(1279)年11月21日),人名,日人

永応女王 えいおうじょおう
元禄15(1702)年～宝暦4(1754)年5月22日　[別]永応女王《えいおうにょおう》,文応女王《ぶんのうじょおう》
江戸時代中期の女性。霊元天皇の第10皇女。
¶女性([生]元禄15(1702)年11月20日),女性(文応女王　ぶんのうじょおう　[生]元禄15(1702)年11月),人名(えいおうにょおう),日人([生]1703年)

永応女王 えいおうにょおう
→永応女王(えいおうじょおう)

永覚 えいかく
生没年不詳　[別]永覚《ようかく》
平安時代中期～後期の天台宗の僧。敦道親王の王子で、冷泉天皇の孫。
¶人名,日人,仏教,平史(ようかく)

永嘉門院 えいかもんいん
文永9(1272)年～元徳1(1329)年　[別]瑞子内親王《ずいしないしんのう》,瑞子女王《ずいしじょおう》
鎌倉時代後期の女性。宗尊親王の王女で、後宇多天皇の後宮。
¶朝日([没]元徳1年8月29日(1329年9月22日)),鎌室,コン改,コン4,諸系,女性([没]元徳1(1329)年8月29日),新潮([没]元徳1(1329)年8月29日),人名([生]1273年),世人,日人

英暉女王 えいきじょおう
寛政4(1792)年～弘化2(1845)年　[別]尊照女王《そんしょうじょおう》
江戸時代後期の女性。有栖川宮織仁親王の第6王女。
¶女性([生]寛政4(1792)年12月16日　[没]弘化2(1845)年5月9日),女性(尊照女王　そんしょうじょおう　[生]寛政4(1792)年12月),人名,日人([生]1793年)

永亨女王(永享女王) えいこうじょおう
明暦3(1657)年8月20日～貞享3(1686)年閏3月5日　[別]永亨女王《えいこうにょおう》
江戸時代前期の女性。後水尾天皇第19皇女。
¶女性(永享女王),新潮,人名(えいこうにょおう),日人

永高女王 えいこうじょおう
天文9(1540)年5月17日～天文20(1551)年3月2日　[別]永高女王《えいこうにょおう》
戦国時代の女性。正親町天皇の第2皇女。
¶女性,人名(えいこうにょおう)

永皎女王 えいこうじょおう
享保17(1732)年11月22日～文化5(1808)年　[別]永皎女王《えいこうにょおう》
江戸時代中期～後期の女性。中御門天皇の第7皇女。
¶近世,国史(えいこうにょおう),諸系([生]1733年),女性([没]文化5(1808)年閏6月13日),新潮([没]文化5(1808)年閏6月13日),人名(えいこうにょおう),日人([生]1733年)

永亨女王 えいこうにょおう
→永亨女王(えいこうじょおう)

永高女王 えいこうにょおう
→永高女王(えいこうじょおう)

永皎女王 えいこうにょおう
→永皎女王(えいこうじょおう)

叡子内親王 えいこないしんのう
→叡子内親王(えいしないしんのう)

栄子内親王 えいこないしんのう
→栄子内親王(えいしないしんのう)

英子内親王 えいこないしんのう
→英子内親王(えいしないしんのう)

永悟入道親王 えいごにゅうどうしんのう
万治2(1659)年～延宝4(1676)年　[別]永悟法親王《えいごほうしんのう》,貴平親王《たかひらしんのう》
江戸時代前期の僧。後西天皇の皇子。
¶人名(永悟法親王　えいごほうしんのう),日人

永悟法親王 えいごほうしんのう
→永悟入道親王(えいごにゅうどうしんのう)

媖子内親王 えいしないしんのう
→陽徳門院(ようとくもんいん)

叡子内親王 えいしないしんのう
保延1(1135)年～久安4(1148)年　[別]叡子内親王《えいこないしんのう,としこないしんのう》
平安時代後期の女性。鳥羽天皇の第4皇女。
¶女性([生]保延1(1135)年12月4日　[没]久安4(1148)年12月8日),人名(えいこないしんのう),日人([生]1136年　[没]1149年),平史(としこないしんのう)

栄子内親王 えいしないしんのう
生没年不詳　[別]栄子内親王《えいこないしんのう,ひでこないしんのう,よしこないしんのう》
鎌倉時代後期の女性。後二条天皇の皇女。
¶国書,女性(ひでこないしんのう),人名(えいこないしんのう),日人,平史(よしこないしんのう)

英子内親王 えいしないしんのう
延喜21(921)年～天慶9(946)年　[別]英子内親王《えいこないしんのう,ひでこないしんのう》
平安時代中期の女性。醍醐天皇の皇女。
¶女性([没]天慶9(946)年9月16日),神人(ひでこないしんのう),人名(えいこないしんのう),日人,平史(ひでこないしんのう)

永秀女王 えいしゅうじょおう
延宝5(1677)年～享保10(1725)年　[別]永秀女王《えいしゅうにょおう》
江戸時代中期の女性。霊元天皇の第5皇女。
¶諸系([生]1678年),女性([生]延宝5(1677)年11月5日　[没]享保10(1725)年7月5日),新潮([生]延宝5(1677)年閏12月5日　[没]享保10(1725)年7月5日),人名(えいしゅうにょおう),日人([生]1678年)

永秀女王 えいしゅうにょおう
→永秀女王(えいしゅうじょおう)

永寿女王 えいじゅじょおう
永正16(1519)年12月18日～天文4(1535)年12月25日　[別]永寿女王《えいじゅにょおう》
戦国時代の女性。後奈良天皇の第2皇女。
¶女性,人名(えいじゅにょおう)

永寿女王 えいじゅにょおう
→永寿女王(えいじゅじょおう)

永潤女王 えいじゅんじょおう
文政3(1820)年～天保1(1830)年　[別]永潤女王《えいじゅんにょおう》
江戸時代後期の女性。光格天皇第7皇女。
¶人名(えいじゅんにょおう),日人

永潤女王 えいじゅんにょおう
→永潤女王(えいじゅんじょおう)

英照皇太后 えいしょうこうたいごう
天保4(1833)年12月13日～明治30(1897)年1月11日　[別]藤原夙子《ふじわらのあさこ》
江戸時代末期～明治期の女性。孝明天皇の皇后。明治天皇の母。
¶朝日([生]天保5年12月13日(1835年1月11日)),維新([生]1834年),近現,国史,コン改,コン4,コン5,史人([生]1834年12月13日),諸系([生]1835年),女性,女性普,新潮,人名,姓氏京都,全書([生]1834年),大百,日人([生]1835年),幕末([生]1834年)

英邵女王 えいしょうじょおう
永禄12(1569)年12月16日～天正8(1580)年4月16日　[別]永邵女王《えいしょうにょおう》
安土桃山時代の女性。陽光院の第1王女。
¶女性,人名(永邵女王　えいしょうにょおう)

永邵女王 えいしょうにょおう
→英邵女王(えいしょうじょおう)

栄恕女王 えいじょじょおう
寛延2(1749)年～安永5(1776)年
江戸時代中期の女性。有栖川宮職仁親王の第3王女。
¶女性([生]寛延2(1749)年4月2日　[没]安永5(1776)年5月18日),人名,日人

永助親王 えいじょしんのう
→永助入道親王(えいじょにゅうどうしんのう)

永助入道親王 えいじょにゅうどうしんのう
正平17/貞治1(1362)年～永享9(1437)年　[別]永助《えいじょ》,永助親王《えいじょしんのう》,永助法親王《えいじょほっしんのう》,熙永親王《よしながしんのう》
南北朝時代～室町時代の後光厳天皇の皇子。「新続古今和歌集」に入集。
¶朝日([生]貞治1/正平17年3月29日(1362年4月24日)　[没]永享9年2月10日(1437年3月16日)),鎌室(永助法親王　えいじょほっしんのう),鎌室(熙永親王　よしながしんのう),国書(永助親王　えいじょしんのう　[生]康安2(1362)年3月29日　[没]永享9(1437)年2月10日),諸系,新潮([生]貞治1/正平17(1362)年3月29日　[没]永享9(1437)年2月10日),人名(熙永親王　よしながしんのう),世人(熙永親王　よしながしんのう),日人,仏教(永助　えいじょ　[生]康安

2/正平17(1362)年3月29日　[没]永享9(1437)年2月10日), 和俳

永助法親王　えいじょほっしんのう
→永助入道親王(えいじょにゅうどうしんのう)

永崇尼　えいすうに
→永宗女王(えいそうじょおう)

永宗女王　えいそうじょおう
慶長14(1609)年～元禄3(1690)年　[別]永崇尼《えいすうに》
江戸時代前期の女性。後陽成天皇の第6皇女。
¶女性([生]慶長14(1609)年5月2日　[没]元禄3(1690)年7月20日), 人名, 人名(永崇尼　えいすうに), 日人

永尊親王　えいそんしんのう
生没年不詳
鎌倉時代前期の皇族(園城寺円満院門跡)。後二条天皇の皇子。
¶国書

盈仁親王　えいにんしんのう
→盈仁入道親王(えいにんにゅうどうしんのう)

叡仁入道親王　えいにんにゅうどうしんのう
享保15(1730)年～宝暦3(1753)年
江戸時代中期の僧(梶井門主)。有栖川宮職仁親王の王子。
¶人名, 日人

盈仁入道親王　えいにんにゅうどうしんのう
*～文政13(1830)年11月23日　[別]盈仁《えいにん》, 盈仁親王《えいにんしんのう》, 盈仁法親王《えいにんほうしんのう》, 嘉種親王《よしたねしんのう》
江戸時代後期の天台宗の僧(園城寺154世、聖護院門跡)。閑院宮典仁親王の王子。
¶国書(盈仁親王　えいにんしんのう　[生]明和9(1772)年10月8日), 人名(盈仁法親王　えいにんほうしんのう　[生]1772年), 日人([生]1764年　[没]1831年), 仏教(盈仁　えいにん　[生]明和1(1764)年10月8日)

盈仁法親王　えいにんほうしんのう
→盈仁入道親王(えいにんにゅうどうしんのう)

永福門院　えいふくもんいん
文永8(1271)年～興国3/康永1(1342)年　[別]永福門院《ようふくもんいん》, 藤原鐘子《ふじわらしょうし, ふじわらのしょうし》
鎌倉時代後期～南北朝時代の女性、歌人。伏見天皇の中宮、太政大臣西園寺実兼の娘。
¶朝日([没]康永1/興国3年5月7日(1342年6月10日)), 角史, 鎌室, 国史, 国書([没]康永1(1342)年5月7日), 古中, コン改, コン4, 詩歌, 史人([没]1342年5月7日), 諸系, 女性([没]康永1(1342)年5月7日), 人書94, 新潮([没]康永1/興国3(1342)年5月7日), 新文([没]康永1/興国3(1342)年5月7日), 人名, 世人, 世百, 全書, 大百, 日史([没]康永1/興国3(1342)年5月7日), 日人, 文学(ようふくもんいん), 歴大, 和俳([没]康永1/興国3(1342)年5月7日)

永陽門院　えいようもんいん
文永9(1272)年～正平1/貞和2(1346)年　[別]久子内親王《きゅうしないしんのう, ひさこないしんのう》
鎌倉時代後期～南北朝時代の女性。後深草親王の第2皇女。
¶朝日([没]貞和2/正平1年4月25日(1346年5月16日)), 鎌室, コン改([生]文永10(1273)年), コン4([生]文永10(1273)年), 諸系, 女性([生]文永10(1273)年　[没]貞和2(1346)年4月25日), 新潮([没]貞和2/正平1(1346)年4月25日), 人名, 日人

恵雲院殿　えうんいんどの
→近衛稙家(このえたねいえ)

恵観　えかん
→一条昭良(いちじょうあきよし)

益子内親王　えきしないしんのう
→益子内親王(ますこないしんのう)

懌子内親王　えきしないしんのう
→五条院(ごじょういん)

恵空　えくう
→邦高親王(くにたかしんのう)

恵厳　えごん
→華林恵厳(かりんえごん)

恵春　えしゅん
→観心女王(かんしんじょおう)

恵舜　えしゅん
？～応永24(1417)年
室町時代の伏見宮栄仁親王の王子。
¶人名

恵助　えじょ
正応2(1289)年～嘉暦3(1328)年9月9日　[別]恵助親王《えじょしんのう》
鎌倉時代後期の天台宗の僧。伏見天皇の第2皇子。園城寺85世。
¶国書(恵助親王　えじょしんのう), 仏教

恵助親王　えじょしんのう
→恵助(えじょ)

恵仙女王　えせんじょおう
文禄4(1595)年～寛永21(1644)年8月19日　[別]慧仙尼《えせんに》
江戸時代前期の女性。後陽成天皇の第4皇女。
¶女性, 新潮([没]寛永20(1643)年8月19日), 日人, 仏教(慧仙尼　えせんに)

慧仙尼　えせんに
→恵仙女王(えせんじょおう)

恵尊親王　えそんしんのう
鎌倉時代後期の後醍醐天皇の皇子。
¶人名

え

悦子内親王 えつこないしんのう
→延政門院（えんせいもんいん）

悦子女王 えっしじょおう
天慶5（942）年～？　[別]悦子女王《よしこじょおう》，旅子女王《たびこじょおう，たびこにょおう》
平安時代中期の女性。醍醐天皇の皇孫、式部卿重明親王の王女。
¶女性（生没年不詳），人名（旅子女王　たびこにょおう），日人，平史（よしこじょおう）

悦子内親王 えつしないしんのう
→延政門院（えんせいもんいん）

恵日光院 えにちこういん
→安藤惟実（あんどうこれざね）

叡努内親王 えぬないしんのう
？～承和2（835）年　[別]叡努内親王《えぬのないしんのう》
平安時代前期の女性。平城天皇の第2皇女。
¶女性（えぬのないしんのう　[没]承和2（835）年4月14日），人名（えぬのないしんのう），日人，平史

榎井王（榎本王） えのいのおおきみ，えのいのおおぎみ
→榎井親王（えのいのしんのう）

朴井雄君 えのいのおきみ
→物部雄君（もののべのおきみ）

榎井親王 えのいのしんのう
？～天平宝字6（762）年　[別]榎井王《えのいのおきみ》，榎井親王《えのいしんのう》，榎本王《えのいのおおぎみ》
奈良時代の志貴皇子の子で、光仁天皇の弟。天智天皇の孫。
¶古代（えのいしんのう），人名（榎本王　えのいのおおぎみ），日人（生没年不詳），万葉（榎井王　えのいのおおきみ）

榎井広国 えのいのひろくに
[別]榎井朝臣広国《えのいのあそんひろくに》
奈良時代の官人。
¶古代（榎井朝臣広国　えのいのあそんひろくに），日人（生没年不詳）

江辺雅国 えのべまさくに
？～明応9（1500）年1月23日
戦国時代の公卿（非参議）。本姓は藤原。文明12年従三位に叙される。
¶公卿，公家（雅国〔室町家（絶家）〕　まさくに）

兄彦命 えひこのみこと
→吉備兄彦皇子（きびのえひこのおうじ）

兄媛 えひめ
[別]吉備兄媛《きびのえひめ》
上代の女性。応神天皇の妃、吉備武彦の娘。
¶岡山人（吉備兄媛　きびのえひめ），岡山百（吉備兄媛　きびのえひめ），岡山歴，古代，女性，人名，世百，日人

恵美朝猟（恵美朝狩） えみのあさかり
→藤原朝猟（ふじわらのあさかり）

恵美押勝 えみのおしかつ
→藤原仲麻呂（ふじわらのなかまろ）

円胤 えんいん
応永14（1407）年～文安4（1447）年
室町時代の僧。説成親王の王子で、後村上天皇の孫。
¶鎌室，人名，日人（[没]1448年）

円恵法親王 えんえほうしんのう
→円恵法親王（えんけいほうしんのう）

円暁 えんぎょう
久安1（1145）年～正治2（1200）年
平安時代後期～鎌倉時代前期の鶴岡八幡宮の初代別当。行恵の子で、輔仁親王（後三条天皇の皇子）の孫。
¶神奈川人，神人（[没]正治2（1200）年10月26日），姓氏神奈川，平史

円行 えんぎょう
生没年不詳
平安時代後期の僧。白河天皇の皇子。
¶人名（[没]1143年），日人，平史

円恵法親王 えんけいほうしんのう
仁平2（1152）年～寿永2（1183）年　[別]円恵《えんえ》，円恵法親王《えんえほうしんのう，えんえほっしんのう》
平安時代後期の僧。後白河天皇の皇子。
¶鎌室（えんえほっしんのう），人名（えんえほうしんのう），日人（[没]1184年），仏教（円恵　えんえ　[生]仁平1（1151）年　[没]寿永2（1183）年11月19日），平史（[生]？）

円興 えんこう
生没年不詳　[別]円興禅師《えんこうぜんじ》
奈良時代の僧（准大納言）。弓削道鏡の弟子で、元興寺の僧。
¶公卿（円興禅師　えんこうぜんじ），古代，諸系，日人

円興禅師 えんこうぜんじ
→円興（えんこう）

婉子女王 えんしじょおう
天禄3（972）年～長徳4（998）年　[別]婉子女王《えんしにょおう，つやこじょおう》
平安時代中期の女性。花山天皇の女御。
¶女性（[没]長徳4（998）年9月17日），人名（えんしにょおう），日人，平史（つやこじょおう）

延子内親王 えんしないしんのう
→延明門院（えんめいもんいん）

婉子内親王 えんしないしんのう
延喜4（904）年～安和2（969）年　[別]婉子内親王《つやこないしんのう》
平安時代中期の女性。醍醐天皇の第3皇女。
¶女性（[没]安和2（969）年9月10日），人名，日人，

平史(つやこないしんのう)

婉子女王 えんしにょおう
→婉子女王(えんしじょおう)

お

円遵 えんじゅん
延享3(1746)年〜文政2(1819)年
江戸時代後期の浄土真宗の僧(専修寺18世)。有栖川第5代職仁親王の世子音仁親王の王子。
¶国書([生]延享3(1746)年11月　[没]文政2(1819)年10月22日),諸系,人名,日人,仏教([生]延享3(1746)年11月　[没]文政2(1819)年10月22日),仏人,三重

円照 えんしょう
保延5(1139)年〜治承1(1177)年
平安時代後期の遁世僧。藤原信西の子。
¶朝日,国書(生没年不詳),日人,仏教,平史

円助法親王 えんじょほうしんのう
嘉禎2(1236)年〜弘安5(1282)年　[別]円助《えんじょ》,円助法親王《えんじょほっしんのう》
鎌倉時代後期の僧。後嵯峨天皇の第1皇子。
¶鎌室(えんじょほっしんのう),人名,日人,仏教(円助　えんじょ　[生]嘉禎2(1236)年11月　[没]弘安5(1282)年8月12日)

延政門院 えんせいもんいん
正元1(1259)年〜元弘2/正慶1(1332)年　[別]悦子内親王《えつこないしんのう,えつしないしんのう》
鎌倉時代後期の女性。後嵯峨天皇の第2皇女。
¶朝日([没]正慶1/元弘2年2月10日(1332年3月7日)),鎌室,諸系,女性([没]元弘2(1332)年2月10日),新潮([没]正慶1/元弘2(1332)年2月10日),人名,世人([生]康元1(1256)年),日人

円通大師 えんつうだいし
→寂照(じゃくしょう)

円明寺殿 えんみょうじどの
→一条実経(いちじょうさねつね)

円明大師 えんみょうだいし
→無文元選(むもんげんせん)

延明門院 えんめいもんいん
正応4(1291)年〜?　[別]延子内親王《えんしないしんのう,のぶこないしんのう》
鎌倉時代後期の女性。伏見天皇の皇女。
¶鎌室,諸系,女性,新潮,人名,日人

円融天皇 えんゆうてんのう
天徳3(959)年〜正暦2(991)年
平安時代中期の第64代の天皇(在位969〜984)。
¶朝日([生]天徳3年3月2日(959年4月12日)　[没]正暦2年2月12日(991年3月1日)),岩史([生]天徳3(959)年3月2日　[没]正暦2(991)年2月12日),角史,京都,京都大,国史,国書([生]天徳3(959)年3月2日　[没]正暦2(991)年2月12日),古史,古中,コン改,コン4,史人([生]959年3月2日　[没]991年2月12日),重要([生]天徳3(959)年3月2日),諸系,新潮([生]天徳3(959)年3月2日　[没]正暦2(991)年2月12日),人名,姓氏京都,世人,全書,大百,日史([生]天徳3(959)年3月2日　[没]正暦2(991)年2月12日),日人,百科,仏教([生]康保4(967)年9月1日　[没]正暦2(991)年2月12日),平史,歴大,和俳([生]天徳3(959)年3月2日)

【お】

雄朝津間稚子宿禰尊 おあさつまわくごのすくねのみこと
→允恭天皇(いんぎょうてんのう)

小姉君(小姉の君) おあねのきみ
→蘇我小姉君(そがのおあねのきみ)

負古郎女 おいこのいらつめ
生没年不詳
飛鳥時代の女性。聖徳太子の妃。蘇我馬子の娘。
¶女性

生石真人 おいしのまひと
[別]生石真人《おおしのまひと》,生石村主真人《おいしのすぐりまひと》
奈良時代の官人。
¶人名(おおしのまひと),日人(生没年不詳),万葉(生石村主真人　おいしのすぐりまひと)

小石姫皇女 おいしひめのおうじょ
生没年不詳　[別]小石姫皇女《おいしひめのみこ,こいしひめのこうじょ》
飛鳥時代の女性。欽明天皇の妃。
¶古代(おいしひめのみこ),女性(こいしひめのこうじょ),日人

小石姫皇女 おいしひめのみこ
→小石姫皇女(おいしひめのおうじょ)

応胤親王 おういんしんのう
→応胤入道親王(おういんにゅうどうしんのう)

応胤入道親王 おういんにゅうどうしんのう
*〜慶長3(1598)年5月17日　[別]応胤《おういん》,応胤親王《おういんしんのう》,応胤法親王《おういんほうしんのう》
戦国時代〜安土桃山時代の伏見宮貞敦親王の第5王子。
¶国書(応胤親王　おういんしんのう　[生]大永1(1521)年9月26日),人名(応胤法親王　おういんほうしんのう　[生]1531年),日人([生]1531年),仏教(応胤　おういん　[生]?)

応胤法親王 おういんほうしんのう
→応胤入道親王(おういんにゅうどうしんのう)

王氏 おうし
平安時代中期の女性。参議従三位十世王の王女、宇多天皇の後宮。
¶人名,日人(生没年不詳)

璜子内親王 おうしないしんのう
→章徳門院（しょうとくもんいん）

応神天皇 おうじんてんのう
362年？ ～394年？ [別]誉田別尊《ほむたわけのみこと,ほんだわけのみこと》，胎中天皇《たいちゅうてんのう》
上代の第15代の天皇。
¶朝日（生没年不詳），岩史，大阪人，角史，京都府，国史，古史，古代，古中，コン改（生没年不詳），コン4（生没年不詳），詩歌，史人，重要（生没年不詳），諸系，神史，新潮，人名，姓氏京都，世人（生没年不詳），世百，全書，大百，伝記，日史，日人，百科，兵庫百，歴大（生没年不詳）

小碓尊（小碓命） おうすのみこと
→日本武尊（やまとたけるのみこと）

応善女王 おうぜんじょおう
文明8（1476）年～明応6（1497）年 [別]安禅寺宮《あんぜんじのみや》
戦国時代の女性。後土御門天皇の第3皇女。
¶女性（安禅寺宮　あんぜんじのみや [生]文明8（1476）年5月24日 [没]明応6（1497）年6月11日），人名，日人

王女御の母 おうにょうごのはは
→藤原仁善子（ふじわらのにぜこ）

応仁 おうにん
？ ～仁平3（1153）年
平安時代後期の後三条天皇皇孫、三品輔仁親王の王子。
¶人名，日人

淡海公 おうみこう
→藤原不比等（ふじわらのふひと）

淡海三船 おうみのみふね
養老6（722）年～延暦4（785）年7月17日 [別]淡海三船《おうみみふね》,淡海真人三船《おうみのまひとみふね》
奈良時代の貴族、文人。池辺王の子で弘文天皇の曾孫にあたる。「唐大和上東征伝」の著者。
¶朝日（[没]延暦4年7月17日（785年8月26日）），岩史，角史，国史，国書（おうみみふね），古史，古代（淡海真人三船　おうみのまひとみふね），古中，コン改（[生]養老5（721）年），コン4（[生]養老5（721）年），埼玉人，詩歌，史人，重要（[没]延暦4（785）年7月14日），諸系，新潮，人名，姓氏愛知，世人，世百，全書，大百，伝記，日音，日史，日人，百科，仏教，万葉（淡海真人三船　おうみのまひとみふね），歴大，和俳

大海人皇子 おおあまのおうじ
→天武天皇（てんむてんのう）

大海人皇子 おおあまのみこ
→天武天皇（てんむてんのう）

大炊王 おおいおう
→淳仁天皇（じゅんにんてんのう）

大市女王 おおいちのじょおう
生没年不詳
奈良時代の女官（内命婦）。系譜不詳。
¶女性

大井内親王 おおいないしんのう
？ ～貞観7（865）年 [別]大井内親王《おおいのないしんのう》
平安時代前期の女性。桓武天皇の皇女。
¶女性（おおいのないしんのう [没]貞観7（865）年11月），人名（おおいのないしんのう），日人，平史

大炊御門（家名） おおいのみかど
→大炊御門（おおいみかど）

大井媛 おおいひめ
→世襲足媛（よそたらしひめ）

大炊御門家信 おおいみかどいえこと
文政1（1818）年～明治18（1885）年 [別]大炊御門家信《おおいのみかどいえのぶ》
江戸時代末期～明治期の公家（右大臣）。右大臣大炊御門経久の次男。
¶朝日（[生]文政1年6月8日（1818年7月10日） [没]明治18（1885）年8月30日），維新，公卿（おおいのみかどいえのぶ [生]文政1（1818）年6月8日 [没]明治18（1885）年8月），公家（家信〔大炊御門家〕　いえこと [生]文政1（1818）年6月8日 [没]明治18（1885）年8月30日），諸系，日人，幕末（[没]1885年8月30日）

大炊御門家孝 おおいみかどいえたか
延享4（1747）年1月25日～寛政11（1799）年 [別]大炊御門家孝《おおいのみかどいえたか》
江戸時代中期の公家（右大臣）。内大臣大炊御門経秀の子。
¶公卿（おおいのみかどいえたか [没]寛政11（1798）年5月13日），公家（家孝〔大炊御門家〕　いえたか [没]寛政11（1799）年5月13日），国書（[没]寛政11（1799）年5月13日），諸系，人名，日人

大炊御門家嗣 おおいみかどいえつぐ
建久8（1197）年～文永8（1271）年 [別]大炊御門家嗣《おおいのみかどいえつぐ》
鎌倉時代前期の公卿（内大臣）。右大臣大炊御門師経の子。
¶鎌室，公卿（おおいのみかどいえつぐ [没]文永8（1271）年7月8日），公家（家嗣〔大炊御門家〕　いえつぐ [没]文永8（1271）年7月8日），諸系，人名，日人

大炊御門家信(1) おおいみかどいえのぶ
正和5（1316）年～？ [別]大炊御門家信《おおいのみかどいえのぶ》
南北朝時代の公卿（権大納言）。内大臣大炊御門冬氏の三男。
¶公卿（おおいのみかどいえのぶ　生没年不詳），公家（家信〔大炊御門家（絶家）〕　いえのぶ），国書

お

大炊御門家信(2) おおいみかどいえのぶ
→大炊御門家信（おおいみかどいえこと）

大炊御門氏忠 おおいみかどうじただ
乾元1（1302）年～？　　劂大炊御門氏忠《おおいのみかどうじただ》
鎌倉時代後期～南北朝時代の公卿（権大納言）。内大臣大炊御門冬氏の長男。
¶公卿（おおいのみかどうじただ　生没年不詳），公家（氏忠〔大炊御門家〕　うじただ），国書

大炊御門嗣雄 おおいみかどつぐお
？　～正中2（1325）年10月23日　劂大炊御門嗣雄《おおいのみかどつぐお》
鎌倉時代後期の公卿（非参議）。太政大臣大炊御門信嗣の次男。
¶公卿（おおいのみかどつぐお），公家（嗣雄〔大炊御門家〕　つぐお）

大炊御門経音 おおいみかどつねおと
天和2（1682）年12月7日～正徳4（1714）年4月23日　劂大炊御門経音《おおいのみかどつねおと，おおいみかどつねなり》
江戸時代中期の公家（権大納言）。左大臣大炊御門経光の子。
¶公卿（おおいのみかどつねおと），公家（経音〔大炊御門家〕　つねおと），国書（おおいみかどつねなり）

大炊御門経孝 おおいみかどつねたか
慶長18（1613）年12月14日～天和2（1682）年　劂大炊御門経孝《おおいのみかどつねたか》
江戸時代前期の公卿（左大臣）。権大納言大炊御門経頼の次男。
¶公卿（おおいのみかどつねたか　嫂天和2（1682）年6月26日），公家（経孝〔大炊御門家〕つねたか　嫂天和2（1682）年6月26日），諸系（劂1614年），人名，日人（劂1614年）

大炊御門経名 おおいみかどつねな
文明12（1480）年～天文22（1553）年　劂大炊御門経名《おおいのみかどつねな》
戦国時代の公卿（右大臣）。内大臣大炊御門信量の子。
¶公卿（おおいのみかどつねな　嫂天文22（1553）年3月24日），公家（経名〔大炊御門家〕　つねな　嫂天文22（1553）年3月24日），諸系，人名，戦人（嫂？），日人

大炊御門経尚 おおいみかどつねなお
文化2（1805）年3月21日～文政5（1822）年4月7日　劂大炊御門経尚《おおいのみかどつねなお》
江戸時代後期の公家（非参議）。右大臣大炊御門経久の長男。
¶公卿（おおいのみかどつねなお），公家（経尚〔大炊御門家〕　つねなお）

大炊御門経音 おおいみかどつねなり
→大炊御門経音（おおいみかどつねおと）

大炊御門経久 おおいみかどつねひさ
天明1（1781）年9月16日～安政6（1859）年7月10日

劂大炊御門経久《おおいのみかどつねひさ》
江戸時代後期の公家（右大臣）。右大臣大炊御門家孝の子。
¶公卿（おおいのみかどつねひさ），公家（経久〔大炊御門家〕　つねひさ）

大炊御門経秀 おおいみかどつねひで
正徳1（1711）年3月1日～宝暦2（1752）年11月15日　劂大炊御門経秀《おおいのみかどつねひで》
江戸時代中期の公家（内大臣）。権大納言大炊御門経音の子。
¶公卿（おおいのみかどつねひで），公家（経秀〔大炊御門家〕　つねひで）

大炊御門経光 おおいみかどつねみつ
寛永15（1638）年8月8日～宝永1（1704）年9月6日　劂大炊御門経光《おおいのみかどつねみつ》
江戸時代前期～中期の公家（左大臣）。左大臣大炊御門経孝の子。
¶公卿（おおいのみかどつねみつ），公家（経光〔大炊御門家〕　つねみつ），国書，諸系，人名，日人

大炊御門経宗 おおいみかどつねむね
→藤原経宗（ふじわらのつねむね）

大炊御門経頼 おおいみかどつねより
弘治1（1555）年～元和3（1617）年7月18日　劂大炊御門経頼《おおいのみかどつねより》
安土桃山時代～江戸時代前期の公家（権大納言）。権大納言中山孝親の次男。
¶公卿（おおいのみかどつねより），公家（経頼〔大炊御門家〕　つねより），戦人

大炊御門信量 おおいみかどのぶかず
嘉吉2（1442）年～長享1（1487）年　劂大炊御門信量《おおいのみかどのぶかず》
室町時代～戦国時代の公卿（右大臣）。右大臣三条実量の子。
¶公卿（おおいのみかどのぶかず　嫂長享1（1487）年8月4日），公家（信量〔大炊御門家〕のぶかず　嫂長享1（1487）年8月4日），国書（嫂長享1（1487）年8月4日），諸系，人名，日人

大炊御門信嗣 おおいみかどのぶつぐ
嘉禎2（1236）年～応長1（1311）年3月20日　劂大炊御門信嗣《おおいのみかどのぶつぐ》
鎌倉時代の公卿（太政大臣）。内大臣大炊御門冬忠の長男。
¶鎌室，公卿（おおいのみかどのぶつぐ），公家（信嗣〔大炊御門家〕　のぶつぐ），国書，諸系，人名，日人

大炊御門信経 おおいみかどのぶつね
正平10/文和4（1355）年～？　　劂大炊御門信経《おおいのみかどのぶつね》
南北朝時代～室町時代の公卿（権大納言）。内大臣大炊御門冬信の次男。
¶公卿（おおいのみかどのぶつね），公家（信経〔大炊御門家（絶家）〕　のぶつね）

大炊御門信宗 おおいみかどのぶむね
元中8/明徳2(1391)年～？　[別]大炊御門信宗《おおいのみかどのぶむね》
室町時代の公卿(内大臣)。内大臣大炊御門宗氏の子。
¶公卿(おおいのみかどのぶむね)，公家(信宗〔大炊御門家〕　のぶむね)

大炊御門冬氏 おおいみかどふゆうじ
弘安5(1282)年～元亨4(1324)年　[別]大炊御門冬氏《おおいのみかどふゆうじ》
鎌倉時代後期の公卿(内大臣)。大納言大炊御門良宗の子。
¶鎌室，公卿(おおいのみかどふゆうじ　[没]正中1(1324)年8月16日)，公家(冬氏〔大炊御門家〕　ふゆうじ　[没]元亨4(1324)年8月17日)，諸系，人名，日人

大炊御門冬輔 おおいみかどふゆすけ
[別]大炊御門冬輔《おおいのみかどふゆすけ》
鎌倉時代前期の公卿(権中納言)。内大臣大炊御門冬忠の次男。
¶公卿(おおいのみかどふゆすけ　生没年不詳)，公家(冬輔〔大炊御門家〕　ふゆすけ)

大炊御門冬忠 おおいみかどふゆただ
建保6(1218)年～文永5(1268)年9月9日　[別]大炊御門冬忠《おおいのみかどふゆただ》
鎌倉時代前期の公卿(内大臣)。内大臣大炊御門家嗣の子。
¶公卿(おおいのみかどふゆただ)，公家(冬忠〔大炊御門家〕　ふゆただ)，国書，諸系，人名，日人

大炊御門冬信 おおいみかどふゆのぶ
延慶2(1309)年～正平5/観応1(1350)年6月28日　[別]大炊御門冬信《おおいのみかどふゆのぶ》
鎌倉時代後期～南北朝時代の公卿(内大臣)。内大臣大炊御門冬氏の次男。
¶公卿(おおいのみかどふゆのぶ)，公家(冬信〔大炊御門家〕　ふゆのぶ)，国書，諸系，人名([生]1308年)，日人

大炊御門冬宗 おおいみかどふゆむね
延文2/正平12(1357)年～応永12(1405)年5月5日　[別]大炊御門冬宗《おおいのみかどふゆむね》
南北朝時代～室町時代の公卿(権大納言)。内大臣大炊御門冬信の三男。
¶公卿(おおいのみかどふゆむね)，公家(冬宗〔大炊御門家〕　ふゆむね)

大炊御門宗氏 おおいみかどむねうじ
天授1/永和1(1375)年～応永28(1421)年　[別]大炊御門宗氏《おおいのみかどむねうじ》
南北朝時代～室町時代の公卿(内大臣)。権大納言大炊御門冬宗の子。
¶公卿(おおいのみかどむねうじ　[没]応永28(1421)年4月6日)，公家(宗氏〔大炊御門家〕　むねうじ　[没]応永28(1421)年4月6日)，諸系，人名，日人

大炊御門宗実 おおいみかどむねざね
興国4/康永2(1343)年～応永12(1405)年5月5日　[別]大炊御門宗実《おおいのみかどむねざね》
南北朝時代～室町時代の公卿(権大納言)。内大臣大炊御門冬信の長男。
¶公卿(おおいのみかどむねざね)，公家(宗実〔大炊御門家〕　むねざね)，国書

大炊御門師経 おおいみかどもろつね
安元1(1175)年～正元1(1259)年　[別]大炊御門師経《おおいのみかどもろつね》，藤原師経《ふじわらのもろつね》
鎌倉時代前期の公卿(右大臣)。左大臣藤原経宗の次男。
¶朝日(藤原師経　ふじわらのもろつね　[生]安元2(1176)年　[没]正元1年1月15日(1259年2月8日))，鎌室，公卿(おおいのみかどもろつね　[没]正元1(1259)年8月15日)，公家(師経〔大炊御門家〕　もろつね　[没]正元1(1259)年8月15日)，諸系，新潮([没]正元1(1259)年1月15日)，人名，日人，平史(藤原師経　ふじわらのもろつね　[生]？　[没]1177年)

大炊御門良宗 おおいみかどよしむね
文応1(1260)年～徳治2(1307)年8月23日　[別]大炊御門良宗《おおいのみかどよしむね》
鎌倉時代後期の公卿(大納言)。太政大臣大炊御門信嗣の長男。
¶公卿(おおいのみかどよしむね)，公家(良宗〔大炊御門家〕　よしむね)，国書

大炊御門頼国 おおいみかどよりくに
天正5(1577)年～慶長18(1613)年　[別]大炊御門頼国《おおいのみかどよりくに》
安土桃山時代～江戸時代前期の公家(非参議)。権大納言大炊御門経頼の長男。
¶公卿(おおいのみかどよりくに　[没]慶長18(1613)年5月)，公家(頼国〔大炊御門家〕　よりくに　[没]慶長18(1613)年5月)，諸系，人名，戦人，日人

大炊御門頼実 おおいみかどよりざね
久寿2(1155)年～嘉禄1(1225)年　[別]大炊御門頼実《おおいのみかどよりざね》，藤原頼実《ふじわらのよりざね》
平安時代後期～鎌倉時代前期の歌人・公卿(太政大臣)。大炊御門家の祖。左大臣藤原経宗の長男。
¶朝日([没]嘉禄1年7月5日(1225年8月10日))，鎌室，京都大([生]久安5(1149)年)，公卿(おおいのみかどよりざね　[没]嘉禄1(1225)年7月5日)，公家(頼実〔大炊御門家〕　よりざね　[没]嘉禄1(1225)年7月5日)，国書([没]嘉禄1(1225)年7月5日)，コン改(藤原頼実　ふじわらのよりざね)，コン4(藤原頼実　ふじわらのよりざね)，諸系，新潮([没]嘉禄1(1225)年7月5日)，人名([生]1149年)，人名(藤原頼実　ふじわらのよりざね)，姓氏京都，日人，平史(藤原頼実　ふじわらのよりざね　[生]1165年)

大郎子皇子(大郎皇子) おおいらつこのおうじ
[別]大郎子皇子《おおいらつこのみこ》，大郎皇子

《おおいらつこのおうじ》
上代の継体天皇の皇子。
¶古代（おおいらつこのみこ），日人（大郎皇子　生没年不詳）

大郎子皇子 おおいらつこのみこ
→大郎子皇子（おおいらつこのおうじ）

大入杵命 おおいりきのみこと
上代の崇神天皇の皇子。
¶人名，日人

大碓皇子 おおうすのおうじ
→大碓皇子（おおうすのみこ）

大碓皇子 おおうすのみこ
[別]大碓皇子《おおうすのおうじ》，大碓命《おおうすのみこと》
上代の景行天皇の皇子。
¶朝日，古代，コン改，コン4，諸系（おおうすのおうじ），新潮，人名（大碓命　おおうすのみこと），日人（おおうすのおうじ）

大碓命 おおうすのみこと
→大碓皇子（おおうすのみこ）

大江磐代 おおえいわしろ
延享1（1744）年～文化9（1812）年12月9日
江戸時代中期～後期の女性。光格天皇の生母、閑院宮典仁親王の女房。
¶朝日（[没]文化9年12月9日（1813年1月11日）），近世，国史，コン改，コン4，史人，女性，新潮，人名，鳥取百，日人（[没]1813年），和俳

大江朝綱 おおえのあさつな
仁和2（886）年～天徳1（957）年12月28日　[別]後江相公《のちのごうしょうこう》，大江朝綱《おおえあさつな》，朝綱《あさつな》
平安時代中期の書家、公卿（正四位下・参議）。参議大江音人の孫。
¶朝日（[没]天徳1年12月28日（958年1月20日）），岩史，角史，公卿（おおえあさつな），国史，国書（おおえあさつな），古史，古中，コン改，コン4，詩歌，史人，諸系（[没]958年），新潮，人名，姓氏京都，世人，世百，全書，大百，日史，日人（[没]958年），百科，平史，歴大（おおえあさつな），和俳

大兄去来穂別尊 おおえのいざほわけのみこと
→履中天皇（りちゅうてんのう）

大江皇女 おおえのおうじょ
→大江皇女（おおえのひめみこ）

大江音人 おおえのおとひと
→大江音人（おおえのおとんど）

大江音人 おおえのおとんど
弘仁2（811）年～元慶1（877）年　[別]大江音人《おおえおとひと，おおえおとんど》，大江朝臣音人《おおえのあそんおとひと》
平安時代前期の公卿（参議）。大江家の祖。平城天皇の曽孫。
¶朝日（[没]元慶1年11月3日（877年12月11日）），角史，公卿（おおえおとひと　[没]元慶1（877）年11月3日），国史，国書（おおえおとんど　[没]元慶1（877）年11月3日），古史，古代（大江朝臣音人　おおえのあそんおとひと），古中，コン改，コン4，詩歌，史人（[没]877年11月3日），諸系，新潮（[没]元慶1（877）年11月3日），人名，姓氏京都，世人（[没]元慶1（877）年11月3日），世百，全書，日史（[没]元慶1（877）年11月3日），日人，百科，平史，歴大（おおえおとんど），和俳（[没]元慶1（877）年11月3日）

大江景理 おおえのかげまさ
応和2（962）年～長元1（1028）年
平安時代中期の衛門府官人。
¶平史（生没年不詳），和歌山人

大江公朝 おおえのきみとも
→大江公朝（おおえのきんとも）

大江公仲 おおえのきみなか
→大江公仲（おおえのきんなか）

大江公資 おおえのきみより
→大江公資（おおえのきんより）

大江清通 おおえのきよみち
生没年不詳
平安時代中期の官人。藤原道長の家司的存在。
¶平史

大江公景 おおえのきんかげ
生没年不詳　[別]大江公景《おおえきんかげ》
平安時代後期～鎌倉時代前期の歌人。
¶国書（おおえきんかげ），平史

大江公資 おおえのきんすけ
→大江公資（おおえのきんより）

大江公朝 おおえのきんとも
生没年不詳　[別]大江公朝《おおえきみとも，おおえきんとも，おおえのきみとも》
平安時代後期～鎌倉時代前期の検非違使。後白河院の北面の臣。
¶朝日，鎌室（おおえきみとも），京都大（おおえのきみとも），新潮，姓氏京都（おおえきんとも），日人，平史（[没]1199年）

大江公仲 おおえのきんなか
生没年不詳　[別]大江公仲《おおえのきみなか》
平安時代後期の官人。
¶京都（おおえのきみなか），京都大（おおえのきみなか），姓氏京都（おおえのきみなか），平史

大江公資 おおえのきんより
？～長暦4（1040）年　[別]大江公資《おおえきみより，おおえきんより，おおえのきんすけ》
平安時代中期の官吏、歌人。
¶国書（おおえきんより　生没年不詳），静岡百（おおえきみより），静岡歴（おおえきみより），諸系，日人，平史（おおえのきんすけ）

大江皇女　おおえのこうじょ
→大江皇女（おおえのひめみこ）

大江維時　おおえのこれとき
仁和4（888）年～応和3（963）年6月7日　[別]江納言《ごうなごん》，大江維時《おおえこれとき》
平安時代中期の学者、公卿（中納言）。参議大江音人の孫。
¶朝日（[没]応和3年6月7日（963年6月30日）），角史，公卿（おおえこれとき），国史，国書（おおえこれとき），古史，古中，コン改，コン4，詩歌，史人，諸系，新潮，人名，世人，全書，大百（[生]889年），日史，日人，百科，平史，歴大（おおえこれとき），和俳

大江維順　おおえのこれのぶ
生没年不詳
平安時代後期の肥後国司。
¶諸系，人名，日人，平史

大江維光　おおえのこれみつ
生没年不詳
平安時代後期の官吏、学者。
¶諸系，日人，平史

大江定経　おおえのさだつね
生没年不詳
平安時代中期の官人。
¶平史

大江定基　おおえのさだもと
→寂照（じゃくしょう）

大江重房　おおえのしげふさ
？　～正応5（1292）年3月12日　[別]大江重房《おおえしげふさ》
鎌倉時代後期の公卿（非参議）。文章博士大江信房の子。
¶公卿（おおえしげふさ），公家（重房〔北小路家〕　しげふさ）

大江重光　おおえのしげみつ
？　～寛弘7（1010）年
平安時代中期の官吏。
¶諸系，日人

大江佐国　おおえのすけくに
生没年不詳　[別]大江佐国《おおえすけくに》
平安時代後期の漢詩人。
¶朝日，国史，国書（おおえすけくに），古中，史人，諸系，新潮，人名，日人，平史，和俳

大江澄明　おおえのすみあきら
？　～天暦4（950）年　[別]大江澄明《おおえすみあきら》
平安時代中期の詩人。
¶国書（おおえすみあきら　[没]天暦4（950）年7月），詩歌，平史，和俳

大江隆兼　おおえのたかかね
？　～康和4（1102）年　[別]大江隆兼《おおえたかかね》
平安時代後期の学者。
¶国書（おおえたかかね　[没]康和4（1102）年閏5月4日），諸系，人名，日人

大江挙周（大江拳周）　おおえのたかちか
？　～永承1（1046）年　[別]大江挙周《おおえたかちか》
平安時代中期の学者、漢詩人。
¶朝日（[没]永承1（1046）年6月），国史，国書（おおえたかちか　[没]永承1（1046）年6月），古史（大江拳周），古中，コン4，史人（[没]1046年6月），諸系，新潮（[没]永承1（1046）年6月），人名，日人，平史，和俳（[没]永承1（1046）年6月）

大江斉光　おおえのただみつ
承平4（934）年～永延1（987）年　[別]大江斉光《おおえなりみつ》
平安時代中期の公卿（参議）。参議大江音人の曽孫。
¶公卿（おおえなりみつ　[没]永延1（987）年11月6日），諸系，日人，平史

大江玉淵　おおえのたまふち
生没年不詳
平安時代前期の官人。平城天皇4世の後胤。
¶平史

大江為政　おおえのためまさ
生没年不詳　[別]大江為政《おおえためまさ》
平安時代中期の歌人。
¶国書（おおえためまさ）

大江為基　おおえのためもと
生没年不詳　[別]大江為基《おおえためもと》
平安時代中期の歌人。
¶国書（おおえためもと），平史

大江親通　おおえのちかみち
？　～仁平1（1151）年　[別]大江親通《おおえちかみち》
平安時代後期の貴族。「七大寺巡礼私記」著者。
¶国書（おおえちかみち　[没]仁平1（1151）年10月15日），人名，日人，仏教（[没]仁平1（1151）年10月15日），平史

大江千里　おおえのちさと
生没年不詳　[別]大江千里《おおえちさと》，大江朝臣千里《おおえのあそんちさと》
平安時代前期～中期の歌人、学者。
¶朝日，国史，国書（おおえちさと），古代（大江朝臣千里　おおえのあそんちさと），古中，コン改，コン4，詩歌，史人，諸系，新潮，人名，姓氏京都，世人，全書（[生]850年？　[没]905年？），日史，日人，百科，平史，歴大，和俳

大江千古　おおえのちふる
貞観8（866）年～延長2（924）年　[別]大江千古《おおえちふる》
平安時代中期の伊予国司。
¶国書（おおえちふる　[生]？　[没]延長2（924）年5月29日），古史，諸系，人名（[生]？），日人，平史

大江時棟 おおえのときむね
生没年不詳　[別]大江時棟《おおえときむね》
平安時代中期の学者、漢詩人。
¶国書（おおえときむね），コン改，コン4，諸系，新潮，人名，日人，平史，和俳

大江俊常 おおえのとしつね
天明1（1781）年12月26日～嘉永6（1853）年12月29日　[別]大江俊常《おおえとしつね》，北小路俊常《きたのこうじとしつね》
江戸時代後期の公家（非参議）。実は左馬頭大江俊幹の子。
¶公卿（おおえとしつね），公家（俊常〔北小路家〕　としつね），国書（北小路俊常　きたのこうじとしつね）

大江俊芳 おおえのとしよし
元禄12（1699）年～明和8（1771）年9月6日　[別]大江俊芳《おおえとしよし》
江戸時代中期の公家（非参議・二条家諸大夫）。父は正四位下丹波守北小路俊恒。明和4年従三位に叙される。
¶公卿（おおえとしよし），公家（俊芳〔二条家諸大夫 北小路家（大江氏）〕　としよし）

大江斉光 おおえのなりみつ
→大江斉光（おおえのただみつ）

大江皇女 おおえのひめみこ
？～文武天皇3（699）年　[別]大江皇女《おおえのおうじょ，おおえのこうじょ》
飛鳥時代の女性。天武天皇の妃。天智天皇の皇女。
¶朝日（[没]文武3年12月3日（699年12月29日）），古代，コン改，コン4，女性（おおえのこうじょ　[没]文武3（699）年12月3日），人名（おおえのこうじょ），日人（おおえのおうじょ）

大江広経 おおえのひろつね
生没年不詳　[別]大江広経《おおえひろつね》
平安時代中期～後期の歌人。
¶国書（おおえひろつね），平史

大江広元 おおえのひろもと
久安4（1148）年～嘉禄1（1225）年　[別]大江広元《おおえひろもと》，中原広元《なかはらひろもと》
平安時代後期～鎌倉時代前期の御家人、公文所別当、政所別当。
¶朝日（[没]嘉禄1年6月10日（1225年7月16日）），岩史（[没]嘉禄1（1225）年6月10日），角史，神奈川人，神奈川百（おおえひろもと），鎌倉，鎌室（おおえひろもと），郷土神奈川，京都大，国史，国書（おおえひろもと　[没]嘉禄1（1225）年6月10日），古中，コン改，コン4，史人（[没]1225年6月10日），重要（[没]嘉禄1（1225）年6月10日），諸系，新潮（[没]嘉禄1（1225）年6月10日），人名，姓氏神奈川（おおえひろもと），姓氏京都，世人（[没]嘉禄1（1225）年6月10日），世百，全書，大百，伝記，日史（[没]嘉禄1（1225）年6月10日），日人，百科，平史，歴大

大江正武 おおえのまさたけ
明和7（1770）年～寛政7（1795）年2月24日　[別]大江正武《おおえまさたけ》
江戸時代中期～後期の公家。
¶国書（おおえまさたけ）

大江正言 おおえのまさとき
生没年不詳　[別]大江正言《おおえまさとき》
平安時代中期の歌人。
¶国書（おおえまさとき），平史

大江匡範 おおえのまさのり
保延6（1140）年～建仁3（1203）年　[別]大江匡範《おおえまさのり》
平安時代後期～鎌倉時代前期の官吏。
¶国書（おおえまさのり　[没]建仁3（1203）年8月14日），諸系，日人，平史

大江匡衡 おおえのまさひら
天暦6（952）年～長和1（1012）年　[別]大江匡衡《おおえまさひら》
平安時代中期の学者、官人。一条天皇の持読。
¶愛知百（おおえまさひら　[没]1012年7月16日），朝日（[没]長和1年7月16日（1012年8月6日）），岩史（[没]寛弘9（1012）年7月16日），角史，京都，京都大，国史，国書（おおえまさひら　[没]寛弘9（1012）年7月16日），古史，古中，コン改，コン4，詩歌，史人（[没]1012年7月16日），諸系，新潮（[没]長和1（1012）年7月16日），人名，姓氏愛知（おおえまさひら），姓氏京都，世人（[没]長和1（1012）年7月16日），世百，全書，大百，日史（[生]天暦7（953）年　[没]長和1（1012）年7月16日），日人，百科（[生]天暦7（953）年），平史，歴大，和俳（[没]長和1（1012）年7月16日）

大江匡房 おおえのまさふさ
長久2（1041）年～天永2（1111）年　[別]江帥《ごうそつ》，大江匡房《おおえまさふさ》
平安時代中期～後期の学者、歌人、公卿（権中納言）。参議大江音人の裔。
¶朝日（[没]天永2年11月5日（1111年12月7日）），岩史（[没]天永2（1111）年11月5日），角史，神奈川百（おおえまさふさ），鎌倉，京都，郷土神奈川，京都大，公卿（おおえまさふさ　[没]天永2（1111）年11月5日），国史，国書（おおえまさふさ　[没]天永2（1111）年11月5日），古史，古中，コン改，コン4，詩歌，史人（[没]1111年11月5日），重要，諸系，人書79，人書94（おおえまさふさ），新潮（[没]天永2（1111）年11月5日），新文，人名，姓氏京都，世人（[没]天永2（1111）年11月5日），世百，全書，大百，伝記，日史（[没]天永2（1111）年11月5日），日人，百科，福岡百（[没]天永2（1111）年11月5日），仏教（[没]天永2（1111）年11月5日），文学，平史，歴大，和俳（[没]天永2（1111）年11月5日）

大江雅致 おおえのまさむね
生没年不詳
平安時代中期の官人。
¶平史

大江通国 おおえのみちくに
永承4（1049）年～天永3（1112）年
平安時代中期～後期の官人。

¶平史

大江通直 おおえのみちなお
生没年不詳
平安時代中期の官人。
¶平史

大江通理 おおえのみちまさ
生没年不詳
平安時代中期の官人。
¶平史

大江以言 おおえのもちとき
天暦9(955)年～寛弘7(1010)年　㋹大江以言《おおえのゆきとき，おおえゆきとき》
平安時代中期の学者。
¶朝日(㋳寛弘7年7月24日(1010年9月5日))，国史，国書(おおえゆきとき)　㋳寛弘7(1010)年7月24日)，古中，コン改，コン4，詩歌，史人(㋳1010年7月24日)，諸系，新潮，㋳寛弘7(1010)年7月24日)，人名，姓氏京都，世人(㋺天暦9(955)年?)，日史(㋳寛弘7(1010)年7月24日)，日人，百科，平史，歴大(おおえのゆきとき)，和俳

大枝本主 おおえのもとぬし
生没年不詳
平安時代前期の貴族。平城天皇の孫、阿保親王の子ともいわれる。
¶姓氏京都

大江行重 おおえのゆきしげ
生没年不詳　㋹大江行重《おおえゆきしげ》
平安時代後期の歌人。
¶国書(おおえゆきしげ)

大江以言 おおえのゆきとき
→大江以言(おおえのもとぬし)

大江嘉言 おおえのよしとき
㋹大江嘉言《おおえよしとき》
平安時代中期の歌人。
¶朝日(㋳?　㋳寛弘7(1010)年?)，国書(生没年不詳)，古中(生没年不詳)，史人(㋳?　㋳1009年?)，諸系(生没年不詳)，人書94(おおえよしとき　㋺960年頃　㋳1010年)，新潮(生没年不詳)，日人(生没年不詳)，平史(生没年不詳)，和俳(㋺天徳4(960)年頃　㋳寛弘7(1010)年)

大春日雄継 おおかすがのおつぐ
延暦9(790)年～貞観10(868)年　㋹大春日朝臣雄継《おおかすがのあそんおつぐ》
平安時代前期の明経博士。
¶古代(大春日朝臣雄継　おおかすがのあそんおつぐ)，日人，平史

大春日浄足 おおかすがのきよたり
生没年不詳
奈良時代～平安時代前期の官人。
¶平史

大春日栄種 おおかすがのひでたね
生没年不詳
平安時代中期の暦博士。
¶平史

大春日真野麻呂 おおかすがのまのまろ
生没年不詳　㋹大春日朝臣真野麻呂《おおかすがのあそんまのまろ》
平安時代前期の暦学者。
¶朝日，国史，古代(大春日朝臣真野麻呂　おおかすがのあそんまのまろ)，古中，コン4，史人，新潮，日人，平史

大春日師範 おおかすがのもろのり
生没年不詳　㋹大春日師範《おおかすがもろのり》
平安時代中期の歌人。
¶国書(おおかすがもろのり)，平史

大神良臣 おおがのよしおみ
→大神良臣(おおみわのよしおみ)

意富芸多志比売 おおぎたしひめ
上代の女性。用明天皇妃。
¶古代，日人(生没年不詳)

大使之第二男 おおきつかいのおとご
奈良時代の官人。阿倍朝臣継麻呂の次男。
¶万葉

大吉備津日子命(大吉備津彦命)　おおきびつひこのみこと
→吉備津彦命(きびつひこのみこと)

大吉備諸進命 おおきびのもろすすみのみこと
上代の「古事記」にみえる孝安天皇の皇子。
¶日人

正親町院 おおぎまちいん
建保1(1213)年～弘安8(1285)年　㋹覚子内親王《かくこないしんのう，かくしないしんのう》
鎌倉時代前期の女性。土御門天皇の第1皇女。
¶鎌室，女性(㋳弘安8(1285)年8月23日)，人名(㋺1214年)，日人

正親町公蔭 おおぎまちきみかげ
→正親町公蔭(おおぎまちきんかげ)

正親町公兼 おおぎまちきみかね
→正親町公兼(おおぎまちきんかね)

正親町公叙 おおぎまちきみのぶ
→正親町公叙(おおぎまちきんのぶ)

正親町公明 おおぎまちきんあき
延享1(1744)年3月25日～文化10(1813)年10月13日
江戸時代中期～後期の公家(権大納言)。権大納言正親町実連の子、母は内大臣広幡豊忠の娘。
¶朝日(㋺延享1年3月25日(1744年5月7日)　㋳文化10年10月13日(1813年11月5日))，岩史，近世，公卿，公家(公明[正親町家]　きんあきら)，国史，国書，コン改，コン4，史人，諸系，新潮，人名，世人，日人，歴大

正親町公蔭 おおぎまちきんかげ
正応5(1297)年〜正平15/延文5(1360)年 [別]正親町公蔭《おおぎまちきみかげ》,藤原忠兼《ふじわらのただかね》
鎌倉時代後期〜南北朝時代の公卿(権大納言)。権大納言正親町実明の子。
¶公卿(おおぎまちきみかげ [没]延文5/正平15(1360)年10月19日),公家(公蔭〔正親町家〕 きんかげ [没]延文5(1360)年10月19日),国書([没]延文5(1360)年10月17日),諸系,新潟百(藤原忠兼 ふじわらのただかね),日人,北条

正親町公和 おおぎまちきんかず
明治14(1881)年10月14日〜昭和35(1960)年12月7日
明治〜昭和期の華族、小説家。初期「白樺」の編集発行人。
¶近文,小説,世紀,日人

正親町公兼 おおぎまちきんかね
享徳2(1453)年〜大永5(1525)年8月13日 [別]正親町公兼《おおぎまちきみかね》
戦国時代の公卿(権大納言)。権大納言正親町持季の子。
¶公卿,公家(公兼〔正親町家〕 きんかね),戦人(おおぎまちきみかね)

正親町公澄 おおぎまちきんずみ
永享2(1430)年〜文明2(1470)年11月4日
室町時代の公卿(権大納言)。権大納言裏辻実秀の末男。
¶公卿,公家(公澄〔正親町家〕 きんずみ),国書

正親町公董 おおぎまちきんただ
天保10(1839)年〜明治12(1879)年12月27日
江戸時代末期〜明治期の尊攘派公家。
¶維新,近現,国史,国書([生]天保10(1839)年1月24日),コン改,コン4,コン5,諸系,新潮([生]天保10(1839)年1月24日),人名([生]?),日人,幕末

正親町公連 おおぎまちきんつら
江戸時代前期の公家、狂歌の名手。
¶人名

正親町公叙 おおぎまちきんのぶ
永正11(1514)年8月16日〜天文18(1549)年8月7日 [別]正親町公叙《おおぎまちきみのぶ》
戦国時代の公卿(権大納言)。権大納言正親町実胤の子、母は内大臣三条西実隆の娘。
¶公卿,公家(公叙〔正親町家〕 きんのぶ),戦人(おおぎまちきみのぶ)

正親町公通 おおぎまちきんみち
承応2(1653)年閏6月26日〜享保18(1733)年
江戸時代前期〜中期の神道家、公家(権大納言)。権大納言正親町実豊の子、母は権中納言藤谷為賢の娘。
¶朝日([生]承応2年閏6月26日(1653年8月19日) [没]享保18年7月11日(1733年8月20日)),近世,公卿([没]享保18(1733)年7月12日),公家(公通〔正親町家〕 きんみち [没]享保18(1733)年7月12日),国史,国書([没]享保18(1733)年7月11日),コン改,コン4,史人([没]1733年7月11日),諸系,神史,神人([没]享保18(1733)年7月12日),新潮([没]享保18(1733)年7月11日),人名,姓氏京都,世人([没]享保18(1733)年7月12日),世百,全書,大百,日史([没]享保18(1733)年7月11日),日人,百科,和俳([没]享保18(1733)年7月11日)

正親町実明 おおぎまちさねあき
*〜正平6/観応2(1351)年1月17日
鎌倉時代後期〜南北朝時代の公卿(権大納言)。正親町家の祖。太政大臣洞院公守の次男。
¶公卿([生]文永7(1270)年),公家(実明〔正親町家〕 さねあき [生]1274年),北条([生]文永9(1272)年)

正親町実徳 おおぎまちさねあつ
文化11(1814)年9月29日〜明治29(1896)年10月31日
江戸時代末期〜明治期の公家(権大納言)。権大納言正親町実光の三男。
¶維新,公卿([没]明治29(1896)年10月),公家(実徳〔正親町家〕 さねあつ),国書,幕末

正親町実胤 おおぎまちさねたね
延徳2(1490)年〜永禄9(1566)年9月16日
戦国時代の公卿(権大納言)。権大納言正親町公兼の長男。
¶公卿,公家(実胤〔正親町家〕 さねたね),国書,戦人

正親町実垂 おおぎまちさねたる
元禄7(1694)年3月10日〜享保11(1726)年12月25日
江戸時代中期の公家。
¶国書

正親町実綱 おおぎまちさねつな
興国4/康永2(1343)年〜建徳1/応安3(1370)年1月23日
南北朝時代の公卿(権中納言)。権大納言正親町忠季の子。
¶公卿,公家(実綱〔正親町家〕 さねつな)

正親町実連 おおぎまちさねつら
享保5(1720)年7月23日〜享和2(1802)年9月29日
江戸時代中期〜後期の公家(権大納言)。権大納言正親町公通の末子。
¶公卿,公家(実連〔正親町家〕 さねつら),国書

正親町実豊 おおぎまちさねとよ
元和5(1619)年12月8日〜元禄16(1703)年2月3日
江戸時代前期〜中期の公家(権大納言)。参議正親町季俊の子、母は従五位下越前守源勝盛の娘。
¶公卿,公家(実豊〔正親町家〕 さねとよ),国書5

正親町実彦 おおぎまちさねひこ
→正親町季秀(おおぎまちすえひで)

正親町実秀 おおぎまちさねひで
元中5/嘉慶2 (1388) 年～永享4 (1432) 年　[別]裏辻実秀《うらつじさねひで》
室町時代の公卿。
¶鎌室，公卿 (裏辻実秀　うらつじさねひで　生没年不詳)，公家 (実秀〔正親町家〕　さねひで)，国書 ([没]永享4 (1432) 年6月)，諸系，人名，日人

正親町実文 おおぎまちさねふみ
生没年不詳
南北朝時代の公卿 (非参議)。権大納言正親町公蔭の次男。
¶公卿，公家 (実文〔正親町家〕　さねふみ)，北条

正親町実正 おおぎまちさねまさ
安政2 (1855) 年～大正12 (1923) 年
明治～大正期の官僚、政治家。宮内省御用掛、埼玉県知事。貴族院議員。10年度賞勲局総裁。伯爵。
¶朝日 ([生]安政2年6月7日 (1855年7月20日) [没]大正12 (1923) 年6月26日)，近現，国史，コン改，コン5，埼玉人 ([生]安政2 (1855) 年6月7日 [没]大正12 (1923) 年6月25日)，埼玉百，史人 ([生]1855年6月7日　[没]1923年6月25日)，諸系，新潮 ([生]安政2 (1855) 年6月7日　[没]大正12 (1923) 年6月25日)，人名，世紀 ([生]安政2 (1855) 年6月7日　[没]大正12 (1923) 年6月26日)，姓氏京都，日人

正親町実光 おおぎまちさねみつ
安永6 (1777) 年3月1日～文化14 (1817) 年11月22日
江戸時代後期の公家 (権大納言)。権大納言正親町公明の子、母は侍従治茂の養女。
¶公卿，公家 (実光〔正親町家〕　さねみつ)，国書

正親町三条公兄 おおぎまちさんじょうきみえ
→正親町三条公兄 (おおぎまちさんじょうきんえ)

正親町三条公仲 おおぎまちさんじょうきみなか
弘治3 (1557) 年4月20日～文禄3 (1594) 年6月26日　[別]正親町三条公仲《おおぎまちさんじょうきんなか》
安土桃山時代の公卿 (権中納言)。権中納言正親町三条実福の子。
¶公卿 (おおぎまちさんじょうきんなか)，公家 (公仲〔正親町三条家〕　きんなか)，戦人

正親町三条公明 おおぎまちさんじょうきんあき
弘安4 (1281) 年～延元1/建武3 (1336) 年9月11日　[別]三条公明《さんじょうきみあき，さんじょうきんあきら，さんじょうきんあき》
鎌倉時代後期～南北朝時代の公卿 (権大納言)。従二位・民部卿正親町三条実仲の長男、母は権中納言吉田経俊の娘。
¶朝日 (三条公明　さんじょうきみあき　[没]建武3/延元1年9月11日 (1336年10月16日))，鎌室 (三条公明　さんじょうきんあき)，公卿 ([生]弘安5 (1282) 年)，公家 (公明〔九条家 (絶家)〕　きんあき　[生]1282年)，国書 (三条公明　さんじょうきんあきら)，諸系，新潮 (三条公明　さんじょうきんあき)，日人

正親町三条公氏 おおぎまちさんじょうきんうじ
寿永1 (1182) 年～嘉禎3 (1237) 年　[別]三条公氏《さんじょうきんうじ》
鎌倉時代前期の公卿 (権大納言)。左大臣三条実房の三男。
¶公卿 ([没]嘉禎3 (1237) 年9月15日)，公家 (公氏〔正親町三条家〕　きんうじ　[没]嘉禎3 (1237) 年9月15日)，国書 (三条公氏　さんじょうきんうじ　[没]嘉禎3 (1237) 年9月15日)，諸系，人名 ([生]？)，日人

正親町三条公兄 おおぎまちさんじょうきんえ
明応3 (1494) 年～天正6 (1578) 年　[別]正親町三条公兄《おおぎまちさんじょうきみえ》
戦国時代～安土桃山時代の公卿 (内大臣)。内大臣正親町三条実望の長男。
¶公卿 ([没]天正6 (1578) 年1月20日)，公家 (公兄〔正親町三条家〕　きんけい　[没]天正6 (1578) 年1月20日)，国書 ([没]天正6 (1578) 年1月20日)，諸系，人名，戦辞 ([没]天正6年6月20日 (1578年7月24日))，戦人 (おおぎまちさんじょうきみえ)，日人

正親町三条公統 おおぎまちさんじょうきんおさ
寛文8 (1668) 年2月18日～享保4 (1719) 年8月16日
江戸時代中期の公家 (権大納言)。参議正親町三条実昭の三男。
¶公卿，公家 (公統〔正親町三条家〕　きんおさ)

正親町三条公高 おおぎまちさんじょうきんたか
元和5 (1619) 年8月27日～慶安1 (1648) 年9月28日
江戸時代前期の公家 (参議)。権大納言正親町三条実有の長男。
¶公卿，公家 (公高〔正親町三条家〕　きんたか)

正親町三条公綱(1) おおぎまちさんじょうきんつな
鎌倉時代後期～南北朝時代の公卿 (従三位，非参議)。中納言正親町三条実任の子。
¶公卿 (生没年不詳)，公家 (公綱〔三条家 (絶家) 2〕　きんつな)

正親町三条公綱(2) おおぎまちさんじょうきんつな
？　～文明3 (1471) 年閏8月10日
室町時代の公卿 (権大納言)。内大臣正親町三条実雅の子。
¶公卿，公家 (公綱〔正親町三条家〕　きんつな)，国書 ([生]応永29 (1422) 年)

正親町三条公積 (正親町三条公績) おおぎまちさんじょうきんつむ
享保6 (1721) 年～安永6 (1777) 年
江戸時代中期の公家 (権大納言)。左近衛権中将正親町三条実彦の子。
¶朝日 ([生]享保6年9月3日 (1721年10月23日) [没]安永6年6月2日 (1777年7月6日))，岩史 ([生]享保6 (1721) 年9月3日　[没]安永6 (1777) 年6月2日)，近世，公卿 ([生]享保6 (1721) 年9月3日 [没]安永6 (1777) 年6月2日)，公家 (公積〔正親町三条家〕　きんつむ　[生]享保6 (1721) 年9月3日

[没]安永6(1777)年6月2日), 国史, コン改, コン4, 史人([生]1721年9月3日 [没]1777年6月2日), 諸系, 神人(正親町三条公績), 新潮([生]享保6(1721)年9月3日 [没]安永6(1777)年6月2日), 人名, 姓氏京都, 日人, 歴大

お

正親町三条公豊 おおぎまちさんじょうきんとよ
元弘3/正慶2(1333)年～応永13(1406)年6月24日 [別]三条公豊《さんじょうきんとよ》
南北朝時代～室町時代の公卿(内大臣)。内大臣正親町三条実継の長男、母は権大納言正親町三条公明の娘。
¶公卿, 公家(公豊〔正親町三条家〕 きんとよ), 国書(三条公豊 さんじょうきんとよ), 諸系, 日人

正親町三条公仲 おおぎまちさんじょうきんなか
→正親町三条公仲(おおぎまちさんじょうきみなか)

正親町三条公貫 おおぎまちさんじょうきんぬき
暦仁1(1238)年～正和4(1315)年2月29日 [別]三条公貫《さんじょうきんつら》
鎌倉時代後期の公卿(権大納言)。参議正親町三条実藤の子。
¶公卿, 公家(公貫〔正親町三条家〕 きんつら), 国書(三条公貫 さんじょうきんつら)

正親町三条公則 おおぎまちさんじょうきんのり
安永3(1774)年6月16日～寛政12(1800)年9月1日
江戸時代中期～後期の公家(権中納言)。参議正親町三条実同の子。
¶公卿, 公家(公則〔正親町三条家〕 きんのり)

正親町三条公治 おおぎまちさんじょうきんはる
嘉吉1(1441)年～明応4(1495)年3月12日
室町時代～戦国時代の公卿(権大納言)。内大臣正親町三条実雅の次男。
¶公卿, 公家(公治〔正親町三条家〕 きんはる)

正親町三条公秀 おおぎまちさんじょうきんひで
弘安8(1285)年～正平18/貞治2(1363)年 [別]三条公秀《さんじょうきんひで》
鎌倉時代後期～南北朝時代の公卿(内大臣)。崇光院と後光厳院の祖。権大納言正親町三条実躬の子。
¶鎌室(三条公秀 さんじょうきんひで), 公卿([没]貞治3/正平19(1364)年8月2日), 公家(公秀〔正親町三条家〕 きんひで [没]1364年？・貞治2(1363)年8月2日？), 国書(三条公秀 さんじょうきんひで [没]貞治2(1363)年8月2日), 諸系, 日人

正親町三条公雅 おおぎまちさんじょうきんまさ
元中1/至徳1(1384)年～応永34(1427)年8月12日
室町時代の公卿(権大納言)。権大納言正親町三条実豊の子。
¶公卿, 公家(公雅〔正親町三条家〕 きんまさ), 国書, 諸系, 日人

正親町三条公躬 おおぎまちさんじょうきんみ
正応3(1290)年～興国3/康永1(1342)年4月11日
鎌倉時代後期～南北朝時代の公卿(従二位, 非参議)。従二位・民部卿正親町三条実仲の次男。
¶公卿, 公家(公躬〔正親町三条家〕 きんみ)

正親町三条公廉 おおぎまちさんじょうきんよし
慶安2(1649)年3月17日～寛文11(1671)年8月28日
江戸時代前期の公家(参議)。参議正親町三条実昭の長男、母は左中将為景の娘。
¶公卿, 公家(公廉〔正親町三条家〕 きんかど)

正親町三条公頼 おおぎまちさんじょうきんより
室町時代の公卿(参議)。准大臣正親町三条実音の次男。
¶公卿(生没年不詳), 公家(公頼〔三条家(絶家)3〕 きんより)

正親町三条実昭 おおぎまちさんじょうさねあき
寛永1(1624)年11月24日～寛文8(1668)年5月7日
江戸時代前期の公家(参議)。権大納言正親町三条実有の次男。
¶公卿, 公家(実昭〔正親町三条家〕 さねあき)

正親町三条実有 おおぎまちさんじょうさねあり
＊～寛永10(1633)年7月13日
江戸時代前期の公家(権大納言)。権中納言正親町三条公仲の子、母は権大納言勧修寺晴右の娘。
¶公卿([生]天正16(1588)年), 公家(実有〔正親町三条家〕 さねあり [生]1587年)

正親町三条実興 おおぎまちさんじょうさねおき
長禄1(1457)年～文明13(1481)年1月3日
室町時代～戦国時代の公卿(参議)。権大納言正親町三条公躬(のち公治)の子。
¶公卿, 公家(実興〔正親町三条家〕 さねおき)

正親町三条実音 おおぎまちさんじょうさねおと
→三条実音(さんじょうさねおと)

正親町三条実蔭 おおぎまちさんじょうさねかげ
＊～仁治2(1241)年5月5日
鎌倉時代前期の公卿(参議)。権大納言正親町三条公氏の子、母は権大納言藤原泰通の娘。
¶公卿([生]建仁1(1201)年), 公家(実蔭〔正親町三条家〕 さねかげ [生]？)

正親町三条実継 おおぎまちさんじょうさねつぐ
正和2(1313)年～元中5/嘉慶2(1388)年 [別]三条実継《さんじょうさねつぐ》
南北朝時代の公卿(内大臣)。内大臣正親町三条公秀の長男。
¶鎌室(三条実継 さんじょうさねつぐ [生]正和3(1314)年), 公卿([生]正和1(1312)年 [没]嘉慶2(1388)年6月24日), 公家(実継〔正親町三条家〕 さねつぐ [没]嘉慶2(1388)年6月24日), 国書(三条実継 さんじょうさねつぐ [没]嘉慶2(1388)年6月24日), 諸系, 日人

正親町三条実任 おおぎまちさんじょうさねとう
文永1(1264)年～延元3/暦応1(1338)年12月3日 [別]三条実任《さんじょうさねとう》
鎌倉時代後期～南北朝時代の公卿(中納言)。参議正親町三条実蔭の孫。
¶公卿, 公家(実任〔三条家(絶家)2〕 さねと

う), 国書(三条実任　さんじょうさねとう)

正親町三条実同　おおぎまちさんじょうさねどう
寛延1(1748)年9月3日～天明5(1785)年1月15日
江戸時代中期の公家(参議)。権大納言正親町三条公積の長男、母は権大納言三条西公福の娘。
¶公卿, 公家(実同〔正親町三条家〕　さねとも)

正親町三条実福　おおぎまちさんじょうさねとみ
天文5(1536)年～永禄11(1568)年1月25日
戦国時代の公卿(権中納言)。内大臣正親町三条公兄の次男。
¶公卿, 公家(実福〔正親町三条家〕　さねとみ), 戦人

正親町三条実豊　おおぎまちさんじょうさねとよ
？～応永11(1404)年4月10日　[別]三条実豊《さんじょうさねとよ》
南北朝時代～室町時代の公卿(権大納言)。権大納言正親町三条公豊の子。
¶公卿, 公家(実豊〔正親町三条家〕　さねとよ), 国書(三条実豊　さんじょうさねとよ)

正親町三条実仲　おおぎまちさんじょうさねなか
*～正平7/文和1(1352)年　[別]三条実仲《さんじょうさねなか》, 藤原実仲《ふじわらさねなか》
鎌倉時代後期の公卿(非参議)。権大納言正親町三条公貫の長男。
¶鎌室(三条実仲　さんじょうさねなか　[生]正嘉2(1258)年), 鎌室(藤原実仲　ふじわらさねなか　[生]正嘉1(1257)年　[没]？), 公卿([生]正嘉1(1257)年　[没]？), 公家(実仲〔九条家(絶家)〕　さねなか　[生]1257年　[没]文和1(1352)年9月21日), 諸系([生]1258年), 日人([生]1258年)

正親町三条実愛　おおぎまちさんじょうさねなる
文政3(1820)年12月5日～明治42(1909)年10月20日　[別]嵯峨実愛《さがさねなる》
江戸時代末期～明治期の公家(大納言)。参議正親町三条実義の子、母は松平丹波守光年の娘。後に嵯峨氏に改姓。
¶朝日([生]文政3年12月5日(1821年1月8日)), 維新(嵯峨実愛　さがさねなる), 京都大, 近現, 近世, 公卿, 公家(実愛〔正親町三条家〕　さねなる), 国史, 国書(嵯峨実愛　さがさねなる), コン改, コン4, コン5, 史人, 諸系([生]1821年), 神人(嵯峨実愛　さがさねなる), 新潮([生]文政3(1820)年12月15日), 人名(嵯峨実愛　さがさねなる), 姓氏京都, 世人, 日人([生]1821年), 幕末(嵯峨実愛　さがさねなる)

正親町三条実治　おおぎまちさんじょうさねはる
*～正平8/文和2(1353)年
鎌倉時代後期～南北朝時代の公卿(権中納言)。従二位・民部卿正親町三条実仲の三男。
¶公卿([生]正応4(1291)年　[没]文和2/正平8(1353)年5月17日), 公家(実治〔九条家(絶家)〕　さねはる　[生]1292年　[没]文和2(1353)年5月19日)

正親町三条実久　おおぎまちさんじょうさねひさ
明暦2(1656)年6月21日～元禄8(1695)年11月11日
江戸時代前期～中期の公家(権中納言)。参議正親町三条実昭の次男。
¶公卿, 公家(実久〔正親町三条家〕　さねひさ)

正親町三条実雅　おおぎまちさんじょうさねまさ
応永16(1409)年～応仁1(1467)年9月3日　[別]三条実雅《さんじょうさねまさ》
室町時代の公卿(内大臣)。権大納言正親町三条公雅の子。
¶朝日([没]応仁1年9月3日(1467年10月1日)), 鎌室(三条実雅　さんじょうさねまさ), 公卿, 公家(実雅〔正親町三条家〕　さねまさ), 国書(おうぎまちさんじょうさねまさ), 諸系, 新潮, 人名(三条実雅　さんじょうさねまさ), 日人

正親町三条実躬　おおぎまちさんじょうさねみ
文永1(1264)年～？　[別]三条実躬《さんじょうさねみ》
鎌倉時代後期の公卿(権大納言)。権大納言正親町三条公貫の三男、母は中納言藤原為経の娘。
¶朝日(三条実躬　さんじょうさねみ), 公卿, 公家(実躬〔正親町三条家〕　さねみ), 国書(三条実躬　さんじょうさねみ), 諸系, 日人

正親町三条実望　おおぎまちさんじょうさねもち
寛正4(1463)年～享禄3(1530)年　[別]三条実望《さんじょうさねもち》
戦国時代の公卿(内大臣)。内大臣正親町公治の次男。
¶公卿([没]享禄3(1530)年3月5日), 公家(実望〔正親町三条家〕　さねもち　[没]享禄3(1530)年3月), 静岡百(三条実望　さんじょうさねもち), 静岡歴(三条実望　さんじょうさねもち), 諸系, 姓氏静岡(三条実望　さんじょうさねもち), 戦辞, 戦人, 日人

正親町三条実義　おおぎまちさんじょうさねよし
寛政10(1798)年11月2日～文政3(1820)年6月4日
江戸時代後期の公家(参議)。権中納言正親町三条公則の長男、母は権大納言勧修寺経逸の娘。
¶公卿, 公家(実義〔正親町三条家〕　さねよし)

正親町季俊　おおぎまちすえとし
天正14(1586)年9月18日～寛永2(1625)年11月29日
江戸時代前期の公家(参議)。権大納言正親町季秀の次男、母は権大納言烏丸光康の娘。
¶公卿, 公家(季俊〔正親町家〕　すえとし)

正親町季秀　おおぎまちすえひで
天文17(1548)年～慶長17(1612)年　[別]正親町実彦《おおぎまちさねひこ》
安土桃山時代～江戸時代前期の公家(権大納言)。権大納言庭田重保の次男、母は権大納言庭田重具の娘。
¶公卿([没]慶長17(1612)年7月1日), 公家(季秀〔正親町家〕　すえひで　[没]慶長17(1612)年7月1日), 諸系, 戦人(正親町実彦　おおぎまちさねひこ), 日人

正親町忠季 おおぎまちただすえ
元亨2(1322)年～正平21/貞治5(1366)年
南北朝時代の公卿(権大納言)。権大納言正親町公蔭の長男。
¶鎌室，公卿((没)貞治5(1366)年2月22日)，公家(忠季〔正親町家〕　ただすえ　(没)貞治5(1366)年2月22日)，国書((没)貞治5(1366)年2月22日)，諸系，日人，北条

正親町天皇 おおぎまちてんのう
永正14(1517)年～文禄2(1593)年　(別)正親町天皇《おうぎまちてんのう》
戦国時代～安土桃山時代の第106代の天皇(在位1557～1586)。
¶朝日((生)永正14年5月29日(1517年6月18日)　(没)文禄2年1月5日(1593年2月6日))，岩史((生)永正14(1517)年5月29日　(没)文禄2(1593)年1月5日)，角史，京都，京都大，近世，国史，国書((生)永正14(1517)年5月29日　(没)文禄2(1593)年1月5日)，古中，コン改，コン4，茶道，史人((生)1517年5月29日　(没)1593年1月5日)，重要((生)永正14(1517)年5月29日　(没)文禄2(1593)年1月5日)，諸系，新潮((生)永正14(1517)年5月29日　(没)文禄2(1593)年1月5日)，人名，姓氏京都，世人((生)永正14(1517)年5月29日　(没)文禄2(1593)年1月5日)，世百，全書，戦人，大百，日史((生)永正13(1516)年5月29日　(没)文禄2(1593)年1月5日)，日人，百科，歴大

正親町持季 おおぎまちもちすえ
応永22(1415)年～＊
室町時代の公卿(従一位・権大納言)。権仲納言正親町実綱の曾孫。
¶公卿((没)?)，公家(持季〔正親町家〕　もちすえ　(没)文明4(1472)年7月15日)

大草香皇子 おおくさかのおうじ
→大草香皇子(おおくさかのみこ)

大草香皇子 おおくさかのみこ
(別)大草香皇子《おおくさかおうじ，おおくさかのおうじ》
上代の仁徳天皇の皇子。
¶国史(おおくさかのおうじ)，古史(生没年不詳)，古代，古中(おおくさかのおうじ)，コン改(生没年不詳)，コン4(生没年不詳)，史人，諸系(おおくさかのおうじ)，新潮，世人(おおくさかおうじ)，日史(おおくさかのおうじ)，日人(おおくさかのおうじ)，百科

大伯皇女 おおくのおうじょ
→大伯皇女(おおくのひめみこ)

大伯皇女 おおくのこうじょ
→大伯皇女(おおくのひめみこ)

大伯皇女(大来皇女) おおくのひめみこ
斉明天皇7(661)年～大宝1(701)年　(別)大伯皇女《おおくのおうじょ，おおくのこうじょ，おおくのみこ》，大来皇女《おおくおうじょ》
飛鳥時代の女性。天武天皇の皇女。大津皇子の同母姉。
¶朝日((生)斉明7(661)年1月　(没)大宝1(701)年12月)，岡山百(大来皇女)，岡山歴((没)大宝1(701)年12月27日)，角史(大来皇女　おおくおうじょ)，国史(おおくのおうじょ)，古史，古代，古中(おおくのおうじょ)，コン改((生)斉明2(656)年)，コン4((生)斉明2(656)年)，詩歌(おおくのみこ)，史人((生)661年1月　(没)701年12月27日)，諸系(おおくのおうじょ　(没)702年)，女性(おおくのこうじょ　(生)斉明7(661)年1月　(没)大宝1(701)年12月27日)，人書94(大来皇女)，人情1((生)656年)，新潮((没)大宝1(701)年12月27日)，人名，世人(おおくのこうじょ)，全書，日史(おおくのおうじょ　(生)斉明7(661)年1月　(没)大宝1(701)年12月)，日人(おおくのおうじょ　(没)702年)，百科，万葉，歴大(おおくのおうじょ)，和俳

大伯皇女 おおくのみこ
→大伯皇女(おおくのひめみこ)

大蔵弼邦 おおくらのすけくに
?　～天元3(980)年
平安時代中期の外記局官人。
¶平史

大蔵春実 おおくらのはるざね
生没年不詳
平安時代中期の官人、武士。藤原純友の乱で活躍。
¶朝日，国史，古中，史人，新潮，日人，福岡百，平史

大蔵麻呂 おおくらのまろ
(別)大蔵忌寸麻呂《おおくらのいみきまろ》
奈良時代の官人。
¶古代(大蔵忌寸麻呂　おおくらのいみきまろ)，万葉(大蔵忌寸麻呂　おおくらのいみきまろ)

大蔵満高 おおくらのみつたか
生没年不詳
平安時代中期の官人。
¶平史

大河内顕雅 おおこうちあきまさ
→北畠顕雅(きたばたけあきまさ)

大河内稚子媛 おおこうちのわかこひめ
→大河内稚子媛(おおしかわちのわくごひめ)

大河内稚子媛 おおこうちのわくごひめ
→大河内稚子媛(おおしかわちのわくごひめ)

大河内頼房 おおこうちよりふさ
永正7(1510)年～弘治3(1557)年11月
戦国時代の公卿(権中納言)。前名は秀長。天文12年従三位に叙される。
¶公卿，公家(頼房〔北畠・木造・大河内家(絶家)〕　よりふさ)，日人

大斎院 おおさいいん
→選子内親王(せんしないしんのう)

大鷦鷯尊 おおささぎのみこと
→仁徳天皇(にんとくてんのう)

大沢久守 おおさわひさもり
永享2(1430)年～明応7(1498)年
室町時代～戦国時代の華道家。山科言国の雑掌。
¶国書([没]明応7(1498)年11月1日), 姓氏京都, 世人(生没年不詳), 全書, 大百, 日人

大海人皇子 おおしあまのおうじ
→天武天皇(てんむてんのう)

大河内稚子媛 おおしかわちのわくごひめ
[別]大河内稚子媛《おおこうちのわかこひめ,おおこうちのわくごひめ》
上代の女性。宣化天皇の妃。
¶女性(おおこうちのわくごひめ), 人名(おおこうちのわかこひめ), 日人(生没年不詳)

凡河内躬恒 おおしこうちのみつね
生没年不詳 [別]凡河内躬恒《おおしこうちみつね,おほしこうちのみつね》
平安時代前期～中期の歌人。三十六歌仙の一人。
¶朝日, 岩史, 角史, 京都, 京都大, 国史, 国書(おおしこうちみつね), 古史, 古中, コン改, コン4, 詩歌([生]859年 [没]907年), 史人, 重要, 新潮, 新文, 人名([生]859年 [没]907年), 姓氏京都, 世人, 世百([没]928年?), 全書([没]925年,(異説)926年), 大百([生]859年 [没]907年), 日史, 日人, 百科, 文学([生]859年 [没]907年), 平史, 山梨百(おほしこうちのみつね), 歴大, 和俳([生]貞観1(859)年)

路豊永 おおじとよなが
→路豊永(みちのとよなが)

生石真人 おおしのまひと
→生石真人(おいしのまひと)

大酢別皇子 おおすわけのおうじ
上代の「日本書紀」にみえる景行天皇の皇子。
¶日人

大曽色別命 おおそいろわけのみこと
上代の景行天皇の皇子。
¶人名, 日人

大田親王 おおたしんのう
延暦12(793)年～大同3(808)年
奈良時代～平安時代前期の桓武天皇の皇子。
¶日人, 平史

大谷智子 おおたにさとこ
明治39(1906)年9月1日～平成1(1989)年11月15日
大正～昭和期の女性。全日本仏教婦人会連盟会長、光華女子学園総裁。久邇宮邦彦王の3女。浄土真宗大谷派法王大谷光暢の妻。昭和天皇の皇后良子の妹。仏教音楽の創作にも尽力。
¶学校, 女性([生]明治39(1906)年9月), 女性普([生]明治39(1906)年9月), 世紀, 日人

大田皇女 おおたのおうじょ
→大田皇女(おおたのひめみこ)

大田皇女 おおたのこうじょ
→大田皇女(おおたのひめみこ)

大田皇女 おおたのひめみこ
生没年不詳 [別]大田皇女《おおたのおうじょ,おおたのこうじょ》
飛鳥時代の女性。天智天皇の皇女。
¶朝日([生]皇極3(644)年? [没]天智6(667)年以前), 国史(おおたのおうじょ), 古史, 古代, 古中(おおたのおうじょ), コン改([没]天智6(667)年), コン4([没]天智6(667)年), 史人, 諸系(おおたのおうじょ), 女性(おおたのこうじょ [没]天智6(667)年), 新潮, 人名(太田皇女 おおたのこうじょ), 日史(おおたのおうじょ), 日人(おおたのおうじょ), 百科

大足彦忍代別尊 おおたらしひこおしろわけのみこと
→景行天皇(けいこうてんのう)

邑知王 おおちのおおきみ
奈良時代の皇族。二品長親王の第七皇子。
¶万葉

大津皇子 おおつのおうじ
→大津皇子(おおつのみこ)

大津大浦 おおつのおおうら
? ～宝亀6(775)年 [別]大津連大浦《おおつのむらじおおうら》
奈良時代の陰陽家。
¶朝日([没]宝亀6年5月17日(775年6月19日)), 国史, 古史, 古代(大津連大浦 おおつのむらじおおうら), 古中, コン改, コン4, 史人([没]775年5月17日), 新潮([没]宝亀6(775)年5月17日), 人名, 世人, 日史([没]宝亀6(775)年5月17日), 日人, 百科, 歴大(大津連大浦 おおつのむらじおおうら)

大津首 おおつのおびと
生没年不詳 [別]大津連首《おおつのむらじおびと》
奈良時代の陰陽家。
¶朝日, 国史, 古代(大津連首 おおつのむらじおびと), 古中, 史人, 新潮, 人名, 世人, 日人, 歴大(大津連首 おおつのむらじおびと)

大津皇子 おおつのみこ
天智天皇2(663)年～朱鳥1(686)年 [別]大津皇子《おおつおうじ,おおつのおうじ》
飛鳥時代の天武天皇の第3皇子。
¶朝日([没]朱鳥1年10月3日(686年10月25日)), 岩史([没]朱鳥1(686)年10月3日), 角史(おおつおうじ), 郷土奈良, 国史(おおつのおうじ), 国書([没]朱鳥1(686)年10月3日), 古史, 古代, 古中(おおつのおうじ), コン改, コン4, 詩歌, 史人([没]686年10月3日), 重要(おおつのおうじ [没]朱鳥1(686)年10月3日), 諸系(おおつのおうじ), 新潮([没]朱鳥1(686)年10月3日), 新文([没]朱鳥1(686)年10月3日), 人名(おおつのおうじ), 世人(おおつのおうじ), 世百(おおつ

のおうじ），全書（おおつのおうじ），大百，日史（おおつのおうじ　㉜朱鳥1（686）年10月3日），日人（おおつのおうじ），百科，福岡百（㉜朱鳥1（686）年10月3日），文学，万葉，歴大（おおつのおうじ）

大塔宮 おおとうのみや
→護良親王（もりよししんのう）

大舎人部禰麿 おおとねりべのねまろ
→選子内親王（せんしないしんのう）

男大迹王 おおどのおう
→継体天皇（けいたいてんのう）

大伴東人 おおとものあずまひと
生没年不詳　㊕大伴宿禰東人《おおとものすくねあずまひと》
奈良時代の官人。
¶朝日，コン改，コン4，新潮，人名，日人，万葉（大伴宿禰東人　おおとものすくねあずまひと），和俳

大伴兄麻呂 おおとものあにまろ
㊕大伴宿弥兄麻呂《おおとものすくねあにまろ》
奈良時代の官人（参議）。右大臣大伴長徳の裔。
¶岐阜百（大伴宿弥兄麻呂　おおとものすくねあにまろ），公卿（生没年不詳）

大伴池主 おおとものいけぬし
生没年不詳　㊕大伴宿禰池主《おおとものすくねいけぬし》，大伴池主《おおともいけぬし》
奈良時代の官人。「万葉集」に多く歌を残す。
¶朝日，郷土福井，国史，国書（おおともいけぬし），古代（大伴宿禰池主　おおとものすくねいけぬし），古中，コン改，コン4，史人，新潮，人名，富山百，富山文，日史，日人，百科，万葉（大伴宿禰池主　おおとものすくねいけぬし），歴大，和俳

大伴稲公（大伴稲君） おおとものいなきみ，おおとものいなぎみ
生没年不詳　㊕大伴宿禰稲君《おおとものすくねいなきみ》
奈良時代の官人、歌人。
¶朝日，古代（大伴宿禰稲君　おおとものすくねいなきみ），コン改（おおとものいなぎみ），コン4（おおとものいなぎみ），史人，諸系，人名，日史，日人，百科，万葉（大伴宿禰稲君　おおとものすくねいなきみ），和俳

大伴今人 おおとものいまひと
生没年不詳　㊕大伴宿禰今人《おおとものすくねいまひと》
平安時代前期の官吏。
¶古代（大伴宿禰今人　おおとものすくねいまひと），庄内，日人，平史

大伴磐 おおとものいわ
生没年不詳　㊕大伴連磐《おおとものむらじいわ》
飛鳥時代の武将。
¶国史，古代（大伴連磐　おおとものむらじいわ），古中，コン改，コン4，史人，諸系，新潮，日人

大伴牛養 おおとものうしかい
？～天平感宝1（749）年　㊕大伴宿禰牛養《おおとものすくねうしかい》
奈良時代の官人（中納言）。大徳大伴咋子の孫。
¶朝日（㉜天平感宝1年閏5月29日（749年7月18日）），公卿（㉜天平21（749）年閏5月29日），古代（大伴宿禰牛養　おおとものすくねうしかい），コン改，コン4，諸系，人名，日人，万葉（大伴宿禰牛養　おおとものすくねうしかい）

大伴氏上 おおとものうじかみ
生没年不詳　㊕大伴氏上《おおともうじかみ》
平安時代前期の漢詩人。
¶国書（おおともうじかみ）

大伴馬飼 おおとものうまかい
→大伴長徳（おおとものながとこ）

大友皇子 おおとものおうじ
→弘文天皇（こうぶんてんのう）

大伴伯麻呂 おおとものおじまろ
養老2（718）年～延暦1（782）年　㊕大伴宿禰伯麻呂《おおとものすくねおじまろ》
奈良時代の官人（参議）。大徳大伴咋子の曽孫。
¶朝日（㉜延暦1年2月3日（782年3月21日）），公卿（㉜延暦1（782）年2月18日），古代（大伴宿禰伯麻呂　おおとものすくねおじまろ），諸系，日人，平史

大伴小手子 おおとものおてこ，おおとものおでこ
生没年不詳　㊕大伴連小手子《おおとものむらじおてこ》
飛鳥時代の女性。崇峻天皇の妃。
¶古代（大伴連小手子　おおとものむらじおてこ），諸系，女性（おおとものおでこ），日人

大伴弟麻呂（大伴乙麻呂） おおとものおとまろ
天平3（731）年～大同4（809）年　㊕大伴宿禰弟麻呂《おおとものすくねおとまろ》
奈良時代～平安時代前期の公卿（非参議）。大錦中位大伴吹負の曽孫。
¶朝日（㉜大同4年5月28日（809年7月14日）），公卿（大伴乙麻呂　㉜大同4（809）年5月），国史，古代（大伴宿禰弟麻呂　おおとものすくねおとまろ），古中，コン改，コン4，史人（㉜809年5月28日），諸系，新潮（㉜大同4（809）年5月28日），人名，世人（㉜大同4（809）年5月28日），日人，平史，宮城百

大伴像見 おおとものかたみ
㊕大伴宿禰像見《おおとものすくねかたみ》，大伴像見《おおともかたみ》
奈良時代の官吏。
¶国書（おおともかたみ　生没年不詳），人名，日人（生没年不詳），万葉（大伴宿禰像見　おおとものすくねかたみ）

大伴勝雄 おおとものかつお
宝亀7（776）年～＊　㊕伴勝雄《とものかつお》

奈良時代〜平安時代前期の官人。
¶角史（伴勝雄　とものかつお　[没]天長8（831）年），諸系（[没]832年），日人（[没]832年），平史（伴勝雄　とものかつお　[没]831年）

大伴潔足　おおとものきよたり
霊亀2（716）年〜延暦11（792）年　[別]大伴宿禰潔足《おおとものすくねきよたり》
奈良時代の官人（参議）。の右大臣大伴長徳系。
¶公卿（[没]延暦11（792）年10月29日），古代（大伴宿禰潔足　おおとものすくねきよたり），日人

大伴咋（大伴囓，大伴嚙）　おおとものくい
生没年不詳　[別]大伴連嚙《おおとものむらじくい》
飛鳥時代の豪族、武将。
¶国史，古史（大伴囓），古代（大伴連嚙　おおとものむらじくい），古中，コン改，コン4，史人，諸系，新潮，日史，日人，百科，歴大

大伴国道（大伴国通）　おおとものくにみち
神護景雲2（768）年〜天長5（828）年　[別]大伴国道《おおともくにみち》，大伴宿禰国道《おおとものすくねくにみち》，伴国道《とものくにみち，ばんくにみち》
奈良時代〜平安時代前期の公卿（参議）。中納言大伴家持の曽孫。
¶神奈川人（[生]767年），公卿（[没]天長5（828）年11月12日），国書（おおともくにみち　[没]天長5（828）年11月12日），古史（伴国道　とものくにみち），古代（大伴宿禰国道　おおとものすくねくにみち），諸系，人名（大伴国通），新潟百（伴国道　ばんくにみち），日人，平史（伴国道　とものくにみち）

大伴久米主　おおとものくめぬし
天平勝宝2（750）年〜弘仁1（810）年
奈良時代〜平安時代前期の官人。主税頭、民部少輔を歴任。
¶平史

大伴黒麻呂（大伴黒麿）　おおとものくろまろ
[別]大伴宿禰黒麻呂《おおとものすくねくろまろ》
奈良時代の官吏。
¶人名（大伴黒麿），日人（生没年不詳），万葉（大伴宿禰黒麻呂　おおとものすくねくろまろ）

大伴古慈斐（大伴古慈悲）　おおとものこしび，おおとものこじひ
持統9（695）年〜宝亀8（777）年　[別]大伴宿禰古慈悲《おおとものすくねこじひ》，大伴宿禰古慈斐《おおとものすくねこしび》
奈良時代の官人（従三位，非参議）。大徳大伴咋子の曽孫。
¶朝日（[没]宝亀8年8月19日（777年9月25日）），公卿（[生]大宝1（701）年　[没]宝亀8（777）年8月4日），高知人（おおとものこじひ），高知百（おおとものこじひ），国史，古史，古代（大伴宿禰古慈斐　おおとものすくねこしび），古中，コン改，コン4，史人（[没]777年8月19日），諸系，新潮（[没]宝亀8（777）年8月19日），人名，日史（おおとものこじひ　[没]宝亀8（777）年8月19日），日人，百科（おおとものこじひ），万葉（大伴宿禰古慈悲　おおとものすくねこじひ），歴大

大伴古麻呂（大伴胡麻呂）　おおとものこまろ
？〜天平宝字1（757）年　[別]大伴宿禰古麻呂《おおとものすくねこまろ》，大伴宿禰胡麻呂《おおとものすくねこまろ》
奈良時代の官人。遣唐副使。
¶朝日（[没]天平宝字1（757）年7月），国史，古代（大伴宿禰古麻呂　おおとものすくねこまろ），古中，コン改，コン4，史人（[没]757年7月4日？），諸系，新潮（[没]天平宝字1（757）年7月），人名，世人（[没]天平宝字1（757）年7月4日），日史（[没]天平宝字1（757）年7月），日人，百科，万葉（大伴宿禰胡麻呂　おおとものすくねこまろ），歴大

大伴子虫　おおとものこむし
[別]大伴宿禰子虫《おおとものすくねこむし》
奈良時代の官人。
¶古代（大伴宿禰子虫　おおとものすくねこむし），日人（生没年不詳）

大伴是成　おおとものこれなり
生没年不詳
平安時代前期の官人。
¶平史

大伴狭手彦　おおとものさでひこ，おおとものさてひこ
生没年不詳　[別]大伴佐堤比古郎子《おおとものさでひこのいらつこ》，大伴連狭手彦《おおとものむらじさてひこ》
飛鳥時代の武将。
¶岩史（おおとものさてひこ），国史（おおとものさてひこ），古史，古代（大伴連狭手彦　おおとものむらじさてひこ），古中（おおとものさてひこ），コン改，コン4，佐賀百，史人，諸系（おおとものさてひこ），新潮，人名，世人，全書（おおとものさてひこ），日史，日人（おおとものさてひこ），百科，万葉（大伴佐堤比古郎子　おおとものさでひこのいらつこ），歴大

大伴佐堤比古郎子　おおとものさでひこのいらつこ
→大伴狭手彦（おおとものさでひこ）

大伴宿奈麻呂（大伴宿奈麿）　おおとものすくなまろ
生没年不詳　[別]大伴宿禰宿奈麻呂《おおとものすくねすくなまろ》
奈良時代の官人、右大弁。
¶朝日，古代（大伴宿禰宿奈麻呂　おおとものすくねすくなまろ），コン改，コン4，諸系，新潮，人名（大伴宿奈麿），日史，日人，百科，万葉（大伴宿禰宿奈麻呂　おおとものすくねすくなまろ），和俳

大伴駿河麻呂（大伴駿河丸）　おおとものするがまろ
？〜宝亀7（776）年　[別]大伴宿禰駿河麻呂《おおとものすくねするがまろ》，大伴駿河丸《おおともするがまろ》
奈良時代の官人（参議）。右大臣大伴長徳の曽孫。
¶朝日（[没]宝亀7年7月7日（776年7月26日）），公卿（[没]宝亀7（776）年3月，（異説）7月5日），国史，国書（大伴駿河丸　おおともするがまろ

[没]宝亀7(776)年7月7日), 古代(大伴宿禰駿河麻呂　おおとものすくねするがまろ), 古中, コン改([没]宝亀7(776)年?), コン4([没]宝亀7(776)年?), 史人([没]776年7月7日), 諸系, 新潮([没]宝亀7(776)年7月7日), 世人, 日史([没]宝亀7(776)年7月7日), 日人, 万葉(大伴宿禰駿河麻呂　おおとものすくねするがまろ), 宮城百, 和俳([没]宝亀7(776)年7月7日)

大伴田主　おおとものたぬし
生没年不詳　[別]大伴宿禰田主《おおとものすくねたぬし》
奈良時代の歌人、旅人の弟。
¶古代(大伴宿禰田主　おおとものすくねたぬし), コン改, コン4, 諸系, 新潮, 人名, 日人, 万葉(大伴宿禰田主　おおとものすくねたぬし), 和俳

大伴旅人　おおとものたびと
天智4(665)年～天平3(731)年　[別]大伴宿禰旅人《おおとものすくねたびと》,大伴旅人《おおともたびと》
飛鳥時代～奈良時代の歌人、公卿(大納言)。右大臣大伴長徳の孫。万葉集に七十以上の歌を残す。
¶朝日([没]天平3年7月25日(731年8月31日)), 岩史([没]天平3(731)年7月25日), 角史, 公卿([没]天平3(731)年7月25日), 国史, 国書(おおともたびと　[没]天平3(731)年7月25日), 古史, 古代(大伴宿禰旅人　おおとものすくねたびと), 古中, コン改([生]?), コン4([生]?), 詩歌, 史人([没]731年7月25日), 重要([生]天智4(665)年?), 諸系, 人書94(おおともたびと), 新潮([没]天平3(731)年7月25日), 新文([没]天平3(731)年7月?), 人名, 世人([没]天平3(731)年7月25日), 世百, 全書, 大百, 伝記, 富山百([没]天平3(731)年7月), 日音, 日史([没]天平3(731)年7月25日), 日人, 百科, 兵庫百([生]天智4(665)年ごろ), 福岡百, 仏教([没]天平3(731)年7月25日), 文学, 万葉(大伴宿禰旅人　おおとものすくねたびと), 歴大, 和俳([没]天平3(731)年7月25日)

大伴千室　おおとものちむろ
[別]大伴宿禰千室《おおとものすくねちむろ》
奈良時代の歌人。
¶人名, 日人(生没年不詳), 万葉(大伴宿禰千室　おおとものすくねちむろ)

大伴継人　おおとものつぎひと
→大伴継人(おおとものつぐひと)

大伴継人　おおとものつぐひと
?　～延暦4(785)年　[別]大伴継人《おおとものつぎひと》,大伴宿禰継人《おおとものすくねつぐひと》
奈良時代の官人、左少弁。
¶朝日([没]延暦4年9月24日(785年10月31日)), 国史, 古代(大伴宿禰継人　おおとものすくねつぐひと), 古中, コン改(おおとものつぎひと), コン4(おおとものつぎひと), 史人([没]785年9月), 諸系, 新潮([没]延暦4(785)年9月), 人名(おおとものつぎひと), 姓氏京都, 日人

大伴積興　おおとものつみおき
延享4(1747)年～文政10(1827)年閏6月7日　[別]尾崎積興《おざきかずおき》
江戸時代中期～後期の公家(非参議・桂宮家諸大夫)。父は正五位下大炊権助尾崎正殖。
¶公卿, 公家(積興〔桂宮家諸大夫 尾崎家(大伴氏)〕　つみおき), 国書(尾崎積興　おざきかずおき　[生]延享4(1747)年11月23日)

大伴友国　おおとものともくに
?　～692年
飛鳥時代の官吏。
¶日人

大伴長徳　おおとものながとこ
?　～白雉2(651)年　[別]大伴馬飼《おおとものうまかい》,大伴連長徳《おおとものむらじながとこ》
飛鳥時代の公卿(右大臣)。大伴金村の曽孫。
¶朝日([没]白雉2(651)年7月?), 角史, 公卿([没]白雉2(651)年7月), 国史, 古史, 古代(大伴連長徳　おおとものむらじながとこ), 古中, コン改, コン4, 史人([没]651年7月), 諸系, 新潮([没]白雉2(651)年7月), 日史([没]白雉2(651)年7月), 日人, 百科, 万葉(大伴連長徳　おおとものむらじながとこ), 歴大

大伴糠手子　おおとものぬかてこ
生没年不詳　[別]大伴連糠手子《おおとものむらじぬかてこ》
飛鳥時代の豪族。
¶古代(大伴連糠手子　おおとものむらじぬかてこ), 諸系, 日人

大伴吹負　おおとものふけい
?　～天武天皇12(683)年　[別]大伴吹負《おおとものふけひ》,大伴連吹負《おおとものむらじふけい》
飛鳥時代の武将。壬申の乱で活躍。
¶朝日([没]天武12年8月5日(683年9月1日)), 角史, 国史, 古史, 古代(大伴連吹負　おおとものむらじふけい), 古中, コン改, コン4, 史人([没]683年8月5日), 諸系, 新潮([没]天武12(683)年8月5日), 人名(おおとものふけひ), 世人, 全書, 日史([没]天武12(683)年8月5日), 日人, 百科, 歴大

大伴吹負　おおとものふけひ
→大伴吹負(おおとものふけい)

大伴書持　おおとものふみもち
?　～天平18(746)年　[別]大伴宿禰書持《おおとものすくねふみもち》
奈良時代の官人。
¶朝日, 古代(大伴宿禰書持　おおとものすくねふみもち), コン改, コン4, 史人([没]746年9月), 諸系, 新潮, 人名, 富山文(おおとものみもち), 日人, 万葉(大伴宿禰書持　おおとものすくねふみもち), 和俳

大伴大夫　おおとものまえつきみ
奈良時代の万葉歌人。
¶万葉

大伴馬来田 おおとものまくだ，おおとものまくた；おおとものまぐた
？ ～天武天皇12（683）年　[別]大伴望陀《おおとものもちだ》，大伴連馬来田《おおとものむらじまくだ》
飛鳥時代の廷臣（大納言）。壬申の乱の功臣。
¶朝日（[没]天武12年6月3日（683年7月2日）），公卿（大伴望陀　おおとものもちだ　[没]天武12（683）年6月3日），国史，古史（おおとものまぐた），古代（大伴連馬来田　おおとものむらじまくだ），古中，コン改（おおとものまぐた），コン4，史人（おおとものまくた　[没]683年6月3日），諸系，新潮（[没]天武12（683）年6月3日），人名（おおとものまくた），日人

大伴益立 おおとものましたち
→大伴益立（おおとものますたて）

大伴益立 おおとものますたち
→大伴益立（おおとものますたて）

大伴益立 おおとものますたて
生没年不詳　[別]大伴益立《おおとものましたち，おおとものますたち》，大伴宿禰益立《おおとものすくねますたち》
奈良時代の武官、陸奥守。
¶朝日，古代（大伴宿禰益立　おおとものすくねますたち），コン改，コン4，史人，新潮，人名（おおとものましたち），日人（おおとものますたち），宮城百

大友皇子 おおとものみこ
→弘文天皇（こうぶんてんのう）

大伴道足 おおとものみちたり
生没年不詳　[別]大伴宿禰道足《おおとものすくねみちたり》，大伴宿祢道足《おおとものすくねみちたり》
奈良時代の官人（参議）。大徳大伴咋子の孫。
¶朝日，香川人（大伴宿祢道足　おおとものすくねみちたり），香川百（大伴宿祢道足　おおとものすくねみちたり），公卿（[没]天平13（741）年7月1日），国史，古代（大伴宿禰道足　おおとものすくねみちたり　[没]741年？），古中，コン改，コン4，史人（[没]741年？），諸系（[没]741年），新潮，人名（[没]741年），日人（[没]741年），万葉（大伴宿禰道足　おおとものすくねみちたり）

大伴三林 おおとものみつもと
→大伴三林（おおとものみはやし）

大伴三中 おおとものみなか
生没年不詳　[別]大伴宿禰三中《おおとものすくねみなか》
奈良時代の官人、万葉歌人。
¶朝日，コン改，コン4，人名，日人，万葉（大伴宿禰三中　おおとものすくねみなか），和俳

大伴三林 おおとものみはやし
[別]大伴三林《おおとものみつもと》，大伴宿禰三林《おおとものすくねみはやし》
奈良時代の歌人。
¶人名（おおとものみつもと），日人（生没年不詳），万葉（大伴宿禰三林　おおとものすくねみはやし）

大伴御行 おおとものみゆき
？ ～大宝1（701）年　[別]大伴宿禰御行《おおとものすくねみゆき》
飛鳥時代の廷臣（大納言）。右大臣大伴長徳の五男。
¶朝日（[没]大宝1年1月15日（701年2月27日）），公卿（[生]大化2（646）年　[没]大宝1（701）年1月15日），国史，古史，古代（大伴宿禰御行　おおとものすくねみゆき），古中，コン改，コン4，史人（[没]701年1月15日，（異説）1月16日），諸系，新潮（[没]大宝1（701）年1月16日），日史（[没]大宝1（701）年1月15日），日人，百科，万葉（大伴宿禰御行　おおとものすくねみゆき），歴大，和俳（[没]大宝1（701）年1月15日）

大伴三依 おおとものみより
？ ～宝亀5（774）年　[別]大伴宿禰三依《おおとものすくねみより》
奈良時代の歌人。
¶諸系，人名，日人，万葉（大伴宿禰三依　おおとものすくねみより）

大伴村上 おおとものむらかみ
[別]大伴宿禰村上《おおとものすくねむらかみ》
奈良時代の歌人。
¶人名，日人（生没年不詳），万葉（大伴宿禰村上　おおとものすくねむらかみ）

大伴望陀 おおとものもちだ
→大伴馬来田（おおとものまくだ）

大伴百世（大伴百代） おおとものももよ
生没年不詳　[別]大伴宿禰百代《おおとものすくねももよ》，大伴百世《おおとももももよ》
奈良時代の歌人。
¶国書（おおとももももよ），人名（大伴百代），日人，福岡百（大伴百代），万葉（大伴宿禰百代　おおとものすくねももよ）

大伴家持 おおとものやかもち
*～延暦4（785）年　[別]大伴家持《おおともやかもち》，大伴宿禰家持《おおとものすくねやかもち》，家持《やかもち》
奈良時代の歌人、官人（中納言）。右大臣大伴長徳の曽孫。万葉集の編者。
¶朝日（[生]？　[没]延暦4年8月28日（785年10月5日）），岩史（[生]養老2（718）年？　[没]延暦4（785）年8月28日），角史（[生]養老2（718）年？），神奈川人（[生]718年），公卿（[生]天平1（729）年　[没]延暦4（785）年8月），国史（[生]？），国書（おおともやかもち　[生]養老2（718）年　[没]延暦4（785）年8月28日），古史（[生]718年？），古代（大伴宿禰家持　おおとものすくねやかもち　[生]？），古中（[生]？），コン改（[生]？），コン4（[生]？），詩歌（[生]？），史人（[生]716年，（異説）717年，718年　[没]785年8月28日），重要（[生]養老2（718）年？　[没]延暦4（785）年8月28日），諸系（[生]718年），人書94

（おおともやかもち　㉵718年頃），新潮（㉵養老2 (718) 年？　㉸延暦4 (785) 年8月28日），新文（㉵？　㉸延暦4 (785) 年8月28日），人名（㉵718年），姓氏岩手（㉵718年？），姓氏京都（㉵718年？），姓氏富山（㉵718年？），姓氏宮城（㉵？），世人（㉵養老2 (718) 年？），世百（㉵718年），全書（717年，〔異説〕718年），大百（㉵718年），伝記（㉵716年），鳥取百（㉵？），富山百（㉵？　㉸延暦4 (785) 年8月28日），富山文（㉵養老2 (718) 年　㉸延暦4 (785) 年8月），日史（㉵？　㉸延暦4 (785) 年8月28日），日人（㉵718年），百科（㉵養老1 (717) 年），福岡百（㉵養老2 (718) 年　㉸延暦4 (785) 年8月28日），文学（㉵？），万葉（大伴宿禰家持　おおとものすくねやかもち），宮城百（㉵養老2 (718) 年？），歴大（㉵718年？），和俳（㉵霊亀2 (716) 年　㉸延暦4 (785) 年8月28日）

大部屋栖古　おおとものやすこ
㉛大部屋栖古連《おおとものやすこのむらじ》
飛鳥時代の大伴連の祖。
¶古代（大部屋栖古連　おおとものやすこのむらじ），日人

大伴安麻呂（大伴安麿）　おおとものやすまろ
？　〜和銅7 (714) 年　㉛大伴安麻呂《おおとものやすまろ》，大伴宿禰安麻呂《おおとものすくねやすまろ》
飛鳥時代の歌人，廷臣（大納言）。右大臣大伴長徳の六男。
¶朝日（㉸和銅7年5月1日 (714年6月17日)），公卿（㉸和銅7 (714) 年5月14日），国史，国書（大伴安麿　おおとものやすまろ　㉸和銅7 (714) 年5月1日），古代（大伴宿禰安麻呂　おおとものすくねやすまろ），古中，コン改，コン4，史人（㉸714年5月1日），諸系，新潮（㉸和銅7 (714) 年5月1日），世人（生没年不詳），日史（㉸和銅7 (714) 年5月1日），日人，百科，万葉，和俳（㉸和銅7 (714) 年5月1日）

大伴山守　おおとものやまもり
奈良時代の遣唐大使。
¶人名，日人（生没年不詳）

大中津日子命　おおなかつひこのみこと
上代の垂仁天皇の第4皇子。
¶人名

大中姫　おおなかつひめ
上代の女性。仲哀天皇の妃。
¶女性，人名，日人

大中姫命　おおなかつひめのみこと
上代の女性。垂仁天皇の第1皇女。
¶女性，人名，日人

大中臣逸志　おおなかとみのいつし
→中臣逸志（なかとみのいちし）

大中臣景忠　おおなかとみのかげただ
→藤波景忠（ふじなみかげただ）

大中臣蔭直　おおなかとみのかげなお
？　〜延元2/建武4 (1337) 年12月
鎌倉時代後期〜南北朝時代の神官（祭主・神祇大副）。
¶公卿，公家（蔭直〔大中臣家（絶家）4〕　かげなお），神人（㉵建治1 (1275) 年）

大中臣公長　おおなかとみのきみなが
→大中臣公長（おおなかとみのきんなが）

大中臣清国　おおなかとみのきよくに
室町時代の神官（神祇権大副・外造宮使）。
¶公卿（生没年不詳），公家（清国〔藤波家〕　きよくに）

大中臣清忠　おおなかとみのきよただ
？　〜文明1 (1469) 年　㉛藤波清忠《ふじなみきよただ》
室町時代〜戦国時代の神官祭主。
¶公卿（藤波清忠　ふじなみきよただ　生没年不詳），公家（清忠〔藤波家〕　きよただ），神人

大中臣清親　おおなかとみのきよちか
？　〜保元2 (1157) 年8月7日
平安時代後期の神官（祭主神祇大副）。神祇大副大中臣輔清の子。
¶公卿（㉸寛治1 (1087) 年），公家（清親〔大中臣家（絶家）1〕　きよちか），平史

大中臣清麻呂（大中臣清万呂）　おおなかとみのきよまろ
大宝2 (702) 年〜延暦7 (788) 年　㉛大中臣朝臣清麻呂《おおなかとみのあそんきよまろ》，中臣清麻呂《なかとみのきよまろ》，中臣清麿《なかとみのきよまろ》，中臣朝臣清麻呂《なかとみのあそみきよまろ》
奈良時代の官人（大納言）。大弁中臣呵多能古連の玄孫。
¶朝日（㉸延暦7年7月28日 (788年9月2日)），角史，公卿（㉸延暦7 (788) 年7月28日），国史，古史，古代（大中臣朝臣清麻呂　おおなかとみのあそみきよまろ），古中，コン改，コン4，史人（㉸788年7月28日），諸系，神人，新潮（㉸延暦7 (788) 年7月28日），人名（大中臣清万呂），世人，日史（㉸延暦7 (788) 年7月28日），日人，百科，万葉（中臣朝臣清麻呂　なかとみのあそみきよまろ），歴大（中臣清麻呂　なかとみのきよまろ），和俳（㉸延暦7 (788) 年7月28日）

大中臣公長　おおなかとみのきんなが
延久3 (1071) 年〜保延4 (1138) 年　㉛大中臣公長《おおなかとみきんなが，おおなかとみのきみなが》
平安時代後期の神官（祭主・神祇大副）。右大臣大中臣清麻呂の十一世の孫。
¶公卿（おおなかとみのきみなが　㉸保延4 (1138) 年9月14日），国書（おおなかとみきんなが　㉸保延4 (1138) 年9月14日），神人（おおなかとみのきみなが），平史

大中臣子老　おおなかとみのこおゆ
？　〜延暦8 (789) 年　㉛大中臣朝臣子老《おおなかとみのあそんこおゆ》

奈良時代の官人（神祇伯・参議）。大納言大中臣清麻呂の子か。
¶朝日（[没]延暦8年1月25日（789年2月24日）），公卿（[没]延暦8（789）年1月26日），古代（大中臣朝臣子老　おおなかとみのあそんこおゆ），諸系，神人（[没]延暦8（789）年1月），日人

大中臣伊忠 おおなかとみのこれただ
長禄2（1458）年～大永2（1522）年9月10日　[別]藤波伊忠《ふじなみよしただ》
室町時代～戦国時代の神宮祭主。
¶公卿（藤波伊忠　ふじなみよしただ　[生]応仁2（1468）年），公家（伊忠〔藤波家〕　これただ），神人

大中臣定忠 おおなかとみのさだただ
*～正和5（1316）年1月24日　[別]大中臣定忠《おおなかとみさだただ》
鎌倉時代後期の神官（祭主神祇大副）。祭主神祇大副非参議大中臣定世の子。
¶公卿（[生]？），公家（定忠〔藤波家〕　さだただ　[生]？），国書（おおなかとみさだただ　[生]文永9（1272）年），神人（[生]文永9（1272）年）

大中臣定世 おおなかとみのさだよ
？　～永仁5（1297）年12月13日
鎌倉時代後期の神官（祭主神祇大副）。祭主神祇権大副非参議大中臣隆世の子。
¶公卿，公家（定世〔藤波家〕　さだよ），神人（[生]宝治1（1247）年）

大中臣清世 おおなかとみのすがよ
*～応永16（1409）年　[別]藤波清世《ふじなみきよよ》
南北朝時代～室町時代の祭主（77代）。
¶公卿（藤波清世　ふじなみきよよ　[生]暦応4/興国2（1341）年　[没]応永16（1409）年11月5日），公家（清世〔藤波家〕　きよよ　[生]？　[没]応永16（1409）年11月），神人（[生]貞和1/興国6（1345）年）

大中臣輔親 おおなかとみのすけちか
天暦8（954）年～長暦2（1038）年　[別]大中臣輔親《おおなかとみすけちか》
平安時代中期の歌人、神官（祭主・神祇伯）。参議大中臣諸魚の弟今麿の裔。
¶朝日（[没]長暦2年6月22日（1038年7月26日）），公卿（[没]長暦2（1038）年6月），国史，国書（おおなかとみすけちか　[没]長暦2（1038）年6月22日），古中，コン改，コン4，史人（[没]1038年6月22日），諸系，神人，新潮（[没]長暦2（1038）年6月22日），人名，姓氏京都，全書，日史（[没]長暦2（1038）年6月22日），日人，百科，平史，和俳（[没]長暦2（1038）年6月22日）

大中臣隆蔭 おおなかとみのたかかげ
？　～弘安2（1279）年
鎌倉時代前期の神官（祭主神祇大副）。祭主神祇権大副非参議大中臣隆通の次男。
¶公卿（[没]弘安2（1279）年12月21日），公家（隆蔭〔大中臣家（絶家）4〕　たかかげ　[没]1362年？・弘安2（1279）年12月21日？），神人（[生]貞永1（1232）年）

大中臣隆実 おおなかとみのたかざね
*～建武2（1335）年1月23日　[別]大中臣隆実《おおなかとみたかざね》
鎌倉時代後期～南北朝時代の神官（祭主・神祇権大副）。祭主神祇大副非参議大中臣隆蔭の子。
¶公卿（[生]文永8（1271）年），公家（隆実〔大中臣家（絶家）4〕　たかざね　[生]？），国書（おおなかとみたかざね　[生]文永9（1272）年），神人（[生]文永9（1272）年）

大中臣隆直 おおなかとみのたかなお
？　～永仁6（1298）年12月25日
鎌倉時代後期の神官（祭主・神祇瓶大副）。祭主神祇大副非参議大中臣隆蔭の子、母は神祇権少副正四位下卜部兼頼宿禰の娘。
¶公卿，公家（隆直〔大中臣家（絶家）4〕　たかなお），神人（[生]宝治2（1248）年）

大中臣鷹主 おおなかとみのたかぬし
→中臣鷹主（なかとみのたかぬし）

大中臣隆通 おおなかとみのたかみち
承元2（1208）年～建長1（1249）年　[別]大中臣隆通《おおなかとみたかみち》
鎌倉時代前期の神官（祭主・神祇権大副）。
¶鎌室（おおなかとみたかみち），公卿（[没]建長1（1249）年8月30日），公家（隆通〔藤波家〕　たかみち　[没]建長1（1249）年8月30日），諸系，神人，日人

大中臣隆世 おおなかとみのたかよ
元仁1（1224）年～正元1（1259）年8月27日
鎌倉時代前期の神官（祭主・神祇権大副）。祭主神祇権大副非参議大中臣隆通の長男。
¶公卿，公家（隆世〔藤波家〕　たかよ），神人

大中臣忠直 おおなかとみのただなお
興国1/暦応3（1340）年～天授3/永和3（1377）年8月2日
南北朝時代の神官（神祇権大副）。祭主神祇大副非参議大中臣親忠の子か。
¶公卿，公家（忠直〔大中臣家（絶家）4〕　ただなお），神人

大中臣為継 おおなかとみのためつぐ
承久3（1221）年～徳治3（1308）年
鎌倉時代後期の神官（祭主・神祇大副）。祭主神祇権少副大中臣為仲の曽孫。
¶公卿（[没]徳治3（1308）年5月22日），公家（為継〔大中臣家（絶家）2〕　ためつぐ　[生]1221年？　[没]徳治3（1308）年6月），神人

大中臣親章 おおなかとみのちかあき
*～応保1（1161）年
平安時代後期の神官（祭主・神祇大副）。祭主神祇伯非参議大中臣親定の孫。
¶公卿（[生]？　[没]応保1（1161）年1月），公家（親章〔藤波家〕　ちかあき　[生]？　[没]永暦2（1161）年1月），神人（[生]康和5（1103）年），平史（[生]1103年）

大中臣親定　おおなかとみのちかさだ
長久4(1043)年～保安3(1122)年
平安時代後期の神官(祭主・神祇伯)。大中臣輔親の孫。
¶公卿([生]?　[没]保安3(1122)年2月28日)，神人，平史

大中臣親隆　おおなかとみのちかたか
長治2(1105)年～文治3(1187)年　[別]大中臣親隆《おおなかとみちかたか》,中臣親隆《なかとみちかたか》
平安時代後期の神官(祭主・神祇大副)。祭主神祇伯非参議大中臣親定の孫。
¶鎌室(おおなかとみちかたか)，公卿([生]長治1(1104)年　[没]?)，公家(親隆〔藤波家〕　ちかたか　[没]文治3(1187)年9月28日)，諸系，神人，新潮([没]文治3(1187)年9月29日)，日人，平史

大中臣親忠　おおなかとみのちかただ
永仁3(1295)年～観応3(1352)年
鎌倉時代後期～南北朝時代の神官(祭主・神祇大副)。祭主神祇大副非参議大中臣定忠の子。
¶公卿([没]観応2/正平6(1351)年)，公家(親忠〔藤波家〕　むつただ　[没]観応3(1352)年7月29日)，神人

大中臣親俊　おおなかとみのちかとし
天永2(1111)年～文治1(1185)年　[別]大中臣親俊《おおなかとみちかとし》
平安時代後期の神官(祭主神祇権大副)。祭主神祇伯非参議大中臣親定の孫。
¶公卿([生]?　[没]文治1(1185)年11月)，公家(親俊〔大中臣家(絶家)3〕　ちかとし　[生]?　[没]文治1(1185)年11月)，国書(おおなかとみちかとし　[没]文治1(1185)年11月9日)，神人，平史

大中臣親世　おおなかとみのちかよ
?　～弘和3/永徳3(1383)年
南北朝時代の神官(神祇権大副)。祭主神祇大副非参議大中臣親忠の子か。
¶公卿，公家(親世〔藤波家〕　むつよ)，神人([生]正和5(1316)年　[没]?)

大中臣敏忠　おおなかとみのとしただ
戦国時代の神官(神祇権大副)。
¶公卿(生没年不詳)，公家(敏忠〔藤波家〕　とし ただ)

大中臣朝忠　おおなかとみのともただ
→藤波朝忠(ふじなみともただ)

大中臣逸志　おおなかとみのはやし
→中臣逸志(なかとみのいちし)

大中臣秀忠　おおなかとみのひでただ
?　～延徳3(1491)年　[別]藤波秀忠《ふじなみひでただ》
室町時代～戦国時代の神宮祭主(非参議)。非参議藤波清忠の子。
¶公卿(藤波秀忠　ふじなみひでただ)，公家(秀忠〔藤波家〕　ひでただ)，神人([没]延徳3(1489)年)

大中臣通直　おおなかとみのみちなお
?　～正長1(1428)年4月20日
室町時代の神官(神祇大副)。
¶公卿，公家(通直〔大中臣家(絶家)4〕　みちなお)，神人([生]康暦1/天授5(1379)年)

大中臣宗直　おおなかとみのむねなお
?　～宝徳2(1450)年1月
室町時代の神官(神祇権大副・祭主・造内宮使)。
¶公卿，公家(宗直〔大中臣家(絶家)4〕　むねなお)，神人(生没年不詳)

大中臣基直　おおなかとみのもとなお
?　～明徳4(1393)年12月23日
南北朝時代の神官(神祇大副)。
¶公卿，公家(基直〔大中臣家(絶家)4〕　ともなお)，神人([生]貞治1/正平17(1363)年)

大中臣諸魚　おおなかとみのもろいお
→大中臣諸魚(おおなかとみのもろな)

大中臣諸魚　おおなかとみのもろうお
→大中臣諸魚(おおなかとみのもろな)

大中臣諸魚　おおなかとみのもろな
天平15(743)年～延暦16(797)年　[別]大中臣諸魚《おおなかとみのもろいお,おおなかとみのもろうお》,大中臣朝臣諸魚《おおなかとみのあそんもろうお》
奈良時代～平安時代前期の公卿(神祇伯・参議)。大納言大中臣清麻呂の四男、母は多治比某の娘。
¶朝日([没]延暦16年2月21日(797年3月23日))，公卿(おおなかとみのもろうお　[没]延暦16(797)年2月21日)，古代(大中臣朝臣諸魚　おおなかとみのあそんもろうお)，コン改，コン4，諸系，神人(おおなかとみのもろうお　[生]?)，新潮([没]延暦16(797)年2月21日)，人名，日史([没]延暦16(797)年2月21日)，日人，百科，平史(おおなかとみのもろいお)

大中臣能隆　おおなかとみのよしたか
久安2(1146)年～天福2(1234)年　[別]大中臣能隆《おおなかとみよしたか》,中臣能隆《なかとみよしたか》
平安時代後期～鎌倉時代前期の神官(祭主・神祇大副)。祭主神祇権大副非参議大中臣親俊の次男、母は正四位上神祇大副卜部兼支宿禰の娘。
¶鎌室(おおなかとみよしたか)，公卿([生]久安1(1145)年　[没]?)，公家(能隆〔藤波家〕　よしたか　[没]天福2(1234)年4月)，諸系，神人，新潮([没]文暦1(1234)年4月4日)，日人，平史

大二条関白　おおにじょうかんぱく
→藤原教通(ふじわらののりみち)

大蕤娘　おおぬのいらつめ
→石川大蕤娘(いしかわのおおぬのいらつめ)

多入鹿　おおのいるか
*～弘仁7(816)年　[別]多朝臣入鹿《おおのあそん

いるか》
奈良時代～平安時代前期の公卿（参議）。太安万侶の一族。
¶神奈川人（[生]757年），公卿（[生]天平宝字1（757）年　[没]？），古代（多朝臣入鹿　おおのあそんいるか　[生]759年），姓氏群馬（[生]759年），日人（[生]759年），平史（[生]757年　[没]？）

大野親王　おおのしんのう
→大徳親王（だいとこしんのう）

多修正　おおのながまさ
？～康保3（966）年
平安時代中期の官人。
¶平史

大野東人　おおののあずまひと，おおののあずまびと
？～天平14（742）年　[別]大野朝臣東人《おおののあそんあずまひと》，大野東人《おおのあずまひと，おおのあずまびと，おおのあずまんど，おおののあずまんど》
奈良時代の武将、官人（参議）。糺職大夫直広肆果安の子。
¶秋田百，朝日（[没]天平14年11月2日（742年12月3日）），岩手百（おおのあずまんど），大分歴（おおのあずまびと），角史，公卿（おおのあずまひと　[没]天平14（743）年11月11日），国史，古史，古代（大野朝臣東人　おおののあそんあずまひと），古中，コン改（おおののあずまんど），コン4（おおののあずまんど），史人（[没]742年11月2日），新潮（[没]天平14（742）年11月2日），人名（おおののあずまんど），姓氏岩手（おおのあずまんど　生没年不詳），姓氏宮城（おおののあずまんど　生没年不詳），世人（[没]天平14（742）年11月2日），世百，全書，日史（[没]天平14（742）年11月2日），日人，百科，福岡百（おおのあずまひと　[没]天平14（742）年11月2日），宮城百（おおののあずまんど　生没年不詳），山形百（おおのあずまんど），歴大

大野東人　おおののあずまんど
→大野東人（おおののあずまひと）

大野夏貞　おおののなつさだ
生没年不詳
平安時代前期の官人。
¶平史

大野真鷹　おおののまたか
延暦1（782）年～承和10（843）年　[別]大野朝臣真鷹《おおののあそんまたか》
平安時代前期の官人。
¶古代（大野朝臣真鷹　おおののあそんまたか　[生]773年），日人，平史

多人長　おおのひとなが
生没年不詳　[別]多朝臣人長《おおのあそんひとなが》
奈良時代～平安時代前期の官人、学者。
¶古代（多朝臣人長　おおのあそんひとなが），日人，平史

太安麻呂（太安万侶，太安万呂）　おおのやすまろ
？～養老7（723）年　[別]太朝臣安麻呂《おおのあそんやすまろ》
飛鳥時代～奈良時代の官人。「古事記」の編纂者。
¶朝日（太安万侶　[没]養老7年7月6日（723年8月11日）），岩史（太安万侶　[没]養老7（723）年7月6日？），角史（太安万侶），郷土奈良（太安万侶），国史，国書（[没]養老7（723）年7月6日），古史（太安万侶），古代（太朝臣安麻呂　おおのあそんやすまろ），古中，コン改（太安万侶），コン4（太安万侶），史人（[没]723年7月6日），重要（[没]養老7（723）年7月6日），神史，人情（太安万呂），神人（太安万侶　[没]養老7（723）年7月），新潮（[没]養老7（723）年7月6日），人名（太安万呂），世人（太安万侶　[没]養老7（723）年7月7日），世百，全書，大百，伝記（太安万呂），日史（[没]養老7（723）年7月6日），日人，百科，歴大（太安万侶）

多吉茂　おおのよしもち
承平4（934）年～長和4（1015）年
平安時代中期の衛府の官人。
¶平史

大葉枝皇子　おおはえのおうじ
上代の記・紀にみえる応神天皇の第7皇子。
¶日人

大庭王　おおばおう
？～弘仁9（818）年
奈良時代～平安時代前期の皇族？、官人（従四位上・刑部卿）。
¶姓氏群馬

大泊瀬幼武尊　おおはつせのわかたけのみこと
→雄略天皇（ゆうりゃくてんのう）

大原重明　おおはらしげあきら
明治16（1883）年12月3日～昭和36（1961）年2月20日
明治～昭和期の雅楽演奏家。神楽歌、披講など宮廷歌曲の伝承者。著書に「歌会の作法」など。
¶朝日，音人（[生]明治16年2月3日），新芸，世紀，日音，日人

大原重尹　おおはらしげただ
宝暦7（1757）年12月5日～文化2（1805）年5月29日
江戸時代中期～後期の公家（権中納言）。権中納言大原重度の子。
¶公卿，公家（重尹〔大原家〕　しげのぶ），国書

大原重度　おおはらしげたび
享保10（1725）年1月26日～寛政5（1793）年6月8日
江戸時代中期の公家（権中納言）。正三位大原栄敦の子。
¶公卿，公家（重度〔大原家〕　しげよし）

大原重徳　おおはらしげとみ
享和1（1801）年～明治12（1879）年4月1日
江戸時代末期～明治期の公家（権中納言）。右権中将・正三位大原重成の子。
¶朝日（[生]享和1年10月16日（1801年11月21日）），

お

維新，岩史（㊓享和1（1801）年10月16日），角史，京都大，近現，近世，公卿（㊓享和1（1801）年10月16日），公家（重徳〔大原家〕しげとみ ㊓享和1（1801）年10月16日），国際，国史，国書（㊓享和1（1801）年10月16日），コン改，コン4，史人（㊓1801年10月16日），重要（㊓享和1（1801）年10月16日），新潮（㊓享和1（1801）年10月16日），人名，姓氏京都，世人，世百，全書，大百，日史（㊓享和1（1801）年10月16日），日人，日本，幕末，百科，歴大

大原重朝 おおはらしげとも
嘉永1（1848）年～大正7（1918）年
江戸時代末期～明治期の公家。
¶維新，日人，幕末（㊣1918年12月14日）

大原重成 おおはらしげなり
天明3（1783）年6月9日～天保9（1838）年8月28日
江戸時代後期の公家（右権中将非参議）。権中納言大原重尹の子、母は権大納言唐橋在家の娘。
¶公卿，公家（重成〔大原家〕 しげなり）

大原重実 おおはらしげみ
天保4（1833）年～明治10（1877）年9月6日
江戸時代末期～明治期の公家。
¶維新，国書（㊓天保4（1833）年9月12日），庄内（㊓天保4（1833）年9月12日），姓氏京都，幕末，山形百

大原栄敦 おおはらてるあつ
宝永1（1704）年7月25日～宝暦8（1758）年12月2日
江戸時代中期の公家（非参議）。大原栄顕の養子。
¶公卿，公家（栄敦〔大原家〕 ひであつ）

大原今城 おおはらのいまき
生没年不詳 ㊞今城王《いまきおう》，大原真人今城《おおはらのまひといまき，おおはらまひといまき》
奈良時代の官僚、歌人。「万葉集」に歌18首。
¶朝日，郷土群馬（大原真人今城 おおはらまひといまき），古代（今城王 いまきおう），人名，姓氏群馬（大原真人今城 おおはらのまひといまき），日史，日人，百科，万葉（大原真人今城 おおはらのまひといまき），和俳（今城王 いまきおう），和俳

大原浄子 おおはらのきよいこ
？ ～承和8（841）年 ㊞大原浄子《おおはらじょうし》
平安時代前期の女性。嵯峨天皇の女御。
¶女性（おおはらじょうし ㊣承和8（841）年3月25日），人名（おおはらじょうし），日人，平史

大原桜井 おおはらのさくらい
生没年不詳 ㊞桜井王《さくらいのおう，さくらいのおおきみ》，大原真人桜井《おおはらのまひとさくらい》
奈良時代の皇親官僚、歌人。「万葉集」に歌2首。
¶朝日，古代（桜井王 さくらいのおう），コン改，コン4，静岡歴（桜井王 さくらいのおおきみ），人名，姓氏静岡（桜井王 さくらいのおおきみ），日人，万葉（大原真人桜井 おおはらのまひとさくらい），和俳（桜井王 さくらいのおう），和俳

大原浄子 おおはらのじょうし
→大原浄子（おおはらのきよいこ）

大原高安 おおはらのたかやす
？ ～天平14（742）年 ㊞高安王《たかやすおう，たかやすのおおきみ》，大原真人高安《おおはらのまひとたかやす》
奈良時代の万葉歌人。
¶愛媛百（高安王 たかやすおう ㊣天平14（742）年12月19日），大阪人（大原真人高安 おおはらのまひとたかやす ㊣天平14（742）年12月），古代（高安王 たかやすおう），人名（高安王 たかやすのおおきみ），人名，日人（㊣743年），万葉（大原真人高安 おおはらのまひとたかやす），和俳（高安王 たかやすのおおきみ）

大原内親王 おおはらのないしんのう
？ ～貞観5（863）年 ㊞大原内親王《おおはらないしんのう》
平安時代前期の女性。平城天皇の皇女。伊勢斎宮。
¶女性（㊣貞観5（863）年1月19日），神人（おおはらないしんのう ㊣貞観5（863）年1月19日），人名，日人，平史（おおはらないしんのう）

大彦命（大毘古命） おおひこのみこと，おおびこのみこと
上代の孝元天皇の第1皇子。四道将軍の一人。
¶朝日（おおびこのみこと），岩史（おおびこのみこと），角史（おおびこのみこと），国史，古史，古代（おおびこのみこと），古中，史人，諸系（おおびこのみこと），神史，新潮，人名（大毘古命 おおびこのみこと），世人，日史，日人（おおびこのみこと），百科，歴大

意富々杼王（意富富杼王） おおほどのおう
㊞意富々杼王《おおほどのおおきみ》，意富富杼王《おおほどのおう》
上代の応神天皇の孫。稚渟毛二派皇子の子。
¶古代（おおほどのおおきみ），諸系（意富富杼王），日人（意富富杼王）

意富々杼王 おおほどのおおきみ
→意富々杼王（おおほどのおう）

大派皇子 おおまたのおうじ
㊞大派皇子《おおまたのみこ》
飛鳥時代の敏達天皇の皇子。
¶古代（おおまたのみこ），人名，日人（生没年不詳）

大派皇子 おおまたのみこ
→大派皇子（おおまたのおうじ）

大宮昌季 おおみやあきすえ
正徳4（1714）年9月27日～宝暦10（1760）年9月24日
江戸時代中期の公家（非参議）。左中将大宮公央の子。
¶公卿，公家（昌季〔大宮家〕 まさすえ）

大宮院 おおみやいん
嘉禄1(1225)年～正応5(1292)年　[別]藤原姞子《ふじわらきっし,ふじわらのきっし》
鎌倉時代前期の女性。後嵯峨天皇の皇后。
¶朝日([没]正応5年9月9日(1292年10月20日)),岩史([没]正応5(1292)年9月9日),角史,鎌室,国史,古中,コン改,コン4,史人([没]1292年9月9日),諸系,女性([没]正応5(1292)年9月9日),新潮([没]正応5(1292)年9月9日),人名,姓氏京都,全書,日史([没]正応5(1292)年9月9日),日人,百科,歴大

大宮氏衡 おおみやうじひら
嘉元3(1305)年～?
鎌倉時代後期～南北朝時代の公卿(右中将・非参議)。右大臣大宮季衡の長男。
¶公卿,公家(氏衡〔大宮家(絶家)〕　うじひら)

大宮公名 おおみやきんめい
文保2(1318)年～*
鎌倉時代後期の公卿(大納言)。右大臣大宮季衡の次男。
¶公卿([没]?),公家(公名〔大宮家(絶家)〕　きんな　[没]観応3(1352)年9月13日)

大宮伊治 おおみやこれはる
→小槻伊治(おづきこれはる)

大宮貞季 おおみやさだすえ
寛保3(1743)年6月4日～文化1(1804)年1月17日
江戸時代中期～後期の公家(参議)。左大臣西園寺致季の末子。
¶公卿,公家(貞季〔大宮家〕　さだすえ)

大宮実尚 おおみやさねなお
興国5/康永3(1344)年～応永6(1399)年
南北朝時代～室町時代の公卿(権大納言)。大納言大宮公名の子。
¶公卿,公家(実尚〔大宮家(絶家)〕　さねひさ)

大宮季衡 おおみやすえひら
→西園寺季衡(さいおんじすえひら)

大宮政季 おおみやただすえ
文化3(1806)年10月18日～文久2(1862)年閏8月1日
江戸時代末期の公家(非参議)。正三位大宮良季の子、母は権中納言外山光実の娘。
¶公卿,公家(政季〔大宮家〕　まさすえ)

大宮長興 おおみやながおき
応永19(1412)年～明応8(1499)年　[別]小槻長興《おづきながおき,おづきのながおき》
室町時代～戦国時代の官人。
¶鎌室,国史,国書(小槻長興　おづきながおき　[没]明応8(1499)年10月24日),古中,史人([没]1499年10月24日),諸系,新潮([没]明応8(1499)年10月24日),日人

大宮盛季 おおみやもりすえ
明和5(1768)年12月3日～天保6(1835)年7月21日
江戸時代中期～後期の公家(権中納言)。参議大宮貞季の子。
¶公卿,公家(盛季〔大宮家〕　もりすえ)

大宮良季 おおみやよしすえ
天明2(1782)年4月11日～天保1(1830)年8月7日
江戸時代後期の公家(非参議)。権大納言日野資矩の次男。
¶公卿,公家(良季〔大宮家〕　よしすえ),国書

大神奥守 おおみわのおきもり
[別]大神朝臣奥守《おおみわのあそみおきもり》
奈良時代の官人。
¶諸系(生没年不詳),人名,日人(生没年不詳),万葉(大神朝臣奥守　おおみわのあそみおきもり)

大神高市麻呂 おおみわのたけちまろ
斉明3(657)年～慶雲3(706)年　[別]高市麿《たけちまろ》,三輪高市麻呂《みわのたけちまろ》,三輪朝臣高市麻呂《みわのあそみたけちまろ》,大神朝臣高市麻呂《おおみわのあそんたけちまろ》
飛鳥時代の廷臣(中納言)。大神利金の次男。
¶朝日([没]慶雲3年2月6日(706年3月24日)),郷土奈良(高市麿　たけちまろ　[生]?　[没]705年),公卿([生]白雉2(651)年　[没]慶雲3(706)年2月),国史(三輪高市麻呂　みわのたけちまろ),古史(三輪高市麻呂　みわのたけちまろ),古代(大神朝臣高市麻呂　おおみわのあそんたけちまろ),古中(三輪高市麻呂　みわのたけちまろ),コン改,コン4,詩歌,史人([没]706年2月6日),諸系,新潮([生]?　[没]慶雲3(706)年2月6日),人名([生]651年),日史([生]斉明3(657)年?　[没]慶雲3(706)年2月6日),日人,百科([生]斉明3(657)年?),万葉(三輪朝臣高市麻呂　みわのあそみたけちまろ),歴大(三輪高市麻呂　みわのたけちまろ),和俳([没]慶雲3(706)年2月6日)

大神仲江麻呂 おおみわのなかえまろ
生没年不詳
奈良時代～平安時代前期の官人。
¶平史

大神巳井 おおみわのみい
[別]大神宿禰巳井《おおみわのすくねみい》
平安時代前期の官人。
¶古代(大神宿禰巳井　おおみわのすくねみい),日人(生没年不詳)

大神宗雄 おおみわのむねお
生没年不詳
平安時代前期の官人。
¶平史

大神良臣 おおみわのよしおみ
生没年不詳　[別]大神朝臣良臣《おおみわのあそんよしおみ》,大神良臣《おおがのよしおみ》
平安時代前期の官人。
¶大分百(大神朝臣良臣　おおみわのあそんよしおみ),大分歴(おおがのよしおみ),古代(大神朝臣良臣　おおみわのあそんよしおみ),諸系,日人,平史

お

大宅皇女 おおやけのこうじょ
生没年不詳
飛鳥時代の女性。欽明天皇の皇女。
¶女性

大宅鷹取 おおやけのたかとり
[別]大宅首鷹取《おおやけのおびとたかとり》
平安時代前期の官人。応天門の変の密告者。
¶岡山歴（大宅首鷹取　おおやけのおびとたかとり），古代（大宅首鷹取　おおやけのおびとたかとり）

大宅年雄 おおやけのとしお
生没年不詳
平安時代前期の官人。
¶平史

大宅内親王 おおやけのないしんのう
？～嘉祥2（849）年　[別]大宅内親王《おおやけないしんのう》
平安時代前期の女性。平城天皇の妃。
¶女性（[没]嘉祥2（849）年2月14日），人名，日人，平史（おおやけないしんのう）

大日本根子彦国牽尊 おおやまとねこひこくにくるのみこと
→孝元天皇（こうげんてんのう）

大日本根子彦太瓊尊 おおやまとねこひこふとにのみこと
→孝霊天皇（こうれいてんのう）

大日本彦耜友尊 おおやまとひこすきとものみこと
→懿徳天皇（いとくてんのう）

大山守皇子 おおやまもりのおうじ
→大山守皇子（おおやまもりのみこ）

大山守皇子 おおやまもりのみこ
[別]大山守皇子《おおやまもりのおうじ》
上代の応神天皇の皇子。
¶国史（おおやまもりのおうじ），古史，古代，古中（おおやまもりのおうじ），コン改（生没年不詳），コン4（生没年不詳），史人，新潮，世人（生没年不詳），日人（おおやまもりのおうじ）

岡崎国栄 おかざきくにしげ
享保11（1726）年10月28日～天明3（1783）年2月27日
江戸時代中期の公家（参議）。大蔵卿従三位岡崎国広の子。
¶公卿，公家（国栄〔岡崎家〕　くにひで）

岡崎国成 おかざきくになり
明和1（1764）年11月9日～文政10（1827）年11月7日
江戸時代中期～後期の公家（参議）。参議岡崎国栄の子、母は正二位伏原宣通の娘。
¶公卿，公家（国成〔岡崎家〕　くになり）

岡崎国久 おかざきくにひさ
万治2（1659）年10月21日～宝暦2（1752）年6月21日
江戸時代前期～中期の公家（権大納言）。権大納言中御門資熙の次男。
¶公卿，公家（国久〔岡崎家〕　くにひさ）

岡崎国広 おかざきくにひろ
＊～元文3（1738）年4月6日
江戸時代中期の公家（大蔵卿・非参議）。権大納言岡崎国久の子。
¶公卿（[生]元禄3（1690）年11月24日），公家（国広〔岡崎家〕　くにひろ　[生]1691年？・元禄3（1690）年11月24日？）

岡崎国房 おかざきくにふさ
文政2（1819）年6月28日～文久1（1861）年8月22日
江戸時代末期の公家（非参議）。大膳権大夫岡崎国均の子、母は権大納言池尻暉房の娘。
¶公卿，公家（国房〔岡崎家〕　くにふさ）

岡崎周茂 おかざきちかしげ
1409年～寛正2（1461）年4月30日
室町時代の公家（参議）。父は従三位岡崎範輔。長禄2年正三位。
¶公家（周茂〔岡崎家（絶家）〕　ちかしげ）

岡崎宣持 おかざきのぶもち
元和6（1620）年～寛文12（1672）年12月24日
江戸時代前期の公家（非参議）。岡崎家の祖。権大納言中御門尚良の次男。
¶公卿，公家（宣持〔岡崎家〕　のぶもち）

岡崎範国 おかざきのりくに
？～正平18/貞治2（1363）年
南北朝時代の公卿（非参議）。従二位岡崎範嗣の子。
¶公卿，公家（範国〔岡崎家（絶家）〕　のりくに）

岡崎範嗣 おかざきのりつぐ
弘安6（1283）年～正平6/観応2（1351）年3月3日
鎌倉時代後期～南北朝時代の公卿（非参議）。非参議藤原範雄の子。
¶公卿，公家（範嗣〔岡崎家（絶家）〕　のりつぐ）

雄風王 おかぜおう
弘仁5（814）年～斉衡2（855）年
平安時代前期の万多親王の王子。
¶平史

牡鹿嶋足 おがのしまたり
→道嶋嶋足（みちしまのしまたり）

岡宮天皇 おかのみやてんのう
→草壁皇子（くさかべのおうじ）

岡屋関白 おかのやかんぱく
→近衛兼経（このえかねつね）

岡本天皇 おかもとのすめらみこと
飛鳥時代の天皇。舒明天皇か斉明天皇とされる。
¶万葉

小川宮 おがわのみや
応永11（1404）年～応永32（1425）年
室町時代の後小松天皇の皇子。

¶鎌室，日人

息石耳命 おきそみみのみこと
[別]息石耳命《いきしみみのみこと》
上代の安寧天皇の皇子。
¶人名（いきしみみのみこと），日人

置始莵 おきそめのうさぎ
生没年不詳 [別]置始連莵《おきそめのむらじうさぎ》
飛鳥時代の武将。壬申の乱で活躍。
¶朝日，国史，古代（置始連莵 おきそめのむらじうさぎ），古中，コン改，コン4，史人，新潮，世人，日人

興良親王 おきながしんのう
→興良親王（おきよししんのう）

息長足日広額尊 おきながたらしひひろぬかのみこと
→舒明天皇（じょめいてんのう）

気長足姫 おきながたらしひめ
→神功皇后（じんぐうこうごう）

気長足姫尊（息長足日女命，息長帯比売命） おきながたらしひめのみこと
→神功皇后（じんぐうこうごう）

息長国島（息長国嶋） おきながのくにしま
[別]息長真人国嶋《おきながのまひとくにしま》
奈良時代の常陸国の防人部領使。
¶人名，日人（生没年不詳），万葉（息長真人国嶋 おきながのまひとくにしま）

息長文継 おきながのふみつぐ
生没年不詳
平安時代前期の官人で嵯峨天皇の側近。
¶平史

隠岐院 おきのいん
→後鳥羽天皇（ごとばてんのう）

隠岐広福 おきひろとみ
寛保1（1741）年12月22日～天明5（1785）年9月27日
江戸時代中期の公家・漢学者。
¶国書

興世王 おきよおう
？ ～天慶3（940）年
平安時代中期の王族？、官人、武蔵権守。時世王（伊予親王の曽孫）の子という説がある。平将門の副将的存在。
¶朝日（[没]天慶3年2月19日（940年3月30日）），茨城百，角史，国史，古中，埼玉人，埼玉百，史人（[没]940年2月19日），新潮（[没]天慶3（940）年2月19日），世人，日人，平史，歴大

興良親王 おきよししんのう
生没年不詳 [別]興良親王《おきながしんのう》，赤松宮《あかまつのみや》，陸良親王《みちながしんのう，みちよししんのう》，大塔若宮《たいとうわかみや》
南北朝時代の護良親王の子。南朝の征夷大将軍。
¶朝日，岩史，鎌室（おきながしんのう），鎌室（赤松宮 あかまつのみや），国史，古中，コン改（おきながしんのう），コン4（おきながしんのう），史人，静岡歴（おきながしんのう [生]元弘1（1331）年），諸系，新潮（おきながしんのう），人名（おきながしんのう），姓氏静岡（[生]1331年），世人（おきながしんのう），世人（赤松宮 あかまつのみや），日史，日人，兵庫百（赤松宮 あかまつのみや）

興世書主 おきよのふみぬし
宝亀9（778）年～嘉祥3（850）年 [別]吉田書主《きちたのふみぬし，きったのふみぬし，きのたのふみぬし》，興世朝臣書主《おきよのあそんふみぬし》
平安時代前期の官人。和琴の名手。
¶朝日（[没]嘉祥3年11月6日（850年12月12日）），古代（興世朝臣書主 おきよのあそんふみぬし），コン改，コン4，新潮（[没]嘉祥3（850）年11月6日），人名（吉田書主 きのたのふみぬし），人名，姓氏京都，日人，平史

小倉王 おぐらおう
生没年不詳
奈良時代の王族。三原王の子で、舎人親王の孫、天武天皇の曽孫。
¶古代，諸系，日人

小倉公種 おぐらきみたね
*～文安1（1444）年 [別]小倉公種《おぐらきんたね》
室町時代の公卿（権大納言）。権大納言小倉実名の子。
¶公卿（生没年不詳），公家（公種〔小倉家〕 きんたね [生]1384年），国書（おぐらきんたね [生]？ [没]文安1（1444）年閏6月10日）

小倉公連 おぐらきみつら
正保4（1647）年9月27日～貞享1（1684）年9月22日
江戸時代前期の公家（参議）。権大納言小倉実起の長男、母は参議小倉公根の娘。
¶公卿，公家（公連〔小倉家〕 きんつら）

小倉公根 おぐらきみね
天正12（1584）年～正保1（1644）年3月1日
江戸時代前期の公家（参議）。左中将三条西実教の子。
¶公卿，公家（公根〔小倉家〕 きんね）

小倉公雄 おぐらきんお
生没年不詳
鎌倉時代後期の歌人、公卿（権中納言）。小倉家の祖。太政大臣西園寺公経の孫。
¶鎌室，公卿，公家（公雄〔小倉家〕 きんお），国書（[生]寛元2（1244）年頃），諸系，諸系，人書94（[生]1244年頃 [没]1325年），日人，和俳（[生]寛元2（1244）年頃）

小倉公種 おぐらきんたね
→小倉公種（おぐらきみたね）

お

小倉公脩 おぐらきんなが
→富小路公脩(とみのこうじきんなが)

小倉実起 おぐらさねおき
元和8(1622)年〜貞享1(1684)年
江戸時代前期の公家(権大納言)。権大納言藪嗣良の次男。
¶朝日([生]元和8年8月2日(1622年9月7日)　[没]貞享1年3月18日(1684年5月2日)),近世,公卿([生]元和8(1622)年2月8日　[没]貞享1(1684)年3月18日),公家(実起〔小倉家〕　さねおき　[生]元和8(1622)年2月8日　[没]貞享1(1684)年3月18日),国史,諸系,新潟百別,日人

小倉実右 おぐらさねすけ
応永25(1418)年〜文明2(1470)年6月9日
室町時代の公卿(権中納言)。権大納言裏辻実秀の子。
¶公卿,公家(実右〔小倉家〕　さねすけ)

小倉実遠 おぐらさねとお
元亨1(1321)年〜元中1/至徳1(1384)年5月
南北朝時代の公卿(権中納言)。権中納言小倉季雄の子。
¶公卿,公家(実遠〔小倉家(絶家)〕　さねとお),国書

小倉実名 おぐらさねな
→小倉実名(おぐらさねめい)

小倉実教 おぐらさねのり
*〜正平4/貞和5(1349)年9月7日　[別]小倉実教《おぐらさねゆき》
鎌倉時代後期〜南北朝時代の公卿(権大納言)。権中納言小倉公雄の長男。
¶鎌室([生]文永2(1265)年),公卿(おぐらさねゆき　[生]文永2(1265)年),公家(実教〔小倉家〕　さねのり　[生]1265年),国書([生]文永1(1264)年),諸系([生]1264年),日人([生]1264年)

小倉実名 おぐらさねめい
正和4(1315)年〜応永11(1404)年　[別]小倉実名《おぐらさねな》
南北朝時代〜室町時代の公卿(権大納言)。権中納言小倉公雄の曽孫。
¶公卿,公家(実名〔小倉家〕　さねな),国書(おぐらさねな　[没]応永11(1404)年9月10日)

小倉実教 おぐらさねゆき
→小倉実教(おぐらさねのり)

小倉親王 おぐらしんのう
→兼明親王(かねあきらしんのう)

小倉季雄 おぐらすえお
正応2(1289)年〜延元1/建武3(1336)年9月9日
鎌倉時代後期〜南北朝時代の公卿(権中納言)。権大納言小倉実教の子。
¶公卿,公家(季雄〔小倉家(絶家)〕　すえお),国書

小倉季種 おぐらすえたね
康正2(1456)年〜享禄2(1529)年4月17日　[別]小倉季煕《おぐらすえひろ》
戦国時代の公卿(権大納言)。権大納言正親町持季の次男。
¶公卿,公家(季種〔小倉家〕　すえたね),戦人(小倉季煕　おぐらすえひろ)

小倉季長 おぐらすえなが
正安2(1300)年〜?
鎌倉時代後期〜南北朝時代の公卿(非参議)。権大納言小倉実教の子。
¶公卿,公家(季長〔小倉家〕　すえなが)

小倉季煕 おぐらすえひろ
→小倉季種(おぐらすえたね)

小倉輔季 おぐらすけすえ
文政7(1824)年〜明治24(1891)年
江戸時代末期〜明治期の公家。
¶維新,諸系,幕末([没]1891年1月18日)

小倉豊季 おぐらとよすえ
天明1(1781)年4月23日〜天保1(1830)年6月28日
江戸時代後期の公家(権中納言)。左権中将小倉見季の子。
¶公卿,公家(豊季〔小倉家〕　とよすえ),国書,諸系

小倉宮 おぐらのみや
?〜嘉吉3(1443)年　[別]樋口宮《ひぐちのみや》
室町時代の後南朝の皇族。恒敦親王の王子で、後亀山天皇の孫。
¶朝日,岩史([没]嘉吉3(1443)年5月7日),鎌室,国史,古中,コン改,コン4,史人([没]1443年5月7日),諸系,新潮([没]嘉吉3(1443)年5月9日,(異説)5月7日),人名,世人,世百,全書,日史([没]嘉吉3(1443)年5月7日),日人,百科

小倉煕季(小倉熈季) おぐらひろすえ
慶安4(1651)年7月7日〜享保5(1720)年10月25日
江戸時代前期〜中期の公家(権中納言)。権大納言小倉実起の次男、母は参議小倉公根の娘。
¶公卿,公家(煕季〔小倉家〕　ひろすえ),諸系(小倉煕季)

小倉貢季 おぐらみつすえ
享保19(1734)年11月13日〜宝暦13(1763)年4月7日
江戸時代中期の公家(参議)。権大納言小倉宜季の子、母は内大臣広幡豊忠の娘。
¶公卿,公家(貢季〔小倉家〕　みつすえ)

小倉宜季 おぐらよしすえ
宝永7(1710)年9月1日〜明和3(1766)年3月29日
江戸時代中期の公家(権大納言)。左大臣西園寺致季の末子。
¶公卿,公家(宜季〔小倉家〕　よしすえ)

億計王 おけおう
→仁賢天皇(にんけんてんのう)

弘計王 おけおう
→顕宗天皇(けんぞうてんのう)

億計皇子 おけのおうじ
→仁賢天皇（にんけんてんのう）

弘計皇子 おけのおうじ
→顕宗天皇（けんぞうてんのう）

億計天皇 おけのすめらみこと
→仁賢天皇（にんけんてんのう）

弘計天皇 おけのすめらみこと
→顕宗天皇（けんぞうてんのう）

忍坂王 おさかおう
[別]忍坂王《おさかのおおきみ》
奈良時代の皇親、官人。臣籍降下で大原真人となる。
¶日人（生没年不詳），万葉（おさかのおおきみ）

忍坂王 おさかのおおきみ
→忍坂王（おさかおう）

忍坂大中姫 おさかのおおなかつひめ
→忍坂大中姫（おしさかのおおなかつひめ）

忍坂女王 おさかのじょおう
生没年不詳
奈良時代の女性。不破内親王の厭魅不敬事件に関係したとされる。
¶女性，日人

刑部親王（忍壁親王） おさかべしんのう
？ ～慶雲2（705）年 [別]刑部親王《けいぶしんのう》，忍壁皇子《おさかべのおうじ，おさかべのみこ》
飛鳥時代の公卿（知太政官事）。天武天皇の第9皇子。
¶朝日（忍壁皇子　おさかべのみこ　[没]慶雲2年5月7日（705年6月2日）），岩史（忍壁皇子　おさかべのみこ　[没]慶雲2（705）年5月7日），角史，公卿（けいぶしんのう　[没]慶雲2（705）年5月7日），国史（忍壁親王），古史，古代，古中（忍壁親王），コン改（忍壁皇子　おさかべのみこ），コン4（忍壁皇子　おさかべのみこ），史人（[没]705年5月7日），重要（[没]慶雲2（705）年5月7日），諸系（忍壁親王），新潮（忍壁親王　[没]慶雲2（705）年5月7日），人名，世人（忍壁親王　[没]慶雲2（705）年5月7日），世百，全書，大百（忍壁親王），日史（[没]慶雲2（705）年5月7日），日人（忍壁親王），百科，万葉（忍壁皇子　おさかべのみこ），歴大

忍壁皇子 おさかべのおうじ
→刑部親王（おさかべしんのう）

刑部真鯨 おさかべのまくじら
[別]刑部造真鯨《おさかべのみやつこまくじら》
平安時代前期の官人。
¶古代（刑部造真鯨　おさかべのみやつこまくじら），日人（生没年不詳）

忍壁皇子 おさかべのみこ
→刑部親王（おさかべしんのう）

尾崎積興 おざきかずおき
→大伴積興（おおとものつみおき）

尾崎忠興 おざきただおき
寛文3（1663）年12月27日～元文4（1739）年12月19日
江戸時代前期～中期の公家。
¶国書

師子女王 おさこじょおう
*～天保4（1833）年
江戸時代後期の伏見宮貞敬親王の第1王女。
¶人名（[生]1804年），日人（[生]1805年）

長皇子 おさのみこ
→長皇子（ながのみこ）

長仁親王 おさひとしんのう
明暦1（1655）年～延宝3（1675）年
江戸時代前期の皇族。八条宮第4代、後西天皇第1皇子。
¶国書（[生]明暦1（1655）年5月14日　[没]延宝3（1675）年6月25日），諸系，人名，日人

他戸親王 おさべしんのう
天平宝字5（761）年～宝亀6（775）年
奈良時代の光仁天皇と井上内親王の子。廃太子となり、母ともども非業の死を遂げた。
¶朝日（[没]宝亀6年4月27日（775年5月30日）），岩史（[没]宝亀6（775）年4月27日），角史，国史，古史，古代，古中，コン改（[生]？），コン4（[生]？），史人（[生]751年，（異説）761年　[没]775年4月27日），諸系，新潮（[没]宝亀6（775）年4月27日），姓氏京都，世人，全書，大百，日史（[生]？　[没]宝亀6（775）年4月27日），日人，百科（[生]？），歴大

袁邪本王 おざほのみこ
上代の「古事記」にみえる開化天皇の皇子。
¶日人

牡鹿嶋足 おしかのしまたり
→道嶋嶋足（みちしまのしまたり）

忍熊王 おしくまおう
→忍熊皇子（おしくまのおうじ）

忍熊皇子 おしくまのおうじ
[別]忍熊王《おしくまおう》，忍熊皇子《おしくまのみこ》
上代の仲哀天皇の皇子。
¶国史（忍熊王　おしくまおう），古史（忍熊王　おしくまおう），古代，古中（忍熊王　おしくまおう），コン改（おしくまのみこ　生没年不詳），コン4（おしくまのみこ　生没年不詳），史人（忍熊王　おしくまおう），諸系，新潮（おしくまのみこ），世人（生没年不詳），日史，日人，百科（おしくまのみこ），福井百（忍熊王　おしくまおう），歴大（忍熊王　おしくまおう）

忍熊皇子 おしくまのみこ
→忍熊皇子（おしくまのおうじ）

お

お

押小路三丸 おしこうじかずまる
嘉永7(1854)年5月6日～明治18(1885)年5月11日
明治期の華族。東伏見宮に同行してイギリスに赴く。
¶海越，海越新，渡航([生]1854年5月　[没]1885年5月)

押小路公音 おしこうじきんおと
慶安3(1650)年～享保1(1716)年
江戸時代前期～中期の公家(権大納言)。押小路家の祖。右大臣三条実条の孫。
¶公卿([生]慶安3(1650)年1月19日　[没]享保1(1716)年7月13日)，公家(公音〔押小路家〕　きんおと　[生]慶安3(1650)年1月19日　[没]享保1(1716)年7月13日)，諸系，人名([生]?)，日人

押小路実潔 おしこうじさねきよ
文政9(1826)年11月21日～明治30(1897)年2月12日
江戸時代後期～明治期の公家。
¶国書

押小路実岑 おしこうじさねたか
→押小路実岑(おしこうじさねみね)

押小路実富 おしこうじさねとみ
寛延2(1749)年10月27日～文政9(1826)年12月7日
江戸時代中期～後期の公家(権大納言)。右衛門佐押小路従季の子、母は正三位五辻盛仲の娘。
¶公卿，公家(実富〔押小路家〕　さねとみ)，国書

押小路実岑 おしこうじさねみね
延宝7(1679)年4月25日～寛延3(1750)年2月11日
[別]押小路実岑《おしこうじさねたか》
江戸時代中期の公家(権大納言)。権大納言押小路公音の子、母は権大納言河鰭実陳の娘。
¶公卿，公家(実岑〔押小路家〕　さねみね)，国書(おしこうじさねたか)

押小路実茂 おしこうじさねもち
安永9(1780)年～文政10(1827)年5月22日
江戸時代中期～後期の公家。
¶国書

押小路斎院 おしこうじのさいいん
→正子内親王(2)(せいしないしんのう)

押小路師充 おしこうじもろあつ
享保15(1730)年8月2日～宝暦4(1754)年9月4日
江戸時代中期の公家。
¶国書

押小路師象 おしこうじもろかた
文明14(1482)年～享禄4(1531)年5月10日
戦国時代の公家。
¶国書

押小路師定 おしこうじもろさだ
元和6(1620)年2月10日～延宝4(1676)年8月6日
江戸時代前期の公家。
¶国書

押小路師資 おしこうじもろすけ
→中原師資(なかはらもろすけ)

押小路師武 おしこうじもろたけ
明和7(1770)年11月17日～文化3(1806)年8月22日
江戸時代中期～後期の公家。
¶国書

押小路師親 おしこうじもろちか
江戸時代後期～明治期の公家。
¶国書([生]文政11(1828)年　[没]?)，諸系([生]1822年　[没]1879年)

押小路師庸 おしこうじもろつね
慶安3(1650)年～享保10(1725)年8月15日
江戸時代前期～中期の公家。
¶国書

押小路師富 おしこうじもろとみ
→中原師富(なかはらのもろとみ)

押小路師生 おしこうじもろなり
天正9(1581)年～正保3(1646)年1月25日
安土桃山時代～江戸時代前期の公家。
¶国書

押小路師徳 おしこうじもろのり
→中原師徳(なかはらもろのり)

押小路師英 おしこうじもろひで
延宝7(1679)年～享保3(1718)年8月2日
江戸時代前期～中期の公家。
¶国書

押小路師身 おしこうじもろみ
文政2(1819)年4月24日～?
江戸時代後期～末期の公家。
¶国書

押小路師岑 おしこうじもろみね
元禄3(1690)年～享保9(1724)年2月4日
江戸時代中期の公家。
¶国書

押小路師守 おしこうじもろもり
正徳4(1714)年8月9日～延享1(1744)年8月4日
江戸時代中期の公家。
¶国書

押小路師賛 おしこうじもろよし
寛政10(1798)年10月20日～文化7(1810)年8月7日
江戸時代後期の公家。
¶国書

忍坂大中姫 おしさかのおおなかつひめ
[別]忍坂大中姫《おさかのおおなかつひめ，おしさかおおなかつひめ》
上代の女性。允恭天皇の皇后。
¶朝日(生没年不詳)，角史，国史，古史，古代，

古中，コン改（おさかのおおなかつひめ　生没年不詳），コン4（おさかのおおなかつひめ　生没年不詳），史人（おしさかおおなかつひめ），諸系，女性，新潮（生没年不詳），日史（生没年不詳），日人，百科（生没年不詳），歴大（生没年不詳）

押坂彦人大兄皇子　おしさかのひこひとのおおえのおうじ
生没年不詳　[別]押坂彦人大兄《おしさかのひこひとのおおえ》，押坂彦人大兄皇子《おしさかのひこひとのおおえのみこ，おしさかひこひとおおえのみこ，おしさかひこひとのおおえのおうじ，おしさかひこひとのおおえのみこ》，彦人大兄皇子《ひこひとのおおえのおうじ》，彦人皇子《ひこひとのおうじ》
飛鳥時代の有力王族。敏達天皇の皇子。
¶朝日（おしさかのひこひとのおおえのみこ），岩史（おしさかひこひとのおおえのおうじ），角史（押坂彦人大兄　おしさかのひこひとのおおえ），国史，古史（おしさかひこひとおおえのみこ），古代（おしさかのひこひとのおおえのみこ），古中，コン改（おしさかのひこひとのおおえのみこ），コン4（おしさかのひこひとのおおえのみこ），史人（おしさかひこひとのおおえのみこ），諸系，新潮（おしさかのひこひとのおおえのみこ），日史，日人，百科（おしさかのひこひとのおおえのみこ）

押坂彦人大兄皇子　おしさかのひこひとのおおえのみこ
→押坂彦人大兄皇子（おしさかのひこひとのおおえのおうじ）

忍海原魚養　おしぬみのはらうおかい
→朝野魚養（あさののなかい）

忍海山下氏則　おしぬみのやましたのうじのり
生没年不詳　[別]忍海山下連氏則《おしぬみのやましたのむらじうじのり》
奈良時代の官人。
¶古代（忍海山下連氏則　おしぬみのやましたのむらじうじのり），日人，平史

押小路（家名）　おしのこうじ
→押小路（おしこうじ）

忍之別皇子　おしのわけのおうじ
上代の記・紀にみえる景行天皇の皇子。
¶日人

押媛　おしひめ
[別]押媛命《おしひめのみこと》
上代の女性。孝安天皇の皇后。
¶女性，人名（押媛命　おしひめのみこと），日人

押媛命　おしひめのみこと
→押媛（おしひめ）

小鯛王　おだいおう
[別]小鯛王《おだいのおおきみ》
奈良時代の歌人。
¶日人（生没年不詳），万葉（おだいのおおきみ）

小鯛王　おだいのおおきみ
→小鯛王（おだいおう）

愛宕忠具　おたぎただとも
室町時代の公卿（非参議）。長禄2年従三位に叙される。
¶公卿（生没年不詳），公家（忠具〔愛宕家（絶家）〕　ただとも）

愛宕通旭　おたぎみちあきら
→愛宕通旭（おたぎみちてる）

愛宕通致　おたぎみちずみ
文政11（1828）年～明治19（1886）年　[別]愛宕通致《おたぎみちむね》
江戸時代末期～明治期の公家（非参議）。権中納言愛宕通祐の子。
¶維新（おたぎみちむね），公卿（おたぎみちむね　[生]文政11（1828）年2月27日　[没]明治19（1886）年11月），公家（通致〔愛宕家〕　みちずみ　[生]文政11（1828）年2月27日　[没]明治19（1886）年11月10日），諸系，新潮（[生]文政11（1828）年2月27日　[没]明治19（1886）年11月），日人，幕末（おたぎみちむね　[没]1886年11月）

愛宕通敬　おたぎみちたか
享保9（1724）年5月23日～天明7（1787）年9月1日
[別]愛宕通敬《おたぎみちのり》
江戸時代中期の公家（権中納言）。権大納言清閑寺治房の末子，母は右大臣中院通躬の娘。
¶公卿（おたぎみちのり），公家（通敬〔愛宕家〕　みちたか）

愛宕通貫　おたぎみちつら
元禄10（1697）年6月13日～明和1（1764）年閏12月19日
江戸時代中期の公家（権大納言）。英彦山権現座相有の子。
¶公卿，公家（通貫〔愛宕家〕　みちつら）

愛宕通旭　おたぎみちてる
弘化3（1846）年～明治4（1871）年12月3日　[別]愛宕通旭《おたぎみちあきら》
江戸時代末期～明治期の公家。内大臣久我建通の子。
¶朝日（[生]弘化3年10月9日（1846年11月27日）　[没]明治4年12月3日（1872年1月12日）），維新，角史，京都大（おたぎみちあきら），近現，近世，国史，コン改（おたぎみちあきら），コン4，コン5，諸系（[没]1872年），神人，新潮（[生]弘化3（1846）年10月9日），姓氏京都，世人（[生]弘化3（1846）年10月9日），全書，日人（[没]1872年），幕末（[没]1872年1月12日）

愛宕通直　おたぎみちなお
延享4（1747）年11月28日～文化14（1817）年7月19日
江戸時代中期～後期の公家（権大納言）。権中納言愛宕通敬の子。
¶公卿，公家（通直〔愛宕家〕　みちなお）

愛宕通敬　おたぎみちのり
→愛宕通敬（おたぎみちたか）

愛宕通典　おたぎみちのり
安永4（1775）年10月23日～天保10（1839）年11月2日
江戸時代後期の公家（権中納言）。権大納言愛宕通直の子、母は出羽守植村家道の娘。
¶公卿，公家（通典〔愛宕家〕　みちのり）

愛宕通晴　おたぎみちはれ
延宝1（1673）年8月2日～元文3（1738）年10月2日
江戸時代中期の公家（権中納言）。権大納言愛宕通福の子、母は権大納言千種有能の娘。
¶公卿，公家（通晴〔愛宕家〕　みちはれ）

愛宕通福　おたぎみちふく
寛永11（1634）年11月14日～元禄12（1699）年9月8日
江戸時代前期の公家（権大納言）。愛宕家の祖。英彦山権現座有清（木工頭岩倉具堯の子）の三男。
¶公卿，公家（通福〔愛宕家〕　みちとみ）

愛宕通祐　おたぎみちます
寛政11（1799）年～明治8（1875）年12月2日
江戸時代末期～明治期の公家（権中納言）。権中納言愛宕通典の子、母は正三位桜井供敦の娘。
¶維新，公卿（[生]寛政11（1799）年1月17日　[没]？），公家（通祐〔愛宕家〕　みちやす　[生]寛政11（1799）年1月17日），日人，幕末

愛宕通致　おたぎみちむね
→愛宕通致（おたぎみちずみ）

小田王　おだのおおきみ
奈良時代の官人。
¶万葉

小田諸人　おだのもろひと
[別]小田朝臣諸人《おだのあそみもろひと》
奈良時代の官人。
¶万葉（小田朝臣諸人　おだのあそみもろひと）

小足媛　おたらしひめ
→阿倍小足媛（あべのおたらしひめ）

越道伊羅都売　おちのいらつめ
→道伊羅都売（みちのいらつめ）

遠智娘　おちのいらつめ
→蘇我遠智娘（そがのおちのいらつめ）

越智貞厚　おちのさだあつ
[別]越智宿禰貞厚《おちのすくねさだあつ》
平安時代前期の官人。
¶古代（越智宿禰貞厚　おちのすくねさだあつ），日人（生没年不詳）

小槻章弘　おづきあきひろ
延宝2（1674）年11月18日～享保2（1717）年1月28日
江戸時代前期～中期の公家。
¶国書

小槻量実　おづきかずさね
？　～正平21/貞治5（1366）年5月7日
鎌倉時代後期～南北朝時代の公家・連歌作者。
¶国書

小槻兼治　おづきかねはる
？　～応永25（1418）年10月15日
南北朝時代～室町時代の公家・歌人。
¶国書

小槻伊治　おづきこれはる，おつきこれはる
*～天文20（1551）年　[別]大宮伊治《おおみやこれはる》
戦国時代の公家。
¶国書（[生]明応5（1496）年　[没]天文20（1551）年8月28日），諸系（大宮伊治　おおみやこれはる　[生]1496年），戦人（おつきこれはる　[生]？），戦補（おつきこれはる　[生]？）

小槻重房　おづきしげふさ
寛永3（1626）年～延宝4（1676）年2月21日
江戸時代前期の公家。
¶国書

小槻以寧　おづきしげやす
→小槻以寧（おづきのりやす）

小槻季連　おづきすえつら
明暦1（1655）年8月26日～宝永6（1709）年2月12日
江戸時代前期～中期の公家。
¶国書

小槻輔世　おづきすけよ
文化8（1811）年～明治12（1879）年　[別]壬生輔世《みぶすけとし》
江戸時代後期～明治期の公家。
¶国際（壬生輔世　みぶすけとし），国書（[没]明治12（1879）年2月17日）

小槻孝亮　おづきたかすけ
天正3（1575）年12月2日～承応1（1652）年10月8日
安土桃山時代～江戸時代前期の公家。
¶国書

小槻匡遠　おづきただとお
？　～正平21/貞治5（1366）年　[別]小槻匡遠《おづきのただとお》，壬生匡遠《みぶただとお》
南北朝時代の官人。壬生官務家当主。
¶朝日（壬生匡遠　みぶただとお　[没]貞治5/正平21年5月4日（1366年6月12日）），鎌室，国史（壬生匡遠　みぶただとお），国書（[没]貞治5（1366）年5月4日），古中（壬生匡遠　みぶただとお），史人（壬生匡遠　みぶただとお　[没]1366年5月4日），諸系（おづきのただとお），新潮（[没]貞治5/正平21（1366）年5月4日），日人（おづきのただとお）

小槻忠利　おづきただとし
*～寛文3（1663）年　[別]壬生忠利《みぶただとし》
安土桃山時代～江戸時代前期の公家。
¶国書（[生]慶長5（1600）年12月17日　[没]寛文3（1663）年7月21日），諸系（壬生忠利　みぶた

皇族・貴族篇　　　97　　　おつきの

だとし　㊸1601年）

小槻為緒 おづきためお
生没年不詳
室町時代の公家。
¶国書

小槻明麗 おづきてるつら
嘉永5（1852）年〜明治17（1884）年1月5日
江戸時代後期〜明治期の公家。
¶国書

小槻時元 おづきときもと
文明3（1471）年〜永正17（1520）年4月11日
戦国時代の公家。
¶国書

小槻知音 おづきともおと
→小槻知音（おづきともね）

小槻知音 おづきともね
享保14（1729）年〜安永5（1776）年11月11日　㊞小槻知音《おづきともおと》
江戸時代中期の公家（左大史、非参議）。安永5年従三位に叙される。
　¶公卿，公家（知音〔壬生家〕　ともね），国書（おづきともおと　㊹享保14（1729）年6月10日）

小槻朝芳 おづきともよし，おつきともよし
安土桃山時代の公家。
　¶戦国（おつきともよし），戦人（おつきともよし　生没年不詳）

小槻長興 おづきながおき
→大宮長興（おおみやながおき）

小槻有家 おづきのありいえ
？ 〜弘安3（1280）年　㊞小槻有家《おづきありいえ》
鎌倉時代前期の官人。壬生流の官務。
　¶朝日（㊶弘安3年8月20日（1280年9月15日）），鎌室（おづきありいえ），国書（おづきありいえ　㊶弘安3（1280）年8月20日），諸系，新潮（おづきありいえ　㊹弘安3（1280）年8月20日），日人

小槻糸平 おづきのいとひら，おつきのいとひら
仁和2（886）年〜天禄1（970）年
平安時代前期〜中期の官人。
　¶平史（おつきのいとひら）

小槻今雄 おづきのいまお，おつきのいまお
生没年不詳　㊞小槻山公今雄《おづきのやまのきみいまお》
平安時代前期の官人。小槻氏の祖。
　¶朝日（おつきのいまお），古代（小槻山公今雄おづきのやまのきみいまお），諸系，日人

小槻季継 おづきのすえつぐ
建久3（1192）年〜寛元2（1244）年　㊞小槻季継《おづきすえつぐ》
鎌倉時代前期の官人。大宮流の官務。
　¶朝日（㊶寛元2年9月27日（1244年10月30日）），鎌室（おづきすえつぐ），国史，国書（おづきす

えつぐ　㊶寛元2（1244）年9月27日），古中，史人（㊶1244年9月27日），諸系，新潮（おづきすえつぐ　㊶寛元2（1244）年9月27日），日人

小槻祐俊 おづきのすけとし，おつきのすけとし
？ 〜永久2（1114）年
平安時代後期の官人。
　¶平史（おつきのすけとし）

小槻孝信 おづきのたかのぶ，おつきのたかのぶ
寛仁1（1017）年〜応徳3（1086）年
平安時代中期〜後期の官人。
　¶姓氏京都，平史（おつきのたかのぶ）

小槻隆職 おづきのたかもと，おつきのたかもと
保延1（1135）年〜建久9（1198）年　㊞小槻隆職《おづきたかもと》
平安時代後期〜鎌倉時代前期の官人，官務，小槻氏壬生流の祖。
　¶朝日（㊶建久9年10月29日（1198年11月29日）），鎌室（おづきたかもと），国史，古中，史人（㊶1198年10月29日），諸系，新潮（おづきたかもと　㊶建久9（1198）年10月29日），姓氏京都，日史（㊶建久9（1198）年10月29日），日人，百科，平史（おつきのたかもと），歴大

小槻奉親 おづきのともちか，おつきのともちか
応和3（963）年〜万寿1（1024）年　㊞小槻奉親《おづきともちか》
平安時代中期の官人。
　¶国史，古中，史人，諸系（㊶1025年），新潮（おづきともちか　㊶万寿1（1024）年12月），姓氏京都，日史（㊶万寿1（1024）年？），日人（㊶1025年），百科（㊶万寿1（1024）年？），平史（おつきのともちか）

小槻広房 おづきのひろふさ，おつきのひろふさ
？ 〜建仁2（1202）年　㊞小槻広房《おづきひろふさ》
平安時代後期〜鎌倉時代前期の官人，官務，小槻氏大宮流の祖。
　¶朝日（㊶建仁2年6月15日（1202年7月6日）），鎌室（おづきひろふさ），国史，古中，史人，諸系，新潮（おづきひろふさ　㊶建仁2（1202）年6月15日），日人，平史（おつきのひろふさ）

小槻政重 おづきのまさしげ，おつきのまさしげ
寛治7（1093）年〜天養1（1144）年
平安時代後期の官人。
　¶平史（おつきのまさしげ）

小槻盛仲 おづきのもりなか，おつきのもりなか
？ 〜保安3（1122）年
平安時代後期の官人。
　¶平史（おつきのもりなか）

小槻山今雄 おづきのやまのいまお
→小槻今雄（おづきのいまお）

小槻以寧 おづきのりやす
寛政5（1793）年〜弘化4（1847）年4月6日　㊞小槻以寧《おづきしげやす》

江戸時代後期の公家 (左大史, 非参議)。弘化4年
従三位に叙され、弾正大弼に任ぜられる。
¶公卿, 公家 (以寧〔壬生家〕 しげやす), 国書
(おづきしげやす ⊕寛政5 (1793) 年7月17日)

小槻晴富 おづきはれとみ
→壬生晴富 (みぶはれとみ)

小槻秀氏 おづきひでうじ
? 〜正応5 (1292) 年1月26日
鎌倉時代後期の公家。
¶国書

小槻秀興 おづきひでおき
文化8 (1811) 年2月21日〜?
江戸時代後期の公家。
¶国書

小槻雅久 おづきまさひさ
→壬生雅久 (みぶまさひさ)

小槻盈春 おづきみつはる
宝永7 (1710) 年〜宝暦9 (1759) 年9月14日
江戸時代中期の公家 (左大史,非参議)。宝暦9年
従三位に叙される。
¶公卿, 公家 (盈春〔壬生家〕 みつはる), 国書
(⊕宝永7 (1710) 年10月21日)

小槻于恒 おづきゆきつね
明応4 (1495) 年〜天文11 (1542) 年11月11日
戦国時代の公家。
¶国書

小槻于宣 おづきゆきのぶ
? 〜元亨3 (1323) 年
鎌倉時代後期の公家・連歌作者。
¶国書

小槻敬義 おづきゆきよし
宝暦7 (1757) 年〜享和1 (1801) 年 ⊛壬生敬義
《みぶゆきよし》
江戸時代中期〜後期の公家。
¶国書 (⊕宝暦7 (1757) 年9月1日 ⊗享和1
(1801) 年8月13日), 諸系 (壬生敬義 みぶゆ
きよし)

緒継女王 おつぐじょおう
延暦6 (787) 年〜承和14 (847) 年 ⊛緒継女王《お
つぐにょおう》
平安時代前期の女性王族。淳和天皇の後宮。
¶女性 (⊗承和14 (847) 年11月7日), 人名 (おつ
ぐにょおう), 日人, 平史

緒継女王 おつぐにょおう
→緒継女王 (おつぐじょおう)

弟苅幡戸辺 おとかりはたとべ
上代の女性。垂仁天皇の妃。
¶女性

弟財郎女 おたからのいらつめ
上代の女性。成務天皇の妃。
¶女性

弟野王 おとのおう
宝亀3 (772) 年〜天長10 (833) 年
奈良時代〜平安時代前期の官人。
¶平史

弟彦王 おとひこおう
⊛弟彦王《おとひこのおおきみ》
上代の皇族。忍熊王・香坂王の反乱を鎮圧した伝
承がある。
¶岡山人, 岡山歴 (おとひこのおおきみ)

弟彦王 おとひこのおおきみ
→弟彦王 (おとひこおう)

音仁親王 おとひとしんのう
享保14 (1729) 年〜宝暦5 (1755) 年
江戸時代中期の有栖川宮職仁親王の第1王子。
¶諸系, 人名, 日人

弟姫 おとひめ
上代の女性。応神天皇の妃。
¶女性, 日人

弟媛(1) おとひめ
上代の女性。応神天皇の妃。
¶女性

弟媛(2) おとひめ
上代の女性。八坂入彦皇子の娘。
¶女性

弟媛(3) おとひめ
上代の女性。仲哀天皇の妃。
¶女性, 日人

弟媛(4) おとひめ
上代の女性。反正天皇の妃。
¶女性, 日人

乙姫宮 おとひめのみや
→高松院 (たかまついん)

音羽正彦 おとわただひこ
大正3 (1914) 年1月5日〜昭和19 (1944) 年2月6日
昭和期の元皇族、軍人。朝香宮鳩彦王の第2皇子
で朝香宮正彦王と呼ばれた。臣籍降下で音羽侯爵
家を創設。
¶陸海

小甂媛 おなべひめ
上代の女性。応神天皇の妃。
¶女性

小野田守 おぬのたもり
→小野田守 (おののたもり)

小野綱手 おぬのつなで
→小野綱手 (おののつなで)

小野氏淡理 おのうじのたもり
奈良時代の官人。万葉歌人。
¶万葉

小野東人 おののあずまひと

？ ～天平勝宝9（757）年　[別]小野朝臣東人《おののあそんあずまひと》,小野東人《おののあずまんど》

奈良時代の官人。橘奈良麻呂の乱に参加し死亡。

¶朝日（[没]天平勝宝9（757）年7月），古代（小野朝臣東人　おののあそんあずまひと），コン改（おののあずまんど），コン4（おののあずまんど），新潮（おののあずまんど　[没]天平宝字1（757）年7月），人名（おののあずまんど），日人

小野東人 おののあずまんど

→小野東人（おののあずまひと）

小野有隣 おののありちか

？ ～久安5（1149）年

平安時代後期の明法博士。

¶人名，日人，平史

小野妹子 おののいもこ

生没年不詳　[別]小野臣妹子《おののおみいもこ》，小野妹子《おのいもこ》,蘇因高《そいんこう》

飛鳥時代の遣隋使。有名な「日出づる処の天子」なる国書を隋の煬帝に上表。翌年再度隋にわたる。

¶朝日，岩史，角史，郷土滋賀，国史，古史，古代（小野臣妹子　おののおみいもこ），古中，コン改，コン4，滋賀百，史人，重要，諸系，人書94（おのいもこ），新潮，人名，世人，世百，全書，大百，伝記，日史，日人，百科，仏教，歴大

小野石雄 おののいわお

生没年不詳

平安時代前期の武人、官人。

¶平史

小野石根 おののいわね

？ ～宝亀9（778）年　[別]小野朝臣石根《おののあそんいわね》

奈良時代の官人、遣唐副使。

¶朝日（[没]宝亀9（778）年11月），古代（小野朝臣石根　おののあそんいわね），コン改，コン4，史人（[没]778年11月），人名，日人

小野馬養 おののうまかい

[別]小野朝臣馬養《おののあそんうまかい》

飛鳥時代～奈良時代の官人。

¶古代（小野朝臣馬養　おののあそんうまかい），日人（生没年不詳）

小野毛人 おののえみし

？ ～天武6（677）年　[別]小野朝臣毛人《おののあそんえみし》

飛鳥時代の官人。天武天皇に仕えた。

¶朝日，角史，京都大，古史（生没年不詳），古代（小野朝臣毛人　おののあそんえみし），コン改，コン4，諸系，新潮，姓氏京都，日人

小野老 おののおゆ

？ ～天平9（737）年　[別]小野朝臣老《おののあそみおゆ,おののあそんおゆ》

飛鳥時代～奈良時代の官人、万葉歌人。

¶朝日（[没]天平9（737）年6月），角史，古史，古代（小野朝臣老　おののあそんおゆ），コン改，コン4，詩歌（[生]689年），史人（[没]737年6月11日），新潮（[没]天平9（737）年6月11日），人名（[生]689年），世人（[生]持統3（689）年），全書，大百，日史，日人，百科，福岡百（[没]天平9（737）年6月11日），万葉（小野朝臣老　おののあそみおゆ），和俳

小野毛野 おののけぬ

？ ～和銅7（714）年　[別]小野朝臣毛野《おののあそんけの》,小野毛野《おののけの》

飛鳥時代の廷臣（中納言）。小治田朝大徳冠小野妹子の孫。

¶朝日（[没]和銅7（714）年4月），公卿（おののけの　[没]和銅7（714）年4月1日），古代（小野朝臣毛野　おののあそんけの），コン改，コン4，諸系，人名，姓氏京都（おののけの），日人

小野毛野 おののけの

→小野毛野（おののけぬ）

小野皇后 おののこうごう

→藤原歓子（ふじわらのかんし）

小野貞樹 おののさだき

生没年不詳　[別]小野貞樹《おのさだき》

平安時代前期の公家・歌人。

¶国書（おのさだき），平史，山梨百（おのさだき）

小野滋蔭 おののしげかげ

？ ～寛平8（896）年　[別]小野滋蔭《おのしげかげ》

平安時代前期の公家・歌人。

¶国書（おのしげかげ），平史

小野滋野 おののしげの

生没年不詳　[別]小野朝臣滋野《おののあそんしげの》

奈良時代の官人、第14次遣唐判官。

¶朝日，古代（小野朝臣滋野　おののあそんしげの），コン改，コン4，人名，日人

小野篁 おののたかむら

延暦21（802）年～仁寿2（852）年　[別]小野朝臣篁《おののあそんたかむら》,小野篁《おのたかむら》,野相公《やしょうこう》

平安時代前期の漢学者、歌人、公卿（参議）。征夷副将軍・陸奥介小野永見の孫。

¶朝日（[没]仁寿2年12月22日（853年2月3日）），岩史（[没]仁寿2（852）年12月22日），江戸，角史，京都，京都大，郷土栃木，公卿（[生]延暦20（801）年　[没]仁寿2（851）年12月22日），国史，国書（おのたかむら　[没]仁寿2（852）年12月22日），古史，古代（小野朝臣篁　おののあそんたかむら），古中，コン改，コン4，詩歌，史人（[没]852年12月22日），島根人（[生]延暦22（803）年），島根百，島根歴（おのたかむら），重要（[没]仁寿2（852）年12月22日），諸系（[没]853年），新潮（[生]延暦22（803）年　[没]仁寿2（852）年12月22日），新文，人名，姓氏京都，世人（[没]仁寿2（852）年12月22日），世百，全書，大百，日史（[没]仁寿2（852）年12月22日），日人（[没]853年），百科，福岡百，仏教（[没]仁寿2（852）年12月22

日），文学，平史，歴大，和俳（[没]仁寿2（852）年12月22日）

お

小野滝雄 おののたきお
生没年不詳
平安時代前期の官人。
¶平史

小野田守 おののたもり
生没年不詳　[別]小野朝臣田守《おののあそんたもり》，小野田守《おぬのたもり》
奈良時代の官人、大宰大弐。安禄山の反乱を日本に報告した。
¶朝日，国史，古代（小野朝臣田守　おののあそんたもり），古中，コン改，コン4，史人，新潮，人名（おぬのたもり），日人

小野綱手 おののつなで，おののつなて
[別]小野綱手《おぬのつなで》，小野朝臣綱手《おののあそみつなて，おののあそんつなて》
奈良時代の官人。内蔵頭。
¶人名（おぬのつなで），姓氏群馬（小野朝臣綱手　おののあそんつなて　生没年不詳），日人（生没年不詳），万葉（小野朝臣綱手　おののあそみつなて）

小野恒柯 おののつねえ
→小野恒柯（おののつねえだ）

小野恒柯 おののつねえだ
大同3（808）年～貞観2（860）年　[別]小野恒柯《おののつねえ》，小野朝臣恒柯《おののあそんつねえだ》
平安時代前期の官人、書家。
¶朝日（[没]貞観2年5月18日（860年6月10日）），国史，古代（小野朝臣恒柯　おののあそんつねえだ），古中，コン改（[生]延暦21（802）年），コン4（[生]延暦21（802）年），史人（[没]860年5月18日），諸系，新潮（[没]貞観2（860）年5月18日），人名，日人，平史（おののつねえ）

小野道風 おののとうふう
→小野道風（おののみちかぜ）

小野俊生 おののとしなり
生没年不詳
平安時代前期の官吏。
¶諸系，日人

小野永見 おののながみ
生没年不詳　[別]小野永見《おのながみ》，小野朝臣永見《おののあそんながみ》
奈良時代の官人。
¶国書（おのながみ），古代（小野朝臣永見　おののあそんながみ），諸系，日人

小野春泉 おののはるいずみ
[別]小野朝臣春泉《おののあそんはるいずみ》
平安時代前期の官人、武将。
¶古代（小野朝臣春泉　おののあそんはるいずみ），日人（生没年不詳）

小野春枝 おののはるえだ
生没年不詳
平安時代前期の官人。
¶平史

小野春風 おののはるかぜ
生没年不詳　[別]小野春風《おのはるかぜ》，小野朝臣春風《おののあそんはるかぜ》
平安時代前期の武官、鎮守将軍。
¶秋田百，朝日，国史，国書（おのはるかぜ），古代（小野朝臣春風　おののあそんはるかぜ），古中，コン改，コン4，埼玉百（おのはるかぜ），史人，新潮，人名，世人，日人，平史，歴大，和俳

小野文義 おののふみよし
生没年不詳
平安時代中期の外記局の官人。
¶平史

小野当岑 おののまさみね
[別]小野朝臣当岑《おののあそんまさみね》
平安時代前期の学者、官人。
¶古代（小野朝臣当岑　おののあそんまさみね）

小野道風 おののみちかぜ
寛平6（894）年～康保3（966）年　[別]小野道風《おののとうふう，おのみちかぜ》
平安時代中期の能書家、貴族。和様の開祖。
¶愛知百（おののとうふう），朝日（[没]康保3年12月27日（967年2月9日）），岩史（[没]康保3（966）年12月27日），角史，教育（おののとうふう　[没]964年），京都，京都大，国史，国書（おのみちかぜ　[没]康保3（966）年12月27日），古史，古中，コン改，コン4，茶道（おののとうふう），史人（[没]966年12月27日），重要（おののとうふう），諸系（[没]967年），人書94（おのみちかぜ），新潮（[没]康保3（966）年12月27日），人名（おののとうふう　[没]983年），姓氏愛知（おのみちかぜ），姓氏京都，世人（[没]康保3（966）年12月27日），世百（おののとうふう），全書（おののとうふう），大百（おののとうふう　[生]896年），伝記（おののとうふう），日史（おののとうふう　[没]康保3（966）年12月27日），日人（[没]967年），美術（おののとうふう），百科（おののとうふう），平史，歴大

小野岑守（小野峯守） おののみねもり
宝亀9（778）年～天長7（830）年　[別]小野朝臣岑守《おののあそんみねもり》，小野岑守《おのみねもり》
平安時代前期の文学者、公卿（参議）。征夷副将軍・陸奥介小野永見の三男。
¶朝日（[没]天長7年4月19日（830年5月14日）），角史，公卿（小野峯守　[没]天長7（830）年4月19日），国史，国書（おのみねもり　[没]天長7（830）年4月19日），古史，古代（小野朝臣岑守　おののあそんみねもり），古中，コン改，コン4，詩歌，史人（[没]830年4月19日），諸系，新潮（[没]天長7（830）年4月19日），人名，世人（[没]天長7（830）年4月19日），世百，全書，日史（[没]天長7（830）年4月19日），日人，百科，福岡百，

平史，歴大，和俳（[没]天長7（830）年4月19日）

小野宮実資　おののみやさねすけ
→藤原実資（ふじわらのさねすけ）

小野宮実頼　おののみやさねより
→藤原実頼（ふじわらのさねより）

小野宮通俊　おののみやみちとし
生没年不詳
鎌倉時代の公家。
¶北条

小野守経　おののもりつね
生没年不詳
平安時代中期の伊賀守。
¶平史

小野美材（小野義材）　おののよしき
？　～延喜2（902）年　[別]小野朝臣美材《おののあそんよしき》，小野美材《おのよしき》
平安時代前期～中期の文人、能書家。「古今和歌集」に2首。
¶朝日，国史，国書（おのよしき），古代（小野朝臣美材　おののあそんよしき），古中，コン改，コン4，史人，諸系，新潮，人名（小野義材），日人，平史，和俳

小野好古　おののよしふる
元慶8（884）年～安和1（968）年　[別]小野好古《おのよしふる》
平安時代中期の武将、公卿（参議）。参議小野篁の孫。藤原純友の乱では追捕。
¶朝日（[没]安和1年2月14日（968年3月15日）），岡山人（おのよしふる），岡山百，角史，京都大，公卿（[生]元慶8（877）年　[没]康保5（968）年2月14日），国史，国書（おのよしふる　[没]康保5（968）年2月14日），古史，古中，コン改，コン4，史人（[没]968年2月14日），重要（[没]安和1（968）年2月14日），諸系，新潮（[没]安和1（968）年2月14日），人名（[生]？），姓氏京都，世人（[没]安和1（968）年2月14日），世百，全書，大百，日史（[没]安和1（968）年2月14日），日人，百科，平史，歴大

小野久明　おのひさあき
安永4（1775）年9月6日～文政13（1830）年6月11日
江戸時代中期～後期の公家。
¶国書

小野久勝　おのひさかつ
寛永18（1641）年11月9日～元禄4（1691）年2月21日
江戸時代前期～中期の公家。
¶国書

小野雅胤　おのまさたね
延享4（1747）年～文政12（1829）年7月19日　[別]小野雅胤《おののまさたね》
江戸時代中期～後期の公家（非参議・伏見宮家諸大夫）。父は日向守従五位下小野雅見。文政10年従三位に叙される。
¶公卿（おののまさたね），公家（雅胤〔伏見宮家諸大夫 田中家（小野氏）〕　まさたね）

小長谷女王　おはせのじょおう
？　～天平神護3（767）年
奈良時代の女官。刑部親王の王女。
¶女性（[没]天平神護3（767）年1月8日），日人

小泊瀬稚鷦鷯尊　おはつせのわかさざきのみこと
→武烈天皇（ぶれつてんのう）

小墾田皇女　おはりだのこうじょ
→小墾田皇女（おわりだのひめみこ）

小治田女王　おはりだのじょおう
生没年不詳
奈良時代の女王。系譜不詳。
¶女性

小墾田皇女　おはりだのひめみこ
→小墾田皇女（おわりだのひめみこ）

小治田安麻呂（小治田安万侶）　おはりだのやすまろ
？　～天平1（729）年　[別]小治田朝臣安麻呂《おはりだのあそんやすまろ》，小治田安万侶《おはりだのやすまろ》
飛鳥時代～奈良時代の官人。
¶古史（小治田安万侶），古代（小治田朝臣安麻呂　おはりだのあそんやすまろ），日人

首皇子　おびとのおうじ
→聖武天皇（しょうむてんのう）

首皇子　おびとのみこ
→聖武天皇（しょうむてんのう）

凡河内躬恒　おほしこうちのみつね
→凡河内躬恒（おおしこうちのみつね）

乎麻呂古王　おまろこのみこ
飛鳥時代の用明天皇の皇子。
¶古代

麻績王（麻続王）　おみおう
→麻績王（おみのおおきみ）

童女君　おみなぎみ
[別]童女君《おんなぎみ》
上代の女性。雄略天皇の妃。
¶古代，女性（おんなぎみ　生没年不詳），日人

老名子郎女　おみなこのいらつめ
→老女子夫人（おみなごのおおとじ）

老女子夫人　おみなごのおおとじ
[別]春日老名子《かすがのおみなこ》，老女子郎女《おんなごのいらつめ》，老名子郎女《おみなこのいらつめ》
飛鳥時代の女性。敏達天皇の妃。
¶女性（老女子郎女　おんなごのいらつめ　生没年不詳），人名（春日老名子　かすがのおみなこ），人名（老名子郎女　おみなこのいらつめ），日人（生没年不詳）

か

麻績娘子　おみのいらつこ
→麻績娘子(おみのいらつめ)

麻績娘子　おみのいらつめ
[別]麻績娘子《おみのいらつこ》
飛鳥時代の女性。継体天皇の妃。
¶女性，人名(おみのいらつこ)，日人(生没年不詳)

麻績王(麻続王)　おみのおおきみ，おみのおおぎみ
生没年不詳　[別]麻績王《おみおう，おみのおおぎみ》，麻続王《おみおう，おみのおおきみ，おみのおおぎみ》
奈良時代の天武朝の皇族。出自は諸説あり。流罪となったといわれる。
¶朝日(おみおう)，国史(麻続王　おみおう)，古史(おみおう)，古代，古中(麻続王　おみおう)，コン改(麻続王)，コン4(麻続王)，史人(麻続王　おみおう)，新潮(麻続王　おみおう)，人名(おみのおおぎみ)，日史(おみおう)，日人(麻続王)，百科，万葉

小家内親王　おやけないしんのう
生没年不詳　[別]小家内親王《こやけのないしんのう》
奈良時代の女性。舎人親王の孫。菅生王との姦通事件で除籍されたという。
¶朝日，女性(こやけのないしんのう)，日人

織子女王　おりすじょおう
安永9(1780)年〜寛政8(1796)年
江戸時代後期の有栖川宮織仁親王の第1王女。
¶人名，日人

織仁親王　おりひとしんのう
宝暦3(1753)年〜文政3(1820)年
江戸時代後期の皇族。有栖川宮第6代。
¶国書([生]宝暦4(1754)年7月2日　[没]文政3(1820)年2月20日)，諸系，人名，日人

小和田雅子　おわだまさこ
→皇太子妃雅子(こうたいしひまさこ)

小治田有秋　おわりだのありあき
？〜天禄1(970)年
平安時代中期の官人、楽人。
¶平史

小墾田皇女　おわりだのおうじょ
→小墾田皇女(おわりだのひめみこ)

小墾田皇女(小懇田皇女)　おわりだのひめみこ
生没年不詳　[別]小墾田皇女《おはりだのこうじょ，おはりだのひめみこ，おわりだのおうじょ》
飛鳥時代の女性。敏達天皇の皇女。
¶朝日(おはりだのひめみこ)，コン改(小懇田皇女)，コン4(小懇田皇女)，女性(おはりだのこうじょ)，新潮，日人(おわりだのおうじょ)

小治田広瀬王　おわりだのひろせのおおきみ
→広瀬王(ひろせおう)

尾張大海媛　おわりのおおあまひめ
→尾張大海媛(おわりのおおしあまひめ)

尾張大海媛　おわりのおおしあまひめ
[別]葛城高名姫《かつらぎのたかなひめ》，尾張大海媛《おわりのおおあまひめ》
上代の女性。崇神天皇の妃。
¶女性，人名(おわりのおおあまひめ)，姓氏愛知(生没年不詳)，日人

尾張兼時　おわりのかねとき
生没年不詳
平安時代中期の官人。
¶平史

尾張女王　おわりのじょおう
生没年不詳　[別]尾張女王《おわりじょおう》
奈良時代の女性。光仁天皇の皇子湯原親王の王女。
¶女性，日人，平史(おわりじょおう)

尾張浜主　おわりのはまぬし
天平5(733)年〜？　[別]尾張連浜主《おわりのむらじはまぬし》
奈良時代〜平安時代前期の雅楽演奏者。舞の名人。
¶朝日(生没年不詳)，芸能(生没年不詳)，国史，古代(尾張連浜主　おわりのむらじはまぬし)，古中，コン改，コン4，史人，新潮，人名，姓氏愛知(尾張連浜主　おわりのむらじはまぬし　[生]733年？)，姓氏京都，世人(生没年不詳)，世百([生]732年　[没]846年)，全書([生]732年，(異説)733年　[没]846年？)，大百，日音([生]天平5(733)年？)，日史，日人，百科，平史，歴大(生没年不詳)

童女君　おんなぎみ
→童女君(おみなぎみ)

老女子郎女　おんなごのいらつめ
→老女子夫人(おみなごのおおとじ)

陰明門院　おんめいもんいん
文治1(1185)年〜寛元1(1243)年　[別]藤原麗子《ふじわらのれいこ，ふじわらのれいし，ふじわられいし》
鎌倉時代前期の女性。土御門天皇の中宮。
¶朝日([没]寛元1年9月18日(1243年11月1日))，鎌室，コン改，コン4，諸系，女性([没]寛元1(1243)年9月18日)，新潮([没]寛元1(1243)年9月18日)，人名，日人

【か】

海覚親王　かいかくしんのう
→海覚法親王(かいかくほうしんのう)

海覚法親王　かいかくほうしんのう
明応8(1499)年〜享禄4(1531)年11月9日　[別]海覚《かいかく》，海覚親王《かいかくしんのう》
戦国時代の真言宗の僧。伏見宮邦高親王の王子。
¶国書(海覚親王　かいかくしんのう)，人名，日

人，仏教（海覚　かいかく）

開化天皇　かいかてんのう
[別]稚日本根子彦大日日尊《わかやまねこひこおおひひのみこと》
上代の第9代の天皇。
¶朝日，国史，古史，古代，古中，コン改，コン4，史人，重要（生没年不詳），諸系，新潮，人名，世人，全書，大百，日史，日人，歴大

誨子内親王　かいしないしんのう
？ ～天暦6（952）年　[別]誨子内親王《のりこないしんのう》
平安時代中期の女性。宇多天皇の第7皇女。
¶女性（[没]天暦6（952）年12月14日），人名，日人（[没]953年），平史（のりこないしんのう）

愷子内親王　がいしないしんのう
建長1（1249）年～弘安7（1284）年
鎌倉時代後期の女性。後嵯峨天皇の第2皇女。
¶鎌室，女性（[没]弘安7（1284）年8月15日），神人，人名，日人

海住山高清　かいじゅせんたかきよ
→海住山高清（うつやまたかきよ）

開明門院　かいめいもんいん
享保2（1717）年～寛政1（1789）年　[別]藤原定子《ふじわらのさだこ》
江戸時代中期の女性。桃園天皇の生母、桜町天皇の宮人。
¶朝日（[生]享保2年7月18日（1717年8月23日）[没]寛政1年9月22日（1789年11月9日）），角史，近世，国史，コン改（[生]享保3（1718）年），コン4（[生]享保3（1718）年），史人（[生]1717年7月18日 [没]1789年9月22日），諸系，女性（[生]享保2（1717）年7月18日　[没]寛政1（1789）年9月22日），新潮（[生]享保3（1718）年7月18日　[没]寛政1（1789）年9月22日），人名（[生]1718年　[没]1790年），日人

海門承朝　かいもんじょうちょう
文中3/応安7（1374）年～嘉吉3（1443）年　[別]海門《かいもん》
室町時代の臨済宗の僧。長慶天皇の皇子。
¶人名（海門　かいもん），日人，仏教（[没]嘉吉3（1443）年5月9日）

馨子内親王　かおるこないしんのう
→馨子内親王（けいしないしんのう）

鏡王　かがみのおう
生没年不詳　[別]鏡王《かがみのおおきみ》
飛鳥時代の王族。額田王の父。
¶古史（かがみのおおきみ），古代，日人

鏡王女　かがみのおうじょ
→鏡王女（かがみのおおきみ）

鏡王　かがみのおおきみ
→鏡王（かがみのおう）

鏡王女（鏡女王，鏡姫王，鏡姫臣）**かがみのおおきみ**
？ ～天武天皇12（683）年7月5日　[別]鏡王女《かがみおうじょ，かがみのおうじょ，かがみのみこ》，鏡女王《かがみのじょおう》
飛鳥時代の女性。万葉歌人。藤原鎌足の正室。
¶朝日（鏡姫王　[没]天武12年7月5日（683年8月2日）），国史（鏡女王　かがみのじょおう），国書（かがみおうじょ），古史（かがみのみこ），古代（鏡姫王），古中（鏡女王　かがみのじょおう），コン改（鏡姫王），コン4（鏡姫臣），詩歌，史人（鏡女王），女性（かがみのおうじょ），新潮（鏡女王　かがみのじょおう），人名（鏡女王），全書，大百（[没]684年），日史（かがみのおうじょ），日人（鏡女王　かがみのじょおう），百科，万葉，和俳

鏡女王　かがみのじょおう
→鏡王女（かがみのおおきみ）

鏡王女　かがみのみこ
→鏡王女（かがみのおおきみ）

香香有媛　かかりひめ，かがりひめ
生没年不詳
上代の女性。安閑天皇の妃。
¶諸系，女性（かがりひめ），日人

鉤取王　かぎとりおう
？ ～天平1（729）年
飛鳥時代～奈良時代の長屋王の子。
¶人名，日人

柿本猨　かきのもとのさる
？ ～和銅1（708）年　[別]柿本臣猨《かきのもとのおみさる》
飛鳥時代の官人。
¶古代（柿本臣猨　かきのもとのおみさる），日人

嘉喜門院　かきもんいん
生没年不詳　[別]藤原勝子《ふじわらしょうし，ふじわらのしょうし》
南北朝時代の女性。後村上天皇の女御、長慶天皇・後亀山天皇の母。
¶朝日，鎌室，国史，国書，古中，コン改，コン4，史人，女性，新潮，人名，世人，日人，和俳

雅慶　がきょう
→雅慶（がけい）

覚胤親王　かくいんしんのう
→覚胤入道親王（かくいんにゅうどうしんのう）

覚胤入道親王　かくいんにゅうどうしんのう
寛正6（1465）年～天文10（1541）年　[別]覚胤親王《かくいんしんのう》，覚胤法親王《かくいんほうしんのう》
戦国時代の伏見宮貞常親王の第7王子。
¶国書（覚胤親王　かくいんしんのう　[没]天文10（1541）年1月26日），人名（覚胤法親王　かくいんほうしんのう），日人

覚胤法親王　かくいんほうしんのう
→覚胤入道親王（かくいんにゅうどうしんのう）

覚雲親王　かくうんしんのう
→覚雲法親王（かくうんほうしんのう）

覚雲法親王　かくうんほうしんのう
文永9（1272）年～元亨3（1323）年10月18日　[別]覚雲《かくうん》，覚雲親王《かくうんしんのう》，覚雲法親王《かくうんほっしんのう》
鎌倉時代後期の天台宗の僧（天台座主）。亀山天皇の皇子。
¶鎌室（かくうんほっしんのう），国書（覚雲親王　かくうんしんのう），人名，日人，仏教（覚雲　かくうん）

覚恵　かくえ
平安時代後期の僧。崇徳天皇の第2皇子。
¶鎌室（生没年不詳），人名

覚叡法親王　かくえいほうしんのう
*～天授3/永和3（1377）年
南北朝時代の後光厳院の皇子。
¶人名（[生]？），日人（[生]1361年）

覚恵法親王　かくえほうしんのう
建保5（1217）年～？　[別]覚恵法親王《かくえほっしんのう》
鎌倉時代前期の順徳天皇の皇子。
¶鎌室（かくえほっしんのう），人名，日人

覚円法親王　かくえんほうしんのう
寛正2（1461）年～永正10（1513）年　[別]常信親王《じょうしんしんのう，つねのぶしんのう》
戦国時代の伏見宮貞常親王の第4王子。
¶国書（常信親王　じょうしんしんのう　[没]永正10（1513）年8月28日），人名，日人

覚音女王　かくおんじょおう
永正3（1506）年～？　[別]覚音女王《かくおんにょおう》
戦国時代の女性。後柏原天皇の第2皇女。
¶女性（[生]永正3（1506）年5月21日），人名（かくおんにょおう），日人

覚音女王　かくおんにょおう
→覚音女王（かくおんじょおう）

覚快法親王　かくかいほうしんのう
長承3（1134）年～養和1（1181）年　[別]覚快《かっかい》，覚快法親王《かくかいほっしんのう，かっかいほっしんのう》
平安時代後期の天台宗の僧（天台座主）。鳥羽上皇の第7皇子。
¶朝日（かくかいほっしんのう　[没]養和1年11月16日（1181年12月23日）），岩史（かっかいほっしんのう　[没]養和1（1181）年11月6日），鎌室（かくかいほっしんのう），国史（かっかいほっしんのう），古中（かっかいほっしんのう），コン改，コン4，史人（かっかいほっしんのう　[没]1181年11月6日），諸系，新潮（かくかいほっしんのう　[没]養和1（1181）年11月6日），人名，日人，仏教（覚快　かっかい　[没]養和1（1181）年11月6日），仏史（かっかいほっしんのう），平史

覚行親王　かくぎょうしんのう
→覚行法親王（かくぎょうほうしんのう）

覚行法親王　かくぎょうほうしんのう
承保2（1075）年～長治2（1105）年　[別]覚行《かくぎょう》，覚行親王《かくぎょうしんのう》，覚行法親王《かくぎょうほっしんのう，かくこうほっしんのう》，中御室《なかのおむろ》
平安時代後期の白河天皇の第3皇子。法親王の初例。
¶朝日（かくぎょうほっしんのう　[生]承保2（1075）年4月　[没]長治2年11月18日（1105年12月26日）），国史（かくぎょうほっしんのう），国書（覚行親王　かくぎょうしんのう　[生]承保2（1075）年4月　[没]長治2（1105）年11月18日），古史（かくぎょうほっしんのう），古中（かくぎょうほっしんのう），コン改（[没]長治1（1104）年），コン4，史人（かくぎょうほっしんのう　[生]1075年4月　[没]1105年11月18日），諸系，新潮（かくこうほっしんのう　[生]承保2（1075）年4月　[没]長治2（1105）年11月18日），人名，姓氏京都（かくぎょうほっしんのう），日史（かくぎょうほっしんのう　[生]承保2（1075）年4月　[没]長治2（1105）年11月18日），日人，仏教（覚行　かくぎょう　[生]承保2（1075）年4月　[没]長治2（1105）年11月18日），仏史（かくぎょうほっしんのう），平史

覚源　かくげん
長保2（1000）年～治暦1（1065）年
平安時代中期の真言宗の僧。花山天皇の皇子。
¶国書（[没]治暦1（1065）年8月18日），コン改，コン4，新潮（[没]治暦1（1065）年8月16日，（異説）8月18日，7月17日），人名，日人，仏教（[生]長保1（999）年　[没]治暦1（1065）年8月18日），平史

覚行法親王　かくこうほっしんのう
→覚行法親王（かくぎょうほうしんのう）

覚子内親王　かくこないしんのう
→正親町院（おおぎまちいん）

覚子内親王　かくしないしんのう
→正親町院（おおぎまちいん）

覚俊　かくしゅん
生没年不詳
平安時代中期～後期の真言宗の僧。清仁親王の子、花山天皇の孫。
¶国書

覚恕　かくじょ
大永1（1521）年～天正2（1574）年　[別]覚恕法親王《かくじょほうしんのう》
戦国時代～安土桃山時代の天台宗の僧（天台座主）。後奈良天皇の子。
¶朝日（[生]大永1年12月18日（1522年1月15日）　[没]天正2年1月3日（1574年1月25日）），国史，国書（[生]大永1（1521）年12月12日　[没]天正2（1574）年1月3日），古中，史人（[生]1521年12月18日　[没]1574年1月3日），諸系（覚恕法親王　かくじょほうしんのう　[生]1522年），新潮

（㊌大永1(1521)年12月18日　㊥天正2(1574)年1月3日），人名（㊌1515年），日人（覚恕法親王　かくじょほうしんのう　㊌1522年），仏教（㊌永正12(1515)年　㊥天正2(1574)年1月3日，〔異説〕天正20(1592)年1月3日），仏史

覚証　かくしょう
平安時代中期の三条天皇皇孫、敦儀親王の王子。
¶人名

覚性親王　かくしょうしんのう
→覚性入道親王（かくしょうにゅうどうしんのう）

覚性入道親王　かくしょうにゅうどうしんのう
大治4(1129)年〜嘉応1(1169)年　㊙覚《かくしょう》,覚性親王《かくしょうしんのう》,覚性法親王《かくしょうほうしんのう、かくしょうほっしんのう》
平安時代後期の真言宗の僧。初代総法務。鳥羽天皇の第5皇子。
¶朝日（覚性法親王　かくしょうほっしんのう　㊌大治4年7月20日(1129年9月5日)　㊥嘉応1年12月11日(1169年12月30日)），岩史（㊌大治4(1129)年7月20日　㊥嘉応1(1169)年12月11日），芸能（覚性法親王　かくしょうほうしんのう　㊥嘉応1(1169)年12月11日），国史,国書（覚性親王　かくしょうしんのう　㊌大治4(1129)年7月20日　㊥嘉応1(1169)年12月11日），古中,コン改（覚性法親王　かくしょうしんのう），コン4（覚性法親王　かくしょうほうしんのう），史人（㊌1129年閏7月20日　㊥1169年12月11日），諸系,新潮（㊌大治4(1129)年7月20日　㊥嘉応1(1169)年12月11日），人名（覚性法親王　かくしょうほうしんのう），姓氏京都（覚性法親王　かくしょうほっしんのう），世人（覚性法親王　かくしょうしんのう），日音（覚性　かくしょう　㊌大治4(1129)年7月25日　㊥嘉応1(1169)年12月11日），日人,仏教（覚性　かくしょう　㊌大治4(1129)年閏7月20日　㊥嘉応1(1169)年12月11日），仏史,仏人（覚性　かくしょう），平史（覚性法親王　かくしょうほうしんのう）

覚性法親王　かくしょうほうしんのう
→覚性入道親王（かくしょうにゅうどうしんのう）

覚助親王　かくじょしんのう
→覚助法親王（かくじょほうしんのう）

覚助法親王　かくじょほうしんのう
宝治1(1247)年〜延元1/建武3(1336)年9月17日　㊙覚助《かくじょ》,覚助親王《かくじょしんのう》,覚助法親王《かくじょほっしんのう》
鎌倉時代後期〜南北朝時代の真言宗の僧。後嵯峨天皇の第1皇子。
¶鎌室（覚助親王　かくじょしんのう　㊥建長2(1250)年），諸系,新潮（かくじょしんのう），人名（㊌1250年），日人,仏教（覚助　かくじょ　㊥建長2(1250)年）

覚恕法親王　かくじょほうしんのう
→覚恕（かくじょ）

覚真　かくしん
→藤原長房[(2)]（ふじわらのながふさ）

覚深親王　かくじんしんのう
→覚深入道親王（かくじんにゅうどうしんのう）

覚深入道親王　かくじんにゅうどうしんのう
天正16(1588)年〜慶安1(1648)年　㊙覚深《かくじん》,覚深親王《かくじんしんのう》,覚深法親王《かくしんほうしんのう、かくしんほっしんのう》,良仁《りょうにん》,良仁親王《かたひとしんのう》
江戸時代前期の真言宗の僧（仁和寺第21代門跡）。後陽成天皇の第1皇子。
¶近世,国史,国書（覚深親王　かくじんしんのう　㊌天正16(1588)年4月5日　㊥正保5(1648)年閏1月21日），コン改（覚深法親王　かくしんほうしんのう），コン4（覚深法親王　かくしんほうしんのう），史人（㊌1588年5月5日　㊥1648年閏1月21日），諸系,新潮（㊌天正16(1588)年5月5日　㊥慶安1(1648)年閏1月21日），人名（覚深親王　かくしんほっしんのう），姓氏京都（覚深法親王　かくしんほっしんのう），戦人（覚深　かくじん），日人,仏教（覚深　かくじん　㊌天正16(1588)年5月29日　㊥正保5(1648)年閏1月21日）

覚深法親王　かくしんほうしんのう
→覚深入道親王（かくじんにゅうどうしんのう）

覚増親王　かくぞうしんのう
→覚増法親王（かくぞうほうしんのう）

覚増法親王　かくぞうほうしんのう
正平18/貞治2(1363)年〜元中7/明徳1(1390)年　㊙覚増親王《かくぞうしんのう》,覚増法親王《かくぞうほっしんのう》
南北朝時代の僧。後光厳院の皇子。
¶鎌室（かくぞうほっしんのう），国書（覚増法親王　かくぞうしんのう　㊥明徳1(1390)年11月19日），人名,日人

覚鎮女王　かくちんじょおう
文明18(1486)年12月27日〜天文19(1550)年　㊙覚鎮《かくちんにょおう》
戦国時代の女性。後柏原天皇の第1皇女。
¶女性（㊥天文19(1550)年9月26日），人名（かくちんにょおう），日人（㊌1487年）

覚鎮女王　かくちんにょおう
→覚鎮女王（かくちんじょおう）

覚亭女王　かくていじょおう
生没年不詳
戦国時代の女性。後柏原天皇の皇女。
¶女性

覚道親王　かくどうしんのう
→覚道法親王（かくどうほうしんのう）

覚道法親王　かくどうほうしんのう
明応9(1500)年8月11日〜大永7(1527)年10月23日　㊙覚道《かくどう》,覚道親王《かくどうしんのう》

戦国時代の真言宗の僧(仁和寺19世)。後柏原天皇第3皇子。
¶国書(覚道親王　かくどうしんのう), 人名, 日人, 仏教(覚道　かくどう)

覚仁親王 かくにんしんのう
→覚仁法親王(かくにんほうしんのう)

か

覚仁入道親王 かくにんにゅうどうしんのう
享保17(1732)年～宝暦4(1754)年　[別]敬典親王《ゆきのりしんのう》
江戸時代中期の有栖川宮職仁親王の第3王子。
¶人名, 人名(敬典親王　ゆきのりしんのう), 日人

覚仁法親王 かくにんほうしんのう
建久9(1198)年～文永3(1266)年　[別]覚仁《かくにん》, 覚仁親王《かくにんしんのう》, 覚仁法親王《かくにんほっしんのう》
鎌倉時代前期の園城寺長吏。後鳥羽天皇の皇子。
¶岡山人, 岡山歴([生]承元1(1207)年　[没]文永3(1266)年3月28日), 鎌室(かくにんほっしんのう), 国書(覚仁親王　かくにんしんのう　[没]文永3(1266)年4月12日), 人名, 日人, 仏教(覚仁　かくにん　[没]文永3(1266)年4月12日)

覚法親王 かくほうしんのう
→覚法法親王(かくほうほうしんのう)

覚法法親王 かくほうほうしんのう
寛治5(1091)年～仁平3(1153)年　[別]覚法《かくほう》, 覚法親王《かくほうしんのう》, 覚法法親王《かくほうほっしんのう》, 高野御室《こうやおむろ》
平安時代後期の真言宗の僧。白河天皇の第4子。仁和御流の祖。
¶朝日(かくほうほっしんのう　[生]寛治5年12月29日(1092年2月9日)　[没]仁平3年12月6日(1153年12月22日)), 岩史(かくほうほっしんのう　[生]寛治5(1091)年12月29日　[没]仁平3(1153)年12月6日), 国史(かくほうほっしんのう), 国書(覚法親王　かくほうしんのう　[生]寛治5(1091)年12月29日　[没]仁平3(1153)年12月6日), 古中(かくほうほっしんのう), コン改, コン4, 史人(かくほうほっしんのう　[生]1091年12月29日　[没]1153年12月6日), 諸系([生]1092年), 新潮(かくほうほっしんのう　[生]寛治5(1091)年12月29日　[没]仁平3(1153)年12月6日), 人名, 姓氏京都(かくほうほっしんのう), 日人([生]1092年), 仏教(覚法　かくほう　[生]寛治5(1091)年12月29日　[没]仁平3(1153)年12月6日), 仏史(かくほうほっしんのう), 平史, 和歌山人(覚法　かくほう)

迦具夜比売命 かぐやひめのみこと
上代の女性。垂仁天皇の妃。
¶女性, 人名, 日人

覚誉 かくよ
鎌倉時代前期の後鳥羽天皇の皇子。
¶人名

覚誉親王 かくよしんのう
→覚誉入道親王(かくよにゅうどうしんのう)

覚誉入道親王 かくよにゅうどうしんのう
元応2(1320)年～弘和2/永徳2(1382)年5月28日　[別]覚誉《かくよ》, 覚誉親王《かくよしんのう》, 覚誉法親王《かくよほうしんのう, かくよほっしんのう》
南北朝時代の僧。花園天皇の第1皇子。
¶鎌室(覚誉法親王　かくよほっしんのう), 国書(覚誉親王　かくよしんのう), 人名(覚誉法親王　かくよほうしんのう), 日人, 仏教(覚誉　かくよ)

覚誉法親王 かくよほうしんのう
→覚誉入道親王(かくよにゅうどうしんのう)

迦具漏比売 かぐろひめ
上代の女性。応神天皇の妃。
¶女性, 人名, 日人

雅慶 がけい
*～長和1(1012)年10月25日　[別]雅慶《がきょう》, 勧修寺雅慶《かじゅうじまさよし》
平安時代中期の真言宗の僧。宇多天皇皇孫、敦実親王の皇子。
¶コン改(がきょう　[生]延長4(926)年), コン4(がきょう　[生]延長4(926)年), 史人(がきょう　[生]924年,(異説)926年, 932年), 諸系([生]926年), 新潮([生]承平2(932)年,(異説)延長4(926)年, 延長2(924)年), 人名(がきょう　[生]924年), 人名(勧修寺雅慶　かじゅうじまさよし　[生]926年), 日史([生]延長3(925)年), 日人([生]926年), 百科([生]延長3(925)年), 仏教([生]延長4(926)年), 平史([生]926年？)

景式王 かげのりおう
生没年不詳
平安時代前期の歌人。文徳天皇の第2皇子惟条親王の子。
¶国書, 平史

勘解由小路(家名) かげゆこうじ
→勘解由小路(かでのこうじ)

麛坂王(香坂王) かごさかおう
→麛坂皇子(かごさかのおうじ)

麛坂皇子 かごさかのおうじ
[別]麛坂王《かごさかおう》, 麛坂皇子《かごさかのみこ》, 香坂王《かごさかおう》
上代の仲哀天皇の皇子。
¶国史(麛坂王　かごさかおう), 古史(香坂王　かごさかおう　生没年不詳), 古代, 古中(麛坂王　かごさかおう), コン改(かごさかのみこ), コン4(かごさかのみこ), 史人(麛坂王　かごさかおう), 諸系, 新潮(かごさかのみこ), 世人(麛坂王　かごさかおう　生没年不詳), 日史, 日人, 百科(かごさかのみこ), 歴大(麛坂王　かごさかおう)

鬲坂皇子　かごさかのみこ
→鬲坂皇子（かごさかのおうじ）

笠王　かさおう
奈良時代の守部王の子。
¶人名，日人（生没年不詳）

笠縫女王　かさぬいのおおきみ
→笠縫女王（かさぬいのじょおう）

笠縫女王　かさぬいのじょおう
生没年不詳　[別]笠縫女王《かさぬいのおおきみ》
奈良時代の女性皇族。六人部王の王女。万葉歌人。
¶女性，人名（かさぬいのおおきみ），日人，万葉（かさぬいのおおきみ），和俳

花山院（家名）　かざのいん
→花山院（かざんいん）

笠志太留（笠垂）　**かさのしだる, かさのしたる**
→吉備笠垂（きびのかさのしだる）

笠田作　かさのたづくり
生没年不詳
平安時代前期の官人。
¶平史

笠弘興　かさのひろおき
[別]笠朝臣弘興《かさのあそんひろおき》
平安時代前期の官人。
¶古代（笠朝臣弘興　かさのあそんひろおき），日人（生没年不詳）

笠麻呂　かさのまろ
生没年不詳　[別]笠朝臣麻呂《かさのあそんまろ》，笠麻呂《かさまろ》，沙弥満誓《さみまんせい, さみまんぜい, しゃみまんせい, しゃみまんぜい》，満誓《まんせい, まんぜい》
飛鳥時代～奈良時代の官人、僧、万葉歌人。
¶朝日，岡山百，郷土岐阜，国史，国書（満誓　まんぜい），古史（沙弥満誓　しゃみまんぜい），古代（笠朝臣麻呂　かさのあそんまろ），古中，コン改，コン4，詩歌（沙弥満誓　さみまんせい），史人，新潮，人名，世人（満誓　まんぜい），長野歴（笠朝臣麻呂　かさのあそんまろ），日史（沙弥満誓　しゃみまんせい），日人，百科（沙弥満誓　さみまんせい），福岡百（沙弥満誓　さみまんせい），万葉（満誓　まんせい），歴大（かさまろ）

風早公雄　かざはやきみお
享保6（1721）年1月22日～天明7（1787）年8月14日　[別]風早公雄《かざはやきんお》
江戸時代中期の公家（権中納言）。参議風早実積の子。
¶公卿，公家（公雄〔風早家〕　きんお），国書，諸系（かざはやきんお），人名（[生]1720年），日人

風早公長　かざはやきみなが
寛文5（1665）年8月9日～享保8（1723）年1月28日　[別]風早公長《かざはやきんなが》
江戸時代中期の公家（参議）。権中納言風早実種の子。
¶公卿，公家（公長〔風早家〕　きみなが），国書（かざはやきんなが　[生]寛文6（1666）年8月9日）

風早公元　かざはやきみもと
寛政3（1791）年3月11日～嘉永6（1853）年8月10日
江戸時代末期の公家（非参議）。権中納言風早実秋の子、母は源信昌の娘。
¶公卿，公家（公元〔風早家〕　きんとも）

風早公雄　かざはやきんお
→風早公雄（かざはやきみお）

風早公紀　かざはやきんこと
天保12（1841）年～明治38（1905）年
江戸時代末期～明治期の公家。
¶維新，諸系，神人，人名，日人，幕末（[没]1905年2月28日）

風早公長　かざはやきんなが
→風早公長（かざはやきみなが）

風早実秋　かざはやさねあき
＊～文化13（1816）年
江戸時代中期～後期の公家（権中納言）。権中納言風早公雄の次男、母は雅楽頭源親本の娘。
¶公卿（[生]宝暦9（1759）年12月8日　[没]文化13（1816）年7月1日），公家（実秋〔風早家〕　さねあき　[生]宝暦9（1759）年12月8日　[没]文化13（1816）年7月1日），諸系（[生]1760年），日人（[生]1760年）

風早実種　かざはやさねたね
寛永9（1632）年～宝永7（1710）年
江戸時代前期～中期の茶道家、公家（権中納言）。風早家の祖。権大納言姉小路公景の次男、母は参議西洞院時慶の娘。
¶公卿（[生]寛永9（1632）年8月17日　[没]宝永7（1710）年12月24日），公家（実種〔風早家〕　さねたね　[生]寛永9（1632）年8月17日　[没]宝永7（1710）年12月24日），国書（[生]寛永9（1632）年8月17日　[没]宝永7（1710）年12月25日），茶道，諸系（[没]1711年），人名，日人（[没]1711年）

風早実積　かざはやさねつみ
元禄4（1691）年閏8月29日～宝暦3（1753）年7月19日　[別]風早実積《かざはやさねつむ》
江戸時代中期の公家（参議）。参議風早公長の子。
¶公卿，公家（実積〔風早家〕　さねつむ），国書（かざはやさねつむ），諸系，人名，日人

風早実積　かざはやさねつむ
→風早実積（かざはやさねつみ）

花山院　かざんいん
→花山天皇（かざんてんのう）

花山院愛徳　かざんいんあいとく
→花山院愛徳（かざんいんよしのり）

花山院家厚　かざんいんいえあつ, かさんいんいえあつ
寛政1（1789）年3月28日～慶応2（1866）年8月20日
江戸時代後期の公家（右大臣）。右大臣花山院愛

徳の子、養母は内匠頭重隆の娘。
¶維新，公卿，公家（家厚〔花山院家〕　いえあつ），国書，幕末（かさんいんいえあつ　[没]1866年9月21日）

花山院家理 かざんいんいえおさ
→花山院家理（かざんいんいえのり）

花山院家賢 かざんいんいえかた
*～正平21/貞治5（1366）年　[別]妙光寺家賢《みょうこうじいえかた》
南北朝時代の歌人・公卿（内大臣）。大納言花山院師賢の子、母は右大臣花山院家定の娘。
¶鎌室（妙光寺家賢　みょうこうじいえかた　[生]元徳3/元弘1（1331）年），公卿（[生]元徳2（1330）年　[没]貞治5/正平21（1366）年5月），公家（家賢〔堀河家（絶家）1〕　いえかた　[生]1300年），国書（[生]元徳2（1330）年　[没]正平21（1366）年6月23日），諸系（[生]1330年），人名（妙光寺家賢　みょうこうじいえかた　[生]1331年），日人（[生]1330年），和俳（妙光寺家賢　みょうこうじいえかた　[生]元徳3/元弘1（1331）年）

花山院家定 かざんいんいえさだ
弘安6（1283）年～興国3/康永1（1342）年4月28日
鎌倉時代後期～南北朝時代の公卿（右大臣）。権大納言花山院家教の子。
¶鎌室，公卿，公家（家定〔花山院家〕　いえさだ），国書，諸系，人名，日人

花山院家輔 かざんいんいえすけ
永正16（1519）年～天正8（1580）年
戦国時代～安土桃山時代の公卿（右大臣）。関白左大臣九条尚経の次男。
¶公卿（[没]天正8（1580）年10月27日），公家（家輔〔花山院家〕　いえすけ　[没]天正8（1580）年10月27日），国書（[没]天正8（1580）年10月27日），諸系，人名，戦人（[没]天正6（1578）年），日人

花山院家忠 かざんいんいえただ
→藤原家忠（ふじわらのいえただ）

花山院家経 かざんいんいえつね
承安4（1174）年～建保4（1216）年　[別]藤原家経《ふじわらのいえつね》
平安時代後期～鎌倉時代前期の公卿。
¶鎌室，公卿（藤原家経　ふじわらのいえつね　[没]?），公家（家経〔五辻家（絶家）〕　いえつね　[没]?），諸系，日人

花山院家長 かざんいんいえなが
建長5（1253）年～文永11（1274）年7月2日
鎌倉時代前期の公卿（権中納言）。太政大臣花山院通雅の長男、母は中納言藤原国通の娘。
¶公卿，公家（家長〔花山院家〕　いえなが）

花山院家教 かざんいんいえのり
弘長1（1261）年～永仁5（1297）年8月26日　[別]藤原家教《ふじわらいえのり》
鎌倉時代後期の公卿（権大納言）。大納言花山院通雅の次男、母は大納言中院通方の娘。
¶鎌室（藤原家教　ふじわらいえのり），公卿，公家（家教〔花山院家〕　いえのり），国書，諸系，日人

花山院家理 かざんいんいえのり，かさんいんいえのり
天保10（1839）年～*　[別]花山院家理《かざんいんいえおさ》
江戸時代末期～明治期の公家（非参議）。右大臣花山院家厚の次男。
¶朝日（[生]天保10年9月7日（1839年10月13日）[没]?），維新（[没]?），大分歴（[没]?），公卿（[生]天保10（1839）年9月7日　[没]明治13（1880）年7月），公家（家理〔花山院家〕　いえさと　[生]天保10（1839）年9月7日　[没]明治35（1902）年4月21日），国書（かざんいんいえおさ　[生]天保10（1839）年9月7日　[没]明治35（1902）年4月21日），諸系（[没]1902年），日人（[没]1902年），幕末（かさんいんいえのり　[没]?）

花山院家雅(1) かざんいんいえまさ
建治3（1277）年～延慶1（1308）年8月14日
鎌倉時代後期の公卿（権大納言）。大納言花山院長雅の次男、母は権大納言藤原実持の娘。
¶公卿，公家（家雅〔鷹司家（絶家）1〕　いえまさ），国書

花山院家雅(2) かざんいんいえまさ
→花山院定煕（かざんいんさだひろ）

花山院兼雄 かざんいんかねお
→花山院兼雄（かざんいんかねたか）

花山院兼定 かざんいんかねさだ
延元3/暦応1（1338）年～天授4/永和4（1378）年11月30日
南北朝時代の公卿（権大納言）。内大臣花山院長定の子。
¶公卿，公家（兼定〔花山院家〕　かねさだ）

花山院兼雄 かざんいんかねたか
明応8（1499）年～永正16（1519）年　[別]花山院兼雄《かざんいんかねお》
戦国時代の公卿（権中納言）。権大納言花山院忠輔の子。
¶公卿（かざんいんかねお　[没]永正16（1519）年11月），公家（兼雄〔花山院家〕　かねお），戦人

花山院兼信 かざんいんかねのぶ
*～?　[別]藤原兼信《ふじわらのかねのぶ》
鎌倉時代後期の公卿（権中納言）。内大臣花山院師信の長男、母は参議三条実盛の娘。
¶公卿（[生]正応4（1291）年），公家（兼信〔堀河家（絶家）1〕　かねのぶ），国書（生没年不詳），新潟百（藤原兼信　ふじわらのかねのぶ　[生]1294年）

花山院兼雅 かざんいんかねまさ
*～正治2（1200）年　[別]藤原兼雅《ふじわらかねまさ，ふじわらのかねまさ》
平安時代後期～鎌倉時代前期の公卿（左大臣）。太政大臣藤原忠雅の長男。
¶朝日（[生]久安1（1145）年　[没]正治2年7月16日

（1200年8月27日）），鎌室（藤原兼雅　ふじわらかねまさ　㊥久安1（1145）年），公卿（藤原兼雅　ふじわらのかねまさ　㊥久安4（1148）年㊥正治2（1200）年7月18日），公家〔兼雅〔花山院家〕　かねまさ　㊥1149年㊥正治2（1200）年7月18日），国書（㊥久安4（1148）年㊥正治2（1200）年7月16日），諸系（㊥1148年），新潮（㊥久安1（1145）年㊥正治2（1200）年7月16日），人名（㊥1148年），日史（藤原兼雅　ふじわらのかねまさ　㊥久安1（1145）年㊥正治2（1200）年7月16日），日人（㊥1148年），平史（藤原兼雅　ふじわらのかねまさ　㊥1145年）

花山院定嗣 かざんいんさだつぐ
　？　〜＊
　戦国時代の公卿（権大納言）。内大臣花山院持忠の長男。
　¶公卿（㊐享禄3（1528）年2月20日），公家（定嗣〔花山院家〕　さだつぐ　㊥1528年？・享禄3（1530）年2月20日？）

花山院定逸 かざんいんさだとし
　→野宮定逸（ののみやさだとし）

花山院定長 かざんいんさだなが
　正元1（1259）年〜弘安4（1281）年1月10日
　鎌倉時代後期の公卿（参議）。大納言花山院長雅の長男、母は権大納言藤原実持の娘。
　¶公卿，公家（定長〔鷹司家〔絶家〕1〕　さだなが）

花山院定誠 かざんいんさだのぶ
　寛永17（1640）年2月26日〜宝永1（1704）年10月21日
　江戸時代前期〜中期の公家（内大臣）。左大臣花山院定好の次男、母は関白鷹司信尚の娘。
　¶公卿，公家（定誠〔花山院家〕　さだのぶ），国書，諸系，人名，日人

花山院定教(1) かざんいんさだのり
　？　〜嘉暦1（1326）年
　鎌倉時代後期の公卿（権大納言）。右大臣花山院定雅の三男。
　¶公卿，公家（定教〔花山院家〕　さだのり）

花山院定教(2) かざんいんさだのり
　寛永6（1629）年10月1日〜承応2（1653）年12月12日
　江戸時代前期の公家（非参議）。左大臣花山院定好の長男、母は関白鷹司信尚の娘。
　¶公卿，公家（定教〔花山院家〕　さだのり）

花山院定熙（花山院定熙，花山院定熙） かざんいんさだひろ
　永禄1（1558）年〜寛永11（1634）年　㊙花山院家雅《かざんいんいえまさ》，花山院定熙《かざんいんさだひろ》，花山院定熙《かざんいんさだひろ》
　安土桃山時代〜江戸時代前期の公家（左大臣）。左大臣西園寺公朝の子。
　¶公卿（花山院定熙　㊥永禄1（1558）年11月12日㊥寛永11（1634）年10月12日），公家（定熙〔花山院家〕　さだひろ　㊥永禄1（1558）年11月12

日　㊥寛永11（1634）年10月12日），国書（花山院定熙　㊥永禄1（1558）年11月12日㊥寛永11（1634）年11月12日），諸系，人名，戦人（花山院家雅　かざんいんいえまさ），日人

花山院定雅 かざんいんさだまさ
　建保6（1218）年〜永仁2（1294）年2月30日
　鎌倉時代後期の公卿（右大臣）。右大臣花山院忠経の三男、母は権中納言葉室宗行の娘。
　¶鎌室，公卿，公家（定雅〔花山院家〕　さだまさ），国書，諸系，人名，日人

花山院定好 かざんいんさだよし
　慶長4（1599）年〜延宝1（1673）年
　江戸時代前期の公家（左大臣）。左大臣花山院定熙の子。
　¶公卿（㊐延宝1（1673）年7月4日），公家（定好〔花山院家〕　さだよし　㊥寛文13（1673）年7月4日），諸系，人名，日人

花山院忠定 かざんいんたださだ
　天授5/康暦1（1379）年〜応永23（1416）年8月15日
　室町時代の公卿（権大納言）。右大臣花山院通定の子。
　¶公卿，公家（忠定〔花山院家〕　たださだ），国書

花山院忠輔 かざんいんただすけ
　文明15（1483）年〜天文11（1542）年1月20日
　戦国時代の公卿（権大納言）。太政大臣花山院政長の子。
　¶公卿，公家（忠輔〔花山院家〕　ただすけ），戦人

花山院忠経 かざんいんただつね
　承安3（1173）年〜寛喜1（1229）年8月5日
　鎌倉時代前期の公卿（右大臣）。花山院家の祖。左大臣藤原兼雅の子、母は太政大臣平清盛の娘。
　¶鎌室，公卿，公家（忠経〔花山院家〕　ただつね），国書，諸系，人名，日人

花山院忠長 かざんいんただなが
　天正16（1588）年〜寛文2（1662）年
　江戸時代前期の公家。
　¶青森人（㊥慶長　㊥寛永ころ），近世，国史，国書（㊥天正16（1588）年9月5日㊥寛文2（1662）年9月26日），コン改，コン4，史人（㊥1588年9月5日㊥1662年9月26日），諸系，新潮（㊥天正16（1588）年9月5日　㊥寛文2（1662）年9月26日），人名，姓氏京都，日人，北海道百（㊥天正11（1583）年），北海道歴（㊥天正11（1583）年），歴大

花山院忠藤 かざんいんただふじ
　？　〜元応1（1319）年11月
　鎌倉時代後期の公卿（非参議）。権大納言花山院師藤の子、母は権中納言日野資宣の娘。
　¶公卿，公家（忠藤〔堀河家〔絶家〕1〕　ただふじ）

花山院忠雅 かざんいんただまさ
　天治1（1124）年〜建久4（1193）年　㊙藤原忠雅

《ふじわらただまさ,ふじわらのただまさ》
平安時代後期の公卿（太政大臣）。権中納言藤原忠宗の次男。
¶朝日（[没]建久4年8月26日（1193年9月23日）），鎌室（藤原忠雅　ふじわらただまさ），公卿（藤原忠雅　ふじわらのただまさ　[没]建久4（1193）年8月26日），公家（忠雅〔花山院家〕　ただまさ　[没]建久4（1193）年8月26日），国史，古中，コン4，史人（[没]1193年8月26日），諸系，新潮（[没]建久4（1193）年8月26日），人名，日人，平史（藤原忠雅　ふじわらのただまさ）

花山院忠頼　かざんいんただより
正治1（1199）年～建暦2（1212）年12月19日
鎌倉時代前期の公卿（非参議）。右大臣花山院忠経の長男、母は権中納言藤原能保の娘。
¶公卿，公家（忠頼〔花山院家〕　ただより）

花山院親忠　かざんいんちかただ
大正7（1918）年～平成6（1994）年2月28日　[別]花山院親忠《かさんのいんちかただ》
昭和～平成期の神官。春日大社宮司。
¶郷土奈良（かさんのいんちかただ），現情（かさんのいんちかただ　[生]1918年8月3日）

花山院経定　かざんいんつねさだ
正安2（1300）年～嘉暦1（1326）年1月29日
鎌倉時代後期の公卿（権中納言）。右大臣花山院家定の次男、母は内大臣六条有房の娘。
¶公卿，公家（経定〔花山院家〕　つねさだ），国書

花山院常雅　かざんいんつねまさ
元禄13（1700）年2月3日～明和8（1771）年
江戸時代中期の公家（右大臣）。権大納言花山院持実の子。
¶公卿（[没]明和8（1771）年2月11日），公家（常雅〔花山院家〕　つねまさ　[没]明和8（1771）年2月16日），国書（[没]明和8（1771）年2月11日），諸系，人名（[生]1699年），日人

花山院長賢　かざんいんながかた
？　～正平21/貞治5（1366）年
鎌倉時代後期～南北朝時代の公家・歌人。
¶国書

花山院長定　かざんいんながさだ
文保1（1317）年～？
鎌倉時代後期～南北朝時代の公卿（内大臣）。右大臣花山院家定の三男、母は権大納言花山院長雅の娘。
¶公卿，公家（長定〔花山院家〕　ながさだ　[生]1318年　[没]観応2（1351）年9月19日），諸系，日人

花山院長親　かざんいんながちか
？　～永享1（1429）年　[別]耕雲《こううん》，藤原長親《ふじわらのながちか》
南北朝時代～室町時代の歌人、公卿（権大納言）。花山院家賢の子。
¶朝日（[没]永享1年7月10日（1429年8月10日）），角史，鎌室，公卿（[没]永享1（1429）年7月10日），国史，国書（耕雲　こううん　[生]正平5（1350）年頃　[没]正長2（1429）年7月10日），古中，コン改（[生]正平1/貞和2（1346）年？），コン4（[生]貞和2/正平1（1346）年？），詩歌，史人（[生]1345年？　[没]1429年7月10日），諸系，新潮（[没]永享1（1429）年7月10日），新文（[没]正長2（1429）年7月10日），人名，人名（藤原長親　ふじわらのながちか），世人（[生]正平1/貞和2（1346）年），全書（[生]1350年？），日史（[没]永享1（1429）年7月10日），日人，百科，文学，平史（耕雲　こううん），歴大（耕雲　こううん　[生]1350年ころ），和俳

花山院長熙　かざんいんながひろ
元文1（1736）年1月21日～明和6（1769）年8月14日
江戸時代中期の公家（権大納言）。右大臣花山院常雅の子、母は摂政関白鷹司房輔の末子輔信の娘。
¶公卿，公家（長熙〔花山院家〕　ながひろ）

花山院長雅　かざんいんながまさ
嘉禎2（1236）年～弘安10（1287）年12月16日
鎌倉時代後期の公卿（大納言）。右大臣花山院定雅の次男、母は権中納言藤原定高の娘。
¶公卿，公家（長雅〔鷹司家（絶家）1〕　ながまさ），国書

花山院信賢　かざんいんのぶかた
生没年不詳
南北朝時代の公家・歌人。
¶国書

花山院宣経　かざんいんのぶつね
建仁3（1203）年～？　[別]藤原宣経《ふじわらののりつね》
鎌倉時代前期の公卿（参議）。正二位中納言藤原家経の子で右大臣花山院忠経の養子。
¶公卿，公家（宣経〔五辻家（絶家）〕　のぶつね），新潟百（藤原宣経　ふじわらののりつね）

花山院冬雅　かざんいんふゆまさ
？　～正中2（1325）年6月7日
鎌倉時代後期の公卿（非参議）。権大納言花山院家雅の子、母は権大納言日野俊光の娘。
¶公卿，公家（冬雅〔鷹司家（絶家）1〕　ふゆまさ）

花山院雅継　かざんいんまさつぐ
建久9（1198）年～？
鎌倉時代前期の公卿（非参議）。右大臣花山院忠経の弟権中納言藤原家経の次男、母は権大納言藤原成親の娘。
¶公卿，公家（雅継〔五辻家（絶家）〕　まさつぐ）

花山院政長　かざんいんまさなが
宝徳3（1451）年～大永5（1525）年
戦国時代の公卿（太政大臣）。内大臣花山院持忠の次男。
¶公卿（[没]大永5（1525）年3月18日），公家（政長〔花山院家〕　まさなが　[没]大永5（1525）年3月18日），諸系，人名，戦人，日人

花山院通定　かざんいんみちさだ
？～応永7（1400）年
南北朝時代～室町時代の公卿（右大臣）。権大納言花山院兼定の子、母は権大納言九条光経の娘。
¶公卿（[没]応永7（1400）年4月14日），公家（通定〔花山院家〕　みちさだ　[没]応永7（1400）年4月14日），諸系，人名，日人

花山院通雅　かざんいんみちまさ
*～建治2（1276）年
鎌倉時代前期の公卿（太政大臣）。右大臣花山院定雅の長男、母は権中納言藤原定高の娘。
¶公卿（[生]貞永1（1232）年　[没]建治2（1276）年5月4日），公家（通雅〔花山院家〕　みちまさ　[生]1232年　[没]建治2（1276）年5月5日），国書（[生]天福1（1233）年　[没]建治2（1276）年5月4日），諸系（[生]1233年），人名（[生]？），日人（[生]1233年）

花山院持実　かざんいんもちざね
寛文10（1670）年10月17日～享保13（1728）年10月20日
江戸時代中期の公家（権大納言）。内大臣花山院定誠の子、母は左大臣大炊御門経孝の娘。
¶公卿，公家（持実〔花山院家〕　もちざね），国書

花山院持忠　かざんいんもちただ
応永12（1405）年～文正2（1467）年
室町時代の公卿（内大臣）。権大納言花山院忠定の子。
¶公卿（[没]文正2（1467）年1月7日），公家（持忠〔花山院家〕　もちただ　[没]文正2（1467）年1月7日），諸系，人名，日人

花山院師賢　かざんいんもろかた
正安3（1301）年～元弘2/正慶1（1332）年　[別]藤原師賢《ふじわらのもろたか》
鎌倉時代後期の公卿（大納言）。内大臣花山院師信の次男、母は参議藤原忠継の孫・僧恵一の娘。
¶朝日（[没]正慶1/元弘2（1332）年10月），鎌室，京都大，公卿（[没]正慶1/元弘2（1332）年10月），公家（師賢〔堀河家（絶家）1〕　もろかた　[没]元弘2（1332）年10月），国史，国書（[没]元弘2（1332）年10月29日），古中，コン改，コン4，詩歌，史人（[没]1332年10月），諸系，新潮（[没]正慶1/元弘2（1332）年10月），人名，姓氏京都，世人（[没]元弘2/正慶1（1332）年10月29日），千葉百（藤原師賢　ふじわらのもろたか），日史（[没]正慶1（1332）年10月），日人，百科，歴大，和俳（[没]正慶1/元弘2（1332）年10月）

花山院師兼　かざんいんもろかね
→藤原師兼(2)（ふじわらのもろかね）

花山院師継　かざんいんもろつぐ
貞応1（1222）年～弘安4（1281）年　[別]藤原師継《ふじわらのもろつぐ》
鎌倉時代後期の公卿（内大臣）。右大臣花山院忠経の四男、母は権中納言葉室宗行の娘。
¶朝日（[没]弘安4年4月9日（1281年4月28日）），公卿（[没]弘安4（1281）年4月9日），公家（師継〔堀河家（絶家）1〕　もろつぐ　[没]弘安4（1281）年4月9日），国書（[没]弘安4（1281）年4月9日），諸系，人名，人名（藤原師継　ふじわらのもろつぐ），姓氏京都，日人

花山院師信　かざんいんもろのぶ
文永11（1274）年～元亨1（1321）年11月1日
鎌倉時代後期の公卿（内大臣）。内大臣花山院師継の次男。
¶朝日（[没]元亨1年11月1日（1321年11月20日）），鎌室，公卿，公家（師信〔堀河家（絶家）1〕　もろのぶ），国史，国書，古中，コン改，コン4，史人，諸系，新潮，日史，日人，和俳

花山院師藤　かざんいんもろふじ
文永3（1266）年～？
鎌倉時代後期の公卿（権大納言）。参議花山院頼兼の子。
¶公卿，公家（師藤〔堀河家（絶家）1〕　もろふじ）

花山院良定　かざんいんよしさだ
？～正和1（1312）年7月13日
鎌倉時代後期の公卿（非参議）。右大臣花山院家定の長男、母は権中納言中御門為方の娘。
¶公卿，公家（良定〔花山院家〕　よしさだ）

花山院愛徳　かざんいんよしのり
宝暦5（1755）年～文政12（1829）年　[別]花山院愛徳《かざんいんあいとく》
江戸時代中期～後期の公家（右大臣）。権大納言中山栄親の次男。
¶公卿（[生]宝暦5（1755）年3月3日　[没]文政12（1829）年3月16日），公家（愛徳〔花山院家〕　あいとく　[生]宝暦5（1755）年3月3日　[没]文政12（1829）年3月16日），国書（かざんいんあいとく　[生]宝暦5（1755）年3月3日　[没]文政12（1829）年3月16日），諸系，人名，日人

花山院頼兼　かざんいんよりかね
鎌倉時代前期の公卿（参議）。内大臣花山院師継の長男。
¶公卿（生没年不詳），公家（頼兼〔堀河家（絶家）1〕　よりかね）

花山僧正　かざんそうじょう
→遍昭（へんじょう）

花山天皇　かざんてんのう
安和1（968）年10月26日～寛弘5（1008）年2月8日
[別]花山院《かざんいん》，花山法皇《かざんほうおう》
平安時代中期の第65代の天皇（在位984～986）。
¶朝日（[生]安和1年10月26日（968年11月19日）　[没]寛弘5年2月8日（1008年3月17日）），岩史，角史，国史，国書，古史，古中，コン改，コン4，詩歌（花山院　かざんいん），史人，重要，諸系，新潮，新文（花山院　かざんいん），人名，姓氏京都，世人，世百，全書，大百，日史，日人，百科，兵庫百（花山法皇　かざんほうおう），仏教，文学（花山院　かざんいん），平

史，歴大，和俳

嘉子女王 かしじょおう
生没年不詳　[別]嘉子女王《よしこじょおう，よしこにょおう》
平安時代前期の女性。清和天皇の女御。
¶女性，人名（よしこにょおう），日人（よしこじょおう）

か

佳子内親王 かしないしんのう
天喜5（1057）年～大治5（1130）年　[別]佳子内親王《よしこないしんのう》
平安時代後期の女性。後三条天皇の第6皇女。
¶女性（[没]大治5（1130）年7月25日），神人，人名，日人，平史（よしこないしんのう）

嘉子内親王 かしないしんのう
生没年不詳　[別]嘉子内親王《よしこないしんのう》
平安時代中期の女性。三条天皇の皇子敦明親王の王女。
¶女性，神人，人名（よしこないしんのう），日人，平史（よしこないしんのう）

賀子内親王 がしないしんのう
→賀子内親王（よしこないしんのう）

雅子内親王 がしないしんのう
延喜10（910）年～天暦8（954）年　[別]雅子内親王《まさこないしんのう》
平安時代中期の女性。醍醐天皇の第10皇女。右大臣藤原師輔の妻。
¶朝日（[没]天暦8年8月29日（954年9月28日）），国書（[没]天暦8（954）年8月29日），コン改，コン4，女性（[生]延喜9（909）年　[没]天暦8（954）年8月29日），神人，人名，日人，平史（まさこないしんのう）

梶野行篤 かじのゆきあつ
天保4（1833）年～明治38（1905）年
明治期の僧侶。男爵。無量寿院で薙髪、のちに復飾して一家を創立し、梶野氏を称す。
¶人名，日人

鹿島萩麿 かしまはぎまろ
明治39（1906）年4月21日～昭和7（1932）年8月26日
大正～昭和期の海軍軍人。大尉、伯爵。山階宮菊磨王の第4王子萩麿王。臣籍降下で鹿島伯爵家を創設。
¶人名，日人，陸海

勧修寺顕彰 かじゅうじあきてる
文化11（1814）年12月2日～文久1（1861）年　[別]勧修寺顕彰《かんしゅうじあきてる》
江戸時代末期の公家。
¶維新（かんしゅうじあきてる），国書（[没]万延2（1861）年1月1日），幕末（かんしゅうじあきてる　[生]1815年　[没]1861年2月10日）

勧修寺顕道 かじゅうじあきみち
享保2（1717）年9月13日～宝暦6（1756）年5月18日
江戸時代中期の公家（権大納言）。権大納言勧修寺高顕の長男、母は権大納言万里小路尚房の娘。
¶公卿，公家（顕道〔勧修寺家〕　あきみち），国書

勧修寺高顕 かじゅうじたかあき
元禄8（1695）年7月21日～元文2（1737）年8月18日
江戸時代中期の公家（権大納言）。権中納言勧修寺尹隆の長男、母は権大納言清閑寺熈房の娘。
¶公卿，公家（高顕〔勧修寺家〕　たかあき），国書，茶道

勧修寺尹隆 かじゅうじただたか
延宝4（1676）年8月10日～享保7（1722）年4月9日
江戸時代中期の公家（権中納言）。権大納言勧修寺経敬の長男、母は日向守源勝貞の娘。
¶公卿，公家（尹隆〔勧修寺家〕　ただたか），国書

勧修寺尹豊 かじゅうじただとよ
文亀3（1503）年～文禄3（1594）年2月1日
戦国時代～安土桃山時代の公卿（内大臣）。権大納言勧修寺尚顕の子。
¶近世，公卿，公家（尹豊〔勧修寺家〕　ただとよ），国史，国書，史人，諸系，新潮，人名，戦辞（[没]文禄3年2月1日（1592年3月14日）），戦人，日人

勧修寺経顕 かじゅうじつねあき
永仁6（1298）年～文中2/応安6（1373）年　[別]藤原経顕《ふじわらのつねあき》
鎌倉時代後期～南北朝時代の公卿（内大臣）。勧修寺家の祖。権中納言坊城定資の次男、母は右少将隆氏の娘。
¶朝日（[没]応安6/文中2年1月5日（1373年1月29日）），鎌室，公卿（[没]応安6/文中2（1373）年1月5日），公家（経顕〔勧修寺家〕　つねあき　[没]応安6（1373）年1月5日），国史，国書（[没]応安6（1373）年1月5日），古中，史人（[没]1373年1月5日），諸系，新潮（[没]応安6/文中2（1373）年1月5日），人名，人名（藤原経顕　ふじわらのつねあき），姓氏京都，日史（[没]応安6/文中2（1373）年1月5日），日人，百科

勧修寺経逸 かじゅうじつねいつ
寛延1（1748）年10月6日～文化2（1805）年9月16日
[別]勧修寺経逸《かじゅうじつねとし》
江戸時代中期～後期の公家（権大納言）。権大納言勧修寺顕道の次男、母は伊予守越智恒通の娘。
¶公卿，公家（経逸〔勧修寺家〕　つねいつ），国書（かじゅうじつねとし）

勧修寺経雄 かじゅうじつねお
明治15（1882）年4月13日～昭和11（1936）年11月1日
明治～昭和期の園芸研究家。貴族院議員、伯爵。京都園芸倶楽部、同好者間に重きをなした。
¶植物，人名，日人

勧修寺経理 かじゅうじつねおさ
文政11（1828）年～明治4（1871）年　[別]勧修寺経理《かんしゅうじつねおさ》
江戸時代末期～明治期の公家。

¶維新(かんしゅうじつねおさ), 国書([生]文政11(1828)年10月12日　[没]明治4(1871)年6月19日), 幕末(かんしゅうじつねおさ　[没]1871年8月5日)

勧修寺経方 かじゅうじつねかた
建武2(1335)年～?
南北朝時代の公卿(権中納言)。内大臣勧修寺経顕の長男。
¶公卿, 公家(経方〔勧修寺家〕　つねかた　[生]1355年), 国書

勧修寺経郷 かじゅうじつねさと
永享4(1432)年～永正1(1504)年2月17日
室町時代～戦国時代の公卿(権中納言)。権中納言勧修寺経成の次男。
¶公卿, 公家(経郷〔勧修寺家〕　つねさと), 国書, 戦人

勧修寺経重 かじゅうじつねしげ
正平10/文和4(1355)年～元中6/康応1(1389)年12月14日
南北朝時代の公卿(権大納言)。内大臣勧修寺経顕の次男(三男か)。
¶公卿, 公家(経重〔勧修寺家〕　つねしげ), 国書

勧修寺経茂 かじゅうじつねしげ
永享2(1430)年～明応9(1500)年5月21日
室町時代～戦国時代の公卿(権中納言)。参議勧修寺経直の子。
¶公卿, 公家(経茂〔勧修寺家(絶家)〕　つねしげ), 国書, 戦人

勧修寺経則 かじゅうじつねとき
天明7(1787)年11月10日～天保7(1836)年11月19日
江戸時代後期の公家(権中納言)。参議勧修寺良顕の子、母は権中納言今出川公言の娘。
¶公卿, 公家(経則〔勧修寺家〕　つねのり　[生]1787年?・天明8(1788)年11月10日?), 国書

勧修寺経逸 かじゅうじつねとし
→勧修寺経逸(かじゅうじつねいつ)

勧修寺経豊 かじゅうじつねとよ
?　～応永18(1411)年10月25日
室町時代の公卿(権大納言)。権大納言勧修寺経重の子。
¶公卿, 公家(経豊〔勧修寺家〕　つねとよ), 国書

勧修寺経直 かじゅうじつねなお
?　～宝徳1(1449)年
室町時代の公卿(参議)。権大納言勧修寺経豊の次男。
¶公卿, 公家(経直〔勧修寺家(絶家)〕　つねなお)

勧修寺経成 かじゅうじつねなり
応永3(1396)年～永享9(1437)年3月24日
室町時代の公卿(権中納言)。権大納言勧修寺経豊の長男、母は非参議藤原隆冬の娘。
¶公卿, 公家(経成〔勧修寺家〕　つねなり), 国書

勧修寺経広 かじゅうじつねひろ
慶長11(1606)年11月27日～貞享5(1688)年
江戸時代前期の公家(権大納言)。権大納言勧修寺光豊の子、母は参議坊城俊昌の娘。
¶公卿([没]?), 公家(経広〔勧修寺家〕　つねひろ　[没]貞享5(1688)年9月13日), 国書([没]貞享5(1688)年9月13日), 諸系, 人名, 日人

勧修寺経敬(勧修寺経慶) かじゅうじつねよし
*～宝永6(1709)年1月10日
江戸時代前期～中期の公家(権大納言)。権大納言勧修寺経広の子、母は徳永昌純の娘。
¶公卿([生]正保1(1644)年12月18日), 公家(経敬〔勧修寺家〕　つねよし　[生]正保1(1644)年12月18日), 国書(勧修寺経慶　[生]正保1(1644)年12月18日), 諸系([生]1645年), 人名([生]?), 日人([生]1645年)

勧修寺尚顕 かじゅうじなおあき
→勧修寺尚顕(かじゅうじひさあき)

勧修寺教秀 かじゅうじのりひで
応永33(1426)年～明応5(1496)年
室町時代～戦国時代の公卿(准大臣)。権中納言勧修寺経成の長男。
¶公卿([没]明応5(1496)年7月11日), 公家(教秀〔勧修寺家〕　のりひで　[没]明応5(1496)年7月11日), 国書([没]明応5(1496)年7月21日), 諸系, 人名, 戦人, 日人

勧修寺晴右 かじゅうじはるすけ
→勧修寺晴右(かじゅうじはれすけ)

勧修寺晴豊 かじゅうじはるとよ
→勧修寺晴豊(かじゅうじはれとよ)

勧修寺晴秀 かじゅうじはるひで
→勧修寺晴右(かじゅうじはれすけ)

勧修寺晴右 かじゅうじはれすけ
大永3(1523)年～天正5(1577)年　[別]勧修寺晴右《かじゅうじはるすけ,かじゅうじはれみぎ》,勧修寺晴秀《かじゅうじはるひで》
戦国時代～安土桃山時代の公卿(権大納言)。内大臣勧修寺尹豊の子、母は加賀守平貞遠の娘。
¶公卿([没]天正5(1577)年1月1日), 公家(晴右〔勧修寺家〕　はれみぎ　[没]天正5(1577)年1月1日), 国書(かじゅうじはれみぎ　[没]天正5(1577)年1月1日), 諸系(かじゅうじはれみぎ), 人名(かじゅうじはるすけ), 戦人(かじゅうじはるひで), 日人

勧修寺晴豊 かじゅうじはれとよ
天文13(1544)年～慶長7(1602)年　[別]勧修寺晴豊《かじゅうじはるとよ,かんじゅうじはれとよ》
安土桃山時代の公卿(准大臣)。権大納言勧修寺晴右の子。
¶朝日([生]天文13年2月24日(1544年3月17日)

か

[没]慶長7年12月8日（1603年1月19日）），公卿（[生]天文13（1544）年2月24日　[没]慶長7（1602）年12月8日），公家（晴豊〔勧修寺家〕　はれとよ　[生]天文13（1544）年2月24日　[没]慶長7（1602）年12月8日），国書（[生]天文13（1544）年2月24日　[没]慶長7（1602）年12月8日），茶道（かじゅうじはるとよ），諸系（[没]1603年），人名（かじゅうじはるとよ），姓氏京都，戦辞（[生]天文13年2月24日（1544年3月17日）　[没]慶長7年12月8日（1603年1月19日）），戦人（かじゅうじはるとよ），日人（[没]1603年），歴大（かんじゅうじはれとよ）

勧修寺晴右　かじゅうじはれみぎ
→勧修寺晴右（かじゅうじはれすけ）

勧修寺尚顕　かじゅうじひさあき
文明10（1478）年～永禄2（1559）年8月28日　[別]勧修寺尚顕《かじゅうじなおあき》
戦国時代の公卿（権大納言）。権中納言勧修寺政顕の子。
¶公卿（かじゅうじなおあき），公家（尚顕〔勧修寺家〕　ひさあき），国書，戦人

勧修寺藤子　かじゅうじふじこ
→豊楽門院（ぶらくもんいん）

勧修寺政顕　かじゅうじまさあき
享徳3（1454）年～大永2（1522）年7月28日
戦国時代の公卿（権中納言）。准大臣勧修寺教秀の長男、母は権中納言飛鳥井雅永の娘。
¶公卿（[生]享徳1（1452）年），公家（政顕〔勧修寺家〕　まさあき），国書，戦人

勧修寺雅慶　かじゅうじまさよし
→雅慶（がけい）

勧修寺光豊　かじゅうじみつとよ
天正3（1575）年～慶長17（1612）年　[別]勧修寺光豊《かんじゅうじみつとよ》
安土桃山時代～江戸時代前期の公家（権大納言）。准大臣勧修寺晴豊の子。
¶朝日（[生]天正3年12月7日（1576年1月7日）　[没]慶長17年10月27日（1612年11月19日）），近世，公卿（[没]慶長17（1612）年10月27日），公家（光豊〔勧修寺家〕　みつとよ　[没]慶長17（1612）年10月26日），国史，国書（[生]天正3（1575）年12月7日　[没]慶長17（1612）年10月27日），コン改，コン4，史人（[生]1575年12月7日　[没]1612年10月27日），諸系（[生]1576年），新潮（[生]天正3（1575）年12月7日　[没]慶長17（1612）年10月27日），姓氏京都，戦人，日史（[生]天正3（1575）年12月7日　[没]慶長17（1612）年10月27日），日人（[生]1576年），百科，歴大（かんじゅうじみつとよ）

勧修寺良顕　かじゅうじよしあき
明和2（1765）年12月15日～寛政7（1795）年12月1日
江戸時代中期の公家（参議）。権大納言勧修寺経逸の長男、母は権大納言飛鳥井雅重の娘。
¶公卿，公家（良顕〔勧修寺家〕　よしあき），国書

膳王　かしわでおう
→膳王（かしわでのおおきみ）

膳大丘　かしわでのおおおか
生没年不詳　[別]膳臣大丘《かしわでのおみおおおか》
奈良時代の学者、大学博士。
¶朝日，古代（膳臣大丘　かしわでのおみおおおか），コン改，コン4，新潮，人名，日人

膳王　かしわでのおおきみ
？　～天平1（729）年　[別]膳王《かしわでおう，かしわでのおう》
飛鳥時代～奈良時代の長屋王の子。
¶朝日（かしわでおう　[没]天平1年2月12日（729年3月16日）），コン改，コン4，人名，日人（かしわでのおう），万葉

膳菩岐岐美郎女（膳部菩岐岐美郎女，膳部菩岐々美郎女）　かしわでのほきききみのいらつめ
？　～推古天皇30（622）年　[別]膳部臣菩岐々美郎女《かしわでのおみほきききみのいらつめ》，菩岐々美郎女《ほきききみのいらつめ》
飛鳥時代の女性。聖徳太子の妃。
¶朝日（膳部菩岐岐美郎女　[没]推古30年2月21日（622年4月7日）），古史，古代（膳部臣菩岐々美郎女　かしわでのおみほきききみのいらつめ），女性（菩岐々美郎女　ほきききみのいらつめ　生没年不詳），日人

膳摩漏　かしわでのまろ
？　～682年　[別]膳臣摩漏《かしわでのおみまろ》
飛鳥時代の壬申の乱の功臣。
¶古代（膳臣摩漏　かしわでのおみまろ），人名，日人

柏原天皇　かしわばらてんのう
→桓武天皇（かんむてんのう）

春日娘子（春日郎子）　かすがのいらつこ
上代の女性。武烈天皇の皇后。
¶女性，人名（春日郎子），日人

春日王　かすがのおう
→春日王(1)（かすがのおおきみ）

春日皇子　かすがのおうじ
生没年不詳
飛鳥時代の敏達天皇の皇子。
¶日人

春日大娘皇女　かすがのおおいらつめのおうじょ
→春日大娘皇女（かすがのおおいらつめのひめみこ）

春日大娘皇女　かすがのおおいらつめのこうじょ
→春日大娘皇女（かすがのおおいらつめのひめみこ）

春日大娘皇女　かすがのおおいらつめのひめみこ
[別]春日大娘皇女《かすがのおおいらつめのおうじょ，かすがのおおいらつめのこうじょ》
上代の女性。仁賢天皇の皇后。

¶朝日(生没年不詳)，古代，コン4(生没年不詳)，諸系(かすがのおおいらつめのおうじょ)，女性(かすがのおおいらつめのこうじょ)，新潮(生没年不詳)，人名(かすがのおおいらつめのこうじょ)，世人(生没年不詳)，日人(かすがのおおいらつめのおうじょ)

春日王(1)　かすがのおおきみ
？　～＊　[別]春日王《かすがのおう》
飛鳥時代の皇族、歌人。
¶人名([没]703年)，日人(かすがのおう　[没]699年)，万葉

春日王(2)　かすがのおおきみ
奈良時代の皇族。志貴皇子の子。
¶万葉

春日老名子　かすがのおみなこ
→老女子夫人(おみなごのおおとじ)

春日老　かすがのおゆ
→春日倉老(かすがのくらのおゆ)

春日倉老(春日蔵老)　**かすがのくらのおゆ**
生没年不詳　[別]春日倉首老《かすがのくらのおびとおゆ》,春日蔵首老《かすがのくらのおびとおゆ》,春日老《かすがのおゆ》
奈良時代の官人、僧、万葉歌人。
¶朝日，古代(春日倉首老　かすがのくらのおびとおゆ)，コン改，コン4，詩歌(春日老　かすがのおゆ)，史人(春日老　かすがのおゆ)，人名(春日老　かすがのおゆ)，日人，万葉(春日蔵首老　かすがのくらのおびとおゆ)，和俳

春日千千速真若比売　かすがのちじはやまわかひめ
→春日千千速真若比売(かすがのちちはやまわかひめ)

春日千千速真若比売　かすがのちちはやまわかひめ
[別]春日千千速真若比売《かすがのちじはやまわかひめ》
上代の女性。孝霊天皇の妃。
¶女性(かすがのちじはやまわかひめ)，日人

春日内親王　かすがのないしんのう
？　～＊　[別]春日内親王《かすがないしんのう》
平安時代前期の女性。桓武天皇の皇女。
¶人名([没]832年)，日人([没]833年)，平史(かすがないしんのう　生没年不詳)

春日糠子　かすがのぬかこ
飛鳥時代の女性。欽明天皇の妃。
¶女性(生没年不詳)，人名

春日宮天皇　かすがのみやてんのう
→施基皇子(しきのみこ)

春日宮天皇　かすがのみやのすめらみこと
→施基皇子(しきのみこ)

春日宅成　かすがのやかなり
生没年不詳　[別]春日朝臣宅成《かすがのあそんやかなり》
平安時代前期の官人、渤海通事。
¶朝日，古代(春日朝臣宅成　かすがのあそんやかなり)，日人

春日山田皇女　かすがのやまだのおうじょ
→春日山田皇女(かすがのやまだのひめみこ)

春日山田皇女　かすがのやまだのこうじょ
→春日山田皇女(かすがのやまだのひめみこ)

春日山田皇女　かすがのやまだのひめみこ
生没年不詳　[別]春日山田皇女《かすがのやまだのおうじょ,かすがのやまだのこうじょ》
上代の女性。安閑天皇の皇后。仁賢天皇の皇女。
¶朝日，国史(かすがのやまだのおうじょ)，古史，古代，古中(かすがのやまだのおうじょ)，史人，諸系(かすがのやまだのおうじょ)，女性(かすがのやまだのこうじょ)，新潮，日史(かすがのやまだのおうじょ)，日人(かすがのやまだのおうじょ)，百科

和子内親王　かずこないしんのう
→鷹司和子(たかつかさかずこ)

和宮　かずのみや
弘化3(1846)年～明治10(1877)年9月2日　[別]親子内親王《しんしないしんのう,ちかこないしんのう》,静寛院宮《せいかんいんぐう,せいかんいんのみや》,静寛院宮親子内親王《せいかんいんのみやちかこないしんのう》,徳川家茂夫人《とくがわいえもちふじん》,和宮親子内親王《かずのみやちかこないしんのう》，和宮親子《かずのみやちかこ》
江戸時代末期～明治期の女性。14代将軍徳川家茂の正室。仁孝天皇の第8皇女、孝明天皇の妹。最初、有栖川宮熾仁親王と婚約したが、「公武合体」のため幕府の要請により1862年徳川家茂に降嫁。
¶朝日(静寛院宮　せいかんいんのみや　[生]弘化3年閏5月10日(1846年7月3日))，維新(徳川家茂夫人　とくがわいえもちふじん　[生]1848年)，岩史([生]弘化3(1846)年閏5月10日)，江戸東(静寛院宮親子内親王　せいかんいんのみやちかこないしんのう)，角史，京都，京都大，近現(親子内親王　ちかこないしんのう)，近世(親子内親王　ちかこないしんのう　[生]1847年)，群馬人，群馬百，国史(親子内親王　ちかこないしんのう)，国書(親子内親王　しんしないしんのう　[生]弘化3(1846)年閏5月10日)，コン改(静寛院宮　せいかんいんのみや)，コン4(静寛院宮　せいかんいんのみや)，コン5(静寛院宮　せいかんいんのみや)，詩歌(和宮親子内親王　かずのみやちかこないしんのう)，史人([生]1846年閏5月10日)，重要([生]弘化3(1846)年閏5月10日)，諸系，女性([生]弘化3(1846)年閏5月10日)，女性普([生]弘化3(1846)年閏5月10日)，人書94，新潮([生]弘化3(1846)年閏5月10日)，人名(静寛院宮　せいかんいんのみや)，姓氏京都，世人([生]弘化3(1846)年閏5月10日)，世百(静寛院宮　せいかんいんのみや)，全書，大百，日史([生]弘化3(1846)年閏5月10日)，日人，日本，幕末，百科，歴大(静寛院宮　せいかんいんのみや)，和俳([生]弘化3(1846)年閏5月10日)

和宮親子内親王 かずのみやちかこないしんのう
→和宮（かずのみや）

葛原親王 かずはらしんのう
→葛原親王（かずらはらしんのう）

量仁親王 かずひとしんのう
→光厳天皇（こうごんてんのう）

葛城王 かずらきおう
→橘諸兄（たちばなのもろえ）

葛城磐之媛 かずらきのいわのひめ
→磐之媛（いわのひめ）

葛城皇子 かずらきのおうじ
生没年不詳
上代の欽明天皇の皇子。
¶日人

葛城烏那羅 かずらきのおなら
[別]葛城臣烏那羅《かずらきのおみおなら》
飛鳥時代の廷臣。
¶古代（葛城臣烏那羅　かずらきのおみおなら）

葛城韓媛 かずらきのからひめ
[別]葛城韓媛《かつらぎのからひめ》
上代の女性。雄略天皇の妃。
¶朝日（かつらぎのからひめ　生没年不詳），コン改（かつらぎのからひめ　生没年不詳），コン4（かつらぎのからひめ　生没年不詳），諸系，女性，新潮，人名（かつらぎのからひめ），日人

葛城広子 かずらきのひろこ
生没年不詳
上代の女性。用明天皇の嬪。
¶女性，日人

葛木戸主 かずらきのへぬし
[別]葛木連戸主《かずらきのむらじへぬし》
奈良時代の官人。
¶古代（葛木連戸主　かずらきのむらじへぬし），日人（生没年不詳）

葛城山田瑞子 かずらきのやまだのみずこ
[別]葛城山田直瑞子《かずらきのやまだのあたいみずこ》
飛鳥時代の中央官人。
¶古代（葛城山田直瑞子　かずらきのやまだのあたいみずこ），日人（生没年不詳）

葛城稚犬養網田 かずらきのわかいぬかいのあみた
生没年不詳　[別]葛城稚犬養網田《かつらぎのわかいぬかいのあみた》，葛城稚犬養連網田《かずらきのわかいぬかいのむらじあみた》，葛木稚犬養網田《かつらぎのわかいぬかいのあみた》
飛鳥時代の官人。大化改新で蘇我入鹿を斬った。
¶朝日（かつらぎのわかいぬかいのあみた），古代（葛城稚犬養連網田　かずらきのわかいぬかいのむらじあみた），コン改（葛木稚犬養網田　かつらぎのわかいぬかいのあみた），コン4（葛木稚犬養網田　かつらぎのわかいぬかいのあみた），日人

葛王 かずらのおおきみ
生没年不詳
奈良時代～平安時代前期の女性。三嶋王の王女。
¶日人

葛原親王 かずらはらしんのう
延暦5（786）年～仁寿3（853）年　[別]葛原親王《かずはらしんのう，かずらわらしんのう，かつらはらしんのう，かつらばらしんのう》
平安時代前期の皇族、官人。桓武天皇の第3皇子。
¶朝日（かつらはらしんのう　[没]仁寿3年6月4日（853年7月13日）），国史（かずらわらしんのう），古史（かずらわらしんのう），古代，古中（かずらわらしんのう），コン改（かつらはらしんのう），コン4（かつらはらしんのう），史人（かずらわらしんのう　[没]853年6月4日），諸系，新潮（[没]仁寿3（853）年6月4日），人名（かつらはらしんのう），姓氏京都（かずはらしんのう），姓氏群馬，世人（かつらばらしんのう　[没]仁寿3（853）年6月4日），日史（[没]仁寿3（853）年6月4日），日人，百科（かつらはらしんのう），平史（かつらはらしんのう）

葛原親王 かずらわらしんのう
→葛原親王（かずらはらしんのう）

交野惟粛 かたのこれかた
宝永3（1706）年8月10日～元文4（1739）年2月17日　[別]交野惟粛《かたのこれずみ》
江戸時代中期の公家（非参議）。権中納言裏松意光の次男。
¶公卿，公家（惟粛〔交野家〕　これかた），国書（かたのこれずみ）

交野惟粛 かたのこれずみ
→交野惟粛（かたのこれかた）

交野時晃 かたのときあきら
文政1（1818）年2月12日～文久1（1861）年8月10日
江戸時代末期の公家（非参議）。非参議交野時雍の次男。
¶維新，公卿，公家（時晃〔交野家〕　ときあきら），幕末（[没]1861年9月14日）

交野時香 かたのときか
寛文4（1664）年12月7日～正徳1（1711）年2月2日
江戸時代中期の公家（非参議）。権中納言平松時量の末子。
¶公卿，公家（時香〔交野家〕　ときか）

交野時雍 かたのときちか
天明5（1785）年11月11日～天保6（1835）年閏7月12日
江戸時代後期の公家（非参議）。准大臣広橋伊光の末子、母は参議堀河康実の娘。
¶公卿，公家（時雍〔交野家〕　ときやす），国書

交野時万 かたのときつむ
天保3（1832）年5月19日～大正3（1914）年1月17日
江戸時代末期～明治期の公家（非参議）。非参議交野時晃の子。
¶維新，公卿，公家（時万〔交野家〕　ときつ

皇族・貴族篇　　　　　　　　　　　　117　　　　　　　　　　　　かつらぎ

む），神人，人名，日人，幕末

交野時利 かたのときとし
明和3（1766）年8月28日〜天保1（1830）年1月4日
江戸時代中期〜後期の公家（参議）。権中納言交野時永の子。
¶公卿，公家（時利〔交野家〕　ときとし）

交野時永 かたのときなが
享保16（1731）年6月29日〜天明5（1785）年11月7日
江戸時代中期の公家（権中納言）。非参議長谷範昌の次男。
¶公卿，公家（時永〔交野家〕　ときなが）

交野時久 かたのときひさ
正保4（1647）年8月5日〜寛文10（1670）年12月19日
江戸時代前期の公家。
¶国書

交野女王 かたののじょおう
生没年不詳　㊚交野女王《かたののにょおう》
奈良時代の女性。山口王の王女。嵯峨天皇の後宮。
¶朝日，コン改（かたののにょおう），コン4（かたののにょおう），女性，新潮，日人

交野女王 かたののにょおう
→交野女王（かたののじょおう）

嘉糯宮 かたのみや
天保4（1833）年〜天保6（1835）年
江戸時代後期の光格天皇の第5皇子。
¶人名

良仁親王 かたひとしんのう
→覚深入道親王（かくじんにゅうどうしんのう）

嘉智宮 かちのみや
宝永6（1709）年〜正徳3（1713）年
江戸時代中期の霊元天皇の第15皇子。
¶人名

華頂宮郁子 かちょうのみやいくこ
嘉永6（1853）年8月5日〜明治41（1908）年11月13日　㊚南部郁子《なんぶいくこ》，博経親王妃郁子《ひろつねしんのうひいくこ》
江戸時代末期〜明治期の皇族。盛岡藩主南部利剛の娘。華頂宮博経親王の妃。
¶女性，女性（南部郁子　なんぶいくこ　㉕？），女性普，人名（博経親王妃郁子　ひろつねしんのうひいくこ）

華頂宮博厚親王 かちょうのみやひろあつしんのう
明治8（1875）年〜明治16（1883）年　㊚博厚親王《ひろあつしんのう》
明治期の皇族。華頂宮第2代。明治天皇の養子となり親王宣下を受けたが同日病死。
¶諸系，人名（博厚親王　ひろあつしんのう），日人（㊈明治8（1875）年1月18日　㉕明治16（1883）年2月15日）

華頂宮博忠王 かちょうのみやひろただおう
明治35（1902）年1月26日〜大正13（1924）年3月24日　㊚華頂宮博忠《かちょうのみやひろただ》，博忠王《ひろただおう》
明治〜大正期の皇族。華頂宮第4代。海軍少尉任官後，軍艦陸奥，五十鈴に乗り組む。
¶諸系，人名（博忠王　ひろただおう），世紀（華頂宮博忠　かちょうのみやひろただ），日人

華頂宮博経親王 かちょうのみやひろつねしんのう
嘉永4（1851）年〜明治9（1876）年　㊚華頂宮博経《かちょうのみやひろつね》，東隆彦《あずまたかひこ》，博経親王《ひろつねしんのう》
江戸時代末期〜明治期の皇族、海軍軍人。少将。伏見宮邦家親王の第12皇子。知恩院門主となるが還俗。海軍軍研修のためアメリカに渡る。
¶維新（博経親王　ひろつねしんのう），海越（東隆彦　あずまたかひこ　㊈嘉永4（1851）年3月26日　㉕明治9（1876）年5月24日），海越新（東隆彦　あずまたかひこ　㊈嘉永4（1851）年3月26日　㉕明治9（1876）年5月24日），京都大（華頂宮博経　かちょうのみやひろつね），国際（華頂宮博経　かちょうのみやひろつね），諸系，人名（博経親王　ひろつねしんのう），渡航（㊈1851年3月26日　㉕1876年5月24日），日人，幕末（博経親王　ひろつねしんのう　㉕1876年5月24日）

華頂博信 かちょうひろのぶ
明治38（1905）年5月22日〜昭和45（1970）年10月22日
大正〜昭和期の皇族、政治家、海軍軍人。伏見宮博恭王の子博信王。臣籍降下で華頂侯爵家を創設。
¶陸海

克明親王 かつあきらしんのう
→克明親王（よしあきらしんのう）

覚快法親王 かっかいほっしんのう
→覚快法親王（かくかいほうしんのう）

勝子内親王 かつこないしんのう
貞享3（1686）年〜享保1（1716）年
江戸時代中期の霊元天皇の第7皇女。
¶人名

恬子内親王 かっしないしんのう
→恬子内親王（てんしないしんのう）

勝宮 かつのみや
文政9（1826）年〜文政10（1827）年
江戸時代後期の光格天皇の第11皇女。
¶人名

葛城王 かつらぎおう
→橘諸兄（たちばなのもろえ）

葛城磐之媛 かつらぎのいわのひめ
→磐之媛（いわのひめ）

葛木王 かつらぎのおう
？〜天平1（729）年　㊚葛木王《かつらぎのおおきみ》

奈良時代の官人。長屋王の子。
¶コン改，コン4，人名（かつらぎのおおきみ）

葛城王 かつらぎのおおきみ
→橘諸兄（たちばなのもろえ）

葛木王 かつらぎのおおきみ
→葛木王（かつらぎのおう）

か

葛城韓媛 かつらぎのからひめ
→葛城韓媛（かずらきのからひめ）

葛城高名姫 かつらぎのたかなひめ
→尾張大海媛（おわりのおおしあまひめ）

葛城稚犬養網田（葛木稚犬養網田） かつらぎのわかいぬかいのあみた
→葛城稚犬養網田（かずらきのわかいぬかいのあみた）

桂昭房 かつらてるふさ
寛永15（1638）年～？
江戸時代前期の公家（参議）。非参議岡崎宣持の子、母は参議正親町季俊の娘。
¶公卿，公家（昭房〔岡崎家〕　あきふさ）

葛女王 かつらのじょおう
奈良時代の三島王の娘。
¶人名

桂宮淑子内親王 かつらのみやすみこないしんのう
→淑子内親王（すみこないしんのう）

桂宮宜仁親王 かつらのみやよしひとしんのう
昭和23（1948）年2月11日～平成26（2014）年6月8日　[別]宜仁親王《よしひとしんのう》，桂宮宜仁《かつらのみやよしひと》，三笠宮宜仁《みかさのみやよしひと》，三笠宮宜仁親王《みかさのみやよしひとしんのう》
昭和～平成期の皇族。三笠宮崇仁親王の第2王子。日・豪・ニュージーランド協会総裁。
¶現日（三笠宮宜仁　みかさのみやよしひと　[生]1947年2月11日），諸系，世紀（桂宮宜仁　かつらのみやよしひと），日人

葛原親王 かつらはらしんのう，かつらばらしんのう
→葛原親王（かずらはらしんのう）

勘解由小路在富 かでのこうじあきとみ
→勘解由小路在富（かでのこうじありとみ）

勘解由小路韶光 かでのこうじあきみつ
寛文3（1663）年～享保14（1729）年　[別]勘解由小路韶光《かげゆこうじあきみつ》
江戸時代中期の歌人、公家（権大納言）。権大納言烏丸光雄の子。
¶公卿（かげゆこうじあきみつ　[生]寛文3（1663）年2月8日　[没]享保14（1729）年5月11日），公家（韶光〔勘解由小路家〕　あきみつ　[生]寛文3（1663）年2月8日　[没]享保14（1729）年5月11日），国書（[生]寛文3（1663）年2月8日　[没]享保14（1729）年5月11日），諸系，人書94，人名，日人

勘解由小路在貞 かでのこうじありさだ
？～文明5（1473）年　[別]勘解由小路在貞《かげゆこうじありさだ》
室町時代の公卿（非参議）。勘解由小路家の祖。非参議賀茂在方の次男。
¶公卿（かげゆこうじありさだ　[没]文明5（1473）年11月12日），公家（在貞〔勘解由小路家（絶家）〕　あきさだ　[没]文明5（1473）年10月12日）

勘解由小路在重 かでのこうじありしげ
長禄3（1459）年～永正14（1517）年8月21日　[別]勘解由小路在重《かげゆこうじありしげ》
戦国時代の公卿（非参議）。非参議勘解由小路在宗の子。
¶公卿（かげゆこうじありしげ），公家（在重〔勘解由小路家（絶家）〕　あきしげ），戦人

勘解由小路在富 かでのこうじありとみ
延徳2（1490）年～永禄8（1565）年　[別]勘解由小路在富《かげゆこうじありとみ，かでのこうじあきとみ》
戦国時代の公卿（非参議・宮内卿）。非参議勘解由小路在重の子、母は非参議町顕郷の娘。
¶公卿（かげゆこうじありとみ　[生]延徳2（1490）年2月5日　[没]永禄8（1565）年8月10日），公家（在富〔勘解由小路家（絶家）〕　あきとみ　[生]延徳2（1490）年2月5日　[没]永禄8（1565）年8月10日），戦辞（かでのこうじあきとみ　[生]延徳2年2月5日（1490年2月24日）　[没]永禄8年8月10日（1565年9月4日）），戦人

勘解由小路在長 かでのこうじありなが
[別]勘解由小路在長《かげゆこうじありなが》
室町時代の公卿（非参議）。非参議賀茂在方の三男。
¶公卿（かげゆこうじありなが　生没年不詳），公家（在長〔勘解由小路家（絶家）〕　あきなが）

勘解由小路在通 かでのこうじありみち
永享3（1431）年～永正9（1512）年1月11日　[別]勘解由小路在通《かげゆこうじありみち》
室町時代～戦国時代の公卿（非参議）。非参議勘解由小路在盛の長男。
¶公卿（かげゆこうじありみち），公家（在通〔勘解由小路家（絶家）〕　あきみち），戦人

勘解由小路在宗 かでのこうじありむね
[別]勘解由小路在宗《かげゆこうじありむね》
室町時代の公卿（非参議）。従二位・非参議勘解由小路在貞の次男。
¶公卿（かげゆこうじありむね　生没年不詳），公家（在宗〔勘解由小路家（絶家）〕　あきむね）

勘解由小路在基 かでのこうじありもと
？～享禄2（1529）年　[別]勘解由小路在基《かげゆこうじありもと》
戦国時代の公卿（非参議）。非参議勘解由小路在盛の次男。
¶公卿（かげゆこうじありもと），公家（在基〔勘解由小路家（絶家）〕　あきもと），戦人

勘解由小路在盛 かでのこうじありもり
→賀茂在盛(かもあきもり)

勘解由小路在康 かでのこうじありやす
延徳3(1491)年～?　㋵勘解由小路在康《かげゆこうじありやす》
戦国時代の公卿(非参議)。非参議勘解由小路在重の次男。
¶公卿(かげゆこうじありやす　㋕明応1(1492)年)、公家(在康〔勘解由小路家(絶家)〕　あきやす)、戦人

勘解由小路兼綱 かでのこうじかねつな
→広橋兼綱(ひろはしかねつな)

勘解由小路兼仲 かでのこうじかねなか
→広橋兼仲(ひろはしかねなか)

勘解由小路資承 かでのこうじすけこと
万延1(1860)年～大正14(1925)年　㋵勘解由小路資承《かでのこうじすけつぐ》
明治～大正期の官吏、政治家。貴族院議員、子爵。裁判所書記、東宮侍従などを歴任。
¶人名(かでのこうじすけつぐ)、世紀(㋕万延1(1860)年9月13日　㋤大正14(1925)年6月18日)、日人

勘解由小路資忠 かでのこうじすけただ
寛永9(1632)年1月6日～延宝7(1679)年1月12日　㋵勘解由小路資忠《かげゆこうじすけただ》
江戸時代前期の公家(参議)。勘解由小路の祖。権大納言烏丸光広の次男。
¶公卿(かげゆこうじすけただ)、公家(資忠〔勘解由小路家〕　すけただ)、諸系

勘解由小路資善 かでのこうじすけたる
→勘解由小路資善(かでのこうじすけよし)

勘解由小路資承 かでのこうじすけつぐ
→勘解由小路資承(かでのこうじすけこと)

勘解由小路資生 かでのこうじすけなり
文政10(1827)年～明治26(1893)年1月25日　㋵勘解由小路資生《かでのこうじすけより》
江戸時代末期～明治期の公家。
¶維新、国書(かでのこうじすけより　㋕文政10(1827)年3月3日)、諸系(かでのこうじすけより)、幕末

勘解由小路資望 かでのこうじすけもち
享保20(1735)年～宝暦9(1759)年
江戸時代中期の公家。
¶国書(㋕享保20(1735)年2月3日　㋤宝暦9(1759)年閏7月23日)、諸系、人名、日人

勘解由小路資善 かでのこうじすけよし
安永7(1778)年～嘉永1(1848)年　㋵勘解由小路資善《かげゆこうじすけよし、かでのこうじすけたる》
江戸時代後期の公家(権大納言)。左京権大夫勘解由小路近光の子。
¶維新、公卿(かげゆこうじすけよし　㋕安永7(1778)年5月28日　㋤嘉永1(1848)年11月25日)、公家(資善〔勘解由小路家〕　すけよし　㋕安永7(1778)年5月28日　㋤嘉永1(1848)年11月25日)、国書(かでのこうじすけたる　㋕安永7(1778)年5月28日　㋤嘉永1(1848)年11月24日)、諸系、人名、日人、幕末(㋤1848年12月19日)

勘解由小路資生 かでのこうじすけより
→勘解由小路資生(かでのこうじすけなり)

勘解由小路近光 かでのこうじちかみつ
宝暦6(1756)年～天明4(1784)年9月1日
江戸時代中期の公家。
¶国書

勘解由小路経光 かでのこうじつねみつ
→藤原経光(ふじわらのつねみつ)

勘解由小路光業 かでのこうじみつおき
→広橋光業(ひろはしみつなり)

勘解由小路光宙 かでのこうじみつおき
文化5(1808)年9月26日～文久2(1862)年6月28日　㋵勘解由小路光宙《かげゆこうじみつおき》
江戸時代末期の公家(非参議)。権大納言広橋胤定の末子、母は非参議藤波復忠の娘。
¶公卿(かげゆこうじみつおき)、公家(光宙〔勘解由小路家〕　みつおき)、国書

勘解由小路光潔 かでのこうじみつきよ
元禄11(1698)年2月21日～享保17(1732)年1月5日　㋵勘解由小路光潔《かげゆこうじみつきよ》
江戸時代中期の公家(非参議)。権大納言勘解由小路韶光の長男。
¶公卿(かげゆこうじみつきよ)、公家(光潔〔勘解由小路家〕　みつきよ)、国書

葛井親王 かどいしんのう
→葛井親王(ふじいしんのう)

葛井諸会 かどいのもろあい
→葛井諸会(ふじいのもろえ)

和徳門院 かとくもんいん
文暦1(1234)年～正応2(1289)年12月7日　㋵義子内親王《ぎしないしんのう》
鎌倉時代後期の女性。仲恭天皇の皇女。
¶女性、人名、日人(㋤1290年)

葛野皇子 かどののおうじ
→葛野王(かどののおう)

葛野王 かどののおう
天智天皇8(669)年～慶雲2(705)年　㋵葛野王《かどのおう、かどののおおきみ》、葛野皇子《かどのおうじ》
飛鳥時代の皇族、文人。天智天皇の孫、大友皇子の長子。
¶朝日(かどのおう　㋤慶雲2年12月20日(706年1月9日))、国史(かどのおう)、古代、古中(かどのおう)、コン改(かどのおおきみ)、コン4(かどののおおきみ)、詩歌(かどのおおきみ)、史人(かどのおう　㋤705年12月20日)、

か

諸系（[没]706年），新潮（[没]慶雲2（705）年12月20日），人名（葛野皇子　かどのおうじ　[生]661年），世人（[生]斉明7（661）年），日史（かどのおう　[没]慶雲2（705）年12月），日人（[没]706年），百科，歴大（かどのおう），和俳

葛野王 かどののおおきみ
→葛野王（かどののおう）

門部石足 かどべのいそたり
[別]門部連石足《かどべのむらじいそたり》
奈良時代の官人。万葉歌人。
¶万葉（門部連石足　かどべのむらじいそたり）

門部王(1) かどべのおう
[別]門部王《かどべのおおきみ》
奈良時代の王族。
¶古代，万葉（かどべのおおきみ）

門部王(2) かどべのおう
→門部王(1)（かどべのおおきみ）

門部王(1) かどべのおおきみ
？ ～天平17（745）年　[別]門部王《かどべのおう》
奈良時代の王族、歌人。
¶古代（かどべのおう），島根人，島根百（[没]天平17（745）年4月），島根歴，人名，日人（かどべのおう），万葉，和俳

門部王(2) かどべのおおきみ
→門部王(1)（かどべのおう）

兼明親王 かなあきらしんのう
→兼明親王（かねあきらしんのう）

綺戸辺 かにはたとべ
[別]綺戸辺《かんはたとべ》
上代の女性。垂仁天皇の妃。
¶女性（かんはたとべ），日人

掃守王 かにもりのおう
[別]掃守王《かにもりのおおきみ》
奈良時代の医師。
¶人名（かにもりのおおきみ），日人（生没年不詳）

掃守王 かにもりのおおきみ
→掃守王（かにもりのおう）

鍛大角（鍛冶大隅，鍛冶大角） かぬちのおおすみ
→守部大隅（もりべのおおすみ）

兼明親王 かねあきらしんのう
延喜14（914）年～永延1（987）年　[別]兼明親王《かなあきらしんのう》，源兼明《みなもとのかねあきら，みなもとのかねあき》，小倉親王《おぐらしんのう》，中書王《ちゅうしょおう》，前中書王《さきのちゅうしょおう，ぜんちゅうしょおう》
平安時代中期の公卿（左大臣）。醍醐天皇の皇子、母は藤原菅根の娘更衣従四位上淑姫。
¶朝日（[没]永延1年9月26日（987年10月21日）），岩史（[没]永延1（987）年9月26日），角史，京都，京都大，公卿（源兼明　みなもとのかねあき　[没]永延1（987）年9月6日），国史，国書（[没]永延1（987）年9月26日），古史，古史（源兼明　みなもとのかねあきら），古中，コン改，コン4，詩歌（かなあきらしんのう），史人（[没]987年9月26日），諸系，新潮（[没]永延1（987）年9月26日），人名，姓氏京都，世人，全書，大百，日史（[没]永延1（987）年9月26日），日人，百科，平史，歴大，和俳

懐邦親王 かねくにしんのう
生没年不詳
室町時代の後村上天皇第6皇子。
¶国書

兼子女王 かねこじょおう
→兼子女王（けんしじょおう）

包子内親王 かねこないしんのう
？ ～寛平1（889）年
平安時代前期の女性。清和天皇の皇女。
¶平史

兼田伊織 かねだいおり
江戸時代末期の地下（鷹司家侍）。
¶維新，姓氏京都（生没年不詳）

兼綱王 かねつなおう
元永1（1118）年～保延1（1135）年
平安時代後期の村上天皇の後裔。則仲王の子。
¶平史

懐良親王 かねながしんのう
→懐良親王（かねよししんのう）

兼良親王 かねながしんのう
弘安9（1286）年～正応5（1292）年
鎌倉時代後期の亀山天皇の第12皇子。
¶人名

説成親王 かねなりしんのう
南北朝時代の後村上天皇の皇子。
¶人名

兼文王 かねぶみおう
平安時代中期の花山天皇皇孫、清仁親王の王子。
¶人名，日人（生没年不詳）

兼覧王 かねみおう
？ ～承平2（932）年
平安時代中期の歌人。文徳天皇皇孫、惟喬親王の王子。
¶国史，国書，古代，古中，諸系，神人，新潮，人名，日人，平史，和俳

兼覧王女 かねみおうのむすめ
生没年不詳
平安時代前期の王族・歌人。
¶国書，平史

懐良親王 かねよししんのう
？ ～弘和3/永徳3（1383）年　[別]懐良親王《かねながしんのう》，征西将軍宮《せいせいしょうぐんのみや》，九州宮《きゅうしゅうのみや》，鎮西宮《ちんぜいのみや》

南北朝時代の後醍醐天皇の皇子、征西将軍。
¶朝日（㊀永徳3/弘和3年3月27日（1383年4月30日）），岩史（㊀永徳3/弘和3（1383）年3月27日），鹿児島百（かねながしんのう　㊀元徳1（1329）年），角史（㊀元徳1（1329）年），鎌室（かねながしんのう），熊本百（かねながしんのう　㊀元徳1（1329）年ごろ），国史，国書（かねながしんのう　㊀弘和3（1383）年3月27日），古中，コン改（かねながしんのう　㊀元徳1（1329）年），コン4（㊀元徳1（1329）年），史人（㊀1330年？　㊀1383年3月27日），重要（㊀弘和3/永徳3（1383）年3月27日），諸系，人書94（かねながしんのう　㊀1329年），新潮（かねながしんのう　㊀永徳3/弘和3（1383）年3月27日），人名（かねながしんのう），世人（かねながしんのう　㊀元徳1（1329）年　㊀弘和3（1383）年3月27日），世百（かねながしんのう），全書，大百（かねながしんのう　㊀1329年），日史（㊀永徳3/弘和3（1383）年3月27日），日人，百科，福岡百（かねながしんのう　㊀元徳1（1329）年），歴大

兼良　かねら
→一条兼良（いちじょうかねよし）

鎌倉王　かまくらおう
生没年不詳
平安時代前期の皇孫。系譜不詳。
¶平史

神王　かみおう
→神王（みわおう）

神櫛皇子　かみくしおうじ
㊀神櫛王《かんぐしおう》，神櫛皇子《かみくしのみこ，かむくしのみこ》
上代の景行天皇の皇子。
¶岡山歴（かみくしのみこ），香川人（神櫛王　かんぐしおう　生没年不詳），香川百（神櫛王　かんぐしおう　生没年不詳），郷土香川（神櫛王　かんぐしおう　生没年不詳），神人（かむくしのみこ），人名

神櫛皇子　かみくしのみこ
→神櫛皇子（かみくしおうじ）

上毛野内親王　かみつけぬないしんのう
？　～承和9（842）年
平安時代前期の女性。平城天皇皇女。
¶平史

上毛野稲人　かみつけぬのいなひと
生没年不詳
奈良時代の官人。
¶新潟百

上毛野氏永　かみつけぬのうじなが
生没年不詳　㊀上毛野氏永《かみつけのうじなが，かみつけののうじなが》，上毛野朝臣氏永《かみつけののあそんうじなが》
平安時代前期の官人。
¶古代（上毛野朝臣氏永　かみつけののあそんうじなが），島根歴（かみつけのうじなが），日人（かみつけののうじなが），平史

上毛野馬長　かみつけぬのうまなが
生没年不詳　㊀上毛野朝臣馬長《かみつけぬのあそんうまなが》
奈良時代の上野守。
¶姓氏群馬（上毛野朝臣馬長　かみつけぬのあそんうまなが）

上毛野穎人　かみつけぬのえひと
→上毛野穎人（かみつけぬのかいひと）

上毛野大川　かみつけぬのおおかわ
生没年不詳　㊀上毛野大川《かみつけののおおかわ》
奈良時代～平安時代前期の官人、遣唐録事。「続日本紀」を編纂。
¶朝日，コン改，コン4，人名，日人（かみつけののおおかわ），平史

上毛野小足　かみつけぬのおたり
？　～和銅2（709）年4月16日　㊀上毛野朝臣小足《かみつけぬのあそんおたり》
飛鳥時代の官僚。
¶岡山歴（上毛野朝臣小足　かみつけぬのあそんおたり）

上毛野穎人　かみつけぬのかいひと
天平神護2（766）年～弘仁12（821）年　㊀上毛野穎人《かみつけぬのさかひと，かみつけぬのさきひと，かみつけのえひと，かみつけののかいひと》，上毛野朝臣穎人《かみつけののあそんかいひと》
平安時代前期の官人、遣唐録事。
¶朝日（生没年不詳），国書（かみつけのえひと　㊀弘仁12（821）年8月18日），古代（上毛野朝臣穎人　かみつけののあそんかいひと），コン改（生没年不詳），コン4（生没年不詳），詩歌（かみつけのえひと），人名（かみつけぬのさきひと），日人（かみつけののかいひと），平史（かみつけぬのさかひと　㊀768年），和俳

上毛野穎人　かみつけぬのさかひと
→上毛野穎人（かみつけぬのかいひと）

上毛野穎人　かみつけぬのさきひと
→上毛野穎人（かみつけぬのかいひと）

上毛野永世　かみつけぬのながよ
㊀上毛野永世《かみつけののながよ》，上毛野朝臣永世《かみつけののあそんながよ》
平安時代前期の官人。
¶古代（上毛野朝臣永世　かみつけののあそんながよ），人名，日人（かみつけののながよ　生没年不詳）

上毛野三千　かみつけぬのみち
？　～天武天皇10（681）年　㊀上毛野君三千《かみつけぬのきみみち，かみつけののきみみちじ》，上毛野三千《かみつけののみちぢ》
飛鳥時代の官人。「日本書紀」の編纂に従事。
¶朝日（㊀天武10（681）年8月），群馬人（上毛野君三千　かみつけぬのきみみち），古代（上

毛野君三千　かみつけののきみみちじ　[没]682年），コン改，コン4，人名（[没]682年），日人（かみつけののみちぢ）

上毛野三千　かみつけぬのみちじ
→上毛野三千（かみつけぬのみち）

上毛野三千(1)　かみつけぬのみちち
→上毛野三千（かみつけぬのみち）

上毛野三千(2)　かみつけぬのみちぢ
→上毛野三千（かみつけぬのみち）

上毛野稚子　かみつけぬのわかこ
[別]上毛野君稚子《かみつけぬのきみわくこ，かみつけののきみわかこ》，上毛野稚子《かみつけののわかこ》
飛鳥時代の将軍。
¶群馬人（上毛野君稚子　かみつけぬのきみわくこ），古代（上毛野君稚子　かみつけののきみわかこ），日人（かみつけののわかこ　生没年不詳）

上毛野稚子　かみつけぬのわくこ
→上毛野稚子（かみつけぬのわかこ）

上毛野（家名）　かみつけの
→上毛野（かみつけぬ）

上道王　かみつみちのおおきみ
奈良時代の皇族。広河女王の父、穂積皇子の子。
¶万葉

上道斐太都　かみつみちのひたつ，かみつみちのひだつ
？ ～神護景雲1（767）年　[別]上道臣斐太都《かみつみちのおみひたつ，かみつみちのおみひだつ》，上道朝臣斐太都《かみつみちのあそんひたつ》
奈良時代の官人。淳仁天皇の側近。
¶朝日（[没]神護景雲1（767）年9月），岡山百（上道臣斐太都　かみつみちのおみひたつ），岡山歴（上道臣斐太都　かみつみちのおみひだつ　[没]神護景雲1（767）年9月23日），国史，古史，古代（上道朝臣斐太都　かみつみちのあそんひたつ），古中，史人（[没]767年9月23日），新潮（かみつみちのひだつ　[没]神護景雲1（767）年9月23日），日人，歴大

髪長媛　かみながひめ
[別]日向髪長媛《ひむかのかみながひめ，ひゅうがのかみながひめ》
上代の女性。仁徳天皇の妃。
¶朝日（日向髪長媛　ひむかのかみながひめ　生没年不詳），大阪人，国史（日向髪長媛　ひむかのかみながひめ），古代，古中（日向髪長媛　ひむかのかみながひめ），コン改，コン4，史人（日向髪長媛　ひむかのかみながひめ），女性（日向髪長媛　ひむかのかみながひめ），女性，新潮，人名（日向髪長媛　ひゅうがのかみながひめ），人名，姓氏鹿児島，日人，宮崎百

上王　かみのみこ
→石上皇子（いそのかみのおうじ）

紙屋川顕氏　かみやがわあきうじ
→藤原顕氏（ふじわらのあきうじ）

紙屋川重氏　かみやがわしげうじ
→藤原重氏（ふじわらのしげうじ）

神櫛皇子　かむくしのみこ
→神櫛皇子（かみくしおうじ）

甘奈備伊香　かむなびのいかご
→甘奈備伊香（かんなびのいかご）

神八井耳命　かむやいみみのみこと
→神八井耳命（かんやいみみのみこと）

神日本磐余彦尊　かむやまといわれひこのみこと
→神武天皇（じんむてんのう）

亀山天皇　かめやまてんのう
建長1（1249）年～嘉元3（1305）年
鎌倉時代後期の第90代の天皇（在位1259～1274）。
¶朝日（[生]建長1年5月27日（1249年7月9日）[没]嘉元3年9月15日（1305年10月4日）），岩史（[生]建長1（1249）年5月27日　[没]嘉元3（1305）年9月15日），角史，鎌室，京都，京都大，国史，国書（[生]建長1（1249）年5月27日　[没]嘉元3（1305）年9月15日），古中，コン改，コン4，史人（[生]1249年5月27日　[没]1305年9月15日），重要（[生]建長1（1249）年5月27日　[没]嘉元3（1305）年9月15日），諸系，新潮（[生]建長1（1249）年5月27日　[没]嘉元3（1305）年9月15日），人名，姓氏京都，世人（[生]建長1（1249）年5月27日　[没]嘉元3（1305）年9月15日），世百，全書，大百，伝記，日史（[生]建長1（1249）年5月27日　[没]嘉元3（1305）年9月15日），日人，百科，仏教（[生]建長1（1249）年5月27日　[没]嘉元3（1305）年9月15日），歴大

賀茂在方　かもあきかた
？ ～文安1（1444）年　[別]賀茂在方《かものありかた》
室町時代の公卿（非参議）。非参議賀茂在弘の子。
¶公卿（かものありかた），公家（在方〔勘解由小路家（絶家）〕　あきかた），国書

賀茂在藤　かもあきふじ
生没年不詳
鎌倉時代の陰陽家・暦学者・歌人。
¶国書

賀茂在盛　かもあきもり
？ ～文明10（1478）年　[別]勘解由小路在盛《かげゆこうじありもり》
室町時代～戦国時代の陰陽家・暦学者。
¶公卿（勘解由小路在盛　かげゆこうじありもり　[没]文明10（1478）年8月19日），公家（在盛〔勘解由小路家（絶家）〕　あきもり），国書（[生]応永19（1412）年　[没]文明11（1479）年8月19日）

賀茂在弘　かもありひろ
延元4/暦応2（1339）年～応永26（1419）年　[別]賀茂在弘《かものありひろ》
南北朝時代～室町時代の公卿（非参議）。応永19

年刑部卿、26年正三位に叙される。
¶鎌室，公卿（かものありひろ　㊓？　㊰応永26（1419）年5月1日），公家（在弘〔勘解由小路家（絶家）〕　あきひろ　㊓？　㊰応永26（1419）年5月1日），諸系，日人

賀茂在康 かもありやす
㊕賀茂在康《かものありやす》
室町時代の公卿（非参議）。文安5年従三位に叙される。
¶公卿（かものありやす　生没年不詳），公家（在康〔勘解由小路家（絶家）〕　あきやす）

賀茂友兼 かもともかね
㊕賀茂友兼《かものともかね》
室町時代の公卿（非参議）。前名は友幸。寛正4年正三位に叙される。
¶公卿（かものともかね　生没年不詳），公家（友兼〔幸徳井家（絶家）〕　ともかね）

賀茂在方 かものありかた
→賀茂在方（かもあきかた）

賀茂女王 かものおおきみ
→賀茂女王（かものじょおう）

賀茂女王 かものじょおう
㊕賀茂女王《かものおおきみ》
奈良時代の女性。長屋王の娘。
¶女性（生没年不詳），人名（かものおおきみ），日人（生没年不詳），万葉（かものおおきみ）

賀茂宮 かものみや
元和4（1618）年～元和8（1622）年
江戸時代前期の後水尾天皇の第1皇子。
¶人名

賀茂保嵩 かもやすあきら
→賀茂保嵩（かもやすたか）

賀茂保嵩 かもやすたか
享保15（1730）年～享和2（1802）年3月8日　㊕賀茂保嵩《かものやすたか，かもやすあきら》
江戸時代中期～後期の神官。
¶公卿（かものやすたか），公家（保嵩〔幸徳井家（絶家）〕　やすたか），国書（かもやすあきら　㊓享保15（1730）年1月4日）

賀茂保敬 かもやすのり
延享1（1744）年～文政2（1819）年3月1日　㊕賀茂保敬《かものやすのり，かもやすゆき》
江戸時代中期～後期の神官（陰陽寮）。
¶公卿（かものやすのり），公家（保敬〔幸徳井家（絶家）〕　やすたか），国書（かもやすゆき　㊓延享1（1744）年5月28日）

賀茂保敬 かもやすゆき
→賀茂保敬（かもやすのり）

賀陽親王 かやしんのう
延暦13（794）年～貞観13（871）年　㊕賀陽親王《かやのしんのう》
平安時代前期の桓武天皇の子。
¶朝日（㊰貞観13年10月8日（871年11月23日）），国史，古代，古中，コン改，コン4，史人（㊰871年10月8日），諸系，新潮（㊰貞観13（871）年10月8日），人名（かやのしんのう），姓氏京都，世人，日史（㊰貞観13（871）年10月8日），日人，百科，平史

賀陽恒憲 かやつねのり
明治33（1900）年1月27日～昭和53（1978）年1月3日　㊕賀陽宮恒憲王《かやのみやつねのりおう》
大正～昭和期の陸軍軍人。陸軍大学校長。貴族院議員。皇族。戦後皇室掌典長兼御歌所長、日大顧問などを歴任。
¶現情，諸系，新潮，人名7，世紀，日人，陸海（賀陽宮恒憲王　かやのみやつねのりおう）

蚊屋秋庭 かやのあきにわ
→山代真作（やましろのまつくり）

高陽院 かやのいん
嘉保2（1095）年～久寿2（1155）年12月16日　㊕高陽院《かやいん》，藤原泰子《ふじわらのたいし，ふじわらのやすこ》
平安時代後期の女性。鳥羽天皇の皇后。摂政関白藤原忠実の娘。
¶朝日（㊰久寿2年12月16日（1156年1月10日）），岩史，国史，古中，コン改，コン4，史人，諸系（㊰1156年），女性，新潮，人名，姓氏京都，世人，全書，日史（かやいん），日人（㊰1156年），百科（かやいん），平史（藤原泰子　ふじわらのやすこ），歴大

蚊屋皇子 かやのおうじ
㊕蚊屋皇子《かやのみこ》
飛鳥時代の舒明天皇の皇子。
¶岡山歴（かやのみこ），日人（生没年不詳）

賀陽豊年（加陽豊年） かやのとよとし
天平勝宝3（751）年～弘仁6（815）年6月27日
㊕賀陽朝臣豊年《かやのあそんとよとし》，賀陽豊年《かやとよとし》
奈良時代～平安時代前期の官人、文人。
¶朝日（㊰弘仁6年6月27日（815年8月5日）），岡山百（㊓？），岡山歴，角史，国史，国書（かやとよとし），古代（賀陽朝臣豊年　かやのあそんとよとし），古中，コン改，コン4，詩歌，史人，新潮，人名，世人（加陽豊年），全書，日史，日人，百科，平史，歴大，和俳

蚊屋皇子 かやのみこ
→蚊屋皇子（かやのおうじ）

賀陽宮邦憲王 かやのみやくにのりおう
慶応3（1867）年～明治42（1909）年　㊕邦憲王《くにのりおう》，賀陽宮
明治期の皇族。神宮祭主。久邇宮朝彦親王の第2王子。大勲位菊花大綬章を賜る。
¶諸系，人名（邦憲王　くにのりおう），日人

賀陽宮佐紀子女王 かやのみやさきこじょおう
→山階宮佐紀子（やましなのみやさきこ）

賀陽宮恒憲王 かやのみやつねのりおう
→賀陽恒憲（かやつねのり）

賀陽宮好子 かやのみやよしこ
慶応1（1865）年10月～昭和16（1941）年11月
明治～昭和期の皇族。賀陽宮邦憲王の妻、醍醐忠順の娘。日露戦争の際、戦地に大黒帽式の夏帽子を作り送った。
¶女性，女性普

嘉陽門院 かようもんいん
正治2（1200）年～文永10（1273）年　[別]礼子内親王《れいしないしんのう》
鎌倉時代前期の女性。後鳥羽天皇の第2皇女。
¶朝日（[没]文永10年8月2日（1273年9月14日）），鎌室，コン改，コン4，史人（[没]1273年8月2日），諸系，女性（[没]文永10（1273）年8月2日），新潮（[没]文永10（1273）年8月2日），人名，日人

韓国広足 からくにのひろたり
生没年不詳　[別]韓国連広足《からくにのむらじひろたり》
奈良時代の宮廷の呪術師、典薬頭。
¶朝日，古史（韓国連広足　からくにのむらじひろたり），古代（韓国連広足　からくにのむらじひろたり），日人，仏教，歴大（韓国連広足　からくにのむらじひろたり）

韓国源 からくにのみなもと
[別]韓国連源《からくにのむらじみなもと》，高原源《たかはらげん》
奈良時代～平安時代前期の遣唐録事。
¶古代（韓国連源　からくにのむらじみなもと），人名（高原源　たかはらげん），日人（生没年不詳）

嘉楽門院 からくもんいん
応永18（1411）年～長享2（1488）年　[別]藤原信子《ふじわらしんし，ふじわらのしんし，ふじわらののぶこ》
室町時代～戦国時代の女性。後花園天皇の妃。後土御門天皇の母。
¶朝日（[没]長享2年4月28日（1488年6月8日）），鎌室，コン改，コン4，史人（[没]1488年4月28日），諸系，女性（[没]長享2（1488）年4月28日），新潮（[没]長享2（1488）年4月28日），人名，日人

烏丸（家名） からすま
→烏丸（からすまる）

烏丸資董 からすまるすけただ
→烏丸資董（からすまるもとすみ）

烏丸資任 からすまるすけとう
応永24（1417）年～文明14（1482）年　[別]烏丸資任《からすまずけとう》，藤原資任《ふじわらすけとう，ふじわらのすけとう》
室町時代～戦国時代の公卿（准大臣）。権中納言烏丸豊光の子。
¶朝日（[没]文明14年12月15日（1483年1月23日）），鎌室（藤原資任　ふじわらすけとう），公卿（[没]文明14（1482）年12月15日），公家（資任〔烏丸家〕　すけとう　[没]文明14（1482）年12月15日），国書（[没]文明14（1482）年12月16日），諸系（[没]1483年），新潮（[没]文明14（1482）年12月16日），日人（[没]1483年）

烏丸資慶 からすまるすけよし
元和8（1622）年5月11日～寛文9（1669）年11月28日
江戸時代前期の歌人、公家（権大納言）。権中納言烏丸光賢の子、母は参議細川忠興の娘。
¶公卿，公家（資慶〔烏丸家〕　すけよし），国書，諸系（[没]1670年），人名（[生]1623年），日人（[没]1670年），和俳（[生]元和9（1623）年）

烏丸豊光 からすまるとよみつ
天授4/永和4（1378）年～正長2（1429）年2月18日　[別]烏丸豊光《からすまとよみつ》，日野豊光《ひのとよみつ》
室町時代の公卿（権中納言）。烏丸家の祖。権大納言日野資康の次男。
¶岩史，鎌室（からすまとよみつ），公卿，公家（豊光〔烏丸家〕　とよみつ），国史，古中，コン4，史人，諸系，新潮，人名（日野豊光　ひのとよみつ），日史，日人

烏丸宣定 からすまるのぶさだ
寛文12（1672）年8月29日～元禄5（1692）年2月21日
江戸時代前期～中期の公家。
¶国書

烏丸信輔 からすまるのぶすけ
→平信輔（たいらののぶすけ）

烏丸順光 からすまるのぶみつ
承応1（1652）年～延宝2（1674）年
江戸時代前期の公家。
¶人名

烏丸広賢 からすまるひろかた
生没年不詳
江戸時代前期の歌人。
¶諸系，人名，日人

烏丸冬光 からすまるふゆみつ
文明5（1473）年～永正13（1516）年5月5日
戦国時代の公卿（権中納言）。左大臣日野勝光の三男。
¶公卿，公家（冬光〔烏丸家〕　ふゆみつ），戦人

烏丸益光 からすまるますみつ
永享12（1440）年～文明7（1475）年
室町時代の公卿（権中納言）。准大臣烏丸資任の子。
¶公卿（[没]文明7（1475）年12月30日），公家（益光〔烏丸家〕　ますみつ　[没]文明7（1475）年12月29日）

烏丸光徳 からすまるみつえ
天保3（1832）年7月20日～明治6（1873）年8月15日　[別]烏丸光徳《からすまるみつのり》
江戸時代末期～明治期の公家（参議）。権大納言

烏丸光政の子。
¶維新，公卿（からすまるみつのり　[没]明治6(1873)年8月），公家（光徳〔烏丸家〕　みつえ），幕末

烏丸光雄 からすまるみつお
正保4(1647)年～元禄3(1690)年
江戸時代前期の歌人、公家（権大納言）。権大納言烏丸資慶の子、母は内大臣清閑寺共房の娘。
¶公卿（[生]正保4(1647)年3月12日　[没]元禄3(1690)年10月17日），公家（光雄〔烏丸家〕　みつお　[生]正保4(1647)年3月12日　[没]元禄3(1690)年10月17日），国書（[生]正保4(1647)年3月12日　[没]元禄3(1690)年10月17日），諸系，人名，日人，和俳

烏丸光賢 からすまるみつかた
慶長5(1600)年5月14日～寛永15(1638)年9月9日
江戸時代前期の公家（権中納言）。権大納言烏丸光広の子。
¶公卿，公家（光賢〔烏丸家〕　みつかた）

烏丸光胤 からすまるみつたね
享保8(1723)年～安永9(1780)年9月18日
江戸時代中期の公家（権大納言）。権大納言中御門宣誠の次男。
¶近世（[生]1721年），公卿（[生]享保6(1721)年6月1日），公家（光胤〔烏丸家〕　みつたね　[生]享保6(1721)年6月1日），国史（[生]1721年），国書（[生]享保6(1721)年6月1日），コン改，コン4，史人（[生]1721年6月1日），諸系，新潮（[生]享保8(1723)年6月1日），人名，世人，日人，和俳

烏丸光宣 からすまるみつのぶ
天文18(1549)年～慶長16(1611)年
安土桃山時代～江戸時代前期の書家、公家（准大臣）。准大臣烏丸光康の子。
¶公卿（[没]慶長16(1611)年11月21日），公家（光宣〔烏丸家〕　みつのぶ　[没]慶長16(1611)年11月21日），国書（[没]慶長16(1611)年11月21日），茶道，諸系，人名（[生]1544年　[没]1606年），戦人，日人

烏丸光祖 からすまるみつのり
延享3(1746)年7月22日～文化3(1806)年8月19日
[別]烏丸光祖《からすまるみつもと》
江戸時代中期～後期の公家（権大納言）。権大納言烏丸光胤の次男、母は内大臣烏丸光栄の娘。
¶公卿，公家（光祖〔烏丸家〕　みつのり），国書（からすまるみつもと）

烏丸光徳 からすまるみつのり
→烏丸光徳（からすまるみつえ）

烏丸光栄 からすまるみつひで
元禄2(1689)年8月3日～寛延1(1748)年3月14日
江戸時代中期の歌人、公家（内大臣）。権大納言烏丸光雄の孫、左中弁烏丸宣定の子。
¶近世，公卿，公家（光栄〔烏丸家〕　みつひで），国史，国書，史人，諸系，新潮，人名，姓氏京都，日人，和俳

烏丸光広 からすまるみつひろ
天正7(1579)年～寛永15(1638)年　[別]烏丸光広《からすまみつひろ》
安土桃山時代～江戸時代前期の歌人、公家（権大納言）。准大臣烏丸光宣の子。
¶朝日（[没]寛永15年7月13日(1638年8月22日)），角史，京都，京都大，京都府（からすまみつひろ），近世，公卿（[没]寛永15(1638)年7月13日），公家（光広〔烏丸家〕　みつひろ　[没]寛永15(1638)年7月13日），国史，国書（[生]天正7(1579)年4月27日　[没]寛永15(1638)年7月13日），コン改，コン4，茶道，詩歌，史人（[没]1638年7月13日），諸系，人書94，新潮（[没]寛永15(1638)年7月13日），新文（からすまみつひろ　[没]寛永15(1638)年7月13日），人名，姓氏京都，世人（[没]寛永15(1638)年7月13日），世百，全書（からすまみつひろ），戦人，大百，伝記（からすまみつひろ），栃木歴（からすまみつひろ），日史（[没]寛永15(1638)年7月13日），日人，美術，百科，文学（からすまみつひろ），歴大，和俳（[没]寛永15(1638)年7月13日）

烏丸光政 からすまるみつまさ
文化9(1812)年5月22日～文久3(1863)年9月21日
江戸時代末期の公家（権大納言）。権大納言勘解小路資善の子という。
¶維新，公卿，公家（光政〔烏丸家〕　みつまさ），国書，幕末

烏丸光祖 からすまるみつもと
→烏丸光祖（からすまるみつのり）

烏丸光康 からすまるみつやす
永正10(1513)年～天正7(1579)年
戦国時代～安土桃山時代の公卿（准大臣）。権中納言烏丸冬光の次男、母は従三位鴨信祐の娘。
¶公卿（[生]永正10(1513)年10月13日　[没]天正7(1579)年4月27日），公家（光康〔烏丸家〕　みつやす　[生]永正10(1513)年10月13日　[没]天正7(1579)年4月27日），国史，古中，諸系，新潮（[生]永正10(1513)年10月13日　[没]天正7(1579)年4月27日），人名，戦人，日人

烏丸光亨 からすまるみつゆき
慶応1(1865)年～明治42(1909)年
明治期の華族。伯爵。花草を娯しみ庭園内に奇木異草を栽培する。
¶諸系，人名，姓氏富山，日人

烏丸資菫（烏丸資菫） からすまるもとすみ
安永1(1772)年9月15日～文化11(1814)年5月20日　[別]烏丸資菫《からすまるすけただ》，烏丸資菫《からすまるすけただ》
江戸時代後期の公家（権大納言）。権大納言烏丸光祖の子。
¶公卿（烏丸資菫），公家（資菫〔烏丸家〕　すけきよ），国書（からすまるすけただ）

賀楽内親王 からのないしんのう
？～貞観16(874)年　[別]賀楽内親王《からないしんのう》
平安時代前期の女性。桓武天皇の皇女。

¶女性（[没]貞観16（874）年2月3日），日人，平史（からないしんのう）

唐橋在家 からはしありいえ
享保14（1729）年～寛政3（1791）年9月29日
江戸時代中期の公家（権大納言）。参議唐橋在廉の次男。
¶公卿，公家（在家〔唐橋家〕 ありいえ [生]享保14（1729）年6月7日），国書（[生]享保14（1729）年6月7日），諸系

唐橋在数 からはしありかず
文安5（1448）年～明応5（1496）年
室町時代～戦国時代の公家・連歌作者。
¶国書（[没]明応5（1496）年1月7日），諸系

唐橋在廉 からはしありかど
→唐橋在廉（からはしありゆき）

唐橋在正 からはしありさだ
嘉永5（1852）年11月～昭和7（1932）年4月4日
明治～昭和期の公家。子爵。留学のため渡米。
¶海越，海越新，世紀（[生]嘉永5（1852）年11月3日），渡航，日人

唐橋在綱 からはしありつな
？ ～文明13（1481）年
室町時代～戦国時代の公卿（権中納言）。参議唐橋在直の子。
¶公卿，公家（在綱〔壬生坊城家（絶家）〕 ありつな [没]文明13（1481）年3月28日）

唐橋在経 からはしありつね
天明2（1782）年8月20日～天保5（1834）年6月19日
江戸時代後期の公家（参議）。権大納言唐橋在熙の子、母は非参議吉田良延の娘。
¶公卿，公家（在経〔唐橋家〕 ありつね）

唐橋在光 からはしありてる
文政10（1827）年9月9日～明治7（1874）年6月9日
江戸時代末期～明治期の公家（非参議）。非参議唐橋在久の子、母は内大臣広幡経豊の娘。
¶維新，公卿（[没]明治7（1874）年6月），公家（在光〔唐橋家〕 ありてる），国書，諸系，幕末

唐橋在豊 からはしありとよ
元中8/明徳2（1391）年～寛正5（1464）年7月
室町時代の公卿（権大納言）。文章得業生唐橋在遠（早世）の子。
¶公卿，公家（在豊〔唐橋家〕 ありとよ），国書

唐橋在直 からはしありなお
建徳2/応安4（1371）年～長禄1（1457）年10月11日
南北朝時代～室町時代の公卿（参議）。菅原在敏の子。
¶公卿，公家（在直〔壬生坊城家（絶家）〕 ありなお），国書

唐橋在長 からはしありなが
？ ～長享2（1488）年9月5日
室町時代～戦国時代の公卿（非参議）。初名＝在永。権中納言唐橋在綱の子。
¶公卿，公家（在永〔壬生坊城家（絶家）〕 ありなが）

唐橋在宣 からはしありのぶ
？ ～応永27（1420）年6月15日
室町時代の公卿（参議）。式部少輔在員の子。
¶公卿，公家（在宣〔菅原家（絶家）1〕 ありのぶ）

唐橋在治 からはしありはる
応永21（1414）年～延徳1（1489）年9月1日
室町時代～戦国時代の公卿（権中納言）。権大納言唐橋在豊の子。
¶公卿，公家（在治〔唐橋家〕 ありはる），国書

唐橋在久 からはしありひさ
文化6（1809）年2月30日～嘉永3（1850）年2月20日
江戸時代末期の公家（非参議）。参議唐橋在経の子、母は甲斐守黒田長舒の娘。
¶公卿，公家（在久〔唐橋家〕 ありひさ），国書

唐橋在秀 からはしありひで
宝永7（1710）年6月13日～元文5（1740）年5月15日
江戸時代中期の公家。
¶国書

唐橋在熙（唐橋在煕） からはしありひろ
宝暦7（1757）年11月28日～文化9（1812）年2月30日
江戸時代中期～後期の公家（権大納言）。権大納言唐橋在家の子、母は甲斐守源長貞の娘。
¶公卿，公家（在熙〔唐橋家〕 ありひろ），国書（唐橋在煕）

唐橋在雅 からはしありまさ
弘安1（1278）年～延文2（1357）年
鎌倉時代後期～南北朝時代の公卿（非参議）。文章博士菅原定記の子菅原在良から八世菅原公氏の孫。
¶公卿（[生]建治1（1275）年 [没]延文2/正平12（1356）年7月24日），公家（在雅〔唐橋家〕 ありまさ [没]延文2（1357）年7月24日），諸系

唐橋在村 からはしありむら
天正20（1592）年11月12日～延宝3（1675）年7月21日
江戸時代前期の公家（参議）。従五位上・民部少輔唐橋在通の子。
¶公卿，公家（在村〔唐橋家〕 ありむら）

唐橋在廉 からはしありゆき
貞享4（1687）年5月22日～寛延3（1750）年8月21日
[別]唐橋在廉《からはしありかど》
江戸時代中期の公家（参議）。式部大輔唐橋在隆の子。
¶公卿，公家（在廉〔唐橋家〕 ありかど），国書（からはしありかど）

唐橋公熙 からはしきみひろ
？ ～弘和1/永徳1（1381）年
南北朝時代の公卿（非参議）。弾正大弼唐橋在親の子。
¶公卿，公家（公熙〔唐橋家〕 きんひら）

唐橋通清　からはしみちきよ
生没年不詳
鎌倉時代前期の公家。
¶北条

唐橋通時　からはしみちとき
？～天福1(1233)年
鎌倉時代前期の公家。
¶北条

苅幡戸辺　かりはたとべ，かりばたとべ
[別]苅幡戸辺命《かりはたとべのみこと》
上代の女性。垂仁天皇の妃、山城大国淵の女。
¶女性(かりばたとべ)，人名(苅幡戸辺命　かりはたとべのみこと)，日人

苅幡戸辺命　かりはたとべのみこと
→苅幡戸辺(かりはたとべ)

華林恵厳　かりんえごん
？～元中3/至徳3(1386)年10月17日　[別]恵厳《えごん》
南北朝時代の女性。光厳天皇の皇女。夢窓国師の弟子。
¶朝日，女性(恵厳　えごん)，人名(恵厳　えごん)，日人(生没年不詳)

軽皇子(1)　かるのおうじ
→孝徳天皇(こうとくてんのう)

軽皇子(2)　かるのおうじ
→文武天皇(もんむてんのう)

軽大郎女　かるのおおいらつめ
→軽大娘皇女(かるのおおいらつめのひめみこ)

軽大娘皇女　かるのおおいらつめのこうじょ
→軽大娘皇女(かるのおおいらつめのひめみこ)

軽大娘皇女　かるのおおいらつめのひめみこ
[別]衣通姫《そとおりひめ》，軽大娘皇女《かるのおおいらつめのこうじょ》，軽大郎女《かるのおおいらつめ》
上代の女性。允恭天皇の皇女。
¶朝日(生没年不詳)，古史(軽太子・軽大郎女　かるのたいし・かるのおおいらつめ)，コン改(生没年不詳)，コン4(生没年不詳)，史人(軽大郎女　かるのおおいらつめ)，女性(かるのおおいらつめのこうじょ)，新潮，人名(かるのおおいらつめのこうじょ)，日史(軽太子・軽大郎女　かるのみこ・かるのおおいらつめ)，百科(軽太子・軽大郎女　かるのみこ・かるのおおいらつめ)

軽太子　かるのたいし
→木梨軽皇子(きなしのかるのみこ)

軽皇子(1)　かるのみこ
→孝徳天皇(こうとくてんのう)

軽皇子(2)　かるのみこ
→文武天皇(もんむてんのう)

軽太子　かるのみこ
→木梨軽皇子(きなしのかるのみこ)

河上娘　かわかみのいらつめ
→蘇我河上娘(そがのかわかみのいらつめ)

河越種弘　かわごえたねひろ
生没年不詳
江戸時代末期～明治期の地下(兵庫寮官人)。
¶維新

川嶋紀子　かわしまきこ
→秋篠宮紀子(あきしののみやきこ)

川島皇子　かわしまのおうじ
斉明3(657)年～持統5(691)年　[別]河島皇子《かわしまのみこ》，河嶋皇子《かわしまのみこ》，川島皇子《かわしまおうじ，かわしまのみこ》
飛鳥時代の天智天皇の第2皇子。
¶朝日(かわしまのみこ　[没]持統5(691)年9月)，角史(かわしまおうじ)，国史，国書(河島皇子　かわしまのみこ　[没]持統5(691)年9月9日)，古史(河嶋皇子　かわしまのみこ)，古代，古中，コン改(かわしまのみこ)，コン4(かわしまのみこ)，史人(かわしまのみこ　[没]691年9月9日)，重要([没]持統5(691)年9月9日)，諸系，新潮(かわしまのみこ　[没]持統5(691)年9月9日)，人名([生]？)，世人([没]持統5(691)年9月9日)，世百，全書，日史([没]持統5(691)年9月)，日人，百科(かわしまのみこ)，万葉(かわしまのみこ)，歴大，和俳([没]持統5(691)年9月9日)

河島皇子(河嶋皇子，川島皇子)　かわしまのみこ
→川島皇子(かわしまのおうじ)

河内王　かわちおう
→河内王(かわちのおおきみ)

河内王　かわちのおおきみ
？～持統8(694)年　[別]河内王《かわちおう，かわちのおう》
飛鳥時代の廷臣(非参議・筑紫大宰帥)。天武天皇の曽孫。
¶朝日(かわちおう　[没]持統8(694)年4月)，公卿(かわちのおう　生没年不詳)，コン改，コン4，新潮([没]持統8(694)年4月頃)，日人(かわちおう)，福岡百(かわちのおう)，万葉

河内女王　かわちのおおきみ
→河内女王(かわちのじょおう)

河内女王　かわちのじょおう
？～＊　[別]河内女王《かわちのおおきみ，こうちのおおきみ》
奈良時代の女性。高市皇子の王女。
¶女性([没]宝亀10(779)年12月23日)，人名(こうちのおおきみ)，日人([没]780年)，万葉(かわちのおおきみ)

川辺女王　かわなべのじょおう
→川辺女王(かわべのじょおう)

か

河鰭公陳 かわばたきみのり
安永2（1773）年9月4日〜文政2（1819）年8月22日
[別]河鰭公陳《かわばたきんつら》
江戸時代後期の公家（参議）。権大納言河鰭実祐の子。
¶公卿，公家（公陳〔河鰭家〕　きんつら），国書（かわばたきんつら），諸系（かわばたきんつら）

河鰭公益 かわばたきみます
永享7（1435）年〜？
室町時代の公卿（参議）。非参議河鰭季村の曾孫。
¶公卿，公家（公益〔河鰭家〕　きんます）

河鰭公述 かわばたきんあきら
文政12（1829）年〜元治1（1864）年
江戸時代末期の公家。
¶維新，諸系，幕末（[没]1864年9月21日）

河鰭公篤 かわばたきんあつ
安政4（1857）年〜大正11（1922）年
明治〜大正期の官吏。子爵。宮内省に出仕、掌典となる。
¶人名

河鰭公陳 かわばたきんつら
→河鰭公陳（かわばたきみのり）

河鰭公虎 かわばたきんとら
天文21（1552）年〜寛永17（1640）年
戦国時代〜江戸時代前期の公家。
¶諸系

河鰭実祐 かわばたさねすけ
宝暦8（1758）年4月29日〜天保3（1832）年12月28日
江戸時代中期〜後期の公家（権大納言）。右大臣阿野実顕の末子で、河鰭家を養子相続。
¶公卿，公家（実祐〔河鰭家〕　さねすけ）

河鰭実利 かわばたさねとし
寛政12（1800）年9月4日〜嘉永3（1850）年11月25日
江戸時代末期の公家（非参議）。右少将高丘基敦の子、母は参議今城定興の娘。
¶公卿，公家（実利〔河鰭家〕　さねとし）

河鰭実陳 かわばたさねのり
寛永12（1635）年12月11日〜宝永3（1706）年2月22日
江戸時代前期〜中期の公家（権大納言）。非参議河鰭基秀の子、母は非参議土御門泰重の娘。
¶公卿，公家（実陳〔河鰭家〕　さねのぶ）

河鰭実治 かわばたさねはる
文正1（1466）年〜？
戦国時代の公卿（権中納言）。参議河鰭公益の子。
¶公卿，公家（実治〔河鰭家〕　さねはる），戦人

河鰭実英 かわばたさねひで
明治24（1891）年〜昭和58（1983）年
昭和期の日本史研究者。
¶現執1期，史研

河鰭実文 かわばたさねふみ，かわばたさねぶみ
弘化2（1845）年〜明治43（1910）年7月16日
江戸時代末期〜明治期の公家、内務省官吏。子爵、元老院議官。東征軍錦旗奉行、参謀加勢などを歴任。
¶維新，海越（かわばたさねぶみ　[生]弘化2（1845）年4月5日），海越新（かわばたさねぶみ　[生]弘化2（1845）年4月5日），諸系，人名（かわばたさねぶみ），姓氏京都（かわばたさねぶみ），渡航（[生]1845年4月5日），日人，幕末

河鰭季村 かわばたすえむら
？　〜元中7/明徳1（1390）年
南北朝時代の公卿（非参議）。河鰭家の祖。非参議藤原公頼の曾孫。
¶公卿，公家（季村〔河鰭家〕　すえむら）

河鰭輝季 かわばたてるすえ
宝永1（1704）年3月15日〜宝暦5（1755）年6月5日
江戸時代中期の公家（権中納言）。権大納言正親町公兼の子で、河鰭家を養子相続。
¶公卿，公家（輝季〔河鰭家〕　てるすえ）

河鰭基秀 かわばたもとひで
慶長11（1606）年〜寛文4（1664）年2月11日
江戸時代前期の公家（非参議）。持明院基久の子。
¶公卿，公家（基秀〔河鰭家〕　もとひで），諸系

川辺王 かわべのおおきみ
→川辺女王（かわべのじょおう）

川辺女王 かわべのじょおう
？　〜弘仁1（810）年　[別]川辺王《かわべのおおきみ》，川辺女王《かわなべのじょおう，かわべのじょおう》
奈良時代〜平安時代前期の女性。三島王の王女。
¶女性（[没]弘仁1（810）年9月），人名（かわなべのじょおう），日人（川辺王　かわべのおおきみ），兵庫百

河辺麻呂 かわべのまろ
飛鳥時代の遣唐大使。
¶人名，日人（生没年不詳）

河俣毘売 かわまたひめ
上代の記・紀にみえる綏靖天皇の皇后。
¶日人

河村王 かわむらのおおきみ
奈良時代の官人。万葉歌人。
¶万葉

河原左大臣 かわらのさだいじん
→源融（みなもとのとおる）

閑院公季 かんいんきんすえ
→藤原公季（ふじわらのきんすえ）

寛胤親王 かんいんしんのう
→寛胤法親王（かんいんほうしんのう）

閑院宮載仁親王 かんいんのみやことひとしんのう
慶応1（1865）年〜昭和20（1945）年5月20日　[別]閑

院宮載仁《かんいんのみやことひと》,載仁親王《ことひとしんのう》,伏見宮邦
明治～昭和期の皇族、陸軍軍人。参謀総長。フランス留学後、参謀本部に入り騎兵旅団長。第一近衛師団長、大将、元師などを歴任。
¶海越([生]慶応1(1865)年9月22日),海越新([生]慶応1(1865)年9月22日),角史,近現(載仁親王　ことひとしんのう),現日(閑院宮載仁　かんいんのみやことひと　[生]1865年11月10日),国際,国史(載仁親王　ことひとしんのう),コン改,コン5,史人([生]1865年9月22日),諸系,諸系(載仁親王　ことひとしんのう),神人([没]昭和20(1945)年5月),新潮(載仁親王　ことひとしんのう　[生]慶応1(1865)年9月22日),世紀(閑院宮載仁　かんいんのみやことひと　[生]慶応1(1865)年9月22日),姓氏神奈川(閑院宮載仁　かんいんのみやことひと),渡航,日史(載仁親王　ことひとしんのう　[生]慶応1(1865)年9月22日),日人,陸海([生]慶応1年9月22日),歴大

閑院宮典仁親王 かんいんのみやすけひとしんのう
→典仁親王(すけひとしんのう)

閑院宮智恵子 かんいんのみやちえこ
明治5(1872)年5月～昭和22(1947)年3月
明治～昭和期の皇族。愛国婦人会総裁。閑院宮載仁親王の妻。
¶女性,女性普

閑院宮直仁親王 かんいんのみやなおひとしんのう
→直仁親王(3)(なおひとしんのう)

閑院宮春仁王 かんいんのみやはるひとおう
→閑院春仁(かんいんはるひと)

閑院春仁 かんいんはるひと
明治35(1902)年8月3日～昭和63(1988)年　[別]閑院宮春仁王《かんいんのみやはるひとおう》,閑院宮春仁《かんいんのみやはるひと》
大正～昭和期の皇族、陸軍軍人。戦後は皇籍を離脱し、実業家。
¶現情,姓氏神奈川(閑院宮春仁　かんいんのみやはるひと),陸海(閑院宮春仁王　かんいんのみやはるひとおう　[没]昭和63年6月18日)

寛胤法親王 かんいんほうしんのう
延慶2(1309)年～天授2/永和2(1376)年4月3日　[別]寛胤《かんいん》,寛胤親王《かんいんしんのう》,寛胤法親王《かんいんほっしんのう》
鎌倉時代後期～南北朝時代の僧。伏見天皇皇子。
¶鎌室(かんいんほっしんのう),国書(寛胤親王　かんいんしんのう),人名,日人,仏教(寛胤　かんいん)

観海(寛海)　かんかい
正平3/貞和4(1348)年～応永9(1402)年
南北朝時代～室町時代の木寺宮邦世親王の王子、後二条天皇の皇曽孫。
¶人名(寛海),日人

寒巌義尹 かんがんぎいん
建保5(1217)年～正安2(1300)年　[別]寒巌《かんがん》,義尹《ぎいん》
鎌倉時代後期の曹洞宗の僧。後鳥羽天皇の皇子。
¶朝日([没]正安2年8月21日(1300年10月4日)),鎌室,熊本百,国史,古中,コン改,コン4,史人([没]1300年8月21日),新潮([没]正安2(1300)年8月21日),人名(寒巌　かんがん),世人([没]正安2(1300)年8月21日),日史([没]正安2(1300)年8月21日),日人,百科,仏教([没]正安2(1300)年8月21日),仏史,仏人(義尹　ぎいん),歴大

堪久 かんきゅう
→堪久(たんきゅう)

寛暁 かんぎょう
康和5(1103)年～保元4(1159)年
平安時代後期の真言宗の僧。東大寺79世。
¶国書([没]保元4(1159)年1月8日),コン改,コン4,人名,日人,仏教([没]保元4(1159)年1月8日),平史([生]1102年)

寛教入道親王 かんきょうにゅうどうしんのう
文中2/応安6(1373)年～応永12(1405)年
南北朝時代～室町時代の僧。後光厳院の皇子。
¶鎌室,人名

寛欽親王 かんきんしんのう
→寛欽入道親王(かんきんにゅうどうしんのう)

寛欽入道親王 かんきんにゅうどうしんのう
永正11(1514)年～永禄6(1563)年　[別]寛欽《かんきん》,寛欽親王《かんきんしんのう》,寛欽法親王《かんきんほうしんのう》
戦国時代の真言宗の僧。伏見宮貞敦親王の第2王子。
¶国書(寛欽親王　かんきんしんのう　[没]永禄6(1563)年11月10日),人名(寛欽法親王　かんきんほうしんのう),日人,仏教(寛欽　かんきん　[没]永禄6(1563)年11月11日)

寛欽法親王 かんきんほうしんのう
→寛欽入道親王(かんきんにゅうどうしんのう)

神櫛王 かんぐしおう
→神櫛皇子(かみくしおうじ)

神前皇女 かんさきのおうじょ
→神前皇女(かんさきのひめみこ)

神前皇女 かんさきのこうじょ
→神前皇女(かんさきのひめみこ)

神前皇女 かんさきのひめみこ
生没年不詳　[別]神前皇女《かんさきのおうじょ,かんさきのこうじょ》
飛鳥時代の女性。継体天皇の皇女。
¶朝日,コン改,コン4,女性(かんさきのこうじょ),日人(かんさきのおうじょ)

菅三品 かんさんぼん,かんさんぽん
→菅原文時(すがわらのふみとき)

か

僐子内親王 かんしないしんのう
寛仁2(1018)年～承徳1(1097)年 [別]僐子内親王《としこないしんのう》
平安時代中期～後期の女性。小一条院敦明親王の王女。
¶女性([生]寛仁2(1018)年12月 [没]承徳1(1097)年12月28日), 人名, 平史(としこないしんのう)

勧子内親王 かんしないしんのう
昌泰2(899)年～? [別]勧子内親王《ゆきこないしんのう》
平安時代中期の醍醐天皇の第1皇女。
¶人名, 日人, 平史(ゆきこないしんのう 生没年不詳)

官子内親王 かんしないしんのう
寛治4(1090)年～? [別]官子内親王《きみこないしんのう》,宮子内親王《きゅうしないしんのう》
平安時代後期の女性。白河天皇の第6皇女。
¶女性(宮子内親王 きゅうしないしんのう), 人名, 日人, 平史(きみこないしんのう 生没年不詳)

簡子内親王 かんしないしんのう
? ～延喜14(914)年 [別]簡子内親王《ふみこないしんのう》
平安時代前期～中期の女性。光孝天皇の第2皇女。
¶女性([没]延喜14(914)年4月10日), 人名, 日人, 平史(ふみこないしんのう)

懽子内親王 かんしないしんのう
→宣政門院(せんせいもんいん)

勧修寺(家名) かんしゅうじ, かんじゅうじ
→勧修寺(かじゅうじ)

寛朝 かんじょう
→寛朝(かんちょう)

元性 がんしょう
仁平1(1151)年～元暦1(1184)年
平安時代後期の僧。崇徳天皇皇子。
¶日人, 平史

菅相公(1) かんしょうこう
→菅原是善(すがわらのこれよし)

菅相公(2) かんしょうこう
→菅原輔正(すがわらのすけまさ)

寛性親王 かんしょうしんのう
→寛性入道親王(かんしょうにゅうどうしんのう)

寛性入道親王 かんしょうにゅうどうしんのう
正応2(1289)年～正平1/貞和2(1346)年9月30日 [別]寛性《かんしょう》,寛性親王《かんしょうしんのう》
鎌倉時代後期～南北朝時代の仁和寺御室。伏見天皇の皇子。
¶鎌室, 国書(寛性親王 かんしょうしんのう), 人名, 日人, 仏教(寛性 かんしょう)

観心女王 かんしんじょおう
永享6(1434)年～延徳2(1490)年12月11日 [別]安禅寺宮《あんぜんじのみや》,観心女王《かんしんにょおう》,恵春《えしゅん》
室町時代～戦国時代の女性。後花園天皇の第1皇女。
¶女性(安禅寺宮 あんぜんじのみや [生]永享6(1434)年10月28日), 人名(かんしんにょおう), 日人([没]1491年)

観心女王 かんしんにょおう
→観心女王(かんしんじょおう)

寛全親王 かんぜんしんのう
→遵仁入道親王(じゅんにんにゅうどうしんのう)

寛宗 かんそう
大治1(1126)年～治承1(1177)年
平安時代後期の中御門右大臣藤原宗忠の息宗能の子。
¶平史

寛尊親王 かんそんしんのう
→寛尊法親王(かんそんほうしんのう)

寛尊法親王 かんそんほうしんのう
? ～弘和2/永徳2(1382)年10月26日 [別]寛尊《かんそん》,寛尊親王《かんそんしんのう》,寛尊法親王《かんそんほっしんのう》,大覚寺宮《だいがくじのみや》
鎌倉時代後期～南北朝時代の亀山天皇の皇子。
¶鎌室(かんそんほっしんのう [生]乾元1(1302)年), 国書(寛尊親王 かんそんしんのう [生]乾元1(1302)年), 人名, 日人, 仏教(寛尊 かんそん [没]永徳2/弘和2(1382)年10月26日,(異説)11月26日)

寛忠 かんちゅう
延喜6(906)年～貞元2(977)年 [別]池上僧都《いけがみのそうず》
平安時代中期の真言宗の僧。宇多法皇の孫、東寺三長者。
¶国史, 古中, 諸系, 新潮([生]延喜7(907)年,(異説)延喜6(906)年 [没]貞元2(977)年4月2日), 人名, 人名(池上僧都 いけがみのそうず), 日人, 仏教([没]貞元2(977)年4月2日), 仏史, 平史([生]907年)

寛朝 かんちょう, かんぢょう
延喜16(916)年～長徳4(998)年 [別]寛朝《かんじょう》
平安時代中期の真言宗の僧。広沢流の祖。宇多天皇の孫。
¶朝日([没]長徳4年6月12日(998年7月8日)), 岩史(かんじょう [没]長徳4(998)年6月12日), 京都大, 芸能(かんぢょう [没]長徳4(998)年6月12日), 国史(かんじょう), 国書([没]長徳4(998)年6月12日), 古中(かんじょう), コン改([生]承平6(936)年), コン4, 史人([没]998年6月12日), 諸系, 新潮([没]長徳4(998)年6月12日), 人名, 姓氏京都, 世人, 全書, 大百([生]936年), 日音([没]長徳4(998)年6月12日),

日史（㊣長徳4（998）年6月12日），日人，百科，仏教（㊣長徳4（998）年6月12日），仏史（かんじょう），仏人，平史（㊝915年），歴大

神奴百継 かんどのももつぐ
生没年不詳
奈良時代の官人。
¶和歌山人

甘奈備伊香（甘南備伊香） かんなびのいかご
㊎伊香王《いかごおう》，甘奈備伊香真人《かむなびのいかごのまひと》
奈良時代の皇族。敏達天皇の裔、万葉歌人。
¶古代（伊香王　いかごおう），人名（甘南備伊香），日人（伊香王　いかごおう　生没年不詳），万葉（甘奈備伊香真人　かむなびのいかごのまひと）

甘南備高直 かんなびのたかなお
宝亀6（775）年～承和3（836）年　㊎甘南備真人高直《かんなびのまひとたかなお》
平安時代前期の遣唐判官。
¶古代（甘南備真人高直　かんなびのまひとたかなお），人名，姓氏群馬（甘南備真人高直　かんなびのまひとたかなお　生没年不詳），日人

甘南備内親王（甘南美内親王） かんなびのないしんのう
延暦19（800）年～弘仁8（817）年　㊎甘南備内親王《かんなびないしんのう》
平安時代前期の女性。桓武天皇野第12皇女。
¶女性（㊣弘仁8（817）年2月21日），人名（甘南美内親王），日人，平史（かんなびないしんのう）

神渟名川耳尊 かんぬなかわみみのみこと
→綏靖天皇（すいぜいてんのう）

綺戸辺 かんはたとべ
→綺戸辺（かにはたとべ）

寛平法皇 かんびょうほうおう，かんぴょうほうおう
→宇多天皇（うだてんのう）

寛法 かんぽう
興国5/康永3（1344）年～元中7/明徳1（1390）年
南北朝時代の木寺宮康仁親王の王子、後二条天皇の皇曽孫。
¶人名，日人

寛宝法親王 かんぽうほうしんのう
→邦頼親王（くによりしんのう）

桓武天皇 かんむてんのう
天平9（737）年～大同1（806）年　㊎柏原天皇《かしわばらてんのう，かしわばらのてんのう》
平安時代前期の第50代の天皇（在位781～806）。平安遷都を行なった。
¶朝日（㊣大同1年3月17日（806年4月9日）），岩史（㊣延暦25（806）年3月17日），岩手百，角史，京都，京都大，京都府，国史，古史，古代，古中，コン改，コン4，史人（㊣806年3月17日），重要（㊣大同1（806）年3月17日），諸系，人書94，新潮（㊣大同1（806）年3月17日），人名，姓氏岩手，姓氏京都，世人（㊣大同1（806）年3月17日），世百，全書，大百，伝記，日史（㊣大同1（806）年3月17日），日人，百科，仏教（㊣延暦25（806）年3月17日），平史，宮城百，歴大，和歌山人

神八井耳命 かんやいみみのみこと
㊎神八井耳命《かむやいみみのみこと》
上代の神武天皇の皇子。
¶古史（かむやいみみのみこと），古代，人名，日人

神日本磐余彦尊 かんやまといわれひこのみこと
→神武天皇（じんむてんのう）

寛隆入道親王 かんりゅうにゅうどうしんのう
寛文12（1672）年～宝永4（1707）年　㊎寛隆《かんりゅう》，寛隆法親王《かんりゅうほうしんのう》
江戸時代中期の真言宗の僧。霊元天皇第2皇子。仁和寺23世。
¶人名（寛隆法親王　かんりゅうほうしんのう），日人，仏教（寛隆　かんりゅう　㊣宝永4（1707）年9月16日）

寛隆法親王 かんりゅうほうしんのう
→寛隆入道親王（かんりゅうにゅうどうしんのう）

甘露寺篤長 かんろじあつなが
寛延2（1749）年5月3日～文化9（1812）年2月29日
㊎甘露寺篤長《かんろじかずなが》
江戸時代中期～後期の公家（権大納言）。権大納言甘露寺規長の子、母は甲斐守源長定の娘。
¶公卿，公家（篤長〔甘露寺家〕　かずなが），国書（かんろじかずなが），諸系（かんろじかずなが）

甘露寺受長 かんろじおさなが
明治13（1880）年10月5日～昭和52（1977）年6月20日
明治～昭和期の宮内官僚。明治神宮宮司。東宮侍従、宮内省御用掛を経て掌典長。著書に「天皇様」「背広の天皇」など。
¶現情，人名7，世紀，日人，履歴，履歴2

甘露寺篤長 かんろじかずなが
→甘露寺篤長（かんろじあつなが）

甘露寺方長 かんろじかたなが
慶安1（1648）年12月3日～元禄7（1694）年2月20日
㊎甘露寺方長《かんろじまさなが》
江戸時代前期の公家（権大納言）。参議甘露寺嗣長の次男。
¶公卿，公家（方長〔甘露寺家〕　かたなが），国書（かんろじまさなが）

甘露寺勝長 かんろじかつなが
文政11（1828）年3月20日～明治3（1870）年
江戸時代末期～明治期の公家（参議）。権中納言甘露寺愛長の子。
¶維新，公卿（㊣明治3（1870）年3月），公家（勝長〔甘露寺家〕　かつなが　㊣明治3（1870）年3月2日），国書（㊣明治3（1870）年3月2日），諸系，幕末（㊣1870年4月2日）

甘露寺兼長 かんろじかねなが
正平12/延文2（1357）年～応永29（1422）年2月8日
南北朝時代～室町時代の公卿（権大納言）。権中納言甘露寺藤長の子。
¶公卿，公家（兼長〔甘露寺家〕　かねなが）

甘露寺清長 かんろじきよなが
弘和1/永徳1（1381）年～応永21（1414）年8月29日
室町時代の公卿（権中納言）。権大納言甘露寺兼長の子。
¶公卿，公家（清長〔甘露寺家〕　きよなが）

甘露寺国長 かんろじくになが
明和8（1771）年9月10日～天保8（1837）年6月18日
江戸時代後期の公家（権大納言）。権大納言甘露寺篤長の子。
¶公卿，公家（国長〔甘露寺家〕　くになが），国書

甘露寺伊長 かんろじこれなが
文明16（1484）年～天文17（1548）年12月30日
戦国時代の公卿（権大納言）。権大納言甘露寺元長の子、母は権中納言高倉永継の娘。
¶公卿，公家（伊長〔甘露寺家〕　これなが），国書（[生]文明16（1484）年2月27日），戦人

甘露寺輔長 かんろじすけなが
延宝3（1675）年1月12日～元禄7（1694）年12月17日
江戸時代前期～中期の公家。
¶国書

甘露寺忠長 かんろじただなが
？　～永享8（1436）年5月15日
室町時代の公家。
¶国書

甘露寺親長 かんろじちかなが
応永31（1424）年～明応9（1500）年
室町時代～戦国時代の公卿（権大納言）。蔵人頭・左大弁甘露寺房長の子。
¶朝日（[没]明応9年8月7日（1500年8月31日）），鎌室，京都大，公卿（[生]応永32（1425）年　[没]明応9（1500）年8月17日），公家（親長〔甘露寺家〕　ちかなが　[没]明応9（1500）年8月7日），国史，国書（[没]明応9（1500）年8月17日），古中，コン改，コン4，史人（[没]1500年8月7日），諸系，新潮（[没]明応9（1500）年8月7日），人名，姓氏京都，世人（[没]明応9（1500）年8月17日），全書，戦人，日人

甘露寺嗣長 かんろじつぐなが
慶長16（1611）年8月2日～慶安3（1650）年2月9日
江戸時代前期の公家（参議）。権中納言正親町三条公仲の孫、正親町三条貞秀の子。
¶公卿，公家（嗣長〔甘露寺家〕　つぐなが）

甘露寺経遠 かんろじつねとお
天正4（1576）年～慶長7（1602）年7月14日
安土桃山時代の公家。
¶国書

甘露寺経元 かんろじつねもと
天文4（1535）年～天正13（1585）年5月8日
安土桃山時代の公卿（権大納言）。参議下冷泉為豊の次男。
¶公卿，公家（経元〔甘露寺家〕　つねもと），国書，戦人

甘露寺尚長 かんろじなおなが
貞享2（1685）年12月4日～享保3（1718）年5月2日
[別]甘露寺尚長《かんろじひさなが》
江戸時代中期の公家（権中納言）。権大納言甘露寺方長の三男。
¶公卿，公家（尚長〔甘露寺家〕　ひさなが），国書（かんろじひさなが）

甘露寺愛長 かんろじなるなが
文化4（1807）年12月8日～安政6（1859）年7月6日
江戸時代末期の公家（権中納言）。権大納言甘露寺国長の子、母は権大納言上冷泉為章の娘。
¶維新，公卿，公家（愛長〔甘露寺家〕　なるなが），国書，諸系，幕末（[没]1859年8月4日）

甘露寺規長 かんろじのりなが
正徳3（1713）年6月23日～天明3（1783）年12月22日
江戸時代中期の公家（権大納言）。権大納言万里小路尚房の次男、母は非参議吉田兼敬の娘。
¶公卿，公家（規長〔甘露寺家〕　のりなが），国書

甘露寺尚長 かんろじひさなが
→甘露寺尚長（かんろじなおなが）

甘露寺藤長 かんろじふじなが
元応1（1319）年～正平16/康安1（1361）年
南北朝時代の公卿（権中納言）。甘露寺家の祖。権大納言吉田隆長の子（三男か）。
¶公卿（[没]康安1/正平16（1361）年5月4日），公家（藤長〔甘露寺家〕　ふじなが　[没]康安1（1361）年5月4日），諸系

甘露寺方長 かんろじまさなが
→甘露寺方長（かんろじかたなが）

甘露寺満子 かんろじみつこ
明治18（1885）年10月～昭和50（1975）年7月17日
明治～昭和期の女性。北白川宮能久親王の長女。昭和天皇の侍従甘露寺受長の妻。
¶女性，女性普

甘露寺元長 かんろじもとなが
長禄1（1457）年～大永7（1527）年
戦国時代の歌人、公卿（権大納言）。権大納言甘露寺親長の長男。
¶鎌室（[生]文安2（1445）年），公卿（[没]大永7（1527）年8月17日），公家（元長〔甘露寺家〕　もとなが　[生]1456年　[没]大永7（1527）年8月17日），国書（[没]大永7（1527）年8月17日），諸系，人名，戦人（[生]康正2（1456）年），日人，和俳

【き】

徽安門院 きあんもんいん
文保2(1318)年〜正平13/延文3(1358)年　別寿子内親王《じゅしないしんのう》
鎌倉時代後期〜南北朝時代の女性。花園天皇の皇女。光厳天皇の妃。
¶朝日(㊌延文3/正平13年4月2日(1358年5月10日))、鎌室、国史、国書(㊌延文3(1358)年4月2日)、古中、史人(㊌1358年4月2日)、諸系、女性(㊌延文3(1358)年4月2日)、新潮(㊌延文3/正平13(1358)年4月2日)、人名、世人、日人

紀俊忠 きいとしただ
明治25(1892)年〜昭和45(1970)年
大正〜昭和期の政治家。貴族院議員。
¶和歌山人

紀俊秀 きいとしひで
明治3(1870)年〜昭和15(1940)年9月20日　別紀俊秀《きとしひで》
明治〜昭和期の男爵。
¶神人(きとしひで)、世紀(㊌明治3(1870)年10月)、日人(㊌明治3(1870)年10月)、和歌山人

紀俊文 きいとしぶみ
→紀俊文(きとしぶみ)

義尹 ぎいん
→寒巌義尹(かんがんぎいん)

義延親王 ぎえんしんのう
→義延入道親王(ぎえんにゅうどうしんのう)

義延入道親王 ぎえんにゅうどうしんのう
寛文2(1662)年〜宝永3(1706)年　別義延親王《ぎえんしんのう》、義延法親王《ぎえんほうしんのう》
江戸時代中期の後西天皇の第4皇子。
¶国書(義延親王　ぎえんしんのう　㊌寛文2(1662)年6月29日　㊎宝永3(1706)年10月19日)、人名(義延法親王　ぎえんほうしんのう)、日人

義延法親王 ぎえんほうしんのう
→義延入道親王(ぎえんにゅうどうしんのう)

菊亭実順 きくていさねあや
→今出川実順(いまでがわさねあや)

菊亭修季 きくていながすえ
→菊亭脩季(きくていゆきすえ)

菊亭晴季 きくていはるすえ
→今出川晴季(いまでがわはるすえ)

菊亭脩季(菊亭修季) きくていゆきすえ
安政4(1857)年〜明治38(1905)年　別菊亭修季《きくていながすえ》
明治期の華族。

¶札幌(㊌安政4年5月)、諸系、人名(菊亭修季　きくていながすえ)、姓氏京都(菊亭修季)、日人、北海道百、北海道歴

喜久宮 きくのみや
天保13(1842)年〜嘉永4(1851)年
江戸時代末期の伏見宮邦家親王の第7王子。
¶人名、日人

菊麿王 きくまろおう
→山階宮菊麿王(やましなのみやきくまろおう)

菊麿王妃範子 きくまろおうひのりこ
→山階宮範子(やましなのみやのりこ)

菊麿王妃常子 きくまろおうひひさこ
→山階宮常子(やましなのみやひさこ)

義山理忠 ぎざんりちゅう
→理忠女王(りちゅうじょおう)

紀重基 きしげもと
承応3(1654)年〜元禄2(1689)年閏1月17日
江戸時代前期〜中期の公家・神職。
¶国書

徽子女王 きしじょおう
延長7(929)年〜寛和1(985)年　別徽子女王《きしによおう、よしこじょおう》、斎宮の女御《いつきのみやのにょうご》、斎宮女御《さいぐうにょうご、さいぐうのにょうご》、承香殿女御《じょうぎょうでんのにょうご》
平安時代中期の女性。歌人。式部卿宮重明親王の王女で、村上天皇女御。
¶朝日(斎宮女御　さいぐうのにょうご)、岩史、角史、国史、国書、古中、コン4、史人、諸系(斎宮女御　さいぐうのにょうご)、女性(斎宮女御　さいぐうのにょうご)、人書94(斎宮女御　さいぐうのにょうご)、神人(きしによおう)、新潮(斎宮女御　さいぐうのにょうご)、人名(きしによおう)、人名(斎宮の女御　いつきのみやのにょうご)、世人(斎宮女御　さいぐうのにょうご)、日人(斎宮女御　さいぐうのにょうご)、平史(よしこじょおう)、歴大(きしによおう)、和俳(斎宮女御　さいぐうのにょうご)

煕子女王(熈子女王) きしじょおう
?〜天暦4(950)年　別煕子女王《きしにょおう》、煕子女王《ひろこじょおう》
平安時代中期の女性。醍醐天皇の皇子保明親王の王女。
¶朝日(㊌天暦4年5月5日(950年5月24日))、国史、国書(煕子女王　㊌天暦4(950)年5月5日)、古中、女性(㊌天暦4(950)年3月15日、(異説)5月5日)、人名(煕子女王　きしにょおう)、日人、平史(煕子女王　ひろこじょおう)

宜子女王 ぎしじょおう
生没年不詳　別宜子女王《ぎしにょおう、よしこじょおう》、宜子内親王《ぎしないしんのう》
平安時代前期の女性。桓武天皇の皇子仲野親王の

王女。伊勢斎宮。
¶女性，女性（宜子内親王　ぎしないしんのう），神人（ぎしにょおう），人名（よしこじょおう），日人，平史（よしこじょおう）

岸田継手 きしだのつぐて
[別]岸田朝臣継手《きしだのあそんつぐて》
奈良時代の官人（史生）。
¶古代（岸田朝臣継手　きしだのあそんつぐて），日人（生没年不詳）

鬼室集斯 きしつしゅうし
生没年不詳
飛鳥時代の百済滅亡後に日本に亡命した百済の貴族。
¶朝日，岩史，角史，郷土滋賀，古史，古代，古中，コン改，コン4，滋賀百，史人，新潮，世人（[没]天智4（665）年？），日史，日人，百科，歴大

暲子内親王（暲子内親王） きしないしんのう
→八条院（はちじょういん）

喜子内親王 きしないしんのう
生没年不詳　[別]喜子内親王《よしこないしんのう》
平安時代後期の女性。堀河天皇の皇女。
¶女性，神人，人名，日人，平史（よしこないしんのう）

規子内親王 きしないしんのう
天暦3（949）年～寛和2（986）年　[別]規子内親王《のりこないしんのう》
平安時代中期の女性。歌人。村上天皇の第4皇女、伊勢斎宮。
¶国書（[没]寛和2（986）年5月15日），女性（のりこないしんのう　[生]？　[没]寛和2（986）年5月），女性（[没]寛和2（986）年5月15日），神人，人名，日人，平史（のりこないしんのう），和俳

憙子内親王 きしないしんのう
→昭慶門院（しょうけいもんいん）

暉子内親王 きしないしんのう
→室町院（むろまちいん）

熙子内親王 きしないしんのう
元久2（1205）年～？
鎌倉時代前期の女性。後鳥羽天皇の第4皇女。
¶鎌室，女性（[生]元久2（1205）年2月16日），人名，日人

禧子内親王 きしないしんのう
保安3（1122）年～長承2（1133）年　[別]禧子内親王《よしこないしんのう》
平安時代後期の女性。鳥羽天皇の第1皇女。
¶女性（[生]保安3（1122）年6月23日　[没]長承2（1133）年10月10日），神人，人名，日人，平史（よしこないしんのう）

儀子内親王(1) ぎしないしんのう
？～元慶3（879）年　[別]儀子内親王《のりこないしんのう》
平安時代前期の女性。文徳天皇の皇女、賀茂斎院。
¶古代（のりこないしんのう），女性（[没]元慶3（879）年閏10月5日），女性（のりこないしんのう　[没]元慶3（879）年閏10月），神人，人名，日人，平史（のりこないしんのう）

儀子内親王(2) ぎしないしんのう
生没年不詳　[別]儀子内親王《のりこないしんのう》
南北朝時代の女性。花園天皇の皇女。
¶国書，女性（のりこないしんのう）

宜子内親王 ぎしないしんのう
→宜子女王（ぎしじょおう）

義子内親王 ぎしないしんのう
→和徳門院（かとくもんいん）

曦子内親王 ぎしないしんのう
→仙華門院（せんかもんいん）

徽子女王 きしにょおう
→徽子女王（きしじょおう）

熈子女王 きしにょおう
→熈子女王（きしじょおう）

宜子女王 ぎしにょおう
→宜子女王（ぎしじょおう）

吉士赤鳩 きしのあかはと
飛鳥時代の迎高麗使。
¶古代，日人（生没年不詳）

吉士磐金 きしのいわかね
飛鳥時代の官人。
¶古代，日人（生没年不詳）

吉士雄成 きしのおなり
飛鳥時代の遣隋使。
¶古代，日人

吉士金 きしのかね
生没年不詳
飛鳥時代の新羅派遣の使者。
¶古史，古代，日人

吉士倉下 きしのくらじ
飛鳥時代の任那派遣の使者。
¶古代，日人（生没年不詳）

吉士駒 きしのこま
飛鳥時代の遣唐副使。
¶古代，日人（生没年不詳）

吉士長丹 きしのながに
生没年不詳
飛鳥時代の遣唐大使。
¶朝日，古史，古代，史人，日人

義周入道親王 ぎしゅうにゅうどうしんのう
正徳3（1713）年～元文5（1740）年　[別]義周法親王《ぎしゅうほうしんのう》
江戸時代中期の伏見宮邦永親王の第5王子。
¶人名（義周法親王　ぎしゅうほうしんのう），日人

義周法親王 ぎしゅうほうしんのう
→義周入道親王(ぎしゅうにゅうどうしんのう)

宜秋門院 ぎしゅうもんいん
承安3(1173)年～暦仁1(1238)年12月28日 [別]藤原任子《ふじわらにんし,ふじわらのとうこ,ふじわらのにんし》
平安時代後期～鎌倉時代前期の女性。後鳥羽天皇の中宮、摂政関白九条兼実の娘。
¶朝日([没]暦仁1年12月28日(1239年2月3日)), 岩史, 鎌室, コン改, コン4, 史人, 諸系([没]1239年), 女性, 新潮([生]承安3(1173)年9月), 人名, 世人, 全書, 日人([没]1239年), 平史(藤原任子 ふじわらのとうこ)

基真 きしん
生没年不詳 [別]基真禅師《きしんぜんじ》
奈良時代の僧(法参議)。弓削道鏡政権を支えた僧の一人。
¶朝日, 公卿(基真禅師 きしんぜんじ), 国史, 古史, 古代, 古中, 新潮, 日人, 仏史

基真禅師 きしんぜんじ
→基真(きしん)

木造(家名) きずくり
→木造(こづくり)

岐須美美命 きすみみのみこと
上代の「古事記」にみえる神武天皇の皇子。
¶日人

木曽宮 きそのみや
→北陸宮(ほくりくのみや)

北河原公憲 きたかわらきみのり
弘化2(1845)年～明治25(1892)年
江戸時代後期～明治期の男爵、神職。
¶神人

北小路功光 きたこうじいさみつ
明治34(1901)年～平成1(1989)年2月27日
大正～昭和期の美術史家。小説に「童子照麿」、著書に「香道への招待」など。
¶近文, 現情([生]1901年4月2日), 世紀([生]明治34(1901)年4月23日)

北小路説光 きたこうじことみつ
文化9(1812)年7月27日～安政3(1856)年7月8日
[別]北小路説光《きたのこうじことみつ》
江戸時代末期の公家(非参議)。非参議北小路師光の子、母は准大臣日野資愛の娘。
¶公卿(きたのこうじことみつ), 公家(説光〔北小路家〕 ことみつ)

北小路徳光 きたこうじとくみつ
天和3(1683)年11月6日～享保11(1726)年4月18日 [別]北小路徳光《きたのこうじとくみつ》
江戸時代中期の公家(非参議)。藤原系北小路家の祖。非参議三室戸誠光の次男、母は彦山の僧正亮の娘。
¶公卿(きたのこうじとくみつ), 公家(徳光〔北小路家〕 のりみつ)

北小路俊章 きたこうじとしあき
宝永3(1706)年2月3日～宝暦12(1762)年9月25日
[別]北小路俊章《きたのこうじとしあき》
江戸時代中期の公家。
¶国書(きたのこうじとしあき)

北小路俊在 きたこうじとしあり
寛文12(1672)年6月18日～享保10(1725)年5月4日 [別]北小路俊在《きたのこうじとしあり》
江戸時代前期～中期の公家。
¶国書(きたのこうじとしあり)

北小路俊堅 きたこうじとしかた
文化3(1806)年8月6日～? [別]北小路俊堅《きたのこうじとしかた》
江戸時代後期の公家。
¶国書(きたのこうじとしかた)

北小路俊包 きたこうじとしかね
延宝1(1673)年10月6日～宝暦3(1753)年8月24日
[別]北小路俊包《きたのこうじとしかね》
江戸時代前期～中期の公家。
¶国書(きたのこうじとしかね)

北小路俊定 きたこうじとしさだ
永正5(1508)年～? [別]北小路俊定《きたのこうじとしさだ》
戦国時代の公卿(非参議)。権中納言大江匡房の孫非参議北小路俊泰の子大膳大夫大江俊永の子。
¶公卿(きたのこうじとしさだ), 公家(俊定〔北小路家〕 としさだ), 国書(きたのこうじとしさだ), 戦人

北小路俊名 きたこうじとしな
元文5(1740)年7月16日～天明3(1783)年11月21日 [別]北小路俊名《きたのこうじとしな》
江戸時代中期の公家。
¶国書(きたのこうじとしな)

北小路俊直 きたこうじとしなお
享禄3(1530)年～天正14(1586)年12月24日
[別]北小路俊直《きたのこうじとしなお》
戦国時代～安土桃山時代の公卿(非参議)。権中納言大江匡房の孫非参議北小路俊泰の子大膳大夫大江俊永の子。
¶公卿(きたのこうじとしなお), 公家(俊直〔北小路家〕 としなお), 国書(きたのこうじとしなお [没]文禄3(1594)年12月24日), 戦人

北小路俊矩 きたこうじとしのり
明和5(1768)年2月29日～天保3(1832)年1月29日
[別]北小路俊矩《きたのこうじとしのり》
江戸時代中期～後期の公家。
¶国書(きたのこうじとしのり)

北小路俊昌 きたこうじとしまさ
天保7(1836)年～明治17(1884)年11月22日
[別]北小路俊昌《きたのこうじとしまさ》
江戸時代末期～明治期の公家、政治家。伊那県の初代知事。
¶維新, 国書(きたのこうじとしまさ [生]天保7(1836)年4月15日), 長野歴, 幕末

北小路俊光 きたこうじとしみつ
寛永19(1642)年4月2日～享保3(1718)年11月2日 [別]北小路俊光《きたのこうじとしみつ》
江戸時代前期～中期の公家。
¶国書(きたのこうじとしみつ)

北小路俊泰 きたこうじとしやす
寛正4(1463)年～? [別]北小路俊泰《きたのこうじとしやす》
戦国時代の公卿(非参議)。大江系北小路家の祖。権中納言大江匡房の孫。
¶公卿(きたのこうじとしやす), 公家(俊泰〔北小路家〕 としやす), 戦人

北小路俊良 きたこうじとしよし
天保5(1834)年～? [別]北小路俊良《きたのこうじとしよし》
江戸時代後期～末期の公家。
¶国書(きたのこうじとしよし)

北小路斎院 きたこうじのさいいん
→怡子内親王(いしないしんのう)

北小路光香 きたこうじみつよし
享保5(1720)年6月18日～? [別]北小路光香《きたのこうじみつよし》
江戸時代中期の公家(非参議)。三室戸家の庶流権中納言外山光和の次男。
¶公卿(きたのこうじみつよし), 公家(光香〔北小路家〕 みつか)

北小路師光 きたこうじもろみつ
寛政4(1792)年5月4日～天保14(1843)年5月20日 [別]北小路師光《きたのこうじもろみつ》
江戸時代後期の公家(非参議)。参議北小路祥光の子、母は石清水八幡宮検校大僧正正清の娘。
¶公卿(きたのこうじもろみつ), 公家(師光〔北小路家〕 もろみつ)

北小路祥光 きたこうじよしみつ
宝暦13(1763)年9月28日～文政2(1819)年7月7日 [別]北小路祥光《きたのこうじよしみつ》
江戸時代中期～後期の公家(参議)。権大納言日野資枝の次男。
¶公卿(きたのこうじよしみつ), 公家(祥光〔北小路家〕 さちみつ), 国書(きたのこうじよしみつ)

北小路随光 きたこうじよりみつ
天保3(1832)年3月1日～大正5(1916)年11月22日 [別]北小路随光《きたのこうじよりみつ》
江戸時代末期～明治期の公家(非参議)。非参議北小路説光の子。
¶維新, 公卿(きたのこうじよりみつ [没]大正5(1916)年11月), 公家(随光〔北小路家〕 よりみつ), 国書(きたのこうじよりみつ), 神人, 幕末

堅塩媛 きたしひめ
→蘇我堅塩媛(そがのきたしひめ)

北白河院 きたしらかわいん
承安3(1173)年～暦仁1(1238)年 [別]藤原陳子《ふじわらちんし,ふじわらのちんし》,北白河院《きたしらかわのいん》
鎌倉時代前期の女性。後高倉院の妃、後堀河天皇の母。
¶朝日([没]暦仁1年10月3日(1238年11月10日)), 岩史([没]嘉禎4(1238)年10月3日), 鎌室, コン4, 諸系, 女性([没]嘉禎4(1238)年10月3日), 新潮([没]暦仁1(1238)年10月3日), 人名(きたしらかわのいん), 世人, 日人

北白川祥子 きたしらかわさちこ
大正5(1916)年8月26日～平成27(2015)年1月21日
昭和～平成期の女官。女官長。男爵徳川義恕の二女で、北白川宮永久王の妃。皇籍離脱後、昭和時代後期の女官長。昭和天皇崩御の後も皇太后宮女官長となった。
¶現朝, 世紀

北白川宮貞子女王 きたしらかわのみやさだこじょおう
→有馬貞子(ありまさだこ)

北白川宮智成親王 きたしらかわのみやさとなりしんのう
安政3(1856)年～明治5(1872)年 [別]智成親王《さとなりしんのう》
江戸時代末期～明治期の皇族。
¶諸系

北白川宮武子女王 きたしらかわのみやたけこじょおう
→保科武子(ほしなたけこ)

北白川宮輝久王 きたしらかわのみやてるひさおう
→小松輝久(こまつてるひさ)

北白川宮富子 きたしらかわのみやとみこ
文久2(1862)年～昭和11(1936)年 [別]能久親王妃富子《よしひさしんのうひとみこ》,北白川宮妃富子《きたしらかわのみやひとみこ》
江戸時代末期～昭和期の皇族。北白川宮能久王の妃。宇和島藩主伊達宗徳の二女。
¶女性([生]文久2(1862)年8月8日 [没]昭和11(1936)年3月20日), 女性普([生]文久2(1862)年8月8日 [没]昭和11(1936)年3月20日), 人名(能久親王妃富子 よしひさしんのうひとみこ), 世紀([生]文久2(1862)年8月7日 [没]昭和11(1936)年3月10日), 日人(北白川宮妃富子 きたしらかわのみやひとみこ)

北白川宮永久王 きたしらかわのみやながひさおう
明治43(1910)年2月19日～昭和15(1940)年9月4日 [別]永久王《ながひさおう》,北白川宮永久《きたしらかわのみやながひさ》
昭和期の皇族、陸軍軍人。大尉。北白川宮成久王の第1皇子。日中戦争に従軍、戦死。
¶現日(北白川宮永久 きたしらかわのみやながひさ), 世紀(北白川宮永久 きたしらかわのみやながひさ), 陸海

北白川宮成久王 きたしらかわのみやなるひさおう
明治20(1887)年～大正12(1923)年 [別]成久王《なるひさおう》,北白川宮成久《きたしらかわのみやなるひさ》,北白川宮成久王《きたしらかわのみやなりひさおう》
明治～大正期の皇族、陸軍軍人。中佐。北白川宮第3代。野砲兵第四連隊大隊長などを務めた。
¶諸系, 神人(きたしらかわのみやなりひさおう), 人名(成久王 なるひさおう), 世紀(北白川宮成久 きたしらかわのみやなるひさ [生]明治20(1887)年4月18日 [没]大正12(1923)年4月1日), 日人([生]明治20(1887)年4月18日)

北白川宮道久王 きたしらかわのみやみちひさおう
→北白川道久(きたしらかわみちひさ)

北白川宮満子女王 きたしらかわのみやみつこじょおう
→甘露寺満子(かんろじみつこ)

北白川宮能久親王 きたしらかわのみやよしひさしんのう
弘化4(1847)年～明治28(1895)年10月28日 [別]能久親王《よしひさしんのう》,伏見宮能久《ふしみのみやよしひさ》,輪王寺宮能久親王《りんのうじのみやよしひさしんのう》, 公現法親王《こうげんほっしんのう》,伏見宮能久親王《ふしみのみやよしひさしんのう》,満宮
江戸時代後期～明治期の皇族、軍人。1870年ドイツに渡航。
¶朝日(能久親王 よしひさしんのう [生]弘化4年2月16日(1847年4月1日)), 維新(能久親王 よしひさしんのう), 海越(伏見宮能久 ふしみのみやよしひさ 生没年不詳), 海越([生]弘化4(1847)年2月16日), 海越新([生]弘化4(1847)年2月16日), 近現(能久親王 よしひさしんのう), 群馬人, 群馬百, 国際, 国史(能久親王 よしひさしんのう), コン改(能久親王 よしひさしんのう), コン5(能久親王 よしひさしんのう), 史人([生]1847年2月16日), 諸系, 新潮(能久親王 よしひさしんのう [生]弘化4(1847)年2月16日), 人名(能久親王 よしひさしんのう), 姓氏京都, 渡航([生]1847年2月), 栃木歴, 日史(能久親王 よしひさしんのう [生]弘化4(1847)年2月16日), 日人, 日本, 幕末(能久親王 よしひさしんのう), 百科(能久親王 よしひさしんのう), 明治1, 陸海([生]弘化4年2月16日)

北白川房子 きたしらかわふさこ
明治23(1890)年1月28日～昭和49(1974)年8月11日
明治～昭和期の皇族。伊勢神宮奉賛会総裁。明治天皇第7皇女で、北白川宮成久王の妃。戦後伊勢神宮祭主となり皇籍を離れる。
¶現情, 諸系, 女性, 女性普, 人名7, 世紀, 日人

北白川道久 きたしらかわみちひさ
昭和12(1937)年5月2日～
昭和～平成期の旧皇族。伊勢神宮大宮司。
¶履歴2

北小路(家名) きたのこうじ
→北小路(きたこうじ)

北小路俊常 きたのこうじとしつね
→大江俊常(おおえのとしつね)

北畠顕家 きたばたけあきいえ
文保2(1318)年～延元3/暦応1(1338)年
鎌倉時代後期～南北朝時代の武将。北畠親房の長子。奥州に派遣されていたが、宮方の危機にあたり二度に渡って中央に遠征。
¶青森人, 朝日([没]暦応1/延元3年5月22日(1338年6月10日)), 岩史([没]暦応1/延元3(1338)年5月22日), 岩手百, 大阪人([没]延元2(1337)年5月23日), 大阪墓([没]延元3/暦応1(1338)年5月22日), 大阪墓([没]延元3(1338)年5月22日), 角史, 鎌倉, 鎌室, 公卿([没]暦応1/延元3(1338)年5月22日), 公家(顕家〔北畠・木造・大河内家(絶家)〕 あきいえ [没]建武5(1338)年5月22日), 国史, 国書([没]延元3(1338)年5月22日), 古中, コン改, コン4, 史人([没]1338年5月22日), 重要([没]延元3/暦応1(1338)年5月22日), 諸系, 人書94, 新潮([没]暦応1/延元3(1338)年5月22日), 人名, 姓氏岩手, 姓氏宮城, 世人([没]延元3/暦応1(1338)年5月22日), 世百, 全書, 大百, 伝記, 日史([没]暦応1/延元3(1338)年5月22日), 日人, 百科, 福島百, 宮城百, 歴大

北畠顕信 きたばたけあきのぶ
? ～天授6/康暦2(1380)年
南北朝時代の武将。北畠親房の次子。
¶岩手百, 角史(生没年不詳), 鎌室([没]康暦2/天授6(1380)年?), 公卿(生没年不詳), 国史(生没年不詳), 国書5(生没年不詳), 古中(生没年不詳), コン改([没]天授6/康暦2(1380)年?), コン4([没]康暦2/天授6(1380)年?), 史人([没]1380年11月), 庄内([生]永仁5(1297)年 [没]天授6(1380)年11月), 諸系(生没年不詳), 新潮([没]康暦2/天授6(1380)年?), 人名, 姓氏岩手(生没年不詳), 姓氏宮城(生没年不詳), 世人, 全書(生没年不詳), 日史([没]康暦2/天授6(1380)年11月), 日人(生没年不詳), 百科, 福島百, 宮城百([没]天授6/康暦2(1380)年?), 山形百, 歴大([没]1380年?)

北畠顕雅 きたばたけあきまさ
生没年不詳 [別]大河内顕雅《おおこうちあきまさ》
室町時代の伊勢国の武将・公家。
¶朝日, 鎌室, 公卿(大河内顕雅 おおこうちあきまさ), 公家(顕雅〔北畠・木造・大河内家(絶家)〕 あきまさ), 国史, 古中, 諸系, 新潮, 人名, 日人

北畠顕統 きたばたけあきむね
生没年不詳
南北朝時代の公家・歌人。
¶国書

北畠顕泰 きたばたけあきやす
生没年不詳
南北朝時代～室町時代の南朝方の武将。伊勢国司。

¶鎌室，系西（[生]1361年 [没]1402年），国史，古中，コン改，コン4，史人（[没]1402年10月），諸系，新潮，人名（[没]1402年），日人

北畠顕能 きたばたけあきよし
？ ～弘和3/永徳3（1383）年7月
南北朝時代の武将。北畠親房の三男。
¶朝日（生没年不詳），鎌室，公卿（[生]元亨1（1321）年），系西（[生]1325年？），国史（生没年不詳），国書（生没年不詳），古中（生没年不詳），コン改（生没年不詳），コン4（生没年不詳），史人，諸系，新潮，人名，世人（生没年不詳），日人

北畠材親 きたばたけきちか
応仁2（1468）年～永正14（1517）年
戦国時代の大納言、伊勢国司。
¶朝日，公卿（[没]永正8（1511）年5月21日），公家（材親〔北畠・木造・大河内家（絶家）〕 きちか [没]永正14（1517）年12月13日），系西，国書（[没]永正14（1517）年12月13日），諸系（[没]1518年），人名（[没]1511年），戦人，日人（[没]1518年）

北畠親顕 きたばたけちかあき
慶長8（1603）年9月28日～寛永7（1630）年8月3日
江戸時代前期の公家（参議）。権中納言中院通勝の次男。
¶公卿，公家（親顕〔北畠・木造・大河内家（絶家）〕 ちかあき），国書（[没]寛永7（1630）年8月1日）

北畠親房 きたばたけちかふさ
永仁1（1293）年～正平9/文和3（1354）年
鎌倉時代後期～南北朝時代の公卿、武将（大納言・准大臣）。権大納言北畠師重の長男、母は左少将隆重の娘。南朝の重臣。「神皇正統記」を著す。
¶朝日（[生]永仁1年1月29日（1293年3月8日） [没]文和3/正平9年4月17日（1354年5月10日）），茨城百，岩史（[没]文和3/正平9（1354）年4月17日），角史，鎌室，郷土茨城，京都大，郷土奈良，公卿，公家（親房〔北畠・木造・大河内家（絶家）〕 ちかふさ [没]正平9（1354）年4月17日），国史，国書（[生]正応6（1293）年1月 [没]正平9（1354）年4月17日），古中，コン改，コン4，詩歌，史人（[生]1293年1月 [没]1354年4月17日），静岡百，静岡歴，重要（[没]正平9/文和3（1354）年4月17日），諸系，神史，人書79，人書94，神人，新潮（[没]文和3/正平9（1354）年4月17日），新文，人名，姓氏京都，世人（[没]正平9/文和3（1354）年4月17日），世百，全書，大百，伝記，日史（[生]永仁1（1293）年1月 [没]文和3/正平9（1354）年4月17日），日人，百科，福島百，仏教（[没]文和3/正平9（1354）年4月17日），文学，平史，歴大，和俳（[没]文和3/正平9（1354）年4月17日）

北畠具成 きたばたけともしげ
？ ～天正4（1576）年
戦国時代～安土桃山時代の武将、伊勢国司。
¶人名

北畠具祐 きたばたけともすけ
室町時代の伊勢国司。
¶公卿（生没年不詳），公家（具祐〔北畠・木造・大河内家（絶家）〕 ともすけ）

北畠具教 きたばたけとものり
享禄1（1528）年～天正4（1576）年
戦国時代～安土桃山時代の武将、伊勢国司。
¶朝日（[没]天正4年11月25日（1576年12月15日）），織田（[没]天正4（1576）年11月25日），公卿（[没]天正4（1576）年11月26日），公家（具教〔北畠・木造・大河内家（絶家）〕 とものり [没]天正4（1576）年11月26日），系西，国史，古中，コン改，コン4，史人（[没]1576年11月25日），諸系，新潮（[没]天正4（1576）年11月25日），人名，世人（[没]天正4（1576）年11月26日），戦合，戦国（[生]？），全書（[生]1528年，（異説）1531年），戦人，日史（[没]天正4（1576）年11月25日），日人，百科，歴大

北畠具房 きたばたけともふさ
天文16（1547）年～天正8（1580）年
安土桃山時代の国司。
¶織田（[生]？ [没]天正8（1580）年？），系西，戦人

北畠具行 きたばたけともゆき
正応3（1290）年～元弘2/正慶1（1332）年 [別]源具行《みなもとのともゆき》
鎌倉時代後期の公卿（権中納言）。非参議北畠師行の次男。
¶朝日（[没]正慶1/元弘2年6月19日（1332年7月12日）），鎌倉，鎌室，公卿（[没]正慶1/元弘2（1332）年6月19日），公家（具行〔北畠・木造・大河内家（絶家）〕 ともゆき [没]正慶1（1332）年6月19日），国史，国書（[没]元弘2（1332）年6月19日），古中，コン改，コン4，史人（[没]1332年6月19日），諸系，新潮（[没]正慶1/元弘2（1332）年6月19日），人名（源具行 みなもとのともゆき），姓氏京都，世人，日史（[没]正慶1（1332）年6月19日），日人，歴大

北畠信意 きたばたけのぶおき
安土桃山時代の武将、伊勢国司。
¶人名

北畠教具 きたばたけのりとも
応永30（1423）年～文明3（1471）年
室町時代の公卿、武将、伊勢国司。
¶朝日（[没]文明3年3月23日（1471年4月13日）），鎌室，公卿（[没]文明3（1471）年3月23日），公家（教具〔北畠・木造・大河内家（絶家）〕 のりとも [没]文明3（1471）年3月23日），系西，国書（[没]文明3（1471）年3月23日），諸系，新潮（[没]文明3（1471）年3月23日），人名，戦人，日人

北畠晴具 きたばたけはるとも
文亀3（1503）年～永禄6（1563）年 [別]北畠晴具《きたばたけはれとも》
戦国時代の武将、伊勢国司。
¶公卿（きたばたけはれとも [没]永禄6（1563）年9月），公家（晴具〔北畠・木造・大河内家（絶家）〕 はれとも [没]永禄6（1563）年9月17

日），系西，茶道，諸系，人名，戦人，日人

北畠晴具　きたばたけはれとも
→北畠晴具（きたばたけはるとも）

北畠雅家　きたばたけまさいえ
建保3（1215）年～文永12（1275）年　㋭源雅家《みなもとまさいえ》
鎌倉時代前期の公卿（権大納言）。北畠家の祖。大納言中院通方の三男、母は権中納言源雅頼の娘。
¶鎌室，公卿（㋑文永11（1274）年3月22日），公家（雅家〔北畠・木造・大河内家（絶家）〕まさいえ　㋑文永11（1274）年3月22日），諸系，人名，姓氏京都，日人

北畠政郷　きたばたけまささと
宝徳1（1449）年～永正5（1508）年
室町時代～戦国時代の国司。
¶系西（㋑？），国書（㋑永正5（1508）年12月4日），諸系，人名，戦人（㋑？），日人

北畠雅行　きたばたけまさゆき
文永11（1274）年～？　㋭源雅行《みなもとまさゆき》
鎌倉時代後期の公卿（参議）。非参議北畠師行の長男。
¶鎌室，公卿，公家（雅行〔北畠・木造・大河内家（絶家）〕まさゆき　㋑1286年），諸系，日人

北畠通城　きたばたけみちくに
嘉永2（1849）年～明治21（1888）年　㋭久我維磨《こがこれまろ》
江戸時代末期～明治期の堂上公家。
¶維新，神人（㋑嘉永2（1849）年10月5日　㋑明治21（1888）年10月15日），兵庫人（久我維磨　こがこれまろ　㋑嘉永2（1849）年4月5日　㋑明治21（1888）年10月），兵庫百（久我維磨　こがこれまろ）

北畠満雅　きたばたけみつまさ
？～正長1（1428）年12月21日
室町時代の武将、伊勢国司。
¶朝日（㋑正長1年12月21日（1429年1月25日）），岩史，鎌室，系西（㋑1429年），国史，古中，コン改，コン4，史人，諸系（㋑1429年），新潮，人名（㋑1379年），世人，日史，日人（㋑1429年），百科（㋑永享1（1429）年），歴大

北畠持房　きたばたけもちふさ
永仁4（1296）年～？　㋭源持房《みなもとのもちふさ》
鎌倉時代後期～南北朝時代の公家・歌人。
¶公卿（源持房　みなもとのもちふさ　㋑永仁2（1294）年），公家（持房〔北畠・木造・大河内家（絶家）〕もちふさ），国書（㋑正平6（1351）年4月18日）

北畠持康　きたばたけもちやす
→木造持康（こづくりもちやす）

北畠守親　きたばたけもりちか
生没年不詳

南北朝時代の公家・歌人。
¶国書

北畠師重　きたばたけもろしげ
文永7（1270）年～元亨2（1322）年
鎌倉時代後期の公卿（権大納言）。権大納言北畠師親の子。
¶鎌室，公卿（㋑元亨2（1321）年1月13日），公家（師重〔北畠・木造・大河内家（絶家）〕もろしげ　㋑？），国書（㋑元亨2（1322）年1月13日），諸系，人名，姓氏京都，日人

北畠師親　きたばたけもろちか
仁治2（1241）年～正和4（1315）年
鎌倉時代後期の公卿（権大納言）。権大納言北畠雅家の長男。
¶鎌室，公卿（㋑寛元2（1244）年　㋑嘉元3（1305）年9月27日），公家（師親〔北畠・木造・大河内家（絶家）〕もろちか），国書（㋑正和4（1315）年10月6日），諸系，人名，姓氏京都，日人

北畠師行　きたばたけもろゆき
？～永仁4（1296）年4月3日
鎌倉時代後期の公卿（非参議）。権大納言北畠雅家の次男。
¶公卿（㋑文永2（1265）年），公家（師行〔北畠・木造・大河内家（絶家）〕もろゆき），国書

北山宮　きたやまのみや
生没年不詳
室町時代の皇族。
¶朝日，鎌室（㋑長禄1（1457）年），国史，古中，史人（㋑1457年12月2日），新潮（㋑長禄1（1457）年12月2日），世人，日史，日人（㋑1457年）

紀親成　きちかなり
享和4（1804）年2月4日～安政5（1858）年
江戸時代後期～末期の公家。
¶国書

吉田書主　きちたのふみぬし
→興世書主（おきよのふみぬし）

吉智首　きちのちしゅ
㋭吉智首《きちのちす》
奈良時代の官人。
¶古代（きちのちす），日人（生没年不詳）

吉智首　きちのちす
→吉智首（きちのちしゅ）

木造（家名）　きづくり
→木造（こづくり）

吉田書主　きったのふみぬし
→興世書主（おきよのふみぬし）

吉徳門院　きっとくもんいん
？～大永2（1522）年　㋭藤原栄子《ふじわらのえいし》
戦国時代の女性。後奈良天皇の後宮で、正親町天

皇の生母。万里小路賢房の娘。
¶諸系，女性（[没]大永2（1522）年10月10日），人名，日人

紀俊秀　きとしひで
→紀俊秀（きいとしひで）

紀俊文　きとしぶみ
生没年不詳　[別]紀俊文《きいとしぶみ》
南北朝時代の廷臣。
¶国書，人名（きいとしぶみ），日人（きいとしぶみ）

木梨軽皇子　きなしのかるのおうじ
→木梨軽皇子（きなしのかるのみこ）

木梨軽太子　きなしのかるのたいし
→木梨軽皇子（きなしのかるのみこ）

木梨軽皇子　きなしのかるのみこ
[別]木梨軽皇子《きなしかるのみこ，きなしのかるのおうじ》，木梨軽太子《きなしのかるのたいし》，軽太子《かるのたいし，かるのみこ》
上代の允恭天皇の皇子。
¶朝日（生没年不詳），国史（木梨軽太子　きなしのかるのたいし），古史（軽太子・軽大郎女　かるのたいし・かるのおおいらつめ），古代，古中（木梨軽太子　きなしのかるのたいし），コン改（生没年不詳），コン4（生没年不詳），史人（きなしかるのみこ），諸系（きなしのかるのおうじ），新潮，人名（きなしのかるのおうじ），全書（きなしのかるのおうじ），大百（木梨軽太子　きなしのかるのたいし），日史（軽太子・軽大郎女　かるのみこ・かるのおおいらつめ），日人（きなしのかるのおうじ），百科（軽太子・軽大郎女　かるのみこ・かるのおおいらつめ），万葉

義仁親王　ぎにんしんのう
→義仁法親王（ぎにんほうしんのう）

義仁法親王　ぎにんほうしんのう
？～応永22（1415）年　[別]義仁親王《ぎにんしんのう，よしひとしんのう》，義仁法親王《ぎにんほっしんのう》
室町時代の光厳院の皇子。
¶鎌室（ぎにんほっしんのう），国書（義仁親王　ぎにんしんのう　[没]応永20（1413）年1月24日），人名，日人

衣笠家良　きぬがさいえよし
→藤原家良（ふじわらのいえよし）

衣笠経平　きぬがさつねひら
？～文永11（1274）年5月7日
鎌倉時代前期の公卿（権中納言）。大納言藤原忠良の孫。
¶公卿，公家（経平〔衣笠家（絶家）〕　つねひら），国書（[没]文永11（1274）年1月7日）

衣笠冬良　きぬがさふゆよし
*～徳治3（1308）年6月4日
鎌倉時代後期の公卿（中納言）。大納言藤原忠良の曾孫。
¶公卿（[生]文永4（1267）年），公家（冬良〔衣笠家（絶家）〕　ふゆよし　[生]？）

紀阿閉麻呂　きのあえまろ
→紀阿閇麻呂（きのあへまろ）

紀秋峰　きのあきみね
生没年不詳　[別]紀秋岑《きあきみね》
平安時代前期の歌人。
¶国書（紀秋岑　きあきみね），平史

紀東人　きのあずまひと
生没年不詳
平安時代前期の官吏。
¶日人

紀阿閇麻呂（紀阿閉麻呂）　**きのあへまろ，きのあべまろ**
？～天武3（674）年　[別]紀阿閉麻呂《きのあえまろ》，紀臣阿閉麻呂《きのおみあえまろ》
飛鳥時代の官人。壬申の乱の大海人皇子方の東道将軍。
¶朝日（紀阿閉麻呂　きのあえまろ　[没]天武3年2月14日（674年3月26日）），国史，古代（紀臣阿閉麻呂　きのおみあえまろ），古中，コン改（紀阿閉麻呂　きのあべまろ），コン4（紀阿閉麻呂　きのあべまろ），史人（紀阿閉麻呂　[没]674年2月28日），新潮（[没]天武3（674）年2月28日），人名（紀阿閉麻呂　きのあべまろ），日人（紀阿閉麻呂　きのあえまろ），和歌山人（紀阿閉麻呂）

紀有常　きのありつね
弘仁6（815）年～貞観19（877）年　[別]紀有常《きありつね》
平安時代前期の歌人。
¶国書（きありつね　[没]貞観19（877）年1月23日），平史

紀有友　きのありとも
？～元慶4（880）年　[別]紀有朋《きありとも》
平安時代前期の従五位下宮内少輔。
¶国書（紀有朋　きありとも），平史

紀在昌　きのありまさ
生没年不詳　[別]紀在昌《きありまさ》
平安時代中期の漢詩人。
¶国書（きありまさ），諸系，日人，平史

紀有世　きのありよ
生没年不詳
平安時代中期の官人。
¶新潟百，平史

紀飯麻呂　きのいいまろ
？～天平宝字6（762）年　[別]紀朝臣飯麻呂《きのあそみいいまろ，きのあそんいいまろ》
奈良時代の官人（参議）。近江朝御史大夫贈三位紀大人の孫。
¶朝日（[没]天平宝字6年7月19日（762年8月13日）），公卿（[没]天平宝字6（762）年7月），古代（紀朝臣飯麻呂　きのあそんいいまろ），史人（[没]762年7月19日），諸系，人名，日人，万葉

（紀朝臣飯麻呂　きのあそみいいまろ），歴大

紀家守 きのいえもり
神亀2（725）年～延暦3（784）年　[別]紀朝臣家守《きのあそんいえもり》
奈良時代の官人（参議）。大納言紀麻呂の孫。
¶朝日（[生]神亀2（725）年？　[没]延暦3年4月19日（784年5月12日）），公卿（[没]延暦3（784）年4月19日），古代（紀朝臣家守　きのあそんいえもり），諸系，日人

紀稲手 きのいなで
生没年不詳
奈良時代の官人。
¶神奈川人

紀犬養 きのいぬかい
[別]紀朝臣犬養《きのあそんいぬかい》
奈良時代の官人。
¶古代（紀朝臣犬養　きのあそんいぬかい），日人（生没年不詳）

紀伊保 きのいほ
生没年不詳　[別]紀朝臣伊保《きのあそんいほ》
奈良時代の官人。
¶朝日，神奈川人，古代（紀朝臣伊保　きのあそんいほ），日人

紀今守 きのいまもり
？～貞観14（872）年
平安時代前期の中級貴族。良吏の代名詞。
¶朝日（[没]貞観14年3月29日（872年5月10日）），京都，京都大，日人

紀大人 きのうし
生没年不詳　[別]紀大人臣《きのうしのおみ》，紀大夫《きのたいふ》
飛鳥時代の廷臣（大納言）。武内宿禰の子孫。
¶朝日（[没]天武12年6月2日（683年7月1日）），公卿（紀大夫　きのたいふ　[没]天武12（683）年6月3日），国史，古代（紀大人臣　きのうしのおみ），古中，史人（[没]683年6月2日，（異説）6月3日？），諸系，新潮，日人，歴大，和歌山人

紀牛養 きのうしかい
[別]紀朝臣牛養《きのあそんうしかい》
奈良時代の官人。
¶古代（紀朝臣牛養　きのあそんうしかい），日人（生没年不詳）

紀馬主 きのうまぬし
生没年不詳　[別]紀朝臣馬主《きのあそんうまぬし》
奈良時代の官人、遣唐判官。
¶朝日，古代（紀朝臣馬主　きのあそんうまぬし），日人

紀宇美 きのうみ
？～天平勝宝5（753）年　[別]紀朝臣宇美《きのあそんうみ》
奈良時代の官人。
¶古代（紀朝臣宇美　きのあそんうみ），諸系，日人

紀皇女 きのおうじょ
→紀皇女（きのひめみこ）

紀男梶（紀小楫） きのおかじ
[別]紀朝臣小楫《きのあそんおかじ》，紀朝臣男梶《きのあそみおかじ》
奈良時代の官人、和泉守。
¶古代（紀朝臣小楫　きのあそんおかじ），人名，日人（生没年不詳），万葉（紀朝臣男梶　きのあそみおかじ）

紀興道 きのおきみち
？～承和1（834）年
平安時代前期の射芸の名手。
¶諸系，人名，日人，平史

紀長田麻呂 きのおさだまろ
天平勝宝7（755）年～天長2（825）年
奈良時代～平安時代前期の官人。
¶平史

紀押勝 きのおしかつ
生没年不詳　[別]紀国造押勝《きのくにのみやつこおしかつ》
飛鳥時代の豪族。紀伊国造。
¶古代（紀国造押勝　きのくにのみやつこおしかつ），日人，和歌山人

紀忍人 きのおしひと
飛鳥時代の豪族。
¶古代，日人（生没年不詳）

紀愛宕麻呂 きのおたぎまろ
生没年不詳　[別]紀朝臣愛宕麻呂《きのあそんおたぎまろ》
平安時代前期の官人。
¶古代（紀朝臣愛宕麻呂　きのあそんおたぎまろ），諸系，日人

紀乙魚 きのおといお
？～承和7（840）年　[別]紀乙魚《きのおとな》
平安時代前期の女性。桓武天皇の女御。紀木津魚の娘か。
¶女性（きのおとな　[没]承和7（840）年5月5日），人名（きのおとな），日人，平史

紀乙魚 きのおとな
→紀乙魚（きのおといお）

紀弟麻呂 きのおとまろ
生没年不詳
奈良時代の官人。
¶神奈川人

紀男人 きのおひと
天武天皇11（682）年～天平10（738）年　[別]紀朝臣男人《きのあそんおひと》
飛鳥時代～奈良時代の官人、太宰府大弐。
¶朝日（[生]？　[没]天平10年10月30日（738年12月15日）），古史，古代（紀朝臣男人　きのあそんおひと），諸系，日史（[没]天平10（738）年10月30日），日人，百科

き

紀男麻呂 きのおまろ

生没年不詳 [別]紀男麻呂宿禰《きのおまろのすくね》

飛鳥時代の武将。任那再興の大将軍。

¶国史，古代(紀男麻呂宿禰 きのおまろのすくね)，古中，コン改，コン4，史人，新潮，人名，世人，日史，日人，百科，和歌山人

紀堅麻呂 きのかたまろ

? ～679年 [別]紀臣堅麻呂《きのおみかたまろ》

飛鳥時代の壬申の乱の功臣。

¶古代(紀臣堅麻呂 きのおみかたまろ)，人名，日人

紀勝雄 きのかつお

[別]紀朝臣勝雄《きのあそんかつお》

奈良時代の官人。

¶古代(紀朝臣勝雄 きのあそんかつお)，日人(生没年不詳)

紀勝長 きのかつなが

天平勝宝6(754)年～大同1(806)年 [別]紀朝臣勝長《きのあそんかつなが》

奈良時代～平安時代前期の公卿(中納言)。大納言紀船守の長男。

¶公卿([没]大同1(806)年10月3日)，古代(紀朝臣勝長 きのあそんかつなが)，コン改，コン4，諸系，新潮，人名，姓氏京都，日人，平史

紀門成 きのかどなり

生没年不詳

平安時代前期の官人。

¶和歌山人

紀鹿人 きのかひと

→紀鹿人(きのしかひと)

紀竈門娘 きのかまどのいらつめ

[別]紀朝臣竈門娘《きのあそんかまどのいらつめ》

奈良時代の女性。文武天皇の嬪。

¶古代(紀朝臣竈門娘 きのあそんかまどのいらつめ)，女性(生没年不詳)，人名，日人(生没年不詳)

紀木津魚 きのきづいお

→紀木津魚(きのこつお)

紀清人 きのきよひと

? ～天平勝宝5(753)年 [別]紀朝臣清人《きのあそみきよひと，きのあそんきよひと》

奈良時代の官人。万葉歌人。

¶朝日([没]天平勝宝5年7月11日(753年8月14日))，国史，古史，古代(紀朝臣清人 きのあそんきよひと)，古中，コン改，コン4，埼玉百(紀朝臣清人 きのあそんきよひと)，史人([没]753年7月11日)，新潮([没]天平勝宝5(753)年7月11日)，人名，世人，世百，日史([没]天平勝宝5(753)年7月11日)，日人，百科，万葉(紀朝臣清人 きのあそみきよひと)，和俳

紀咋麻呂 きのくいまろ

天平勝宝7(755)年～天長10(833)年 [別]紀朝臣咋麻呂《きのあそんくいまろ》

奈良時代～平安時代前期の官人。

¶古代(紀朝臣咋麻呂 きのあそんくいまろ)，諸系，日人，平史

紀国益 きのくにます

[別]紀朝臣国益《きのあそんくにます》

奈良時代の官人。

¶古代(紀朝臣国益 きのあそんくにます)，日人(生没年不詳)

紀国守 きのくにもり

生没年不詳

平安時代の医師。

¶諸系，人名，日人，平史

紀皇女 きのこうじょ

→紀皇女(きのひめみこ)

紀古佐美 きのこさみ

天平5(733)年～延暦16(797)年 [別]紀朝臣古佐美《きのあそんこさみ》

奈良時代～平安時代前期の公卿(大納言)。大納言紀麻呂の孫。

¶朝日([没]延暦16年4月4日(797年5月4日))，岩手百([生]732年)，角史，京都大，公卿([没]延暦16(797)年4月4日)，国史([生]?)，古史，古代(紀朝臣古佐美 きのあそんこさみ)，古中([生]?)，コン改，コン4，史人([没]797年4月4日)，諸系，新潮([生]天平5(733)年，(異説)天平4(732)年 [没]延暦16(797)年4月4日)，人名，姓氏岩手([生]?)，姓氏京都，世人([没]延暦16(797)年4月4日)，世百，全書，日史([没]延暦16(797)年4月4日)，日人，百科，平史([生]733年?)，歴大([生]?)

紀木津魚 きのこつお

生没年不詳 [別]紀朝臣木津魚《きのあそんこつお》，紀木津魚《きのきづいお》

奈良時代の武官。

¶古代(紀朝臣木津魚 きのあそんこつお)，諸系，日人，平史(きのきづいお)

紀古麻呂 きのこまろ

生没年不詳 [別]紀朝臣古麻呂《きのあそんこまろ》

奈良時代の官人。

¶古代(紀朝臣古麻呂 きのあそんこまろ)，諸系，日史，日人，百科，歴大

紀伊輔 きのこれすけ

生没年不詳

平安時代中期の官人。

¶平史

紀雑物 きのさいもち

[別]紀朝臣雑物《きのあそんさいもち》

奈良時代の官人。

¶古代(紀朝臣雑物 きのあそんさいもち)，日人(生没年不詳)

紀作良 きのさくら

? ～延暦18(799)年 [別]紀作良《きのなりよし》，

紀朝臣作良《きのあそんさくら》
奈良時代～平安時代前期の官人。
¶古代（紀朝臣作良　きのあそんさくら），姓氏群馬（紀朝臣作良　きのあそんさくら），日人，平史（きのなりよし）

紀鯖麻呂 きのさばまろ
[別]紀朝臣鯖麻呂《きのあそんさばまろ》
奈良時代の官人。
¶古代（紀朝臣鯖麻呂　きのあそんさばまろ），日人（生没年不詳）

紀塩手 きのしおて
生没年不詳　[別]紀臣塩手《きのおみしおて》
飛鳥時代の官人。
¶古代（紀臣塩手　きのおみしおて），日人，和歌山人

紀鹿人 きのしかひと
[別]紀鹿人《きのかひと》,紀朝臣鹿人《きのあそみかひと,きのあそんしかひと》
奈良時代の歌人。
¶古代（紀朝臣鹿人　きのあそんしかひと），人名（きのかひと），日人（生没年不詳），万葉（紀朝臣鹿人　きのあそみかひと）

紀静子 きのしずこ
？～貞観8（866）年
平安時代前期の女性。紀名虎の女。文徳天皇の更衣。東宮時代に第一皇子惟喬親王・第二皇子惟条親王を産んだ。
¶諸系，女性（[没]貞観8（866）年2月），人名，日人，平史

紀納言 きのしょうげん
→紀長谷雄（きのはせお）

紀女王 きのじょおう
生没年不詳
奈良時代の女王。長屋王の王女か？。
¶女性，日人

紀白麻呂 きのしろまろ
[別]紀朝臣白麻呂《きのあそんしろまろ》
奈良時代～平安時代前期の官人。
¶古代（紀朝臣白麻呂　きのあそんしろまろ），日人（生没年不詳）

紀末成 きのすえなり
天応1（781）年～*
平安時代前期の国司。
¶諸系（[没]826年），人名（[没]825年），姓氏石川（[没]825年），日人（[没]826年）

紀末守 きのすえもり
生没年不詳　[別]紀末守《きすえもり》
平安時代前期の漢詩人。
¶国書（きすえもり）

紀輔時 きのすけとき
生没年不詳　[別]紀輔時《きすけとき》
平安時代中期の歌人。
¶国書（きすけとき），平史

紀大夫 きのたいふ
→紀大人（きのうし）

紀田上 きのたうえ
宝亀1（770）年～天長2（825）年　[別]紀朝臣田上《きのあそんたうえ》,紀田上《きのたがみ》
平安時代前期の官人。
¶神奈川人（きのたがみ　[生]771年），古代（紀朝臣田上　きのあそんたうえ），諸系，人名（きのたがみ），新潟百（きのたがみ），日人，平史（きのたがみ　[生]？）

紀田上 きのたがみ
→紀田上（きのたうえ）

紀斉名 きのただな
天徳1（957）年～長保1（999）年　[別]紀斉名《きただな,きのまさな》
平安時代中期の文人。名文家。
¶朝日（[没]長保1年12月15日（1000年1月24日）），角史，国史，国書（きただな　[没]長保1（999）年12月15日），古史，古中，コン改（[生]康保3（966）年），コン4，詩歌（[生]959年），史人（[没]999年12月15日），新潮（[没]長保1（999）年12月15日），人名（[生]966年），世人，世百（きのまさな　[生]966年），全書，日史（[没]長保1（999）年12月15日），日人（[没]1000年），百科，平史，歴大，和俳

吉田書主 きのたのふみぬし
→興世書主（おきよのふみぬし）

紀椿守 きのつばきもり
宝亀7（776）年～仁寿3（853）年
奈良時代～平安時代前期の春宮亮白満の子。
¶平史

紀貫之 きのつらゆき
*～天慶8（945）年　[別]紀貫之《きつらゆき》，貫之《つらゆき》
平安時代前期～中期の歌人。三十六歌仙の一人で「古今和歌集」の撰者。また「土佐日記」の著者でもある。
¶朝日（[生]？　[没]天慶9（946）年），岩史（[生]？），角史（[生]貞観14（872）年？　[没]天慶8（945）年？），京都（[生]貞観10（868）年頃），京都大（[生]貞観14（872）年？　[没]天慶8（945）年？），高知人，高知百，国史（[生]？），国書（きつらゆき　[生]？），古史（[生]？　[没]945年,（異説）946年？），古中（[生]？），コン改（[生]貞観14（872）年？,（異説）859年，883年，884年　[没]天慶8（945）年,（異説）946年），コン4（[生]貞観14（872）年？,（異説）859年，883年，884年　[没]天慶8（945）年,（異説）946年），詩歌（[生]872年頃），史人（[生]？），重要（[生]貞観14（872）年？　[没]天慶8（945）年？），諸系（[生]？），人書94（[生]？　[没]946年），新潮（[生]貞観12（870）年？　[没]天慶8（945）年,（異説）天慶9（946）年），新文（[生]貞観14（872）年頃），人名（[生]？　[没]946年），姓氏京都（[生]868年？　[没]945

き

年？），世人（[生]貞観10（868）年　[没]天慶9（946）年），世百（[生]866年？），全書（[生]871年？　[没]946年），大百（[生]872年頃），伝記（[生]872年？　[没]946年？），徳島百（[生]貞観14（872）年），徳島歴（[生]貞観14（872）年　[没]天慶9（946）年），日史（[生]貞観14（872）年？），日人（[生]？），百科（[生]貞観10（868）年頃），文学（[生]872年頃），平史（[生]？），歴大（[生]？），和俳（[生]貞観14（872）年頃）

紀時文　きのときぶみ，きのときふみ
生没年不詳　[別]紀時文《きときふみ》
平安時代中期の歌人。貫之の子。梨壺の五人の一人。
¶朝日（[没]長徳2（996）年，（異説）長徳3（997）年），国史，国書（きときふみ），古中，コン改，コン4，史人（[没]996年，（異説）997年），諸系，新潮，人名，日史，日人，百科，平史（きのときふみ），和俳

紀利貞　きのとしさだ
？～元慶5（881）年　[別]紀利貞《きとしさだ》
平安時代前期の歌人。
¶国書（きとしさだ），平史

紀橡姫　きのとちひめ
？～和銅2（709）年　[別]紀朝臣橡姫《きのあそんとちひめ》
奈良時代の女性。施基皇子の妃で，光仁天皇の生母。死後に皇太后を追贈された。
¶古代（紀朝臣橡姫　きのあそんとちひめ），諸系，女性（生没年不詳），日人

紀友則　きのとものり
生没年不詳　[別]紀友則《きとものり》
平安時代前期～中期の歌人。三十六歌仙の一人。
¶朝日，岩史，角史（[没]延喜5（905）年？），国史，国書（きとものり），古史，古中，コン改（[没]延喜7（907）年），コン4（[没]延喜7（907）年），詩歌，史人，諸系，新潮，新文，人名，姓氏京都（[没]907年？），世人（[没]延喜5（905）年），世百，全書（[生]851年，（異説）857年　[没]905年），大百，日史，日人，百科，文学，平史，歴大，和俳（[没]延喜5（905）年）

紀豊河　きのとよかわ
[別]紀朝臣豊河《きのあそみとよかわ》，紀朝臣豊川《きのあそんとよかわ》
奈良時代の官人、万葉歌人。
¶古代（紀朝臣豊川　きのあそんとよかわ），人名，日人（生没年不詳），万葉（紀朝臣豊河　きのあそみとよかわ）

紀豊城　きのとよき
生没年不詳
平安時代前期の応天門の変の罪人。
¶古代，史人，諸系，日人

紀虎継　きのとらつぐ
生没年不詳　[別]紀虎継《きとらつぐ》
平安時代前期の漢詩人。
¶国書（きとらつぐ）

紀内親王　きのないしんのう
延暦18（799）年～仁和2（886）年
平安時代前期の女性。桓武天皇の第15皇女。
¶国書（生没年不詳），女性（[没]仁和2（886）年6月29日），人名，日人，平史

紀長江　きのながえ
生没年不詳　[別]紀長江《きながえ》
平安時代前期の官人・漢詩人。
¶国書（きながえ）

紀納言　きのなごん
→紀長谷雄（きのはせお）

紀夏井　きのなつい
生没年不詳　[別]紀朝臣夏井《きのあそんなつい》
平安時代前期の官人、国司。
¶朝日，岩史，香川人，角史，郷土香川，熊本百，高知人，高知百，国史，古史，古代（紀朝臣夏井　きのあそんなつい），古中，コン改，コン4，史人，諸系，新潮，人名，世人，全書，大百，日史，日人，百科，平史（[生]822年ごろ），歴大

紀名虎　きのなとら
？～承和14（847）年　[別]紀朝臣名虎《きのあそんなとら》
平安時代前期の貴族。
¶朝日（[没]承和14年6月16日（847年7月31日）），古史，古代（紀朝臣名虎　きのあそんなとら），コン改，コン4，諸系，新潮（[没]承和14（847）年6月16日），人名，姓氏京都，日人，平史（[没]848年）

紀難波麻呂　きのなにわまろ
[別]紀朝臣難波麻呂《きのあそんなにわまろ》
奈良時代の官人。
¶古代（紀朝臣難波麻呂　きのあそんなにわまろ），日人（生没年不詳）

紀作良　きのなりよし
→紀作良（きのさくら）

紀宣明　きののぶあき
？～長元5（1032）年
平安時代中期の衛門府官人。
¶平史

紀長谷雄　きのはせお
承和12（845）年～延喜12（912）年　[別]紀朝臣長谷雄《きのあそんはせお》，紀長谷雄《きはせお》，紀納言《きのしょうげん，きのなごん》
平安時代前期～中期の学者、公卿（中納言）。参議紀飯麻呂の6代孫。
¶朝日（[没]延喜12年2月10日（912年3月1日）），岩史（[没]延喜12（912）年2月10日），角史，公卿（[没]延喜12（912）年3月10日），国史，国書（きはせお　[生]承和12（845）年2月　[没]延喜12（912）年2月10日），古史，古代（紀朝臣長谷雄　きのあそんはせお），古中，コン改（[生]仁寿1（851）年），コン4（[生]仁寿1（851）年），詩歌，史人（[没]912年2月10日），諸系，新潮（[没]延喜12（912）年2月10日），人名（[生]851年），姓氏京

都，世人（[生]承和12（845）年2月　[没]延喜12（912）年2月10日），世百（[生]845年？），全書，日史（[没]延喜12（912）年2月10日），日人，百科，平史，歴大，和俳（[没]延喜12（912）年2月10日）

紀春主 きのはるぬし
生没年不詳
平安時代前期の遣唐使。
¶日人，平史

紀必登 きのひと
[別]紀朝臣必登《きのあそんひと》
奈良時代の官人。
¶古代（紀朝臣必登　きのあそんひと），日人（生没年不詳）

紀皇女 きのひめみこ
生没年不詳　[別]紀皇女《きのおうじょ，きのこうじょ》
飛鳥時代の女性。天武天皇の皇女。
¶国書，古代，女性（きのこうじょ），日人（きのおうじょ），万葉

紀広純 きのひろずみ
？～宝亀11（780）年　[別]紀朝臣広純《きのあそんひろずみ》
奈良時代の官人、武将（参議）。大納言紀麻呂の孫。
¶朝日（[没]宝亀11年3月22日（780年5月1日）），公卿（[没]宝亀11（780）年3月24日），国史，古代（紀朝臣広純　きのあそんひろずみ），古中，コン改，コン4，史人（[没]780年3月22日），諸系，新潮（[没]宝亀11（780）年3月22日），人名，世人，日人，歴大

紀広名 きのひろな
生没年不詳　[別]紀朝臣広名《きのあそんひろな》
奈良時代の官人。
¶古代（紀朝臣広名　きのあそんひろな），諸系，日人

紀広庭 きのひろにわ
？～宝亀8（777）年　[別]紀朝臣広庭《きのあそんひろにわ》
奈良時代の官人（参議）。近江朝御史大夫贈三位紀大人の孫。
¶朝日（[没]宝亀8年6月12日（777年7月21日）），公卿（[没]宝亀9（778）年6月12日），古代（紀朝臣広庭　きのあそんひろにわ），諸系，日人

紀広浜 きのひろはま
天平宝字3（759）年～弘仁10（819）年　[別]紀朝臣広浜《きのあそんひろはま》
奈良時代～平安時代前期の公卿（参議）。大納言紀古佐美の長男。
¶公卿（[没]弘仁10（819）年7月），古代（紀朝臣広浜　きのあそんひろはま），コン改，コン4，諸系，新潮（[没]弘仁10（819）年7月11日），姓氏群馬，日人，平史

紀深江 きのふかえ
延暦9（790）年～承和7（840）年　[別]紀朝臣深江《きのあそんふかえ》
平安時代前期の官人。
¶古代（紀朝臣深江　きのあそんふかえ），コン改，コン4，諸系，新潮（[没]承和7（840）年10月5日），人名，日人

紀船守 きのふなもり
天平3（731）年～延暦11（792）年　[別]紀朝臣船守《きのあそんふなもり》
奈良時代の官人（大納言）。紀角宿禰10世の孫。
¶朝日（[没]延暦11年4月2日（792年4月27日）），公卿（[没]延暦11（792）年4月2日），古代（紀朝臣船守　きのあそんふなもり），諸系，日人

紀文正 きのふみまさ
生没年不詳
平安時代中期の書家。
¶諸系，人名，日人

紀文幹 きのふみもと
？～天慶7（944）年　[別]紀文幹《きふみもと》
平安時代中期の歌人。
¶国書（きふみもと　[没]天慶7（944）年9月2日），長野歴，平史

紀卿 きのまえつきみ
奈良時代の公卿。大納言正三位麻呂の子。
¶万葉

紀真丘 きのまおか
生没年不詳　[別]紀朝臣真丘《きのあそんまおか》
平安時代前期の官人。
¶姓氏群馬（紀朝臣真丘　きのあそんまおか），平史

紀斉名 きのまさな
→紀斉名（きのただな）

紀当仁 きのまさひと
生没年不詳
平安時代前期の官人。
¶新潟百

紀益人 きのますひと
生没年不詳
奈良時代の寺奴。紀朝臣の姓を賜り従五位下に昇る。
¶朝日，コン改，コン4，日人

紀真人(1) きのまひと
生没年不詳　[別]紀朝臣真人《きのあそんまひと》
飛鳥時代の官人。
¶古代（紀朝臣真人　きのあそんまひと），日人，和歌山人

紀真人(2) きのまひと
天平19（747）年～延暦24（805）年　[別]紀朝臣真人《きのあそんまひと》
奈良時代～平安時代前期の官人。
¶神奈川人，古代（紀朝臣真人　きのあそんまひと），諸系，日人，平史

紀麻利耆拖(紀麻利耆拕)　きのまりきた
生没年不詳　[別]紀臣麻利耆拖《きのおみまりきた》
飛鳥時代の廷臣、国司。
¶朝日(紀麻利耆拕), 古代(紀臣麻利耆拖　きのおみまりきた), コン改, コン4, 日人, 和歌山人(紀麻利耆拕)

紀麻呂(1)　きのまろ
*～慶雲2(705)年　[別]紀朝臣麻呂《きのあそんまろ》
飛鳥時代の廷臣(大納言)。武内宿禰の子孫。
¶朝日([生]斉明5(659)年？　[没]慶雲2年7月19日(705年8月12日)), 公卿([生]？　[没]慶雲2(705)年7月19日), 国史([生]？), 古代(紀朝臣麻呂　きのあそんまろ　[生]659年？), 古中([生]？), 史人([生]659年？　[没]705年7月), 諸系([生]？), 新潮([生]？), 日史([生]斉明5(659)年　[没]慶雲2(705)年7月19日), 日人([生]？), 百科([生]斉明5(659)年), 歴大([生]659年？)

紀麻呂(2)(紀麻路)　きのまろ
生没年不詳　[別]紀朝臣麻路《きのあそんまろ》
奈良時代の官人(中納言)。武内宿禰の子孫。
¶朝日([没]天平宝字1(757)年？), 公卿(紀麻路　[没]天平宝字1(757)年), 国史, 古代(紀朝臣麻路　きのあそんまろ　[没]757年？), 古中, 史人([没]757年？), 諸系(紀麻路), 新潮, 日人(紀麻路), 歴大

紀宮子　きのみやこ
生没年不詳
奈良時代の女性。光仁天皇の夫人。
¶女性, 人名, 日人

紀宗兼　きのむねかぬ
生没年不詳　[別]紀宗兼《きむねかぬ》
平安時代後期の歌人。
¶国書(きむねかぬ)

紀宗直　きのむねなお
→高橋宗直(たかはしむねなお)

紀茂行　きのもちゆき
生没年不詳　[別]紀茂行《きもちゆき》
平安時代前期の歌人。
¶国書(きもちゆき), 平史

紀百継　きのももつぐ
天平宝字8(764)年～承和3(836)年　[別]紀朝臣百継《きのあそんももつぐ》
奈良時代～平安時代前期の公卿(参議)。従四位下紀木津魚の長男。
¶神奈川人, 公卿([生]天平宝字7(763)年　[没]承和2(835)年9月19日), 古代(紀朝臣百継　きのあそんももつぐ), 諸系, 姓氏群馬(紀朝臣百継　きのあそんももつぐ　[生]777年), 日人, 平史

紀諸人　きのもろひと
生没年不詳　[別]紀朝臣諸人《きのあそんもろひと》
奈良時代の官人。
¶古代(紀朝臣諸人　きのあそんもろひと), 諸系, 日人

紀安雄　きのやすお
弘仁13(822)年～仁和2(886)年　[別]紀朝臣安雄《きのあそんやすお》
平安時代前期の官人、武蔵守。
¶朝日([没]仁和2年5月28日(886年7月3日)), 古代(紀朝臣安雄　きのあそんやすお), コン改, コン4, 新潮([没]仁和2(886)年5月28日), 人名, 世人, 日人, 平史

紀康宗　きのやすむね
生没年不詳　[別]紀康宗《きやすむね》
平安時代後期の歌人。
¶国書(きやすむね), 平史

紀弓張　きのゆみはり
生没年不詳　[別]紀朝臣弓張《きのあそんゆみはり》
飛鳥時代の官人。
¶古代(紀朝臣弓張　きのあそんゆみはり), 日人, 和歌山人

紀良門　きのよしかど
生没年不詳
平安時代前期の官人。
¶新潟百

紀淑人　きのよしと
→紀淑人(きのよしひと)

紀淑人　きのよしひと
生没年不詳　[別]紀淑人《きのよしと, きよしひと》
平安時代中期の官人。藤原純友の乱の追捕南海道使。
¶朝日(きのよしと), 愛媛百(きのよしと　[没]天慶6(943)年), 国史, 国書(きよしひと), 古中, コン改(きのよしと　[没]天慶6(943)年), コン4(きのよしと　[没]天慶6(943)年), 史人(きのよしと　[没]943年), 諸系, 新潮, 人名(きのよしと　[没]943年), 姓氏京都, 世人(きのよしと　[没]天慶6(943)年), 日人, 平史([没]948年ごろ), 歴大, 和歌山人

紀淑光　きのよしみつ
貞観11(869)年～天慶2(939)年9月11日　[別]紀淑光《きよしみつ》
平安時代前期～中期の公卿(参議)。中納言紀長谷雄の三男、母は文室氏。
¶公卿, 国書(きよしみつ), 平史

紀淑望　きのよしもち
？～延喜19(919)年　[別]紀淑望《きよしもち》
平安時代前期～中期の漢学者、歌人。「古今和歌集」真名序の作者。
¶角史, 国史, 国書(きよしもち), 古史, 古中, コン改, コン4, 詩歌, 史人, 諸系, 新潮, 人名, 世人, 日史, 日人, 百科, 平史, 和俳

紀春昌　きはるまさ
享保15(1730)年12月15日～文化8(1811)年2月14日
江戸時代中期～後期の公家・神職。
¶国書

吉備津彦 きびつひこ
→吉備津彦命(きびつひこのみこと)

吉備津彦命 きびつひこのみこと
[別]吉備津彦《きびつひこ》,大吉備津日子命《おおきびつひこのみこと》,大吉備津彦命《おおきびつひこのみこと》
上代の孝霊天皇の皇子、四道将軍の一人。
¶朝日，岩史，岡山人(大吉備津彦命　おおきびつひこのみこと)，岡山百，岡山歴，国史，古中，コン改(吉備津彦　きびつひこ)，コン4(吉備津彦　きびつひこ)，史人，諸系，神史，新潮(吉備津彦　きびつひこ)，人名(大吉備津彦命　おおきびつひこのみこと)，世人(生没年不詳)，日人，歴大(吉備津彦　きびつひこ)

吉備姫王 きびつひめのおおきみ
？～皇極2(643)年　[別]吉備嶋皇祖母命《きびしまのすめみおやのみこと,きびのしまのすめみおやのみこと》,吉備姫王《きびつひめみこ》,吉備島皇祖母命《きびのしまのすめみおやのみこと》
飛鳥時代の女性。欽明天皇の皇子桜井皇子の王女。茅渟王の妃となり、皇極・孝徳両天皇の母。
¶朝日(吉備嶋皇祖母命　きびのしまのすめみおやのみこと　[没]皇極2年9月11日(643年10月28日))，岩史(きびつひめみこ　[没]皇極2(643)年9月11日)，国史，古史，古代，古中，コン改(吉備嶋皇祖母命　きびのしまのすめみおやのみこと)，コン4(吉備嶋皇祖母命　きびのしまのすめみおやのみこと)，史人([没]643年9月11日)，諸系，女性([没]皇極2(643)年9月11日)，新潮(吉備嶋皇祖母命　きびしまのすめみおやのみこと　[没]皇極2(643)年9月11日)，日人，歴大

吉備姫王 きびつひめみこ
→吉備姫王(きびつひめのおおきみ)

吉備内親王 きびないしんのう
？～天平1(729)年　[別]吉備皇女《きびのひめみこ》,吉備内親王《きびのないしんのう》
奈良時代の女性。草壁皇子と元明天皇の二女。長屋王の妃。
¶朝日([没]天平1年2月12日(729年3月16日))，岩史([没]神亀6(729)年2月12日)，角史，国史，古史，古代(きびのないしんのう)，古中，コン改，コン4，史人([没]729年2月12日)，諸系(きびのないしんのう)，女性(きびのないしんのう　[没]神亀6(729)年2月)，新潮，人名(きびのないしんのう)，世人(吉備皇女　きびのひめみこ)，日史([没]天平1(729)年2月13日)，日人(きびのないしんのう)，百科，歴大

吉備海部難波 きびのあまのなにわ
[別]吉備海部直難波《きびのあまのあたいなにわ》
飛鳥時代の高句麗使の送使。
¶岡山歴(吉備海部直難波　きびのあまのあたいなにわ)，古代(吉備海部直難波　きびのあまのあたいなにわ)，日人(生没年不詳)

吉備海部羽嶋 きびのあまのはしま
[別]吉備海部直羽嶋《きびのあまのあたいはしま》
飛鳥時代の遣百済使。
¶岡山歴(吉備海部直羽嶋　きびのあまのあたいはしま)，古代(吉備海部直羽嶋　きびのあまのあたいはしま)，日人(生没年不詳)

吉備泉 きびのいずみ
天平15(743)年～弘仁5(814)年　[別]吉備朝臣泉《きびのあそんいずみ》
奈良時代～平安時代前期の公卿(参議)。右大臣吉備真備の子。
¶朝日([没]弘仁5年閏7月8日(814年8月26日))，愛媛百([没]弘仁5(814)年閏7月8日)，岡山人，岡山百，岡山歴(吉備朝臣泉　きびのあそんいずみ　[没]弘仁5(814)年閏7月8日)，公卿([生]天平12(740)年　[没]弘仁5(814)年閏7月8日)，古代(吉備朝臣泉　きびのあそんいずみ)，コン改，コン4，新潮([没]弘仁5(814)年閏7月8日)，人名，新潟百，日史([没]弘仁5(814)年閏7月8日)，日人，百科，平史

吉備兄彦 きびのえひこ
→吉備兄彦皇子(きびのえひこのおうじ)

吉備兄彦皇子 きびのえひこのおうじ
[別]吉備兄彦《きびのえひこ》,兄彦命《えひこのみこと》
上代の記・紀にみえる景行天皇の皇子。
¶岡山人(吉備兄彦　きびのえひこ)，日人，日人(兄彦命　えひこのみこと)

吉備兄媛 きびのえひめ
→兄媛(えひめ)

吉備笠垂 きびのかさのしだる
生没年不詳　[別]笠臣志太留《かさのおみしだる》,笠臣垂《かさのおみしだる》,笠垂《かさのしたる,かさのしだる》
飛鳥時代の官人。古人大兄皇子の謀反の密告者。
¶朝日，岡山百(笠垂　かさのしたる)，岡山歴(笠臣垂　かさのおみしだる)，古代(笠臣志太留　かさのおみしだる)，コン改，コン4，人名(笠垂　かさのしだる)，日人

吉備黒日売 きびのくろひめ
→黒日売(くろひめ)

吉備嶋皇祖母命 きびのしまのすめみおやのみこと
→吉備姫王(きびつひめのおおきみ)

吉備皇女 きびのひめみこ
→吉備内親王(きびないしんのう)

吉備真備(吉備真吉備) きびのまきび
持統9(695)年～宝亀6(775)年　[別]吉備真備《きびのまび,きびまきび》,吉備朝臣真備《きびのあそんまきび》
奈良時代の学者、官人(右大臣)。吉備彦命の裔。もと遣唐留学生で橘諸兄政権下で政治顧問として登用された。
¶朝日([没]宝亀6年10月2日(775年10月30日))，岩史([没]宝亀6(775)年10月2日)，岡山人，岡山百，岡山歴(吉備朝臣真備　きびのあそんまきび　[没]宝亀6(775)年10月2日)，角史，教育，公卿(吉備真吉備　[生]持統8(694)年　[没]宝亀6

(775)年10月2日)，芸能([没]宝亀6(775)年10月2日)，国史，国書(きびまきび　[没]宝亀6(775)年10月2日)，古史([生]695年？)，古代(吉備朝臣真備　きびのあそんまきび)，古中，コン改([生]持統9(695)年，(異説)693年，694年)，コン4([生]持統9(695)年，(異説)693年，694年)，佐賀百([生]持統7(693)年ごろ)，史人([生]693年，(異説)695年　[没]775年10月2日)，重要([生]持統7(693)年)，人書94(きびまきび)，新潮([没]宝亀6(775)年10月2日)，人名(きびのまび　[生]693年)，世人([生]持統7(693)年　[没]宝亀6(775)年10月2日)，世百，全書，大百([生]693年)，伝記，日音([没]宝亀6(775)年10月2日)，日史([没]宝亀6(775)年10月2日)，日人，百科，福岡百([生]？　[没]宝亀6(775)年10月2日)，歴大

吉備真備　きびのまび
→吉備真備(きびのまきび)

吉備与智麻呂　きびのよちまろ
生没年不詳
平安時代前期の官人。
¶神奈川人

吉備稚媛(吉備稚姫)　**きびのわかひめ**
[別]稚媛《わかひめ》
上代の女性。雄略天皇の妃。
¶朝日(吉備稚姫　生没年不詳)，岡山人(稚媛　わかひめ)，岡山歴(稚媛　わかひめ)，古代(稚媛　わかひめ)，コン改(生没年不詳)，コン4(生没年不詳)，女性(稚媛　わかひめ)，人名，日人

紀弘業　きひろなり
元禄2(1689)年～享保14(1729)年4月29日
江戸時代中期の公家。
¶国書

黄文王　きぶみおう
？　～天平宝字1(757)年　[別]黄文王《きぶみのおう，きぶみのおおきみ》
奈良時代の長屋王の子。
¶朝日([没]天平宝字1(757)年7月)，国史，古史(きぶみのおう)，古代(きぶみのおおきみ)，古中，コン4，史人([没]757年7月)，新潮([没]天平宝字1(757)年7月)，日史([没]天平宝字1(757)年7月)，日人，百科(きぶみのおう)，歴大

黄文備　きぶみそなわる
→黄文備(きぶみのそなう)

黄文王　きぶみのおおきみ
→黄文王(きぶみおう)

黄文備　きぶみのそなう，きふみのそなう
生没年不詳　[別]黄文備《きぶみそなわる》，黄文連備《きぶみのむらじそなう》
飛鳥時代の官人。大宝律令の編纂に当たる。
¶朝日，古代(黄文連備　きぶみのむらじそなう)，コン改(きふみのそなう)，コン4(きふみのそなう)，人名(きぶみそなわる)，日人，和俳

黄文本実(黄書本実)　**きぶみのほんじつ**
生没年不詳　[別]黄文連本実《きぶみのむらじほんじつ》
飛鳥時代の官人。持統天皇、文武天皇の殯宮の事に奉仕。
¶朝日，国史，古史(黄書本実)，古代(黄文連本実　きぶみのむらじほんじつ)，古中，史人，新潮，日史，日人，百科，仏教，歴大

黄文牟禰　きぶみのむね
生没年不詳
奈良時代の官人。
¶新潟百

官子内親王　きみこないしんのう
→官子内親王(かんしないしんのう)

君子内親王　きみこないしんのう
？　～延喜2(902)年
平安時代前期～中期の女性。宇多天皇の第3皇女。
¶女性([没]延喜2(902)年10月9日)，人名，日人，平史

吉弥侯横刀　きみこのたち
生没年不詳　[別]吉弥侯横刀《きみこのよこたち》
奈良時代の官人。
¶古代，姓氏群馬(きみこのよこたち)，日人

吉弥侯横刀　きみこのよこたち
→吉弥侯横刀(きみこのたち)

君仁親王　きみひとしんのう
天治2(1125)年～康治2(1143)年
平安時代後期の鳥羽天皇の第3皇子。
¶人名，日人，平史

紀宗長　きむねなが
生没年不詳
鎌倉時代後期の公家。
¶国書

久厳理昌　きゅうがんりしょう
→理昌女王(りしょうじょおう)

久子内親王(1)　きゅうしないしんのう
→永陽門院(えいようもんいん)

久子内親王(2)　きゅうしないしんのう
→久子内親王(1)(ひさこないしんのう)

休子内親王　きゅうしないしんのう
保元2(1157)年～嘉応3(1171)年　[別]休子内親王《やすこないしんのう，よしこないしんのう》
平安時代後期の女性。後白河天皇の皇女。
¶女性([没]嘉応3(1171)年3月)，人名(よしこないしんのう)，日人，平史(やすこないしんのう)

宮子内親王　きゅうしないしんのう
→官子内親王(かんしないしんのう)

紀行高 きゆきたか
生没年不詳　[別]紀行高《きのゆきたか》
鎌倉時代後期の朝臣。
¶鎌室，人名（きのゆきたか），日人（きのゆきたか）

堯胤親王 ぎょういんしんのう
→堯胤法親王（ぎょういんほうしんのう）

堯胤法親王 ぎょういんほうしんのう
長禄2（1458）年～永正17（1520）年　[別]堯胤親王《ぎょういんしんのう》
戦国時代の伏見宮貞常親王の第2王子。
¶国書（堯胤親王　ぎょういんしんのう　[没]永正17（1520）年8月26日），人名（[生]1457年　[没]1519年），日人

行恵 ぎょうえ
平安時代後期の後三条天皇皇孫で、輔仁親王の王子。
¶人名

堯延親王 ぎょうえんしんのう
→堯延入道親王（ぎょうえんにゅうどうしんのう）

堯延入道親王 ぎょうえんにゅうどうしんのう
延宝4（1676）年12月28日～享保3（1718）年　[別]周慶親王《ちかよししんのう》，堯延《ぎょうえん》，堯延親王《ぎょうえんしんのう》，堯延法親王《ぎょうえんほうしんのう》
江戸時代中期の天台宗の僧。天台座主191・193・195世、妙法寺門跡。
¶国書（堯延親王　ぎょうえんしんのう　[没]享保3（1718）年11月28日），人名（堯延法親王　ぎょうえんほうしんのう），日人（[生]1677年　[没]1719年），仏教（堯延　ぎょうえん　[没]享保3（1718）年11月29日）

行円法親王 ぎょうえんほうしんのう
鎌倉時代後期の亀山天皇の皇子。
¶人名，日人（生没年不詳）

堯延法親王 ぎょうえんほうしんのう
→堯延入道親王（ぎょうえんにゅうどうしんのう）

行覚法親王 ぎょうかくほうしんのう
文永11（1274）年～永仁1（1293）年　[別]行覚《ぎょうかく》，行覚法親王《ぎょうかくほっしんのう》
鎌倉時代後期の後深草天皇の皇子。
¶鎌室（ぎょうかくほっしんのう），人名，日人，仏教（行覚　ぎょうかく　[没]永仁1（1293）年9月22日）

行観 ぎょうかん
長和2（1013）年～延久5（1073）年
平安時代中期の天台宗の僧。三条天皇の孫。
¶朝日（[没]延久5年3月28日（1073年5月7日）），コン改（生没年不詳），コン4（生没年不詳），諸系，新潮（[没]延久5（1073）年3月28日），人名，日人，仏教（[没]延久5（1073）年3月26日，（異説）延久2（1070）年3月26日），平史

堯恭親王 ぎょうきょうしんのう
→堯恭入道親王（ぎょうきょうにゅうどうしんのう）

堯恭入道親王 ぎょうきょうにゅうどうしんのう
享保2（1717）年～明和1（1764）年閏12月5日
[別]久嘉親王《ひさよししんのう》，堯恭親王《ぎょうきょうしんのう》，堯恭法親王《ぎょうきょうほうしんのう》，幾宮《いくのみや》
江戸時代中期の霊元天皇の第19皇子。
¶国書（堯恭親王　ぎょうきょうしんのう　[生]享保2（1717）年4月3日），人名（堯恭法親王　ぎょうきょうほうしんのう），日人（[没]1765年）

堯恭法親王 ぎょうきょうほうしんのう
→堯恭入道親王（ぎょうきょうにゅうどうしんのう）

行慶 ぎょうけい
康和3（1101）年～永万1（1165）年
平安時代後期の天台宗の僧。白河天皇の第6皇子。円城寺34世、円満院門跡。
¶国書（[没]永万1（1165）年7月16日），コン改（[生]？），コン4（[生]？），人名（[生]1105年），日人，仏教（[没]永万1（1165）年7月16日），平史

暁月 ぎょうげつ
→冷泉為守（れいぜいためもり）

暁月房 ぎょうげつぼう
→冷泉為守（れいぜいためもり）

行悟 ぎょうご
天授3/永和3（1377）年～応永13（1406）年
室町時代の長慶天皇の皇子。
¶人名，日人

慶光天皇 きょうこうてんのう
→典仁親王（すけひとしんのう）

京極院 きょうごくいん
寛元3（1245）年～文永9（1272）年　[別]藤原佶子《ふじわらきっし，ふじわらのきっし》
鎌倉時代前期の女性。亀山天皇の皇后。
¶朝日（[没]文永9年8月9日（1272年9月2日）），鎌室，コン改，コン4，史人（[没]1272年8月9日），諸系，女性（[没]文永9（1272）年8月9日），新潮（[没]文永9（1272）年8月9日），人名，日人

京極定家 きょうごくさだいえ
→藤原定家（ふじわらのさだいえ）

京極准后 きょうごくじゅごう
→平棟子（たいらのむねこ）

京極贈左大臣 きょうごくぞうさだいじん
生没年不詳
南北朝時代の公家・歌人。
¶国書

京極太閤 きょうごくたいこう
→藤原師実（ふじわらのもろざね）

京極為兼 きょうごくためかね
建長6（1254）年～元弘2/正慶1（1332）年　[別]藤原

き

為兼《ふじわらのためかね》,冷泉為兼《れいぜいためかね》,為兼《ためかね》
鎌倉時代後期の歌人、公卿(権大納言)。非参議京極為教の子。
¶朝日([没]正慶1/元弘2年3月21日(1332年4月16日)),岩史([没]元徳4(1332)年3月21日),角史,鎌室,京都大,公卿,公家(為兼〔京極家(絶家)〕　ためかね　[没]元弘2(1332)年3月21日),国史,国書([没]元弘2(1332)年3月21日),古中,コン改,コン4,詩歌,史人([没]1332年3月21日),諸系,人書79(藤原為兼　ふじわらのためかね),新潮([没]正慶1/元弘2(1332)年3月21日),新文([没]元弘2(1332)年3月21日),人名,姓氏京都,世人([没]元弘2(1332)年3月21日),世百,全書,大百,伝記,新潟百,日史([没]元弘2(1332)年3月21日),日人,百科,文学,歴大,和俳([没]元弘2(1332)年3月21日)

京極為教 きょうごくためのり
安貞1(1227)年～弘安2(1279)年　[別]藤原為教《ふじわらためのり,ふじわらのためのり》
鎌倉時代前期の歌人、公卿(非参議)。権中納言京極定家(歌人)の孫。
¶朝日([生]安貞1年閏3月20日(1227年5月7日)　[没]弘安2年5月24日(1279年7月4日)),鎌室,公卿([生]延応1(1239)年　[没]弘安2(1279)年5月24日),公家(為教〔京極家(絶家)〕　ためのり　[没]弘安2(1279)年5月24日),国史,国書([生]嘉禄3(1227)年閏3月20日　[没]弘安2(1279)年5月24日),古中,史人([生]1227年閏3月20日　[没]1279年5月24日),諸系,人書94(藤原為教　ふじわらためのり),新潮([生]安貞1(1227)年閏3月20日　[没]弘安2(1279)年5月24日),人名(藤原為教　ふじわらのためのり　[生]1240年　[没]1280年),世人(藤原為教　ふじわらのためのり　[没]弘安2(1279)年5月24日),全書(藤原為教　ふじわらのためのり),日人,和俳([没]弘安2(1279)年5月24日)

恭子内親王 きょうこないしんのう
→恭子内親王(きょうしないしんのう)

恭子女王 きょうこにょおう
→恭子女王(きょうしじょおう)

恭子女王 きょうしじょおう
永観2(984)年～?　[別]恭子女王《きょうこにょおう,きょうしにょおう,たかこじょおう》
平安時代中期の女性。村上天皇の皇子為平親王の王女、伊勢斎宮。
¶朝日,女性,神人(きょうしにょおう),人名(きょうこにょおう),日人,平史(たかこじょおう　生没年不詳)

恭子内親王 きょうしないしんのう
延喜2(902)年～延喜15(915)年　[別]恭子内親王《きょうこないしんのう,たかこないしんのう》
平安時代中期の女性。醍醐天皇の第3皇女、賀茂斎院。
¶女性,神人,人名(きょうこないしんのう),日人,平史(たかこないしんのう　[生]?)

恭子女王 きょうしにょおう
→恭子女王(きょうしじょおう)

教勝 きょうしょう
生没年不詳　[別]教勝女王《きょうしょうじょおう》
奈良時代の女性。長屋王の娘。
¶朝日,女性,人名(教勝女王　きょうしょうじょおう),日人

行勝 ぎょうしょう
永承4(1049)年～天治1(1124)年
平安時代後期の僧(大僧都)。三条天皇の曽孫。
¶人名,日人,平史

教勝女王 きょうしょうじょおう
→教勝(きょうしょう)

堯性法親王 ぎょうしょうほうしんのう
建徳2/応安4(1371)年～元中5/嘉慶2(1388)年
南北朝時代の後光厳院の皇子。
¶人名,日人

行助親王 ぎょうじょしんのう
→行助入道親王(1)(ぎょうじょにゅうどうしんのう)

堯恕親王 ぎょうじょしんのう
→堯恕入道親王(ぎょうじょにゅうどうしんのう)

行助入道親王(1) ぎょうじょにゅうどうしんのう
正平15/延文5(1360)年～元中3/至徳3(1386)年9月10日　[別]行助《ぎょうじょ》,行助親王《ぎょうじょしんのう》
南北朝時代の後光厳院の第3皇子。
¶鎌室,国書(行助親王　ぎょうじょしんのう),人名,日人,仏教(行助　ぎょうじょ)

行助入道親王(2) ぎょうじょにゅうどうしんのう
→後高倉院(ごたかくらいん)

堯恕入道親王 ぎょうじょにゅうどうしんのう
寛永17(1640)年～元禄8(1695)年　[別]完敏親王《さだとししんのう》,堯恕《ぎょうじょ》,堯恕親王《ぎょうじょしんのう》,堯恕法親王《ぎょうじょほうしんのう,ぎょうじょほっしんのう》,堯如法親王《ぎょうじょほうしんのう》,逸堂《いつどう》
江戸時代前期の天台宗の僧(天台座主)。後水尾天皇の第10皇子。
¶朝日([生]寛永17年10月16日(1640年11月29日)　[没]元禄8年4月16日(1695年5月28日)),京都(堯如法親王　ぎょうじょほうしんのう　[没]元禄7(1694)年),京都大(堯恕法親王　ぎょうじょほうしんのう　[没]元禄7(1694)年),近世,国史,国書(堯恕親王　ぎょうじょしんのう　[生]寛永17(1640)年10月16日　[没]元禄8(1695)年4月16日),コン改(堯恕　ぎょうじょ　[没]元禄7(1694)年),コン4(堯恕　ぎょうじょ　[没]元禄7(1694)年),詩歌(完敏親王　さだとししんのう),史人([生]1640年10月16日　[没]1695年4月16日),諸系,新潮([生]寛永17(1640)年10月16日　[没]元禄8(1695)年4月16日),人名(堯恕法親王　ぎょうじょほうしん

のう)，姓氏京都(堯恕法親王　ぎょうじょほっしんのう)，世人(堯恕法親王　ぎょうじょほうしんのう　[生]寛永17(1640)年10月16日　[没]元禄7(1694)年4月16日)，日人，俳句(堯恕　ぎょうじょ)，仏教(堯恕　ぎょうじょ　[生]寛永17(1640)年10月16日　[没]元禄8(1695)年4月16日)，仏人(堯恕　ぎょうじょ　[没]1694年)，歴大(堯恕法親王　ぎょうじょほっしんのう)，和俳([生]寛永17(1640)年10月16日　[没]元禄8(1695)年4月16日)

堯恕法親王(堯如法親王)　**ぎょうじょほうしんのう**
→堯恕入道親王(ぎょうじょにゅうどうしんのう)

教信　きょうしん
？～貞観8(866)年
平安時代前期の念仏聖。光仁天皇の皇子。
¶朝日，岩史([没]貞観8(866)年8月15日)，国史，古代，古中，コン改，コン4，史人([没]866年8月15日？)，新潮([没]貞観8(866)年8月15日？)，人名([没]865年)，世人，日史([没]貞観8(866)年8月15日)，日人，百科，兵庫百(生没年不詳)，仏教([没]貞観8(866)年8月15日)，仏史，仏人([生]786年)，平史，歴大

行真　ぎょうしん
生没年不詳
平安時代中期の天台宗の僧。藤原道長の第2子。
¶朝日，コン改，コン4，新潮，人名，日人，仏教

堯尊親王　ぎょうそんしんのう
→堯尊法親王(ぎょうそんほうしんのう)

堯尊法親王　ぎょうそんほうしんのう
？～永禄2(1559)年　[別]堯尊《ぎょうそん》，堯尊親王《ぎょうそんしんのう》
戦国時代の天台宗の僧。天台座主166世。
¶国書(堯尊親王　ぎょうそんしんのう　[没]永禄2(1559)年9月2日)，人名，日人，仏教(堯尊　ぎょうそん　[没]永禄2(1559)年9月5日)

行超　ぎょうちょう
鎌倉時代前期の後鳥羽天皇の皇子。
¶人名，日人(生没年不詳)

教仁親王　きょうにんしんのう
→教仁入道親王(きょうにんにゅうどうしんのう)

堯仁親王　ぎょうにんしんのう
→堯仁法親王(ぎょうにんほうしんのう)

教仁入道親王　きょうにんにゅうどうしんのう
文政2(1819)年～嘉永4(1851)年　[別]教仁親王《きょうにんしんのう》，教仁法親王《きょうにんほうしんのう》，弘保親王《ひろやすしんのう》
江戸時代末期の閑院宮孝仁親王の第2王子。
¶国書(教仁親王　きょうにんしんのう　[生]文政2(1819)年閏4月27日　[没]嘉永5(1852)年12月9日)，人名(教仁法親王　きょうにんほうしんのう)，日人

教仁法親王　きょうにんほうしんのう
→教仁入道親王(きょうにんにゅうどうしんのう)

堯仁法親王　ぎょうにんほうしんのう
正平18/貞治2(1363)年～永享2(1430)年4月21日　[別]堯仁《ぎょうにん》，堯仁親王《ぎょうにんしんのう》，堯仁法親王《ぎょうにんほっしんのう》
南北朝時代～室町時代の後光厳院の皇子。
¶鎌室(ぎょうにんほっしんのう)，国書(堯仁親王　ぎょうにんしんのう)，人名，日人，仏教(堯仁　ぎょうにん　[生]貞治2/正平18(1363)年，(異説)貞治4/正平20(1365)年)

堯然親王　ぎょうねんしんのう
→堯然入道親王(ぎょうねんにゅうどうしんのう)

堯然入道親王　ぎょうねんにゅうどうしんのう
慶長7(1602)年～寛文1(1661)年　[別]常嘉親王《つねよししんのう》，堯然《ぎょうねん》，堯然親王《ぎょうねんしんのう》，堯然法親王《ぎょうねんほうしんのう，ぎょうねんほっしんのう》
江戸時代前期の僧(天台座主)。後陽成天皇の第6皇子。
¶朝日([生]慶長7年10月3日(1602年11月16日)　[没]寛文1年閏8月22日(1661年10月15日))，京都(堯然法親王　ぎょうねんほうしんのう　[生]慶長2(1597)年)，京都大(堯然法親王　ぎょうねんほうしんのう)，近世，国史，国書(堯然親王　ぎょうねんしんのう　[生]慶長7(1602)年10月3日　[没]寛文1(1661)年閏8月22日)，コン改(堯然親王　ぎょうねんしんのう)，コン4(堯然親王　ぎょうねんしんのう)，茶道(堯然法親王　ぎょうねんほうしんのう)，史人([生]1602年10月3日　[没]1661年8月22日)，諸系，新潮([生]慶長7(1602)年10月3日　[没]寛文1(1661)年閏8月22日)，人名(堯然法親王　ぎょうねんほうしんのう)，姓氏京都(堯然法親王　ぎょうねんほっしんのう)，日人，仏教(堯然　ぎょうねん　[生]慶長7(1602)年10月3日　[没]寛文1(1661)年8月22日)，和俳([生]慶長7(1602)年10月3日　[没]寛文1(1661)年閏8月22日)

堯然法親王　ぎょうねんほうしんのう
→堯然入道親王(ぎょうねんにゅうどうしんのう)

恭礼門院　きょうらいもんいん
寛保3(1743)年～寛政7(1795)年11月30日　[別]恭礼門院《きょうれいもんいん》，藤原富子《ふじわらのとみこ》
江戸時代中期～後期の女性。桃園天皇の女御。後桃園天皇の生母。
¶近世，国史，諸系([没]1796年)，女性([生]寛保3(1743)年2月4日)，新潮([生]寛保3(1743)年2月4日)，人名，日人([没]1796年)，仏人(きょうれいもんいん　[生]1744年)

恭礼門院　きょうれいもんいん
→恭礼門院(きょうらいもんいん)

清岡長説　きよおかちょうせつ
→清岡長説(きよおかながつぐ)

清岡長材　きよおかながえだ
寛政9(1797)年12月2日～万延1(1860)年11月29日

江戸時代末期の公家（非参議）。非参議清岡長親の子。
¶公卿，公家（長材〔清岡家〕　ながき）

清岡長言 きよおかながこと
明治8（1875）年～昭和38（1963）年
明治～昭和期の神職、子爵。
¶神人

清岡長親 きよおかながちか
安永1（1772）年4月8日～文政4（1821）年9月28日
江戸時代後期の公家（非参議）。右大弁五条為俊の次男。
¶公卿，公家（長親〔清岡家〕　ながちか），国書

清岡長説 きよおかながつぐ，きよおかながつく
＊～明治36（1903）年　[別]清岡長説《きよおかちょうせつ》
江戸時代末期～明治期の学者、公家（非参議）。非参議清岡長熙の子。
¶公卿（[生]天保3（1832）年1月24日　[没]明治36（1903）年5月1日），公家（長説〔清岡家〕　ながつぐ　[生]天保3（1832）年1月24日　[没]明治36（1903）年4月28日），人名（きよおかちょうせつ　[生]1831年），日人（きよおかながつく　[生]1833年）

清岡長凞（清岡長熙，清岡長煕） きよおかながてる
文化11（1814）年2月30日～明治6（1873）年10月1日
江戸時代末期～明治期の公家（非参議）。非参議清岡長材の子。
¶維新，公卿（清岡長煕　[没]明治6（1873）年10月），公家（長煕〔清岡家〕　ながてる），国書（清岡長熙），姓氏京都（清岡長熙），幕末

清岡長時 きよおかながとき
明暦3（1657）年9月25日～享保3（1718）年4月24日
江戸時代前期～中期の公家（参議）。清岡家の祖。権大納言五条為庸の次男。
¶公卿，公家（長時〔清岡家〕　ながとき），諸系

潔子内親王 きよこないしんのう
→潔子内親王（けっしないしんのう）

清子内親王 きよこないしんのう
→清子内親王（せいしないしんのう）

妍子内親王 きよこないしんのう
→妍子内親王(2)（けんしないしんのう）

居子女王 きょしじょおう
生没年不詳　[別]居子女王《きょしにょおう》
平安時代後期の女性。三条天皇の皇子敦賢親王の王女。
¶女性，人名（きょしにょおう），日人

居子女王 きょしにょおう
→居子女王（きょしじょおう）

清棲敦子 きよすあつこ
明治40（1907）年～昭和11（1936）年　[別]敦子女王《あつこじょおう》
大正～昭和期の皇族。伏見宮博恭王の第2王女で、伯爵清棲幸保と結婚。
¶女性（[没]昭和11（1936）年2月24日），女性（敦子女王　あつこじょおう　[生]明治40（1907）年5月8日　[没]昭和11（1936）年3月24日），女性普（[没]昭和11（1936）年2月24日），女性普（敦子女王　あつこじょおう　[生]明治40（1907）年5月8日　[没]昭和11（1936）年3月24日），人名（敦子女王　あつこじょおう），世紀（[生]明治40（1907）年5月18日　[没]昭和11（1936）年2月24日），日人（[生]明治40（1907）年5月18日），日人（敦子女王　あつこじょおう　[生]明治40（1907）年5月8日　[没]昭和11（1936）年3月24日）

清棲家教 きよすいえのり
文久2（1862）年～大正12（1923）年　[別]渋谷家教《しぶたにかきょう》，清棲家教《きよずみいえのり》
明治～大正期の皇族、僧侶、華族。貴族院議員。伏見宮邦家親王の第15王子。清棲家の始祖。山梨県知事、新潟県知事などを歴任。
¶郷土和歌山（きよずみいえのり），真宗（渋谷家教　しぶたにかきょう　[生]文久2（1862）年5月23日　[没]大正12（1923）年7月13日），人名，世紀（[生]文久2（1862）年5月22日　[没]大正12（1923）年7月13日），新潟百（[生]1863年），日人，山梨百（きよずみいえのり　[生]文久2（1862）年5月23日　[没]大正12（1923）年7月13日），和歌山人

清棲家教 きよずみいえのり
→清棲家教（きよすいえのり）

清棲幸保 きよすゆきやす
明治34（1901）年2月28日～昭和50（1975）年11月2日
大正～昭和期の華族、動物学者。宇都宮大学教授。松代藩主真田幸民の3男で、清棲家教の養子となり清棲伯爵家を継ぐ。。野鳥撮影の草分け。日本鳥学会賞などを受賞。著書に「日本鳥類大図鑑」など。
¶現情，写家，植物，人名7，世紀，栃木歴，日人

清滝姫 きよたきひめ
平安時代前期の伝説の女性。桓武天皇の皇女と伝えられる。
¶女性，日人

浄庭女王 きよにわじょおう
生没年不詳
平安時代前期の伊勢斎王。志貴皇子の曽孫。榎井王の子の神王の王女。
¶平史

浄橋女王 きよはしのじょおう
？～延暦9（790）年
奈良時代の女王。光仁天皇の血縁と推測される。
¶女性（生没年不詳），日人

清原王 きよはらおう
生没年不詳
奈良時代の官人・王族か。

¶朝日，古代，コン改，コン4，新潮，人名，新潟百，日人

清原秋雄 きよはらのあきお
弘仁3(812)年～貞観16(874)年
平安時代前期の武官。
¶諸系，人名，日人

清原顕長 きよはらのあきなが
→清原頼業(きよはらのよりなり)

清原有雄 きよはらのありお
? ～*
平安時代前期の廷臣。
¶諸系([没]858年)，人名([没]857年)，日人([没]858年)，平史([没]857年)

清原枝賢 きよはらのえだかた
永正17(1520)年～天正18(1590)年 [別]清原枝賢《きよはらえだかた,きよはらしげかた,きよはらのしげかた》,船橋枝賢《ふねばししげかた》
戦国時代～安土桃山時代の公卿(非参議)。非参議船橋良雄の子。
¶朝日(きよはらのしげかた [没]天正18年11月15日(1590年12月11日))，近世，公卿(船橋枝賢 ふねばししげかた [没]天正18(1590)年11月15日)，公家(枝賢〔舟橋家〕 えだかた [没]天正18(1590)年11月15日)，国史，国書(きよはらえだかた [没]天正18(1590)年11月15日)，諸系，新潮([没]天正18(1590)年11月15日)，戦人(きよはらえだかた)，日人，歴大(きよはらしげかた)

清原景兼 きよはらのかげかね
生没年不詳
平安時代後期の官人。
¶平史

清原景実 きよはらのかげざね
生没年不詳 [別]清原景実《きよはらかげざね》
鎌倉時代後期の公家・歌人。
¶国書(きよはらかげざね)

清原国賢 きよはらのくにかた
天文13(1544)年～慶長19(1614)年12月18日 [別]清原国賢《きよはらくにかた》,船橋国賢《ふなばしくにかた》
安土桃山時代～江戸時代前期の公家(非参議)。非参議船橋枝賢の子。
¶近世，公卿(船橋国賢 ふなばしくにかた [没]慶長19(1614)年10月28日)，公家(国賢〔舟橋家〕 くにかた)，国史，国書(きよはらくにかた)，史人(きよはらくにかた)，諸系([没]1615年)，神史，神人(きよはらくにかた 生没年不詳)，新潮，戦人(きよはらくにかた)，日人([没]1615年)

清原定俊 きよはらのさだとし
? ～長治2(1105)年
平安時代後期の官人。
¶平史

清原定安 きよはらのさだやす
生没年不詳
平安時代後期の明経博士。
¶平史

清原定康 きよはらのさだやす
長久3(1042)年～永久1(1113)年
平安時代中期～後期の儒臣。
¶平史

清原信俊 きよはらのさねとし
→清原信俊(きよはらののぶとし)

清原真友 きよはらのさねとも
生没年不詳 [別]清原真友《きよはらさねとも》
平安時代前期の漢詩人。
¶国書(きよはらさねとも)

清原枝賢 きよはらのしげかた
→清原枝賢(きよはらのえだかた)

清原資隆(清原祐隆) きよはらのすけたか
承暦4(1080)年～康治2(1143)年 [別]清原祐隆《きよはらすけたか》
平安時代後期の儒者。
¶国書(清原祐隆 きよはらすけたか [没]康治2(1143)年12月19日)，平史

清原宣賢 きよはらのせんけん
→清原宣賢(きよはらののぶかた)

清原滝雄 きよはらのたきお
延暦18(799)年～貞観5(863)年
平安時代前期の廷臣。
¶諸系，人名，日人，平史

清原武員 きよはらのたけかず
享保8(1723)年12月21日～明和9(1772)年2月10日 [別]清原武員《きよはらたけかず》
江戸時代中期の公家。
¶国書(きよはらたけかず)

清原為成 きよはらのためなり
天慶9(946)年～万寿2(1025)年
平安時代中期の官人。
¶平史([生]946年ごろ)

清原為信 きよはらのためのぶ
天暦1(947)年～長和4(1015)年
平安時代中期の官人。
¶平史

清原親業 きよはらのちかなり
仁平2(1152)年～寿永2(1183)年
平安時代後期の儒学者大外記頼業の子。
¶平史

清原長統 きよはらのちょうとう
生没年不詳 [別]長統王《ながむねおう》
平安時代前期の官人。
¶姓氏群馬(長統王 ながむねおう)，新潟百

き

き

清原俊隆 きよはらのとしたか
仁治2(1241)年～正応3(1290)年2月17日　[別]清原俊隆《きよはらとしたか》
鎌倉時代の公家。
¶国書(きよはらとしたか)

清原利見 きよはらのとしみ
生没年不詳
平安時代前期の官人。
¶新潟百

清原俊安 きよはらのとしやす
生没年不詳
平安時代後期の官人。
¶平史

清原長谷 きよはらのながたに
→清原長谷(きよはらのはせ)

清原夏野 きよはらのなつの
延暦1(782)年～承和4(837)年　[別]清原夏野《きよはらなつの》,清原真人夏野《きよはらのまひとなつの》
平安時代前期の学者、公卿(右大臣)。天武天皇皇子の舎人親王の曽孫、小倉王の五男。
¶朝日([没]承和4年10月7日(837年11月8日)),岩史([没]承和4(837)年10月7日),角史,京都,京都大,公卿([没]承和4(837)年6月7日),国史,国書(きよはらなつの　[没]承和4(837)年10月7日),古史,古代(清原真人夏野　きよはらのまひとなつの),古中,コン改,コン4,史人([没]837年10月7日),諸系,新潮([没]承和4(837)年10月7日),人名,姓氏京都,世人([没]承和4(837)年10月7日),全書,大百,日史([没]承和4(837)年10月7日),日人,百科,平史,歴大

清原業賢 きよはらのなりかた
→船橋良雄(ふなばしよしお)

清原業忠 きよはらのなりただ
応永16(1409)年～応仁1(1467)年　[別]舟橋業忠《ふなばしなりただ》,舟橋良宣《ふなばしよしのぶ》,清原業忠《きよはらなりただ》,船橋業忠《ふなばしなりただ》
室町時代の儒学者。清原家儒学中興の祖。
¶朝日([没]応仁1年4月28日(1467年5月31日)),鎌室(舟橋業忠　ふなばしなりただ　生没年不詳),鎌室(きよはらなりただ),公卿(船橋業忠　ふなばしなりただ　[生]応永22(1415)年　[没]?),公家(業忠〔舟橋家〕　なりただ　[没]応仁1(1467)年4月28日),国史,国書(きよはらなりただ　[没]応仁1(1467)年4月28日),古中,史人([没]1467年4月28日),諸系,新潮([没]応仁1(1467)年4月28日),人名(きよはらなりただ),姓氏京都,日史([没]応仁1(1467)年4月28日),日人,百科(きよはらなりただ)

清原宣賢 きよはらののぶかた
文明7(1475)年～天文19(1550)年　[別]舟橋宣賢《ふなばしのぶかた》,清原宣賢《きよはらせんけん,きよはらのぶかた》,船橋宣賢《ふなばしのぶかた》
戦国時代の儒学者、公卿(非参議)。非参議船橋宗賢の養子。
¶朝日([没]天文19年7月12日(1550年8月24日)),岩史(きよはらのぶかた　[没]天文19(1550)年7月12日),角史(きよはらのぶかた),京都(きよはらのぶかた),京都大(きよはらのぶかた),郷土福井(きよはらのぶかた),公卿(船橋宣賢　ふなばしのぶかた　[没]天文19(1550)年7月12日),公家(宣賢〔舟橋家〕　のぶかた　[没]天文19(1550)年7月12日),国史,国書(きよはらのぶかた　[没]天文19(1550)年7月12日),古中,コン改(きよはらのぶかた),コン4(きよはらのぶかた),史人([没]1550年7月12日),重要(きよはらのぶかた),諸系,神史,神人(きよはらのぶかた),新潮([没]天文19(1550)年7月12日),人名(きよはらのぶかた),姓氏京都,世人(きよはらのぶかた　[没]天文19(1550)年7月12日),世百(きよはらせんけん),全書(きよはらのぶかた),戦人(きよはらのぶかた),大百(舟橋宣賢　ふなばしのぶかた),日史([没]天文19(1550)年7月12日),日人,百科(きよはらのぶかた),福井百(きよはらのぶかた),平史,歴大(きよはらのぶかた)

清原信俊 きよはらののぶとし
承暦1(1077)年～久安1(1145)年　[別]清原信俊《きよはらのさねとし》
平安時代後期の儒者。
¶人名,日人,平史(きよはらのさねとし)

清原教隆 きよはらののりたか
正治1(1199)年～文永2(1265)年　[別]清原教隆《きよはらのりたか》
鎌倉時代前期の儒学者。北条実時の師。
¶鎌室(きよはらのりたか),国史,古中,史人([没]1265年7月18日),諸系,新潮([没]文永2(1265)年7月18日),日史([没]文永2(1265)年7月18日),日人

清原長谷 きよはらのはせ
宝亀5(774)年～承和1(834)年　[別]清原真人長谷《きよはらのまひとはせ》,清原長谷《きよはらのながたに》
平安時代前期の公卿(参議)。一品舎人親王の曽孫。三原王の孫、石浦王の次男。
¶公卿([没]承和1(834)年11月26日),古代(清原真人長谷　きよはらのまひとはせ),諸系,人名,日人,平史(きよはらのながたに)

清原秀賢 きよはらのひでかた
→舟橋秀賢(ふなはしひでかた)

清原広澄 きよはらのひろずみ
承平4(934)年～寛弘6(1009)年
平安時代中期の明経博士。
¶姓氏京都,平史

清原深養父 きよはらのふかやぶ
生没年不詳　[別]清原深養父《きよはらふかやぶ》
平安時代中期の歌人。中古三十六歌仙の一人、百人一首に入る。
¶岩史,角史,京都大,国史,国書(きよはらふ

かやぶ)，古史，古中，コン改，コン4，詩歌，史人，諸系，新潮，姓氏京都，世人，全書，日史，日人，百科，平史，和俳

清原真貞 きよはらのまさだ
生没年不詳
平安時代前期の官人。
¶新潟百

清原通定 きよはらのみちさだ
生没年不詳　㊀清原通定《きよはらみちさだ》
鎌倉時代後期の公家・歌人。
¶国書(きよはらみちさだ)

清原岑成(清原峯成)　きよはらのみねなり
延暦18(799)年〜貞観3(861)年　㊀清原真人岑成《きよはらのまひとみねなり》
平安時代前期の公卿(参議)。一品舎人親王の玄孫。弟村王の子。
¶公卿(清原峯成　㊀貞観3(861)年2月29日)，古代(清原真人岑成　きよはらのまひとみねなり)，諸系，日人，平史

清原宗賢 きよはらのむねかた
永享3(1431)年〜永正10(1513)年　㊀清原宗賢《きよはらむねかた》，船橋宗賢《ふなばしむねかた》
室町時代〜戦国時代の公家・漢学者。
¶公卿(船橋宗賢　ふなばしむねかた)，公家(宗賢〔舟橋家〕　むねかた　㊀?)，国書(きよはらむねかた　㊀文亀3(1503)年10月29日)

清原宗季 きよはらのむねすえ
元亨3(1323)年〜弘和3/永徳3(1383)年4月16日　㊀清原宗季《きよはらむねすえ》
鎌倉時代後期〜南北朝時代の公家・漢学者。
¶国書(きよはらむねすえ)

清原致信 きよはらのむねのぶ
? 〜寛仁1(1017)年
平安時代中期の官人。
¶平史

清原元輔 きよはらのもとすけ
延喜8(908)年〜正暦1(990)年　㊀清原元輔《きよはらもとすけ》
平安時代中期の歌人。梨壺の五人の一人。
¶朝日(㊀正暦1(990)年6月)，岩史(㊀永祚2(990)年6月)，角史，熊本百(㊀永祚2(990)年6月)，国史，国書(きよはらもとすけ　㊀永祚2(990)年6月)，古史，古中，コン改，コン4，詩歌，史人(㊀990年6月)，諸系，人書94(きよはらもとすけ)，新潮(㊀正暦1(990)年6月)，人名，姓氏京都，世人，世百，全書，大百，日史(㊀正暦1(990)年6月)，日人，百科，平史，歴大，和俳

清原盛時 きよはらのもりとき
生没年不詳
平安時代後期の官人。
¶平史

清原諸実 きよはらのもろざね
生没年不詳　㊀清原諸実《きよはらもろみ》
平安時代中期の歌人。
¶国書(きよはらもろみ)，平史

清原諸実 きよはらのもろみ
→清原諸実(きよはらのもろざね)

清原良枝 きよはらのよしえだ
建長5(1253)年〜元弘1/元徳3(1331)年11月12日　㊀清原良枝《きよはらよしえだ》
鎌倉時代後期の公家・漢学者。
¶国書(きよはらよしえだ)

清原良雄 きよはらのよしお
→船橋良雄(ふなばしよしお)

清原良賢 きよはらのよしかた
? 〜永享4(1432)年　㊀清原良賢《きよはらよしかた》
室町時代の儒学者。後光厳・後円融・後小松天皇の歴代侍読。
¶朝日(㊀永享4年10月29日(1432年11月21日))，国史，国書(きよはらよしかた　㊀貞和4(1348)年　㊀永享4(1432)年10月29日)，古中，史人(㊀1432年10月29日)，諸系，日史(㊀永享4(1432)年10月29日)，日人，百科(きよはらよしかた)

清原良兼 きよはらのよしかね
徳治2(1307)年〜正平16/康安1(1361)年3月20日　㊀清原良兼《きよはらよしかね》
鎌倉時代後期〜南北朝時代の公家・歌人。
¶国書(きよはらよしかね)

清原良季 きよはらのよしすえ
承久3(1221)年〜正応4(1291)年6月6日　㊀清原良季《きよはらよしすえ》
鎌倉時代の公家・漢学者。
¶国書(きよはらよしすえ)

清原良業 きよはらのよしなり
長寛2(1164)年〜承元4(1210)年　㊀清原良業《きよはらよしなり》
平安時代後期〜鎌倉時代前期の儒者。
¶鎌室(きよはらよしなり)，国書(きよはらよしなり　㊀承元4(1210)年1月)，諸系，日人

清原令望 きよはらのよしもち
生没年不詳　㊀清原真人令望《きよはらのまひとよしもち》
平安時代前期の武官。清原氏の祖とする説がある。
¶朝日，古代(清原真人令望　きよはらのまひとよしもち)，日人，平史

清原頼隆 きよはらのよりたか
天元2(979)年〜天喜1(1053)年
平安時代中期〜後期の儒臣。
¶平史

清原頼業 きよはらのよりなり
保安3(1122)年〜文治5(1189)年　㊀清原顕長

《きよはらあきなが》,清原頼業《きよはらのらいごう,きよはらよりなり,きよはららいごう》
平安時代後期の儒学者。明経道家の中興の祖。
¶朝日([没]文治5年閏4月14日(1189年5月30日)),岩史([没]文治5(1189)年閏4月14日),角史,鎌室(きよはらよりなり),国史,国書(きよはらよりなり [没]文治5(1189)年閏4月14日),古史,古中,コン改([生]保安3(1122)年?),コン4([生]保安3(1122)年?),史人([没]1189年閏4月14日),諸系,新潮([没]文治5(1189)年閏4月14日),人名,姓氏京都([生]1122年?),世人([生]保安3(1122)年? [没]文治5(1189)年4月14日),世百(きよはらのらいごう [生]1112年),全書,大百([生]1118年 [没]1185年),日史([生]保安3(1122)年? [没]文治5(1189)年閏4月14日),日人,百科([生]保安3(1122)年?),平史

清原頼元 きよはらのよりもと
→五条頼元(ごじょうよりもと)

清原頼業 きよはらのらいごう
→清原頼業(きよはらのよりなり)

清仁親王 きよひとしんのう
? ~長元3(1030)年 [別]清仁親王《すみとしんのう》
平安時代中期の花山天皇の第1皇子。
¶国書([没]長元3(1030)年7月6日),神人(すみとしんのう [生]長徳4(998)年),人名,平史

潔世王 きよよおう
弘仁11(820)年~元慶6(882)年
平安時代前期の桓武天皇の孫。仲野親王の第8王子。
¶古代,日人

紀頼弘 きよりひろ
生没年不詳
鎌倉時代の公家。
¶国書

勤子内親王 きんしないしんのう
延喜4(904)年~天慶1(938)年 [別]勤子内親王《のりこないしんのう》
平安時代中期の女性。醍醐天皇の第4皇女。
¶朝日([没]天慶1年11月5日(938年11月29日)),国史,国書([没]天慶1(938)年11月5日),古中,諸系,女性([没]天慶1(938)年11月5日),新潮([没]天慶1(938)年11月5日),人名,世人,日人,平史(のりこないしんのう)

均子内親王 きんしないしんのう
寛平2(890)年~延喜10(910)年 [別]均子内親王《ひとしきこないしんのう》
平安時代前期~中期の女性。宇多天皇の皇女。
¶女性([没]延喜10(910)年2月25日),人名,日人,平史(ひとしきこないしんのう)

欣子内親王 きんしないしんのう
生没年不詳
南北朝時代の女性。後醍醐天皇の皇女。
¶国書,女性,人名,日人

覲子内親王 きんしないしんのう
→宣陽門院(せんようもんいん)

三条公充 きんじょうきんみつ
→三条公充(さんじょうきんみつ)

今上天皇 きんじょうてんのう
→天皇明仁(てんのうあきひと)

公仁親王 きんひとしんのう
享保18(1733)年~明和7(1770)年
江戸時代中期の京極宮家仁親王の第1王子。
¶国書([生]享保18(1733)年1月5日 [没]明和7(1770)年6月22日),諸系,人名,日人

欽明天皇 きんめいてんのう
? ~欽明32(571)年 [別]天国排開広庭尊《あめくにおしはらきひろにわのみこと》
飛鳥時代の第29代の天皇。仏教渡来を受け入れた。
¶朝日,岩史([没]欽明32(571)年4月),角史([生]509年?),国史,古史([生]509年?),古代,古中,コン改(生没年不詳),コン4(生没年不詳),史人,重要(生没年不詳),諸系,新潮([没]欽明32(571)年4月),人名,世人(生没年不詳),世百,全書([生]510年),大百([生]510年 [没]570年),伝記([生]510年),日史,日人,百科,仏教([没]欽明32(571)年4月15日),歴大

【く】

空性親王 くうしょうしんのう
→空性法親王(くうしょうほうしんのう)

空性法親王 くうしょうほうしんのう
天正1(1573)年~慶安3(1650)年 [別]空性親王《くうしょうしんのう》,定輔親王《さだすけしんのう》
安土桃山時代~江戸時代前期の陽光太上天皇(誠仁親王)の第2王子。
¶国書(空性親王 くうしょうしんのう [没]慶安3(1650)年8月25日),人名,日人

久我(家名) くが
→久我(こが)

草香幡梭皇女 くさかのはたひのおうじょ
→草香幡梭皇女(くさかのはたびのひめみこ)

草香幡梭皇女 くさかのはたひのこうじょ
→草香幡梭皇女(くさかのはたびのひめみこ)

草香幡梭皇女 くさかのはたびのひめみこ,くさかのはたひのひめみこ
[別]草香幡梭皇女《くさかのはたひのおうじょ,くさかのはたひのこうじょ,くさかのはたひのひめみこ,くさかはたひのひめみこ》,草香幡梭姫《くさかのはたひひめ》,草香幡梭姫皇女《くさかのはたひひめのひめみこ,くさかのはたびひめのおうじょ,くさかのはたびひめのひめみこ》,幡梭皇女《はたひのおうじょ》
上代の女性。雄略天皇の皇后、仁徳天皇の皇女。

¶朝日（草香幡梭姫皇女　くさかのはたびひめの
ひめみこ　生没年不詳），国史（くさかのはた
ひのおうじょ），古史（くさかのはたひのひめ
みこ），古代，古中（くさかのはたひのひめの
おうじ），コン改（くさかはたひのひめみこ　生
没年不詳），コン4（くさかはたひのひめみこ
生没年不詳），史人（くさかのはたひのひめみ
こ），女性（くさかのはたひのこうじょ），新潮
（草香幡梭姫皇女　くさかのはたひのひめの
みこ），人名（草香幡梭姫　くさかのはたひひ
め），日人（草香幡梭姫皇女　くさかのはたび
ひめのおうじょ）

草香幡梭姫　くさかのはたひめ
→草香幡梭姫皇女（くさかのはたびひめみこ）

草香幡梭姫皇女　くさかのはたひめのおうじょ
→草香幡梭姫皇女（くさかのはたびひめみこ）

**草香幡梭姫皇女　くさかのはたひめのひめみこ，くさ
かのはたびひめのひめみこ**
→草香幡梭姫皇女（くさかのはたびひめみこ）

草壁皇子　くさかべのおうじ
天智1（662）年〜持統天皇3（689）年　㉕岡宮天皇
《おかのみやてんのう，おかのみやのてんのう》，
草壁皇子《くさかべおうじ，くさかべのみこ》，日
並皇子《ひなみしのみこ》，日並知皇子《ひなめし
のおうじ，ひなめしのみこ》，日並知皇子尊《ひな
みしのみこのみこと》
飛鳥時代の天武天皇の第1皇子。
¶朝日（くさかべのみこ　㉕持統3（689）年4月），
岩史（くさかべのみこ　㉕持統3（689）年4月13
日），角史（くさかべおうじ），国史，古史（く
さかべのみこ），古代（くさかべのみこ），古中，
コン改（くさかべのみこ），コン4（くさかべの
みこ），史人（くさかべのみこ　㉕689年4月13
日），諸系，新潮（くさかべのみこ　㉕持統3
（689）年4月13日），人名，世人（㉕持統3（689）
年4月13日），世百，全書，文库（㉕持統3
（689）年4月13日），日人（岡宮天皇　おかのみ
やてんのう），日人，百科（くさかべのみこ），
万葉（日並皇子　ひなみしのみこ），歴大

日下部老　くさかべのおゆ
？〜天平4（732）年　㉕日下部宿禰老《くさかべ
のすくねおゆ》
奈良時代の官人。
¶古代（日下部宿禰老　くさかべのすくねおゆ），
日人

日下部子麻呂　くさかべのこまろ
？〜宝亀4（773）年　㉕日下部宿禰子麻呂《くさ
かべのすくねこまろ》
奈良時代の官人。藤原仲麻呂の乱を鎮定した将軍。
¶朝日（㉕宝亀4年5月17日（773年6月11日）），古
代（日下部宿禰子麻呂　くさかべのすくねこま
ろ），日人

日下部遠経　くさかべのとおふじ
平安時代前期の官人。
¶古代，日人（生没年不詳）

草壁皇子　くさかべのみこ
→草壁皇子（くさかべのおうじ）

草木命　くさきのみこと
上代の景行天皇の皇子。
¶人名，日人

櫛笥隆起　くしげたかおき
寛政7（1795）年9月3日〜文政10（1827）年7月22日
江戸時代後期の公家。
¶国書

櫛笥隆兼　くしげたかかね
元禄9（1696）年6月3日〜元文2（1737）年9月10日
江戸時代中期の公家（権中納言）。内大臣櫛笥隆
賀の子。
¶公卿，公家（隆兼〔櫛笥家〕　　たかかね），国書

櫛笥隆韶　くしげたかつぐ
文政6（1823）年〜明治7（1874）年
江戸時代末期〜明治期の公家。
¶維新，諸系，幕末（㉕1874年1月15日）

櫛笥隆朝　くしげたかとも
慶長12（1607）年1月12日〜慶安1（1648）年10月1
日
江戸時代前期の公家（権中納言）。従五位上・左
少将四条隆憲の孫。
¶公卿，公家（隆朝〔櫛笥家〕　　たかとも）

櫛笥隆成　くしげたかなり
延宝4（1676）年11月21日〜延享1（1744）年9月7日
江戸時代中期の公家（権大納言）。権大納言鷲尾
隆尹の次男。
¶公卿，公家（隆成〔櫛笥家〕　　たかなり），国書

櫛笥隆賀　くしげたかのり
承応1（1652）年10月14日〜享保18（1733）年7月11
日　㉕櫛笥隆賀《くしげたかよし》
江戸時代前期〜中期の公家（内大臣）。権中納言
園池宗朝の次男。
¶公卿，公家（隆賀〔櫛笥家〕　　たかよし），諸系
（くしげたかよし）

櫛笥隆望　くしげたかもち
享保10（1725）年1月16日〜寛政7（1795）年1月
24日
江戸時代中期の公家（権大納言）。権中納言六条
有藤の次男。
¶公卿，公家（隆望〔櫛笥家〕　　たかもち），国書

櫛笥隆賀　くしげたかよし
→櫛笥隆賀（くしげたかのり）

櫛角別王　くしつのわけのおおきみ
上代の景行天皇の皇子。
¶古代，日人

九条院　くじょういん
天承1（1131）年〜安元2（1176）年　㉕九条院《く
じょうのいん》，藤原呈子《ふじわらていし，ふじ
わらのしめこ，ふじわらのていし》

平安時代後期の女性。近衛天皇の中宮。
¶朝日（[没]安元2年9月19日（1176年10月23日）），鎌室，国史，国書（[没]安元2（1176）年9月19日），古史，古中，史人（[没]1176年9月19日），諸系，女性（[没]安元2（1176）年9月19日），新潮（[没]安元2（1176）年9月19日），人名（くじょうのいん　[生]1133年），日人，平史（藤原呈子　ふじわらのしめこ），歴大

九条氏房　くじょううじふさ
？　～応永10（1403）年11月24日
南北朝時代～室町時代の公卿（権中納言）。権大納言九条光経の孫。
¶公卿，公家（氏房〔海住山家（絶家）〕　うじふさ）

九条兼実　くじょうかねざね
久安5（1149）年～承元1（1207）年　[別]月輪関白《つきのわかんぱく》，後法性寺入道殿《ごほっしょうじにゅうどうどの，のちのほっしょうじにゅうどうどの》，藤原兼実《ふじわらかねざね，ふじわらのかねざね》
平安時代後期～鎌倉時代前期の公卿（摂政・関白・太政大臣）。九条家の祖。太政大臣藤原忠通の三男。日記「玉葉」。
¶朝日（[没]承元1年4月5日（1207年5月3日）），岩史（[没]建永2（1207）年4月5日），角史，鎌倉，鎌室，京都，京都大，公卿（藤原兼実　ふじわらのかねざね　[没]承元1（1207）年4月5日），公家（兼実〔九条家〕　かねざね　[没]承元1（1207）年4月5日），国史，国書（[没]建永2（1207）年4月5日），古史（藤原兼実　ふじわらのかねざね），古中，コン改，コン4，史人（[没]1207年4月5日），重要（[没]承元1（1207）年4月5日），諸系，新潮（[没]承元1（1207）年4月5日），人名，姓氏京都，世人（[没]承元1（1207）年4月5日），世百（藤原兼実　ふじわらのかねざね），全書，大百，伝記（藤原兼実　ふじわらのかねざね），日音（[没]承元1（1207）年4月5日），日史（[没]承元1（1207）年4月5日），日人，百科，平史（藤原兼実　ふじわらのかねざね），歴大

九条兼孝　くじょうかねたか
天文22（1553）年～寛永13（1636）年
安土桃山時代～江戸時代前期の公家（関白・左大臣）。関白・左大臣二条晴良の子。
¶公卿（[生]天文22（1553）年11月20日　[没]寛永13（1636）年1月17日），公家（兼孝〔九条家〕　かねたか　[生]天文22（1553）年11月20日　[没]寛永13（1636）年1月17日），国書（[生]天文22（1553）年11月20日　[没]寛永13（1636）年1月17日），諸系，人名，戦人，日人

九条兼晴　くじょうかねはる
寛永18（1641）年～延宝5（1677）年
江戸時代前期の公家（左大臣）。左大臣鷹司教平の三男。
¶公卿（[生]寛永18（1641）年2月6日　[没]延宝5（1677）年11月12日），公家（兼晴〔九条家〕　かねはる　[生]寛永18（1641）年2月6日　[没]延宝5（1677）年11月12日），国書（[生]寛永18（1641）年2月6日　[没]延宝5（1677）年11月12日），諸系，人名，日人

九条兼良　くじょうかねよし
→藤原兼良（ふじわらのかねよし）

九条節子　くじょうさだこ
→貞明皇后（ていめいこうごう）

九条輔家　くじょうすけいえ
明和6（1769）年9月12日～天明5（1785）年6月19日
江戸時代中期の公家（権大納言）。内大臣九条道前の子。
¶公卿，公家（輔家〔九条家〕　すけいえ）

九条輔実　くじょうすけざね
寛文9（1669）年6月16日～享保14（1729）年12月12日
江戸時代中期の公家（摂政・関白・左大臣）。左大臣九条兼晴の子。
¶公卿，公家（輔実〔九条家〕　すけざね），国書，諸系（[没]1730年），人名，日人（[没]1730年）

九条輔嗣　くじょうすけつぐ
天明4（1784）年9月15日～文化4（1807）年1月29日
江戸時代後期の公家（権大納言）。右大臣一条治孝の次男。
¶公卿，公家（輔嗣〔九条家〕　すけつぐ），国書

九条隆清　くじょうたかきよ
生没年不詳
南北朝時代の公家・歌人。
¶国書

九条隆朝　くじょうたかとも
正応3（1290）年～正平10/文和4（1355）年12月14日
鎌倉時代後期～南北朝時代の公卿（非参議）。非参議九条隆博の次男。
¶公卿，公家（隆朝〔六条・春日・九条・紙屋河家（絶家）〕　たかとも），国書

九条隆教　くじょうたかのり
*～正平3/貞和4（1348）年10月15日
鎌倉時代後期～南北朝時代の公卿（非参議）。非参議九条隆博の長男。
¶公卿（[生]文永8（1271）年），公家（隆教〔六条・春日・九条・紙屋河家（絶家）〕　たかのり　[生]？），国書（[生]文永6（1269）年）

九条隆博　くじょうたかひろ
→藤原隆博（ふじわらのたかひろ）

九条忠家　くじょうただいえ
寛喜1（1229）年～建治1（1275）年　[別]藤原忠家《ふじわらただいえ》
鎌倉時代前期の公卿（摂政・関白・右大臣）。摂政・関白・太政大臣九条教実の三男。
¶朝日（[没]建治1年6月9日（1275年7月3日）），鎌室，公卿（[生]寛喜1（1229）年7月　[没]建治1（1275）年6月9日），公家（忠家〔九条家〕　ただいえ　[生]寛喜1（1229）年7月　[没]建治1（1275）年6月9日），国書（[生]寛喜1（1229）年7月

[没]建治1(1275)年6月9日),諸系,人名,日人

九条忠孝 くじょうただたか
寛延1(1748)年～明和5(1768)年　[別]松殿忠孝《まつどのただたか》
江戸時代中期の公卿。
¶公卿(松殿忠孝　まつどのただたか　[生]寛延1(1748)年1月2日　[没]明和5(1768)年9月14日),公家(忠孝〔松殿家(絶家)〕　ただたか　[生]延享5(1748)年1月2日　[没]明和5(1768)年9月14日),諸系,人名,日人

九条忠高 くじょうただたか
→藤原忠高(ふじわらのただたか)

九条忠嗣 くじょうただつぐ
建長5(1253)年～?
鎌倉時代後期の公卿(非参議)。摂政・関白・右大臣九条忠家の次男。
¶公卿,公家(忠嗣〔九条家〕　ただつぐ),北条

九条忠教 くじょうただのり
宝治2(1248)年～元弘2/正慶1(1332)年
鎌倉時代後期の公卿(関白・左大臣)。摂政・関白・右大臣九条忠家の長男。
¶鎌室,公卿([没]正慶1/元弘2(1332)年5月6日),公家(忠教〔九条家〕　ただのり　[没]正慶1(1332)年5月6日),国書([没]正慶1(1332)年12月6日),諸系,人名,日人

九条忠栄 くじょうただひで
→九条幸家(くじょうゆきいえ)

九条忠基 くじょうただもと
興国6/貞和1(1345)年～*
南北朝時代～室町時代の公卿(関白・左大臣)。関白・左大臣九条経教の長男。
¶公卿([没]応永4(1397)年12月20日),公家(忠基〔九条家〕　ただもと　[没]応永4(1397)年12月20日),国書([没]応永4(1397)年12月20日),諸系([没]1398年),人名([生]?　[没]1379年),日人([没]1398年)

九条稙通 くじょうたねみち
永正4(1507)年～文禄3(1594)年　[別]東光院殿《とうこういんどの》
戦国時代～安土桃山時代の公卿(関白・内大臣)。関白・左大臣九条尚経の子。
¶京都大,近世,公卿([生]永正4(1507)年1月11日　[没]文禄3(1594)年1月5日),公家(稙通〔九条家〕　たねみち　[生]永正4(1507)年1月11日　[没]文禄3(1594)年1月5日),国史,国書([生]永正4(1507)年1月11日　[没]文禄3(1594)年1月5日),古中,史人([生]1507年1月11日　[没]1594年1月5日),諸系,新潮([生]永正4(1507)年1月11日　[没]文禄3(1594)年1月5日),人名([生]1505年),姓氏京都,世人([没]文禄3(1594)年1月5日),戦人,戦補,日人,平史,歴大

九条稙基 くじょうたねもと
享保10(1725)年～寛保3(1743)年
江戸時代中期の公家(内大臣)。内大臣九条幸教の子。
¶公卿([生]享保10(1725)年10月13日　[没]寛保3(1743)年2月22日),公家(稙基〔九条家〕　たねもと　[生]享保10(1725)年10月13日　[没]寛保3(1743)年2月22日),諸系,人名,日人

九条経家 くじょうつねいえ
→藤原経家(3)(ふじわらのつねいえ)

九条経教 くじょうつねのり
元弘1/元徳3(1331)年～応永7(1400)年5月21日
[別]後報恩院殿《ごほうおんいんどの,のちのほうおんいんどの》
南北朝時代～室町時代の公卿(関白・左大臣)。関白・左大臣九条道教の子。
¶朝日([没]応永7年5月21日(1400年6月13日)),鎌室,公卿,公家(経教〔九条家〕　つねのり),国史,国書,古中,コン4,史人,諸系,新潮,人名,日人

九条朝光 くじょうともみつ
生没年不詳
南北朝時代の公家。
¶鎌室,人名,日人

九条尚実 くじょうなおざね
享保2(1717)年6月21日～天明7(1787)年9月22日
江戸時代中期の公家(摂政・関白・太政大臣・准三宮)。摂政・関白・左大臣九条輔実の三男。
¶公卿,公家(尚実〔九条家〕　ひさざね),国書,諸系,人名,日人

九条尚経 くじょうなおつね
→九条尚経(くじょうひさつね)

九条範子 くじょうのりこ
→山階宮範子(やましなのみやのりこ)

九条教実 くじょうのりざね
承元4(1210)年～嘉禎1(1235)年　[別]洞院摂政《とういんせっしょう》
鎌倉時代前期の公卿(摂政・関白・太政大臣)。関白・摂政・太政大臣九条道家の長男。
¶朝日([生]承元4年1月5日(1210年1月31日)　[没]嘉禎1年3月28日(1235年4月17日)),鎌倉,鎌室,公卿([没]文暦2(1234)年3月28日),公家(教実〔九条家〕　のりざね　[没]文暦2(1235)年3月28日),国史([生]1211年),国書([没]文暦2(1235)年3月28日),古中([生]1211年),コン改,コン4,史人([生]1211年1月5日　[没]1235年3月28日),諸系,新潮([没]嘉禎1(1235)年3月28日),人名,世人,日人,和俳

九条教嗣 くじょうのりつぐ
正平17/貞治1(1362)年～応永11(1404)年8月15日
南北朝時代～室町時代の公卿(右大臣)。関白・左大臣九条経教の三男。
¶鎌室([生]?),公卿([生]延文3/正平13(1358)年),公家(教嗣〔九条家〕　のりつぐ),国書,諸系,人名([生]?),日人

九条廃帝　くじょうはいてい
→仲恭天皇（ちゅうきょうてんのう）

九条尚忠　くじょうひさただ
寛政10（1798）年～明治4（1871）年
江戸時代末期～明治期の公家（関白・左大臣）。右大臣一条治孝の三男。
¶朝日（[生]寛政10年7月25日（1798年9月5日）[没]明治4年8月21日（1871年10月5日）），維新，岩史（[生]寛政10（1798）年7月25日　[没]明治4（1871）年8月21日），京都大，近現，近世，公卿（[生]寛政10（1798）年7月15日　[没]明治4（1871）年8月），公家（尚忠〔九条家〕　ひさただ　[生]寛政10（1798）年7月15日　[没]明治4（1871）年8月21日），国史，国書（[生]寛政10（1798）年7月25日　[没]明治4（1871）年8月21日），コン改，コン4，コン5，史人（[生]1798年7月25日　[没]1871年8月21日），諸系，真宗（[生]寛政10（1798）年7月25日　[没]明治4（1871）年8月11日），新潮（[生]寛政10（1798）年7月25日　[没]明治4（1871）年8月21日），人名，姓氏京都，世人（[生]寛政10（1798）年7月25日　[没]明治4（1871）年8月21日），日史（[生]寛政10（1798）年7月25日　[没]明治4（1871）年8月21日），日人，幕末（[没]1871年10月5日），歴大

九条尚経　くじょうひさつね
応仁2（1468）年11月25日～享禄3（1530）年　[別]九条尚経《くじょうなおつね》
戦国時代の公卿（関白・左大臣）。関白・左大臣・准三宮九条政基の子。
¶公卿（くじょうなおつね　[没]享禄3（1530）年7月8日），公家（尚経〔九条家〕　なおつね　[没]享禄3（1530）年7月8日），国書（[没]享禄3（1530）年7月8日），諸系（[生]1469年），人名（くじょうなおつね　[生]1656年　[没]1718年），戦人，日人（[生]1469年）

九条博家　くじょうひろいえ
→藤原隆博（ふじわらのたかひろ）

九条房実　くじょうふさざね
正応3（1290）年～嘉暦2（1327）年3月13日
鎌倉時代後期の公卿（関白・左大臣）。摂政・関白・右大臣九条忠家の次男。
¶鎌室，公卿，公家（房実〔九条家〕　ふさざね），国書，諸系，人名（[生]1291年），日人

九条政忠　くじょうまさただ
永享12（1440）年～長享2（1488）年
室町時代～戦国時代の公卿（関白・内大臣）。関白・左大臣九条満家の長男。
¶鎌室（[生]永享11（1439）年），公卿（[没]長享2（1488）年9月23日），公家（政忠〔九条家〕　まさただ　[没]長享2（1488）年9月23日），国書（[没]長享2（1488）年8月23日），諸系，人名（[生]1439年），日人

九条政基　くじょうまさもと
文安2（1445）年～永正13（1516）年　[別]慈眼院関白《じげんいんかんぱく》
室町時代～戦国時代の公卿（関白・左大臣・准三宮）。関白・左大臣九条満家の子。
¶朝日（[没]永正13年4月4日（1516年5月5日）），鎌室，公卿（[没]永正13（1516）年4月4日），公家（政基〔九条家〕　まさもと　[没]永正13（1516）年4月4日），国史，国書（[没]永正13（1516）年4月4日），古中，コン改，コン4，史人（[没]1516年4月4日），諸系，新潮（[生]文安2（1445）年5月7日　[没]永正13（1516）年4月4日），人名，姓氏京都，全書，戦人，日史（[没]永正13（1516）年4月4日），日人，百科，歴大

九条道家　くじょうみちいえ
建久4（1193）年～建長4（1252）年　[別]光明峰寺入道殿《こうみょうぶじにゅうどうどの》，藤原道家《ふじわらのみちいえ》
鎌倉時代前期の歌人・公卿（関白・摂政・太政大臣）。摂政・太政大臣九条良経の長男。
¶朝日（[生]建久4年6月28日（1193年7月28日）[没]建長4年2月21日（1252年4月1日）），岩史（[生]建久4（1193）年6月28日　[没]建長4（1252）年2月21日），角史，鎌倉，鎌室，京都，京都大，京都府，公卿（[没]建長4（1252）年5月21日），公家（道家〔九条家〕　みちいえ　[没]建長4（1252）年5月21日），国史，国書（[生]建久4（1193）年6月28日　[没]建長4（1252）年2月21日），古中，コン改，コン4，史人（[生]1193年6月28日　[没]1252年2月21日），重要，諸系，人書94，新潮（[没]建長4（1252）年2月21日），人名，姓氏京都，世人（[没]建長4（1252）年2月），世百，全書，大百，日史（[没]建長4（1252）年2月21日），日人，百科，歴大

九条道前　くじょうみちさき
延享3（1746）年6月13日～明和7（1770）年閏6月5日
江戸時代中期の公家（内大臣）。摂政・関白・太政大臣・准三宮九条尚実の長男。
¶公卿，公家（道前〔九条家〕　みちさき），国書，諸系，日人

九条道実　くじょうみちざね
明治2（1869）年～昭和8（1933）年1月19日
明治～昭和期の華族、公爵。宮内庁掌典長。天皇葬儀・即位大典をとりしきった。従一位勲一等。
¶コン改，コン5，人名，世紀（[生]明治2（1870）年12月15日），姓氏京都，日人（[生]明治2（1870）年12月15日）

九条道孝　くじょうみちたか
天保10（1839）年～明治39（1906）年1月4日
江戸時代末期～明治期の公家（左大臣）。関白・左大臣九条尚忠の子。
¶朝日（[生]天保10年5月1日（1839年6月11日）），維新，近現，公卿（[生]天保11（1840）年5月1日），公家（道孝〔九条家〕　みちたか　[生]天保11（1840）年5月1日），国史，コン改，コン4，コン5，史人（[生]1839年5月1日），諸系，真宗（[生]天保10（1839）年5月1日），新潮（[生]天保10（1839）年5月1日），人名，姓氏京都，日人，幕末，福島百，宮城百

九条道教 くじょうみちのり
正和4(1315)年～正平4/貞和5(1349)年7月6日 [別]已心院殿《いしんいんどの》
鎌倉時代後期～南北朝時代の公卿(関白・左大臣)。摂政・関白九条師教の三男、母は兵部卿守良親王の娘。
¶朝日([没]貞和5/正平4年7月6日(1349年8月20日)),鎌室,公卿,公家(道教〔九条家〕 みちのり),国史,国書,古中,史人,諸系,新潮,人名,日人

九条道房 くじょうみちふさ
慶長14(1609)年8月13日～正保4(1647)年1月10日
江戸時代前期の公家(摂政・左大臣)。関白・左大臣九条幸家の次男。
¶公卿,公家(道房〔九条家〕 みちふさ),国書,諸系,人名,日人

九条満家 くじょうみついえ
応永1(1394)年～文安6(1449)年5月4日 [別]九条満教《くじょうみつのり》
室町時代の公卿(関白・左大臣)。関白・左大臣九条経教の三男。
¶鎌室,公卿,公家(満家〔九条家〕 みついえ),国書,諸系,新潮,人名,日人

九条光経 くじょうみつつね
建治2(1276)年～? [別]藤原光経《ふじわらのみつつね,ふじわらみつつね》
鎌倉時代後期の公卿(権大納言)。中納言九条忠高の孫。
¶鎌室(藤原光経 ふじわらみつつね),公卿(生没年不詳),公家(光経〔海住山家(絶家)〕 みつつね),国史(生没年不詳),古中(生没年不詳),新潮(藤原光経 ふじわらのみつつね),日人

九条満教 くじょうみつのり
→九条満家(くじょうみついえ)

九条基家 くじょうもといえ
建仁3(1203)年～弘安3(1280)年7月11日 [別]鶴殿《つるどの》,藤原基家《ふじわらのもといえ,ふじわらもといえ》
鎌倉時代前期の歌人・公卿(内大臣)。摂政・太政大臣九条良経の三男。
¶朝日([没]弘安3年7月11日(1280年8月7日)),鎌室(藤原基家 ふじわらもといえ),公卿,公家(基家〔月輪家(絶家)〕 もといえ),国史,国書([生]建仁3(1203)年4月27日),古中,史人,諸系,新潮,人名(藤原基家 ふじわらのもといえ),日人,和俳

九条師輔 くじょうもろすけ
→藤原師輔(ふじわらのもろすけ)

九条師孝 くじょうもろたか
元禄1(1688)年10月4日～正徳3(1713)年6月25日
江戸時代中期の公家(権大納言)。摂政・関白・左大臣九条輔実の長男。
¶公卿,公家(師孝〔九条家〕 もろたか)

九条師教 くじょうもろのり
文永10(1273)年5月27日～元応2(1320)年
鎌倉時代後期の公卿(摂政・関白)。関白・左大臣九条忠教の長男。
¶鎌室,公卿([没]元応2(1320)年7月7日),公家(師教〔九条家〕 もろのり [没]元応2(1320)年6月7日),国書([没]元応2(1320)年6月7日),諸系,人名([生]1277年),日人

九条幸家 くじょうゆきいえ
天正14(1586)年2月19日～寛文5(1665)年8月21日 [別]九条忠栄《くじょうただひで》
江戸時代前期の公家(関白・左大臣)。関白・左大臣九条兼孝の子。
¶公卿,公家(幸家〔九条家〕 ゆきいえ),国書(九条忠栄 くじょうただひで),諸系,人名,日人

九条行家 くじょうゆきいえ
→藤原行家(3)(ふじわらのゆきいえ)

九条行輔 くじょうゆきすけ
生没年不詳
南北朝時代の公家・歌人。
¶国書

九条幸経 くじょうゆきつね
文政6(1823)年～安政6(1859)年8月4日
江戸時代末期の公家(権大納言)。関白・左大臣九条尚忠の子。
¶維新,公卿([生]文政6(1823)年4月20日),公家(幸経〔九条家〕 ゆきつね [生]文政6(1823)年4月26日),幕末([没]1859年8月31日)

九条幸教 くじょうゆきのり
元禄13(1700)年5月16日～享保13(1728)年5月26日
江戸時代中期の公家(内大臣)。摂政・関白・左大臣九条輔実の次男。
¶公卿,公家(幸教〔九条家〕 ゆきのり)

九条良輔 くじょうよしすけ
文治1(1185)年～建保6(1218)年 [別]藤原良輔《ふじわらのよしすけ》
鎌倉時代前期の公卿(左大臣)。関白藤原忠通の孫。
¶朝日([没]建保6年11月11日(1218年11月30日)),鎌室,公卿([没]建保6(1218)年11月11日),公家(良輔〔八条・外山家(絶家)〕 よしすけ [没]建保6(1218)年11月11日),コン4,諸系,新潮([没]建保6(1218)年11月11日),人名(藤原良輔 ふじわらのよしすけ),日人

九条良経 くじょうよしつね
嘉応1(1169)年～建永1(1206)年 [別]後京極摂政《ごきょうごくせっしょう,のちのきょうごくせっしょう》,藤原良経《ふじわらのよしつね》
平安時代後期～鎌倉時代前期の公卿(摂政・太政大臣)。関白藤原忠通の孫。
¶朝日([没]建永1年3月7日(1206年4月16日)),岩史([没]元久3(1206)年3月7日),角史(藤原良経 ふじわらのよしつね),鎌室,京都大,公卿

(生)嘉応2(1170)年　(没)元久3(1206)年3月7日)，公家(良経〔九条家〕　よしつね　(没)元久3(1206)年3月7日)，国史，国書((生)仁安4(1169)年3月　(没)元久3(1206)年3月7日)，古中，コン改，コン4，茶道((生)1168年)，詩歌(藤原良経　ふじわらのよしつね)，史人((没)1206年3月7日)，諸系，新潮((没)建永1(1206)年3月7日)，新文(藤原良経　ふじわらのよしつね　(没)元久3(1206)年3月7日)，人名(藤原良経　ふじわらのよしつね)，姓氏京都，世人((没)建永1(1206)年3月7日)，世百(藤原良経　ふじわらのよしつね)，全書，大百(藤原良経　ふじわらのよしつね)，日史((没)建永1(1206)年3月7日)，日人，美術(藤原良経　ふじわらのよしつね)，百科(藤原良経　ふじわらのよしつね)，文学(藤原良経　ふじわらのよしつね)，平史(藤原良経　ふじわらのよしつね)，歴大，和俳

九条良平　くじょうよしひら
元暦1(1184)年～仁治1(1240)年3月17日　(別)藤原良平《ふじわらのよしひら》
鎌倉時代前期の公卿(太政大臣)。関白藤原忠通の孫。
¶朝日((没)仁治1年3月17日(1240年4月10日))，鎌室((生)文治1(1185)年)，公卿((生)文治1(1185)年)，公家(良平〔八条・外山家(絶家)〕　よしひら)，国書，諸系，新潮((生)文治1(1185)年)，人名(藤原良平　ふじわらのよしひら　(生)1185年)，日人

九条良通　くじょうよしみち
仁安2(1167)年～文治4(1188)年　(別)藤原良通《ふじわらのよしみち，ふじわらよしみち》
平安時代後期の公卿(内大臣)。右大臣藤原兼実の長男。
¶朝日((没)文治4年2月20日(1188年3月19日))，鎌室，公卿(藤原良通　ふじわらのよしみち　(没)文治4(1188)年2月20日)，公家(良通〔九条家〕　よしみち　(没)文治4(1188)年2月20日)，国書((生)仁安2(1167)年11月6日　(没)文治4(1188)年2月20日)，諸系，新潮((生)仁安2(1167)年11月6日　(没)文治4(1188)年2月20日)，日人，平史(藤原良通　ふじわらのよしみち)

九条頼嗣　くじょうよりつぐ
→藤原頼嗣(ふじわらのよりつぐ)

九条頼経　くじょうよりつね
→藤原頼経(2)(ふじわらのよりつね)

樟磐手　くすのいわて
(別)樟使主磐手《くすのおみいわて》
飛鳥時代の武官・廷臣。
¶古代(樟使主磐手　くすのおみいわて)，人名，日人(生没年不詳)

久世栄通　くぜしげみち
享保5(1720)年1月10日～安永9(1780)年7月20日
江戸時代中期の公家(権大納言)。権大納言広橋兼廉の次男。
¶公卿，公家(栄通〔久世家〕　ひでみち)

久勢女王　くせのじょおう
生没年不詳
奈良時代の女性。伊勢斎宮。
¶女性，日人

久世通理　くぜみちあや
→久世通理(くぜみちよし)

久世通音　くぜみちおと
正保4(1647)年12月6日～元禄1(1688)年
江戸時代前期の公家(非参議)。権大納言久我敦通の曾孫。
¶公卿((没)元禄1(1688)年2月15日)，公家(通音〔久世家〕　みちおと　(没)元禄1(1688)年2月16日)

久世通凞(久世通熈，久世通煕)　**くぜみちさと**
文政1(1818)年9月8日～明治8(1875)年11月6日
江戸時代末期～明治期の公家(参議)。権大納言久世通理の子。
¶維新，公卿(久世通熈　(没)明治8(1875)年11月)，公家(通熈〔久世家〕　みちさと)，国書(久世通熈)，幕末

久世通夏　くぜみちなつ
寛文10(1670)年6月23日～延享4(1747)年9月23日
江戸時代中期の公家(権大納言)。権大納言中院通茂の三男。
¶公卿，公家(通夏〔久世家〕　みちなつ)，国書

久世通根　くぜみちね
延享2(1745)年7月9日～文化13(1816)年12月23日
江戸時代中期～後期の公家(権大納言)。権大納言久世栄通の子。
¶公卿，公家(通根〔久世家〕　みちね)，国書

久世通章　くぜみちふみ
安政6(1859)年7月16日～昭和14(1939)年4月14日
明治～昭和期の有識故実家。子爵。蹴鞠の再興保存に尽力。著書に「有識衣紋写真図解」など。
¶近現，国史，史人，世紀，日人

久世通理　くぜみちよし
天明2(1782)年1月5日～嘉永3(1850)年1月5日
(別)久世通理《くぜみちあや》
江戸時代後期の公家(権大納言)。権大納言久世通根の子。
¶公卿，公家(通理〔久世家〕　みちあや)，国書(くぜみちあや)

百済有雄　くだらのありお
(別)百済宿禰有雄《くだらのすくねありお》
平安時代前期の官人。
¶古代(百済宿禰有雄　くだらのすくねありお)，日人(生没年不詳)

百済英孫　くだらのえいそん
生没年不詳　(別)百済王英孫《くだらのこにきしえいそん》

奈良時代～平安時代前期の官人。
¶古代（百済王英孫　くだらのこにきしえいそん），諸系，日人

百済遠宝　くだらのえんほう，くだらのえんぽう
?　～天平6（734）年　[別]百済王遠宝《くだらのこにきしえんぽう》
奈良時代の官人。
¶古代（百済王遠宝　くだらのこにきしえんぽう），諸系，日人

百済王　くだらのおう
[別]百済王《くだらのおおきみ》
飛鳥時代の敏達天皇の孫。彦人大兄皇子の子か。
¶古代（くだらのおおきみ），日人（生没年不詳）

百済王　くだらのおおきみ
→百済王（くだらのおう）

百済勝義　くだらのかつよし
→百済勝義（くだらのしょうぎ）

百済河成　くだらのかわなり
延暦1（782）年～仁寿3（853）年　[別]百済河成《くだらかわなり》，百済朝臣河成《くだらのあそんかわなり》
平安時代前期の貴族，画家。
¶朝日（[没]仁寿3年8月24日（853年9月30日）），角史，京都大，国史，古史，古代（百済朝臣河成　くだらのあそんかわなり），古中，コン改，コン4，史人（[没]853年8月24日），重要（[没]仁寿3（853）年8月24日），新潮（[没]仁寿3（853）年8月24日），人名，姓氏京都，世人（[没]仁寿3（853）年8月24日），世百，全書（くだらかわなり），大百（[没]852年），日史（[没]仁寿3（853）年8月24日），日人，美術，百科，仏教（[生]延暦1（782）年？　[没]仁寿3（853）年8月24日），平史，名画

百済貴命　くだらのきみょう
?　～仁寿1（851）年　[別]百済王貴命《くだらのこきしきみょう，くだらのこにきしきみょう》
平安時代前期の女性。嵯峨天皇の女御。
¶朝日，古代（百済王貴命　くだらのこにきしきみょう），コン改，コン4，諸系，女性（[没]仁寿1（851）年9月5日），人名，日人，平史（百済王貴命　くだらのこきしきみょう）

百済鏡仁　くだらのきょうじん
→百済鏡仁（くだらのきょうにん）

百済慶仲　くだらのきょうちゅう
?　～承和8（841）年　[別]百済王慶仲《くだらのこきしきょうちゅう，くだらのこんきしけいちゅう》
平安時代前期の官人。
¶埼玉人（百済王慶仲　くだらのこんきしけいちゅう　[没]承和8（841）年4月20日），平史（百済王慶仲　くだらのこきしきょうちゅう）

百済教徳　くだらのきょうとく
?　～弘仁13（822）年　[別]百済王教徳《くだらのこにきしきょうとく》
奈良時代～平安時代前期の官人。
¶古代（百済王教徳　くだらのこにきしきょうとく），諸系，日人

百済鏡仁　くだらのきょうにん
[別]百済王鏡仁《くだらのこにきしきょうじん》
奈良時代～平安時代前期の官人。
¶古代（百済王鏡仁　くだらのこにきしきょうじん），日人（生没年不詳）

百済教福　くだらのきょうふく
大同2（807）年～斉衡1（854）年　[別]百済王教福《くだらのこにきしきょうふく》
平安時代前期の官人。
¶古代（百済王教福　くだらのこにきしきょうふく　[生]807年，（異説）817年）

百済敬福　くだらのきょうふく
文武天皇2（698）年～天平神護2（766）年　[別]百済王敬福《くだらおうきょうふく，くだらのおうけいふく，くだらのこきしきょうふく，くだらのこきしけいふく，くだらのこにきけいふく，くだらのこにきしきょうふく，くだらのこにきしけいふく，くだらのこにきしのきょうふく》，百済敬福《くだらのけいふく》
奈良時代の百済の帰化人・官人（非参議）。南典の弟。
¶朝日（百済王敬福　くだらのこにきしけいふく　[没]天平神護2年6月28日（766年8月8日）），岩史（百済王敬福　くだらのこにきしきょうふく　[没]天平神護2（766）年6月28日），角史（百済王敬福　くだらのおうけいふく），公卿（百済王敬福　くだらのこにきしのきょうふく　[没]天平神護2（766）年6月28日），国史（百済王敬福　くだらのこきしきょうふく），古史（百済王敬福　くだらのこにきしきょうふく），古代（百済王敬福　くだらのこにきしきょうふく），古中（百済王敬福　くだらのこきしきょうふく），コン改（くだらのけいふく），コン4（くだらのけいふく），史人（百済王敬福　くだらのこにきしきょうふく　[没]766年6月28日），諸系，新潮（百済王敬福　くだらのこきしけいふく　[没]天平神護2（766）年6月28日），人名（くだらのけいふく），姓氏宮城（百済王敬福　くだらのこにきしきょうふく），世人（百済王敬福　くだらのこにきけいふく），日史（くだらのけいふく　[没]天平神護2（766）年6月28日），日人，百科（くだらのけいふく），宮城百（百済王敬福　くだらのこにきしきょうふく），歴大（百済王敬福　くだらおうきょうふく）

百済教法　くだらのきょうほう
?　～承和7（840）年
平安時代前期の女性。桓武天皇の女御。
¶朝日，コン改，コン4，諸系，女性（[没]承和7（840）年11月29日），新潮（[没]承和7（840）年11月29日），人名，日人

百済慶命　くだらのきょうみょう
?　～嘉祥2（849）年　[別]百済王慶命《くだらのこきしきょうみょう，くだらのこにきしきょうみょう》，百済慶命《くだらのけいみょう》
平安時代前期の女性。嵯峨天皇の女御。

¶朝日（[没]嘉祥2年1月22日（849年2月18日）），古代（百済王慶命　くだらのこにきしきょうみょう），コン改（くだらのけいみょう），コン4（くだらのけいみょう），諸系，女性（[没]嘉祥2（849）年1月22日），人名，日人，平史（百済王慶命　くだらのこきしきょうみょう）

百済慶仲 くだらのけいちゅう
→百済慶仲（くだらのきょうちゅう）

百済敬福 くだらのけいふく
→百済敬福（くだらのきょうふく）

百済慶命 くだらのけいみょう
→百済慶命（くだらのきょうみょう）

百済玄鏡 くだらのげんきょう
[別]百済王玄鏡《くだらのこにきしげんきょう》
奈良時代～平安時代前期の官人。
¶古代（百済王玄鏡　くだらのこにきしげんきょう），日人（生没年不詳）

百済元忠 くだらのげんちゅう
？～＊　[別]百済王元忠《くだらのこにきしげんちゅう》
奈良時代の官人。
¶古代（百済王元忠　くだらのこにきしげんちゅう　[没]773年），日人（[没]774年）

百済玄風 くだらのげんふう，くだらのげんぷう
[別]百済王玄風《くだらのこにきしげんぷう》
奈良時代の官人。
¶古代（百済王玄風　くだらのこにきしげんぷう），日人（生没年不詳）

百済孝忠 くだらのこうちゅう
[別]百済王孝忠《くだらのこにきしこうちゅう》
奈良時代の官人。
¶古代（百済王孝忠　くだらのこにきしこうちゅう），日人（生没年不詳）

百済俊哲 くだらのしゅんてつ
？～延暦14（795）年　[別]百済王俊哲《くだらのこきししゅんてつ，くだらのこにきししゅんてつ》
奈良時代～平安時代前期の武官、陸奥鎮守将軍。
¶朝日（百済王俊哲　くだらのこにきししゅんてつ　[没]延暦14年8月7日（795年9月24日）），岩史（百済王俊哲　くだらのこにきししゅんてつ　[没]延暦14（795）年8月7日），国史（百済王俊哲　くだらのこきししゅんてつ），古代（百済王俊哲　くだらのこにきししゅんてつ），古中（百済王俊哲　くだらのこきししゅんてつ），コン改，コン4，史人（百済王俊哲　くだらのこにきししゅんてつ　[没]795年8月7日），諸系，新潮（百済王俊哲　くだらのこきししゅんてつ　[没]延暦14（795）年8月7日），人名，日人，平史（百済王俊哲　くだらのこきししゅんてつ）

百済勝義 くだらのしょうぎ
宝亀11（780）年～斉衡2（855）年　[別]百済王勝義《くだらのこきししょうぎ，くだらのこにきししょうぎ，くだらのこにきしのしょうぎ》，百済勝義《くだらのかつよし》
平安時代前期の公卿（非参議）。従四位下・但馬守元忠の孫。
¶神奈川人（くだらのかつよし　[生]779年），公卿（百済王勝義　くだらのこにきしのしょうぎ　[生]宝亀10（779）年　[没]斉衡2（855）年7月），古代（百済王勝義　くだらのこにきししょうぎ），日人，平史（百済王勝義　くだらのこきししょうぎ）

百済仁貞 くだらのじんてい
→百済仁貞（くだらのにんじょう）

百済善光 くだらのぜんこう
生没年不詳　[別]百済王善光《くだらおうぜんこう，くだらのこきしぜんこう，くだらのこにきしぜんこう》
飛鳥時代の亡命百済王族。百済王氏の初代。
¶朝日（百済王善光　くだらのこにきしぜんこう　[没]持統7（693）年？），岩史（百済王善光　くだらのこにきしぜんこう　[没]持統7（693）年？），国史（百済王善光　くだらのこきしぜんこう），古史（百済王善光　くだらのこにきしぜんこう　[没]693年？），古代（百済王善光　くだらのこにきしぜんこう　[没]693年？），古中（百済王善光　くだらのこきしぜんこう），コン4（[没]持統7（693）年？），史人（百済王善光　くだらのこにきしぜんこう），諸系，新潮（百済王善光　くだらのこきしぜんこう），日人，歴大（百済王善光　くだらおうぜんこう）

百済聡哲 くだらのそうてつ
生没年不詳　[別]百済王聡哲《くだらのおうそうてつ》
平安時代前期の官人。
¶新潟百（百済王聡哲　くだらのおうそうてつ）

百済足人 くだらのたるひと
？～宝亀1（770）年　[別]百済朝臣足人《くだらのあそんたるひと》
奈良時代の武官、鎮守副将軍。
¶朝日（[没]宝亀1年5月12日（770年6月10日）），古代（百済朝臣足人　くだらのあそんたるひと），日人

百済仁貞 くだらのにんじょう
？～延暦10（791）年　[別]百済王仁貞《くだらのこにきしじんてい》
奈良時代～平安時代前期の官人。
¶古代（百済王仁貞　くだらのこにきしじんてい），日人

百済南典 くだらのなんてん
天智天皇5（666）年～天平宝字2（758）年？　[別]百済王南典《くだらのこにきしなんてん，くだらのこにきしのなんてん》，百済南典《くだらのなんてん》
飛鳥時代～奈良時代の百済の帰化人・廷臣（非参議）。敬福の兄。
¶公卿（百済王南典　くだらのこにきしのなんてん　[没]天平宝字2（758）年），古代（百済王南典　くだらのこにきしなんてん　[生]667年），日人（くだらのなんてん）

百済倭麻呂（百済和麻呂）**くだらのやまとまろ**
生没年不詳　[別]百済公和麻呂《くだらのきみやまとまろ》，百済倭麻呂《くだらやまとまろ》
奈良時代の官人、漢詩人。
¶国書（くだらやまとまろ），古代（百済公和麻呂　くだらのきみやまとまろ），日人

百済良虞　くだらのろうぐ
？～天平9（737）年　[別]百済王良虞《くだらのこにきしろうぐ》
飛鳥時代～奈良時代の官人。
¶古代（百済王良虞　くだらのこにきしろうぐ），諸系，日人

久邇朝融　くにあさあきら
明治34（1901）年2月2日～昭和34（1959）年12月7日　[別]久邇宮朝融王《くにのみやあさあきらおう》
大正～昭和期の皇族、海軍軍人。第二十連合航空隊司令官。戦後皇族の身分を離れた。昭和天皇皇后良子の兄。
¶現情，諸系，人名7，世紀，日人，陸海（久邇宮朝融王　くにのみやあさあきらおう）

邦家親王　くにいえしんのう
享和2（1802）年～明治5（1872）年
江戸時代末期～明治期の皇族。伏見宮貞敬親王の第1王子。
¶維新，諸系，人名，日人，幕末（[没]1872年9月7日）

久邇邦久　くにくにひさ
明治35（1902）年3月10日～昭和10（1935）年3月4日
大正～昭和期の王子、陸軍軍人。侯爵、大尉。久邇宮邦彦王の第2王子。歩兵少尉を経て大尉に昇進。
¶人名，世紀，日人

都子内親王　くにこないしんのう
→都子内親王（としないしんのう）

邦子内親王　くにこないしんのう
→安嘉門院（あんかもんいん）

邦良親王　くにざねしんのう
→邦房親王（くにのぶしんのう）

久邇静子　くにしずこ
明治17（1884）年9月～昭和34（1959）年9月
明治～昭和期の女性。久邇宮朝彦親王の5男多嘉王の妃。
¶女性，女性普

邦輔親王　くにすけしんのう
永正10（1513）年～永禄6（1563）年
戦国時代の伏見宮貞敦親王の第1王子。
¶国書（[生]永正10（1513）年3月20日　[没]永禄6（1563）年3月26日），諸系，人名，日人

国背別皇子　くにせわけのおうじ
→国背別皇子（くにそわけのおうじ）

国背別皇子　くにそわけのおうじ
[別]国背別皇子《くにせわけのおうじ》
上代の景行天皇の皇子。
¶人名（くにせわけのおうじ），日人

邦高親王　くにたかしんのう
康正2（1456）年～享禄5（1532）年　[別]恵空《えくう》
戦国時代の伏見宮貞常親王（後崇光太上天皇）の第1皇子。
¶国書（[生]康正2（1456）年2月2日　[没]享禄5（1532）年3月19日），諸系，人名，日人

邦忠親王　くにただしんのう
享保17（1732）年～宝暦9（1759）年
江戸時代中期の貞建親王の王子。
¶国書（[生]享保16（1731）年12月23日　[没]宝暦9（1759）年6月2日），諸系，日人

久邇俔子　くにちかこ
明治12（1879）年10月19日～昭和31（1956）年9月9日
明治～昭和期の皇族。大日本婦人会・大日本母子愛育会総裁。公爵島津忠義の第七女で久邇宮邦彦王の妃。昭和天皇の皇后良子の母。
¶女性，女性普，世紀，日人

国乳別皇子　くにちわけのおうじ
上代の景行天皇の皇子。
¶人名，日人

邦永親王　くにながしんのう
延宝4（1676）年～享保11（1726）年
江戸時代中期の伏見宮貞致親王の第2王子。
¶国書（[生]延宝4（1676）年3月28日　[没]享保11（1726）年10月21日），諸系，人名，日人

邦良親王　くにながしんのう
→邦良親王（くによししんのう）

邦尚親王　くになりしんのう
慶長18（1613）年～承応3（1654）年
江戸時代前期の伏見宮貞清親王の第2王子。
¶諸系，人名（[没]1653年），日人

邦房親王　くにのぶしんのう
永禄9（1566）年～＊　[別]邦良親王《くにざねしんのう》
安土桃山時代～江戸時代前期の伏見宮貞康親王の第1王子。
¶国書（[生]永禄9（1566）年4月4日　[没]元和7（1621）年11月25日），諸系（[没]1622年），人名（[没]1621年），日人（[没]1622年）

久邇宮朝融王　くにのみやあさあきらおう
→久邇朝融（くにあさあきら）

久邇宮朝彦親王　くにのみやあさひこしんのう
→朝彦親王（あさひこしんのう）

久邇宮邦久王　くにのみやくにひさおう
→久邇邦久（くにくにひさ）

久邇宮邦彦王 くにのみやくによしおう
明治6(1873)年7月23日～昭和4(1929)年1月27日 [別]久邇宮邦彦《くにのみやくによし》,邦彦王《くによしおう》
明治～昭和期の皇族、陸軍軍人。元帥、大将。久邇宮朝彦親王の第3王子。兄賀陽宮邦憲王が病弱のため久邇宮家を継承。昭和天皇皇后良子の父。
¶朝日(邦彦王 くによしおう), 諸系, 神人, 人名(邦彦王 くによしおう), 世紀(久邇宮邦彦 くにのみやくによし), 渡航, 日人, 陸海

久邇宮智子女王 くにのみやさとこじょおう
→大谷智子(おおたにさとこ)

久邇宮多嘉王 くにのみやたかおう
明治8(1875)年～昭和12(1937)年 [別]多嘉王《たかおう》
明治～昭和期の皇族、神宮祭主宮。久邇宮朝彦親王第5王子。
¶神人, 人名(多嘉王 たかおう), 日人([生]明治8(1875)年8月17日 [没]昭和12(1937)年10月1日)

久邇宮良子 くにのみやながこ
→香淳皇后(こうじゅんこうごう)

久邇宮信子女王 くにのみやのぶこじょおう
→三条西信子(さんじょうにしのぶこ)

邦憲王 くにのりおう
→賀陽宮邦憲王(かやのみやくにのりおう)

邦憲王妃好子 くにのりおうひよしこ
→賀陽宮好子(かやのみやよしこ)

邦彦王妃俔子 くにひこおうひちかこ
→久邇俔子(くにちかこ)

邦久王 くにひさおう
→久邇邦久(くにくにひさ)

邦仁親王 くにひとしんのう
→後嵯峨天皇(ごさがてんのう)

邦省親王 くにみしんのう
乾元1(1302)年～天授1/永和1(1375)年
鎌倉時代後期～南北朝時代の後二条天皇の第2皇子。
¶国書([没]永和1(1375)年9月17日), 人名, 日人

邦道親王 くにみちしんのう
寛永18(1641)年～承応3(1654)年
江戸時代前期の伏見宮貞清親王の第3王子。
¶国書([没]承応3(1654)年7月20日), 諸系, 人名, 日人

国見阿曇 くにみのあずみ
[別]国見真人阿曇《くにみのまひとあずみ》
奈良時代の官人。
¶古代(国見真人阿曇 くにみのまひとあずみ), 日人(生没年不詳)

国康親王 くにやすしんのう
? ～昌泰1(898)年
平安時代前期の仁明天皇の皇子。
¶古代, 人名, 姓氏群馬, 日人, 平史

邦康親王 くにやすしんのう
応永23(1416)年～?
室町時代の木寺宮世平王の王子。
¶諸系, 人名, 日人

邦彦王 くによしおう
→久邇宮邦彦王(くにのみやくによしおう)

邦良親王 くによししんのう
正安2(1300)年～嘉暦1(1326)年 [別]邦良親王《くにながしんのう》
鎌倉時代後期の後二条天皇の第1皇子。
¶朝日([没]嘉暦1年3月20日(1326年4月23日)), 角史, 鎌室(くにながしんのう), 国史, 古中, コン改(くにながしんのう), コン4(くにながしんのう), 史人([没]1326年3月20日), 諸系, 新潮(くにながしんのう [没]嘉暦1(1326)年3月20日), 人名(くにながしんのう), 姓氏京都, 世人(くにながしんのう [没]嘉暦1(1326)年3月20日), 全書(くにながしんのう), 日史([没]嘉暦1(1326)年3月20日), 日人, 百科(くにながしんのう), 歴大

邦世親王 くによしんのう
元亨2(1322)年～正平20/貞治4(1365)年
南北朝時代の後二条天皇の皇子。
¶鎌室, 国書([没]貞治4(1365)年4月19日), 諸系, 人名, 日人

邦頼親王 くによりしんのう
享保18(1733)年～享和2(1802)年 [別]寛宝法親王《かんぽうほうしんのう》
江戸時代中期～後期の伏見宮貞建親王の第2王子。
¶国書([生]享保18(1733)年10月28日 [没]享和2(1802)年9月8日), 諸系, 人名, 日人

熊忍津彦命 くまおしつひこのみこと
上代の景行天皇の皇子。
¶人名, 日人

熊津彦命 くまつひこのみこと
上代の景行天皇の皇子。
¶人名, 日人

阿新丸 くまわかまる
→日野邦光(ひのくにみつ)

来目皇子 くめのおうじ
? ～推古11(603)年 [別]来目皇子《くめのみこ》
飛鳥時代の用明天皇の皇子、撃新羅将軍。
¶朝日(くめのみこ), 国史, 古史(くめのみこ), 古代(くめのみこ), 古中, コン改(くめのみこ), コン4(くめのみこ), 史人(くめのみこ [没]603年2月4日), 諸系, 新潮(くめのみこ [没]推古11(603)年2月4日), 人名, 姓氏山口, 世人([没]推古11(603)年2月), 日史([没]推古11(603)年2月4日), 日人, 百科(くめのみこ), 山口百, 歴大

久米女王 くめのおおきみ
→久米女王(くめのじょおう)

久米女王 くめのじょおう
生没年不詳 [別]久米女王《くめのおおきみ》
奈良時代の女性。万葉歌人。
¶女性，人名(くめのおおきみ)，日人，万葉(くめのおおきみ)，和俳

久米継麻呂 くめのつぎまろ
[別]久米朝臣継麻呂《くめのあそみつぎまろ》
奈良時代の人、万葉歌人。
¶人名，日人(生没年不詳)，万葉(久米朝臣継麻呂 くめのあそみつぎまろ)

久米広縄 くめのひろただ
→久米広縄(くめのひろなわ)

久米広縄 くめのひろなわ
[別]久米広縄《くめのひろただ, くめひろつな》,久米朝臣広縄《くめのあそみひろなわ, くめのあそんひろただ》
奈良時代の万葉歌人。
¶国書(くめひろつな 生没年不詳)，古代(久米朝臣広縄 くめのあそんひろただ)，人名，富山百(くめのひろただ 生没年不詳)，富山文，日人(生没年不詳)，万葉(久米朝臣広縄 くめのあそみひろなわ)，和俳(生没年不詳)

来目皇子 くめのみこ
→来目皇子(くめのおうじ)

久米能若子 くめのわくご
上代の皇族。履中天皇の孫。市辺忍歯王の子。
¶万葉

久米広縄 くめひろつな
→久米広縄(くめのひろなわ)

鞍作福利 くらつくりのふくり
生没年不詳
飛鳥時代の廷臣。遣隋使通事。
¶国史，古代，古中，コン改，コン4，史人，新潮，世人，日人

桉作益人 くらつくりのますひと
[別]桉作益人《くらつくりますひと》,桉作村主益人《くらつくりのすぐりますひと》
奈良時代の官人、歌人。
¶古代(桉作村主益人 くらつくりのすぐりますひと)，人名(くらつくりますひと)，日人(生没年不詳)，万葉(桉作村主益人 くらつくりのすぐりますひと)

内蔵有永 くらのありなが
[別]内蔵朝臣有永《くらのあそんありなが》
平安時代前期の官人。
¶古代(内蔵朝臣有永 くらのあそんありなが)，日人(生没年不詳)

内蔵賀茂麻呂 くらのかもまろ
生没年不詳
平安時代前期の官人。
¶平史

内蔵全成 くらのぜんせい
→内蔵全成(くらのまたなり)

内蔵縄麻呂 くらのただまろ
→内蔵縄麻呂(くらのなわまろ)

内蔵縄麻呂 くらのなわまろ
[別]内蔵忌寸縄麻呂《くらのいみきただまろ, くらのいみきなわまろ》,内蔵縄麻呂《うちのくらのなわまろ, くらのただまろ》
奈良時代の官人、歌人。
¶古代(内蔵忌寸縄麻呂 くらのいみきただまろ)，富山百(くらのただまろ 生没年不詳)，富山文(うちのくらのなわまろ)，日人(生没年不詳)，万葉(内蔵忌寸縄麻呂 くらのいみきなわまろ)

内蔵全成 くらのまたなり
生没年不詳 [別]内蔵忌寸全成《くらのいみきまたなり》,内蔵全成《くらぜんせい, くらのぜんせい》
奈良時代の官人。伊治呰麻呂の乱の征東副使。
¶朝日，古代(内蔵忌寸全成 くらのいみきまたなり)，コン改(くらのぜんせい)，コン4(くらのぜんせい)，新潮，人名(くらぜんせい)，日人

倉稚綾姫皇女 くらのわかあやひめのみこ
→倉稚綾姫皇女(くらのわかやひめのこうじょ)

倉稚綾姫皇女 くらのわかやひめのこうじょ
[別]倉稚綾姫皇女《くらのわかあやひめのみこ, くらわかあやひめのこうじょ》,稚綾姫皇女《わかあやひめのこうじょ》
上代〜飛鳥時代の女性。宣化天皇の皇女。欽明天皇の妃。
¶女性，女性(稚綾姫皇女 わかあやひめのこうじょ 生没年不詳)，人名(くらわかあやひめのこうじょ)，日人(くらのわかあやひめのみこ 生没年不詳)

倉橋有儀 くらはしありよし
元文3(1738)年6月4日〜天明4(1784)年7月24日
江戸時代中期の公家(非参議)。権大納言綾小路俊宗の次男。
¶公卿，公家(有儀〔倉橋家〕 ありよし)

倉橋部女王 くらはしべのおおきみ
→倉橋部女王(くらはしべのじょおう)

倉橋部女王 くらはしべのじょおう
[別]倉橋部女王《くらはしべのおおきみ, くらはしべのひめみこ》
奈良時代の女性。万葉歌人。
¶古代(くらはしべのおおきみ)，女性(生没年不詳)，人名(くらはしべのひめみこ)，日人(生没年不詳)，万葉(くらはしべのおおきみ)，和俳(生没年不詳)

倉橋部女王 くらはしべのひめみこ
→倉橋部女王(くらはしべのじょおう)

倉橋泰章 くらはしやすあき
貞享4(1687)年3月21日〜宝暦3(1753)年9月14日
江戸時代中期の公家(非参議)。非参議倉橋泰貞の子。
¶公卿,公家(泰章〔倉橋家〕 やすあき)

倉橋泰貞 くらはしやすさだ
寛文8(1668)年1月16日〜寛延1(1748)年10月25日
江戸時代中期の公家(非参議)。非参議倉橋泰吉の孫。
¶公卿,公家(泰貞〔倉橋家〕 やすさだ)

倉橋泰孝 くらはしやすたか
正徳5(1715)年1月22日〜寛延2(1749)年3月9日
江戸時代中期の公家(非参議)。非参議倉橋泰章の子。
¶公卿,公家(泰孝〔倉橋家〕 やすたか)

倉橋泰顕 くらはしやすてる
天保6(1835)年7月29日〜明治43(1910)年8月19日
江戸時代末期〜明治期の公家(非参議)。非参議倉橋泰聡の子。
¶維新,公卿(㉝明治43(1910)年8月),公家(泰顕〔倉橋家〕 やすてる),幕末

倉橋泰聡 くらはしやすとし
文化12(1815)年2月2日〜明治14(1881)年9月14日
江戸時代末期〜明治期の公家(非参議)。非参議倉橋泰行の子。
¶維新,公卿(㉝明治14(1881)年9月),公家(泰聡〔倉橋家〕 やすとし),国書,幕末

倉橋泰行 くらはしやすゆき
安永8(1779)年6月17日〜安政5(1858)年12月20日
江戸時代後期の公家(非参議)。非参議倉橋有儀の次男。
¶公卿,公家(泰行〔倉橋家〕 やすゆき),国書

倉橋泰吉 くらはしやすよし
慶長4(1599)年2月26日〜寛文10(1670)年9月17日
江戸時代前期の公家(非参議)。倉橋家の祖。土御門久脩の次男。
¶公卿,公家(泰吉〔倉橋家〕 やすよし)

倉見別王 くらみわけのおう
上代の稲依別王の王子。
¶人名

倉稚綾姫皇女 くらわかあやひめのこうじょ
→倉稚綾姫皇女(くらのわかやひめのこうじょ)

栗隈王 くりくまおう
? 〜天武5(676)年 ㊊栗隈王《くりくまのおおきみ,くるくまおう,くるくまのおおきみ》
飛鳥時代の王族。敏達天皇の皇孫。難波皇子の子。
¶朝日(くるくまおう ㉝天武5(676)年6月),国史,古史,古代(くるくまのおおきみ),古中,コン改(くりくまのおおきみ),コン4(くりくまのおおきみ),史人(㉝676年6月),諸系,新潮(㉝天武5(676)年6月),人名,日人

栗隈王 くりくまのおおきみ
→栗隈王(くりくまおう)

栗栖王 くりすおう
→栗栖王(くるすおう)

栗原子公 くりはらのこきみ,くりはらのこぎみ
㊊栗原勝子公《くりはらのすぐりこきみ,くりはらのすぐりこぎみ》
奈良時代の官人。
¶古代(栗原勝子公 くりはらのすぐりこきみ),神人(栗原勝子公 くりはらのすぐりこぎみ),日人(生没年不詳)

栗原年足 くりはらのとしたり
生没年不詳 ㊊栗原年足《くりはらとしたり》
奈良時代〜平安時代前期の漢学者。
¶国書(くりはらとしたり)

栗隈王 くるくまおう
→栗隈王(くりくまおう)

栗隈王 くるくまのおおきみ
→栗隈王(くりくまおう)

栗栖王 くるすおう
天武天皇11(682)年〜天平勝宝5(753)年 ㊊栗栖王《くりすおう,くるすのおおきみ》
飛鳥時代〜奈良時代の官人(非参議)。天武天皇の孫。長親王の王子。
¶朝日(㉝天平勝宝5年10月7日(753年11月6日)),公卿(くるすのおおきみ ㊐天武10(681)年 ㉝天平宝字2(758)年),古代(くるすのおおきみ),人名(くりすおう ㊐?),日人

栗栖王 くるすのおおきみ
→栗栖王(くるすおう)

黒田清子 くろださやこ
昭和44(1969)年4月18日〜 ㊊紀宮清子《のりのみやさやこ》,紀宮清子内親王《のりのみやさやこないしんのう》,清子内親王《さやこないしんのう》
昭和〜平成期の元皇族。今上天皇の第1皇女。平成17年、結婚により皇籍離脱。
¶現朝(紀宮清子 のりのみやさやこ),現日(紀宮清子 のりのみやさやこ),諸系(紀宮清子内親王 のりのみやさやこないしんのう),世紀(紀宮清子 のりのみやさやこ),日人(紀宮清子内親王 のりのみやさやこないしんのう)

黒日売(黒比売,黒媛) くろひめ
㊊吉備黒日売《きびのくろひめ》
上代の女性。仁徳天皇の妃。吉備海部直の娘。
¶朝日,岡山人(黒媛),岡山百(吉備黒日売 きびのくろひめ),岡山歴,古代(黒比売),コン改,コン4,女性,日人

黒媛 くろひめ
[別]黒媛命《くろひめのみこと》
上代の女性。履中天皇の妃。
¶諸系，女性，人名（黒媛命　くろひめのみこと），日人

黒媛命 くろひめのみこと
→黒媛（くろひめ）

細媛皇后 くわしひめのこうごう
→細媛命（くわしひめのみこと）

細媛命 くわしひめのみこと
[別]細媛皇后《くわしひめのこうごう》
上代の女性。孝霊天皇の皇后。
¶古代（細媛皇后　くわしひめのこうごう），女性，人名，日人

桑田皇女 くわたのこうじょ
生没年不詳
飛鳥時代の女性。敏達天皇の皇女。
¶女性

桑原順長 くわばらあやなが
享和3（1803）年9月15日～慶応1（1865）年8月27日
江戸時代末期の公家（正三位非参議）。権中納言桑原為顕の子。
¶公卿，公家（順長〔桑原家〕　あやなが）

桑原忠長 くわばらただなが
宝暦3（1753）年8月20日～天保6（1835）年4月22日
江戸時代中期～後期の公家（権中納言）。権大納言高辻家長の次男。
¶公卿，公家（忠長〔桑原家〕　ただなが）

桑原為顕 くわばらためあき
安永4（1775）年閏12月11日～安政2（1855）年9月10日
江戸時代後期の公家（権中納言）。権中納言桑原忠長の子。
¶公卿，公家（為顕〔桑原家〕　ためあき）

桑原為政 くわばらためまさ
文化12（1815）年6月14日～慶応1（1865）年11月28日
江戸時代末期の公家（非参議）。権中納言桑原為顕の子か。
¶維新，公卿，公家（為政〔桑原家〕　ためおさ），幕末（[没]1866年1月14日）

桑原長義 くわばらながよし
寛文1（1661）年～元文2（1737）年　[別]菅原長義《すがわらながよし》
江戸時代中期の歌人・公家（権中納言）。桑原家の祖。権大納言五条為庸の四男。
¶公卿（[生]寛文1（1661）年8月27日　[没]元文2（1737）年12月22日），公家（長義〔桑原家〕　ながよし　[生]寛文1（1661）年8月27日　[没]元文2（1737）年12月22日），国書（[生]寛文1（1661）年8月27日　[没]元文2（1737）年12月22日），諸系，人書94（菅原長義　すがわらながよし），和俳

桑原王 くわばらのおう
？～宝亀5（774）年　[別]桑原王《くわばらのおおきみ》
奈良時代の官人・王族か。
¶古代（くわばらのおおきみ），日人

桑原王 くわばらのおおきみ
→桑原王（くわばらのおう）

桑原足床 くわばらのたりとこ
[別]桑原村主足床《くわばらのすぐりたりとこ》
奈良時代の官人。
¶古代（桑原村主足床　くわばらのすぐりたりとこ），日人（生没年不詳）

桑原年足 くわばらのとしたり
[別]桑原直年足《くわばらのあたいとしたり》
奈良時代の官人。
¶古代（桑原直年足　くわばらのあたいとしたり），日人（生没年不詳）

桑原腹赤 くわばらのはらあか
→桑原腹赤（くわばらのはらか）

桑原腹赤 くわばらのはらか，くわはらのはらか
延暦8（789）年～天長2（825）年　[別]桑原腹赤《くわばらのはらあか，くわばらはらあか》，都宿禰腹赤《みやこのすくねはらか》，都腹赤《みやこのはらあか，みやこのはらか》
平安時代前期の漢詩人。秋成の子。
¶朝日（くわはらのはらか　[没]天長2年7月7日（825年7月25日）），国史，国書（くわばらはらあか　[没]天長2（825）年7月7日），古史（くわはらのはらか），古代（都宿禰腹赤　みやこのすくねはらか），古中，詩歌（くわばらのはらあか），史人（[没]825年7月7日），新潮（[没]天長2（825）年7月7日），人名（都腹赤　みやこのはらか），日人（都腹赤　みやこのはらか），平史（都腹赤　みやこのはらあか），和俳（[没]天長2（825）年7月7日）

桑原人勝 くわばらのひとかつ
[別]桑原直人勝《くわばらのあたいひとかつ》
奈良時代の官人。
¶古代（桑原直人勝　くわばらのあたいひとかつ），日人（生没年不詳）

薫子女王 くんこじょおう
天明4（1784）年～天保11（1840）年
江戸時代後期の伏見宮邦頼親王の第5王女。
¶人名

【け】

馨孔女王 けいこうじょおう
→馨子女王（けいしじょおう）

慶光天皇 けいこうてんのう
→典仁親王（すけひとしんのう）

景行天皇 けいこうてんのう
[別]大足彦忍代別尊《おおたらしひこおしろわけのみこと》
上代の第12代の天皇。垂仁天皇の子。子に成務天皇、日本武尊。
¶朝日，岩史，大分歴（生没年不詳），角史，国史，古史，古代，古中，コン改，コン4，史人，重要（生没年不詳），諸系，新潮，人名，世人，世百，全書，大百，日史，日人，百科，兵庫百，歴大

馨子女王 けいしじょおう
生没年不詳　[別]馨孔女王《けいこうじょおう》，馨子女王《けいしにょおう》
平安時代中期の王族。醍醐天皇の皇孫女。有明親王の王女。
¶女性（馨孔女王　けいこうじょおう），人名（けいしにょおう），日人

恵子女王 けいしじょおう
延長3（925）年～正暦3（992）年　[別]恵子女王《けいしにょおう，さとこじょおう》
平安時代中期の女性、歌人。代明親王の王女。藤原伊尹室。
¶国書（[没]正暦3（992）年9月27日），女性（[没]正暦3（992）年12月7日），人名（けいしにょおう　[没]？），日人，平史（さとこじょおう　[生]？），和俳（[没]正暦3（992）年12月7日）

敬子女王 けいしじょおう
生没年不詳　[別]敬子女王《けいしにょおう，たかこじょおう》
平安時代中期の女性。三条天皇の皇子敦平親王の第1王女。
¶女性，神人（けいしにょおう），人名（けいしにょおう），日人，平史（たかこじょおう）

馨子内親王 けいしないしんのう
長元2（1029）年～寛治7（1093）年　[別]馨子内親王《かおるこないしんのう》，西院皇后宮《さいいんこうごうぐう》
平安時代中期～後期の女性。後一条天皇の皇女で、後三条天皇の中宮、西院皇后。
¶朝日（[生]長元2年2月2日（1029年2月17日）　[没]寛治7年9月4日（1093年9月26日）），国史，国書（西院皇后宮　さいいんこうごうぐう　[生]長元2（1029）年2月2日　[没]寛治7（1093）年9月4日），古中，史人（[生]1029年2月2日　[没]1093年9月4日），諸系，女性（[生]長元2（1029）年2月2日　[没]寛治7（1093）年9月4日），神人，新潮（[生]長元2（1029）年2月2日　[没]寛治7（1093）年9月4日），人名，日人，平史（かおるこないしんのう）

慶子内親王 けいしないしんのう
延喜3（903）年～延喜23（923）年　[別]慶子内親王《よしこないしんのう》
平安時代中期の女性。醍醐天皇の第4皇女。
¶女性（[没]延喜23（923）年2月19日），人名，日人，平史（よしこないしんのう）

慧子内親王 けいしないしんのう
？～元慶5（881）年　[別]恵子内親王《さとこないしんのう》，慧子内親王《あきらけいこないしんのう》
平安時代前期の女性。文徳天皇の皇女。
¶朝日（[没]元慶5年1月6日（881年2月8日）），国史，古代（恵子内親王　さとこないしんのう），古代，古中，女性（[没]元慶5（881）年1月6日），新潮（[没]元慶5（881）年1月6日），人名，日人（恵子内親王　さとこないしんのう），平史（あきらけいこないしんのう）

掲子内親王 けいしないしんのう
？～延喜14（914）年　[別]掲子内親王《ながこないしんのう》
平安時代前期～中期の女性。文徳天皇の皇女、伊勢斎宮。
¶女性（[没]延喜14（914）年2月23日），神人，人名，日人，平史（ながこないしんのう）

繋子内親王(1) けいしないしんのう
→繁子内親王(1)（はんしないしんのう）

繋子内親王(2) けいしないしんのう
→繁子内親王(2)（はんしないしんのう）

瓊子内親王 けいしないしんのう
→瓊子内親王（たまこないしんのう）

馨子女王 けいしにょおう
→馨子女王（けいしじょおう）

恵子女王 けいしにょおう
→恵子女王（けいしじょおう）

敬子女王 けいしにょおう
→敬子女王（けいしじょおう）

啓仁親王 けいじんしんのう
建治2（1276）年～弘安1（1278）年
鎌倉時代後期の亀山天皇の第8皇子。
¶人名

景仁親王 けいじんしんのう
正和4（1315）年～？
鎌倉時代後期の後伏見天皇の第5皇子。
¶人名

継体天皇 けいたいてんのう
？～継体25（531）年　[別]男大迹王《おおどのおう》
上代の第26代の天皇。応神天皇の5世孫。
¶朝日（生没年不詳），石川百，岩史（[生]450年？　[没]継体25（531）年2月7日），角史（生没年不詳），郷土福井（[生]450年），国史，古史（生没年不詳），古代，古中（[生]450年），コン改（[没]531年，（異説）534年），コン4（[没]531年，（異説）534年），史人，重要（生没年不詳），諸系，新潮，人名，姓氏京都（[生]450年），世人，世百，全書，大百，伝記，日史，日人，百科，福井百（生没年不詳），歴大（[生]450年）

刑部親王 けいぶしんのう
→刑部親王（おさかべしんのう）

敬法門院 **けいほうもんいん**
明暦3（1657）年12月30日～享保17（1732）年
[別]藤原宗子《ふじわらのむねこ》
江戸時代前期～中期の女性。霊元天皇の宮人、東山天皇の生母。
¶朝日（[生]明暦3年12月30日（1658年2月2日）[没]享保17年8月30日（1732年10月18日）），国書（[没]享保17（1732）年8月30日），女性（[没]享保17（1732）年8月30日），人名，日人（[生]1658年）

慶頼王 **けいらいおう**
→慶頼王（よしよりおう）

気入彦命 **けいりひこのみこと**
上代の景行天皇の皇子。
¶古代，人名，日人

月華門院（月花門院） **げっかもんいん**
宝治1（1247）年10月9日～文永6（1269）年3月1日
[別]綜子内親王《そうしないしんのう》
鎌倉時代前期の女性。後嵯峨天皇の第1皇女。
¶鎌室，国書（月花門院），女性，人名，日人（月花門院）

月江宗澄 **げっこうそうちょう**
→宗澄女王（そうちょうじょおう）

潔子内親王 **けっしないしんのう，けつしないしんのう**
治承3（1179）年～？　[別]潔子内親王《きよこないしんのう》
平安時代後期～鎌倉時代前期の女性。高倉天皇の第3皇女。
¶女性（きよこないしんのう　生没年不詳），女性（[生]治承3（1179）年4月18日），人名（けつしないしんのう），日人，平史（きよこないしんのう）

彦胤親王 **げんいんしんのう**
→彦胤入道親王（げんいんにゅうどうしんのう）

彦胤入道親王 **げんいんにゅうどうしんのう**
永正6（1509）年～天文9（1540）年　[別]寛恒親王《ひろつねしんのう》，彦胤親王《げんいんしんのう》，彦胤法親王《げんいんほうしんのう》
戦国時代の後柏原天皇の第6皇子。
¶国書（彦胤親王　げんいんしんのう　[没]天文9（1540）年5月7日），人名（彦胤法親王　げんいんほうしんのう），日人

彦胤法親王 **げんいんほうしんのう**
→彦胤入道親王（げんいんにゅうどうしんのう）

源雲 **げんうん**
鎌倉時代前期の雅成親王の王子。後鳥羽天皇の皇孫。
¶人名，日人（生没年不詳）

玄円法親王 **げんえんほうしんのう**
？～正平3/貞和4（1348）年　[別]玄円《げんえん》
鎌倉時代後期～南北朝時代の僧。後醍醐天皇の皇子。
¶国書（玄円　げんえん　生没年不詳），人名，日人，仏教（玄円　げんえん　[没]貞和4/正平3（1348）年7月27日）

玄輝門院 **げんきもんいん**
寛元4（1246）年～元徳1（1329）年　[別]藤原愔子《ふじわらいんし，ふじわらのいんし》
鎌倉時代後期の女性。後深草天皇の宮人、伏見天皇の生母。
¶鎌室，諸系，女性（[没]元徳1（1329）年8月30日），人名，日人

源光 **げんこう**
→源光（みなもとのひかる）

源三位頼政 **げんざんみよりまさ**
→源頼政（みなもとのよりまさ）

兼子女王 **けんしじょおう**
[別]兼子女王《かねこじょおう，けんしにょおう》
平安時代前期の女性。清和天皇の女御。
¶女性（かねこじょおう　生没年不詳），女性，人名（けんしにょおう），日人（生没年不詳）

研子女王 **けんしじょおう**
生没年不詳　[別]研子女王《けんしにょおう》
平安時代中期の女性。醍醐天皇の皇子克明親王の王女。
¶女性，人名（けんしにょおう），日人

賢子女王 **けんしじょおう**
→賢子女王（さとこじょおう）

元子女王 **げんしじょおう**
生没年不詳　[別]元子女王《げんしにょおう，もとこじょおう》
平安時代前期の女性。仁明天皇の皇子一品式部卿本康親王の二女、伊勢斎宮。
¶女性，人名（げんしにょおう），日人，平史（もとこじょおう）

厳子女王 **げんしじょおう**
？～長和3（1014）年　[別]厳子女王《げんしにょおう，たけこじょおう》
平安時代中期の女性。醍醐天皇の皇子代明親王の三女。
¶女性（生没年不詳），人名（げんしにょおう），日人，平史（たけこじょおう　生没年不詳）

憲子内親王 **けんしないしんのう**
→新宣陽門院（しんせんようもんいん）

見子内親王 **けんしないしんのう**
生没年不詳
南北朝時代の女性。後光厳天皇の皇女。
¶女性，人名，日人

顕子内親王 **けんしないしんのう**
→顕子内親王（あきこないしんのう）

妍子内親王(1) **けんしないしんのう**
寛仁3（1019）年～承徳2（1098）年
平安時代中期～後期の女性。敦明親王の王女。
¶日人

姸子内親王(2)（研子内親王）　**けんしないしんのう**
？　～応保1（1161）年　[別]姸子内親王《きよこないしんのう》
平安時代後期の女性。鳥羽天皇の第3皇女。
¶朝日（[没]応保1年10月3日（1161年10月23日）），鎌室，女性（研子内親王　[没]応保1（1161）年10月3日），新潮（[没]応保1（1161）年10月3日），人名（研子内親王），日人，平史（きよこないしんのう）

娟子内親王　**けんしないしんのう**
長元5（1032）年～康和5（1103）年　[別]娟子内親王《よしこないしんのう》
平安時代中期～後期の女性。後朱雀天皇の第2皇女。
¶朝日（[生]長元5年9月13日（1032年10月19日）　[没]康和5年3月12日（1103年4月20日）），国史，古中，諸系，女性（[生]長元5（1032）年9月13日　[没]康和5（1103）年3月12日），新潮（[生]長元5（1032）年9月13日　[没]康和5（1103）年3月12日），人名，日人，平史（よしこないしんのう）

兼子女王　**けんしにょおう**
→兼子女王（けんしじょおう）

研子女王　**けんしにょおう**
→研子女王（けんしじょおう）

元子女王　**げんしにょおう**
→元子女王（げんしじょおう）

厳子女王　**げんしにょおう**
→厳子女王（げんしじょおう）

元秀女王　**げんしゅうじょおう**
元禄9（1696）年7月3日～宝暦2（1752）年6月7日　[別]元秀女王《げんしゅうにょおう》，松嶺玄秀尼《しょうれいげんしゅうに》
江戸時代中期の女性。霊元天皇の皇子代明親王の三女。
¶女性，人名（げんしゅうにょおう），日人，仏教（松嶺玄秀尼　しょうれいげんしゅうに）

元秀女王　**げんしゅうにょおう**
→元秀女王（げんしゅうじょおう）

建春門院　**けんしゅんもんいん**
康治1（1142）年～安元2（1176）年　[別]平滋子《たいらしげこ，たいらのしげこ，たいらのじし》
平安時代後期の女性。後白河上皇の女御。高倉天皇の生母。
¶朝日（[没]安元2年7月8日（1176年8月14日）），岩史（[没]安元2（1176）年7月8日），角史，鎌室，京都，京都大，国史，古史（平滋子　たいらのしげこ），古中，コン改（平滋子　たいらのしげこ），コン4（平滋子　たいらのしげこ），史人（[没]1176年7月8日），諸系，女性（[没]安元2（1176）年7月8日），新潮（[没]安元2（1176）年7月8日），人名，姓氏京都，世人（平滋子　たいらのしげこ　[没]安元2（1176）年7月8日），全書（平滋子　たいらのしげこ），大百（平滋子　たいらのしげこ），日人，平史（平滋子　たいらのしげこ），歴大

源承　**げんしょう**
元仁1（1224）年～＊
鎌倉時代後期の歌人、藤原為家の子、比叡山の僧、法眼。
¶朝日（[没]嘉元1（1303）年以後），国書（[没]？），日人（[没]？），和俳（[没]嘉元1（1303）年以後）

元昌女王　**げんしょうじょおう**
寛永14（1637）年～寛文2（1662）年　[別]元昌女王《げんしょうにょおう》
江戸時代前期の女性。後水尾天皇の第9皇女。
¶女性（[生]寛永14（1637）年9月25日　[没]寛文2（1662）年9月5日），人名（げんしょうにょおう），日人

元敞女王　**げんしょうじょおう**
寛延3（1750）年～寛政9（1797）年　[別]元敞女王《げんしょうにょおう》，博山女王《はくさんじょおう》
江戸時代中期～後期の女性。閑院宮直仁親王の第7王女。
¶女性（[生]寛延3（1750）年7月12日　[没]寛政9（1797）年2月15日），女性（博山女王　はくさんじょおう　[没]寛政9（1797）年12月15日），人名（げんしょうにょおう），日人（[没]1798年），日人（博山女王　はくさんじょおう　[没]1798年）

元正天皇　**げんしょうてんのう**
天武9（680）年～天平20（748）年　[別]飯高皇女《いいたかのひめみこ》
奈良時代の第44代の天皇（女帝、在位715～724）。
¶朝日（[没]天平20年4月21日（748年5月22日）），岩史（[没]天平20（748）年4月21日），角史，国史，国書（[没]天平20（748）年4月21日），古史，古代，古中，コン改，コン4，詩歌（[生]690年），史人（[没]748年4月21日），重要（[没]天平20（748）年4月21日），諸系，女性（[生]天武8（679）年　[没]天平20（748）年4月21日），新潮（[没]天平20（748）年4月21日），人名，世人，世百，全書，大百，日史（[没]天平20（748）年4月21日），日人，百科，万葉，歴大，和俳（[没]天平20（748）年4月21日）

源性入道親王　**げんしょうにゅうどうしんのう**
嘉暦2（1327）年～正平8/文和2（1353）年　[別]源性《げんしょう》
南北朝時代の花園天皇の皇子。
¶鎌室，人名，日人，仏教（源性　げんしょう　[没]文和2/正平8（1353）年1月29日）

元昌女王　**げんしょうにょおう**
→元昌女王（げんしょうじょおう）

元敞女王　**げんしょうにょおう**
→元敞女王（げんしょうじょおう）

顕親門院　**けんしんもんいん**
文永2（1265）年～延元1/建武3（1336）年　[別]藤原季子《ふじわらきし，ふじわらのすえこ》
鎌倉時代後期～南北朝時代の女性。伏見天皇の宮人。花園天皇の生母。

¶鎌室，国書（[没]建武3（1336）年2月12日），諸系，女性（[没]建武3（1336）年2月13日），人名，日人

元選 げんせん
→無文元選（むもんげんせん）

顕宗天皇 けんぞうてんのう，けんそうてんのう
允恭39（450）年～顕宗3（487）年4月25日 [別]弘計皇子《おけのおうじ》，弘計天皇《おけのすめらみこと》，弘計王《おけおう，おけのおう》
上代の第23代の天皇。市辺押磐皇子の子。仁賢天皇（億計王）の弟。
¶朝日（生没年不詳），岩史（生没年不詳），角史，国史，国書（けんそうてんのう），古史，古代，古中，コン改（けんそうてんのう），コン4（けんそうてんのう），史人，重要（けんそうてんのう 生没年不詳），諸系，新潮，人名（けんそうてんのう），世人（けんそうてんのう），全書（けんそうてんのう 生没年不詳），大百（けんそうてんのう），日史，日人，百科（億計天皇・弘計天皇 おけのすめらみこと・おけのすめらみこと），兵庫百（億計皇子・弘計皇子 おけのおうじをけのおうじ），歴大（生没年不詳）

謙徳公 けんとくこう
→藤原伊尹（ふじわらのこれただ）

顕日 けんにち
→高峰顕日（こうほうけんにち）

元明天皇 げんみょうてんのう
→元明天皇（げんめいてんのう）

元明天皇 げんめいてんのう
斉明天皇7（661）年～養老5（721）年 [別]元明天皇《げんみょうてんのう》
飛鳥時代～奈良時代の第43代の天皇（女帝、在位707～715）。
¶朝日（[没]養老5年12月7日（721年12月29日）），岩史（[没]養老5（721）年12月7日），角史，郷土奈良，京都府，国史，国書（[没]養老5（721）年12月7日），古史，古代，古中，コン改，コン4，詩歌（げんみょうてんのう），史人（[没]721年12月7日），重要（[没]養老5（721）年12月7日），諸系，女性（[没]養老5（721）年12月7日），新潮（[没]養老5（721）年12月7日），人名（げんみょうてんのう），世人，世百（[生]660年），全書，大百，日史（[没]養老5（721）年12月7日），日人，百科，万葉，歴大，和俳（[没]養老5（721）年12月7日）

元瑤内親王 げんようないしんのう
→光子内親王(2)（みつこないしんのう）

建礼門院 けんれいもんいん
久寿2（1155）年～建保1（1213）年12月13日 [別]平徳子《たいらとくこ，たいらのとくこ，たいらのとくし，たいらののりこ》
平安時代後期～鎌倉時代前期の女性。平清盛の第2女。高倉天皇の中宮、安徳天皇の生母。
¶朝日（[没]建保1年12月13日（1214年1月25日）），角史，鎌室（[生]保元2（1157）年？），京都，京都大，国史，古史（平徳子 たいらのとくこ [没]1223年？），古中，コン改，コン4，史人，重要（平徳子 たいらのとくこ），諸系（[没]1214年），女性，新潮，人名，姓氏京都，世人，世百（平徳子 たいらのとくこ [生]1157年），全書（平徳子 たいらのとくこ），大百（平徳子 たいらのとくこ），伝記（平徳子 たいらのとくこ [生]1157年？），日史，日人（[没]1214年），百科，平史（平徳子 たいらののりこ [没]？），歴大

【こ】

小石姫皇女 こいしひめのこうじょ
→小石姫皇女（おいしひめのおうじょ）

小一条院 こいちじょういん
→敦明親王（あつあきらしんのう）

後一条天皇 ごいちじょうてんのう
寛弘5（1008）年～長元9（1036）年
平安時代中期の第68代の天皇（在位1016～1036）。一条天皇の第2皇子。母は藤原道長の娘中宮彰子。
¶朝日（[生]寛弘5年9月11日（1008年10月12日） [没]長元9年4月17日（1036年5月15日）），岩史（[生]寛弘5（1008）年9月11日 [没]長元9（1036）年4月17日），角史，京都大，国史，古史，古中，コン改，コン4，史人（[生]1008年9月11日 [没]1036年4月17日），重要（[生]寛弘5（1008）年9月11日 [没]長元9（1036）年4月17日），諸系，新潮（[生]寛弘5（1008）年9月11日 [没]長元9（1036）年4月17日），人名，姓氏京都，世人，全書，大百，日史（[生]寛弘5（1008）年9月11日 [没]長元9（1036）年4月17日），日人，平史，歴大

小一条局 こいちじょうのつぼね
→庭田秀子（にわたひでこ）

興 こう
→倭王興（わおうこう）

孝安天皇 こうあんてんのう
[別]日本足彦国押人尊《やまとたらしひこくにおしひとのみこと》
上代の第6代の天皇。日本足彦国押人天皇。
¶朝日，国史，古史，古代，古中，コン改，コン4，史人，重要（生没年不詳），諸系，新潮，人名，世人（生没年不詳），全書，大百，日史，日人，歴大

興意親王 こういしんのう
→興意法親王（こういほうしんのう）

興意法親王 こういほうしんのう
天正4（1576）年～元和6（1620）年 [別]興意《こうい》，興意親王《こういしんのう》，興意法親王《こういほっしんのう》
安土桃山時代～江戸時代前期の誠仁親王の第5王子。母は新上東門院晴子。
¶朝日（こういほっしんのう [生]天正4年10月12日（1576年11月2日） [没]元和6年10月7日（1620年11月1日）），近世（こういほっしんのう），国史（こういほっしんのう），国書（興意親王 こ

ういしんのう　[生]天正4(1576)年10月12日　[没]元和6(1620)年10月7日)，人名，戦人(こういほっしんのう)，日人，仏教(興意　こうい　[没]元和6(1620)年10月7日)

興胤　こういん
応永1(1394)年～正長1(1428)年
室町時代の僧。常磐井宮満仁親王の王子。亀山天皇の裔。
¶鎌室，人名([生]1393年)，日人，仏教([没]正長1(1428)年5月27日)

耕雲　こううん
→花山院長親(かざんいんながちか)

恒雲親王　こううんしんのう
[別]恒雲法親王《こううんほうしんのう》
鎌倉時代後期の亀山天皇の皇子。
¶国書(生没年不詳)，人名(恒雲法親王　こううんほうしんのう)

恒雲法親王　こううんほうしんのう
→恒雲親王(こううんしんのう)

恒恵　ごうえ,こうえ
平治1(1159)年～建永1(1206)年
平安時代後期～鎌倉時代前期の天台宗の僧。後白河天皇の皇子。円満院門跡。
¶人名(こうえ)，日人，仏教([没]建永1(1206)年4月29日)，平史(こうえ)

高栄女王　こうえいじょおう
寛文1(1661)年～享保7(1722)年　[別]高栄女王《こうえいにょおう》
江戸時代前期～中期の女性。後西天皇の第4皇女。
¶女性([生]寛文1(1661)年7月1日　[没]享保7(1722)年2月26日)，人名(こうえいにょおう)，日人

高栄女王　こうえいにょおう
→高栄女王(こうえいじょおう)

公延入道親王　こうえんにゅうどうしんのう
宝暦12(1762)年～享和3(1803)年　[別]公延《こうえん》,公延法親王《こうえんほうしんのう》
江戸時代後期の天台宗の僧。閑院宮典仁親王の第4王子。天台座主215世。
¶人名(公延法親王　こうえんほうしんのう)，日人，仏教(公延　こうえん　[生]宝暦12(1762)年11月29日　[没]享和3(1803)年5月27日)

公延法親王　こうえんほうしんのう
→公延入道親王(こうえんにゅうどうしんのう)

洪蔭　こうおん
室町時代の伏見宮栄仁親王の王子。
¶人名

高覚女王　こうかくじょおう
→幾子女王(いくこじょおう)

高岳親王　こうがくしんのう
→真如(しんにょ)

光格天皇　こうかくてんのう
明和8(1771)年8月15日～天保11(1840)年
江戸時代後期の第119代の天皇(在位1779～1817)。閑院宮典仁親王の第6皇子、祐宮。
¶朝日([生]明和8年8月15日(1771年9月23日)　[没]天保11年11月19日(1840年12月12日))，岩史([没]天保11(1840)年11月19日)，角史，京都([生]寛延1(1748)年)，京都大([生]寛延1(1748)年)，近世，国史，国書([没]天保11(1840)年11月19日)，コン改，コン4，史人([没]1840年11月19日)，重要([没]天保11(1840)年11月19日)，諸系，新潮([没]天保11(1840)年11月19日)，人名，姓氏京都，世人，全書，大百，日史([没]天保11(1840)年11月19日)，日人，百科，歴大

高覚女王　こうかくにょおう
→幾子女王(いくこじょおう)

弘覚法親王　こうかくほうしんのう
生没年不詳
鎌倉時代後期～南北朝時代の邦良親王の第5王子。
¶日人

皇嘉門院　こうかもんいん
保安2(1121)年～養和1(1181)年　[別]藤原聖子《ふじわらせいし,ふじわらのきよこ,ふじわらのせいし》
平安時代後期の女性。崇徳天皇の中宮。
¶朝日([生]保安3(1122)年　[没]養和1年12月5日(1182年1月11日))，鎌室，国史([生]1122年)，国書([生]保安3(1122)年　[没]養和1(1181)年12月5日)，古史([生]1122年)，古中([生]1122年)，コン改(藤原聖子　ふじわらのせいし)，コン4(藤原聖子　ふじわらのせいし)，史人([没]1181年12月5日)，諸系([没]1182年)，女性([没]養和1(1181)年12月)，新潮([没]養和1(1181)年12月4日)，人名，姓氏京都([生]1122年)，世人，全書(藤原聖子　ふじわらのせいし　[生]1122年？)，日史([没]養和1(1181)年12月5日)，日人([没]1182年)，百科，平史(藤原聖子　ふじわらのきよこ　[生]1122年)，歴大

公寛親王　こうかんしんのう
→公寛入道親王(こうかんにゅうどうしんのう)

公寛入道親王　こうかんにゅうどうしんのう
元禄10(1697)年2月21日～元文3(1738)年3月15日　[別]公寛《こうかん》,公寛親王《こうかんしんのう》,公寛法親王《こうかんほうしんのう》
江戸時代中期の天台宗の僧。東山天皇の第3皇子。天台座主198・201世。
¶国書(公寛親王　こうかんしんのう)，人名(公寛法親王　こうかんほうしんのう)，日人，仏教(公寛　こうかん)

公寛法親王　こうかんほうしんのう
→公寛入道親王(こうかんにゅうどうしんのう)

広義門院　こうぎもんいん
正応5(1292)年～延文2(1357)年閏7月22日
[別]西園寺寧子《さいおんじねいし》,藤原寧子《ふじわらねいし,ふじわらのねいし》

鎌倉時代後期～南北朝時代の女性。後伏見上皇の女御。

¶朝日（[没]延文2/正平12年閏7月22日（1357年9月6日）），岩史，角史，鎌室，国史，国書，古中，コン改（[生]正応4（1291）年），コン4，史人，諸系，女性，新潮，人名，姓氏京都，日史，日人，百科，歴大

皇極天皇　こうぎょくてんのう

推古2（594）年～斉明天皇7（661）年　[別]斉明天皇《さいめいてんのう》，天豊財重日足姫尊《あめとよたからいかしひたらしひめのみこと》，宝皇女《たからのおうじょ，たからのこうじょ》

飛鳥時代の第35代の天皇（女帝、在位642～645）。のち重祚して斉明天皇（37代。在位655～661）。舒明天皇の皇后だった。

¶朝日（[生]推古2（594）年？　[没]斉明7年7月24日（661年8月24日）），岩史（[生]？　[没]斉明7（661）年7月24日），角史，角史（斉明天皇　さいめいてんのう），国史，国書（斉明天皇　さいめいてんのう　[生]推古2（594）年？　[没]斉明7（661）年7月24日），古史（斉明天皇　さいめいてんのう），古代，古中（[生]？），コン改，コン4，史人（[没]661年7月24日），重要（[没]斉明7（661）年7月24日），諸系，諸系（斉明天皇　さいめいてんのう），女性（[没]斉明7（661）年7月24日），人情1（斉明天皇　さいめいてんのう　[生]？），新潮（[没]斉明7（661）年7月24日），人名（斉明天皇　さいめいてんのう　[生]？），世人（斉明天皇　さいめいてんのう　[没]斉明7（661）年7月24日），世百（[生]594年？），全書，全書（斉明天皇　さいめいてんのう），大百，大百（斉明天皇　さいめいてんのう），日史（[生]推古2（594）年？　[没]斉明7（661）年7月24日），日人，日人（斉明天皇　さいめいてんのう），百科（[生]推古2（594）年？），福岡百（斉明天皇　さいめいてんのう　[生]？　[没]斉明7（661）年7月24日），万葉，歴大，和歌山人（斉明天皇　さいめいてんのう）

公啓親王　こうけいしんのう

→公啓入道親王（こうけいにゅうどうしんのう）

公啓入道親王　こうけいにゅうどうしんのう

享保17（1732）年3月18日～明和9（1772）年7月16日　[別]寛義親王《ひろよししんのう》，公啓《こうけい》，公啓親王《こうけいしんのう》，公啓法親王《こうけいほうしんのう》

江戸時代中期の天台宗の僧。閑院宮直仁親王の第2王子。天台座主210世。

¶国書（公啓親王　こうけいしんのう），人名（公啓法親王　こうけいほうしんのう），日人，仏教（公啓　こうけい　[没]明和9（1772）年7月16日，（異説）6月25日？）

公啓法親王　こうけいほうしんのう

→公啓入道親王（こうけいにゅうどうしんのう）

高厳院　こうげんいん

→顕子女王（あきこじょおう）

孝謙天皇　こうけんてんのう

養老2（718）年～宝亀1（770）年　[別]高野天皇《たかののてんのう》，称徳天皇《しょうとくてんのう》

奈良時代の第46代の天皇（女帝、在位749～758）。のち重祚して称徳天皇（第48代。在位764～770）。

¶朝日（[没]宝亀1年8月4日（770年8月28日）），岩史（[没]神護景雲4（770）年8月4日），角史（称徳天皇　しょうとくてんのう），国史，国書（[没]神護景雲4（770）年8月4日），古史（称徳天皇　しょうとくてんのう），古代，古中，コン改，コン4，詩歌，滋賀百，史人（[没]770年8月4日），重要（[没]宝亀1（770）年8月4日），諸系，諸系（称徳天皇　しょうとくてんのう），女性（[没]神護景雲4（770）年8月4日），新潮（[没]宝亀1（770）年8月4日），人名（称徳天皇　しょうとくてんのう），世人（称徳天皇　しょうとくてんのう　[没]宝亀1（770）年8月4日），世百，全書，全書（称徳天皇　しょうとくてんのう），大百，大百（称徳天皇　しょうとくてんのう），日史（[没]宝亀1（770）年8月4日），日人，日人（称徳天皇　しょうとくてんのう），百科，仏教（称徳天皇　しょうとくてんのう　[没]神護景雲4（770）年8月4日），万葉，歴大，和歌山人（称徳天皇　しょうとくてんのう）

孝元天皇　こうげんてんのう

[別]大日本根子彦国牽尊《おおやまとねこひこくにくるのみこと》

上代の第8代の天皇。大日本根子彦国牽天皇。

¶朝日，国史，古史，古代，古中，コン改，コン4，史人，重要（生没年不詳），諸系，新潮，人名，世人，全書，大百，日史，日人，歴大

高元度　こうげんど

生没年不詳

奈良時代の官人。

¶朝日，石川百，国史，古史，古代，古中，コン改，コン4，史人，新潮，人名，姓氏石川，日史，日人，歴大

恒弘親王　ごうこうしんのう

→恒弘法親王（ごうこうほうしんのう）

光孝天皇　こうこうてんのう

天長7（830）年～仁和3（887）年　[別]時康親王《ときやすしんのう》，小松帝《こまつのみかど》，小松の帝《こまつのみかど》

平安時代前期の第58代の天皇（在位884～887）。仁明天皇の子。

¶朝日（[没]仁和3年8月26日（887年9月17日）），岩史（[没]仁和3（887）年8月26日），角史，京都大，国史，国書（[没]仁和3（887）年8月26日），古史，古代，古中，コン改，コン4，詩歌，史人（[没]887年8月26日），重要（[没]仁和3（887）年8月26日），諸系，新潮（[没]仁和3（887）年8月26日），人名，姓氏京都，姓氏群馬（時康親王　ときやすしんのう），世人，全書，大百，日史（[没]仁和3（887）年8月26日），日人，平史，歴大，和俳（[没]仁和3（887）年8月26日）

皇后良子　こうごうながこ

→香淳皇后（こうじゅんこうごう）

恒弘法親王　ごうこうほうしんのう，こうこうほうしん

こ

のう
永享3(1431)年～永正6(1509)年　[別]恒弘《こうこう, ごうこう》, 恒弘親王《ごうこうしんのう》, 恒弘法親王《こうこうほうしんのう, こうこうほっしんのう》
室町時代～戦国時代の東大寺別当。常磐井宮直仁親王の王子。
¶鎌室(こうこうほっしんのう), 国書(恒弘親王　ごうこうしんのう　[没]永正6(1509)年閏8月8日), 諸系, 人名(こうこうほうしんのう), 戦人(恒弘　こうこう), 日人, 仏教(恒弘　ごうこう　[没]永正6(1509)年8月8日)

皇后美智子　こうごうみちこ
昭和9(1934)年10月20日～　[別]皇太子妃美智子《こうたいしひみちこ》, 美智子《みちこ》, 美智子皇后《みちここうごう》, 美智子妃殿下《みちこひでんか》
昭和～平成期の皇族。皇后、日本赤十字社名誉総裁。明仁皇太子とご結婚、のち皇后。歌集、童話絵本、児童詩などが出版される。
¶郷土群馬(皇太子妃美智子　こうたいしひみちこ), 群馬人(美智子妃殿下　みちこひでんか), 現朝, 現情(美智子　みちこ), 現人(皇太子妃美智子　こうたいしひみちこ), 現日(皇太子妃美智子　こうたいしひみちこ　[生]1934年10月10日), 児人(美智子　みちこ), 新潮, 世紀, 全書(美智子　みちこ), 大百(美智子　みちこ), 日人, 履歴(美智子皇后　みちここうごう), 履歴2(美智子皇后　みちここうごう)

光厳院(1)　こうごんいん
→光厳天皇(こうごんてんのう)

光厳院(2)　こうごんいん
→顕子女王(あきこじょおう)

光厳天皇　こうごんてんのう
正和2(1313)年～正平19/貞治3(1364)年　[別]光厳院《こうごんいん》, 量仁親王《かずひとしんのう》
南北朝時代の北朝初代の天皇(在位1331～1333)。後伏見天皇の第1皇子。
¶朝日([生]正和2年7月9日(1313年8月1日)　[没]貞治3/正平19年7月7日(1364年8月5日)), 岩史([生]正和2(1313)年7月9日　[没]貞治3(1364)年7月7日), 角史, 鎌室, 京都, 京都大, 京都府, 国史, 国書([生]正和2(1313)年7月9日　[没]貞治3(1364)年7月7日), 古中, コン改, コン4, 詩歌, 史人([生]1313年7月9日　[没]1364年7月7日), 重要([生]正和2(1313)年7月9日　[没]正平19/貞治3(1364)年7月7日), 諸系, 人書94, 新潮([生]正和2(1313)年7月　[没]貞治3/正平19(1364)年7月7日), 人名, 姓氏京都, 世人([没]正平19/貞治3(1364)年7月7日), 世百(光厳院　こうごんいん), 全書, 大百, 日史([生]正和2(1313)年7月9日　[没]貞治3/正平19(1364)年7月7日), 日人, 百科, 仏教([生]正和2(1313)年7月9日　[没]貞治3/正平19(1364)年7月7日), 歴大, 和俳([没]貞治3/正平19(1364)年7月7日)

璜子内親王　こうしないしんのう
→章徳門院(しょうとくもんいん)

光子内親王　こうしないしんのう
→光子内親王(2)(みつこないしんのう)

功子内親王　こうしないしんのう
安元2(1176)年～?　[別]功子内親王《ことこないしんのう》
平安時代後期の女性。高倉天皇の第1皇女。
¶朝日, 鎌室, 女性([生]安元2(1176)年3月30日), 新潮, 人名([生]?　[没]1176年), 日人, 平史(ことこないしんのう　[生]1175年)

好子内親王　こうしないしんのう
?　～建久3(1192)年　[別]好子内親王《よしこないしんのう》
平安時代後期の女性。後白河天皇の第2皇女。
¶鎌室(よしこないしんのう), 女性([没]建久3(1192)年7月), 女性(よしこないしんのう　[没]建久3(1192)年7月), 人名(よしこないしんのう), 日人, 平史(よしこないしんのう)

孝子内親王　こうしないしんのう
→礼成門院(2)(れいせいもんいん)

幸子内親王　こうしないしんのう
生没年不詳
南北朝時代の女性皇族。後醍醐天皇の皇女か。
¶国書

康子内親王　こうしないしんのう
→康子内親王(やすこないしんのう)

高志内親王　こうしないしんのう
→高志内親王(こしないしんのう)

恒寂　こうじゃく, ごうじゃく
→恒貞親王(つねさだしんのう)

香淳皇后　こうじゅんこうごう
明治36(1903)年3月6日～平成12(2000)年6月16日　[別]久邇宮良子《くにのみやながこ》, 皇后良子《こうごうながこ》, 皇太后良子《こうたいごうながこ》, 良子《ながこ》, 良子女王《ながこじょおう》
大正～平成期の皇族。昭和天皇の皇后。久邇宮邦彦親王の第1王女で名は良子。2男5女を出産。日本画を趣味とし「桃園画集」を出版。各種行事にご出席、国際親善にも貢献。
¶現朝(皇太后良子　こうたいごうながこ), 現情(良子　ながこ), 現人(皇后良子　こうごうながこ), 現日(皇后良子　こうごうながこ), 諸系, 女史, 新潮(皇太后良子　こうたいごうながこ), 世紀, 全書(良子　ながこ), 大百(良子　ながこ), 日人, 履歴, 履歴2

公遵親王　こうじゅんしんのう
→公遵入道親王(こうじゅんにゅうどうしんのう)

公遵入道親王　こうじゅんにゅうどうしんのう
享保7(1722)年1月3日～天明8(1788)年3月25日　[別]公遵《こうじゅん》, 公遵親王《こうじゅんしんのう》, 公遵法親王《こうじゅんほうしんのう》

江戸時代中期～後期の天台宗の僧。中御門天皇の第2皇子。天台座主205・208世。
¶国書(公遵親王　こうじゅんしんのう), 人名(公遵法親王　こうじゅんほうしんのう), 日人, 仏教(公遵　こうじゅん)

公遵法親王 こうじゅんほうしんのう
→公遵入道親王(こうじゅんにゅうどうしんのう)

恒性 こうしょう
→恒性皇子(つねなりおうじ)

孝昭天皇 こうしょうてんのう
[別]観松彦香殖稲尊《みまつひこかえしねのみこと》
上代の第5代の天皇。懿徳天皇と天豊津媛命の子。
¶朝日, 国史, 古史, 古代, 古中, コン改, コン4, 史人, 重要(生没年不詳), 諸系, 新潮, 人名, 世人, 全書, 大百, 日史, 日人, 歴大

公紹入道親王 こうしょうにゅうどうしんのう
文化12(1815)年～*
江戸時代後期の有栖川宮第7代韶仁親王の第3王子。
¶人名([没]1845年), 日人([没]1846年)

公璋入道親王 こうしょうにゅうどうしんのう
宝暦10(1760)年～安永5(1776)年　[別]公璋《こうしょう》, 公璋法親王《こうしょうほうしんのう》
江戸時代中期の天台宗の僧。閑院宮典仁親王(慶光天皇)の王子。
¶人名(公璋法親王　こうしょうほうしんのう), 日人, 仏教(公璋　こうしょう　[生]宝暦10(1760)年2月14日　[没]安永5(1776)年7月10日)

公璋法親王 こうしょうほうしんのう
→公璋入道親王(こうしょうにゅうどうしんのう)

恒助親王 こうじょしんのう
→恒助法親王(1)(こうじょほうしんのう)

弘助法親王 こうじょほうしんのう
天授4/永和4(1378)年～？
室町時代の崇光院の皇子。
¶人名, 日人

恒助法親王(1) こうじょほうしんのう
正応4(1291)年～延慶3(1310)年　[別]恒助親王《こうじょしんのう》, 恒助法親王《こうじょほっしんのう》
鎌倉時代後期の天台宗寺門派の僧。後深草法皇の皇子。
¶朝日(こうじょほっしんのう　[没]延慶3年7月24日(1310年8月19日)), 鎌室(こうじょほっしんのう), 国書(恒助親王　こうじょしんのう　[生]正応1(1288)年　[没]延慶3(1310)年7月24日), 新潮(こうじょほっしんのう　[没]延慶3(1310)年7月24日), 人名, 日人([生]1288年)

恒助法親王(2) こうじょほうしんのう
南北朝時代の常盤井宮恒明親王の王子。
¶人名, 日人(生没年不詳)

興信 こうしん
生没年不詳
鎌倉時代後期の僧侶・歌人。俗名は紀宗信。
¶国書

幸仁親王 こうじんしんのう
文永6(1269)年～文永9(1272)年
鎌倉時代前期の後深天皇の第4皇子。
¶人名, 日人

興信法親王 こうしんほうしんのう
正平13/延文3(1358)年～元中8/明徳2(1391)年
[別]興信《こうしん》
南北朝時代の真言宗の僧。崇光天皇の第2皇子。
¶人名, 日人, 仏教(興信　こうしん　[没]明徳2/元中8(1391)年4月5日)

高津内親王 こうずないしんのう
→高津内親王(たかつないしんのう)

江帥 ごうそつ
→大江匡房(おおえのまさふさ)

杲尊親王 こうそんしんのう
？～応永6(1399)年1月17日
南北朝時代～室町時代の醍醐寺座主。亀山天皇の孫。恒明親王の王子。
¶国書

皇太后良子 こうたいごうながこ
→香淳皇后(こうじゅんこうごう)

皇太子徳仁 こうたいしなるひと
昭和35(1960)年2月23日～　[別]浩宮徳仁《ひろのみやなるひと》, 皇太子《こうたいし》, 皇太子徳仁親王《こうたいしなるひとしんのう》, 徳仁《なるひと》, 徳仁親王《なるひとしんのう》
昭和～平成期の皇族。皇太子、今上天皇の第1皇子。皇位継承順第1位。
¶現朝, 現情(徳仁　なるひと), 現日(浩宮徳仁　ひろのみやなるひと　[生]1958年2月23日), 諸系(皇太子徳仁親王　こうたいしなるひとしんのう), 新潮, 世紀, 世百新(徳仁　なるひと), 全書(徳仁　なるひと), 大百(徳仁親王　なるひとしんのう), 日人(皇太子徳仁親王　こうたいしなるひとしんのう), 日本(浩宮徳仁　ひろのみやなるひと　[生]昭和31(1956)年), 履歴(皇太子　こうたいし), 履歴2(皇太子　こうたいし)

皇太子妃雅子 こうたいしひまさこ
昭和38(1963)年12月9日～　[別]皇太子妃雅子《まさこ》
昭和～平成期の皇族。皇太子妃、日本赤十字社名誉副総裁。外務省に勤務後、皇太子とご結婚。内親王を出産。
¶世紀, 日人, 履歴(まさこ), 履歴2(まさこ)

後宇多天皇 ごうだてんのう
文永4(1267)年～正中1(1324)年　[別]後宇多上皇《ごうだじょうこう》
鎌倉時代後期の第91代の天皇(在位1274～1287)。

こ

亀山天皇と皇后藤原佶子の子。

¶朝日 ([生]文永4年12月1日 (1267年12月17日) [没]正中1年6月25日 (1324年7月16日)), 岩史 ([生]文永4 (1267) 年12月1日　[没]元亨4 (1324) 年6月25日), 角史, 鎌室, 京都, 京都大, 国史, 国書 ([生]文永4 (1267) 年12月1日　[没]元亨4 (1324) 年6月25日), 古中, コン改, コン4, 詩歌, 史人 ([生]1267年12月1日　[没]1324年6月25日), 重要 ([生]文永4 (1267) 年12月1日　[没]正中1 (1324) 年6月25日), 諸系, 新潮 ([生]文永4 (1267) 年12月1日　[没]元亨4 (1324) 年6月25日), 人名, 姓氏京都, 世人 ([生]文永4 (1267) 年12月1日　[没]正中1 (1324) 年6月25日), 世百, 全書, 大百, 日史 ([生]文永4 (1267) 年12月1日　[没]正中1 (1324) 年6月25日), 日人, 百科, 仏教 ([生]文永4 (1267) 年12月1日　[没]元亨4 (1324) 年6月25日), 仏人, 歴大, 和歌山人 (後宇多上皇　ごうだじょうこう)

河内女王　こうちのおおきみ

→河内女王 (かわちのじょおう)

公澄入道親王　こうちょうにゅうどうしんのう

安永5 (1776) 年～文政11 (1828) 年　[別]公澄《こうちょう》, 公澄法親王《こうちょうほうしんのう》, 弘道親王《ひろみちしんのう》

江戸時代後期の天台宗の僧。伏見宮邦頼親王の第2王子。天台座主218世。

¶人名 (公澄法親王　こうちょうほうしんのう), 日人, 仏教 (公澄　こうちょう　[生]安永5 (1776) 年10月29日　[没]文政11 (1828) 年8月7日)

公澄法親王　こうちょうほうしんのう

→公澄入道親王 (こうちょうにゅうどうしんのう)

恒鎮法親王　こうちんほうしんのう

？～文中1/応安5 (1372) 年　[別]恒鎮法親王《こうちんほっしんのう》

南北朝時代の僧。亀山天皇の孫。常磐井宮恒明親王の王子。

¶鎌室 (こうちんほっしんのう), 人名, 日人

恒徳公　こうとくこう

→藤原為光 (ふじわらのためみつ)

孝徳天皇　こうとくてんのう

*～白雉5 (654) 年　[別]軽皇子《かるのおうじ, かるのみこ》, 天万豊日尊《あめよろずとよひのみこと》

飛鳥時代の第36代の天皇 (在位645～654)。茅渟王と吉備姫王の子、皇極天皇の同母弟。

¶朝日 ([生]？　[没]白雉5年10月10日 (654年11月24日)), 岩史 ([生]？　[没]白雉5 (654) 年10月10日), 大阪人, 角史 ([生]推古4 (596) 年？), 国史 ([生]？), 古史 ([生]596年？), 古代 ([生]596年？), 古中 ([生]？), コン改 ([生]推古2 (594) 年), コン4 ([生]？), 詩歌 ([生]？), 史人 ([生]596年？　[没]654年10月10日), 重要 ([生]推古4 (596) 年　[没]白雉5 (654) 年10月10日), 諸系 ([生]597年), 新潮 ([生]推古5 (597) 年　[没]白雉5 (654) 年10月10日), 人名 ([生]？), 世人 ([生]推古5 (597) 年　[没]白雉5 (654) 年10月10日), 世百 ([生]596年？), 全書 ([生]597年), 大百 ([生]597年), 日史 ([生]推古5 (597) 年？　[没]白雉5 (654) 年10月10日), 日人 ([生]597年), 百科 ([生]推古5 (597) 年？), 歴大 ([生]？), 和俳 ([生]597年　[没]白雉5 (654) 年10月10日)

江納言　ごうなごん

→大江維時 (おおえのこれとき)

光仁天皇　こうにんてんのう

和銅2 (709) 年～天応1 (781) 年　[別]白壁王《しらかべおう, しろかべのおう》

奈良時代の第49代の天皇 (在位770～781)。天智天皇の皇孫。施基皇子の王子。

¶朝日 ([生]和銅2年10月13日 (709年11月18日) [没]天応1年12月23日 (782年1月11日)), 岩史 ([生]和銅2 (709) 年10月13日　[没]天応1 (781) 年12月23日), 角史, 公卿 (白壁王　しろかべのおう　[没]天応1 (781) 年11月23日), 国史, 古史, 古代, 古中, コン改 ([生]和銅1 (708) 年), コン4 ([生]和銅1 (708) 年), 史人 ([生]709年10月13日　[没]781年12月23日), 重要 ([生]和銅1 (708) 年10月13日　[没]天応1 (781) 年12月23日), 諸系 ([没]782年), 新潮 ([生]和銅2 (709) 年10月13日　[没]天応1 (781) 年12月23日), 人名, 姓氏京都, 世人 ([生]和銅2 (709) 年10月13日　[没]天応1 (781) 年12月23日), 世百, 全書, 大百, 日史 ([生]和銅2 (709) 年10月13日　[没]天応1 (781) 年12月23日), 日人 ([没]782年), 百科, 仏教 ([生]和銅2 (709) 年10月13日　[没]天応1 (781) 年12月23日), 平史, 歴大

河野宮　こうののみや

→梵勝 (ぼんしょう)

光範門院　こうはんもんいん

元中1/至徳1 (1384) 年～永享12 (1440) 年　[別]藤原資子《ふじわらしし, ふじわらのすけこ》, 日野資子《ひのすけこ》

室町時代の女性。後小松天皇の宮人。称光天皇の母。

¶鎌室, 女性 ([没]永享12 (1440) 年9月8日), 人名, 日人

弘文天皇　こうぶんてんのう

大化4 (648) 年～弘文天皇1・天武天皇1 (672) 年　[別]伊賀皇子《いがのおうじ, いがのみこ》, 大友皇子《おおともおうじ, おおとものおうじ, おおとものみこ》, 大友天皇《おおともてんのう》

飛鳥時代の第39代の天皇 (在位671～672)。天智天皇の皇子。

¶朝日 (大友皇子　おおとものみこ　[没]天武1 (672) 年7月), 岩史 (大友皇子　おおとものみこ　[没]天武1 (672) 年7月23日), 角史 (大友皇子　おおともおうじ), 郷土滋賀 (大友皇子　おおとものおうじ), 公卿 (大友皇子　おおとものみこ　[生]？), 国史 (大友皇子　おおとものおうじ), 古史 (大友皇子　おおとものみこ), 古代 (大友皇子　おおとものみこ), 古中 (大友皇子　おおとものおうじ), コン改 (大友皇子　おおとものみこ), コン4 (大友皇子　おおとものみこ), 詩歌, 滋賀百 (大友皇子　おお

ともののみこ），史人（大友皇子　おおとものみこ　[没]672年7月23日），重要（大友皇子　おおとものおうじ　[没]天武1（672）年7月23日），諸系，新潮（[没]天武1（672）年7月23日），人名，世人，世百，全書，大百，日史（大友皇子　おおとものおうじ　[没]天武1（672）年7月23日），日人，日人（大友皇子　おおとものおうじ），百科（大友皇子　おおとものみこ），歴大（大友皇子　おおとものおうじ）

公弁親王　こうべんしんのう
→公弁入道親王（こうべんにゅうどうしんのう）

公弁入道親王　こうべんにゅうどうしんのう
寛文9（1669）年～享保1（1716）年　[別]公弁《こうべん》，公弁親王《こうべんしんのう》，公弁法親王《こうべんほうしんのう，こうべんほっしんのう》
江戸時代中期の後西天皇の第6皇子。
¶朝日（公弁法親王　こうべんほっしんのう　[生]寛文9年8月21日（1669年9月16日）　[没]享保1年4月17日（1716年6月6日）），国書（公弁親王　こうべんしんのう　[生]寛文9（1669）年8月21日　[没]正徳6（1716）年4月17日），諸系，新潮（公弁法親王　こうべんほっしんのう　[生]寛文9（1669）年8月21日　[没]享保1（1716）年3月24日），人名（公弁法親王　こうべんほうしんのう），世人（公弁法親王　こうべんほうしんのう　[生]寛文9（1669）年8月21日　[没]享保1（1716）年4月17日），栃木歴（公弁法親王　こうべんほっしんのう），日人，仏教（公弁　こうべん　[生]寛文9（1669）年8月21日　[没]正徳6（1716）年4月17日）

公弁法親王　こうべんほうしんのう
→公弁入道親王（こうべんにゅうどうしんのう）

高峰顕日（高峯顕日）　こうほうけんにち
仁治2（1241）年～正和5（1316）年　[別]顕日《けんにち》，仏国国師《ぶっこくこくし》，仏国応供広済国師《ぶっこくおうぐこうさいこくし》，仏国禅師《ぶっこくぜんじ》
鎌倉時代後期の臨済宗仏光派の僧。後嵯峨天皇の皇子。
¶朝日（[没]正和5年10月20日（1316年11月5日）），岩史（[没]正和5（1316）年10月20日），角史，神奈川人，鎌倉，鎌室，郷土栃木（仏国国師　ぶっこくこくし），京都府，国史（高峯顕日），国書（[没]正和5（1316）年10月20日），古中（高峯顕日），コン改，コン4，茶道，史人（[没]1316年10月20日），新潮（[没]正和5（1316）年10月20日），人名，姓氏京都，世人，全書，大百，栃木百（仏国国師　ぶっこくこくし），栃木歴（仏国国師　ぶっこくこくし），日史（[没]正和5（1316）年10月20日），日人，百科，仏教（[没]正和5（1316）年10月20日），仏史（高峯顕日），仏人（顕日　けんにち），名僧（高峯顕日），歴大

功満王　こうまんおう
上代の太秦氏・秦氏などの祖。秦始皇帝の裔で渡来人。
¶古代，日人

光明院　こうみょういん
→光明天皇（こうみょうてんのう）

光明皇后　こうみょうこうごう
大宝1（701）年～天平宝字4（760）年　[別]安宿媛《あすかべひめ》，藤原安宿媛《ふじわらのあすかべひめ，ふじわらのやすかべひめ》，藤原光明子《ふじわらのこうみょうし》
奈良時代の女性。聖武天皇の皇后。施薬院、悲田院を設置、また国分寺、国分尼寺、東大寺の創建にも関わる。
¶朝日（[没]天平宝字4年6月7日（760年7月23日）），岩史（[没]天平宝字4（760）年6月7日），角史，教育，郷土奈良，国史，国書（[没]天平宝字4（760）年6月7日），古史，古代，古中，コン改，コン4，詩歌，史人（[没]760年6月7日），重要（[没]天平宝字4（760）年6月7日），諸系，女性（[没]天平宝字4（760）年6月7日），新潮（[没]天平宝字4（760）年6月7日），人名，世人（[没]天平宝字4（760）年6月7日），世百，全書，大百，伝記，日史（[没]天平宝字4（760）年6月7日），日人，百科，仏教（[没]天平宝字4（760）年6月7日），仏史，万葉，歴大

光明天皇　こうみょうてんのう
元亨1（1321）年12月23日～天授6/康暦2（1380）年　[別]光明院《こうみょういん》，豊仁親王《とよひとしんのう》
南北朝時代の北朝第2代の天皇（在位1336～1348）。父は後伏見天皇。
¶朝日（[生]元亨1年12月23日（1322年1月11日）　[没]康暦2/天授6年6月24日（1380年7月26日）），岩史（[没]康暦2（1380）年6月24日），角史，鎌室，京都大，国史，国書（[没]康暦2（1380）年6月24日），古中，コン改，コン4，史人（[没]1380年6月24日），重要（[没]天授6/康暦2（1380）年6月24日），諸系（[生]1322年），新潮（[没]康暦2/天授6（1380）年6月24日），人名，姓氏京都，世人（[没]天授6/康暦2（1380）年6月24日），世百（光明院　こうみょういん），全書，大百，日史（[没]康暦2/天授6（1380）年6月24日），日人（[生]1322年），百科，歴大

光明峰寺入道殿　こうみょうぶじにゅうどうどの
→九条道家（くじょうみちいえ）

孝明天皇　こうめいてんのう
天保2（1831）年～慶応2（1866）年12月25日
江戸時代末期の第121代の天皇（在位1846～1866）。仁孝天皇の第4皇子。ペリー来航時の天皇で、条約勅許問題の際井伊直弼を批判した。公武合体に和し、皇妹和宮の降嫁を承認、急進派とは一線を画す。第二次長州征伐後急逝。
¶朝日（[生]天保2年6月14日（1831年7月22日）　[没]慶応2年12月25日（1867年1月30日）），維新，岩史（[生]天保2（1831）年6月14日），角史，京都，京都大，近世，国史，国書（[生]天保2（1831）年6月14日），コン改，コン4，史人（[生]1831年6月14日），重要（[生]天保2（1831）年6月14日），諸系（[没]1867年），新潮（[生]天保2（1831）年6月14日），人名，姓氏京都，世人（[生]天保2（1831）年6月14日），世百（[没]1867年），全書，大百，伝記，日史（[生]天保2（1831）

年6月14日)，日人([没]1867年)，幕末([没]1867年1月30日)，百科，歴大

孝霊天皇 こうれいてんのう
[別]大日本根子彦太瓊尊《おおやまとねこひこふとにのみこと》
上代の第7代の天皇。孝安天皇と押媛の子。
¶朝日，国史，古史，古代，古中，コン改，コン4，史人，重要(生没年不詳)，諸系，新潮，人名，世人(生没年不詳)，全書，大百，日史，日人，歴大

後円光院殿 ごえんこういんどの
→鷹司冬教(たかつかさふゆのり)

後円融天皇 ごえんゆうてんのう
正平13/延文3(1358)年〜明徳4(1393)年
南北朝時代の北朝第5代の天皇(在位1371〜1382)。後光厳天皇の第2皇子。
¶朝日([生]延文3/正平13年12月12日(1359年1月11日) [没]明徳4年4月26日(1393年6月6日))，角史，鎌室，京都大，国史，国書([生]延文3(1358)年12月12日 [没]明徳4(1393)年4月26日)，古中，コン改，コン4，史人([生]1358年12月12日 [没]1393年4月26日)，重要([生]正平13/延文3(1358)年12月12日 [没]明徳4(1393)年4月26日)，諸系([生]1359年)，新潮([生]延文3/正平13(1358)年12月12日 [没]明徳4(1393)年4月26日)，人名，姓氏京都，世人，全書([生]1357年)，大百，日史([生]延文3/正平13(1358)年12月12日 [没]明徳4(1393)年4月26日)，日人([生]1359年)，百科，歴大，和俳

久我敦通 こがあつみち
永禄8(1565)年〜?
安土桃山時代〜江戸時代前期の公家(権大納言)。権大納言久我通堅の長男。
¶公卿，公家(敦通〔久我家〕 あつみち)，国書([生]永禄8(1565)年8月21日 [没]寛永1(1624)年12月22日)，戦国，戦人

久我清通 こがきよみち
明徳4(1393)年〜享徳2(1453)年
室町時代の公卿(太政大臣)。権大納言久我通宣の子。
¶公卿([没]享徳2(1453)年9月5日)，公家(清通〔久我家〕 きよみち [没]享徳2(1453)年9月5日)，諸系，人名([生]1392年)，日人

久我邦通 こがくにみち
永正4(1507)年〜享禄4(1531)年6月8日
戦国時代の公卿(権大納言)。右大臣久我通言の長男。
¶公卿，公家(邦通〔久我家〕 くにみち)，戦人

久我維麿 こがこれまろ
→北畠通城(きたばたけみちくに)

久我惟通 こがこれみち
貞享4(1687)年10月30日〜寛延1(1748)年9月29日
江戸時代中期の公家(右大臣)。内大臣久我通誠の子。
¶公卿，公家(惟通〔久我家〕 これみち)，国書，諸系，人名，日人

久我定通 こがさだみち
→土御門定通(つちみかどさだみち)

後柏原天皇 ごかしわばらてんのう
寛正5(1464)年〜大永6(1526)年
戦国時代の第104代の天皇(在位1500〜1526)。後土御門天皇の第1皇子。
¶朝日([生]寛正5年10月20日(1464年11月19日) [没]大永6年4月7日(1526年5月18日))，角史，京都大，国史，国書([生]寛正5(1464)年10月20日 [没]大永6(1526)年4月7日)，古中，コン改，コン4，詩歌，史人([生]1464年10月20日 [没]1526年4月7日)，重要([生]寛正5(1464)年10月20日 [没]大永6(1526)年4月7日)，諸系，新潮([生]寛正5(1464)年10月20日 [没]大永6(1526)年4月7日)，人名，姓氏京都，世人([生]寛正5(1464)年10月20日 [没]大永6(1526)年4月7日)，全書，戦人，大百，日史([生]寛正5(1464)年10月20日 [没]大永6(1526)年4月7日)，日人，百科，歴大，和俳([生]寛正5(1464)年10月20日 [没]大永6(1526)年4月7日)

久我誓円 こがせいえん
文政11(1828)年〜明治43(1910)年 [別]久我誓円尼《こがせいえんに》，誓円《せいえん》，誓円尼公《せいえんにこう》
江戸時代末期〜明治期の尼僧(善光寺大本願122代住持)。伏見宮邦家親王の第3王女。
¶女性([生]文政11(1828)年1月7日 [没]明治43(1910)年12月16日)，女性普([生]文政11(1828)年1月7日 [没]明治43(1910)年12月16日)，人名，姓氏長野(誓円 せいえん)，長野百(誓円尼公 せいえんにこう)，長野歴(誓円 せいえん [生]文政12(1829)年)，日人(久我誓円尼 こがせいえんに)

久我誓円尼 こがせいえんに
→久我誓円(こがせいえん)

久我建通 こがたけみち
文化12(1815)年〜明治36(1903)年 [別]久我建通《こがたてみち》
江戸時代末期〜明治期の公家(内大臣)。内大臣久我通明の次男。
¶維新，京都大(こがたてみち)，公卿([生]文化12(1815)年2月1日 [没]明治36(1903)年9月28日)，公家(建通〔久我家〕 たけみち [生]文化12(1815)年2月1日 [没]明治36(1903)年9月28日)，国書([生]文化12(1815)年2月1日 [没]明治36(1903)年9月28日)，諸系，神人([生]文化12(1815)年2月1日 [没]明治36(1903)年9月26日)，人名(こがたてみち)，姓氏京都，日人，幕末([没]1903年9月26日)

久我建通 こがたてみち
→久我建通(こがたけみち)

久我嗣通 こがつぐみち
？～文正1(1466)年7月19日
室町時代の公卿(権中納言)。太政大臣久我通博の長男。
¶公卿, 公家(嗣通〔久我家〕　つぐみち)

久我敏通 こがとしみち
享保20(1735)年～宝暦6(1756)年
江戸時代中期の公家(権大納言)。右大臣久我通兄の子。
¶近世, 公卿(㊤享保20(1735)年1月27日　㊦宝暦6(1756)年2月25日), 公家(敏通〔久我家〕としみち　㊤享保20(1735)年1月27日　㊦宝暦6(1756)年2月25日), 国史, 諸系, 人名, 日人

久我具房 こがともふさ
暦仁1(1238)年～*
鎌倉時代後期の公卿(権大納言)。大納言久我通忠の次男。
¶朝日(㊦正応2年12月15日(1290年1月27日)), 公卿(㊦正応2(1289)年12月15日), 公家(具房〔愛宕家(絶家)〕　ともふさ　㊦正応2(1289)年12月15日), 国書(㊦正応2(1289)年12月15日), 諸系(㊦1290年), 日人(㊦1290年)

久我具通 こがともみち
興国3/康永1(1342)年～応永4(1397)年3月16日
南北朝時代～室町時代の公卿(太政大臣)。太政大臣久我通相の子。
¶鎌室, 公卿(㊤康永1/興国3(1341)年), 公家(具通〔久我家〕　ともみち), 国書, 諸系, 人名, 日人

久我豊通 こがとよみち
長禄3(1459)年～天文5(1536)年
戦国時代の公卿(右大臣)。太政大臣久我通博の次男。
¶鎌室, 公卿(㊦天文5(1536)年6月3日), 公家(豊通〔久我家〕　とよみち　㊦天文5(1536)年6月3日), 国書(㊦天文5(1536)年6月3日), 諸系, 人名, 戦人, 日人

久我長通 こがながみち
弘安3(1280)年～正平8/文和2(1353)年8月27日
鎌倉時代後期～南北朝時代の公卿(太政大臣)。太政大臣久我通雄の長男。
¶朝日(㊦文和2/正平8年8月27日(1353年9月25日)), 鎌室, 公卿, 公家(長通〔久我家〕　ながみち), 国史, 国書, 古中, 諸系, 新潮, 人名, 日史, 日人

久我信通 こがのぶみち
延享1(1744)年～寛政7(1795)年
江戸時代中期の公家(内大臣)。権大納言広幡長忠の子。
¶公卿(㊤延享1(1744)年9月6日　㊦寛政7(1795)年9月13日), 公家(信通〔久我家〕　のぶみち　㊤延享1(1744)年9月6日　㊦寛政7(1795)年9月13日), 諸系, 人名, 日人

久我晴通 こがはるみち
永正16(1519)年～天正3(1575)年　㊥久我晴通《こがはれみち》
戦国時代～安土桃山時代の公卿(権大納言)。関白・太政大臣近衛尚通の次男。
¶公卿(こがはれみち), 公家(晴通〔久我家〕はれみち), 国書(こがはれみち　㊦天正3(1575)年3月13日), 戦人(㊤永正8(1511)年㊦？)

久我晴通 こがはれみち
→久我晴通(こがはるみち)

久我広通 こがひろみち
寛永3(1626)年4月5日～延宝2(1674)年
江戸時代前期の公家(内大臣)。権中納言久我通前の次男。
¶公卿(㊦延宝2(1674)年4月13日), 公家(広通〔久我家〕　ひろみち　㊦延宝2(1674)年4月12日), 国書(㊦延宝2(1674)年4月13日), 諸系, 人名(㊤1624年), 日人

久我雅実 こがまさざね
→源雅実(みなもとのまさざね)

久我雅光 こがまさみつ
嘉禄2(1226)年～文永4(1267)年6月17日
鎌倉時代前期の公卿(権中納言)。太政大臣久我通光の四男。
¶公卿, 公家(雅光〔中院家(絶家)〕　まさみつ)

久我通明 こがみちあき
安永9(1780)年1月16日～安政2(1855)年12月2日
江戸時代後期の公家(内大臣)。中院通惟の子。
¶公卿, 公家(通明〔久我家〕　みちあき)

久我通兄(久我道兄) こがみちえ
宝永6(1709)年11月4日～宝暦11(1761)年5月19日
江戸時代中期の公家(右大臣)。右大臣久我惟通の子。
¶公卿, 公家(通兄〔久我家〕　みちえ), 国書, 諸系, 人名(久我道兄　㊤1699年), 日人

久我通材 こがみちえだ
？～正和2(1313)年4月
鎌倉時代後期の公卿(非参議)。内大臣久我通基の三男。
¶公卿, 公家(通材〔久我家〕　みちき)

久我通雄 こがみちお
正嘉1(1257)年～元徳1(1329)年
鎌倉時代後期の公卿(太政大臣)。内大臣久我通基の長男。
¶朝日(㊦元徳1年12月11日(1329年12月31日)), 鎌室, 公卿(㊦正嘉2(1258)年㊦元徳1(1329)年12月11日), 公家(通雄〔久我家〕みちお　㊦元徳1(1329)年12月11日), 国書(㊦元徳1(1329)年12月21日), 諸系, 新潮(㊦元徳1(1329)年12月11日), 人名(㊤1258年), 日人

久我通興 こがみちおき
→久我通堅(こがみちかた)

久我通堅 こがみちかた
天文10(1541)年～天正3(1575)年4月6日　[別]久我通興《こがみちおき》
安土桃山時代の公卿(権大納言)。権大納言久我晴通の長男。
¶公卿，公家(通堅〔久我家〕　みちかた)，戦人(久我通興　こがみちおき)

久我通定 こがみちさだ
応長1(1311)年～？
鎌倉時代後期～南北朝時代の公卿(中納言)。太政大臣久我通雄の次男。
¶公卿，公家(通定〔久我家〕　みちさだ)

久我通相 こがみちすけ
嘉暦1(1326)年～建徳2/応安4(1371)年7月14日　[別]久我通相《こがみちまさ》
南北朝時代の公卿(太政大臣)。太政大臣久我長通の子。
¶鎌室，公卿，公家(通相〔久我家〕　みちまさ)，国史(こがみちまさ)，国書(こがみちまさ)，古中(こがみちまさ)，諸系，新潮，人名([生]1327年)，日人

久我通忠 こがみちただ
建保4(1216)年～建長2(1250)年12月24日
鎌倉時代前期の公卿(大納言)。太政大臣久我通光の次男。
¶公卿，公家(通忠〔久我家〕　みちただ)，国書

久我通親 こがみちちか
→源通親(みなもとのみちちか)

久我通嗣 こがみちつぐ
建治2(1276)年～正平8/文和2(1353)年2月10日
鎌倉時代後期～南北朝時代の公卿(権中納言)。内大臣久我通基の次男。
¶公卿，公家(通嗣〔久我家〕　みちつぐ)

久我通久 こがみちつね
天保12(1841)年11月28日～大正14(1925)年1月10日　[別]久我通久《こがみちひさ》
江戸時代末期～明治期の公家(権大納言)。内大臣久我建通の長男。
¶朝日([生]天保12年11月28日(1842年1月9日))，維新，公卿，公家(通久〔久我家〕　みちつね　[没]大正14(1925)年1月12日)，コン改，コン4，コン5，諸系([生]1842年)，神人(こがみちひさ　[生]天保11(1840)年)，新潮，人名，世紀([生]天保12(1842)年11月28日)，日史，日人([生]1842年)，幕末

久我通言 こがみちとき
長享1(1487)年～天文12(1543)年　[別]久我通言《こがみちのぶ》
戦国時代の公卿(右大臣)。右大臣久我豊通の子。
¶公卿(こがみちのぶ　[没]天文12(1543)年2月)，公家(通言〔久我家〕　みちこと　[没]天文12(1543)年2月)，国書(こがみちのぶ　[没]天文12(1543)年2月2日)，諸系，人名(こがみちのぶ)，戦人，日人

久我通具 こがみちとも
→源通具(みなもとのみちとも)

久我通誠 こがみちとも
万治3(1660)年1月27日～享保4(1719)年7月7日
江戸時代中期の公家(内大臣)。内大臣久我広通の次男。
¶公卿，公家(通誠〔久我家〕　みちのぶ)，国書，諸系，人名，日人

久我通言 こがみちのぶ
→久我通言(こがみちとき)

久我通宣(1) こがみちのぶ
永仁4(1296)年～正平7/文和1(1352)年2月26日
鎌倉時代後期～南北朝時代の公卿(非参議)。内大臣久我通基の四男。
¶公卿，公家(通宣〔久我家〕　みちのぶ)

久我通宣(2) こがみちのぶ
文中2/応安6(1373)年～永享5(1433)年8月15日
南北朝時代～室町時代の公卿(権大納言)。太政大臣久我具通の子。
¶公卿，公家(通宣〔久我家〕　みちのぶ)

久我通久 こがみちひさ
→久我通久(こがみちつね)

久我通平 こがみちひら
建仁3(1203)年～嘉禄2(1226)年　[別]源通平《みなもとのみちひら》
鎌倉時代前期の公卿(非参議)。太政大臣久我通光の長男。
¶公卿，公家(通平〔久我家〕　みちひら)，新潟百(源通平　みなもとのみちひら)

久我通博 こがみちひろ
応永33(1426)年～文明14(1482)年　[別]久我通行《こがみちゆき》
室町時代～戦国時代の公卿(太政大臣)。太政大臣久我清通の子。
¶鎌室，公卿([生]応永15(1408)年　[没]文明14(1482)年10月7日)，公家(通博〔久我家〕　みちひろ　[没]文明14(1482)年10月7日)，諸系，人名([生]1420年)，日人

久我通前 こがみちまえ
天正19(1591)年～寛永12(1635)年10月24日
江戸時代前期の公家(権中納言)。権大納言久我敦通の長男。
¶公卿([生]天正19(1591)年10月14日)，公家(通前〔久我家〕　みちさき　[生]天正19(1591)年10月4日)

久我通相 こがみちまさ
→久我通相(こがみちすけ)

久我通光 こがみちみつ
文治3(1187)年～宝治2(1248)年　[別]源通光《みなもとのみちてる，みなもとのみちみつ》

鎌倉時代前期の歌人・公卿(太政大臣)。久我家の祖。内大臣源通親の三男。
¶朝日([没]宝治2年1月18日(1248年2月14日)),鎌室,公卿([没]宝治2(1248)年1月18日),公家(通光〔久我家〕 みちみつ [没]宝治2(1248)年1月18日),国史,国書([没]宝治2(1248)年1月18日),古中,史人([没]1248年1月18日),諸系,新潮([没]宝治2(1248)年1月18日),人名(源通光 みなもとのみちみつ),日史([没]宝治2(1248)年1月18日),日人,平史(源通光 みなもとのみちてる),和俳([没]宝治2(1248)年1月18日)

久我通名 こがみちめい
正保4(1647)年～享保8(1723)年8月27日
江戸時代前期～中期の公家(権中納言)。内大臣久我広通の長男。
¶公卿,公家(通名〔久我家〕 みちな)

久我通基 こがみちもと
仁治1(1240)年～延慶1(1308)年11月29日
鎌倉時代後期の公卿(内大臣)。大納言久我通忠の長男。
¶公卿,公家(通基〔久我家〕 みちもと),国書,諸系([没]1309年),人名([生]1230年),日人([没]1309年)

久我通行 こがみちゆき
→久我通博(こがみちひろ)

後亀山天皇 ごかめやまてんのう
? ～応永31(1424)年
室町時代の第99代(南朝第4代)の天皇(在位1383～1392)。後村上天皇の皇子。南北朝統一を行なった。後村上天皇の第2皇子。
¶朝日([没]応永31年4月12日(1424年5月10日)),岩史([没]応永31(1424)年4月12日),角史,鎌室,京都大,国史,国書([没]応永31(1424)年4月12日),古中,コン改,コン4,史人([没]1424年4月12日),重要([没]応永31(1424)年4月12日),諸系,新潮([没]応永31(1424)年4月12日),人名,姓氏京都,世人([没]応永31(1424)年4月12日),世百,全書,大百,伝記,日史([没]応永31(1424)年4月12日),日人,百科,歴大

弘徽殿中宮 こきでんのちゅうぐう
→藤原嫄子(ふじわらのげんし)

弘徽殿女御(1) こきでんのにょうご
→藤原忯子(ふじわらのしし)

弘徽殿女御(2) こきでんのにょうご
→藤原述子(ふじわらのじゅっし)

弘徽殿女御(3) こきでんのにょうご
→藤原生子(ふじわらのせいし)

弘徽殿女御(1) こきでんのにょご
→藤原忯子(ふじわらのしし)

弘徽殿女御(2) こきでんのにょご
→藤原述子(ふじわらのじゅっし)

後京極院 ごきょうごくいん
→礼成門院(1)(れいせいもんいん)

後京極摂政 ごきょうごくせっしょう
→九条良経(くじょうよしつね)

後光厳天皇 ごこうごんてんのう
延元3/暦応1(1338)年～文中3/応安7(1374)年
[別]弥仁親王《いやひとしんのう》
南北朝時代の北朝第4代の天皇(在位1352～1371)。光厳天皇の第2皇子、崇光天皇の弟。
¶朝日([生]暦応1/延元3年3月2日(1338年3月23日) [没]応安7/文中3年1月29日(1374年3月12日)),岩史([生]建武5(1338)年3月2日 [没]応安7(1374)年1月29日),角史,鎌室,京都大,国史,国書([生]建武5(1338)年3月2日 [没]応安7(1374)年1月29日),古中,コン改,コン4,史人([生]1338年3月2日 [没]1374年1月29日),重要([生]延元3/暦応1(1338)年3月2日 [没]文中3/応安7(1374)年1月29日),諸系,新潮([生]暦応1/延元3(1338)年3月2日 [没]応安7/文中3(1374)年1月29日),人名,姓氏京都,世人,全書,大百,日史([生]暦応1/延元3(1338)年3月2日 [没]応安7/文中3(1374)年1月29日),日人,百科,歴大,和俳([生]暦応1/延元3(1338)年3月2日)

後光明照院殿 ごこうみょうしょういんどの
→二条道平(にじょうみちひら)

後光明天皇 ごこうみょうてんのう
寛永10(1633)年3月12日～承応3(1654)年9月20日
江戸時代前期の第110代の天皇(在位1643～1654)。後水尾天皇の第4皇子。
¶朝日([生]寛永10年3月12日(1633年4月20日) [没]承応3年9月20日(1654年10月30日)),岩史,角史,京都大,近世,国史,国書,コン改,コン4,詩歌,史人,重要,諸系,新潮,人名,姓氏京都,世人,全書,大百,日史,日人,百科,歴大,和俳

後小松天皇 ごこまつてんのう
天授3/永和3(1377)年～永享5(1433)年
室町時代の第100代(北朝第6代)の天皇(在位1382～1412)。後円融天皇の嫡子。
¶朝日([生]永和3/天授3年6月27日(1377年8月1日) [没]永享5年10月20日(1433年12月1日)),岩史([生]永和3(1377)年6月27日 [没]永享5(1433)年10月20日),角史,鎌室,京都,京都大,国史,国書([生]永和3(1377)年6月27日 [没]永享5(1433)年10月20日),古中,コン改,コン4,史人([生]1377年6月27日 [没]1433年10月20日),重要([生]天授3/永和3(1377)年6月26日 [没]永享5(1433)年10月20日),諸系,新潮([生]永和3/天授3(1377)年6月26日,(異説)6月27日 [没]永享5(1433)年10月20日),人名,姓氏京都,世人([生]天授3/永和3(1377)年6月26日 [没]永享5(1433)年10月20日),世百,全書,大百,伝記,日史([生]永和3/天授3(1377)年6月27日 [没]永享5(1433)年10月20日),日人,百科,歴大

後西天皇 ごさいてんのう

寛永14(1637)年11月16日～貞享2(1685)年
江戸時代前期の第111代の天皇(在位1654～
1663)。後水尾天皇の第8皇子。
¶朝日(㊐寛永14年11月16日(1638年1月1日)
㊥貞享2年2月22日(1685年3月26日))，岩史
(㊥貞享2(1685)年2月22日)，角史，京都，京
都大，近世，国史，国書(㊥貞享2(1685)年2月
22日)，コン改，コン4，史人(㊥1685年2月22
日)，重要(㊥貞享2(1685)年2月22日)，諸系
(㊥1638年)，新潮(㊥貞享2(1685)年2月22
日)，人名，姓氏京都，世人，全書，大百，日史
(㊥貞享2(1685)年2月22日)，日人(㊥1638
年)，百科，歴大，和俳(㊥貞享2(1685)年2月
22日)

後嵯峨天皇 ごさがてんのう

承久2(1220)年2月26日～文永9(1272)年2月17日
㊙邦仁親王《くにひとしんのう》
鎌倉時代前期の第88代の天皇(在位1242～1246)。
土御門天皇の子。
¶朝日(㊐承久2年2月26日(1220年4月1日)
㊥文永9年2月17日(1272年3月17日))，岩史，
角史，鎌室，京都大，国史，国書，古中，コン
改，コン4，史人，重要，諸系，新潮，人名，姓
氏京都，世人，世百，全書，大百，日史，日人，
百科，歴大，和俳

後桜町天皇 ごさくらまちてんのう

元文5(1740)年～文化10(1813)年
江戸時代中期～後期の第117代の天皇(女帝、在位
1762～1770)。
¶朝日(㊐元文5年8月3日(1740年9月23日)
㊥文化10年閏11月2日(1813年12月24日))，岩
史(㊥元文5(1740)年8月3日 ㊥文化10(1813)
年閏11月2日)，角史，京都大，近世，国史，国
書(㊥元文5(1740)年8月4日 ㊥文化10(1813)
年閏11月3日)，コン改，コン4，史人(㊥1740
年8月3日 ㊥1813年閏11月2日)，重要(㊥元文
5(1740)年8月3日 ㊥文化10(1813)年閏11月2
日)，諸系，女性(㊥元文5(1740)年8月3日
㊥文化10(1813)年閏11月2日)，新潮(㊥元文5
(1740)年8月3日 ㊥文化10(1813)年閏11月2
日)，人名，姓氏京都，世人，全書，大百，日史
(㊥元文5(1740)年8月3日 ㊥文化10(1813)年
閏11月2日)，日人，百科，歴大，和俳(㊥元文5
(1740)年8月3日 ㊥文化10(1813)年閏11月2
日)

小左治光文 こさじみつふみ

寛政4(1792)年10月6日～?
江戸時代後期の公家。
¶国書

後三条天皇 ごさんじょうてんのう

長元7(1034)年～延久5(1073)年
平安時代中期～後期の第71代の天皇(在位1068～
1072)。天皇親政を強化した。後朱雀天皇と三条
天皇皇女禎子内親王との子。
¶朝日(㊐長元7年7月18日(1034年9月3日)
㊥延久5年5月7日(1073年6月15日))，岩史

(㊐長元7(1034)年7月18日 ㊥延久5(1073)年
5月7日)，角史，京都大，国史，国書(㊐長元7
(1034)年7月18日 ㊥延久5(1073)年5月7
日)，古史，古中，コン改，コン4，史人
(㊐1034年7月18日 ㊥1073年5月7日)，重要
(㊐長元7(1034)年7月18日 ㊥延久5(1073)年
5月7日)，諸系，新潮(㊐長元7(1034)年7月18
日 ㊥延久5(1073)年5月7日)，人名，姓氏京
都，世人(㊐長元7(1034)年7月18日 ㊥延久5
(1073)年5月7日)，世百，全書，大百，伝記，
日史(㊐長元7(1034)年7月18日 ㊥延久5
(1073)年5月7日)，日人，百科，仏教(㊐長元7
(1034)年7月18日 ㊥延久5(1073)年5月7
日)，平史，歴大

高志内親王 こしないしんのう

延暦8(789)年～大同4(809)年 ㊙高志内親王
《こうしないしんのう，こしのないしんのう》
平安時代前期の女性。桓武天皇の第2皇女。
¶朝日(こしのないしんのう ㊥大同4年5月7日
(809年6月23日))，国史，古中，コン改，コン4(こしのないし
んのう)，史人(㊥809年5月7日)，諸系，女性
(こうしないしんのう ㊥大同4(809)年5月7
日)，新潮(㊥大同4(809)年5月7日)，人名(こ
しのないしんのう)，日人，平史

越道伊羅都売 こしのいらつめ
→道伊羅都売(みちのいらつめ)

児島宮 こじまのみや
→頼仁親王(よりひとしんのう)

五条院 ごじょういん

弘長2(1262)年～永仁2(1294)年 ㊙懌子内親王
《えきしないしんのう，よしこないしんのう》
鎌倉時代後期の女性。後嵯峨天皇の第3皇女。
¶鎌室，女性(㊥永仁2(1294)年11月25日)，人
名，人名(懌子内親王 えきしないしんのう)，
日人

後成恩寺関白 ごじょうおんじかんばく
→一条兼良(いちじょうかねよし)

五条季長 ごじょうすえなが

文永2(1265)年～正和2(1313)年3月2日
鎌倉時代後期の公卿(非参議)。参議五条長経の
長男。
¶公卿，公家(季長〔五条家〕 すえなが)

五条高長 ごじょうたかなが

承元4(1210)年～* ㊙高辻高長《たかつじたかな
が》
鎌倉時代の公卿。
¶公卿(高辻高長 たかつじたかなが ㊥弘安7
(1284)年11月27日)，公家(高長〔五条家〕
たかなが ㊐1208年 ㊥弘安7(1284)年11月27
日)，諸系(㊥1285年)

五条為適 ごじょうためあつ
→五条為適(ごじょうためゆく)

五条為徳　ごじょうためえ
→五条為徳（ごじょうためのり）

五条為賢　ごじょうためかた
？　～長禄2（1458）年8月15日
室町時代の公卿（参議）。参議五条為清の子。
¶公卿，公家（為賢〔五条家〕　ためかた）

五条為清　ごじょうためきよ
？　～嘉吉2（1442）年10月29日
室町時代の公卿（参議）。非参議五条為視の曾孫。
¶公卿，公家（為清〔五条家〕　ためきよ）

五条為功　ごじょうためこと
明治6（1873）年～昭和2（1927）年
明治～昭和期の政治家。子爵。元老院議官為栄の長男。貴族院議員に選出された。
¶人名

五条為定　ごじょうためさだ
文化1（1804）年6月6日～文久2（1862）年2月4日
江戸時代末期の公家（権中納言）。権大納言五条為徳の孫。
¶維新，公卿，公家（為定〔五条家〕　ためさだ），国書，諸系，幕末（[没]1862年3月3日）

五条為学　ごじょうためざね
文明4（1472）年～天文12（1543）年　[別]五条為学《ごじょうためたか，ごじょうためのり》
戦国時代の公卿（権大納言）。参議五条為賢の孫。
¶公卿（ごじょうためたか　[没]天文12（1543）年6月30日），公家（為学〔五条家〕　ためざね　[没]天文12（1543）年6月30日），国書（[没]天文12（1543）年6月30日），諸系，人名（ごじょうためたか　[生]？），戦人（ごじょうためのり），日人

五条為実　ごじょうためざね
文永3（1266）年～正慶2（1333）年7月2日　[別]藤原為実《ふじわらのためざね》
鎌倉時代後期の歌人・公卿（参議）。権大納言藤原為氏の四男。
¶鎌室（[生]？），公卿（[没]？），公家（為実〔御子左2・二条・五条家（絶家）〕　ためざね　[生]？），国書，人名（藤原為実　ふじわらのためざね），日人，和俳（藤原為実　ふじわらのためざね　生没年不詳）

五条為栄　ごじょうためしげ
天保13（1842）年～明治30（1897）年7月16日
江戸時代末期～明治期の公家。
¶維新，国書（[生]天保13（1842）年3月21日），諸系，幕末

五条為学　ごじょうためたか
→五条為学（ごじょうためざね）

五条為嗣　ごじょうためつぐ
正応4（1291）年～正平10/文和4（1355）年3月
鎌倉時代後期～南北朝時代の公卿（参議）。権大納言藤原為氏の孫。
¶公卿，公家（為嗣〔御子左2・二条・五条家（絶家）〕　ためつぐ），国書

五条為経　ごじょうためつね
天文21（1552）年～元和1（1615）年7月23日
安土桃山時代～江戸時代前期の公家（権中納言）。権中納言五条為康の子。
¶公卿，公家（為経〔五条家〕　ためつね），戦人

五条為俊　ごじょうためとし
寛保1（1741）年3月30日～天明3（1783）年5月8日
江戸時代中期の公家（非参議）。権中納言五条為成の子。
¶公卿，公家（為俊〔五条家〕　ためとし），国書

五条為成　ごじょうためなり
享保1（1716）年8月1日～宝暦9（1759）年10月22日
江戸時代中期の公家（権中納言）。権大納言五条為範の長男。
¶公卿，公家（為成〔五条家〕　ためなり），国書

五条為庸　ごじょうためのぶ
元和5（1619）年6月23日～延宝5（1677）年11月2日
江戸時代前期の公家（権大納言）。権中納言五条為適の子。
¶公卿，公家（為庸〔五条家〕　ためのぶ），国書（[没]延宝5（1677）年8月13日）

五条為学　ごじょうためのり
→五条為学（ごじょうためざね）

五条為徳　ごじょうためのり
宝暦13（1763）年11月18日～文政6（1823）年8月23日　[別]五条為徳《ごじょうためえ》
江戸時代中期～後期の公家（権大納言）。非参議五条為俊の子。
¶公卿，公家（為徳〔五条家〕　ためのり），国書（ごじょうためえ）

五条為範　ごじょうためのり
元禄1（1688）年8月29日～宝暦4（1754）年閏2月21日
江戸時代中期の公家（権大納言）。権大納言五条為庸の孫。
¶公卿，公家（為範〔五条家〕　ためのり），国書（[没]宝暦4（1754）年閏2月22日）

五条為康　ごじょうためやす
文亀1（1501）年～永禄6（1563）年
戦国時代の公卿（権中納言）。権大納言五条為学の子。
¶公卿（[没]永禄6（1563）年10月22日），公家（為康〔五条家〕　ためやす　[没]永禄6（1563）年10月22日），国書（[没]永禄6（1563）年10月22日），諸系，人名（[生]？），戦人，日人

五条為適　ごじょうためゆく
慶長2（1597）年4月22日～承応1（1652）年2月24日　[別]五条為適《ごじょうためあつ》
江戸時代前期の公家（権中納言）。権中納言五条為経の子。
¶公卿，公家（為適〔五条家〕　ためゆき），国書（ごじょうためあつ）

五条為視 ごじょうためよし
正応4(1291)年〜正平17/貞治1(1362)年7月29日
鎌倉時代後期〜南北朝時代の公卿(非参議)。非参議五条季長の次男。
¶公卿，公家(為視〔五条家〕　ためみ)

五条長経 ごじょうながつね
仁治3(1242)年〜正和4(1315)年2月28日
鎌倉時代後期の公卿(参議)。五条家の祖。式部大輔高辻高長の子。
¶公卿，公家(長経〔五条家〕　ながつね)

五条長敏 ごじょうながとし
正平1/貞和2(1346)年〜応永31(1424)年12月11日
南北朝時代〜室町時代の公卿(参議)。非参議五条康長の子。
¶公卿，公家(長敏〔坊城家(絶家)〕　ながとし)

五条長冬 ごじょうながふゆ
？　〜延元4/暦応2(1339)年12月23日
鎌倉時代後期〜南北朝時代の公卿(非参議)。非参議五条季長の長男。
¶公卿，公家(長冬〔坊城家(絶家)〕　ながふゆ)

五条后 ごじょうのきさき
→藤原順子(ふじわらのじゅんし)

五条三位 ごじょうのさんみ
→藤原俊成(ふじわらのとしなり)

五条康長 ごじょうやすなが
？　〜正平21/貞治5(1366)年6月9日
南北朝時代の公卿(非参議)。非参議五条長冬の子。
¶公卿，公家(康長〔坊城家(絶家)〕　やすなが)

五条頼治 ごじょうよりはる
生没年不詳
南北朝時代〜室町時代の官人。
¶鎌室，諸系，新潮([没]応永33(1426)年？)，人名，日人

五条頼元 ごじょうよりもと
正応3(1290)年〜正平22/貞治6(1367)年　[別]清原頼元《きよはらよりもと》
鎌倉時代後期〜南北朝時代の廷臣。後醍醐天皇の臣。
¶朝日([没]貞治6/正平22年5月20日(1367年6月17日))，岩史([没]貞治6/正平22(1367)年5月20日)，角史，鎌室，熊本百，国史，国書(清原頼元　きよはらよりもと　[没]貞治6(1367)年5月28日)，古中，コン改([生]正応4(1291)年)，コン4([生]正応4(1291)年)，史人([没]1367年5月28日)，諸系，新潮([没]貞治6/正平22(1367)年5月28日)，人名，姓氏京都，世人，全書，日史([没]貞治6/正平22(1367)年5月20日)，日人，百科，歴大

後白河天皇 ごしらかわてんのう
大治2(1127)年〜建久3(1192)年　[別]雅仁親王《まさひとしんのう》，後白河上皇《ごしらかわじょうこう》，後白河法皇《ごしらかわほうおう》
平安時代後期の第77代の天皇(在位1155〜1158)。鳥羽天皇と待賢門院の第4皇子。保元の乱で崇徳上皇、藤原頼長を除き、院政を開始。平治の乱で台頭した平清盛と結んで政権の安定をはかった。のち平氏と対立し一時幽閉されたが、今度は源氏と接近し平氏を滅ぼし、院政を継続した。
¶朝日([生]大治2年9月11日(1127年10月18日)　[没]建久3年3月13日(1192年4月26日))，岩史([生]大治2(1127)年9月11日　[没]建久3(1192)年3月13日)，音楽(後白河法皇　ごしらかわほうおう)，角史，鎌倉，鎌室，京都，京都大，芸能(後白河法皇　ごしらかわほうおう　[生]大治2(1127)年9月11日　[没]建久3(1192)年3月13日)，国史，国書([生]大治2(1127)年9月11日　[没]建久3(1192)年3月13日)，古史，古中，コン改，コン4，史人([生]1127年9月11日　[没]1192年3月13日)，重要([生]大治2(1127)年9月11日　[没]建久3(1192)年3月13日)，諸系，新潮([生]大治2(1127)年9月11日　[没]建久3(1192)年3月13日)，人名，姓氏京都，世人([生]大治2(1127)年9月11日　[没]建久3(1192)年3月13日)，世百，全書，大百，伝記，日音(後白河法皇　ごしらかわほうおう　[生]大治2(1127)年9月11日　[没]建久3(1192)年3月13日)，日史([生]大治2(1127)年9月11日　[没]建久3(1192)年3月13日)，日人，百科，仏教([生]大治2(1127)年9月11日　[没]建久3(1192)年3月13日)，仏人(後白河法皇　ごしらかわほうおう　[生]1126年)，平史，歴大，和歌山人(後白河上皇　ごしらかわじょうこう)

後深心院殿 ごしんいんどの
→近衛道嗣(2)(このえみちつぐ)

後崇光院 ごすこういん
文中1/応安5(1372)年〜康正2(1456)年　[別]後崇光太上天皇《ごすこうだじょうてんのう》，貞成親王《さだふさしんのう》，伏見宮貞成《ふしみのみやさだふさ》，伏見宮貞成親王《ふしみのみやさだふさしんのう》
南北朝時代〜室町時代の伏見宮栄仁親王の子。後花園天皇の父。
¶朝日([生]応安5/文中1年4月25日(1372年5月28日)　[没]康正2年8月29日(1456年9月28日))，岩史([生]応安5(1372)年4月25日　[没]康正2(1456)年8月29日)，角史，角史(貞成親王　さだふさしんのう)，鎌室(貞成親王　さだふさしんのう)，京都(伏見宮貞成親王　ふしみのみやさだふさしんのう)，京都大，国史，国書([生]応安5(1372)年4月25日　[没]康正2(1456)年8月29日)，古中，コン改，コン4，茶道(貞成親王　さだふさしんのう)，史人([生]1372年3月25日　[没]1456年8月29日)，諸系，新潮([生]応安5/文中1(1372)年4月25日　[没]康正2(1456)年8月29日)，人名(後崇光太上天皇　ごすこうだじょうてんのう)，姓氏京都(伏見宮貞成親王　ふしみのみやさだふさしんのう)，世人，世人(貞成親王　さだふさしんのう　[生]文中1(1372)年3月　[没]康正2(1456)年8月19日)，世百，全書(貞成親王　さだふさしんのう)，大百(貞成親王　さだふさしんのう)，日史(貞成親

王　さだふさしんのう　㊓応安5/文中1(1372)年4月25日　㊙康正2(1456)年8月29日），日人，百科(貞成親王　さだふさしんのう)，歴大(伏見宮貞成　ふしみのみやさだふさ)

後崇光太上天皇　ごすこうだじょうてんのう
→後崇光院(ごすこういん)

後朱雀天皇　ごすざくてんのう
寛弘6(1009)年～寛徳2(1045)年
平安時代中期の第69代の天皇(在位1036～1045)。一条天皇の第3皇子。
¶朝日(㊓寛弘6年11月25日(1009年12月14日)　㊙寛徳2年1月18日(1045年2月7日))，岩史(㊓寛弘6(1009)年11月25日　㊙寛徳2(1045)年1月18日)，角史，京都大，国史，国書(㊓寛弘6(1009)年11月25日　㊙寛徳2(1045)年1月18日)，古史，古中，コン改，コン4，史人(㊓1009年11月25日　㊙1045年1月18日)，重要(㊓寛弘6(1009)年11月26日　㊙寛徳2(1045)年1月18日)，諸系，新潮(㊓寛弘6(1009)年11月25日　㊙寛徳2(1045)年1月18日)，人名，姓氏京都，世人，全書，大百，日史(㊓寛弘6(1009)年11月25日　㊙寛徳2(1045)年1月18日)，日人，百科，平史，歴大，和俳(㊙寛徳2(1045)年1月18日)

巨勢親王　こせしんのう
？～元慶6(882)年　㊞巨勢親王《こぜのしんのう》
平安時代前期の平城天皇の第4皇子。
¶人名(こぜのしんのう)，日人，平史

許勢稲持　こせのいなもち
生没年不詳　㊞許勢臣稲持《こせのおみいなもち》
飛鳥時代の廷臣。
¶古代(許勢臣稲持　こせのおみいなもち)，諸系，日人

巨勢馬主　こせのうまぬし
㊞巨勢朝臣馬主《こせのあそんうまぬし》
奈良時代の官人。
¶古代(巨勢朝臣馬主　こせのあそんうまぬし)，日人(生没年不詳)

巨勢邑治　こせのおうじ
→巨勢邑治(こせのおおじ)

巨勢大海　こせのおおあま
生没年不詳
飛鳥時代の官人。
¶コン改，コン4，日人

巨勢邑治　こせのおおじ
？～神亀1(724)年　㊞巨勢祖父《こせのおふじ》，巨勢朝臣邑治《こせのあそんおおじ》，巨勢邑治《こせのおうじ》
飛鳥時代～奈良時代の官人(中納言・遣唐使)。左大臣巨勢徳太の孫。
¶朝日(㊙神亀1年6月6日(724年6月30日))，公卿(巨勢祖父　こせのおふじ　㊙神亀1(724)年6月5日)，国史，古代(巨勢朝臣邑治　こせのあそんおおじ)，古中，コン改，コン4，史人(㊙724年6月6日)，諸系，新潮(㊙神亀1(724)年6月)，人名，日史(こせのおうじ　㊙神亀1(724)年6月6日)，日人，百科，歴大

巨勢祖父　こせのおふじ
→巨勢邑治(こせのおおじ)

巨勢浄成　こせのきよなり
㊞巨勢朝臣浄成《こせのあそんきよなり》
奈良時代の官人。
¶古代(巨勢朝臣浄成　こせのあそんきよなり)，日人(生没年不詳)

巨勢黒麻呂　こせのくろまろ
生没年不詳
飛鳥時代の廷臣(中納言)。左大臣巨勢徳太の子。
¶公卿

巨勢子邑治　こせのこおおじ
生没年不詳　㊞巨勢朝臣子邑治《こせのあそんこおおじ》
奈良時代の官人。
¶古代(巨勢朝臣子邑治　こせのあそんこおおじ)，諸系，日人

巨勢古麻呂　こせのこまろ
㊞巨勢朝臣古麻呂《こせのあそんこまろ》
奈良時代の官人。
¶古代(巨勢朝臣古麻呂　こせのあそんこまろ)，日人(生没年不詳)

巨勢界麻呂　こせのさかいまろ
→巨勢堺麻呂(こせのせきまろ)

許勢猿　こせのさる
㊞許勢臣猿《こせのおみさる》
飛鳥時代の廷臣。
¶古代(許勢臣猿　こせのおみさる)

巨勢識人　こせのしきひと
延暦14(795)年？～？　㊞巨勢識人《こせしきひと》
平安時代前期の詩人。
¶国書(こせしきひと)，詩歌，日人，和俳(生没年不詳)

巨勢紫檀　こせのしたの
？～天武14(685)年　㊞巨勢朝臣紫檀《こせのあそんしたの》
飛鳥時代の官人。東国国司の次官。
¶朝日(㊙天武14年3月16日(685年4月24日))，古代(巨勢朝臣紫檀　こせのあそんしたの)，コン改，コン4，日人

巨勢島人　こせのしまひと
生没年不詳
平安時代前期の官人。
¶平史

巨勢宿奈麻呂(巨勢少麻呂)　**こせのすくなまろ**
生没年不詳　㊞巨勢朝臣宿奈麻呂《こせのあそみすくなまろ》，巨勢朝臣少麻呂《こせのあそんすく

なまろ》
奈良時代の官人、少納言。
¶朝日，古代（巨勢朝臣少麻呂　こせのあそんすくなまろ），コン改，コン4，史人，新潮，人名，日史，日人，百科，万葉（巨勢朝臣宿奈麻呂　こせのあそみすくなまろ）

こ

巨勢堺麻呂　こせのせきまろ
？～天平宝字5（761）年　㊞巨勢界麻呂《こせのさかいまろ》，巨勢朝臣堺麻呂《こせのあそんせきまろ》
奈良時代の官人（参議）。左大臣巨勢徳太の曽孫。
¶朝日（㊀天平宝字5年4月9日（761年5月17日）），公卿（㊀天平宝字5（761）年4月1日），国史，古代（巨勢朝臣堺麻呂　こせのあそんせきまろ），古中，史人（㊀761年4月9日），諸系，新潮（㊀天平宝字5（761）年4月9日），人名（巨勢界麻呂　こせのさかいまろ），日人

巨勢孝秀　こせのたかひで
生没年不詳
平安時代中期の陰陽寮の官人。
¶平史

巨勢為時　こせのためとき
生没年不詳　㊞巨勢為時《こせためとき》
平安時代中期の漢詩人。
¶国書（こせためとき），平史

巨勢多益須　こせのたやかす
→巨勢多益須（こせのたやす）

巨勢多益須　こせのたやす
天智天皇2（663）年～和銅3（710）年　㊞巨勢多益須《こせのたやかす》，巨勢朝臣多益須《こせのあそんたやす》
飛鳥時代の官人。わが国最初の判事。
¶朝日（㊐？　㊀和銅3年6月2日（710年7月2日）），古代（巨勢朝臣多益須　こせのあそんたやす），コン改，コン4，詩歌，新潮（㊀和銅3（710）年6月2日），人名（こせのたやかす　㊐？），日人，和俳（㊀和銅3（710）年6月2日）

巨勢徳太古（巨勢徳陀古）　**こせのとくたこ，こせのとくだこ**
→巨勢徳太（こせのとこだ）

巨勢徳　こせのとこ
→巨勢徳太（こせのとこだ）

巨勢徳太　こせのとこだ
？～斉明天皇4（658）年　㊞巨勢臣徳太《こせのおみとこだ》，巨勢徳《こせのとこ》，巨勢徳太古《こせのとくたこ，こせのとくだこ，こせのとこたこ》，巨勢徳陀古《こせのとくたこ，こせのとくだこ，こせのとこたこ，こせのとこだこ》
飛鳥時代の廷臣（左大臣）。武内宿禰の子雄（小）柄宿禰の七世の孫。
¶朝日（㊀斉明4年1月13日（658年2月20日）），角史，公卿（巨勢徳　こせのとこ　㊐推古1（593）年　㊀斉明4（658）年1月），国史（巨勢徳陀古　こせのとくだこ），古史，古代（巨勢臣徳太　こせのおみとこだ　㊐593年），古中（巨勢徳陀古　こせのとくだこ），コン改，コン4，史人（巨勢徳陀古　こせのとこだこ　㊀658年1月13日），諸系（㊐593年），新潮（巨勢徳太古　こせのとくだこ　㊀斉明4（658）年1月13日），人名（巨勢徳太古　こせのとこたこ），世人（巨勢徳太古　こせのとくたこ），日史（巨勢徳陀古　こせのとこたこ　㊀斉明4（658）年1月13日），日人（㊐593年），百科（巨勢徳陀古　こせのとこたこ），歴大（巨勢徳陀古　こせのとくだこ）

巨勢徳太古（巨勢徳陀古）　**こせのとこたこ，こせのとこだこ**
→巨勢徳太（こせのとこだ）

巨勢徳禰　こせのとこね
㊞巨勢徳禰臣《こせのとこねのおみ》
飛鳥時代の官人。
¶古代（巨勢徳禰臣　こせのとこねのおみ）

巨勢豊人　こせのとよひと
㊞巨勢朝臣豊人《こせのあそみとよひと，こせのあそんとよひと》
奈良時代の万葉歌人。
¶古代（巨勢朝臣豊人　こせのあそんとよひと），人名，日人（生没年不詳），万葉（巨勢朝臣豊人　こせのあそみとよひと）

巨勢夏井　こせのなつい
生没年不詳
平安時代前期の官人。
¶平史

巨勢奈氐麻呂（巨勢奈底麻呂，巨勢奈弖麻呂）　**こせのなてまろ，こせのなでまろ**
？～天平勝宝5（753）年　㊞巨勢朝臣奈氐麻呂《こせのあそみなでまろ，こせのあそんなてまろ》
飛鳥時代～奈良時代の官人（大納言）。巨勢大海の孫。
¶朝日（こせのなでまろ　㊐天智5（666）年　㊀天平勝宝5年3月30日（753年5月7日）），公卿（巨勢奈弖麻呂　こせのなでまろ　㊐天智4（665）年　㊀天平勝宝5（753）年3月30日），国史，古代（巨勢朝臣奈氐麻呂　こせのあそんなてまろ　㊐670年？），古中，コン改（巨勢奈弖麻呂），コン4（巨勢奈弖麻呂），史人（㊐660年，（異説）666年　㊀753年3月30日），神人（㊀天平勝宝5（753）年3月），新潮（㊀天平勝宝5（753）年3月30日），人名（巨勢奈底麻呂　こせのなでまろ），日史（巨勢奈弖麻呂　こせのなでまろ　㊀天平勝宝5（753）年3月30日），日人（㊐666年，（異説）670年），百科（巨勢奈弖麻呂　こせのなでまろ），万葉（巨勢朝臣奈氐麻呂　こせのあそみなでまろ），歴大

巨勢野足　こせのぬたり
→巨勢野足（こせののたり）

巨勢野足　こせののたり
天平勝宝1（749）年～弘仁7（816）年　㊞巨勢朝臣野足《こせのあそんのたり》，巨勢野足《こせのぬたり》

奈良時代〜平安時代前期の公卿（中納言）。参議巨勢堺麻呂の孫。
¶朝日（[没]弘仁7年12月14日（817年1月5日）），公卿（[没]弘仁7（816）年12月14日），国史，古代（巨勢朝臣野足　こせのあそんのたり），古中，コン改（こせのぬたり），コン4（こせのぬたり），史人（[没]816年12月14日），諸系（[没]817年），新潮（[没]弘仁7（816）年12月14日），人名（[生]721年　[没]788年），世人（[生]天平20（748）年），日史（[没]弘仁7（816）年12月14日），日人（[没]817年），百科，平史（こせのぬたり），歴大

巨勢斐太島村 こせのひだのしまむら
生没年不詳
奈良時代の官吏。
¶日人

巨勢人（巨勢毘登） こせのひと
生没年不詳　[別]巨勢臣人《こせのおみひと》，巨勢人卿《こせのひとのまへつきみ》
飛鳥時代の廷臣（大納言）。父は小徳大海（文徳）。
¶朝日，公卿（巨勢毘登），国史，古代（巨勢臣人　こせのおみひと），古中，コン改，コン4，史人，新潮，人名，日史，日人，万葉（巨勢人卿　こせのひとのまへつきみ）

巨勢総成 こせのふさなり
[別]巨勢朝臣総成《こせのあそんふさなり》
奈良時代の官人。
¶古代（巨勢朝臣総成　こせのあそんふさなり），日人（生没年不詳）

巨勢文雄 こせのふみお
天長1（824）年〜寛平4（892）年　[別]巨勢朝臣文雄《こせのあそんふみお》
平安時代前期の官人、文章博士、大学頭。
¶朝日（生没年不詳），古代（巨勢朝臣文雄　こせのあそんふみお），コン改（生没年不詳），コン4（生没年不詳），新潮（生没年不詳），人名，日人，平史

巨勢真人 こせのまひと
[別]巨勢朝臣真人《こせのあそんまひと》
奈良時代の官人。
¶古代（巨勢朝臣真人　こせのあそんまひと），日人（生没年不詳）

巨勢麻呂（巨勢万呂） こせのまろ
？〜養老1（717）年　[別]巨勢朝臣麻呂《こせのあそんまろ》，巨勢万呂《こせまろ》
飛鳥時代〜奈良時代の廷臣（中納言）。巨勢尾与の四世孫。
¶朝日（[没]養老1年1月18日（717年3月5日）），公卿（[没]養老1（717）年1月21日），古代（巨勢朝臣麻呂　こせのあそんまろ），コン改，コン4，庄内（巨勢万呂　こせまろ　[没]養老1（717）年1月），人名，日人，歴大

固禅 こぜん
→裏松光世（うらまつみつよ）

巨曽倍津嶋（巨曽倍対馬） こそべのつしま
[別]巨曽倍朝臣対馬《こそべのあそみつしま》，巨曽倍朝臣津嶋《こそべのあそんつしま》
奈良時代の官人、万葉歌人。
¶古代（巨曽倍朝臣津嶋　こそべのあそんつしま），人名（巨曽倍対馬），日人（生没年不詳），万葉（巨曽倍朝臣対馬　こそべのあそみつしま）

後醍醐天皇 ごだいごてんのう
正応1（1288）年〜延元4/暦応2（1339）年　[別]尊治親王《たかはるしんのう》
鎌倉時代後期〜南北朝時代の第96代（南朝初代）の天皇（在位1318〜1339）。後宇多天皇の第2皇子。院政を廃し、記録所を中心として天皇親政を目指す。のち鎌倉幕府の打倒を画策し、正中の変、元弘の変を起こし、自ら隠岐に配流されながらも、楠木正成、足利尊氏、新田義貞らにより倒幕を果たす。建武新政では天皇専制政治を標榜したが、足利尊氏を中心とした武家と対立して新政府は崩壊。吉野に逃れて尊氏の擁立した持明院統の天皇に対抗、南北朝時代を招いた。
¶朝日（[生]正応1年11月2日（1288年11月26日）　[没]暦応2/延元4年4月16日（1339年5月25日）），岩史（[生]正応1（1288）年11月2日　[没]暦応2/延元4（1339）年8月16日），角史，鎌倉，鎌室，京都，京都大，郷土奈良，京都府，国史，国書（[生]正応1（1288）年11月2日　[没]延元4（1339）年8月16日），古中，コン改，コン4，詩歌，史人（[生]1288年11月2日　[没]1339年8月16日），島根歴，重要（[生]正応1（1288）年11月2日　[没]延元4/暦応2（1339）年8月16日），諸系，人書94，新潮（[生]正応1（1288）年11月2日　[没]暦応2/延元4（1339）年8月16日），人名，姓氏京都，世人（[生]正応1（1288）年11月2日　[没]延元4/暦応2（1339）年8月16日），世百，全書，大百，伝記，鳥取百，日史（[生]正応1（1288）年11月2日　[没]暦応2/延元4（1339）年8月16日），日人，百科，兵庫百，仏教（[生]正応1（1288）年11月2日　[没]暦応2/延元4（1339）年8月16日），歴大，和俳（[生]正応1（1288）年11月2日　[没]暦応2/延元4（1339）年8月16日）

後大染金剛院殿 ごだいせんこんごういんどの
→二条尹房（にじょうただふさ）

後高倉院 ごたかくらいん
治承3（1179）年〜貞応2（1223）年　[別]後高倉上皇《ごたかくらじょうこう》，後高倉法皇《ごたかくらほうおう》，行助入道親王《ぎょうじょにゅうどうしんのう》，守貞親王《もりさだしんのう》
鎌倉時代前期の上皇。後堀河天皇の父。高倉天皇の第2皇子。
¶朝日（後高倉上皇　ごたかくらじょうこう　[生]治承3年2月28日（1179年4月6日）　[没]貞応2年5月14日（1223年6月13日）），岩史（[生]治承3（1179）年2月28日　[没]貞応2（1223）年5月14日），角史（後高倉法皇　ごたかくらほうおう），鎌室，国史，古中，コン改（守貞親王　もりさだしんのう），コン4（守貞親王　もりさだしんのう），史人（[生]1179年2月28日　[没]1223年5月14日），諸系，新潮（守貞親王　もりさだし

んのう　[生]治承3(1179)年2月28日　[没]貞応2(1223)年5月14日)，人名(守貞親王　もりさだしんのう)，姓氏京都，世人(守貞親王　もりさだしんのう)，世百，日史([生]治承3(1179)年2月28日　[没]貞応2(1223)年5月14日)，日人，百科，歴大(守貞親王　もりさだしんのう)

木造俊茂　こづくりとししげ

明応4(1495)年～？　[別]木造俊茂《きずくりとししげ》

戦国時代の公卿(参議)。参議木造政宗の子。

¶公卿(きずくりとししげ)，公家(俊茂〔北畠・木造・大河内家(絶家)〕　とししげ)，戦人

木造俊康　こづくりとしやす

？～文明1(1469)年　[別]木造俊康《きずくりとしやす》

室町時代の武将・公卿(権大納言)。木造家の祖。

¶鎌室([没]応永28(1421)年)，公卿(きずくりとしやす　生没年不詳)，公家(俊泰〔北畠・木造・大河内家(絶家)〕　としやす)，人名，日人

木造教親　こづくりのりちか

応永31(1424)年～応仁2(1468)年　[別]木造教親《きずくりのりちか》

室町時代の公卿(権中納言)。権大納言木造持康の子。

¶公卿(きずくりのりちか　[没]応仁2(1468)年12月)，公家(教親〔北畠・木造・大河内家(絶家)〕　のりちか　[没]応仁2(1468)年12月2日)

木造政宗　こづくりまさむね

寛正4(1463)年～？　[別]木造政宗《きずくりまさむね》

戦国時代の公卿(参議)。権中納言木造教親の子。

¶公卿(きずくりまさむね)，公家(政宗〔北畠・木造・大河内家(絶家)〕　まさむね)，戦人

木造持康　こづくりもちやす

？～宝徳3(1451)年　[別]北畠持康《きたばたけもちやす》，木造持康《きずくりもちやす》

室町時代の公卿(権大納言)。権大納言木造俊康の子。

¶公卿(きずくりもちやす)，公家(持康〔北畠・木造・大河内家(絶家)〕　もちやす)，国書(北畠持康　きたばたけもちやす)

後土御門天皇　ごつちみかどてんのう

嘉吉2(1442)年～明応9(1500)年

室町時代～戦国時代の第103代の天皇(在位1464～1500)。後花園天皇の第1皇子。

¶朝日([生]嘉吉2年5月25日(1442年7月3日)　[没]明応9年9月28日(1500年10月21日))，角史，鎌室，京都大，国史，国書([生]嘉吉2(1442)年5月25日　[没]明応9(1500)年9月28日)，古中，コン改，コン4，史人([生]1442年5月25日　[没]1500年9月28日)，重要([生]嘉吉2(1442)年5月25日　[没]明応9(1500)年9月28日)，諸系，新潮([生]嘉吉2(1442)年5月25日　[没]明応9(1500)年9月28日)，人名，姓氏京都，世人([生]嘉吉2(1442)年5月25日　[没]明応9(1500)年9月28日)，全書，大百，日史([生]嘉吉2(1442)年5月25日　[没]明応9(1500)年9月28日)，日人，百科，歴大

後徳大寺実定　ごとくだいじさねさだ

→徳大寺実定(とくだいじさねさだ)

後徳大寺実定　ごとくだいじのじってい

→徳大寺実定(とくだいじさねさだ)

功子内親王　ことこないしんのう

→功子内親王(こうしないしんのう)

後鳥羽院　ごとばいん

→後鳥羽天皇(ごとばてんのう)

後鳥羽天皇　ごとばてんのう

治承4(1180)年～延応1(1239)年　[別]隠岐院《おきのいん》，後鳥羽院《ごとばいん》，後鳥羽上皇《ごとばじょうこう》，顕徳院《けんとくいん》

鎌倉時代前期の第82代の天皇(在位1183～1198)。高倉天皇の子。後白河法皇の死後、譲位して上皇となり院政を継承。のち鎌倉幕府と対立して北条義時追討の宣旨をだして挙兵したが敗れ、隠岐に流され生涯を終わった。歌人としてもすぐれ「新古今和歌集」を撰上させた。

¶朝日([生]治承4年7月14日(1180年8月6日)　[没]延応1年2月22日(1239年3月28日))，岩史([生]治承4(1180)年7月14日　[没]延応1(1239)年2月22日)，角史，鎌倉，鎌室，京都，京都大，国史，国書([生]治承4(1180)年7月15日　[没]延応1(1239)年2月22日)，古史，古中，コン改，コン4，詩歌，史人([生]1180年7月14日　[没]1239年2月22日)，島根人(後鳥羽院　ごとばいん)，島根歴(後鳥羽上皇　ごとばじょうこう)，重要([生]治承4(1180)年7月14日　[没]延応1(1239)年2月22日)，諸系，人書94，新潮([生]治承4(1180)年7月14日　[没]延応1(1239)年2月22日)，新文(後鳥羽上皇　ごとばじょうこう　[生]治承4(1180)年7月14日　[没]延応1(1239)年2月22日)，人名，姓氏京都，世人([生]治承4(1180)年7月14日　[没]延応1(1239)年2月22日)，世百，全書，大百，伝記，日史([生]治承4(1180)年7月14日　[没]延応1(1239)年2月22日)，日人，百科，仏教([生]治承4(1180)年7月14日　[没]延応1(1239)年2月22日)，文学(後鳥羽上皇　ごとばじょうこう)，平史，歴大，和歌山人(後鳥羽上皇　ごとばじょうこう)，和俳([生]治承4(1180)年7月14日　[没]延応1(1239)年2月22日)

載仁親王　ことひとしんのう

→閑院宮載仁親王(かんいんのみやことひとしんのう)

載仁親王妃智恵子　ことひとしんのうひちえこ

→閑院宮智恵子(かんいんのみやちえこ)

後奈良天皇　ごならてんのう

明応5(1496)年12月23日～弘治3(1557)年

戦国時代の第105代の天皇(在位1526～1557)。後柏原天皇の第2皇子。

¶朝日([生]明応5年12月23日(1497年1月26日)　[没]弘治3年9月5日(1557年9月27日))，角史，京都大，国史，国書([没]弘治3(1557)年9月5日)，古中，コン改，コン4，史人([没]1557年9月5

日)，重要([没]弘治3(1557)年9月5日)，諸系([生]1497年)，新潮([没]弘治3(1557)年9月5日)，人名，姓氏京都，世人([没]弘治3(1557)年9月5日)，世百，全書，戦人，大百，日史([没]弘治3(1557)年9月5日)，日人([生]1497年)，百科，仏教([没]弘治3(1557)年9月5日)，歴大，和俳([没]弘治3(1557)年9月5日)

後二条天皇 ごにじょうてんのう
弘安8(1285)年～延慶1(1308)年
鎌倉時代後期の第94代の天皇(在位1301～1308)。後宇多天皇の子。
¶朝日([生]弘安8年2月2日(1285年3月9日)　[没]延慶1年8月25日(1308年9月10日))，角史，鎌室，京都大，国史，国書([生]弘安8(1285)年2月2日　[没]徳治3(1308)年8月25日)，古中，コン改，コン4，史人([生]1285年2月2日　[没]1308年8月25日)，重要([生]弘安8(1285)年2月2日　[没]延慶1(1308)年8月25日)，諸系，新潮([生]弘安8(1285)年2月2日　[没]延慶1(1308)年8月25日)，人名，姓氏京都，世人，全書，大百，日史([生]弘安8(1285)年2月2日　[没]延慶1(1308)年8月25日)，日人，歴大

後二条殿 ごにじょうどの
→藤原師通(ふじわらのもろみち)

近衛篤麿 このえあつまろ
文久3(1863)年～明治37(1904)年　[別]近衛霞山《このえかざん》
明治期の政治家。貴族院議員、公爵。アジア主義の立場から東亜同文会を結成。対露強硬論、主戦論を推進。
¶朝日([生]文久3年6月26日(1863年8月10日)　[没]明治37(1904)年1月2日)，海越新([生]文久3(1863)年6月26日　[没]明治37(1904)年1月2日)，江戸東(近衛霞山　このえかざん)，学校([生]文久3(1863)年6月26日　[没]明治37(1904)年1月2日)，角史，近現，国史，コン改，コン5，史人([生]1863年6月26日　[没]1904年1月1日)，重要([没]明治37(1904)年1月2日)，諸系，新潮([生]文久3(1863)年6月26日　[没]明治37(1904)年1月2日)，人名，姓氏京都，世人([生]文久3(1863)年6月26日　[没]明治37(1904)年1月2日)，世百，全書，大百，渡航([生]1863年6月26日　[没]1904年1月2日)，日史([生]文久3(1863)年6月26日　[没]明治37(1904)年1月1日)，日人，百科，北海道百，北海道歴，明治1，履歴([生]文久3(1863)年6月26日　[没]明治37(1904)年1月2日)，歴大

近衛文麿 このえあやまろ
→近衛文麿(このえふみまろ)

近衛家実 このえいえざね
治承3(1179)年～仁治3(1242)年12月27日　[別]猪隈関白《いのくまかんぱく》，藤原家実《ふじわらいえざね，ふじわらのいえざね》
鎌倉時代前期の公卿(摂政・関白・太政大臣)。摂政・関白・左大臣近衛基通の長男。
¶朝日([没]仁治3年12月27日(1243年1月19日))，鎌室，京都大，公卿，公家(家実〔近衛家〕　いえざね)，国史，国書，古中，史人，諸系([没]1243年)，新潮，人名，姓氏京都，日史，日人([没]1243年)

近衛家久 このえいえひさ
貞享4(1687)年5月8日～元文2(1737)年8月17日
江戸時代中期の公家(関白・太政大臣・准三宮)。摂政・関白・太政大臣近衛家煕の子。
¶近世，公卿，公家(家久〔近衛家〕　いえひさ)，国史，国書，史人，諸系，人名，日人

近衛家平 このえいえひら
弘安5(1282)年～正中1(1324)年
鎌倉時代後期の公卿(関白・左大臣)。関白・右大臣近衛家基の長男。
¶朝日([没]正中1年5月15日(1324年6月7日))，鎌室，公卿([没]正中1(1324)年5月14日)，公家(家平〔近衛岡本家(絶家)〕　いえひら)，国書([没]元亨4(1324)年5月14日)，諸系，新潮([没]正中1(1324)年5月15日)，人名，姓氏京都，日人

近衛家煕(近衛家熈，近衛家熙) このえいえひろ
寛文7(1667)年～元文1(1736)年　[別]予楽院《よらくいん》，予楽院殿《よらくいんどの》
江戸時代中期の公家(摂政・関白・太政大臣・准三宮)。関白・太政大臣近衛基煕の子。
¶朝日([生]寛文7年6月4日(1667年7月24日)　[没]元文1年10月3日(1736年11月5日))，黄檗([没]元文2(1737)年8月17日)，沖縄百([生]寛文7(1667)年6月4日　[没]元文1(1736)年10月3日)，角史，京都，京都大(近衛家熈)，近世，公卿([生]寛文7(1667)年6月4日　[没]元文1(1736)年10月3日)，公家(家煕〔近衛家〕　いえひろ　[生]寛文7(1667)年6月4日　[没]元文1(1736)年10月3日)，国史，国書(近衛家熙　[生]寛文7(1667)年6月4日　[没]元文1(1736)年10月3日)，コン改，コン4，茶道，史人(近衛家熙　[生]1667年6月4日　[没]1736年10月3日)，諸系，新潮([生]寛文7(1667)年6月4日　[没]元文1(1736)年10月3日)，人名，姓氏京都，世人(近衛家熈　[生]寛文7(1667)年6月4日　[没]元文1(1736)年10月3日)，世百(近衛家熈)，全書，伝記，日史([生]寛文7(1667)年6月4日　[没]元文1(1736)年10月3日)，日人，美術，百科

近衛家通 このえいえみち
元久1(1204)年～元仁1(1224)年
鎌倉時代前期の公卿(左大臣)。摂政・関白・太政大臣近衛家実の子。
¶鎌室，公卿([没]元仁1(1224)年8月11日)，公家(家通〔近衛家〕　いえみち　[没]貞応3(1224)年8月11日)，諸系，人名，日人

近衛家基 このえいえもと
弘長1(1261)年～永仁4(1296)年6月19日
鎌倉時代後期の公卿(関白・右大臣)。摂政・関白近衛基平の長男。
¶鎌室，公卿，公家(家基〔近衛家〕　いえもと)，国書，諸系，人名，日人

近衛内前 このえうちさき
享保13(1728)年～天明5(1785)年

江戸時代中期の公家（摂政・関白・太政大臣・准三宮）。関白・太政大臣近衛家久の子。
¶朝日（[生]享保13年6月22日（1728年7月28日）[没]天明5年3月20日（1785年4月28日）），近世，公卿（[生]享保13（1728）年6月22日　[没]天明5（1785）年3月20日），公家（内前〔近衛家〕　うちさき　[生]享保13（1728）年6月22日　[没]天明5（1785）年3月20日），国史，国書（[生]享保13（1728）年6月22日　[没]天明5（1785）年3月20日），諸系，人名，日人

近衛霞山　このえかざん
→近衛篤麿（このえあつまろ）

近衛兼嗣　このえかねつぐ
正平15/延文5（1360）年～元中5/嘉慶2（1388）年3月26日
南北朝時代の公卿（摂政・右大臣）。関白・左大臣近衛道嗣の子。
¶朝日（[没]嘉慶2/元中5年3月26日（1388年5月2日）），鎌室，公卿，公家（兼嗣〔近衛家〕　かねつぐ），国書，諸系，新潮，人名，日人

近衛兼経　このえかねつね
承元4（1210）年～正元1（1259）年　[別]岡屋関白《おかのやかんぱく》
鎌倉時代前期の公卿（摂政・関白・太政大臣）。摂政・関白近衛家実の三男。
¶朝日（[生]承元4年5月4日（1210年5月28日）[没]正元1年5月4日（1259年5月27日）），鎌室，京都府，公卿（[生]承元4（1210）年5月5日　[没]正元1（1259）年5月4日），公家（兼経〔近衛家〕　かねつね　[生]承元4（1210）年5月5日　[没]正元1（1259）年5月4日），国史，国書（[生]承元4（1210）年5月4日　[没]正元1（1259）年5月4日），古中，コン改，コン4，史人（[没]1259年5月4日），諸系，新潮（[没]正元1（1259）年5月4日），人名，姓氏京都，日史（[没]正元1（1259）年5月4日），日人，百科

近衛兼教　このえかねのり
文永4（1267）年～建武3/延元1（1336）年9月2日
鎌倉時代後期～南北朝時代の公卿（准大臣）。摂政・関白近衛基平の次男。
¶鎌室，公卿，公家（兼教〔近衛家〕　かねのり），国書，諸系，新潮，人名，日人

近衛公量　このえきみかず
？～正平16/康安1（1361）年
南北朝時代の公卿（参議）。権中納言近衛実香の子。
¶公卿，公家（公量〔河原・大炊御門・近衛家（絶家）〕　きんかず）

近衛前久　このえさきひさ
天文5（1536）年～慶長17（1612）年
安土桃山時代～江戸時代前期の公家（関白・太政大臣）。関白・太政大臣近衛稙家の子。
¶朝日（[没]慶長17年5月8日（1612年6月7日）），岩史（[没]慶長17（1612）年5月8日），郷土群馬，京都大，近世，公卿（[没]慶長17（1612）年5月8日），公家（前久〔近衛家〕　さきひさ　[没]慶長17（1612）年5月8日），国史，国書（[没]慶長17（1612）年5月8日），古中，コン改，コン4，埼玉百，茶道，史人（[没]1612年5月8日），諸系，新潮（[没]慶長17（1612）年5月8日），人名，姓氏京都，世人（[没]慶長17（1612）年5月8日），世百，戦国，戦辞（[没]慶長17年5月8日（1612年6月7日）），全書，戦人，日史（[没]慶長17（1612）年5月8日），日人，百科，仏教（[没]慶長17（1612）年5月8日），歴大，和俳（[没]慶長17（1612）年5月8日）

近衛実香　このえさねか
→近衛実香（このえさねよし）

近衛実香　このえさねよし
弘長1（1261）年～正中2（1325）年4月19日　[別]近衛実香《このえさねか》
鎌倉時代後期の公卿（権中納言）。参議藤原公敦の子。
¶公卿，公家（実香〔河原・大炊御門・近衛家（絶家）〕　さねか），国書（このえさねか）

近衛忠嗣　このえただつぐ
弘和3/永徳3（1383）年～享徳3（1454）年　[別]近衛良嗣《このえよしつぐ》
室町時代の公卿（関白・左大臣）。摂政・右大臣近衛兼嗣の子。
¶朝日（[没]享徳3年6月30日（1454年7月25日）），鎌室，公卿（[没]享徳3（1454）年6月29日），公家（忠嗣〔近衛家〕　ただつぐ　[没]享徳3（1454）年6月29日），諸系，新潮（[没]享徳3（1454）年6月29日，（異説）6月26日），人名，日人

近衛忠熙（近衛忠凞，近衛忠熈，近衛忠煕）　このえただひろ
文化5（1808）年7月14日～明治31（1898）年3月18日
江戸時代末期～明治期の公家（関白・左大臣）。左大臣近衛基前の子。
¶朝日（[生]文化5年7月14日（1808年9月4日）），維新（近衛忠凞），岩史，京都大（近衛忠熙），近現（近衛忠熙），近世，公卿（近衛忠凞），公家（忠熙〔近衛家〕　ただひろ），国史，国書（近衛忠熙），コン改（近衛忠凞），コン改，コン4，コン5（近衛忠熙），史人（近衛忠熙），諸系，新潮，人名，姓氏京都，世人，世百（近衛忠凞），日史，日人，幕末（近衛忠凞），百科（近衛忠凞），歴大

近衛忠房　このえただふさ
天保9（1838）年～明治6（1873）年
江戸時代末期～明治期の公家（左大臣）。関白・左大臣近衛忠熙の子。
¶朝日（[生]天保9年8月6日（1838年9月24日）[没]明治6（1873）年7月16日），維新，京都大，公卿（[生]天保9（1838）年8月6日　[没]明治6（1873）年9月），公家（忠房〔近衛家〕　ただふさ　[生]天保9（1838）年8月6日　[没]明治6（1873）年7月16日），国書（[生]天保9（1838）年8月6日　[没]明治6（1873）年7月16日），コン4，コン5，諸系，神人（[生]天保10（1839）年　[没]明治5（1872）年），新潮（[生]天保9（1838）年8月6日　[没]明治6（1873）年7月16日），姓氏京都，日人，幕末

（[没]1873年7月16日）

近衛稙家　このえたねいえ
文亀3（1503）年～永禄9（1566）年　[別]恵雲院殿《えうんいんどの》
戦国時代の公卿（関白・太政大臣・准三宮）。関白・太政大臣近衛尚通の長男。
¶朝日（[生]文亀2（1502）年　[没]永禄9年7月10日（1566年7月26日）），鹿児島百（[生]永正1（1504）年），公卿（[没]永禄9（1566）年7月10日），公家（稙家〔近衛家〕　たねいえ　[没]永禄9（1566）年7月10日），国史，国書（[没]永禄9（1566）年7月10日），古中，史人（[没]1566年7月10日），諸系，人名，戦辞（[没]永禄9年7月10日（1566年7月26日）），戦人，日史（[没]永禄9（1566）年7月10日），日人，百科

近衛経家　このえつねいえ
正慶3/元弘3（1333）年～元中6/康応1（1389）年
南北朝時代の公卿（非参議）。関白・左大臣近衛経忠の長男。
¶公卿，公家（経家〔近衛岡本家（絶家）〕　つねいえ），国書

近衛常子　このえつねこ
→常子内親王（つねこないしんのう）

近衛経忠　このえつねただ
乾元1（1302）年～正平7/文和1（1352）年8月13日　[別]堀川関白《ほりかわかんぱく》
鎌倉時代後期～南北朝時代の公卿（関白・左大臣）。関白・左大臣近衛家平の子。
¶朝日（[没]文和1/正平7年8月13日（1352年9月21日）），鎌室，公卿，公家（経忠〔近衛岡本家（絶家）〕　つねただ），国史，国書，古中，コン改，コン4，史人，諸系，新潮，人名，世人，日史，日人，歴大

近衛経平　このえつねひら
弘安10（1287）年～文保2（1318）年6月24日
鎌倉時代後期の公卿（左大臣）。関白・右大臣近衛家基の次男。
¶鎌室，公卿，公家（経平〔近衛家〕　つねひら），国書，諸系，人名，日人

近衛経熙（近衛経熈）　**このえつねひろ**
宝暦11（1761）年2月22日～寛政11（1799）年6月25日
江戸時代中期の公家（右大臣）。摂政・関白・太政大臣近衛内前の子。
¶公卿，公家（経熙〔近衛家〕　つねひろ），国書（近衛経熈），諸系，人名（[生]1760年　[没]1798年），日人

近衛天皇　このえてんのう
保延5（1139）年～久寿2（1155）年
平安時代後期の第76代の天皇（在位1141～1155）。鳥羽上皇の皇子。
¶朝日（[生]保延5年5月18日（1139年6月16日）　[没]久寿2年7月23日（1155年8月22日）），角史，京都，京都大，国史，国書（[生]保延5（1139）年5月18日　[没]久寿2（1155）年7月23日），古史，古中，コン改，コン4，史人（[生]1139年5月18日　[没]1155年7月23日），重要（[生]保延5（1139）年5月18日　[没]久寿2（1155）年7月23日），諸系，新潮（[生]保延5（1139）年5月18日　[没]久寿2（1155）年7月23日），人名，姓氏京都，世人，全書，大百，日史（[生]保延5（1139）年5月18日　[没]久寿2（1155）年7月23日），日人，平史，歴大

近衛董子　このえのぶこ
宝暦9（1759）年3月11日～天保12（1841）年10月10日
江戸時代中期～後期の女性。有栖川宮職仁親王の王女。
¶国書

近衛信尹　このえのぶただ
永禄8（1565）年～慶長19（1614）年　[別]三藐院《さんみゃくいん》，三藐院信尹《さんみゃくいんのぶただ》，三藐院殿《さんみゃくいんどの》
安土桃山時代～江戸時代前期の公家（関白・左大臣・准三宮）。関白・太政大臣近衛前久の子。
¶朝日（[生]永禄8年11月1日（1565年11月23日）　[没]慶長19年11月25日（1614年12月25日）），岩史（[生]永禄8（1565）年11月1日　[没]慶長19（1614）年11月25日），鹿児島百，角史，京都，京都大，近世，公卿（[没]慶長19（1614）年11月25日），公家（信尹〔近衛家〕　のぶただ　[没]慶長19（1614）年11月25日），国史，国書（[生]永禄8（1565）年11月1日　[没]慶長19（1614）年11月25日），古中，コン改，コン4，茶道，史人（[生]1565年11月1日　[没]1614年11月25日），諸系，新潮（[生]永禄8（1565）年11月1日　[没]慶長19（1614）年11月25日），人名，姓氏鹿児島，姓氏京都，世人（[没]慶長19（1614）年11月25日），世百，戦国，全書，戦人，大百，日史（[生]永禄8（1565）年11月1日　[没]慶長19（1614）年11月25日），日人，美術，百科，仏教（[没]慶長19（1614）年11月25日），歴大，和俳（[没]慶長19（1614）年11月25日）

近衛信尋　このえのぶひろ
慶長4（1599）年～慶安2（1649）年
江戸時代前期の公家（関白・左大臣）。後陽成天皇の第4皇子。
¶朝日（[生]慶長4年5月2日（1599年6月24日）　[没]慶安2年10月11日（1649年11月15日）），岩史（[生]慶長4（1599）年5月2日　[没]慶安2（1649）年10月11日），角史，京都，京都大，近世，公卿（[生]慶長4（1599）年5月2日　[没]慶安2（1649）年10月11日），公家（信尋〔近衛家〕　のぶひろ　[生]慶長4（1599）年5月2日　[没]慶安2（1649）年10月11日），国史，国書（[生]慶長4（1599）年5月2日　[没]慶安2（1649）年10月11日），コン改，コン4，茶道，史人（[生]1599年5月2日　[没]1649年10月11日），諸系，新潮（[生]慶長4（1599）年5月2日　[没]慶安2（1649）年10月11日），人名，姓氏京都，日人，歴大，和俳（[生]慶長4（1599）年5月2日　[没]慶安2（1649）年10月11日）

近衛教基　このえのりもと
応永30（1423）年～寛正3（1462）年
室町時代の公卿（右大臣）。関白・太政大臣近衛

房嗣の長男。
¶鎌室，公卿([没]寛正3(1462)年8月1日)，公家(教基〔近衛家〕　のりもと　[没]寛正3(1462)年8月1日)，諸系，人名，日人

こ

近衛尚嗣 このえひさつぐ
元和8(1622)年3月10日～承応2(1653)年7月19日
江戸時代前期の公家(関白・左大臣)。関白・左大臣近衛信尋の子。
¶公卿，公家(尚嗣〔近衛家〕　ひさつぐ)，国書，諸系，人名，日人

近衛尚通 このえひさみち
文明4(1472)年～天文13(1544)年
戦国時代の公卿(関白・太政大臣・准三宮)。関白・太政大臣近衛政家の子。
¶朝日([生]文明4年10月12日(1472年11月12日)　[没]天文13年8月26日(1544年9月13日))，公卿([没]天文13(1544)年8月26日)，公家(尚通〔近衛家〕　ひさみち　[没]天文13(1544)年8月26日)，国書([生]文明4(1472)年1月28日　[没]天文13(1544)年8月26日)，コン4，諸系，人名，姓氏京都，戦辞([生]文明4年10月12日(1472年11月12日)　[没]天文13年8月26日(1544年9月13日))，戦人，日人

近衛秀麿 このえひでまろ
明治31(1898)年11月18日～昭和48(1973)年6月2日
大正～昭和期の指揮者、作曲家。公爵近衛篤麿の次男。日本交響楽協会を設立、新交響楽団(のちN響)を組織、主宰。のちに近衛管弦楽団を組織。
¶岩史，演奏，音楽，音人，近現，近文，芸能，現朝，現情，現人，コン改，コン4，コン5，作曲，史人([生]1898年10月18日)，重要，新芸，新潮，人名7，世紀，世人，世百新，全書，大百，日人，日本，百科，民学，履歴，履歴2，歴大

近衛房嗣 このえふさつぐ
応永9(1402)年～長享2(1488)年10月19日
室町時代～戦国時代の公卿(関白・太政大臣)。関白・左大臣近衛忠嗣の子。
¶鎌室，公卿，公家(房嗣〔近衛家〕　ふさつぐ)，国書，諸系，新潮，人名，日人

近衛文麿 このえふみまろ
明治24(1891)年10月12日～昭和20(1945)年12月16日　[別]近衛文麿《このえあやまろ》
昭和期の政治家。貴族院議員、首相。大政翼賛会を設立、日独伊三国同盟締結を行うが、対米関係は悪化。戦後、戦犯容疑で指名され、服毒自殺。
¶岩史，角史，京都大(このえあやまろ)，近現，現朝，現人，現日，国史，コン改，コン5，史人，重要，新潮，人名7，世紀，姓氏京都，世人([生]明治24(1891)年6月12日)，世百，全書，大百，伝記，日史，日人，日本，百科，履歴，歴大

近衛冬実 このえふゆざね
？　～*
南北朝時代の公卿(非参議)。関白・左大臣近衛経忠の次男。
¶公卿([没]康暦2/天授6(1380)年)，公家(冬実〔近衛岡本家(絶家)〕　ふゆざね　[没]応安7(1374)年1月5日)

近衛政家 このえまさいえ
文安1(1444)年～永正2(1505)年
室町時代～戦国時代の公卿(関白・太政大臣・准三宮)。関白・太政大臣近衛房嗣の次男。
¶朝日([生]文安1年8月1日(1444年9月12日)　[没]永正2年6月19日(1505年7月20日))，鎌室，公卿([没]永正2(1505)年6月19日)，公家(政家〔近衛家〕　まさいえ　[没]永正2(1505)年6月19日)，国書([生]文安1(1444)年8月1日　[没]永正2(1505)年6月19日)，諸系，新潮([生]文安1(1444)年8月1日　[没]永正2(1505)年6月19日)，人名，姓氏京都，世人([生]嘉吉3(1443)年)，戦辞([没]永正2年6月19日(1505年7月20日))，戦人，日人

近衛道嗣(1) このえみちつぐ
建保5(1217)年～仁治3(1242)年　[別]藤原道嗣《ふじわらのみちつぐ》
鎌倉時代前期の公卿。
¶鎌室，公卿(藤原道嗣　ふじわらのみちつぐ　[生]？　[没]仁治3(1242)年7月13日)，公家(道嗣〔北小路・室町家(絶家)〕　みちつぐ　[生]？　[没]仁治3(1242)年7月13日)，諸系，日人

近衛道嗣(2) このえみちつぐ
元弘2/正慶1(1332)年～元中4/嘉慶1(1387)年　[別]後深心院殿《ごしんいんどの，のちのしんしんいんどの》
南北朝時代の公卿(関白・左大臣)。関白・左大臣近衛基嗣の子。
¶朝日([没]嘉慶1/元中4年3月17日(1387年4月5日))，鎌室，公卿([生]正慶3/元弘3(1333)年　[没]嘉慶1/元中4(1387)年3月17日)，公家(道嗣〔近衛家〕　みちつぐ　[生]1333年　[没]至徳4(1387)年3月17日)，国史，国書([没]至徳4(1387)年3月17日)，古中，史人([没]1387年3月17日)，諸系，新潮([没]嘉慶1/元中4(1387)年3月17日)，人名([生]1335年)，姓氏京都，日人

近衛道経 このえみちつね
元暦1(1184)年～暦仁1(1238)年7月29日
鎌倉時代前期の公卿(右大臣)。摂政・関白・内大臣近衛基通の次男。
¶鎌室，公卿，公家(道経〔北小路・室町家(絶家)〕　みちつね)，諸系，新潮，人名([生]1188年)，日人

近衛基前 このえもとさき
天明3(1783)年8月11日～文政3(1820)年4月19日
江戸時代後期の公家(左大臣)。右大臣近衛経熙の子。
¶公卿，公家(基前〔近衛家〕　もとさき)，国書，諸系，人名，日人

近衛基実 このえもとざね
康治2(1143)年～仁安1(1166)年　[別]藤原基実《ふじわらのもとざね，ふじわらもとざね》
平安時代後期の公卿(摂政・関白・左大臣)。近衛家の祖。関白藤原忠通の長男。

¶朝日（藤原基実　ふじわらのもとざね　[没]仁安1年7月26日（1166年8月23日）），鎌室，公卿（[没]仁安1（1166）年7月26日），公家（基実〔近衛家〕　もとざね　[没]仁安1（1166）年7月26日），国史（藤原基実　ふじわらのもとざね），古史（藤原基実　ふじわらのもとざね），古中（藤原基実　ふじわらのもとざね），コン改，コン4，コン4（藤原基実　ふじわらのもとざね），史人（藤原基実　ふじわらのもとざね　[没]1166年7月26日），諸系，新潮（[没]仁安1（1166）年7月26日），人名，姓氏京都，日人，平史（藤原基実　ふじわらのもとざね）

近衛基輔　このえもとすけ
建久9（1198）年～寛元3（1245）年　[別]藤原基輔《ふじわらもとすけ》
鎌倉時代前期の公卿（非参議）。右大臣近衛道経の子。
¶鎌室（藤原基輔　ふじわらもとすけ），公卿，公家（基輔〔北小路・室町家（絶家）〕　もとすけ），諸系，日人

近衛基嗣　このえもとつぐ
嘉元3（1305）年～正平9/文和3（1354）年4月8日
鎌倉時代後期～南北朝時代の公卿（関白・左大臣）。左大臣近衛経平の子。
¶朝日（[没]文和3/正平9年4月8日（1354年5月1日）），鎌室，公卿，公家（基嗣〔近衛家〕　もとつぐ），国書，諸系，新潮，人名，日人

近衛基平　このえもとひら
寛元4（1246）年～文永5（1268）年11月19日　[別]深心院関白《しんしんいんかんぱく》，藤原基平《ふじわらのもとひら》
鎌倉時代前期の歌人・公卿（摂政・関白・左大臣）。摂政・関白・太政大臣近衛兼経の子。
¶朝日（[没]文永5年11月19日（1268年12月24日）），鎌室，公卿，公家（基平〔近衛家〕　もとひら），国史，国書，古中，諸系，新潮，人名，人名（藤原基平　ふじわらのもとひら），姓氏京都，日史，日人，和俳

近衛基熙（近衛基煕）　このえもとひろ
慶安1（1648）年3月6日～享保7（1722）年
江戸時代前期～中期の公家（関白・太政大臣）。関白・左大臣近衛尚嗣の長男。
¶朝日（[生]慶安1年3月6日（1648年4月28日）[没]享保7年9月14日（1722年10月23日）），岩史（[没]享保7（1722）年9月4日），黄檗（[没]享保7（1722）年9月14日），角史，近世，公卿（[没]享保7（1722）年9月14日），公家（基熙〔近衛家〕　もとひろ　[没]享保7（1722）年9月14日），国史，国書（近衛基煕　[没]享保7（1722）年9月4日），コン改，コン4，史人（近衛基煕　[没]1722年9月4日），諸系，新潮（[没]享保7（1722）年9月4日），人名，姓氏京都，世人，日史（[没]享保7（1722）年9月4日），日人，百科，歴大，和俳

近衛基通　このえもとみち
永暦1（1160）年～天福1（1233）年　[別]藤原基通《ふじわらのもとみち，ふじわらもとみち》
平安時代後期～鎌倉時代前期の公卿（摂政・関白・内大臣）。摂政・関白近衛基実の長男。
¶朝日（[没]天福1年5月29日（1233年7月8日）），岩史（[没]天福1（1233）年5月29日），角史，鎌室，京都大，京都府，公卿（[没]天福1（1233）年5月29日），公家（基通〔近衛家〕　もとみち　[没]天福1（1233）年5月29日），国史（藤原基通　ふじわらのもとみち），古史（藤原基通　ふじわらのもとみち），古中（藤原基通　ふじわらのもとみち），コン改，コン4，史人（[没]1233年5月29日），諸系，新潮（[没]天福1（1233）年5月29日），人名（藤原基通　ふじわらのもとみち），姓氏京都，世人（[没]天福1（1233）年5月29日），全書，日史（[没]天福1（1233）年5月29日），日人，百科，平史（藤原基通　ふじわらのもとみち），歴大

近衛甯子　このえやすこ
昭和19（1944）年4月26日～
昭和～平成期の女性。三笠宮崇仁親王の第1王女。
¶現日，諸系，世紀，日人

近衛良嗣　このえよしつぐ
→近衛忠嗣（このえただつぐ）

木幡雅秋　こばたまさあき
室町時代の公卿（非参議）。藤原雅兼の子。
¶公卿（生没年不詳），公家（雅秋〔室町家（絶家）〕　まさあき）

木幡雅遠　こばたまさとお
室町時代～戦国時代の公卿（非参議）。非参議藤原雅豊の子。
¶公卿（生没年不詳），公家（雅遠〔室町家（絶家）〕　まさとお）

後花園天皇　ごはなぞのてんのう
応永26（1419）年～文明2（1470）年
室町時代の第102代の天皇（在位1428～1464）。伏見宮貞成の嫡子。
¶朝日（[生]応永26年6月18日（1419年7月10日）[没]文明2年12月27日（1471年1月18日）），角史，鎌室，京都大，京都府，国史，国書（[生]応永26（1419）年6月18日　[没]文明2（1470）年12月27日），古中，コン改，コン4，詩歌，史人（[生]1419年6月18日　[没]1470年12月27日），重要（[生]応永26（1419）年6月18日　[没]文明2（1470）年12月27日），諸系（[没]1471年），新潮（[生]応永26（1419）年6月18日　[没]文明2（1470）年12月27日），人名，世人，全書，大百，日史（[生]応永26（1419）年6月18日　[没]文明2（1470）年12月27日），日人（[没]1471年），百科，歴大，和俳

小林光祐　こばやしみつすけ
享保4（1719）年3月12日～天明3（1783）年8月2日
江戸時代中期の公家。
¶国書

小林良典　こばやしよしすけ
文化5（1808）年～安政6（1859）年
江戸時代末期の公家（鷹司家諸大夫）。
¶朝日（[生]文化3年3月28日（1806年5月16日）[没]安政6年11月19日（1859年12月12日）），維新，京都大，新潮（[生]文化5（1808）年3月28日

[没]安政6(1859)年11月19日), 人名, 姓氏京都, 日人, 幕末([没]1859年12月12日)

小林良孝 こばやしよしたか
天保11(1840)年～?
江戸時代末期の公家(鷹司家諸大夫・越前守)。国事に奔走。安政の大獄に座すが特赦で許される。
¶維新, 国書, 幕末

こ

後深草天皇 ごふかくさてんのう
寛元1(1243)年～嘉元2(1304)年
鎌倉時代後期の第89代の天皇(在位1246～1259)。後嵯峨天皇の第3皇子。
¶朝日([生]寛元1年6月10日(1243年6月28日) [没]嘉元2年7月16日(1304年8月17日)), 岩史([生]寛元1(1243)年6月10日　[没]嘉元2(1304)年7月16日), 角史, 鎌室, 京都大, 国史, 国書([生]寛元1(1243)年6月10日　[没]嘉元2(1304)年7月16日), 古中, コン改, コン4, 史人([生]1243年6月10日　[没]1304年7月16日), 重要([生]寛元1(1243)年6月10日　[没]嘉元2(1304)年7月16日), 諸系, 新潮([生]寛元1(1243)年6月10日　[没]嘉元2(1304)年7月16日), 人名, 姓氏京都, 世人([生]寛元1(1243)年6月10日　[没]嘉元2(1304)年7月16日), 世百, 全書, 大百, 日史([生]寛元1(1243)年6月10日　[没]嘉元2(1304)年7月16日), 日人, 百科, 歴大

後普光園院殿 ごふこうおんいんどの
→二条良基(にじょうよしもと)

後伏見天皇 ごふしみてんのう
正応1(1288)年～建武3/延元1(1336)年
鎌倉時代後期の第93代の天皇(在位1298～1301)。伏見天皇の子。
¶朝日([生]正応1年3月3日(1288年4月5日)　[没]建武3/延元1年4月6日(1336年5月17日)), 岩史([生]弘安11(1288)年3月3日　[没]建武3(1336)年4月6日), 角史, 鎌室, 京都大, 国史, 国書([生]弘安11(1288)年3月3日　[没]建武3(1336)年4月6日), 古中, コン改, コン4, 茶道, 詩歌, 史人([生]1288年3月3日　[没]1336年4月6日), 重要([生]正応1(1288)年3月3日　[没]延元1/建武3(1336)年4月6日), 諸系, 新潮([生]正応1(1288)年3月3日　[没]建武3/延元1(1336)年4月6日), 人名, 姓氏京都, 世人, 全書, 大百, 日史([生]正応1(1288)年3月3日　[没]建武3/延元1(1336)年4月6日), 日人, 百科, 歴大, 和俳

子部王(児部女王) こべのおおきみ
→児部女王(こべのじょおう)

児部女王 こべのじょおう
[別]子部王《こべのおおきみ, こべのひめみこ》, 児部女王《こべのおおきみ, こべのひめみこ》
奈良時代の万葉歌人。女性皇族か。
¶女性(生没年不詳), 人名(こべのひめみこ), 万葉(子部王　こべのおおきみ), 万葉(こべのおおきみ), 和俳(生没年不詳)

子部王(児部女王) こべのひめみこ
→児部女王(こべのじょおう)

後報恩院殿 ごほういんどの
→九条経教(くじょうつねのり)

後葆光院 ごほうこういん
→貞康親王(さだやすしんのう)

後法性寺入道殿 ごほっしょうじにゅうどうどの
→九条兼実(くじょうかねざね)

後堀河天皇 ごほりかわてんのう
建暦2(1212)年～文暦1(1234)年
鎌倉時代前期の第86代の天皇(在位1221～1232)。後高倉院の子。
¶朝日([生]建暦2年2月18日(1212年3月22日) [没]文暦1年8月6日(1234年8月31日)), 岩史([生]建暦2(1212)年2月18日　[没]天福2(1234)年8月6日), 鎌室, 京都大, 国史, 国書([生]建暦2(1212)年2月18日　[没]天福2(1234)年8月6日), 古中, コン改, コン4, 史人([生]1212年2月18日　[没]1234年8月6日), 重要([生]建暦2(1212)年2月18日), 諸系, 新潮([生]建暦2(1212)年3月18日　[没]文暦1(1234)年8月6日), 人名, 姓氏京都, 世人([生]建暦2(1212)年2月18日), 世百, 全書, 大百, 日史([生]建暦2(1212)年2月18日　[没]文暦1(1234)年8月6日), 日人, 百科, 歴大

小松中将 こまつちゅうじょう
→平維盛(たいらのこれもり)

小松輝久 こまつてるひさ
明治21(1888)年8月12日～昭和45(1970)年11月5日
明治～昭和期の皇族、海軍軍人。中将、侯爵。海軍大学校教頭、海軍潜水学校長などを歴任。
¶現情, 人名7, 世紀, 日人, 陸海

小松内大臣 こまつのないだいじん
→平重盛(たいらのしげもり)

小松帝 こまつのみかど
→光孝天皇(こうこうてんのう)

小松宮彰仁親王 こまつのみやあきひとしんのう
弘化3(1846)年～明治36(1903)年2月18日　[別]嘉彰親王《よしあきしんのう》,彰仁親王《あきひとしんのう》,仁和寺宮嘉彰親王《にんなじのみやよしあきしんのう》,小松宮彰仁親王《こまつのみやあきひとしんのう》,東伏見宮嘉彰親王《ひがしふしみのみやよしあきしんのう》, 東伏見宮嘉彰, 豊吉
江戸時代後期～明治期の皇族、陸軍軍人。元帥。伏見宮邦家親王の第8王子。王政復古で議定となり軍務総督などを歴任。
¶朝日(彰仁親王　あきひとしんのう　[生]弘化3年1月16日(1846年2月11日)), 維新(嘉彰親王　よしあきしんのう), 海越([生]弘化3(1846)年1月16日), 海越新([生]弘化3(1846)年1月16日), 京都大(仁和寺宮嘉彰親王　にんなじのみやよしあきしんのう), 近現(彰仁親王　あきひとしんのう), 国際(東伏見宮嘉彰親王　ひがしふしみのみやよしあきしんのう), 国史(彰仁親王　あきひとしんのう), コン改(彰仁親王　あきひとしんのう), コン5(彰仁親王　あきひとしん

のう），茶道，史人（㊍1846年1月16日），諸系，新潮（彰仁親王　あきひとしんのう　㊍弘化3(1846)年1月16日），人名（彰仁親王　あきひとしんのう），姓氏京都（彰仁親王　あきひとしんのう），大百，渡航（東伏見宮嘉彰親王・小松宮彰仁親王　ひがしふしみのみやよしあきしんのう・こまつのみやあきひとしんのう　㊍1846年3月16日），日人，幕末（嘉彰親王　よしあきしんのう），明治1，陸海（㊍弘化3年1月16日）

小松宮頼子　こまつのみやよりこ
嘉永5(1852)年6月18日～大正3(1914)年6月26日
㊙小松宮妃頼子《こまつのみやひよりこ》，彰仁親王妃頼子《あきひとしんのうひよりこ》
江戸時代末期～大正期の皇族。篤志看護婦人会総裁。小松宮彰仁親王の妃。久留米藩主有馬頼咸の長女。
¶女性，女性普，人名（彰仁親王妃頼子　あきひとしんのうひよりこ），世紀，日人（小松宮妃頼子　こまつのみやひよりこ）

高麗石麻呂　こまのいしまろ
生没年不詳　㊙高麗朝臣石麻呂《こまのあそんいしまろ》
奈良時代の官人。
¶古代（高麗朝臣石麻呂　こまのあそんいしまろ），埼玉人，日人

高麗大山　こまのおおやま
？　～天平宝字6(762)年
奈良時代の官人。
¶埼玉人

高麗広山　こまのこうざん
→高麗広山（こまのひろやま）

高麗殿嗣　こまのとのつぐ
生没年不詳　㊙高麗朝臣殿嗣《こまのあそんとのつぐ》
奈良時代の官人。
¶郷土福井（高麗朝臣殿嗣　こまのあそんとのつぐ），古代（高麗朝臣殿嗣　こまのあそんとのつぐ），日人

高麗広山　こまのひろやま
生没年不詳　㊙高麗朝臣広山《こまのこうざん》，高麗朝臣広山《こまのあそんひろやま》
奈良時代の官人。
¶古代（高麗朝臣広山　こまのあそんひろやま），埼玉人（こまのこうざん），日人

高麗福信　こまのふくしん
和銅2(709)年～延暦8(789)年　㊙高麗福信《たかくらのふくしん，たかくらふくしん》，高麗朝臣福信《こまのあそみふくしん，こまのあそんふくしん》，肖麗福信《こまふくしん》
奈良時代の官人（非参議）。高麗福徳の孫で、帰化した一族。
¶朝日（㊋延暦8年10月17日（789年11月8日）），岩史（㊋延暦8(789)年10月17日），公卿（㊋延暦8(789)年10月8日），国史，古代（高麗朝臣福信　こまのあそんふくしん），古中，コ

ン改（高倉福信　たかくらのふくしん），コン4（高倉福信　たかくらのふくしん），埼玉人（㊋延暦8(789)年10月17日），埼玉百（こまふくしん）（㊋705年），史人（㊋789年10月17日），新潮（高倉福信　たかくらのふくしん　㊋延暦8(789)年10月17日），人名（高倉福信　たかくらふくしん　㊍710年），世人（高倉福信　たかくらふくしん　㊍和銅3(710)年），日史（㊋延暦8(789)年10月17日），日人（高倉福信　たかくらのふくしん），百科，万葉（高麗朝臣福信　こまのあそみふくしん），歴大

後水尾天皇　ごみずのおてんのう
慶長1(1596)年～延宝8(1680)年　㊙後水尾法皇《ごみずのおほうおう》
江戸時代前期の第108代の天皇（在位1611～1629）。後陽成天皇の第3皇子、三宮。
¶朝日（㊍慶長1年6月4日（1596年6月29日）㊋延宝8年8月19日（1680年9月12日）），岩史（㊍文禄5(1596)年6月4日　㊋延宝8(1680)年8月19日），黄檗（後水尾法皇　ごみずのおほうおう　㊍文禄5(1596)年6月4日　㊋延宝8(1680)年8月19日），角史，京都，京都大，近世，国史，国書（㊍文禄5(1596)年6月4日　㊋延宝8(1680)年8月19日），コン改，コン4，茶道，詩歌（㊍1595年），史人（㊍1596年6月4日　㊋1680年8月19日），重要（㊍慶長1(1596)年6月4日　㊋延宝8(1680)年8月19日），諸系，人書94，新潮（㊍慶長1(1596)年6月4日　㊋延宝8(1680)年8月19日），人名，姓氏京都，世人（㊋延宝8(1680)年8月19日），世百，全書，大百，伝記，日史（㊍慶長1(1596)年6月4日　㊋延宝8(1680)年8月19日），日人，百科，仏教（㊍文禄5(1596)年6月4日　㊋延宝8(1680)年8月19日），平史，歴大，和俳（㊍慶長1(1596)年6月4日　㊋延宝8(1680)年8月19日）

後村上天皇　ごむらかみてんのう
嘉暦3(1328)年～正平23/応安1(1368)年　㊙義良親王《のりながしんのう，のりよししんのう》
南北朝時代の第97代（南朝第2代）の天皇（在位1339～1368）。後醍醐天皇の皇子、南朝第2代の天皇。幼少時から北畠顕家と奥州に下向。母阿野廉子の影響力で兄たちを越えて皇太子となり、即位。幕府に吉野を攻められてからは賀名生に行宮をおき、抗戦した。
¶朝日（㊋応安1/正平23年3月11日（1368年3月29日）），岩史（㊋応安1/正平23(1368)年3月11日），角史，鎌室，京都大，国史，国書（㊋応安1(1368)年3月11日），古中，コン改，史人（1368年3月11日），静岡百（義良親王　のりながしんのう），静岡歴（義良親王　のりながしんのう），重要（㊋正平23/応安1(1368)年3月11日），諸系，新潮（㊋応安1/正平23(1368)年3月11日），人名，姓氏静岡（義良親王　のりながしんのう），姓氏宮城（義良親王　のりよししんのう），世人（㊋応安1/正平23(1368)年3月11日），世百，全書，大百，日史（㊋応安1/正平23(1368)年3月11日），日人，百科，宮城百（義良親王　のりながしんのう），歴大

後桃園天皇 ごももぞのてんのう
宝暦8(1758)年～安永8(1779)年
江戸時代中期の第118代の天皇(在位1770～1779)。桃園天皇第1皇子、若宮。
¶朝日([生]宝暦8年7月2日(1758年8月5日) [没]安永8年10月29日(1779年12月6日)),岩史([生]宝暦8(1758)年7月2日 [没]安永8(1779)年10月29日),角史,京都大,近世,国史,国書([生]宝暦8(1758)年7月2日 [没]安永8(1779)年11月29日),コン改,コン4,史人([生]1758年7月2日 [没]1779年10月29日),重要([生]宝暦8(1758)年7月2日 [没]安永8(1779)年10月29日),諸系,新潮([生]宝暦8(1758)年7月2日 [没]安永8(1779)年10月29日),人名,姓氏京都,世人,全書,大百,日史([生]宝暦8(1758)年7月2日 [没]安永8(1779)年10月29日),日人,歴大

小森頼方 こもりよりかた
元禄6(1693)年～享保11(1726)年11月16日
江戸時代中期の公家・医者。
¶国書

小家内親王 こやけのないしんのう
→小家内親王(おやけないしんのう)

後陽成天皇 ごようぜいてんのう
元亀2(1571)年～元和3(1617)年
安土桃山時代～江戸時代前期の第107代の天皇(在位1586～1611)。誠仁親王の第1王子。
¶朝日([生]元亀2年12月15日(1571年12月31日) [没]元和3年8月26日(1617年9月25日)),岩史([生]元亀2(1571)年12月15日 [没]元和3(1617)年8月26日),角史,京都,京都大,近世,国史,国書([生]元亀2(1571)年12月15日 [没]元和3(1617)年8月26日),古中,コン改,コン4,茶道,史人([生]1571年12月15日 [没]1617年8月26日),重要([生]元亀2(1571)年12月15日 [没]元和3(1617)年8月26日),諸系,新潮([生]元亀2(1571)年12月15日 [没]元和3(1617)年8月26日),人名,姓氏京都,世人([生]元亀2(1571)年12月15日 [没]元和3(1617)年8月26日),世百,全書,戦人,大百,伝記,日史([生]元亀2(1571)年12月15日 [没]元和3(1617)年8月26日),日人,百科,平史,歴大

惟明親王 これあきしんのう
→惟明親王(これあきらしんのう)

惟明親王 これあきらしんのう
治承3(1179)年～承久3(1221)年 [別]惟明親王《これあきしんのう》,大炊御門宮《おおいみかどのみや》
鎌倉時代前期の親王。高倉天皇の第3皇子。後鳥羽天皇の兄。
¶朝日(これあきしんのう [生]治承3年4月11日(1179年5月19日) [没]承久3年5月3日(1221年5月25日)),鎌室,国史,国書([生]治承3(1179)年4月11日 [没]承久3(1221)年5月3日),古中,諸系,新潮([生]治承3(1179)年4月11日 [没]承久3(1221)年5月3日),人名,日人,平史

後冷泉天皇 ごれいぜいてんのう
万寿2(1025)年～治暦4(1068)年
平安時代中期の第70代の天皇(在位1045～1068)。後朱雀天皇の第1皇子。
¶朝日([生]万寿2年8月3日(1025年8月28日) [没]治暦4年4月19日(1068年5月22日)),岩史([生]万寿2(1025)年8月3日 [没]治暦4(1068)年4月19日),角史,京都大,国史,国書([生]万寿2(1025)年8月3日 [没]治暦4(1068)年4月19日),古史,古中,コン改,コン4,史人([生]1025年8月3日 [没]1068年4月19日),重要([生]万寿2(1025)年8月3日 [没]治暦4(1068)年4月),諸系,新潮([生]万寿2(1025)年8月3日 [没]治暦4(1068)年4月19日),人名,姓氏京都,世人,全書,大百,日史([生]万寿2(1025)年8月3日 [没]治暦4(1068)年4月19日),日人,平史,歴大,和俳([生]万寿2(1025)年8月3日 [没]治暦4(1068)年4月19日)

惟条親王 これえだしんのう
承和13(846)年～貞観10(868)年
平安時代前期の文徳天皇の皇子。
¶人名,日人,平史

是貞親王 これさだしんのう
? ～延喜3(903)年 [別]源朝臣是貞《みなもとのあそんこれさだ》
平安時代前期～中期の光孝天皇の皇子。
¶古代(源朝臣是貞 みなもとのあそんこれさだ),人名,日人,平史

惟季 これすえ
生没年不詳
南北朝時代の公家・歌人。
¶国書

惟喬親王 これたかしんのう
承和11(844)年～寛平9(897)年 [別]素覚《そかく》,小野宮《おののみや》
平安時代前期の文徳天皇の第1皇子。
¶朝日([没]寛平9年2月20日(897年3月26日)),岩史([没]寛平9(897)年2月20日),角史,京都,京都大,国史,国書([没]寛平9(897)年2月20日),古史,古代,古中,コン改,コン4,詩歌,史人([没]897年2月20日),諸系,新潮([没]寛平9(897)年2月20日),人名,姓氏京都,世人([没]寛平9(897)年2月20日),全書,日史([没]寛平9(897)年2月20日),日人,百科,仏教(素覚 そかく [没]寛平9(897)年2月20日),平史,歴大,和俳([没]寛平9(897)年2月20日)

是忠親王 これただしんのう
天安1(857)年～延喜22(922)年 [別]源是忠《みなもとのこれただ》,源朝臣是忠《みなもとのあそんこれただ》
平安時代前期～中期の公卿(中納言)。光孝天皇の皇子、母は仲野親王の娘班子女王。
¶朝日(源是忠 みなもとのこれただ [没]延喜22年11月22日(922年12月13日)),公卿(源是忠 みなもとのこれただ [没]延喜22(922)年11月22日),国書([没]延喜22(922)年11月22日),古代

（源朝臣是忠　みなもとのあそんこれただ），コン改，コン4，諸系，新潮（[没]延喜22（922）年11月22日），人名，姓氏京都，日人，平史

是忠親王女　これただしんのうのむすめ
生没年不詳
平安時代中期の女性歌人。名不詳。
¶平史

惟恒親王　これつねしんのう
？　～延喜4（904）年
平安時代前期～中期の文徳天皇の皇子。
¶古代，人名，姓氏群馬，日人，平史

惟成親王　これなりしんのう
？　～応永30（1423）年
室町時代の後村上天皇の皇子。
¶鎌室，国書（生没年不詳），人名，日人（生没年不詳）

維教　これのり
生没年不詳
南北朝時代の公家・歌人。
¶国書

惟彦親王　これひこしんのう
嘉祥3（850）年～元慶7（883）年
平安時代前期の文徳天皇の皇子。
¶古代，諸系，人名，日人，平史（[生]851年）

惟宗公方　これむねのきみかた
→惟宗公方（これむねのきんかた）

惟宗公方　これむねのきんかた
生没年不詳　[別]惟宗公方《これむねきみかた，これむねきんかた，これむねのきみかた》
平安時代中期の明法家。明法博士。
¶角史，国史，国書（これむねきんかた），古中，コン改（これむねのきみかた），コン4（これむねのきみかた），史人，新潮，人名（これむねきみかた），世人（これむねきんかた），日人，平史

惟宗国任　これむねのくにとう
生没年不詳
平安時代後期の明法学者。
¶平史

惟宗是邦　これむねのこれくに
生没年不詳
平安時代中期の天文権博士。
¶平史

惟宗定兼　これむねのさだかね
生没年不詳
平安時代後期の官人・拒捍使。
¶平史

惟宗貞俊　これむねのさだとし
生没年不詳　[別]惟宗貞俊《これむねさだとし》
鎌倉時代後期の歌人。
¶国書（これむねさだとし）

惟宗孝言　これむねのたかこと
→惟宗孝言（これむねのたかとき）

惟宗孝言　これむねのたかとき
長和4（1015）年～＊　[別]惟宗孝言《これむねたかとき，これむねのたかこと》
平安時代中期～後期の漢詩人。
¶国史（これむねのたかこと　生没年不詳），国書（これむねたかとき　生没年不詳），古中（これむねのたかこと　生没年不詳），新潮（これむねのたかこと　[没]永長1（1096）年11月3日），日人（[没]？），平史（[生]1015年？　[没]？），和俳（これむねのたかこと　[没]永長1（1096）年11月3日）

惟宗隆頼　これむねのたかより
生没年不詳　[別]惟宗隆頼《これむねたかより》
平安時代後期の漢詩人・歌人。
¶国書（これむねたかより），平史

惟宗忠景　これむねのただかげ
仁治2（1241）年～正安2（1300）年5月　[別]惟宗忠景《これむねただかげ》
鎌倉時代の武家・歌人。
¶国書（これむねただかげ）

惟宗忠貞　これむねのたださだ
生没年不詳　[別]惟宗忠貞《これむねたださだ》
鎌倉時代後期～南北朝時代の武家・歌人。
¶国書（これむねたださだ）

惟宗允亮　これむねのただすけ
生没年不詳　[別]惟宗允亮《これむねただすけ，これむねのまさすけ，これむねまさすけ》，令宗允亮《よしむねのただすけ》
平安時代中期の明法家。公方の子と伝えられる。
¶朝日（これむねのまさすけ），岩史，角史，国史，国書（これむねただすけ），古史，古中，コン改（これむねのまさすけ），コン4（これむねのまさすけ），史人，人書94（これむねただすけ　[没]1009年頃），新潮（[没]寛弘6（1009）年頃），人名（これむねまさすけ），姓氏京都，世人（これむねまさすけ），全書（これむねのまさすけ），日史（[没]寛弘5（1008）年，（異説）寛弘6（1009）年），日人，百科（[没]寛弘5（1008）年頃），平史，歴大

惟宗忠秀　これむねのただひで
生没年不詳　[別]惟宗忠秀《これむねただひで》
南北朝時代の武家・歌人。
¶国書（これむねただひで）

惟宗允正　これむねのただまさ
？　～長和4（1015）年　[別]惟宗允正《これむねのまさただ，これむねまさただ》
平安時代中期の官人、明法家。
¶コン改（これむねのまさただ），コン4（これむねのまさただ），新潮（[没]長和4（1015）年6月22日），人名（これむねまさただ），日人，平史

惟宗為忠　これむねのためただ
生没年不詳
平安時代中期の明経博士。

¶平史

惟宗為経　**これむねのためつね**
生没年不詳　[別]惟宗為経《これむねためつね》
平安時代中期の官人・歌人。
¶国書（これむねためつね），平史

惟宗具範　**これむねのとものり**
生没年不詳
平安時代前期の貴族。
¶平史

惟宗直宗　**これむねのなおむね**
生没年不詳　[別]惟宗朝臣直宗《これむねのあそんなおむね》，惟宗直宗《これむねなおむね》，秦公直宗《はたぎみのなおむね》
平安時代前期の明法家、明法博士。
¶朝日，香川人（秦公直宗　はたぎみのなおむね），香川百（秦公直宗　はたぎみのなおむね），国史，古代（惟宗朝臣直宗　これむねのあそんなおむね），古中，コン改，コン4，史人，新潮，人名（これむねなおむね），日人，平史

惟宗直本　**これむねのなおもと**
生没年不詳　[別]惟宗朝臣直本《これむねのあそんなおもと》，惟宗直本《これむねなおもと》
平安時代前期の明法家、明法博士。
¶朝日，岩史，角史，国史，国書（これむねなおもと），古史，古代（惟宗朝臣直本　これむねのあそんなおもと），古中，コン改，コン4，史人，新潮，人名（これむねなおもと），姓氏京都，世人（これむねなおもと），全書，日史，日人，百科，平史，歴大

惟宗信房　**これむねののぶふさ**
生没年不詳
平安時代後期の後白河法皇の近習。
¶平史

惟宗広言　**これむねのひろこと**
生没年不詳　[別]惟宗広言《これむねのひろとき，これむねひろこと，これむねひろとき》
鎌倉時代前期の歌人。
¶鎌室（これむねひろこと），国書（これむねひろとき），人名（これむねひろこと），日人，平史（これむねのひろとき），和俳（これむねひろこと）

惟宗広言　**これむねのひろとき**
→惟宗広言（これむねのひろこと）

惟宗文高　**これむねのふみたか**
平安時代中期の陰陽寮の官人。
¶平史

惟宗允亮　**これむねのまさすけ**
→惟宗允亮（これむねのただすけ）

惟宗允正　**これむねのまさただ**
→惟宗允正（これむねのただまさ）

惟宗道成　**これむねのみちなり**
[別]惟宗道成《これむねみちなり》
平安時代中期の明法博士。
¶人名（これむねみちなり）

惟宗光吉　**これむねのみつよし**
文永11（1274）年～正平7/文和1（1352）年　[別]惟宗光吉《これむねみつよし》
鎌倉時代の歌人。
¶鎌室（これむねみつよし　生没年不詳），国書（これむねみつよし　[没]文和1（1352）年9月29日），人名（これむねみつよし），日人，和俳（これむねみつよし　生没年不詳）

惟宗善経　**これむねのよしつね**
生没年不詳　[別]惟宗善経《これむねよしつね》
平安時代前期～中期の明法家。
¶コン改，コン4，新潮，人名（これむねよしつね），世人（これむねよしつね），日人，平史

惟康親王　**これやすしんのう**
文永1（1264）年～嘉暦1（1326）年　[別]源惟康《みなもとのこれやす》
鎌倉時代後期の鎌倉幕府第7代の将軍（在職1266～1289）。6代将軍宗尊親王の子。土御門天皇の孫。
¶朝日（[生]文永1年4月29日（1264年5月26日）　[没]嘉暦1年10月30日（1326年11月25日）），角史，神奈川人，鎌倉，鎌室，公卿（源惟康　みなもとのこれやす　[没]？），公家（惟康〔後嵯峨源氏（絶家）〕　これやす　[没]？），国史，古中，コン改，コン4，史人（[生]1264年4月29日　[没]1326年10月30日），重要（[没]嘉暦1（1326）年10月），諸系，新潮（[生]文永1（1264）年4月29日　[没]嘉暦1（1326）年10月30日），人名，姓氏神奈川，世人（[生]文永1（1264）年4月29日　[没]嘉暦1（1326）年10月30日），全書，大百，日史（[生]文永1（1264）年4月29日　[没]嘉暦1（1326）年10月30日），日人，歴大

惟良高尚　**これよしのたかひさ**
[別]惟良宿禰高尚《これよしのすくねたかひさ》
平安時代前期の官人、学者。
¶古代（惟良宿禰高尚　これよしのすくねたかひさ）

昆解沙弥麻呂　**こんけのさみまろ**
[別]昆解宿禰沙弥麻呂《こんけのすくねさみまろ》
奈良時代の官人。
¶古代（昆解宿禰沙弥麻呂　こんけのすくねさみまろ）

昆解宮成　**こんけのみやなり**
奈良時代の官人。
¶古代，日人（生没年不詳）

金蔵主　**こんぞうす**
？　～嘉吉3（1443）年
室町時代の南朝皇族の後裔。後亀山天皇の皇子と伝えられている。
¶朝日（[没]嘉吉3年9月26日（1443年10月19日）），鎌室，コン改，コン4，新潮（[没]嘉吉3（1443）年9月25日），人名，日人

近藤重武 こんどうしげたけ
文化5(1808)年6月8日～明治5(1872)年10月4日
江戸時代後期～明治期の公家。
¶国書

近藤師高 こんどうもろたか
→藤原師高(ふじわらのもろたか)

【さ】

西院皇后宮 さいいんこうごうぐう
→馨子内親王(けいしないしんのう)

最胤親王 さいいんしんのう
→最胤入道親王(さいいんにゅうどうしんのう)

最胤入道親王 さいいんにゅうどうしんのう
*～寛永16(1639)年1月13日　[別]最胤《さいいん》,最胤親王《さいいんしんのう》,最胤法親王《さいいんほうしんのう》
安土桃山時代～江戸時代前期の天台宗の僧。伏見宮邦輔親王の第8王子。天台座主171世。
¶国書(最胤親王　さいいんしんのう　[生]永禄6(1563)年8月),人名(最胤法親王　さいいんほうしんのう　[生]1563年),日人([生]1565年),仏教(最胤　さいいん　[生]永禄8(1565)年)

最胤法親王 さいいんほうしんのう
→最胤入道親王(さいいんにゅうどうしんのう)

最雲法親王 さいうんほうしんのう
長治1(1104)年～応保2(1162)年　[別]最雲《さいうん》,最雲法親王《さいうんほっしんのう》
平安時代後期の堀河天皇の第3皇子。
¶鎌室(さいうんほっしんのう),コン改,コン4,諸系,新潮(さいうんほっしんのう　[没]応保2(1162)年2月16日),人名([生]1105年),日人,仏教(最雲　さいうん　[没]応保2(1162)年2月16日),平史([生]1105年)

最恵親王 さいえいしんのう
？～建徳1/応安3(1370)年
鎌倉時代後期～南北朝時代の後醍醐天皇の皇子。
¶国書

佐為王 さいおう
→橘佐為(たちばなのさい)

西園寺公顕 さいおんじきんあき
文永11(1274)年～元亨1(1321)年2月8日　[別]今出川公顕《いまでがわきんあき》
鎌倉時代後期の公卿(右大臣)。太政大臣西園寺実兼の三男。
¶公卿,公家(公顕〔今出河家(絶家)〕　きんあき),国書(今出川公顕　いまでがわきんあき),諸系,人名,日人

西園寺公晃(西園寺公晁) さいおんじきんあきら
元禄15(1702)年～明和7(1770)年
江戸時代中期の公家(内大臣)。左大臣西園寺致季の子。
¶公卿([生]元禄15(1702)年7月11日　[没]明和7(1770)年8月21日),公家(公晃〔西園寺家〕　きんあき　[生]元禄15(1702)年7月11日　[没]明和7(1770)年8月21日),諸系,人名(西園寺公晁),日人

西園寺公兼 さいおんじきんかね
？～応永24(1417)年6月
室町時代の公卿(権大納言)。右大臣西園寺実俊の次男。
¶公卿,公家(公兼〔西園寺家(絶家)〕　きんかね),国書

西園寺公潔 さいおんじきんけつ
→西園寺公潔(さいおんじきんずみ)

西園寺公重 さいおんじきんしげ
文保1(1317)年～正平22/貞治6(1367)年
南北朝時代の公卿(右大臣)。内大臣西園寺実衡の次男。
¶朝日([没]貞治6/正平22年9月3日(1367年9月27日)),公卿,公家(公重〔竹林院家(絶家)〕　きんしげ　[没]貞治6(1367)年9月3日),国史,国書([没]正平22(1367)年9月3日),古中,史人([没]1367年9月3日),諸系,新潮([没]貞治6/正平22(1367)年9月3日),人名,日人

西園寺公重女 さいおんじきんしげのむすめ
生没年不詳
南北朝時代の歌人、長慶天皇の中宮。
¶国書5

西園寺公遂 さいおんじきんすい
寛文3(1663)年2月23日～延宝6(1678)年
江戸時代前期の公家(非参議)。左大臣西園寺実晴の孫。
¶公卿([没]延宝6(1678)年6月10日),公家(公遂〔西園寺家〕　きんすい　[没]延宝6(1678)年8月10日)

西園寺公相 さいおんじきんすけ
貞応2(1223)年～文永4(1267)年10月12日　[別]藤原公相《ふじわらきんすけ》
鎌倉時代前期の公卿(太政大臣)。太政大臣西園寺実氏の次男。
¶鎌室(藤原公相　ふじわらきんすけ　[生]？),公卿,公家(公相〔西園寺家〕　きんすけ),国書,諸系,人名,日音,日人

西園寺公潔 さいおんじきんずみ
文政1(1818)年～天保7(1836)年　[別]公潔《きんずみ》,西園寺公潔《さいおんじきんけつ》
江戸時代後期の公家(非参議)。有栖川宮韶仁親王の第4王子で、権中納言西園寺寛季の養子。
¶公卿(さいおんじきんけつ　[生]文政1(1818)年2月1日　[没]天保7(1836)年5月30日),公家(公潔〔西園寺家〕　きんずみ　[生]文化15(1818)年2月1日　[没]天保7(1836)年5月30日),諸系,人名(公潔　きんずみ　[生]1817年),日人

西園寺公経 さいおんじきんつね
承安1(1171)年～寛元2(1244)年 [別]藤原公経《ふじわらきんつね,ふじわらのきんつね》
鎌倉時代前期の公卿(太政大臣・准三宮)。西園寺家の祖。権大納言藤原公実の四男権中納言藤原通季の曽孫。
¶朝日([没]寛元2年8月29日(1244年10月2日)),岩史([没]寛元2(1244)年8月29日),角史,鎌倉,鎌室,京都,京都大,公卿([没]寛元2(1244)年8月29日),公家(公経〔西園寺家〕 きんつね [没]寛元2(1244)年8月29日),国史,国書([生]承安1(1171)年4月 [没]寛元2(1244)年8月29日),古中,コン改,コン4,詩歌,史人([没]1244年8月29日),諸系,新潮([没]寛元2(1244)年8月29日),人名,姓氏京都,世人([没]寛元2(1244)年8月29日),全書,日音,日史([没]寛元2(1244)年8月29日),日人,百科,百科(藤原公経 ふじわらのきんつね),歴大,和俳

西園寺公朝 さいおんじきんとも
永正12(1515)年～天正18(1590)年
戦国時代～安土桃山時代の公卿(左大臣)。左大臣西園寺実宣の子。
¶公卿([没]天正18(1590)年6月22日),公家(公朝〔西園寺家〕 きんとも [没]天正18(1590)年6月22日),諸系,人名,戦人,日人

西園寺公名 さいおんじきんな
応永17(1410)年～応仁2(1468)年5月22日
室町時代の公卿(太政大臣)。右大臣西園寺実永の子。
¶公卿,公家(公名〔西園寺家〕 きんな),国書,諸系,人名([生]1411年),日人

西園寺公永 さいおんじきんなが
正平8/文和2(1353)年～元中7/明徳1(1390)年7月15日
南北朝時代の公卿(権大納言)。右大臣西園寺実俊の長男。
¶公卿,公家(公永〔西園寺家〕 きんなが)

西園寺公長 さいおんじきんなが
生没年不詳
南北朝時代の公家・歌人。
¶国書

西園寺公衡 さいおんじきんひら
文永1(1264)年～正和4(1315)年9月25日
鎌倉時代後期の公卿(左大臣)。太政大臣西園寺実兼の長男。
¶朝日([没]正和4年9月25日(1315年10月23日)),角史,鎌室,公卿,公家(公衡〔西園寺家〕 きんひら),国史,国書,古中,コン改,コン4,史人,諸系,新潮,人名,姓氏京都,世人,日史,日人,百科,歴大

西園寺公藤 さいおんじきんふじ
康正1(1455)年～永正9(1512)年
戦国時代の公卿(右大臣)。左大臣西園寺実遠の子。
¶公卿([没]永正9(1512)年6月19日),公家(公藤〔西園寺家〕 きんふじ [没]永正9(1512)年6月19日),国書([没]永正9(1512)年6月19日),諸系,人名,戦人,日人

西園寺公益 さいおんじきんます
天正10(1582)年4月20日～寛永17(1640)年2月17日
江戸時代前期の公家(内大臣)。右大臣西園寺実益の子。
¶公卿,公家(公益〔西園寺家〕 きんます),国書,諸系,人名,日人

西園寺公通 さいおんじきんみち
→藤原公通(ふじわらのきんみち)

西園寺公満 さいおんじきんみつ
元和8(1622)年～慶安4(1651)年7月20日
江戸時代前期の公家(権中納言)。左大臣西園寺実晴の子。
¶公卿,公家(公満〔西園寺家〕 きんみつ)

西園寺公宗 さいおんじきんむね
延慶3(1310)年～建武2(1335)年 [別]藤原公宗《ふじわらのきんむね》
鎌倉時代後期～南北朝時代の公卿(権大納言)。内大臣西園寺実衡の長男。
¶朝日([生]延慶2(1309)年 [没]建武2年8月2日(1335年8月20日)),岩史([生]延慶2(1309)年 [没]建武2(1335)年8月2日),鎌室,公卿([没]建武2(1335)年8月2日),公家(公宗〔西園寺家〕 きんむね [生]1309年 [没]建武2(1335)年8月2日),国史([生]1309年),国書([没]建武2(1335)年8月2日),古中([生]1309年),コン改,コン4,史人([生]1309年 [没]1335年8月2日),重要,諸系([生]1309年),新潮([没]建武2(1335)年8月2日),人名(藤原公宗 ふじわらのきんむね [生]?),姓氏京都([生]1309年),世人,全書,日史([没]建武2(1335)年8月2日),日人([生]1309年),百科,歴大

西園寺公望 さいおんじきんもち
嘉永2(1849)年～昭和15(1940)年11月24日
[別]西園寺望一郎《さいおんじぼういちろう》,陶庵,美麿
江戸時代末期～明治期の公家(権中納言)。非参議西園寺師季の子。
¶朝日([生]嘉永2年10月23日(1849年12月7日)),維新,岩史([生]嘉永2(1849)年10月23日),海越([生]嘉永2(1849)年10月22日),海越新([生]嘉永2(1849)年10月22日),学校([生]嘉永2(1849)年10月23日),角史,神奈川人,京都大,京都府,近現,近文,公卿([生]弘化4(1847)年10月22日),公家(公望〔西園寺家〕 きんもち [生]1849年?・弘化4(1847)年10月22日?),現朝([生]嘉永2年10月23日(1849年12月7日)),現日([生]1849年10月23日),国際,国史,コン改,コン5,史人([生]1849年10月23日),静岡百,静岡歴,社史([生]嘉永2年10月23日(1849年12月7日)),重要([生]嘉永2(1849)年10月23日),諸系,新潮([生]嘉永2(1849)年10月23日),人名7,世紀([生]嘉永2(1849)年10月23日),姓氏京都,世人([生]嘉永2(1849)年10月23日),世百,

全書，大百，伝記，渡航（[生]1849年10月23日），新潟百別，日史（[生]嘉永2（1849）年10月23日），日人，日本，幕末，百科，平和，明治1，履歴（[生]嘉永2（1849）年10月23日），歴大

西園寺公基 さいおんじきんもと
承久2（1220）年～文永11（1274）年12月14日
鎌倉時代前期の公卿（右大臣）。太政大臣西園寺実氏の長男。
¶朝日（[没]文永11年12月14日（1275年1月12日）），鎌室，公卿，公家（公基〔京極家（絶家）〕 きんもと），国書，諸系（[没]1275年），新潮，人名（[生]1211年 [没]1265年），日人（[没]1275年）

西園寺実顕(1) さいおんじさねあき
鎌倉時代前期の公卿（参議）。太政大臣西園寺公相の三男。
¶公卿（生没年不詳），公家（実顕〔西園寺家〕 さねあき）

西園寺実顕(2) さいおんじさねあき
？ ～元弘3/正慶2（1333）年9月15日
鎌倉時代後期の公卿（権中納言）。右大臣西園寺公顕の子。
¶公卿，公家（実顕〔今出河家（絶家）〕 さねあき）

西園寺実敦 さいおんじさねあつ
？ ～応永8（1401）年
南北朝時代～室町時代の公卿（参議）。権大納言西園寺公兼の子。
¶公卿，公家（実敦〔西園寺家（絶家）〕 さねあつ）

西園寺実氏 さいおんじさねうじ
建久5（1194）年～文永6（1269）年
鎌倉時代前期の公卿（太政大臣）。太政大臣西園寺公経の長男。
¶朝日（[没]文永6年6月7日（1269年7月7日）），岩史（[没]文永6（1269）年6月7日），角史，鎌倉，鎌室，京都大，公卿（[没]文永6（1269）年6月7日），公家（実氏〔西園寺家〕 さねうじ [没]文永6（1269）年6月7日），国史，国書（[没]文永6（1269）年6月7日），古中，コン改，コン4，史人（[没]1269年6月7日），諸系，新潮（[没]文永6（1269）年6月7日），人名（[生]1193年），姓氏京都，世人，全書，日史（[没]文永6（1269）年6月7日），日人，百科，歴大

西園寺実材 さいおんじさねえだ
*～文永4（1267）年2月9日
鎌倉時代前期の公卿（中納言）。太政大臣西園寺公経の五男。
¶公卿（[生]寛喜1（1229）年），公家（実材〔西園寺家〕 さねき [生]？）

西園寺実雄 さいおんじさねお
→洞院実雄（とういんさねお）

西園寺実兼 さいおんじさねかね
建長1（1249）年～元亨2（1322）年9月10日 [別]藤原実兼《ふじわらのさねかね》
鎌倉時代後期の公卿（太政大臣）。太政大臣西園寺公相の次男。
¶朝日（[没]元亨2年9月10日（1322年10月21日）），岩史，角史，鎌室，京都（[没]元亨2（1332）年），京都大，公卿，公家（実兼〔西園寺家〕 さねかね），国史，国書，古中，コン4，史人，諸系，新潮，人名，人名（藤原実兼 ふじわらのさねかね），日音，日史，日人，百科，歴大，和俳

西園寺実韶 さいおんじさねしょう
安永6（1777）年～天明6（1786）年11月23日
江戸時代中期の公家（非参議）。右大臣西園寺賞季の次男。
¶公卿（[生]安永6（1777）年12月7日），公家（実韶〔西園寺家〕 さねあき）

西園寺実輔 さいおんじさねすけ
寛文1（1661）年～貞享2（1685）年1月5日
江戸時代前期の公家（権中納言）。摂政・関白・左大臣鷹司房輔の次男。
¶公卿，公家（実輔〔西園寺家〕 さねすけ）

西園寺実種 さいおんじさねたね
？ ～文安5（1448）年
室町時代の公卿（権大納言）。参議西園寺実敦の子。
¶公卿（[没]文安5（1448）年11月），公家（実種〔西園寺家（絶家）〕 さねたね [没]文安5（1448）年10月）

西園寺実遠 さいおんじさねとお
永享6（1434）年～明応4（1495）年11月25日
室町時代～戦国時代の公卿（左大臣）。太政大臣西園寺公名の子。
¶公卿，公家（実遠〔西園寺家〕 さねとお），国書，諸系，人名，日人

西園寺実俊(1) さいおんじさねとし
建武2（1335）年～元中6/康応1（1389）年7月6日
南北朝時代の公卿（右大臣）。権大納言西園寺公宗の子。
¶朝日（[没]康応1/元中6年7月6日（1389年7月28日）），鎌室，公卿，公家（実俊〔西園寺家〕 さねとし），国史，国書，古中，史人，諸系，新潮（[生]建武2（1335）年8月），人名，姓氏京都，日史（[生]建武1（1334）年），日人，百科（[生]建武1（1334）年）

西園寺実俊(2) さいおんじさねとし
→橋本実俊（はしもとさねとし）

西園寺実永 さいおんじさねなが
天授3/永和3（1377）年～永享3（1431）年
室町時代の公卿（右大臣）。権大納言西園寺公永の子。
¶鎌室，公卿（[没]永享3（1431）年10月9日），公家（実永〔西園寺家〕 さねなが [没]永享3（1431）年10月9日），諸系，人名（[生]1387年），日人

西園寺実長 さいおんじさねなが
*～正平10/文和4（1355）年2月28日
南北朝時代の公卿（権中納言）。右大臣西園寺公

重の子。
¶公卿（[生]建武1（1334）年），公家（実長〔竹林院家（絶家）〕　さねなが　[生]？）

西園寺実宣　さいおんじさねのぶ
明応5（1496）年～天文10（1541）年　[別]西園寺実宣《さいおんじさねのり》
戦国時代の公卿（左大臣）。右大臣西園寺公藤の子。
¶公卿（さいおんじさねのり　[没]天文10（1541）年9月12日），公家（実宣〔西園寺家〕　さねのぶ　[没]天文10（1541）年9月12日），国書（[没]天文10（1541）年9月12日），諸系，人名，戦人，日人

西園寺実宣　さいおんじさねのり
→西園寺実宣（さいおんじさねのぶ）

西園寺実晴　さいおんじさねはる
慶長6（1601）年～延宝1（1673）年1月11日　[別]西園寺実晴《さいおんじさねはれ》
江戸時代前期の公家（左大臣）。内大臣西園寺公益の子。
¶公卿（さいおんじさねはれ），公家（実晴〔西園寺家〕　さねはれ），諸系，人名，日史，日人

西園寺実晴　さいおんじさねはれ
→西園寺実晴（さいおんじさねはる）

西園寺実衡　さいおんじさねひら
正応3（1290）年～嘉暦1（1326）年11月18日
鎌倉時代後期の公卿（内大臣）。左大臣西園寺公衡の長男。
¶朝日（[没]嘉暦1年11月18日（1326年12月13日）），岩史，公卿，公家（実衡〔西園寺家〕　さねひら），国史，国書，古中，コン4，史人，諸系，新潮，人名（[生]1298年），日人

西園寺実平　さいおんじさねひら
*～？
鎌倉時代後期の公卿（権中納言）。右大臣西園寺公基の子。
¶公卿（[生]建長2（1250）年），公家（実平〔京極家（絶家）〕　さねひら　[生]1251年）

西園寺実益　さいおんじさねます
永禄3（1560）年～寛永9（1632）年
安土桃山時代～江戸時代前期の公家（右大臣）。左大臣西園寺公朝の子。
¶公卿（[没]寛永9（1632）年3月12日），公家（実益〔西園寺家〕　さねます　[没]寛永9（1632）年3月12日），諸系，人名，戦人，日人

西園寺実宗　さいおんじさねむね
→藤原実宗（ふじわらのさねむね）

西園寺季衡　さいおんじすえひら
正応2（1289）年～貞和2（1346）年　[別]大宮季衡《おおみやすえひら》
鎌倉時代前期の公卿。従一位左大臣西園寺公衡の子。
¶公卿（大宮季衡　おおみやすえひら　[没]？），公家（季衡〔大宮家（絶家）〕　すえひら　[没]貞和2（1346）年5月25日），諸系，人名，日人

西園寺寧子　さいおんじねいし
→広義門院（こうぎもんいん）

西園寺宣久　さいおんじのぶひさ
？　～天正8（1580）年5月18日
戦国時代～安土桃山時代の公家。
¶国書

西園寺八郎　さいおんじはちろう
明治14（1881）年4月22日～昭和21（1946）年7月1日
明治～昭和期の宮内官。
¶履歴

西園寺治季　さいおんじはるすえ
文化6（1809）年6月14日～文政9（1826）年7月9日
江戸時代後期の公家（非参議）。権中納言西園寺寛季の長男。
¶公卿，公家（治季〔西園寺家〕　はるすえ）

西園寺寛季　さいおんじひろすえ
天明6（1786）年12月5日～安政3（1856）年2月12日
江戸時代後期の公家（権中納言）。左大臣二条治孝の三男。
¶公卿，公家（寛季〔西園寺家〕　ひろすえ）

西園寺通季　さいおんじみちすえ
→藤原通季（ふじわらのみちすえ）

西園寺致季　さいおんじむねすえ
天和3（1683）年～宝暦6（1756）年
江戸時代中期の公家（左大臣）。権中納言西園寺実輔の子。
¶公卿（[生]天和3（1683）年11月9日　[没]宝暦6（1756）年7月4日），公家（致季〔西園寺家〕　むねすえ　[生]天和3（1683）年11月9日　[没]宝暦6（1756）年7月4日），諸系，人名，日人

西園寺師季　さいおんじもろすえ
文政9（1826）年9月1日～嘉永4（1851）年7月19日
江戸時代末期の公家（非参議）。非参議西園寺治季の子。
¶公卿，公家（師季〔西園寺家〕　もろすえ）

西園寺賞季　さいおんじよしすえ
寛保3（1743）年8月12日～寛政11（1799）年12月22日
江戸時代中期の公家（右大臣）。内大臣西園寺公晃の長男。
¶公卿，公家（賞季〔西園寺家〕　よしすえ），国書

斎宮女御　さいぐうのにょうご
→徽子女王（きしじょおう）

西光　さいこう
→藤原師光（ふじわらのもろみつ）

済子女王　さいしじょおう
生没年不詳　[別]済子女王《さいしにょおう，せいしじょおう，なりこじょおう》

平安時代中期の女性。醍醐天皇皇子兼明親王の王女。
¶女性，女性（せいしじょおう），人名（さいしにょおう），日人，平史（なりこじょおう）

斉子女王（斎子女王）　さいしじょおう
生没年不詳　㊀斉子女王《さいしにょおう，ただこじょおう》
平安時代後期の女性。三条天皇皇子敦明親王の王女。
¶女性（斎子女王），人名（さいしにょおう），日人，平史（ただこじょおう）

済子女王　さいしにょおう
→済子女王（さいしじょおう）

斉子女王　さいしにょおう
→斉子女王（さいしじょおう）

最助法親王　さいじょほうしんのう
建長5（1253）年～永仁1（1293）年　㊀最助《さいじょ》，最助法親王《さいじょほっしんのう》
鎌倉時代後期の天台宗の僧。後嵯峨天皇の子。
¶朝日（さいじょほっしんのう　㊤寛元3（1245）年　㊦永仁1年2月4日（1293年3月13日）），鎌室（さいじょほっしんのう），新潮（さいじょほっしんのう　㊦永仁1（1293）年2月3日），人名，日人，仏教（最助　さいじょ　㊦正応6（1293）年2月4日）

済深親王　さいじんしんのう
→済深入道親王（さいじんにゅうどうしんのう）

済深入道親王　さいじんにゅうどうしんのう
寛文11（1671）年～元禄14（1701）年　㊀済深《さいじん》，済深親王《さいじんしんのう》，済深法親王《さいしんほうしんのう》，一宮《いちのみや》
江戸時代中期の霊元天皇の第1皇子。東大寺別当。
¶近世，国史，国書（済深親王　さいじんしんのう　㊤寛文11（1671）年8月16日　㊦元禄14（1701）年12月2日），史人（㊤1671年8月16日　㊦1701年12月2日），諸系，人名（済深法親王　さいしんほうしんのう），日人，仏教（済深　さいじん　㊤寛文11（1671）年8月16日　㊦元禄14（1701）年12月2日）

済深法親王　さいしんほうしんのう
→済深入道親王（さいじんにゅうどうしんのう）

最忠法親王　さいちゅうほうしんのう
生没年不詳
平安時代後期の鳥羽天皇の皇子。
¶人名，日人，平史

斎藤叙定　さいとうのぶさだ
1787年～慶応1（1865）年11月30日
江戸時代末期の公家（近衛家諸大夫）。父は従三位斎藤叙胤。
¶公家（叙定〔近衛家諸大夫 斎藤家（藤原氏）〕のぶさだ）

斎藤叙胤　さいとうのぶたね
1764年～天保2（1831）年12月11日
江戸時代後期の公家（近衛家諸大夫）。父は従四位上宮内権少輔斎藤叙昌。
¶公家（叙胤〔近衛家諸大夫 斎藤家（藤原氏）〕のぶたね）

済仁入道親王　さいにんにゅうどうしんのう
寛政9（1797）年3月7日～弘化4（1847）年12月24日　㊀済仁《さいにん》，済仁親王《せいにんしんのう》，修道親王《ながみちしんのう》
江戸時代後期の真言宗の僧。有栖川宮織仁親王の第5王子。仁和寺29世。
¶国書（済仁親王　せいにんしんのう），人名，日人（㊦1848年），仏教（済仁　さいにん）

最仁法親王　さいにんほうしんのう
寛喜3（1231）年～永仁3（1295）年　㊀最仁《さいにん》，最仁法親王《さいにんほっしんのう》
鎌倉時代後期の土御門天皇の皇子。
¶鎌室（さいにんほっしんのう），人名，日人，仏教（最仁　さいにん　㊦永仁3（1295）年2月22日）

狭井檳榔　さいのあじまさ
㊀狭井連檳榔《さいのむらじあじまさ》
飛鳥時代の武官。
¶古代（狭井連檳榔　さいのむらじあじまさ），日人（生没年不詳）

佐為王　さいのおおきみ
→橘佐為（たちばなのさい）

狭井尺麻呂　さいのさかまろ
㊀狭井宿禰尺麻呂《さいのすくねさかまろ》
飛鳥時代の官人。
¶古代（狭井宿禰尺麻呂　さいのすくねさかまろ），日人（生没年不詳）

済範　さいはん
→山階宮晃親王（やましなのみやあきらしんのう）

斉明天皇　さいめいてんのう
→皇極天皇（こうぎょくてんのう）

佐伯赤麻呂　さえきのあかまろ
㊀佐伯宿禰赤麻呂《さえきのすくねあかまろ》
奈良時代の万葉歌人。
¶古代（佐伯宿禰赤麻呂　さえきのすくねあかまろ），人名，日人（生没年不詳），万葉（佐伯宿禰赤麻呂　さえきのすくねあかまろ）

佐伯東人　さえきのあずまひと
㊀佐伯宿禰東人《さえきのすくねあずまひと》
奈良時代の官人，万葉歌人。
¶古代（佐伯宿禰東人　さえきのすくねあずまひと），人名，日人（生没年不詳），万葉（佐伯宿禰東人　さえきのすくねあずまひと）

佐伯伊多智（佐伯伊多治）　さえきのいたち
㊀佐伯宿禰伊多智《さえきのすくねいたち》
奈良時代の朝臣，下野国司。
¶古史（佐伯伊多治　生没年不詳），古代（佐伯宿禰伊多智　さえきのすくねいたち），人名，日

さ

人（生没年不詳）

佐伯今毛人 さえきのいまえみし
養老3（719）年〜延暦9（790）年　別佐伯今毛人《さえきいまえみし》，佐伯宿禰今毛人《さえきのすくねいまえみし》
奈良時代の官人（参議）。従五位下・右衛士督佐伯人足の子。
¶朝日（㊟延暦9年10月3日（790年11月13日）），岩史（㊟延暦9（790）年10月3日），角史，京都大，京都府，公卿（㊐養老4（720）年　㊟延暦9（790）年10月），国史，古史，古代（佐伯宿禰今毛人　さえきのすくねいまえみし），古中，コン改，コン4，史人（㊟790年10月3日），人書94（さえきいまえみし），新潮（㊟延暦9（790）年10月3日），人名，姓氏京都（さえきいまえみし），世人，全書，日史（㊟延暦9（790）年10月3日），日人，百科，福岡百（㊟延暦9（790）年10月3日），歴大

佐伯石湯 さえきのいわゆ
生没年不詳　別佐伯宿禰石湯《さえきのすくねいわゆ》
奈良時代の官人、征越後蝦夷将軍。
¶朝日，国史，古代（佐伯宿禰石湯　さえきのすくねいわゆ），古中，コン改，コン4，史人，庄内，新潮，人名，世人，新潟百，日人

佐伯毛人 さえきのえみし
生没年不詳　別佐伯宿禰毛人《さえきのすくねえみし》
奈良時代の官人。
¶古代（佐伯宿禰毛人　さえきのすくねえみし），史人，日人

佐伯大成 さえきのおおなり
別佐伯宿禰大成《さえきのすくねおおなり》
奈良時代の官人。
¶古代（佐伯宿禰大成　さえきのすくねおおなり），日人（生没年不詳）

佐伯大目 さえきのおおめ
？〜691年　別佐伯連大目《さえきのむらじおおめ》
飛鳥時代の壬申の乱の功臣。
¶古代（佐伯連大目　さえきのむらじおおめ），日人

佐伯男 さえきのおのこ
別佐伯宿禰男《さえきのすくねおのこ》
飛鳥時代の官人。
¶古代（佐伯宿禰男　さえきのすくねおのこ），日人（生没年不詳）

佐伯老 さえきのおゆ
生没年不詳
奈良時代の官人。
¶神奈川人

佐伯葛城 さえきのかつらぎ
？〜延暦7（788）年
奈良時代の武官。

佐伯清忠 さえきのきよただ
生没年不詳　別佐伯清忠《さえききよただ》
平安時代中期の歌人。
¶国書（さえききよただ），平史

佐伯浄麻呂 さえきのきよまろ
？〜天平勝宝2（750）年　別佐伯宿禰浄麻呂《さえきのすくねきよまろ》
奈良時代の官人。
¶古代（佐伯宿禰浄麻呂　さえきのすくねきよまろ），日人

佐伯清岑 さえきのきよみね
天平宝字7（763）年〜天長4（827）年　別佐伯宿禰清岑《さえきのすくねきよみね》
奈良時代〜平安時代前期の官人。
¶姓氏群馬（佐伯宿禰清岑　さえきのすくねきよみね），平史

佐伯公行 さえきのきんゆき
生没年不詳
平安時代中期の官人。
¶平史

佐伯国益 さえきのくにます
？〜宝亀10（779）年　別佐伯国益《さえきくにます》
奈良時代の朝臣、河内守。
¶人名（さえきくにます），日人

佐伯久良麻呂 さえきのくらまろ
別佐伯宿禰久良麻呂《さえきのすくねくらまろ》
奈良時代の官人。
¶古代（佐伯宿禰久良麻呂　さえきのすくねくらまろ），日人（生没年不詳）

佐伯子首 さえきのこびと
別佐氏子首《さのうじのこびと》，佐伯直子首《さえきのあたいこびと》
奈良時代の官吏。万葉歌人。
¶古代（佐伯直子首　さえきのあたいこびと），日人（生没年不詳），万葉（佐氏子首　さのうじのこびと）

佐伯古比奈 さえきのこひな
奈良時代の橘奈良麻呂の乱の告白者。
¶古代，日人（生没年不詳）

佐伯子麻呂 さえきのこまろ
？〜天智天皇5（666）年　別佐伯連子麻呂《さえきのむらじこまろ》
飛鳥時代の功臣。
¶朝日（生没年不詳），国史，古史（生没年不詳），古代（佐伯連子麻呂　さえきのむらじこまろ），古中，コン改（生没年不詳），コン4（生没年不詳），史人（㊟666年？），新潮（㊟天智5（666）年3月），日人，歴大

佐伯児屋麻呂 さえきのこやまろ
？〜神亀1（724）年　別佐伯宿禰児屋麻呂《さえ

きのすくねこやまろ》
飛鳥時代～奈良時代の官人。
¶古代(佐伯宿禰児屋麻呂　さえきのすくねこやまろ), 日人

佐伯佐清 さえきのすけきよ
生没年不詳
平安時代中期の貴族・歌人。
¶平史

佐伯助 さえきのたすく
? ～宝亀9(778)年　[別]佐伯宿禰助《さえきのすくねたすく》
奈良時代の官人。
¶古代(佐伯宿禰助　さえきのすくねたすく), 日人

佐伯常人 さえきのつねひと
[別]佐伯宿禰常人《さえきのすくねつねひと》
奈良時代の官人。
¶古代(佐伯宿禰常人　さえきのすくねつねひと), 日人(生没年不詳)

佐伯利世 さえきのとしよ
生没年不詳
平安時代前期の官人。
¶新潟百

佐伯豊雄 さえきのとよお
[別]佐伯宿禰豊雄《さえきのすくねとよお》
平安時代前期の書博士。
¶古代(佐伯宿禰豊雄　さえきのすくねとよお), 日人(生没年不詳)

佐伯永継(佐伯長継) さえきのながつぐ
宝亀1(770)年～天長5(828)年　[別]佐伯宿禰永継《さえきのすくねながつぐ》,佐伯長継《さえきながつぐ》
平安時代前期の文人・公卿(非参議)。従五位上・左衛門佐佐伯継成の子。
¶公卿([生]?　[没]天長5(828)年11月), 国書(佐伯長継　さえきながつぐ　[没]天長5(828)年11月12日), 古代(佐伯宿禰永継　さえきのすくねながつぐ), 詩歌(佐伯長継　さえきながつぐ), 日人, 平史, 和俳

佐伯丹経手 さえきのにふて
[別]佐伯連丹経手《さえきのむらじにふて》
飛鳥時代の武官。
¶古代(佐伯連丹経手　さえきのむらじにふて), 日人(生没年不詳)

佐伯人足 さえきのひとたり
[別]佐伯宿禰人足《さえきのすくねひとたり》
奈良時代の武官。
¶古代(佐伯宿禰人足　さえきのすくねひとたり), 日人(生没年不詳)

佐伯広足 さえきのひろたり
[別]佐伯宿禰広足《さえきのすくねひろたり》
飛鳥時代の中級官人。
¶古代(佐伯宿禰広足　さえきのすくねひろたり), 日人(生没年不詳)

佐伯全継 さえきのまたつぐ
? ～承和5(838)年
平安時代前期の遣唐使随員。
¶平史

佐伯全成 さえきのまたなり
? ～天平宝字1(757)年　[別]佐伯宿禰全成《さえきのすくねまたなり》
奈良時代の官人。
¶朝日([没]天平宝字1年7月4日(757年7月24日)), 国史, 古代(佐伯宿禰全成　さえきのすくねまたなり), 古中, コン改, コン4, 史人([没]757年7月), 新潮([没]天平宝字1(757)年7月), 世人, 日史, 日人, 百科, 宮城百, 歴大

佐伯真守 さえきのまもり
? ～延暦10(791)年　[別]佐伯宿禰真守《さえきのすくねまもり》
奈良時代の官人。
¶古代(佐伯宿禰真守　さえきのすくねまもり), 日人

佐伯三野 さえきのみの
? ～宝亀10(779)年　[別]佐伯宿禰三野《さえきのすくねみの》
奈良時代の官人。
¶朝日([没]宝亀10年2月6日(779年2月26日)), 古代(佐伯宿禰三野　さえきのすくねみの), コン改, コン4, 人名, 日人

佐伯美濃麻呂 さえきのみのまろ
[別]佐伯宿禰美濃麻呂《さえきのすくねみのまろ》
奈良時代の官人。
¶古代(佐伯宿禰美濃麻呂　さえきのすくねみのまろ), 日人(生没年不詳)

佐伯御室 さえきのみむろ
[別]佐伯造御室《さえきのみやつこみむろ》
飛鳥時代の豪族。
¶古代(佐伯造御室　さえきのみやつこみむろ), 日人(生没年不詳)

佐伯百足 さえきのももたり
? ～養老2(718)年　[別]佐伯宿禰百足《さえきのすくねももたり》
飛鳥時代～奈良時代の中級官人。
¶古代(佐伯宿禰百足　さえきのすくねももたり), 日人

佐伯諸成 さえきのもろなり
[別]佐伯直諸成《さえきのあたいもろなり》
奈良時代～平安時代前期の官人。
¶古代(佐伯直諸成　さえきのあたいもろなり), 日人(生没年不詳)

佐伯部三国 さえきべのみくに
奈良時代の官人。
¶古代, 日人(生没年不詳)

さ

狭穂姫(佐保姫)　**さおひめ**
→狭穂姫(さほひめ)

坂合部唐　**さかあいべのから**
→坂合部唐(さかいべのから)

坂合黒彦皇子(境黒彦皇子)　**さかいのくろひこのおうじ**
[別]境黒彦皇子《さかいくろひこのおうじ》,坂合黒彦皇子《さかいのくろひこのみこ》
上代の允恭天皇の皇子。
¶古代(さかいのくろひこのみこ),人名(境黒彦皇子　さかいくろひこのおうじ),日人

坂合黒彦皇子　**さかいのくろひこのみこ**
→坂合黒彦皇子(さかいのくろひこのおうじ)

酒井人真　**さかいのひとざね**
？～延喜17(917)年　[別]酒井人真《さかいひとざね》
平安時代前期～中期の官人・歌人。
¶国書(さかいひとざね　[没]延喜17(917)年4月),平史

栄井蓑麻呂　**さかいのみのまろ**
慶雲1(704)年～？　[別]日置造蓑麻呂《へきのみやつこみのまろ》
奈良時代の官人。
¶古代(日置造蓑麻呂　へきのみやつこみのまろ),人名,日人

坂合部稲積　**さかいべのいなつみ**
[別]坂合部連稲積《さかいべのむらじいなつみ》
飛鳥時代の官人。
¶古代(坂合部連稲積　さかいべのむらじいなつみ),日人(生没年不詳)

坂合部石布(境部石布)　**さかいべのいわしき**
？～659年　[別]坂合部連磐鍬《さかいべのむらじいわすき》
飛鳥時代の遣外使臣。
¶古代(坂合部連磐鍬　さかいべのむらじいわすき),人名(境部石布),日人

坂合部磐鍬　**さかいべのいわすき**
→坂合部石布(さかいべのいわしき)

坂合部石積(境部石積,坂合部磐積)　**さかいべのいわつみ,さかいべのいわづみ**
生没年不詳　[別]境部石積《さかいべいわつみ》,坂合部宿禰磐積《さかいべのすくねいわつみ》
飛鳥時代の留学生、遣唐使。
¶朝日(坂合部磐積),国史(境部石積),国書(境部石積　さかいべいわつみ),古代(坂合部宿禰磐積　さかいべのすくねいわつみ),古中(境部石積),コン改(坂合部磐積),コン4(坂合部磐積),史人(境部石積),新潮(坂合部磐積),人名(境部石積　さかいべのいわづみ),世人(境部石積),日人,歴大(境部石積)

境部王(坂合部王)　**さかいべのおう**
→境部王(さかいべのおおきみ)

坂合部大分(境部大分)　**さかいべのおおきだ,さかいべのおおきた**
生没年不詳　[別]坂合部宿禰大分《さかいべのすくねおおきた》
奈良時代の官人、遣唐使。
¶朝日(さかいべのおおきた),古代(坂合部宿禰大分　さかいべのすくねおおきた),コン改(さかいべのおおきた),コン4(さかいべのおおきた),新潮,人名(境部大分),日人

境部王(坂合部王)　**さかいべのおおきみ**
生没年不詳　[別]境部王《さかいべおう,さかいべのおう》,坂合部王《さかいべのおう》
奈良時代の王族官人。天武天皇の孫、穂積親王の子。
¶朝日(さかいべおう),古代(坂合部王),コン改(さかいべのおう),コン4(さかいべのおう),詩歌,新潮(坂合部王　さかいべのおう),人名,日人,万葉,和俳

境部雄摩侶(境部雄麻呂)　**さかいべのおまろ**
生没年不詳　[別]境部臣雄摩侶《さかいべのおみおまろ》
飛鳥時代の武将。新羅征討の大将軍。
¶国史,古代(境部臣雄摩侶　さかいべのおみおまろ),古中,コン改,コン4,史人,新潮,人名(境部雄麻呂),日人

境部老麻呂　**さかいべのおゆまろ**
[別]境部宿禰老麻呂《さかいべのすくねおゆまろ》
奈良時代の「万葉集」の歌人。
¶人名,日人(生没年不詳),万葉(境部宿禰老麻呂　さかいべのすくねおゆまろ),和俳(生没年不詳)

坂合部唐　**さかいべのから**
生没年不詳　[別]坂合部宿禰唐《さかいべのすくねから》,坂合部唐《さかあいべのから》
奈良時代の官人。
¶朝日,古代(坂合部宿禰唐　さかいべのすくねから),コン改,コン4,人名(さかあいべのから),日人

境部薬　**さかいべのくすし**
→坂合部薬(さかいべのくすり)

坂合部薬　**さかいべのくすり**
？～弘文天皇1・天武天皇1(672)年　[別]境部薬《さかいべのくすし》,坂合部連薬《さかいべのむらじくすり》
飛鳥時代の壬申の乱時の近江方の将。
¶朝日([没]天武1年7月7日(672年8月5日)),古代(坂合部連薬　さかいべのむらじくすり),コン改,コン4,新潮([没]天武1(672)年7月7日),人名(境部薬　さかいべのくすし),日人

坂合部内親王　**さかいべのないしんのう**
？～宝亀9(778)年
奈良時代の施基皇子の王女。
¶人名,日人

境部摩理勢　**さかいべのまりせ**
？～推古36(628)年　[別]境部臣摩理勢《さかいべ

のおみまりせ》,蘇我境部摩理勢《そがのさかいべ
のまりせ》
飛鳥時代の蘇我系有力豪族。
¶朝日,角史,国史,古史(蘇我境部摩理勢 そ
がのさかいべのまりせ),古代(境部臣摩理勢
さかいべのおみまりせ),古中,コン改,コン
4,史人,諸系,新潮(㊗推古36(628)年9月),
人名,世人,全書,日史,日人,百科,歴大

嵯峨隠君子(瑳峨隠君子) さがいんくんし
平安時代後期の醍醐天皇の皇子。
¶人名(瑳峨隠君子),日人(生没年不詳)

酒人内親王 さかうどないしんのう
→酒人内親王(さかひとないしんのう)

嵯峨実愛 さがさねなる
→正親町三条実愛(おおぎまちさんじょうさねなる)

嵯峨天皇 さがてんのう
延暦5(786)年〜承和9(842)年
平安時代前期の第52代の天皇(在位809〜823)。
桓武天皇と皇后藤原乙牟漏の二男。
¶朝日(㊗承和9年7月15日(842年8月24日)),岩
史(㊤延暦5(786)年9月7日 ㊤承和9(842)年7
月15日),角史,京都,京都大,芸能(㊤延暦5
(786)年9月7日 ㊤承和9(842)年7月15日),
国史,国書(㊤延暦5(786)年9月7日 ㊤承和9
(842)年7月15日),古史,古代,古中,コン
改,コン4,茶道,詩歌,史人(㊤786年9月7日
㊗842年7月15日),重要(㊤延暦5(786)年9月7
日 ㊤承和9(842)年7月15日),諸系,新潮
(㊤延暦5(786)年9月7日 ㊤承和9(842)年7月
15日),新文(㊤延暦5(786)年9月7日 ?
㊗承和9(842)年7月15日),人名,姓氏京都,
世人(㊤延暦5(786)年9月7日 ㊤承和9(842)
年7月15日),世百,全書,大百,伝記,日音
(㊤延暦5(786)年9月7日 ㊗承和9(842)年7月
15日),日史(㊤延暦5(786)年9月7日 ㊗承
和9(842)年7月15日),日人,美術,百科,仏教
(㊤延暦5(786)年9月7日 ㊗承和9(842)年7月
15日),仏人,文学,平史,歴大,和俳(㊤延暦
5(786)年9月7日 ㊗承和9(842)年7月15日)

嵯峨天皇后 さがてんのうのきさき
→橘嘉智子(たちばなのかちこ)

坂上明成 さかのうえあきなり
生没年不詳
南北朝時代の公家・明法家。
¶国書

坂上明宗 さかのうえあきむね
生没年不詳
南北朝時代の明法家。
¶鎌室,日人

坂上明世 さかのうえあきよ
生没年不詳
室町時代の公家・明法家。
¶国書

坂上是村 さかのうえこれむら
寛保3(1743)年9月11日〜文化11(1814)年2月7日
江戸時代中期〜後期の公家・明法家。
¶国書

坂上定成 さかのうえさだしげ
→坂上定成(さかのうえのさだなり)

坂上明兼 さかのうえのあきかね
承暦3(1079)年〜久安3(1147)年 ㊋坂上明兼
《さかのうえあきかね》
平安時代後期の明法家。中原範政の子。
¶朝日,国史,国書(さかのうえあきかね) ㊗久
安3(1147)年10月29日),古史,古中,史人
(㊗1147年10月29日),諸系,新潮 ㊗久安3
(1147)年10月29日),人名,世百,日史(㊗久
安3(1147)年10月29日),日人,百科,平史

坂上明基 さかのうえのあきもと
保延4(1138)年〜承元4(1210)年 ㊋坂上明基
《さかのうえあきもと》,中原明基《なかはらあき
もと,なかはらのあきもと》
平安時代後期〜鎌倉時代前期の明法家。明法博士
坂上兼成の子。
¶朝日(㊗承元4年5月7日(1210年5月31日)),角
史,鎌室(さかのうえあきもと),鎌室(中原明
基 なかはらあきもと 生没年不詳),国史,
国書(さかのうえあきもと ㊗承元4(1210)年5
月7日),古中,コン改,コン4,史人(㊗1210年
5月7日),諸系,新潮 ㊗承元4(1210)年5月7
日),人名,世人,世百,全書,日史(㊗承元4
(1210)年5月7日),日人,百科,平史(中原明
基 なかはらのあきもと),歴大

坂上犬養 さかのうえのいぬかい
天武天皇11(682)年〜天平宝字8(765)年 ㊋坂
上忌寸犬養《さかのうえのいみきいぬかひ》
飛鳥時代〜奈良時代の官人。大国の子、苅田麻呂
の父。
¶朝日(㊗天平宝字8年12月13日(765年1月8
日)),古代(坂上忌寸犬養 さかのうえのいみ
きいぬかい ㊗764年),諸系,日人

坂上今雄 さかのうえのいまお
生没年不詳 ㊋坂上今雄《さかのうえいまお》
平安時代前期の漢詩人。
¶国書(さかのうえいまお)

坂上今継 さかのうえのいまつぐ
生没年不詳 ㊋坂上今継《さかのうえいまつぐ》
平安時代前期の漢詩人。
¶国書(さかのうえいまつぐ),詩歌,平史,和俳

坂上老 さかのうえのおい
? 〜文武天皇3(699)年 ㊋坂上忌寸老《さかの
うえのいみきおゆ》,坂上老《さかのうえのおきな,
さかのうえのおゆ》
飛鳥時代の官人。壬申の乱の大海人皇子方の功臣。
¶朝日(さかのうえのおゆ),古代(坂上忌寸老
さかのうえのいみきおゆ),コン改(さかのう
えのおきな),コン4(さかのうえのおきな),
諸系,新潮(さかのうえのおきな ㊗文武3

(699)年5月)，人名，日人

坂上王 さかのうえのおおきみ
奈良時代の皇族。
¶古代，日人(生没年不詳)

坂上大野 さかのうえのおおの
生没年不詳
平安時代前期の政治家。
¶平史

さ

坂上老 さかのうえのおきな
→坂上老(さかのうえのおい)

坂上老 さかのうえのおゆ
→坂上老(さかのうえのおい)

坂上兼成 さかのうえのかねしげ
？ ～応保2(1162)年
平安時代後期の明法家。
¶平史

坂上兼俊 さかのうえのかねとし
生没年不詳
平安時代後期の官人。
¶平史

坂上苅田麻呂(坂上苅田麿) さかのうえのかりたまろ
神亀5(728)年～延暦5(786)年 [別]坂上大宿禰苅田麻呂《さかのうえのおおすくねかりたまろ》
奈良時代の武将、坂上田村麻呂の父。
¶朝日([没]延暦5年1月7日(786年2月10日))，公卿([没]延暦5(786)年1月7日)，国史，古史，古代(坂上大宿禰苅田麻呂　さかのうえのおおすくねかりたまろ)，古中，コン改，コン4，史人([没]786年1月7日)，諸系，新潮([没]延暦5(786)年1月7日)，人名(坂上苅田麿)，姓氏京都，世人([没]延暦5(786)年1月7日)，世百，日史([没]延暦5(786)年1月7日)，日人，百科，歴大

坂上浄野(坂上清野) さかのうえのきよの
延暦8(789)年～嘉祥3(850)年 [別]坂上大宿禰浄野《さかのうえのおおすくねきよの》
平安時代前期の官人、武官、田村麻呂の子。
¶神奈川人(坂上清野　[生]788年)，古史，古代(坂上大宿禰浄野　さかのうえのおおすくねきよの)，諸系，人名([生]788年)，日人，平史

坂上葛亮 さかのうえのくずすけ
生没年不詳
平安時代前期の官人。
¶平史

坂上熊毛 さかのうえのくまけ
[別]坂上直熊毛《さかのうえのあたいくまけ》
飛鳥時代の壬申の乱の功臣。
¶古代(坂上直熊毛　さかのうえのあたいくまけ)，日人(生没年不詳)

坂上是則 さかのうえのこれのり
生没年不詳 [別]坂上是則《さかのうえこれのり》
平安時代中期の歌人。坂上田村麻呂の子孫。
¶朝日，国史，国書(さかのうえこれのり)，古史，古中，コン改([没]延長8(930)年)，コン4([没]延長8(930)年)，詩歌([没]930年)，史人，諸系([没]930年)，新潮([没]延長8(930)年)，人名([没]930年)，姓氏京都，世人([没]延長8(930)年)，全書，日史，日人([没]930年)，百科，平史，和俳([没]延長8(930)年)

坂上斯文 さかのうえのこれふみ，さかのうえのこれぶみ
生没年不詳 [別]坂上宿禰斯文《さかのうえのすくねこれふみ》
平安時代前期の官人。
¶古代(坂上宿禰斯文　さかのうえのすくねこれふみ)，日人，平史(さかのうえのこれぶみ)

坂上定成 さかのうえのさだなり
寛弘2(1005)年～寛治2(1088)年 [別]坂上定成《さかのうえさだしげ》
平安時代中期～後期の明法家・歌人。
¶国書(さかのうえさだしげ　[没]寛治2(1088)年3月)，平史

坂上茂樹 さかのうえのしげき
生没年不詳 [別]坂上大宿禰茂樹《さかのうえのおおすくねしげき》
平安時代前期の官人、国司。
¶古代(坂上大宿禰茂樹　さかのうえのおおすくねしげき)，庄内，諸系，日人，平史

坂上鷹養 さかのうえのたかかい
？ ～弘仁8(817)年
奈良時代～平安時代前期の苅田麻呂の子。
¶平史

坂上滝守 さかのうえのたきもり
天長2(825)年～元慶5(881)年
平安時代前期の田村麻呂の弟鷹養の孫。
¶平史

坂上田村麻呂(坂上田村麿) さかのうえのたむらまろ
天平宝字2(758)年～弘仁2(811)年 [別]坂上大宿禰田村麻呂《さかのうえのおおすくねたむらまろ》，坂上田村麻呂《さかのうえたむらまろ》
奈良時代～平安時代前期の武将、征夷大将軍。
¶秋田百，朝日([没]弘仁2年5月23日(811年6月17日))，茨城百，岩史([没]弘仁2(811)年5月23日)，岩手百，角史，京都(さかのうえたむらまろ)，京都大，郷土奈良(坂上田村麿)，公卿([没]弘仁2(811)年5月23日)，国史，古史，古代(坂上大宿禰田村麻呂　さかのうえのおおすくねたむらまろ)，古中，コン改，コン4，埼玉人，史人([没]811年5月23日)，重要([没]弘仁2(811)年5月23日)，庄内([没]弘仁2(811)年5月23日)，諸系，人書94(さかのうえたむらまろ)，新潮([没]弘仁2(811)年5月23日)，人名(坂上田村麿　[生]757年)，姓氏岩手，姓氏京都，姓氏静岡，姓氏宮城，世人([没]弘仁2(811)年5月23日)，世百，全書，大百，伝記，長野歴(坂上田村麿)，新潟百，日史([没]弘仁2(811)年5月23日)，日人，百科，福島百，仏教([没]弘仁2(811)年5月23日)，平史，北海道百，北海道歴，宮城百，山形百新(さかのうえたむらまろ)，歴大

坂上恒蔭(坂上常景)　**さかのうえのつねかげ**
＊〜？　[別]坂上常景《さかのうえつねかげ》
平安時代前期〜中期の歌人。
¶国書(坂上常景　さかのうえつねかげ　[生]元慶3(879)年？), 平史([生]879年)

坂上範政　**さかのうえののりまさ**
生没年不詳
平安時代後期の法曹官僚。
¶古史

坂上人長　**さかのうえのひとおさ**
[別]坂上忌寸人長《さかのうえのいみきひとおさ》
奈良時代の「万葉集」の歌人。
¶人名, 日人(生没年不詳), 万葉(坂上忌寸人長　さかのうえのいみきひとおさ), 和俳(生没年不詳)

坂上広野　**さかのうえのひろの**
延暦6(787)年〜天長5(828)年　[別]坂上広野麿《さかのうえひろのまろ》
平安時代前期の朝臣、征夷大将軍坂上田村麿の子。
¶大阪人(坂上広野麿　さかのうえひろのまろ　[没]天長5(828)年3月), 古史, 諸系, 人名, 日人, 平史

坂上正野　**さかのうえのまさの**
生没年不詳
平安時代前期の官人。
¶神奈川人, 新潟百

坂上当道　**さかのうえのまさみち**
弘仁4(813)年〜貞観9(867)年　[別]坂上大宿禰当道《さかのうえのおおすくねまさみち》
平安時代前期の官人。
¶古代(坂上大宿禰当道　さかのうえのおおすくねまさみち), 諸系, 人名, 日人, 平史

坂上当宗　**さかのうえのまさむね**
生没年不詳
平安時代の朝臣、征夷大将軍田村麿の孫。
¶諸系, 人名, 日人

坂上望城　**さかのうえのもちき**
生没年不詳　[別]坂上望城《さかのうえもちき》
平安時代中期の歌人。勅撰集に3首入集。
¶国史, 国書(さかのうえもちき　[没]天元3(980)年8月), 古中, コン改, コン4, 史人, 諸系, 新潮([没]天元3(980)年8月), 人名, 日人, 平史, 和俳

坂上好蔭　**さかのうえのよしかげ**
生没年不詳　[別]坂上大宿禰好蔭《さかのうえのおおすくねよしかげ》
平安時代前期の官人、武官。
¶古代(坂上大宿禰好蔭　さかのうえのおおすくねよしかげ), 諸系, 日人, 平史, 宮城百

坂上能文　**さかのうえのよしふみ**
生没年不詳
平安時代前期の官人。左京人。
¶新潟百

坂上広野麿　**さかのうえひろのまろ**
→坂上広野(さかのうえのひろの)

逆登皇女　**さかのぼりのこうじょ**
生没年不詳
飛鳥時代の女性。敏達天皇の皇女。
¶女性

酒人内親王　**さかひとないしんのう**
天平勝宝6(754)年〜天長6(829)年　[別]酒人内親王《さかうどないしんのう, さかひとのないしんのう》
奈良時代〜平安時代前期の女性。桓武天皇の妃。
¶古代, 女性([没]天長6(829)年8月20日), 人情(さかひとのないしんのう), 人名(さかひとのないしんのう), 新潟百別(さかうどないしんのう), 日人, 平史, 歴大

酒人女王　**さかひとのおおきみ**
奈良時代の女性。穂積皇子の孫女。
¶万葉

坂本親王　**さかもとしんのう**
延暦12(793)年〜弘仁9(818)年　[別]坂本親王《さかもとのしんのう》
平安時代前期の桓武天皇の皇子。
¶人名(さかもとのしんのう), 日人, 平史

坂本宇頭麻佐　**さかもとのうずまさ**
生没年不詳　[別]坂本朝臣宇頭麻佐《さかもとのあそんうずまさ》
奈良時代の武官。
¶朝日, 古代(坂本朝臣宇頭麻佐　さかもとのあそんうずまさ), コン改, コン4, 日人

坂本財　**さかもとのたから**
？〜673年　[別]坂本臣財《さかもとのおみたから》
飛鳥時代の壬申の乱の武将。
¶古代(坂本臣財　さかもとのおみたから), 人名([没]674年), 日人, 和歌山人

佐紀子女王　**さきこじょおう**
→山階宮佐紀子(やましなのみやさきこ)

左京大夫道雅　**さきょうだいぶみちまさ**
→藤原道雅(ふじわらのみちまさ)

作宮　**さくのみや**
元禄2(1689)年〜元禄5(1692)年
江戸時代中期の霊元天皇の第8皇子。
¶諸系, 人名, 日人

朔平門院　**さくへいもんいん**
弘安10(1287)年〜延慶3(1310)年　[別]璹子内親王《じゅしないしんのう, たまこないしんのう》
鎌倉時代後期の女性。伏見天皇の皇女。
¶朝日([没]延慶3年10月8日(1310年10月30日)), 鎌室, 国書([没]延慶3(1310)年10月8日), 諸系, 女性([没]延慶3(1310)年10月8日), 新潮([没]延慶3(1310)年10月8日), 人名, 日人

桜井氏敦　**さくらいうじあつ**
元禄3(1690)年〜寛保1(1741)年12月20日

江戸時代中期の公家(非参議)。非参議桜井兼供の長男。
¶公卿,公家(氏敦〔桜井家〕　うじあつ　㊔元禄3(1690)年3月23日)

桜井氏福　さくらいうじとみ
? 〜文化5(1808)年
江戸時代中期〜後期の公家。
¶人名,日人

桜井兼里　さくらいかねさと
寛永6(1629)年〜天和3(1683)年
江戸時代前期の公家。
¶諸系

桜井兼供　さくらいかねとも
万治1(1658)年〜享保15(1730)年1月4日
江戸時代前期〜中期の公家(非参議)。権中納言水無瀬兼俊の孫。
¶公卿(㊐万治1(1658)年閏12月16日),公家(兼供〔桜井家〕　かねとも　㊔万治1(1658)年12月16日)

桜井供敦　さくらいともあつ
寛保2(1742)年2月18日〜寛政6(1794)年10月4日
江戸時代中期の公家(非参議)。非参議桜井氏敦の次男。
¶公卿,公家(供敦〔桜井家〕　ともあつ)

桜井氏全　さくらいともたけ
明和2(1765)年5月18日〜寛政9(1797)年6月13日
江戸時代中期の公家(非参議)。非参議桜井供敦の子。
¶公卿,公家(氏全〔桜井家〕　うじたけ)

桜井供秀　さくらいともひで
天明1(1781)年4月2日〜嘉永6(1853)年1月6日
江戸時代後期の公家(非参議)。非参議桜井氏全の子。
¶公卿,公家(供秀〔桜井家〕　ともひで)

桜井供文　さくらいともふみ
享和3(1803)年〜弘化4(1847)年6月26日
江戸時代後期の公家(非参議)。非参議桜井供秀の子。
¶公卿(㊐享和3(1803)年9月13日),公家(供文〔桜井家〕　ともふみ　㊔享和3(1803)年9月14日)

桜井王　さくらいのおう
→大原桜井(おおはらのさくらい)

桜井皇子　さくらいのおうじ
生没年不詳
上代の欽明天皇の皇子。
¶諸系,人名,日人

桜井王　さくらいのおおきみ
→大原桜井(おおはらのさくらい)

桜井貞相　さくらいのさだみ
生没年不詳　㊟桜井貞相《さくらいさだみ》,桜井田部連貞相《さくらいのたべのむらじさだすけ》

平安時代前期の明法博士。
¶古代(桜井田部連貞相　さくらいのたべのむらじさだすけ),コン改,コン4,人名(さくらいさだみ),日人

桜井貞世　さくらいのさだよ
生没年不詳　㊟桜井貞世《さくらいさだよ》
平安時代前期の明法家。
¶コン改,コン4,人名(さくらいさだよ),日人

桜井田部貞相　さくらいのたべのさだすけ
→桜井貞相(さくらいのさだみ)

桜井弓張皇女　さくらいのゆみはりのこうじょ
生没年不詳　㊟桜井弓張皇女《さくらいのゆみはりのおうじょ》
飛鳥時代の女性。敏達天皇の皇女。
¶女性,人名,日人(さくらいのゆみはりのおうじょ)

桜井弓張皇女　さくらいのゆみはりのおうじょ
→桜井弓張皇女(さくらいのゆみはりのこうじょ)

桜島忠信　さくらじまのただのぶ
生没年不詳
平安時代中期の官人。
¶平史

桜町天皇　さくらまちてんのう
享保5(1720)年1月1日〜寛延3(1750)年4月23日
江戸時代中期の第115代の天皇(在位1735〜1747)。中御門天皇の第1皇子。
¶朝日(㊐享保5年1月1日(1720年2月8日)　㊔寛延3年4月23日(1750年5月28日)),岩史,角史,京都,近世,国史,国書,コン改,コン4,史人,重要,諸系,新潮,人名,姓氏京都,世人,全書,大百,日史,日人,百科,歴大,日俳

佐々木野資敦　さきのもとあつ
元和4(1618)年1月2日〜寛文2(1662)年
江戸時代前期の公家(非参議)。権中納言庭田重定の次男。
¶公卿,公家(資敦〔庭田家〕　すけあつ)

雀部真人　さざきべのまひと
生没年不詳　㊟雀部朝臣真人《さざきべのあそんまひと》
奈良時代の官人。
¶朝日,古代(雀部朝臣真人　さざきべのあそんまひと),日人

荳角皇女　ささげのおうじょ
→荳角皇女(ささげのこうじょ)

荳角皇女　ささげのこうじょ
㊟荳角皇女《ささげのおうじょ》,荳角女王《ささげのじょおう》
上代の女性。継体天皇の皇女。
¶女性,人名(荳角女王　ささげのじょおう),日人(ささげのおうじょ　生没年不詳)

荳角女王　ささげのじょおう
→荳角皇女(ささげのこうじょ)

楽浪河内 さざなみのかわち
→高丘河内（たかおかのかわち）

貞敦親王 さだあつしんのう
長享2(1488)年～元亀3(1572)年 ㊞伏見宮貞敦親王《ふしみのみやさだあつしんのう》
戦国時代の伏見宮邦高親王の第1王子。
¶国書（㊞長享2(1488)年3月 ㊞元亀3(1572)年7月25日），諸系，人名（㊞1489年），戦辞（伏見宮貞敦親王 ふしみのみやさだあつしんのう ㊞延徳1(1489)年3月 ㊞元亀3年7月25日（1572年9月2日）），日人

貞江継人 さだえのつぐひと
生没年不詳
平安時代前期の明法博士。
¶コン改，コン4，人名，日人，平史

貞数親王 さだかずしんのう
貞観17(875)年～延喜16(916)年
平安時代前期～中期の清和天皇の皇子。
¶国書（㊞延喜16(916)年5月19日），古代，人名，日人，平史

貞固親王 さだかたしんのう
？～延長8(930)年 ㊞貞固親王《さだもとしんのう》
平安時代前期～中期の清和天皇の皇子。
¶古代（さだもとしんのう），人名，日人，平史

貞清親王 さだきよしんのう
慶長1(1596)年～承応3(1654)年
江戸時代前期の伏見宮邦房親王の第1王子。
¶国書（㊞承応3(1654)年7月4日），諸系，人名（㊞1595年），日人

佐竹重威 さたけしげのり
享保2(1717)年～寛政11(1799)年
江戸時代中期の京都近衛家の家士。
¶人名，日人

節子 さだこ
→貞明皇后（ていめいこうごう）

貞子女王(1) さだこじょおう
寛延3(1750)年～文政3(1820)年 ㊞貞子女王《ていしじょおう》
江戸時代中期～後期の女性。伏見宮貞建親王の王女。
¶女性（㊞寛延3(1750)年2月27日 ㊞文政3(1820)年8月22日），人名，日人（ていしじょおう）

貞子女王(2) さだこじょおう
→有馬貞子（ありまさだこ）

貞子内親王(1) さだこないしんのう
？～承和1(834)年
平安時代前期の女性。淳和天皇の皇女。
¶女性（㊞承和1(834)年5月22日），平史

貞子内親王(2) さだこないしんのう
慶長12(1607)年3月2日～延宝3(1675)年 ㊞斎宮《いつのみや》
江戸時代前期の女性。後陽成天皇の皇女。
¶女性（㊞延宝3(1675)年6月16日），人名，日人（㊞1606年）

貞真親王 さだざねしんのう
貞観18(876)年～承平2(932)年
平安時代中期の清和天皇の皇子。
¶人名（㊞931年），日人，平史

定輔親王 さだすけしんのう
→空性法親王（くうしょうほうしんのう）

貞純親王 さだずみしんのう，さだすみしんのう
？～延喜16(916)年
平安時代前期～中期の清和天皇の皇子。
¶朝日（㊞延喜16(916)年5月7日(916年6月10日)），国史，国書（㊞貞観15(873)年3月23日 ㊞延喜16(916)年5月7日），古史，古代（㊞873年？），古中，コン改，コン4，史人（㊞916年5月7日），諸系，新潮（㊞延喜16(916)年5月7日），人名（さだすみしんのう ㊞885年），姓氏京都，日人，平史，歴大

貞建親王 さだたけしんのう
*～宝暦4(1754)年
江戸時代中期の伏見宮邦永親王の第3王子。
¶国書（㊞元禄13(1700)年12月21日 ㊞宝暦4(1754)年7月22日），諸系（㊞1701年），人名（㊞1700年），日人（㊞1701年）

貞常親王 さだつねしんのう
応永32(1425)年12月19日～文明6(1474)年
室町時代の皇族。伏見宮貞成親王（後崇光院）の第2王子。
¶鎌室，国書（㊞文明6(1474)年7月3日），諸系（㊞1426年），人名，日人（㊞1426年）

貞辰親王 さだときしんのう
貞観16(874)年～延長7(929)年
平安時代前期～中期の清和天皇の皇子。
¶人名，日人，平史

完敏親王 さだとししんのう
→堯恕入道親王（ぎょうじょにゅうどうしんのう）

貞良親王 さだながしんのう
康元1(1256)年～文応1(1260)年
鎌倉時代前期の後嵯峨天皇の第13皇子。
¶人名

定良親王 さだながしんのう
鎌倉時代前期の亀山天皇の皇子。
¶人名，日人（生没年不詳）

貞愛親王 さだなるしんのう
→伏見宮貞愛親王（ふしみのみやさだなるしんのう）

貞愛親王妃利子女王 さだなるしんのうひとしこじょ

おう
→伏見宮利子（ふしみのみやとしこ）

貞登　さだののぼる
[別]貞朝臣登《さだのあそみのぼる，さだのあそんのぼる》，貞登《さだのぼる》
平安時代前期の仁明天皇の皇子、歌人。
¶国書（さだのぼる　生没年不詳），古代（貞朝臣登　さだのあそんのぼる），人名（貞朝臣登　さだのあそみのぼる），人名（登　のぼる），平史（生没年不詳）

さ

貞教親王　さだのりしんのう
天保7（1836）年～文久2（1862）年
江戸時代末期の伏見宮邦家親王の第6王子。
¶諸系，人名，日人

貞平親王　さだひらしんのう
？～延喜13（913）年
平安時代前期～中期の清和天皇の皇子。
¶コン改，コン4，人名，日人，平史

貞成親王　さだふさしんのう
→後崇光院（ごすこういん）

定麿王　さだまろおう
→東伏見宮依仁親王（ひがしふしみのみやよりひとしんのう）

貞行親王　さだもちしんのう
宝暦10（1760）年～安永1（1772）年
江戸時代中期の桃園天皇の第2皇子、伏見宮を継承。
¶諸系，人名，日人

貞元親王　さだもとしんのう
？～延喜9（909）年
平安時代前期～中期の清和天皇の皇子。
¶国書（[没]延喜9（909）年11月26日），古代，人名，日人（[没]910年），平史

貞固親王　さだもとしんのう
→貞固親王（さだかたしんのう）

貞康親王　さだやすしんのう
天文16（1547）年～永禄11（1568）年　[別]後葆光院《ごほうこういん》，伏見宮貞康親王《ふしみのみやさだやすしんのう》
戦国時代の皇族。伏見宮邦輔親王の第4王子。
¶国書（[没]永禄11（1568）年4月26日），諸系，人名，戦人，戦補，日人

貞保親王　さだやすしんのう
貞観12（870）年～延長2（924）年
平安時代前期～中期の清和天皇の皇子。
¶朝日（[没]延長2年6月19日（924年7月23日）），国史，国書（[生]貞観12（870）年9月13日　[没]延長2（924）年6月19日），古代，古中，コン4，史人（[生]870年9月13日　[没]924年6月19日），諸系，新潮（[生]貞観12（870）年9月13日　[没]延長2（924）年6月19日），人名，日音（[生]貞観12（870）年9月13日　[没]延長2（924）年6月19日），日人，平史

貞保親王女　さだやすしんのうのむすめ
生没年不詳　[別]南院式部卿親王女《なんいんしきぶきょうのみこのむすめ》
平安時代中期の女性歌人。父の南院式部卿貞保親王は清和天皇の第4皇子。
¶国書（南院式部卿親王女　なんいんしきぶきょうのみこのむすめ），平史

貞致親王　さだゆきしんのう
寛永9（1632）年～元禄7（1694）年
江戸時代前期の伏見宮邦尚親王の第1王子。
¶国書（[生]寛永9（1632）年5月27日　[没]元禄7（1694）年5月18日），諸系，人名，日人

貞敬親王　さだよししんのう
＊～天保12（1841）年
江戸時代後期の伏見宮邦頼親王の第1王子。
¶国書（[生]安永4（1775）年12月10日　[没]天保12（1841）年1月21日），諸系（[生]1776年），人名（[生]1775年），日人（[生]1776年）

貞頼親王　さだよりしんのう
貞観18（876）年～延喜22（922）年
平安時代中期の清和天皇の皇子。
¶人名，日人，平史

禎子女王　さちこじょおう
→山内禎子（やまのうちさちこ）

紗手媛　さてひめ
生没年不詳
飛鳥時代の女性。安閑天皇の妃。
¶諸系，女性，日人

恵子女王　さとこじょおう
→恵子女王（けいしじょおう）

賢子女王　さとこじょおう
延享2（1745）年12月24日～寛政1（1789）年　[別]賢子女王《けんしじょおう》
江戸時代中期～後期の女性。伏見宮貞建親王の第5王女。
¶女性（[没]寛政1（1789）年11月6日），人名，日人（けんしじょおう　[生]1746年）

智子女王　さとこじょおう
→大谷智子（おおたにさとこ）

理子女王　さとこじょおう
元禄4（1691）年～宝永7（1710）年　[別]真宮理子《さなのみやさとこ》，理子女王《まさこじょおう》
江戸時代中期の女性。伏見宮貞致親王の第4王女、徳川吉宗の正室。
¶諸系，女性（真宮理子　さなのみやさとこ　[生]元禄4（1691）年8月18日　[没]宝永7（1710）年6月4日），人名（まさこじょおう），日人

恵子内親王　さとこないしんのう
→慧子内親王（けいしないしんのう）

識子内親王　さとこないしんのう
→識子内親王（しきしないしんのう）

智成親王　さとなりしんのう
→北白川宮智成親王（きたしらかわのみやさとなりしんのう）

佐渡院　さどのいん
→順徳天皇（じゅんとくてんのう）

真宮理子　さなのみやさとこ
→理子女王（さとこじょおう）

讃岐院　さぬきのいん
→崇徳天皇（すとくてんのう）

讃岐扶範　さぬきのすけのり
生没年不詳
平安時代中期の官人。
¶平史

讃岐千継　さぬきのちつぐ
生没年不詳　[別]讃岐千継《さぬきちつぐ》
平安時代前期の法律学者。
¶国書（さぬきちつぐ），コン改，コン4，人名，日人，平史

讃岐時雄　さぬきのときお
生没年不詳
平安時代前期の明法家。
¶コン改，コン4，人名，日人

讃岐時人　さぬきのときひと
生没年不詳
平安時代前期の明法学者。
¶コン改，コン4，人名，日人

讃岐永直　さぬきのながなお
延暦2（783）年～貞観4（862）年　[別]讃岐朝臣永直《さぬきのあそんながなお》
平安時代前期の明法家、明法博士。
¶朝日（[没]貞観4年8月17日（862年9月14日）），岩史（[没]貞観4（862）年8月17日），国史，古代（讃岐朝臣永直　さぬきのあそんながなお），古中，コン改，コン4，史人（[没]862年8月17日），新潮（[没]貞観4（862）年8月17日），人名，世人，日史（[没]貞観4（862）年8月17日），日人，百科，平史，歴大

讃岐永成　さぬきのながなり
生没年不詳
平安時代前期の明法家。
¶コン改，コン4，新潮，人名，日人

讃岐広直　さぬきのひろなお
生没年不詳
平安時代前期の明法家。
¶コン改，コン4，新潮，人名，日人

讃岐当世　さぬきのまさよ
生没年不詳
平安時代前期の法律学者。
¶コン改，コン4，人名，日人

真子内親王　さねこないしんのう
→真子内親王（しんしないしんのう）

孚子内親王　さねこないしんのう
→孚子内親王（ふしないしんのう）

実仁親王　さねひとしんのう
延久3（1071）年～応徳2（1085）年
平安時代後期の後三条天皇の第2皇子。
¶国史，古中，史人（[生]1071年2月10日　[没]1085年11月8日），諸系，新潮（[生]延久3（1071）年2月10日　[没]応徳2（1085）年11月8日），人名，日人，平史（[生]1070年）

誠仁親王　さねひとしんのう
天文21（1552）年～天正14（1586）年　[別]陽光院《ようこういん》，陽光太上天皇《ようこうだじょうてんのう》
安土桃山時代の正親町天皇の第1子。
¶朝日（[生]天文21年4月23日（1552年5月16日）　[没]天正14年7月24日（1586年9月7日）），岩史（[生]天文21（1552）年4月23日　[没]天正14（1586）年7月24日），国史，国書（[生]天文21（1552）年4月23日　[没]天正14（1586）年7月24日），古中，コン改（[没]天正16（1588）年），コン4，史人（[生]1552年4月23日　[没]1586年7月24日），諸系，新潮（[生]天文21（1552）年4月23日　[没]天正14（1586）年7月24日），人名（陽光太上天皇　ようこうだじょうてんのう），姓氏京都，世人（陽光太上天皇　ようこうだいじょうてんのう），日史（[生]天文21（1552）年4月23日　[没]天正14（1586）年7月24日），日人，日人（陽光院　ようこういん），百科，歴大，和俳（[没]天正14（1586）年7月24日）

人康親王　さねやすしんのう
天長8（831）年～貞観14（872）年
平安時代前期の仁明天皇の第4皇子。
¶朝日（[没]貞観14年5月5日（872年6月14日）），京都，国史，古史，古代，古中，諸系，新潮（[没]貞観14（872）年5月5日），人名，姓氏京都，日人，平史（[生]？）

実世王　さねよおう
→平実世（たいらのさねよ）

佐氏子首　さのうじのこびと
→佐伯子首（さえきのこびと）

狭穂彦　さほひこ，さほびこ
[別]狭穂彦王《さほひこおう，さほひこのおおきみ》
上代の王族。開化天皇の孫。彦坐王の子。垂仁天皇に反乱したと伝えられる。
¶朝日（さほびこ），国史（狭穂彦王　さほひこおう），古史（狭穂彦・狭穂姫　さほひこ・さほひめ），古代（狭穂彦王　さほひこのおおきみ），古中（狭穂彦王　さほひこおう），史人（狭穂彦王　さほひこおう），諸系，新潮，日史（狭穂彦・狭穂姫　さほびこ・さほびめ），日人，百科（狭穂彦・狭穂姫　さほびこ・さほびめ），歴大（狭穂彦・狭穂姫　さほびこ・さほひめ）

狭穂彦王　さほひこおう
→狭穂彦（さほひこ）

狭穂彦王 さほひこのおおきみ
→狭穂彦(さほひこ)

狭穂姫 さほひめ, さほびめ
[別]狭穂姫《さおひめ》, 佐保姫《さおひめ》
上代の女性。垂仁天皇の皇后。
¶朝日(さほびめ), 国史, 古史(狭穂彦・狭穂姫 さほひこ・さほひめ), 古代, 古中, 史人, 諸系, 女性, 新潮, 人名(さおひめ), 世百(佐保姫 さおひめ), 全書(さおひめ), 大百(さおひめ), 日史(狭穂彦・狭穂姫 さほびこ・さほびめ), 日人, 百科(狭穂彦・狭穂姫 さほびこ・さほびめ), 歴大(狭穂彦・狭穂姫 さほびこ・さほひめ)

佐味親王 さみしんのう
延暦12(793)年～天長2(825)年 [別]佐味親王《さみのしんのう》
平安時代前期の桓武天皇の皇子。
¶人名(さみのしんのう), 日人, 平史

沙弥女王 さみのおおきみ
→沙弥女王(さみのじょおう)

沙弥女王 さみのじょおう
生没年不詳 [別]沙弥女王《さみのおおきみ》
時代不詳の王族。万葉歌人。飛鳥～奈良期か。
¶女性, 万葉(さみのおおきみ), 和俳

佐味少麻呂(佐味宿那麻呂, 佐味少麿) さみのすくなまろ
生没年不詳 [別]佐味君少麿《さみのきみすくなまろ》, 佐味朝臣宿那麻呂《さみのあそんすくなまろ》
飛鳥時代の官人。
¶朝日, 古代(佐味朝臣宿那麻呂 さみのあそんすくなまろ), コン改, コン4, 人名(佐味君少麿 さみのきみすくなまろ), 日人

佐味宮守 さみのみやもり
生没年不詳 [別]佐味朝臣宮守《さみのあそんみやもり》
奈良時代の官人。
¶古代(佐味朝臣宮守 さみのあそんみやもり), 新潟百, 日人, 福井百(佐味朝臣宮守 さみのあそんみやもり)

佐味虫麻呂 さみのむしまろ
? ～天平宝字3(759)年 [別]佐味朝臣虫麻呂《さみのあそんむしまろ》
奈良時代の官人。
¶朝日([没]天平宝字3年10月19日(759年11月13日)), 古代(佐味朝臣虫麻呂 さみのあそんむしまろ), 新潮([没]天平宝字3(759)年10月), 日人

沙弥満誓 さみまんせい, さみまんぜい
→笠麻呂(かさのまろ)

清子内親王 さやこないしんのう
→黒田清子(くろださやこ)

沢忠量 さわただかず
延宝1(1673)年4月13日～宝暦4(1754)年8月28日
江戸時代中期の公家(非参議)。非参議伏原宣幸の次男。
¶公卿, 公家(忠量〔沢家〕 ただかず), 諸系

沢為量 さわためかず
文化9(1812)年～明治22(1889)年8月9日
江戸時代末期～明治期の公家(非参議)。治部大輔沢久量の子。
¶維新, 公卿([生]文化9(1812)年3月14日 [没]?), 公家(為量〔沢家〕 ためかず [生]文化9(1812)年3月14日), 幕末, 山形百

沢宣維 さわのぶこれ
寛延2(1749)年10月12日～寛政7(1795)年6月23日
江戸時代中期の公家(非参議)。非参議沢宣成の子。
¶公卿, 公家(宣維〔沢家〕 のぶこれ)

沢宣成 さわのぶなり
正徳1(1711)年6月2日～天明1(1781)年8月25日
江戸時代中期の公家(非参議)。非参議沢忠量の子。
¶公卿, 公家(宣成〔沢家〕 のぶなり)

沢宣元 さわのぶもと
文久2(1862)年～昭和9(1934)年
明治～大正期の宮内官。男爵。宮内省に任務、侍従を務める。
¶人名, 世紀([生]文久2(1862)年1月 [没]昭和9(1934)年2月16日), 日人

沢宣嘉(沢宜嘉) さわのぶよし
天保6(1835)年～明治6(1873)年9月27日
江戸時代末期～明治期の尊攘派の公家、政治家。
¶朝日([生]天保6年12月23日(1836年2月9日)), 維新, 岩史([生]天保6(1835)年12月23日), 角史, 京都大(沢宜嘉), 郷土長崎, 近現, 近世, 国際, 国史, 国書([生]天保6(1835)年12月23日), コン改([生]天保4(1833)年), コン4([生]天保4(1833)年), コン5([生]天保4(1833)年), 史人([生]1835年12月23日), 重要, 諸系([生]1836年), 新潮([生]天保6(1835)年12月23日), 人名, 姓氏京都, 世人, 世百, 全書, 日史([生]天保6(1835)年12月23日), 日人([生]1836年), 幕末, 百科, 履歴([生]天保6(1835)年12月23日), 歴大

沢久量 さわひさかず
安永2(1773)年3月4日～天保9(1838)年3月8日
江戸時代後期の公家(非参議)。非参議沢宣維の子。
¶公卿, 公家(久量〔沢家〕 ひさかず)

早良親王 さわらしんのう
*～延暦4(785)年 [別]崇道天皇《すどうてんのう》
奈良時代の皇太子。光仁天皇の子。桓武天皇の同母弟。
¶朝日([生]天平勝宝2(750)年), 岩史([生]天平勝宝2(750)年 [没]延暦4(785)年10月), 角史([生]?), 京都([生]?), 京都大([生]?), 京都府

([生]?), 国史([生]750年), 国書([生]天平勝宝2(750)年 [没]延暦4(785)年10月), 古史([生]750年), 古代([生]750年), 古中([生]750年), コン改([生]?), コン4([生]?), 史人([生]750年 [没]785年10月), 諸系([生]750年), 新潮([生]? [没]延暦4(785)年10月), 人名([生]?), 姓氏京都([生]750年?), 世人([生]? [没]延暦4(785)年10月), 世百([生]?), 全書([生]?), 大百([生]750年), 日史([生]天平勝宝2(750)年? [没]延暦4(785)年10月), 日人(崇道天皇 すどうてんのう [生]750年), 日人([生]750年), 百科([生]天平勝宝2(750)年?), 兵庫百([生]?), 平史([生]750年ごろ), 歴大([生]750年?)

讃 さん
→倭王讃(わおうさん)

算延 さんえん
平安時代前期の文徳天皇の皇子。
¶古代, 日人(生没年不詳)

三光院豪空 さんこういんごうくう
→三条西実枝(さんじょうにしさねき)

三条有子 さんじょうありこ
→安喜門院(あんきもんいん)

三条公明 さんじょうきみあき
→正親町三条公明(おおぎまちさんじょうきんあき)

三条公輝 さんじょうきみてる
→三条公輝(さんじょうきんてる)

三条公恭 さんじょうきみやす
嘉永6(1854)年～* [別]三条公恭《さんじょうきんあや》, 東三条公恭《ひがしさんじょうきんあや》
江戸時代末期～明治期の公家。1868年外国事情視察のためイギリスに渡る。
¶海越([生]嘉永6(1854)年12月 [没]?), 海越新([生]嘉永6(1854)年12月18日 [没]明治34(1901)年1月26日), 国際([没]?), 渡航(三条公恭・東三条公恭 さんじょうきんあや・ひがしさんじょうきんあや [生]1853年12月18日 [没]1901年1月26日)

三条公明 さんじょうきんあき
→正親町三条公明(おおぎまちさんじょうきんあき)

三条公明 さんじょうきんあきら
→正親町三条公明(おおぎまちさんじょうきんあき)

三条公充 さんじょうきんあつ
→三条公充(さんじょうきんみつ)

三条公敦(1) さんじょうきんあつ
? ～応永16(1409)年
南北朝時代～室町時代の公家(権大納言・従二位)。准大臣従一位三条実音の子。
¶公家(公敦〔三条家(絶家)3〕 きんあつ)

三条公敦(2) さんじょうきんあつ
永享11(1439)年～永正4(1507)年
室町時代～戦国時代の公卿(右大臣)。左大臣三条実量の長男。
¶公卿([没]永正4(1507)年4月8日), 公家(公敦〔三条家〕 きんあつ [没]永正4(1507)年5月7日), 国書([没]永正4(1507)年4月8日), 諸系, 人名, 日人

三条公恭 さんじょうきんあや
→三条公恭(さんじょうきみやす)

三条公氏 さんじょうきんうじ
→正親町三条公氏(おおぎまちさんじょうきんうじ)

三条公修 さんじょうきんおさ
安永3(1774)年～天保11(1840)年 [別]三条公修《さんじょうきんなが》
江戸時代後期の公家(内大臣)。右大臣三条実起の長男。
¶公卿(さんじょうきんなが [生]安永3(1774)年8月1日 [没]天保11(1840)年9月7日), 公家(公修〔三条家〕 きみおさ [生]安永3(1774)年8月1日 [没]天保11(1840)年9月7日), 国書([生]安永3(1774)年8月1日 [没]天保11(1840)年9月7日), 諸系, 人名(さんじょうきんなが), 長野歴(さんじょうきんなが), 日人

三条公兼 さんじょうきんかね
延宝7(1679)年8月16日～?
江戸時代中期の公家(非参議)。左大臣三条実治の長男。
¶公卿, 公家(公兼〔三条家〕 きんかね)

三条公定 さんじょうきんさだ
長寛1(1163)年～? [別]藤原公定《ふじわらのきんさだ》
平安時代後期～鎌倉時代前期の公卿(権中納言)。内大臣藤原実宗の子。
¶鎌室, 公卿, 公家(公定〔清水谷家(絶家)〕 きんさだ [没]承久3(1221)年6月25日), 諸系, 新潟百(藤原公定 ふじわらのきんさだ [没]1221年), 日人

三条公茂 さんじょうきんしげ
弘安7(1284)年～正中1(1324)年1月9日
鎌倉時代後期の公卿(内大臣)。太政大臣三条実重の長男。
¶鎌室, 公卿, 公家(公茂〔三条家〕 きんしげ), 国書, 諸系, 人名, 日人

三条公忠 さんじょうきんただ
正中1(1324)年～弘和3/永徳3(1383)年
南北朝時代の公卿(内大臣)。内大臣三条実忠の子。
¶朝日([生]貞和2/正平1(1346)年 [没]永徳3/弘和3年12月24日(1384年1月17日)), 鎌室, 公卿([生]正中2(1325)年 [没]永徳3(1383)年12月24日), 公家(公忠〔三条家〕 きんただ [生]1325年 [没]永徳3(1383)年12月24日), 国史, 国書([生]元亨4(1324)年8月16日 [没]永徳3(1383)年12月24日), 古中, コン4, 史人([没]1383年12月27日), 諸系([没]1384年), 新潮([没]永徳3/弘和3(1383)年12月27日), 人名([生]1325年), 日人([没]1384年)

三条公種 さんじょうきんたね
生没年不詳
鎌倉時代の公家。
¶国書

三条公親 さんじょうきんちか
貞応1（1222）年～正応5（1292）年
鎌倉時代後期の公卿（内大臣）。右大臣三条実親の長男。
¶鎌室，公卿（[没]正応1（1288）年7月12日），公家（公親〔三条家〕　きんちか　[没]正応1（1288）年7月12日），国書（[没]正応5（1292）年7月12日），諸系，人名，日人

三条公貫 さんじょうきんつら
→正親町三条公貫（おおぎまちさんじょうきんぬき）

三条公輝 さんじょうきんてる
明治15（1882）年12月2日～昭和20（1945）年11月10日　[別]三条公輝《さんじょうきみてる》
大正～昭和期の公爵、貴族院議員。三条実美の三男。掌典長、御歌所長などを歴任。
¶人名7（さんじょうきみてる　[没]1944年），世紀，日人

三条公俊 さんじょうきんとし
*～？
鎌倉時代前期の公卿（非参議）。左大臣三条実房の四男。
¶公卿（[生]建久3（1192）年），公家（公俊〔知足院三条家（絶家）〕　きんとし　[生]1194年）

三条公富 さんじょうきんとみ
元和6（1620）年～延宝5（1677）年
江戸時代前期の公家（右大臣）。左大臣三条実秀の子。
¶公卿（[生]元和6（1620）年1月2日　[没]延宝5（1677）年6月12日），公家（公富〔三条家〕　きんとみ　[生]元和6（1620）年1月2日　[没]延宝5（1677）年6月12日），諸系，人名，日人

三条公豊 さんじょうきんとよ
→正親町三条公豊（おおぎまちさんじょうきんとよ）

三条公修 さんじょうきんなが
→三条公修（さんじょうきんおさ）

三条公宣 さんじょうきんのぶ
？～応永17（1410）年3月28日
室町時代の公卿（権大納言）。太政左大臣三条実冬の長男。
¶公卿，公家（公宣〔三条家〕　きんのぶ）

三条公教 さんじょうきんのり
→藤原公教（ふじわらのきんのり）

三条公秀 さんじょうきんひで
→正親町三条公秀（おおぎまちさんじょうきんひで）

三条公広 さんじょうきんひろ
天正5（1577）年～寛永3（1626）年　[別]三条公盛《さんじょうきんもり》
安土桃山時代～江戸時代前期の公家（権大納言）。内大臣三条西公国の次男。
¶公卿（[没]寛永3（1626）年10月7日），公家（公広〔三条家〕　きんひろ　[没]寛永3（1626）年10月），諸系，人名，戦人（三条公盛　さんじょうきんもり），日人

三条公房 さんじょうきんふさ
治承3（1179）年～建長1（1249）年
鎌倉時代前期の公卿（太政大臣）。左大臣三条実房の長男。
¶朝日（[没]建長1年8月16日（1249年9月23日）），鎌室，公卿（[没]建長1（1249）年8月16日），公家（公房〔三条家〕　きんふさ　[没]建長1（1249）年8月16日），諸系，人名，日人

三条公冬 さんじょうきんふゆ
元中8/明徳2（1391）年～長禄3（1459）年5月17日
室町時代の公卿（右大臣）。太政左大臣三条実冬の次男。
¶鎌室，公卿（[生]明徳3/元中9（1392）年），公家（公冬〔三条家〕　きんふゆ），国書，諸系，人名，日人

三条公雅 さんじょうきんまさ
文永1（1264）年～興国1/暦応3（1340）年8月
鎌倉時代後期～南北朝時代の公卿（権中納言）。正二位・権中納言三条公泰の三男。
¶公卿，公家（公雅〔三条家（絶家）1〕　きんまさ）

三条公充 さんじょうきんみつ
元禄4（1691）年1月23日～享保11（1726）年9月17日　[別]三条公充《さんじょうきんあつ》
江戸時代中期の公家（権大納言）。左大臣三条実治の次男。
¶公卿（さんじょうきんあつ），公家（公充〔三条家〕　きんあつ），国書，諸系，人名，日人

三条公睦 さんじょうきんむつ
文政11（1828）年5月7日～安政1（1854）年2月11日
江戸時代末期の公家（権中納言）。内大臣三条実万の長男。
¶公卿，公家（公睦〔三条家〕　きんむつ），国書

三条公盛 さんじょうきんもり
→三条公広（さんじょうきんひろ）

三条公泰 さんじょうきんやす
寛喜3（1231）年～？
鎌倉時代後期の公卿（権中納言）。右大臣三条実親の次男。
¶公卿，公家（公泰〔三条家（絶家）1〕　きんやす）

三条公頼 さんじょうきんより
明応7（1498）年～天文20（1551）年
戦国時代の公卿（左大臣）。太政大臣三条実香の子。
¶公卿（[没]天文20（1551）年8月29日），公家（公頼〔三条家〕　きんより　[没]天文20（1551）年8月29日），国書（[没]天文20（1551）年9月1日），諸系，人名（[生]1495年），戦人（[生]明応4（1495）

年)，日人

三条厳子 さんじょうげんし
→通陽門院(つうようもんいん)

三条実顕 さんじょうさねあき
宝永5(1708)年5月29日～安永1(1772)年12月19日
江戸時代中期の公家(右大臣)。非参議三条公兼の子。
¶公卿，公家(実顕〔三条家〕　さねあき)，国書，諸系(㊙1773年)，人名，日人(㊙1773年)

三条実起 さんじょうさねおき
宝暦6(1756)年11月14日～文政6(1823)年9月7日
江戸時代中期～後期の公家(右大臣)。右大臣三条季晴の子。
¶公卿，公家(実起〔三条家〕　さねおき)，国書，諸系，人名，日人

三条実音 さんじょうさねおと
元亨1(1321)年～至徳3(1386)年2月16日　㊙正親町三条実音《おおぎまちさんじょうさねおと》
鎌倉時代後期～南北朝時代の公家・歌人。
¶公卿(正親町三条実音　おおぎまちさんじょうさねおと　㊙元応1(1319)年　㊙至徳3/元中3(1384)年2月16日)，公家(実音〔三条家(絶家)3〕　さねおと)，国書

三条実香 さんじょうさねか
文明1(1469)年～弘治4(1558)年
戦国時代の公卿(太政大臣)。右大臣三条公敦の子。
¶公卿(㊙永禄2(1559)年2月25日)，公家(実香〔三条家〕　さねか　㊙記載なし　㊙永禄2(1559)年2月25日)，国書(㊙弘治4(1558)年2月25日)，諸系，人名，戦人(㊙天正3(1575)年)，日人

三条実数 さんじょうさねかず
？　～正平14/延文4(1359)年10月14日
鎌倉時代後期～南北朝時代の公家・歌人。
¶国書

三条実量 さんじょうさねかず
応永22(1415)年～文明15(1483)年12月19日
室町時代～戦国時代の公卿(左大臣)。右大臣三条公冬の長男。
¶鎌室(文明5(1473)年)，公卿(㊙文明16(1484)年12月19日)，公家(実量〔三条家〕　さねかず)，国史，国書，古中，コン改，コン4，史人，諸系(㊙1484年)，新潮，人名(㊙1473年)，世人(㊙文明6(1474)年)，日人(㊙1484年)

三条実重 さんじょうさねしげ
正元1(1259)年～元徳1(1329)年
鎌倉時代後期の公卿(太政大臣)。内大臣三条公親の次男。
¶鎌室，公卿(㊙正嘉4(1260)年　㊙嘉暦2(1327)年6月26日)，公家(実重〔三条家〕　さねしげ　㊙1260年　㊙嘉暦4(1329)年6月26日

日)，国書(㊙嘉暦4(1329)年6月26日)，諸系，人名，日人

三条実忠 さんじょうさねただ
嘉元2(1304)年～正平2/貞和3(1347)年1月4日
鎌倉時代後期～南北朝時代の公卿(内大臣)。太政大臣三条実重の次男。
¶鎌室，公卿，公家(実忠〔三条家〕　さねただ)，国書，諸系，人名，日人

三条実親 さんじょうさねちか
建久6(1195)年～弘長3(1263)年
鎌倉時代前期の公卿(右大臣)。太政大臣三条公房の長男。
¶鎌室，公卿(㊙弘長3(1263)年3月4日)，公家(実親〔三条家〕　さねちか　㊙弘長3(1263)年3月4日)，国書(㊙弘長3(1263)年10月4日)，諸系，人名，日人

三条実継 さんじょうさねつぐ
→正親町三条実継(おおぎまちさんじょうさねつぐ)

三条実綱 さんじょうさねつな
永禄5(1562)年～天正9(1581)年
安土桃山時代の公卿(権中納言)。内大臣三条西実枝の子。
¶公卿(㊙天正9(1581)年2月7日)，公家(実綱〔三条家〕　さねつな　㊙天正9(1581)年2月7日)，諸系，人名，戦人，日人

三条実万 さんじょうさねつむ
享和2(1802)年～安政6(1859)年
江戸時代末期の公家(内大臣)。内大臣三条公修の子。
¶朝日(㊙享和2年2月15日(1802年3月18日)　㊙安政6年10月6日(1859年10月31日))，維新，角史，京都，近世，公卿(㊙享和2(1802)年2月15日　㊙安政6(1859)年10月5日)，公家(実万〔三条家〕　さねつむ　㊙享和2(1802)年2月15日　㊙安政6(1859)年10月6日)，国史，国書(㊙享和2(1802)年2月15日　㊙安政6(1859)年10月6日)，コン改，コン4，史人(㊙1802年2月15日　㊙1859年10月6日)，重要，諸系，神人，新潮(㊙享和2(1802)年2月15日　㊙安政6(1859)年10月6日)，人名，姓氏京都，世江，全書，大百，日史(㊙享和2(1802)年2月15日　㊙安政6(1859)年10月6日)，日人，幕末(㊙1859年10月31日)，百科，歴大，和俳(㊙享和2(1802)年2月15日　㊙安政6(1859)年10月6日)

三条実任 さんじょうさねとう
→正親町三条実任(おおぎまちさんじょうさねとう)

三条実美 さんじょうさねとみ
天保8(1837)年～明治24(1891)年2月18日　㊙梨木誠斉《なしきせいさい》
江戸時代末期～明治時代の公家(右大臣・太政大臣)。内大臣三条実万の次男。七卿落ちの一人。
¶朝日(㊙天保8年2月7日(1837年3月13日))，維新，岩史(㊙天保8(1837)年2月8日)，角史，京

さ

都，京都大，近現，近文，公卿（[生]天保8（1837）年2月8日　[没]明治24（1891）年2月19日），公家（実美〔三条家〕　さねとみ　[生]天保8（1837）年2月8日），国際，国史，国書（[生]天保8（1837）年2月8日），コン改，コン4，コン5，詩歌，史人（[生]1837年2月7日），重要（[生]天保8（1837）年2月8日），諸系，新潮（[生]天保8（1837）年2月7日），人名，姓氏京都，世人（[生]天保8（1837）年2月8日），世百，先駆（[生]天保8（1837）年2月7日），全書，大百，伝記，日史（[生]天保8（1837）年2月8日），日人，日本，幕末，百科，明治1，履歴（[生]天保8（1837）年2月8日），歴大

三条実豊　さんじょうさねとよ
→正親町三条実豊（おおぎまちさんじょうさねとよ）

三条実仲　さんじょうさねなか
→正親町三条実仲（おおぎまちさんじょうさねなか）

三条実永　さんじょうさねなが
？　～*
鎌倉時代後期の公卿（参議）。正二位・権中納言三条公泰の次男。
¶公卿（[没]応長2（1311）年2月28日），公家（実永〔三条家（絶家）1〕　さねなが　[没]応長2（1312）年2月28日）

三条実宣　さんじょうさねのぶ
→滋野井実宣（しげのいさねのぶ）

三条実治　さんじょうさねはる
慶安3（1650）年12月6日～享保9（1724）年8月12日
江戸時代前期～中期の公家（左大臣）。右大臣三条公富の子。
¶公卿，公家（実治〔三条家〕　さねはる），国書，諸系（[生]1651年），人名，日人（[生]1651年）

三条実春　さんじょうさねはる
大正2（1913）年3月2日～平成2（1990）年
昭和期の神官。平安神宮宮司、貴族院議員。
¶現情

三条実秀　さんじょうさねひで
慶長3（1598）年～寛文11（1671）年
江戸時代前期の公家（左大臣）。権大納言三条公広の子。
¶公卿（[没]寛文11（1671）年8月25日），公家（実秀〔三条家〕　さねひで　[生]慶長3（1598）年4月12日　[没]寛文11（1671）年8月25日），諸系，人名，日人

三条実平　さんじょうさねひら
建久8（1197）年～？
鎌倉時代前期の公卿（非参議）。太政大臣三条公房の次男。
¶公卿，公家（実平〔三条家〕　さねひら）

三条実房　さんじょうさねふさ
久安3（1147）年～嘉禄1（1225）年　[別]藤原実房《ふじわらのさねふさ》
平安時代後期～鎌倉時代前期の公卿（左大臣）。内大臣三条公教の三男。
¶朝日（藤原実房　ふじわらのさねふさ　[生]久安3（1147）年？　[没]嘉禄1年8月17日（1225年9月20日）），角史（藤原実房　ふじわらのさねふさ），鎌室，公卿（[没]嘉禄1（1225）年8月19日），公家（実房〔三条家〕　さねふさ　[没]嘉禄1（1225）年8月17日），国史，国書（[没]嘉禄1（1225）年8月17日），古中，史人（[没]1225年8月17日），諸系，新潮（[没]嘉禄1（1225）年8月17日），人名，日史（[没]嘉禄1（1225）年8月17日），日人，百科，平史（藤原実房　ふじわらのさねふさ）

三条実冬　さんじょうさねふゆ
正平9/文和3（1354）年～応永18（1411）年
南北朝時代～室町時代の公卿（太政大臣）。内大臣三条公忠の子。
¶鎌室，公卿（[生]？　[没]応永18（1411）年10月7日），公家（実冬〔三条家〕　さねふゆ　[生]？　[没]応永18（1411）年閏10月17日），国書（[生]文和3（1354）年閏10月10日　[没]応永18（1411）年閏10月17日），諸系，人名（[生]？），日人

三条実古　さんじょうさねふる
？　～正平20/貞治4（1365）年
南北朝時代の公卿（参議）。権中納言三条公雅の子。
¶公卿，公家（実古〔三条家（絶家）1〕　さねふる）

三条実雅　さんじょうさねまさ
→正親町三条実雅（おおぎまちさんじょうさねまさ）

三条実躬　さんじょうさねみ
→正親町三条実躬（おおぎまちさんじょうさねみ）

三条実望　さんじょうさねもち
→正親町三条実望（おおぎまちさんじょうさねもち）

三条実盛　さんじょうさねもり
？　～嘉元2（1304）年7月22日
鎌倉時代後期の公卿（参議）。権中納言三条公泰の長男。
¶公卿，公家（実盛〔三条家（絶家）1〕　さねもり）

三条実行　さんじょうさねゆき
→藤原実行（ふじわらのさねゆき）

三条季晴　さんじょうすえはる
享保18（1733）年10月22日～天明1（1781）年11月28日　[別]三条季晴《さんじょうすえはれ》
江戸時代中期の公家（右大臣）。右大臣三条実顕の子。
¶公卿（さんじょうすえはれ），公家（季晴〔三条家〕　すえはれ），国書，諸系（[没]1782年），人名，日人（[没]1782年）

三条季晴　さんじょうすえはれ
→三条季晴（さんじょうすえはる）

三条厳子　さんじょうたかこ
→通陽門院（つうようもんいん）

三条為藤 さんじょうためふじ
→二条為藤（にじょうためふじ）

三条智恵子 さんじょうちえこ
→閑院宮智恵子（かんいんのみやちえこ）

三条天皇 さんじょうてんのう
貞元1（976）年～寛仁1（1017）年　㋺三条院《さんじょういん》
平安時代中期の第67代の天皇（在位1011～1016）。冷泉天皇の第2皇子。
¶朝日（㋫貞元1年1月3日（976年2月5日）　㋬寛仁1年5月9日（1017年6月5日）），岩史（㋫天延4（976）年1月3日　㋬寛仁1（1017）年5月9日），角史，京都大，国史，国書（㋫天延4（976）年1月3日　㋬寛仁1（1017）年5月9日），古史，古中，コン改，コン4，詩歌，史人（㋫976年1月3日　㋬1017年5月9日），重要（㋫貞元1（976）年1月3日　㋬寛仁1（1017）年5月9日），諸系，新潮（㋫貞元1（976）年1月3日　㋬寛仁1（1017）年5月9日），人名，姓氏京都，世人，世百，全書，大百，日史（㋫貞元1（976）年1月3日　㋬寛仁1（1017）年5月9日），日人，百科，平史，歴大，和俳（㋫貞元1（976）年1月3日　㋬寛仁1（1017）年5月9日）

三条長兼 さんじょうながかね
→藤原長兼（ふじわらのながかね）

三条西公条 さんじょうにしきみえだ
→三条西公条（さんじょうにしきんえだ）

三条西公允 さんじょうにしきんあえ
天保12（1841）年～明治37（1904）年6月13日
江戸時代末期～明治期の公家。
¶維新，幕末

三条西公明 さんじょうにしきんあき
→三条西公国（さんじょうにしきんくに）

三条西公条 さんじょうにしきんえだ
長享1（1487）年5月21日～永禄6（1563）年12月2日　㋺三条西公条《さんじょうにしきみえだ》，仮覚《しょうかく，じょうかく》
戦国時代の歌人・公卿（右大臣）。内大臣三条西実隆の子。
¶公卿，公家（公条〔三条西家〕　きんえだ），国史，国書，古中，コン改，コン4，詩歌，史人，諸系，新潮，人名，戦人，戦補（さんじょうにしきみえだ），日史，日人，俳句（仮覚　しょうかく），平史，和俳

三条西公正 さんじょうにしきんおさ
明治34（1901）年1月8日～昭和59（1984）年1月25日
大正～昭和期の香道御家流宗家。実践女子大学教授。国文学，服飾，香道を研究。
¶現朝，現情，現人，史研，世紀，日人

三条西公国 さんじょうにしきんくに
弘治2（1556）年～天正15（1587）年11月9日　㋺三条西公明《さんじょうにしきんあき》
安土桃山時代の公卿（内大臣）。内大臣三条西実

枝の子。
¶公卿，公家（公国〔三条西家〕　きんくに），諸系（㋫1588年），人名（㋫1552年），戦人（三条西公明　さんじょうにしきんあき），日人（㋬1588年）

三条西公時 さんじょうにしきんとき
延応4/暦応2（1339）年～弘和3/永徳3（1383）年
南北朝時代の公卿（権大納言）。三条西家の祖。内大臣正親町三条実継の次男。
¶鎌室，公卿（㋫暦応1/延応1（1338）年　㋬永徳3/弘和3（1383）年3月11日），公家（公時〔三条西家〕　きんとき　㋫永徳3（1383）年3月11日），国書（㋬永徳3（1383）年3月11日），諸系，人名，日人

三条西公福 さんじょうにしきんとみ
→三条西公福（さんじょうにしきんふく）

三条西公福 さんじょうにしきんふく
元禄10（1697）年11月17日～延享2（1745）年9月17日　㋺三条西公福《さんじょうにしきんとみ》
江戸時代中期の公家（権大納言）。権大納言三条西実教の子。
¶公卿，公家（公福〔三条西家〕　きんふく），国書（さんじょうにしきんとみ）

三条西公保 さんじょうにしきんやす
応永5（1398）年～寛正1（1460）年
室町時代の公卿（内大臣）。内大臣正親町三条公豊の子。
¶鎌室，公卿（㋫応永4（1397）年　㋬長禄4（1460）年1月28日），公家（公保〔三条西家〕　きんやす　㋬長禄4（1460）年1月28日），国書（㋬長禄4（1460）年1月28日），諸系，人名，日人

三条西実勲 さんじょうにしさねいさ
天明5（1785）年12月17日～弘化2（1845）年　㋺三条西実勲《さんじょうにしさねいそ》
江戸時代後期の公家（権中納言）。権大納言三条西延季の子。
¶公卿（㋫天保7（1836）年5月30日），公家（実勲〔三条西家〕　さねいさ　㋬弘化2（1845）年7月22日），国書（さんじょうにしさねいそ　㋬弘化2（1845）年7月）

三条西実勲 さんじょうにしさねいそ
→三条西実勲（さんじょうにしさねいさ）

三条西実枝 さんじょうにしさねえ
→三条西実枝（さんじょうにしさねき）

三条西実枝 さんじょうにしさねえだ
→三条西実枝（さんじょうにしさねき）

三条西実条 さんじょうにしさねえだ
天正3（1575）年～寛永17（1640）年10月9日
安土桃山時代～江戸時代前期の歌人・公家（右大臣）。内大臣三条西公国の長男。
¶公卿（㋫天正3（1575）年1月26日），公家（実条〔三条西家〕　さねえだ　㋫天正3（1575）年1月26日），国書（㋫天正3（1575）年1月26日），諸

系，人名，姓氏京都，日史（[生]天正3（1575）年1月），日人，和俳

三条西実枝 さんじょうにしさねき

永正8（1511）年～天正7（1579）年 [別]三光院豪空《さんこういんごうくう》，三条西実枝《さんじょうにしさねえだ，さんじょうにしさねえ》，三条西実澄《さんじょうにしさねずみ》，三条西実世《さんじょうにしさねよ》

戦国時代～安土桃山時代の歌人・公卿（内大臣）。右大臣三条西公条の長男。

¶公卿（さんじょうにしさねえだ　[生]永正8（1511）年8月4日　[没]天正7（1579）年1月24日），公家（実枝〔三条西家〕　さねき　[没]天正7（1579）年1月24日），国史，国書（[生]永正8（1511）年8月4日　[没]天正7（1579）年1月24日），古中，諸系，人名（三光院豪空　さんこういんごうくう），姓氏京都，戦辞（三条西実澄　さんじょうにしさねずみ　[没]天正7年1月24日（1579年2月19日）），戦人（三条西実世　さんじょうにしさねよ），日人，和俳

三条西実清 さんじょうにしさねきよ

文中2/応安6（1373）年～応永13（1406）年2月16日

南北朝時代～室町時代の公卿（権中納言）。権大納言三条西公時の子。

¶公卿（[生]応安5/文中1（1372）年），公家（実清〔三条西家〕　さねきよ），国書

三条西実澄 さんじょうにしさねずみ

→三条西実枝（さんじょうにしさねき）

三条西実隆 さんじょうにしさねたか

康正1（1455）年～天文6（1537）年 [別]実隆《さねたか》，逍遙院殿《しょうよういんどの》

戦国時代の歌人・公卿（内大臣）。内大臣三条西公保の次男。

¶朝日（[生]康正1年4月25日（1455年5月11日）　[没]天文6年10月3日（1537年11月5日）），岩史（[生]享徳4（1455）年4月25日　[没]天文6（1537）年10月3日），角史，鎌室，京都，京都大，公卿（[生]享徳3（1454）年　[没]天文6（1537）年10月3日），公家（実隆〔三条西家〕　さねたか　[没]天文6（1537）年10月3日），国史，国書（[生]享徳4（1455）年4月25日　[没]天文6（1537）年10月3日），古中，コン改，コン4，茶道，詩歌，史人（[生]1455年4月25日　[没]1537年10月3日），重要，諸系，人書94，新潮（[生]康正1（1455）年4月25日　[没]天文6（1537）年10月3日），新文（[生]享徳4（1455）年4月25日　[没]天文6（1537）年10月3日），人名，姓氏京都，世人（[生]康正1（1455）年閏4月25日　[没]天文6（1537）年10月3日），世百，戦辞（[没]天文6年10月3日（1537年11月5日）），全書，戦人，大百，伝記，長野歴，日史（[生]康正1（1455）年4月25日　[没]天文6（1537）年10月3日），日人，俳句（実隆　さねたか　[没]天文6（1537）年10月3日），百科，文学，平史，歴大，和歌山人，和俳（[没]天文6（1537）年10月3日）

三条西実連 さんじょうにしさねつら

＊～長禄2（1458）年10月20日

室町時代の公卿（参議）。内大臣三条西公保の長男。

¶公卿（[生]嘉吉1（1441）年），公家（実連〔三条西家〕　さねつら　[生]1442年）

三条西実称 さんじょうにしさねな

→三条西実称（さんじょうにしさねよし）

三条西実教 さんじょうにしさねのり

＊～元禄14（1701）年10月19日

江戸時代前期～中期の公家（権大納言）。右大臣三条西実条の孫。

¶公卿（[生]元和4（1618）年），公家（実教〔三条西家〕　さねのり　[生]？），国書（[生]元和5（1619）年7月5日）

三条西実世 さんじょうにしさねよ

→三条西実枝（さんじょうにしさねき）

三条西実義 さんじょうにしさねよし

慶応2（1866）年～昭和25（1950）年

江戸時代末期～昭和期の伯爵、神宮大宮司。

¶神人

三条西実称 さんじょうにしさねよし

享保12（1727）年3月23日～寛政3（1791）年9月21日 [別]三条西実称《さんじょうにしさねな》

江戸時代中期の公家（権大納言）。権大納言三条西公福の子。

¶公卿，公家（実称〔三条西家〕　さねよし），国書（さんじょうにしさねな）

三条西季知 さんじょうにしすえとも

文化8（1811）年～明治13（1880）年

江戸時代末期～明治期の公家（権大納言）。権中納言三条西実勲の子。

¶維新，京都大，近現，近世，近文（[没]1890年），公卿（[生]文化8（1811）年閏2月26日　[没]明治23（1890）年8月24日），公家（季知〔三条西家〕　すえとも　[生]文化8（1811）年閏2月26日　[没]明治13（1880）年8月24日），国際，国史，国書（[生]文化8（1811）年2月26日　[没]明治13（1880）年8月24日），コン改，コン4，コン5，詩歌，史人（[生]1811年2月26日　[没]1880年8月24日），諸系，神人，新潮（[生]文化8（1811）年2月26日　[没]明治13（1880）年8月24日），人名，姓氏京都，日人，幕末（[没]1880年8月24日），歴大，和俳

三条西信子 さんじょうにしのぶこ

明治37（1904）年3月～昭和20（1945）年11月

大正～昭和期の皇族。大日本連合婦人会会長。久邇宮邦彦王の第2王女。伯爵三条西公正の妻。姉は昭和天皇の皇后良子。

¶女性，女性普

三条西延季 さんじょうにしのぶすえ

寛延3（1750）年11月14日～寛政12（1800）年1月20日

江戸時代中期～後期の公家（権大納言）。権大納言三条西実称の次男。

¶公卿，公家（延季〔三条西家〕　のぶすえ）

三条泰季 さんじょうやすすえ
南北朝時代の公家。
¶姓氏鹿児島

三藐院 さんみゃくいん
→近衛信尹(このえのぶただ)

【し】

志斐国守 しいのくにもり
→志斐国守(しひのくにもり)

慈胤親王 じいんしんのう
→慈胤入道親王(じいんにゅうどうしんのう)

慈胤入道親王 じいんにゅうどうしんのう
元和3(1617)年～元禄12(1699)年12月2日 [別]慈胤《じいん》,慈胤親王《じいんしんのう》,慈胤法親王《じいんほうしんのう,じいんほっしんのう》
江戸時代前期～中期の僧。後陽成天皇の皇子。
¶国書(慈胤親王　じいんしんのう　[生]元和3(1617)年3月13日),茶道(慈胤法親王　じいんほっしんのう),人名(慈胤法親王　じいんほうしんのう),日人([没]1700年),仏教(慈胤　じいん　[生]元和3(1617)年3月13日,(異説)3月24日?)

慈胤法親王 じいんほうしんのう
→慈胤入道親王(じいんにゅうどうしんのう)

慈運法親王 じうんほうしんのう
*～天文6(1537)年 [別]慈運《じうん》,慈雲法親王《じうんほっしんのう》
戦国時代の伏見宮貞常親王の王子。
¶国書(慈運　じうん　[生]文正1(1466)年　[没]天文6(1537)年6月29日),茶道(慈雲法親王　じうんほっしんのう　[生]?),人名(慈運　じうん　[生]?),日人([生]1466年)

慈円 じえん
久寿2(1155)年～嘉禄1(1225)年 [別]吉水僧正《よしみずのそうじょう》,慈鎮《じちん》,道快《どうかい》
平安時代後期～鎌倉時代前期の天台宗の僧。摂政関白藤原忠通の子。
¶朝日([生]久寿2年4月15日(1155年5月17日)　[没]嘉禄1年9月25日(1225年10月28日)),岩史([生]久寿2(1155)年4月15日　[没]嘉禄1(1225)年9月25日),大阪人,角史,神奈川百,鎌倉([生]久安3(1147)年),鎌室,京都,京都大,国史,国書([生]久寿2(1155)年4月15日　[没]嘉禄1(1225)年9月25日),古史,古中,コン改,コン4,詩歌,滋賀百,史人([生]1155年4月15日　[没]1225年9月25日),重要,諸系,人書79,人書94,神人([生]久寿2(1155)年4月15日　[没]嘉禄1(1225)年9月25日),新潮([生]久寿2(1155)年4月15日　[没]嘉禄1(1225)年9月25日),新文([生]久寿2(1155)年4月15日　[没]嘉禄1(1225)年9月25日),人名,姓氏京都,世人([生]久寿2(1155)年4月5日　[没]嘉禄1(1225)年9月25日),世百,全書,大百,伝記,日音([没]嘉禄1(1225)年9月25日),日史([生]久寿2(1155)年4月15日　[没]嘉禄1(1225)年9月25日),日人,百科,仏教([生]久寿2(1155)年4月15日　[没]嘉禄1(1225)年9月25日),仏史,仏人,文学,平史,名僧,歴大,和俳([没]嘉禄1(1225)年9月25日)

塩焼王 しおやきおう
?～天平宝字8(764)年 [別]氷上塩焼《ひかみのしおやき,ひがみのしおやき》
奈良時代の王族・公卿(中納言)。天武天皇の孫。新田部親王の王子。
¶朝日([没]天平宝字8年9月18日(764年10月17日)),岩史(氷上塩焼　ひかみのしおやき　[没]天平宝字8(764)年9月18日),角史(氷上塩焼　ひかみのしおやき),公卿(氷上塩焼　ひがみのしおやき　[生]霊亀1(715)年　[没]天平宝字8(764)年9月10日),国史(氷上塩焼　ひがみのしおやき),古史,古代,古中(氷上塩焼　ひがみのしおやき),コン改,コン4,史人([没]764年9月18日),諸系,新潮([没]天平宝字8(764)年9月18日),人名,世人,世人(氷上塩焼　ひかみのしおやき),世百(氷上塩焼　ひがみのしおやき),全書(氷上塩焼　ひかみのしおやき),日史(氷上塩焼　ひかみのしおやき　[生]霊亀1(715)年?　[没]天平宝字8(764)年9月18日),日人,百科(氷上塩焼　ひかみのしおやき　[生]霊亀1(715)年?),歴大

塩屋鯯魚 しおやのこのしろ
?～斉明天皇4(658)年 [別]塩屋連鯯魚《しおやのむらじこのしろ》
飛鳥時代の官人。
¶朝日([没]斉明4年11月11日(658年12月11日)),国史,古代(塩屋連鯯魚　しおやのむらじこのしろ),古中,史人([没]658年11月11日),新潮([没]斉明4(658)年11月11日),日人,歴大

塩屋古麻呂 しおやのこまろ
生没年不詳 [別]塩屋連古麻呂《しおやのむらじこまろ》
奈良時代の明法家。
¶朝日,国史,古代(塩屋連古麻呂　しおやのむらじこまろ),古中,コン改,コン4,史人,新潮,人名,日人,歴大,和俳

式乾門院 しきけんもんいん
建久8(1197)年～建長3(1251)年 [別]利子内親王《りしないしんのう》
鎌倉時代前期の女性。後高倉院守貞親王の皇女。
¶鎌室,コン改,コン4,諸系,女性([没]建長3(1251)年1月2日),新潮([没]建長3(1251)年1月2日),人名,日人

式子内親王 しきしないしんのう
?～建仁1(1201)年 [別]式子内親王《しき(しょく)しないしんのう,しょくしないしんのう,のりこないしんのう》
平安時代後期～鎌倉時代前期の女性、歌人。後白河天皇の皇女。
¶朝日([没]建仁1年1月25日(1201年3月1日)),岩史(しょくしないしんのう　[生]久安5(1149)年

②正治3（1201）年1月25日），角史，鎌室，京都
（しき（しょく）しないしんのう），京都大，国
史，国書（しょくしないしんのう） ⊕久安5
（1149）年 ②正治3（1201）年1月25日），古史
（⊕1149年），古中，コン改，コン4，詩歌
（しょくしないしんのう），史人（⊕1152年？
②1201年1月25日），諸系，女性（②正治3
（1201）年1月25日），人書94（⊕1152年頃），新
潮（⊕仁平2（1152）年頃） ②建仁1（1201）年1月
25日），新文（②正治3（1201）年1月25日），人
名，姓氏京都，世人（②建仁1（1201）年1月25
日），世百（⊕1151年？），全書（しょくしない
しんのう），大百，日音（②建仁1（1201）年1月
25日），日史（⊕仁平1（1151）年？ ②建仁1
（1201）年1月25日），日人，百科（⊕仁平1
（1151年頃），文学，平史（のりようしないしんの
う） ⊕1153年？），歴大（ーしょくしないしんの
う），和俳（②建仁1（1201）年1月25日）

識子内親王 しきしないしんのう
貞観16（874）年～延喜6（906）年 ⑪識子内親王
《さとこないしんのう》
平安時代前期～中期の女性。清和天皇の皇女。
¶古代（さとこないしんのう），女性（さとこない
しんのう ②延喜6（906）年12月28日），女性
（②延喜1（906）年12月），人名，日人（②907
年），平史（さとこないしんのう）

式順王 しきじゅんおう
平安時代中期の是忠親王の王子、光孝天皇の皇孫。
¶人名，日人（生没年不詳）

志貴親王 しきしんのう
→施基皇子（しきのみこ）

式瞻王 しきせんおう
生没年不詳
平安時代中期の是忠親王の第2王子。
¶諸系，日人

式胆王 しきたんおう
平安時代中期の王族。是忠親王の王子。光孝天皇
の皇孫。
¶人名

磯城津彦玉手看尊 しきつひこたまてみのみこと
→安寧天皇（あんねいてんのう）

磯城津彦命 しきつひこのみこと
上代の安寧天皇の皇子。
¶人名，日人

磯城皇子 しきのおうじ
→磯城皇子（しきのみこ）

志貴皇子（施基皇子） しきのおうじ
→施基皇子（しきのみこ）

磯城皇子 しきのみこ
生没年不詳 ⑪磯城皇子《しきのおうじ》
飛鳥時代の天智天皇の皇子。
¶朝日，国史（しきのおうじ），古史，古代，古中
（しきのおうじ），コン改，コン4，史人，新潮，

日人（しきのおうじ）

施基皇子（志貴皇子） しきのみこ
？ ～霊亀2（716）年 ⑪志貴親王《しきのおう
じ》,志貴親王《しきしんのう》,施基皇子《しきお
うじ,しきのおうじ》,春日宮天皇《かすがのみや
てんのう》,かすがのみやのすめらみこと,かすがの
みやのてんのう》,田原天皇《たわらのてんのう》
飛鳥時代～奈良時代の天智の第7子。
¶朝日（②霊亀2年8月11日（716年9月1日）），角
史（志貴親王 しきしんのう），郷土奈良（しき
おうじ ②霊亀2（716）年8月11日），国
書（志貴皇子 ②霊亀2（716）年8月11日），古
史（志貴皇子），古代，古中（しきのおうじ），
コン改，コン4，詩歌（志貴皇子），史人（②716
年8月），諸系（しきのおうじ），新潮（②霊亀2
（716）年8月），人名（しきのおうじ），世人（し
きのおうじ ②霊亀2（716）年8月11日），世百
（志貴皇子 ②715年，（異説）716年），全書（志
貴皇子 ②715年，（異説）716年），大百（志貴
皇子），日史（しきのおうじ ②霊亀2（716）年
8月11日），日人（しきのおうじ），日人（春日宮
天皇 かすがのみやてんのう），百科（志貴皇子
②霊亀1（715）年，（異説）霊亀2（716）年），万葉
（志貴皇子），歴大（志貴皇子 しきしんのう），
和俳（志貴皇子 ②霊亀2（716）年8月11日）

紫金身院 しきんしんいん
天保1（1830）年～天保2（1831）年
江戸時代後期の仁孝天皇の第3皇子。
¶人名

重明親王 しげあきらしんのう
延喜6（906）年～天暦8（954）年
平安時代中期の醍醐天皇の皇子。
¶朝日（②天暦8年9月14日（954年10月13日）），
角史，国書（②天暦8（954）年9月14日），古史，
コン改，コン4，諸系，新潮（②天暦8（954）年9
月14日），人名，姓氏京都，日人，平史

重明親王女 しげあきらしんのうのむすめ
生没年不詳
平安時代中期の歌人。
¶国書

重子内親王 しげこないしんのう
？ ～貞観7（865）年
平安時代前期の女性。仁明天皇の皇女。
¶女性（②貞観7（865）年7月2日），人名，日人，
平史

成子内親王⑴ しげこないしんのう
→成子内親王（せいしないしんのう）

成子内親王⑵ しげこないしんのう
→東久邇成子（ひがしくにしげこ）

成子内親王⑶ しげこないしんのう
→成子内親王（ふさこないしんのう）

繁子内親王⑴ しげこないしんのう
→繁子内親王⑴（はんしないしんのう）

繁子内親王(2) しげこないしんのう
→繁子内親王(2)(はんしないしんのう)

滋野井公古 しげのいきみふる
永正17(1520)年～永禄8(1565)年10月24日
[別]滋野井公古《しげのいきんこ》
戦国時代の公卿(権中納言)。権中納言滋野井季国の子。
¶公卿(しげのいきんこ), 公家(公古〔滋野井家〕　きんふる), 戦人

滋野井公麗 しげのいきんかず
享保18(1733)年11月14日～天明1(1781)年9月7日
江戸時代中期の公家(権大納言)。権大納言滋野井公澄の孫。
¶朝日([生]享保18年11月14日(1733年12月19日)　[没]天明1年9月7日(1781年10月23日)), 角史, 近世, 公卿([生]享保18(1733)年10月14日), 公家(公麗〔滋野井家〕　きんかず), 国史, 国書, コン改, コン4, 史人, 諸系, 新潮, 人名, 世人, 全書, 日史, 日人, 百科, 歴大

滋野井公古 しげのいきんこ
→滋野井公古(しげのいきみふる)

滋野井公澄 しげのいきんずみ, しげのいきんすみ
寛文10(1670)年11月21日～宝暦6(1756)年
江戸時代中期の公家(権大納言)。権大納言高倉永敦の末子。
¶朝日([生]寛文10年11月21日(1671年1月2日)　[没]宝暦6年7月25日(1756年8月20日)), 近世, 公卿(しげのいきんすみ　[没]宝暦6(1756)年7月15日), 公家(公澄〔滋野井家〕　きんずみ　[没]宝暦6(1756)年7月25日), 国史, 国書([没]宝暦6(1756)年7月25日), コン4, 史人([没]1756年7月25日), 諸系([生]1671年), 人名(しげのいきんすみ), 日人([生]1671年)

滋野井公敬 しげのいきんたか
明和5(1768)年2月4日～天保14(1843)年7月16日
[別]滋野井公敬《しげのいきんはや》
江戸時代中期～後期の公家(権大納言)。権中納言滋野井冬泰の子。
¶公卿, 公家(公敬〔滋野井家〕　きんたか), 国書(しげのいきんはや)

滋野井公時 しげのいきんとき
→藤原公時(ふじわらのきんとき)

滋野井公尚 しげのいきんなお
嘉元3(1305)年～興国5/康永3(1344)年閏2月8日
[別]滋野井公尚《しげのいきんひさ》
鎌倉時代後期～南北朝時代の公卿(参議)。権中納言滋野井実前の子。
¶公卿, 公家(公尚〔滋野井家〕　きんひさ), 国書(しげのいきんひさ)

滋野井公敬 しげのいきんはや
→滋野井公敬(しげのいきんたか)

滋野井公寿 しげのいきんひさ
天保14(1843)年～明治39(1906)年
江戸時代末期～明治期の公家。
¶維新, 諸系, 人名, 姓氏京都, 日人, 幕末([没]1906年9月21日), 山梨百([生]天保14(1843)年6月4日　[没]明治39(1906)年9月21日)

滋野井公尚 しげのいきんひさ
→滋野井公尚(しげのいきんなお)

滋野井公賢 しげのいきんまさ
建仁3(1203)年～？
鎌倉時代前期の公卿(参議)。権大納言滋野井実宣の長男。
¶公卿, 公家(公賢〔滋野井家〕　きんかた)

滋野井公光 しげのいきんみつ
貞応2(1223)年～建長7(1255)年11月10日
鎌倉時代前期の公卿(中納言)。権大納言滋野井実宣の次男。
¶鎌室, 公卿, 公家(公光〔滋野井家〕　きんみつ), 国書, 諸系, 日人

滋野井実在 しげのいさねあり
文政9(1826)年～明治11(1878)年8月11日
江戸時代末期～明治期の公家、政治家。滋野井為国の養子。
¶朝日([生]文政9年7月27日(1826年8月30日)), 維新, 諸系, 新潮([生]文政9(1826)年7月27日), 日人, 幕末

滋野井実勝 しげのいさねかつ
？　～正平7/文和1(1352)年5月11日
鎌倉時代後期～南北朝時代の公家・歌人。
¶国書

滋野井実国 しげのいさねくに
保延6(1140)年～寿永2(1183)年　[別]藤原実国《ふじわらさねくに,ふじわらのさねくに》
平安時代後期の公卿(権大納言)。滋野井家の祖。大臣三条公教の次男。
¶鎌室(藤原実国　ふじわらさねくに　[生]？), 公卿([没]寿永2(1183)年1月2日), 公家(実国〔滋野井家〕　さねくに　[没]寿永2(1183)年1月2日), 国書(藤原実国　ふじわらさねくに　[没]寿永2(1183)年1月2日), 諸系, 日人, 平史(藤原実国　ふじわらのさねくに)

滋野井実前 しげのいさねさき
→滋野井実前(しげのいさねまえ)

滋野井実宣 しげのいさねのぶ
治承1(1177)年～安貞2(1228)年11月22日　[別]三条実宣《さんじょうさねのぶ》
鎌倉時代前期の公卿(権大納言)。参議滋野井公時の子。
¶公卿, 公家(実宣〔滋野井家〕　さねのぶ), 国書, 北条(三条実宣　さんじょうさねのぶ)

滋野井実冬 しげのいさねふゆ
寛元1(1243)年～乾元2(1303)年5月27日
鎌倉時代後期の公卿(権大納言)。中納言滋野井

公光の子。
¶公卿，公家（実冬〔滋野井家〕　さねふゆ），国書

滋野井実前 しげのいさねまえ
弘安1（1278）年～嘉暦2（1327）年3月　[別]滋野井実前《しげのいさねさき》
鎌倉時代後期の公卿（権中納言）。中納言滋野井冬季の子。
¶公卿（[没]嘉暦2（1327）年3月3日），公家（実前〔滋野井家〕　さねさき），国書（しげのいさねさき）

し

滋野井実全 しげのいさねまさ
元禄13（1700）年4月5日～享保20（1735）年10月20日
江戸時代中期の公家（権中納言）。権大納言滋野井公澄の子。
¶公卿，公家（実全〔滋野井家〕　さねたけ），国書

滋野井実益 しげのいさねます
？～文安4（1447）年4月29日
室町時代の公卿（参議）。参議滋野井公尚の子。
¶公卿，公家（実益〔滋野井家〕　さねます）

滋野井実光 しげのいさねみつ
寛永20（1643）年～貞享4（1687）年
江戸時代前期の公家。
¶高知人，国書（[生]寛永20（1643）年7月2日　[没]貞享4（1687）年12月3日）

滋野井季国 しげのいすえくに
明応2（1493）年～天文4（1535）年6月18日
戦国時代の公卿（権中納言）。権大納言正親町公治の次男。
¶公卿，公家（季国〔滋野井家〕　すえくに），戦人

滋野井季吉 しげのいすえよし
天正14（1586）年～明暦1（1655）年12月5日
江戸時代前期の公家（権大納言）。非参議・右兵衛督五辻之仲の子。
¶公卿（[生]天正14（1586）年9月），公家（季吉〔滋野井家〕　すえよし　[生]天正14（1586）年9月），国書（[生]天正14（1586）年9月24日），諸系（[没]1656年）

滋野井教国 しげのいのりくに
永享7（1435）年～明応9（1500）年12月22日
室町時代～戦国時代の公卿（権中納言）。参議滋野井実益の子。
¶公卿，公家（教国〔滋野井家〕　のりくに），国書

滋野井教広 しげのいのりひろ
元和6（1620）年8月27日～元禄2（1689）年6月21日
江戸時代前期の公家（非参議）。権大納言滋野井季吉の次男。
¶公卿，公家（教広〔滋野井家〕　のりひろ）

滋野井冬季 しげのいふゆすえ
文永1（1264）年～乾元1（1302）年2月23日
鎌倉時代後期の公卿（中納言）。権大納言滋野井実冬の子。
¶公卿，公家（冬季〔滋野井家〕　ふゆすえ）

滋野井冬泰 しげのいふゆやす
宝暦1（1751）年9月22日～天明5（1785）年10月27日
江戸時代中期の公家（権中納言）。権大納言滋野井公麗の子。
¶公卿，公家（冬泰〔滋野井家〕　ふゆやす）

滋野内親王 しげのないしんのう
大同4（809）年～天安1（857）年　[別]滋野内親王《しげののないしんのう》
平安時代前期の女性。桓武天皇の皇女。
¶女性（[没]天安1（857）年4月7日），人名（しげののないしんのう），日人，平史（[生]？）

滋野貞雄 しげののさだお
延暦14（795）年～＊　[別]滋野朝臣貞雄《しげののあそんさだお》
平安時代前期の官人。
¶古代（滋野朝臣貞雄　しげののあそんさだお　[没]859年），日人（[没]860年）

滋野貞主 しげののさだぬし
延暦4（785）年～仁寿2（852）年　[別]滋野朝臣貞主《しげののあそんさだぬし》，滋野貞主《しげのさだぬし》
平安時代前期の学者、公卿（参議）。正五位下・大学頭博士栢原東人の孫。
¶朝日（[没]仁寿2年2月8日（852年3月2日）），角史，神奈川人，公卿（[没]仁寿2（852）年12月10日），国史，国書（しげのさだぬし　[没]仁寿2（852）年2月8日），古史，古代（滋野朝臣貞主　しげののあそんさだぬし），古中，コン改，コン4，詩歌，史人（[没]852年2月8日），新潮（[没]仁寿2（852）年2月8日），人名，姓氏京都（しげのさだぬし），世人，世百，全書，大百，日史（[没]仁寿2（852）年2月8日），日人，百科，平史，歴大，和俳

滋野縄子 しげののつなこ
生没年不詳　[別]滋野朝臣縄子《しげののあそんつなこ》
平安時代前期の女性。仁明天皇の女御。
¶朝日，古代（滋野朝臣縄子　しげののあそんつなこ），コン改，コン4，女性，人名，日人

滋野安成 しげののやすなり
生没年不詳　[別]滋野朝臣安成《しげののあそんやすなり》，名草安成《なぐさのやすなり》
平安時代前期の官人。紀伊国名草郡の豪族出身。
¶姓氏群馬（滋野朝臣安成　しげののあそんやすなり），平史（[生]801年　[没]868年），和歌山人（名草安成　なぐさのやすなり）

滋野善永 しげののよしなが
生没年不詳　[別]滋野善永《しげのよしなが》
平安時代前期の漢詩人。

¶国書（しげのよしなが）

重仁親王 しげひとしんのう
保延6(1140)年〜応保2(1162)年
平安時代後期の崇徳天皇の第1皇子。
¶朝日（㊤保延6年9月2日（1140年10月14日）〜㊦応保2年1月28日（1162年2月13日）），古史，コン改，コン4，諸系，新潮（㊤保延6(1140)年9月2日〜㊦応保2(1162)年1月28日），人名，日人，平史

滋水清実 しげみずのきよみ
→滋水清実（よしみずのきよみ）

茂世王 しげよおう
生没年不詳
平安時代前期の仲野親王の第1王子、桓武天皇皇孫。
¶諸系，人名，日人

慈眼院関白 じげんいんかんぱく
→九条政基（くじょうまさもと）

慈光寺有仲 じこうじありなか
文政11(1828)年1月1日〜明治31(1898)年10月6日
江戸時代末期〜明治期の公家（非参議）。非参議慈光寺家仲の子。
¶維新，公卿（㊦明治31(1898)年10月），公家（有仲〔慈光寺家〕 ありなか），国書，幕末

慈光寺家仲 じこうじいえなか
文化11(1814)年8月7日〜明治1(1868)年11月12日
江戸時代末期の公家（非参議）。非参議慈光寺実仲の子。
¶公卿，公家（家仲〔慈光寺家〕 いえなか）

慈光寺実仲 じこうじさねなか
天明7(1787)年8月8日〜＊
江戸時代後期の公家（非参議）。右衛門佐慈光寺尚仲の子。
¶公卿（㊦文久3(1863)年9月6日），公家（実仲〔慈光寺家〕 さねなか），㊦文久1(1861)年9月6日）

慈光寺澄仲 じこうじすみなか
正徳3(1713)年4月13日〜寛政7(1795)年7月23日
江戸時代中期の公家（非参議）。宮内権大輔慈光寺房仲の子。
¶公卿，公家（澄仲〔慈光寺家〕 すみなか），国書

慈光寺冬仲 じこうじふゆなか
寛永6(1629)年〜元禄4(1691)年
江戸時代前期〜中期の公家。
¶国書（㊦元禄4(1691)年8月13日），日人

禔子内親王 しねしんのう
長保5(1003)年〜永承3(1048)年 ㊙禔子内親王《ていしんのう，やすこないしんのう》
平安時代中期の女性。三条天皇の皇女。

¶朝日（㊤永承3年閏1月29日（1048年3月16日）），国史，古中，コン改，コン4，女性，女性（ていしないしんのう）㊦永承3(1048)年閏1月29日），新潮（㊤永承3(1048)年閏1月29日），人名，日人，平史（やすこないしんのう）

資子内親王 ししないしんのう
天暦9(955)年〜長和4(1015)年 ㊙資子内親王《すけこないしんのう》
平安時代中期の女性。村上天皇の皇女。
¶朝日（㊤長和4年4月26日（1015年5月16日）），国書（㊦長和4(1015)年4月26日），コン改，コン4，諸系，女性（㊦長和4(1015)年4月26日），新潮（㊦長和4(1015)年4月26日），人名，日人，平史（すけこないしんのう），和俳（㊦長和4(1015)年4月26日）

四条顕家 しじょうあきいえ
→藤原顕家(3)（ふじわらのあきいえ）

四条顕保 しじょうあきやす
？〜応永2(1395)年11月
南北朝時代の公卿（権中納言）。父母名は不明。
¶公卿，公家（顕保〔油小路家〕 あきやす）

四条貞子 しじょうさだこ
→今林准后（いまばやしじゅごう）

慈性親王 じしょうしんのう
→慈性入道親王（じしょうにゅうどうしんのう）

四条大納言 しじょうだいなごん
→藤原公任（ふじわらのきんとう）

四条隆顕 しじょうたかあき
寛元1(1243)年〜？
鎌倉時代後期の公卿（権大納言）。大納言四条隆親の次男。
¶鎌室（生没年不詳），公卿，公家（隆顕〔四条（嫡流）家〕（絶家）〕 たかあき），国書，諸系，日人

四条隆生 しじょうたかあり
寛政4(1792)年12月1日〜安政4(1857)年1月13日
江戸時代末期の公家（権大納言）。権大納言四条隆師の次男。
¶公卿，公家（隆生〔四条家〕 たかあり）

四条隆有 しじょうたかあり
正応5(1292)年〜元徳1(1329)年6月27日
鎌倉時代後期の公卿（参議）。非参議四条隆政の子。
¶公卿，公家（隆有〔西大路家〕 たかあり），国書

四条隆氏 しじょうたかうじ
生没年不詳
鎌倉時代の公家・歌人。
¶国書

四条隆謌 しじょうたかうた
文政11(1828)年〜明治31(1898)年
江戸時代末期〜明治期の公家、七卿落ちの一人、陸軍軍人。

¶朝日（[生]文政11年9月9日（1828年10月17日）[没]明治31（1898）年11月24日），維新，角史，京都大，近現，近世，国史，国書（[生]文政11（1828）年9月9日　[没]明治31（1898）年11月23日），コン改，コン4，コン5，史人（[生]1828年9月9日　[没]1898年11月23日），諸系，新潮（[生]文政11（1828）年9月9日　[没]明治31（1898）年11月23日），人名，姓氏京都，世人（[生]文政11（1828）年9月9日　[没]明治31（1898）年11月23日），日人，幕末（[没]1898年11月23日），陸海（[生]文政11年9月9日　[没]明治31年11月24日）

四条隆蔭　しじょうたかかげ
永仁5（1297）年～正平19/貞治3（1364）年　[別]油小路隆蔭《あぶらこうじたかかげ，あぶらのこうじたかかげ》
鎌倉時代後期～南北朝時代の公卿（権大納言）。油小路家の祖。正三位西大路（四条）隆政の次男。
¶朝日（[没]貞治3/正平19年3月14日（1364年4月16日）），鎌室（[生]永仁3（1295）年），公卿（油小路隆蔭　あぶらのこうじたかかげ　[生]永仁3（1295）年　[没]貞治3（1364）年3月14日），公家（隆蔭〔油小路家〕　たかかげ　[没]貞治3（1364）年3月14日），国史，国書（油小路隆蔭　あぶらのこうじたかかげ　[生]永仁3（1295）年　[没]貞治3（1364）年3月14日），古中，コン改（[生]永仁3（1295）年），コン4，史人（[没]1364年3月14日），諸系（油小路隆蔭　あぶらのこうじたかかげ），新潮（[没]貞治3/正平19（1364）年3月14日），姓氏京都，日史（[没]貞治3/正平19（1364）年3月14日），日人，百科（[生]永仁3（1295）年）

四条隆師　しじょうたかかず
→四条隆師（しじょうたかもろ）

四条隆量　しじょうたかかず
永享1（1429）年～文亀3（1503）年9月19日
室町時代～戦国時代の公卿（権大納言）。権大納言四条隆盛の子。
¶公卿，公家（隆量〔四条家〕　たかかず　[没]？），国書

四条隆賢　しじょうたかかた
鎌倉時代前期の公卿（非参議）。正四位下・左近衛権中将隆茂の子。
¶公卿（生没年不詳），公家（隆賢〔冷泉家（絶家）1〕　たかかた）

四条隆兼　しじょうたかかね
鎌倉時代前期の公卿（非参議）。非参議四条隆仲の子。
¶公卿（生没年不詳），公家（隆兼〔冷泉家（絶家）1〕　たかかね）

四条隆郷　しじょうたかさと
嘉暦1（1326）年～応永17（1410）年2月12日
南北朝時代～室町時代の公卿（権大納言）。従三位・非参議四条隆宗の子。
¶公卿，公家（隆郷〔四条家〕　たかさと）

四条隆重　しじょうたかしげ
永正4（1507）年～天文8（1539）年11月19日
戦国時代の公卿（参議）。権大納言四条隆永の子。
¶公卿，公家（隆重〔四条家〕　たかしげ　[生]永正4（1507）年10月），国書（[生]永正4（1507）年10月），戦人

四条隆季　しじょうたかすえ
→藤原隆季（ふじわらのたかすえ）

四条隆資　しじょうたかすけ
正応5（1292）年～正平7/文和1（1352）年
鎌倉時代後期～南北朝時代の公卿（大納言）。権大納言四条隆顕の子。
¶朝日（[没]文和1/正平7年5月11日（1352年6月23日）），岩史（[没]観応3/正平7（1352）年5月11日），角史，鎌室，公卿（[生]永仁3（1295）年），公家（隆資〔四条（嫡流）家（絶家）〕　たかすけ　[没]観応3（1352）年5月11日），国史，国書（[没]正平7（1352）年5月11日），古中，コン改，コン4，史人（[没]1352年5月11日），諸系，新潮（[没]文和1/正平7（1352）年5月11日），人名（[生]？），姓氏京都，世人（[没]正平7/文和1（1352）年5月11日），全書，日史（[没]文和1/正平7（1352）年5月11日），日人，百科，歴大，和歌山人

四条隆親　しじょうたかちか
建仁2（1202）年～弘安2（1279）年
鎌倉時代前期の公卿（大納言）。権大納言四条隆衡の次男。
¶朝日（[没]弘安2年9月6日（1279年10月12日）），鎌室（[生]建仁3（1203）年　[没]弘安1（1278）年），公卿（[生]建仁3（1203）年　[没]弘安2（1279）年9月6日），公家（隆親〔四条家〕　たかちか　[没]弘安2（1279）年9月6日），国書（[没]弘安2（1279）年9月6日），諸系，日人

四条隆継　しじょうたかつぐ
→油小路隆継（あぶらのこうじたかつぐ）

四条隆綱　しじょうたかつな
文治5（1189）年～？
鎌倉時代前期の公卿（非参議）。権大納言四条隆衡の長男。
¶公卿，公家（隆綱〔西大路家〕　たかつな）

四条隆俊　しじょうたかとし
？～文中2/応安6（1373）年　[別]藤原隆俊《ふじわらのたかとし》
南北朝時代の公卿（内大臣）。大納言四条隆資の子。
¶鎌室，公卿，国書（[没]文中2（1373）年8月10日），コン改（藤原隆俊　ふじわらのたかとし），コン4（藤原隆俊　ふじわらのたかとし），諸系，新潮，人名（藤原隆俊　ふじわらのたかとし），日人

四条隆平　しじょうたかとし
天保12（1841）年～明治44（1911）年7月18日
江戸時代末期～明治期の公家。越後府知事、若松県知事。
¶維新，幕末

四条隆文 しじょうたかとも
→四条隆文（しじょうたかぶみ）

四条隆名 しじょうたかな
？ ～元亨2（1322）年7月
鎌倉時代後期の公卿（非参議）。大納言四条房名の次男。
¶公卿，公家（隆名〔四条家〕　たかな）

四条隆直 しじょうたかなお
正平12/延文2（1357）年～永享8（1436）年8月
南北朝時代～室町時代の公卿（権大納言）。権大納言四条隆郷の子。
¶公卿，公家（隆直〔四条家〕　たかなお），国書（[没]永享8（1436）年8月6日）

四条隆仲 しじょうたかなか
寿永2（1183）年～＊
鎌倉時代前期の公卿（非参議）。中納言藤原隆房の四男。
¶公卿（[没]？），公家（隆仲〔冷泉家（絶家）1〕　たかなか　[没]寛元3（1245）年2月15日）

四条隆永 しじょうたかなが
文明10（1478）年～天文7（1538）年4月16日
戦国時代の公卿（権大納言）。権大納言中御門宣胤の次男。
¶公卿，公家（隆永〔四条家〕　たかなが），国書，戦人

四条隆音 しじょうたかなり
寛永14（1637）年～寛文10（1670）年7月22日
江戸時代前期の公家（参議）。参議四条隆術の子。
¶公卿（[生]寛永14（1637）年3月14日），公家（隆音〔四条家〕　たかと）

四条隆叙 しじょうたかのぶ
享保15（1730）年11月9日～享和1（1801）年10月22日
江戸時代中期～後期の公家（権大納言）。権大納言正親町公通の末子。
¶公卿，公家（隆叙〔四条家〕　たかのぶ），国書

四条隆久 しじょうたかひさ
建長4（1252）年～？
鎌倉時代後期の公卿（参議）。権大納言四条隆行の次男。
¶公卿，公家（隆久〔西大路家〕　たかひさ）

四条隆衡 しじょうたかひら
承安2（1172）年～建長6（1254）年12月18日　[別]藤原隆衡《ふじわらたかひら》
鎌倉時代前期の公卿（権大納言）。中納言藤原隆房の長男。
¶朝日（[没]建長6年12月18日（1255年1月27日）），岩史，鎌室，公卿（[没]建長6（1254）年12月），公家（隆衡〔四条家〕　たかひら），国史，国書，古中，コン4，史人，諸系（[没]1255年），新潮，徳島歴（藤原隆衡　ふじわらたかひら），日史（[没]建長6（1254）年10月2日），日人（[没]1255年）

四条隆英 しじょうたかふさ
明治9（1876）年～昭和11（1936）年1月2日
明治～昭和期の官吏、実業家。男爵。商工次官などを務め、のち安田生命保険会社社長に就任。
¶人名，日人（[生]明治9（1876）年2月），履歴（[生]明治9（1876）年2月26日）

四条隆房 しじょうたかふさ
久安4（1148）年～承元3（1209）年　[別]藤原隆房《ふじわらたかふさ，ふじわらのたかふさ》
平安時代後期～鎌倉時代前期の歌人・公卿（権大納言）。権大納言藤原隆季の子。
¶朝日（藤原隆房　ふじわらのたかふさ　[生]久安3（1147）年），鎌室，公卿（藤原隆房　ふじわらのたかふさ　[没]？），公家（隆房〔四条家〕　たかふさ　[没]？），国書（藤原隆房　ふじわらたかふさ），コン改，コン4，諸系，新潮，人名，全書（藤原隆房　ふじわらのたかふさ），日音（藤原隆房　ふじわらのたかふさ），日人，平史（藤原隆房　ふじわらのたかふさ），和俳

四条隆文 しじょうたかぶみ
元禄2（1689）年6月22日～元文3（1738）年8月9日
[別]四条隆文《しじょうたかとも》
江戸時代中期の公家（参議）。権中納言四条隆安の子。
¶公卿，公家（隆文〔四条家〕　たかふみ），国書（しじょうたかとも）

四条隆冬 しじょうたかふゆ
南北朝時代～室町時代の公家（従二位）。父は従三位四条隆宗。
¶公家（隆冬〔四条家〕　たかふゆ）

四条隆政 しじょうたかまさ
→西大路隆政（にしおおじたかまさ）

四条隆益 しじょうたかます
享禄4（1531）年1月19日～永禄10（1567）年9月8日
戦国時代の公卿（参議）。参議四条隆重の子。
¶公卿，公家（隆益〔四条家〕　たかます），戦人

四条隆宗(1) しじょうたかむね
養和1（1181）年～寛喜1（1229）年8月21日
鎌倉時代前期の公卿（非参議）。中納言藤原隆房の次男。
¶公卿，公家（隆宗〔四条家〕　たかむね）

四条隆宗(2) しじょうたかむね
？ ～正平13/延文3（1358）年10月6日
南北朝時代の公卿（非参議）。非参議四条隆名の子。
¶公卿，公家（隆宗〔四条家〕　たかむね）

四条隆持 しじょうたかもち
文保2（1318）年～弘和3/永徳3（1383）年3月19日
南北朝時代の公卿（権中納言）。参議四条隆有の子。
¶公卿，公家（隆持〔西大路家〕　たかもち）

四条隆盛(1) しじょうたかもり
建暦1（1211）年～建長3（1251）年8月13日

鎌倉時代前期の公卿（非参議）。権大納言四条隆衡の三男。
¶公卿，公家（隆盛〔四条家〕　たかもり）

四条隆盛(2)　しじょうたかもり
応永4（1397）年～文正1（1466）年2月21日
室町時代の公卿（権大納言）。権大納言四条隆直の子。
¶公卿，公家（隆盛〔四条家〕　たかもり），国書

し

四条隆師　しじょうたかもろ
宝暦6（1756）年8月3日～文化8（1811）年2月2日　[別]四条隆師《しじょうたかかず》
江戸時代中期～後期の公家（権大納言）。権大納言四条隆叙の子。
¶公卿，公家（隆師〔四条家〕　たかかず），国書（しじょうたかかず）

四条隆安　しじょうたかやす
寛文3（1663）年5月14日～享保5（1720）年1月26日
江戸時代中期の公家（権中納言）。参議山科言行の次男。
¶公卿，公家（隆安〔四条家〕　たかやす）

四条隆康　しじょうたかやす
建長1（1249）年～正応4（1291）年2月24日
鎌倉時代後期の公卿（参議）。権大納言四条隆行の長男。
¶公卿，公家（隆康〔西大路家〕　たかやす），国書

四条隆術　しじょうたかやす
慶長16（1611）年5月25日～正保4（1647）年11月28日
江戸時代前期の公家（参議）。参議四条隆益の孫。
¶公卿，公家（隆術〔四条家〕　たかやす）

四条隆行　しじょうたかゆき
元仁1（1224）年～？
鎌倉時代の公家。
¶公卿（[生]承元1（1207）年），公家（隆行〔西大路家〕　たかゆき），国書（[没]弘安8（1285）年12月）

四条隆良　しじょうたかよし
→鷲尾隆良（わしのおたかよし）

四条天皇　しじょうてんのう
寛喜3（1231）年～仁治3（1242）年　[別]秀仁親王《みつひとしんのう》
鎌倉時代前期の第87代の天皇（在位1232～1242）。後堀河天皇の第1皇子。
¶朝日（[生]寛喜3年2月12日（1231年3月17日）　[没]仁治3年1月9日（1242年2月10日）），角史，鎌室，京都大，国史，古中，コン改，コン4，史人（[生]1231年2月12日　[没]1242年1月9日），重要（[生]寛喜3（1231）年2月12日　[没]仁治3（1242）年1月9日），諸系，新潮（[生]寛喜3（1231）年2月12日　[没]仁治3（1242）年1月9日），人名，姓氏京都，世人，全書，大百，日史（[生]寛喜3（1231）年2月12日　[没]仁治3（1242）年1月9日），日人，歴大

慈性入道親王　じしょうにゅうどうしんのう
文化10（1813）年～慶応3（1867）年12月7日　[別]慈性《じしょう》，慈性親王《じしょうしんのう》，慈性法親王《じしょうほうしんのう，じしょうほっしんのう》
江戸時代末期の皇族。有栖川宮韶仁親王の第2王子。輪王寺門跡。
¶維新（慈性法親王　じしょうほうしんのう），国書（慈性親王　じしょうしんのう　[生]文化10（1813）年8月26日），人名，日人（[没]1868年），幕末（慈性法親王　じしょうほっしんのう　[没]1868年1月1日），仏教（慈性　じしょう　[生]文化10（1813）年8月26日）

四条房名　しじょうふさな
寛喜1（1229）年～正応1（1288）年6月15日
鎌倉時代後期の公卿（大納言）。大納言四条隆親の長男。
¶公卿，公家（房名〔四条家〕　ふさな）

四条房衡　しじょうふさひら
＊～正平12/延文2（1357）年6月18日
鎌倉時代後期～南北朝時代の公卿（非参議）。大納言四条房名の長男。
¶公卿（[生]弘安6（1283）年），公家（房衡〔四条家（絶家）〕　ふさひら　[生]1284年）

慈性法親王　じしょうほうしんのう
→慈性入道親王（じしょうにゅうどうしんのう）

慈助親王　じじょしんのう
→慈助法親王（じじょほうしんのう）

慈助法親王　じじょほうしんのう
建長6（1254）年～永仁3（1295）年7月27日　[別]慈助《じじょ》，慈助親王《じじょしんのう》，慈助法親王《じじょほっしんのう》
鎌倉時代後期の後嵯峨天皇の皇子。
¶鎌室（じじょほっしんのう），国書（慈助親王　じじょしんのう），人名，日人，仏教（慈助　じじょ）

安仁親王　しずひとしんのう
文政3（1820）年～文政4（1821）年
江戸時代後期の仁孝天皇の第1皇子。
¶人名

七条院　しちじょういん
保元2（1157）年～安貞2（1228）年　[別]藤原殖子《ふじわらしょくし，ふじわらのしょくし，ふじわらのたねこ》
平安時代後期～鎌倉時代前期の女性。高倉天皇の宮人。後高倉院守貞親王と後鳥羽天皇の母。
¶朝日（[没]安貞2年9月16日（1228年10月15日）），岩史（[没]安貞2（1228）年9月16日），鎌室，国史，古中，コン改，コン4，史人（[没]1228年9月16日），諸系，女性（[没]安貞2（1228）年9月16日），新潮（[没]安貞2（1228）年9月16日），人名，姓氏京都，日史（[没]安貞2（1228）年9月16日），日人，百科，平史（藤原殖子　ふじわらのたねこ），歴大

皇族・貴族篇 しはやま

七条隆豊 しちじょうたかとよ
寛永17(1640)年3月26日～貞享3(1686)年2月28日
江戸時代前期の公家(参議)。七条隆脩の子。
¶公卿，公家(隆豊〔七条家〕　たかとよ)，国書

七条隆脩 しちじょうたかなが
慶長17(1612)年～寛文9(1669)年
安土桃山時代～江戸時代前期の公家。
¶諸系，人名(㊇1571年)，日人

七条后 しちじょうのきさき
→藤原温子(ふじわらのおんし)

七条信方 しちじょうのぶかた
延宝5(1677)年1月12日～享保14(1729)年3月7日
江戸時代中期の公家(従三位・非参議)。権中納言町尻兼量の次男。
¶公卿，公家(信方〔七条家〕　のぶかた)

七条信全 しちじょうのぶたけ
正徳4(1714)年12月15日～寛延1(1748)年9月25日
江戸時代中期の公家(非参議)。従三位・非参議七条信方の子。
¶公卿，公家(信全〔七条家〕　のぶたけ)

七条信元 しちじょうのぶはる
寛政4(1792)年3月16日～*
江戸時代後期の公家(参議)。正五位下・河内権介七条隆則の次男。
¶公卿(㊇?)，公家(信元〔七条家〕　のぶはる　㊇明治2(1869)年4月11日)

慈鎮 じちん
→慈円(じえん)

室子女王 しつこじょおう
元文1(1736)年～宝暦6(1756)年
江戸時代中期の女性。閑院宮直仁親王の第4王女。
¶女性(㊇元文1(1736)年6月25日　㊇宝暦6(1756)年6月21日)，人名，日人

実全 じつぜん
保延6(1140)年～承久3(1221)年
平安時代後期～鎌倉時代前期の天台宗の僧(天台座主)。右大臣藤原公能の子。
¶鎌室，諸系(㊇1140年，(異説)1141年)，人名，日人(㊇1140年，(異説)1141年)，仏教(保延6(1140)年，(異説)永治1(1141)年　㊇承久3(1221)年5月10日)，平史(㊇1141年)

慈道親王 じどうしんのう
→慈道法親王(じどうほうしんのう)

持統天皇 じとうてんのう
大化1(645)年～大宝2(702)年12月22日　㊇鸕野讃良皇女《うののさららのおうじょ》，高天原広野姫尊《たかまのはらひろのひめのみこと》
飛鳥時代の第41代天皇(女帝、在位686～697)。天智天皇の第2皇女。
¶朝日(㊇大宝2年12月22日(703年1月13日))，

岩史，角史，郷土奈良，国史，国書(㊇大化1(645)年?)，古史(㊇?)，古代，古中，コン改，コン4，詩歌，史人，重要，諸系(㊇703年)，女性(㊇大宝2(702)年12月12日)，人書94，新潮，人名，世人，世百(㊇654年?)，全書，大百，伝記，日史，日人(㊇703年)，百科，仏教，万葉，歴大，和歌山人，和俳

慈道法親王 じどうほうしんのう
弘安5(1282)年～興国2/暦応4(1341)年4月11日　㊇慈道《じどう》，慈道親王《じどうしんのう》，慈道法親王《じどうほっしんのう》
鎌倉時代後期の天台宗の僧(天台座主)。亀山天皇の皇子。
¶鎌室(じどうほっしんのう)，国書(慈道親王　じどうしんのう)，諸系，新潮(じどうほっしんのう)，人名，日人，仏教(慈道　じどう)

品川雅直 しながわまさなお
寛永2(1625)年～万治1(1658)年
江戸時代前期の加賀藩士。神祇伯白川雅陳の子。
¶人名，日人，藩臣3(㊇?)

慈仁入道親王 じにんにゅうどうしんのう
享保8(1723)年～享保20(1735)年　㊇慈仁法親王《じにんほうしんのう》
江戸時代中期の中御門天皇の第4皇子。
¶人名(慈仁法親王　じにんほうしんのう)，日人

慈仁法親王 じにんほうしんのう
→慈仁入道親王(じにんにゅうどうしんのう)

芝山国豊 しばやまくにとよ
天明1(1781)年～文政4(1821)年
江戸時代後期の公家(正三位・非参議)。権大納言勧修寺経逸の次男。
¶公卿(㊇天明1(1781)年7月19日　㊇文政4(1821)年9月28日)，公家(国豊〔芝山家〕　くにとよ　㊇天明1(1781)年7月19日　㊇文政4(1821)年9月28日)，諸系，人名，日人

芝山定豊 しばやまさだとよ
寛永15(1638)年4月10日～宝永4(1707)年5月2日
江戸時代前期～中期の公家(権中納言)。権大納言芝山宣豊の中。
¶公卿，公家(定豊〔芝山家〕　さだとよ)

芝山重豊 しばやましげとよ
元禄16(1703)年～明和3(1766)年
江戸時代中期の歌人・公家(権中納言)。非参議高丘季起の次男。
¶公卿(㊇元禄16(1703)年1月25日　㊇明和3(1766)年8月6日)，公家(重豊〔芝山家〕　しげとよ　㊇元禄16(1703)年1月25日　㊇明和3(1766)年8月6日)，諸系，人名，日人，和俳

芝山宣豊 しばやまのぶとよ
慶長17(1612)年～元禄3(1690)年
江戸時代前期の公家(権大納言)。芝山家の祖。贈内大臣中御門明豊の孫。
¶公卿(㊇慶長17(1612)年3月25日　㊇元禄3(1690)年2月13日)，公家(宣豊〔芝山家〕　の

ぶとよ　[生]慶長17（1612）年3月25日　[没]元禄3（1690）年2月13日），諸系，人名，日人

芝山広豊　しばやまひろとよ
延宝2（1674）年2月23日～享保8（1723）年2月12日
江戸時代中期の公家（参議）。左中将四辻季輔の次男。
¶公卿，公家（広豊〔芝山家〕　ひろとよ），国書（[没]享保8（1723）年2月13日）

し

芝山弘豊　しばやまひろとよ
天保8（1837）年～文久2（1862）年
江戸時代末期の堂上公家。
¶維新

芝山持豊　しばやまもちとよ
寛保2（1742）年6月5日～文化12（1815）年2月20日
江戸時代中期～後期の歌人・公家（権大納言）。権中納言芝山重豊の子。
¶近世，公卿，公家（持豊〔芝山家〕　もちとよ），国史，国書，諸系，新潮，人名，日人，和俳

志斐国守　しひのくにもり
生没年不詳　[別]志斐国守《しいのくにもり》
平安時代前期の天文博士、陰陽博士。
¶平史（しいのくにもり）

志斐三田次　しひのみたすき
生没年不詳
奈良時代の学者。
¶コン改，コン4，史人，日人

渋谷家教　しぶたにかきょう
→清棲家教（きよすいえのり）

島田清田（嶋田清田）　しまだのきよた，しまだのきよだ
宝亀10（779）年～斉衡2（855）年　[別]島田清田《しまだきよた，しまだきよだ》，嶋田朝臣清田《しまだのあそんきよた》
平安時代前期の官人。正六位上村作の子。
¶朝日（[没]斉衡2年9月18日（855年11月1日）），国書（しまだきよた　[没]斉衡2（855）年9月18日），古代（嶋田朝臣清田　しまだのあそんきよた），コン改，コン4，新潮（[没]斉衡2（855）年9月16日），人名（しまだきよだ），日人，平史，三重続（[没]承和6年9月）

島田忠臣（嶋田忠臣）　しまだのただおみ
天長5（828）年～寛平4（892）年　[別]田達音《でんたつおん》，島田忠臣《しまだただおみ》，嶋田朝臣忠臣《しまだのあそんただおみ》
平安時代前期の文人。清田の孫。
¶朝日，岩史，角史，国史，国書（しまだただおみ），古史，古代（嶋田朝臣忠臣　しまだのあそんただおみ），古中，コン改（[没]寛平3（891）年），コン4（[没]寛平3（891）年），詩歌（しまだただおみ　[没]891年？），史人（[没]891年，（異説）892年），新潮（[没]寛平4（892）年頃），人名（しまだただおみ），姓氏京都，世人（嶋田忠臣），日史（[没]寛平3（891）年？），日人，百科（しまだただおみ　[没]寛平3（891）年？），平史，歴大（嶋田忠臣），和俳

嶋田宮成　しまだのみやなり
生没年不詳　[別]嶋田臣宮成《しまだのおみみやなり》
奈良時代の官人。
¶古代（嶋田臣宮成　しまだのおみみやなり），姓氏群馬（嶋田臣宮成　しまだのおみみやなり），日人

島田良臣　しまだのよしおみ
天長9（832）年？　～元慶6（882）年？
平安時代前期の文人。
¶平史

島田益直　しまだますなお
生没年不詳
室町時代の公家。
¶国書

島津貴子　しまづたかこ
昭和14（1939）年3月2日～
昭和～平成期の元皇族。昭和天皇の第5皇女。日本輸出入銀行員島津久永と結婚して皇籍離脱。プリンスホテル取締役を務める。
¶現朝，現日，諸系，新潮，世紀，日人

島津俔子　しまづちかこ
→久邇俔子（くにちかこ）

島津富子　しまづとみこ
→北白川宮富子（きたしらかわのみやとみこ）

島津常子　しまづひさこ
→山階宮常子（やましなのみやひさこ）

清水谷公有　しみずだにきんあり
永仁4（1296）年～正平7/文和1（1352）年1月4日
[別]一条公有《いちじょうきんなり》
鎌倉時代後期～南北朝時代の公卿（権中納言）。正二位藤原実達の子。
¶公卿，公家（公有〔清水谷家〕　きんあり），国書（一条公有　いちじょうきんなり）

清水谷公勝　しみずだにきんかつ
→一条公勝（いちじょうきんかつ）

清水谷公寿　しみずだにきんとし
宝暦9（1759）年10月14日～享和1（1801）年7月4日
[別]清水谷公寿《しみずだにきんひさ》
江戸時代中期～後期の公家（権中納言）。非参議吉田良延の末子、母は伊予守本多忠統の娘。
¶公卿，公家（公寿〔清水谷家〕　きんひさ），国書（しみずだにきんひさ）

清水谷公正　しみずだにきんなお
文化6（1809）年～明治16（1883）年3月2日
江戸時代末期～明治期の公家（権中納言）。権大納言清水谷実揖の子。
¶維新，公卿（[生]文化6（1809）年2月18日　[没]明治13（1880）年6月），公家（公正〔清水谷家〕　きんなお　[生]文化6（1809）年2月18日），諸系，渡航（[生]1809年2月　[没]1833年），幕末

清水谷公考 しみずだにきんなる，しみずたにきんなる
弘化2(1845)年～明治15(1882)年12月31日
江戸時代末期～明治期の公家。伯爵、箱館府知事。蝦夷地問題を朝廷に建議。蝦夷地の統轄を箱館奉行から引き継ぐ。
¶朝日([生]弘化2年9月6日(1845年10月6日))，維新，海越([生]弘化2(1845)年9月6日)，海越新([生]弘化2(1845)年9月6日)，コン5(しみずたにきんなる)，諸系，渡航([生]1845年9月6日)，日人，幕末，北海道百

清水谷公寿 しみずだにきんひさ
→清水谷公寿(しみずだにきんとし)

清水谷公広 しみずだにきんひろ
嘉暦2(1327)年～天授3/永和3(1377)年6月16日
南北朝時代の公卿(参議)。参議藤原実秀の子。
¶公卿，公家(公広〔清水谷家(絶家)〕 きんひろ)

清水谷公藤 しみずだにきんふじ
嘉禎1(1235)年～弘安4(1281)年5月21日 [別]藤原公藤《ふじわらきんふじ》
鎌倉時代後期の公卿(権大納言)。権大納言清水谷実有の次男。
¶公卿([生]嘉禎3(1237)年)，公家(公藤〔清水谷家〕 きんふじ)，国書，北条(藤原公藤 ふじわらきんふじ)

清水谷公持 しみずだにきんもち
*～文永5(1268)年10月28日 [別]藤原公持《ふじわらきんもち》
鎌倉時代前期の公卿(権大納言)。権大納言清水谷実有の長男。
¶公卿([生]安貞1(1227)年)，公家(公持〔清水谷家〕 きんもち [生]1228年)，国書([生]安貞2(1228)年)，北条(藤原公持 ふじわらきんもち [生]安貞1(1227)年)

清水谷実秋 しみずだにさねあき
→一条実秋(いちじょうさねあき)

清水谷実有 しみずだにさねあり
建仁3(1203)年～文応1(1260)年4月17日 [別]藤原実有《ふじわらさねあり》
鎌倉時代前期の公卿(権大納言)。清水谷家の祖。太政大臣西園寺公経の次男。
¶公卿，公家(実有〔清水谷家〕 さねあり [生]1204年)，国書(藤原実有 ふじわらさねあり)，諸系，北条(藤原実有 ふじわらさねあり [生]元久1(1204)年 [没]文応1(1261)年)

清水谷実材 しみずだにさねえだ
延慶2(1309)年～*
鎌倉時代後期～南北朝時代の公卿(権大納言)。権中納言一条公有の子。
¶公卿([没]?)，公家(実材〔清水谷家〕 さねえだ [没]応安6(1373)年11月29日)

清水谷実揖 しみずだにさねおさ
→清水谷実揖(しみずだにさねゆう)

清水谷実連 しみずだにさねつら
? ～正和3(1314)年3月15日
鎌倉時代後期の公卿(非参議)。権大納言清水谷公藤の子。
¶公卿，公家(実連〔清水谷家〕 さねつら)

清水谷実任 しみずだにさねとう
天正15(1587)年～寛文4(1664)年6月7日
江戸時代前期の公家(権大納言)。従四位上季時の孫。
¶公卿，公家(実任〔清水谷家〕 さねとう)，国書([生]天正15(1587)年6月30日)，諸系

清水谷実業 しみずだにさねなり
慶安1(1648)年～宝永6(1709)年
江戸時代前期～中期の歌人・公家(権大納言)。右大臣三条西実条の孫。
¶近世，公卿([生]慶安1(1648)年3月4日 [没]宝永6(1709)年9月10日)，公家(実業〔清水谷家〕 さねなり [生]慶安1(1648)年3月4日 [没]宝永6(1709)年9月10日)，国史，国書([生]慶安1(1648)年3月4日 [没]宝永6(1709)年9月10日)，諸系，人名，日人，和俳

清水谷実栄 しみずだにさねはる
享保7(1722)年1月22日～安永6(1777)年7月3日
[別]清水谷実栄《しみずだにさねひで》
江戸時代中期の公家(権大納言)。権大納言清水谷雅季の子。
¶公卿，公家(実栄〔清水谷家〕 さねひで)，国書(しみずだにさねひで)

清水谷実久 しみずだにさねひさ
永享4(1432)年～明応7(1498)年
室町時代～戦国時代の公卿(権大納言)。権大納言清水谷実秋の孫。
¶公卿([没]明応7(1498)年12月18日)，公家(実久〔清水谷家〕 さねひさ [没]明応7(1498)年12月18日)，諸系，人名，日人

清水谷実栄 しみずだにさねひで
→清水谷実栄(しみずだにさねはる)

清水谷実煕 しみずだにさねひろ
生没年不詳
南北朝時代の公家・歌人。
¶国書

清水谷実揖 しみずだにさねゆう
天明2(1782)年5月10日～嘉永4(1851)年2月20日
[別]清水谷実揖《しみずだにさねおさ》
江戸時代後期の公家(権大納言)。右大臣徳大寺実祖の次男。
¶公卿，公家(実揖〔清水谷家〕 さねおさ)，国書(しみずだにさねおさ)

清水谷雅季 しみずだにまさすえ
貞享1(1684)年9月28日～延享4(1747)年10月7日
江戸時代中期の公家(権大納言)。権大納言清水谷実業の子。
¶公卿，公家(雅季〔清水谷家〕 まさすえ)，国書

し

し

持明院家定 じみょういんいえさだ
? ～建長3(1251)年 [別]藤原家定《ふじわらいえさだ》
鎌倉時代前期の廷臣。
¶鎌室, 諸系, 日人

持明院家胤 じみょういんいえたね
宝永2(1705)年8月27日～延享4(1747)年8月6日
江戸時代中期の公家(参議)。権中納言石野基顕の次男。
¶公卿, 公家(家胤〔持明院家〕 いえたね)

持明院家秀 じみょういんいえひで
南北朝時代の公卿(非参議)。非参議持明院基長? の次男。
¶公卿(生没年不詳), 公家(家秀〔持明院家〕 いえひで)

持明院家藤 じみょういんいえふじ
? ～正平3/貞和4(1348)年11月6日
鎌倉時代後期～南北朝時代の公卿(非参議)。非参議持明院基長の長男。
¶公卿, 公家(家藤〔持明院家(絶家)〕 いえふじ)

持明院家行 じみょういんいえゆき
安元1(1175)年～嘉禄2(1226)年 [別]藤原家行《ふじわらいえゆき》, 藤原家能《ふじわらいえよし》
鎌倉時代前期の公卿(権中納言)。非参議持明院基宗の次男。
¶鎌室(藤原家行 ふじわらいえゆき), 公卿([没]嘉禄2(1226)年2月17日), 公家(家行〔持明院家〕 いえゆき [没]嘉禄2(1226)年2月17日), 諸系, 日人

持明院長相 じみょういんながすけ
生没年不詳 [別]藤原長相《ふじわらのながすけ》
鎌倉時代の公卿。
¶公卿(藤原長相 ふじわらのながすけ), 公家(長相〔持明院(正嫡)家(絶家)〕 ながすけ), 日人

持明院宗時 じみょういんむねとき
享保17(1732)年1月3日～寛政7(1795)年6月27日
江戸時代中期の公家(権中納言)。参議高倉永房の次男。
¶公卿, 公家(宗時〔持明院家〕 むねとき)

持明院基家 じみょういんもといえ
長承1(1132)年～建保2(1214)年 [別]藤原基家《ふじわらのもといえ, ふじわらもといえ》
平安時代後期～鎌倉時代前期の公卿(権中納言)。持明院家の祖の通基の次男。
¶鎌室(藤原基家 ふじわらもといえ), 公卿([没]建保2(1214)年2月26日), 公家(基家〔持明院家〕 もといえ [没]建保2(1214)年2月26日), 国書(藤原基家 ふじわらもといえ [没]建保2(1214)年2月26日), 諸系, 日人, 平史(藤原基家 ふじわらのもといえ)

持明院基雄(1) じみょういんもとお
? ～建武1(1334)年
鎌倉時代後期の公卿(非参議)。非参議持明院基光の子。
¶公卿, 公家(基雄〔持明院(正嫡)家(絶家)〕 もとお)

持明院基雄(2) じみょういんもとお
貞享4(1687)年1月21日～元文5(1740)年11月16日 [別]持明院基雄《じみょういんもとかつ》
江戸時代中期の公家(権中納言)。権中納言持明院基輔の子。
¶公卿, 公家(基雄〔持明院家〕 もとお), 国書(じみょういんもとかつ)

持明院基数 じみょういんもとかず
生没年不詳
戦国時代の公家・連歌作者。
¶国書

持明院基和 じみょういんもとかず
天保5(1834)年～慶応1(1865)年11月22日
江戸時代末期の公家。
¶維新, 幕末

持明院基雄 じみょういんもとかつ
→持明院基雄(2)(じみょういんもとお)

持明院基清 じみょういんもときよ
? ～弘和2/永徳2(1382)年8月10日
南北朝時代の公卿(非参議)。権中納言持明院家行の五代孫。
¶公卿, 公家(基清〔持明院家〕 もときよ)

持明院基定 じみょういんもとさだ
慶長12(1607)年4月10日～寛文7(1667)年10月17日
江戸時代前期の公家(権大納言)。中納言持明院基孝の孫。
¶公卿, 公家(基定〔持明院家〕 もとさだ), 国書, 諸系, 日人

持明院基輔 じみょういんもとすけ
万治1(1658)年3月11日～正徳4(1714)年6月5日
江戸時代前期～中期の公家(権中納言)。権大納言持明院基時の子。
¶公卿, 公家(基輔〔持明院家〕 もとすけ), 国書([生]明暦4(1658)年3月1日)

持明院基澄 じみょういんもとずみ
? ～元亨2(1322)年8月
鎌倉時代後期の公卿(非参議)。非参議持明院基光の子。
¶公卿, 公家(基澄〔持明院(正嫡)家(絶家)〕 もとずみ)

持明院基孝(1) じみょういんもとたか
? ～元亨2(1322)年10月19日
鎌倉時代後期の公卿(参議)。権中納言持明院保藤の孫。
¶公卿, 公家(基孝〔持明院(正嫡)家(絶家)〕 もとたか)

持明院基孝(2)　じみょういんもとたか
永正17(1520)年8月21日～慶長16(1611)年5月28日
戦国時代～安土桃山時代の公卿(中納言)。権中納言持明院基規の子。
¶公卿，公家(基孝〔持明院家〕　もとたか)，国書，戦辞(㊌永正17年8月21日(1520年10月2日)　㊙慶長16年5月28日(1611年7月8日))，戦人

持明院基武　じみょういんもとたけ
宝暦7(1757)年10月27日～寛政1(1789)年8月4日
江戸時代中期の公家(非参議)。権中納言持明院宗時の子。
¶公卿，公家(基武〔持明院家〕　もとたけ)

持明院基親　じみょういんもとちか
？　～応永26(1419)年7月23日
室町時代の公卿(非参議)。非参議持明院基清の子。
¶鎌室，公卿，公家(基親〔持明院家〕　もとちか)，国書，諸系，日人

持明院基時　じみょういんもととき
寛永12(1635)年9月5日～宝永1(1704)年3月10日
江戸時代前期～中期の公家(権大納言)。権大納言持明院基定の子。
¶公卿，公家(基時〔持明院家〕　もととき)，国書

持明院基延　じみょういんもとなが
→持明院基延(じみょういんもとのぶ)

持明院基長　じみょういんもとなが
＊～建武2(1335)年6月21日
鎌倉時代後期～南北朝時代の公卿(非参議)。権中納言持明院家行の曾孫。
¶公卿(㊌建長8(1256)年)，公家(基長〔持明院家(絶家)〕　もとなが　㊙？)

持明院基延　じみょういんもとのぶ
寛政4(1792)年6月1日～安政2(1855)年9月9日
㊗持明院基延《じみょういんもとなが》
江戸時代末期の公家(権中納言)。非参議持明院基武の孫。
¶公卿，公家(基延〔持明院家〕　もとのぶ)，国書(じみょういんもとなが)

持明院基信　じみょういんもとのぶ
？　～文明2(1470)年7月1日
室町時代の公卿(非参議)。非参議持明院基親の孫。
¶公卿，公家(基信〔持明院家〕　もとのぶ)

持明院基規　じみょういんもとのり
明応1(1492)年～天文20(1551)年
戦国時代の公卿(権中納言)。参議持明院基春の子。
¶公卿(㊙？)，公家(基規〔持明院家〕　もとのり　㊙？)，国書(㊙天文20(1551)年9月1日)，諸系，戦人，日人

持明院基春　じみょういんもとはる
享徳2(1453)年～天文4(1535)年
戦国時代の書家、公卿(参議)。和様筆道持明院流の祖。従三位・非参議持明院基信の子。
¶朝日(㊙天文4年7月26日(1535年8月24日))，公卿(㊙天文4(1535)年7月26日)，公家(基春〔持明院家〕　もとはる　㊙天文4(1535)年7月26日)，国史，国書(㊌享徳3(1454)年　㊙天文4(1535)年7月26日)，古中，史人(㊙1535年7月26日)，諸系，人名，戦人(㊙享徳3(1454)年)，日人

持明院基久　じみょういんもとひさ
？　～慶長20(1615)年
安土桃山時代～江戸時代前期の公家。
¶国書(㊌天文12(1584)年　㊙慶長20(1615)年5月7日)，戦人，戦補

持明院基政　じみょういんもとまさ
文化7(1810)年9月27日～明治1(1868)年1月25日
江戸時代末期の公家(非参議)。権中納言持明院基延の子。
¶維新，公卿，公家(基政〔持明院家〕　もとまさ)，幕末(㊙1868年2月18日)

持明院基光　じみょういんもとみつ
嘉禄1(1225)年～？
鎌倉時代前期の公卿(非参議)。正四位下・左中将藤原家教の子。
¶公卿，公家(基光〔持明院(正嫡)家(絶家)〕　もとみつ)

持明院基宗　じみょういんもとむね
久寿2(1155)年～建仁2(1202)年2月25日
平安時代後期～鎌倉時代前期の公卿(非参議)。権中納言持明院基家の長男。
¶公卿，公家(基宗〔持明院家〕　もとむね)

持明院基盛　じみょういんもともり
生没年不詳
鎌倉時代後期の公家・歌人。
¶国書

持明院基保(1)　じみょういんもとやす
建久3(1192)年～？
鎌倉時代前期の公卿(権中納言)。権中納言持明院保家の子。
¶公卿，公家(基保〔持明院(正嫡)家(絶家)〕　もとやす)

持明院基保(2)　じみょういんもとやす
1425年～延徳2(1490)年7月13日
室町時代の公卿(非参議)。文明4年従三位に叙される。
¶公卿(生没年不詳)，公家(基保〔持明院(正嫡)家(絶家)〕　もとやす)

持明院基行　じみょういんもとゆき
生没年不詳
鎌倉時代後期の公卿(非参議)。権中納言持明院家行の曾孫。
¶公卿，公家(基行〔持明院家〕　もとゆき)，

国書

持明院基世 じみょういんもとよ
応永10（1403）年〜永享1（1429）年10月29日
室町時代の公卿（参議）。権中納言藤原基秀の子。
¶公卿，公家（基世〔園家〕　もとよ）

持明院基頼 じみょういんもとより
→藤原基頼（ふじわらのもとより）

持明院保有 じみょういんやすあり
＊〜？
鎌倉時代後期〜南北朝時代の公卿（権中納言）。
権中納言持明院保藤の子。
¶公卿（㊤正応4（1291）年），公家（保有〔持明院
（正嫡）家（絶家）〕　やすあり　㊥1288年）

持明院保家 じみょういんやすいえ
仁安2（1167）年〜承元4（1210）年　㊽藤原保家
《ふじわらやすいえ》
平安時代後期〜鎌倉時代前期の公卿（権中納言）。
権中納言持明院基家の次男。
¶鎌室（藤原保家　ふじわらやすいえ），公家（生
没年不詳），公家（保家〔持明院（正嫡）家（絶
家）〕　やすいえ），諸系，日人

持明院保藤 じみょういんやすふじ
建長6（1254）年〜＊
鎌倉時代後期の公卿（権中納言）。非参議松殿良
嗣の子。
¶公卿（㊤？），公家（保藤〔持明院（正嫡）家（絶
家）〕　やすふじ　㊥康永1（1342）年9月26日）

持明院保冬 じみょういんやすふゆ
？　〜元中9/明徳3（1392）年10月16日
南北朝時代の公卿（権中納言）。参議持明院基孝
の子。
¶公卿，公家（保冬〔持明院（正嫡）家（絶家）〕
やすふゆ）

下毛野敦方 しもつけぬのあつかた
生没年不詳
平安時代後期の近衛府の府生。
¶平史

下毛野敦季 しもつけぬのあつすえ
？　〜承徳1（1097）年
平安時代後期の近衛府の下級官人。
¶平史

下毛野敦時 しもつけぬのあつとき
生没年不詳
平安時代後期の近衛府官人。
¶平史

下毛野敦利 しもつけぬのあつとし
承保1（1074）年〜久安2（1146）年
平安時代後期の近衛府の将監。
¶平史

下毛野敦行 しもつけぬのあつゆき
生没年不詳　㊽下毛野敦行《しもつけののあつゆ
き》

平安時代中期の近衛府武士。
¶全書，日人（しもつけののあつゆき），平史

下毛野公助 しもつけぬのきみすけ
→下毛野公助（しもつけぬのきんすけ）

下毛野公忠 しもつけぬのきみただ
→下毛野公忠（しもつけぬのきんただ）

下毛野公助 しもつけぬのきんすけ
生没年不詳　㊽下毛野公助《しもつけぬのきみす
け，しもつけののきんすけ》
平安時代中期の近衛官人。敦行の子。
¶朝日（しもつけぬのきみすけ），コン改，コン4，
新潮，人名，日人（しもつけののきんすけ），
平史

下毛野公忠 しもつけぬのきんただ
生没年不詳　㊽下毛野公忠《しもつけぬのきみた
だ》
平安時代中期の近衛府の将監。
¶姓氏京都（しもつけぬのきみただ），平史

下毛野古麻呂（下毛野子麻呂）しもつけぬのこまろ
？　〜和銅2（709）年　㊽下毛野古麻呂《しもつけ
のこまろ，しもつけののこまろ，しもつけののふる
まろ》，下毛野朝臣古麻呂《しもつけぬのあそんこ
まろ》，下毛野朝臣子麻呂《しもつけののあそんこ
まろ》
飛鳥時代の官人（参議）。和銅元年正四位下に叙
され，式部卿に任ぜられる。
¶朝日（下毛野子麻呂　㊥和銅2年12月20日（710
年1月24日）），公卿（しもつけののふるまろ
㊥和銅2（709）年12月16日），国史（しもつけの
のこまろ），古史（しもつけののこまろ），古代
（下毛野朝臣子麻呂　しもつけののあそんこま
ろ），古中（しもつけののこまろ），コン改（下
毛野子麻呂），コン4（下毛野子麻呂），史人（し
もつけのこまろ　㊥709年12月20日），重要
（㊥和銅2（709）年12月），新潮（下毛野子麻呂
㊥和銅2（709）年12月），人名，栃木百，栃木歴
（下毛野朝臣古麻呂　しもつけのあそんこま
ろ），日史（㊥和銅2（709）年12月20日），日人
（しもつけのこまろ　㊥710年），百科，歴大
（しもつけのこまろ）

下毛野重行 しもつけぬのしげゆき
生没年不詳
平安時代中期の近衛府の将監。
¶平史

下毛野武忠 しもつけぬのたけただ
生没年不詳
平安時代後期の近衛府官人。
¶平史

下毛野武正 しもつけぬのたけまさ
生没年不詳　㊽下毛野武正《しもつけのたけまさ，
しもつけののたけまさ》
平安時代後期の武官。左近衛府の府生下毛野武忠
の子。
¶朝日（しもつけのたけまさ　㊥久寿2（1155）年

下毛野近末　しもつけぬのちかすえ
生没年不詳
平安時代後期の近衛府の将監。
¶平史

下毛野年継　しもつけぬのとしつぐ
㊞下毛野朝臣年継《しもつけののあそんとしつぐ》,下毛野年継《しもつけののとしつぐ》
奈良時代〜平安時代前期の官人。
¶古代（下毛野朝臣年継　しもつけののあそんとしつぐ）,日人（しもつけののとしつぐ　生没年不詳）

下毛野古麻呂　しもつけぬのふるまろ
→下毛野古麻呂（しもつけぬのこまろ）

下毛野虫麻呂　しもつけぬのむしまろ
㊞下毛野虫麻呂《しもつけののむしまろ,しもつけのむしまろ》,下毛野朝臣虫麻呂《しもつけののあそんむしまろ》
奈良時代の学者。
¶国書（しもつけのむしまろ　生没年不詳）,古代（下毛野朝臣虫麻呂　しもつけののあそんむしまろ）,人名,日人（しもつけののむしまろ　生没年不詳）

下毛野（家名）　しもつけの
→下毛野（しもつけぬ）

下道黒麻呂　しもつみちのくろまろ
㊞下道朝臣黒麻呂《しもつみちのあそんくろまろ》
奈良時代の官人。
¶岡山歴（下道朝臣黒麻呂　しもつみちのあそんくろまろ）

下道色夫多　しもつみちのしこふた
㊞下道朝臣色夫多《しもつみちのあそんしこふた》
奈良時代の官人。
¶岡山歴（下道朝臣色夫多　しもつみちのあそんしこふた）

下道福麻呂　しもつみちのふくまろ
㊞下道朝臣福麻呂《しもつみちのあそんふくまろ》
奈良時代の官人・造東大寺司の史生。
¶岡山歴（下道朝臣福麻呂　しもつみちのあそんふくまろ）

下道真事　しもつみちのまこと
㊞下道朝臣真事《しもつみちのあそんまこと》
奈良時代の官人。
¶岡山歴（下道朝臣真事　しもつみちのあそんまこと）

下冷泉政為　しもれいぜいまさため
→冷泉政為（れいぜいまさため）

寂照（寂昭）　じゃくしょう
？〜長元7（1034）年　㊞円通大師《えんつうだいし》,大江定基《おおえのさだもと》
平安時代中期の天台宗の僧。大江斉光の子。
¶朝日,岩史,角史,国史,国書（寂昭）,古中,コン改（寂昭　㊐康保1（964）年　㊣長元9（1036）年）,コン4（寂昭　㊐康保1（964）年　㊣長元9（1036）年）,史人,諸系,新潮,人名（寂昭　㊐962年）,姓氏愛知（大江定基　おおえのさだもと　㊐962年）,姓氏京都,世人,全書（㊐962年）,大百（㊐962年）,日史,日人,百科,仏教（㊐応和2（962）年？）,仏史,仏人（㊐964年　㊣1036年）,平史,歴大,和俳（㊐応和2（962）年）

寂心　じゃくしん
→慶滋保胤（よししげのやすたね）

寂然　じゃくぜん
→藤原頼業（ふじわらのよりなり）

寂超　じゃくちょう
→藤原為経[1]（ふじわらのためつね）

寂然　じゃくねん
→藤原頼業（ふじわらのよりなり）

寂念　じゃくねん
→藤原為業（ふじわらのためなり）

寂蓮　じゃくれん
＊〜建仁2（1202）年　㊞藤原定長《ふじわらさだなが,ふじわらのさだなが》
平安時代後期〜鎌倉時代前期の歌人。阿闍梨俊海の子。藤原俊成の養子。
¶朝日（㊐保延5（1139）年？　㊣建仁2年7月20日頃（1202年8月9日頃））,岩史（㊐保延5（1139）年？　㊣建仁2（1202）年7月20日）,角史（㊐保延5（1139）年？）,鎌史（㊐？）,国史（㊐？）,国書（㊐？　㊣建仁2（1202）年7月20日頃）,古史（㊐？）,コン改（㊐保延5（1139）年）,コン4（㊐保延5（1139）年）,詩歌（㊐1139年？）,人名（㊣1202年7月20日）,新潮（㊐？　㊣建仁2（1202）年7月20日頃）,新文（㊐保延5（1139）年？　㊣建仁2（1202）年7月20日）,人名（㊐？）,世人（㊐？　㊣建仁2（1202）年7月20日）,世百（㊐？）,全書（㊐1139年頃）,大百（㊐1139年？）,日史（㊐保延5（1139）年？　㊣建仁2（1202）年7月20日）,日人（㊐1139年？）,百科（㊐？）,仏教（㊐保延5（1139）年？　㊣建仁2（1202）年7月20日）,平史（㊐1139年？）,文学（㊐1139年？）,歴大（㊐1139年ころ）,和俳（㊐保延5（1139）年？　㊣建仁2（1202）年7月20日）

沙弥満誓　しゃみまんせい,しゃみまんぜい
→笠麻呂（かさのまろ）

宗山等貴　しゅうざんとうき
寛正5（1464）年〜大永6（1526）年　㊞等貴《とうき》
戦国時代の臨済宗の僧。伏見宮貞常親王の王子。
¶国書（㊣大永6（1526）年2月16日）,人名（等貴とうき）,日人

修子内親王　しゅうしないしんのう
？〜承平3（933）年　㊞修子内親王《のぶこないしんのう》

平安時代中期の女性。醍醐天皇の第8皇女。
¶女性（[没]承平3（933）年2月5日），人名，日人，平史（のぶこないしんのう）

秀子内親王 しゅうしないしんのう
→秀子内親王（ひでこないしんのう）

秋子内親王 しゅうしないしんのう
元禄13（1700）年～宝暦6（1756）年　[別]秋子内親王《あきこないしんのう》
江戸時代中期の女性。東山天皇の皇女。伏見宮貞建親王の妃。
¶女性（あきこないしんのう　[没]宝暦6（1756）年3月29日），女性（[生]元禄13（1700）年1月　[没]宝暦6（1756）年2月），人名（あきこないしんのう），日人

緝子内親王 しゅうしないしんのう
？～天禄1（970）年　[別]緝子内親王《つぎこないしんのう》
平安時代中期の女性。村上天皇の第8皇女。
¶女性（[没]天禄1（970）年8月18日），人名，日人，平史（つぎこないしんのう）

脩子内親王（修子内親王） しゅうしないしんのう
長徳2（996）年12月16日～永承4（1049）年　[別]脩子内親王《ながこないしんのう》
平安時代中期の女性。一条天皇の第1皇女。
¶朝日（[生]長徳2年12月16日（997年1月27日）　[没]永承4年2月7日（1049年3月13日）），コン改，コン4，諸系（[生]997年），女性（修子内親王　[没]永承4（1049）年2月7日），新潮（[没]永承4（1049）年2月7日），人名，日人（[生]997年），平史（ながこないしんのう）

柔子内親王(1) じゅうしないしんのう
？～貞観11（869）年　[別]柔子内親王《よしこないしんのう》
平安時代前期の女性。仁明天皇の皇女。
¶女性（[没]貞観11（869）年2月），人名（よしこないしんのう），日人，平史（よしこないしんのう）

柔子内親王(2) じゅうしないしんのう
？～天徳3（959）年　[別]柔子内親王《よしこないしんのう》
平安時代中期の女性。宇多天皇の第2皇女。
¶国書（[没]天徳3（959）年1月2日），女性（[没]天徳3（959）年1月2日），人名，日人，平史（よしこないしんのう　[生]892年？）

宗純 しゅうじゅん
→一休宗純（いっきゅうそうじゅん）

宗澄尼 しゅうちょうに
→宗澄女王（そうちょうじょおう）

修平王 しゅうへいおう
平安時代前期の本康親王の王子、仁明天皇の皇孫。
¶人名

修明門院 しゅうめいもんいん
→修明門院（しゅめいもんいん）

守覚親王 しゅかくしんのう
→守覚法親王（しゅかくほうしんのう）

守覚法親王 しゅかくほうしんのう
久安6（1150）年～建仁2（1202）年　[別]守覚《しゅかく》，守覚親王《しゅかくしんのう》，守覚法親王《しゅかくほっしんのう》
平安時代後期～鎌倉時代前期の真言宗の僧（仁和寺御室）。後白河天皇の第2皇子。
¶朝日（しゅかくほっしんのう　[生]久安6年3月4日（1150年4月3日）　[没]建仁2年8月25日（1202年9月12日）），岩史（しゅかくほっしんのう　[生]久安6（1150）年3月4日　[没]建仁2（1202）年8月25日），鎌室（しゅかくほっしんのう），教育，国史（しゅかくほっしんのう），国書（守覚親王　しゅかくしんのう　[生]久安6（1150）年3月4日　[没]建仁2（1202）年8月25日），古中（しゅかくほっしんのう），コン改，コン4，史人（しゅかくほっしんのう　[生]1150年3月4日　[没]1202年8月25日），諸系，新潮（しゅかくほっしんのう　[生]久安6（1150）年3月4日　[没]建仁2（1202）年8月25日），人名，姓氏京都（しゅかくほっしんのう），世人（[生]久安6（1150）年3月　[没]建仁2（1202）年8月26日），日音（しゅかくほっしんのう　[生]久安6（1150）年3月4日　[没]建仁2（1202）年8月26日），日史（しゅかくほっしんのう　[生]久安6（1150）年3月4日　[没]建仁2（1202）年8月25日），日人，仏教（守覚　しゅかく　[生]久安6（1150）年3月4日　[没]建仁2（1202）年8月25日），仏史（しゅかくほっしんのう），平史，名僧（しゅかくほっしんのう），歴大（守覚　しゅかく），和俳（しゅかくほっしんのう　[生]久安6（1150）年3月4日　[没]建仁2（1202）年8月25日）

祝子内親王 しゅくしないしんのう
生没年不詳
南北朝時代の女性。花園天皇の第5皇女。
¶国書，女性，人名，日人

粛子内親王 しゅくしないしんのう
建久7（1196）年～？
鎌倉時代前期の女性。後鳥羽天皇の第2皇女。
¶鎌室，国書，女性，人名，日人

崇賢門院 しゅけんもんいん
→崇賢門院（すうけんもんいん）

周高 しゅこう
？～応永26（1419）年
室町時代の花園天皇第3の皇子直仁親王の王子。
¶人名，日人

守子女王 しゅしじょおう
→守子内親王(1)（しゅしないしんのう）

姝子内親王 しゅしないしんのう
→高松院（たかまついん）

守子内親王(1) しゅしないしんのう
天永2（1111）年～久寿3（1156）年　[別]守子女王《しゅしじょおう》，守子内親王《もりこないしんのう》

平安時代後期の女性。後三条天皇第3皇子輔仁親王の王女。
¶女性（[没]久寿3（1156）年3月29日），人名（もりこないしんのう），日人（守子女王　しゅしじょおう），平史（もりこないしんのう）

守子内親王(2)　しゅしないしんのう
生没年不詳
鎌倉時代後期の女性。順徳天皇の子彦仁王（源彦仁）の王女。
¶国書

璹子内親王　じゅしないしんのう
→朔平門院（さくへいもんいん）

寿子内親王　じゅしないしんのう
→徽安門院（きあんもんいん）

守恕親王　しゅじょしんのう
→守恕入道親王（しゅじょにゅうどうしんのう）

守恕入道親王　しゅじょにゅうどうしんのう
宝永3（1706）年12月27日～享保14（1729）年　[別]守恕親王《しゅじょしんのう》，守恕法親王《しゅじょほうしんのう》，周典親王《ちかのりしんのう》，稲宮《いなのみや》
江戸時代中期の京極宮文仁親王の第2王子。
¶国書（守恕親王　しゅじょしんのう　[没]享保14（1729）年4月9日），人名（守恕法親王　しゅじょほうしんのう），日人（[生]1707年）

守恕法親王　しゅじょほうしんのう
→守恕入道親王（しゅじょにゅうどうしんのう）

寿成門院　じゅせいもんいん
乾元1（1302）年～正平17/貞治1（1362）年　[別]㛹子内親王《べんしないしんのう》
鎌倉時代後期～南北朝時代の女性。後二条天皇の第1皇女。
¶鎌室，国書（[没]康安2（1362）年5月20日），女性，人名（[没]？），日人

守澄親王　しゅちょうしんのう
→守澄入道親王（しゅちょうにゅうどうしんのう）

守澄入道親王　しゅちょうにゅうどうしんのう
寛永11（1634）年～延宝8（1680）年　[別]幸教親王《たかのりしんのう》，守澄《しゅちょう》，守澄親王《しゅちょうしんのう》，守澄法親王《しゅちょうほうしんのう，しゅちょうほっしんのう》，尊敬法親王《そんけいほうしんのう》，今宮《いまのみや》
江戸時代前期の後水尾天皇の第6皇子。輪王寺宮門跡。
¶朝日（[生]寛永11年閏7月11日（1634年9月3日）[没]延宝8年5月16日（1680年6月12日）），近世，国史，国書（守澄親王　しゅちょうしんのう　[生]寛永11（1634）年閏7月11日　[没]延宝8（1680）年5月16日），コン4，諸系，人名（守澄法親王　しゅちょうほうしんのう），栃木歴（守澄法親王　しゅちょうほっしんのう），日人，仏教（守澄　しゅちょう　[生]寛永11（1634）年閏7月11日，（異説）6月11日　[没]延宝8（1680）年5月16日）

守澄法親王　しゅちょうほうしんのう
→守澄入道親王（しゅちょうにゅうどうしんのう）

述子内親王　じゅつしないしんのう
？～寛平9（897）年　[別]述子内親王《のぶこないしんのう》
平安時代前期の女性。文徳天皇の皇女。
¶女性（[没]寛平9（897）年11月21日），人名，日人，平史（のぶこないしんのう）

修明門院　しゅめいもんいん
寿永1（1182）年～文永1（1264）年　[別]修明門院《しゅうめいもんいん，すめいもんいん》，藤原重子《ふじわらじゅうし，ふじわらのしげこ，ふじわらのじゅうし》
鎌倉時代前期の女性。後鳥羽天皇の後宮、順徳天皇の母。
¶朝日（[没]文永1年8月29日（1264年9月20日）），岩史（[没]文永1（1264）年8月29日），角史，鎌室，国史，古中，コン改，コン4，史人（[没]1264年8月29日），諸系，女性（[没]文永1（1264）年8月29日），新潮（[没]文永1（1264）年8月29日），人名，日史（[没]文永1（1264）年8月29日），日人，百科，平史（藤原重子　ふじわらのしげこ），歴大，和歌山人（しゅうめいもんいん）

守理親王　しゅりしんのう
→守理入道親王（しゅりにゅうどうしんのう）

守理入道親王　しゅりにゅうどうしんのう
永禄1（1558）年～？　[別]守理親王《しゅりしんのう》，守理法親王《しゅりほうしんのう》
安土桃山時代の伏見宮邦輔親王の第7王子。
¶国書（守理親王　しゅりしんのう），人名（守理法親王　しゅりほうしんのう），日人

守理法親王　しゅりほうしんのう
→守理入道親王（しゅりにゅうどうしんのう）

春華門院　しゅんかもんいん
建久6（1195）年～建暦1（1211）年　[別]昇子内親王《しょうしないしんのう》
鎌倉時代前期の女性。後鳥羽天皇の第1皇女。
¶朝日（[没]建暦1年11月8日（1211年12月14日）），鎌室，コン改，コン4，諸系，女性（[生]建久6（1195）年8月13日　[没]建暦1（1211）年11月8日），新潮（[生]建久6（1195）年8月　[没]建暦1（1211）年11月8日），人名，日人

淳子女王　じゅんしじょおう
→淳子女王（あつこじょおう）

婠子内親王　しゅんしないしんのう
生没年不詳
南北朝時代の女性。後二条天皇皇子邦良親王の王女。
¶国書

俊子内親王　しゅんしないしんのう
→俊子内親王(2)（としこないしんのう）

恂子内親王（恂子内親王）　じゅんしないしんのう
寛治7（1093）年～長承1（1132）年

平安時代後期の女性。白河天皇の第6皇女。
¶国史，女性（恂子内親王　[没]長承1（1132）年10月16日），人名，日人

珣子内親王　じゅんしないしんのう
→新室町院（しんむろまちいん）

純子内親王　じゅんしないしんのう
？　～貞観5（863）年　[別]純子内親王《すみこないしんのう》
平安時代前期の女性。嵯峨天皇の皇女。
¶女性（[没]貞観5（863）年1月），女性（すみこないしんのう　[没]貞観5（863）年1月），人名，日人，平史（すみこないしんのう）

惇子内親王　じゅんしないしんのう
保元3（1158）年～承安2（1172）年　[別]惇子内親王《あつこないしんのう》
平安時代後期の女性。後白河天皇の第5皇女。
¶朝日（[没]承安2年5月3日（1172年5月27日）），鎌室，女性（あつこないしんのう　[生]保元2（1157）年　[没]承安2（1172）年5月3日），女性（[没]承安2（1172）年5月3日），新潮（[没]承安2（1172）年5月3日），人名，日人，平史（あつこないしんのう　[生]1157年）

恂子内親王　じゅんしないしんのう
→上西門院（じょうさいもんいん）

諄子内親王　じゅんしないしんのう
？　～文応1（1260）年7月21日　[別]諄子内親王《あつこないしんのう》
鎌倉時代前期の女性。土御門天皇の皇女。
¶鎌室，国書，女性（あつこないしんのう　生没年不詳），女性，人名，日人

順助親王　じゅんじょしんのう
→順助法親王（じゅんじょほうしんのう）

順助法親王　じゅんじょほうしんのう
建治3（1277）年～元応2（1320）年10月14日　[別]順助《じゅんじょ》，順助親王《じゅんじょしんのう》，順助法親王《じゅんじょほっしんのう》
鎌倉時代後期の亀山天皇の皇子。
¶鎌室（じゅんじょほっしんのう），国書（順助親王　じゅんじょしんのう），人名（[生]1279年），日人，仏教（順助　じゅんじょ　[生]建治3（1277）年，（異説）弘安2（1279）年）

順徳院　じゅんとくいん
→順徳天皇（じゅんとくてんのう）

順徳天皇　じゅんとくてんのう
建久8（1197）年～仁治3（1242）年　[別]佐渡院《さどのいん》，順徳院《じゅんとくいん》
鎌倉時代前期の第84代の天皇（在位1210～1221）。後鳥羽天皇の第3皇子。
¶朝日（[生]建久8年9月10日（1197年10月22日）　[没]仁治3年9月12日（1242年10月7日）），岩史（[生]建久8（1197）年9月10日　[没]仁治3（1242）年9月12日），角史，鎌室，京都大，国史，国書（[生]建久8（1197）年9月10日　[没]仁治3（1242）年9月12日），古中，コン改，コン4，詩歌（順徳院　じゅんとくいん），史人（[生]1197年9月10日　[没]1242年9月12日），重要（[生]建久8（1197）年9月10日　[没]仁治3（1242）年9月12日），諸系，新潮（[生]建久8（1197）年9月10日　[没]仁治3（1242）年9月12日），新文（順徳院　じゅんとくいん　[生]建久8（1197）年9月10日　[没]仁治3（1242）年9月13日），人名，姓氏京都，世人（[生]建久8（1197）年9月10日　[没]仁治3（1242）年9月12日），世百，全書，大百，新潟百，日史（[生]建久8（1197）年9月10日　[没]仁治3（1242）年9月12日），日人，百科，文学（順徳院　じゅんとくいん），平史，歴大，和俳（[生]建久8（1197）年9月10日　[没]仁治3（1242）年9月12日）

淳和天皇　じゅんなてんのう
延暦5（786）年～承和7（840）年
平安時代前期の第53代の天皇（在位823～833）。桓武天皇の子。
¶朝日（[没]承和7年5月8日（840年6月11日）），岩史（[没]承和7（840）年5月8日），角史，京都大，京都府，国史，国書（[没]承和7（840）年5月8日），古史，古代，古中，コン改，コン4，詩歌，史人（[没]840年5月8日），重要（[没]承和7（840）年5月），諸系，新潮（[没]承和7（840）年5月8日），人名，姓氏京都，世人，全書，大百，日史（[没]承和7（840）年5月8日），日人，百科，平史，歴大，和俳

淳仁天皇　じゅんにんてんのう
天平5（733）年～天平神護1（765）年　[別]大炊王《おおいおう》，淡路廃帝《あわじのはいてい》，淡路公《あわじのきみ》
奈良時代の第47代の天皇（在位758～764）。天武天皇の孫。舎人親王の子。
¶朝日（[没]天平神護1年10月23日（765年11月10日）），岩史（[没]天平神護1（765）年10月23日），角史，国史，古史，古代，古中，コン改，コン4，史人（[没]765年10月23日），重要（[没]天平神護1（765）年10月23日），諸系，新潮（[没]天平神護1（765）年10月23日），人名，世人（[没]天平神護1（765）年10月23日），世百，全書，大百，日史（[没]天平神護1（765）年10月23日），日人，百科，兵庫百，万葉，歴大

舜仁入道親王　しゅんにんにゅうどうしんのう
寛政1（1789）年～天保14（1843）年
江戸時代後期の有栖川宮織仁親王の第4王子。
¶人名，日人

遵仁入道親王　じゅんにんにゅうどうしんのう
元文1（1736）年～延享4（1747）年　[別]寛全親王《かんぜんしんのう》，遵仁法親王《じゅんにんほうしんのう》
江戸時代中期の中御門天皇の第6皇子。
¶人名（寛全親王　かんぜんしんのう），人名（遵仁法親王　じゅんにんほうしんのう），日人

純仁法親王　じゅんにんほうしんのう
→嘉言親王（よしことしんのう）

遵仁法親王 じゅんにんほうしんのう
→遵仁入道親王（じゅんにんにゅうどうしんのう）

聖安女王 しょうあんじょおう
寛文8（1668）年～正徳2（1712）年　[別]聖安女王《しょうあんにょおう》
江戸時代中期の女性。後西天皇の第9皇女。
¶女性（[生]寛文8（1668）年6月22日　[没]正徳2（1712）年12月3日），人名（しょうあんにょおう），日人

聖安女王 しょうあんにょおう
→聖安女王（しょうあんじょおう）

松蔭常宗 しょういんじょうそう
？～応永14（1407）年3月1日
南北朝時代～室町時代の臨済宗の僧。四辻善成の子。
¶国書

承胤親王 しょういんしんのう
→承胤法親王（しょういんほうしんのう）

常胤親王 じょういんしんのう
→常胤法親王（じょういんほうしんのう）

盛胤親王 じょういんしんのう
→盛胤入道親王（せいいんにゅうどうしんのう）

承胤法親王 しょういんほうしんのう
文保1（1317）年～天授3/永和3（1377）年4月9日　[別]承胤《しょういん》，承胤親王《しょういんしんのう》，承胤法親王《しょういんほっしんのう》
南北朝時代の後伏見天皇の皇子。
¶鎌室（しょういんほっしんのう），国書（承胤親王　しょういんしんのう），人名，日人，仏教（承胤　しょういん）

常胤法親王 じょういんほうしんのう
天文17（1548）年～元和7（1621）年　[別]常胤《じょういん》，常胤親王《じょういんしんのう》，妙法院常胤法親王《みょうほういんじょういんほつしんのう》
安土桃山時代～江戸時代前期の天台宗の僧。伏見宮邦輔親王の第5王子。天台座主170世。
¶国書（常胤親王　じょういんしんのう　[生]天文17（1548）年3月9日　[没]元和7（1621）年6月11日），茶道（妙法院常胤法親王　みょうほういんじょういんほつしんのう），人名，日人，仏教（常胤　じょういん　[生]天文17（1548）年3月9日　[没]元和7（1621）年6月11日）

聖雲法親王 しょううんほうしんのう
文永8（1271）年～正和3（1314）年　[別]聖雲《しょううん》，聖雲法親王《しょううんほっしんのう》
鎌倉時代後期の亀山天皇の皇子。
¶鎌室（しょううんほっしんのう），人名，日人，仏教（聖雲　しょううん　[没]正和3（1314）年6月15日）

定恵（定慧）じょうえ
皇極2（643）年～天智4（665）年
飛鳥時代の僧。藤原鎌足の長男。
¶朝日（[没]天智4年12月23日（666年2月2日）），岩史（[没]天智4（665）年12月23日），国史，古史，古代，古中，コン改，コン4，諸系（[没]666年），新潮（[没]天智4（665）年12月23日），人名（[生]？　[没]714年），世人（定慧），日人（[没]666年），仏教（[生]皇極2（643）年，（異説）大化1（645）年　[没]天智4（665）年12月23日，（異説）和銅7（714）年6月12日），仏史

松栄女王 しょうえいじょおう
慶長4（1599）年～寛文2（1662）年　[別]松栄女王《しょうえいにょおう》
江戸時代前期の女性。伏見宮貞清親王の王女。
¶女性（[没]寛文2（1662）年8月19日），人名（しょうえいにょおう），日人（[生]1609年）

松栄女王 しょうえいにょおう
→松栄女王（しょうえいじょおう）

性恵女王 しょうえじょおう
応永23（1416）年～嘉吉1（1441）年　[別]性恵《しょうえ》，性恵女王《しょうえにょおう》，入江殿《いりえどの》
室町時代の女性。後崇光院の第1王女。
¶朝日（性恵　しょうえ　[生]応永23年11月19日（1416年12月8日）　[没]嘉吉1年5月28日（1441年6月17日）），女性（[生]応永23（1416）年11月19日　[没]嘉吉1（1441）年5月28日），人名（しょうえにょおう），日人

性恵女王 しょうえにょおう
→性恵女王（しょうえじょおう）

性恵法親王（性慧法親王）しょうえほうしんのう
鎌倉時代後期の亀山天皇の皇子。
¶人名（性慧法親王），日人（生没年不詳）

聖恵法親王 しょうえほうしんのう
→聖恵法親王（しょうけいほうしんのう）

静恵法親王 じょうえほうしんのう
長寛2（1164）年～建仁3（1203）年　[別]静恵《じょうえ》，静恵法親王《じょうえほっしんのう》
平安時代後期～鎌倉時代前期の後白河天皇の皇子。
¶鎌室（じょうえほっしんのう），人名，日人，仏教（静恵　じょうえ　[没]建仁3（1203）年3月13日），平史

定恵法親王 じょうえほうしんのう
保元1（1156）年～建久7（1196）年　[別]定恵《じょうえ》，定恵法親王《じょうえほっしんのう》
平安時代後期～鎌倉時代前期の後白河天皇の皇子。
¶鎌室（じょうえほっしんのう），人名，日人，仏教（定恵　じょうえ　[没]建久7（1196）年4月18日），平史

性円 しょうえん
→独照性円（どくしょうしょうえん）

性円法親王 しょうえんほうしんのう
正応5（1292）年～正平2/貞和3（1347）年　[別]性円《しょうえん》，性円法親王《しょうえんほっしんのう》

鎌倉時代後期〜南北朝時代の真言宗の僧。後宇多天皇の第3皇子。
¶鎌室（しょうえんほっしんのう），人名，日人，仏教（性円　しょうえん）

鼎王　じょうおう
？〜延元3/暦応1（1338）年6月
鎌倉時代後期〜南北朝時代の公卿（非参議）。宇多天皇の皇子雅明親王の曾孫。
¶公卿，公家

性応入道親王　しょうおうにゅうどうしんのう
元禄3（1690）年〜正徳2（1712）年　[別]性応法親王《しょうおうほうしんのう》
江戸時代中期の霊元天皇の第11皇子。
¶人名（性応法親王　しょうおうほうしんのう），日人

性応法親王　しょうおうほうしんのう
→性応入道親王（しょうおうにゅうどうしんのう）

成恩寺関白　じょうおんじかんぱく
→一条経嗣（いちじょうつねつぐ）

承快法親王　しょうかいほうしんのう
天正19（1591）年〜＊　[別]承快《しょうかい》
安土桃山時代〜江戸時代前期の後陽成天皇の第2皇子。
¶人名（承快　しょうかい　[没]1609年），日人（[没]1610年）

聖海法親王　しょうかいほうしんのう
建永1（1206）年〜？　[別]聖海《しょうかい》，聖海法親王《しょうかいほっしんのう》
鎌倉時代前期の高倉天皇の皇孫。惟明親王の王子。
¶鎌室（しょうかいほっしんのう），人名，日人，仏教（聖海　しょうかい）

仍覚　しょうかく，じょうかく
→三条西公条（さんじょうにしきんえだ）

承覚親王　しょうかくしんのう
→承覚法親王（しょうかくほうしんのう）

静覚親王　じょうかくしんのう
→静覚入道親王（じょうかくにゅうどうしんのう）

静覚入道親王　じょうかくにゅうどうしんのう
永享11（1439）年閏1月〜文亀3（1503）年7月15日　[別]静覚《じょうかく》，静覚親王《じょうかくしんのう》
室町時代〜戦国時代の僧。木寺宮邦康親王の王子。
¶鎌室，国書（静覚親王　じょうかくしんのう），人名，日人（[生]1442年），仏教（静覚　じょうかく　[生]嘉吉2（1442）年，（異説）永享11（1439）年）

承覚法親王　しょうかくほうしんのう
永仁2（1294）年〜？　[別]承覚《しょうかく》，承覚親王《しょうかくしんのう》，承覚法親王《しょうがくほっしんのう》
鎌倉時代後期の後宇多天皇の第4皇子。
¶鎌室（しょうがくほっしんのう），国書（承覚親王　しょうかくしんのう　[生]永仁2（1294）年9月），人名，日人，仏教（承覚　しょうかく）

性覚法親王　しょうかくほうしんのう
文永4（1267）年〜永仁5（1297）年　[別]性覚《しょうかく》，性覚法親王《しょうかくほっしんのう》
鎌倉時代後期の亀山天皇の皇子。
¶鎌室（しょうかくほっしんのう），人名，日人，仏教（性覚　しょうかく　[没]永仁5（1297）年9月26日）

聖鑑国師　しょうかんこくし
→無文元選（むもんげんせん）

章義門院　しょうぎもんいん
？〜延元1/建武3（1336）年10月10日　[別]誉子内親王《よしこないしんのう，よしないしんのう》
鎌倉時代後期〜南北朝時代の女性。伏見天皇の皇女。
¶鎌室，国書（[生]正応1（1288）年頃？），女性，人名，日人

聖久女王　しょうきゅうじょおう
慶長5（1600）年〜寛永8（1631）年　[別]聖久女王《しょうきゅうにょおう》
江戸時代前期の女性。伏見宮邦房親王の第1王女。
¶女性（[没]寛永8（1631）年2月7日），人名（しょうきゅうにょおう），日人

聖久女王　しょうきゅうにょおう
→聖久女王（しょうきゅうじょおう）

承香殿女御　じょうぎょうでんのにょうご
→徽子女王（きしじょおう）

昭訓門院　しょうくんもんいん
文永10（1273）年〜建武3/延元1（1336）年　[別]藤原瑛子《ふじわらえいし，ふじわらのえいし》
鎌倉時代後期〜南北朝時代の女性。亀山天皇の後宮（女院）。
¶朝日（[没]建武3/延元1年6月26日（1336年8月3日）），鎌室，コン改，コン4，諸系，女性（[没]延元1（1336）年6月26日），新潮（[没]建武3/延元1（1336）年6月26日），人名，日人

聖恵親王　しょうけいしんのう
→聖恵法親王（しょうけいほうしんのう）

聖恵法親王　しょうけいほうしんのう
嘉保1（1094）年〜保延3（1137）年　[別]聖恵《しょうけい》，聖恵親王《しょうけいしんのう》，聖恵法親王《しょうえほうしんのう，しょうけいほっしんのう》
平安時代後期の白河天皇の第5皇子。華蔵院流の祖。
¶国史（しょうけいほっしんのう），国書（聖恵親王　しょうけいしんのう　[没]保延3（1137）年2月11日），古中（しょうけいほっしんのう），コン改（しょうえほうしんのう），コン4（しょうえほうしんのう），史人（しょうけいほっしんのう　[没]1137年2月11日），人名（しょうえほうしんのう），日人，仏教（聖恵　しょうけい

[没]保延3 (1137) 年2月11日)，仏史(しょうけいほっしんのう)，平史(しょうえほうしんのう)

昭慶門院 しょうけいもんいん
文永7 (1270) 年～正中1 (1324) 年　[別]憙子内親王《きしないしんのう》
鎌倉時代後期の女性。亀山天皇の皇女。
¶朝日([生]文永10 (1273) 年　[没]正中1年3月12日 (1324年4月6日))，鎌室([生]文永10 (1273) 年)，国史，古中，史人([生]1273年　[没]1324年3月12日)，諸系，女性([没]元亨4 (1324) 年3月12日)，新潮([没]正中1 (1324) 年3月12日)，人名([生]1273年)，日史([没]正中1 (1324) 年3月12日)，日人，歴大([生]1273年)

勝賢 しょうけん
保延4 (1138) 年～建久7 (1196) 年
平安時代後期～鎌倉時代前期の真言宗の僧。藤原通憲の子。
¶朝日([没]建久7年6月22日 (1196年7月19日))，岩史([生]保延4 (1138) 年2月18日　[没]建久7 (1196) 年6月22日)，鎌室([生]長承1 (1132) 年)，国史，国書([生]保延4 (1138) 年2月18日　[没]建久7 (1196) 年6月22日)，古中，コン改([生]長承1 (1132) 年　[没]建久1 (1190) 年)，コン4([生]長承1 (1132) 年　[没]建久1 (1190) 年)，史人([没]1196年6月22日)，諸系，新潮([生]保延4 (1138) 年2月18日　[没]建久7 (1196) 年6月22日)，人名，姓氏京都，日音([没]建久7 (1196) 年6月22日)，日人，仏教([没]建久7 (1196) 年6月22日)，仏史，平史

静賢(静憲) じょうけん
天治1 (1124) 年～?
平安時代後期の僧。藤原通憲の子。
¶朝日，鎌室(生没年不詳)，国書，諸系，新潮(生没年不詳)，日人，平史(静憲)

正源院宮 しょうげんいんのみや
明暦3 (1657) 年～万治1 (1658) 年
江戸時代前期の女性。後西天皇の第2皇女。
¶日人

昭憲皇太后 しょうけんこうたいごう，しょうけんこうたいこう
嘉永3 (1850) 年4月17日～大正3 (1914) 年4月11日
[別]一条美子《いちじょうはるこ》，美子《はるこ》
江戸時代末期～明治期の女性。明治天皇の皇后。
¶朝日([生]嘉永2年4月17日 (1849年5月9日))，維新，角史([生]嘉永2 (1849) 年)，近現，近文([生]1849年)，現日([没]1914年3月26日)，国際，国史，コン改，コン4，コン5，詩歌，史人([生]1849年4月17日)，諸系([生]1849年)，女性，女性普([生]嘉永2 (1849) 年4月17日)，新潮([生]嘉永2 (1849) 年4月17日)，新文([生]嘉永2 (1849) 年4月17日)，人名(しょうけんこうたいこう)，世紀([生]嘉永2 (1849) 年4月17日)，姓氏京都，全書([生]1849年)，大百，奈良文([生]嘉永2年4月17日)，日史，日女([生]嘉永2 (1849) 年4月17日)，日人([生]1849年)，日本，幕末，百科，文学([生]1849年)，履歴，歴大

聖興女王 しょうこうじょおう
天正18 (1590) 年～文禄3 (1594) 年12月13日
[別]聖興女王《しょうこうにょおう》
安土桃山時代の女性。後陽成天皇の第1皇女。
¶女性([生]天正18 (1590) 年4月13日)，人名(しょうこうにょおう)，日人([没]1595年)

称光天皇 しょうこうてんのう
応永8 (1401) 年～正長1 (1428) 年
室町時代の第101代の天皇(在位1412～1428)。後小松天皇の第1皇子。
¶朝日([生]応永8年3月29日 (1401年5月12日)　[没]正長1年7月20日 (1428年8月30日))，鎌室，京都大，国史，国書([生]応永8 (1401) 年3月29日　[没]正長1 (1428) 年7月20日)，古中，コン改，コン4，史人([生]1401年3月29日　[没]1428年7月20日)，重要([生]応永8 (1401) 年3月　[没]正長1 (1428) 年7月20日)，諸系，新潮([生]応永8 (1401) 年3月29日　[没]正長1 (1428) 年7月20日)，人名，世人，全書，大百，日史([生]応永8 (1401) 年3月29日　[没]正長1 (1428) 年7月20日)，日人，百科，歴大

聖興女王 しょうこうにょおう
→聖興女王(しょうこうじょおう)

上西門院 じょうさいもんいん
大治1 (1126) 年～文治5 (1189) 年　[別]統子内親王《とうしないしんのう，むねこないしんのう》，恂子内親王《じゅんしないしんのう》
平安時代後期の女性。鳥羽天皇の皇女。
¶朝日([生]大治1年7月23日 (1126年8月13日)　[没]文治5年7月20日 (1189年9月2日))，鎌室，京都，国史，古史，古中，コン改，コン4，史人([生]1126年7月23日　[没]1189年7月20日)，諸系，女性([生]大治1 (1126) 年7月23日　[没]文治5 (1189) 年7月20日)，新潮([生]大治1 (1126) 年7月23日　[没]文治5 (1189) 年7月20日)，人名，姓氏京都，世人，全書，日人，平史(統子内親王　むねこないしんのう)，歴大，和俳

照山元瑤 しょうざんげんよう
→光子内親王(2)(みつこないしんのう)

照山元瑤尼 しょうざんげんように
→光子内親王(2)(みつこないしんのう)

聖珊女王 しょうさんじょおう
享保6 (1721) 年9月18日～宝暦9 (1759) 年11月4日
[別]聖珊女王《しょうさんにょおう》，聖珊内親王《しょうさんないしんのう》
江戸時代中期の女性。中御門天皇の御1皇女。
¶国書(聖珊内親王　しょうさんないしんのう)，女性，人名(しょうさんにょおう)，日人

聖珊内親王 しょうさんないしんのう
→聖珊女王(しょうさんじょおう)

聖珊女王 しょうさんにょおう
→聖珊女王(しょうさんじょおう)

聖竺女王 しょうじくじょおう
寛永11 (1634) 年～寛文10 (1670) 年　[別]聖竺女王

《しょうじくにょおう》
江戸時代前期の女性。伏見宮貞清親王の王女。
¶女性([没]寛文10(1670)年6月4日), 人名(しょうじくにょおう), 日人

聖竺女王 しょうじくにょおう
→聖竺女王(しょうじくじょおう)

昭子女王 しょうしじょおう
? 〜正暦5(994)年 [別]昭子女王《あきこじょおう, しょうしにょおう》
平安時代中期の女性。醍醐天皇皇子有明親王の第2王女。
¶女性([没]正暦5(994)年7月7日), 人名(しょうしにょおう), 日人, 平史(あきこじょおう)

暲子内親王(暲子内親王) しょうしないしんのう
→八条院(はちじょういん)

勝子内親王 しょうしないしんのう
→勝子内親王(まさるこないしんのう)

奨子内親王 しょうしないしんのう
→達智門院(たっちもんいん)

承子内親王 しょうしないしんのう
天暦2(948)年〜天暦5(951)年 [別]承子内親王《つぎこないしんのう》
平安時代中期の女性。村上天皇の皇女。
¶朝日([生]天暦2年4月11日(948年5月22日) [没]天暦5年7月25日(951年8月30日)), コン改, コン4, 女性([生]天暦2(948)年4月11日 [没]天暦5(951)年7月25日), 人名, 日人, 平史(つぎこないしんのう)

昇子内親王 しょうしないしんのう
→春華門院(しゅんかもんいん)

昌子内親王 しょうしないしんのう
天暦4(950)年〜長保1(999)年12月1日 [別]昌子内親王《まさこないしんのう》
平安時代中期の女性。冷泉天皇の皇后。
¶朝日([没]長保1年12月1日(1000年1月10日)), 角史, 国史, 国書, 古史([没]990年), 古中, コン改, コン4, 史人, 諸系([没]1000年), 女性, 新潮, 人名, 姓氏京都, 日人([没]1000年), 平史(まさこないしんのう), 和俳

祥子内親王 しょうしないしんのう
生没年不詳
鎌倉時代後期〜南北朝時代の女性。後醍醐天皇の皇女。
¶鎌室, 国書, 詩歌, 女性, 人名, 日人, 和俳

章子内親王 しょうしないしんのう
→二条院(にじょういん)

正子内親王(1) しょうしないしんのう
→正子内親王(1)(せいしないしんのう)

正子内親王(2) しょうしないしんのう
→正子内親王(2)(せいしないしんのう)

韶子内親王 しょうしないしんのう
延喜18(918)年〜天元3(980)年 [別]韶子内親王《あきこないしんのう》
平安時代中期の女性。醍醐天皇の皇女。
¶女性(あきこないしんのう [没]天元3(980)年1月18日), 女性([没]天元3(980)年1月18日), 人名, 日人, 平史(あきこないしんのう)

頌子内親王 しょうしないしんのう
天養2(1145)年〜承元2(1208)年 [別]頌子内親王《のぶこないしんのう》
平安時代後期〜鎌倉時代前期の女性。鳥羽天皇の第7皇女。
¶鎌室, 女性([生]久安1(1145)年3月13日 [没]承元2(1208)年9月18日), 人名, 日人, 平史(のぶこないしんのう)

穠子内親王 じょうしないしんのう
→永安門院(えいあんもんいん)

昭子女王 しょうしにょおう
→昭子女王(しょうしじょおう)

聖秀女王 しょうしゅうじょおう
天文21(1552)年〜元和9(1623)年 [別]聖秀女王《しょうしゅうにょおう》
戦国時代〜江戸時代前期の女性。後奈良天皇の第7皇女。
¶女性([生]天文21(1552)年8月8日 [没]元和9(1623)年9月25日), 人名(しょうしゅうにょおう), 日人

聖秀女王 しょうしゅうにょおう
→聖秀女王(しょうしゅうじょおう)

承秋門院 しょうしゅうもんいん
延宝9(1681)年〜享保5(1720)年 [別]幸子女王《ゆきこにょおう》
江戸時代中期の女性。東山天皇の皇后。
¶国書5([生]延宝9(1681)年9月23日 [没]享保5(1720)年2月10日), 諸系, 女性([生]延宝8(1680)年9月 [没]享保5(1720)年2月10日), 人名([生]1680年), 日人

聖祝女王 しょうしゅくじょおう
宝永6(1709)年〜享保6(1721)年 [別]聖祝女王《しょうしゅくにょおう》
江戸時代中期の女性。東山天皇の第4皇女。
¶女性([生]宝永6(1709)年6月13日 [没]享保6(1721)年4月16日), 人名(しょうしゅくにょおう), 日人

聖祝女王 しょうしゅくにょおう
→聖祝女王(しょうしゅくじょおう)

聖淳 しょうじゅん
? 〜永享6(1434)年
室町時代の僧。後村上天皇の孫。説成親王の王子。
¶鎌室([没]永享5(1433)年), 人名, 日人

勝助 しょうじょ
鎌倉時代前期の後嵯峨天皇の皇子。
¶人名, 日人(生没年不詳)

静証 じょうしょう
生没年不詳
平安時代後期の白河天皇の皇子。
¶人名，日人，平史

性勝入道親王 しょうしょうにゅうどうしんのう
→性勝法親王(しょうしょうほうしんのう)

性承入道親王 しょうじょうにゅうどうしんのう
寛永14(1637)年～延宝6(1678)年　[別]周敦親王《なりあつしんのう》，性承《しょうじょう》，性承法親王《しょうじょうほうしんのう》
江戸時代前期の真言宗の僧。後水尾天皇の第7皇子。仁和寺22世。
¶人名(性承法親王　しょうじょうほうしんのう)，日人，仏教(性承　しょうじょう　[生]寛永14(1637)年1月18日　[没]延宝6(1678)年2月29日)

清浄法院宮 しょうじょうほういんのみや
享保9(1724)年～享保10(1725)年
江戸時代中期の女性。中御門天皇の御3皇女。
¶人名

性勝法親王 しょうしょうほうしんのう
？～正平9/文和3(1354)年　[別]性勝入道親王《しょうしょうにゅうどうしんのう》
南北朝時代の後宇多天皇の第5皇子。
¶人名(性勝入道親王　しょうしょうにゅうどうしんのう)，日人

性承法親王 しょうじょうほうしんのう
→性承入道親王(しょうじょうにゅうどうしんのう)

性助親王 しょうじょしんのう
→性助入道親王(しょうじょにゅうどうしんのう)

浄助親王 じょうじょしんのう
→浄助法親王(じょうじょほうしんのう)

性助入道親王 しょうじょにゅうどうしんのう
宝治1(1247)年～弘安5(1282)年12月19日　[別]性助《しょうじょ》，性助親王《しょうじょしんのう》
鎌倉時代後期の後嵯峨天皇の第6皇子。
¶鎌室，国書(性助親王　しょうじょしんのう)，人名，日人([没]1283年)，仏教(性助　しょうじょ　[生]宝治1(1249)年)

聖助法親王(1) しょうじょほうしんのう
南北朝時代の後光厳院の皇子。
¶人名，日人(生没年不詳)

聖助法親王(2) しょうじょほうしんのう
生没年不詳　[別]聖助法親王《しょうじょほっしんのう》
南北朝時代の後醍醐天皇の皇子。
¶鎌室(しょうじょほっしんのう)，人名，日人

浄助法親王 じょうじょほうしんのう
建長5(1253)年～弘安3(1280)年　[別]浄助親王《じょうじょしんのう》，浄助法親王《じょうじょほっしんのう》
鎌倉時代前期の後嵯峨天皇の皇子。
¶鎌室(じょうじょほっしんのう)，国書(浄助親王　じょうじょしんのう　[没]弘安3(1280)年11月21日)，人名，日人

性信親王 しょうしんしんのう
→性信入道親王(しょうしんにゅうどうしんのう)

常信親王 じょうしんしんのう
→覚円法親王(かくえんほうしんのう)

性信入道親王 しょうしんにゅうどうしんのう
寛弘2(1005)年～応徳2(1085)年　[別]師明親王《もろあきらしんのう》，性信《しょうしん》，性信親王《しょうしんしんのう》，性信法親王《しょうしんほうしんのう，しょうしんほっしんのう》，大御室《おおおむろ》
平安時代中期～後期の真言宗の僧。三条天皇の第4皇子。
¶朝日(性信法親王　しょうしんほっしんのう　[生]寛弘2年8月1日(1005年9月7日)　[没]応徳2年9月27日(1085年10月18日))，岩史([生]寛弘2(1005)年8月1日　[没]応徳2(1085)年9月27日)，国史，国書(性信親王　しょうしんしんのう　[生]寛弘2(1005)年8月1日　[没]応徳2(1085)年9月27日)，古中，コン改(性信法親王　しょうしんほうしんのう)，コン4(性信法親王　しょうしんほうしんのう)，史人([生]1005年8月1日　[没]1085年9月27日)，諸系，新潮([没]応徳2(1085)年9月27日)，人名(性信法親王　しょうしんほうしんのう)，姓氏京都，世百(性信親王　しょうしんしんのう)，全書(性信　しょうしん)，日史(性信　しょうしん　[没]応徳2(1085)年9月27日)，日人，百科(性信　しょうしん)，仏教(性信　しょうしん　[生]寛弘2(1005)年8月1日　[没]応徳2(1085)年9月27日)，仏史，平史(性信　しょうしん)，歴大，和歌山人(性信　しょうしん)

性真入道親王 しょうしんにゅうどうしんのう
寛永16(1639)年～元禄9(1696)年　[別]性真《しょうしん》，性真法親王《しょうしんほうしんのう》
江戸時代前期～中期の真言宗の僧。後水尾天皇第9皇子。
¶人名(性真法親王　しょうしんほうしんのう)，日人，仏教(性真　しょうしん　[生]寛永16(1639)年4月28日　[没]元禄9(1696)年1月4日)

承真法親王 しょうしんほうしんのう
天明7(1787)年～天保12(1841)年　[別]承真《しょうしん》
江戸時代後期の天台宗の僧。有栖川宮織仁親王の第3王子。天台座主。
¶人名，日人，仏教(承真　しょうしん　[生]天明6(1786)年12月29日　[没]天保12(1841)年1月12日)

性信法親王 しょうしんほうしんのう
→性信入道親王(しょうしんにゅうどうしんのう)

性真法親王 しょうしんほうしんのう
→性真入道親王(しょうしんにゅうどうしんのう)

聖崇女王　しょうすうじょおう
？ ～寛文9(1669)年11月21日　[別]聖崇女王《しょうそうにょおう》
江戸時代前期の女性。伏見宮貞清親王の王女。
¶女性，人名(しょうそうにょおう)

昭宣公　しょうせんこう
→藤原基経(ふじわらのもとつね)

章善門院　しょうぜんもんいん
？ ～延元3/暦応1(1338)年
鎌倉時代後期～南北朝時代の女性。後深草天皇の皇女。
¶女性([没]延元3(1338)年3月)，人名，日人

聖崇女王　しょうそうにょおう
→聖崇女王(しょうすうじょおう)

聖尊親王　しょうそんしんのう
→聖尊法親王(しょうそんほうしんのう)

聖尊法親王　しょうそんほうしんのう
嘉元1(1303)年～建徳1/応安3(1370)年9月27日　[別]聖尊《しょうそん》，聖尊親王《しょうそんしんのう》
鎌倉時代後期～南北朝時代の真言声明醍醐流の声明家。後二条天皇の第4皇子。
¶国書(聖尊親王　しょうそんしんのう)，人名，日音(聖尊　しょうそん)，日人([生]1304年)，仏教(聖尊　しょうそん　[生]嘉元2(1304)年)

正田美智子　しょうだみちこ
→皇后美智子(こうごうみちこ)

乗朝法親王　じょうちょうほうしんのう
南北朝時代の常磐井宮恒明親王の王子、亀山天皇の皇孫。
¶人名，日人(生没年不詳)

聖珍　しょうちん
平安時代中期の敦明親王の王子、三条天皇の皇孫。
¶人名，日人(生没年不詳)

承鎮親王　しょうちんしんのう
→承鎮法親王(しょうちんほうしんのう)

承鎮法親王　しょうちんほうしんのう
生没年不詳　[別]承鎮《しょうちん》，承鎮親王《しょうちんしんのう》
鎌倉時代後期～南北朝時代の天台宗の僧(114世天台座主)。順徳天皇の皇曽孫。
¶国書(承鎮親王　しょうちんしんのう)，人名，日人，仏教(承鎮　しょうちん)

聖珍法親王　しょうちんほうしんのう
？ ～弘和2/永徳2(1382)年　[別]聖珍《しょうちん》，聖珍法親王《しょうちんほっしんのう》
南北朝時代の伏見天皇の皇子。
¶鎌室(しょうちんほっしんのう)，人名，日人，仏教(聖珍　しょうちん　[没]永徳2/弘和2(1382)年閏1月18日)

承道親王　しょうどうしんのう
→承道法親王(しょうどうほうしんのう)

承道法親王　しょうどうほうしんのう
応永15(1408)年～享徳2(1453)年　[別]承道《しょうどう》，承道親王《しょうどうしんのう》，承道法親王《しょうどうほっしんのう》
室町時代の僧。木寺宮世平王の王子。
¶鎌室(しょうどうほっしんのう)，国書(承道親王　しょうどうしんのう　[生]応永15(1408)年8月20日　[没]享徳2(1453)年9月10日)，諸系，人名，日人，仏教(承道　しょうどう　[生]応永15(1408)年8月20日　[没]享徳2(1453)年9月10日)

上東門院　じょうとうもんいん，じょうどうもんいん
永延2(988)年～承保1(1074)年　[別]藤原彰子《ふじわらしょうし，ふじわらのあきこ，ふじわらのしょうし》，彰子中宮《しょうしちゅうぐう》
平安時代中期の女性。一条天皇の皇后。
¶朝日([没]承保1年10月3日(1074年10月25日))，岩史([没]承保1(1074)年10月3日)，角史(藤原彰子　ふじわらのしょうし)，京都(藤原彰子　ふじわらのしょうし)，国史，国書([没]承保1(1074)年10月3日)，古史，古史(藤原彰子　ふじわらのしょうし)，古中，コン改，コン4，史人([没]1074年10月3日)，重要(藤原彰子　ふじわらのしょうし)，諸系，女性([没]承保1(1074)年10月3日)，人書94，新潮([没]承保1(1074)年10月3日)，人名，姓氏京都(じょうどうもんいん)，世人，世百(藤原彰子　ふじわらのしょうし)，全書(藤原彰子　ふじわらのしょうし)，大百(藤原彰子　ふじわらのしょうし)，日史([没]承保1(1074)年10月3日)，日人，百科，仏教([没]承保1(1074)年10月3日)，平史(藤原彰子　ふじわらのあきこ)，歴大(藤原彰子　ふじわらのしょうし)，和俳([没]承保1(1074)年10月3日)

聖徳太子　しょうとくたいし
敏達天皇3(574)年～推古天皇30(622)年　[別]厩戸皇子《うまやどのおうじ，うまやどのみこ》，豊聡耳皇子《とよとみみのおうじ》
飛鳥時代の王族、用明天皇の子。推古天皇の摂政として蘇我馬子と協力して政治にあたる。冠位十二階、十七条憲法、遣隋使などの業績があり、法隆寺を建立したことも有名。
¶朝日([没]推古30年2月22日(622年4月8日))，岩史([没]推古30(622)年2月22日)，大阪人([没]推古天皇30(622)年2月22日)，角史，教育，郷土奈良([生]573年)，国史，国書([没]推古30(622)年2月22日)，古史，古代，古中，コン改([没]推古30(622)年，(異説)621年)，コン4([没]推古30(622)年，(異説)621年)，詩歌，史人([没]622年2月22日)，重要([没]推古30(622)年？)，諸系，人書79，人書94，人情，新潮([没]推古30(622)年2月22日)，人名([生]？)，姓氏京都，世人，世百，全書，大百，伝記([生]574年？)，日史([生]574年？　[没]推古30(622)年2月22日)，日人，美術([生]？)，百科([生]？)，仏教([没]推古30(622)年2月22日)，仏史，仏人，万葉，名僧，

歴大，和俳（[没]推古30（622）年2月22日）

称徳天皇　しょうとくてんのう
→孝謙天皇（こうけんてんのう）

章徳門院　しょうとくもんいん
生没年不詳　[別]瑛子内親王《おうしないしんのう，こうしないしんのう》
南北朝時代の女性。後伏見天皇の皇女。
¶鎌室，女性，人名，日人

承仁親王　しょうにんしんのう
→承仁法親王（しょうにんほうしんのう）

昌仁親王　しょうにんしんのう
→守脩親王（もりおさしんのう）

性仁親王　しょうにんしんのう
→性仁入道親王（しょうにんにゅうどうしんのう）

譲仁親王　じょうにんしんのう
→譲仁入道親王（じょうにんにゅうどうしんのう）

静仁親王　じょうにんしんのう
→静仁法親王（じょうにんほうしんのう）

性仁入道親王　しょうにんにゅうどうしんのう
文永4（1267）年～嘉元2（1304）年8月10日　[別]性仁《しょうにん》，性仁親王《しょうにんしんのう》
鎌倉時代後期の後深草天皇の皇子。
¶鎌室，国書（性仁親王　しょうにんしんのう），人名，日人，仏教（性仁　しょうにん）

常仁入道親王　じょうにんにゅうどうしんのう
＊～安永1（1772）年
江戸時代中期の有栖川宮職仁親王の第6王子。
¶人名（[生]1751年），日人（[生]1752年）

譲仁入道親王　じょうにんにゅうどうしんのう
文政7（1824）年～天保13（1842）年　[別]譲仁親王《じょうにんしんのう》，譲仁法親王《じょうにんほうしんのう》
江戸時代後期の伏見宮邦家親王の第3王子。
¶国書（譲仁親王　じょうにんしんのう　[生]文政7（1824）年1月11日　[没]天保13（1842）年6月29日），人名（譲仁法親王　じょうにんほうしんのう），日人

承仁法親王　しょうにんほうしんのう
嘉応1（1169）年～建久8（1197）年　[別]承仁《しょうにん》，承仁親王《しょうにんしんのう》，承仁法親王《しょうにんほっしんのう》
平安時代後期の天台宗の僧（天台座主）。後白河天皇の皇子。
¶鎌室（しょうにんほっしんのう），国書（承仁親王　しょうにんしんのう　[没]建久8（1197）年4月27日），コン改，コン4，諸系，新潮（しょうにんほっしんのう　[没]建久8（1197）年4月27日），人名，日人，仏教（承仁　しょうにん　[没]建久8（1197）年4月27日），平史

譲仁法親王　じょうにんほうしんのう
→譲仁入道親王（じょうにんにゅうどうしんのう）

静仁法親王　じょうにんほうしんのう
建保4（1216）年～永仁4（1296）年4月10日　[別]静仁《じょうにん》，静仁親王《じょうにんしんのう》，静仁法親王《じょうにんほっしんのう，せいにんほうしんのう，せいにんほっしんのう》
鎌倉時代後期の土御門天皇の皇子。
¶鎌室（じょうにんほっしんのう），国書（静仁親王　じょうにんしんのう），人名（せいにんほうしんのう），日人，仏教（静仁　じょうにん）

称念院入道殿　しょうねんいんにゅうどうどの
→鷹司兼平（たかつかさかねひら）

昭平親王　しょうへいしんのう
→昭平親王（あきひらしんのう）

浄明珠院殿　じょうみょうじゅいんどの
→二条晴良（にじょうはれよし）

聖武天皇　しょうむてんのう
大宝1（701）年～天平勝宝8（756）年　[別]首皇子《おびとのおうじ，おびとのみこ》
奈良時代の第45代の天皇（在位724～749）。文武天皇の皇子。仏教に帰依し、国分寺や東大寺の大仏を造営。
¶朝日（[没]天平勝宝8年5月2日（756年6月4日）），岩史（[没]天平勝宝8（756）年5月2日），大阪人，角史，郷土奈良，京都府，国史，国書（[没]天平勝宝8（756）年5月2日），古史，古代，古中，コン改，コン4，詩歌，史人（[没]756年5月2日），重要（[没]天平勝宝8（756）年5月2日），諸系，人書94，新潮（[没]天平勝宝8（756）年5月2日），人名，世人（[没]天平勝宝8（756）年5月2日），世百，全書，大百，伝記，日史（[没]天平勝宝8（756）年5月2日），日人，百科，仏教（[没]天平勝宝8（756）年5月2日），仏史，万葉，歴大，和歌山人

章明親王　しょうめいしんのう
延長2（924）年～正暦1（990）年　[別]章明親王《のりあきらしんのう》
平安時代中期の醍醐天皇の皇子。
¶人名，日人，平史（のりあきらしんのう）

承明門院　しょうめいもんいん，じょうめいもんいん
承安1（1171）年～正嘉1（1257）年　[別]源在子《みなもとざいし，みなもとのありこ，みなもとのざいし》
平安時代後期～鎌倉時代前期の女性。後鳥羽天皇の宮人。土御門天皇の生母。
¶朝日（[没]正嘉1年7月5日（1257年8月15日）），岩史（[没]正嘉1（1257）年7月5日），鎌室（じょうめいもんいん），国史，古中，コン改，コン4，史人（[没]1257年7月5日），諸系，女性（[没]正嘉1（1257）年7月5日），新潮（[没]正嘉1（1257）年7月5日），人名，日史（[没]正嘉1（1257）年7月5日），日人，百科，平史（源在子　みなもとのありこ），歴大

性融法親王　しょうゆうほうしんのう
鎌倉時代後期の亀山天皇の皇子。
¶人名，日人（生没年不詳）

逍遙院殿 しょうよういんどの
→三条西実隆(さんじょうにしさねたか)

松嶺玄秀尼 しょうれいげんしゅうに
→元秀女王(げんしゅうじょおう)

松嶺智義 しょうれいちぎ
? ～嘉暦1(1326)年
鎌倉時代後期の臨済宗の僧。後深草天皇の皇子。
¶人名，日人，仏教([没]嘉暦1(1326)年10月11日)

し

青蓮院宮 しょうれんいんのみや
→朝彦親王(あさひこしんのう)

昭和天皇 しょうわてんのう
明治34(1901)年4月29日～昭和64(1989)年1月7日 [別]今上天皇《きんじょうてんのう》，天皇裕仁《てんのうひろひと》，裕仁《ひろひと》，裕仁親王《ひろひとしんのう》，迪宮
昭和期の第124代天皇。大正天皇の第1皇子。戦後、天皇の位置づけは「象徴」となる。生物学に造詣が深く「那須の植物」などの著書がある。
¶朝日，岩史，角史，京都府，近現，現朝，現情(裕仁 ひろひと)，現人(天皇裕仁 てんのうひろひと)，現日(天皇裕仁 てんのうひろひと)，コン改，コン4，コン5，四国文，詩作，史人，重要(今上天皇 きんじょうてんのう)，植物，諸系，新潮，世紀，世人，世百(裕仁 ひろひと)，世百新，全書(裕仁 ひろひと)，大百(裕仁 ひろひと)，伝記(今上天皇 きんじょうてんのう)，富山文，日史，日人，日本，百科(裕仁 ひろひと)，平日，陸海，履歴，履歴2，歴大

式子内親王 しょくしないしんのう
→式子内親王(しきしないしんのう)

舒明天皇 じょめいてんのう
推古1(593)年～舒明天皇13(641)年10月9日
[別]息長足日広額尊《おきながたらしひひろぬかのみこと》，田村皇子《たむらのおうじ》
飛鳥時代の第34代の天皇(在位629～641)。敏達天皇の孫。押坂彦人大兄皇子の子。
¶朝日([没]舒明13年10月9日(641年11月17日))，岩史([生]?)，角史([生]推古1(593)年?)，国史([生]?)，国書，古史([生]?)，古代([生]?)，古中([生]?)，コン改，コン4，詩歌([生]?)，史人，重要，諸系，新潮，人名([生]?)，世人，全書，大百，日史([生]593年?)，日人，百科([生]593年?)，仏教，歴大，和俳

白猪胆津 しらいのいつ
[別]白猪史胆津《しらいのふひといつ》
飛鳥時代の百済系帰化人、白猪氏の祖。
¶岡山歴(白猪史胆津 しらいのふひといつ)，国史，古代(白猪史胆津 しらいのふひといつ)，古中，コン改(生没年不詳)，コン4(生没年不詳)，史人(生没年不詳)，新潮(生没年不詳)，日人(生没年不詳)，歴大

白猪広成 しらいのひろなり
→葛井広成(ふじいのひろなり)

白猪骨(白猪宝然) しらいのほね
生没年不詳 [別]白猪史宝然《しらいのふひとほね》
飛鳥時代の官人、学者。渡来系氏族の出身。
¶朝日，国史，古代(白猪史宝然 しらいのふひとほね)，古中，コン改，コン4，史人，人名，日人，歴大

白髪武広国押稚日本根子尊 しらかのたけひろくにおしわかやまとねこのみこと
→清寧天皇(せいねいてんのう)

白壁王 しらかべおう
→光仁天皇(こうにんてんのう)

白川顕邦王 しらかわあきくにおう
延元3/暦応1(1338)年～*
南北朝時代の神祇伯。非参議・神祇伯白川資英王の長男。
¶公卿([没]明徳4(1393)年3月13日)，公家(顕邦王〔白川家〕 あきくにおう [没]1394年?・明徳4(1393)年3月13日?)，神人([没]明徳5(1394)年)

白川顕成 しらかわあきなり
→白川顕成王(しらかわあきなりおう)

白川顕成王 しらかわあきなりおう
*～元和4(1618)年 [別]白川顕成《しらかわあきなり》
安土桃山時代～江戸時代前期の神祇伯。父は神祇伯雅朝王。
¶国書(白川顕成 しらかわあきなり [生]天正12(1584)年6月5日 [没]元和4(1618)年11月7日)，神人([生]天正2(1574)年)

白川顕英 しらかわあきひで
? ～*
南北朝時代～室町時代の公卿(非参議)。神祇伯白川資英王の子。
¶公卿([没]応永4(1398)年10月)，公家(顕英〔白川家〕 あきひで [没]応永4(1397)年10月)

白川顕広 しらかわあきひろ
→顕広王(あきひろおう)

白川延信 しらかわえんしん
→延信王(のぶざねおう)

白河伊俊 しらかわこれとし
嘉元3(1305)年～正平14/延文4(1359)年
鎌倉時代後期～南北朝時代の公卿(非参議)。非参議藤原伊家の次男。
¶公卿，公家(伊俊〔坊門家(絶家)〕 これとし)，国書([生]乾元1(1302)年)

白河伊宗 しらかわこれむね
嘉元2(1304)年～正平6/観応2(1351)年6月26日
鎌倉時代後期～南北朝時代の公卿(非参議)。非参議藤原伊家の長男。
¶公卿，公家(伊宗〔坊門家(絶家)〕 これむね)

白川資顕(1) しらかわすけあき
? ～乾元1(1302)年11月21日 [別]白川資顕王《し

らかわすけあきおう》
鎌倉時代後期の公卿(非参議)。非参議・神祇伯白川資基王の次男。
¶公卿(白川資顕王　しらかわすけあきおう), 公家(資顕〔王家(絶家)〕　すけあき)

白川資顕(2)　しらかわすけあき
→白川資顕王(1)(しらかわすけあきおう)

白川資顕王(1)　しらかわすけあきおう
享保16(1731)年8月26日～天明5(1785)年1月6日　[別]白川資顕《しらかわすけあき》
江戸時代中期の神祇伯。非参議・神祇伯白川雅富王の次男。
¶公卿, 公家(資顕王〔白川家〕　すけあきおう), 国書(白川資顕　しらかわすけあき), 神人

白川資顕王(2)　しらかわすけあきおう
→白川資顕(1)(しらかわすけあき)

白川資氏　しらかわすけうじ
→白川資氏王(しらかわすけうじおう)

白川資氏王　しらかわすけうじおう
享徳1(1452)年～永正1(1504)年4月14日　[別]資氏王《すけうじおう》, 白川資氏《しらかわすけうじ》
戦国時代の神祇伯。非参議・神祇伯白川資益王の子。
¶公卿([生]康正2(1456)年), 公家(資氏王〔白川家〕　すけうじおう　[生]1456年), 国書(白川資氏　しらかわすけうじ), 神人, 戦人(資氏王　すけうじおう)

白川資方王　しらかわすけかたおう
?　～応永5(1398)年
南北朝時代～室町時代の神祇伯。顕方朝臣の子。
¶公卿, 公家(資方王〔王家(絶家)〕　すけかたおう)

白川資清　しらかわすけきよ
→白川資清王(しらかわすけきよおう)

白川資清王　しらかわすけきよおう
正応2(1289)年～元徳2(1330)年5月11日　[別]白川資清《しらかわすけきよ》
鎌倉時代後期の神祇伯。非参議・神祇伯白川業顕王の子。
¶公卿, 公家(資清王〔白川家〕　すけきよおう), 国書(白川資清　しらかわすけきよ), 神人

白川資邦　しらかわすけくに
→白川資邦王(しらかわすけくにおう)

白川資邦王　しらかわすけくにおう
天福1(1233)年～永仁6(1298)年12月2日　[別]資邦王《すけくにおう》, 白川資邦《しらかわすけくに》
鎌倉時代後期の神祇伯。非参議・神祇伯白川業資王の孫。
¶公卿([生]?), 公家(資邦王〔白川家〕　すけくにおう　[生]?), 国書(白川資邦　しらかわすけくに), 諸系(資邦王　すけくにおう　[没]1299年), 神人

白川資茂王　しらかわすけしげおう
→源資茂(みなもとのすけしげ)

白川資敬　しらかわすけたか
→白川資敬王(しらかわすけたかおう)

白川資敬王　しらかわすけたかおう
文政5(1822)年～嘉永4(1851)年　[別]白川資敬《しらかわすけたか》
江戸時代後期の公家。
¶国書(白川資敬　しらかわすけたか　[生]文政5(1822)年6月　[没]嘉永4(1851)年9月17日), 神人

白川資忠　しらかわすけただ
→白川資忠王(しらかわすけただおう)

白川資忠王　しらかわすけただおう
文中1/応安5(1372)年～永享12(1440)年1月21日　[別]白川資忠《しらかわすけただ》
南北朝時代～室町時代の神祇伯。非参議・神祇伯白川顕邦王の子。
¶公卿, 公家(資忠王〔白川家〕　すけただおう), 国書(白川資忠　しらかわすけただ), 神人

白川資継王　しらかわすけつぐおう
*～建徳2/応安4(1371)年4月24日
鎌倉時代後期～南北朝時代の神祇伯。非参議・神祇伯白川資茂王の子。
¶公卿([生]永仁4(1296)年), 公家(資継王〔王家(絶家)〕　すけつぐおう　[生]1299年)

白川資緒王　しらかわすけつぐおう
建長2(1250)年～?
鎌倉時代後期の神祇伯。非参議・神祇伯白川資基王の長男。
¶公卿, 公家(資緒王〔王家(絶家)〕　すけつぐおう)

白川資訓　しらかわすけとし
→白川資訓(しらかわすけのり)

白川資延　しらかわすけのぶ
→白川資延王(しらかわすけのぶおう)

白川資延王　しらかわすけのぶおう
明和7(1770)年～文政7(1824)年1月13日　[別]白川資延《しらかわすけのぶ》
江戸時代後期の神祇伯。非参議・神祇伯白川資顕王の子。
¶公卿([生]明和7(1770)年2月19日), 公家(資延王〔白川家〕　すけのぶおう　[生]明和7(1770)年11月10日), 国書(白川資延　しらかわすけのぶ　[生]明和7(1770)年11月10日), 神人

白川資訓　しらかわすけのり
天保12(1841)年～明治39(1906)年　[別]白川資訓《しらかわすけとし》, 白川資訓王《しらかわすけのりおう》
江戸時代末期～明治期の神祇伯。非参議・神祇伯白川資延王の曽孫。

¶維新，公卿（白川資訓王　しらかわすけのりおう　(生)天保12（1841）年11月15日　(没)明治39（1906）年12月），公家（資訓王〔白川家〕　すけのりおう　(生)天保12（1841）年11月15日　(没)明治39（1906）年12月7日），国書（(生)天保12（1841）年11月15日　(没)明治39（1906）年12月7日），神人（白川資訓王　しらかわすけのりおう），姓氏京都（しらかわすけとし），幕末（(没)1906年12月7日）

白川資訓王 しらかわすけのりおう
→白川資訓（しらかわすけのり）

白川資英王 しらかわすけひでおう
延慶2（1309）年～正平21/貞治5（1366）年5月26日
鎌倉時代後期～南北朝時代の神祇伯。非参議・神祇伯白川資清王の子。
¶公卿，公家（資英王〔白川家〕　すけひでおう），神人（(没)貞治5（1362）年）

白川資益 しらかわすけます
→白川資益王（しらかわすけますおう）

白川資益王 しらかわすけますおう
応永24（1417）年～文明16（1484）年8月21日
(別)白川資益《しらかわすけます》
室町時代～戦国時代の神祇伯。非参議・神祇伯白川雅兼王の子。
¶公卿，公家（資益王〔白川家〕　すけますおう），国書（白川資益　しらかわすけます），神人

白川資光 しらかわすけみつ
→白川資光王（しらかわすけみつおう）

白川資光王 しらかわすけみつおう
？～文永5（1268）年　(別)白川資光《しらかわすけみつ》
鎌倉時代の公家。
¶国書（白川資光　しらかわすけみつ）

白川資宗王 しらかわすけむねおう
建久2（1191）年～＊
鎌倉時代前期の神祇伯。非参議・神祇伯白川仲資王の次男。
¶公卿（(没)？），公家（資宗王〔王家（絶家）〕　すけむねおう），神人（(没)建長1（1249）年）

白川資基王 しらかわすけもとおう
嘉禄2（1226）年～文永1（1264）年12月7日
鎌倉時代前期の神祇伯。非参議・神祇伯白川資宗王の子。
¶公卿，公家（資基王〔王家（絶家）〕　すけもとおう）

白川忠富 しらかわただとみ
→白川忠富王（しらかわただとみおう）

白川忠富王 しらかわただとみおう
正長1（1428）年～永正7（1510）年2月1日　(別)白川忠富《しらかわただとみ》
室町時代～戦国時代の神祇伯。非参議・神祇伯白川資益王の次男。
¶公卿，公家（忠富王〔白川家〕　ただとみおう），国書（白川忠富　しらかわただとみ），神人

白河天皇 しらかわてんのう
天喜1（1053）年～大治4（1129）年　(別)白河上皇《しらかわじょうこう》
平安時代後期の第72代の天皇（在位1072～1086）。後三条天皇の第1皇子。父の遺志を継ぎ摂関政治を廃し，初めて院政を開始。
¶朝日（(生)天喜1年6月19日（1053年7月7日）(没)大治4年7月7日（1129年7月24日）），岩史（(生)天喜1（1053）年6月19日　(没)大治4（1129）年7月7日），角史，京都，京都大，国史，国書（(生)天喜1（1053）年6月19日　(没)大治4（1129）年7月7日），古史，古中，コン改，コン4，史人（(生)1053年6月19日　(没)1129年7月7日），重要（(生)天喜1（1053）年6月20日　(没)大治4（1129）年7月7日），諸系，新潮（(生)天喜1（1053）年6月19日　(没)大治4（1129）年7月7日），人名，姓氏京都，世人（(生)天喜1（1053）年6月20日　(没)大治4（1129）年7月7日），世百，全書，大百，伝記，日史（(生)天喜1（1053）年6月19日　(没)大治4（1129）年7月7日），日人，百科，仏教（(生)天喜1（1053）年6月19日　(没)大治4（1129）年7月6日），平史，歴大，和歌山人（白河上皇　しらかわじょうこう），和俳（(生)天喜1（1053）年6月19日　(没)大治4（1129）年7月7日）

白川仲資 しらかわなかすけ
→白川仲資王（しらかわなかすけおう）

白川仲資王 しらかわなかすけおう
保元2（1157）年～貞応1（1222）年　(別)仲資王《なかすけおう》，白川仲資《しらかわなかすけ》
鎌倉時代前期の神祇伯。花山天皇の皇子清仁親王の曽孫。
¶朝日（仲資王　なかすけおう），鎌室（仲資王　なかすけおう），公卿（(生)？），公家（仲資王〔白川家〕　なかすけおう　(生)？），国書（白川仲資　しらかわなかすけ　(生)？），諸系（仲資王　なかすけおう），神人（仲資王　なかすけおう），新潮（仲資王　なかすけおう），人名（仲資王　なかすけおう　(没)？），日人（仲資王　なかすけおう），平史（仲資王　なかすけおう）

白川業顕王 しらかわなりあきおう
文永3（1266）年～元応2（1320）年12月27日　(別)白川業顕《しらかわなりあきら》，白川業顕王《しらかわなりあきらおう》
鎌倉時代後期の神祇伯。非参議・神祇伯白川資邦王の子。
¶公卿，公家（業顕王〔白川家〕　なりあきおう），国書（白川業顕　しらかわなりあきら），神人（しらかわなりあきらおう）

白川業顕 しらかわなりあきら
→白川業顕王（しらかわなりあきおう）

白川業顕王 しらかわなりあきらおう
→白川業顕王（しらかわなりあきおう）

白川業定王 しらかわなりさだおう
？～応永28（1421）年11月

室町時代の神祇伯。非参議白川業清王の子。
¶公卿，公家（業定王〔白川家（絶家）〕　なりさだおう）

白川業資 しらかわなりすけ
→白川業資王（しらかわなりすけおう）

白川業資王 しらかわなりすけおう
元暦1（1184）年〜元仁1（1224）年閏7月15日　㊿業資王《なりすけおう》，白川業資《しらかわなりすけ》
鎌倉時代前期の神祇伯。非参議・神祇伯白川仲資王の長男。
¶公卿，公家（業資王〔白川家〕　なりすけおう），国書（白川業資　しらかわなりすけ），神人（業資王　なりすけおう）

白川雅兼王 しらかわまさかねおう
生没年不詳
室町時代の神祇伯。非参議・神祇伯白川資忠王の子。
¶公卿，公家（雅兼王〔白川家〕　まさかねおう），神人

白川雅喬 しらかわまさたか
→白川雅喬王（しらかわまさたかおう）

白川雅喬王 しらかわまさたかおう
元和6（1620）年12月26日〜元禄1（1688）年10月15日　㊿雅喬王《まさたかおう》，白川雅喬《しらかわまさたか》
江戸時代前期の神祇伯。非参議・神祇伯白川雅陳王の子。
¶公卿，公家（雅喬王〔白川家〕　まさたかおう），国書（白川雅喬　しらかわまさたか），諸系（雅喬王　まさたかおう　㊉1621年），神人

白川雅陳王 しらかわまさつらおう
文禄1（1592）年〜寛文3（1663）年2月16日　㊿白川雅陳《しらかわまさのぶ》
江戸時代前期の神祇伯。権中納言高倉永孝の次男。
¶公卿，公家（雅陳王〔白川家〕　まさのぶおう），国書（白川雅陳　しらかわまさのぶ　㊉天正20（1592）年3月20日）

白川雅辰王 しらかわまさときおう
享保12（1727）年〜延享4（1747）年
江戸時代中期の神祇伯。父は神祇伯白川雅富王。
¶神人

白川雅寿 しらかわまさとし
→白川雅寿王（しらかわまさとしおう）

白川雅寿王 しらかわまさとしおう
文化4（1807）年〜天保5（1834）年　㊿白川雅寿《しらかわまさとし》
江戸時代後期の公家。
¶国書（白川雅寿　しらかわまさとし　⑫天保5（1834）年8月25日），神人

白川雅富 しらかわまさとみ
→白川雅富王（しらかわまさとみおう）

白川雅富王 しらかわまさとみおう
元禄15（1702）年3月12日〜宝暦9（1759）年5月17日　㊿白川雅富《しらかわまさとみ》
江戸時代中期の神祇伯。権中納言梅渓通条の次男。
¶公卿，公家（雅富王〔白川家〕　まさとみおう），国書（白川雅富　しらかわまさとみ　㊉元禄5（1692）年3月12日），神人

白川雅朝 しらかわまさとも
→雅朝王（まさともおう）

白川雅朝王 しらかわまさともおう
→雅朝王（まさともおう）

白川雅業 しらかわまさなり
→雅業王（まさなりおう）

白川雅業王 しらかわまさなりおう
→雅業王（まさなりおう）

白川雅陳 しらかわまさのぶ
→白川雅陳王（しらかわまさつらおう）

白川雅冬 しらかわまさふゆ
→白川雅冬王（しらかわまさふゆおう）

白川雅冬王 しらかわまさふゆおう
延宝7（1679）年〜享保19（1734）年11月9日　㊿白川雅冬《しらかわまさふゆ》
江戸時代中期の神祇伯。非参議・神祇伯白川雅喬王の次男。
¶近世（白川雅冬　しらかわまさふゆ），公卿（㊉延宝7（1679）年1月12日），公家（雅冬王〔白川家〕　まさふゆおう　㊉延宝7（1679）年1月12日），国史（白川雅冬　しらかわまさふゆ），国書（白川雅冬　しらかわまさふゆ　㊉延宝7（1679）年1月15日），神人，日人（白川雅冬　しらかわまさふゆ）

白川雅光 しらかわまさみつ
→白川雅光王（しらかわまさみつおう）

白川雅光王 しらかわまさみつおう
万治3（1660）年12月16日〜宝永3（1706）年10月10日　㊿白川雅光《しらかわまさみつ》
江戸時代前期〜中期の神祇伯。非参議・神祇伯白川雅喬王の長男。
¶公卿，公家（雅光王〔白川家〕　まさみつおう），国書（白川雅光　しらかわまさみつ），神人

白鳥高名 しらとりたかな
→長峯高名（ながみねのたかな）

白鳥清岑 しらとりのきよみね
㊿白鳥村主清岑《しらとりのすぐりきよみね》
平安時代前期の官人。
¶古代（白鳥村主清岑　しらとりのすぐりきよみね），日人（生没年不詳）

白鳥元麻呂 しらとりのもとまろ
㊿白鳥村主元麻呂《しらとりのすぐりもとまろ》
奈良時代の官人。
¶古代（白鳥村主元麻呂　しらとりのすぐりもと

まろ）

銀王　しろがねのみこ
上代の女性。景行天皇の皇女。
¶人名，日人

白壁王　しろかべのおう
→光仁天皇（こうにんてんのう）

深慧　しんえ
鎌倉時代の善統親王の王子、順徳天皇の皇孫。
¶人名

真栄女王　しんえいじょおう
応永21（1414）年～享徳2（1453）年　[別]真栄女王《しんえいにょおう》
室町時代の女性。伏見宮治仁王の第2王女。
¶女性（[没]享徳2（1453）年7月26日），人名（しんえいにょおう），日人

真栄女王　しんえいにょおう
→真栄女王（しんえいじょおう）

真覚　しんかく
文永7（1270）年～？
鎌倉時代後期の宗尊親王の第2王子、後嵯峨天皇の皇孫。
¶人名，日人

真観　しんかん
→藤原光俊(2)（ふじわらのみつとし）

心観院　しんかんいん
→倫子女王（ともこじょおう）

仁義公　じんぎこう
→藤原公季（ふじわらのきんすえ）

神功皇后　じんぐうこうごう
成務天皇40（170）年～269年　[別]気長足姫《おきながたらしひめ》，気長足姫尊《おきながたらしひめのみこと》，息長足日女命《おきながたらしひめのみこと》，息長帯比売命《おきながたらしひめのみこと》
上代の女性。仲哀天皇の皇后。
¶朝日，岩史，大阪人（[没]269年？），角史，郷土奈良，国史，古史，古代，古中，コン改，コン4，詩歌，史人，島根人（[生]390年頃），重要（生没年不詳），諸系，女性，神史，人書79，新潮，人名，姓氏山口，世人，世百，全書，大百，日史，日人，百科，福井百（気長足姫　おきながたらしひめ），万葉（息長足日女命　おきながたらしひめのみこと）

真敬親王　しんけいしんのう
→真敬入道親王（しんけいにゅうどうしんのう）

真敬入道親王　しんけいにゅうどうしんのう
慶安2（1649）年～宝永3（1706）年　[別]一乗院宮真敬法親王《いちじょういんのみやしんけいほうしんのう》，真敬《しんけい》，真敬親王《しんけいしんのう》，真敬法親王《しんけいほうしんのう》
江戸時代前期～中期の法相宗の僧。後水尾天皇の皇子。興福寺215世。
¶黄檗（一乗院宮真敬法親王　いちじょういんのみやしんけいほうしんのう　[生]慶安2（1649）年4月　[没]宝永3（1706）年7月7日），国書（真敬親王　しんけいしんのう　[生]慶安2（1649）年4月24日　[没]宝永3（1706）年7月6日），茶道（一乗院宮真敬法親王　いちじょういんのみやしんけいほうしんのう），人名（真敬法親王　しんけいほうしんのう），日人，仏教（真敬　しんけい　[生]慶安2（1649）年4月24日　[没]宝永3（1706）年7月6日）

真敬法親王　しんけいほうしんのう
→真敬入道親王（しんけいにゅうどうしんのう）

心月女王　しんげつじょおう
天正8（1580）年～天正18（1590）年　[別]安禅寺宮《あんぜんじのみや》
安土桃山時代の女性。陽光太上天皇の第3王女。
¶女性（[生]天正8（1580）年7月6日　[没]天正18（1590）年11月5日），人名，日人

新皇嘉門院　しんこうかもんいん
寛政10（1798）年～文政6（1823）年　[別]藤原繋子《ふじわらのつなこ》
江戸時代後期の女性。仁孝天皇の妃。
¶国書（[生]寛政10（1798）年2月　[没]文政6（1823）年4月3日），諸系，女性（[生]寛政10（1798）年2月　[没]文政6（1823）年4月3日），人名，日人

新広義門院　しんこうぎもんいん
寛永1（1624）年～延宝5（1677）年　[別]園国子《そのくにこ》，藤原国子《ふじわらのくにこ》
江戸時代前期の女性。後水尾天皇の宮人。霊元天皇の生母。
¶諸系，女性（[没]延宝5（1677）年7月5日），人名，日人

新朔平門院　しんさくへいもんいん
文化8（1811）年～弘化4（1847）年　[別]藤原祺子《ふじわらのやすこ》
江戸時代後期の女性。仁孝天皇の妃。
¶国書（[生]文化8（1811）年2月25日　[没]弘化4（1847）年10月13日），諸系，女性（[生]文化8（1811）年2月25日　[没]弘化4（1847）年10月13日），人名，日人

禎子内親王　しんしないしんのう
→禎子内親王(1)（ていしないしんのう）

新子内親王　しんしないしんのう
？～寛平9（897）年　[別]新子内親王《にいこないしんのう》
平安時代前期の女性。仁明天皇の皇女。
¶女性（[没]寛平9（897）年1月24日），人名，日人，平史（にいこないしんのう）

真子内親王　しんしないしんのう
？～貞観12（870）年　[別]真子内親王《さねこないしんのう，まさこないしんのう》
平安時代前期の女性。仁明天皇の皇女。
¶女性（[没]貞観12（870）年5月5日），人名，日人，

平史（さねこないしんのう），平史（まさこないしんのう）

親子内親王 しんしないしんのう
→和宮（かずのみや）

進子内親王 しんしないしんのう
生没年不詳
鎌倉時代後期〜南北朝時代の女性。伏見天皇の皇女。
¶国書，女性，人名，日人

仁子内親王 じんしないしんのう
？〜仁和5（889）年 [別]仁子内親王《ひとこないしんのう》
平安時代前期の女性。嵯峨天皇の皇女。
¶女性（[没]仁和5（889）年1月24日），人名，日人，平史（ひとこないしんのう）

信寂 しんじゃく
→高階信平（たかしなののぶひら）

真寂 しんじゃく
→斉世親王（ときよしんのう）

真寂法親王 しんじゃくほうしんのう
→斉世親王（ときよしんのう）

新崇賢門院 しんしゅけんもんいん
→新崇賢門院（しんすうけんもんいん）

深守親王 しんしゅしんのう
→深守法親王（しんしゅほうしんのう）

深守法親王 しんしゅほうしんのう
*〜元中8/明徳2（1391）年 [別]深守親王《しんしゅしんのう》
南北朝時代の大覚寺門跡。後二条天皇の皇子邦良親王の王子。
¶国書（深守親王 しんしゅしんのう [生]正中1（1324）年 [没]明徳2（1391）年4月15日），人名（[生]？），日人（[生]1323年）

信証 しんしょう
承徳2（1098）年〜康治1（1142）年
平安時代後期の真言宗の僧。後三条天皇の皇孫。輔仁親王の王子。西院流の祖。
¶国史，国書（[生]寛治2（1088）年 [没]永治2（1142）年4月8日），古中，人名，日人，仏教（[生]寛治2（1088）年 [没]永治2（1142）年4月8日），仏史，平史（[生]1096年）

真性 しんしょう
仁安2（1167）年〜寛喜2（1230）年
平安時代後期〜鎌倉時代前期の僧。以仁王の王子。
¶鎌室，人名，日人，仏教（[没]寛喜2（1230）年6月14日），平史

新上西門院 しんじょうさいもんいん
承応2（1653）年〜正徳2（1712）年 [別]藤原房子《ふじわらのふさこ》
江戸時代前期〜中期の女性。霊元天皇の皇后。
¶国書（[没]正徳2（1712）年4月14日），諸系，女性（[生]承応2（1653）年8月21日 [没]正徳2（1712）年4月14日），人名，日人

深勝親王 しんしょうしんのう
→深勝法親王（しんしょうほうしんのう）

新上東門院 しんじょうとうもんいん
天文22（1553）年〜元和6（1620）年 [別]藤原晴子《ふじわらのはるこ》
安土桃山時代〜江戸時代前期の女性。後陽成天皇の生母。誠仁親王（陽光院）の女房。
¶朝日（[没]元和6年2月18日（1620年3月21日）），近世，国史，史人（[没]1620年2月18日），諸系，女性（[没]元和6（1620）年2月18日），人名（[生]1545年），日人

深勝法親王 しんしょうほうしんのう
正平4/貞和5（1349）年〜応永7（1400）年10月24日 [別]深勝親王《しんしょうしんのう》
南北朝時代の常磐井宮恒明親王の王子、亀山天皇の皇孫。
¶国書（深勝親王 しんしょうしんのう），人名，日人（生没年不詳）

深性法親王 じんしょうほうしんのう，しんしょうほうしんのう
建治1（1275）年〜正安1（1299）年 [別]深性《じんしょう》，深性法親王《しんしょうほうしんのう，しんしょうほっしんのう》
鎌倉時代後期の後深草天皇の第6皇子。
¶鎌室（しんしょうほっしんのう），人名（しんしょうほうしんのう），日人，仏教（深性 じんしょう [没]正安1（1299）年6月6日，（異説）6月7日？）

深心院関白 しんしんいんかんぱく
→近衛基平（このえもとひら）

新崇賢門院 しんすうけんもんいん
延宝3（1675）年〜宝永6（1709）年12月29日 [別]新崇賢門院《しんしゅけんもんいん》
江戸時代中期の女性。東山天皇の典侍、中御門天皇の生母。
¶コン改，コン4，諸系（[没]1710年），女性，新潮，人名（しんしゅけんもんいん），日人（[没]1710年），歴大

信西 しんぜい
→藤原通憲（ふじわらのみちのり）

新清和院 しんせいわいん
安永8（1779）年〜弘化3（1846）年 [別]欣子内親王《よしこないしんのう》
江戸時代後期の女性。光格天皇の皇后。
¶朝日（[生]安永8年1月24日（1779年3月11日）[没]弘化3年6月20日（1846年8月11日）），近世，国書（[生]安永8（1779）年1月24日 [没]弘化3（1846）年6月20日），史人（[生]1779年1月24日 [没]1846年6月20日），諸系，女性（[生]安永8（1779）年1月24日 [没]弘化3（1846）年6月20日），人名，日人

し

しんせん　254　日本人物レファレンス事典

神仙門院 しんせんもんいん
寛喜3（1231）年〜正安3（1301）年12月27日　㉞体子内親王《たいしないしんのう》
鎌倉時代の女性。後堀河天皇の皇女。
¶女性，人名，日人（㉟1302年）

新宣陽門院 しんせんようもんいん
興国5/康永3（1344）年〜元中8/明徳2（1391）年6月　㉞憲子内親王《けんしないしんのう》
南北朝時代の女性。後村上天皇の皇女。
¶鎌室（生没年不詳），国書，女性（㋴興国4（1343）年），人名，日人

新待賢門院(1) しんたいけんもんいん
享和3（1803）年〜安政3（1856）年　㉞藤原雅子《ふじわらのまさこ》
江戸時代末期の女性。仁孝天皇の典侍。孝明天皇の生母。
¶朝日（㋴享和3年11月1日（1803年12月14日）㉟安政3年7月6日（1856年8月6日）），岩史（㋴享和3（1803）年11月1日　㉟安政3（1856）年7月6日），近世，国史，コン改，コン4，諸系，女性（㋴享和3（1803）年11月　㉟安政3（1856）年7月6日），新潮（㋴享和3（1803）年11月1日　㉟安政3（1856）年7月6日），人名，世人，日人

新待賢門院(2) しんたいけんもんいん
→阿野廉子（あのれんし）

新中御門院 しんちゅうかもんいん
元禄15（1702）年〜享保5（1720）年　㉞新中和門院《しんちゅうわもんいん》，藤原尚子《ふじわらのひさこ》
江戸時代中期の女性。中御門天皇の女御、桜町天皇の母。
¶コン改，コン4，諸系（しんちゅうわもんいん），女性（㋴元禄15（1702）年3月9日　㉟享保5（1720）年1月20日），新潮（㋴元禄15（1702）年3月9日　㉟享保5（1720）年1月20日），人名，日人

新中和門院 しんちゅうわもんいん
→新中和門院（しんちゅうかもんいん）

真禎 しんてい
嘉応1（1169）年〜？
平安時代後期〜鎌倉時代前期の僧。後白河天皇の第11皇子。
¶鎌室，人名，日人，仏教，平史

進藤忠綱 しんどうただつな
生没年不詳
戦国時代の公家・連歌作者。
¶国書

進藤長房 しんどうながふさ
1642年〜享保3（1718）年8月6日
江戸時代前期〜中期の公家（近衛家諸大夫）。父は正四位下筑後守進藤長定。
¶公家（長房〔近衛家諸大夫 進藤家（藤原氏）〕ながふさ）

進藤長泰 しんどうながやす
生没年不詳
戦国時代の公家・連歌作者。
¶国書

進藤長義 しんどうながよし
文政5（1822）年〜？
江戸時代末期の公家（近衛家諸大夫）。近江守、内蔵助、勅使などをつとめる。
¶維新，幕末

真如 しんにょ
延暦18（799）年〜＊　㉞高岳親王《こうがくしんのう，たかおかしんのう》，高丘親王《たかおかしんのう》，真如親王《しんにょしんのう》
平安時代前期の真言宗の僧。平城天皇の第3皇子。
¶朝日（㋴貞観7（865）年？），岩史（生没年不詳），角史（高岳親王　たかおかしんのう　生没年不詳），高知人（高岳親王　たかおかしんのう　生没年不詳），高知百（真如親王　しんにょしんのう　㉟865年），国史（生没年不詳），国書（㋴？　㉟貞観7（865）年頃），古史（高丘親王　たかおかしんのう　生没年不詳），古代，古中（生没年不詳），コン改（真如親王　しんにょしんのう　㉟貞観7（865）年），コン4（真如親王　しんにょしんのう　㉟貞観7（865）年），史人（高岳親王　たかおかしんのう　㋴799年？　㉟865年？），諸系（㉟865年？），新潮（㋴延暦18（799）年？　㉟貞観7（865）年），人名（高丘親王　たかおかしんのう　生没年不詳），姓氏京都（高丘親王　たかおかしんのう　生没年不詳），世人（高岳親王　たかおかしんのう　㉟貞観7（865）年），世百（高丘親王　たかおかしんのう），全書（㋴？　㉟865年？），大百（真如親王　しんにょしんのう　㉟865年），日史（高岳親王　たかおかしんのう　生没年不詳），日人（㉟865年？），百科（高岳親王　たかおかしんのう　生没年不詳），仏教（生没年不詳），仏人（㋴？　㉟881年頃），平史（高丘親王　たかおかしんのう　生没年不詳），歴大（㉟865年）

真如親王 しんにょしんのう
→真如（しんにょ）

深仁親王 しんにんしんのう
→深仁入道親王（しんにんにゅうどうしんのう）

真仁親王 しんにんしんのう
→真仁入道親王（しんにんにゅうどうしんのう）

深仁入道親王 しんにんにゅうどうしんのう
宝暦9（1759）年〜文化4（1807）年　㉞深仁親王《しんにんしんのう》，深仁法親王《しんにんほうしんのう》
江戸時代後期の閑院宮典仁親王（慶光天皇）の第2王子。
¶国書（深仁親王　しんにんしんのう　㋴宝暦9（1759）年1月14日　㉟文化4（1807）年7月21日），人名（深仁法親王　しんにんほうしんのう），日人

皇族・貴族篇　255　すいちん

真仁入道親王 しんにんにゅうどうしんのう
明和5（1768）年〜文化2（1805）年　㉟周翰親王《ちかもとしんのう》，真仁親王《しんにんしんのう》，真仁法親王《しんにんほうしんのう，しんにんほっしんのう》
江戸時代後期の閑院宮典仁親王（慶光天皇）の第5王子。
¶京都大（真仁法親王　しんにんほうしんのう），国書（真仁親王　しんにんしんのう）　㋱明和5（1768）年6月7日　㋜文化2（1805）年8月9日），人名（真仁法親王　しんにんほうしんのう），姓氏京都（真仁法親王　しんにんほっしんのう），日人

深仁法親王 しんにんほうしんのう
→深仁入道親王（しんにんにゅうどうしんのう）

真仁法親王 しんにんほうしんのう
→真仁入道親王（しんにんにゅうどうしんのう）

神武天皇 じんむてんのう
？〜B.C.585年　㉟神日本磐余彦尊《かむやまといわれひこのみこと，かんやまといわれひこのみこと》，神日本磐余彦命《かんやまといわれひこのみこと》
上代の第1代の天皇（始馭天下之天皇）。実在は疑わしい。
¶朝日，岩史，角史，郷土奈良，国史，古史，古代，古中，コン改，コン4，詩歌，史人，重要（生没年不詳），諸系，神史，人書94，新潮，人名，世人，世百，全書，大百，日史，日人，百科，宮崎百，歴大，和歌山人

新室町院 しんむろまちいん
応長1（1311）年〜延元2/建武4（1337）年　㉟珣子内親王《じゅんしないしんのう》
鎌倉時代後期〜南北朝時代の女性。後醍醐天皇の妃。
¶朝日（㋱応長1年2月22日（1311年3月12日）㋜建武4/延元2年5月14日（1337年6月13日）），鎌室，諸系，女性（㋱延慶4（1311）年2月23日㋜延元2（1337）年5月12日），新潮（㋱応長1（1311）年2月22日㋜建武4/延元2（1337）年5月14日），人名，日人

真誉 しんよ
保延2（1136）年〜？
平安時代後期の鳥羽天皇の第8皇子。
¶人名，日人

新陽明門院 しんようめいもんいん
弘長2（1262）年〜永仁4（1296）年　㉟藤原位子《ふじわらいし，ふじわらのいし》
鎌倉時代後期の女性。亀山天皇の妃。
¶朝日（㋜永仁4年1月22日（1296年2月26日）），鎌室，諸系，女性（㋜永仁4（1296）年1月22日），新潮（㋜永仁4（1296）年1月22日），人名，日人

新羅三郎 しんらさぶろう
→源義光（みなもとのよしみつ）

新羅三郎義光 しんらさぶろうよしみつ
→源義光（みなもとのよしみつ）

【す】

瑞光女王 ずいこうじょおう
延宝2（1674）年〜宝永3（1706）年　㉟瑞光女王《ずいこうにょおう》
江戸時代中期の女性。後西天皇の第13皇女。
¶女性（㋱延宝2（1674）年1月19日　㋜宝永3（1706）年9月22日），人名（ずいこうにょおう），日人

瑞光女王 ずいこうにょおう
→瑞光女王（ずいこうじょおう）

推古天皇 すいこてんのう
欽明15（554）年〜推古36（628）年　㉟額田部皇女《ぬかたべのおうじょ》，豊御食炊屋姫尊《とよみけかしきやひめのみこと》，豊御食炊屋姫天皇《とよみけかしきやひめのすめらみこと》
飛鳥時代の第33代の天皇（女帝，在位592〜628）。
¶朝日（㋜推古36年3月7日（628年4月15日）），岩史（㋜推古36（628）年3月7日），大阪人，角史，郷土奈良，国史，古史，古代，古中，コン改，コン4，史人（㋜628年3月7日），重要（㋜推古36（628）年3月7日），諸系，女性（㋜推古36（628）年3月），人書94，新潮（㋜推古36（628）年3月），人名（㋐？），世人，世百（㋜554年？），全書，大百，日史（㋜推古36（628）年3月7日），日人，百科，仏教（㋜推古36（628）年3月7日），万葉，歴大

瑞室 ずいしつ
？〜正長2（1429）年2月20日
室町時代の女性。崇光天皇の皇女。
¶女性，人名

綏子内親王 すいしないしんのう
？〜延長3（925）年　㉟綏子内親王《やすこないしんのう》
平安時代前期〜中期の女性。光孝天皇第3皇女。
¶女性（㋜延長3（925）年4月2日），女性（やすこないしんのう　㋜延長3（925）年4月2日），人名，日人，平史（やすこないしんのう）

瑞子内親王 ずいしないしんのう
→永嘉門院（えいかもんいん）

綏靖天皇 すいぜいてんのう
㉟神渟名川耳尊《かんぬなかわみみのみこと》
上代の第2代の天皇。
¶朝日，国史，古史，古代，古中，コン改，コン4，史人，重要（生没年不詳），諸系，新潮，人名，世人，全書，大百，日史，日人，歴大

瑞珍女王 ずいちんじょおう
？〜慶安4（1651）年5月29日　㉟瑞珍女王《ずいちんにょおう》
江戸時代前期の女性。伏見宮貞敦親王の王孫女。

応胤法親王の二女。
¶女性，人名（ずいちんにょおう）

瑞珍女王 ずいちんにょおう
→瑞珍女王（ずいちんじょおう）

垂仁天皇 すいにんてんのう
[別]活目入彦五十狭茅尊《いくめいりひこいさちのみこと》
上代の第11代の天皇。
¶朝日，岩史，角史，国史，古史，古代，古中，コン改，コン4，史人，重要（生没年不詳），諸系，新潮，人名，世人，全書，大百，日史，日人，百科，歴大

す

崇賢門院 すうけんもんいん
*〜応永34（1427）年　[別]広橋仲子《ひろはしちゅうし》，崇賢門院《しゅけんもんいん，すけんもんいん》，藤原中子《ふじわらちゅうし》
南北朝時代〜室町時代の女性。後光厳天皇の典侍。後円融天皇の生母。
¶鎌室（[生]建武3/延元1（1336）年），国書（すけんもんいん　[生]暦応2（1339）年　[没]応永34（1427）年5月20日），諸系（[生]1339年），女性（[生]建武3（1336）年　[没]応永34（1427）年5月），人名（しゅけんもんいん　[生]1335年），姓氏京都（[生]1336年？），日人（[生]1339年）

崇明門院 すうめいもんいん
生没年不詳　[別]禖子内親王《ばいしないしんのう，ぼうしないしんのう》，崇明門院《そうめいもんいん》
鎌倉時代後期〜南北朝時代の女性。後宇多天皇の皇女。
¶朝日（そうめいもんいん），鎌室（そうめいもんいん），国書，諸系，女性，新潮（そうめいもんいん），人名（そうめいもんいん），日人

季子内親王 すえこないしんのう
？〜天元2（979）年
平安時代中期の女性。宇多天皇皇女。
¶平史

季脩 すえなが
生没年不詳
南北朝時代の公家・歌人。
¶国書

季世王 すえよおう
平安時代前期の仲野親王の王子、桓武天皇皇孫。
¶人名

苞子女王 すがこじょおう
寛政10（1798）年7月20日〜文政2（1819）年10月5日
江戸時代後期の女性。有栖川宮織仁親王の第11王女。
¶女性，人名

酢香手姫皇女 すかてひめのおうじょ
→酢香手姫皇女（すかてひめのひめみこ）

酢香手姫皇女 すかてひめのこうじょ，すがてひめのこうじょ
→酢香手姫皇女（すかてひめのひめみこ）

酢香手姫皇女 すかてひめのひめみこ
？〜推古天皇30（622）年？　[別]酢香手姫皇女《すかてひめのおうじょ，すかてひめのこうじょ，すがてひめのこうじょ》
飛鳥時代の女性。用明天皇の皇女。
¶朝日（生没年不詳），古代，コン改，コン4，女性（すかてひめのこうじょ　生没年不詳），人名（すがてひめのこうじょ），日人（すかてひめのおうじょ　生没年不詳）

菅野忠臣 すがのただおむ
→菅野忠臣（すがののただおみ）

菅野敦頼 すがののあつより
生没年不詳
平安時代中期の官人。
¶平史

菅野惟肖 すがののこれすえ
→菅野惟肖（すがののこれゆき）

菅野惟肖 すがののこれゆき
生没年不詳　[別]菅野惟肖《すがののこれすえ》，菅野朝臣惟肖《すがののあそんこれゆき》
平安時代前期の官人、学者。
¶古代（菅野朝臣惟肖　すがののあそんこれゆき），日人，平史（すがののこれすえ）

菅野佐世 すがののすけよ
延暦21（802）年〜元慶4（880）年　[別]菅野朝臣佐世《すがののあそんすけよ》
平安時代前期の官人。
¶古代（菅野朝臣佐世　すがののあそんすけよ），日人

菅野高年 すがののたかとし
生没年不詳　[別]菅野高年《すがのたかとし》，菅野朝臣高年《すがののあそんたかとし》
平安時代前期の官人。
¶国書（すがのたかとし），古代（菅野朝臣高年　すがののあそんたかとし），日人，平史

菅野高世 すがののたかよ
生没年不詳　[別]菅野高世《すがのたかよ》
平安時代前期の公家・歌人。
¶国書（すがのたかよ），平史

菅野忠臣 すがののただおみ
生没年不詳　[別]菅野忠臣《すがのただおむ》
平安時代前期の公家・歌人。
¶国書（すがのただおむ），平史

菅野永岑 すがののながみね
[別]菅野朝臣永岑《すがののあそんながみね》
平安時代前期の官人。
¶古代（菅野朝臣永岑　すがののあそんながみね），日人（生没年不詳）

菅野文信 すがののふみのぶ
生没年不詳

平安時代中期の官人。
¶平史

菅野正統 すがののまさむね
生没年不詳
平安時代中期の外記。
¶平史

菅野真道(菅野真通) すがののまみち
天平13(741)年～弘仁5(814)年　[別]菅野真道《すがのまみち》,菅野朝臣真道《すがののあそんまみち》,津真道《つのまみち》
奈良時代～平安時代前期の公卿(参議)。百済国辰孫王の裔。
¶朝日([没]弘仁5年6月29日(814年7月19日)),岩史([没]弘仁5(814)年6月29日),角史(菅野真通),神奈川人(すがのまみち),京都,京都大,公卿([没]弘仁5(814)年6月29日),国史,国書(すがのまみち　[没]弘仁5(814)年6月29日),古史,古代(菅野朝臣真道　すがののあそんまみち),古中,コン改,コン4,史人([没]814年6月29日),新潮([没]弘仁5(814)年6月29日),人名(すがのまみち),姓氏京都,世百,全書,日史([没]弘仁5(814)年6月29日),日人,百科,平史,歴大

寿賀宮 すがのみや
寛政4(1792)年～寛政5(1793)年
江戸時代後期の女性。光格天皇の第2皇女。
¶人名

清宮貴子内親王 すがのみやたかこないしんのう
→島津貴子(しまづたかこ)

菅原(家名) すがはら
→菅原(すがわら)

菅原内親王 すがわらないしんのう
?　～天長2(825)年　[別]菅原内親王《すがわらのないしんのう》
平安時代前期の女性。桓武天皇の皇女。
¶女性(すがわらのないしんのう　[没]天長2(825)年7月6日),人名(すがわらのないしんのう),日人,平史

菅原朝元 すがわらのあさもと
生没年不詳　[別]菅原朝元《すがわらあさもと》
南北朝時代の官人・歌人。
¶国書(すがわらあさもと)

菅原淳茂 すがわらのあつしげ
?　～延長4(926)年　[別]菅原淳茂《すがわらあつしげ》
平安時代中期の学者。道真の5男。
¶朝日(生没年不詳),国書(すがわらあつしげ　[没]延長4(926)年1月11日),古史,コン改(生没年不詳),コン4(生没年不詳),詩歌,諸系,新潮([没]延長4(926)年1月11日),人名,日人,平史,和俳

菅原淳高 すがわらのあつたか
安元2(1176)年～建長2(1250)年5月24日　[別]菅原淳高《すがわらあつたか》
鎌倉時代前期の公卿(非参議)。非参議菅原在高の子。
¶鎌室(すがわらあつたか),公卿([生]承安4(1174)年),公家(淳高〔菅原家(絶家)1〕　あつたか),日人

菅原阿満 すがわらのあま
生没年不詳
平安時代前期の贈太政大臣道真の子。
¶平史

菅原在章 すがわらのありあき
建永1(1206)年～?
鎌倉時代前期の公卿(非参議)。非参議菅原淳高の次男。
¶公卿,公家(在章〔菅原家(絶家)1〕　ありあき)

菅原在淳 すがわらのありあつ
徳治1(1306)年～正平9/文和3(1354)年5月18日
鎌倉時代後期～南北朝時代の公卿(非参議)。参議菅原在登の子。
¶公卿,公家(在淳〔壬生坊城家(絶家)〕　ありあつ)

菅原在兼 すがわらのありかね
建長1(1249)年～元亨1(1321)年6月24日
鎌倉時代後期の公卿(参議)。参議菅原在嗣の子。
¶公卿,公家(在兼〔菅原家(絶家)1〕　ありかね)

菅原在公 すがわらのありきみ
?　～弘安10(1287)年4月19日
鎌倉時代後期の公卿(非参議)。正四位下・式部権大輔唐橋公輔の子。
¶公卿,公家(在公〔壬生坊城家(絶家)〕　ありきみ)

菅原有真 すがわらのありざね
生没年不詳
平安時代後期の法制家。
¶人名,世人,日人

菅原在茂 すがわらのありしげ
保安2(1121)年～正治2(1200)年
平安時代後期～鎌倉時代前期の学者。
¶平史

菅原在輔 すがわらのありすけ
宝治1(1247)年～元応2(1320)年11月9日
鎌倉時代後期の公卿(非参議)。非参議菅原在公の子。
¶公卿,公家(在輔〔壬生坊城家(絶家)〕　ありすけ)

菅原在高 すがわらのありたか
平治1(1159)年～貞永1(1232)年9月23日
平安時代後期～鎌倉時代前期の公卿(非参議)。大学頭菅原在茂の子。
¶公卿,公家(在高〔菅原家(絶家)1〕　ありたか)

す

菅原在胤 すがわらのありたね
? ～天授6/康暦2(1380)年
南北朝時代の公卿(非参議)。参議菅原在兼の孫。
¶公卿,公家(在胤〔菅原家(絶家)1〕 ありたね)

菅原在嗣 すがわらのありつぐ
貞永1(1232)年～延慶1(1308)年4月12日
鎌倉時代後期の公卿(参議)。非参議菅原良頼の子。
¶公卿,公家(在嗣〔菅原家(絶家)1〕 ありつぐ)

菅原在躬 すがわらのありつね
生没年不詳
平安時代中期の学者。
¶平史

菅原在富 すがわらのありとみ
? ～天授1/永和1(1375)年4月16日
南北朝時代の公卿(非参議)。非参議菅原在輔の次男。
¶公卿,公家(在富〔壬生坊城家(絶家)〕 ありとみ)

菅原在仲 すがわらのありなか
弘安8(1285)年～延元3/暦応1(1338)年9月 [別]菅原在仲《すがわらありなか》
鎌倉時代後期～南北朝時代の公卿(非参議)。菅原在嗣の孫。
¶公卿([生]弘安5(1282)年),公家(在仲〔菅原家(絶家)1〕 ありなか),国書(すがわらありなか [没]延元3(1338)年9月9日)

菅原在夏 すがわらのありなつ
生没年不詳 [別]菅原在夏《すがわらありなつ》
鎌倉時代後期～南北朝時代の官人・歌人。
¶国書(すがわらありなつ)

菅原在成 すがわらのありなり
永仁6(1298)年～正平7/文和1(1352)年10月19日 [別]菅原在成《すがわらありなり》
鎌倉時代後期～南北朝時代の公卿(非参議)。参議菅原在兼の次男。
¶公卿(すがわらありなり),公家(在成〔菅原家(絶家)1〕 ありしげ)

菅原在登 すがわらのありのり
文永9(1272)年～正平5/観応1(1350)年5月16日
鎌倉時代後期～南北朝時代の公卿(参議)。非参議菅原在輔の子。
¶公卿,公家(在登〔壬生坊城家(絶家)〕 ありのり)

菅原在匡 すがわらのありまさ
生没年不詳 [別]菅原在匡《すがわらありまさ》
鎌倉時代の官人・歌人。
¶国書(すがわらありまさ)

菅原在宗 すがわらのありむね
正治1(1199)年～弘安3(1280)年6月2日
鎌倉時代前期の公卿(非参議)。正四位下・文章博士菅原資高の次男。
¶公卿,公家(在宗〔菅原家(絶家)3〕 ありむね)

菅原在行 すがわらのありゆき
室町時代の公卿(参議)。菅原在保の子。
¶公卿(生没年不詳),公家(在行〔唐橋家(絶家)〕 ありゆき)

菅原在良 すがわらのありよし
長久2(1041)年～保安2(1121)年 [別]菅原在良《すがわらありよし》
平安時代中期～後期の歌人、漢詩人。文章博士菅原定義の4男。
¶朝日([生]長久2(1041)年? [没]保安2年10月23日?(1121年12月4日?)),国史([生]1043年 [没]1122年),国書(すがわらありよし [没]保安2(1121)年10月23日),古中([生]1043年 [没]1122年),史人([生]1043年 [没]1122年10月23日),諸系,人書94(すがわらありよし),日人,平史,和俳

菅原衍子 すがわらのえんし
生没年不詳
平安時代前期の女性。宇多天皇の女御。
¶諸系,女性,人名,日人

菅原兼茂 すがわらのかねしげ
生没年不詳
平安時代中期の官人。
¶平史

菅原公時 すがわらのきみとき
弘安7(1284)年～興国3/康永1(1342)年10月22日
鎌倉時代後期～南北朝時代の公卿(非参議)。参議菅原在兼の長男。
¶公卿,公家(公時〔唐橋家(絶家)〕 きんとき)

菅原公良 すがわらのきみよし
建久6(1195)年～文応1(1260)年7月17日 [別]菅原公良《すがわらきみよし》
鎌倉時代前期の公卿(非参議)。高辻為長の子。
¶公卿(すがわらきみよし),公家(公良〔唐橋家〕 きんよし)

菅原清公 すがわらのきよきみ
→菅原清公(すがわらのきよとも)

菅原清公 すがわらのきよとも
宝亀1(770)年～承和9(842)年 [別]菅原清公《すがわらきよとも,すがわらのきよきみ》,菅原朝臣清公《すがわらのあそんきよきみ》
平安時代前期の公卿(非参議)。阿波守土師宇庭の孫。
¶朝日(すがわらのきよきみ [没]承和9年10月17日(842年11月22日)),角史,京都大(すがわらのきよきみ),公卿(すがわらのきよきみ [生]宝亀2(771)年 [没]承和9(842)年10月17日),国史,国書(すがわらきよとも [没]承和9(842)年10月17日),古代(菅原朝臣清公 すがわらのあそんきよきみ),古中,コン改(すがわらのきよきみ),コン4(すがわらのきよきみ),詩

歌(㋖770年?)，史人(㋓842年10月17日)，諸系，新潮(㋓承和9(842)年10月17日)，人名(すがわらのきよきみ)，姓氏京都(すがわらのきよきみ)，世人(すがわらのきよきみ)，全書(㋖770年?)，日史㋓承和9(842)年10月17日)，日人，平史(すがわらのきよきみ)，歴大(すがわらのきよきみ)，和俳(㋓承和9(842)年10月17日)

菅原清長 すがわらのきよなが
→高辻清長(たかつじきよなが)

菅原清人 すがわらのきよひと
生没年不詳　㊼菅原清人《すがわらきよひと》
平安時代前期の官人・漢学者・漢詩人。
¶国書(すがわらきよひと)

菅原清能 すがわらのきよよし
延久5(1073)年～大治5(1130)年
平安時代後期の在良の二男。
¶平史

菅原国高 すがわらのくにたか
弘安9(1286)年～正平9/文和3(1354)年1月5日
㊼菅原国高《すがわらくにたか》
鎌倉時代後期～南北朝時代の公卿(非参議)。参議菅原在兼の三男。
¶公卿(すがわらくにたか)，公家(国高〔菅原家(絶家)〕1)　くにたか)

菅原是忠 すがわらのこれただ
生没年不詳　㊼菅原是忠《すがわらこれただ》
平安時代後期の官人・歌人。
¶国書(すがわらこれただ)，平史

菅原是綱 すがわらのこれつな
→高辻是綱(たかつじこれつな)

菅原是善 すがわらのこれよし
弘仁3(812)年～元慶4(880)年　㊼菅原是善《すがわらこれよし》，菅原朝臣是善《すがわらのあそんこれよし》，菅相公《かんしょうこう》
平安時代前期の学者、公卿(参議)。従五位下・遠江介菅原古人の孫。
¶朝日(㋓元慶4年8月30日(880年10月7日))，岩史(㋓元慶4(880)年8月30日)，角史，公卿(㋓元慶4(880)年8月30日)，国史，国書(すがわらこれよし　㋓元慶4(880)年8月30日)，古史，古代(菅原朝臣是善　すがわらのあそんこれよし)，古中，コン改，コン4，詩歌，史人(㋓880年8月30日)，諸系，新潮(㋓元慶4(880)年8月30日)，人名，姓氏京都，世人(㋓元慶4(880)年8月30日)，世百，全書，日史(㋓元慶4(880)年8月30日)，日人，百科，平史，歴大，和俳(㋓元慶4(880)年8月30日)

菅原定義 すがわらのさだよし
長和1(1012)年～康平7(1064)年
平安時代中期～後期の孝標の子。道真の5世孫。
¶平史

菅原輔昭 すがわらのすけあき
生没年不詳　㊼菅原輔昭《すがわらすけあきら，すがわらすけあき》
平安時代中期の歌人。
¶国書(すがわらすけあきら)，諸系，人書94(すがわらすけあき　㋖946年頃　㋓982年)，人名，日人，平史，和俳(すがわらすけあき　㋖天暦9(946)年頃　㋓天元5(982)年)

菅原輔昭 すがわらのすけあきら
→菅原輔昭(すがわらのすけあき)

菅原資忠 すがわらのすけただ
㊼菅原資忠《すがわらすけただ》
平安時代中期の官人・歌人。
¶国書(すがわらすけただ　㋖承平6(936)年　㋓永祚1(989)年10月5日)，平史(㋖?　㋓987年)

菅原輔正 すがわらのすけまさ
延長3(925)年～寛弘6(1009)年12月24日　㊼菅原輔正《すがわらすけまさ》，菅相公《かんしょうこう》
平安時代中期の文人、公卿(参議)。右大臣菅原道真の曽孫。
¶公卿，国史，国書(すがわらすけまさ)，古中，コン改，コン4，史人，諸系(㋓1010年)，新潮，人名，日史，日人(㋓1010年)，平史

菅原孝標 すがわらのたかすえ
天延1(973)年～?
平安時代中期の漢学者。
¶角史，諸系，日史，日人，百科，平史，歴大

菅原高嗣 すがわらのたかつぐ
?～弘和1/永徳1(1381)年2月
南北朝時代の公卿(非参議)。参議菅原在兼の孫。
¶公卿，公家(高嗣〔菅原家(絶家)〕1)　たかつぐ)

菅原高視 すがわらのたかみ
貞観18(876)年～延喜13(913)年
平安時代前期～中期の道真の子。
¶高知人，平史

菅原高能 すがわらのたかよし
?～正応1(1288)年3月14日
鎌倉時代後期の公卿(非参議)。従四位下・刑部大輔菅原義高の子。
¶公卿，公家(高能〔菅原家(絶家)〕1)　たかよし)

菅原忠貞 すがわらのただささだ
?～長暦4(1040)年5月25日　㊼菅原忠貞《すがわらただささだ》
平安時代中期の官人・漢学者。
¶国書(すがわらただささだ)

菅原忠長 すがわらのただなが
文永10(1273)年～元弘1/元徳3(1331)年9月
鎌倉時代後期の公卿(非参議)。参議五条長経の次男。

¶公卿，公家（忠長〔粟田口家（絶家）〕　ただなが）

菅原種長 すがわらのたねなが
生没年不詳　[別]菅原種長《すがわらたねなが》
戦国時代の公家。
¶国書（すがわらたねなが）

菅原為長 すがわらのためなが
保元3（1158）年～寛元4（1246）年　[別]高辻為長《たかつじためなが》，菅原為長《すがわらためなが》
平安時代後期～鎌倉時代前期の学者、公卿（参議）。菅原道真の末裔。
¶朝日（[没]寛元4年3月28日（1246年4月15日）），岩史（[没]寛元4（1246）年3月28日），鎌室（すがわらためなが），公卿（高辻為長　たかつじためなが　[没]寛元4（1246）年3月28日），公家（為長〔高辻家〕　ためなが　[没]寛元4（1246）年3月28日），国史，国書（すがわらためなが　[没]寛元4（1246）年3月28日），古中，コン4，史人（[没]1246年3月28日），諸系（高辻為長　たかつじためなが），諸系，新潮（[没]寛元4（1246）年3月28日），人名（すがわらためなが），新潟百（[生]1358年　[没]1446年），日史（[没]寛元4（1246）年3月28日），日人，平史，歴大

菅原為言 すがわらのためのぶ
生没年不詳　[別]菅原為言《すがわらためのぶ》
平安時代中期の公家・歌人。
¶国書（すがわらためのぶ），平史

菅原為職 すがわらのためもと
生没年不詳
平安時代中期の官人。
¶平史

菅原周長 すがわらのちかなが
？　～天授6/康暦2（1380）年
南北朝時代の公卿（非参議）。非参議菅原長員の子。
¶公卿，公家（周長〔菅原家（絶家）2〕　ちかなが）

菅原時親 すがわらのときちか
？　～天授4/永和4（1378）年3月19日
南北朝時代の公卿（非参議）。非参議菅原公時の次男。
¶公卿，公家（時親〔唐橋家（絶家）〕　ときちか）

菅原時長 すがわらのときなが
生没年不詳　[別]菅原時長《すがわらときなが》
南北朝時代の公家・歌人。
¶国書5（すがわらときなが）

菅原豊長 すがわらのとよなが
南北朝時代の公卿（非参議）。永徳元年従三位に叙される。
¶公卿（生没年不詳），公家（豊長〔粟田口家（絶家）〕　とよなが）

菅原長員 すがわらのながかず
文永10（1273）年～正平7/文和1（1352）年6月23日　[別]菅原長員《すがわらながかず》
鎌倉時代後期～南北朝時代の公卿（非参議）。康永2年従二位豊前権守に任ぜられる。
¶公卿（すがわらながかず），公家（長員〔菅原家（絶家）2〕　ながかず）

菅原長方 すがわらのながかた
*～応永29（1422）年3月11日
室町時代の公卿（非参議）。正四位下・少納言菅原淳嗣の子。
¶公卿（[生]？），公家（長方〔粟田口家（絶家）〕　ながかた　[生]1361年）

菅原長嗣 すがわらのながつぐ
？　～元中3/至徳3（1386）年5月20日
南北朝時代の公卿（参議）。非参議菅原忠長の子。
¶公卿，公家（長嗣〔粟田口家（絶家）〕　ながつぐ）

菅原長成 すがわらのながなり
→高辻長成（たかつじながなり）

菅原長宣 すがわらのながのぶ
文永8（1271）年～正中2（1325）年7月17日　[別]高辻長宣《たかつじながのぶ》，菅原長宣《すがわらながのぶ》
鎌倉時代後期の公家・歌人。
¶公卿（高辻長宣　たかつじながのぶ　[生]？），公家（長宣〔高辻家〕　ながのぶ），国書（すがわらながのぶ　[没]正中2（1325）年7月8日）

菅原長守 すがわらのながもり
大治4（1129）年～建仁3（1203）年11月13日　[別]菅原長守《すがわらながもり》
平安時代後期～鎌倉時代前期の公家。
¶国書（すがわらながもり）

菅原長義 すがわらのながよし
→桑原長義（くわばらながよし）

菅原陳経 すがわらののぶつね
生没年不詳　[別]菅原陳経《すがわらのぶつね》
平安時代後期の官人。
¶国書（すがわらのぶつね），平史

菅原宣義 すがわらののぶよし
？　～寛仁1（1017）年
平安時代中期の漢詩人。
¶諸系，日人，平史

菅原広貞 すがわらのひろさだ
→出雲広貞（いずものひろさだ）

菅原房長 すがわらのふさなが
？　～興国6/貞和1（1345）年7月24日　[別]菅原房長《すがわらふさなが》
鎌倉時代後期～南北朝時代の公卿（非参議）。参議五条長経の三男。
¶公卿（すがわらふさなが），公家（房長〔五条家〕　ふさなが）

菅原文時 すがわらのふみとき
昌泰2（899）年～天元4（981）年9月8日　[別]菅原文時《すがわらふみとき》，菅三品《かんさんぼん，かんさんぽん》
平安時代中期の歌人、学者、公卿（非参議）。右大臣菅原道真の孫。
¶朝日（[没]天元4年9月8日（981年10月8日）），岩史，角史，公卿，国史，国書（すがわらふみとき），古中，コン改，コン4，詩歌（菅三品　かんさんぽん），史人，諸系，新潮，人名，世人，全書，大百，日史，日人，百科，平史，歴大，和俳

菅原古人 すがわらのふるひと
生没年不詳　[別]菅原宿禰古人《すがわらのすくねふるひと》
奈良時代の文人、官人。
¶古史，古代（菅原宿禰古人　すがわらのすくねふるひと），諸系，人名，世人，日人

菅原雅規 すがわらのまさのり
延喜19（919）年～天元2（979）年　[別]菅原雅規《すがわらまさのり》
平安時代中期の官人・漢詩人。
¶国書（すがわらまさのり　[没]天元2（979）年8月），平史

菅原道真 すがわらのみちざね
承和12（845）年～延喜3（903）年　[別]菅原朝臣道真《すがわらのあそんみちざね》，菅原道真《すがはらみちざね，すがわらみちざね》
平安時代前期の学者、歌人、公卿（右大臣，従二位）。参議菅原是善の三男。遣唐使の廃止を奏上。讒言により大宰権帥に左遷。後世学問の神として祀られている。
¶朝日（[没]延喜3年2月25日（903年3月26日）），岩史（[没]延喜3（903）年2月25日），大阪人（すがわらみちざね　[没]延喜3（903）年2月25日），香川人，香川百，角史，教育（すがわらみちざね），京都，京都大（すがはらみちざね），郷土奈良，京都府，公卿（[生]承和2（835）年　[没]延喜3（903）年2月25日），国史，国書（すがわらみちざね　[没]延喜3（903）年2月25日），古史，古代（菅原朝臣道真　すがわらのあそんみちざね），古中，コン改，コン4，詩歌，史人（[没]903年2月25日），島根人（すがはらみちざね），島根歴（すがわらみちざね），重要（[生]承和12（845）年6月25日），諸系，人書94（すがわらみちざね），神人（すがはらみちざね　[生]承和12（845）年6月25日　[没]延喜3（903）年2月25日），新潮（[没]延喜3（903）年2月25日），新文（[没]延喜3（903）年2月25日），人名，姓氏京都，姓氏山口（すがわらみちざね），世人，世百，全書，大百，伝記，日史（[没]延喜3（903）年2月25日），日人，百科，兵庫百，福岡百（[没]延喜3（903）年2月25日），文学，平史，山口百（すがわらみちざね），歴大，和俳（[没]延喜3（903）年2月25日）

菅原岑嗣（菅原峯嗣） すがわらのみねつぐ
延暦12（793）年～貞観12（870）年　[別]出雲岑嗣《いずもみねつぐ》，菅原朝臣峯嗣《すがわらのあそんみねつぐ》，菅原岑嗣《すがわらみねつぐ》
平安時代前期の医師。父の出雲広貞は「大同類聚方」の編者。
¶朝日（[没]貞観12年3月30日（870年5月4日）），国史，国書（すがわらみねつぐ　[没]貞観12（870）年3月30日），古代（菅原朝臣峯嗣　すがわらのあそんみねつぐ），古中，コン改，コン4，史人（[没]870年3月30日），新潮（[没]貞観12（870）年3月30日），人名，世人，日人，平史（菅原峯嗣）

菅原資宗 すがわらのもとむね
宝治2（1248）年～乾元1（1302）年6月30日
鎌倉時代後期の公卿（非参議）。非参議菅原在宗の子。
¶公卿，公家（資宗〔菅原家（絶家）3〕　すけむね）

菅原師長 すがわらのもろなが
生没年不詳　[別]菅原師長《すがわらもろなが》
平安時代中期の官人・漢学者。
¶国書（すがわらもろなが），平史

菅原善綱 すがわらのよしつな
生没年不詳
平安時代前期の宇多天皇の侍臣。
¶平史

菅原善主 すがわらのよしぬし
延暦22（803）年～仁寿2（852）年　[別]菅原善主《すがわらよしぬし》，菅原朝臣善主《すがわらのあそんよしぬし》
平安時代前期の官人。清公の3男、道真の叔父。
¶朝日（[没]仁寿2年11月7日（852年12月21日）），国書（すがわらよしぬし　[没]仁寿2（852）年11月7日），古代（菅原朝臣善主　すがわらのあそんよしぬし），コン改，コン4，諸系，新潮（[没]仁寿2（852）年11月7日），人名，日人，平史

菅原良頼 すがわらのよしより
建久5（1194）年～弘安1（1278）年8月24日
鎌倉時代前期の公卿（非参議）。非参議菅原淳高の長男。
¶公卿，公家（良頼〔菅原家（絶家）1〕　よしより）

資顕王 すけあきおう
→白川資顕王(1)（しらかわすけあきおう）

資氏王 すけうじおう
→白川資氏王（しらかわすけうじおう）

資方王 すけかたおう
→白川資方王（しらかわすけかたおう）

佐兼王 すけかねおう
平安時代中期の元良親王の王子。陽成天皇の皇孫。
¶人名

資清王 すけきよおう
→白川資清王（しらかわすけきよおう）

資邦王 すけくにおう
→白川資邦王（しらかわすけくにおう）

祐子女王 すけこじょおう
天暦2(948)年頃～？　⑲祐子女王《ゆうしじょおう》
平安時代中期の女性。重明親王の王女。藤原定子の乳母。
¶女性(ゆうしじょおう)，平史(生没年不詳)

資子内親王 すけこないしんのう
→資子内親王(ししないしんのう)

輔子内親王 すけこないしんのう
→輔子内親王(ほしないしんのう)

祐子内親王 すけこないしんのう
→祐子内親王(ゆうしないしんのう)

亮子内親王 すけこないしんのう
→殷富門院(いんぷもんいん)

資茂王 すけしげおう
→源資茂(みなもとのすけしげ)

資忠王 すけただおう
→白川資忠王(しらかわすけただおう)

資継王 すけつぐおう
→白川資継王(しらかわすけつぐおう)

資緒王 すけつぐおう
→白川資緒王(しらかわすけつぐおう)

佐時王 すけときおう
平安時代中期の元良親王の王子。陽成天皇の皇孫。
¶人名

習宜阿曽麻呂 すげのあそまろ
→中臣習宜阿曽麻呂(なかとみのすげのあそまろ)

資延王 すけのぶおう
→白川資延王(しらかわすけのぶおう)

資訓王 すけのりおう
→白川資訓(しらかわすけのり)

資英王 すけひでおう
→白川資英王(しらかわすけひでおう)

高仁親王 すけひとしんのう
寛永3(1626)年～寛永5(1628)年
江戸時代前期の後水尾天皇の第2皇子。
¶人名，日人

典仁親王 すけひとしんのう
享保18(1733)年～寛政6(1794)年　⑲閑院宮典仁《かんいんのみやすけひと》,閑院宮典仁親王《かんいんのみやすけひとしんのう》,慶光天皇《きょうこうてんのう,けいこうてんのう》
江戸時代中期の閑院宮直仁親王の第2皇子。
¶朝日(㊍享保18年2月27日(1733年4月11日)　㊥寛政6年7月6日(1794年8月1日))，岩史(閑院宮典仁　かんいんのみやすけひと　㊍享保18(1733)年2月27日　㊥寛政6(1794)年7月6日)，京都大(慶光天皇　けいこうてんのう　㊥天明6(1786)年)，近世，国史，国書(㊍享保

18(1733)年2月27日　㊥寛政6(1794)年7月6日)，コン改(㊥天明6(1786)年)，コン4(閑院宮典仁親王　かんいんのみやすけひとしんのう)，コン4(㊥天明6(1786)年)，史人(閑院宮典仁親王　かんいんのみやすけひとしんのう㊍1733年2月27日　㊥1794年7月6日)，重要(㊥寛政6(1794)年7月6日)，諸系，新潮(㊍享保18(1733)年2月27日　㊥寛政6(1794)年7月6日)，人名(慶光天皇　きょうこうてんのう)，姓氏京都，世人(㊥天明6(1786)年)，全書(慶光天皇　きょうこうてんのう)，大百(㊥1786年)，日史(㊍享保18(1733)年2月27日　㊥寛政6(1794)年7月6日)，日人(慶光天皇　きょうこうてんのう)，日人，百科，歴大(閑院宮典仁親王　かんいんのみやすけひとしんのう)

輔仁親王 すけひとしんのう
延久5(1073)年～元永2(1119)年
平安時代後期の後三条天皇の第3皇子。
¶朝日(㊍延久5年1月19日(1073年2月28日)　㊥元永2年11月28日(1119年12月31日))，角史，国史，国書(㊍延久5(1073)年1月19日㊥元永2(1119)年11月28日)，古史，古中，コン改，コン4，史人(㊍1073年1月19日　㊥1119年11月28日)，重要(㊍延久5(1073)年1月㊥元永2(1119)年11月28日)，諸系，新潮(㊍延久5(1073)年1月19日　㊥元永2(1119)年11月28日)，人名，姓氏京都，世人，日史(㊍延久5(1073)年1月19日　㊥元永2(1119)年11月28日)，日人，百科，平史，和俳(㊍元永2(1119)年11月28日)

資益王 すけますおう
→白川資益王(しらかわすけますおう)

資宗王 すけむねおう
→白川資宗王(しらかわすけむねおう)

資基王 すけもとおう
→白川資基王(しらかわすけもとおう)

輔世王 すけよおう
？～元慶3(879)年
平安時代前期の仲野親王の王子。桓武天皇皇孫。
¶諸系，人名，日人，平史

佐頼王 すけよりおう
平安時代中期の元良親王の王子。陽成天皇の皇孫。
¶人名

崇賢門院 すけんもんいん
→崇賢門院(すうけんもんいん)

崇光天皇 すこうてんのう
建武1(1334)年～応永5(1398)年
南北朝時代の北朝第3代の天皇(在位1348～1351)。父は光厳天皇。
¶朝日(㊍建武1年4月22日(1334年5月25日)㊥応永5年1月13日(1398年1月31日))，岩史(㊍建武1(1334)年4月22日　㊥応永5(1398)年1月13日)，角史，鎌室，京都大，国史，国書(㊍建武1(1334)年4月22日　㊥応永5(1398)年1月13日)，古中，コン改，コン4，史人(㊍1334

年4月22日　[没]1398年1月13日），重要（[生]建武1（1334）年4月22日　[没]応永5（1398）年1月13日），諸系，新潮（[生]建武1（1334）年4月22日　[没]応永5（1398）年1月13日），人名，世人，全書，大百，日史（[生]建武1（1334）年4月22日　[没]応永5（1398）年1月13日），日人，百科，歴大

菅生王　すごうのおう
生没年不詳
奈良時代の貴族、信濃国の遙任国司。
¶長野歴

朱雀天皇　すざくてんのう
延長1（923）年～天暦6（952）年
平安時代中期の第61代の天皇（在位930～946）。
¶岩史（[生]延長1（923）年7月24日　[没]天暦6（952）年8月15日），角史，京都大，国史，国書（[生]延長1（923）年7月24日　[没]天暦6（952）年8月15日），古史，古中，コン改，コン4，史人（[生]923年7月24日　[没]952年8月15日），重要（[没]天暦6（952）年8月15日），諸系，新潮（[生]延長1（923）年7月24日　[没]天暦6（952）年8月15日），人名，姓氏京都，世人，全書，大百，日史（[生]延長1（923）年7月24日　[没]天暦6（952）年8月15日），日人，平史，歴大，和俳（[没]天暦6（952）年8月15日）

崇峻天皇　すしゅんてんのう
？～崇峻5（592）年　[別]長谷部若雀尊《はつせべのわかさぎのみこと》，泊瀬部皇子《はつせべのおうじ，はつせべのみこ》
飛鳥時代の第32代の天皇。欽明天皇の第5子。蘇我馬子により暗殺された。
¶朝日，岩史（[没]崇峻5（592）年11月3日），角史，国史，古史，古代，古中，コン改，コン4，史人，重要（[没]崇峻5（592）年11月3日），諸系，新潮（[没]崇峻5（592）年11月3日），人名，世人，全書，大百，日史（[没]592年11月3日），日人，百科，仏教（[没]崇峻5（592）年11月3日），歴大

崇神天皇　すじんてんのう
B.C.148年～B.C.30年　[別]御間城入彦五十瓊尊《みまきいりひこいにえのみこと》
上代の第10代の天皇。
¶朝日，岩史，角史，郷土奈良，国史，古史（生没年不詳），古代，古中，コン改，コン4，史人，重要（生没年不詳），諸系，新潮，人名，世人，世百，全書，大百，伝記，日史，日人，百科，歴大

鈴鹿王　すずかおう
？～天平17（745）年
奈良時代の公卿（知太政官事）。天武天皇の孫。
¶朝日（[没]天平17年9月4日（745年10月3日）），岩史，角史，神奈川人，公卿（[没]天平17（745）年9月4日），国史，古史，古代，古中，コン改，コン4，史人（[没]745年9月4日），諸系，新潮（[没]天平17（745）年9月4日），人名，日史（[没]天平17（745）年9月4日），日人，百科，歴大

薄以緒　すすきもちお
→薄以緒（うすいもちお）

崇道尽敬皇帝　すどうじんきょうこうてい，すどうじんぎょうこうてい
→舎人親王（とねりしんのう）

崇道尽敬皇帝　すどうじんけいこうてい
→舎人親王（とねりしんのう）

崇道天皇　すどうてんのう
→早良親王（さわらしんのう）

崇徳天皇　すとくてんのう，すどくてんのう
元永2（1119）年～長寛2（1164）年　[別]讃岐院《さぬきのいん》，崇徳上皇《すとくじょうこう》
平安時代後期の第75代の天皇（在位1123～1141）。鳥羽天皇の第1皇子。保元の乱で敗れ讃岐に流された。
¶朝日（[生]元永2年5月28日（1119年7月7日）　[没]長寛2年8月26日（1164年9月14日）），岩史（[生]元永2（1119）年5月28日　[没]長寛2（1164）年8月26日），香川人（崇徳上皇　すとくじょうこう），角史，鎌室，京都，郷土香川（崇徳上皇　すとくじょうこう），国史，国書（[生]元永2（1119）年5月28日　[没]長寛2（1164）年8月26日），古史，古中，コン改，コン4，詩歌，史人（[生]1119年5月28日　[没]1164年8月26日），重要（[生]元永2（1119）年5月28日　[没]長寛2（1164）年8月26日），諸系，新潮（[生]元永2（1119）年5月28日　[没]長寛2（1164）年8月26日），人名，姓氏京都（すどくてんのう），世人（[生]元永2（1119）年5月28日　[没]長寛2（1164）年8月26日），世百，全書，大百，伝記，日史（[生]元永2（1119）年5月28日　[没]長寛2（1164）年8月26日），日人，百科，平史，歴大，和俳（[生]元永2（1119）年5月28日　[没]長寛2（1164）年8月26日）

寿万宮　すまのみや
安政6（1859）年～文久1（1861）年
江戸時代末期の女性。孝明天皇の第3皇女。
¶維新，女性（[生]安政6（1859）年3月22日　[没]文久1（1861）年5月1日），人名，日人，幕末（[没]1861年6月8日）

淑子内親王　すみこないしんのう
文政12（1829）年～明治14（1881）年10月3日
[別]桂宮淑子内親王《かつらのみやすみこないしんのう》，敏宮《ときのみや》
江戸時代後期～明治期の女性。仁孝天皇の第3皇女。桂宮家11代を相続。
¶維新，諸系，女性（桂宮淑子内親王　かつらのみやすみこないしんのう　[生]文政12（1829）年1月），女性（[生]文政12（1829）年1月19日），女性（敏宮　ときのみや　[生]文政12（1829）年1月19日），女性普（桂宮淑子内親王　かつらのみやすみこないしんのう　[生]文政12（1829）年1月19日），人名，日人，幕末

純子内親王　すみこないしんのう
→純子内親王（じゅんしないしんのう）

清仁親王　すみとしんのう
→清仁親王（きよひとしんのう）

す

住吉仲皇子 すみのえのなかつおうじ
→住吉仲皇子(すみのえのなかつみこ)

住吉仲皇子 すみのえのなかつみこ
[別]住吉仲皇子《すみのえのなかつおうじ,すみのえのなかつのおうじ,すみのえのなかつのみこ》
上代の仁徳天皇の皇子。
¶国史(すみのえのなかつおうじ), 古史, 古代, 古中(すみのえのなかつおうじ), コン改, コン4, 史人, 新潮, 人名(すみのえのなかつおうじ), 日史(すみのえのなかつのおうじ), 日人(すみのえのなかつおうじ), 百科(すみのえのなかつのみこ)

住吉綱主 すみよしのつなぬし
天平1(729)年～延暦24(805)年
奈良時代～平安時代前期の官人。
¶平史

修明門院 すめいもんいん
→修明門院(しゅめいもんいん)

須売伊呂大中日子王 すめいろおおなかつひこおう
→須売伊呂大中日子王(すめいろおおなかつひこのみこ)

須売伊呂大中日子王 すめいろおおなかつひこのみこ
[別]須売伊呂大中日子王《すめいろおおなかつひこおう》
上代の景行天皇の皇曽孫、稚武彦王の王子。
¶人名(すめいろおおなかつひこおう), 日人

駿河内親王 するがないしんのう
延暦20(801)年～弘仁11(820)年　[別]駿河内親王《するがのないしんのう》
平安時代前期の女性。桓武天皇の皇女。
¶女性(するがのないしんのう　[没]弘仁11(820)年6月20日), 人名(するがのないしんのう), 日人, 平史

【せ】

済 せい
→倭王済(わおうせい)

盛胤入道親王 せいいんにゅうどうしんのう
慶安4(1651)年～延宝8(1680)年　[別]常尹親王《つねただしんのう》,盛胤親王《じょういんしんのう》,盛胤法親王《せいいんほうしんのう》
江戸時代前期の後水尾天皇の第18皇子。
¶国書(盛胤親王　じょういんしんのう　[生]慶安4(1651)年8月22日　[没]延宝8(1680)年6月26日), 人名(盛胤法親王　せいいんほうしんのう), 日人

盛胤法親王 せいいんほうしんのう
→盛胤入道親王(せいいんにゅうどうしんのう)

誓円 せいえん
→久我誓円(こがせいえん)

誓円尼公 せいえんにこう
→久我誓円(こがせいえん)

盛化門院 せいかもんいん
*～天明3(1783)年　[別]藤原維子《ふじわらのこれこ》
江戸時代中期の女性。後桃園天皇の女御。
¶諸系([生]1760年), 女性([生]宝暦9(1759)年12月9日　[没]天明3(1783)年10月12日), 人名([生]1759年), 日人([生]1760年)

西華門院 せいかもんいん
文永6(1269)年～正平10/文和4(1355)年　[別]源基子《みなもときし,みなもとのきし,みなもとのもとこ》
鎌倉時代後期～南北朝時代の女性。後宇多天皇の後宮。後二条天皇の生母。
¶朝日([没]文和4/正平10年8月26日(1355年10月2日)), 鎌室, 国書([没]文和4(1355)年8月26日), コン改, コン4, 諸系, 女性([没]正平10(1355)年8月26日), 新潮([没]文和4/正平10(1355)年8月16日), 人名, 世人, 日人

清閑院 せいかんいん
→恒子女王(つねこじょおう)

静寛院宮 せいかんいんぐう
→和宮(かずのみや)

静寛院宮 せいかんいんのみや
→和宮(かずのみや)

静寛院宮親子内親王 せいかんいんのみやちかこないしんのう
→和宮(かずのみや)

清閑寺昶定 せいかんじあきさだ
→清閑寺昶定(せいかんじながさだ)

清閑寺家俊 せいかんじいえとし
天授4/永和4(1378)年～永享5(1433)年
室町時代の公卿(権大納言)。権中納言清閑寺家房の子。
¶公卿, 公家(家俊〔清閑寺家〕　いえとし)

清閑寺家房 せいかんじいえふさ
正平10/文和4(1355)年～応永30(1423)年7月21日
南北朝時代～室町時代の公卿(権中納言)。参議清閑寺資定の子。
¶公卿, 公家(家房〔清閑寺家〕　いえふさ), 国書

清閑寺共綱 せいかんじともつな
慶長17(1612)年10月21日～延宝3(1675)年8月26日
江戸時代前期の公家(権大納言)。内大臣清閑寺共房の子。
¶公卿, 公家(共綱〔清閑寺家〕　ともつな), 国書

清閑寺共福 せいかんじともふく
寛政5(1793)年11月22日～天保10(1839)年11月3

日
江戸時代後期の公家(参議)。権大納言清閑寺昶定の子。
¶公卿，公家(共福〔清閑寺家〕　ともよし)

清閑寺共房　せいかんじともふさ
天正17(1589)年5月27日～寛文1(1661)年7月28日
江戸時代前期の公家(内大臣)。権大納言中御門資胤の長男。
¶公卿，公家(共房〔清閑寺家〕　ともふさ)，国書，諸系

清閑寺豊房　せいかんじとよふさ
文政5(1822)年9月20日～明治5(1872)年
江戸時代末期～明治期の公家(権中納言)。参議清閑寺共福の次男。
¶維新，公卿([没]明治5(1872)年3月)，公家(豊房〔清閑寺家〕　とよふさ　[没]明治5(1872)年3月24日)，国書([没]明治5(1872)年3月24日)，諸系，幕末([没]1872年5月1日)

清閑寺昶定　せいかんじながさだ
宝暦12(1762)年閏4月25日～文化14(1817)年11月28日　[別]清閑寺昶定《せいかんじあきさだ》
江戸時代中期～後期の公家(権大納言)。権大納言清閑寺益房の子。
¶公卿，公家(昶定〔清閑寺家〕　あきさだ)，国書(せいかんじあきさだ　[生]宝暦12(1762)年4月25日)

清閑寺治房　せいかんじはるふさ
元禄3(1690)年8月4日～享保18(1733)年9月29日
江戸時代中期の公家(権大納言)。権大納言清閑寺熙定の子。
¶公卿，公家(治房〔清閑寺家〕　はるふさ)

清閑寺秀定　せいかんじひでさだ
宝永6(1709)年6月7日～宝暦9(1759)年10月23日
江戸時代中期の公家(権大納言)。権大納言清閑寺治房の子。
¶公卿，公家(秀定〔清閑寺家〕　ひでさだ)

清閑寺熙定(清閑寺熈定)　せいかんじひろさだ
寛文2(1662)年7月13日～宝永4(1707)年1月10日
江戸時代前期～中期の公家(権大納言)。権大納言清閑寺熈房の子。
¶公卿，公家(熙定〔清閑寺家〕　ひろさだ)，国書(清閑寺熙定)

清閑寺熈房(清閑寺熙房)　せいかんじひろふさ
寛永10(1633)年3月29日～貞享3(1686)年10月10日
江戸時代前期の公家(権大納言)。権大納言清閑寺共綱の子。
¶公卿，公家(熙房〔清閑寺家〕　ひろふさ)，国書(清閑寺熙房)

清閑寺益房　せいかんじますふさ
元文1(1736)年9月27日～享和3(1803)年7月15日
[別]清閑寺益房《せいかんじみちふさ》
江戸時代中期～後期の公家(権大納言)。権大納言清閑寺秀定の子。
¶公卿，公家(益房〔清閑寺家〕　ますふさ)，国書(せいかんじみちふさ)

清閑寺益房　せいかんじみちふさ
→清閑寺益房(せいかんじますふさ)

清閑寺資定　せいかんじもとさだ
？～正平20/貞治4(1365)年7月18日
南北朝時代の公卿(参議)。参議清閑寺資房の子。
¶公卿，公家(資定〔清閑寺家〕　すけさだ)

清閑寺資房　せいかんじもとふさ
嘉元2(1304)年～興国5/康永3(1344)年11月4日
鎌倉時代後期～南北朝時代の公卿(参議)。清閑寺家の祖。中納言吉田為経の孫。
¶公卿，公家(資房〔清閑寺家〕　すけふさ)

清閑寺幸房　せいかんじゆきふさ
？～寛正2(1461)年6月
室町時代の公卿(権中納言)。権大納言清閑寺家俊の子。
¶公卿，公家(幸房〔清閑寺家〕　ゆきふさ)

青綺門院　せいきもんいん
享保1(1716)年～寛政2(1790)年　[別]藤原舎子《ふじわらのいえこ》
江戸時代中期～後期の女性。桜町天皇の女御。後桜町天皇の生母。
¶朝日([生]享保1年8月24日(1716年10月9日)　[没]寛政2年1月29日(1790年3月14日))，角史，近世，国史，国書([生]享保1(1716)年8月24日　[没]寛政2(1790)年1月29日)，コン改，コン4，諸系，女性([生]享保1(1716)年8月24日　[没]寛政2(1790)年1月29日)，新潮([生]享保1(1716)年8月24日　[没]寛政2(1790)年1月29日)，人名，日人

清光院　せいこういん
？～*　[別]万里小路房子《までのこうじふさこ》
戦国時代～安土桃山時代の女性。正親町天皇の後宮。誠仁親王(陽光院)の生母。
¶諸系([没]1581年)，女性(万里小路房子　までのこうじふさこ　[没]天正8(1580)年9月29日)，人名(万里小路房子　までのこうじふさこ　[没]1580年)，日人([没]1581年)

済子女王　せいしじょおう
→済子女王(さいしじょおう)

成子内親王　せいしないしんのう
？～天元1(978)年　[別]成子内親王《しげこないしんのう》
平安時代中期の女性。宇多天皇の皇女。
¶女性([没]天元1(978)年12月)，人名，日人([没]979年)，平史(しげこないしんのう)

正子内親王(1)　せいしないしんのう
大同4(809)年～元慶3(879)年　[別]正子内親王《しょうしないしんのう，まさこないしんのう》
平安時代前期の女性。淳和天皇の皇后。
¶朝日([没]元慶3年3月23日(879年4月18日))，角

史（まさこないしんのう　[生]弘仁1（810）年），国史，古代（[生]810年），古中，コン改（まさこないしんのう），コン4（まさこないしんのう），史人（[没]879年3月23日），諸系，女性（しょうしないしんのう　[没]元慶3（879）年2月23日），新潮（まさこないしんのう　[生]弘仁1（810）年　[没]元慶3（879）年3月23日），人名（まさこないしんのう），姓氏京都（まさこないしんのう　[生]810年），世人（まさこないしんのう），日人，仏教（しょうしないしんのう　[没]元慶3（879）年3月23日），平史（まさこないしんのう　[生]810年）

正子内親王(2)　せいしないしんのう
寛徳2（1045）年～永久2（1114）年　[別]押小路斎院《おしこうじさいいん,おしのこうじのさいいん》,正子内親王《しょうしないしんのう,まさこないしんのう》
平安時代中期～後期の女性。斎院。後朱雀天皇の皇女。
¶朝日（まさこないしんのう　[生]寛徳2年4月20日（1045年5月9日）　[没]永久2年8月20日（1114年9月20日）），国史，古中，女性（しょうしないしんのう　[生]寛徳2（1045）年4月　[没]永久2（1114）年8月20日），神人（押小路斎院　おしのこうじのさいいん　[生]寛徳2（1045）年4月　[没]永久2（1114）年8月20日），新潮（まさこないしんのう　[生]寛徳2（1045）年4月20日　[没]永久2（1114）年8月20日），人名（まさこないしんのう），世人（まさこないしんのう），日人，平史（まさこないしんのう）

清子内親王　せいしないしんのう
文禄2（1593）年～延宝2（1674）年　[別]清子内親王《きよこないしんのう》
江戸時代前期の女性。後陽成天皇の第3皇女。
¶女性（きよこないしんのう　[生]天正20（1592）年4月　[没]延宝2（1674）年12月），女性（[生]文禄2（1593）年10月23日　[没]延宝2（1674）年12月9日），人名，日人（[没]1675年）

盛子内親王　せいしないしんのう
→盛子内親王(1)（もりこないしんのう）

斉子内親王(1)　せいしないしんのう
？～仁寿3（853）年　[別]斉子内親王《ただこないしんのう,ひとしいこないしんのう》
平安時代前期の女性。嵯峨天皇の皇女。
¶女性（[没]仁寿3（853）年5月），人名（ひとしいこないしんのう），日人，平史（ただこないしんのう）

斉子内親王(2)　せいしないしんのう
延喜21（921）年～承平6（936）年　[別]斉子内親王《ただこないしんのう,ときこないしんのう》
平安時代中期の女性。醍醐天皇の皇女。
¶女性（[没]承平6（936）年5月），人名（ときこないしんのう），日人，平史（ただこないしんのう）

靖子内親王　せいしないしんのう
延喜15（915）年～天暦4（950）年　[別]靖子内親王《やすこないしんのう》
平安時代中期の女性。醐醍天皇の皇女。
¶女性（[没]天暦4（950）年11月），人名，日人，平史（やすこないしんのう）

成淳女王　せいじゅんじょおう
天保5（1834）年4月11日～元治2（1865）年2月19日　[別]成淳女王《せいじゅんにょおう》
江戸時代末期の女性。伏見宮貞敬親王の第21王女。
¶女性，人名（せいじゅんにょおう）

成淳女王　せいじゅんにょおう
→成淳女王（せいじゅんじょおう）

清慎公　せいしんこう
→藤原実頼（ふじわらのさねより）

征西将軍宮　せいせいしょうぐんのみや
→懐良親王（かねよししんのう）

静尊法親王　せいそんほうしんのう
生没年不詳
鎌倉時代後期～南北朝時代の後醍醐天皇の皇子。
¶日人

済仁親王　せいにんしんのう
→済仁入道親王（さいにんにゅうどうしんのう）

静仁法親王　せいにんほうしんのう
→静仁法親王（じょうにんほうしんのう）

清寧天皇　せいねいてんのう
[別]清寧天皇《せいねんてんのう》,白髪武広国押稚日本根子尊《しらかのたけひろくにおしわかやまとねこのみこと》
上代の第22代の天皇。雄略天皇の子。
¶朝日（せいねんてんのう　生没年不詳），岩史（生没年不詳），角史，国史，古史，古代，古中，コン改，コン4，史人，重要（生没年不詳），諸系，新潮，人名，世人，全書（生没年不詳），大百，日史，日人，歴大（生没年不詳）

清寧天皇　せいねんてんのう
→清寧天皇（せいねいてんのう）

成務天皇　せいむてんのう
[別]稚足彦尊《わかたらしひこのみこと》
上代の第13代の天皇。景行天皇の第1皇子。
¶朝日，岩史，角史，国史，古史，古代，古中，コン改，コン4，史人，重要（生没年不詳），諸系，新潮，人名，世人，全書（生没年不詳），大百，日史，日人，歴大

世良親王　せいりょうしんのう
→世良親王（ときよししんのう）

清和天皇　せいわてんのう
嘉祥3（850）年～元慶4（880）年　[別]水尾天皇《みずのおてんのう》，三尾帝《みずのおのみかど》
平安時代前期の第56代の天皇（在位858～876）。文徳天皇の子。清和源氏の祖。
¶朝日（[没]元慶4年12月4日（881年1月7日）），岩史（[生]嘉祥3（850）年3月25日　[没]元慶4（880）年12月4日），角史，京都，京都大，国史，古史，古代，古中，コン改，コン4，史人（[生]850年3月

25日　[没]880年12月4日），重要（[生]嘉祥3（850）年3月25日　[没]元慶4（880）年12月4日），諸系（[没]881年），新潮（[生]嘉祥3（850）年3月25日　[没]元慶4（880）年12月4日），人名，姓氏京都，世人，世百，全書，大百，伝記，日音（[生]嘉祥3（850）年3月25日　[没]元慶4（880）年12月4日），日史（[生]嘉祥3（850）年3月25日　[没]元慶4（880）年12月4日），日人（[没]881年），百科，仏教（[生]嘉祥3（850）年3月25日　[没]元慶4（880）年12月4日），平史，歴大

清和院君（せかゐのきみ）　**せかいのきみ**
生没年不詳
平安時代前期の王女・歌人。系譜不詳。
¶国書（せかゐのきみ），平史

関媛　**せきひめ**
→茨田関媛（まんたのせきひめ）

世尊寺伊実　**せそんじこれざね**
生没年不詳
南北朝時代の公家・歌人。
¶国書

世尊寺伊忠　**せそんじこれただ**
→世尊寺行康（せそんじゆきやす）

世尊寺伊経　**せそんじこれつね**
？～嘉禄3（1227）年　[別]藤原伊経《ふじわらのこれつね》
平安時代後期～鎌倉時代前期の公家・書家・歌人。
¶国書（[没]嘉禄3（1227）年1月3日），平史（藤原伊経　ふじわらのこれつね）

世尊寺伊行　**せそんじこれゆき**
→藤原伊行（ふじわらのこれゆき）

世尊寺定兼　**せそんじさだかね**
生没年不詳
鎌倉時代後期の公家・歌人。
¶国書

世尊寺定成　**せそんじさだふさ**
建長6（1254）年～永仁6（1298）年12月12日
鎌倉時代後期の公家・書家・歌人。
¶国書

世尊寺経尹　**せそんじつねただ**
宝治1（1247）年～？　[別]世尊寺経尹《せそんじつねまさ》
鎌倉時代後期の公卿（非参議）。非参議世尊寺経朝の子。
¶公卿，公家（経尹〔世尊寺家（絶家）〕　つねただ），国書（せそんじつねまさ　[没]元応2（1320）年6月8日）

世尊寺経朝　**せそんじつねとも**
建保3（1215）年～建治2（1276）年
鎌倉時代前期の公卿（非参議）。権中納言藤原頼資の子。
¶公卿（[没]建治2（1276）年2月2日），公家（経朝〔世尊寺家（絶家）〕　つねとも　[没]建治2（1276）年2月），国書（[没]建治2（1276）年2月2日），諸系，日人

世尊寺経尹　**せそんじつねまさ**
→世尊寺経尹（せそんじつねただ）

世尊寺行季　**せそんじゆきすえ**
文明8（1476）年～天文1（1532）年
戦国時代の書家、公卿（参議）。権大納言清水谷実久の子。
¶公卿，公家（行季〔世尊寺家（絶家）〕　ゆきすえ　[没]？），国書（[没]享禄5（1532）年2月11日），諸系，人名，戦人（[没]？），日人

世尊寺行高　**せそんじゆきたか**
→世尊寺行康（せそんじゆきやす）

世尊寺行忠　**せそんじゆきただ**
＊～弘和1/永徳1（1381）年
南北朝時代の公卿（参議）。従三位・非参議世尊寺行尹の孫。
¶公卿（[生]元亨2（1322）年），公家（行忠〔世尊寺家（絶家）〕　ゆきただ　[生]？），国書（[生]正和1（1312）年）

世尊寺行尹　**せそんじゆきただ**
？　～正平5/観応1（1350）年1月14日
南北朝時代の公卿（非参議）。非参議世尊寺経尹の三男。
¶公卿，公家（行尹〔世尊寺家（絶家）〕　ゆきただ），国書

世尊寺行俊　**せそんじゆきとし**
？　～応永14（1407）年
南北朝時代～室町時代の公卿（参議）。参議世尊寺行忠の子。
¶公卿（[没]応永14（1407）年4月10日），公家（行俊〔世尊寺家（絶家）〕　ゆきとし），国書（[没]応永14（1407）年12月10日）

世尊寺行豊　**せそんじゆきとよ**
？　～享徳3（1454）年
室町時代の公卿（参議）。参議世尊寺行俊の子。
¶公卿，公家（行豊〔世尊寺家（絶家）〕　ゆきとよ）

世尊寺行信　**せそんじゆきのぶ**
生没年不詳
鎌倉時代後期の公家・書家・歌人。
¶国書

世尊寺行房　**せそんじゆきふさ**
→藤原行房（ふじわらのゆきふさ）

世尊寺行康　**せそんじゆきやす**
応永19（1412）年～文明10（1478）年1月10日
[別]世尊寺伊忠《せそんじこれただ》，世尊寺行高《せそんじゆきたか》
室町時代の書家、公卿（参議）。前名は行高。参議世尊寺行豊の子。
¶鎌室，公卿，公家（行康〔世尊寺家（絶家）〕　ゆきやす），国書（世尊寺行高　せそんじゆきたか），諸系，人名（[生]？），日人

世尊寺行能　せそんじゆきよし
治承3(1179)年～？
鎌倉時代前期の公卿(非参議)。世尊寺家の祖。嘉禎2年従三位に叙される。
¶公卿(生没年不詳)，公家(行能〔世尊寺家(絶家)〕　ゆきよし)，国書(㊥治承4(1180)年)，諸系，日人

消奈行文大夫　せなのぎょうもんのまえつきみ
奈良時代の官人。高倉福信の伯父。
¶万葉

宣化天皇　せんかてんのう
雄略11(467)年～宣化4(539)年　㊗武小広国押盾尊《たけおひろくにおしたてのみこと》
上代の第28代の天皇。継体天皇の子。安閑天皇の同母弟。
¶朝日，岩史(㊥宣化4(539)年2月10日)，角史，国史，古史，古代，古中，コン改(生没年不詳)，コン4(生没年不詳)，史人，重要(生没年不詳)，諸系，新潮，人名，世人，全書(生没年不詳)，大百，日史，日人，歴大

仙華門院　せんかもんいん
元仁1(1224)年～弘長2(1262)年　㊗曦子内親王《ぎしないしんのう》
鎌倉時代前期の女性。土御門天皇の皇女。
¶朝日(㊙弘長2年8月21日(1262年10月5日))，鎌室(㊥?)，諸系，女性(㊥弘長2(1262)年8月21日)，新潮(㊥?)，女性(㊙弘長2(1262)年8月21日)，人名，日人

禅光院入道　ぜんこういんにゅうどう
→徳大寺実淳(とくだいじさねあつ)

宣光門院　せんこうもんいん
永仁5(1297)年～正平15/延文5(1360)年　㊗藤原実子《ふじわらじっし，ふじわらのさねこ》
鎌倉時代後期～南北朝時代の女性。花園天皇の宮人。北朝皇太弟直仁親王の生母。
¶鎌室，諸系，女性(㊙延文5(1360)年9月5日)，人名，日人

婥子女王　せんしにょおう
寛弘2(1005)年～？　㊗婥子女王《せんしにょおう，よしこじょおう》
平安時代中期～後期の女性。村上天皇皇子具平王の第3王女。
¶朝日(㊙永保1年6月16日(1081年7月24日))，女性，人名(せんしにょおう)，日人(㊙1081年)，平史(よしこじょおう)

選子内親王　せんしないしんのう
康保1(964)年～長元8(1035)年　㊗選子内親王《のぶこないしんのう》，大斎院《おおさいいん，だいさいいん》，大舎人部襧麿《おおとねりべのねまろ》
平安時代中期の女性。村上天皇の第10皇女。
¶朝日(㊙康保1年4月24日(964年6月6日)　㊙長元8年6月22日(1035年7月29日))，岩史(㊥応和4(964)年4月24日　㊙長元8(1035)年6月22日)，角史，京都(大斎院　だいさいいん)，国

史，国書(㊥応和4(964)年4月24日　㊙長元8(1035)年6月22日)，古史，古中，コン改，コン4，詩歌(大斎院　だいさいいん)，史人(㊥964年4月24日　㊙1035年6月22日)，諸系，女性(㊥康保1(964)年4月24日　㊙長元8(1035)年6月22日)，新潮(㊥康保1(964)年4月24日　㊙長元8(1035)年6月22日)，人名，人名(大舎人部襧麿　おおとねりべのねまろ)，世人，全書，日史(㊥康保1(964)年4月24日　㊙長元8(1035)年6月22日)，日人，百科，平史(のぶこないしんのう)，歴大，和俳(㊥康保1(964)年4月24日　㊙長元8(1035)年6月22日)

僖子内親王　ぜんしないしんのう
平治1(1159)年～嘉応3(1171)年　㊗僖子内親王《よしこないしんのう》
平安時代後期の女性。二条天皇の第1皇女。
¶女性(よしこないしんのう)　㊥?　㊙嘉応3(1171)年3月1日)，人名，日人，平史(よしこないしんのう)

善子内親王　ぜんしないしんのう
→善子内親王(よしこないしんのう)

婥子女王　せんしにょおう
→婥子女王(せんしじょおう)

善相公　ぜんしょうこう
→三善清行(みよしきよゆき)

全仁親王　ぜんじんしんのう
元応2(1320)年～正平22/貞治6(1367)年　㊗全仁親王《まさひとしんのう》
南北朝時代の恒明親王の王子。亀山天皇の皇孫。
¶国書(まさひとしんのう)(㊙貞治6(1367)年7月19日)，諸系，人名，日人

宣政門院　せんせいもんいん
正和4(1315)年～正平17/貞治1(1362)年　㊗懽子内親王《かんしないしんのう》
鎌倉時代後期～南北朝時代の女性。後醍醐天皇の皇女、光厳天皇の妃。
¶朝日(㊙貞治1/正平17年5月7日(1362年5月30日))，鎌室，国書(㊙康安2(1362)年5月7日)，諸系，女性(㊥正和4(1315)年10月16日　㊙貞治1(1362)年5月7日)，新潮(㊙貞治1/正平17(1362)年5月7日)，人名，日人

善統親王　ぜんとうしんのう
→善統親王(よしむねしんのう)

宣仁門院　せんにんもんいん
安貞1(1227)年～弘長2(1262)年　㊗藤原彦子《ふじわらのひここ》
鎌倉時代前期の女性。四条天皇の女御。
¶鎌室，諸系，女性(㊙弘長2(1262)年1月5日)，人名，日人

千容子　せんまさこ
昭和26(1951)年10月23日～
昭和～平成期の女性。国際茶道文化協会会長、茶道裏千家淡交会副理事長。三笠宮崇仁親王の第2王女で裏千家15代家元の千宗室の長男である政之

と結婚。
¶現日，諸系，世紀，日人

千幡　せんまん
→源実朝（みなもとのさねとも）

全明親王　ぜんめいしんのう
永享11（1439）年～大永2（1522）年
室町時代～戦国時代の直仁親王の王子、常磐井宮第5代。
¶諸系，人名（[没]1521年），日人

宣陽門院　せんようもんいん
養和1（1181）年～建長4（1252）年　[別]覲子内親王《あきこないしんのう，きんしないしんのう》
平安時代後期～鎌倉時代前期の女性。後白河法皇の皇女。
¶朝日（[生]養和1年10月5日（1181年11月13日）[没]建長4年6月8日（1252年7月15日）），岩史（[生]養和1（1181）年10月5日　[没]建長4（1252）年6月8日），角史，鎌室，京都大，国史，国書（[生]養和1（1181）年10月5日　[没]建長4（1252）年6月8日），古中，コン改，コン4，史人（[生]1181年10月5日　[没]1252年6月8日），諸系，女性（[生]養和1（1181）年10月5日　[没]建長4（1252）年6月8日），新潮（[生]養和1（1181）年10月5日　[没]建長4（1252）年6月8日），人名，姓氏京都，世人，全書，日史（[生]養和1（1181）年10月5日　[没]建長4（1252）年6月8日），日人，百科，仏教（[生]養和1（1181）年10月5日　[没]建長4（1252）年6月8日），平史（覲子内親王　あきこないしんのう），歴大

【そ】

蘇因高　そいんこう
→小野妹子（おののいもこ）

増恵　ぞうえ
正応5（1292）年～元亨1（1321）年
鎌倉時代後期の僧。惟康親王の第2王子。
¶人名，日人

宗栄女王　そうえいじょおう
万治1（1658）年～享保6（1721）年　[別]宗栄女王《そうえいにょおう》
江戸時代前期～中期の女性。後西天皇の第3皇女。
¶女性（[生]万治1（1658）年10月17日），人名（そうえいにょおう），日人

宗栄女王　そうえいにょおう
→宗栄女王（そうえいじょおう）

宗恭女王　そうきょうじょおう
明和6（1769）年12月17日～文政4（1821）年　[別]宗恭女王《そうきょうにょおう》
江戸時代後期の女性。閑院宮典仁親王の第2王女。
¶女性（[没]文政4（1821）年11月19日），人名（そうきょうにょおう），日人（[生]1770年）

宗恭女王　そうきょうにょおう
→宗恭女王（そうきょうじょおう）

操子女王(1)　そうしじょおう
[別]操子女王《そうしにょおう》
平安時代前期の女性。仁明天皇皇子人康親王の第3王女。藤原基経の妻。
¶女性（生没年不詳），人名（そうしにょおう）

操子女王(2)　そうしじょおう
嘉祥3（850）年～？　[別]操子女王《あやこじょおう》
平安時代前期の女性。嵯峨天皇皇子忠良親王の王女。藤原基経の妻。
¶日人，平史（あやこじょおう）

荘子女王　そうしじょおう
延長8（930）年～寛弘5（1008）年　[別]荘子女王《そうしにょおう，たかこじょおう》
平安時代中期の女性。村上天皇の女御。
¶朝日（[没]寛弘5年7月16日（1008年8月19日）），コン改（そうしにょおう），コン4（そうしにょおう），女性（[没]寛弘5（1008）年7月16日），女性（たかこじょおう　[生]承平1（931）年　[没]寛弘5（1008）年7月），人名（そうしにょおう），日人，平史（たかこじょおう）

悰子内親王　そうしないしんのう
康和1（1099）年～応保2（1162）年　[別]悰子内親王《やすこないしんのう》
平安時代後期の女性。堀河天皇の皇女。
¶女性（[没]応保2（1162）年11月3日），人名（[没]1163年），日人，平史（やすこないしんのう　[生]1109年）

宗子内親王(1)　そうしないしんのう
→宗子内親王(1)（むねこないしんのう）

宗子内親王(2)　そうしないしんのう
→宗子内親王(2)（むねこないしんのう）

綜子内親王　そうしないしんのう
→月華門院（げっかもんいん）

聡子内親王　そうしないしんのう
永承5（1050）年～天承1（1131）年　[別]聡子内親王《としこないしんのう》
平安時代中期～後期の女性。後三条天皇の第1皇女。
¶国書（[没]天承1（1131）年9月4日），女性（[没]天承1（1131）年9月4日），人名，日人，平史（としこないしんのう）

操子女王　そうしにょおう
→操子女王(1)（そうしじょおう）

荘子女王　そうしにょおう
→荘子女王（そうしじょおう）

宗純　そうじゅん
→一休宗純（いっきゅうそうじゅん）

そ

宗諄女王 そうじゅんじょおう
文化13(1816)年11月27日～明治23(1890)年6月13日　[別]宗諄女王《そうじゅんにょおう》
江戸時代後期～明治期の尼僧。霊鑑寺権大教正。伏見宮貞敬親王の第10王女。
¶女性，女性普，人名(そうじゅんにょおう)，日人([生]1817年)

宗諄女王 そうじゅんにょおう
→宗諄女王(そうじゅんじょおう)

増賞入道親王 ぞうしょうにゅうどうしんのう
享保19(1734)年～明和7(1770)年
江戸時代中期の有栖川宮職仁親王の第4王子。
¶人名，日人

僧正遍昭(僧正遍照) そうじょうへんじょう
→遍昭(へんじょう)

宗真女王 そうしんじょおう
正徳5(1715)年～宝暦13(1763)年　[別]宗真女王《そうしんにょおう》
江戸時代中期の女性。伏見宮邦永親王の第5王女。
¶女性([生]正徳5(1715)年9月4日　[没]宝暦13(1763)年11月19日)，人名(そうしんにょおう)，日人

宗真女王 そうしんにょおう
→宗真女王(そうしんじょおう)

宋世 そうせい
→飛鳥井雅康(あすかいまさやす)

曽丹 そうたん
→曽禰好忠(そねのよしただ)

宗澄女王 そうちょうじょおう
寛永16(1639)年～延宝6(1678)年　[別]月江宗澄《げっこうそうちょう》,宗澄女王《そうちょうにょおう》,宗澄尼《しゅうちょうに》
江戸時代前期の女性。後水尾天皇第12皇女。
¶朝日(月江宗澄　げっこうそうちょう　[生]寛永16年2月8日(1639年3月12日)　[没]延宝6年2月5日(1678年3月27日))，女性([生]寛永16(1639)年2月8日　[没]延宝6(1678)年2月6日)，人名(そうちょうにょおう)，日人，仏教(宗澄尼　しゅうちょうに　[生]寛永16(1639)年2月8日　[没]延宝6(1678)年2月6日)

宗澄女王 そうちょうにょおう
→宗澄女王(そうちょうじょおう)

増珍 ぞうちん
？～応永20(1413)年
室町時代の僧。惟康親王の王子。
¶鎌室，国書(生没年不詳)，人名，日人

増仁 ぞうにん
鎌倉時代前期の土御門天皇の皇子。
¶人名

藻壁門院(藻壁門院) そうへきもんいん
承元3(1209)年～天福1(1233)年　[別]藤原竴子《ふじわらしゅんし,ふじわらのしゅんし,ふじわらのそんし》
鎌倉時代前期の女性。後堀河天皇の皇后。
¶朝日([生]承元3年5月22日(1209年6月25日)　[没]天福1年9月18日(1233年10月22日))，鎌室(藻壁門院)，国史，古中，コン改(藻壁門院)，コン4(藻壁門院)，諸系，女性([没]天福1(1233)年9月18日)，新潮(藻壁門院　[生]承元3(1209)年5月22日　[没]天福1(1233)年9月18日)，人名(藻壁門院)，日人，歴大

崇明門院 そうめいもんいん
→崇明門院(すうめいもんいん)

素覚 そかく
→惟喬親王(これたかしんのう)

蘇我赤兄 そがのあかえ
生没年不詳　[別]蘇我臣赤兄《そがのおみあかえ》
飛鳥時代の廷臣(左大臣)。大臣蘇我馬子の孫。
¶朝日，岩史([生]推古30(622)年)，角史，公卿([生]推古31(623)年)，高知人，高知百，国史，古史，古代(蘇我臣赤兄　そがのおみあかえ)，古中，コン改([生]推古31(623)年　[没]天武1/弘文1(672)年)，コン4([生]推古31(623)年　[没]天武1/弘文1(672)年)，史人，諸系，新潮([生]推古31(623)年)，人名，世人，世百，全書，大百，日史，日人，百科，歴大

蘇我石川麻呂 そがのいしかわまろ
→蘇我倉山田石川麻呂(そがのくらやまだのいしかわまろ)

蘇我石寸名 そがのいしきな
→石寸名(いしきな)

蘇我石寸名媛 そがのいしきなひめ
→石寸名(いしきな)

蘇我稲目 そがのいなめ
？～欽明31(570)年　[別]蘇我稲目宿禰《そがのいなめのすくね》
飛鳥時代の官人(大臣)。孝元天皇の後裔。欽明朝の大臣。崇仏論争では物部尾輿と対立し、仏教を保護した。
¶朝日([没]欽明31年3月1日(570年3月22日))，岩史([没]欽明31(570)年3月1日)，角史，公卿([没]欽明31(570)年3月)，国史，古史，古代(蘇我稲目宿禰　そがのいなめのすくね)，古中，コン改，コン4，史人([没]570年3月1日)，重要(生没年不詳)，諸系，新潮([没]欽明31(570)年3月1日)，人名，世人，世百([生]506年？)，全書，大百，日史([没]欽明31(570)年3月1日)，日人，百科，仏教([没]欽明31(570)年3月1日)，歴大

蘇我入鹿 そがのいるか
？～大化1(645)年　[別]蘇我臣入鹿《そがのおみいるか》,蘇我入鹿《そがいるか》
飛鳥時代の大臣。山背大兄王を殺害し、自らを天皇に擬するなどの専横が続き、中大兄皇子・中臣鎌足らに暗殺された。
¶朝日([没]大化1年6月12日(645年7月10日))，岩史([没]皇極4(645)年6月12日)，角史，国史，古

史，古代（蘇我臣入鹿　そがのおみいるか），古中，コン改，コン4，史人（[没]645年6月12日），重要（[没]大化1（645）年6月12日），諸系，人書94（そがいるか），新潮（[没]皇極4（645）年6月12日），人名，世人，世百，全書，大百，日史（[没]大化1（645）年6月12日），日人，百科，歴大

蘇我馬子　そがのうまこ
？～推古天皇34（626）年　[別]蘇我馬子《そがうまこ》，蘇我馬子宿禰《そがのうまこのすくね》
飛鳥時代の官人（大臣）。蘇我稲目の子。排仏派の物部守屋を討ち、また崇峻天皇を暗殺して権力を掌握。聖徳太子と協力して推古朝の政治を行った。
¶朝日（[没]推古34年5月20日（626年6月19日）），岩史（[没]推古34（626）年5月20日），角史，公卿（[生]欽明12（551）年　[没]推古34（626）年5月），国史，国書（そがうまこ　[没]推古34（626）年5月20日），古史，古代（蘇我馬子宿禰　そがのうまこのすくね），古中，コン改，コン4，史人（[没]625年5月20日），重要，諸系，新潮（[没]推古34（626）年5月20日），人名，姓氏鹿児島，世人，世百，全書，大百，伝記，日史（[没]推古34（626）年5月20日），日人，百科，仏教（[没]推古34（626）年5月20日），歴大

蘇我蝦夷　そがのえみし
？～大化1（645）年　[別]蘇我蝦夷《そがえみし》，蘇我臣蝦夷《そがのおみえみし》
飛鳥時代の官人（大臣）。蘇我馬子の子。父に続き権勢をふるう。のち子の入鹿が殺されて自殺。
¶朝日（[没]大化1年6月13日（645年7月11日）），岩史（[没]皇極4（645）年6月13日），角史，公卿（[没]皇極4（645）年6月19日），国史，古史，古代（蘇我臣蝦夷　そがのおみえみし），古中，コン改，コン4，史人（[没]645年6月13日），重要（[没]大化1（645）年6月13日），諸系，人書79，人書94（そがえみし），新潮（[没]皇極4（645）年6月13日），人名，世人（[没]大化1（645）年6月13日），世百，全書，大百，日史（[没]大化1（645）年6月13日），日人，百科，歴大

蘇我小姉君　そがのおあねのきみ
生没年不詳　[別]小姉の君《おあねのきみ》，小姉君《おあねぎみ，おあねのきみ》，蘇我小姉君《そがのおあねきみ，そがのおあねぎみ》
上代の女性。欽明天皇の妃。穴穂部皇子・崇峻天皇の母。
¶朝日（そがのおあねぎみ），国史，古史，古代（小姉君　おあねのきみ），古中，コン改（そがのおあねぎみ），コン4（そがのおあねぎみ），史人（そがのおあねぎみ），諸系，女性（小姉の君　おあねのきみ），新潮（そがのおあねぎみ），人名（そがのおあねきみ），日人

蘇我大蕤娘　そがのおおぬのいらつめ
→石川大蕤娘（いしかわのおおぬのいらつめ）

蘇我遠智娘　そがのおちのいらつめ
？～大化5（649）年　[別]遠智娘《おちのいらつめ》，蘇我遠智娘《そがのおちいらつめ》，蘇我造媛《そがのみやつこひめ》
飛鳥時代の女性。天智天皇の嬪。持統天皇の母。
¶朝日（[没]白雉2（651）年？），国史（生没年不詳），古史（遠智娘　おちのいらつめ），古代（遠智娘　おちのいらつめ），古中（生没年不詳），コン改，コン4（生没年不詳），史人（生没年不詳），諸系（生没年不詳），女性（遠智娘　おちのいらつめ　[没]大化5（649）年3月），新潮（生没年不詳），人名（そがのおちいらつめ），人名（蘇我造媛　そがのみやつこひめ），日人（生没年不詳）

蘇我堅塩媛　そがのかたしひめ
→蘇我堅塩媛（そがのきたしひめ）

蘇我河上娘　そがのかわかみのいらつめ
生没年不詳　[別]河上娘《かわかみのいらつめ》
飛鳥時代の女性。崇峻天皇の嬪。
¶朝日，古史（河上娘　かわかみのいらつめ），古代（河上娘　かわかみのいらつめ），コン改，コン4，諸系（河上娘　かわかみのいらつめ），女性（河上娘　かわかみのいらつめ），女性，人名（河上娘　かわかみのいらつめ），日人（河上娘　かわかみのいらつめ）

蘇我堅塩媛　そがのきたしひめ
生没年不詳　[別]堅塩媛《きたしひめ》，蘇我堅塩媛《そがのかたしひめ》
飛鳥時代の女性。欽明天皇の妃。用明天皇・推古天皇の母。
¶朝日，岩史，国史，古史（堅塩媛　きたしひめ），古史，古代（堅塩媛　きたしひめ），古中，コン改，コン4，史人，諸系，女性（堅塩媛　きたしひめ），新潮，人名（堅塩媛　きたしひめ），人名（そがのかたしひめ），日史（堅塩媛　きたしひめ），日人，百科（堅塩媛　きたしひめ），歴大（堅塩媛　きたしひめ）

蘇我倉山田石川麻呂　そがのくらやまだのいしかわまろ
？～大化5（649）年　[別]蘇我山田石河麻呂《そがのやまだのいしかわまろ》，蘇我石川麻呂《そがのいしかわのまろ，そがのいしかわまろ》，蘇我倉山田石川麻呂《そがのくらのやまだのいしかわのまろ，そがのくらのやまだのいしかわまろ，そがのくらやまだいしかわまろ，そがのくらやまだのいしかわのまろ》，蘇我倉山田石川麻呂臣《そがのくらやまだのいしかわまろのおみ》，倉山田石川麻呂《くらやまだのいしかわまろ》
飛鳥時代の官人（右大臣）。大臣蘇我馬子の孫。大化改新に参画。のち讒言により中大兄皇子に攻撃され自殺。
¶朝日（そがのくらやまだのいしかわのまろ　[没]大化5年3月25日（649年5月11日）），岩史（蘇我石川麻呂　そがのいしかわのまろ　[没]大化5（649）年3月25日），角史（蘇我石川麻呂　そがのいしかわまろ），公卿（蘇我山田石河麻呂　そがのやまだのいしかわまろ　[没]大化5（649）年3月），国史（蘇我石川麻呂　そがのいしかわまろ），古史，古代（蘇我倉山田石川麻呂臣　そがのくらやまだのいしかわまろのおみ），古中（蘇我石川麻呂　そがのいしかわまろ），コン改（そがのくらやまだのいしかわのまろ），コン4（そがのくらやまだのいしかわのまろ），史

人(蘇我石川麻呂　そがのいしかわまろ　[没]649年3月25日)，重要(蘇我石川麻呂　そがのいしかわまろ)，諸系，新潮([没]大化5(649)年3月25日)，人名(そがのくらやまだいしかわまろ)，世人(そがのくらやまだいしかわまろ)，世百(そがのくらやまだいしかわまろ)，全書(そがのくらのやまだのいしかわのまろ)，大百(蘇我石川麻呂　そがのいしかわまろ)，日史(蘇我石川麻呂　そがのいしかわのまろ　[没]大化5(649)年3月17日)，日人，百科(蘇我石川麻呂　そがのいしかわのまろ)，歴大(蘇我石川麻呂　そがのいしかわまろ)

蘇我境部摩理勢　そがのさかいべのまりせ
→境部摩理勢(さかいべのまりせ)

蘇我田口川堀　そがのたぐちのかわほり
[別]蘇我田口臣川堀《そがのたぐちのおみかわほり》
飛鳥時代の豪族。
¶古代(蘇我田口臣川堀　そがのたぐちのおみかわほり)，日人(生没年不詳)

蘇我果安(蘇我杲安)　**そがのはたやす**
？ ～弘文天皇1・天武天皇1(672)年　[別]蘇我臣果安《そがのおみはたやす》
飛鳥時代の廷臣(大納言)。蘇我氏の一族。壬申の乱で大友皇子側にたつ。
¶朝日([没]天武1(672)年7月)，公卿(蘇我杲安　生没年不詳)，国史，古代(蘇我臣果安　そがのおみはたやす)，古中，コン改，コン4，史人([没]672年7月)，新潮([没]天武1(672)年7月)，人名，日人，歴大

蘇我常陸娘　そがのひたちのいらつめ
生没年不詳　[別]常陸娘《ひたちのいらつめ》
飛鳥時代の女性。天智天皇の嬪。
¶諸系(常陸娘　ひたちのいらつめ)，女性(常陸娘　ひたちのいらつめ)，女性，人名，日人(常陸娘　ひたちのいらつめ)

蘇我日向　そがのひむか
生没年不詳　[別]蘇我臣日向《そがのおみひむか》，蘇我身刺《そがのむさし》，蘇我日向臣身刺《そがのひむかのおみむさし》
飛鳥時代の豪族。蘇我倉麻呂の子。
¶朝日，国史，古代(蘇我臣日向　そがのおみひむか)，古中，コン改，コン4，史人，諸系，新潮，人名(蘇我日向臣身刺　そがのひむかのおみむさし)，世人(蘇我日向臣身刺　そがのひむかのおみむさし)，日史，日人，百科，福岡百，歴大

蘇我日向身刺　そがのひむかのむさし
→蘇我日向(そがのひむか)

蘇我法提郎媛(蘇我法提郎女)　**そがのほほてのいらつめ**
生没年不詳　[別]法提郎媛《ほうていのいらつめ，ほうてのいらつめ，ほてのいらつめ，ほほてのいらつめ，ほほでのいらつめ》
飛鳥時代の女性。舒明天皇の夫人。古人大兄皇子の母。
¶朝日，古史(法提郎媛　ほてのいらつめ)，古代(法提郎媛　ほうてのいらつめ)，コン改，コン4，史人(蘇我法提郎女)，諸系，女性(法提郎媛　ほうていのいらつめ)，新潮，人名(法提郎媛　ほほでのいらつめ)，日人

蘇我造媛　そがのみやつこひめ
→蘇我遠智娘(そがのおちのいらつめ)

蘇我身刺　そがのむさし
→蘇我日向(そがのひむか)

蘇我連子　そがのむらじこ
？ ～天智3(664)年　[別]蘇我臣連子《そがのおみむらじこ》
飛鳥時代の豪族(大臣)。蘇我倉山田石川麻呂の弟。
¶朝日([没]天智3(664)年5月)，公卿([没]天智3(664)年5月5日)，国史，古代(蘇我臣連子　そがのおみむらじこ)，古中，コン改([生]推古19(611)年)，コン4([生]推古19(611)年)，史人([没]664年3月，(異説)5月)，諸系，人名，日人，歴大

蘇我姪娘　そがのめいのいらつめ
生没年不詳　[別]石川夫人《いしかわのおおとじ，いしかわのぶにん，いしかわふじん》，姪娘《めいのいらつめ》
飛鳥時代の女性。天智天皇の嬪。元明天皇の母。
¶朝日([生]舒明12(640)年頃)，古代(姪娘　めいのいらつめ)，コン改，コン4，諸系，女性(石川夫人　いしかわふじん)，女性，女性(姪娘　めいのいらつめ)，人名(石川夫人　いしかわのおおとじ)，日人，万葉(石川夫人　いしかわのぶにん)

蘇我安麻呂　そがのやすまろ
生没年不詳　[別]蘇我臣安麻呂《そがのおみやすまろ》
飛鳥時代の豪族。蘇我連子の子。
¶朝日，古代(蘇我臣安麻呂　そがのおみやすまろ)，コン改，コン4，史人，諸系，諸系，新潮，日人

蘇我山田石河麻呂　そがのやまだのいしかわまろ
→蘇我倉山田石川麻呂(そがのくらやまだのいしかわまろ)

曽丹　そたん
→曽禰好忠(そねのよしただ)

袖岡文景　そでおかふみかげ
寛政11(1799)年7月28日～安政2(1855)年6月23日
江戸時代後期～末期の公家。
¶国書

衣通郎女(衣通郎姫)　**そとおしのいらつめ**
→衣通郎姫(そとおりのいらつめ)

衣通郎姫　そとおりのいらつめ
[別]衣通姫《そとおりひめ》，衣通郎女《そとおしのいらつめ》，衣通郎姫《そとおしのいらつめ》
上代の女性。允恭天皇の妃。伝説上の美女。

¶朝日（生没年不詳），国史，国書（衣通姫　そとおりひめ　生没年不詳），古中，コン改（衣通郎女　そとおしのいらつめ　生没年不詳），コン4（衣通郎女　そとおしのいらつめ　生没年不詳），史人，諸系，女性（そとおしのいらつめ），新潮（衣通姫　そとおりひめ），全書（衣通姫　そとおりひめ），大百（衣通姫　そとおりひめ），日史（衣通姫　そとおりひめ　生没年不詳），日人，百科（衣通姫　そとおりひめ　生没年不詳）

衣通姫(1)　そとおりひめ
→軽大娘皇女（かるのおおいらつめのひめみこ）

衣通姫(2)　そとおりひめ
→衣通郎姫（そとおしのいらつめ）

曽祢好忠（曽根好忠）そねのよしただ
生没年不詳　🅓曽祢好忠《そねよしただ》，曽丹《そうたん，そたん》，曽襧好忠《そねよしただ》
平安時代中期の歌人。
¶朝日，岩史（🅽1003（長保5）年以後），角史（🅑延長1（923）年？　🅽長保5（1003）年？），国史，国書（そねよしただ），古史（🅑923年？），古中，コン改，コン4，詩歌（曽根好忠　そねよしただ），史人，人書79（🅑930年頃），新潮，新文，人名（曽根好忠　そねよしただ），姓氏京都，世人，世百（曽根好忠　そねよしただ），全書，大百（🅑930年頃），日史，日人，百科，文学（🅑930年頃），平史，歴大，和俳（🅑延長8（930）年頃）

素然　そねん
→源明（みなもとのあきら）

園池公屋　そのいけきみおく
正保2（1645）年7月23日～元禄14（1701）年8月6日
江戸時代前期～中期の公家（非参議）。権大納言園池宗朝の孫。
¶公卿，公家（公屋〔園池家〕　きんや）

園池公翰　そのいけきみふみ
明和2（1765）年2月13日～天保7（1836）年9月28日
江戸時代中期～後期の公家（権大納言）。参議園池成徳（のち水無瀬忠成）の子。
¶公卿，公家（公翰〔園池家〕　きんふみ）

園池公静　そのいけきんしず
天保6（1835）年～大正8（1919）年10月8日
江戸時代末期～明治期の公家。
¶維新，幕末

園池公致　そのいけきんゆき
明治19（1886）年4月29日～昭和49（1974）年1月3日
明治～昭和期の小説家，華族（子爵）。清澄温雅な作風。代表作に「一人角力」がある。
¶近文，小説，新文，世紀，文学

園池実達　そのいけさねたつ
寛政4（1792）年7月26日～嘉永3（1850）年1月23日
江戸時代末期の公家（非参議）。権大納言園池公

翰の子。
¶公卿，公家（実達〔園池家〕　さねたつ），国書

園池実徳　そのいけさねのり
→園池成徳（そのいけなりのり）

園池実守　そのいけさねもり
貞享1（1684）年6月23日～享保12（1727）年4月22日
江戸時代中期の公家（非参議）。非参議園池公屋の子。
¶公卿，公家（実守〔園池家〕　さねもり）

園池実康　そのいけさねやす
安政4（1858）年～昭和3（1928）年
明治～大正期の宮内官吏。子爵。宮内省掌典次長，宮中顧問官などを歴任。
¶人名（🅑1857年），世紀（🅑安政4（1858）年12月4日　🅽昭和3（1928）年4月23日），日人

園池成徳　そのいけなりのり
元文1（1736）年10月1日～寛政4（1792）年5月15日
🅓園池実徳《そのいけさねのり》，水無瀬忠成《みなせただなり》
江戸時代中期の公家（参議）。権中納言水無瀬氏孝の末子。
¶公卿，公家（忠成〔水無瀬家〕　ただなり），国書（園池実徳　そのいけさねのり）

園池房季　そのいけふさすえ
正徳3（1713）年3月14日～寛政7（1795）年9月7日
江戸時代中期の公家（権大納言）。非参議園池実守の長男。
¶公卿，公家（房季〔園池家〕　ふさすえ）

園池宗朝　そのいけむねとも
慶長16（1611）年～*
江戸時代前期の公家（権大納言）。園池家の祖。左中将櫛笥隆致朝臣の次男。
¶公卿（🅑慶長16（1611）年6月29日　🅽寛文1（1661）年12月6日），公家（宗朝〔園池家〕　むねとも　🅑慶長16（1611）年6月29日　🅽寛文1（1661）年12月6日），諸系（🅽1662年），日人（🅽1662年）

襲小橋別命　そのおはしわけのみこと
上代の景行天皇の皇子。
¶人名，日人

園国子　そのくにこ
→新広義門院（しんこうぎもんいん）

襲武媛　そのたけひめ
上代の女性。景行天皇の妃。
¶女性，人名，日人

曽能目別命　そのめわけのみこと
上代の景行天皇の皇子。
¶人名，日人

園基顕　そのもとあき
暦仁1（1238）年～文保2（1318）年12月26日
鎌倉時代後期の公卿（参議）。参議園基氏の次男。

¶公卿，公家(基顕〔園家〕　もとあき)，国書

園基有 **そのもとあり**
応永30(1423)年～長享1(1487)年7月10日
室町時代～戦国時代の公卿(権中納言)。権中納言園基秀の子。
¶公卿，公家(基有〔園家〕　もとあり)

園基氏 **そのもとうじ**
建暦1(1211)年～弘安5(1282)年
鎌倉時代後期の公卿(参議)。園家の祖。権中納言持明院基家の三男。
¶朝日([没]弘安5年11月18日(1282年12月19日))，鎌室([生]建暦1(1211)年？)，公卿([没]弘安5(1282)年11月18日)，公家(基氏〔園家〕　もとうじ　[没]弘安5(1282)年11月18日)，国書([没]弘安5(1282)年11月16日)，諸系，新潮([生]建暦1(1211)年？　[没]弘安5(1282)年11月18日，(異説)11月28日)，人名([生]？)，日人

園基香 **そのもとか**
→園基香(そのもとよし)

園基賢 **そのもとかた**
？ ～天授1/永和1(1375)年
南北朝時代の公卿(非参議)。参議園基春の子。
¶公卿，公家(基賢〔園家(絶家)2〕　もとかた)

園基勝 **そのもとかつ**
寛文3(1663)年10月14日～元文3(1738)年9月22日
江戸時代中期の公家(権大納言)。准大臣園基福の子。
¶公卿，公家(基勝〔園家〕　もとかつ)，国書

園基定 **そのもとさだ**
南北朝時代～室町時代の公卿(非参議)。応永2年従三位に叙される。
¶公卿(生没年不詳)，公家(基定〔園家(絶家)1〕　もとさだ)

園基祥 **そのもとさち**
天保4(1833)年～明治38(1905)年
江戸時代末期～明治期の公家。
¶維新，諸系，人名，日人，幕末([没]1905年10月30日)

園基重 **そのもとしげ**
弘安1(1278)年～？
鎌倉時代後期の公卿(非参議)。参議園基顕の次男。
¶公卿，公家(基重〔園家(絶家)1〕　もとしげ)

園基茂 **そのもとしげ**
寛政5(1793)年5月13日～天保11(1840)年6月14日
江戸時代後期の公家(権中納言)。権大納言園基理の子。
¶公卿，公家(基茂〔園家〕　もとしげ)，国書，諸系，日人

園基隆 **そのもとたか**
正和3(1314)年～文中3/応安7(1374)年　[別]園基宣《そのもとのぶ》
南北朝時代の公卿(権中納言)。権中納言園基成の子。
¶朝日([没]応安7/文中3年5月7日(1374年6月17日))，鎌室，公卿([没]応安7/文中3(1374)年5月7日)，公家(基隆〔園家〕　もとたか　[没]応安7(1374)年5月7日)，国書([没]応安7(1374)年5月7日)，諸系，新潮([没]応安7/文中3(1374)年5月7日)，日人，兵庫百(園基宣　そののもとのぶ)

園基任 **そのもとただ**
→園基任(そのもととう)

園基継 **そのもとつぐ**
大永6(1526)年1月14日～慶長7(1602)年11月24日
戦国時代～安土桃山時代の公家・歌人。
¶国書

園基任 **そのもととう**
天正1(1573)年1月11日～慶長18(1613)年　[別]園基任《そのもとただ》
安土桃山時代～江戸時代前期の公家(参議)。正四位上・左中将園基継の子。
¶公卿(そのもとただ　[没]慶長18(1613)年1月13日)，公家(基任〔園家〕　もととう　[没]慶長18(1613)年1月14日)，戦人

園基富 **そのもととみ**
長禄1(1457)年～天文2(1533)年2月28日
戦国時代の公卿(権中納言)。権中納言園基有の子。
¶公卿，公家(基富〔園家〕　もととみ)，国書，戦人

園基音 **そのもとなり**
慶長9(1604)年8月23日～明暦1(1655)年2月17日
江戸時代前期の公家(権大納言)。参議園基任の子。
¶公卿，公家(基音〔園家〕　もとね)

園基成 **そのもとなり**
永仁5(1297)年～興国2/暦応4(1341)年12月23日
[別]藤原基成《ふじわらのもとなり》
鎌倉時代後期～南北朝時代の公卿(権中納言)。権中納言園基藤の長男。
¶公卿，公家(基成〔園家〕　もとなり)，国書，新潟百(藤原基成　ふじわらのもとなり)

園基福 **そのもとね**
→園基福(そのもとよし)

園基宣 **そのもとのぶ**
→園基隆(そのもとたか)

園基春 **そのもとはる**
嘉元2(1304)年～？
鎌倉時代後期～南北朝時代の公卿(参議)。権中納言園基藤の次男。
¶公卿，公家(基春〔園家(絶家)2〕　もとはる)

園基秀 そのもとひで
正平24/応安2(1369)年～文安2(1445)年
南北朝時代～室町時代の公卿(権中納言)。華道青山流中興の祖。権中納言園基光の子。
¶鎌室，公卿([没]?)，公家(基秀〔園家〕　もとひで　[没]文安2(1445)年4月18日)，諸系，人名，日人

園基衡 そのもとひら
享保6(1721)年～寛政6(1794)年5月10日
江戸時代中期の公家(権大納言)。権大納言園基香の長男。
¶公卿([生]享保6(1721)年閏7月8日)，公家(基衡〔園家〕　もとひら　[生]享保6(1721)年閏7月8日)，国書，諸系，日人

園基福 そのもとふく
→園基福(そのもとよし)

園基藤 そのもとふじ
建治2(1276)年～正和5(1316)年7月4日
鎌倉時代後期の公卿(権中納言)。参議園基顕の長男。
¶公卿，公家(基藤〔園家〕　もとふじ)

園基冬 そのもとふゆ
正応3(1290)年～興国5/康永3(1344)年8月15日
鎌倉時代後期～南北朝時代の公卿(非参議)。非参議園基重の子。
¶公卿，公家(基冬〔園家(絶家)1〕　もとふゆ)

園基理 そのもとまち
→園基理(そのもとよし)

園基光 そのもとみつ
?　～応永9(1402)年5月6日
南北朝時代～室町時代の公卿(権中納言)。権中納言園基隆の子。
¶公卿，公家(基光〔園家〕　もとみつ)

園基香 そのもとよし
元禄4(1691)年7月19日～延享2(1745)年5月17日　[別]園基香《そのもとか》
江戸時代中期の公家(権大納言)。権大納言園基勝の子。
¶公卿，公家(基香〔園家〕　もとか)，国書(そのもとか)

園基福 そのもとよし
元和8(1622)年～元禄12(1699)年　[別]園基福《そのもとね，そのもとふく》
江戸時代前期の歌人・公家(准大臣)。権大納言園基音の子。
¶公卿(そのもとふく　[生]元和8(1622)年2月16日　[没]元禄12(1699)年11月10日)，公家(基福〔園家〕　もととみ　[生]元和8(1622)年2月16日　[没]元禄12(1699)年11月10日)，国書([生]元和8(1622)年2月16日　[没]元禄12(1699)年11月10日)，諸系(そのもとね)，人名，日人，和俳(そのもとふく)

園基理 そのもとよし
宝暦8(1758)年1月26日～文化12(1815)年10月7日　[別]園基理《そのもとまち》
江戸時代中期～後期の公家(権大納言)。権大納言園基衡の次男。
¶公卿，公家(基理〔園家〕　もとあや)，国書(そのもとまち)

染殿后 そめどののきさき
→藤原明子(ふじわらのめいし)

尊胤親王(1) そんいんしんのう
→尊胤入道親王(そんいんにゅうどうしんのう)

尊胤親王(2) そんいんしんのう
→尊胤法親王(1)(そんいんほうしんのう)

尊胤入道親王 そんいんにゅうどうしんのう
正徳5(1715)年～元文4(1739)年12月26日　[別]尊胤親王《そんいんしんのう》，尊胤法親王《そんいんほうしんのう》
江戸時代中期の霊元天皇の第18皇子。
¶国書(尊胤親王　そんいんしんのう　[生]正徳5(1715)年3月3日)，人名(尊胤法親王　そんいんほうしんのう)，日人([没]1740年)

尊胤法親王(1) そんいんほうしんのう
徳治1(1306)年～正平14/延文4(1359)年　[別]尊胤《そんいん》，尊胤親王《そんいんしんのう》，尊胤法親王《そんいんほっしんのう》
鎌倉時代後期～南北朝時代の後伏見天皇の皇子。
¶鎌室(そんいんほっしんのう)，国書(尊胤親王　そんいんしんのう　[没]延文4(1359)年5月2日)，人名，日人，仏教(尊胤　そんいん　[没]延文3/正平13(1358)年5月3日，(異説)延文4/正平14(1359)年5月2日)

尊胤法親王(2) そんいんほうしんのう
→尊胤入道親王(そんいんにゅうどうしんのう)

尊雲(1) そんうん
生没年不詳
鎌倉時代前期の天台宗の僧。高倉天皇の第3皇子惟明親王の王子。
¶人名，日人，仏教

尊雲(2) そんうん
→護良親王(もりよししんのう)

尊英女王 そんえいじょおう
慶長3(1598)年～慶長16(1611)年　[別]尊英女王《そんえいにょおう》
江戸時代前期の女性。後陽成天皇の第4皇女。
¶人名(そんえいにょおう)

尊映親王 そんえいしんのう
→尊映入道親王(そんえいにゅうどうしんのう)

尊英親王 そんえいしんのう
→尊英入道親王(そんえいにゅうどうしんのう)

尊映入道親王 そんえいにゅうどうしんのう
寛延1(1748)年～寛政5(1793)年12月9日　[別]尊

映親王《そんえいしんのう》，尊映法親王《そんえいほうしんのう》
江戸時代中期の桂宮家仁親王の第3王子。
¶国書（尊映親王　そんえいしんのう　㋺寛延1（1748）年11月2日），人名（尊映法親王　そんえいほうしんのう　㋑1746年），日人（㋬1794年）

尊英入道親王 そんえいにゅうどうしんのう
元文2（1737）年12月27日〜宝暦2（1752）年　㋕尊英親王《そんえいしんのう》，尊英法親王《そんえいほうしんのう》
江戸時代中期の伏見宮貞建親王の第3王子。
¶国書（尊英親王　そんえいしんのう　㋺宝暦2（1752）年7月20日），人名（尊英親王　そんえいほうしんのう），日人（㋑1738年）

尊英女王 そんえいにょおう
→尊英女王（そんえいじょおう）

尊映法親王 そんえいほうしんのう
→尊映入道親王（そんえいにゅうどうしんのう）

尊英法親王 そんえいほうしんのう
→尊英入道親王（そんえいにゅうどうしんのう）

尊恵法親王 そんえほうしんのう
長寛2（1164）年〜建久3（1192）年　㋕尊恵《そんえ》，尊恵法親王《そんえほっしんのう》
平安時代後期の三条天皇の皇子。
¶鎌室（そんえほっしんのう），新潮（そんえほっしんのう　㋺長寛2（1164）年7月22日　㋬建久3（1192）年4月10日），人名，日人，平史（尊恵　そんえ）

尊円親王 そんえんしんのう
→尊円入道親王（そんえんにゅうどうしんのう）

尊円入道親王 そんえんにゅうどうしんのう
永仁6（1298）年〜正平11／延文1（1356）年　㋕守彦親王《もりひこしんのう》，尊円《そんえん》，尊円親王《そんえんしんのう》，尊円法親王《そんえんほっしんのう，そんえんほうしんのう》，尊彦親王《たかひこしんのう》
鎌倉時代後期〜南北朝時代の僧。伏見天皇の第6皇子。能書家。
¶朝日（㋺永仁6年8月1日（1298年9月7日）　㋬延文1／正平11年9月23日（1356年10月17日）），岩史（㋺永仁6（1298）年8月1日　㋬延文1（1356）年9月23日），角史（尊円親王　そんえんしんのう），鎌室，教育（尊円法親王　そんえんほうしんのう），京都（尊円法親王　そんえんほうしんのう），国史，国書（尊円親王　そんえんしんのう　㋺永仁6（1298）年8月1日　㋬延文1（1356）年9月23日），古中，コン改（尊円法親王　そんえんほうしんのう），コン4（尊円法親王　そんえんほうしんのう　㋺永仁6（1298）年8月1日　㋬1356年9月23日），重要（尊円法親王　そんえんほっしんのう　㋺永仁6（1298）年8月1日　㋬正平11／延文1（1356）年9月23日），諸系，新潮（㋺永仁6（1298）年8月1日　㋬正平11（1356）年9月23日），人名，姓氏京都，世人（尊円法親王　そんえんほうしんのう

㋺永仁6（1298）年8月1日　㋬正平11／延文1（1356）年9月23日），世百（尊円親王　そんえんしんのう），全書（尊円法親王　そんえんほうしんのう），大百（尊円法親王　そんえんほうしんのう），伝記（尊円親王　そんえんしんのう），日史（尊円法親王　そんえんほうしんのう　㋺永仁6（1298）年8月1日　㋬延文1／正平11（1356）年9月23日），日人，美術（尊円親王　そんえんしんのう），百科（尊円親王　そんえんしんのう），仏教（尊円　そんえん　㋺永仁6（1298）年8月1日　㋬延文1／正平11（1356）年9月23日），歴大（尊円親王　そんえんしんのう）

尊円法親王[1] そんえんほうしんのう
承元1（1207）年〜寛喜3（1231）年
鎌倉時代前期の後鳥羽天皇の第10皇子。
¶人名，日人

尊円法親王[2] そんえんほうしんのう
→尊円入道親王（そんえんにゅうどうしんのう）

尊快親王 そんかいしんのう
→尊快入道親王[1]（そんかいにゅうどうしんのう）

尊快入道親王[1] そんかいにゅうどうしんのう
元久1（1204）年〜寛元4（1246）年4月2日　㋕尊快《そんかい》，尊快親王《そんかいしんのう》
鎌倉時代前期の後高倉天皇の皇子。天台座主。
¶鎌室，国書（尊快親王　そんかいしんのう　㋺元久1（1204）年4月2日），人名，日人，仏教（尊快　そんかい）

尊快入道親王[2] そんかいにゅうどうしんのう
延享3（1746）年〜寛政10（1798）年
江戸時代中期〜後期の家仁親王の王子。
¶日人

尊雅王 そんがおう
鎌倉時代後期の善統親王の王子。
¶人名

尊覚女王 そんかくじょおう
元和2（1616）年〜元禄7（1694）年6月15日　㋕尊覚女王《そんかくにょおう》
江戸時代前期〜中期の女性。伏見宮邦房親王の王女。
¶女性，人名（そんかくにょおう）

尊覚親王 そんかくしんのう
→尊覚法親王[1]（そんかくほうしんのう）

尊覚入道親王 そんかくにゅうどうしんのう
慶長13（1608）年〜寛文1（1661）年　㋕尊覚《そんかく》，尊覚法親王《そんかくほうしんのう》
江戸時代前期の法相宗の僧。後陽成天皇の第10皇子。興福寺192・213世。
¶人名（尊覚法親王　そんかくほうしんのう），日人，仏教（尊覚　そんかく　㋺慶長13（1608）年2月22日　㋬寛文1（1661）年7月26日）

尊覚女王 そんかくにょおう
→尊覚女王（そんかくじょおう）

尊覚法親王(1) **そんかくほうしんのう**
建保3(1215)年～文永1(1264)年10月27日　[別]尊覚《そんかく》,尊覚親王《そんかくしんのう》,尊覚法親王《そんかくほっしんのう》
鎌倉時代前期の順徳天皇の第1皇子。
¶鎌室(そんかくほっしんのう),国書(尊覚親王　そんかくしんのう　[生]建保2(1214)年7月),人名,日人,仏教(尊覚　そんかく　[生]建保3(1215)年7月)

尊覚法親王(2) **そんかくほうしんのう**
→尊覚入道親王(そんかくにゅうどうしんのう)

尊観 **そんかん**
正平4/貞和5(1349)年～応永7(1400)年　[別]尊観親王《そんかんしんのう》
南北朝時代～室町時代の僧。常磐井宮恒明親王の王子。
¶神奈川百,国史,古中,コン改,コン4,人名,日人,仏教([没]応永7(1400)年10月24日),仏史,山梨百(尊観親王　そんかんしんのう　[生]?)

尊観親王 **そんかんしんのう**
→尊観(そんかん)

尊熙法親王 **そんきほうしんのう**
鎌倉時代後期の伏見天皇の皇子。
¶人名,日人(生没年不詳)

尊敬法親王 **そんけいほうしんのう**
→守澄入道親王(しゅちょうにゅうどうしんのう)

尊杲女王 **そんこうじょおう**
延宝3(1675)年6月23日～享保4(1719)年10月27日　[別]尊杲女王《そんこうにょおう》,尊杲尼《そんごうに》
江戸時代中期の女性。後西天皇の第14皇女。
¶女性,人名(そんこうにょおう),日人,仏教(尊杲尼　そんごうに)

尊光親王 **そんこうしんのう**
→尊光入道親王(そんこうにゅうどうしんのう)

尊杲尼 **そんごうに**
→尊杲女王(そんこうじょおう)

尊光入道親王 **そんこうにゅうどうしんのう**
正保2(1645)年～延宝8(1680)年　[別]尊光親王《そんこうしんのう》
江戸時代前期の後水尾天皇の皇子。
¶人名(尊光親王　そんこうしんのう),日人

尊孝入道親王 **そんこうにゅうどうしんのう**
*～寛延1(1748)年　[別]尊孝法親王《そんこうほうしんのう》
江戸時代中期の伏見宮邦永親王の第4王子。
¶人名(尊孝法親王　そんこうほうしんのう　[生]1701年),日人([生]1702年)

尊杲女王 **そんこうにょおう**
→尊杲女王(そんこうじょおう)

尊興法親王 **そんこうほうしんのう**
天授1/永和1(1375)年～応永31(1424)年　[別]尊興《そんこう》,尊興法親王《そんこうほっしんのう》
南北朝時代～室町時代の亀山天皇の玄孫。常磐井宮満仁親王の王子。
¶鎌室(そんこうほっしんのう),諸系,人名(尊興　そんこう　[生]1374年),人名,日人,仏教(尊興　そんこう　[没]応永31(1424)年5月27日)

尊孝法親王 **そんこうほうしんのう**
→尊孝入道親王(そんこうにゅうどうしんのう)

尊悟入道親王 **そんごにゅうどうしんのう**
乾元1(1302)年～正平14/延文4(1359)年　[別]尊悟《そんご》
鎌倉時代後期～南北朝時代の伏見天皇の皇子。
¶鎌室,人名([生]1303年),日人,仏教(尊悟　そんご　[没]延文4/正平14(1359)年7月30日)

尊済法親王 **そんさいほうしんのう**
嘉元2(1304)年～元徳1(1329)年　[別]尊済法親王《そんざいほっしんのう》
鎌倉時代後期の後二条天皇の皇子。
¶鎌室(そんざいほっしんのう),人名,日人

尊実法親王 **そんじつほうしんのう**
正和3(1314)年～?　[別]尊実法親王《そんじつほっしんのう》
鎌倉時代後期～南北朝時代の後伏見天皇の第5皇子。
¶鎌室(そんじつほっしんのう),人名,日人

尊子内親王 **そんしないしんのう**
→尊子内親王(たかこないしんのう)

尊秀王 **そんしゅうおう**
生没年不詳
南北朝時代の王子か。
¶朝日,国史,史人,姓氏京都([没]1443年),日人

尊秀女王 **そんしゅうじょおう**
?～享保7(1722)年
江戸時代中期の女性。後西天皇の第4皇女。
¶女性

尊守親王 **そんしゅしんのう**
→尊守法親王(1)(そんしゅほうしんのう)

尊守法親王(1) **そんしゅほうしんのう**
*～文応1(1260)年10月23日　[別]尊守《そんしゅ》,尊守親王《そんしゅしんのう》,尊守法親王《そんしゅほっしんのう》
鎌倉時代前期の土御門天皇の皇子。
¶鎌室(そんしゅほっしんのう　[生]?),国書(尊守親王　そんしゅしんのう　[生]承元4(1210)年),人名([生]1210年),日人([生]1209年),仏教(尊守　そんしゅ　[生]承元3(1209)年)

尊守法親王(2) **そんしゅほうしんのう**
南北朝時代の常磐井宮恒明親王の王子。

¶人名，日人（生没年不詳）

尊純親王　**そんじゅんしんのう**
→尊純法親王（そんじゅんほうしんのう）

尊純法親王　**そんじゅんほうしんのう**
天正19（1591）年10月16日〜承応2（1653）年5月26日　[別]尊純《そんじゅん》，尊純親王《そんじゅんしんのう》，尊純法親王《そんじゅんほっしんのう》
江戸時代前期の天台宗の僧。応胤法親王還俗後の王子。青蓮院門跡。
¶朝日（そんじゅんほっしんのう　[生]天正19年10月16日（1591年12月1日）　[没]承応2年5月26日（1653年6月21日）），国書（尊純親王　そんじゅんしんのう），コン改，コン4，新潮（そんじゅんほっしんのう），人名，日人，仏教（尊純　そんじゅん）

尊聖　**そんしょう**
天授1/永和1（1375）年〜永享4（1432）年
南北朝時代〜室町時代の真言宗の僧。長慶天皇の皇子。
¶人名，日人，仏教（[生]？　[没]永享4（1432）年7月4日）

尊勝女王　**そんしょうじょおう**
延宝4（1676）年〜元禄16（1703）年　[別]尊勝女王《そんしょうにょおう》
江戸時代中期の女性。後西天皇の第15皇女。
¶女性（[生]延宝4（1676）年8月27日　[没]元禄16（1703）年3月18日），人名（そんしょうにょおう），日人

尊照女王　**そんしょうじょおう**
→英暉女王（えいきじょおう）

尊乗女王　**そんじょうじょおう**
享保15（1730）年〜天明8（1788）年　[別]尊乗女王《そんじょうにょおう》
江戸時代中期〜後期の女性。中御門天皇の第6皇女。
¶女性（[生]享保15（1730）年2月17日　[没]天明8（1788）年3月4日），人名（そんじょうにょおう），日人

尊証親王　**そんしょうしんのう**
→尊証入道親王（そんしょうにゅうどうしんのう）

尊賞親王　**そんしょうしんのう**
→尊賞入道親王（そんしょうにゅうどうしんのう）

尊性親王(1)　**そんしょうしんのう**
→尊性法親王(1)（そんしょうほうしんのう）

尊性親王(2)　**そんしょうしんのう**
→尊性法親王(2)（そんしょうほうしんのう）

尊常親王　**そんじょうしんのう**
→尊常入道親王（そんじょうにゅうどうしんのう）

尊証入道親王　**そんしょうにゅうどうしんのう**
慶安4（1651）年2月10日〜元禄7（1694）年10月15日　[別]尊証《そんしょう》，尊証親王《そんしょうしんのう》，尊証法親王《そんしょうほうしんのう》
江戸時代前期〜中期の天台宗の僧。後水尾天皇の第17皇子。天台座主184・187世。
¶国書（尊証親王　そんしょうしんのう），人名（尊証法親王　そんしょうほうしんのう），日人，仏教（尊証　そんしょう）

尊賞入道親王　**そんしょうにゅうどうしんのう**
元禄12（1699）年11月22日〜延享3（1746）年　[別]尊賞《そんしょう》，尊賞親王《そんしょうしんのう》，尊賞法親王《そんしょうほうしんのう》
江戸時代中期の法相宗の僧。霊元天皇の第14皇子。興福寺217世。
¶国書（尊賞親王　そんしょうしんのう　[没]延享3（1746）年10月10日），人名（尊賞法親王　そんしょうほうしんのう），日人（[生]1700年），仏教（尊賞　そんしょう　[没]延享3（1746）年10月9日）

尊常入道親王　**そんじょうにゅうどうしんのう**
文政1（1818）年〜天保7（1836）年　[別]尊常親王《そんじょうしんのう》，尊常法親王《そんじょうほうしんのう》
江戸時代後期の伏見宮貞敬親王の第8王子。
¶国書（尊常親王　そんじょうしんのう　[生]文政1（1818）年6月14日　[没]天保7（1836）年6月26日），人名（尊常法親王　そんじょうほうしんのう），日人

尊勝女王　**そんしょうにょおう**
→尊勝女王（そんしょうじょおう）

尊乗女王　**そんじょうにょおう**
→尊乗女王（そんじょうじょおう）

尊証法親王　**そんしょうほうしんのう**
→尊証入道親王（そんしょうにゅうどうしんのう）

尊賞法親王　**そんしょうほうしんのう**
→尊賞入道親王（そんしょうにゅうどうしんのう）

尊性法親王(1)　**そんしょうほうしんのう**
建久5（1194）年〜延応1（1239）年　[別]尊性《そんしょう》，尊性親王《そんしょうしんのう》，尊性法親王《そんしょうほっしんのう》
鎌倉時代前期の後高倉院（守貞親王）の王子。
¶鎌室（そんしょうほっしんのう），国書（尊性親王　そんしょうしんのう　[没]延応1（1239）年9月3日），人名，姓氏京都（そんしょうほっしんのう），日人，仏教（尊性　そんしょう　[没]延応1（1239）年9月3日）

尊性法親王(2)　**そんしょうほうしんのう**
慶長7（1602）年〜慶安4（1651）年　[別]尊性親王《そんしょうしんのう》
江戸時代前期の後陽成天皇の第5皇子。
¶国書（尊性親王　そんしょうしんのう　[生]慶長7（1602）年10月8日　[没]慶安4（1651）年3月22日），人名，日人

尊常法親王　**そんじょうほうしんのう**
→尊常入道親王（そんじょうにゅうどうしんのう）

尊助親王 **そんじょしんのう**
→尊助法親王（そんじょほうしんのう）

尊助法親王 **そんじょほうしんのう**
建保5（1217）年〜正応3（1290）年12月1日 [別]尊助《そんじょ》，尊助親王《そんじょしんのう》，尊助法親王《そんじょほっしんのう》
鎌倉時代後期の天台宗の僧。土御門天皇の第5皇子。
¶朝日（そんじょほっしんのう [没]正応3年12月1日（1291年1月2日）），鎌室（そんじょほっしんのう [生]建保4（1216）年），国史（そんじょほっしんのう），国書（尊助親王 そんじょしんのう），古中（そんじょほっしんのう），新潮（そんじょほっしんのう），人名，世人（[生]建保4（1216）年），日人（[没]1291年），仏教（尊助 そんじょ [生]建保4（1216）年），仏史（そんじょほっしんのう）

尊真 **そんしん**
南北朝時代の後醍醐天皇の皇子。
¶人名，日人（生没年不詳）

尊信女王 **そんしんじょおう**
享保19（1734）年〜享和1（1801）年 [別]尊信女王《そんしんにょおう》
江戸時代中期〜後期の女性。閑院宮直仁親王の第3王女。
¶女性（[生]享保19（1734）年10月9日 [没]享和1（1801）年9月25日），人名（そんしんにょおう），日人

尊真親王 **そんしんしんのう**
→尊真入道親王（そんしんにゅうどうしんのう）

尊真入道親王 **そんしんにゅうどうしんのう**
寛保4（1744）年1月19日〜文政7（1824）年 [別]尊真《そんしん》，尊真親王《そんしんしんのう》，尊真法親王《そんしんほうしんのう》
江戸時代中期〜後期の天台宗の僧。伏見宮貞建親王の第5王子。天台座主。
¶国書（尊真親王 そんしんしんのう [没]文政7（1824）年3月18日），人名（尊真法親王 そんしんほうしんのう），日人，仏教（尊真 そんしん [没]文政7（1824）年3月17日）

尊信女王 **そんしんにょおう**
→尊信女王（そんしんじょおう）

尊信法親王 **そんしんほうしんのう**
正中1（1324）年〜天授6/康暦2（1380）年 [別]尊信《そんしん，そんじん》
南北朝時代の京都勧修寺の僧。亀山天皇の皇孫。常磐井宮恒明親王の王子。
¶国史（尊信 そんじん），古中（尊信 そんじん），人名，日人，仏教（尊信 そんしん [没]康暦2/天授6（1380）年4月22日），仏史（尊信 そんじん）

尊真法親王 **そんしんほうしんのう**
→尊真入道親王（そんしんにゅうどうしんのう）

尊誓 **そんせい**
鎌倉時代後期の亀山天皇の皇子。
¶人名

尊清女王 **そんせいじょおう**
慶長18（1613）年〜寛文9（1669）年 [別]尊清女王《そんせいにょおう》
江戸時代前期の女性。後陽成天皇の第9皇女。
¶女性（[生]慶長18（1613）年6月21日 [没]寛文9（1669）年3月4日），人名（そんせいにょおう），日人

尊誠入道親王 **そんせいにゅうどうしんのう**
文化3（1806）年〜文政5（1822）年 [別]尊誠法親王《そんせいほうしんのう》
江戸時代後期の伏見宮貞敬親王の第4王子。
¶人名（尊誠法親王 そんせいほうしんのう），日人

尊清女王 **そんせいにょおう**
→尊清女王（そんせいじょおう）

尊誠法親王 **そんせいほうしんのう**
→尊誠入道親王（そんせいにゅうどうしんのう）

尊智女王 **そんちじょおう**
大永7（1527）年〜慶長7（1602）年 [別]尊智女王《そんちにょおう》
戦国時代〜安土桃山時代の伏見宮貞敦親王の王女。
¶人名（そんちにょおう）

尊智女王 **そんちにょおう**
→尊智女王（そんちじょおう）

尊忠 **そんちゅう**
？ 〜*
鎌倉時代前期の忠成王の王子。
¶人名（[没]1280年），日人（[没]1281年）

尊澄 **そんちょう**
→宗良親王（むねよししんのう）

尊長 **そんちょう**
？ 〜嘉禄3（1227）年
鎌倉時代前期の僧、公卿、承久の乱の中枢。父は一条能保。
¶岩史（[没]嘉禄3（1227）年6月8日），角史，庄内（生没年不詳），姓氏京都，日史（[没]安貞1（1227）年6月7日）

尊朝親王 **そんちょうしんのう**
→尊朝法親王（そんちょうほうしんのう）

尊超親王 **そんちょうしんのう**
→尊超入道親王（そんちょうにゅうどうしんのう）

尊朝入道親王 **そんちょうにゅうどうしんのう**
興国5/康永3（1344）年〜天授4/永和4（1378）年 [別]尊朝《そんちょう》，尊敦親王《たかあつしんのう》
南北朝時代の光厳天皇の皇子。
¶鎌室，人名，日人，仏教（尊朝 そんちょう [生]康永3/興国5（1344）年閏3月 [没]永和4/天授4

そ

(1378)年7月16日)

尊超入道親王 そんちょうにゅうどうしんのう
享和2(1802)年～嘉永5(1852)年 [別]尊超親王《そんちょうしんのう》
江戸時代後期の僧。有栖川宮織仁親王の王子。
¶近世, 国史, 国書(尊超親王 そんちょうしんのう [生]享和2(1802)年7月10日 [没]嘉永5(1852)年8月21日), 人名, 日人

尊澄法親王 そんちょうほうしんのう
→宗良親王(むねよししんのう)

尊朝法親王 そんちょうほうしんのう
天文21(1552)年8月20日～慶長2(1597)年2月13日 [別]尊朝《そんちょう》,尊朝親王《そんちょうしんのう》,尊朝法親王《そんちょうほっしんのう》
安土桃山時代の天台宗の僧(天台座主)。伏見宮邦輔親王の第6王子。
¶近世(そんちょうほっしんのう), 国史(そんちょうほっしんのう), 国書(尊朝親王 そんちょうしんのう), 新潮(そんちょうほっしんのう), 人名, 世人, 全書(そんちょうほっしんのう), 日人, 仏教(尊朝 そんちょう)

尊珍親王 そんちんしんのう
→尊珍法親王(そんちんほうしんのう)

尊鎮親王 そんちんしんのう
→尊鎮入道親王(そんちんにゅうどうしんのう)

尊鎮入道親王 そんちんにゅうどうしんのう
永正1(1504)年～天文19(1550)年 [別]尊鎮《そんちん》,尊鎮親王《そんちんしんのう》,尊鎮法親王《そんちんほうしんのう,そんちんほっしんのう》
戦国時代の後柏原天皇の第5皇子。
¶国書(尊鎮親王 そんちんしんのう [生]永正1(1504)年4月21日 [没]天文19(1550)年9月13日), 茶道(尊鎮法親王 そんちんほうしんのう), 人名(尊鎮法親王 そんちんほうしんのう), 戦人(尊鎮法親王 そんちんほっしんのう), 日人, 仏教(尊鎮 そんちん [生]永正1(1504)年4月21日 [没]天文19(1550)年9月13日)

尊珍法親王 そんちんほうしんのう
*～? [別]尊珍親王《そんちんしんのう》,尊珍法親王《そんちんほっしんのう》
鎌倉時代後期～南北朝時代の亀山天皇の皇子。
¶朝日(そんちんほっしんのう [生]徳治1(1306)年), 国書(尊珍親王 そんちんしんのう [生]嘉元3(1305)年), 人名([生]1305年), 日人([生]1306年)

尊鎮法親王 そんちんほうしんのう
→尊鎮入道親王(そんちんにゅうどうしんのう)

尊伝親王 そんでんしんのう
→尊伝入道親王(そんでんにゅうどうしんのう)

尊伝入道親王 そんでんにゅうどうしんのう
文明4(1472)年12月6日～文亀4(1504)年 [別]尊伝親王《そんでんしんのう》,尊伝法親王《そんでんほうしんのう》
戦国時代の後土御門天皇の第2皇子。
¶国書(尊伝親王 そんでんしんのう [没]文亀4(1504)年1月27日), 人名(尊伝法親王 そんでんほうしんのう), 日人([生]1473年)

尊伝法親王 そんでんほうしんのう
→尊伝入道親王(そんでんにゅうどうしんのう)

尊道親王 そんどうしんのう
→尊道入道親王(そんどうにゅうどうしんのう)

尊統入道親王 そんとうにゅうどうしんのう
元禄9(1696)年～正徳1(1711)年 [別]尊統《そんとう》
江戸時代中期の浄土宗の僧、仏教天文学者。有栖川宮幸仁親王の第2王子。
¶人名, 日人, 仏教(尊統 そんとう [生]元禄9(1696)年9月9日 [没]正徳1(1711)年5月18日)

尊道入道親王 そんどうにゅうどうしんのう
元弘2/正慶1(1332)年～応永10(1403)年 [別]尊省親王《たかのぶしんのう》,尊道親王《そんどうしんのう》
南北朝時代～室町時代の後伏見天皇の第11皇子。
¶鎌室, 国書(尊道親王 そんどうしんのう [生]正慶1(1332)年8月21日 [没]応永10(1403)年7月5日), 人名, 日人

尊峰親王 そんほうしんのう
→尊峰入道親王(そんぽうにゅうどうしんのう)

尊宝入道親王 そんぽうにゅうどうしんのう
文化1(1804)年～天保3(1832)年 [別]尊宝法親王《そんぽうほうしんのう》
江戸時代後期の伏見宮貞敬親王の第2王子。
¶人名(尊宝法親王 そんぽうほうしんのう), 日人

尊峰入道親王 そんぽうにゅうどうしんのう
元文6(1741)年～天明8(1788)年 [別]尊峰親王《そんほうしんのう》,尊峰法親王《そんぽうほうしんのう》
江戸時代中期の桂宮家仁親王の第2王子。
¶国書(尊峰親王 そんほうしんのう [生]元文6(1741)年1月8日 [没]天明8(1788)年7月21日), 人名(尊峰法親王 そんぽうほうしんのう), 日人

尊宝法親王 そんぽうほうしんのう
→尊宝入道親王(そんぽうにゅうどうしんのう)

尊峰法親王 そんぽうほうしんのう
→尊峰入道親王(そんぽうにゅうどうしんのう)

尊祐親王 そんゆうしんのう
→尊祐入道親王(そんゆうにゅうどうしんのう)

尊祐入道親王 そんゆうにゅうどうしんのう
*～延享4(1747)年9月16日 [別]尊祐《そんゆう》,尊祐親王《そんゆうしんのう》,尊祐法親王《そんゆうほうしんのう》
江戸時代中期の天台宗の僧。伏見宮邦永親王の第

2王子。天台座主。
¶国書（尊祐親王　そんゆうしんのう　[生]元禄11（1698）年9月25日），人名（尊祐法親王　そんゆうほうしんのう　[生]1697年），日人（[生]1697年），仏教（尊祐　そんゆう　[生]元禄11（1698）年9月25日）

尊祐法親王　そんゆうほうしんのう
→尊祐入道親王（そんゆうにゅうどうしんのう）

尊融法親王　そんゆうほうしんのう
→朝彦親王（あさひこしんのう）

尊梁女王　そんりょうじょおう
正徳1（1711）年9月18日～享保16（1731）年　[別]尊梁女王《そんりょうにょおう》
江戸時代中期の女性。京極宮文仁親王第2王女。
¶国書（[没]享保16（1731）年7月24日），女性（[没]享保16（1731）年7月25日），人名（そんりょうにょおう），日人

尊梁女王　そんりょうにょおう
→尊梁女王（そんりょうじょおう）

尊蓮女王　そんれんじょおう
元和3（1617）年～寛永4（1627）年　[別]尊蓮女王《そんれんにょおう》
江戸時代前期の後陽成天皇の第9皇女。
¶人名（そんれんにょおう）

尊蓮女王　そんれんにょおう
→尊蓮女王（そんれんじょおう）

【た】

大覚寺宮　だいがくじのみや
→寛尊法親王（かんそんほうしんのう）

待賢門院　たいけんもんいん
康和3（1101）年～久安1（1145）年　[別]藤原璋子《ふじわらしょうし，ふじわらのあきこ，ふじわらのしょうし，ふじわらのたまこ》
平安時代後期の女性。鳥羽天皇の皇后。崇徳天皇・後白河天皇の母。
¶朝日（[没]久安1年8月22日（1145年9月10日）），岩史（[没]久安1（1145）年8月22日），角史，京都，京都大，国史，古史，古中，コン改，コン4，史人（[没]1145年8月22日），諸系，女性，人書94，新潮（[没]久安1（1145）年8月22日），人名，姓氏京都，世人，世百（藤原璋子　ふじわらのしょうし），全書（藤原璋子　ふじわらのしょうし），大百（藤原璋子　ふじわらのしょうし），日音（[没]久安1（1145）年8月22日），日史（[没]久安1（1145）年8月22日），日人，百科，仏教（[没]久安1（1145）年8月22日），平史（藤原璋子　ふじわらのたまこ），歴大

醍醐兼潔　だいごかねきよ
→醍醐経胤（だいごつねたね）

醍醐兼純　だいごかねすみ
延享4（1747）年10月16日～宝暦8（1758）年4月21日
江戸時代中期の公家（権中納言）。関白太政大臣一条兼香の末子。
¶公卿，公家（兼純〔醍醐家〕　かねすみ）

醍醐忠順　だいごただおさ
天保1（1830）年～明治33（1900）年7月4日
江戸時代末期～明治期の公家（権大納言）。内大臣醍醐輝弘の子。
¶維新，大阪人（[没]明治33（1900）年7月），公卿（[生]天保1（1830）年3月17日），公家（忠順〔醍醐家〕　ただおさ），諸系，人名，日人，幕末

醍醐忠重　だいごただしげ
明治24（1891）年10月15日～昭和22（1947）年12月6日
明治～昭和期の軍人、華族（侯爵）。
¶陸海

醍醐忠敬　だいごただゆき
嘉永2（1849）年～明治32（1899）年
江戸時代末期～明治期の華族、官吏。侯爵。
¶維新

醍醐経胤　だいごつねたね
享保2（1717）年7月15日～天明1（1781）年1月21日　[別]醍醐兼潔《だいごかねきよ》
江戸時代中期の公家（右大臣）。左大臣醍醐冬熙の子。
¶公卿，公家（経胤〔醍醐家〕　つねたね），国書（醍醐兼潔　だいごかねきよ）

醍醐輝久　だいごてるひさ
宝暦10（1760）年6月13日～享和1（1801）年7月25日
江戸時代中期～後期の公家（権大納言）。右大臣醍醐経胤の子。
¶公卿，公家（輝久〔醍醐家〕　てるひさ）

醍醐輝弘　だいごてるひろ
寛政3（1791）年～安政6（1859）年
江戸時代末期の公家（内大臣）。関白・内大臣一条輝良の子。
¶公卿（[生]寛政3（1791）年4月27日　[没]安政6（1859）年9月9日），公家（輝弘〔醍醐家〕　てるひろ　[生]寛政3（1791）年4月27日　[没]安政6（1859）年9月9日），諸系，日人

醍醐天皇　だいごてんのう
元慶9（885）年～延長8（930）年
平安時代中期の第60代の天皇（在位897～930）。宇多天皇の子。その治世は「延喜の治」といわれ、律令政治の再興に尽力。
¶朝日（[没]延長8年9月29日（930年10月23日）），岩史（[没]延長8（930）年9月29日），角史，京都，京都大，芸能（[没]延長8（930）年9月29日），国史，国書（[生]元慶9（885）年1月18日　[没]延長8（930）年9月29日），古史，古代，古中，コン改，コン4，詩歌，史人（[生]885年1月18日　[没]930年9月29日），重要（[生]仁和1（885）年1月

18日　[没]延長8(930)年9月29日)，諸系，新潮(［生］仁和1(885)年1月18日　[没]延長8(930)年9月29日)，人名，姓氏京都，世人(［生］仁和1(885)年1月18日　[没]延長8(930)年9月29日)，世百，全書，大百，伝記，日音(［生］仁和1(885)年1月18日　[没]延長8(930)年9月29日)，日史(［生］仁和1(885)年1月18日　[没]延長8(930)年9月29日)，日人，百科，仏教(［生］元慶9(885)年1月18日　[没]延長8(930)年9月29日)，平史，歴大，和俳(［生］仁和1(885)年1月18日　[没]延長8(930)年9月29日)

醍醐冬熙　だいごふゆひろ
延宝7(1679)年5月4日～宝暦6(1756)年10月9日
江戸時代中期の公家(左大臣)。権大納言醍醐冬基の長男。
¶公卿，公家(冬熙〔醍醐家〕　ふゆひろ)

醍醐冬基　だいごふゆもと
慶安1(1648)年～元禄10(1697)年　[別]一条冬基《いちじょうふゆもと》
江戸時代前期の公家(権大納言)。醍醐家の祖。後陽成天皇の第9皇子一条昭良の次男。
¶京都大(一条冬基　いちじょうふゆもと)，公卿(［生］慶安1(1648)年6月14日　[没]元禄10(1697)年7月14日)，公家(冬基〔醍醐家〕　ふゆもと　[没]元禄10(1697)年7月14日)，国書(［生］慶安1(1648)年6月14日　[没]元禄10(1697)年7月14日)，諸系，人名，姓氏京都(一条冬基　いちじょうふゆもと)，日人

醍醐冬香　だいごふゆよし
宝暦1(1751)年11月21日～安永1(1772)年2月13日
江戸時代中期の公家(権中納言)。右大臣醍醐経胤の子。
¶公卿，公家(冬香〔醍醐家〕　ふゆか)

醍醐好子　だいごよしこ
→賀陽宮好子(かやのみやよしこ)

大斎院　だいさいいん
→選子内親王(せんしないしんのう)

大慈光院宮　だいじこういんのみや
？　～永正2(1505)年
戦国時代の女性。後土御門天皇の第1皇女。
¶鎌室(生没年不詳)，女性，人名，日人(生没年不詳)

体子内親王　たいしないしんのう
→神仙門院(しんせんもんいん)

大正天皇　たいしょうてんのう
明治12(1879)年8月31日～大正15(1926)年12月25日　[別]嘉仁親王《よしひとしんのう》
大正期の第123代天皇。明治天皇の第3皇子。皇太子時代韓国訪問。病弱のため皇太子裕仁を摂政に任ず。
¶朝日，岩史，角史，神奈川百，近現，現朝，現日，国史，コン改，コン5，史人，重要，諸系，新潮，人名，世紀，世人，世百，全書，大百，伝記，富山文，日史，日人，日本，百科，履歴，歴大

大将御息所　だいしょうのみやすんどころ
→藤原慶子(ふじわらのけいし)

大知女王　だいちじょおう
→文智女王(ぶんちじょおう)

大知文秀　だいちぶんしゅう
→文秀女王(ぶんしゅうじょおう)

大唐大使卿　だいとうたいしきょう
奈良時代の官人。
¶万葉

大塔宮　だいとうのみや
→護良親王(もりよししんのう)

大徳親王　だいとこしんのう
延暦17(798)年～延暦22(803)年　[別]大野親王《おおのしんのう》
平安時代前期の桓武天皇の第11皇子。
¶人名，日人，平史(大野親王　おおのしんのう)

当麻皇子　たいまのおうじ
→当麻皇子(たいまのみこ)

当麻鴨継　たいまのかもつぐ
？　～貞観15(873)年　[別]当麻真人鴨継《たいまのまひとかもつぐ》
平安時代前期の官医。
¶古代(当麻真人鴨継　たいまのまひとかもつぐ)，人名，日人，平史

当麻国見　たいまのくにみ
[別]当麻真人国見《たいまのまひとくにみ》
飛鳥時代の官人。
¶古史(生没年不詳)，古代(当麻真人国見　たいまのまひとくにみ)

当麻智徳　たいまのちとこ
？　～和銅4(711)年　[別]当麻真人智徳《たいまのまひとちとこ》
飛鳥時代の官人。
¶古代(当麻真人智徳　たいまのまひとちとこ)，日人

当麻豊浜　たいまのとよはま
？　～681年　[別]当麻公豊浜《たいまのきみとよはま》
飛鳥時代の官人。
¶古代(当麻公豊浜　たいまのきみとよはま)，日人

当麻永嗣　たいまのながつぐ
生没年不詳　[別]当麻真人永嗣《たいまのまひとながつぐ》
奈良時代の官人。
¶古代(当麻真人永嗣　たいまのまひとながつぐ)，日人，平史

当麻広嶋(当摩広嶋)　たいまのひろしま
？　～弘文天皇1・天武天皇1(672)年　[別]当摩公

広嶋《たいまのきみひろしま》, 当麻公広島《たぎまのきみひろしま》, 当麻公広嶋《たいまのきみひろしま》
飛鳥時代の吉備国守。
¶岡山百（当麻公広島　たぎまのきみひろしま），岡山歴（当摩公広嶋　たいまのきみひろしま），古代（当麻公広嶋　たいまのきみひろしま）

当麻広麻呂 たいまのひろまろ
？ ～685年
飛鳥時代の官吏。
¶日人

当麻麻呂 たいまのまろ
[別]当麻真人麻呂《たぎまのまひとまろ》, 当麻麻呂《たぎまのまろ》
飛鳥時代の官人。
¶人名（たぎまのまろ），日人（生没年不詳），万葉（当麻真人麻呂　たぎまのまひとまろ）

当麻皇子 たいまのみこ
生没年不詳　[別]当麻皇子《たいまのおうじ》
飛鳥時代の用明天皇の皇子、征新羅将軍。
¶国史（たいまのおうじ），古代，古中（たいまのおうじ），コン改，コン4，史人，諸系（たいまのおうじ），新潮，日人（たいまのおうじ）

当麻山背 たいまのやましろ
生没年不詳
奈良時代の女性。舎人親王の大夫人、淳仁天皇の母。
¶朝日，コン改，コン4，女性，新潮，日人

平敦盛 たいらのあつもり
嘉応1（1169）年～元暦1（1184）年　[別]平敦盛《たいらあつもり》
平安時代後期の武士。平経盛の末子で、いわゆる平家の公達。一ノ谷の戦いで熊谷直実に討たれる。
¶朝日（[没]元暦1年2月7日（1184年3月20日）），岩史（[没]寿永3（1184）年2月7日），角史，鎌室（たいらあつもり），国史，古中，コン改，コン4，史人（[没]1184年2月7日），重要（[没]元暦1（1184）年2月7日），諸系，人書94（たいらあつもり），新潮（[没]元暦1（1184）年2月7日），人名，世人（[没]元暦1（1184）年2月7日），世百，全書（[生]？），大百，日音，日史（[没]元暦1（1184）年2月7日），日人，百科，兵庫百，平史，歴大（[生]1168年）

平篤行 たいらのあつゆき
？ ～延喜10（910）年　[別]平篤行《たいらあつゆき》
平安時代前期～中期の光孝天皇の玄孫。
¶国書（たいらあつゆき　[没]延喜10（910）年1月），諸系，人名，日人，平史

平有親 たいらのありちか
建久5（1194）年～弘長1（1261）年　[別]平有親《たいらありちか》
鎌倉時代前期の公卿（参議）。非参議平親国の子。
¶鎌室（たいらありちか），公卿（[生]建久4（1193）年　[没]文応2（1261）年1月4日），公家（有親〔平家（絶家）3〕　ありちか　[生]1193年　[没]文応2（1261）年1月4日），諸系，日人

平在寛 たいらのありひろ
生没年不詳
平安時代中期の仁明天皇の玄孫。
¶諸系，人名，日人

平有盛 たいらのありもり
？ ～文治1（1185）年　[別]平有盛《たいらありもり》
平安時代後期の武将。平重盛の子で、いわゆる平家の公達。壇ノ浦の戦いで入水。
¶鎌室（たいらありもり），諸系，新潮（[没]文治1（1185）年3月24日），人名，日人，平史

平家盛 たいらのいえもり
？ ～久安5（1149）年
平安時代後期の軍事貴族。
¶平史

平兼有 たいらのかねあり
鎌倉時代後期の公卿（非参議）。少納言輔兼の子。
¶公卿（生没年不詳），公家（兼有〔平家（絶家）5〕　かねあり）

平兼忠 たいらのかねただ
？ ～長和1（1012）年？
平安時代中期の軍事貴族。
¶平史

平兼親 たいらのかねちか
生没年不詳　[別]平兼親《たいらかねちか》
鎌倉時代前期の公卿（非参議）。非参議平時兼の子。
¶鎌室（たいらかねちか　[没]建長6（1254）年），公卿，公家（兼親〔平家（絶家）4〕　かねちか），諸系，日人

平兼盛 たいらのかねもり
？ ～正暦1（990）年　[別]平兼盛《たいらかねもり》
平安時代中期の官人、歌人。三十六歌仙の一人。
¶朝日（[没]正暦1年12月28日（991年1月16日）），国史，国書（たいらかねもり　[没]正暦1（990）年12月），古中，コン改，コン4，詩歌，史人（[没]990年12月），諸系（[没]991年），新潮（[没]正暦1（990）年12月），人名，世人（[没]正暦1（990）年12月28日），全書，大百，日史（[没]正暦1（990）年12月），日人（[没]991年），百科，平史，和俳

平兼盛弟 たいらのかねもりのおとうと
生没年不詳　[別]平兼盛弟《たいらかねもりのおとうと》
平安時代中期の公家・歌人。
¶国書（たいらかねもりのおとうと）

平公雅 たいらのきみまさ
生没年不詳
平安時代中期の軍事貴族。興世王を討った功により従五位上武蔵守となる。
¶国史，古中，コン4，諸系，日人，平史

た

平清邦 たいらのきよくに
生没年不詳　[別]平清邦《たいらきよくに》
平安時代後期の官人。
¶鎌室(たいらきよくに), 新潮, 日人, 平史

平清定 たいらのきよさだ
？～元暦1(1184)年
平安時代後期の官人。平清盛の養子。
¶平史

平清経 たいらのきよつね
？～寿永2(1183)年　[別]平清経《たいらきよつね》
平安時代後期の武将(平家の公達)。平重盛の子。都落ちの後ほどなく入水自殺。
¶大分百, 鎌室(たいらきよつね), コン改, コン4, 諸系, 新潮([生]長寛1(1163)年？　[没]寿永2(1183)年10月), 人名, 日音([生]永暦1(1160)年？), 日人, 平史

た

平清房 たいらのきよふさ
？～元暦1(1184)年　[別]平清房《たいらきよふさ》
平安時代後期の武将(平家の公達)。平清盛の子。淡路守。
¶鎌室(たいらきよふさ　生没年不詳), 諸系, 新潮(生没年不詳), 日人, 平史

平清宗 たいらのきよむね
嘉応2(1170)年～文治1(1185)年　[別]平清宗《たいらきよむね》
平安時代後期の公卿、武将。平宗盛の長男。壇ノ浦の戦いで生け捕られ、のち処刑された。
¶朝日([没]文治1年6月21日(1185年7月19日)), 鎌室(たいらきよむね), 公卿([生]仁安3(1168)年　[没]元暦1(1184)年頃), 公家(清宗〔平家(絶家)1〕　きよむね　[生]1171年　[没]1185年？), 諸系, 新潮([没]文治1(1185)年6月21日), 人名([生]1169年), 日人, 平史([生]1171年)

平清盛 たいらのきよもり
元永1(1118)年～養和1(1181)年　[別]平清盛《たいらきよもり》
平安時代後期の武将、太政大臣。忠盛の子。保元・平治の乱により実権を握り、娘を高倉天皇に嫁がせ、その子安徳天皇の外祖父となり権勢をふるった。
¶朝日([没]養和1年閏2月4日(1181年3月20日)), 岩史([没]治承5(1181)年閏2月4日), 角史, 鎌倉, 鎌室(たいらきよもり), 京都, 京都大, 公卿([没]養和1(1181)年閏2月4日), 公家(清盛〔平家(絶家)1〕　きよもり　[没]養和1(1181)年閏2月4日), 国史, 国書(たいらきよもり　[没]治承5(1181)年閏2月4日), 古史, 古中, コン改, コン4, 史人([没]1181年閏2月4日), 静岡百, 静岡歴, 重要([没]養和1(1181)年閏2月4日), 諸系, 人書79, 人書94(たいらきよもり), 新潮([没]養和1(1181)年閏2月4日), 人名, 姓氏京都, 世人([没]養和1(1181)年閏2月4日), 世百, 全書, 大百, 伝記, 日史([没]養和1(1181)年閏2月4日), 日人, 百科, 兵庫百, 広島百([没]治承5(1181)年2月), 福岡百, 仏教([没]治承5(1181)年閏2月4日), 平史, 歴大, 和歌山人

平潔行 たいらのきよゆき
生没年不詳
平安時代前期の桓武天皇の玄孫。
¶諸系, 人名, 日人

平公誠 たいらのきんざね
生没年不詳　[別]平公誠《たいらきんざね》
平安時代中期の官人・歌人。
¶国書(たいらきんざね), 平史

平国香 たいらのくにか
？～承平5(935)年
平安時代中期の東国の軍事貴族。桓武天皇の曽孫高望の子。甥の将門に殺された。
¶朝日, 茨城百, 角史, 国史, 古史, 古中, コン改, コン4, 埼玉百([没]932年), 史人([没]935年2月), 重要([没]承平5(935)年2月), 諸系, 新潮([没]承平5(935)年2月), 人名([没]932年), 世人, 全書, 大百, 日史([没]承平5(935)年2月), 日人, 百科, 平史, 歴大

平国盛 たいらのくにもり
生没年不詳
平安時代後期～鎌倉時代前期の武将。平教盛の子か。
¶日人

平惟有 たいらのこれあり
？～応永26(1419)年2月23日
室町時代の公卿(非参議)。応永26年従三位に叙される。
¶公卿, 公家(惟有〔平家(絶家)5〕　これあり)

平惟材 たいらのこれき
生没年不詳　[別]平惟材《たいらこれき》
南北朝時代の官人・歌人。
¶国書(たいらこれき)

平惟清 たいらのこれきよ
文保2(1318)年～正平24/応安2(1369)年6月11日
南北朝時代の公卿(非参議)。非参議兼有の曾孫。
¶公卿, 公家(惟清〔平家(絶家)5〕　これきよ)

平惟扶 たいらのこれすけ
生没年不詳
平安時代中期の官人。
¶平史

平惟輔 たいらのこれすけ
文永9(1272)年～元徳2(1330)年2月7日
鎌倉時代後期の公卿(権中納言)。参議平信輔の子。
¶公卿, 公家(惟輔〔烏丸家(絶家)〕　これすけ)

平惟忠 たいらのこれただ
寿永2(1187)年～弘長3(1263)年1月21日
鎌倉時代前期の公卿(参議)。非参議平親国の子。
¶公卿, 公家(惟忠〔平家(絶家)3〕　これただ)

平惟継 たいらのこれつぐ
文永3(1266)年～興国4/康永2(1343)年4月18日 [別]平惟継《たいらこれつぐ》
鎌倉時代後期～南北朝時代の公卿(権中納言)。非参議平高兼の子。
¶鎌室(たいらこれつぐ),公卿,公家(惟継〔平家(絶家)4〕 これつぐ),国書(たいらこれつぐ),諸系,日人

平維時 たいらのこれとき
生没年不詳
平安時代中期の官人。
¶平史

平惟俊 たいらのこれとし
鎌倉時代後期の公卿(非参議)。権中納言平成俊の子。
¶公卿(生没年不詳),公家(惟俊〔平家(絶家)2〕 これとし)

平維敏 たいらのこれとし
? ～正暦5(994)年
平安時代中期の軍事貴族。
¶平史

平惟仲 たいらのこれなか
天慶7(944)年～寛弘2(1005)年
平安時代中期の公卿(中納言)。贈従三位美作介珍材の長男。
¶朝日([没]寛弘2年3月14日(1005年4月25日)),神奈川人,公卿([没]寛弘2(1005)年5月24日),国史,古中,コン4,史人([没]1005年3月14日),諸系,日史([没]寛弘2(1005)年3月14日),日人,平史,和歌山人([生]943年)

平維叙 たいらのこれのぶ
生没年不詳
平安時代中期の軍事貴族。
¶平史

平惟範 たいらのこれのり
斉衡2(855)年～延喜9(909)年 [別]平朝臣惟範《たいらのあそんこれのり》
平安時代前期～中期の公卿(中納言)。大納言平高棟の三男。
¶朝日([没]延喜9年9月18日(909年11月3日)),公卿([没]延喜9(909)年4月22日),古代(平朝臣惟範 たいらのあそんこれのり),諸系,人名,日人,平史

平維衡(平惟衡) たいらのこれひら
生没年不詳
平安時代中期の武将、軍事貴族。父は将門の乱を平定した貞盛。
¶朝日,国史,古史,古中,コン改,コン4,史人(平惟衡),重要,諸系,新潮,人名(平惟衡),世人(平惟衡),栃木百,日史,日人,平史

平維将(平惟将) たいらのこれまさ
? ～天元4(981)年 [別]平維将《たいらのこれゆき》
平安時代中期の官人。
¶コン改,コン4,史人,諸系(平惟将 生没年不詳),新潮(たいらのこれゆき),人名(平惟将),日人(生没年不詳),平史(生没年不詳)

平伊望 たいらのこれもち
元慶5(881)年～天慶2(939)年 [別]平伊望《たいらのよしもち》
平安時代中期の公卿(大納言)。中納言平惟範の次男。
¶公卿(たいらのよしもち [没]天慶2(939)年11月16日),平史

平維茂 たいらのこれもち
生没年不詳
平安時代中期の武将。鎮守府将軍。
¶国史,古中,コン改,コン4,史人,諸系,新潮,姓氏長野,世人,世百,大百,長野歴,新潟百別,日史,日人,百科,仏教,平史,歴大

平維幹 たいらのこれもと
生没年不詳
平安時代中期の地方軍事貴族。
¶平史

平維盛 たいらのこれもり
[別]小松中将《こまつちゅうじょう》,平維盛《たいらこれもり》
平安時代後期の武将。平重盛の長男。平家の嫡流で源頼朝追討の総大将だったが、富士川で戦わずに敗走した。一ノ谷の戦いの後一門とわかれ、出家して熊野で入水自殺。
¶朝日([生]保元2(1157)年? [没]元暦1年3月28日?(1184年5月10日?)),岩史([生]保元2(1157)年? [没]寿永3年3月28日(1184年)?),角史([生]保元3(1158)年? [没]寿永3・元暦1(1184)年?),鎌倉([生]保元2(1157)年 [没]元暦1(1184)年),鎌室(たいらこれもり [生]保元3(1158)年? [没]元暦1(1184)年?),京都大(生没年不詳),公卿([生]保元3(1158)年頃 [没]元暦1(1184)年以降),公家(維盛〔平家(絶家)1〕 これもり),国史(生没年不詳),古中(生没年不詳),コン改([生]保元2(1157)年 [没]元暦1(1184)年),コン4([生]保元2(1157)年 [没]元暦1(1184)年),史人([生]1158年? [没]1184年3月28日?),静岡百([生]保元3(1158)年 [没]寿永3(1184)年),静岡歴([生]保元3(1158)年 [没]寿永3(1184)年),重要([生]保元3(1158)年 [没]元暦1(1184)年3月),諸系([生]1158年? [没]1184年?),人書94(たいらこれもり [生]1158年頃 [没]1184年頃),新潮([生]保元3(1158)年? [没]元暦1(1184)年3月28日?),人名([生]1158年 [没]1184年),姓氏京都([生]1158年 [没]1184年),世人([生]保元3(1158)年 [没]元暦1(1184)年3月28日),世百([生]1160年 [没]?),全書([生]1158年 [没]1184年?),大百([生]1158年 [没]1184年),日史([生]保元2(1157)年 [没]元暦1(1184)年3月28日?),日人([生]1158年? [没]1184年?),百科([生]保元2(1157)年 [没]元暦1(1184)年?),平史([生]1158年? [没]1184年?),歴大([生]1157年 [没]1184年?),和歌山人(生没年不詳)

平維将 たいらのこれゆき
→平維将(たいらのこれまさ)

平惟世 たいらのこれよ
生没年不詳
平安時代前期の桓武天皇の皇孫。仲野親王の王子。
¶諸系, 人名, 日人

平維良 たいらのこれよし
? ～治安2(1022)年
平安時代中期の武将。鎮守府将軍。
¶国史, 古中, コン4, 諸系(生没年不詳), 新潮([没]治安2(1022)年4月13日), 世人, 日人, 平史

た

平定家 たいらのさだいえ
生没年不詳 [別]平定家《たいらさだいえ》
平安時代中期の公家。
¶国書(たいらさだいえ), 平史

平定親 たいらのさだちか
長徳1(995)年～康平6(1063)年 [別]平定親《たいらさだちか》
平安時代中期～後期の漢学者。
¶国書(たいらさだちか [没]康平6(1063)年3月3日), 平史

平貞時 たいらのさだとき
生没年不詳
平安時代中期の軍事貴族。
¶平史

平貞文(平定文) たいらのさだふみ, たいらのさだぶみ
→平貞文(たいらのさだふん)

平貞文 たいらのさだふん, たいらのさだぶん
? ～延長1(923)年 [別]平朝臣貞文《たいらのあそんさだふん》, 平貞文《たいらさだふみ, たいらさだふん, たいらのさだふみ, たいらのさだぶみ, たいらのさだぶん》, 平定文《たいらのさだふみ, たいらのさだぶみ》
平安時代前期～中期の官人、歌人。好風の子。
¶朝日([没]延長1年9月27日(923年11月8日)), 国史, 国書(たいらさだふん [没]延長1(923)年9月27日), 古代(平朝臣貞文 たいらのあそんさだふん), 古中, コン改(たいらのさだふみ), コン4(たいらのさだふみ), 詩歌(平定文 たいらのさだぶみ), 史人([没]923年9月27日), 諸系(たいらのさだぶん), 人書94(たいらさだふみ), 新潮(平定文 たいらのさだふみ [没]延長1(923)年9月27日), 人名(たいらのさだぶみ), 日史(たいらのさだぶみ [生]貞観13(871)年? [没]延長1(923)年9月27日), 日人, 百科(たいらのさだぶみ [生]貞観13(871)年頃), 平史([生]871年?), 和俳(たいらのさだぶみ [没]延長1(923)年9月27日)

平定相 たいらのさだみ
生没年不詳
平安時代前期の桓武天皇の曽孫。万多親王の王子雄風王の子。
¶諸系, 人名, 日人

平貞盛 たいらのさだもり
生没年不詳
平安時代後期の東国の武将、軍事貴族。父は高望王の子国香。平将門の乱を平定。
¶朝日, 茨城百, 岩史, 角史, 郷土茨城, 国史, 古史, 古中, コン改, コン4, 史人, 重要, 諸系, 新潮, 人名, 姓氏京都, 世人, 世百, 全書, 大百, 栃木百, 日史, 日人, 百科, 平史([没]989年?), 歴大

平貞頼 たいらのさだより
生没年不詳
平安時代後期の官人。
¶平史

平五月 たいらのさつき
生没年不詳 [別]平五月《たいらさつき》
平安時代前期の公家・漢詩人。
¶国書(たいらさつき)

平実雄 たいらのさねお
生没年不詳 [別]平朝臣実雄《たいらのあそんさねお》
平安時代前期の官人。
¶古代(平朝臣実雄 たいらのあそんさねお), 諸系, 日人

平実重 たいらのさねしげ
生没年不詳 [別]平実重《たいらさねしげ》
平安時代後期の公家・歌人。
¶国書(たいらさねしげ), 平史

平実親 たいらのさねちか
*～久安4(1148)年 [別]平実親《たいらさねちか》
平安時代後期の公卿(参議)。参議平親信の孫。
¶公卿([生]寛治2(1088)年 [没]久安4(1149)年11月24日), 国書(たいらさねちか [生]寛治1(1087)年 [没]久安4(1148)年11月24日), 兵庫百([生]応徳3(1086)年), 平史([生]1087年)

平実世 たいらのさねよ
[別]実世王《さねよおう》
平安時代前期の桓武天皇の皇孫。桓武天皇の皇孫。仲野親王の子。
¶古代(実世王 さねよおう), 諸系(生没年不詳), 人名, 日人(生没年不詳)

平滋子 たいらのしげこ
→建春門院(けんしゅんもんいん)

平重衡 たいらのしげひら
保元2(1157)年～文治1(1185)年 [別]平重衡《たいらしげひら》
平安時代後期の武将。平清盛の5男。南都焼き討ちの断行で有名。一ノ谷の戦いで捕虜となり、奈良で斬られた。
¶朝日([没]文治1年6月23日(1185年7月21日)), 岩史([没]元暦2(1185)年6月23日), 角史([生]保元2(1157)年?), 鎌倉([生]保元1(1156)年), 鎌室(たいらしげひら [生]保元2(1157)年?), 京都府([生]保元2(1157)年?), 公卿([没]文治1(1185)年6月23日), 公家(重衡〔平家(絶

家）1〕　しげひら　[没]文治1（1185）年6月23日），国史，国書（たいらしげひら　[没]元暦2（1185）年6月23日），古史，古中，コン改（[生]保元1（1156）年），コン4（[生]保元1（1156）年），史人（[没]1185年6月23日），重要（[生]保元1（1156）年　[没]文治1（1185）年6月23日），諸系，新潮（[生]保元2（1157）年？　[没]文治1（1185）年6月23日），人名，姓氏京都，世人（[生]保元1（1156）年　[没]文治1（1185）年6月23日），世百（[生]1156年），全書，大百，日史（[没]文治1（1185）年6月23日），日人，百科，広島百（[生]保元1（1156）年　[没]寿永3（1184）年），仏教（[没]元暦2（1185）年6月23日），平史，歴大

平重盛 たいらのしげもり
保延4（1138）年～治承3（1179）年　[別]小松内大臣《こまつのないだいじん》，平重盛《たいらしげもり》
平安時代後期の武将、平清盛の長男。平治の乱で活躍。のち仏教に帰依し父清盛を諌めることも多かった。
¶朝日（[没]治承3年7月29日（1179年9月2日）），茨城百，岩史（[没]治承3（1179）年7月29日），角史，鎌倉（[生]保延3（1137）年），鎌室（たいらしげもり），京都，京都大，公卿（[没]治承3（1179）年8月1日），公家（重盛〔平家（絶家）1〕　しげもり　[没]治承3（1179）年8月1日），国史，国書（たいらしげもり　[没]治承3（1179）年7月29日），古史，古中，コン改（[生]保延3（1137）年），コン4（[生]保延3（1137）年），史人（[没]1179年7月29日），重要（[生]保延3（1137）年　[没]治承3（1179）年7月29日），諸系，新潮（[没]治承3（1179）年7月29日），人名，姓氏京都，世人（[生]保延3（1137）年　[没]治承3（1179）年7月29日），世百，全書，大百，日史（[没]治承3（1179）年7月29日），日人，百科，仏教（[没]治承3（1179）年7月29日），平史，歴大，和歌山人

平繁盛 たいらのしげもり
生没年不詳
平安時代中期の常陸国の豪族（常陸大掾）。平国香の次男。
¶国史，古中，コン4，諸系，日人，平史

平重康 たいらのしげやす
生没年不詳
平安時代後期の官人。
¶平史

平滋子 たいらのじし
→建春門院（けんしゅんもんいん）

平季明 たいらのすえあき
生没年不詳
平安時代中期の光孝天皇の玄孫。
¶諸系，人名，日人

平季長 たいらのすえなが
？～寛平9（897）年　[別]平朝臣季長《たいらのあそんすえなが》
平安時代前期の官人。
¶古代（平朝臣季長　たいらのあそんすえなが），諸系，人名，日人，平史

平季盛 たいらのすえもり
生没年不詳
平安時代後期の官人。
¶平史

平季康 たいらのすえやす
生没年不詳
平安時代後期の廷臣。
¶平史

平祐挙 たいらのすけたか
生没年不詳　[別]平祐挙《たいらすけたか》
平安時代中期の官人・歌人。
¶国書（たいらすけたか）

平佐忠 たいらのすけただ
平安時代中期の仁明天皇の玄孫。
¶人名

平祐忠 たいらのすけただ
生没年不詳
平安時代中期の官人。
¶平史

平佐幹 たいらのすけもと
平安時代中期の仁明天皇の玄孫。
¶人名

平資盛 たいらのすけもり
*～文治1（1185）年　[別]平資盛《たいらすけもり》
平安時代後期の武将。平重盛の次男。車争いで有名。壇ノ浦の戦いで入水。
¶朝日（[生]保元3（1158）年　[没]文治1年3月24日（1185年4月25日）），鎌室（たいらすけもり　[生]保元3（1158）年？），公卿（[生]？），公家（資盛〔平家（絶家）1〕　すけもり　[生]記載なし　[没]元暦2（1185）年3月24日），国書（たいらすけもり　[生]応保1（1161）年　[没]元暦2（1185）年3月24日），古中（[生]？），コン改（[生]保元3（1158）年　[没]元暦1（1184）年），コン4（[生]保元3（1158）年　[没]元暦1（1184）年），諸系（[生]1158年？），新潮（[生]保元3（1158）年？　[没]文治1（1185）年3月24日），人名（[生]？），日人（[生]1158年？），平史（[生]1158年？）

平資行 たいらのすけゆき
生没年不詳
平安時代後期の官人。後白河上皇の近習。検非違使尉。
¶平史

平住世 たいらのすみよ
生没年不詳
平安時代前期の桓武天皇の曽孫。桓武天皇の曾孫。万多親王の孫。正躬王の子。
¶諸系，人名，日人

平高兼 たいらのたかかね
承久1（1219）年～弘安4（1281）年7月5日
鎌倉時代後期の公卿（非参議）。非参議平兼親

の子。
¶公卿，公家（高兼〔平家（絶家）4〕　たかかね）

平高輔 たいらのたかすけ
？ ～文永7（1270）年11月22日　[別]平高輔《たいらたかすけ》
鎌倉時代の公家。
¶国書（たいらたかすけ）

平高棟 たいらのたかむね
延暦23（804）年～貞観9（867）年　[別]高棟王《たかむねおう》，平朝臣高棟《たいらのあそんたかむね》
平安時代前期の公卿（大納言）。平家の祖。桓武天皇の皇子の一品式部卿葛原親王の長男。
¶朝日（[没]貞観9年5月19日（867年6月24日）），公卿（[没]貞観9（867）年5月19日），国史，古史（高棟王　たかむねおう），古代（平朝臣高棟　たいらのあそんたかむね），古中，コン改，コン4，史人（[没]867年5月19日），諸系，新潮（[没]貞観9（867）年5月19日），人名，姓氏京都（高棟王　たかむねおう），世人，日史（[没]貞観9（867）年5月19日），日人，百科，平史

平高望 たいらのたかもち
生没年不詳　[別]高望王《たかもちおう》
平安時代前期～中期の高見王の子。桓武平氏の祖。
¶朝日，茨城百（高望王　たかもちおう），角史（高望王　たかもちおう），京都大（高望王　たかもちおう），国史，古史（高望王　たかもちおう），古代（高望王　たかもちおう），古中，コン改，コン4，埼玉人（高望王　たかもちおう），埼玉百，史人，重要，諸系，諸系，新潮，人名，姓氏京都（高望王　たかもちおう），世人（高望王　たかもちおう），世百，全書，大百，日史，日人，百科，平史

平孝義 たいらのたかよし
生没年不詳
平安時代中期の貴族。
¶平史

平忠常 たいらのただつね
？ ～長元4（1031）年
平安時代中期の東国の武士・軍事貴族。陸奥介忠頼の子。叛乱を起こしたが源氏の追討軍に降服。
¶朝日（[没]長元4年6月6日（1031年6月28日）），角史（[生]康保4（967）年），鎌倉，国史，古中，コン改，コン4，埼玉百（[没]1032年），史人（[生]967年　[没]1031年6月6日），重要（[生]康保4（967）年　[没]長元4（1031）年6月6日），諸系（[生]967年），新潮（[没]長元4（1031）年6月6日），人名，世人（[生]康保4（967）年　[没]長元4（1031）年6月6日），世百，全書，大百（[生]967年），伝記，日史（[生]康保4（967）年　[没]長元4（1031）年6月6日），日人（[生]967年），百科（[生]康保4（967）年），平史，歴大

平忠度 たいらのただのり
天養1（1144）年～元暦1（1184）年　[別]平忠度《たいらただのり》，薩摩守忠度《さつまのかみただのり》，忠度《ただのり》
平安時代後期の武将、歌人。忠盛の子、清盛の末弟。一ノ谷の戦いで討ち死に。
¶朝日（[没]元暦1年2月7日（1184年3月20日）），岩史（[没]寿永3（1184）年2月7日），角史，鎌室（たいらただのり），国史，国書（たいらただのり　[没]寿永3（1184）年2月7日），古中，コン改，コン4，詩歌，史人（[没]1184年2月7日），諸系，新潮（[没]元暦1（1184）年2月7日），人名，世人（[没]元暦1（1184）年2月7日），世百，全書，大百，日史（[没]元暦1（1184）年2月7日），日人，百科，兵庫百，平史，歴大，和俳（[没]元暦1（1184）年2月7日）

平忠房 たいらのただふさ
？ ～文治1（1185）年　[別]平忠房《たいらただふさ》
平安時代後期の武将。平重盛、藤原経子の子。
¶朝日（[没]文治1（1185）年12月），鎌室（たいらただふさ），諸系（[没]1186年），新潮（[没]文治1（1185）年12月16日），人名，日人（[没]1186年），平史

平忠正 たいらのただまさ
？ ～保元1（1156）年　[別]平忠正《たいらただまさ》
平安時代後期の武士、軍事貴族。正盛の子。忠盛の弟。清盛の叔父にあたり保元の乱で敗れ清盛に斬られた。
¶朝日（[没]保元1年7月28日（1156年8月15日）），角史，鎌室（たいらただまさ），国史，古史，古中，コン改，コン4，史人（[没]1156年7月28日），重要（[没]保元1（1156）年7月30日），諸系，新潮（[没]保元1（1156）年7月28日），人名，世人（[没]保元1（1156）年7月30日），全書，大百，日史（[没]保元1（1156）年7月28日），日人，百科，平史，歴大

平忠盛 たいらのただもり
永長1（1096）年～仁平3（1153）年　[別]平忠盛《たいらただもり》
平安時代後期の武士、軍事貴族。父正盛は白川院の近習。鳥羽上皇に登用され、昇殿を許された。
¶朝日（[没]仁平3年1月15日（1153年2月10日）），岩史（[没]仁平3（1153）年1月15日），角史，京都，京都大，国史，国書（たいらただもり　[没]仁平3（1153）年1月15日），古史，古中，コン改（[生]嘉保2（1095）年），コン4（[生]嘉保2（1095）年），史人（[没]1153年1月15日），重要（[没]仁平3（1153）年1月15日），諸系，新潮（[没]仁平3（1153）年1月15日），人名，姓氏京都，世人（[没]仁平3（1153）年1月15日），世百，全書，大百，伝記，日史（[没]仁平3（1153）年1月15日），日人，百科，兵庫百（[生]嘉保2（1095）年），平史，歴大，和俳（[没]仁平3（1153）年1月15日）

平忠依 たいらのただより
生没年不詳　[別]平忠依《たいらただより》
平安時代中期の官人・歌人。
¶国書（たいらただより），平史

平忠頼 たいらのただより
生没年不詳
平安時代中期の武蔵国の地方軍事貴族。

¶国史，古中，コン4，史人，諸系（[没]1030年），日人（[没]1030年），平史

平為成 たいらのためしげ
生没年不詳　[別]平為成《たいらためしげ》
平安時代後期の歌人。
¶国書（たいらためしげ），平史

平為俊 たいらのためとし
生没年不詳
平安時代後期の官人。
¶平史

平為盛 たいらのためもり
？～寿永2（1183）年
平安時代後期の武将（平家の公達）。
¶平史

平親顕 たいらのちかあき
文保1（1317）年～天授4/永和4（1378）年　[別]平親顕《たいらちかあき》
南北朝時代の公卿（権中納言）。権大納言平親時の子。
¶鎌室（たいらちかあき），公卿（[没]永和4/天授4（1378）年4月4日），公家（親顕〔平家（絶家）3〕　ちかあき　[没]永和4（1378）年4月4日），諸系，日人

平親明 たいらのちかあき
永仁2（1294）年～正平9/文和3（1354）年6月8日
鎌倉時代後期～南北朝時代の公卿（非参議）。正五位下・兵部少輔親世の次男。
¶公卿，公家（親明〔平家（絶家）3〕　ちかあき）

平親臣 たいらのちかおみ
享保14（1729）年～文化4（1807）年2月16日
江戸時代中期～後期の公家（非参議・今出川家諸大夫）。父は従四位下左京亮山本勝嘉。文化3年従三位に叙される。
¶公卿，公家（親臣〔今出川家諸大夫 山本家（平氏）〕　ちかおみ）

平親清 たいらのちかきよ
生没年不詳　[別]平親清《たいらちかきよ》
鎌倉時代の官人・歌人。
¶国書（たいらちかきよ）

平親国 たいらのちかくに
永万1（1165）年～承元2（1208）年　[別]平親国《たいらちかくに》
平安時代後期～鎌倉時代前期の公卿（非参議）。権中納言平親宗の子。
¶朝日（[没]承元2年1月7日（1208年1月25日）），鎌室（たいらちかくに），公卿（[生]？　[没]承元2（1208）年1月7日），公家（親国〔平家（絶家）3〕　ちかくに　[生]？　[没]承元2（1208）年1月7日），諸系，新潮（[没]承元2（1208）年1月7日），日人，平史

平親輔 たいらのちかすけ
生没年不詳　[別]平親輔《たいらちかすけ》
平安時代後期～鎌倉時代前期の公卿（非参議）。刑部権大輔信季の子。
¶鎌室（たいらちかすけ），公卿，公家（親輔〔西洞院家〕　ちかすけ），国書（たいらちかすけ），諸系，日人

平親継 たいらのちかつぐ
？～文永2（1265）年　[別]平親継《たいらちかつぐ》
鎌倉時代前期の公卿（非参議）。参議平惟忠の子。
¶鎌室（たいらちかつぐ），公卿，公家（親継〔平家（絶家）3〕　ちかつぐ　[没]文永2（1265）年？），諸系，日人

平親時 たいらのちかとき
弘安7（1284）年～延元4/暦応2（1339）年11月15日
鎌倉時代後期～南北朝時代の公卿（権大納言）。権大納言平経親の長男。
¶公卿，公家（親時〔平家（絶家）3〕　ちかとき）

平親長 たいらのちかなが
生没年不詳　[別]平親長《たいらちかなが》
鎌倉時代前期の公卿（非参議）。権中納言平親宗の次男。
¶鎌室（たいらちかなが），公卿，公家（親長〔平家（絶家）3〕　ちかなが），諸系，新潮，日人，平史

平親信 たいらのちかのぶ
天慶9（946）年～寛仁1（1017）年　[別]平親信《たいらちかのぶ》
平安時代中期の公卿（参議）。中納言平時望の孫。
¶角史，公卿（[生]天慶8（945）年　[没]寛仁1（1017）年6月12日），国書（たいらちかのぶ　[没]寛仁1（1017）年6月），日史（[没]寛仁1（1017）年6月12日），平史

平親範 たいらのちかのり
保延3（1137）年～承久2（1220）年　[別]平親範《たいらちかのり》
平安時代後期～鎌倉時代前期の公卿（参議）。非参議平範家の長男。
¶朝日（[没]承久2年9月28日（1220年10月25日）），鎌室（たいらちかのり），公卿（[没]承久2（1220）年9月28日），公家（親範〔平家（絶家）2〕　ちかのり　[没]承久2（1220）年9月28日），国書（たいらちかのり　[没]承久2（1220）年9月28日），古中，諸系，新潮（[没]承久2（1220）年9月28日），日人，平史

平親房 たいらのちかふさ
生没年不詳
平安時代後期の官人。
¶平史

平親宗 たいらのちかむね
天養1（1144）年～正治1（1199）年　[別]平親宗《たいらちかむね》
平安時代後期～鎌倉時代前期の公卿（中納言）。正五位下・兵部権大輔平時信の次男。
¶朝日（[没]正治1年7月27日（1199年8月20日）），鎌室（たいらちかむね　[生]康治1（1142）年），公卿（[没]正治1（1199）年7月17日），公家（親宗

〔平家（絶家）3〕　ちかむね　[没]正治1（1199）年7月17日），国書（たいらちかむね　[没]正治1（1199）年7月27日），諸系，新潮（[生]康治1（1142）年　[没]正治1（1199）年7月17日，（異説）7月27日），日人，平史

平親世　たいらのちかよ
生没年不詳　[別]平親世《たいらちかよ》
鎌倉時代の官人・歌人。
¶国書（たいらちかよ）

平経章　たいらのつねあき
→平経章（たいらのつねあきら）

平経章　たいらのつねあきら
？ ～承保4（1077）年　[別]平経章《たいらつねあき》
平安時代中期～後期の官人・歌人。
¶国書（たいらつねあき　[没]承保4（1077）年8月），平史

平経高　たいらのつねたか
治承4（1180）年～建長7（1255）年6月　[別]平経高《たいらつねたか》
鎌倉時代前期の公卿（参議）。従三位・非参議平範家の孫。
¶朝日，鎌室（たいらつねたか），公卿，公家（経高〔平家（絶家）2〕　つねたか），国史，国書（たいらつねたか），古中，コン4，史人，諸系，新潮，人名（[生]1181年　[没]1256年），姓氏石川，姓氏京都，日史，日人

平経親　たいらのつねちか
文応1（1260）年～？　[別]平経親《たいらつねちか》
鎌倉時代後期の公卿（権大納言）。権大納言平時継の次男。
¶鎌室（たいらつねちか　[生]文応1（1260）年？，（異説）弘長2（1262）年？），公卿，公家（経親〔平家（絶家）3〕　つねちか），国書（たいらつねちか　生没年不詳），諸系（[生]1260年，（異説）1262年），日人（[生]1260年，（異説）1262年）

平経俊　たいらのつねとし
？ ～元暦1（1184）年　[別]平経俊《たいらつねとし》
平安時代後期の武将（平家の公達）。平経盛の子。経正の弟、敦盛の兄。一ノ谷の戦いで討ち死。
¶朝日（[没]元暦1年2月7日（1184年3月20日）），鎌室（たいらつねとし），諸系，新潮（[没]元暦1（1184）年2月7日），日人，平史

平経正　たいらのつねまさ
？ ～元暦1（1184）年　[別]平経正《たいらつねまさ》
平安時代後期の武将（平家の公達）。平経盛の長男。経俊、敦盛の兄。一ノ谷の戦いで討ち死。
¶朝日（[没]元暦1年2月7日（1184年3月20日）），鎌室（たいらつねまさ），国書（たいらつねまさ　[没]寿永3（1184）年2月7日），コン改，コン4，史人（[没]1184年2月7日），諸系，新潮（[没]元暦1（1184）年2月7日），人名，世人，日音，日人，平史，歴大，和俳

平経盛　たいらのつねもり
天治1（1124）年～文治1（1185）年　[別]平経盛《たいらつねもり》
平安時代後期の武将。平清盛の異母弟。壇ノ浦で入水。
¶朝日（[没]文治1年3月24日（1185年4月24日）），鎌室（たいらつねもり），公卿（[生]大治3（1128）年），公家（経盛〔平家（絶家）1〕　つねもり　[没]文治1（1185）年3月24日），国史，国書（たいらつねもり　[没]元暦2（1185）年3月24日），古中，コン改（[生]天治2（1125）年），コン4（[生]天治2（1125）年），諸系，新潮（[没]文治1（1185）年3月24日），人名（[生]1125年　[没]？），日人，広島百，平史，歴大，和俳

平等子　たいらのとうし
→平等子（たいらのともこ）

平時家　たいらのときいえ
？ ～建久4（1193）年　[別]平時家《たいらときいえ》
平安時代後期の貴族。源頼朝の側近。平時忠の次男。
¶朝日（[没]建久4年5月10日（1193年6月10日）），鎌室（たいらときいえ），諸系，新潮（[没]建久4（1193）年5月10日），日人，平史

平時兼　たいらのときかね
仁安3（1168）年～建長1（1249）年　[別]平時兼《たいらときかね》
平安時代後期～鎌倉時代前期の公卿（非参議）。権大納言平時忠の養子少納言平信国（平信範の子）の子。
¶鎌室（たいらときかね），公卿（[没]建長1（1249）年5月17日），公家（時兼〔平家（絶家）4〕　ときかね　[没]建長1（1249）年5月17日），諸系，日人

平時実　たいらのときざね
仁平1（1151）年～建保1（1213）年　[別]平時実《たいらときざね》
平安時代後期～鎌倉時代前期の公卿（従三位・非参議）。権大納言平時忠の子。
¶朝日（[没]建保1年1月28日（1213年2月20日）），鎌室（たいらときざね），公卿（[生]応保1（1161）年　[没]建保1（1213）年1月28日），公家（時実〔平家（絶家）3〕　ときざね　[没]建暦3（1213）年1月28日），諸系，新潮（[没]建保1（1213）年1月28日），人名，新潟百（[生]1153年　[没]1215年），日人，平史

平時高　たいらのときたか
建久7（1196）年～建長6（1254）年　[別]平時高《たいらときたか》
鎌倉時代前期の公卿（非参議）。非参議平親輔の次男。
¶鎌室（たいらときたか），公卿（[没]建長6（1254）年3月26日），公家（時高〔西洞院家〕　ときたか　[没]建長6（1254）年3月26日），諸系，日人

平時忠 たいらのときただ
＊〜文治5(1189)年　㋰平時忠《たいらときただ》
平安時代後期の公卿(権大納言)。正五位下・兵部権大輔平時信の長男。平清盛の義弟として平氏政権下で権力をふるった。平氏滅亡後、源義経を婿としたが後に能登に配流される。
¶朝日(㋰大治2(1127)年　㋵文治5年2月24日(1189年3月12日))、石川百(㋰1128年)、岩史(㋰大治2(1127)年？　㋵文治5(1189)年2月24日)、角史(㋰大治3(1128)年　鎌室(たいらときただ　㋰大治2(1127)年)、公卿(㋰大治5(1130)年　㋵文治5(1189)年2月24日)、公家(時忠〔平家(絶家)3〕　ときただ　㋰1130年　㋵文治5(1189)年2月24日)、国書(たいらときただ　㋰大治5(1130)年　㋵文治5(1189)年2月24日)、古史(㋰1127年？)、古中(㋰？)、コン改(㋰大治2(1127)年)、コン4(㋰大治2(1127)年)、史人(㋰1127年　㋵1189年2月24日)、諸系(㋰1127年)、新潮(㋰大治2(1127)年　㋵文治5(1189)年2月24日)、人名(㋰1127年)、姓氏石川(㋰1128年)、姓氏京都(㋰1127年)、世人(㋰大治2(1127)年　㋵文治5(1186)年2月24日)、世百(㋰1130年)、全書(㋰1128年)、大百(㋰1130年)、日史(㋰大治3(1128)年　㋵文治5(1189)年2月24日)、日人(㋰1127年)、百科(㋰大治3(1128)年)、平史(㋰1127年)、歴大(㋰？)

平時継 たいらのときつぐ
貞応1(1222)年〜永仁2(1294)年　㋰平時継《たいらときつぐ》
鎌倉時代後期の公卿(権大納言)。参議平有親の子。
¶朝日(㋵永仁2年7月10日(1294年8月2日))、鎌室(たいらときつぐ　㋰貞応1(1222)年？, (異説)貞応2(1223)年？)、公卿(㋰永仁2(1294)年7月10日)、公家(時継〔平家(絶家)3〕　ときつぐ　㋵永仁2(1294)年7月10日)、諸系、日人

平時経 たいらのときつね
？〜天授5/康暦1(1379)年12月　㋰平時経《たいらときつね》
南北朝時代の公家・歌人。
¶国書(たいらときつね)

平時信 たいらのときのぶ
？〜久安5(1149)年　㋰平時信《たいらときのぶ》
平安時代後期の貴族。出羽守平知信の子。鳥羽院判官代。
¶朝日(㋵久安5年8月26日(1149年9月29日))、国書(たいらときのぶ　㋵久安5(1149)年7月26日)、古史(生没年不詳)、諸系、日人、平史(生没年不詳)

平時範 たいらのときのり
天喜2(1054)年〜天仁2(1109)年　㋰平時範《たいらときのり》
平安時代後期の画家、官人(正四位下)。
¶角史、国書(たいらときのり　㋵天仁2(1109)

年2月10日)、諸系、人名(㋰？)、姓氏京都、日人、平史(㋰？)

平時望 たいらのときもち
元慶1(877)年〜天慶1(938)年　㋰平時望《たいらときもち》
平安時代前期〜中期の公卿(中納言)。中納言平惟範の長男。
¶公卿(㋵天慶1(938)年3月25日)、国書(たいらときもち　㋵承平8(938)年2月25日)、諸系、人名、日人、平史

平徳子 たいらのとくこ
→建礼門院(けんれいもんいん)

平徳子 たいらのとくし
→建礼門院(けんれいもんいん)

平利世 たいらのとしよ
生没年不詳
平安時代前期の貴族。桓武天皇皇子仲野親王の王子。
¶平史

平知章 たいらのともあき
→平知章(たいらのともあきら)

平知章 たいらのともあきら
嘉応1(1169)年〜元暦1(1184)年　㋰平知章《たいらともあき》
平安時代後期の武将(平家の公達)。一ノ谷の戦いで父知盛の身代わりに討ち死。
¶鎌室(たいらともあき)、諸系、新潮(㋵元暦1(1184)年2月7日)、人名、日人、平史

平等子 たいらのともこ
㋰平朝臣等子《たいらのあそんともこ》、平等子《たいらのとうし》
平安時代前期の女性。光孝天皇の女御。
¶古代(平朝臣等子　たいらのあそんともこ)、女性(たいらのとうし　生没年不詳)、人名、日人(生没年不詳)

平知忠 たいらのともただ
治承1(1177)年〜建久7(1196)年
平安時代後期〜鎌倉時代前期の武士。平知盛の子(平家の公達)。
¶平史

平知信 たいらのとものぶ
？〜天養1(1144)年　㋰平知信《たいらとものぶ》
平安時代後期の貴族。春宮亮平経方と主殿頭藤原雅信の娘の子。
¶朝日(㋵天養1年2月19日(1144年3月24日))、角史、国書(たいらとものぶ　㋵康治3(1144)年2月19日)、諸系、日人、平史

平知度 たいらのとものり
？〜寿永2(1183)年　㋰平知度《たいらとものり》
平安時代後期の武士(平家の公達)。清盛の子。尾張・三河守。

¶朝日（[没]寿永2年5月12日（1183年6月3日）），鎌室（たいらとものり），諸系，新潮（[没]寿永2（1183）年5月12日），日人，平史

平知盛 たいらのとももり
仁平2（1152）年～文治1（1185）年 [別]平知盛《たいらとももり》
平安時代後期の武将、平清盛の4男。壇ノ浦の戦いの総指揮をとり、敗れて入水した。
¶朝日（[没]文治1年3月24日（1185年4月25日）），岩史（[没]元暦2（1185）年3月24日），角史（[生]仁平1（1151）年），鎌室（たいらとももり），公卿，公家（知盛〔平家（絶家）1〕 とももり [没]文治1（1185）年3月24日），国史，古史，古中，コン改（[生]仁平1（1151）年），コン4（[生]仁平1（1151）年），埼玉人，史人（[没]1185年3月24日），重要（[生]仁平1（1151）年 [没]文治1（1185）年3月），諸系，人書94（たいらとももり），新潮（[没]文治1（1185）年3月24日），人名，姓氏山口，世人（[生]仁平1（1151）年），世百，全書，大百，日史（[没]文治1（1185）年3月24日），日人，百科，平史，歴大

平知康 たいらのともやす
生没年不詳 [別]鼓判官《つづみほうがん》，平知康《たいらともやす》
平安時代後期～鎌倉時代前期の官人、知親の子、検非違使左衛門尉。
¶朝日，神奈川人，鎌室（たいらともやす），国史，古中，コン改，コン4，史人，新潮，人名，姓氏京都，日人，平史，歴大

平直方 たいらのなおかた
生没年不詳
平安時代中期の武将、軍事貴族。父は上総介の維時。
¶朝日，岩史，鎌倉，国史，古史，古中，コン改，コン4，史人，諸系，新潮，人名，姓氏神奈川，世人，日人，平史，歴大

平仲兼 たいらのなかかね
宝治2（1248）年～応長2（1312）年
鎌倉時代後期の公卿（権中納言）。非参議平時高の孫。
¶朝日（[没]？），公卿（[没]？），公家（仲兼〔西洞院家〕 なかかね），諸系，日人

平中興 たいらのなかき
？ ～延長8（930）年 [別]平中興《たいらなかき》
平安時代前期～中期の官人・歌人。
¶国書（たいらなかき 生没年不詳），平史

平仲親 たいらのなかちか
鎌倉時代後期の公卿（参議）。非参議平時高の孫。
¶公卿（生没年不詳），公家（仲親〔西洞院家〕 なかちか）

平永盛 たいらのながもり
慶安3（1650）年～享保11（1726）年
江戸時代前期～中期の公家（非参議・桂宮家諸大夫）。父は宮内大輔正五位下生嶋宣盛。享保11年従三位に叙される。
¶公卿（[没]享保11（1726）年4月26日），公家（永盛〔桂宮家諸大夫 生嶋家（平氏）〕 ながもり [没]享保11（1726）年2月26日），平史（生没年不詳）

平業兼 たいらのなりかね
生没年不詳 [別]平業兼《たいらなりかね》
平安時代後期～鎌倉時代前期の公卿（非参議）。相模守業房の子。
¶鎌室（たいらなりかね），公卿，公家（業兼〔平家（絶家）1〕 なりかね），諸系，新潮，日人，平史

平成輔 たいらのなりすけ
正応4（1291）年～元弘2/正慶1（1332）年 [別]平成輔《たいらなりすけ》
鎌倉時代後期の公卿（参議）。権中納言平惟輔の子。
¶朝日（[没]正慶1/元弘2年5月22日（1332年6月15日）），神奈川人，鎌室（たいらなりすけ），公卿（[没]正慶1/元弘2（1332）年5月22日），公家（成輔〔烏丸家（絶家）〕 なりすけ [没]正慶1（1332）年5月22日），国史，古中，コン4，諸系，新潮（[没]正慶1/元弘2（1332）年5月22日），人名，日人

平業忠 たいらのなりただ
永暦1（1160）年～建暦2（1212）年 [別]平業忠《たいらなりただ》
平安時代後期～鎌倉時代前期の官人。
¶鎌室（たいらなりただ [生]平治1（1159）年），日人，平史

平成俊 たいらのなりとし
建保5（1217）年～正応5（1292）年
鎌倉時代後期の公卿（権中納言）。正五位下・蔵人・木工頭棟基の子。
¶公卿（[没]正応5（1292）年6月28日），公家（成俊〔平家（絶家）2〕 なりとし [没]正応5（1292）年閏6月28日）

平業房 たいらのなりふさ
？ ～治承3（1179）年 [別]平業房《たいらなりふさ》
平安時代後期の後白河院の北面の武士。斎院次官平盛房の子。
¶朝日（[没]治承3（1179）年12月），鎌室（たいらなりふさ），諸系，新潮（[没]治承3（1179）年12月），人名，姓氏京都，日人，平史（[没]1179年？）

平生昌 たいらのなりまさ
生没年不詳
平安時代中期の官人。美作介珍材の子。
¶朝日，諸系，日人，平史

平業盛 たいらのなりもり
仁安3（1168）年？ ～元暦1（1184）年 [別]平業盛《たいらなりもり》
平安時代後期の武将、歌人（平家の公達）。中納言平教盛の3男，従五位下。
¶朝日（[生]仁安3（1168）年 [没]元暦1年2月7日（1184年3月20日）），鎌室（たいらなりもり），

諸系，新潮（[生]？　[没]元暦1（1184）年2月7日），日人

平信兼　たいらののぶかね
？〜弘和1/永徳1（1381）年
南北朝時代の公卿（参議）。非参議平範高の子。
¶公卿，公家（信兼〔平家（絶家）6〕　のぶかね）

平信繁　たいらののぶしげ
生没年不詳　[別]平信繁《たいらのぶしげ》
鎌倉時代前期の官人・歌人。
¶国書（たいらのぶしげ）

平信輔　たいらののぶすけ
？〜永仁4（1296）年6月25日　[別]烏丸信輔《からすまるのぶすけ》，平信輔《たいらのぶすけ》
鎌倉時代後期の公卿（参議）。権中納言平範輔の孫。
¶公卿，公家（信輔〔烏丸家（絶家）〕　のぶすけ），国書（烏丸信輔　からすまるのぶすけ），国書（たいらのぶすけ）

平信範　たいらののぶのり
天永3（1112）年〜文治3（1187）年　[別]平信範《たいらのぶのり》
平安時代後期の公卿（非参議）。従四位上・出羽守平知信の次男。
¶朝日（[没]文治3年2月12日（1187年3月23日）），角史，鎌室（たいらのぶのり），公卿（[没]？），公家（信範〔西洞院家〕　のぶのり　[没]文治3（1187）年2月12日），国史，国書（たいらのぶのり　[没]文治3（1187）年2月12日），古史，古中，コン4，諸系，新潮（[没]文治3（1187）年2月12日），姓氏京都，日史（[没]文治3（1187）年2月12日），日人，平史，歴大

平信基　たいらののぶもと
生没年不詳
平安時代後期の廷臣。
¶平史

平宣由　たいらののぶよし
*〜天保12（1841）年7月29日
江戸時代中期〜後期の公家（非参議・桂宮家諸大夫）。父は従三位生嶋秀清。文政12年従三位に叙される。
¶公卿（[生]宝暦11（1761）年），公家（宣由〔桂宮家諸大夫 生嶋家（平氏）〕　のぶよし　[生]1760年）

平範家　たいらののりいえ
永久2（1114）年〜応保1（1161）年9月7日
平安時代後期の公卿（非参議）。参議平実親の子。
¶公卿，公家（範家〔平家（絶家）2〕　のりいえ），平史（[生]1113年）

平範賢　たいらののりかた
？〜弘安5（1282）年9月15日
鎌倉時代後期の公卿（非参議）。権中納言平範輔の孫。
¶公卿，公家（範賢〔烏丸家（絶家）〕　のりかた）

平範国　たいらののりくに
生没年不詳　[別]平範国《たいらのりくに》
平安時代中期の貴族。
¶角史，国書（たいらのりくに），平史，和歌山人

平徳子　たいらののりこ
→建礼門院（けんれいもんいん）

平教成　たいらののりしげ
正暦5（994）年頃？　頃？〜承暦4（1080）年7月29日　[別]平教成《たいらのりしげ》
平安時代中期〜後期の官人・歌人。
¶国書（たいらのりしげ），平史（生没年不詳）

平繁茂　たいらののりしげ
生没年不詳　[別]平繁茂《たいらのりしげ》
鎌倉時代の官人・歌人。
¶国書（たいらのりしげ）

平範輔　たいらののりすけ
建久3（1192）年〜嘉禎1（1235）年7月25日　[別]平範輔《たいらのりすけ》
鎌倉時代前期の公卿（権中納言）。非参議平親輔の子。
¶朝日（[没]嘉禎1年7月25日（1235年9月9日）），鎌室（たいらのりすけ），公卿，公家（範輔〔烏丸家（絶家）〕　のりすけ），国書（たいらのりすけ），諸系，新潮，日人

平範高　たいらののりたか
鎌倉時代後期〜南北朝時代の公卿（非参議）。権中納言平仲兼の次男。
¶公卿（生没年不詳），公家（範高〔平家（絶家）6〕　のりたか）

平教経　たいらののりつね
永暦1（1160）年〜文治1（1185）年　[別]平教経《たいらのりつね》
平安時代後期の武将（平家の公達）。平清盛の弟教盛の次男。平家の勇将。壇ノ浦で義経を追い詰めたが、逃げられて自殺。
¶朝日（生没年不詳），石川百，岩史（生没年不詳），鎌室（たいらのりつね　[没]文治1（1185）年？），国史（生没年不詳），古中（生没年不詳），コン改，コン4，史人（[生]1160年？　[没]1185年3月24日？），諸系，新潮（[生]永暦1（1160）年？　[没]文治1（1185）年3月24日？），人名，姓氏石川，世人，世百，大百，日史（生没年不詳），日人，平史（[生]1160年？　[没]1185年？），歴大（[没]1185年？）

平教盛　たいらののりもり
大治3（1128）年〜文治1（1185）年　[別]平教盛《たいらのりもり》
平安時代後期の武将。平清盛の異母弟。門脇中納言と称される。壇ノ浦で入水。
¶朝日（[没]文治1年3月24日（1185年4月25日）），岩史（[没]元暦2（1185）年3月24日），鎌室（たいらのりもり），公卿，公家（教盛〔平家（絶家）1〕　のりもり　[没]文治1（1185）年3月24日），国史，古中，コン改，コン4，史人（[没]1185年3月24日），重要（[没]文治1（1185）年3

月)，諸系，新潮([没]文治1(1185)年3月24日)，人名([生]1127年)，姓氏京都，世人，全書，大百，日史([没]文治1(1185)年3月24日)，日人，百科，平史，歴大

平秀清 たいらのひできよ
宝永6(1709)年〜天明2(1782)年12月12日
江戸時代中期の公家(非参議・桂宮家諸大夫)。父は正四位下主膳正生嶋秀就。安永6年従三位に叙される。
¶公卿，公家(秀清〔桂宮家諸大夫 生嶋家(平氏)〕　ひできよ)

平寛子 たいらのひろこ
生没年不詳
平安時代前期の女性。清和天皇の女御。
¶女性，人名，日人

平房世 たいらのふさよ
→房世王(ふさよおう)

平正家 たいらのまさいえ
生没年不詳　[別]平正家《たいらまさいえ》
平安時代中期〜後期の官人・歌人。
¶国書(たいらまさいえ)，平史

平将門 たいらのまさかど
？〜天慶3(940)年　[別]平将門《たいらまさかど》，将門《まさかど》
平安時代中期の武将、地方軍事貴族。桓武平氏高望王の孫で、父は鎮守府将軍良将。叔父国香を殺し、叛乱を起こして自らを新皇と称するが、平貞盛・藤原秀郷に討たれた。
¶朝日([没]天慶3年2月14日(940年3月25日))，茨城百，岩史([没]天慶3(940)年2月14日)，江戸，角史，京都，郷土茨城，京都大，群馬人(たいらまさかど)，群馬百，国史，古史，古中，コン改，コン4，埼玉人，埼玉百，史人([没]940年2月)，重要([没]天慶3(940)年2月14日)，諸系，人書79，人書94(たいらまさかど)，新潮([没]天慶3(940)年2月13日)，人名，姓氏京都，姓氏群馬，世人([没]天慶3(940)年2月14日)，世百，全書，大百，伝記，栃木百，長野歴，日史([没]天慶3(940)年2月14日)，日人，百科，平史，山梨百([没]天慶3(940)年2月14日)，歴大

平正輔 たいらのまさすけ
生没年不詳
平安時代中期の軍事貴族。
¶平史

平章綱 たいらのまさつな
生没年不詳
平安時代後期の官人。後白河院の近臣。
¶平史

平正度 たいらのまさのり
生没年不詳
平安時代中期の軍事貴族。
¶平史

平正範 たいらのまさのり
生没年不詳　[別]平朝臣正範《たいらのあそんまさのり》
平安時代前期の官人。
¶古代(平朝臣正範　たいらのあそんまさのり)，諸系，日人

平正弘 たいらのまさひろ
生没年不詳
平安時代後期の軍事貴族。
¶平史

平正盛 たいらのまさもり
生没年不詳
平安時代後期の武将、院近臣、軍事貴族。正衡の子。伊勢に勢力を広げ、源義親の乱を平定した。
¶朝日([没]保安2(1121)年)，岩史([没]保安2(1121)年)，角史，京都，京都大，国史，古史，古中，コン改，コン4，史人，島根歴，重要，諸系，新潮，人名，姓氏京都([没]1121年)，世人，全書，大百，日史，日人，百科，平史，歴大([没]1122年)

平雅康 たいらのまさやす
生没年不詳　[別]平雅康《たいらまさやす》
平安時代中期の官人・歌人。
¶国書(たいらまさやす)，平史

平理義 たいらのまさよし
生没年不詳
平安時代中期の官人。
¶平史

平希世 たいらのまれよ
？〜延長8(930)年　[別]平希世《たいらまれよ》
平安時代中期の仁明天皇の玄孫。
¶国書(たいらまれよ　[没]延長8(930)年6月26日)，諸系，人名，日人，平史([没]936年)

平通盛 たいらのみちもり
？〜元暦1(1184)年　[別]平通盛《たいらみちもり》
平安時代後期の武将。中納言平教盛の次男。越前三位と称される。一ノ谷の戦いで討ち死。
¶朝日([没]元暦1年2月7日(1184年3月20日))，鎌室(たいらみちもり)，公卿，公家(通盛〔平家(絶家)1〕　みちもり　[没]寿永3(1184)年2月7日)，古中，コン改，コン4，諸系，新潮([没]元暦1(1184)年2月7日)，人名，日人，兵庫百，平史

平光俊 たいらのみつとし
生没年不詳　[別]平光俊《たいらみつとし》
南北朝時代の官人・歌人。
¶国書(たいらみつとし)

平光盛 たいらのみつもり
承安2(1172)年〜寛喜1(1229)年　[別]平光盛《たいらみつもり》
鎌倉時代前期の公卿(非参議)。権大納言平頼盛の長男。
¶朝日([没]寛喜1年7月20日(1229年8月10日))，鎌室(たいらみつもり)，公卿([没]寛喜1(1229)

年7月20日），公家（光盛〔平家（絶家）1〕　みつもり　[没]寛喜1（1229）年7月20日），諸系，新潮（[没]寛喜1（1229）年7月20日），日人，平史

平棟有 たいらのむねあり
？～元中6/康応1（1389）年
南北朝時代の公卿（非参議）。永和2年従三位に叙される。
¶公卿，公家（棟有〔烏丸家（絶家）〕　むねあり）

平致方 たいらのむねかた
生没年不詳
平安時代中期の官人。
¶平史

平棟子 たいらのむねこ
生没年不詳　[別]京極准后《きょうごくじゅごう》，平棟子《たいらむねこ》
鎌倉時代前期の女性。後嵯峨天皇の典侍（准三后）。宗尊親王の母。
¶朝日（京極准后　きょうごくじゅごう），鎌室（たいらむねこ），女性，新潮（京極准后　きょうごくじゅごう），人名，世人（京極准后　きょうごくじゅごう），日人

平宗実(1) たいらのむねざね
生没年不詳
平安時代後期の官人。
¶平史

平宗実(2) たいらのむねざね
生没年不詳　[別]平宗実《たいらむねざね》
平安時代後期～鎌倉時代前期の武士（平家の公達）。重盛の子、藤原経宗の養子。
¶朝日（[生]安元1（1175）年　[没]建久7（1196）年），鎌室（たいらむねざね），諸系，新潮，日人，平史

平致親 たいらのむねちか
生没年不詳　[別]源致親《みなもとのむねちか》，平致親《たいらむねちか》
平安時代中期の官人・歌人。
¶国書（たいらむねちか），平史（源致親　みなもとのむねちか）

平宗経 たいらのむねつね
永仁2（1294）年～貞和5（1349）年2月13日　[別]平宗経《たいらむねつね》
鎌倉時代後期～南北朝時代の公卿（権中納言）。権大納言平経親の次男。
¶鎌室（たいらむねつね），公卿（[生]永仁1（1293）年　[没]貞和5（1348）年2月13日），公家（宗経〔平家（絶家）3〕　むねつね），国書（たいらむねつね），諸系，新潮，日人

平棟仲 たいらのむねなか
生没年不詳　[別]平棟仲《たいらむねなか》
鎌倉時代の歌人。
¶国書（たいらむねなか），諸系，人名，日人，平史，和俳

平宗宣 たいらのむねのぶ
治承1（1177）年～＊　[別]平宗宣《たいらむねのぶ》
鎌倉時代前期の公卿（非参議）。権中納言平親宗の三男。
¶鎌室（たいらむねのぶ　[没]貞永1（1232）年），公卿（[生]治承2（1178）年　[没]貞永1（1232）年5月17日），公家（宗宣〔平家（絶家）3〕　むねのぶ　[没]寛喜3（1231）年5月17日），諸系（[没]1231年），新潮（[没]貞永1（1232）年5月17日），日人（[没]1231年）

平棟範 たいらのむねのり
久安6（1150）年～建久5（1194）年　[別]平棟範《たいらむねのり》
平安時代後期の官人。父は右大弁範家。
¶朝日（[没]建久5年閏8月30日（1194年10月15日）），鎌室（たいらむねのり），諸系，新潮（[没]建久5（1194）年閏8月30日），日人

平宗盛 たいらのむねもり
久安3（1147）年～文治1（1185）年　[別]平宗盛《たいらむねもり》
平安時代後期の武将。平清盛の3男。清盛の死後、平氏の統領に。壇ノ浦で捕らえられ鎌倉に送られた後、京都に送り返される途中処刑された。
¶朝日（[没]文治1年6月21日（1185年7月19日）），岩史（[没]元暦2（1185）年6月21日），角史，鎌倉（[生]久安2（1146）年），鎌室（たいらむねもり），京都，公卿，公家（宗盛〔平家（絶家）1〕　むねもり　[没]文治1（1185）年6月21日），国史，古史，古中，コン改，コン4，滋賀百，史人（[没]1185年6月21日），重要（[没]文治1（1185）年6月21日），諸系，新潮（[没]文治1（1185）年6月21日），人名，姓氏京都，世人（[没]文治1（1185）年6月21日），世百，全書，大百（[生]1146年），日史（[没]文治1（1185）年6月21日），日人，百科，平史，歴大

平基親 たいらのもとちか
生没年不詳　[別]平基親《たいらもとちか》
平安時代後期～鎌倉時代前期の公卿（非参議）。参議平親範の子。
¶鎌室（たいらもとちか），公卿，公家（基親〔平家（絶家）2〕　もとちか），国書（たいらもとちか），諸系（[生]1151年），姓氏京都，日人（[生]1151年），平史（[生]1151年），北条（たいらもとちか）

平基綱 たいらのもとつな
生没年不詳　[別]平基綱《たいらもとつな》
平安時代後期の官人・歌人。
¶国書（たいらもとつな），平史

平元規 たいらのもとのり
？～＊　[別]平元規《たいらもとのり》
平安時代前期～中期の官人・歌人。
¶国書（たいらもとのり　[没]延喜8（908）年？），平史（[没]908年）

平基盛 たいらのもともり
保延5（1139）年～応保2（1162）年　[別]平基盛《たいらもともり》

平安時代後期の武士。清盛の次男。保元の乱に参加したが、のち早世。
¶朝日（[没]応保2年3月17日（1162年5月2日）），鎌室（たいらもともり），コン改（[没]？），コン4（[没]？），諸系，新潮（[没]応保2（1162）年3月17日），人名，日人，平史

平基世 たいらのもとよ
生没年不詳
平安時代前期の桓武天皇の曽孫。正躬王の子。
¶諸系，人名，日人

平盛基 たいらのもりもと
生没年不詳
平安時代後期の官人。
¶姓氏京都，平史

平師季 たいらのもろすえ
生没年不詳 [別]平師季《たいらもろすえ》
平安時代後期の官人・歌人。
¶国書（たいらもろすえ），平史

平師盛 たいらのもろもり
承安1（1171）年～元暦1（1184）年 [別]平師盛《たいらもろもり》
平安時代後期の武士（平家の公達）。重盛の子、母は藤原家成の娘。一ノ谷の戦いで討ち死。
¶朝日（[没]元暦1年2月7日（1184年3月20日）），鎌室（たいらもろもり），コン改（[生]嘉応2（1170）年），コン4（[生]嘉応2（1170）年），諸系，新潮（[没]元暦1（1184）年2月7日），人名（[生]1170年），日人，平史（[生]？）

平保業 たいらのやすなり
生没年不詳 [別]平保業《たいらやすなり》
鎌倉時代前期の武士、貴族。頼盛の子。
¶朝日，鎌室（たいらやすなり），コン改，コン4，諸系，新潮，日人，平史

平安典 たいらのやすのり
生没年不詳
平安時代前期の桓武天皇の玄孫。
¶諸系，人名，日人

平保盛 たいらのやすもり
生没年不詳 [別]平保盛《たいらやすもり》
平安時代後期～鎌倉時代前期の公卿（非参議）。権大納言頼盛の子。
¶鎌室（たいらやすもり），公卿，公家（保盛〔平家（絶家）1〕 やすもり），諸系，日人，平史

平康頼 たいらのやすより
生没年不詳 [別]平康頼《たいらやすより》
平安時代後期～鎌倉時代前期の歌人、後白河院近習。仏教説話集「宝物集」の編者か。
¶朝日，岩史，鎌室（たいらやすより），国史，国書（たいらやすより），古中，コン改，コン4，史人，重要，新潮，人名，姓氏愛知，姓氏京都，全書，大百，徳島百，徳島歴（たいらやすより），日史，日人，百科，仏教，平史，歴大，和俳

平行高 たいらのゆきたか
鎌倉時代後期～南北朝時代の公卿（非参議）。権中納言平仲兼の孫。
¶公卿（生没年不詳），公家（行高〔西洞院家〕 ゆきたか）

平行親 たいらのゆきちか
生没年不詳 [別]平行親《たいらゆきちか》
平安時代中期の貴族。
¶角史（[没]長暦3（1039）年？），国書（たいらゆきちか），平史

平行時(1) たいらのゆきとき
生没年不詳 [別]平行時《たいらゆきとき》
平安時代中期の官人・歌人。
¶国書（たいらゆきとき），平史

平行時(2) たいらのゆきとき
→西洞院行時（にしのとういんゆきとき）

平行盛 たいらのゆきもり
？ ～文治1（1185）年 [別]平行盛《たいらゆきもり》
平安時代後期の武将（平家の公達）。平基盛の子。壇ノ浦の戦いで討ち死。
¶朝日（[没]文治1年3月24日（1185年4月25日）），鎌室（たいらゆきもり），国史，国書（たいらゆきもり [没]元暦2（1185）年3月24日），古中，コン改，コン4，史人（[没]1185年3月24日），諸系，新潮（[没]文治1（1185）年3月24日），人名，世人，日人，平史，和俳

平行義 たいらのゆきよし
生没年不詳
平安時代中期の官人。
¶平史

平好風 たいらのよしかぜ
生没年不詳
平安時代前期の桓武天皇玄孫。
¶諸系，人名，日人

平良兼 たいらのよしかね
？ ～天慶2（939）年
平安時代中期の東国の武将、軍事貴族。父は平高望。平将門の乱平定に尽力。
¶朝日，茨城百，国史，古史，古中，コン改，コン4，史人（[没]939年6月），諸系，新潮（[没]天慶2（939）年6月），人名，日人，平史，歴大

平儀重 たいらのよししげ
延享1（1744）年～文化13（1816）年
江戸時代中期～後期の公家（非参議・桂宮家諸大夫）。父は従三位生嶋秀清。文化10年従三位に叙される。
¶公卿（[没]文化13（1816）年8月13日），公家（儀重〔桂宮家諸大夫 生嶋家（平氏）〕 よししげ [没]文化13（1816）年閏8月13日）

平良文 たいらのよしぶみ，たいらのよしふみ
生没年不詳 [別]村岡良文《むらおかのよしぶみ》
平安時代中期の東国の武将、軍事貴族。父は平

高望。
¶朝日(たいらのよしふみ)、国史、古史(たいらのよしふみ)、古中、コン改(たいらのよしふみ)、コン4(たいらのよしふみ)、埼玉人(村岡良文　むらかのよしぶみ)、埼玉百、史人、諸系、新潮、全書、日人、平史(たいらのよしふみ)、歴大(たいらのよしふみ)

平良将 たいらのよしまさ
→平良持(たいらのよしもち)

平良正 たいらのよしまさ
生没年不詳
平安時代中期の武将、軍事貴族。
¶史人

平善棟 たいらのよしむね
? 〜天長6(829)年
平安時代前期の桓武天皇の皇孫。葛原親王の王子。
¶諸系、人名、日人、平史

平伊望 たいらのよしもち
→平伊望(たいらのこれもち)

平良持 たいらのよしもち
生没年不詳　別平良将《たいらのよしまさ》
平安時代中期の地方軍事貴族。平将門の父。
¶茨城百(平良将　たいらのよしまさ)、平史

平頼清 たいらのよりきよ
?〜*
鎌倉時代前期の公卿(非参議)。池大納言平頼盛の孫。
¶公卿(没文永3(1266)年)、公家(頼清〔平家(絶家)〕)　よりきよ　没文永3(1266)年?)

平随時 たいらのよりとき
寛平2(890)年〜天暦7(953)年
平安時代中期の公卿(参議)。仁明天皇の曽孫。雅望王の王子。
¶公卿(没天暦7(953)年12月18日)、諸系(没954年)、人名、日人(没954年)、平史

平頼盛 たいらのよりもり
長承1(1132)年〜文治2(1186)年　別池大納言《いけだいなごん、いけのだいなごん》、平頼盛《たいらよりもり》
平安時代後期の武将。平清盛の異母弟。池大納言と称される。一門都落ちの中一人都に留まり、源頼朝のもとに下向した。
¶朝日(没文治2年6月2日(1186年6月20日))、岩史(没文治2(1186)年6月2日)、角史、鎌室(たいらよりもり　没天承1(1131)年)、京都(没天承1(1131)年)、京都大(没天承1(1131)年)、公卿(没長承2(1133)年　没文治2(1186)年6月2日)、公家(頼盛〔平家(絶家)〕　よりもり　没文治2(1186)年6月2日)、国史、古史、古中、コン改(没天承1(1131)年)、コン4(没天承1(1131)年)、史人(没1186年6月2日)、諸系、新潮(没天承1(1131)年)、没文治2(1186)年6月2日)、人名(没1131年)、姓氏京都、世人(没天承1(1131)年)、全書(没1133年)、大百

(没?)、日史(没文治2(1186)年6月2日)、日人、百科、兵庫百、広島百(没天承1(1131)年)、福岡百(没天承1(1131)年)、平史(没1131年)、歴大

平六代 たいらのろくだい
承安3(1173)年〜建久9(1198)年　別平六代《たいらのろくだい》、六代《ろくだい》、六代御前《ろくだいごぜん》
平安時代後期〜鎌倉時代前期の僧。平重盛の嫡男維盛と藤原成親の娘の嫡男。平家の嫡流だが文覚に庇護された。のち文覚が流罪になると召し出されて斬られた。
¶朝日(六代　ろくだい　生没年不詳)、鎌倉(没嘉応1(1169)年)、鎌室(たいらのろくだい)、京都(六代　ろくだい　承安4(1174)年没?)、国史(生没年不詳)、古史(生没年不詳)、古中(生没年不詳)、コン改、コン改(六代　ろくだい　承安4(1174)年?　没正治1(1199)年、(異説)1203年)、コン4(承安4(1174)年?　没正治1(1199)年、(異説)1203年)、史人(生没年不詳)、諸系、新潮(没建久9(1198)年2月5日)、人名、姓氏京都(生没年不詳)、世人(六代　ろくだい　生没年不詳)、日人、平史(六代　ろくだい　没?)、歴大(没?)

尊敦親王 たかあつしんのう
→尊朝入道親王(そんちょうにゅうどうしんのう)

高子内親王 たかいこないしんのう
? 〜貞観8(866)年　別高子内親王《たかこないしんのう》
平安時代前期の女性。仁明天皇の皇女、賀茂斎院。
¶女性(たかこないしんのう　没貞観8(866)年6月16日)、人名(たかこないしんのう)、日人、平史

高市皇子 たかいちのみこ
→高市皇子(たけちのおうじ)

高枝王 たかえのおう
延暦21(802)年〜天安2(858)年　別高枝王《たかえおう》
平安時代前期の公卿(非参議)。桓武天皇の孫。伊予親王の第2王子。
¶公卿(没延暦7(788)年　没天安2(858)年5月)、古代、人名(たかえおう)、日人、平史(たかえおう)

多嘉王 たかおう
→久邇宮多嘉王(くにのみやたかおう)

多嘉王妃静子 たかおうひしずこ
→久邇静子(くにしずこ)

高岳親王(高丘親王) たかおかしんのう
→真如(しんにょ)

高丘季昭 たかおかすえあき
昭和14(1929)年1月14日〜平成8(1996)年3月13日
昭和〜平成期の元華族(子爵)、経営者。セゾングループ代表幹事、経団連副会長。経済記者、ニッポン放送解説委員を経て西友ストアーに移り

会長まで務める。
¶現執1期, 現執2期, 現執3期, 世紀, 日人

高丘季起 たかおかすえおき
寛文4(1664)年～正徳5(1715)年1月6日
江戸時代中期の公家(非参議)。高丘家の祖。参議中園季定の次男。
¶公卿, 公家(季起〔高丘家〕 すえおき [生]寛文4(1664)年7月27日), 人名([生]?), 日人

高丘敬季 たかおかたかすえ
享保6(1721)年7月10日～寛政1(1789)年11月19日
江戸時代中期の公家(参議)。権中納言梅園実邦の次男。
¶公卿, 公家(敬季〔高丘家〕 たかすえ)

高丘紹季 たかおかつぐすえ
延享1(1744)年1月29日～文化11(1814)年1月10日
江戸時代中期～後期の公家(権中納言)。参議高丘敬季の子。
¶公卿, 公家(紹季〔高丘家〕 つぐすえ)

高丘五常 たかおかともつね
生没年不詳
平安時代前期の官人・漢詩人。
¶国書

高丘永季 たかおかながすえ
安永4(1775)年10月20日～天保3(1832)年12月27日
江戸時代後期の公家(参議)。権中納言高丘紹季の子。
¶公卿, 公家(永季〔高丘家〕 とおすえ)

高丘河内 たかおかのかわち
生没年不詳 [別]楽浪河内《さざなみのかわち》, 高丘河内《たかおかのこうち》, 高丘連河内《たかおかのむらじかわち, たかおかのむらじこうち》
奈良時代の渡来系官人。父は沙門詠。
¶朝日(楽浪河内 さざなみのかわち), 古史(楽浪河内 さざなみのかわち), 古代(高丘連河内 たかおかのむらじこうち), コン改(楽浪河内 さざなみのかわち), コン4(楽浪河内 さざなみのかわち), 新潮(楽浪河内 さざなみのかわち), 人名(たかおかのこうち), 日史, 日人, 百科, 万葉(高丘連河内 たかおかのむらじかわち), 歴大, 和俳(楽浪河内 さざなみのかわち)

高丘河内 たかおかのこうち
→高丘河内(たかおかのかわち)

高岳相如(高丘相如) たかおかのすけゆき
生没年不詳 [別]高岳相如《たかおかすけゆき》
平安時代中期の官吏・漢詩人。
¶国書(たかおかすけゆき), 日人, 平史(高丘相如)

高丘比良麻呂 たかおかのひらまろ
? ～神護景雲2(768)年 [別]高丘比良麻呂《たかおかのひろまろ》, 高丘連比良麻呂《たかおかのむらじひらまろ》
奈良時代の官僚。
¶国史, 古代(高丘連比良麻呂 たかおかのむらじひらまろ), 古中, 史人(たかおかのひろまろ [没]768年6月28日), 人名, 日人

高丘比良麻呂 たかおかのひろまろ
→高丘比良麻呂(たかおかのひらまろ)

高丘百興 たかおかのももき
生没年不詳
平安時代前期の遣唐使。
¶平史

高丘頼言(高岳頼言) たかおかのよりのぶ
[別]高岳頼言《たかおかよりのぶ》
平安時代中期の官人・歌人。
¶国書(高岳頼言 たかおかよりのぶ 生没年不詳), 平史

高城入姫 たかきのいりひめ
上代の女性。応神天皇の妃。
¶女性, 人名, 日人

高木百合子 たかぎゆりこ
→三笠宮百合子(みかさのみやゆりこ)

高倉嗣良 たかくらつぐよし
文禄2(1593)年1月16日～承応2(1653)年4月17日 [別]藪嗣良《やぶつぐよし》
安土桃山時代～江戸時代前期の公家。
¶公卿(藪嗣良 やぶつぐよし), 公家(嗣良〔藪家〕 つぐよし), 国書([生]天正19(1591)年1月16日)

高倉経守 たかくらつねもり
? ～文保1(1317)年2月22日
鎌倉時代後期の公卿(権中納言)。権大納言中御門経任の三男。
¶公卿, 公家(経守〔中御門家(絶家)〕 つねもり)

高倉経康 たかくらつねやす
建長2(1250)年～延元4/暦応2(1339)年2月4日
鎌倉時代後期～南北朝時代の公卿(非参議)。中納言藤原文範の10代孫。
¶公卿, 公家(経康〔高倉(正嫡)家(絶家)〕 つねやす)

高倉天皇 たかくらてんのう
応保1(1161)年～養和1(1181)年
平安時代後期の第80代の天皇(在位1168～1180)。後白河天皇と建春門院滋子の皇子。妻徳子(後の建礼門院)は平清盛の娘。
¶朝日([生]応保1年9月3日(1161年9月23日) [没]養和1年1月14日(1181年1月30日)), 岩史([生]永暦2(1161)年9月3日 [没]治承5(1181)年1月14日), 角史, 鎌室, 京都, 京都大, 国史, 国書([生]永暦2(1161)年9月3日 [没]治承5(1181)年1月14日), 古史, 古中, コン改, コン4, 詩歌, 史人([生]1161年9月3日 [没]1181年1

月14日），重要（[生]応保1（1161）年9月3日　[没]養和1（1181）年1月14日），諸系，新潮（[生]応保1（1161）年9月3日　[没]養和1（1181）年1月21日），人名，姓氏京都，世人（[生]応保1（1161）年9月3日　[没]養和1（1181）年1月14日），全書，大百，日史（[生]応保1（1161）年9月3日　[没]養和1（1181）年1月14日），日人，百科，平史，歴大，和俳（[生]応保1（1161）年9月3日　[没]養和1（1181）年1月14日）

高倉永敦 たかくらながあつ
元和1（1615）年4月9日～天和1（1681）年11月15日
江戸時代前期の公家（権大納言）。権大納言高倉永慶の子。
¶公卿，公家（永敦〔高倉家〕　ながあつ）

高倉永家 たかくらながいえ
明応5（1496）年～天正6（1578）年
戦国時代～安土桃山時代の公卿（権大納言）。参議高倉永康の子。
¶公卿（[生]明応5（1496）年1月1日　[没]天正6（1578）年11月23日），公家（永家〔高倉家〕　ながいえ　[生]明応5（1496）年1月1日　[没]天正6（1578）年11月23日），諸系，人名，戦人，日人

高倉永定 たかくらながさだ
建長4（1252）年～徳治1（1306）年1月21日
鎌倉時代後期の公卿（非参議）。非参議高倉永康の子。
¶公卿，公家（永定〔高倉（正嫡）家（絶家）〕　ながさだ）

高倉永祜 たかくらながさち
*～明治1（1868）年
江戸時代末期の公家（非参議）。非参議高倉永胤の子。
¶公卿（[生]天保9（1836）年11月16日　[没]明治1（1868）年7月29日），公家（永祜〔高倉家〕　ながさち　[生]天保9（1838）年11月16日　[没]慶応4（1868）年7月29日），諸系（[生]1839年），人名（[生]1838年），日人（[生]1839年），幕末（[生]1838年　[没]1868年9月15日）

高倉永季 たかくらながすえ
延元3/暦応1（1338）年～元中9/明徳3（1392）年
南北朝時代の公卿（参議）。高倉家の祖。非参議藤原永経の4代孫。
¶鎌室，公卿（[没]明徳3/元中9（1392）年2月18日），公家（永季〔高倉家〕　ながすえ　[生]？　[没]明徳3（1392）年2月18日），諸系，人名，日人

高倉永相 たかくらながすけ
享禄4（1531）年～天正13（1585）年12月23日
戦国時代～安土桃山時代の公卿（権中納言）。権大納言高倉永家の次男。
¶公卿（[生]享禄3（1530）年），公家（永相〔高倉家〕　ながすけ），国書，諸系（[没]1586年），人名（[生]1530年），戦人，日人（[没]1586年）

高倉永孝 たかくらながたか
永禄3（1560）年～慶長12（1607）年閏4月11日
安土桃山時代～江戸時代前期の公家（権中納言）。権中納言高倉永相の子。
¶公卿，公家（永孝〔高倉家〕　ながたか），国書，戦人

高倉永胤 たかくらながたね
文化8（1811）年10月24日～弘化2（1845）年2月15日
江戸時代後期の公家（非参議）。権大納言高倉永雅の子。
¶公卿，公家（永胤〔高倉家〕　ながたね）

高倉永継 たかくらながつぐ
応永34（1427）年～永正7（1510）年10月12日
室町時代～戦国時代の公卿（権中納言）。権中納言高倉永豊の子。
¶公卿，公家（永継〔高倉家〕　ながつぐ），国書，戦人

高倉永綱 たかくらながつな
生没年不詳
南北朝時代の公家・故実家。
¶国書

高倉永則 たかくらながつね
元治1（1864）年～昭和22（1947）年
江戸時代末期～昭和期の子爵。
¶神人

高倉永俊 たかくらながとし
室町時代の公卿（参議）。参議高倉永季の次男。
¶公卿（生没年不詳），公家（永俊〔高倉家〕　ながとし）

高倉永豊 たかくらながとよ
応永14（1407）年～文明10（1478）年6月19日
室町時代の公卿（権中納言）。参議高倉永藤の子。
¶公卿，公家（永豊〔高倉家〕　ながとみ）

高倉永範 たかくらながのり
宝暦3（1753）年2月9日～文化2（1805）年8月4日
江戸時代中期～後期の公家（参議）。非参議高倉永秀の次男。
¶公卿，公家（永範〔高倉家〕　ながのり）

高倉永秀 たかくらながひで
享保13（1728）年～寛政11（1799）年
江戸時代中期の公家（非参議）。権大納言高倉永房の子。
¶公卿（[生]享保13（1728）年5月1日　[没]寛政11（1799）年6月11日），公家（永秀〔高倉家〕　ながひで　[生]享保13（1728）年5月1日　[没]寛政11（1799）年6月11日），諸系，人名（[生]1727年），日人

高倉永福 たかくらながふく
明暦3（1657）年6月20日～享保10（1725）年4月4日
[別]高倉永福《たかくらながよし》
江戸時代前期～中期の公家（権大納言）。権大納言高倉永敦の三男。
¶公卿，公家（永福〔高倉家〕　ながよし），国書（たかくらながよし）

高倉永房 たかくらながふさ
元禄1 (1688) 年4月24日～宝暦5 (1755) 年5月11日
江戸時代中期の公家 (権大納言)。兵部大輔高倉永重の子。
¶公卿，公家 (永房〔高倉家〕 ながふさ)，国書

高倉永藤 たかくらながふじ
元中2/至徳2 (1385) 年～永享8 (1436) 年
室町時代の公卿 (参議)。参議高倉永行の子。
¶鎌室，公卿 ([没]？)，公家 (永藤〔高倉家〕 ながふじ [没]？)，諸系，日人

た

高倉永雅 たかくらながまさ
天明4 (1784) 年10月28日～安政2 (1855) 年2月16日
江戸時代後期の公家 (権大納言)。参議高倉永範の子。
¶公卿，公家 (永雅〔高倉家〕 ながまさ)，国書 ([没]安政2 (1855) 年2月)

高倉永康(1) たかくらながやす
？ ～正安4 (1302) 年
鎌倉時代後期の公卿 (非参議)。中納言藤原文範の10代孫。
¶朝日 ([没]正安4年1月1日 (1302年1月30日))，公卿 (生没年不詳)，公家 (永康〔高倉 (正嫡) 家 (絶家)〕 ながやす)，日人

高倉永康(2) たかくらながやす
寛正5 (1464) 年～永正9 (1512) 年4月16日
戦国時代の公卿 (参議)。権中納言高倉永継の子。
¶公卿，公家 (永康〔高倉家〕 ながやす)，国書，戦人

高倉永行 たかくらながゆき
？ ～応永23 (1416) 年
室町時代の公卿 (参議)。参議高倉永季の長男。
¶鎌室，公卿 (生没年不詳)，公家 (永行〔高倉家〕 ながゆき [没]応永23 (1416) 年8月3日)，国書 ([没]応永23 (1416) 年8月3日)，諸系，日人

高倉永慶 たかくらながよし
天正19 (1591) 年12月2日～寛文4 (1664) 年9月5日
江戸時代前期の公家 (権大納言)。権中納言高倉永孝の子。
¶公卿，公家 (永慶〔高倉家〕 ながよし)，国書 ([生]天正19 (1591) 年11月2日)

高倉永福 たかくらながよし
→高倉永福 (たかくらながふく)

高倉福信 たかくらのふくしん
→高麗福信 (こまのふくしん)

高倉宮以仁王 たかくらのみやもちひとおう
→以仁王 (もちひとおう)

高倉範季 たかくらのりすえ
→藤原範季 (ふじわらののりすえ)

高倉範春 たかくらのりはる
文永3 (1266) 年～？
鎌倉時代後期の公卿 (非参議)。非参議藤原範藤の子。
¶公卿，公家 (範春〔藪家〕 のりはる)

高倉範久 たかくらのりひさ
明応2 (1493) 年～天文15 (1546) 年5月5日
戦国時代の公卿 (参議)。権大納言藤原季経の四男。
¶公卿，公家 (範久〔藪家〕 のりひさ)，国書，戦人

高倉範藤 たかくらのりふじ
生没年不詳 [別]藤原範藤《ふじわらののりふじ》
鎌倉時代の公卿、歌人。
¶公卿 (藤原範藤 ふじわらののりふじ)，公家 (範藤〔藪家〕 のりふじ)，国書，日人

高倉範光 たかくらのりみつ
→藤原範光 (ふじわらののりみつ)

高倉広通 たかくらひろみち
？ ～正平13/延文3 (1358) 年8月8日
南北朝時代の公卿 (参議)。参議藤原有通の子。
¶公卿，公家 (広通〔坊門家 (絶家)〕 ひろみち)

高倉光守 たかくらみつもり
生没年不詳
南北朝時代の廷臣。
¶朝日，国史，古中，日人

喬子女王 たかこじょおう
寛政7 (1795) 年～天保11 (1840) 年
江戸時代後期の女性。有栖川宮織仁親王の第8王女、12代将軍徳川家慶の正室。
¶諸系，女性 ([生]寛政7 (1795) 年6月14日 [没]天保11 (1840) 年1月16日)，人名，日人

恭子女王 たかこじょおう
→恭子女王 (きょうしじょおう)

敬子女王 たかこじょおう
→敬子女王 (けいしじょおう)

荘子女王 たかこじょおう
→荘子女王 (そうしじょおう)

隆子女王(1) たかこじょおう
生没年不詳
平安時代前期の女性。清和天皇の女御。
¶女性

隆子女王(2) たかこじょおう
？ ～天延2 (974) 年 [別]隆子女王《たかこにょおう》
平安時代中期の女性。醍醐天皇の皇子章明親王の長女、斎宮。
¶朝日 ([没]天延2年閏10月17日 (974年12月3日))，コン改 (たかこにょおう)，コン4 (たかこにょおう)，女性 ([没]天延2 (974) 年閏10月16日)，人名 (たかこにょおう)，日人，平史

隆子女王(3) たかこじょおう
長徳1 (995) 年～寛治1 (1087) 年 [別]隆姫子女王《たかひめこにょおう》，隆姫女王《たかひめじょ

おう》
平安時代中期〜後期の女性。村上天皇の皇子具平親王の第1皇女、関白藤原頼通の室。
¶朝日(隆姫女王 たかひめじょおう [没]寛治1年11月22日(1087年12月19日)), コン改(隆姫子女王 たかひめこにょおう), コン4(隆姫子女王 たかひめこにょおう), 女性([没]寛治1(1087)年11月22日), 人名(隆姫子女王 たかひめこにょおう), 日人, 平史(隆姫女王 たかひめじょおう)

隆子女王(4) たかこじょおう
文化15(1818)年〜万延1(1860)年
江戸時代後期〜末期の女性。伏見宮貞敬親王の第12王女。
¶女性([生]文化15(1818)年4月5日 [没]万延1(1860)年6月23日), 人名, 日人

幟子女王 たかこじょおう
天保6(1835)年〜安政3(1856)年
江戸時代後期〜末期の女性。有栖川宮第8代幟仁親王の第1王女、水戸藩主徳川慶篤の室。
¶女性([生]天保6(1835)年11月1日 [没]安政3(1856)年11月7日), 人名, 日人

貴子内親王 たかこないしんのう
→島津貴子(しまづたかこ)

恭子内親王 たかこないしんのう
→恭子内親王(きょうしないしんのう)

高子内親王 たかこないしんのう
→高子内親王(たかいこないしんのう)

崇子内親王 たかこないしんのう
? 〜承和15(848)年
平安時代前期の女性。淳和天皇の皇女。
¶女性([没]承和15(848)年5月15日), 人名, 日人, 平史

尊子内親王 たかこないしんのう
康保3(966)年〜寛和1(985)年 [別]尊子内親王《そんしないしんのう》
平安時代中期の女性。冷泉天皇の第2皇女、円融天皇の女御。
¶朝日(そんしないしんのう [没]寛和1年5月1日(985年5月23日)), 国書(そんしないしんのう [没]寛和1(985)年5月2日), コン改, コン4, 女性(そんしないしんのう [没]寛和1(985)年5月2日), 人名, 日人, 平史

隆子女王 たかこにょおう
→隆子女王(2)(たかこじょおう)

高坂王 たかさかおう
? 〜天武天皇12(683)年 [別]高坂王《たかさかのおおきみ》
飛鳥時代の皇親・官人。壬申の乱で大海人皇子側に寝返った。
¶朝日([没]天武12年6月6日(683年7月5日)), 古代, コン改(たかさかのおおきみ), コン4(たかさかのおおきみ), 日人

高坂王 たかさかのおおきみ
→高坂王(たかさかおう)

高階邦経 たかしなくにつね
寛喜3(1231)年〜? [別]高階邦経《たかしなのくにつね》
鎌倉時代後期の公卿(非参議)。従二位・非参議高階経雅の三男。
¶公卿(たかしなのくにつね), 公家(邦経〔高階家(絶家)〕 くにつね)

高階邦仲 たかしなくになか
? 〜正応2(1289)年5月21日 [別]高階邦仲《たかしなのくになか》
鎌倉時代後期の公卿(非参議)。非参議高階経雅の次男。
¶公卿(たかしなのくになか), 公家(邦仲〔高階家(絶家)〕 くになか)

高階重経 たかしなしげつね
正嘉1(1257)年〜応長1(1311)年9月14日 [別]高階重経《たかしなのしげつね》
鎌倉時代後期の公卿(非参議)。非参議高階邦経の長男。
¶公卿(たかしなのしげつね), 公家(重経〔高階家(絶家)〕 しげつね), 国書

高階経成 たかしなつねしげ
→高階経成(たかしなのつねなり)

高階経茂 たかしなつねしげ
[別]高階経茂《たかしなのつねしげ》
鎌倉時代後期の公卿(非参議)。正五位下・筑後守経邦の子。
¶公卿(たかしなのつねしげ 生没年不詳), 公家(経茂〔高階家(絶家)〕 つねしげ)

高階経徳 たかしなつねのり
天保5(1834)年〜明治22(1889)年
江戸時代後期〜明治期の公家。
¶国書

高階仲章 たかしななかあき
→高階仲章(たかしなのなかあきら)

高階成兼 たかしななりかね
生没年不詳
鎌倉時代後期の官人・歌人。
¶国書

高階成朝 たかしななりとも
生没年不詳
鎌倉時代後期の官人・歌人。
¶国書

高階成房 たかしななりふさ
生没年不詳 [別]高階成房《たかしなのなりふさ》
鎌倉時代後期の公卿(非参議)。非参議高階邦経の三男。
¶公卿(たかしなのなりふさ), 公家(成房〔高階家(絶家)〕 なりふさ), 新潟百(たかしなのなりふさ)

た

高階明順 たかしなのあきのぶ
？ ～寛弘6(1009)年　[別]高階明順《たかしなのみょうじゅん》
平安時代中期の官人。
¶愛媛百(たかしなのみょうじゅん　生没年不詳)，平史

高階章行 たかしなのあきゆき
生没年不詳
平安時代中期の官人。
¶平史

高階明頼 たかしなのあきより
生没年不詳　[別]高階明頼《たかしなあきより》
平安時代後期の公家・歌人。
¶国書(たかしなあきより)，平史

高階敦遠 たかしなのあつとお
生没年不詳
平安時代後期の官人。
¶平史

高階敦政 たかしなのあつまさ
？ ～仁平3(1153)年
平安時代後期の官人。
¶平史

高階家仲 たかしなのいえなか
生没年不詳　[別]高階家仲《たかしないえなか》
鎌倉時代前期の公家・歌人。
¶国書(たかしないえなか)，平史

高階石河 たかしなのいしかわ
延暦3(784)年～承和9(842)年
奈良時代～平安時代前期の官人。
¶平史

高階公輔 たかしなのきんすけ
生没年不詳
平安時代前期～中期の官人。
¶仏教

高階公俊 たかしなのきんとし
長元7(1034)年～承徳1(1097)年
平安時代中期～後期の官人。
¶平史

高階信順 たかしなのさねのぶ
→高階信順(たかしなののぶのり)

高階茂生 たかしなのしげお
生没年不詳
平安時代前期の官人。
¶平史

高階重仲 たかしなのしげなか
延久1(1069)年～保安1(1120)年
平安時代後期の貴族、伊予守高階泰仲の長男、出雲守。
¶朝日([没]保安1年9月25日(1120年10月19日))，諸系，日人，平史

高階成棟 たかしなのしげむね
？ ～長久2(1041)年
平安時代中期の官人。
¶平史

高階資泰 たかしなのすけやす
生没年不詳　[別]高階資泰《たかしなすけやす》
平安時代後期～鎌倉時代前期の官人。
¶鎌室(たかしなすけやす)，諸系，新潮，日人

高階高経 たかしなのたかつね
生没年不詳　[別]高階高経《たかしなたかつね》
鎌倉時代前期の朝臣。
¶鎌室(たかしなたかつね)，日人

高階忠峯 たかしなのただみね
生没年不詳
平安時代前期の官人。
¶平史

高階為章 たかしなのためあき
康平2(1059)年～康和5(1103)年　[別]高階為章《たかしなのためあきら》
平安時代後期の貴族。近江守高階為家の子。
¶朝日(たかしなのためあきら　[没]康和5年12月20日(1104年1月19日))，京都府，国史，古史，古中，コン4(たかしなのためあきら)，史人([没]1103年12月20日)，諸系([没]1104年)，姓氏京都([生]1057年)，新潟百(たかしなのためあきら)，日史([没]康和5(1103)年12月21日)，日人([没]1104年)，百科，平史(たかしなのためあきら　[生]1057年)，歴大([生]1057年)

高階為章 たかしなのためあきら
→高階為章(たかしなのためあき)

高階為遠 たかしなのためとお
生没年不詳
平安時代後期の官人。
¶姓氏京都，平史

高階為行 たかしなのためゆき
康平2(1059)年～嘉承2(1107)年
平安時代後期の備中守為家の二男。
¶平史

高階経重 たかしなのつねしげ
生没年不詳　[別]高階経重《たかしなつねしげ》
平安時代後期の官人・歌人。
¶国書(たかしなつねしげ)，平史

高階経時 たかしなのつねとき
寿永1(1182)年～？　[別]高階経雅《たかしなつねまさ，たかしなのつねまさ》，高階経時《たかしなつねとき》
鎌倉時代前期の公卿(非参議)。非参議高階経仲の子。
¶朝日(たかしなのつねまさ　[生]治承4(1180)年)，鎌室(高階経時　たかしなつねとき　生没年不詳)，公卿(たかしなのつねまさ　生没年不詳)，公家(経雅〔高階家(絶家)〕　つねまさ)，諸系(高階経時)，日人(高階経時)

高階経敏 たかしなのつねとし
生没年不詳
平安時代後期の貴族、筑前守高階経成の子、長門守。
¶朝日，諸系，日人，平史

高階経仲 たかしなのつねなか
保元2(1157)年～嘉禄2(1226)年 [別]高階経仲《たかしなつねなか》
平安時代後期～鎌倉時代前期の公卿(非参議)。非参議高階泰経の長男。
¶朝日([没]嘉禄2(1226)年2月)，鎌室(たかしなつねなか)，公卿([没]?)，公家(経仲〔高階家(絶家)〕 つねなか [没]?)，諸系，新潮([没]嘉禄2(1226)年2月)，日人

高階経成 たかしなのつねなり
*～天永2(1111)年 [別]高階経成《たかしなつねしげ》
平安時代中期～後期の官人・歌人。
¶国書(たかしなつねしげ [生]治安1(1021)年 [没]天永2(1111)年4月)，平史([生]1019年)

高階経雅 たかしなのつねまさ
→高階経時(たかしなのつねとき)

高階遠成 たかしなのとおなり
天平勝宝8(756)年～弘仁9(818)年 [別]高階真人遠成《たかしなのまひととおなり》
奈良時代～平安時代前期の官人。
¶朝日([没]弘仁9年3月21日(818年4月29日))，古代(高階真人遠成 たかしなのまひととおなり)，諸系，日人，平史([生]757年)

高階仲章 たかしなのなかあきら
寛治1(1087)年～嘉承2(1107)年 [別]高階仲章《たかしななかあき》
平安時代後期の官人。
¶国書(たかしななかあき [没]嘉承2(1107)年9月10日)，平史

高階仲兼 たかしなのなかかね
生没年不詳
平安時代後期の官人。
¶平史

高階仲基 たかしなのなかもと
生没年不詳 [別]高階仲基《たかしななかもと》
平安時代後期～鎌倉時代前期の廷臣。
¶鎌室(たかしななかもと)

高階成章 たかしなのなりあき
→高階成章(たかしなのなりあきら)

高階成章 たかしなのなりあきら
正暦1(990)年～康平1(1058)年 [別]高階成章《たかしななりのり，たかしなのなりあき》
平安時代中期の公卿(非参議)。天武天皇の裔。
¶公卿(たかしなのなりあき)，国書(たかしななりのり [没]天喜6(1058)年2月16日)，福岡百([生]正暦3(992)年 [没]天喜6(1058)年2月)，平史

高階成忠 たかしなのなりただ
延長1(923)年～長徳4(998)年 [別]高階成忠《たかしななりただ》
平安時代中期の公卿(非参議)。天武天皇の皇子高市親王の裔、高階良臣の子。
¶朝日([没]長徳4(998)年7月)，公卿([生]延長4(926)年)，国史，国書(たかしななりただ [没]長徳4(998)年7月)，古中，コン改([生]延長3(925)年)，コン4([生]延長3(925)年)，史人([没]998年7月)，諸系，新潮([没]長徳4(998)年7月)，人名([生]926年)，日史([没]長徳4(998)年7月)，日人，百科，平史([生]925年)

高階業遠 たかしなのなりとお
康保2(965)年～寛弘7(1010)年
平安時代中期の廷臣。藤原道長に近侍。
¶国史，古中，史人([没]1010年4月10日)，諸系，日人，平史

高階成順 たかしなのなりのぶ
? ～長久1(1040)年
平安時代中期の官人。
¶平史

高階成章 たかしなのなりのり
→高階成章(たかしなのなりあきら)

高階信章 たかしなののぶあき
生没年不詳 [別]高階信章《たかしなののぶあきら，たかしなのぶあき》
平安時代後期の官人。
¶鎌室(たかしなのぶあき)，新潮，日人，平史(たかしなののぶあきら)

高階信章 たかしなののぶあきら
→高階信章(たかしなののぶあき)

高階信順 たかしなののぶのり
? ～長保3(1001)年 [別]高階信順《たかしなのさねのぶ》
平安時代中期の官人。従二位成忠の子。
¶朝日([没]長保3年6月29日(1001年7月22日))，諸系，日人，平史(たかしなのさねのぶ)

高階信平 たかしなののぶひら
生没年不詳 [別]信寂《しんじゃく》
平安時代中期の歌人・天台僧。
¶国書(信寂 しんじゃく)，諸系，人名，日人，平史(信寂 しんじゃく)

高階道順 たかしなのみちのぶ
生没年不詳
平安時代中期の官人。
¶平史

高階峯緒(高階岑緒) たかしなのみねお
生没年不詳 [別]高階岑緒《たかしなみねお》
平安時代前期の官人、神祇伯。
¶神人(高階岑緒 たかしなみねお)，平史

高階明順 たかしなのみょうじゅん
→高階明順(たかしなのあきのぶ)

高階宗章 たかしなのむねあきら
生没年不詳
平安時代後期の官人。高階為章の子。
¶平史

高階基章 たかしなのもとあきら
生没年不詳
平安時代中期～後期の官人。
¶平史

高階基実 たかしなのもとざね
生没年不詳
平安時代後期の官人。
¶平史

た

高階盛章 たかしなのもりあき
→高階盛章(たかしなのもりあきら)

高階盛章 たかしなのもりあきら
? ～保元1(1156)年　[別]高階盛章《たかしなのもりあき》
平安時代後期の院司受領。
¶愛媛百(たかしなのもりあき　生没年不詳)，平史

高階積善 たかしなのもりよし
生没年不詳　[別]高階積善《たかしなもりよし》
平安時代中期の漢詩人。成忠の8男。
¶朝日，国史，国書(たかしなもりよし)，古中，史人，諸系，日人，平史，和俳

高階師尚 たかしなのもろひさ
貞観8(866)年～?
平安時代前期～中期の官吏。
¶諸系，日人，平史

高階泰経 たかしなのやすつね
大治5(1130)年～建仁1(1201)年　[別]高階泰経《たかしなやすつね》
平安時代後期～鎌倉時代前期の公卿(非参議)。若狭守権勢泰重の子。
¶朝日([没]建仁1年11月23日(1201年12月20日))，岩史([没]建仁1(1201)年11月23日)，角史(たかしなやすつね)，鎌室(たかしなやすつね)，公卿([生]?　[没]建仁1(1201)年11月23日)，公家(泰経〔高階家(絶家)〕　やすつね　[生]?　[没]建仁1(1201)年11月23日)，国史，古中，コン4，史人([没]1201年11月23日)，諸系，新潮([没]建仁1(1201)年11月23日)，人名(たかしなやすつね　[生]?)，姓氏京都(たかしなやすつね)，日史([没]建仁1(1201)年11月23日)，日人，百科(たかしなやすつね)，平史，歴大

高階泰仲 たかしなのやすなか
生没年不詳
平安時代中期の官人。
¶愛媛百，姓氏京都，平史

高階良臣 たかしなのよしおみ
? ～天元3(980)年
平安時代中期の官人、右少将師尚男。
¶平史

高階能遠 たかしなのよしとお
生没年不詳
平安時代後期の官人。
¶平史

高階寛経 たかしなひろつね
永仁2(1294)年～正平10/文和4(1355)年12月28日　[別]高階寛経《たかしなのひろつね》
鎌倉時代後期～南北朝時代の公卿(非参議)。非参議高階重経の子。
¶公卿(たかしなのひろつね)，公家(寛経〔高階家(絶家)〕　ひろつね)

高階雅仲 たかしなまさなか
建治2(1276)年～?　[別]高階雅仲《たかしなのまさなか》
鎌倉時代後期の公卿(非参議)。非参議高階邦仲の子。
¶公卿(たかしなのまさなか)，公家(雅仲〔高階家(絶家)〕　まさなか)，国書

高階宗顕 たかしなむねあき
生没年不詳
南北朝時代の官人・歌人。
¶国書

高階宗俊 たかしなむねとし
生没年不詳
鎌倉時代後期の官人・歌人。
¶国書

高階宗成 たかしなむねなり
生没年不詳
鎌倉時代後期の官人・歌人。
¶国書

高階基政 たかしなもとまさ
生没年不詳
鎌倉時代後期の官人・歌人。
¶国書

高階泰継 たかしなやすつぐ
[別]高階泰継《たかしなのやすつぐ》
鎌倉時代後期の公卿(非参議)。非参議高階邦経の次男。
¶公卿(たかしなのやすつぐ　生没年不詳)，公家(泰継〔高階家(絶家)〕　やすつぐ)

高田女王 たかたのおおきみ，たかだのおおきみ
→高田女王(たかだのじょおう)

田形皇女 たがたのこうじょ
→田形内親王(たがたのないしんのう)

高田女王 たかだのじょおう
生没年不詳　[別]高田女王《たかたのおおきみ，たかだのおおきみ》
奈良時代の女性。万葉歌人。高安王の娘。
¶国書(たかだのおおきみ)，女性，人名(たかたのおおきみ)，日人，万葉(たかだのおおきみ)，和俳

高田足人 たかだのたるひと
生没年不詳
奈良時代の官吏。
¶日人

田形内親王 たがたのないしんのう
*～神亀5(728)年 [別]田形皇女《たがたのこうじょ,たがたのひめみこ》
飛鳥時代～奈良時代の女性。天武天皇の皇女。
¶女性([生]天武3(675)年 [没]神亀5(728)年3月5日),人名(田形皇女 たがたのこうじょ [生]674年),日人([生]?),万葉(田形皇女 たがたのひめみこ)

高田根麻呂 たかだのねまろ,たかたのねまろ
? ～白雉4(653)年 [別]高田首根麻呂《たかだのおびとねまろ》
飛鳥時代の廷臣。
¶古代(高田首根麻呂 たかだのおびとねまろ),史人(たかたのねまろ [没]653年7月),姓氏鹿児島(高田首根麻呂 たかだのおびとねまろ),日人

高田毗登足人 たかだのひとたりひと
奈良時代の官人。
¶古代

田形皇女 たがたのひめみこ
→田形内親王(たがたのないしんのう)

高田媛 たかたひめ
上代の女性。景行天皇の妃。
¶女性,人名,日人

鷹司院 たかつかさいん
建保6(1218)年～文永12(1275)年 [別]藤原長子《ふじわらちょうし,ふじわらのちょうし》
鎌倉時代前期の女性。後堀河天皇の皇后。
¶岩史([没]文永12(1275)年2月11日),鎌室,諸系,女性([没]文永12(1275)年2月11日),人名,日人

鷹司和子 たかつかさかずこ
昭和4(1929)年9月30日～平成1(1989)年5月26日
昭和期の女性。神宮祭主。昭和天皇の第三皇女。公爵鷹司信輔の長男平通と結婚して皇籍離脱。伊勢神宮で祭主を務めた。
¶現朝,現日,諸系,女性,女性普,世紀,日人

鷹司兼輔 たかつかさかねすけ
文明12(1480)年～天文21(1552)年
戦国時代の公卿(関白・左大臣・准三宮)。関白・太政大臣鷹司政平の子。
¶朝日([没]天文21年9月9日(1552年9月27日)),鎌室,公卿([没]天文21(1552)年9月9日),公家(兼輔〔鷹司家〕 かねすけ [没]天文21(1552)年9月9日),諸系,新潮([没]天文21(1552)年9月9日),人名([生]1482年),戦人([生]文明14(1482)年),日人

鷹司兼忠(1) たかつかさかねただ
元久2(1205)年～文永6(1269)年 [別]藤原兼忠《ふじわらかねただ,ふじわらのかねただ》
鎌倉時代前期の公卿(非参議)。大納言藤原兼基の孫。
¶鎌室,公卿,公家(兼忠〔北小路・室町家(絶家)〕 かねただ),新潮,日人

鷹司兼忠(2) たかつかさかねただ
弘長2(1262)年～正安3(1301)年8月25日
鎌倉時代後期の公卿(摂政・関白・左大臣)。摂政・関白・太政大臣鷹司兼平の次男。
¶鎌室,公卿,公家(兼忠〔鷹司家〕 かねただ),国書,諸系,新潮,人名,日人

鷹司兼平 たかつかさかねひら
安貞2(1228)年～永仁2(1294)年 [別]称念院入道殿《しょうねんいんにゅうどうどの》
鎌倉時代後期の公卿(摂政・関白・太政大臣)。関白・太政大臣近衛家実の四男。
¶朝日([没]永仁2年8月8日(1294年8月30日)),岩史([没]永仁2(1294)年8月8日),鎌室,公卿([没]永仁2(1294)年8月8日),公家(兼平〔鷹司家〕 かねひら [没]永仁2(1294)年8月8日),国史,国書([没]永仁2(1294)年8月8日),古中,コン4,史人([没]1294年8月8日),諸系,新潮([没]永仁2(1294)年8月8日),人名([生]1227年),姓氏京都,世人([没]永仁6(1298)年),日史([没]永仁2(1294)年8月8日),日人,百科,歴大

鷹司兼熙(鷹司兼煕) たかつかさかねひろ
万治2(1659)年12月5日～享保10(1725)年11月20日
江戸時代前期～中期の公家(関白・左大臣)。摂政・関白・左大臣鷹司房輔の子。
¶公卿(鷹司兼煕),公家(兼煕〔鷹司家〕 かねひろ),国書,諸系([生]1660年),人名,日人([生]1660年)

鷹司兼冬 たかつかさかねふゆ
正応2(1289)年～延慶1(1308)年閏8月2日
鎌倉時代後期の公卿(非参議)。摂政・関白・左大臣鷹司兼忠の次男。
¶公卿,公家(兼冬〔鷹司家〕 かねふゆ)

鷹司兼基 たかつかさかねもと
文治1(1185)年～?
鎌倉時代前期の公卿(大納言)。鷹司家の祖。摂政近衛基通の四男。
¶公卿,公家(兼基〔北小路・室町家(絶家)〕 かねもと)

鷹司清雅 たかつかさきよまさ
弘安7(1284)年～?
鎌倉時代後期の公卿(権中納言)。参議花山院定長の子。
¶公卿,公家(清雅〔鷹司家(絶家)1〕 きよまさ),国書

鷹司伊嗣 たかつかさこれつぐ
生没年不詳
鎌倉時代前期の公家・歌人。
¶国書

鷹司伊平 たかつかさこれひら
正治1 (1199) 年～?
鎌倉時代前期の公卿(権大納言)。中納言鷹司頼平の長男。
¶公卿, 公家(伊平〔鷹司家(絶家)2〕　これひら), 国書([没]弘長2 (1262) 年11月27日)

鷹司伊頼 たかつかさこれより
貞応1 (1222) 年～弘安6 (1283) 年6月4日
鎌倉時代後期の公卿(権大納言)。権大納言鷹司伊平の子。
¶公卿, 公家(伊頼〔鷹司家(絶家)2〕　これより)

鷹司輔信 たかつかさすけのぶ
延宝8 (1680) 年～寛保1 (1741) 年
江戸時代中期の茶人。
¶茶道([生]?), 諸系, 日人

鷹司輔平 たかつかさすけひら
元文4 (1739) 年～文化10 (1813) 年
江戸時代中期～後期の公家(関白・左大臣)。閑院宮直仁親王の王子で、関白太政大臣従一位一条兼香の養子。鷹司家を継承。
¶朝日([生]元文4年2月8日 (1739年3月17日) [没]文化10年1月8日 (1813年2月8日)), 岩史([生]元文4 (1739) 年2月8日　[没]文化10 (1813) 年1月8日), 京都大([生]元文5 (1740) 年), 近世, 公卿([生]元文4 (1739) 年2月8日　[没]文化10 (1813) 年1月8日), 公家(輔平〔鷹司家〕　すけひら　[生]元文4 (1739) 年2月8日　[没]文化10 (1813) 年1月8日), 国史, 国書([生]元文4 (1739) 年2月8日　[没]文化10 (1813) 年1月8日), コン4, 諸系, 人名([生]1740年), 姓氏京都, 日人, 歴大

鷹司輔煕(鷹司輔凞, 鷹司輔熈, 鷹司輔煕) たかつかさすけひろ
文化4 (1807) 年～明治11 (1878) 年7月9日
江戸時代末期～明治期の公家(関白・右大臣)。関白・太政大臣准三宮鷹司政通の子。
¶朝日([生]文化4年11月7日 (1807年12月5日)), 維新(鷹司輔凞), 京都大(鷹司輔熈), 近現, 近世, 公卿(鷹司輔凞　[生]文化4 (1807) 年11月7日　[没]明治11 (1878) 年7月), 公家(輔煕〔鷹司家〕　すけひろ　[生]文化4 (1807) 年11月7日), 国史, 国書([生]文化4 (1807) 年11月7日), コン改, コン4, コン5(鷹司輔凞), 史人(鷹司輔煕　[生]1807年11月7日), 諸系, 新潮([生]文化4 (1807) 年11月7日), 人名, 姓氏京都(鷹司輔熈), 世人([生]文化4 (1807) 年11月7日), 日人, 幕末(鷹司輔凞), 歴大

鷹司輔政 たかつかさすけまさ
嘉永2 (1849) 年7月1日～慶応3 (1867) 年8月14日
江戸時代末期の公家(権大納言)。関白・右大臣鷹司輔煕の子。
¶維新, 公卿, 公家(輔政〔鷹司家〕　すけまさ), 国書, 幕末([没]1867年9月11日)

鷹司忠冬 たかつかさただふゆ
永正6 (1509) 年～天文15 (1546) 年　[別]鷹司忠冬《たかつかさただゆふ》
戦国時代の公卿(関白・左大臣)。関白・左大臣鷹司兼輔の子。
¶公卿([没]天文15 (1546) 年4月12日), 公家(忠冬〔鷹司家〕　ただふゆ　[没]天文15 (1546) 年4月12日), 諸系(たかつかさただゆふ), 人名, 戦人, 日人

鷹司忠冬 たかつかさただゆふ
→鷹司忠冬(たかつかさただふゆ)

鷹司忠頼 たかつかさただより
生没年不詳
南北朝時代の公家・歌人・連歌作者。
¶国書

鷹司平通 たかつかさとしみち
大正12 (1923) 年8月26日～昭和41 (1966) 年1月27日
昭和期の交通研究家。鷹司公爵家の嗣子。昭和天皇第3皇女の和子内親王と結婚。鉄道交通に関する知識の普及に貢献。著書に「世界の機関車」など。
¶現情, 人名7, 世紀, 日人, 履歴, 履歴2

鷹司信輔 たかつかさのぶすけ
明治22 (1889) 年4月29日～昭和34 (1959) 年2月1日
明治～昭和期の鳥類学者。公爵、貴族会議院。神社本庁統理、日本鳥類保護連盟会長などを歴任。
¶現情, コン改, コン4, コン5, 新潮, 人名7, 世紀, 日人, 民学

鷹司信尚 たかつかさのぶなお
→鷹司信尚(たかつかさのぶひさ)

鷹司信尚 たかつかさのぶひさ
天正18 (1590) 年～元和7 (1621) 年11月19日
[別]鷹司信尚《たかつかさのぶなお》
江戸時代前期の公家(関白・左大臣)。関白・左大臣鷹司信房の子。
¶近世, 公卿(たかつかさのぶなお　[生]天正18 (1590) 年4月14日), 公家(信尚〔鷹司家〕　のぶひさ　[生]天正18 (1590) 年4月14日), 国史, 国書([生]天正18 (1590) 年4月18日), 諸系, 人名, 日人

鷹司信平 たかつかさのぶひら
寛永13 (1636) 年～元禄2 (1689) 年　[別]松平信平《まつだいらのぶひら》
江戸時代前期の旗本。鷹司松平家の祖。鷹司信房の四男。
¶岩史([生]寛永13 (1636) 年12月6日　[没]元禄2 (1689) 年7月28日), 史人([生]1636年12月6日 [没]1689年7月28日), 諸系(松平信平　まつだいらのぶひら), 日史([没]元禄2 (1689) 年7月28日), 日人(松平信平　まつだいらのぶひら), 百科

鷹司信煕 たかつかさのぶひろ
明治25 (1892) 年1月7日～昭和56 (1981) 年1月15日
明治～昭和期の軍人。鷹司公爵家の二男。

¶陸海

鷹司信房 たかつかさのぶふさ
永禄8(1565)年～明暦3(1657)年12月15日
安土桃山時代～江戸時代前期の公家(関白・左大臣)。関白・左大臣二条晴良の子。
¶公卿，公家(信房〔鷹司家〕 のぶふさ [生]永禄8(1565)年10月25日)，諸系([没]1658年)，人名，戦人，日人([没]1658年)

鷹司教平 たかつかさのりひら
慶長14(1609)年～寛文8(1668)年
江戸時代前期の公家(左大臣)。関白・左大臣鷹司信尚の子。
¶京都大，公卿([生]慶長14(1609)年2月5日 [没]寛文8(1668)年10月3日)，公家(教平〔鷹司家〕 のりひら [生]慶長14(1609)年2月5日 [没]寛文8(1668)年10月3日)，国書([生]慶長14(1609)年2月5日 [没]寛文8(1668)年10月3日)，諸系，人名，姓氏京都，日人

鷹司熙通(鷹司煕通) たかつかさひろみち
安政2(1855)年～大正7(1918)年
明治～大正期の陸軍軍人、侍従長。少将、公爵。陸軍軍事研修のためドイツに渡る。
¶海越([生]安政2(1855)年2月16日 [没]大正7(1918)年5月16日)，海越新([生]安政2(1855)年2月16日 [没]大正7(1918)年5月16日)，諸系，人名，世紀([生]安政2(1855)年2月16日 [没]大正7(1918)年5月17日)，渡航(鷹司熙通 [没]1918年5月17日)，日人

鷹司房輔 たかつかさふさすけ
寛永14(1637)年4月30日～元禄13(1700)年1月11日
江戸時代前期～中期の公家(摂政・関白・左大臣)。左大臣鷹司教平の子。
¶公卿，公家(房輔〔鷹司家〕 ふさすけ)，国書，諸系，人名，日人

鷹司房平 たかつかさふさひら
応永18(1411)年～文明4(1472)年11月16日
室町時代の公卿(関白・左大臣)。右大臣鷹司冬家の子。
¶鎌室，公卿([生]応永15(1408)年)，公家(房平〔鷹司家〕 ふさひら)，諸系，新潮，人名，日人

鷹司房熙(鷹司房煕) たかつかさふさひろ
宝永7(1710)年8月13日～享保15(1730)年4月24日
江戸時代中期の公家(内大臣)。摂政・太政大臣近衛家熙の次男。
¶公卿(鷹司房煕)，公家(房熙〔鷹司家〕 ふさひろ)，国書，諸系，人名，日人

鷹司冬家 たかつかさふゆいえ
正平22/貞治6(1367)年～正長1(1428)年
南北朝時代～室町時代の公卿(右大臣)。関白・左大臣鷹司冬通の子。
¶朝日([没]正長1年5月26日(1428年7月8日))，鎌室，公卿([没]正長1(1428)年5月26日)，公家(冬家〔鷹司家〕 ふゆいえ [没]正長1(1428)年5月26日)，諸系，新潮([没]正長1(1428)年5月26日)，人名，日人

鷹司冬経 たかつかさふゆつね
弘安6(1283)年～元応1(1319)年6月18日
鎌倉時代後期の公卿(権大納言)。摂政・関白・左大臣鷹司兼忠の子。
¶公卿，公家(冬経〔鷹司家〕 ふゆつね)

鷹司冬教 たかつかさふゆのり
嘉元3(1305)年～延元2/建武4(1337)年 [別]後円光院殿《ごえんこういんどの,のちのえんこういんどの》
鎌倉時代後期～南北朝時代の公卿(関白・左大臣)。関白・太政大臣鷹司基忠の三男。
¶朝日([没]建武4/延元2年1月26日(1337年2月27日))，鎌室([生]永仁3(1295)年)，公卿([没]建武4/延元2(1337)年1月26日)，公家(冬教〔鷹司家〕 ふゆのり [没]建武4(1337)年1月26日)，国史，国書([没]建武4(1337)年1月26日)，古中，諸系，新潮([没]建武4/延元2(1337)年1月26日)，人名([生]1295年)，姓氏京都，日人

鷹司冬平 たかつかさふゆひら
建治1(1275)年～嘉暦2(1327)年1月19日
鎌倉時代後期の公卿(摂政・関白・太政大臣)。関白・太政大臣鷹司基忠の長男。
¶朝日([没]嘉暦2年1月19日(1327年2月11日))，鎌室，公卿，公家(冬平〔鷹司家〕 ふゆひら)，国書，諸系，新潮，人名，日人

鷹司冬通 たかつかさふゆみち
元徳2(1330)年～元中3/至徳3(1386)年6月19日
南北朝時代の公卿(関白・左大臣)。関白・太政大臣鷹司師平の子。
¶鎌室([生]元徳2(1330)年？)，公卿([生]元弘1(1331)年)，公家(冬通〔鷹司家〕 ふゆみち [生]元弘1(1331)年)，国書，諸系([生]1330年，(異説)1331年)，新潮([生]元徳2(1330)年，(異説)元徳3/元弘1(1331)年)，人名，日人([生]1330年，(異説)1331年)

鷹司冬基 たかつかさふゆもと
弘安8(1285)年～延慶2(1309)年6月29日
鎌倉時代後期の公卿(権大納言)。関白・太政大臣鷹司基忠の次男。
¶公卿([生]弘安10(1287)年)，公家(冬基〔鷹司家〕 ふゆもと)，国書

鷹司政平 たかつかさまさひら
文安2(1445)年～永正14(1517)年
室町時代～戦国時代の公卿(関白・太政大臣)。関白・左大臣鷹司房平の子。
¶朝日([没]永正14年閏10月18日(1517年12月1日))，鎌室，公卿([没]永正14(1517)年10月18日)，公家(政平〔鷹司家〕 まさひら [没]永正14(1517)年閏10月18日)，諸系，新潮([没]永正14(1517)年閏10月18日)，人名，戦人，日人

鷹司政熙(鷹司政煕) たかつかさまさひろ
宝暦11(1761)年4月10日～天保12(1841)年
江戸時代中期～後期の公家(関白・左大臣・准三

た

宮)。関白・左大臣鷹司輔平の子。
¶公卿(鷹司政熙　[没]天保11(1840)年2月7日),公家(政熙〔鷹司家〕　まさひろ),国書([没]天保11(1840)年2月7日),諸系,人名,日人

鷹司政通 たかつかさまさみち
寛政1(1789)年～明治1(1868)年
江戸時代後期の公家(関白・太政大臣・准三宮)。関白・左大臣准三宮鷹司政熙の子。
¶朝日([生]寛政1年7月2日(1789年8月22日)　[没]明治1年10月16日(1868年11月29日)),維新,岩史([生]寛政1(1789)年7月2日　[没]明治1(1868)年10月16日),京都大,近世,公卿([生]寛政1(1789)年7月2日　[没]明治1(1868)年10月16日),公家(政通〔鷹司家〕　まさみち　[生]寛政1(1789)年7月2日　[没]明治1(1868)年10月16日),国史,国書([生]寛政1(1789)年7月2日　[没]明治1(1868)年10月16日),コン改,コン4,史人([生]1789年7月2日　[没]1868年10月16日),重要([没]明治1(1868)年10月),諸系,新潮([生]寛政1(1789)年7月2日　[没]明治1(1868)年10月16日),人名,姓氏京都,日史([生]寛政1(1789)年7月2日　[没]明治1(1868)年10月16日),日人,幕末([没]1868年11月29日),歴大

鷹司宗嗣 たかつかさむねつぐ
*～嘉暦1(1326)年5月4日
鎌倉時代後期の公卿(権中納言)。権大納言鷹司伊頼の長男。
¶公卿([生]正嘉1(1257)年),公家(宗嗣〔鷹司家(絶家)2〕　むねつぐ　[生]?)

鷹司宗平 たかつかさむねひら
弘安10(1287)年～正平1/貞和2(1346)年3月24日
鎌倉時代後期～南北朝時代の公卿(非参議)。参議鷹司宗嗣の子。
¶公卿,公家(宗平〔鷹司家(絶家)2〕　むねひら),国書

鷹司宗雅 たかつかさむねまさ
元応1(1319)年～元中6/康応1(1389)年
南北朝時代の公卿(権中納言)。非参議花山院冬雅の子。
¶公卿,公家(宗雅〔鷹司家(絶家)1〕　むねまさ)

鷹司基忠 たかつかさもとただ
宝治1(1247)年～正和2(1313)年7月7日
鎌倉時代後期の公卿(関白・太政大臣)。摂政・関白・太政大臣鷹司兼平の長男。
¶朝日([没]正和2年7月7日(1313年7月30日)),鎌室,公卿,公家(基忠〔鷹司家〕　もとただ),国書,諸系,新潮,人名,日人

鷹司基輝 たかつかさもとてる
享保12(1727)年～寛保3(1743)年
江戸時代中期の公家(内大臣)。関白・太政大臣一条兼香の次男。
¶公卿([生]享保12(1727)年2月28日　[没]寛保3(1743)年5月15日),公家(基輝〔鷹司家〕　もとてる　[生]享保12(1727)年2月28日　[没]寛保3(1743)年5月15日),国書([生]享保12(1727)年2月28日　[没]寛保3(1743)年5月15日),諸系,日人

鷹司基教 たかつかさもとのり
正安1(1299)年～?　[別]藤原基教《ふじわらもとのり》
鎌倉時代後期の公卿(参議)。摂政・関白・左大臣鷹司兼忠の三男。
¶鎌室(生没年不詳),公卿,公家(基教〔鷹司家〕　もとのり),国書(生没年不詳),諸系,日人

鷹司師平 たかつかさもろひら
延慶3(1310)年～正平8/文和2(1353)年8月6日
鎌倉時代後期～南北朝時代の公卿(関白・太政大臣)。摂政・関白・太政大臣鷹司冬平の次男。
¶朝日([没]文和2/正平8年8月5日(1353年9月3日)),鎌室,公卿([生]応長1(1311)年),公家(師平〔鷹司家〕　もろひら　[生]応長1(1311)年),国書,諸系,新潮,人名,日人

鷹司頼継 たかつかさよりつぐ
室町時代の公家(右兵衛督・正三位)。左近衛中将鷹司忠頼の子。
¶公家(頼継〔鷹司家(絶家)2〕　よりつぐ)

鷹司頼平 たかつかさよりひら
治承4(1180)年～寛喜2(1230)年8月15日
鎌倉時代前期の公卿(中納言)。鷹司家始祖。太政大臣藤原頼実の次男。
¶公卿,公家(頼平〔鷹司家(絶家)2〕　よりひら),国書

鷹司頼基 たかつかさよりもと
?　～文永7(1270)年?
鎌倉時代前期の公卿(非参議)。中納言鷹司頼平の子。
¶公卿(生没年不詳),公家(頼基〔鷹司家(絶家)2〕　よりもと)

高辻章長 たかつじあきなが
文明1(1469)年～大永5(1525)年1月4日　[別]高辻章長《たかつじのりなが》
戦国時代の公卿(権中納言)。権大納言高辻長直の子。
¶公卿,公家(章長〔高辻家〕　あきなが),国書(たかつじのりなが),諸系(たかつじのりなが),戦人

高辻家長(1) たかつじいえなが
室町時代の公卿(非参議)。参議五条長敏の子。
¶公卿(生没年不詳),公家(家長〔坊城家(絶家)〕　いえなが)

高辻家長(2) たかつじいえなが
正徳5(1715)年11月2日～安永5(1776)年7月15日
江戸時代中期の公家(権大納言)。権中納言高辻総長の子。
¶公卿,公家(家長〔高辻家〕　いえなが),国書

高辻修長 たかつじおさなが
天保11(1840)年～大正10(1921)年6月20日
江戸時代末期～明治期の公家(非参議)。非参議

高辻以長の子。
¶朝日（[生]天保11年11月29日（1840年12月22日）），維新，公卿（[生]天保11（1840）年11月29日），公家（修長〔高辻家〕　おさなが　[生]天保11（1840）年11月29日），諸系，人名，世紀（[生]天保11（1840）年11月29日），姓氏京都，渡航（[生]1840年11月29日），日人，幕末

高辻遂長　たかつじかつなが
→高辻遂長（たかつじついなが）

高辻清長　たかつじきよなが
嘉禎3（1237）年～嘉元1（1303）年7月26日　[別]菅原清長《すがわらきよなが》
鎌倉時代後期の公卿（非参議）。参議高辻長成の子。
¶公卿，公家（清長〔高辻家〕　きよなが），徳島歴（菅原清長　すがわらきよなが）

高辻国長　たかつじくになが
弘安7（1284）年～建徳1/応安3（1370）年3月16日
鎌倉時代後期～南北朝時代の公卿（非参議）。非参議高辻長宣の長男。
¶公卿，公家（国長〔高辻家〕　くになが），国書（[生]永仁2（1294）年）

高辻是綱　たかつじこれつな
長元3（1030）年～嘉承2（1107）年　[別]菅原是綱《すがわらこれつな，すがわらのこれつな》
平安時代後期の公卿、高辻氏の祖。
¶国書（菅原是綱　すがわらこれつな　[生]？　[没]嘉承2（1107）年3月），諸系，人名（[生]？），日人，平史（菅原是綱　すがわらのこれつな）

高辻高長　たかつじたかなが
→五条高長（ごじょうたかなが）

高辻胤長　たかつじたねなが
元文5（1740）年11月27日～享和3（1803）年3月28日
江戸時代中期～後期の公家（権大納言）。権大納言高辻家長の子。
¶公卿，公家（胤長〔高辻家〕　たねなが），国書

高辻為長　たかつじためなが
→菅原為長（すがわらのためなが）

高辻為成　たかつじためなり
？　～正平19/貞治3（1364）年
南北朝時代の公卿（非参議）。非参議高辻長宣の次男。
¶公卿，公家（為成〔高辻家〕　ためなり），国書

高辻遂長　たかつじついなが
慶長5（1600）年～*　[別]高辻遂長《たかつじかつなが》
江戸時代前期の公家（参議）。権中納言五条為経の子。
¶公卿（[生]慶長5（1600）年4月25日　[没]寛永19（1642）年12月29日），公家（遂長〔高辻家〕　すいなが　[生]慶長5（1600）年4月25日　[没]寛永19（1642）年12月29日），諸系（たかつじかつなが　[没]1643年）

高辻継長　たかつじつぎなが
応永21（1414）年～文明7（1475）年7月3日　[別]高辻継長《たかつじつぐなが》
室町時代の公卿（権大納言）。参議高辻長郷の子。
¶公卿，公家（継長〔高辻家〕　つぎなが），国書（たかつじつぐなが）

高辻継長　たかつじつぐなが
→高辻継長（たかつじつぎなが）

高辻俊長　たかつじとしなが
安永8（1779）年12月14日～文化8（1811）年1月5日
江戸時代後期の公家（非参議）。権中納言高辻福長の子。
¶公卿，公家（俊長〔高辻家〕　としなが）

高辻福長　たかつじとみなが
→高辻福長（たかつじふくなが）

高辻豊長　たかつじとよなが
寛永2（1625）年8月4日～元禄15（1702）年6月22日
江戸時代前期～中期の公家（権大納言）。権大納言東坊城長維の次男。
¶公卿，公家（豊長〔高辻家〕　とよなが），国書

高辻長量　たかつじながかず
寛文2（1662）年2月15日～元禄8（1695）年6月6日
江戸時代前期～中期の公家。
¶国書

高辻長郷　たかつじながさと
？　～享徳4（1455）年
室町時代の公卿（参議）。従三位・非参議高辻久長の子。
¶公卿，公家（長郷〔高辻家〕　ながさと）

高辻長純　たかつじながすみ
元和5（1619）年4月6日～慶安1（1648）年4月22日
江戸時代前期の公家。
¶国書

高辻長直　たかつじながなお
嘉吉1（1441）年～大永2（1522）年9月6日
室町時代～戦国時代の公卿（権大納言）。権大納言高辻継長の子。
¶公卿，公家（長直〔高辻家〕　ながなお），戦人

高辻長成　たかつじながなり
元久2（1205）年～弘安4（1281）年12月15日　[別]菅原長成《すがわらながなり》
鎌倉時代後期の公卿（参議）。参議高辻為長の長男。
¶公卿，公家（長成〔高辻家〕　ながなり），国書（菅原長成　すがわらながなり）

高辻長宣　たかつじながのぶ
→菅原長宣（すがわらのながのぶ）

高辻長衡　たかつじながひら
元亨1（1321）年～元中6/康応1（1389）年8月16日
南北朝時代の公卿（非参議）。非参議高辻国長

の子。
¶公卿，公家（長衡〔高辻家〕　ながひろ），国書

高辻長雅 たかつじながまさ
永正12（1515）年8月25日～天正8（1580）年9月10日
戦国時代～安土桃山時代の公卿（権大納言）。権中納言高辻章長の子。
¶公卿，公家（長雅〔高辻家〕　ながまさ），国書，諸系，戦人

高辻章長 たかつじのりなが
→高辻章長（たかつじあきなが）

高辻久長 たかつじひさなが
？ ～応永21（1414）年
室町時代の公卿（非参議）。非参議高辻長衡の子。
¶鎌室，公卿（[没]応永21（1414）年7月7日），公家（久長〔高辻家〕　ながひさ　[没]応永21（1414）年7月7日），諸系，日人

高辻福長 たかつじふくなが
宝暦11（1761）年10月13日～文政2（1819）年5月7日　[別]高辻福長《たかつじとみなが》
江戸時代中期～後期の公家（権中納言）。権大納言高辻胤長の子。
¶公卿，公家（福長〔高辻家〕　とみなが），国書（たかつじとみなが）

高辻総長 たかつじふさなが
元禄1（1688）年7月21日～寛保1（1741）年5月3日
江戸時代中期の公家（権中納言）。正四位下・式部権大輔高辻長量の子。
¶公卿，公家（総長〔高辻家〕　ふさなが），国書

高辻以長 たかつじもちなが
寛政11（1799）年3月19日～安政6（1859）年8月20日
江戸時代末期の公家（非参議）。非参議高辻俊長の子。
¶公卿，公家（以長〔高辻家〕　もちなが），国書

高津内親王 たかつないしんのう
？ ～承和8（841）年　[別]高津内親王《こうずないしんのう》
平安時代前期の女性。桓武天皇の皇女、嵯峨天皇の妃。
¶朝日（[没]承和8年4月17日（841年5月11日）），国書（[没]承和8（841）年4月17日），古代，女性（こうずないしんのう　[没]承和8（841）年4月17日），人名，日人，平史

高津康遠 たかつやすとお
1714年～寛政8（1796）年3月24日
江戸時代中期の公家（醍醐家諸大夫）。父は正四位下中務権少輔高津時芳。
¶公家（康遠〔醍醐家諸大夫 高津家（藤原氏）〕　やすとお）

尊良親王 たかながしんのう
→尊良親王（たかよししんのう）

高氏海人 たかのうじのあま
奈良時代の官人。万葉歌人。
¶万葉

高氏老 たかのうじのおゆ
奈良時代の官人。万葉歌人。
¶万葉

高氏義通 たかのうじのぎつう
奈良時代の官人。万葉歌人。
¶万葉

高野隆古 たかのたかふる
享保9（1724）年～寛政5（1793）年
江戸時代中期の公家。
¶人名，姓氏京都，日人

高野天皇 たかのてんのう
→孝謙天皇（こうけんてんのう）

高野新笠 たかののにいがさ，たかののにいかさ
？ ～延暦8（789）年　[別]高野新笠《たかのにいがさ》，高野朝臣新笠《たかののあそんにいかさ》
奈良時代の女性。光仁天皇の妃、桓武天皇の生母。
¶朝日（たかののにいかさ　[没]延暦8年12月28日（790年1月17日）），角史，京都，京都大，国史（たかののにいかさ），古史，古代（高野朝臣新笠　たかののあそんにいかさ），古中（たかのにいかさ），コン改，コン4，史人（[没]789年12月28日），女性（[没]延暦8（789）年12月28日），新潮（[没]延暦8（789）年12月28日），人名（たかのにいがさ），姓氏京都（たかののにいかさ），世人，全書，日史（[没]延暦8（789）年12月28日），日人（[没]790年），百科，平史，歴大（たかのにいがさ）

竹野比売 たかのひめ
→竹野媛（たけのひめ）

竹野媛 たかのひめ
→丹波竹野媛（たにわのたかのひめ）

尊省親王 たかのぶしんのう
→尊道入道親王（そんどうにゅうどうしんのう）

孝宮和子内親王 たかのみやかずこないしんのう
→鷹司和子（たかつかさかずこ）

高野保香 たかのやすか
延享4（1747）年10月20日～寛政2（1790）年9月17日
江戸時代中期の公家（非参議）。権大納言園基衡の次男。
¶公卿，公家（保香〔高野家〕　やすか）

高野保右 たかのやすすけ
寛政7（1795）年10月24日～安政6（1859）年8月22日
江戸時代末期の公家（非参議）。非参議高野保香の孫。
¶公卿，公家（保右〔高野家〕　やすすけ）

高野保春 たかのやすはる
慶安3（1650）年～正徳2（1712）年
江戸時代前期～中期の公家（権大納言）。高野家の祖。権大納言持明院基定の次男。
¶公卿（[生]慶安3（1650）年3月3日 [没]正徳2（1712）年5月26日），公家（保春〔高野家〕 やすはる [生]慶安3（1650）年3月3日 [没]正徳2（1712）年5月26日），諸系，日人

高野保光 たかのやすみつ
延宝2（1674）年10月15日～元文5（1740）年閏7月21日
江戸時代中期の公家（権大納言）。権大納言高野保春の子。
¶公卿，公家（保光〔高野家〕 やすみつ）

高野保美 たかのやすよし
文化14（1817）年11月16日～明治2（1869）年
江戸時代末期の公家（非参議）。非参議高野保右の子。
¶公卿（[没]明治2（1869）年3月），公家（保美〔高野家〕 やすよし [没]明治2（1869）年3月13日）

幸教親王 たかのりしんのう
→守澄入道親王（しゅちょうにゅうどうしんのう）

高橋親宗 たかはしちかむね
寛文13（1673）年～享保14（1729）年
江戸時代中期の有職家。
¶国書（[生]寛文13（1673）年1月24日 [没]享保14（1729）年3月4日），人名，日人

高橋俊信 たかはしとしのぶ
1671年～宝暦12（1762）年9月3日
江戸時代前期～中期の公家（鷹司家諸大夫）。父は土佐守従五位上高橋俊知。
¶公家（俊信〔鷹司家諸大夫 高橋家（藤原氏）〕 としのぶ）

高橋俊璹 たかはしとしひさ
文化5（1808）年～慶応2（1866）年
江戸時代末期の公家（鷹司家諸大夫）。
¶維新，国書（[生]文化5（1808）年11月23日 [没]慶応2（1866）年1月3日），人名（[生]？），姓氏京都，日人（[生]1809年），幕末（[没]1866年2月17日）

高橋俊寿 たかはしとしひさ
宝暦3（1753）年～文化14（1817）年6月19日
江戸時代中期～後期の公家（鷹司家諸大夫）。父は従五位上山城介高橋俊澄。
¶公家（俊寿〔鷹司家諸大夫 高橋家（藤原氏）〕 としひさ），国書（[生]宝暦3（1753）年11月19日）

高橋俊美 たかはしとしよし
天保11（1840）年～？
江戸時代後期～末期の公家。
¶国書

高橋笠間 たかはしのかさま
？ ～＊ [別]高橋笠間《たかはしかさま》
飛鳥時代の遣唐大使。
¶人名（たかはしかさま [没]709年），日人（[没]710年）

高橋国足 たかはしのくにたり
生没年不詳 [別]高橋朝臣国足《たかはしのあそみくにたり》
奈良時代の歌人。
¶人名，新潟百，日人，万葉（高橋朝臣国足 たかはしのあそみくにたり），和俳

高橋虫麻呂 たかはしのむしまろ
生没年不詳 [別]高橋虫麻呂《たかはしむしまろ》，高橋連虫麻呂《たかはしのむらじむしまろ》
奈良時代の歌人。
¶朝日，茨城百，岩史，角史，郷土茨城，国史，古史，古代（高橋連虫麻呂 たかはしのむらじむしまろ），古中，コン改，コン4，埼玉人，史人，人書94（たかはしむしまろ），新潮，新文，人名，世人，世百，全書，大百，日史，日人，百科（たかはしむしまろ），兵庫百，文学，万葉（高橋連虫麻呂 たかはしのむらじむしまろ），歴大，和俳

高橋安麻呂 たかはしのやすまろ
[別]高橋朝臣安麻呂《たかはしのあそみやすまろ，たかはしのあそんやすまろ》
奈良時代の官人。
¶古代（高橋朝臣安麻呂 たかはしのあそんやすまろ），人名，日人（生没年不詳），万葉（高橋朝臣安麻呂 たかはしのあそみやすまろ）

高橋良成 たかはしのよしなり
生没年不詳 [別]高橋良成《たかはしよしなり》
平安時代中期の官人・歌人。
¶国書（たかはしよしなり），平史

高橋宗興 たかはしむねおき
生没年不詳
室町時代～戦国時代の公家。
¶国書

高橋宗国 たかはしむねくに
長禄3（1459）年～天文12（1543）年1月4日
室町時代～戦国時代の公家。
¶国書

高橋宗定 たかはしむねさだ
慶長15（1610）年1月22日～承応2（1653）年1月5日
江戸時代前期の公家。
¶国書

高橋宗孝 たかはしむねたか
宝暦12（1762）年5月2日～文化12（1815）年8月24日
江戸時代中期～後期の公家。
¶国書

高橋宗恒 たかはしむねつね
寛永17（1640）年11月1日～宝永3（1706）年12月24日
江戸時代前期～中期の有職家。
¶近世，国史，国書，史人，人名，日人（[没]1707年）

た

高橋宗直　たかはしむねなお
元禄16(1703)年～天明5(1785)年　[別]紀宗直《きのむねなお》
江戸時代中期の有職家。
¶近世，国史，国書([生]元禄16(1703)年8月26日　[没]天明5(1785)年1月25日)，史人([生]1703年8月26日　[没]1785年1月25日)，人名(紀宗直　きのむねなお)，人名，日人，平史

高橋宗愛　たかはしむねなる
文政2(1819)年12月12日～？
江戸時代後期～末期の公家。
¶国書

高橋宗教　たかはしむねのり
？　～元亀1(1570)年9月8日
戦国時代～安土桃山時代の公家。
¶国書

高橋宗治　たかはしむねはる
弘治1(1555)年～天正17(1589)年1月15日
戦国時代～安土桃山時代の公家。
¶国書

高橋宗衡　たかはしむねひら
大永5(1525)年～天正11(1583)年8月30日
戦国時代～安土桃山時代の公家。
¶国書

高橋宗藤　たかはしむねふじ
生没年不詳
南北朝時代の公家。
¶国書

高橋宗好　たかはしむねよし
天正17(1589)年5月8日～正保4(1647)年7月11日
安土桃山時代～江戸時代前期の公家。
¶国書

高橋宗芳　たかはしむねよし
寛政6(1794)年8月17日～天保14(1843)年10月21日
江戸時代後期の公家。
¶国書

高橋宗頼　たかはしむねより
明応3(1494)年～天文15(1546)年4月23日
戦国時代の公家。
¶国書

高原源　たかはらげん
→韓国源(からくにのみなもと)

尊治親王　たかはるしんのう
→後醍醐天皇(ごだいごてんのう)

孚彦王妃千賀子　たかひこおうひちかこ
→朝香千賀子(あさかちかこ)

尊彦親王　たかひこしんのう
→尊円入道親王(そんえんにゅうどうしんのう)

崇仁親王　たかひとしんのう
→三笠宮崇仁親王(みかさのみやたかひとしんのう)

幟仁親王　たかひとしんのう
→有栖川宮幟仁親王(ありすがわのみやたかひとしんのう)

幟仁親王妃広子　たかひとしんのうひひろこ
→有栖川宮広子(ありすがわのみやひろこ)

崇仁親王妃百合子　たかひとしんのうひゆりこ
→三笠宮百合子(みかさのみやゆりこ)

隆姫子女王　たかひめこにょおう
→隆子女王(3)(たかこじょおう)

隆姫女王　たかひめじょおう
→隆子女王(3)(たかこじょおう)

貴平親王　たかひらしんのう
→永悟入道親王(えいごにゅうどうしんのう)

高松院　たかまついん
永治1(1141)年～安元2(1176)年　[別]姝子内親王《しゅしないしんのう,よしこないしんのう》,乙姫宮《おとひめのみや》,妹子内親王《いもこないしんのう》
平安時代後期の女性。鳥羽天皇第6皇女、二条天皇中宮。
¶朝日([没]安元2年6月13日(1176年7月20日))，岩史([没]安元2(1176)年6月13日)，鎌室，国史，古史，古中，コン4，史人([生]1141年11月8日　[没]1176年6月13日)，諸系，女性([生]永治1(1141)年11月8日　[没]安元2(1176)年6月13日)，新潮([没]安元2(1176)年6月13日)，人名(姝子内親王　しゅしないしんのう)，日人，平史(姝子内親王　よしこないしんのう)，歴大

高松院右衛門佐　たかまついんのうえもんのすけ
生没年不詳　[別]高松院右衛門佐《たかまついんうえもんのすけ》
平安時代後期～鎌倉時代前期の女性歌人。鳥羽上皇の皇女。
¶国書，女性，人名(たかまついんうえもんのすけ)，日人，和俳

高松公祐　たかまつきんさち
→高松公祐(たかまつきんすけ)

高松公祐　たかまつきんすけ
安永3(1774)年10月9日～嘉永4(1851)年7月18日
[別]高松公祐《たかまつきんさち》
江戸時代後期の公家(権中納言)。非参議高松季昵の子。
¶公卿，公家(公祐〔高松家〕　きんさち)，国書(たかまつきんさち)

高松実村　たかまつさねむら
天保13(1842)年～明治40(1907)年
江戸時代末期～明治期の公家。
¶維新，姓氏京都，幕末([没]1907年10月12日)，山梨百

高松重季 たかまつしげすえ
*〜延享2(1745)年
江戸時代中期の歌学者、公家(参議)。高松家の祖。権大納言武者小路実陰の子。
¶公卿([生]元禄11(1698)年12月24日　[没]延享2(1745)年10月8日)，公家(重季〔高松家〕　しげすえ　[生]元禄11(1698)年12月24日　[没]延享2(1745)年10月8日)，国書([生]元禄11(1698)年12月24日　[没]延享2(1745)年10月8日)，諸系([生]1699年)，人名([生]1697年)，日人([生]1699年)，和俳([生]元禄10(1697)年)

高松季実 たかまつすえざね
文化3(1806)年5月18日〜安政3(1856)年7月29日
江戸時代末期の公家(非参議)。権中納言高松公祐の子。
¶公卿，公家(季実〔高松家〕　すえざね)

高松季昵 たかまつすえじつ
宝暦5(1755)年9月26日〜寛政7(1795)年9月8日
江戸時代中期の公家(非参議)。参議高松重季の孫。
¶公卿，公家(季昵〔高松家〕　すえじつ)

高松宮喜久子 たかまつのみやきくこ
明治44(1911)年12月26日〜平成16(2004)年12月18日　[別]高松宮妃喜久子《たかまつのみやひきくこ》
大正〜昭和期の皇族。東京慈恵会・日本いけ花芸術協会名誉総裁。高松宮宣仁親王の妃で徳川慶喜の孫にあたる。「高松宮妃癌研究基金」を設立、研究者を援助する。
¶現日(高松宮妃喜久子　たかまつのみやひきくこ)，世紀，日人(高松宮妃喜久子　たかまつのみやひきくこ)

高松宮宣仁親王 たかまつのみやのぶひとしんのう
明治38(1905)年1月3日〜昭和62(1987)年2月3日　[別]高松宮宣仁《たかまつのみやのぶひと》，宣仁《のぶひと》，宣仁親王《のぶひとしんのう》
大正〜昭和期の皇族、海軍軍人。大本営参謀。大正天皇の第3皇子、昭和天皇の弟。国際文化振興会、日本美術協会等の総裁。
¶近現(宣仁親王　のぶひとしんのう)，現朝(高松宮宣仁　たかまつのみやのぶひと)，現情(宣仁　のぶひと)，現日(高松宮宣仁　たかまつのみやのぶひと)，国史(宣仁親王　のぶひとしんのう)，コン改，コン4，コン5，史人，諸系，新潮，世紀(高松宮宣仁　たかまつのみやのぶひと)，全書(高松宮宣仁　たかまつのみやのぶひと)，日史(宣仁親王　のぶひとしんのう)，日人，陸海，歴大(高松宮宣仁　たかまつのみやのぶひと)

高松宮好仁親王 たかまつのみやよしひとしんのう
→好仁親王(よしひとしんのう)

高松保実 たかまつやすさね，たかまつやすざね
文化14(1817)年12月1日〜明治11(1878)年9月24日
江戸時代末期〜明治期の公家(非参議)。非参議高松季実の子。
¶維新，公卿(たかまつやすざね　[没]明治11(1878)年9月)，公家(保実〔高松家〕　やすざね)，国際，国書(たかまつやすざね)，幕末

高円広世 たかまどのひろよ
生没年不詳　[別]高円広世《たかまどひろよ》，高円朝臣広世《たかまどのあそんひろよ》
奈良時代の官人。文武天皇の子といわれる。
¶朝日，愛媛百，国史，国書(たかまどひろよ)，古代(高円朝臣広世　たかまどのあそんひろよ)，古中，史人，日人

高円宮憲仁親王 たかまどのみやのりひとしんのう
昭和29(1954)年12月29日〜平成14(2002)年　[別]高円宮憲仁《たかまどのみやのりひと》，憲仁親王《のりひとしんのう》
昭和〜平成期の皇族。三笠宮崇仁親王の第3王子、日本サッカー協会名誉総裁。国際交流に尽くし、スポーツ界を中心に活動。戦後、皇族として初の韓国公式訪問をされる。
¶現朝(高円宮憲仁　たかまどのみやのりひと)，現日(高円宮憲仁　たかまどのみやのりひと)，諸系，世紀(高円宮憲仁　たかまどのみやのりひと　[没]平成14(2002)年11月21日)，日人

高円宮久子 たかまどのみやひさこ
昭和28(1953)年7月10日〜　[別]高円宮妃久子《たかまどのみやひひさこ》
昭和〜平成期の女性。高円宮憲仁親王の妃。
¶現日(高円宮妃久子　たかまどのみやひひさこ)，児人(高円宮妃久子　たかまどのみやひひさこ)，世紀，日人(高円宮妃久子　たかまどのみやひひさこ)

高天原広野姫尊 たかまのはらひろのひめのみこと
→持統天皇(じとうてんのう)

高見王 たかみおう
天長1(824)年〜嘉祥1(848)年
平安時代前期の桓武天皇の皇孫、葛原親王の王子。桓武平氏高望流の祖。
¶国史(生没年不詳)，古代，古中(生没年不詳)，史人([没]848年8月)，諸系，人名，日人

高宮王 たかみやのおおきみ
奈良時代の万葉歌人。王族か。
¶万葉

高向(家名) たかむく
→高向(たかむこ)

高向漢人玄理 たかむこのあやひとげんり
→高向玄理(たかむこのくろまろ)

高向公輔 たかむこのきみすけ
弘仁8(817)年〜元慶4(880)年　[別]高向公輔《たかむこのきんすけ》，高向朝臣公輔《たかむこのあそんきみすけ》，湛契《たんけい》
平安時代前期の官人。僧・湛契となる。
¶国書(湛契　たんけい　[没]元慶4(880)年10月19日)，古代(高向朝臣公輔　たかむこのあそんきみすけ)，日人，平史(たかむこのきんすけ)

高向公輔 たかむこのきんすけ
→高向公輔（たかむこのきみすけ）

高向草春 たかむこのくさはる
生没年不詳　[別]高向草春《たかむこくさはる》
平安時代中期の官人・歌人。
¶国書（たかむこくさはる），平史

高向国押 たかむこのくにおし
生没年不詳　[別]高向国押《たかむくのくにおし》，高向臣国押《たかむこのおみくにおし》
飛鳥時代の官人。麻呂の父。
¶朝日（たかむくのくにおし），国史，古代（高向臣国押　たかむこのおみくにおし），古中，史人，日人

高向玄理 たかむこのくろまさ
→高向玄理（たかむこのくろまろ）

高向玄理 たかむこのくろまろ
？～白雉5（654）年　[別]高向漢人玄理《たかむこのあやひとげんり》，高向玄理《たかむくのくろまさ，たかむくのくろまろ，たかむくのけんり，たかむくのげんり，たかむこのげんり》
飛鳥時代の学者、国博士。もと遣隋留学生。大化改新の後遣唐使として再び中国に渡り長安で死去。
¶朝日（たかむくのくろまろ　[没]白雉5（654）年5月），岩史（たかむくのけんり），角史，国史（たかむこのげんり），古史（たかむくのくろまさ），古代（高向漢人玄理　たかむこのあやひとげんり），古中（たかむこのげんり），コン改（たかむくのくろまろ），コン4（たかむくのくろまろ），史人（たかむこのげんり），重要，新潮，人名（たかむくのくろまさ），世人，世百，全書，大百，日史（たかむくのげんり），日人，百科（たかむくのくろまろ），歴大（たかむこのげんり　[没]655年？）

高向玄理(1) たかむこのけんり，たかむこのげんり
→高向玄理（たかむこのくろまろ）

高向玄理(2) たかむこのげんり
→高向玄理（たかむこのくろまろ）

高向利春 たかむこのとしはる
生没年不詳　[別]高向利春《たかむくのとしはる，たかむことしはる》
平安時代中期の官人・歌人。
¶国書（たかむことしはる），埼玉人，埼玉百（たかむくのとしはる），平史

高向麻呂（高向摩呂） たかむこのまろ
？～和銅1（708）年　[別]高向臣摩呂《たかむこのおみまろ》，高向麻呂《たかむくのまろ》
飛鳥時代の廷臣（中納言）。刑部卿・大花上高向国押（国忍）の子。
¶朝日（たかむくのまろ　[没]和銅1（708）年閏8月），公卿（[没]和銅1（708）年8月5日），古代（高向臣摩呂　たかむこのおみまろ），コン改（たかむくのまろ），コン4（たかむくのまろ），新潮（[没]和銅1（708）年閏8月），日人

高向家主 たかむこのやかぬし
[別]高向朝臣家主《たかむこのあそんやかぬし》
奈良時代の官人。
¶古代（高向朝臣家主　たかむこのあそんやかぬし），日人（生没年不詳）

高棟王 たかむねおう
→平高棟（たいらのたかむね）

高宗女王 たかむねじょおう
生没年不詳　[別]高宗女王《たかむねにょおう》
平安時代前期の女性。岡屋王の王女、仁明天皇の後宮。
¶女性，人名（たかむねにょおう），日人

高宗女王 たかむねにょおう
→高宗女王（たかむねじょおう）

高望王 たかもちおう
→平高望（たいらのたかもち）

高安王 たかやすおう
→大原高安（おおはらのたかやす）

高安王 たかやすのおおきみ
→大原高安（おおはらのたかやす）

尊良親王 たかよししんのう
応長1（1311）年～延元2/建武4（1337）年　[別]尊良親王《たかながしんのう》
鎌倉時代後期～南北朝時代の後醍醐天皇の皇子。
¶朝日（[生]？　[没]建武4/延元2年3月6日（1337年4月7日）），岩史（[生]？　[没]建武4/延元2（1337）年3月6日），鎌室（たかながしんのう　[生]？），高知人，高知百（たかながしんのう），国史（[生]？），国書（たかながしんのう　[生]？　[没]延元2（1337）年3月6日），古中（[生]？），コン改（たかながしんのう），コン4（たかながしんのう），史人（[生]？　[没]1337年3月6日），諸系，新潮（たかながしんのう　[生]？　[没]建武4/延元2（1337）年3月6日），人名（たかながしんのう），世人（たかながしんのう　[没]延元2（1337）年3月6日），全書（たかながしんのう），大百（たかながしんのう），日史（[没]建武4/延元2（1337）年3月6日），日人，百科，歴大（[生]？）

宝皇女 たからのおうじょ
→皇極天皇（こうぎょくてんのう）

宝皇女 たからのこうじょ
→皇極天皇（こうぎょくてんのう）

多喜子内親王 たきこないしんのう
明治30（1897）年～明治32（1899）年
明治期の皇族。明治天皇の皇女。3歳で夭折。
¶女性普（[没]明治32（1899）年1月11日），日人（[生]明治30（1897）年9月24日）

多芸志比古命 たぎしひこのみこと
上代の懿徳天皇の皇子。
¶人名，日人

手研耳命 たぎしみみのみこと
上代の神武天皇の皇子。弟の綏靖天皇に殺された。
¶朝日，国史，古史，古代，古中，史人，諸系，日史，日人，百科

多紀内親王 たきないしんのう
？ ～天平勝宝3(751)年 [別]多紀皇女《たきのひめみこ》,託基皇女《たきのこうじょ,たきのひめみこ》
奈良時代の女性。天武天皇の皇女。
¶古代(託基皇女 たきのひめみこ)，女性(託基皇女 たきのこうじょ [没]天平勝宝3(751)年1月)，人名，日人，万葉(多紀皇女 たきのひめみこ)

託基皇女 たきのこうじょ
→多紀内親王(たきないしんのう)

多紀皇女(託基皇女) たきのひめみこ
→多紀内親王(たきないしんのう)

当麻(家名) たぎま
→当麻(たいま)

田口重如 たぐちしげひと
→田口重如(たぐちのしげゆき)

田口馬長 たぐちのうまおさ
[別]田口朝臣馬長《たぐちのあそみうまおさ》
奈良時代の歌人。
¶人名，日人(生没年不詳)，万葉(田口朝臣馬長 たぐちのあそみうまおさ)

田口大戸 たぐちのおおと
[別]田口朝臣大戸《たぐちのあそみおおと》
奈良時代の歌人。
¶人名，日人(生没年不詳)，万葉(田口朝臣大戸 たぐちのあそみおおと)

田口佐波主 たぐちのさわぬし
？ ～承和14(847)年 [別]田口佐波主《たぐちさわぬし》
平安時代前期の官人。嵯峨天皇皇后橘嘉智子の外戚。
¶神人(たぐちさわぬし)

田口重如 たぐちのしげゆき
生没年不詳 [別]田口重如《たぐちしげひと,たぐちしげゆき》
平安時代中期の官人・歌人。
¶岡山人(たぐちしげひと)，国書(たぐちしげゆき)，平史

田口広麻呂 たぐちのひろまろ
飛鳥時代の官人。万葉歌人。
¶万葉

田口益人 たぐちのますひと
生没年不詳 [別]田口益人《たぐちますひと》,田口朝臣益人《たぐちのあそんますひと》
奈良時代の「万葉集」の歌人。
¶郷土群馬，群馬人(たぐちますひと)，人名，姓氏群馬(田口朝臣益人 たぐちのあそんますひと)，日人，万葉，和俳

田口家守 たぐちのやかもり
[別]田口朝臣家守《たぐちのあそみやかもり》
奈良時代の人。
¶人名，日人(生没年不詳)，万葉(田口朝臣家守 たぐちのあそみやかもり)

田口養年富 たぐちのやねふ
生没年不詳 [別]田口朝臣養年富《たぐちのあそみやねふ》
奈良時代の官人。
¶兵庫百(田口朝臣養年富 たぐちのあそみやねふ)

竹内(家名) たけうち
→竹内(たけのうち)

武弟別命 たけおとわけのみこと
上代の景行天皇の皇子。
¶人名

武小広国押盾尊 たけおひろくにおしたてのみこと
→宣化天皇(せんかてんのう)

武殻王 たけかいこおう
生没年不詳
上代の武将・王族か。神櫛王とともに讃岐に派遣された。讃岐綾氏の祖。
¶香川人，香川百

厳子女王 たけこじょおう
→厳子女王(げんしじょおう)

武子女王 たけこじょおう
→保科武子(ほしなたけこ)

儼子内親王 たけこないしんのう
？ ～延長8(930)年
平安時代前期～中期の女性。陽成天皇の第2皇女。
¶平史

竹田王 たけだおう
？ ～霊亀1(715)年
飛鳥時代～奈良時代の官人。
¶古代，日人

竹田恒徳 たけだつねよし
明治42(1909)年3月4日～平成4(1992)年5月11日
[別]竹田宮恒徳王《たけだのみやつねよしおう》
大正～平成期の皇族。陸軍騎兵学校教官、国際オリンピック委員会委員、日本馬術連盟会長。竹田宮恒久王の長男。馬術を得意とする。国際スポーツ界で長く活躍。
¶現朝，現情，現日，コン改，コン4，コン5，諸系，世紀，体育，日人，陸海(竹田宮恒徳王 たけだのみやつねよしおう)

竹田皇子 たけだのおうじ
→竹田皇子(たけだのみこ)

竹田皇子 たけだのみこ
生没年不詳 [別]竹田皇子《たけだおうじ,たけだのおうじ》

飛鳥時代の敏達天皇の皇子。
¶角史(たけだおうじ), 古史, 古代, コン改, コン4, 史人, 日人(たけだのおうじ), 歴大(たけだのおうじ)

竹田宮恒久王 たけだのみやつねひさおう
明治15(1882)年～大正8(1919)年 [別]恒久王《つねひさおう》, 竹田宮恒久《たけだのみやつねひさ》
明治～大正期の皇族。北白川宮能久親王の王子、竹田宮第1世。
¶諸系, 神人, 人名(恒久王　つねひさおう), 世紀(竹田宮恒久　たけだのみやつねひさ [生]明治15(1882)年9月22日 [没]大正8(1919)年4月23日), 日人([生]明治15(1882)年9月22日 [没]大正8(1919)年4月23日)

た

竹田宮恒徳王 たけだのみやつねよしおう
→竹田恒徳(たけだつねよし)

竹田宮昌子 たけだのみやまさこ
明治21(1888)年9月30日～昭和15(1940)年3月8日 [別]昌子内親王《まさこないしんのう》, 竹田宮妃昌子《たけだのみやひまさこ》
明治～昭和期の皇族。明治天皇第6皇女。東京慈恵会総裁、婦人共立育児会総裁など歴任。
¶諸系(竹田宮妃昌子　たけだのみやひまさこ), 女性(昌子内親王　まさこないしんのう), 女性([没]昭和15(1940)年3月), 女性普, 人名7(昌子内親王　まさこないしんのう), 世紀, 日人(竹田宮妃昌子　たけだのみやひまさこ)

高市皇子 たけちのおうじ
白雉5(654)年～持統10(696)年 [別]高市皇子《たかいちのみこ, たけちおうじ, たけちのみこ》
飛鳥時代の公卿(太政大臣)。天武天皇の長男。
¶朝日(たけちのみこ [没]持統10年7月10日(696年8月13日)), 岩史(たけちのみこ [生]白雉5(654)年? [没]持統10(696)年7月10日), 角史(たけちおうじ), 郷土奈良(たけちのみこ [生]653年), 公卿(たかいちのみこ [没]持統10(696)年7月13日), 国史, 古史(たけちのみこ), 古代(たけちのみこ [生]654年?), 古中, コン改(たけちのみこ), コン4(たけちのみこ), 史人(たけちのみこ [生]654年? [没]696年7月10日), 重要([生]白雉5(654)年? [没]持統10(696)年7月10日), 諸系, 新潮(たけちのみこ [没]持統10(696)年7月10日), 人名, 世人([没]持統10(696)年7月10日), 世百, 全書([生]654年?), 大百, 日史([没]持統10(696)年7月10日), 日人, 百科(たけちのみこ), 万葉(たけちのみこ), 歴大

高市大国 たけちのおおくに
[別]高市連大国《たけちのむらじおおくに》
奈良時代の官人。東大寺大仏鋳造作業の中心人物。
¶朝日(生没年不詳), 古史, 古代(高市連大国　たけちのむらじおおくに), 日人(生没年不詳)

高市黒人 たけちのくろひと
生没年不詳 [別]高市黒人《たけちくろひと》, 高市連黒人《たけちのむらじくろひと》
飛鳥時代の歌人。
¶朝日, 国史, 国書(たけちくろひと), 古史, 古代(高市連黒人　たけちのむらじくろひと), 古中, コン改, コン4, 詩歌, 史人, 新潮, 新文, 人名, 世人, 世百, 全書, 大百, 伝記, 富山百, 日史, 日人, 百科, 兵庫百, 文学, 万葉(高市連黒人　たけちのむらじくろひと), 歴大, 和俳

高市古人 たけちのふるひと
飛鳥時代の歌人。高市黒人と同一人物か。
¶人名, 日人(生没年不詳)

高市皇子 たけちのみこ
→高市皇子(たけちのおうじ)

高市麿 たけちまろ
→大神高市麻呂(おおみわのたけちまろ)

武渟川別 たけぬなかわわけ
→武渟川別命(たけぬなかわわけのみこと)

武渟川別命 たけぬなかわわけのみこと
[別]武渟川別《たけぬなかわわけ》
上代の四道将軍。
¶古代(武渟川別　たけぬなかわわけ), 史人, 諸系, 人名, 日人

竹内惟和 たけのうちこれかず
文政5(1822)年1月15日～安政4(1857)年2月1日
江戸時代末期の公家(非参議)。権中納言藤谷為脩の次男。
¶公卿, 公家(惟和〔竹内家〕　これかず)

竹内惟重 たけのうちこれしげ
宝永6(1709)年1月21日～延享2(1745)年8月10日
江戸時代中期の公家(非参議)。非参議竹内惟永の子。
¶公卿, 公家(惟重〔竹内家〕　これしげ)

竹内惟忠 たけのうちこれただ
安政5(1858)年～明治40(1907)年
明治期の国学者。子爵。家塾道生館の幹事となり後進の指導に尽力。
¶人名, 日人

竹内惟庸 たけのうちこれつね
寛永17(1640)年9月2日～宝永1(1704)年7月19日
江戸時代前期～中期の公家(非参議)。非参議竹内孝治の子。
¶公卿, 公家(惟庸〔竹内家〕　これつね), 国書

竹内惟徳 たけのうちこれとく
天明7(1787)年8月2日～文政4(1821)年11月25日
江戸時代後期の公家(非参議)。非参議竹内惟栄の子。
¶公卿, 公家(惟徳〔竹内家〕　これのり)

竹内惟永 たけのうちこれなが
延宝6(1678)年1月9日～宝暦4(1754)年6月26日
江戸時代中期の公家(非参議)。権大納言藤谷為茂の次男。
¶公卿, 公家(惟永〔竹内家〕　これなが)

竹内惟栄 たけのうちこれはる
宝暦11（1761）年8月8日～寛政11（1799）年3月21日
江戸時代中期の公家（非参議）。非参議竹内惟久の子。
¶公卿，公家（惟栄〔竹内家〕　これひで）

竹内惟久 たけのうちこれひさ
元文1（1736）年3月29日～明和7（1770）年7月20日
江戸時代中期の公家（非参議）。非参議竹内惟永の三男。
¶公卿，公家（惟久〔竹内家〕　これひさ），国書

竹内季治 たけのうちすえはる
永正15（1518）年～元亀2（1571）年　[別]竹内季治《たけうちすえはる》
戦国時代の公卿（非参議）。清和天皇の末裔。
¶公卿（[没]元亀2（1571）年9月18日），公家（季治〔竹内家〕　すえはる　[没]元亀2（1571）年9月18日），姓氏京都，戦人（たけうちすえはる），戦補（たけうちすえはる）

竹内孝治 たけのうちたかはる
天正14（1586）年3月18日～万治3（1660）年10月12日
江戸時代前期の公家（非参議）。非参議竹内長治の子。
¶公卿，公家（孝治〔竹内家〕　たかはる），国書

竹内長治 たけのうちながはる
天文5（1536）年～天正14（1586）年7月7日　[別]竹内長治《たけうちながはる》
安土桃山時代の公卿（正三位・非参議）。正三位・非参議竹内季治の子。
¶公卿，公家（長治〔竹内家〕　ながはる），戦人（たけうちながはる）

竹野王 たけののおう
天智天皇10（671）年～天平宝字2（758）年
飛鳥時代～奈良時代の官人（非参議）。系譜不明。天平勝宝元年正三位に叙される。
¶公卿

竹野女王 たけののじょおう
生没年不詳
奈良時代の王族。系譜不詳。
¶古代，女性，日人

竹野媛 たけのひめ
[別]竹野比売《たかのひめ》
上代の女性。垂仁天皇の妃。
¶姓氏京都，兵庫百（たかのひめ）

多祉宮 たけのみや
文化5（1808）年～＊　[別]多祉宮《たちみや》
江戸時代後期の光格天皇の皇女。
¶人名（たちみや　[没]1809年），日人（[没]1808年）

武埴安彦命 たけはにやすひこのみこと，たけはにやすびこのみこと
上代の孝元天皇と殖安媛の子。
¶朝日（たけはにやすびこのみこと），国史，古史，古代，古中，史人，諸系，人名，日史，日人，百科

武彦王 たけひこおう
→山階宮武彦王（やましなのみやたけひこおう）

武彦王妃佐紀子女王 たけひこおうひさきこ
→山階宮佐紀子（やましなのみやさきこ）

威仁親王 たけひとしんのう
→有栖川宮威仁親王（ありすがわのみやたけひとしんのう）

盛仁親王 たけひとしんのう
文化7（1810）年～文化8（1811）年
江戸時代後期の光格天皇の第5皇子。
¶諸系，人名，日人

威仁親王妃慰子 たけひとしんのうひやすこ
→有栖川宮慰子（ありすがわのみややすこ）

竹屋兼俊 たけやかねとし
？～文安4（1447）年
室町時代の公家。
¶諸系，日人

竹屋冬俊 たけやふゆとし
？～寛正5（1464）年
室町時代の公卿（非参議）。権大納言広橋仲光の孫。
¶公卿（[没]寛正5（1464）年10月30日），公家（冬俊〔竹屋家〕　ふゆとし　[没]寛正5（1464）年10月晦日）

竹屋光昭 たけやみつあき
天保8（1837）年～明治39（1906）年
明治期の公家、歌人。子爵。御歌所参候、雅楽部長などを務めた。
¶人名，日人

竹屋光有 たけやみつあり
文化8（1811）年10月1日～明治16（1883）年6月26日
江戸時代末期～明治期の公家（参議）。権大納言広橋胤定の末子。
¶維新，公卿（[没]明治16（1883）年6月），公家（光有〔竹屋家〕　みつあり），幕末

竹屋光兼 たけやみつかね
天和2（1682）年11月25日～延享4（1747）年7月27日
江戸時代中期の公家（非参議）。権中納言竹屋光忠の子。
¶公卿，公家（光兼〔竹屋家〕　みつかね）

竹屋光忠 たけやみつただ
寛文2（1662）年10月12日～享保10（1725）年9月4日
江戸時代中期の公家（権中納言）。准大臣広橋兼賢の末子。
¶公卿，公家（光忠〔竹屋家〕　みつただ）

た

竹屋光継 たけやみつつぐ
文明9 (1477) 年～天文9 (1540) 年7月10日
戦国時代の公卿 (非参議)。非参議竹屋冬俊の孫。
¶公卿，公家 (光継〔竹屋家〕　みつつぐ)，国書，戦人

竹屋光棣 たけやみつとみ
天明1 (1781) 年2月2日～天保8 (1837) 年2月18日
江戸時代後期の公家 (非参議)。准大臣広橋伊光の次男。
¶公卿，公家 (光棣〔竹屋家〕　みつとみ)，国書

竹屋光長 たけやみつなが
慶長1 (1596) 年11月9日～万治2 (1659) 年2月21日
江戸時代前期の公家 (権中納言)。権大納言広橋総光の次男。
¶公卿，公家 (光長〔竹屋家〕　みつなが)

竹屋光久 たけやみつひさ
寛永2 (1625) 年9月14日～貞享3 (1686) 年
江戸時代前期の公家 (参議)。権中納言竹屋光長の子。
¶公卿 ([没]貞享3 (1686) 年9月19日)，公家 (光久〔竹屋家〕　みつひさ　[没]貞享3 (1686) 年8月26日)

竹屋光予 たけやみつまさ
元文1 (1736) 年3月21日～安永8 (1779) 年4月9日
江戸時代中期の公家 (非参議)。非参議竹屋光兼の子。
¶公卿，公家 (光予〔竹屋家〕　みつよ)

建皇子 たけるのおうじ
→建皇子 (たけるのみこ)

建皇子 (建王)　たけるのみこ
白雉2 (651) 年～斉明天皇4 (658) 年　[別]建皇子《たけるのおうじ》
飛鳥時代の皇族。天智天皇の皇子。斉明天皇の孫。
¶朝日 ([没]斉明4 (658) 年5月)，古代 (建王)，コン改，コン4，人名 ([生]？)，日人 (たけるのおうじ)

建部人上 たけるべのひとかみ，たけるべのひとがみ
[別]建部朝臣人上《たけるべのあそんひとがみ》
平安時代前期の官人。
¶古代 (建部朝臣人上　たけるべのあそんひとがみ)，日人 (生没年不詳)

多治比家主 たじひいえぬし
→多治比家主 (たじひのやかぬし)

多治比県守 (丹比県守)　たじひのあがたもり
天智天皇7 (668) 年～天平9 (737) 年　[別]多治比真人県守《たじひのまひとあがたもり》
飛鳥時代～奈良時代の官人 (中納言)。左大臣多治比島の子。
¶朝日 ([生]？　[没]天平9年6月23日 (737年7月25日))，神奈川人，公卿 ([没]天平9 (737) 年6月25日)，国史，古史，古代 (多治比真人県守　たじひのまひとあがたもり)，古中，コン改 ([生]天智7 (668) 年？)，コン4 ([生]天智7 (668) 年？)，埼玉人 ([生]不詳　[没]天平9 (737) 年6月23日)，埼玉百 (多治比真人県守　たじひのまひとあがたもり)，史人 ([没]737年6月23日)，諸系，新潮 ([没]天平9 (737) 年6月)，人名，姓氏群馬 (多治比真人県守　たじひのまひとあがたもり)，世人，日史 ([生]天智7 (668) 年？　[没]天平9 (737) 年6月)，日人，百科 ([生]天智7 (668) 年？)，万葉 (丹比県守)，歴大

多治比池守 (田治比池守，丹比池守)　たじひのいけもり
？～天平2 (730) 年　[別]丹比真人池守《たじひのまひといけもり》
奈良時代の官人 (大納言)。左大臣多治比島の長男。
¶朝日 ([没]天平2年9月8日 (730年12月23日))，公卿 ([没]天平2 (730) 年9月8日)，国史，古代 (丹比真人池守　たじひのまひといけもり)，古中，コン改，コン4，史人 ([没]730年9月8日)，諸系，新潮 ([没]天平2 (730) 年9月)，人名 (田治比池守)，日史 ([没]天平2 (730) 年9月8日)，日人，歴大

多治比今麻呂 たじひのいままろ
天平勝宝5 (753) 年～天長2 (825) 年　[別]多治比真人今麻呂《たじひのまひといままろ》
奈良時代～平安時代前期の公卿 (参議)。左大臣多治比島の曽孫。
¶公卿 ([没]天長2 (825) 年8月29日)，古代 (多治比真人今麻呂　たじひのまひといままろ)，諸系，日人，平史

丹墀氏永 たじひのうじなが
生没年不詳
平安時代前期の官人。
¶新潟百

多治比穎長 たじひのえひと
生没年不詳　[別]多治比穎長《たじひえひと》
平安時代前期の漢詩人。
¶国書 (たじひえひと)

多治比乙麻呂 (丹比乙麻呂)　たじひのおとまろ
[別]丹比真人乙麻呂《たじひのまひとおとまろ》
奈良時代の「万葉集」の歌人。
¶諸系 (生没年不詳)，人名 (丹比乙麻呂)，日人 (生没年不詳)，万葉 (丹比真人乙麻呂　たじひのまひとおとまろ)

丹比笠麻呂 たじひのかさまろ
[別]丹比真人笠麻呂《たじひのまひとかさまろ》
奈良時代の「万葉集」中の歌人。
¶人名，日人 (生没年不詳)，万葉 (丹比真人笠麻呂　たじひのまひとかさまろ)

多治比賀智 たじひのかち
生没年不詳　[別]多治比真人賀智《たじひのまひとかち》
奈良時代の官人。
¶古代 (多治比真人賀智　たじひのまひとかち)，諸系，日人

丹墀門成（多治比門成）　**たじひのかどなり**
？～仁寿3（853）年　[別]多治比真人門成《たじひのまひとかどなり》，丹墀門成《たじひのかどなり》
平安時代前期の官人。
¶古代（多治比真人門成　たじひのまひとかどなり），埼玉人（[没]仁寿3（853）年3月22日），諸系，日人

多治比清貞　**たじひのきよさだ**
？～承和6（839）年　[別]多治比真人清貞《たじひのまひときよさだ》，多治比清貞《たじひきよさだ》
平安時代前期の官人。
¶国書（たじひきよさだ　[没]承和6（839）年1月23日），古代（多治比真人清貞　たじひのまひときよさだ），諸系，日人，平史

多治比国人（丹比国人）　**たじひのくにひと**
[別]多治比真人国人《たじひのまひとくにひと》，丹比真人国人《たじひのまひとくにひと》
奈良時代の「万葉集」の歌人。
¶古代（多治比真人国人　たじひのまひとくにひと），諸系（生没年不詳），人名（丹比国人），日人（生没年不詳），万葉（丹比真人国人　たじひのまひとくにひと）

多治貞峯（多治比貞峯）　**たじひのさだみね**
延暦18（799）年～貞観16（874）年　[別]多治真人貞峯《たじひのまひとさだみね》，多治比貞峯《たじひのさだみね》
平安時代前期の官人。
¶古代（多治真人貞峯　たじひのまひとさだみね），諸系（多治比貞峯），日人

多治比島（多治比嶋）　**たじひのしま**
推古32（624）年～大宝1（701）年　[別]多治比真人嶋《たじひのまひとしま》
飛鳥時代の廷臣（左大臣）。宣化天皇の曽（玄か）孫。
¶朝日（多治比嶋　[生]？　[没]大宝1年7月21日（701年8月29日）），角史（多治比嶋），公卿（[没]大宝1（701）年7月21日），国史，古史（多治比嶋），古代（多治比真人嶋　たじひのまひとしま），古中，コン改（多治比嶋），コン4（多治比嶋），史人（[没]701年7月21日），諸系，新潮（多治比嶋　[没]大宝1（701）年7月），人名，世人（多治比嶋），日史（多治比嶋　[生]推古32（624）年？　[没]大宝1（701）年7月21日），日人，百科（多治比嶋　[生]推古32（624）年？），歴大（多治比嶋　[生]624年？）

多治比高子　**たじひのたかこ**
平安時代前期の女性。嵯峨天皇の妃。
¶女性（[生]延暦6（787）年　[没]天長2（825）年3月2日），人名（[生]787年　[没]825年），日人（[生]788年　[没]826年），平史（[生]788年　[没]826年）

多治比高主　**たじひのたかぬし**
生没年不詳
平安時代前期の官人。
¶平史

多治比鷹主　**たじひのたかぬし**
[別]多治比真人鷹主《たじひのまひとたかぬし》
奈良時代の万葉歌人。
¶諸系（生没年不詳），人名，日人（生没年不詳），万葉（多治比真人鷹主　たじひのまひとたかぬし）

多治比継兄　**たじひのつぐえ**
？～大同4（809）年
奈良時代～平安時代前期の神祇伯。
¶神人（生没年不詳），平史

多治比長野　**たじひのながの**
慶雲3（706）年～延暦8（789）年　[別]多治比真人長野《たじひのまひとながの》
奈良時代の官人（参議）。左大臣多治比島の曽孫。
¶公卿（[没]延暦8（789）年12月22日），古代（多治比真人長野　たじひのまひとながの），諸系（[没]790年），日人（[没]790年），平史

多治比土作　**たじひのはにし**
？～宝亀2（771）年　[別]多治比真人土作《たじひのまひとはにし，たじひのまひとはにつくり》，多治比土作《たじひのはにつくり》
奈良時代の歌人・官人（参議）。左大臣多治比島の孫。
¶朝日（たじひのはにつくり　[没]宝亀2年6月10日（771年7月26日）），神奈川人（たじひのはにつくり），公卿（たじひのはにつくり　[没]宝亀2（771）年6月20日），古代（多治比真人土作　たじひのまひとはにつくり），コン改，コン4，諸系，人名，日人，万葉（多治比真人土作　たじひのまひとはにし），和俳

多治比土作　**たじひのはにつくり**
→多治比土作（たじひのはにし）

多治比広足　**たじひのひろたり**
天武天皇10（681）年～天平宝字4（760）年　[別]多治比真人広足《たじひのまひとひろたり》
飛鳥時代～奈良時代の官人（中納言）。左大臣多治比島の子。
¶公卿（[没]天平宝字4（760）年1月2日），古代（多治比真人広足　たじひのまひとひろたり），埼玉百（多治比真人広足），諸系，日史（[没]天平宝字4（760）年1月21日），日人

多治比広成（丹墀広成）　**たじひのひろなり**
？～天平11（739）年　[別]多治比真人広成《たじひのまひとひろなり》
奈良時代の文人、官人（中納言）。左大臣多治比島の三男。
¶朝日（[没]天平11年4月7日（739年5月18日）），公卿（[没]天平11（739）年4月7日），国史，古史，古代（多治比真人広成　たじひのまひとひろなり），古中，コン改，コン4，詩歌（丹墀広成），史人（[没]739年4月7日），重要（[没]天平11（739）年4月7日），諸系，新潮（[没]天平11（739）年4月），人名，世人（[没]天平11（739）年4月7日），栃木百，日史（[没]天平11（739）年4月7日），日人，百科，歴大，和俳（[没]天平11（739）年4月7日）

た

多治藤善 たじひのふじよし
[別]多治真人藤善《たじひのまひとふじよし》
平安時代前期の官人。
¶古代(多治真人藤善　たじひのまひとふじよし),日人(生没年不詳)

多治比文雄 たじひのふみお
生没年不詳　[別]多治比文雄《たじひふみお》
平安時代前期の官人・漢詩人。
¶国書(たじひふみお)

丹比真人 たじひのまひと
飛鳥時代の官人。万葉歌人。
¶万葉

丹墀真総 たじひのまふさ
[別]丹墀真人真総《たじひのまひとまふさ》
平安時代前期の刑部省官人。
¶古代(丹墀真人真総　たじひのまひとまふさ),日人(生没年不詳)

多治比真宗 たじひのまむね
神護景雲3(769)年～弘仁14(823)年
奈良時代～平安時代前期の女性。桓武天皇の夫人。
¶コン改,コン4,諸系,女性([没]弘仁14(823)年6月11日),人名,日人,平史

多治比水守 たじひのみずもり
? ～和銅4(711)年　[別]多治比真人水守《たじひのまひとみずもり》,多治比水守《たじひのみなもり,たじひのみもり》
飛鳥時代の官人。嶋の子。土作の父。
¶朝日(たじひのみなもり　[没]和銅4年4月15日(711年5月7日)),古代(多治比真人水守　たじひのまひとみずもり),コン改(たじひのみなもり),コン4(たじひのみなもり),諸系,人名(たじひのみもり),日人

多遅比瑞歯別尊 たじひのみつはわけのみこと
→反正天皇(はんぜいてんのう)

多治比水守 たじひのみなもり
→多治比水守(たじひのみずもり)

多治比水守 たじひのみもり
→多治比水守(たじひのみずもり)

多治比三宅麻呂 たじひのみやけまろ
生没年不詳　[別]多治比真人三宅麻呂《たじひのまひとみやけまろ》
飛鳥時代～奈良時代の官人(参議)。養老6年、謀反のかどで配流となる。
¶朝日,公卿,古代(多治比真人三宅麻呂　たじひのまひとみやけまろ),コン改,コン4,埼玉百(多治比真人三宅麻呂　たじひのまひとみやけまろ),諸系,日人

多治比家主 たじひのやかぬし
? ～天平宝字4(760)年　[別]多治比家主《たじひいえぬし》,多治比真人家主《たじひのまひとやかぬし》,丹比家主《たじひのやぬし》
奈良時代の官人。
¶古代(多治比真人家主　たじひのまひとやかぬし),庄内(たじひいえぬし),諸系,人名(丹比家主　たじひのやぬし),日人

多治比八千足 たじひのやちたり
[別]多治比真人八千足《たじひのまひとやちたり》
奈良時代～平安時代前期の官人。
¶古代(多治比真人八千足　たじひのまひとやちたり),日人(生没年不詳)

多治比屋主(丹比屋主)　たじひのやぬし
生没年不詳　[別]丹比屋主真人《たじひのやぬしのまひと》
奈良時代の官人。
¶朝日,コン改,コン4,諸系,人名(丹比屋主),日人,万葉(丹比屋主真人　たじひのやぬしのまひと),和俳([没]天平宝字4(760)年)

丹比家主 たじひのやぬし
→多治比家主(たじひのやかぬし)

但馬皇女 たじまのおうじょ
→但馬皇女(たじまのひめみこ)

但馬皇女 たじまのこうじょ
→但馬皇女(たじまのひめみこ)

但馬皇女 たじまのひめみこ
? ～和銅1(708)年　[別]但馬皇女《たじまのおうじょ,たじまのこうじょ,たじまひめみこ》
飛鳥時代の女性。万葉歌人。天武天皇の皇女。
¶朝日([没]和銅1年6月25日(708年7月17日)),古史,古代,コン改,コン4,史人([没]708年6月25日),女性(たじまのこうじょ　[没]和銅1(708)年6月25日),人名(たじまのこうじょ),日史(たじまのおうじょ　[没]和銅1(708)年6月25日),日人(たじまのおうじょ),百科(たじまひめみこ),万葉,歴大(たじまのおうじょ),和俳([没]和銅1(708)年6月25日)

但馬宮 たじまのみや
→雅成親王(まさなりしんのう)

手白香皇女(手白髪皇女)　たしらかのおうじょ
→手白香皇女(たしらかのひめみこ)

手白香皇女 たしらかのこうじょ,たしらがのこうじょ
→手白香皇女(たしらかのひめみこ)

手白香皇女 たしらかのひめみこ
[別]手白香皇女《たしらかのおうじょ,たしらかのこうじょ,たしらがのこうじょ》,手白髪皇女《たしらかのおうじょ》
上代の女性。継体天皇の皇后、欽明天皇の母。
¶朝日(生没年不詳),国史(手白髪皇女　たしらかのおうじょ),古史,古代,古中(手白髪皇女　たしらかのおうじょ),コン改(生没年不詳),コン4(生没年不詳),史人(生没年不詳),諸系(たしらかのおうじょ　生没年不詳),女性(たしらがのこうじょ),新潮(生没年不詳),人名(たしらかのこうじょ),日史(たしらかのおうじょ),日人(たしらかのおうじょ　生没年不詳),百科,歴大(たしらかのおうじょ)

斉子女王　ただこじょおう
→斉子女王（さいしじょおう）

忠子女王(1)　ただこじょおう
？　～延喜4（904）年　[別]忠子女王《ただこにょおう》
平安時代前期～中期の女性。清和天皇の女御。
¶女性（[没]延喜4（904）年5月12日），人名（ただこにょおう），日人

忠子女王(2)　ただこじょおう
貞永1（1232）年～建長1（1249）年
鎌倉時代前期の女性。順徳上皇の第2皇女。
¶女性（[没]建長1（1249）年7月），人名，日人

斉子内親王(1)　ただこないしんのう
→斉子内親王(1)（せいしないしんのう）

斉子内親王(2)　ただこないしんのう
→斉子内親王(2)（せいしないしんのう）

忠子内親王　ただこないしんのう
斉衡1（854）年～延喜4（904）年
平安時代前期～中期の女性。光孝天皇の皇女。
¶女性（[没]延喜4（904）年5月7日），人名，日人，平史

忠子女王　ただこにょおう
→忠子女王(1)（ただこじょおう）

忠貞王　たださだおう
弘仁11（820）年～元慶8（884）年
平安時代前期の公卿（参議）。桓武天皇の孫。
¶公卿（[没]元慶8（884）年8月27日），諸系，人名，日人，平史

直輔親王　ただすけしんのう
→良純入道親王（りょうじゅんにゅうどうしんのう）

忠富王　ただとみおう
→白川忠富王（しらかわただとみおう）

斉中親王　ただなかしんのう
→斉中親王（ときなかしんのう）

尹良親王　ただながしんのう
→尹良親王（ゆきよししんのう）

忠成王　ただなりおう
貞応1（1222）年～弘安3（1280）年
鎌倉時代前期の順徳天皇の皇子。
¶朝日（[没]弘安3年12月13日（1281年1月5日）），国史，古中，人名，日史（[没]弘安3（1280）年12月13日），日人（[没]1281年）

多田満仲　ただのまんじゅう
→源満仲（みなもとのみつなか）

多田満仲　ただのみつなか
→源満仲（みなもとのみつなか）

理宮　ただのみや
文久1（1861）年～文久2（1862）年
江戸時代末期の女性。孝明天皇の第4皇女。
¶人名

忠範王　ただのりおう
？　～元慶4（880）年
平安時代前期の桓武天皇の皇孫。
¶人名，日人

正彦王　ただひこおう
→音羽正彦（おとわただひこ）

正仁親王　ただひとしんのう
元禄7（1694）年～享保1（1716）年
江戸時代中期の有栖川宮幸仁親王の第1王子。
¶国書（[生]元禄7（1694）年2月11日　[没]享保1（1716）年9月24日），諸系，人名，日人

忠房親王　ただふさしんのう
？　～正平2/貞和3（1347）年
鎌倉時代後期～南北朝時代の順徳天皇の皇曽孫。
¶国書（[没]貞和3（1347）年6月2日），人名，日人

忠望王　ただもちおう
生没年不詳
平安時代中期の光孝天皇の皇孫。
¶神人，人名，日人

忠良親王　ただよししんのう
弘仁10（819）年～貞観18（876）年　[別]忠良親王《ちゅうりょうしんのう》
平安時代前期の嵯峨天皇の皇子。
¶古代，人名（ちゅうりょうしんのう），姓氏群馬，日人，平史

橘安吉雄　たちばなのあきお
生没年不詳　[別]橘朝臣安吉雄《たちばなのあそんあきお，たちばなのあそんやすよしお》
平安時代前期の官人。
¶古代（橘朝臣安吉雄　たちばなのあそんあきお），諸系，姓氏群馬（橘朝臣安吉雄　たちばなのあそんやすよしお），日人

橘海雄　たちばなのあまお
生没年不詳　[別]橘朝臣海雄《たちばなのあそんあまお》
平安時代前期の官人。
¶古代（橘朝臣海雄　たちばなのあそんあまお），諸系，日人

橘文成　たちばなのあやなり
[別]橘宿禰文成《たちばなのすくねふみなり》
奈良時代の公卿・歌人。佐為王の子。
¶諸系（生没年不詳），人名，日人（生没年不詳），万葉（橘宿禰文成　たちばなのすくねふみなり）

橘在列　たちばなのありつら
生没年不詳　[別]橘在列《たちばなありつら》
平安時代中期の漢詩人。
¶朝日，国史，国書（たちばなありつら　[没]天暦8（954）年），古中，史人，諸系，日人，平史，和俳

橘娘 たちばなのいらつめ
→阿倍橘娘（あべのたちばなのいらつめ）

橘入居 たちばなのいりい
？ ～延暦19（800）年　[別]橘朝臣入居《たちばなのあそんいりい》,橘入居《たちばないりい》
平安時代前期の官人。
¶国書（たちばないりい　[没]延暦19（800）年2月10日），古代（橘朝臣入居　たちばなのあそんいりい），諸系，日人，平史

橘氏公 たちばなのうじきみ
延暦2（783）年～承和14（847）年　[別]橘朝臣氏公《たちばなのあそんうじきみ》
平安時代前期の公卿（右大臣）。参議橘奈良麻呂の孫。
¶朝日（[没]承和14年12月19日（848年1月28日）），角史，公卿（[没]承和14（847）年12月19日），国史，古史，古代（橘朝臣氏公　たちばなのあそんうじきみ），古中，史人（[没]847年12月19日），諸系（[没]848年），人名，日人（[没]848年），平史

橘氏子 たちばなのうじこ
生没年不詳
平安時代前期の女性。淳和天皇の女御。
¶諸系，女性，人名，日人

橘氏人 たちばなのうじと
→橘氏人（たちばなのうじひと）

橘氏人 たちばなのうじひと
？ ～承和12（845）年　[別]橘氏人《たちばなのうじと》,橘朝臣氏人《たちばなのあそんうじひと》
平安時代前期の官人。
¶古代（橘朝臣氏人　たちばなのあそんうじひと），諸系，神人（たちばなのうじと），日人

橘皇女 たちばなのおうじょ
生没年不詳　[別]橘皇女《たちばなのこうじょ,たちばなのひめみこ》,橘仲皇女《たちばなのなかつこうじょ》
上代の女性。仁賢天皇の皇女。宣化天皇の皇后。
¶古代（たちばなのひめみこ），諸系，女性（たちばなのこうじょ），人名（橘仲皇女　たちばなのなかつこうじょ），日人

橘大郎女(1) たちばなのおおいらつめ
上代の女性。允恭天皇の皇女。
¶古史，史人（生没年不詳）

橘大郎女(2) たちばなのおおいらつめ
生没年不詳　[別]位奈部橘王《いなべのたちばなのおう》
飛鳥時代の女性。聖徳太子の三妃の一人。
¶古史，古代（位奈部橘王　いなべのたちばなのおう），史人，女性，日人

橘影子 たちばなのかげこ
？ ～貞観6（864）年11月10日
平安時代前期の女性。仁明天皇の女御。
¶女性，人名

橘嘉智子 たちばなのかちこ
延暦5（786）年～嘉祥3（850）年　[別]橘嘉智子《たちばなかちこ》,橘朝臣嘉智子《たちばなのあそんかちこ》,嵯峨天皇后《さがてんのうのきさき》,檀林皇后《だんりんこうごう》
平安時代前期の女性。嵯峨天皇の皇后。
¶朝日（[没]嘉祥3年5月4日（850年6月17日）），岩史（[没]嘉祥3（850）年5月4日），角史，京都，京都大，国史，国書（嵯峨天皇后　さがてんのうのきさき　[没]嘉祥3（850）年5月4日），古史，古代（橘朝臣嘉智子　たちばなのあそんかちこ），古中，コン改，コン4，史人（[没]850年5月4日），諸系，女性（[没]嘉祥3（850）年5月4日），人書94（たちばなかちこ），新潮（[没]嘉祥3（850）年5月4日），人名，姓氏京都，世人，世百，全書，大百，日史（[没]嘉祥3（850）年5月4日），日人，百科，平史，歴大

橘公頼 たちばなのきみより
→橘公頼（たちばなのきんより）

橘清樹 たちばなのきよき
？ ～昌泰2（899）年　[別]橘清樹《たちばなきよき》
平安時代前期の官人・歌人。
¶国書（たちばなきよき　[没]昌泰2（899）年3月），平史

橘清友 たちばなのきよとも
天平宝字2（758）年～延暦8（789）年　[別]橘清友《たちばなきよとも》,橘朝臣清友《たちばなのあそんきよとも》
奈良時代の貴族。
¶国史，国書（たちばなきよとも），古史，古代（橘朝臣清友　たちばなのあそんきよとも），古中，コン改，コン4，史人，諸系，新潮，人名，日史，日人，百科，平史

橘清野 たちばなのきよの
天平勝宝2（750）年～天長7（830）年
奈良時代～平安時代前期の官吏。
¶諸系，日人，平史（[没]829年）

橘公材 たちばなのきんえだ
生没年不詳
平安時代前期の官人。
¶平史

橘公統 たちばなのきんむね
？ ～延長7（929）年
平安時代前期～中期の文章博士。
¶平史

橘公廉 たちばなのきんやす
生没年不詳
平安時代前期の官人。
¶平史

橘公頼 たちばなのきんより
元慶1（877）年～天慶4（941）年2月20日　[別]橘公頼《たちばなきんより,たちばなのきみより》
平安時代前期～中期の公卿（中納言）。参議橘広相の六男。

¶公卿（たちばなのきみより），国書（たちばなきんより），平史

橘皇女 たちばなのこうじょ
→橘皇女（たちばなのおうじょ）

橘古那可智 たちばなのこなかち
？～天平宝字3（759）年　[別]橘朝臣古那可智《たちばなのあそんこなかち》，広岡古那可智《ひろおかのこなかち》
奈良時代の女性。聖武天皇の妃。
¶朝日（[没]天平宝字3年7月5日（759年8月2日）），国史，古代（橘朝臣古那可智　たちばなのあそんこなかち），古中，コン改（広岡古那可智　ひろおかのこなかち），コン4（広岡古那可智　ひろおかのこなかち），史人（[没]759年7月5日），諸系，女性（[没]天平宝字3（759）年7月5日），人名（広岡古那可智　ひろおかのこなかち），日史（[没]天平宝字3（759）年7月5日），日人，百科

橘佐為 たちばなのさい
？～天平9（737）年　[別]橘宿禰佐為《たちばなのすくねさい》，佐為王《さいおう，さいのおおきみ》
奈良時代の王族官人。敏達天皇の5世孫か。
¶朝日（佐為王　さいおう　[没]天平9年8月1日（737年8月30日）），古代（橘宿禰佐為　たちばなのすくねさい），コン改（佐為王　さいおう），コン4（佐為王　さいおう），諸系，新潮（佐為王　さいおう　[没]天平9（737）年8月），人名（佐為王　さいのおおきみ），日史（[没]天平9（737）年8月1日），日人，百科，万葉（佐為王　さいのおおきみ），歴大

橘貞雄 たちばなのさだお
[別]橘朝臣貞雄《たちばなのあそんさだお》
平安時代前期の官人。
¶古代（橘朝臣貞雄　たちばなのあそんさだお），日人（生没年不詳）

橘実利 たちばなのさねとし
生没年不詳　[別]橘実利《たちばなさねとし》
平安時代中期の官人・歌人。
¶国書（たちばなさねとし），平史

橘繁延 たちばなのしげのぶ
平安時代中期の官人（中務少輔）。
¶人名，日人（生没年不詳）

橘成元 たちばなのしげもと
生没年不詳　[別]橘成元《たちばななりもと》
平安時代後期の官人・歌人。
¶国書（たちばななりもと），平史

橘重吉 たちばなのしげよし
生没年不詳　[別]橘重吉《たちばなしげよし》
南北朝時代の官人・歌人。
¶国書（たちばなしげよし）

橘季通 たちばなのすえみち
？～治暦4（1068）年？　[別]橘季通《たちばなすえみち》
平安時代中期～後期の官人・歌人。
¶国書（たちばなすえみち　生没年不詳），平史

橘資成 たちばなのすけしげ
生没年不詳　[別]橘資成《たちばなすけしげ》
平安時代中期～後期の官人・歌人。
¶国書（たちばなすけしげ），平史

橘輔政 たちばなのすけまさ
生没年不詳
平安時代中期の官人。
¶平史

橘澄清 たちばなのすみきよ
貞観3（861）年～延長3（925）年　[別]橘澄清《たちばなすみきよ》
平安時代前期～中期の公卿（中納言）。参議橘常主の曽孫。
¶公卿（[没]延長3（925）年5月6日），国書（たちばなすみきよ　[没]延長3（925）年5月6日），諸系，姓氏京都（[生]859年），日人，平史（[生]859年）

橘孝親 たちばなのたかちか
生没年不詳
平安時代中期の官人。文章博士。
¶平史

橘忠兼 たちばなのただかね
生没年不詳　[別]橘忠兼《たちばなただかね》
平安時代後期の官人。
¶国書（たちばなただかね），平史

橘忠幹 たちばなのただもと
？～天暦9（955）年　[別]橘忠幹《たちばなただもと》
平安時代中期の官人・歌人。
¶国書（たちばなただもと），平史

橘為仲 たちばなのためなか
？～応徳2（1085）年　[別]橘為仲《たちばなためなか》
平安時代中期～後期の歌人。筑前守橘義通の子。
¶朝日（[没]応徳2年10月21日（1085年11月11日）），国史，国書（たちばなためなか　[没]応徳2（1085）年10月21日），古中，コン改，コン4，史人（[没]1085年10月21日），諸系，新潮（[没]応徳2（1085）年10月21日），人名，新潟百，日人，平史，和俳（[没]応徳2（1085）年10月21日）

橘為義 たちばなのためよし
？～寛仁1（1017）年　[別]橘為義《たちばなためよし》
平安時代中期の歌人。
¶国書（たちばなためよし　[没]寛仁1（1017）年10月26日），人書94（たちばなためよし），平史

橘常蔭 たちばなのつねかげ
[別]橘朝臣常蔭《たちばなのあそんつねかげ》
平安時代前期の官人。
¶古代（橘朝臣常蔭　たちばなのあそんつねかげ），日人（生没年不詳）

橘経国 たちばなのつねくに
生没年不詳
平安時代中期の官人。
¶平史

橘常子 たちばなのつねこ
延暦7(788)年〜弘仁8(817)年
平安時代前期の女性。桓武天皇の女御。
¶諸系，女性([没]弘仁8(817)年8月1日)，人名，日人

た

橘常主 たちばなのつねぬし
延暦6(787)年〜天長3(826)年　[別]橘常主《たちばなつねぬし》，橘朝臣常主《たちばなのあそんつねぬし》
平安時代前期の公卿(参議)。参議橘奈良麻呂の孫。
¶公卿([没]天長3(826)年6月2日)，国書(たちばなつねぬし　[没]天長3(826)年6月2日)，古代(橘朝臣常主　たちばなのあそんつねぬし)，諸系，日人，平史

橘恒平 たちばなのつねひら
延喜22(922)年〜永観1(983)年
平安時代中期の公卿(参議)。参議橘常主の五世孫。
¶公卿([没]永観1(983)年11月15日)，平史

橘俊綱 たちばなのとしつな
長元1(1028)年〜嘉保1(1094)年　[別]橘俊綱《たちばなとしつな》，藤原俊綱《ふじわらのとしつな》
平安時代中期〜後期の歌人。関白藤原頼通の子。
¶朝日([没]嘉保1年7月14日(1094年8月27日))，京都，京都大，国史，国書(たちばなとしつな　[没]寛治8(1094)年7月14日)，古中，コン改，コン4，史人([没]1094年7月14日)，新潮([没]嘉保1(1094)年7月14日)，人名(藤原俊綱　ふじわらのとしつな　[生]?)，姓氏京都，世人，日史([没]嘉保1(1094)年7月14日)，日人，平史，和俳([没]嘉保1(1094)年7月14日)，和俳(藤原俊綱　ふじわらのとしつな　[生]?)

橘敏仲 たちばなのとしなか
生没年不詳　[別]橘敏仲《たちばなとしなか》
平安時代中期の官人・歌人。
¶国書(たちばなとしなか)，平史

橘俊成 たちばなのとしなり
生没年不詳　[別]橘俊成《たちばなとしなり》
平安時代後期の官人・歌人。
¶国書(たちばなとしなり)，平史

橘敏延 たちばなのとしのぶ
生没年不詳
平安時代中期の中級官人。
¶平史

橘俊通 たちばなのとしみち
長保4(1002)年〜康平1(1058)年
平安時代中期〜後期の官人。
¶長野歴，平史

橘俊宗 たちばなのとしむね
?　〜永保3(1083)年　[別]橘俊宗《たちばなとしむね》
平安時代中期〜後期の官人・歌人。
¶国書(たちばなとしむね　[没]永保3(1083)年8月22日)，平史

橘知顕 たちばなのともあき
生没年不詳　[別]橘知顕《たちばなともあき》
鎌倉時代後期の官人。
¶国書(たちばなともあき)

橘知任 たちばなのともただ
永仁6(1298)年〜正平16/康安1(1361)年3月27日
鎌倉時代後期〜南北朝時代の公卿(非参議)。従四位上橘知顕の子。
¶公卿，公家(知任〔橘・薄家(絶家)〕　ともとう)

橘知尚 たちばなのともなお
?　〜応長2(1312)年1月
鎌倉時代後期の公卿(非参議)。左京大夫橘知嗣の次男。
¶公卿，公家(知尚〔橘・薄家(絶家)〕　ともなお)

橘知仲 たちばなのともなか
?　〜寛元4(1246)年7月11日
鎌倉時代前期の西円寺家の家司。知宣の子。
¶朝日

橘知宣 たちばなのとものぶ
生没年不詳
鎌倉時代前期の西円寺家の家司。伯家の兼康王の3男。
¶朝日，日人

橘知茂 たちばなのとももち
?　〜弘長3(1263)年
鎌倉時代前期の西円寺家の家司。
¶朝日，日人

橘豊日尊 たちばなのとよひのみこと
→用明天皇(ようめいてんのう)

橘直幹 たちばなのなおもと
生没年不詳　[別]橘直幹《たちばななおもと》
平安時代中期の中級貴族、文人。
¶朝日，岩史，国史，国書(たちばななおもと)，古中，コン改，コン4，史人，新潮，人名，世人，全書，日史，日人，百科，平史，歴大，和俳

橘永継 たちばなのながつぐ
神護景雲3(769)年〜弘仁12(821)年
奈良時代〜平安時代前期の官人。
¶平史

橘仲皇女 たちばなのなかつこうじょ
→橘皇女(たちばなのおうじょ)

橘仲遠 たちばなのなかとお
生没年不詳　[別]橘仲遠《たちばななかとお》

平安時代中期の官人・歌人。
¶国書（たちばななかとお），平史

橘永名 たちばなのながな
宝亀11（780）年～貞観8（866）年 [別]橘朝臣永名《たちばなのあそんながな》
平安時代前期の公卿（非参議）。参議橘奈良麻呂の孫。
¶公卿（[没]貞観8（866）年5月11日），古代（橘朝臣永名 たちばなのあそんながな），諸系，神人，日人，平史

橘永範 たちばなのながのり
生没年不詳
平安時代前期の官人。
¶神奈川人，姓氏神奈川

橘長可 たちばなのながべし
元禄7（1694）年～宝暦11（1761）年9月22日 [別]橘長可《たちばなながべし》
江戸時代中期の公家（非参議・九条家諸大夫）。従四位下大蔵大輔信濃小路長恒の養子。宝暦11年従三位に叙される。
¶公卿（たちばなながべし），公家（長可〔九条家諸大夫 信濃小路家（橘氏）〕 ながよし）

橘長盛 たちばなのながもり
生没年不詳 [別]橘長盛《たちばなながもり》
平安時代前期の官人・歌人。
¶国書（たちばなながもり），平史

橘奈良麻呂 たちばなのならまろ
養老5（721）年～天平宝字1（757）年 [別]橘宿禰奈良麻呂《たちばなのすくねならまろ》，橘朝臣奈良麻呂《たちばなのあそんならまろ》
奈良時代の官人（参議）。左大臣橘諸兄の子。藤原仲麻呂の勢力拡大に危機感を抱き、旧豪族と結びクーデターを計画したが事前に露見。捕らえられ刑死した。
¶朝日（[没]天平勝宝9（757）年7月？），角史，公卿（生没年不詳），国史，古史，古代（橘朝臣奈良麻呂 たちばなのあそんならまろ），古中，コン改，コン4，史人（[生]721年？ [没]757年7月2日？），重要（[生]養老5（721）年？），諸系，新潮（[生]養老5（721）年？ [没]天平宝字1（757）年7月），人名（[生]？），世人（[生]？ [没]天平宝字1（757）年7月4日），世百（[生]？），全書（[生]？），大百（[生]721年？），伝記（[生]721年？），日史，日人，百科，万葉（橘宿禰奈良麻呂 たちばなのすくねならまろ），歴大

橘成季 たちばなのなりすえ
生没年不詳 [別]橘成季《たちばななりすえ》
鎌倉時代前期の説話集「古今著聞集」の作者。
¶朝日，岩史，鎌室（たちばななりすえ），国書（たちばななりすえ），コン4，史人，重要，新潮，人名，日音，日人，平史，歴大

橘成元 たちばなのなりもと
→橘成元（たちばなのしげもと）

橘以繁 たちばなののりしげ
*～天授5/康暦1（1379）年10月9日
南北朝時代の公卿（非参議）。非参議橘知任の子。
¶公卿（[生]正中1（1324）年），公家（以繁〔橘・薄家（絶家）〕 もちしげ [生]1329年）

橘則隆 たちばなののりたか
生没年不詳
平安時代中期の官人。
¶平史

橘則長(1) たちばなののりなが
生没年不詳
平安時代の歌人。
¶平史

橘則長(2) たちばなののりなが
天元5（982）年～長元7（1034）年 [別]橘則長《たちばなのりなが》
平安時代中期の官人。
¶国書（たちばなのりなが [没]長元7（1034）年4月），平史

橘則光 たちばなののりみつ
生没年不詳 [別]橘則光《たちばなのりみつ》
平安時代中期の官人・歌人。
¶国書（たちばなのりみつ），姓氏京都，平史

橘以基 たちばなののりもと
？ ～応永21（1414）年7月
室町時代の公卿（非参議）。大納言橘好古の裔。
¶公卿，公家（以基〔橘・薄家（絶家）〕 もちもと）

橘長谷麻呂 たちばなのはせまろ
宝亀10（779）年～天長1（824）年
奈良時代～平安時代前期の官人。
¶平史

橘逸勢 たちばなのはやなり
？ ～承和9（842）年 [別]橘逸勢《たちばなはやなり》，橘朝臣逸勢《たちばなのあそんはやなり》
平安時代前期の官人。入居の子。奈良麻呂の孫。能書家で三筆と称されたが、承和の変により配流となった。
¶朝日（[没]承和9年8月13日（842年9月20日）），岩史（[没]承和9（842）年8月13日），角史，京都，京都大，国史，国書（たちばなはやなり [没]承和9（842）年8月13日），古史，古代（橘朝臣逸勢 たちばなのあそんはやなり），古中，コン改，コン4，史人（[没]842年8月13日），静岡百，静岡歴，重要（[没]承和9（842）年8月13日），諸系，新潮（[没]承和9（842）年8月13日），人名，姓氏京都，姓氏静岡，世人（[没]承和9（842）年8月13日），世百，全書，大百，伝記，日史（[没]承和9（842）年8月13日），日人，美術，百科，平史，歴大

橘春行 たちばなのはるゆき
生没年不詳
平安時代前期の神祇伯。
¶神人

橘皇女 たちばなのひめみこ
→橘皇女（たちばなのおうじょ）

橘広房 たちばなのひろふさ
生没年不詳　[別]橘広房《たちばなひろふさ》
平安時代後期の官人・歌人。
¶国書（たちばなひろふさ），平史

橘広相 たちばなのひろみ
承和4（837）年～寛平2（890）年5月16日　[別]橘広相《たちばなひろみ》，橘朝臣広相《たちばなのあそんひろみ》，橘贈納言《たちばなのぞうなごん》
平安時代前期の公卿（参議）。参議橘奈良麻呂の五代孫。
¶朝日（[没]寛平2年5月16日（890年6月7日）），岩史，角史，公卿，国史，国書（たちばなひろみ），古史，古代（橘朝臣広相　たちばなのあそんひろみ），古中，コン改，コン4，詩歌，史人，重要，諸系，新潮，人名，姓氏京都，世人，全書，大百，日史，日人，百科，平史（[生]827年），歴大，和俳

た

橘房子 たちばなのふさこ
？～寛平5（893）年
平安時代前期の女性。宇多天皇の女御。
¶女性（[没]寛平5（893）年11月16日），人名，日人

橘文成 たちばなのふみなり
→橘文成（たちばなのあやなり）

橘正通 たちばなのまさみち
生没年不詳　[別]橘正通《たちばなまさみち》
平安時代の学者。
¶国書（たちばなまさみち），諸系，人名，日人，平史

橘真直 たちばなのまなお
弘仁7（816）年～仁寿2（852）年
平安時代前期の公卿。
¶神奈川人

橘御井子 たちばなのみいこ
生没年不詳
平安時代前期の女性。桓武天皇の女御。
¶諸系，女性，人名，日人，平史

橘道貞 たちばなのみちさだ
？～長和5（1016）年
平安時代中期の官人。広相の孫で下総守仲任の子。
¶朝日（[没]長和5年4月16日（1016年5月24日）），諸系，姓氏京都，日人，平史

橘通資 たちばなのみちすけ
生没年不詳
平安時代後期の官人。民部丞。
¶平史

橘岑継（橘峯継） たちばなのみねつぐ
延暦23（804）年～貞観2（860）年　[別]橘朝臣岑継《たちばなのあそんみねつぐ》
平安時代前期の公卿（中納言）。右大臣橘氏公の子。
¶神奈川人（橘峯継），公卿（橘峯継　[生]大同2（807）年　[没]貞観2（860）年10月29日），古代（橘朝臣岑継　たちばなのあそんみねつぐ），諸系，人名，日人，平史

橘以緒 たちばなのもちお
→薄以緒（うすいもちお）

橘以量 たちばなのもちかず
→薄以量（うすいもちかず）

橘以綱 たちばなのもちつな
？～永久3（1115）年
平安時代後期の官人。
¶平史

橘以長 たちばなのもちなが
？～嘉応1（1169）年
平安時代後期の官人・武士。
¶平史

橘以政 たちばなのもちまさ
生没年不詳　[別]橘以政《たちばなもちまさ》
平安時代後期～鎌倉時代前期の官人。筑後守橘以長の子。正四位。
¶朝日，鎌室（たちばなもちまさ），国書（たちばなもちまさ），コン改，コン4，新潮，日人，平史

橘元任 たちばなのもととう
生没年不詳　[別]橘元任《たちばなもととう》
平安時代中期の官人・歌人。
¶国書（たちばなもととう），平史

橘盛長 たちばなのもりなが
生没年不詳　[別]橘盛長《たちばなもりなが》
平安時代の官人・歌人。
¶国書（たちばなもりなが），平史

橘諸兄 たちばなのもろえ
天武13（684）年～天平宝字1（757）年　[別]葛城王《かずらきおう，かつらぎおう，かつらぎのおう，かつらぎのおおきみ》，橘宿禰諸兄《たちばなのすくねもろえ》，橘諸兄《たちばなもろえ》
飛鳥時代～奈良時代の公卿（左大臣）。母は県犬養橘三千代。藤原家の4兄弟が病死し一躍政権の座につく。吉備真備ら知識人を登用し奈良時代中期の政治を主導。恭仁京や東大寺大仏の造営を指導した。のち藤原仲麻呂が台頭し失脚。
¶朝日（[没]天平宝字1年1月6日（757年1月30日）），岩史（[没]天平勝宝9（757）年1月6日），角史，公卿（[生]天武1（672）年　[没]天平宝字1（757）年1月6日），国史，国書（たちばなもろえ　[没]天平勝宝9（757）年1月6日），古史，古代（橘宿禰諸兄　たちばなのすくねもろえ），古中，コン改（[生]？），コン4，史人（[没]757年1月6日），重要（[没]天平宝字1（757）年1月6日），諸系，新潮（[没]天平宝字1（757）年1月6日），人名，姓氏京都，世人（[没]天平宝字1（757）年1月6日），世百，全書，大百，伝記，日史（[没]天平宝字1（757）年1月6日），日人，百科，福岡百（[没]天平勝宝9（757）年1月6日），仏教（[没]天平勝宝9（757）年1月6日），万葉（葛城王　かつらぎのおおきみ），

歴大

橘安麻呂 たちばなのやすまろ
天平11(739)年～弘仁12(821)年　[別]橘朝臣安麻呂《たちばなのあそんやすまろ》
奈良時代～平安時代前期の官人。
¶古代(橘朝臣安麻呂　たちばなのあそんやすまろ), 諸系, 日人, 平史

橘安吉雄 たちばなのやすよしお
→橘安吉雄(たちばなのあきお)

橘行頼 たちばなのゆきより
生没年不詳　[別]橘行頼《たちばなゆきより》
平安時代中期の官人・歌人。
¶国書(たちばなゆきより), 平史

橘義清 たちばなのよしきよ
生没年不詳
平安時代中期の歌人・官人。
¶平史

橘義子 たちばなのよしこ
生没年不詳　[別]橘義子《たちばなよしこ》
平安時代前期の女性。宇多天皇の女御。
¶諸系, 女性(たちばなよしこ), 人名(たちばなよしこ), 日人, 平史

橘良殖 たちばなのよしたね
貞観6(864)年～延喜20(920)年　[別]橘良殖《たちばなのよします》
平安時代前期～中期の公卿(参議)。参議橘常主の孫。
¶公卿(たちばなのよします　[没]延喜20(920)年2月28日), 平史

橘淑信 たちばなのよしのぶ
生没年不詳　[別]橘淑信《たちばなよしのぶ》
平安時代中期の官人・漢詩人。
¶国書(たちばなよしのぶ)

橘好古 たちばなのよしふる
寛平5(893)年～天禄3(972)年　[別]橘好古《たちばなよしふる》
平安時代中期の公卿(大納言)。参議橘広相の孫。
¶公卿(たちばなよしふる　[没]天禄3(972)年1月13日), 古史, 姓氏京都([生]894年), 平史

橘良殖 たちばなのよします
→橘良殖(たちばなのよしたね)

橘義通 たちばなのよしみち
？～治暦3(1067)年　[別]橘義通《たちばなよしみち》
平安時代中期～後期の官人・歌人。
¶国書(たちばなよしみち　[没]治暦3(1067)年2月17日), 平史

橘能元 たちばなのよしもと
生没年不詳　[別]橘能元《たちばなよしもと》
平安時代後期の官人・歌人。
¶国書(たちばなよしもと), 平史

橘良基 たちばなのよしもと
天長2(825)年～仁和3(887)年　[別]橘朝臣良基《たちばなのあそんよしもと》
平安時代前期の官人。父は摂津守安吉雄。
¶朝日([没]仁和3年6月8日(887年7月2日)), 古代(橘朝臣良基　たちばなのあそんよしもと), 諸系, 人名, 姓氏長野, 長野歴, 日人, 平史

橘倚平 たちばなのよりひら
生没年不詳　[別]橘倚平《たちばなよりひら》
平安時代中期の官人・漢詩人・歌人。
¶国書(たちばなよりひら), 平史

多祉宮 たちみや
→多祉宮(たけのみや)

達智門院 たっちもんいん, だっちもんいん
弘安9(1286)年～正平3/貞和4(1348)年　[別]奨子内親王《しょうしないしんのう》
鎌倉時代後期～南北朝時代の女性。後宇多天皇の第1皇女。
¶朝日([生]弘安9(1286)年9月　[没]貞和4/正平3年11月2日(1348年11月23日)), 鎌室, 国書([生]弘安10(1287)年　[没]貞和4(1348)年11月2日), 諸系, 女性([生]弘安9(1286)年9月9日　[没]貞和4/正平3(1348)年11月2日), 新潮([生]弘安9(1286)年9月　[没]貞和4/正平3(1348)年11月2日), 人名(だっちもんいん), 日人

孝仁親王 たつひとしんのう
寛政4(1792)年～文政7(1824)年
江戸時代後期の閑院宮美仁親王の第1王子。
¶諸系, 人名, 日人

伊達朝村 だてあさむら
生没年不詳
南北朝時代の公家・歌人。
¶国書

立入(家名) たていり
→立入(たてり)

伊達富子 だてとみこ
→北白川宮富子(きたしらかわのみやとみこ)

立入宗継 たてりそうけい
→立入宗継(たてりむねつぐ)

立入経徳 たてりつねのり
宝暦5(1755)年1月6日～文政7(1824)年8月16日
江戸時代中期～後期の公家。
¶国書

立入経康 たてりつねやす
享保16(1731)年10月4日～文化8(1811)年4月3日
江戸時代中期～後期の公家。
¶国書

立入直貞 たてりなおさだ
寛永5(1628)年～元禄12(1699)年11月12日
江戸時代前期～中期の公家。
¶国書

立入宗継 たてりむねつぐ
享禄1（1528）年〜元和8（1622）年　鰂立入宗継《たてりそうけい》
戦国時代〜安土桃山時代の商人。天皇家の家産を司る。
¶朝日（甲享禄1年1月5日（1528年1月26日）鰑元和8年9月26日（1622年10月30日）），岩史（甲大永8（1528）年1月5日　鰑元和8（1622）年9月26日），角史，京都，京都大，国書（甲大永8（1528）年1月5日　鰑元和8（1622）年9月26日），コン改，コン4，史人（甲1528年1月5日　鰑1622年9月26日），新潮，人名，姓氏京都，世人（たてりそうけい），全書（たてりそうけい），戦人，戦補（甲？），日史（甲享禄1（1528）年1月5日　鰑元和8（1622）年9月26日），日人，百科（たてりそうけい），歴大

立入宗長 たてりむねなが
？〜＊
戦国時代の後柏原天皇の御倉職。
¶人名（鰑1536年），日人（鰑1537年）

立入宗益 たてりむねます
延宝2（1674）年9月23日〜寛保3（1743）年閏4月6日
江戸時代前期〜中期の公家。
¶国書

立入宗康 たてりむねやす
？〜永正12（1515）年
戦国時代の武将。
¶日人

立入宗泰 たてりむねやす
生没年不詳
安土桃山時代〜江戸時代前期の公家。
¶国書

立入康善 たてりやすよし
永禄10（1567）年〜寛永4（1627）年11月16日
鰂立入康善《たていりやすよし》
安土桃山時代の禁裏御倉職。
¶国書，戦国（たていりやすよし），戦人（生没年不詳）

田中浄人 たなかのきよひと
鰂田中朝臣浄人《たなかのあそんきよひと》
平安時代前期の官人。
¶古代（田中朝臣浄人　たなかのあそんきよひと），日人（生没年不詳）

田中多太麻呂（田中多太麿）たなかのただまろ
？〜宝亀9（778）年　鰂田中多太麻呂《たなかただまろ》，田中朝臣多太麻呂《たなかのあそんただまろ》
奈良時代の官人。
¶朝日（鰑宝亀9（778）年1月），古代（田中朝臣多太麻呂　たなかのあそんただまろ），コン改（たなかただまろ），コン4（たなかただまろ），史人（鰑778年1月11日），人名（田中多太麿），日人

田中足麻呂 たなかのたりまろ
？〜文武天皇2（698）年　鰂田中足麻呂《たなかたるまろ，たなかのたるまろ》
飛鳥時代の官人。壬申の乱で活躍。
¶朝日（たなかのたるまろ　鰑文武2（698）年6月），コン改（たなかたるまろ），コン4（たなかたるまろ），人名，日人

田中足麻呂 たなかのたるまろ
→田中足麻呂（たなかのたりまろ）

田中法麻呂 たなかののりまろ
鰂田中朝臣法麻呂《たなかのあそんのりまろ》，田中法麻呂《たなかのりまろ》
飛鳥時代の官人。
¶愛媛百（たなかのりまろ），古代（田中朝臣法麻呂　たなかのあそんのりまろ），日人（生没年不詳）

田中八月麻呂 たなかのはつきまろ
生没年不詳
平安時代前期の官人。
¶新潟百

田中三上 たなかのみかみ
奈良時代の官人。
¶人名，日人（生没年不詳）

田辺秋庭 たなべのあきにわ
奈良時代の歌人。
¶人名，日人（生没年不詳），万葉

田辺大隅 たなべのおおすみ
生没年不詳
飛鳥時代の人。藤原不比等を養育。
¶古史

田辺小隅 たなべのおすみ
生没年不詳
飛鳥時代の将軍。壬申の乱で近江朝廷方の副将軍。
¶朝日，コン改，コン4，人名，日人

田辺首名 たなべのおびとな
生没年不詳　鰂田辺史首名《たなべのふひとおびとな》
飛鳥時代の官人、学者。渡来系氏族。
¶朝日，古代（田辺史首名　たなべのふひとおびとな），日人

田辺福麻呂（田辺福麿）たなべのさきまろ
生没年不詳　鰂田辺史福麻呂《たなべのふひとさきまろ》，田辺福麻呂《たなべさきまろ，たなべのさちまろ》
奈良時代の歌人、下級の官人。
¶朝日，大阪人（たなべさきまろ），神奈川人，国史，古代（田辺史福麻呂　たなべのふひとさきまろ），古中，詩歌，史人，新潮，新文，人名，世百，全書，大百（田辺福麿），富山百，富山文，日史，日人，百科，福井百（たなべのさちまろ），文学，万葉（田辺史福麻呂　たなべのふひとさきまろ），和俳

皇族・貴族篇　　329　　たむけす

田辺福麻呂 たなべのさちまろ
→田辺福麻呂（たなべのさきまろ）

田辺広浜 たなべのひろはま
劔田辺史広浜《たなべのふひとひろはま》
奈良時代の官人。
¶古代（田辺史広浜　たなべのふひとひろはま），
日人（生没年不詳）

田辺百枝 たなべのももえ
生没年不詳　劔田辺史百枝《たなべのふひともも
え》
飛鳥時代の「大宝律令」撰定者。
¶古代（田辺史百枝　たなべのふひとももえ），
コン改，コン4，人名，日人，和俳

丹波道主命 たにはのみちぬしのみこと
→丹波道主命（たんばのみちぬしのみこと）

丹波竹野媛 たにわのたかのひめ
劔丹波竹野媛《たんばのたかのひめ》，竹野媛《た
かのひめ》
上代の開化天皇の妃。
¶女性（竹野媛　たかのひめ），人名（たんばのた
かのひめ），日人，兵庫百（竹野媛　たかのひ
め）

丹波道主命 たにわのみちぬしのみこと
→丹波道主命（たんばのみちぬしのみこと）

種子女王 たねこじょおう
文化7（1810）年〜文久3（1863）年
江戸時代後期〜末期の女性。伏見宮貞敬親王第6
王女。
¶女性（⊕文化7（1810）年5月24日　⊗文久3
（1863）年9月13日），人名，日人

栽仁王 たねひとおう
→有栖川宮栽仁王（ありすがわのみやたねひとおう）

胤宮 たねみや
弘化1（1844）年〜弘化2（1845）年
江戸時代後期の仁孝天皇の第7皇子。
¶人名

旅子女王 たびこじょおう
→悦子女王（えっしじょおう）

旅子女王 たびこにょおう
→悦子女王（えっしじょおう）

璹子内親王 たまこないしんのう
→朔平門院（さくへいもんいん）

瓊子内親王 たまこないしんのう
正和5（1316）年〜延元4/暦応2（1339）年8月1日
劔瓊子内親王《けいしないしんのう》
鎌倉時代後期〜南北朝時代の女性。後醍醐天皇の
第8皇女。
¶鎌室，国書（けいしないしんのう　⊕？），女性
（けいしないしんのう　⊕？），女性，人名，鳥
取百，日人

玉姫宮 たまひめのみや
永正8（1511）年〜天文16（1547）年
戦国時代の女性。伏見宮邦高親王の第3王女。
¶女性（⊕永正8（1511）年9月2日　⊗天文16
（1547）年8月23日），人名（⊗？），日人

玉松真幸 たままつまさき
安政6（1859）年〜明治40（1907）年
明治期の国学者，本草家。
¶神人，日人

玉松操 たままつみさお
文化7（1810）年〜明治5（1872）年　劔山本毅軒
《やまもときけん》
江戸時代末期〜明治期の国学者。岩倉具視の謀臣。
¶維新，岩史（⊕文化7（1810）年3月17日　⊗明治
5（1872）年2月15日），角史，教育，京都大，近
現，近世，国史，コン改，コン4，コン5，史人
（⊕1810年3月17日　⊗1872年2月15日），神史，
神人（⊕文化7（1810）年3月　⊗明治5（1872）年
2月），新潮（⊕文化7（1810）年3月17日　⊗明
治5（1872）年2月15日），人名，姓氏京都，世人
（⊗明治5（1872）年2月15日），世百，全書，大
百，日史（⊕文化7（1810）年3月17日　⊗明治5
（1872）年2月15日），幕末（⊗1872年3月
23日），百科，履歴（⊕文化7（1810）年3月17日
⊗明治5（1872）年2月15日），歴大

民大火 たみのおおひ，たみのおおび
？　〜大宝3（703）年
飛鳥時代の壬申の乱の功臣。
¶人名（たみのおおひ），日人

民小鮪 たみのおしび
生没年不詳
奈良時代の官人。
¶朝日，コン改，コン4，日人

民黒人 たみのくろひと
生没年不詳　劔民忌寸黒人《たみのいみきくろひ
と》
奈良時代の官人。
¶兵庫百（民忌寸黒人　たみのいみきくろひと）

田向（家名） たむかい
→田向（たむけ）

田向重治 たむけしげはる
享徳1（1452）年〜天文4（1535）年7月21日　劔田
向重治《たむかいしげはる》
戦国時代の公卿（権中納言）。参議田向経家の子。
¶公卿，公家（重治〔田向家（絶家）〕　しげは
る），国書，戦人（たむかいしげはる）

田向資蔭 たむけすけかげ
？　〜元中9/明徳3（1392）年
南北朝時代の公卿（非参議）。従三位に叙され，
永徳3年より公卿に列される。
¶公卿（⊗明徳3/元中9（1392）年10月14日），公
家（資蔭〔田向家（絶家）〕　すけかげ　⊗明徳
3（1392）年閏10月14日）

た

田向経家　たむけつねいえ
？　～寛正2（1461）年6月
室町時代の公卿（参議）。権中納言田向長資の子。
¶公卿，公家（経家〔田向家（絶家）〕　つねいえ）

田向経兼　たむけつねかね
室町時代の公卿（参議）。非参議田向資蔭の子。
¶公卿（生没年不詳），公家（経兼〔田向家（絶家）〕　つねかね）

田向長資　たむけながすけ
室町時代の公卿（権中納言）。参議田向経兼の子。
¶公卿（生没年不詳），公家（長資〔田向家（絶家）〕　ながすけ）

田村皇子　たむらのおうじ
→舒明天皇（じょめいてんのう）

田邑帝　たむらのみかど
→文徳天皇（もんとくてんのう）

為子内親王　ためこないしんのう
？　～昌泰2（899）年　[別]為子内親王《いしないしんのう》
平安時代前期の女性。光孝天皇の皇女。醍醐天皇の妃。
¶朝日（いしないしんのう　[没]昌泰2年3月14日（899年4月27日）），女性（いしないしんのう　[没]昌泰2（899）年3月14日），人名，日人，平史

為尊親王　ためたかしんのう
貞元2（977）年～長保4（1002）年
平安時代中期の冷泉天皇の第3皇子。
¶人名，日人，平史

多米国平　ためのくにひら
生没年不詳
平安時代中期の官人。
¶平史

田眼皇女　ためのこうじょ
生没年不詳
飛鳥時代の女性。敏達天皇の皇女。
¶女性

為平親王　ためひらしんのう
天暦6（952）年～寛弘7（1010）年
平安時代中期の村上天皇の第4皇子。
¶朝日（[没]寛弘7年11月7日（1010年12月15日）），角史，国史，古史，古中，コン改，コン4，史人（[没]1010年11月7日），重要（[没]寛弘7（1010）年11月7日），諸系，新潮（[没]寛弘7（1010）年11月7日），人名，世人，日人，平史

手持女王　たもちのおおきみ
生没年不詳　[別]手持女王《たもちのじょおう》
飛鳥時代の女性。万葉歌人。系譜不詳。
¶女性（たもちのじょおう），人名，日人，万葉，和俳（たもちのじょおう）

手持女王　たもちのじょおう
→手持女王（たもちのおおきみ）

足仲彦尊　たらしなかつひこのみこと
→仲哀天皇（ちゅうあいてんのう）

熾仁親王　たるひとしんのう
→有栖川宮熾仁親王（ありすがわのみやたるひとしんのう）

熾仁親王妃貞子　たるひとしんのうひさだこ
→有栖川宮貞子（ありすがわのみやさだこ）

熾仁親王妃董子　たるひとしんのうひただこ
→有栖川宮董子（ありすがわのみやただこ）

田原天皇　たわらのてんのう
→施基皇子（しきのみこ）

俵藤太　たわらのとうた，たわらのとうだ
→藤原秀郷（ふじわらのひでさと）

淡海公　たんかいこう
→藤原不比等（ふじわらのふひと）

堪久　たんきゅう
[別]堪久《かんきゅう》
奈良時代の桓武天皇の皇子。
¶人名（かんきゅう），日人（生没年不詳）

湛契　たんけい
→高向公輔（たかむこのきみすけ）

丹氏麻呂　たんじのまろ
奈良時代の官人。万葉歌人。
¶万葉

談天門院　だんてんもんいん
文永5（1268）年～元応1（1319）年11月15日　[別]藤原忠子《ふじわらちゅうし，ふじわらのちゅうし》
鎌倉時代後期の女性。後宇多天皇の典侍。後醍醐天皇の母。
¶朝日（[没]元応1年11月15日（1319年12月27日）），鎌室，国書，女性，新潮，人名，日人

丹波篤直　たんばあつなお
嘉元3（1305）年～弘和2/永徳2（1382）年10月17日
鎌倉時代後期～南北朝時代の公卿（非参議）。正四位下・典薬頭丹波篤基の次男。
¶公卿，公家（篤直〔錦小路家〕　あつなお）

丹波重長　たんばしげなが
？　～延徳2（1490）年5月8日
室町時代～戦国時代の公卿（非参議）。非参議丹波盛長の子。
¶公卿，公家（重長〔丹波家（絶家）2〕　しげなが），国書

丹波重世　たんばしげよ
？　～永享10（1438）年
室町時代の公卿（非参議）。非参議丹波長世の子。
¶公卿，公家（重世〔丹波家（絶家）1〕　しげよ）

丹波親康　たんばちかやす
生没年不詳　[別]錦小路親康《にしきのこうじちかやす》，丹波親康《たんばのちかやす》
室町時代の医師。

¶公卿（錦小路親康　にしきのこうじちかやす），公家（親康〔丹波家（絶家）3〕　ちかやす），国書，全書（たんばのちかやす），日人（たんばのちかやす）

丹波直房 たんばなおふさ
室町時代の公卿（非参議）。非参議丹波長直の子。
¶公卿（生没年不詳），公家（直房〔錦小路家〕　なおふさ）

丹波長直 たんばながなお
建治3（1277）年～興国3/康永1（1342）年7月20日
鎌倉時代後期～南北朝時代の公卿（非参議）。正四位下・典薬頭丹波篤基の長男。
¶公卿，公家（長直〔錦小路家〕　ながなお）

丹波長世 たんばながよ
南北朝時代～室町時代の公卿（非参議）。丹波長氏の子。
¶公卿（生没年不詳），公家（長世〔丹波家（絶家）1〕　ながよ）

丹波竹野媛 たんばのたかのひめ
→丹波竹野媛（たにわのたかのひめ）

丹波奉親 たんばのともちか
生没年不詳
平安時代中期の官人。
¶平史

丹波道主命 たんばのみちぬしのみこと
[別]丹波道主命《たにはのみちぬしのみこと，たにはみちぬしのみこと，たにわのみちぬしのみこと，たんばみちぬしのみこと》
上代の武将、王族。開化天皇皇子彦坐王の子。
¶朝日（たにはのみちぬしのみこと），京都府，古代，コン改（たんばみちぬしのみこと），コン4（たんばみちぬしのみこと），史人（たにわのみちぬしのみこと），諸系，新潮（たんばみちぬしのみこと），人名（たにわのみちぬしのみこと），日人，歴大（たにはみちぬしのみこと）

丹波治康 たんばはるやす
？　～寛正4（1463）年5月
室町時代の公卿（非参議）。丹波有康の子。
¶公卿，公家（治康〔丹波家（絶家）3〕　はるやす）

丹波盛直 たんばもりなお
→錦小路盛直（にしきのこうじもりなお）

丹波盛長 たんばもりなが
？　～長禄1（1457）年4月11日
室町時代の公卿（非参議）。典薬頭丹波定長の子。
¶公卿，公家（盛長〔丹波家（絶家）2〕　もりなが）

丹波頼量 たんばよりかず
*～享禄2（1529）年　[別]錦小路頼量《にしきのこうじよりかず》
戦国時代の公卿、医師（非参議）。従三位頼秀の子。
¶公卿（錦小路頼量　にしきのこうじよりかず　[生]永享3（1431）年　[没]享禄2（1529）年4月2日），公家（頼量〔丹波・小森家〕　よりかず　[生]1473年　[没]享禄4（1531）年4月2日），戦人（[生]文明2（1470）年）

丹波頼直 たんばよりなお
文亀1（1501）年～天文13（1544）年10月　[別]錦小路頼直《にしきのこうじよりなお》
戦国時代の公卿（非参議）。非参議錦小路頼量の子。
¶公卿（錦小路頼直　にしきのこうじよりなお），公家（頼直〔丹波・小森家〕　よりなお），戦人

檀林皇后 だんりんこうごう
→橘嘉智子（たちばなのかちこ）

ち

【ち】

小子部鉏鉤（少子部鉏鉤） ちいさこべのさいち
？　～弘文天皇1・天武天皇1（672）年　[別]小子部鉏鉤《ちいさこべのさひち，ちいさこべのさびち》，少子部鉏鉤《ちいさこべのさひち》，少子部連鉏鉤《ちいさこべのむらじさいち》
飛鳥時代の官人。尾張国司守。
¶朝日（[没]天武1（672）年8月），古代（少子部連鉏鉤　ちいさこべのむらじさいち），コン改（ちいさこべのさひち），コン4（ちいさこべのさひち），史人（[没]672年8月），新潮（少子部鉏鉤　ちいさこべのさひち），人名（ちいさこべのさびち），姓氏愛知（ちいさこべのさひち），日人

小子部鉏鉤（少子部鉏鉤） ちいさこべのさひち，ちいさこべのさびち
→小子部鉏鉤（ちいさこべのさいち）

智円 ちえん
文明18（1486）年9月28日～永正10（1513）年9月21日　[別]安禅寺宮《あんぜんじのみや》
戦国時代の女性。後土御門天皇の第5皇女。
¶女性，人名

懐子内親王 ちかこないしんのう
生没年不詳
平安時代前期の女性。堀河天皇の皇女。
¶平史

親子内親王(1) ちかこないしんのう
？　～仁寿1（851）年
平安時代前期の女性。仁明天皇の皇女。
¶女性（[没]仁寿1（851）年9月18日），人名，日人，平史

親子内親王(2) ちかこないしんのう
→和宮（かずのみや）

親繁王 ちかしげおう
生没年不詳
平安時代中期の王族。醍醐天皇の孫。式明親王の第2王子。
¶平史

周典親王　ちかのりしんのう
→守恕入道親王(しゅじょにゅうどうしんのう)

周翰親王　ちかもとしんのう
→真仁入道親王(しんにんにゅうどうしんのう)

周慶親王　ちかよししんのう
→堯延入道親王(ぎょうえんにゅうどうしんのう)

智観女王　ちかんじょおう
応永19(1412)年～？　[別]智観女王《ちかんにょおう》
室町時代の女性。伏見宮治仁王の第1王女。
¶女性，人名(ちかんにょおう)，日人

智観女王　ちかんにょおう
→智観女王(ちかんじょおう)

千種顕経　ちぐさあきつね，ちくさあきつね
？～天授3/永和3(1377)年9月4日
南北朝時代の公家・歌人。
¶国書(ちくさあきつね)

千種有条　ちぐさありえだ，ちくさありえだ
宝暦13(1763)年4月18日～文化10(1813)年4月25日
江戸時代中期～後期の公家(非参議)。権大納言千種有政の子。
¶公卿(ちくさありえだ)，公家(有条〔千種家〕ありえだ)

千種有功　ちぐさありこと，ちくさありこと
寛政9(1797)年～安政1(1854)年
江戸時代末期の歌人・公家(非参議)。非参議千種有条の子。
¶京都大，公卿(ちくさありこと　[生]寛政9(1797)年11月9日　[没]安政1(1854)年8月28日)，公家(有功〔千種家〕　ありこと　[生]1796年？・寛政9(1797)年11月9日？　[没]嘉永7(1854)年8月28日)，国書(ちくさありこと　[生]寛政8(1796)年11月9日　[没]嘉永7(1854)年8月28日)，詩歌，史人([生]1797年11月9日　[没]1854年8月28日)，諸系，人名，姓氏京都，日人，和俳

千種有維　ちぐさありこれ，ちくさありこれ
寛永15(1638)年9月22日～元禄5(1692)年11月29日　[別]千種有維《ちくさありふさ》
江戸時代前期の公家(権大納言)。権大納言千種有能の子。
¶公卿(ちくさありこれ)，公家(有維〔千種家〕ありこれ)，国書(ちくさありふさ)

千種有補　ちぐさありすけ，ちくさありすけ
享保2(1717)年8月19日～宝暦12(1762)年9月25日
江戸時代中期の公家(参議)。非参議藤波景忠の末子。
¶公卿(ちくさありすけ)，公家(有補〔千種家〕ありすけ)

千種有任　ちぐさありとう
天保7(1836)年～明治25(1892)年
江戸時代末期～明治期の公家。
¶維新，長野歴，幕末([没]1892年9月2日)

千種有敬　ちぐさありのり，ちくさありのり
貞享4(1687)年9月10日～元文3(1738)年3月30日
江戸時代中期の公家(権大納言)。権中納言岩倉具偈(のち乗具)の子。
¶公卿(ちくさありのり)，公家(有敬〔千種家〕ありたか)

千種有梁　ちぐさありはる
安政5(1858)年～明治39(1906)年
明治期の医師。
¶日人

千種有維　ちくさありふさ
→千種有維(ちぐさありこれ)

千種有房　ちくさありふさ，ちぐさありふさ
→六条有房(ろくじょうありふさ)

千種有文　ちぐさありふみ，ちくさありふみ;ちぐさありぶみ
文化12(1815)年～明治2(1869)年
江戸時代末期の公家。
¶維新，京都大，国書(ちくさありふみ　[生]文化12(1815)年7月16日　[没]明治2(1869)年11月3日)，コン5，諸系，新潮([生]文化12(1815)年7月16日　[没]明治2(1869)年11月3日)，人名(ちくさありふみ)，姓氏京都，日人，幕末(ちぐさありぶみ　[生]1858年　[没]1869年12月5日)，和俳

千種有政　ちぐさありまさ，ちくさありまさ
寛保3(1743)年4月8日～文化9(1812)年11月5日
江戸時代中期～後期の公家(権大納言)。参議千種有補の子。
¶公卿(ちくさありまさ)，公家(有政〔千種家〕ありまさ)

千種有能　ちぐさありよし，ちくさありよし
元和1(1615)年～貞享4(1687)年
江戸時代前期の公家(権大納言)。千種家の祖。木工頭久我晴通の次男岩倉具堯の四男。
¶公卿(ちくさありよし　[没]貞享4(1687)年3月1日)，公家(有能〔千種家〕　ありよし　[没]貞享4(1687)年3月1日)，諸系，日人

千種忠顕　ちぐさただあき，ちくさただあき
？～建武3/延元1(1336)年
鎌倉時代後期～南北朝時代の公卿(参議)。千種家の始祖。太政大臣久我通光の子六条通有の曽孫。後醍醐天皇に従い転戦。足利直義軍と戦い戦死。
¶朝日(ちくさただあき　[没]建武3/延元1年6月7日(1336年7月15日))，岩史([没]建武3(1336)年6月7日)，角史(ちくさただあき)，鎌室，公卿(ちくさただあき　生没年不詳)，公家(忠顕〔千種家(絶家)〕　ただあき　[没]建武3(1336)年6月7日)，国史(ちくさただあき)，国書(ちくさただあき　[没]延元1(1336)年6月5日)，古中(ちくさただあき)，コン改，コン4，史人([没]1336年6月7日)，諸系，新潮([没]建武3/延元

1(1336)年6月5日)，人名(ちくさただあき)，姓氏京都，世人([没]延元1/建武3(1336)年6月5日)，世百，全書，大百，鳥取百，日史(ちくさただあき　[没]建武3/延元1(1336)年6月7日)，日人，百科，歴大

千種具定　ちぐさともさだ, ちくさともさだ
応永2(1395)年～文正1(1466)年7月
室町時代の公卿(権大納言)。権中納言千種雅光の子。
¶公卿(ちくさともさだ)，公家(具定〔千種家(絶家)〕　ともさだ)

千種雅光　ちぐさまさみつ, ちくさまさみつ
？～応永27(1420)年1月29日
室町時代の公卿(権中納言)。応永27年権中納言に任ぜられる。
¶公卿(ちくさまさみつ)，公家(雅光〔千種家(絶家)〕　まさみつ)

智久女王　ちくじょおう
応永24(1417)年～？　[別]智久女王《ちくにょおう》
室町時代の女性。伏見宮治仁王の第3王女。
¶鎌室(ちくにょおう)，女性([生]応永24(1417)年2月17日)，人名(ちくにょおう)，日人

智久女王　ちくにょおう
→智久女王(ちくじょおう)

智泉聖通　ちせんしょうつう
延慶2(1309)年～元中5/嘉慶2(1388)年　[別]智泉《ちせん》
鎌倉時代後期～南北朝時代の尼僧。順徳天皇の皇曾孫。四辻宮尊雅王の王女。
¶朝日([没]嘉慶2/元中5年11月25日(1388年12月24日))，鎌室，女性(智泉　ちせん　[没]元中5(1388)年11月25日)，人名(智泉　ちせん)，日人

千千速比売命　ちちはやひめのみこと
上代の女性。孝霊天皇の皇女。
¶女性，人名，日人

秩父宮勢津子　ちちぶのみやせつこ
明治42(1909)年9月9日～平成7(1995)年8月25日　[別]秩父宮妃勢津子《ちちぶのみやひせつこ》
大正～平成期の皇族。結核予防会総裁、日英協会名誉総裁。秩父宮雍仁親王の妃。
¶現日(秩父宮妃勢津子　ちちぶのみやひせつこ　[生]1907年9月9日)，世紀，日人(秩父宮妃勢津子　ちちぶのみやひせつこ)

秩父宮雍仁親王　ちちぶのみややすひとしんのう
明治35(1902)年6月25日～昭和28(1953)年1月4日　[別]秩父宮雍仁《ちちぶのみややすひと》，雍仁《やすひと》，雍仁親王《やすひとしんのう》
大正～昭和期の皇族、陸軍軍人。大本営参謀。大正天皇の第2皇子、昭和天皇の弟。スポーツ愛好家としても知られ日本ラグビー協会の総裁を務める。
¶近現(雍仁親王　やすひとしんのう)，現朝(秩父宮雍仁　ちちぶのみややすひと)，現情(雍仁　やすひと)，現日(秩父宮雍仁　ちちぶのみややすひと)，国史(雍仁親王　やすひとしんのう)，コン改，コン4，コン5，埼玉人(秩父宮雍仁　ちちぶのみややすひと)，史人，諸系，新潮，人名7(雍仁親王　やすひとしんのう)，世紀(秩父宮雍仁　ちちぶのみややすひと)，世百，全書(秩父宮雍仁　ちちぶのみややすひと)，大百，日史(雍仁親王　やすひとしんのう)，日人，陸海，歴大(秩父宮雍仁　ちちぶのみややすひと)

千歳宮　ちとせのみや
嘉禎3(1237)年～建長6(1254)年
鎌倉時代前期の順徳天皇の皇子。
¶人名，日人

智努女王　ちぬのおおきみ
→智努女王(ちぬのじょおう)

智努女王　ちぬのじょおう
[別]智努女王《ちぬのおおきみ》
奈良時代の女性。長屋王の王女。
¶女性(生没年不詳)，万葉(ちぬのおおきみ)

乳娘　ちのいらつめ
生没年不詳
飛鳥時代の女性。孝徳天皇の妃。
¶女性

仲哀天皇　ちゅうあいてんのう
[別]足仲彦尊《たらしなかつひこのみこと》
上代の第14代の天皇。日本武尊と垂仁天皇の娘両道入姫命の子。
¶朝日，岩史，角史，国史，古史(生没年不詳)，古代，古中，コン改，コン4，史人，重要(生没年不詳)，諸系，新潮，人名，世人，世百，全書(生没年不詳)，大百，日史，日人，百科，兵庫百，歴大

中和門院　ちゅうかもんいん
→中和門院(ちゅうわもんいん)

忠義王　ちゅうぎおう
？～長禄1(1457)年
室町時代の後南朝の皇族。河野宮。
¶朝日([没]長禄1年12月2日(1457年12月18日))，国史，古中，史人([没]1457年12月2日)，日人

忠義公　ちゅうぎこう
→藤原兼通(ふじわらのかねみち)

仲恭天皇　ちゅうきょうてんのう
建保6(1218)年～文暦1(1234)年　[別]九条廃帝《くじょうはいてい》
鎌倉時代前期の第85代の天皇(在位1221～1221)。順徳天皇と九条立子の子。
¶朝日([生]建保6年10月10日(1218年10月30日)　[没]文暦1年5月20日(1234年6月18日))，岩史([生]建保6(1218)年10月10日　[没]天福2(1234)年5月20日)，角史，鎌室，京都大，国史，古中，コン改，コン4，史人([生]1218年10月10日　[没]1234年5月20日)，重要([生]建保6(1218)年10月10日　[没]文暦1(1234)年5月20日)，諸系，新

潮（[生]建保6（1218）年10月10日　[没]文暦1（1234）年5月20日），人名，姓氏京都，世人（[生]建保6（1218）年10月10日　[没]文暦1（1234）年5月20日），世百，全書，大百，日史（[生]建保6（1218）年10月10日　[没]文暦1（1234）年5月20日），日人，歴大

中書王(1)　ちゅうしょおう
→兼明親王（かねあきらしんのう）

中書王(2)　ちゅうしょおう
→具平親王（ともひらしんのう）

忠助法親王　ちゅうじょほうしんのう
？～正応3（1290）年　[別]忠助《ちゅうじょ》
鎌倉時代の天台宗の僧。後嵯峨天皇の皇子。
¶人名，日人，仏教（忠助　ちゅうじょ　[没]正応3（1290）年8月18日）

忠仁公　ちゅうじんこう
→藤原良房（ふじわらのよしふさ）

中納言女王　ちゅうなごんじょおう
生没年不詳　[別]中納言女王《ちゅうなごんのにょおう》
平安時代中期の歌人。小一条院の女という説がある。
¶国書（ちゅうなごんのにょおう），平史

中納言女王　ちゅうなごんのにょおう
→中納言女王（ちゅうなごんじょおう）

忠誉入道親王　ちゅうよにゅうどうしんのう
享保7（1722）年～天明8（1788）年　[別]中誉法親王《ちゅうよほうしんのう》，忠誉《ちゅうよ》
江戸時代中期～後期の天台宗の僧。中御門天皇の第3皇子。
¶人名（中誉法親王　ちゅうよほうしんのう），日人，仏教（忠誉　ちゅうよ　[生]享保7（1722）年11月5日　[没]天明8（1788）年4月11日）

中誉法親王　ちゅうよほうしんのう
→忠誉入道親王（ちゅうよにゅうどうしんのう）

忠良親王　ちゅうりょうしんのう
→忠良親王（ただよししんのう）

中和門院　ちゅうわもんいん
天正3（1575）年～寛永7（1630）年　[別]中和門院《ちゅうかもんいん》，藤原前子《ふじわらのさきこ》
安土桃山時代～江戸時代前期の女性。後陽成天皇の女御。後水尾天皇の母。
¶朝日（ちゅうかもんいん　[没]寛永7年7月3日（1630年8月11日）），京都，近世，国史，史人（[没]1630年7月3日），諸系，女性（ちゅうかもんいん　[没]寛永7（1630）年7月3日），人名（ちゅうかもんいん），日人，歴大

澄覚親王　ちょうかくしんのう
→澄覚法親王（ちょうかくほうしんのう）

澄覚法親王　ちょうかくほうしんのう
承久1（1219）年～正応2（1289）年　[別]澄覚《ちょうかく》，澄覚親王《ちょうかくしんのう》，澄覚法親王《ちょうかくほっしんのう》
鎌倉時代後期の天台宗の僧。雅成親王の王子。後鳥羽天皇の孫。
¶朝日（ちょうかくほっしんのう　[没]正応2年4月28日（1289年5月19日）），鎌室（ちょうかくほっしんのう　[生]建保6（1218）年？），国史（ちょうかくほっしんのう），国書（澄覚親王　ちょうかくしんのう　[没]正応2（1289）年4月18日），史人（ちょうかくほっしんのう　[没]1289年4月18日，（異説）4月28日），新潮（ちょうかくほっしんのう　[没]正応2（1289）年4月28日），人名（[生]1218年），世人，日人，仏教（澄覚　ちょうかく　[没]正応2（1289）年4月18日，（異説）4月28日？），仏史（ちょうかくほっしんのう）

長慶天皇　ちょうけいてんのう
興国4/康永2（1343）年～応永1（1394）年8月1日　[別]寛成親王《ひろなりしんのう，ゆたなりしんのう》
南北朝時代の第98代（南朝第3代）の天皇（在位1368～1383）。後村上天皇の第1皇子。
¶朝日（[没]応永1年8月1日（1394年8月27日）），岩史，角史，鎌室，国史，国書，古中，コン改，コン4，史人，重要，諸系，新潮，人名，世人，世百，全書，大百，日史，日人，百科，歴大

瑒子内親王（娼子内親王）　**ちょうしないしんのう**
弘安8（1285）年～延慶1（1308）年
鎌倉時代後期～南北朝時代の女性。後二条天皇の第4皇女。
¶国書（生没年不詳），女性（娼子内親王）

澄相公　ちょうしょうこう
→春澄善縄（はるずみのよしただ）

長助法親王　ちょうじょほうしんのう
*～正平16/康安1（1361）年　[別]長助《ちょうじょ》，長助法親王《ちょうじょほっしんのう》
南北朝時代の後伏見天皇の皇子。
¶鎌室（ちょうじょほっしんのう　[生]？），人名（[生]1318年），日人（[生]1320年），仏教（長助　ちょうじょ　[生]元応2（1320）年，（異説）文保2（1318）年　[没]延文6/正平16（1361）年2月8日）

長楽門院　ちょうらくもんいん
弘安6（1283）年～正平7/文和1（1352）年　[別]藤原忻子《ふじわらきんし，ふじわらのきんし》
鎌倉時代後期～南北朝時代の女性。後二条天皇の皇后。
¶朝日（[没]文和1/正平7年2月1日（1352年2月16日）），鎌室，諸系，女性（[没]正平7（1352）年2月1日），新潮（[没]文和1/正平7（1352）年2月1日），人名，日人

直子女王　ちょくしじょおう
→直子女王（なおこじょおう）

珍　ちん
→倭王珍（わおうちん）

珍子内親王 ちんしないしんのう
？ ～元慶1（877）年 [別]珍子内親王《よしこないしんのう》
平安時代前期の女性。文徳天皇の皇女。
¶女性（[没]元慶1（877）年4月24日），人名，日人，平史（よしこないしんのう）

【つ】

通蔵主 つうぞうす
？ ～嘉吉3（1443）年
室町時代の僧。後村上天皇の皇曾孫。世明王の王子。
¶鎌室，新潮，人名，日人

通陽門院 つうようもんいん
正平6/観応2（1351）年～応永13（1406）年12月27日 [別]三条厳子《さんじょうげんし，さんじょうたかこ》，藤原厳子《ふじわらのげんし》
南北朝時代～室町時代の女性。後小松天皇の生母。後円融天皇の宮人。
¶朝日（[没]応永13年12月27日（1407年2月5日）），鎌室，国書，コン改，コン4，諸系（[没]1407年），女性，新潮，人名，世人，日人（[没]1407年）

津軽華子 つがるはなこ
→常陸宮華子（ひたちのみやはなこ）

継枝王 つぎえおう
？ ～承和13（846）年
平安時代前期の桓武天皇皇孫、伊予親王の第2王子。
¶人名，日人

承子内親王 つぎこないしんのう
→承子内親王（しょうしないしんのう）

緝子内親王 つぎこないしんのう
→緝子内親王（しゅうしないしんのう）

世良親王 つぎながしんのう
→世良親王（ときよししんのう）

調淡海 つきのおうみ
生没年不詳 [別]調首淡海《つきのおびとおうみ》
奈良時代の官人（正五位上）。壬申の乱の際、大海人皇子に付き従った舎人。
¶朝日，コン改，コン4，新潮，人名，日人，万葉（調首淡海 つきのおびとおうみ），和俳

調老人 つきのおきな
？ ～大宝1（701）年？ [別]調忌寸老人《つきのいみきおきな》，調老人《つきのおとな》
飛鳥時代の官人。大宝律令の編纂に参加。
¶朝日，古代（調忌寸老人 つきのいみきおきな），コン改（つきのおとな 生没年不詳），コン4（つきのおとな 生没年不詳），詩歌（調忌寸老人 つきのいみきおきな），史人，新潮（つきのおとな 生没年不詳），人名（つきのおとな），日人（生没年不詳），和俳（つきのおとな 生没年不詳）

調老人 つきのおとな
→調老人（つきのおきな）

調古麻呂 つきのこまろ
[別]調忌寸古麻呂《つきのいみきこまろ》
奈良時代の学者。
¶古代（調忌寸古麻呂 つきのいみきこまろ），日人（生没年不詳）

月輪家輔 つきのわいえすけ
？ ～康正1（1455）年4月1日
室町時代の公卿（権中納言）。非参議藤原家尹の子。
¶公卿，公家（家輔〔月輪家（絶家）〕 いえすけ）

月輪家尹 つきのわいえまさ
？ ～元中4/嘉慶1（1387）年 [別]藤原家尹《ふじわらのいえただ》
南北朝時代の公家・歌人・連歌作者。
¶公卿（藤原家尹 ふじわらのいえただ），公家（家尹〔月輪家（絶家）〕 いえただ），国書

月輪関白 つきのわかんぱく
→九条兼実（くじょうかねざね）

月輪季尹 つきのわすえただ
生没年不詳 [別]月輪季尹《つきのわすえまさ》
南北朝時代～室町時代の公卿（参議）。従二位・非参議藤原家尹の子。
¶鎌室，公卿，公家（季尹〔月輪家（絶家）〕 すえただ），国書（つきのわすえまさ），日人

月輪季尹 つきのわすえまさ
→月輪季尹（つきのわすえただ）

月輪基賢 つきのわもとかた
室町時代の公卿（参議）。永享元年参議に任ぜられる。
¶公卿（生没年不詳），公家（基賢〔月輪家（絶家）〕 もとかた）

月輪良尹 つきのわよしまさ
生没年不詳
鎌倉時代後期～南北朝時代の公家・歌人。
¶国書

槻本老 つきもとのおゆ
生没年不詳 [別]槻本公老《つきもとのきみおゆ》
奈良時代の官人。槻本石村の子。槻本奈弖麻呂の父。
¶朝日，古代（槻本公老 つきもとのきみおゆ），コン改，コン4，日人

世良親王 つぎよししんのう
→世良親王（ときよししんのう）

韶子女王 つぐこじょおう
文化2（1805）年～天保12（1841）年
江戸時代後期の伏見宮貞敬親王の第2王女。
¶人名，日人

筑波藤麿　つくばふじまろ
明治38（1905）年2月25日～昭和53（1978）年3月20日
大正～昭和期の皇族、神職、歴史研究家。侯爵、靖国神社宮司。山階宮菊麿王の第1王子。昭和3年に臣籍降下し筑波侯爵家を設立。
¶史研，履歴，履歴2

継仁親王　つぐひとしんのう
弘安2（1279）年～弘安3（1280）年
鎌倉時代後期の亀山天皇の皇子。
¶鎌室，人名，日人

嗣岑王　つぐみねおう
生没年不詳
平安時代前期の官人。系譜不詳。日向守となったが罪を得て免職。
¶平史

土御門顕方　つちみかどあきかた
鎌倉時代前期の公卿（権大納言）。大納言中院通方の四男。
¶公卿（生没年不詳），公家（顕方〔土御門家（絶家）3〕　あきかた）

土御門顕定　つちみかどあきさだ
建保3（1215）年～弘安6（1283）年
鎌倉時代後期の公卿（権大納言）。内大臣土御門定通の長男。
¶公卿（[没]弘安6（1283）年8月12日），公家（顕定〔土御門家（絶家）1〕　あきさだ　[没]弘安6（1283）年8月12日），諸系，日人

土御門顕実(1)　つちみかどあきざね
？　～弘安2（1279）年9月15日
鎌倉時代前期の公卿（非参議）。権大納言土御門顕方の子。
¶公卿，公家（顕実〔土御門家（絶家）3〕　あきざね）

土御門顕実(2)　つちみかどあきざね
正安3（1301）年～元徳1（1329）年3月19日
鎌倉時代後期の公卿（権大納言）。権大納言土御門雅長の子。
¶公卿，公家（顕実〔土御門家（絶家）1〕　あきざね）

土御門顕親　つちみかどあきちか
承久2（1220）年～？
鎌倉時代前期の公卿（権中納言）。内大臣土御門定通の次男。
¶公卿，公家（顕親〔土御門家（絶家）1〕　あきちか）

土御門顕俊　つちみかどあきとし
文永3（1266）年～元弘2/正慶1（1332）年3月
鎌倉時代後期の公卿（非参議）。左中将雅方の子。
¶公卿，公家（顕俊〔土御門家（絶家）3〕　あきとし）

土御門顕良　つちみかどあきよし
嘉禄2（1226）年～？
鎌倉時代前期の公卿（権大納言）。内大臣土御門定通の三男。
¶公卿，公家（顕良〔土御門家（絶家）1〕　あきよし）

土御門有季　つちみかどありすえ
？　～寛正6（1465）年12月15日
室町時代の公卿（非参議）。非参議土御門有盛の子。
¶公卿，公家（有季〔土御門家〕　ありすえ）

土御門有仲　つちみかどありなか
室町時代の公卿（非参議）。非参議土御門有世の次男。
¶公卿（生没年不詳），公家（有仲〔土御門家〕　ありなか）

土御門有脩（土御門有修）　つちみかどありなが
大永7（1527）年～天正5（1577）年　[別]安倍有脩《あべのありなが》，土御門有脩《つちみかどありやす》，土御門有修《つちみかどありなが》
戦国時代～安土桃山時代の暦学者、公卿（非参議）。非参議土御門有春の子。
¶公卿（[没]天正5（1577）年1月2日），公家（有脩〔土御門家〕　ありなが　[没]天正5（1577）年1月2日），諸系，人名（土御門有修），戦人（つちみかどありやす），日人，歴大（安倍有脩　あべのありなが）

土御門有宣　つちみかどありのぶ
永享5（1433）年～永正11（1514）年2月13日
室町時代～戦国時代の公卿（非参議）。非参議土御門有季の子。
¶公卿，公家（有宣〔土御門家〕　ありのぶ），戦人

土御門有春　つちみかどありはる
文亀1（1501）年～永禄12（1569）年6月19日
戦国時代の公卿（非参議）。非参議土御門有宣の子。
¶公卿，公家（有春〔土御門家〕　ありはる），戦人

土御門有盛　つちみかどありもり
？　～永享5（1433）年
室町時代の公卿（非参議）。非参議土御門有世の長男。
¶公卿（[没]永享5（1433）年11月1日），公家（有盛〔土御門家〕　ありもり　[没]永享5（1433）年11月）

土御門有脩　つちみかどありやす
→土御門有脩（つちみかどありなが）

土御門有世　つちみかどありよ
嘉暦2（1327）年～応永12（1405）年1月29日
南北朝時代～室町時代の暦学者、公卿（非参議）。従四位上・大炊権助・天文博士土御門泰吉の子。
¶鎌室（[生]？），公卿，公家（有世〔土御門家〕　ありよ），国書，諸系，人名，日人

土御門定実 つちみかどさだざね,つちみかどさださね
仁治2(1241)年〜嘉元4(1306)年3月30日
鎌倉時代後期の公卿(太政大臣)。権大納言土御門顕定の子。
¶鎌室,公卿(つちみかどさださね),公家(定実〔土御門家(絶家)1〕 さだざね),諸系,新潮,日人

土御門定具 つちみかどさだとも
興国1/暦応3(1340)年〜応永5(1398)年2月20日
南北朝時代〜室町時代の公卿(権大納言)。参議土御門通房の子。
¶公卿,公家(定具〔土御門家(絶家)1〕 さだとも)

土御門定長 つちみかどさだなが
応永17(1410)年〜?
室町時代の公卿(参議)。嘉吉元年従三位に叙される。
¶公卿,公家(定長〔土御門家(絶家)1〕 さだなか)

土御門定通 つちみかどさだみち
文治4(1188)年〜宝治1(1247)年9月28日 [別]久我定通《こがさだみち》
鎌倉時代前期の公卿(内大臣)。源家系の土御門家の祖。村上天皇の皇子具平親王の末裔。
¶朝日([没]宝治1年1月28日(1247年3月6日)),岩史,鎌室(久我定通 こがさだみち),鎌室,公卿,公家(定通〔土御門家(絶家)1〕 さだみち),国史,国書,古中,コン4,諸系,新潮,人名(久我定通 こがさだみち),日史,日人,北条

土御門資家 つちみかどすけいえ
建徳2/応安4(1371)年〜永享10(1438)年
南北朝時代〜室町時代の公卿(権大納言)。権大納言土御門保光の子。
¶鎌室([生]応安4/建徳2(1371)年?),公卿([没]?),公家(資家〔土御門家(絶家)〕 すけいえ [没]永享10(1438)年3月3日),日人

土御門親定 つちみかどちかさだ
文永4(1267)年〜正和4(1315)年7月1日
鎌倉時代後期の公卿(権大納言)。太政大臣土御門定実の次男。
¶公卿,公家(親定〔土御門家(絶家)1〕 ちかさだ)

土御門親賢 つちみかどちかよし
永仁5(1297)年〜正平5/観応1(1350)年2月13日
鎌倉時代後期〜南北朝時代の公卿(権中納言)。権大納言土御門親定の子。
¶公卿,公家(親賢〔土御門家(絶家)1〕 ちかかた)

土御門天皇 つちみかどてんのう
建久6(1195)年〜寛喜3(1231)年 [別]阿波院《あわのいん》,土御門上皇《つちみかどじょうこう》,土佐院《とさのいん》
鎌倉時代前期の第83代の天皇(在位1198〜1210)。後鳥羽天皇の第1皇子。
¶朝日([生]建久6年11月1日(1195年12月4日) [没]寛喜3年10月11日(1231年11月6日)),岩史([生]建久6(1195)年12月2日 [没]寛喜3(1231)年10月11日),角史,鎌室,京都大,高知人(土御門上皇 つちみかどじょうこう),高知百(土御門上皇 つちみかどじょうこう),国史,国書([生]建久6(1195)年11月1日 [没]寛喜3(1231)年10月11日),古中,コン改,コン4,詩歌,史人([生]1195年11月1日,(異説)12月2日 [没]1231年10月11日),重要([生]建久6(1195)年12月2日 [没]寛喜3(1231)年10月11日),諸系,人書94,新潮([没]寛喜3(1231)年10月10日),人名,姓氏京都,世人([生]建久6(1195)年11月1日 [没]寛喜3(1231)年10月11日),世百,全書,大百,徳島歴(土御門上皇 つちみかどじょうこう [生]建久6(1195)年12月2日 [没]寛喜3(1231)年10月11日),日史([生]建久6(1195)年11月1日 [没]寛喜3(1231)年10月11日),日人,百科,平史,歴大,和俳([没]寛喜3(1231)年10月11日)

土御門時通 つちみかどときみち
[別]中院時通《なかのいんときみち》,中院顕隆《なかのいんあきたか》
鎌倉時代後期の公家(参議)。権大納言土御門通行の孫。参議従二位土御門通持の子。
¶公卿(中院時通 なかのいんときみち 生没年不詳),公家(時通〔土御門家(絶家)2〕 ときみち),公家(顕隆〔中院家〕 あきたか)

土御門長親 つちみかどながちか
生没年不詳
鎌倉時代後期の公家・陰陽家。
¶国書

土御門晴雄 つちみかどはるお
文政10(1827)年〜明治2(1869)年 [別]土御門晴雄《つちみかどはれお,つちみかどはれたけ》
江戸時代末期の公家(非参議)。非参議土御門晴親の子。
¶維新(つちみかどはれお),近現,近世,公卿(つちみかどはれお [生]文政10(1827)年6月5日 [没]明治2(1869)年10月),公家(晴雄〔土御門家〕 はれたけ [生]文政10(1827)年6月5日 [没]明治2(1869)年10月6日),国史,国書(つちみかどはれたけ [生]文政10(1827)年6月5日 [没]明治2(1869)年10月6日),コン5(つちみかどはれお),諸系,日人,幕末(つちみかどはれお [没]1869年11月9日)

土御門晴雄 つちみかどはれお
→土御門晴雄(つちみかどはるお)

土御門晴雄 つちみかどはれたけ
→土御門晴雄(つちみかどはるお)

土御門晴親 つちみかどはれちか
天明7(1787)年12月8日〜天保13(1842)年6月28日
江戸時代後期の公家(非参議)。非参議土御門泰栄の次男。
¶公卿([没]天保13(1842)年6月8日),公家(晴親

〔土御門家〕　はれちか），国書

土御門晴善　つちみかどはれよし
明治17(1884)年～昭和9(1934)年
大正～昭和期の農学者。子爵。東京高等蚕糸学校教授を務めた。
¶人名

土御門久脩　つちみかどひさなが,つちみかどひさなか
永禄3(1560)年～寛永2(1625)年　[別]安倍久脩《あべのひさなが》
安土桃山時代～江戸時代前期の公家(非参議)。非参議土御門有脩の子。
¶朝日(つちみかどひさなか　[生]永禄2(1559)年)，公卿([没]寛永2(1625)年1月18日)，公家(久脩〔土御門家〕　ひさなが　[没]寛永2(1625)年1月18日)，国書([没]寛永2(1625)年6月18日)，諸系，日人，歴大(安倍久脩　あべのひさなが)

土御門雅長　つちみかどまさなが
弘安10(1287)年～正和5(1316)年6月29日
鎌倉時代後期の公卿(権大納言)。大納言土御門雅房の子。
¶公卿，公家(雅長〔土御門家(絶家)1〕　まさなが)

土御門雅房　つちみかどまさふさ
弘長3(1263)年～乾元1(1302)年9月28日　[別]源雅房《みなもとまさふさ》
鎌倉時代後期の公卿(大納言)。太政大臣土御門定実の長男。
¶公卿，公家(雅房〔土御門家(絶家)1〕　まさふさ)，国書(源雅房　みなもとまさふさ　[生]弘長2(1262)年)

土御門通方　つちみかどみちかた
→中院通方(なかのいんみちかた)

土御門通親　つちみかどみちちか
→源通親(みなもとのみちちか)

土御門通具　つちみかどみちとも
→源通具(みなもとのみちとも)

土御門通房　つちみかどみちふさ
文保2(1318)年～興国6/貞和1(1345)年1月29日
鎌倉時代後期～南北朝時代の公卿(参議)。権大納言土御門顕実の子。
¶公卿，公家(通房〔土御門家(絶家)1〕　みちふさ)

土御門通持　つちみかどみちもつ
貞永1(1232)年～建治2(1276)年閏3月15日
鎌倉時代前期の公卿(参議)。権大納言土御門通行の長男。
¶公卿，公家(通持〔土御門家(絶家)2〕　みちもち)

土御門通行　つちみかどみちゆき
建仁2(1202)年～文永7(1270)年6月30日
鎌倉時代前期の公卿(権大納言)。村上天皇の皇子具平親王の末裔。
¶公卿，公家(通行〔土御門家(絶家)2〕　みちゆき)

土御門泰家　つちみかどやすいえ
？　～応永24(1417)年7月16日
室町時代の公卿(非参議)。土御門有茂の子。
¶公卿，公家(泰家〔安倍家(絶家)2〕　やすいえ)

土御門泰清　つちみかどやすきよ
*～永正8(1511)年12月14日
室町時代～戦国時代の公卿(非参議)。非参議西洞院有郷の子。
¶公卿([生]永享5(1433)年)，公家(泰清〔安倍家(絶家)2〕　やすきよ　[生]？)，戦人([生]永享2(1430)年)

土御門泰邦　つちみかどやすくに
正徳1(1711)年～天明4(1784)年　[別]安倍泰邦《あべのやすくに,あべやすくに》
江戸時代中期の暦学者、公家(非参議)。非参議土御門泰福の三男。
¶朝日([生]正徳1年8月8日(1711年9月20日)　[没]天明4年5月9日(1784年6月26日))，近世，公卿([生]正徳1(1711)年8月8日　[没]天明4(1784)年5月9日)，公家(泰邦〔土御門家〕　やすくに　[生]正徳1(1711)年8月8日　[没]天明4(1784)年5月9日)，国史，国書([生]正徳1(1711)年8月8日　[没]天明4(1784)年5月9日)，コン改(安倍泰邦　あべやすくに　生没年不詳)，コン4(安倍泰邦　あべやすくに　生没年不詳)，コン4，諸系，新潮([没]天明3(1783)年)，人名(安倍泰邦　あべのやすくに)，全書，大百，日人，歴大

土御門泰重　つちみかどやすしげ
天正14(1586)年～寛文1(1661)年
江戸時代前期の公家(非参議)。非参議土御門久脩の子。
¶朝日([生]天正14年1月8日(1586年2月26日)　[没]寛文1年8月19日(1661年9月12日))，京都，京都大([生]天正13(1585)年)，近世，公卿([生]天正14(1586)年1月8日　[没]寛文1(1661)年8月19日)，公家(泰重〔土御門家〕　やすしげ　[生]天正14(1586)年1月8日　[没]寛文1(1661)年8月19日)，国史，国書([生]天正14(1586)年1月8日　[没]寛文1(1661)年8月19日)，諸系，姓氏京都，日人

土御門泰胤　つちみかどやすたね
天明2(1782)年～？
江戸時代中期～後期の公家。
¶国書

土御門泰連　つちみかどやすつら
貞享2(1685)年6月27日～宝暦2(1752)年7月27日
江戸時代中期の公家(非参議)。非参議土御門泰福の次男。
¶公卿，公家(泰連〔土御門家〕　やすつら)，国書

土御門泰栄　つちみかどやすてる
宝暦8(1758)年10月4日～文化3(1806)年12月25

皇族・貴族篇　つつみほ

日　㊚土御門泰栄《つちみかどやすなが》
江戸時代中期～後期の公家（非参議）。非参議倉橋有儀の子。
¶公卿，公家（泰栄〔土御門家〕　やすなが），国書（つちみかどやすなが）

土御門泰福 つちみかどやすとし
→土御門泰福（つちみかどやすとみ）

土御門泰福 つちみかどやすとみ
明暦1（1655）年～享保2（1717）年　㊚安倍泰福《あべのやすふく，あべやすとみ》，土御門泰福《つちみかどやすとし》
江戸時代前期～中期の陰陽家，公家（非参議）。故隆俊の子。
¶朝日（㊐明暦1年6月20日（1655年7月23日）～㊡享保2年6月17日（1717年7月25日）），近世，公卿（つちみかどやすとし）　㊐明暦1（1655）年6月20日　㊡享保2（1717）年6月17日，公家（泰福〔土御門家〕　やすとみ　㊐明暦1（1655）年6月20日　㊡享保2（1717）年6月17日），国史，国書（㊐明暦1（1655）年6月20日　㊡享保2（1717）年6月17日），コン改，コン4，史人（㊐1655年6月20日　㊡1717年6月17日），諸系，神史，神人，新潮（㊐明暦1（1655）年6月20日　㊡享保2（1717）年6月17日），姓氏京都，世人（生没年不詳），全書，日人，歴大

土御門泰栄 つちみかどやすなが
→土御門泰栄（つちみかどやすてる）

土御門泰誠 つちみかどやすのぶ
延宝5（1677）年2月20日～元禄4（1691）年12月
江戸時代前期～中期の公家。
¶国書

土御門泰宣 つちみかどやすのぶ
？　～応永8（1401）年
南北朝時代～室町時代の公卿（非参議）。陰陽頭・大膳大夫・天文博士土御門泰世の子。
¶公卿，公家（泰宣〔安倍家（絶家）2〕　やすのぶ）

土御門保光 つちみかどやすみつ
建武1（1334）年～応永9（1402）年8月13日
南北朝時代の公卿（権大納言）。権大納言日野俊光の孫。
¶公卿（㊙？），公家（保光〔土御門家（絶家）〕　やすみつ），国書

土山武貞 つちやまたけさだ
天明1（1781）年9月9日～文政10（1827）年12月23日
江戸時代中期～後期の公家・国学者。
¶国書

土山武辰 つちやまたけとき
宝暦9（1759）年2月6日～文政10（1827）年9月8日
江戸時代中期～後期の公家。
¶国書

土山武宗 つちやまたけむね
文政5（1822）年～？
江戸時代後期～末期の公家。
¶国書

堤哲長 つつみあきなが
文政10（1827）年12月22日～明治2（1869）年
江戸時代末期の公家（非参議）。権中納言堤広長の孫。
¶維新，公卿（㊡明治2（1869）年3月4日），公家（哲長〔堤家〕　あきなが　㊡明治2（1869）年4月4日），国書（㊡明治2（1869）年3月4日），幕末（㊡1869年4月15日）

堤維長 つつみこれなが
寛政12（1800）年1月11日～安政6（1859）年8月10日　㊚堤維長《つつみつななが》
江戸時代末期の公家（非参議）。権中納言堤広長の子。
¶公卿（㊡安政6（1859）年8月9日），公家（維長〔堤家〕　つななが），国書（つつみつななが　㊐寛政5（1793）年1月11日）

堤栄長 つつみしげなが
享保20（1735）年10月4日～寛政7（1795）年8月8日
江戸時代中期の公家（参議）。権中納言堤代長の子。
¶公卿，公家（栄長〔堤家〕　よしなが）

堤代長 つつみしろなが
享保1（1716）年2月20日～天明3（1783）年11月28日
江戸時代中期の公家（権中納言）。権大納言坊城俊清の次男。
¶公卿，公家（代長〔堤家〕　としなが）

堤中納言 つつみちゅうなごん
→藤原兼輔[1]（ふじわらのかねすけ）

堤維長 つつみつななが
→堤維長（つつみこれなが）

堤輝長 つつみてるなが
承応2（1653）年～元禄4（1691）年
江戸時代前期～中期の公家。
¶諸系，日人

堤敬長 つつみのりなが
宝暦5（1755）年6月14日～寛政12（1800）年8月23日
江戸時代中期～後期の公家（参議）。参議堤栄長の子。
¶公卿，公家（敬長〔堤家〕　ゆきなが）

堤広長 つつみひろなが
安永2（1773）年2月9日～嘉永1（1848）年1月5日
江戸時代後期の公家（権中納言）。参議堤敬長の子。
¶公卿，公家（広長〔堤家〕　ひろなが）

鼓判官 つづみほうがん
→平知康（たいらのともやす）

韶仁親王 つなひとしんのう

＊～弘化2（1845）年
江戸時代中期～後期の織仁親王の王子。有栖川家
当主。
¶国書（㋐天明4（1784）年12月19日　㋑弘化2
（1845）年2月28日），諸系（㋐1785年）

角兄麻呂 つぬのえまろ

生没年不詳　㋕觲兄麻呂《ろくのえまろ》，角兄麻
呂《ろくのえまろ》
奈良時代の歌人，官人，陰陽師。
¶コン改（ろくのえまろ），コン4（ろくのえま
ろ），新潮（觲兄麻呂　ろくのえまろ），人名，
日人

都努筑紫麻呂 つぬのつくしまろ

生没年不詳
奈良時代～平安時代前期の官人。
¶埼玉人

角広弁 つぬのひろべ

㋕角朝臣広弁《つののあそみひろべ》
奈良時代の歌人。
¶人名，日人（生没年不詳），万葉（角朝臣広弁
つののあそみひろべ）

角麻呂 つぬのまろ

㋕角麻呂《つののまろ》
奈良時代の歌人。
¶人名，万葉（つののまろ）

津野媛 つぬひめ

→津野媛（つのひめ）

恒明親王 つねあきしんのう

嘉元1（1303）年～正平6/観応2（1351）年　㋕恒明
親王《つねあきらしんのう》，常盤井宮《ときわい
のみや》
鎌倉時代後期～南北朝時代の亀山天皇の皇子。
¶朝日（㋐嘉元1年5月9日（1303年6月24日）
㋑観応2/正平6年9月6日（1351年9月26日）），
鎌室，国書（つねあきらしんのう　㋑観応2
（1351）年9月6日），コン改（常盤井宮　ときわ
いのみや），コン4，コン4（常盤井宮　ときわ
いのみや），史人（常盤井宮　ときわいのみ
や），諸系，新潮（㋐嘉元1（1303）年5月9日
㋑観応2/正平6（1351）年9月6日），人名，日人

常明親王 つねあきしんのう

→常明親王（つねあきらしんのう）

恒明親王 つねあきらしんのう

→恒明親王（つねあきしんのう）

常明親王 つねあきらしんのう

延喜6（906）年～天慶7（944）年　㋕常明親王《つ
ねあきしんのう》
平安時代中期の醍醐天皇の第5皇子。
¶国史，古史，古中，人名（つねあきしんのう），
日人（つねあきしんのう），平史

恒敦親王 つねあつしんのう

？　～応永29（1422）年
室町時代の後亀山天皇の皇子。
¶鎌室，諸系，人名，日人

恒子女王 つねこじょおう

文政9（1826）年1月20日～大正5（1916）年9月20日
㋕清閑院《せいかんいん》
江戸時代後期～明治期の女性。伏見宮邦家親王の
第1王女。関白左大臣二条斎敬の室。
¶女性，女性普，人名，日人

常子女王 つねこじょおう

宝永7（1710）年～安永8（1779）年5月22日
江戸時代中期の女性。京極宮文仁親王の第1王女。
専修寺円献室。
¶国書（㋐宝永7（1710）年11月4日），女性（㋐宝
永7（1710）年12月4日），人名，日人

直子女王 つねこじょおう

文政13（1830）年9月17日～明治26（1893）年1月
江戸時代後期～明治期の女性。伏見宮貞敬親王の
第16王女。
¶女性，女性普，人名（㋑？），日人

常子内親王 つねこないしんのう

寛永19（1642）年～元禄15（1702）年　㋕近衛常子
《このえつねこ》
江戸時代前期～中期の女性。後水尾天皇の第16皇
女。関白近衛基熙の室。
¶朝日（㋐寛永19年3月9日（1642年4月8日）
㋑元禄15年8月26日（1702年9月17日）），近世，
国史，国書（近衛常子　このえつねこ　㋐寛永
19（1642）年3月9日　㋑元禄15（1702）年8月26
日），史人（㋐1642年3月9日　㋑1702年8月26
日），諸系，女性（㋐寛永19（1642）年3月9日
㋑元禄15（1702）年8月26日），人名，日人

恒貞親王 つねさだしんのう

天長2（825）年～元慶8（884）年　㋕恒寂《こう
じゃく，ごうじゃく》
平安時代前期の淳和天皇の皇子。
¶朝日（㋑元慶8年9月20日（884年10月12日）），
岩史（㋑元慶8（884）年9月20日），角史，国史，
古史，古代，古中，コン改（恒寂　ごうじゃく
㋑仁和1（885）年），コン改，コン4（恒寂　ごう
じゃく　㋑仁和1（885）年），コン4，史人
（㋐884年9月20日），重要（㋑元慶8（884）年9月
20日），諸系，新潮（㋑元慶8（884）年9月20
日），人名，姓氏京都，世人，世百，全書，日史
（㋑元慶8（884）年9月20日），日人，百科，仏教
（恒寂　こうじゃく　㋑仁和1（885）年9月20
日），平史，歴大

常尹親王 つねただしんのう

→盛胤入道親王（せいいんにゅうどうしんのう）

恒直親王 つねなおしんのう

？　～天文21（1552）年
戦国時代の王族。亀山天皇の裔。全明親王の王
子。常磐井宮第6代。
¶諸系，人名，日人

恒良親王 つねながしんのう
→恒良親王(つねよししんのう)

恒性皇子 つねなりおうじ
？～元弘3/正慶2(1333)年 [別]恒性《こうしょう》
鎌倉時代後期の僧。後醍醐天皇の皇子。
¶鎌室(恒性　こうしょう)，人名(恒性　こうしょう)，日人([生]1305年)

常信親王 つねのぶしんのう
→覚円法親王(かくえんほうしんのう)

恒憲王 つねのりおう
→賀陽恒憲(かやつねのり)

恒久王 つねひさおう
→竹田宮恒久王(たけだのみやつねひさおう)

恒久王妃昌子 つねひさおうひまさこ
→竹田宮昌子(たけだのみやまさこ)

恒統親王 つねむねしんのう
天長6(829)年～承和9(842)年
平安時代前期の淳和天皇の皇子。
¶人名，日人，平史([生]830年)

恒基王 つねもとおう
？～元慶7(883)年
平安時代前期の王族・官人(従四位上山城守)。
¶平史

常康親王 つねやすしんのう
？～貞観11(869)年
平安時代前期の仁明天皇の第7皇子。
¶国史，国書([没]貞観11(869)年5月14日)，古代，古中，コン改，コン4，諸系，新潮([没]貞観11(869)年5月14日)，人名，姓氏京都，日人，平史

恒徳王 つねよしおう
→竹田恒徳(たけだつねよし)

恒良親王 つねよししんのう
*～延元3/暦応1(1338)年 [別]恒良親王《つねながしんのう》
南北朝時代の後醍醐天皇の皇子。
¶朝日([生]正中2(1325)年？)，岩史([生]元亨2(1322)年 [没]建武5/延元3(1338)年4月13日)，角史([生]？)，鎌室(つねながしんのう [生]正中1(1324)年)，国史([生]1322年)，古中([生]1322年)，コン改(つねながしんのう [生]正中1(1324)年)，コン4(つねながしんのう [生]正中1(1324)年)，史人([生]1322年 [没]1348年4月13日)，諸系([生]1324年)，新潮(つねながしんのう [生]正中1(1324)年 [没]暦応1/延元3(1338)年4月13日)，人名(つねながしんのう [生]1325年)，世人(つねながしんのう [生]正中1(1324)年 [没]延元3/暦応1(1338)年3月6日)，全書(つねながしんのう [生]1324年)，大百(つねながしんのう [生]1324年)，日史([生]正中2(1325)年 [没]暦応1/延元3(1338)年4月13日)，日人([生]1324年)，百科([生]正中2(1325)年)，歴大([生]1325年？)

常嘉親王 つねよししんのう
→堯然入道親王(ぎょうねんにゅうどうしんのう)

恒世親王 つねよしんのう
延暦24(805)年～天長3(826)年
平安時代前期の淳和天皇の第1皇子。
¶朝日([生]大同1(806)年 [没]天長3年5月1日(826年6月9日))，コン改，コン4，諸系，人名，日人，平史([生]806年)

津秋主 つのあきぬし
？～* [別]津史秋主《つのふひとあきぬし》
奈良時代の官人。
¶古代(津史秋主　つのふひとあきぬし [没]773年)，日人([没]774年)

角広弁 つののひろべ
→角広弁(つぬのひろべ)

角麻呂 つののまろ
→角麻呂(つぬのまろ)

津野媛 つのひめ
[別]津野媛《つぬひめ》
上代の女性。反正天皇の皇夫人。大宅臣祖木事の娘。
¶女性，人名(つぬひめ)，日人

津真道 つのまみち
→菅野真道(すがののまみち)

円皇女 つぶらのおうじょ
上代の女性。反正天皇の皇女。
¶人名，日人

円目王 つぶらめおう
上代の垂仁天皇の皇子。
¶古代，日人

答本陽春 つぼようしゅん
→麻田陽春(あさだのやす)

婉子女王 つやこじょおう
→婉子女王(えんしじょおう)

婉子内親王 つやこないしんのう
→婉子内親王(えんしないしんのう)

鶴殿 つるどの
→九条基家(くじょうもとい)

靏殿霞汀 つるどのかてい
明治24(1891)年11月12日～昭和31(1956)年6月26日
明治～昭和期の写真家、男爵。
¶写家

【て】

て

亭子院帝 ていじいんのみかど
→宇多天皇(うだてんのう)

貞子女王 ていしじょおう
→貞子女王(1)(さだこじょおう)

媞子内親王 ていしないしんのう
→郁芳門院(いくほうもんいん)

禔子内親王 ていしないしんのう
→禔子内親王(ししないしんのう)

貞子内親王 ていしないしんのう
? ～応永30(1423)年12月
南北朝時代～室町時代の皇族・歌人。後村上天皇の皇女。
¶国書

禎子内親王(1) ていしないしんのう
永保1(1081)年～久寿3(1156)年　[別]禛子内親王《しんしないしんのう》,禎子内親王《よしこないしんのう》
平安時代後期の女性。白河天皇の皇女。
¶女性(禛子内親王　しんしないしんのう　[生]永保1(1081)年4月17日　[没]久寿3(1156)年1月5日), 人名, 姓氏京都, 日人, 平史(よしこないしんのう)

禎子内親王(2) ていしないしんのう
→陽明門院(ようめいもんいん)

諦子内親王 ていしないしんのう
→明義門院(めいぎもんいん)

亭子女御 ていしにょうご
→永原原姫(ながはらのもとひめ)

貞信公 ていしんこう
→藤原忠平(ふじわらのただひら)

貞明皇后 ていめいこうごう
明治17(1884)年6月25日～昭和26(1951)年5月17日　[別]九条節子《くじょうさだこ》,節子《さだこ》
明治～昭和期の皇族。大正天皇の皇后。公爵九条道孝の四女で名は節子。4人の皇子を儲け、病弱な大正天皇に代わってしばしば国賓の応対などにあたった。救癩事業、養蚕奨励にも尽力。
¶朝日, 近現, 現朝, 現情([没]1951年2月17日), 現日, 国史, コン改, コン4, コン5, 史人, 女史, 女性, 女性普, 新潮, 人名7, 世紀, 世百新, 全書, 大百, 日史, 日人, 百科, 履歴, 履歴2

手杯娘 てつきのいらつめ
飛鳥時代の女性。蘇我蝦夷の娘。舒明天皇の妃。
¶女性(生没年不詳), 人名

照子女王 てるこじょおう
寛永2(1625)年～宝永4(1707)年
江戸時代前期～中期の女性。伏見宮貞清親王の第3王女。
¶女性([没]宝永4(1707)年2月26日), 人名, 日人

照子内親王 てるこないしんのう
→昭子内親王(あきこないしんのう)

照宮成子内親王 てるのみやしげこないしんのう
→東久邇成子(ひがしくにしげこ)

輝久王 てるひさおう
→小松輝久(こまつてるひさ)

天智天皇 てんじてんのう
→天智天皇(てんぢてんのう)

恬子内親王 てんしないしんのう
? ～延喜13(913)年　[別]恬子内親王《かっしないしんのう,やすこないしんのう》
平安時代前期～中期の女性。文徳天皇の皇女、斎宮。
¶朝日(かっしないしんのう　[生]嘉祥1(848)年　[没]延喜13年6月8日(913年7月14日)), 女性([没]延喜13(913)年6月18日), 女性(やすこないしんのう　[没]延喜13(913)年6月8日), 人名, 日人, 平史(やすこないしんのう)

天真親王 てんしんしんのう
→天真法親王(てんしんほうしんのう)

天真法親王 てんしんほうしんのう
寛文4(1664)年～元禄3(1690)年　[別]天真親王《てんしんしんのう》
江戸時代前期～中期の後西天皇の第5皇子。
¶国書(天真親王　てんしんしんのう　[生]寛文4(1664)年7月28日　[没]元禄3(1690)年3月1日), 人名, 日人

田達音 でんたつおん
→島田忠臣(しまだのただおみ)

天智天皇 てんぢてんのう,てんじてんのう;てんちてんのう
推古天皇34(626)年～天智天皇10(671)年　[別]中大兄皇子《なかのおおえのおうじ,なかのおひねのおうじ》,天命開別尊《あめみことひらかすわけのみこと》
飛鳥時代の第38代の天皇(在位661～671)。舒明天皇の皇子。もと中大兄皇子。中臣鎌足らと蘇我氏打倒を果たし大化改新を断行。のちには白村江の戦いで唐・新羅連合軍に敗れ、国内政治の引き締めを図り、近江令の編纂や庚午年籍の作成を行った。
¶朝日([没]天智10年12月3日(672年1月7日)), 岩史(てんじてんのう　[没]天智10(671)年12月3日), 角史(てんじてんのう), 郷土滋賀(てんじてんのう), 京都大(てんじてんのう　[生]推古天皇22(614)年), 国史(てんじてんのう), 国書(てんじてんのう　[没]天智10(671)年12月3日), 古史(てんちてんのう), 古代(てんじてんのう), 古中(てんじてんのう), コン改([生]推古22(614)年,(異説)626年), コン4([生]推古22(614)年,(異説)626年), 詩歌(て

んちてんのう　[生]？)，史人(てんちてんのう　[没]667年12月3日)，重要(てんじてんのう　[生]推古34(626)年？　[没]天智10(671)年12月3日)，諸系(てんじてんのう　[没]672年)，人書94(てんじてんのう)，新潮(てんじてんのう　[没]天智10(671)年12月3日)，新文，人名，姓氏京都(てんじてんのう)，世人(てんじてんのう)，世百，全書(てんじてんのう)，大百，伝記，日史(てんじてんのう　[没]天智10(671)年12月3日)，日人(てんじてんのう　[没]672年)，百科，仏教(てんじてんのう　[没]天智10(671)年12月3日)，文学，万葉(てんちてんのう)，歴大(てんじてんのう)，和俳(てんじてんのう　[没]天智10(671)年12月3日)

天皇明仁　てんのうあきひと
昭和8(1933)年12月23日～　[別]皇太子明仁《こうたいしあきひと》，今上天皇《きんじょうてんのう》，明仁《あきひと》，明仁親王《あきひとしんのう》
平成期の第125代天皇。昭和天皇の第一皇子。正田美智子と結婚。皇位を継承される。
¶角史(明仁　あきひと)，現朝，現情(明仁　あきひと)，現人(皇太子明仁　こうたいしあきひと)，現日(皇太子明仁　こうたいしあきひと)，諸系，新潮，世紀，世百(明仁　あきひと)，世百新(明仁　あきひと)，全書(明仁　あきひと)，大百(明仁親王　あきひとしんのう)，日史(明仁　あきひと)，日人，日本(今上天皇　きんじょうてんのう)，百科(明仁　あきひと)，履歴(今上天皇　きんじょうてんのう)，履歴2(今上天皇　きんじょうてんのう)

天皇裕仁　てんのうひろひと
→昭和天皇(しょうわてんのう)

天武天皇　てんむてんのう
？～朱鳥1(686)年　[別]大海人皇子《おおあまのおうじ，おおあまのみこ，おおしあまのおうじ》，天渟中原瀛真人尊《あめのぬなはらおきのまひとのみこと》
飛鳥時代の第40代の天皇(在位673～686)。父は舒明天皇、母は宝皇女。兄天智の死後、皇位継承を巡って大友皇子(弘文天皇)と争い壬申の乱と呼ばれる内乱を起こす。即位後は律令政治の整備をはかり、八色の姓、飛鳥浄御原令を制定し、また国史の編纂事業を指導した。
¶朝日([没]天武15年9月9日(686年10月1日))，岩史([生]舒明3(631)年？　[没]朱鳥1(686)年9月9日)，角史，郷土奈良([生]622年)，京都府，国史，古史，古代，古中，コン改，コン4，詩歌([生]631年)，史人([生]631年？　[没]686年9月9日)，重要([没]朱鳥1(686)年9月9日)，諸系，人書94，新潮([没]朱鳥1(686)年9月9日)，人名([生]631年)，世人，世百，全書，大百([生]622年)，伝記，日音([没]朱鳥1(686)年9月)，日史([没]朱鳥1(686)年9月9日)，日人，百科，福岡百([没]朱鳥1(686)年9月9日)，仏教([没]天武15(686)年9月9日)，万葉，歴大，和俳([没]朱鳥1(686)年9月9日)

【と】

道伊　どうい
生没年不詳
鎌倉時代前期の後鳥羽天皇の皇子。
¶鎌室，人名，日人

道因(1)　どういん
寛治4(1090)年～？　[別]藤原敦頼《ふじわらあつより，ふじわらのあつより，ふじわらのありより》
平安時代後期の歌人。
¶朝日，鎌室(藤原敦頼　ふじわらあつより　生没年不詳)，国史，国書([没]寿永1(1182)年頃)，古中，詩歌，新潮(藤原敦頼　ふじわらのあつより　生没年不詳)，人名，日人，平史(藤原敦頼　ふじわらのありより)，和俳

道因(2)　どういん
→藤原敦家(ふじわらのあついえ)

洞院公賢　とういんきみかた
→洞院公賢(とういんきんかた)

洞院公定　とういんきみさだ
→洞院公定(とういんきんさだ)

洞院公数　とういんきんかず
嘉吉1(1441)年～？
室町時代～戦国時代の公卿(権大納言)。左大臣洞院実熈の子。
¶公卿，公家(公数〔洞院家(絶家)〕　きんかず)，諸系，人名([生]1439年)，日人

洞院公賢　とういんきんかた
正応4(1291)年～正平15/延文5(1360)年　[別]藤原公賢《ふじわらのきんかた》，洞院公賢《とういんきみかた》
鎌倉時代後期～南北朝時代の公卿(太政大臣)。左大臣洞院実泰の長男。
¶朝日([没]延文5/正平15年4月6日(1360年4月21日))，岩史([生]正応4(1291)年8月13日　[没]延文5(1360)年4月6日)，角史，鎌室，京都(とういんきみかた)，京都大，公卿([没]延文5(1360)年4月15日)，公家(公賢〔洞院家(絶家)〕　きんかた　[没]延文5(1360)年4月6日)，国史，国書([生]正応4(1291)年8月13日　[没]延文5(1360)年4月6日)，古中，コン改，コン4，諸系，新潮([生]正応4(1291)年8月13日　[没]延文5/正平15(1360)年4月6日)，人名，姓氏京都，世人([没]正平15/延文5(1360)年4月6日)，全書，大百，日史([生]正応4(1291)年8月　[没]延文5/正平15(1360)年4月6日)，日人，百科，歴大

洞院公定　とういんきんさだ
興国1/暦応3(1340)年～応永6(1399)年　[別]洞院公定《とういんきみさだ》
南北朝時代～室町時代の公卿(左大臣)。内大臣洞院実夏の子。
¶朝日([生]暦応3/興国1年1月26日(1340年2月24

日）　[没]応永6年6月15日（1399年7月18日））, 角史, 鎌室, 京都（とういんきみさだ）, 京都大, 公卿（[生]暦応2/延元4（1339）年1月26日　[没]応永6（1399）年6月15日）, 公家（公定〔洞院家（絶家）〕　きんさだ　[没]応永6（1399）年6月15日）, 国史, 国書（[生]暦応3（1340）年1月26日　[没]応永6（1399）年6月15日）, 古中, コン改, コン4, 史人（[生]1340年1月26日　[没]1399年6月15日）, 諸系, 新潮（[生]暦応3/興国1（1340）年1月26日　[没]応永6（1399）年6月15日）, 人名, 姓氏京都, 世人, 全書, 大百, 日史（[生]暦応3/興国1（1340）年1月26日　[没]応永6（1399）年6月15日）, 日人, 歴大

洞院公尹　とういんきんただ
？～正安1（1299）年12月10日
鎌倉時代後期の公卿（権中納言）。太政大臣西園寺公経の孫。
¶公卿, 公家（公尹〔洞院家（絶家）〕　きんただ）

洞院公連　とういんきんつら
生没年不詳
室町時代の公卿（非参議）。内大臣西園寺実遠の子で、洞院家を相続・再興。
¶鎌室, 公卿, 公家（公連〔洞院家（絶家）〕　きんつら）, 国書, 諸系, 諸系, 人名, 戦人, 日人

洞院公敏　とういんきんとし
正応5（1292）年10月26日～文和1（1352）年2月4日
鎌倉時代後期の公卿（権大納言）。左大臣洞院実泰の次男。
¶公卿（[没]？）, 公家（公敏〔洞院家（絶家）〕　きんとし）, 国書

洞院公宗　とういんきんむね
仁治2（1241）年～弘長3（1263）年3月21日
鎌倉時代前期の公卿（権中納言）。洞院家の祖。太政大臣西園寺公経の孫。
¶公卿, 公家（公宗〔洞院家（絶家）〕　きんむね）, 国書

洞院公守　とういんきんもり
建長1（1249）年～文保1（1317）年　[別]藤原公守《ふじわらきんもり,ふじわらのきんもり》
鎌倉時代後期の公卿（太政大臣）。太政大臣西園寺公経の孫。
¶鎌室, 公卿（[没]文保1（1317）年7月10日）, 公家（公守〔洞院家（絶家）〕　きんもり　[没]文保1（1317）年7月10日）, 国書（[没]文保1（1317）年7月10日）, 諸系, 人名（藤原公守　ふじわらのきんもり）, 日人, 北条

洞院公泰　とういんきんやす
嘉元3（1305）年～？
鎌倉時代後期～南北朝時代の公卿（権大納言）。左大臣洞院実泰の三男。
¶公卿, 公家（公泰〔洞院家（絶家）〕　きんやす）, 国書

洞院公頼　とういんきんより
正平5/観応1（1350）年～正平22/貞治6（1367）年5月10日
南北朝時代の公卿（権中納言）。内大臣洞院実夏の三男。
¶公卿, 公家（公頼〔洞院家（絶家）〕　きんより）

洞院実雄　とういんさねお
建保5（1217）年～文永10（1273）年　[別]山階実雄《やましなさねお》,西園寺実雄《さいおんじさねお》,藤原実雄《ふじわらさねお,ふじわらのさねお,ふじわらのさねかつ》,洞院実雄《とういんさねかつ》
鎌倉時代前期の公卿（左大臣）。太政大臣西園寺公経の三男。
¶朝日（[生]承久1（1219）年　[没]文永10年8月16日（1273年9月28日））, 岩史（[没]文永10（1273）年8月16日）, 鎌室（[生]承久1（1219）年）, 公卿（山階実雄　やましなさねお　[没]文永10（1273）年8月16日）, 公家（実雄〔洞院家（絶家）〕　さねかつ　[没]文永10（1273）年8月16日）, 国史（とういんさねかつ）, 国書（[没]文永10（1273）年8月16日）, 古中（とういんさねかつ）, コン4, 諸系, 新潮（[生]承久1（1219）年　[没]文永10（1273）年8月16日）, 人名（藤原実雄　ふじわらのさねお）, 日人

洞院実雄　とういんさねかつ
→洞院実雄（とういんさねお）

洞院実清　とういんさねきよ
？～正平14/延文4（1359）年8月
鎌倉時代後期～南北朝時代の公家・歌人。
¶国書

洞院実夏　とういんさねなつ
正和4（1315）年～正平22/貞治6（1367）年6月1日
南北朝時代の公卿（内大臣）。太政大臣洞院公賢の次男。
¶鎌室, 公卿, 公家（実夏〔洞院家（絶家）〕　さねなつ）, 国書（[生]正和4（1315）年6月1日）, 諸系, 日人

洞院実信　とういんさねのぶ
？～応永19（1412）年11月26日
室町時代の公卿（権大納言）。左大臣洞院公定の養子。
¶公卿（[没]応永19（1413）年11月26日）, 公家（実信〔洞院家（絶家）〕　さねのぶ）, 国書

洞院実熈（洞院実凞, 洞院実煕）　とういんさねひろ
応永16（1409）年～？
室町時代の公卿（左大臣）。内大臣洞院満季の子。
¶朝日, 鎌室（洞院実凞）, 公卿（洞院実煕）, 公家（実熈〔洞院家（絶家）〕　さねひろ）, 国史, 国書, 古中, 史人, 諸系, 新潮, 人名, 世人（洞院実凞）, 日人

洞院実守　とういんさねもり
正和3（1314）年～文中1/応安5（1372）年4月11日
南北朝時代の公卿（大納言）。左大臣洞院実泰の四男、母は非参議高倉永康の娘従三位康子。
¶公卿, 公家（実守〔洞院家（絶家）〕　さねもり）, 国書

洞院実泰　とういんさねやす
文永7(1270)年～嘉暦2(1327)年8月15日　[別]藤原実泰《ふじわらさねやす,ふじわらのさねやす》
鎌倉時代後期の公卿(左大臣)。太政大臣洞院公守の子。
¶鎌室([生]文永6(1269)年), 公卿([生]文永6(1269)年), 公家(実泰〔洞院家(絶家)〕　さねやす), 国書, 諸系, 人名(藤原実泰　ふじわらのさねやす　[生]1269年), 日人

洞院実世　とういんさねよ
延慶1(1308)年～正平13/延文3(1358)年8月19日
鎌倉時代後期～南北朝時代の公卿(権中納言・左大臣)。太政大臣洞院公賢の長男。
¶朝日([没]延文3/正平13年8月19日(1358年9月22日)), 岩史, 角史, 鎌室([生]延慶2(1309)年), 公卿, 公家(実世〔洞院家(絶家)〕　さねよ), 国史, 国書, 古中, コン改([没]正平14/延文4(1359)年), コン4([没]延文4/正平14(1359)年), 史人, 諸系, 新潮, 人名([没]1359年), 姓氏京都([没]1359年), 世人([没]正平14/延文4(1359)年), 全書, 大百, 日史, 日人, 百科, 歴大

洞院摂政　とういんせっしょう
→九条教実(くじょうのりざね)

洞院満季　とういんみつすえ
元中7/明徳1(1390)年～?
室町時代の公卿(内大臣)。権大納言洞院実信の子。
¶鎌室, 公卿, 公家(満季〔洞院家(絶家)〕　みつすえ), 国書, 諸系, 日人

道永親王　どうえいしんのう
→道永入道親王(どうえいにゅうどうしんのう)

道永入道親王　どうえいにゅうどうしんのう
?～天文4(1535)年　[別]道永親王《どうえいしんのう》,道永法親王《どうえいほうしんのう,どうえいほっしんのう》
戦国時代の伏見宮貞常親王の王子。
¶鎌室(道永法親王　どうえいほっしんのう), 国書(道永親王　どうえいしんのう　生没年不詳), 人名(道永法親王　どうえいほうしんのう), 日人

道永法親王　どうえいほうしんのう
→道永入道親王(どうえいにゅうどうしんのう)

道恵法親王　どうえほうしんのう
長承1(1132)年～仁安3(1168)年　[別]道恵《どうえ》,道恵法親王《どうえほっしんのう》
平安時代後期の天台宗寺門派の僧。鳥羽上皇の第6皇子。
¶朝日(どうえほっしんのう　[没]仁安3年4月25日(1168年6月2日)), 鎌室(どうえほっしんのう), 新潮(どうえほっしんのう　[没]仁安3(1168)年4月25日), 人名, 日人, 仏教(道恵　どうえ　[没]仁安3(1168)年4月25日), 平史

道縁　どうえん
鎌倉時代前期の後鳥羽天皇の皇子。
¶人名, 日人(生没年不詳)

道円入道親王　どうえんにゅうどうしんのう
正平19/貞治3(1364)年～元中2/至徳2(1385)年
南北朝時代の後光厳天皇の第9皇子。
¶人名, 日人

道円法親王　どうえんほうしんのう
元仁1(1224)年～弘安4(1281)年　[別]道円《どうえん》,道円法親王《どうえんほっしんのう》
鎌倉時代前期の土御門天皇の第7皇子。
¶鎌室(どうえんほっしんのう　生没年不詳), 人名, 戦辞(道円　どうえん　生没年不詳), 日人, 仏教(道円　どうえん　[生]貞応2(1223)年?　[没]弘安4(1281)年閏7月15日)

道応法親王　どうおうほうしんのう
応仁1(1467)年～永正7(1510)年　[別]道応《どうおう》
戦国時代の天台宗の僧。伏見宮貞常親王の第8王子。
¶人名, 日人, 仏教(道応　どうおう　[没]永正7(1510)年6月15日)

道快　どうかい
→慈円(じえん)

道覚親王　どうかくしんのう
→道覚入道親王(どうかくにゅうどうしんのう)

道覚入道親王　どうかくにゅうどうしんのう
元久1(1204)年～建長2(1250)年1月11日　[別]道覚《どうかく》,道覚親王《どうかくしんのう》
鎌倉時代前期の僧。後鳥羽天皇の皇子。
¶鎌室, 国書(道覚親王　どうかくしんのう　[生]元久1(1204)年7月), 人名, 日人, 仏教(道覚　どうかく)

道寛親王　どうかんしんのう
→道寛入道親王(どうかんにゅうどうしんのう)

道寛入道親王　どうかんにゅうどうしんのう
正保4(1647)年～延宝4(1676)年　[別]道寛親王《どうかんしんのう》
江戸時代前期の僧。聖護院門主。後水尾天皇の皇子。
¶国書(道寛親王　どうかんしんのう　[生]正保4(1647)年4月28日　[没]延宝4(1676)年3月8日), 人名, 日人

等貴　とうき
→宗山等貴(しゅうざんとうき)

道喜　どうき
文亀3(1503)年～享禄3(1530)年
戦国時代の後柏原天皇の第4皇子。
¶国書(生没年不詳), 人名, 日人

道熙親王　どうきしんのう
→道熙法親王(どうきほうしんのう)

道煕法親王(道凞法親王) **どうきほうしんのう**
延慶1(1308)年～? [別]道煕親王《どうきしんのう》
鎌倉時代後期の伏見天皇の第7皇子。
¶国書(道煕親王　どうきしんのう), 人名, 日人(道凞法親王)

道鏡 どうきょう
? ～宝亀3(772)年 [別]弓削道鏡《ゆげどうきょう,ゆげのどうきょう》, 道鏡禅師《どうきょうぜんじ》
奈良時代の政治家、僧、法王。孝謙上皇の寵臣となり、その権勢は藤原仲麻呂をもしのぐ。太政大臣禅師、法王となったのち、宇佐八幡神託を理由に皇位簒奪を企てたが失敗。称徳天皇(孝謙重祚)の死とともに失脚した。
¶朝日, 岩史, 角史, 郷土栃木(弓削道鏡　ゆげのどうきょう), 公卿(弓削道鏡　ゆげのどうきょう　[没]宝亀3(772)年4月28日), 国史, 古史, 古代, 古中, コン改, コン4, 史人([没]772年4月7日), 重要([没]宝亀3(772)年4月7日), 人書79, 人書94, 新潮([没]宝亀3(772)年4月), 人名(弓削道鏡　ゆげのどうきょう), 世人([没]宝亀3(772)年4月7日), 世百, 全書, 大百, 伝記, 栃木歴, 日史([没]宝亀3(772)年4月), 日人, 百科, 仏教, 仏史, 仏人, 歴大

東光院殿 とうこういんどの
→九条稙通(くじょうたねみち)

道晃親王 どうこうしんのう
→道晃法親王(どうこうほうしんのう)

道晃入道親王 どうこうにゅうどうしんのう
→道晃法親王(どうこうほうしんのう)

道晃法親王(道光法親王) **どうこうほうしんのう**
慶長17(1612)年～* [別]道晃《どうこう》,道晃親王《どうこうしんのう》,道晃入道親王《どうこうにゅうどうしんのう》,道晃法親王《どうこうほっしんのう》
江戸時代前期の僧。後陽成天皇の第13皇子。
¶近世(道晃入道親王　どうこうにゅうどうしんのう　[没]1679年), 国史(道晃入道親王　どうこうにゅうどうしんのう　[没]1679年), 国書(道晃親王　どうこうしんのう　[生]慶長17(1612)年10月12日　[没]延宝7(1679)年6月18日), コン改(道光法親王　[没]延宝6(1678)年), コン4(道光法親王　[没]延宝6(1678)年), 茶道([生]1611年　[没]1678年), 諸系([没]1679年), 新潮(どうこうほっしんのう　[生]慶長17(1612)年3月8日　[没]延宝6(1678)年6月18日), 人名([没]1678年), 日人([没]1679年), 仏教(道晃　どうこう　[生]慶長17(1612)年3月8日,(異説)10月12日?　[没]延宝7(1679)年6月18日), 和俳([没]延宝6(1678)年)

東三条院 とうさんじょういん
→東三条院(ひがしさんじょういん)

東子女王 とうしじょおう
? ～貞観7(865)年 [別]東子女王《とうしにょおう》
平安時代前期の女性。文徳天皇の女御。
¶女性([没]貞観7(865)年6月10日), 人名(とうしにょおう), 日人

当子内親王 とうしないしんのう
長保3(1001)年～治安3(1023)年 [別]当子内親王《まさこないしんのう》
平安時代中期の女性。三条天皇第1皇女、斎宮。
¶女性, 人名, 日人, 平史(まさこないしんのう)

統子内親王 とうしないしんのう
→上西門院(じょうさいもんいん)

同子内親王 どうしないしんのう
? ～貞観2(860)年 [別]同子内親王《あつこないしんのう,ともこないしんのう》
平安時代前期の女性。淳和天皇の皇女。
¶女性([没]貞観2(860)年閏10月20日), 人名(ともこないしんのう), 日人, 平史(あつこないしんのう)

東子女王 とうしにょおう
→東子女王(とうしじょおう)

道守 どうしゅ
鎌倉時代前期の後鳥羽天皇の皇子。
¶人名, 日人(生没年不詳)

道周法親王 どうしゅうほうしんのう
慶長18(1613)年～*
江戸時代前期の後陽成天皇の皇子。
¶人名([没]1634年), 日人([没]1635年)

等勝 とうしょう
→文山等勝(ぶんざんとうしょう)

道性(1) **どうしょう**
嘉応2(1170)年～文治3(1187)年
平安時代後期の以仁王の第3王子。後白河天皇の皇孫。
¶国書([没]文治3(1187)年2月10日), 人名, 日人, 平史

道性(2) **どうしょう**
弘安1(1278)年～?
鎌倉時代後期～南北朝時代の真言宗の僧。亀山天皇の第9皇子。
¶国書, 人名, 日人, 仏教

道乗 どうじょう
建保3(1215)年～*
鎌倉時代前期の僧。後鳥羽天皇の孫。頼仁親王の王子。
¶岡山人([生]建保6(1218)年　[没]弘安7(1284)年), 岡山歴([生]建保6(1218)年　[没]弘安7(1284)年7月21日), 鎌室([没]文永10(1273)年), 人名([没]1273年), 日人([没]1274年), 仏教([没]文永10(1273)年12月11日)

道承法親王 どうしょうほうしんのう
*～正徳4(1714)年
江戸時代中期の伏見宮邦永親王の第1王子。

¶人名(㊐1696年)，日人(㊥1695年)

道助親王 どうじょしんのう
→道助入道親王(どうじょにゅうどうしんのう)

道助入道親王 どうじょにゅうどうしんのう
建久7(1196)年～宝治3(1249)年 ㊗長仁親王《ながひとしんのう》,道助《どうじょ》,道助親王《どうじょしんのう》,道助法親王《どうじょほっしんのう》
鎌倉時代前期の僧(仁和寺8世)。後鳥羽天皇の第2皇子。
¶岩史(建久7(1196)年10月16日 ㊗宝治3(1249)年1月16日),鎌室,国史(道助 どうじょ),国史,国書(道助親王 どうじょしんのう ㊤建久7(1196)年10月16日 ㊦宝治3(1249)年1月15日),古中,コン4,諸系,新潮(㊤建久7(1196)年10月16日 ㊦建長1(1249)年1月15日,(異説)1月16日),人名,姓氏京都(道助法親王 どうじょほっしんのう),日人,仏教(道助 どうじょ ㊤建久7(1196)年10月16日 ㊦宝治3(1249)年1月15日),仏史

道助法親王 どうじょほっしんのう
→道助入道親王(どうじょにゅうどうしんのう)

道深親王 どうじんしんのう
→道深法親王(どうしんほうしんのう)

道深法親王 どうしんほうしんのう,どうじんほうしんのう
建永1(1206)年～建長1(1249)年 ㊗道深《どうじん》,道深親王《どうじんしんのう》,道深法親王《どうしんほっしんのう,どうじんほっしんのう》
鎌倉時代前期の僧。後高倉院(守貞親王)の第2王子。高倉天皇の皇孫。
¶鎌室(どうしんほっしんのう),国書(道深親王 どうじんしんのう ㊤建永1(1206)年9月4日 ㊦建長1(1249)年7月28日),人名,姓氏京都(どうじんほっしんのう),日人,仏教(道深 どうじん ㊤建永1(1206)年9月4日 ㊦建長1(1249)年7月28日)

道尊 どうそん
安元1(1175)年～安貞2(1228)年
平安時代後期～鎌倉時代前期の歌人,僧。以仁王の王子。仁和寺御流の一派安井御流の祖。
¶朝日(㊤安貞2年8月5日(1228年9月4日)),鎌室,新潮(㊤安元1(1175)年,(異説)承安4(1174)年 ㊦安貞2(1228)年8月5日),人名,日人,仏教(㊦安貞2(1228)年8月5日),平史

道尊入道親王 どうそんにゅうどうしんのう
*～宝永2(1705)年 ㊗昌隆親王《まさたかしんのう》,道尊法親王《どうそんほうしんのう》
江戸時代中期の後西天皇の第9皇子。
¶人名(道尊法親王 どうそんほうしんのう ㊤1675年),日人(㊤1676年)

道尊法親王 どうそんほうしんのう
→道尊入道親王(どうそんにゅうどうしんのう)

道朝親王 どうちょうしんのう
→道朝法親王(どうちょうほうしんのう)

道澄法親王 どうちょうほうしんのう
生没年不詳 ㊗道澄法親王《どうちょうほっしんのう》
鎌倉時代の亀山天皇の皇子。
¶鎌室(どうちょうほっしんのう),人名,日人

道朝法親王 どうちょうほうしんのう
天授4/永和4(1378)年～文安3(1446)年 ㊗道朝親王《どうちょうしんのう》,道朝法親王《どうちょうほっしんのう》
室町時代の後円融天皇の皇子。
¶鎌室(どうちょうほっしんのう),国書(道朝親王 どうちょうしんのう ㊦文安3(1446)年2月22日),人名,日人

藤堂千賀子 とうどうちかこ
→朝香千賀子(あさかちかこ)

道仁入道親王 どうにんにゅうどうしんのう
元禄2(1689)年～享保18(1733)年 ㊗道仁《どうにん》,道仁法親王《どうにんほっしんのう》
江戸時代中期の天台宗の僧。伏見宮貞致親王の第3王子。天台座主。
¶人名(道仁法親王 どうにんほうしんのう),日人,仏教(道仁 どうにん ㊤元禄2(1689)年7月29日 ㊦享保18(1733)年5月19日)

道仁法親王(1) どうにんほうしんのう
*～弘長3(1263)年 ㊗道仁《どうにん》,道仁法親王《どうにんほっしんのう》
鎌倉時代前期の土御門天皇の皇子。
¶鎌室(どうにんほっしんのう ㊤承元3(1209)年),人名(㊐1209年),日人(㊥1210年),仏教(道仁 どうにん ㊤承元4(1210)年 ㊦弘長3(1263)年1月14日)

道仁法親王(2) どうにんほうしんのう
→道仁入道親王(どうにんにゅうどうしんのう)

東福門院 とうふくもんいん
慶長12(1607)年10月4日～延宝6(1678)年6月15日 ㊗源和子《みなもとのかずこ》,徳川和子《とくがわかずこ,とくがわまさこ》
江戸時代前期の女性。後水尾天皇の皇后。徳川秀忠の娘。
¶朝日(㊤慶長12年10月4日(1607年11月23日) ㊦延宝6年6月15日(1678年8月2日)),岩史,角史,京都,近世,国史,コン改,コン4,史人,重要(徳川和子 とくがわかずこ),諸系,女性,新潮,人名,姓氏京都,世人,世百(徳川和子 とくがわかずこ),全書(徳川和子 とくがわかずこ),大百,日史,百科,歴大

道法親王 どうほうしんのう
→道法法親王(どうほうほうしんのう)

道法法親王 どうほうほうしんのう,どうぼうほうしんのう
仁安1(1166)年～建保2(1214)年 ㊗道法《どう

ほう》,道法親王《どうほうしんのう》,道法法親王《どうほうほっしんのう,どうぼうほうしんのう》
平安時代後期～鎌倉時代前期の真言宗の僧。後白河上皇の第8皇子。
¶朝日(どうほうほっしんのう　[生]仁安1年11月13日(1166年12月7日)　[没]建保2年11月21日(1214年12月23日)),鎌室(どうほうほっしんのう),国書(道法親王　どうほうしんのう　[生]仁安1(1166)年11月13日　[没]建保2(1214)年11月21日),諸系,新潮(どうほうほっしんのう　[生]仁安1(1166)年11月13日　[没]建保2(1214)年11月21日),人名(どうぼうほうしんのう),日人,仏教(道法　どうほう　[生]仁安1(1166)年11月13日　[没]建保2(1214)年11月21日),平史

道祐入道親王　どうゆうにゅうどうしんのう
寛文10(1670)年～*
江戸時代中期の僧(聖護院門主)。後西天皇の皇子。
¶人名([没]1690年),日人([没]1691年)

十世王　とうよおう
→十世王(とおよおう)

十市皇女　とおちのおうじょ
→十市皇女(とおちのひめみこ)

十市皇女　とおちのこうじょ
→十市皇女(とおちのひめみこ)

十市皇女　とおちのひめみこ
？～天武7(678)年　[別]十市皇女《とおちおうじょ,とおちのおうじょ,とおちのこうじょ》
飛鳥時代の女性。天武天皇の第1皇女。
¶朝日([没]天武7年4月7日(678年5月3日)),角史(とおちおうじょ),国史(とおちのおうじょ),古史,古代,古中(とおちのおうじょ),コン改,コン4,史人([没]678年4月7日),諸系(とおちのおうじょ),女性(とおちのこうじょ　[没]天武7(678)年4月),新潮([没]天武7(678)年4月),人名(とおちのおうじょ　[没]679年),世百(とおちのおうじょ),日史(とおちのおうじょ　[没]天武7(678)年4月7日),日人(とおちのおうじょ),百科,万葉,和俳

遠津年魚眼眼妙媛　とおつあゆめまくわしひめ,とおつあゆめまぐわしひめ
[別]遠津年魚眼眼妙媛命《とおつあゆめまぐわしひめのみこと,とおつあゆめめくはしひめのみこと》
上代の女性。崇神天皇の妃。
¶女性(遠津年魚眼眼妙媛命　とおつあゆめまぐわしひめのみこと),人名(遠津年魚眼眼妙媛命　とおつあゆめめくはしひめのみこと),日人,和歌山人(とおつあゆめまぐわしひめ)

遠津年魚眼眼妙媛命　とおつあゆめまぐわしひめのみこと
→遠津年魚眼眼妙媛(とおつあゆめまくわしひめ)

遠津年魚眼眼妙媛命　とおつあゆめめくはしひめのみこと
→遠津年魚眼眼妙媛(とおつあゆめまくわしひめ)

十世王　とおよおう
天長10(833)年～延喜16(916)年　[別]十世王《とうよおう》
平安時代前期～中期の公卿(参議)。桓武天皇の孫。
¶公卿(とうよおう　[没]延喜16(916)年7月2日),古代,人名,日人,平史

時明親王　ときあきらしんのう
*～延長5(927)年
平安時代中期の醍醐天皇の皇子。
¶人名([生]912年),日人([生]910年),平史([生]？)

斉邦親王　ときくにしんのう
生没年不詳
平安時代前期の宇多天皇の皇子。
¶人名,日人,平史

時子内親王　ときこないしんのう
？～承和14(847)年
平安時代前期の女性。仁明天皇の第1皇女、賀茂斎院。
¶古代,女性([没]承和14(847)年2月12日),人名,日人,平史

斉子内親王　ときこないしんのう
→斉子内親王(2)(せいしないしんのう)

斉中親王　ときなかしんのう
仁和1(885)年～寛平3(891)年　[別]斉中親王《ただなかしんのう》
平安時代前期の宇多天皇の皇子。
¶人名,日人,平史(ただなかしんのう)

世良親王　ときながしんのう
→世良親王(ときよししんのう)

敏宮　ときのみや
→淑子内親王(すみこないしんのう)

時原長列　ときはらのながつら
生没年不詳
平安時代中期の明経道の学者・暦博士。
¶平史

時原春風　ときはらのはるかぜ
生没年不詳　[別]時原宿禰春風《ときはらのすくねはるかぜ》
平安時代前期の官人。
¶古代(時原宿禰春風　ときはらのすくねはるかぜ),日人,平史

時宗王　ときむねおう
～天安2(858)年
平安時代前期の王族。系譜不詳。
¶神奈川人

時康親王　ときやすしんのう
→光孝天皇(こうこうてんのう)

世良親王　ときよししんのう
？～元徳2(1330)年　[別]世良親王《せいりょうしんのう,つぎながしんのう,つぎよししんのう,とき

ながしんのう, よながしんのう, よよししんのう》
鎌倉時代後期の皇族。後醍醐天皇の皇子。
¶朝日（よよししんのう　[没]元徳2年9月17日（1330年10月29日）），岩史（よよししんのう　[没]元徳2（1330）年9月18日），鎌室（つぎながしんのう），国史，国書（よながしんのう　[没]元徳2（1330）年9月17日），古中，コン改（せいりょうしんのう），コン4（せいりょうしんのう），史人（よよししんのう　[没]1330年9月18日），諸系，人名（せいりょうしんのう），日史（よよししんのう　[没]元徳2（1330）年9月17日），日人，歴大（よよししんのう）

斉世親王　ときよしんのう
仁和2（886）年～延長5（927）年　[別]真寂《しんじゃく》, 真寂法親王《しんじゃくほうしんのう, しんじゃくほっしんのう》
平安時代中期の宇多天皇の第3皇子。
¶角史，国史，国書（[没]延長5（927）年9月10日），古史，古中，コン改（真寂法親王　しんじゃくほうしんのう），コン4（真寂法親王　しんじゃくほうしんのう），史人（[没]927年9月10日），諸系，新潮（[没]延長5（927）年9月10日），人名（真寂法親王　しんじゃくほうしんのう），世人（生没年不詳），世百，日史（[没]延長5（927）年9月10日），日人，百科，仏教（真寂　しんじゃく　[没]延長5（927）年9月10日），仏人（真寂　しんじゃく　[生]888年　[没]？），平史，歴大

常盤井宮恒明親王　ときわいのみやつねあきしんのう
→恒明親王（つねあきしんのう）

徳川家茂夫人　とくがわいえもちふじん
→和宮（かずのみや）

徳川和子　とくがわかずこ
→東福門院（とうふくもんいん）

徳川喜久子　とくがわきくこ
→高松宮喜久子（たかまつのみやきくこ）

徳川貞子　とくがわさだこ
→有栖川宮貞子（ありすがわのみやさだこ）

徳川祥子　とくがわさちこ
→北白川祥子（きたしらかわさちこ）

徳川経子　とくがわつねこ
→伏見宮経子（ふしみのみやつねこ）

徳川和子　とくがわまさこ
→東福門院（とうふくもんいん）

徳川吉子　とくがわよしこ
文化1（1804）年～明治26（1893）年　[別]登美宮《とみのみや》, 文明夫人《ぶんめいふじん》
江戸時代後期～明治期の女性。有栖川宮織仁親王の王女、水戸藩主徳川斉昭の妻。
¶維新（登美宮　とみのみや），コン改，コン4，コン5，諸系，女性（[生]文化1（1804）年9月25日　[没]明治26（1893）年1月27日），女性普（[生]文化1（1804）年9月25日　[没]明治26（1893）年1月27日），人名，日人，幕末（登美宮　とみのみや　[没]1893年1月27日），和俳

篤子内親王　とくしないしんのう
康平3（1060）年～永久2（1114）年　[別]篤子内親王《あつこないしんのう》
平安時代後期の女性。後三条天皇の皇女。堀河天皇の皇后。
¶朝日（[没]永久2年10月1日（1114年10月30日）），国史，国書（[没]永久2（1114）年10月1日），古史，古中，コン改（あつこないしんのう），コン4（あつこないしんのう），史人（[没]1114年10月1日），諸系，女性（[没]永久2（1114）年10月1日），人書94（あつこないしんのう），新潮（あつこないしんのう　[没]永久2（1114）年10月1日），人名（あつこないしんのう），姓氏京都（あつこないしんのう），日人，平史（あつこないしんのう），和俳（あつこないしんのう　[没]永久2（1114）年10月1日）

独照性円（独照性圓）　どくしょうしょうえん
元和3（1617）年3月3日～元禄7（1694）年7月17日
[別]性円《しょうえん》
鎌倉時代後期～南北朝時代の後宇多天皇の皇子。
¶黄檗，国書，人名（独照性圓），日人，仏教，仏人（性円　しょうえん）

徳大寺公胤　とくだいじきみたね
→徳大寺公胤（とくだいじきんたね）

徳大寺公有　とくだいじきんあり
応永29（1422）年～文明18（1486）年
室町時代～戦国時代の公卿（右大臣）。権大納言徳大寺実盛の子。
¶鎌室，公卿（[生]応永29（1422）年2月5日　[没]文明18（1486）年1月26日），公家（公有〔徳大寺家〕　きんあり　[生]応永29（1422）年2月5日　[没]文明18（1486）年1月26日），諸系，日人

徳大寺公純　とくだいじきんいと
文政4（1821）年11月28日～明治16（1883）年11月5日
江戸時代末期～明治期の公家（右大臣）。関白鷹司政通の子。
¶維新，京都大，近現，近世，公卿，公家（公純〔徳大寺家〕　きんいと），国史，国書，コン改，コン4，コン5，史人，諸系，新潮，人名，姓氏京都，世人，日人，幕末

徳大寺公清　とくだいじきんきよ
正和1（1312）年～正平15/延文5（1360）年6月8日
[別]徳大寺公清《とくだいじきんせい》
南北朝時代の公卿（内大臣）。権中納言徳大寺実孝の子。
¶鎌室，公卿（とくだいじきんせい），公家（公清〔徳大寺家〕　きんきよ），国書，諸系，新潮，日人

徳大寺公維　とくだいじきんこれ
→徳大寺公維（とくだいじきんふさ）

徳大寺公清　とくだいじきんせい
→徳大寺公清（とくだいじきんきよ）

と

徳大寺公孝　とくだいじきんたか
建長5（1253）年〜嘉元3（1305）年7月12日
鎌倉時代後期の公卿（太政大臣）。太政大臣徳大
寺実基の長男。
¶公卿，公家（公孝〔徳大寺家〕　きんたか），国
書，諸系，人名（㋳？），日人

徳大寺公胤　とくだいじきんたね
長享1（1487）年〜大永6（1526）年　㋒徳大寺公胤
《とくだいじきみたね》
戦国時代の公卿（左大臣）。太政大臣徳大寺実淳
の子。
¶公卿（㋳長享1（1487）年1月27日　㋬大永6
（1526）年10月12日），公家（公胤〔徳大寺家〕
きんたね　㋳文明19（1487）年1月27日　㋬大永
6（1526）年10月12日），国書（㋳文明19（1487）
年1月27日　㋬大永6（1526）年10月12日），諸
系，人名，戦人（とくだいじきみたね），日人

徳大寺公継　とくだいじきんつぐ
安元1（1175）年〜安貞1（1227）年　㋒藤原公継
《ふじわらのきんつぐ》，野宮左大臣《ののみやの
さだいじん》
鎌倉時代前期の公卿（左大臣）。左大臣徳大寺実
定の三男。
¶朝日（㋬安貞1年1月30日（1227年2月17日）），
鎌室，公卿（㋬安貞1（1227）年1月30日），公家
（公継〔徳大寺家〕　きんつぐ　㋬嘉禄3
（1227）年1月30日），国史，国書（㋬嘉禄3
（1227）年1月30日），古中，諸系，新潮（㋬安貞
1（1227）年1月30日），人名（㋳1174年），姓氏
京都，世人（㋬安貞1（1227）年1月30日），日
人，平史（藤原公継　ふじわらのきんつぐ）

徳大寺公維　とくだいじきんつな
→徳大寺公維（とくだいじきんふさ）

徳大寺公俊　とくだいじきんとし
建徳2/応安4（1371）年1月7日〜正長1（1428）年6
月19日
南北朝時代〜室町時代の公卿（太政大臣）。太政
大臣徳大寺実時の子。
¶鎌室，公卿，公家（公俊〔徳大寺家〕　きんと
し），国書，諸系，日人

徳大寺公全　とくだいじきんとも
延宝6（1678）年7月10日〜享保4（1719）年12月2日
江戸時代中期の公家（内大臣）。権大納言醍醐冬
基の子。
¶公卿，公家（公全〔徳大寺家〕　きんとも）

徳大寺公城　とくだいじきんなり
→徳大寺公城（とくだいじきんむら）

徳大寺公迪　とくだいじきんなり
明和8（1771）年〜文化8（1811）年7月25日　㋒徳
大寺公迪《とくだいじきんみち》
江戸時代後期の公家（権大納言）。右大臣徳大寺
実祖の子。
¶公卿（とくだいじきんみち　㋳明和8（1771）年6
月19日），公家（公迪〔徳大寺家〕　きんな
り），国書（㋳明和8（1771）年6月19日），諸系，

人名（とくだいじきんみち），日人

徳大寺公信　とくだいじきんのぶ
慶長11（1606）年〜貞享1（1684）年
江戸時代前期の公家（左大臣）。権中納言徳大寺
実久の子。
¶公卿（㋳慶長11（1606）年7月15日　㋬貞享1
（1684）年7月21日），公家（公信〔徳大寺家〕
きんのぶ　㋳慶長11（1606）年7月15日　㋬貞享
1（1684）年7月21日），諸系，人名（㋬1681年），
日人

徳大寺公弘　とくだいじきんひろ
文久3（1863）年〜昭和12（1937）年
明治〜昭和期の公爵，貴族院議員。宮内省御用掛
となり明宮勤務を仰付けられた。
¶人名，日人

徳大寺公維　とくだいじきんふさ
天文6（1537）年〜天正16（1588）年　㋒徳大寺公
維《とくだいじきんこれ，とくだいじきんつな》
安土桃山時代の公卿（内大臣）。右大臣久我通言
の次男。
¶公卿（㋬天正16（1588）年5月19日），公家（公維
〔徳大寺家〕　きんこれ　㋬天正16（1588）年5
月19日），国書（とくだいじきんつな　㋬天正
16（1588）年5月19日），諸系，人名，戦人（とく
だいじきんこれ），日人

徳大寺公迪　とくだいじきんみち
→徳大寺公迪（とくだいじきんなり）

徳大寺公城　とくだいじきんむら
享保14（1729）年10月17日〜天明2（1782）年
㋒徳大寺公城《とくだいじきんなり》
江戸時代中期の公家（権大納言）。権大納言徳大
寺実憲の子。
¶岩史（とくだいじきんなり　㋬天明2（1782）年7
月11日），京都大（㋳享保15（1730）年），公卿
（㋬天明2（1782）年7月11日），公家（公城〔徳
大寺家〕　きんむら　㋬天明2（1782）年7月11
日），国書（㋬天明2（1782）年7月11日），コン4
（とくだいじきんなり），諸系，人名（㋳1730
年），姓氏京都，日人

徳大寺公能　とくだいじきんよし
→藤原公能（ふじわらのきんよし）

徳大寺実淳　とくだいじさねあつ
文安2（1445）年〜天文2（1533）年　㋒禅光院入道
《ぜんこういんにゅうどう》
室町時代〜戦国時代の公卿（太政大臣）。右大臣
徳大寺公有の子。
¶朝日（㋳天文2年8月24日（1533年9月12日）），
鎌室，公卿（㋳文安2（1445）年5月17日　㋬天文
2（1533）年8月24日），公家（実淳〔徳大寺家〕
さねあつ　㋳文安2（1445）年5月17日　㋬天文2
（1533）年8月24日），国史，国書（㋳文安2
（1445）年5月17日　㋬天文2（1533）年8月24
日），古中，史人（㋳1445年5月17日　㋬1533年
8月24日），諸系，人名，戦人，日人

徳大寺実祖 とくだいじさねさき
宝暦3(1753)年1月6日〜文政2(1819)年1月28日
江戸時代中期〜後期の公家(右大臣)。内大臣西園寺公晁の次男(三男か)。
¶公卿, 公家(実祖〔徳大寺家〕 さねみ)

徳大寺実定 とくだいじさねさだ
保延5(1139)年〜建久2(1191)年 ㊗後徳大寺実定《ごとくだいじさねさだ, ごとくだいじのじってい》, 藤原実定《ふじわらさねさだ, ふじわらのさねさだ》
平安時代後期の歌人・公卿(左大臣)。右大臣徳大寺公能の長男。
¶朝日(㊕建久2年閏12月16日(1192年2月1日)), 鎌室, 京都大, 公卿(㊗建久2(1191)年12月16日), 公家(実定〔徳大寺家〕 さねさだ ㊗建久2(1191)年閏12月2日), 国史, 国書(藤原実定 ふじわらさねさだ ㊗建久2(1191)年閏12月16日), 古中, コン改(藤原実定 ふじわらのさねさだ), コン改(㊕保延4(1138)年), コン4(㊕保延4(1138)年), 詩歌(藤原実定 ふじわらのさねさだ), 史, 史人(㊗1191年閏12月16日), 諸系(㊗1192年), 新潮(㊗建久2(1191)年閏12月16日), 人名(藤原実定 ふじわらのさねさだ), 姓氏京都, 世人(藤原実定 ふじわらのさねさだ), 全書(藤原実定 ふじわらのさねさだ), 大百(後徳大寺実定 ごとくだいじさねさだ), 日史(㊕保延4(1138)年 ㊗建久2(1191)年閏12月16日), 日人(㊗1192年), 百科(㊕保延4(1138)年), 平史(藤原実定 ふじわらのさねさだ), 歴大, 和俳

徳大寺実孝 とくだいじさねたか
永仁1(1293)年〜元亨2(1322)年1月17日
鎌倉時代後期の公卿(権中納言)。太政大臣徳大寺公孝の子。
¶公卿, 公家(実孝〔徳大寺家〕 さねたか), 国書

徳大寺実定 とくだいじさねただ
→徳大寺実定(とくだいじさねさだ)

徳大寺実則 とくだいじさねつね
天保10(1839)年12月6日〜大正8(1919)年6月4日 ㊗徳大寺実則《とくだいじさねのり》
江戸時代末期〜明治期の公家(権大納言)。右大臣徳大寺公純の子。
¶朝日(㊕天保10年12月6日(1840年1月10日)), 維新, 角史, 近現(とくだいじさねのり), 公卿(㊕天保10(1839)年2月6日 ㊗大正8(1919)年6月), 公家(実則〔徳大寺家〕 さねのり), 国史(とくだいじさねのり), コン改(とくだいじさねのり), コン4, コン5, 史人, 諸系(㊕1840年), 新潮(とくだいじさねのり), 人名(とくだいじさねのり), 姓氏京都, 世人(とくだいじさねのり), 全書(とくだいじさねのり), 大百(とくだいじさねのり), 日史, 日人(㊕1840年), 幕末, 百科(とくだいじさねのり), 明治1(とくだいじさねのり ㊕1840年), 履歴, 歴大

徳大寺実時 とくだいじさねとき
延元3/暦応1(1338)年〜応永11(1404)年2月27日

南北朝時代〜室町時代の公卿(太政大臣)。内大臣徳大寺公清の子。
¶鎌室, 公卿, 公家(実時〔徳大寺家〕 さねとき), 国書(㊕建武5(1338)年4月14日), 諸系, 人名, 日人

徳大寺実規 とくだいじさねのり
→徳大寺実通(とくだいじさねみち)

徳大寺実憲 とくだいじさねのり
正徳4(1714)年1月18日〜元文5(1740)年7月16日
江戸時代中期の公家(権大納言)。内大臣徳大寺公全の子。
¶公卿, 公家(実憲〔徳大寺家〕 さねのり), 国書

徳大寺実則 とくだいじさねのり
→徳大寺実則(とくだいじさねつね)

徳大寺実久 とくだいじさねひさ
天正11(1583)年〜元和2(1616)年11月26日
安土桃山時代〜江戸時代前期の公家(権中納言)。内大臣徳大寺公維の孫。
¶公卿(㊕天正11(1583)年8月16日), 公家(実久〔徳大寺家〕 さねひさ ㊗天正11(1583)年8月16日), 諸系(㊗1617年), 人名, 姓氏京都, 日人(㊗1617年)

徳大寺実秀 とくだいじさねひで
生没年不詳
南北朝時代の公家・歌人。
¶国書

徳大寺実維 とくだいじさねふさ
寛永13(1636)年3月1日〜天和2(1682)年
江戸時代前期の公家(内大臣)。左大臣徳大寺公信の子。
¶公卿(㊗天和2(1682)年9月11日), 公家(実維〔徳大寺家〕 さねこれ ㊗天和2(1682)年9月12日)

徳大寺実堅 とくだいじさねみ
寛政2(1790)年〜安政5(1858)年
江戸時代末期の公家(内大臣)。権大納言徳大寺公迪の子。
¶維新, 公卿(㊕寛政2(1790)年5月23日 ㊗安政5(1858)年11月11日), 公家(実堅〔徳大寺家〕 さねみ ㊕寛政2(1790)年5月23日 ㊗安政5(1858)年11月11日), 国書(㊕寛政2(1790)年5月23日 ㊗安政5(1858)年11月11日), 諸系, 人名, 日人, 幕末(㊗1858年12月15日)

徳大寺実通 とくだいじさねみち
永正10(1513)年〜天文14(1545)年 ㊗徳大寺実規《とくだいじさねのり》
戦国時代の公卿(権大納言)。太政大臣徳大寺公胤の子。
¶公卿(㊗天文14(1545)年4月9日), 公家(実通〔徳大寺家〕 さねみち ㊗天文14(1545)年4月9日), 国書(㊕永正10(1513)年12月21日 ㊗天文14(1545)年4月9日), 諸系(㊗1514年), 人名, 戦人(徳大寺実規 とくだいじさねの

り），日人（[生]1514年）

徳大寺実基　とくだいじさねもと
建仁1（1201）年〜文永10（1273）年2月14日
鎌倉時代前期の公卿（太政大臣）。左大臣徳大寺公継の次男。
¶朝日（[没]文永10年2月14日（1273年3月4日）），岩史，角史（[生]建仁1（1201）年？），鎌室，公卿，公家（実基〔徳大寺家〕　さねもと），国史，国書（[生]建仁2（1202）年），古中，コン4，史人，諸系，人名，日史，日人，百科

徳大寺実盛　とくだいじさねもり
応永7（1400）年8月5日〜正長1（1428）年4月23日
室町時代の公卿（権大納言）。太政大臣徳大寺公俊の子。
¶公卿，公家（実盛〔徳大寺家〕　さねもり），国書

徳大寺実能　とくだいじさねよし
永長1（1096）年〜保元2（1157）年　[別]藤原実能《ふじわらさねよし,ふじわらのさねよし》
平安時代後期の公卿（左大臣）。徳大寺家の祖。権大納言藤原公実の子。
¶朝日（[没]保元2年9月2日（1157年10月6日）），公卿（[没]保元2（1157）年9月2日），公家（実能〔徳大寺家〕　さねよし　[没]保元2（1157）年9月2日），国史（藤原実能　ふじわらのさねよし），国書（藤原実能　ふじわらさねよし　[没]保元2（1157）年9月2日），古中（藤原実能　ふじわらのさねよし），コン改（[生]嘉保2（1095）年），コン4（[生]嘉保2（1095）年），史人（[没]1157年9月2日），諸系，新潮（[生]嘉保2（1095）年　[没]保元2（1157）年9月2日），人名（[生]1095年），姓氏京都，世人（[生]嘉保1（1095）年），日人，平史（藤原実能　ふじわらのさねよし），歴大

徳大寺則麿　とくだいじつねまろ
明治11（1878）年12月〜昭和39（1964）年1月
明治〜昭和期の渡航者。
¶渡航

土佐院　とさのいん
→土御門天皇（つちみかどてんのう）

載明親王　としあきらしんのう
生没年不詳
平安時代前期の皇族。宇多天皇の皇子。
¶平史

利子女王　としこじょおう
→伏見宮利子（ふしみのみやとしこ）

儇子内親王　としこないしんのう
→儇子内親王（かんしないしんのう）

叡子内親王　としこないしんのう
→叡子内親王（えいしないしんのう）

俊子内親王(1)　としこないしんのう
？　〜天長3（826）年
奈良時代〜平安時代前期の女性。嵯峨天皇皇女。
¶平史

俊子内親王(2)　としこないしんのう
天喜4（1056）年〜天承2（1132）年　[別]俊子内親王《しゅんしないしんのう》
平安時代後期の女性。後三条天皇第3皇女。
¶女性（しゅんしないしんのう　[没]天承2（1132）年閏4月5日），人名，日人，平史

聡子内親王(1)　としこないしんのう
→聡子内親王（そうしないしんのう）

聡子内親王(2)　としこないしんのう
→東久邇聡子（ひがしくにとしこ）

敏子内親王　としこないしんのう
延喜6（906）年〜？
平安時代中期の女性。醍醐天皇の皇女。
¶人名，日人，平史

智忠親王　としただしんのう
元和5（1619）年〜寛文2（1662）年　[別]智忠親王《ともただしんのう》,八条宮智忠親王《はちじょうのみやとしただしんのう》，八条宮智忠《はちじょうのみやとしただ》
江戸時代前期の八条宮智仁親王の第1王子。
¶朝日（[生]元和5年11月1日（1619年12月6日）　[没]寛文2年7月7日（1662年8月20日）），京都，京都大，近世，国史，国書（[生]元和5（1619）年11月1日　[没]寛文2（1662）年7月7日），コン改，コン4，茶道（ともただしんのう　[没]1663年），茶道（八条宮智忠親王　はちじょうのみやとしただしんのう），史人（八条宮智忠親王　はちじょうのみやとしただしんのう　[生]1619年11月1日　[没]1662年7月7日），諸系，新潮（[生]元和5（1619）年11月1日　[没]寛文2（1662）年7月7日），人名，姓氏京都，日人，和俳（[生]元和5（1619）年11月1日　[没]寛文2（1662）年7月7日）

都子内親王　としないしんのう
延喜5（905）年〜天元4（981）年　[別]都子内親王《くにこないしんのう》
平安時代中期の女性。醍醐天皇の皇女。
¶人名，日人，平史（くにこないしんのう）

悦仁親王　としひとしんのう
文化13（1816）年〜文政4（1821）年　[別]高貴宮《あてのみや》
江戸時代後期の光格天皇の第7皇子。
¶人名

智仁親王　としひとしんのう
天正7（1579）年〜寛永6（1629）年　[別]智仁親王《ともひとしんのう》,八条宮智仁《はちじょうのみやとしひと》,八条宮智仁親王《はちじょうのみやとしひとしんのう》
安土桃山時代〜江戸時代前期の皇族。誠仁親王の第6皇子。桂宮の初代。
¶朝日（[生]天正7年1月8日（1579年2月3日）　[没]寛永6年4月7日（1629年5月29日）），岩史（八条宮智仁　はちじょうのみやとしひと　[生]天正7（1579）年1月8日　[没]寛永6（1629）年4月7日），京都（ともひとしんのう），京都大，近世，国史，国書（[生]天正7（1579）年1月8日　[没]寛永6

(1629)年4月7日)，コン改，コン4，茶道(八条宮智仁親王　はちじょうのみやとしひとしんのう)，史人(八条宮智仁親王　はちじょうのみやとしひとしんのう　[生]1579年1月8日　[没]1629年4月7日)，重要(八条宮智仁親王　はちじょうのみやとしひとしんのう　[没]寛永6(1629)年4月7日)，諸系，新潮([生]天正7(1579)年1月8日　[没]寛永6(1629)年4月7日)，人名，姓氏京都，世人，伝記，日史([生]天正7(1579)年1月8日　[没]寛永6(1629)年4月7日)，日人，百科，歴大

利基王　としもとおう
弘仁13(822)年〜貞観8(866)年
平安時代前期の桓武天皇の皇孫。賀陽親王の第6王子。
¶古代，諸系，人名，日人

鳥取久子　とっとりひさこ
→高円宮久子(たかまどのみやひさこ)

舎人親王　とねりしんのう
天武5(676)年〜天平7(735)年　[別]舎人皇子《とねりのみこ》，崇道尽敬皇帝《すどうじんきょうこうてい，すどうじんぎょうこうてい，すどうじんけいこうてい》
飛鳥時代〜奈良時代の歌人、久郷(知太政官事)。天武天皇の第3皇子。「日本書紀」を編纂。
¶朝日([没]天平7年11月14日(735年12月2日))，岩史([没]天平7(735)年11月14日)，角史，神奈川人，郷土奈良，公卿([没]天平7(735)年11月14日)，国史，国書([没]天平7(735)年11月14日)，古史，古代，古中，コン改([生]?)，コン4([生]?)，詩歌(舎人皇子　とねりのみこ)，史人([没]735年11月14日)，重要([没]天平7(735)年11月14日)，諸系，神史，新潮([没]天平7(735)年11月14日)，人名([生]?)，世人([没]天平7(735)年11月14日)，世百，全書，大百([生]676年?)，伝記，日史([生]天武5(676)年?　[没]天平7(735)年11月14日)，日人，日人(崇道尽敬皇帝　すどうじんきょうこうてい)，百科([生]天武5(676)年?)，万葉(舎人皇子　とねりのみこ)，歴大，和俳([没]天平7(735)年11月14日)

舎人皇女　とねりのおうじょ
?　〜推古11(603)年　[別]舎人皇女《とねりのこうじょ，とねりのひめみこ》
飛鳥時代の女性。欽明天皇の皇女。当麻皇子の妃。
¶古代(とねりのひめみこ)，女性(とねりのこうじょ　[没]推古11(603)年7月6日)，人名，日人

舎人皇女　とねりのこうじょ
→舎人皇女(とねりのおうじょ)

舎人皇女　とねりのひめみこ
→舎人皇女(とねりのおうじょ)

舎人王　とねりのみこ
?　〜天武9(680)年
飛鳥時代の皇親・公卿(大納言、宮内卿)。
¶公卿([没]天武9(680)年6月)，古代

舎人皇子　とねりのみこ
→舎人親王(とねりしんのう)

鳥羽院　とばいん
→鳥羽天皇(とばてんのう)

鳥羽天皇　とばてんのう
康和5(1103)年〜保元1(1156)年　[別]鳥羽院《とばいん》，鳥羽上皇《とばじょうこう》
平安時代後期の第74代の天皇(在位1107〜1123)。堀河天皇と贈太政大臣藤原実季の娘苡子の子。白河上皇の死後院政を開始。伊勢平氏を登用して政権に実力をつけた。崇徳天皇を退位させたことから不和となり、後の保元の乱の要因を作った。
¶朝日([生]康和5年1月16日(1103年2月24日)　[没]保元1年7月2日(1156年7月20日))，岩史([生]康和5(1103)年1月16日　[没]保元1(1156)年7月2日)，角史，京都，京都大，国史，国書([生]康和5(1103)年1月16日　[没]保元1(1156)年7月2日)，古史，古中，コン改，コン4，史人([生]1103年1月16日　[没]1156年7月2日)，重要([生]康和5(1103)年1月16日　[没]保元1(1156)年7月2日)，諸系，新潮([生]康和5(1103)年1月16日　[没]保元1(1156)年7月2日)，人名，姓氏京都，世人([生]康和5(1103)年1月16日　[没]保元1(1156)年7月2日)，世百，全書，大百，伝記(鳥羽院　とばいん)，日史([生]康和5(1103)年1月16日　[没]保元1(1156)年7月2日)，日人，百科，仏教([生]康和5(1103)年1月16日　[没]保元1(1156)年7月2日)，平史，歴大，和歌山人(鳥羽上皇　とばじょうこう　[没]1153年)

富小路(家名)　とみこうじ
→富小路(とみのこうじ)

福子内親王　とみこないしんのう
→福子内親王(ふくこないしんのう)

富小路公脩　とみのこうじきんなが
永仁2(1294)年〜延元2/建武4(1337)年2月17日
[別]小倉公脩《おぐらきんなが》
鎌倉時代後期〜南北朝時代の公卿(権中納言)。権大納言小倉実教の次男。
¶公卿，公家(公脩〔小倉家〕　きんなが)，国書(小倉公脩　おぐらきんなが)

富小路貞維　とみのこうじさだこれ
寛文8(1668)年4月30日〜正徳1(1711)年5月9日
[別]富小路貞維《とみのこうじさだつな》
江戸時代中期の公家(非参議)。非参議富小路永貞の子。
¶公卿，公家(貞維〔富小路家〕　さだこれ)，国書(とみのこうじさだつな)

富小路貞維　とみのこうじさだつな
→富小路貞維(とみのこうじさだこれ)

富小路貞直　とみのこうじさだなお
宝暦11(1761)年12月24日〜天保8(1837)年
江戸時代中期〜後期の歌人・公家(非参議)。非参議伏原宣条の末子、母は権大納言柳原光綱の娘。
¶公卿([没]天保8(1837)年8月3日)，公家(貞直〔富小路家〕　さだなお　[没]天保8(1837)年8月3日)，国書([没]天保8(1837)年8月3日)，諸系([生]1762年)，人名，日人([生]1762年)，和俳

と

富小路貞随 とみのこうじさだゆき
天明3（1783）年～文政10（1827）年7月16日
江戸時代後期の公家（非参議）。非参議富小路貞直の子。
¶公卿（[生]天明3（1783）年6月13日），公家（貞随〔富小路家〕　さだゆき　[生]天明3（1783）年6月14日）

富小路重直 とみのこうじしげなお
元禄5（1692）年2月25日～寛保3（1743）年9月9日
江戸時代中期の公家（非参議）。非参議富小路頼直の孫。
¶公卿，公家（重直〔富小路家〕　しげなお），国書

富小路資直 とみのこうじすけなお
？　～天文4（1535）年
戦国時代の公卿（非参議）。宮内卿富小路俊通の子。
¶公卿（[没]天文4（1535）年11月1日），公家（資直〔富小路家〕　すけなお），国書（[没]天文4（1535）年12月1日），諸系，日人

富小路敬直 とみのこうじたかなお
→富小路敬直（とみのこうじひろなお）

富小路俊通 とみのこうじとしみち
？　～永正10（1513）年
戦国時代の公家、歌人。
¶国書（[没]永正10（1513）年3月5日），諸系，日人

富小路永貞 とみのこうじながさだ
寛永17（1640）年7月12日～正徳2（1712）年12月25日
江戸時代前期～中期の公家（非参議）。非参議富小路頼直の子。
¶公卿，公家（永貞〔富小路家〕　ながさだ），国書

富小路秀直 とみのこうじひでなお
永禄7（1564）年11月26日～元和7（1621）年1月19日
安土桃山時代～江戸時代前期の公家（非参議）。非参議富小路資直の曾孫。
¶公卿，公家（秀直〔富小路家〕　ひでなお），戦人

富小路敬直 とみのこうじひろなお
天保13（1842）年～明治25（1892）年　[別]富小路敬直《とみのこうじたかなお》
江戸時代末期～明治期の公家。
¶維新，諸系，神人（[生]天保13（1842）年5月12日　[没]明治25（1892）年10月28日），人名（とみのこうじたかなお），日人，幕末（[没]1892年10月28日）

富小路総直 とみのこうじふさなお
享保4（1719）年11月9日～天明2（1782）年11月10日
江戸時代中期の公家（非参議）。非参議富小路重直の子。
¶公卿，公家（総直〔富小路家〕　ふさなお）

富小路政直 とみのこうじまさなお
寛政11（1799）年1月21日～文久3（1863）年4月28日
江戸時代末期の公家（非参議）。非参議富小路貞随の子。
¶公卿，公家（政直〔富小路家〕　まさなお）

富小路道直 とみのこうじみちなお
生没年不詳　[別]藤原道直《ふじわらみちなお》
南北朝時代の公家。二条道平の子。
¶国書（藤原道直　ふじわらみちなお），日人

富小路良直 とみのこうじよしなお
延享2（1745）年8月17日～享和2（1802）年
江戸時代中期～後期の公家（非参議）。非参議富小路総直の子。
¶公卿（[没]享和2（1802）年5月3日），公家（良直〔富小路家〕　よしなお　[没]享和2（1802）年5月2日）

富小路頼直 とみのこうじよりなお
慶長18（1613）年～万治1（1658）年3月12日
江戸時代前期の公家（非参議）。左中将持明院基久の子。
¶公卿（[生]慶長18（1613）年8月11日），公家（頼直〔富小路家〕　よりなお　[生]慶長18（1613）年10月1日）

登美直名 とみのただな
延暦11（792）年～仁寿3（853）年　[別]登美真人直名《とみのまひとただな》，登美直名《とみのなおな》
平安時代前期の官人。
¶古代（登美真人直名　とみのまひとただな　[生]？），日人，平史（とみのなおな）

登美直名 とみのなおな
→登美直名（とみのただな）

登美藤津 とみのふじつ
[別]登美真人藤津《とみのまひとふじつ》
奈良時代～平安時代前期の官人。
¶古代（登美真人藤津　とみのまひとふじつ），日人（生没年不詳）

登美宮 とみのみや
→徳川吉子（とくがわよしこ）

朝氏 ともうじ
生没年不詳
鎌倉時代の公家。
¶北条

倫子女王 ともこじょおう
元文3（1738）年1月20日～明和8（1771）年8月20日
[別]五十宮倫子《いそのみやともこ》，心観院《しんかんいん》，五十宮《いそのみや》
江戸時代中期の女性。閑院宮直仁親王の王女。10代将軍徳川家治の正室。
¶諸系（心観院　しんかんいん），女性（五十宮倫子　いそのみやともこ），女性（心観院　しんかんいん），女性，人名，日人（心観院　しんかんいん）

和子女王 ともこじょおう
*～明治17(1884)年
江戸時代末期～明治期の伏見宮邦家親王の第4王女。
¶人名([生]1829年)，日人([生]1830年)

誠子内親王 ともこないしんのう
承応3(1654)年～貞享3(1686)年
江戸時代前期の女性。後西天皇の第1皇女。
¶女性([生]承応3(1654)年6月7日　[没]貞享3(1686)年11月2日)，人名，日人

同子内親王 ともこないしんのう
→同子内親王(どうしないしんのう)

智忠親王 ともただしんのう
→智忠親王(としただしんのう)

伴弥嗣 とものいやつぐ
天平宝字5(761)年～弘仁14(823)年
平安時代前期の官人。
¶新潟百

伴少勝雄 とものおかつお
生没年不詳
平安時代前期の官人。
¶平史

伴勝雄 とものかつお
→大伴勝雄(おおとものかつお)

伴河男 とものかわお
[別]伴宿禰河男《とものすくねかわお》
平安時代前期の官人。
¶古代(伴宿禰河男　とものすくねかわお)，日人(生没年不詳)

伴国道 とものくにみち
→大伴国道(おおとものくにみち)

伴健岑 とものこわみね
生没年不詳
平安時代前期の官人、春宮坊帯刀舎人。
¶朝日，角史，京都，京都大，国史，古史，古代，古中，コン改，コン4，史人，重要，新潮，人名，世人，世百，全書，大百，日史，日人，百科，平史，歴大

伴貞宗 とものさだむね
生没年不詳
平安時代前期の官人。
¶平史，和歌山人

伴忠行 とものただゆき
？～延喜4(904)年
平安時代前期～中期の官人。
¶平史

伴竜男 とものたつお
生没年不詳　[別]伴宿禰竜男《とものすくねたつお》
平安時代前期の官人。
¶古代(伴宿禰竜男　とものすくねたつお)，新潟百，日人，平史，和歌山人

伴常雄 とものつねお
[別]伴宿禰常雄《とものすくねつねお》
平安時代前期の太政大臣藤原良房の家司。
¶古代(伴宿禰常雄　とものすくねつねお)，日人(生没年不詳)

伴友足 とものともたり
宝亀9(778)年～承和10(843)年
奈良時代～平安時代前期の官人。
¶平史

伴中庸 とものなかつね
生没年不詳　[別]伴宿禰中庸《とものすくねなかつね》
平安時代前期の官人、善男の子。
¶角史，古史，古代(伴宿禰中庸　とものすくねなかつね)，諸系，日人，平史

伴成益 とものなります
延暦8(789)年～仁寿2(852)年　[別]伴宿禰成益《とものすくねなります》，伴成益《ともなります》
平安時代前期の官人。
¶国書(ともなります　[没]仁寿2(852)年2月10日)，古代(伴宿禰成益　とものすくねなります)，日人

伴春雄 とものはるお
生没年不詳
平安時代前期の官人。
¶平史

伴久永 とものひさなが
貞観11(869)年～承平3(933)年
平安時代前期～中期の官人。
¶平史

伴宗 とものむね
延暦11(792)年～斉衡2(855)年　[別]伴宿禰宗《とものすくねむね》
平安時代前期の法律家。
¶古代(伴宿禰宗　とものすくねむね)，日人

伴保平 とものやすひら
貞観9(867)年～天暦8(954)年
平安時代前期～中期の公卿(参議)。従四位下・播磨守伴春雄の子。
¶公卿([没]天暦8(954)年4月16日)，平史

伴善男 とものよしお
大同4(809)年～貞観10(868)年　[別]伴宿禰善男《とものすくねよしお》，伴善男《ともよしお》
平安時代前期の公卿(大納言)。大伴古麻呂の曽孫、伴国道の子。左大臣源信の失脚をもくろみ応天門炎上事件を起こしたが、露見して流罪となる。
¶朝日([生]弘仁2(811)年)，岩史([生]弘仁2(811)年)，角史，京都，京都大，公卿([生]弘仁2(811)年　[没]貞観10(869)年)，国史([生]811年)，国書(ともよしお　[生]弘仁2(811)年)，古史([生]811年)，古代(伴宿禰善男　とものすくねよしお　[生]811年)，古中([生]811年)，コン改，コン4，史人([生]811年)，静岡百，静岡歴，重要，諸系([生]811年)，人書79，人書94(とも

よしお)，新潮，人名，姓氏京都，世人，世百(生809年？ 没868年？)，全書(生811年)，大百，栃木百，日史，日人(生811年)，百科，平史，歴大(生811年)

寛仁親王 ともひとしんのう
→三笠宮寛仁親王(みかさのみやともひとしんのう)

知仁親王 ともひとしんのう
文永2(1265)年～文永4(1267)年
鎌倉時代前期の亀山天皇の第1皇子。
¶鎌室，人名，日人

智仁親王 ともひとしんのう
→智仁親王(としひとしんのう)

と

寛仁親王妃信子 ともひとしんのうひのぶこ
→三笠宮信子(みかさのみやのぶこ)

具平親王 ともひらしんのう
康保1(964)年～寛弘6(1009)年 [別]中書王《ちゅうしょおう》，後中書王《のちのちゅうしょおう》
平安時代中期の文人。村上天皇の第7皇子。
¶朝日(生康保1年6月19日(964年7月30日) 没寛弘6年7月28日(1009年8月21日))，角史，国史，国書(生応和4(964)年6月19日 没寛弘6(1009)年7月28日)，古史，古中，コン改，コン4，詩歌，史人(生964年6月19日 没1009年7月28日)，重要(生康保1(964)年6月19日 没寛弘6(1009)年7月28日)，諸系，新潮(生康保1(964)年6月19日 没寛弘6(1009)年7月28日)，人名，姓氏京都，世人(生康保1(964)年6月19日 没寛弘6(1009)年7月28日)，世百，全書，大百，日史(生康保1(964)年6月19日 没寛弘6(1009)年7月28日)，日人，百科，平史，歴大，和俳(生康保1(964)年6月19日 没寛弘6(1009)年7月28日)

外山光顕 とやまみつあき
承応1(1652)年～元文3(1738)年
江戸時代前期～中期の公家(権大納言)。外山家の祖。権大納言日野弘資の次男。
¶公卿(生承応1(1652)年7月7日 没元文3(1738)年4月13日)，公家(光顕〔外山家〕 みつあき 生承応1(1652)年7月7日 没元文3(1738)年4月13日)，諸系，人名，日人

外山光和 とやまみつかず
延宝8(1680)年10月10日～寛保3(1743)年7月17日
江戸時代中期の公家(権中納言)。権大納言外山光顕の子。
¶公卿，公家(光和〔外山家〕 みつかず 没寛保3(1743)年7月16日)，国書

外山光実 とやまみつざね
宝暦6(1756)年～文政4(1821)年
江戸時代中期～後期の歌人・公家(権中納言)。権大納言烏丸光胤の末子、母は東本願寺前大僧正光性の娘。
¶公卿(生宝暦6(1756)年5月19日 没文政4(1821)年8月7日)，公家(光実〔外山家〕 みつざね 生宝暦6(1756)年5月19日 没文政4(1821)年8月7日)，国書(生宝暦6(1756)年5月19日 没文政4(1821)年8月7日)，諸系，人名，日人，和俳

外山光輔 とやまみつすけ
天保14(1843)年～明治4(1871)年12月3日
江戸時代末期～明治期の公家。正三位勘解由次官外山光親の次男。
¶朝日(生天保14年10月27日(1843年12月18日) 没明治4年12月3日(1872年1月12日))，維新，近現，近世，国史，国書(生天保14(1843)年10月27日)，新潮(生天保14(1843)年10月27日)，人名(生？)，姓氏京都，日人(没1872年)，幕末(没1872年1月12日)

外山光親 とやまみつちか
文化4(1807)年12月2日～嘉永3(1850)年10月3日 [別]外山光親《とやまみつより》
江戸時代末期の公家(非参議)。非参議外山光施の子。
¶公卿，公家(光親〔外山家〕 みつより)，国書(とやまみつより)

外山光施 とやまみつはる
天明4(1784)年1月23日～天保10(1839)年8月6日
江戸時代後期の公家(非参議)。権中納言外山光実の子。
¶公卿，公家(光施〔外山家〕 みつはる)

外山光親 とやまみつより
→外山光親(とやまみつちか)

豊江王 とよえおう
延暦15(796)年～貞観5(863)年
平安時代前期の官人。光仁天皇の曽孫。高橋王の王子。
¶古代，日人

豊岡随資 とよおかあやすけ
文化11(1814)年2月18日～明治19(1886)年9月12日
江戸時代末期～明治期の公家(非参議)。非参議豊岡治資の子。
¶維新，公卿(没明治19(1886)年9月)，公家(随資〔豊岡家〕 あやすけ)，幕末

豊岡有尚 とよおかありひさ
承応3(1654)年～天和2(1682)年
江戸時代前期の公家。
¶諸系，日人

豊岡和資 とよおかかずすけ
明和1(1764)年8月29日～文政2(1819)年4月13日
江戸時代中期～後期の公家(参議)。権中納言豊岡尚資の子。
¶公卿，公家(和資〔豊岡家〕 かずすけ)

豊岡圭資 とよおかきよすけ
明治13(1880)年～昭和14(1939)年
明治～昭和期の政治家。貴族院議員、華族(子爵)。

¶姓氏京都

豊岡尚資 とよおかなおすけ
元文4 (1739) 年7月13日〜文化6 (1809) 年7月20日
江戸時代中期〜後期の公家 (権中納言)。非参議
豊岡光全の子。
¶公卿，公家 (尚資〔豊岡家〕　なおすけ)

豊岡治資 とよおかはるすけ
寛政1 (1789) 年11月11日〜安政1 (1854) 年4月
11日
江戸時代後期の公家 (非参議)。参議豊岡和資
の子。
¶公卿，公家 (治資〔豊岡家〕　はるすけ)，国書

豊岡健資 とよおかまさすけ
弘化2 (1845) 年〜明治25 (1892) 年3月19日
江戸時代末期〜明治期の公家。
¶維新，幕末

豊岡光全 とよおかみつたけ
正徳1 (1711) 年3月4日〜延享2 (1745) 年11月29日
江戸時代中期の公家 (非参議)。権大納言外山光
顕の末子。
¶公卿，公家 (光全〔豊岡家〕　みつたけ)

豊城入彦命 とよきいりひこのみこと
上代の崇神天皇の皇子，豊城命とも。
¶朝日，郷土群馬 (生没年不詳)，群馬人，国史，
古代，古中，埼玉人 (生没年不詳)，史人，諸系，
人名，姓氏群馬 (生没年不詳)，栃木百，日人

豊国別皇子 とよくにわけのおうじ
㋠豊国別皇子《とよくにわけおうじ》
上代の景行天皇の皇子。
¶人名 (とよくにわけおうじ)，日人

豊子女王 とよこじょおう
享保6 (1721) 年7月17日〜安永3 (1774) 年
江戸時代中期の女性。柱宮家仁親王の王女。
¶国書 (㋒安永3 (1774) 年6月14日)，女性 (㋒安
永3 (1774) 年1月14日)，人名，日人

豊前王 とよさきおう
延暦24 (805) 年〜貞観7 (865) 年
平安時代前期の官人。舎人親王の裔。栄井王の
王子。
¶国書 (㋒貞観7 (865) 年2月2日)，古代，日人，
平史

豊階安人 とよしなのやすひと
延暦16 (797) 年〜貞観3 (861) 年　㋠豊階真人安
人《とよしなのまひとやすひと》
平安時代前期の学者，官人。
¶古代 (豊階真人安人　とよしなのまひとやすひ
と)，コン改，コン4，新潮 (㋒貞観3 (861) 年9
月24日)，人名，平史

豊鍬入姫 とよすきいりひめ
→豊鍬入姫命 (とよすきいりひめのみこと)

豊鍬入姫命 (豊鋤入姫命) とよすきいりひめのみこと
㋠豊鍬入姫《とよすきいりひめ》
上代の女性。崇神天皇の皇女。
¶朝日，国史，古史 (豊鋤入姫命)，古代，古中，
コン改 (豊鍬入姫　とよすきいりひめ)，コン4
(豊鍬入姫　とよすきいりひめ)，史人，諸系，
女性，新潮，人名，日人

豊聡耳皇子 とよとみみのおうじ
→聖徳太子 (しょうとくたいし)

豊戸別皇子 とよとわけのおうじ
上代の景行天皇の皇子。
¶人名，日人

豊原為長 とよはらのためなが
？〜長元6 (1033) 年
平安時代中期の官人。関白藤原頼通の下家司。
¶平史

豊仁親王 とよひとしんのう
→光明天皇 (こうみょうてんのう)

豊御食炊屋姫尊 とよみけかしきやひめのみこと
→推古天皇 (すいこてんのう)

豊宗広人 とよむねのひろひと
生没年不詳
平安時代前期の官人。
¶平史

土籃 とらん
寛政6 (1794) 年2月5日〜弘化2 (1845) 年6月6日
江戸時代後期の俳人・官人。
¶国書

刀利宣令 とりのせんりょう
生没年不詳　㋠刀利宣令《とりせんれい，とりのせ
んれい，とりののぶし，とりのみのり，とりみの
り》，刀理宣令《とりのみのり》
奈良時代の官人，文人，万葉歌人。
¶朝日，国書 (とりみのり)，古代，コン改 (とり
せんれい)，コン4 (とりせんれい)，新潮 (とり
のせんれい)，人名 (とりののぶし)，日史
(とりのみのり)，日人，百科 (とりのみのり)，
万葉 (刀理宣令　とりのみのり)，和俳

刀利宣令 とりのせんれい
→刀利宣令 (とりのせんりょう)

刀利宣令 とりののぶし
→刀利宣令 (とりのせんりょう)

刀利宣令 (刀理宣令) とりのみのり
→刀利宣令 (とりのせんりょう)

【な】

直明王 なおあきおう
生没年不詳
室町時代の歌人。満仁親王の王子。亀山天皇の裔。
¶国書，諸系

直子女王 なおこじょおう
？ ～寛平4（892）年12月1日　別直子女王《ちょくしじょおう，なおこにょおう》
平安時代前期の女性。文徳天皇の孫、斎院。
¶女性（ちょくしじょおう），女性，人名（なおこにょおう），平史

直子女王 なおこにょおう
→直子女王（なおこじょおう）

尚仁親王 なおひとしんのう
寛文11（1671）年～元禄2（1689）年　別八条宮尚仁親王《はちじょうのみやなおひとしんのう》
江戸時代前期～中期の後西天皇の第8皇子。八条宮第5代。
¶近世，国史，国書（生寛文11（1671）年11月9日　没元禄2（1689）年8月6日），史人（八条宮尚仁親王　はちじょうのみやなおひとしんのう　生1671年11月9日　没1689年8月6日），諸系，人名，日人

直仁親王(1) なおひとしんのう
南北朝時代の亀山天皇の玄孫、常磐井宮の第4世。満仁親王の王子。
¶人名，日人（生没年不詳）

直仁親王(2) なおひとしんのう
建武2（1335）年～応永5（1398）年
南北朝時代～室町時代の花園天皇の皇子。
¶朝日（没応永5年5月14日（1398年6月28日）），角史，鎌室，国史，古中，史人（没1398年5月14日），諸系，新潮（没応永5（1398）年5月14日），人名，世人，全書，日史（没応永5（1398）年5月14日），日人，百科，歴大

直仁親王(3) なおひとしんのう
宝永1（1704）年～宝暦3（1753）年　別閑院宮直仁親王《かんいんのみやなおひとしんのう》
江戸時代中期の東山天皇の第6皇子。
¶朝日（生宝永1年9月9日（1704年10月7日）　没宝暦3年6月2日（1753年7月2日）），角史，近世，国史，国書（生宝永1（1704）年9月9日　没宝暦3（1753）年6月3日），史人（閑院宮直仁親王　かんいんのみやなおひとしんのう　生1704年9月9日　没1753年6月2日），諸系，新潮（生宝永1（1704）年9月9日　没宝暦3（1753）年6月），人名，世人，日史（生宝永1（1704）年9月9日　没宝暦3（1753）年6月2日），日人，百科

直世王 なおよおう
*～承和1（834）年
平安時代前期の公卿（中納言）。天武天皇の裔。
¶神奈川人（生775年），公卿（生宝亀6（775）年　没承和1（834）年1月4日），古代（生775年？），日人（生777年？），平史（生777年）

長明親王 ながあきしんのう
→長明親王（ながあきらしんのう）

長明親王 ながあきらしんのう
延喜13（913）年～天暦7（953）年　別長明親王《ながあきしんのう》
平安時代中期の醍醐天皇の皇子。
¶人名（ながあきしんのう），日人，平史（生923年）

半井（家名） なかい
→半井（なからい）

中井王 なかいおう
生没年不詳　別中井王《なかいのおう》
平安時代前期の王族か。地方官人となり農民から収奪。のち臣籍降下。
¶大分百（なかいのおう），大分歴（なかいのおう），平史

仲雄王 なかおおう
生没年不詳
平安時代前期の官吏、漢詩人。勅撰漢詩集「文華秀麗集」の主撰者。
¶国書，日人，平史

長岡岡成 ながおかのおかなり
？ ～嘉祥1（848）年　別長岡岡成《ながおかおかなり》
平安時代前期の桓武天皇の皇子。
¶人名（ながおかおかなり），日人，平史

中川興長 なかがわおきなが
嘉永6（1853）年～大正9（1920）年
江戸時代末期～大正期の神職。
¶神人

中川宮朝彦親王 なかがわのみやあさひこしんのう
→朝彦親王（あさひこしんのう）

良子 ながこ
→香淳皇后（こうじゅんこうごう）

班子女王 なかこじょおう
→班子女王（はんしじょおう）

永子女王 ながこじょおう
別永子女王《ながこにょおう》
平安時代中期の花山天皇の皇孫女、清仁親王の王女。
¶人名（ながこにょおう），平史（生没年不詳）

良子女王 ながこじょおう
別良子女王《ながこにょおう》
平安時代中期の陽成天皇の皇孫女、佐頼王の王女。
¶人名（ながこにょおう）

掲子内親王 ながこないしんのう
→掲子内親王（けいしないしんのう）

長子内親王 ながこないしんのう
？ ～延喜22（922）年
平安時代中期の女性。陽成天皇の皇女。
¶人名，日人，平史

良子内親王 ながこないしんのう
長元2（1029）年～承保4（1077）年　別良子内親王《よしこないしんのう，りょうしないしんのう》
平安時代中期～後期の女性。後朱雀天皇の第1

皇女。
¶女性（[生]長元2（1029）年12月　[没]承保4（1077）年8月26日），女性（りょうしないしんのう　[没]承保4（1077）年8月26日），人名，日人（[生]1030年），平史（よしこないしんのう）

脩子内親王　ながこないしんのう
→脩子内親王（しゅうしないしんのう）

永子女王　ながこにょおう
→永子女王（ながこじょおう）

良子女王　ながこにょおう
→良子女王（ながこじょおう）

中磯皇女　なかしのこうじょ
→中蒂姫命（なかしひめのみこと）

中磯皇女　なかしのひめみこ
→中蒂姫命（なかしひめのみこと）

中蒂姫　なかしひめ
→中蒂姫命（なかしひめのみこと）

中蒂姫命　なかしひめのみこと
[別]中磯皇女《なかしのこうじょ，なかしのひめみこ》，中蒂姫《なかしひめ》，中蒂姫命《なかしめひめのみこと》
上代の女性。安康天皇の皇后。
¶国史，古代（中磯皇女　なかしのひめみこ），古中，諸系（なかしめひめのみこと），女性（中磯皇女　なかしのこうじょ），人名（中蒂姫　なかしひめ），日人

中蒂姫命　なかしめひめのみこと
→中蒂姫命（なかしひめのみこと）

長親王　ながしんのう
→長皇子（ながのみこ）

長資　ながすけ
生没年不詳
南北朝時代の公家・歌人。
¶国書

仲資王　なかすけおう
→白川仲資王（しらかわなかすけおう）

中園実綱　なかぞのさねつな
宝暦8（1758）年7月5日～天保10（1839）年8月26日
江戸時代中期～後期の公家（権中納言）。参議中園季豊の子。
¶公卿，公家（実綱〔中園家〕　さねつな）

中園実暉　なかぞのさねてる
寛政5（1793）年12月28日～弘化2（1845）年5月7日
江戸時代後期の公家（非参議）。非参議中園季隆の子。
¶公卿，公家（実暉〔中園家〕　さねてる）

中園季顕　なかぞのすえあき
元禄2（1689）年1月29日～宝暦1（1751）年6月29日
江戸時代中期の公家（参議）。非参議中園季親の子。
¶公卿，公家（季顕〔中園家〕　すえあき）

中園季定　なかぞのすえさだ
寛永4（1627）年～貞享3（1686）年10月12日
江戸時代前期の公家（参議）。中園家の祖。権大納言藪嗣良の四男。
¶公卿，公家（季定〔中園家〕　すえさだ），国書（[生]寛永4（1627）年7月17日）

中園季隆　なかぞのすえたか
安永6（1777）年7月25日～文政9（1826）年2月23日
江戸時代後期の公家（非参議）。権中納言中園実綱の子。
¶公卿，公家（季隆〔中園家〕　すえたか）

中園季親　なかぞのすえちか
承応3（1654）年3月11日～宝永3（1706）年5月13日
江戸時代前期～中期の公家（非参議）。参議中園季定の子。
¶公卿，公家（季親〔中園家〕　すえちか）

中園季豊　なかぞのすえとよ
享保15（1730）年1月1日～天明6（1786）年8月7日
江戸時代中期の公家（参議）。参議中園季顕の子。
¶公卿，公家（季豊〔中園家〕　すえとよ）

長田王(1)　ながたおう
?　～天平9（737）年　[別]長田王《ながたのおおきみ》
奈良時代の万葉歌人、官人（正四位下摂津大夫）。系譜不詳。
¶国書（[没]天平9（737）年6月18日），古代，詩歌（ながたのおおきみ），人名（ながたのおおきみ），日人，万葉（ながたのおおきみ），和俳（ながたのおおきみ）

長田王(2)　ながたおう
[別]長田王《ながたのおおきみ》
奈良時代の万葉歌人、官人（従四位上刑部卿）。長親王の孫、栗栖王の王子。広川王の父。
¶古代，万葉（ながたのおおきみ）

長田王(3)　ながたおう
平安時代前期の官人（従四位上加賀守）。
¶古代

長谷忠康　ながたにただやす
慶長17（1612）年6月17日～寛文9（1669）年8月27日
江戸時代前期の公家（非参議）。長谷家の祖。参議西洞院時慶の五男。
¶公卿，公家（忠康〔長谷家〕　ただやす），諸系

長谷信篤　ながたにのぶあつ
文政1（1818）年～明治35（1902）年12月26日
江戸時代末期～明治期の公家（参議）。非参議長谷信好の子。
¶朝日（[生]文政1年2月24日（1818年3月30日）），維新，京都大，京都府，公卿（[生]文政1（1818）年2月24日），公家（信篤〔長谷家〕　のぶあつ　[生]文化15（1818）年2月24日），国書（[生]文化15（1818）年2月24日），新潮（[生]文政1（1818）年2

な

月24日)，人名，姓氏京都，日人，幕末

長谷信成 ながたにのぶなり
天保12(1841)年～大正10(1921)年11月26日
江戸時代末期～明治期の公家。
¶維新，幕末

長谷信昌 ながたにのぶまさ
宝暦12(1762)年11月11日～文政7(1824)年8月25日
江戸時代中期～後期の公家(参議)。権中納言石井行忠の末子。
¶公卿，公家(信昌〔長谷家〕　のぶまさ)

長谷信好 ながたにのぶよし
享和1(1801)年9月19日～嘉永3(1850)年11月19日
江戸時代末期の公家(非参議)。周防権守長谷信行の子。
¶維新，公卿，公家(信好〔長谷家〕　のぶよし)，幕末(㉜1850年12月22日)

な

長谷範高 ながたにのりたか
享保6(1721)年1月23日～*
江戸時代中期の公家(非参議)。非参議長谷範昌の子。
¶公卿(㉜明和1(1764)年閏10月2日)，公家(範高〔長谷家〕　のりたか　㉜？)

長谷範昌 ながたにのりまさ
元禄8(1695)年7月28日～寛延1(1748)年閏10月15日
江戸時代中期の公家(非参議)。河鰭実陳の孫。
¶公卿，公家(範昌〔長谷家〕　のりまさ)

長田王(1) ながたのおおきみ
→長田王(1)(ながたおう)

長田王(2) ながたのおおきみ
→長田王(2)(ながたおう)

長津王 ながつおう
生没年不詳
奈良時代の皇族。淳仁天皇の弟三原王の子。
¶朝日，コン改，コン4，人名，日人

中皇子 なかつおうじ
㊙中皇子《なかのおうじ》
上代の継体天皇の皇子。
¶人名(なかのおうじ)，日人(生没年不詳)

中務 なかつかさ
平安時代中期の女性。歌人。宇多天皇皇孫。
¶朝日(生没年不詳)，岩史(生没年不詳)，国史(生没年不詳)，国書(生没年不詳)，古中(生没年不詳)，コン4(生没年不詳)，詩歌，史人(生没年不詳)，女性(生没年不詳)，新潮(㊤延喜12(912)年頃　㉜永祚1(989)年以降)，人名，全書(生没年不詳)，日史(㊤延喜12(912)年？　㉜永延2(988)年？)，日人(生没年不詳)，百科(㊤延喜12(912)年？　㉜永延2(988)年？)，平史(生没年不詳)，和俳(㊤延喜12(912)年頃　㉜永祚1(989)年以降)

仲姫 なかつひめ
→仲姫命(なかつひめのみこと)

仲姫命 なかつひめのみこと
㊙仲姫《なかつひめ》
上代の女性。応神天皇の皇后。
¶朝日(生没年不詳)，国史，古代，古中，史人，諸系，女性，神史，人名(仲姫　なかつひめ)，日人

中臣王 なかとみおう
？～大同2(807)年
奈良時代～平安時代前期の王族。光仁天皇の孫。稗田親王の王子か。伊予親王事件で獄死。
¶平史

中臣東人 なかとみのあずまうど
→中臣東人(なかとみのあずまひと)

中臣東人 なかとみのあずまひと，なかとみのあずまびと
生没年不詳　㊙中臣朝臣東人《なかとみのあそみあずまひと，なかとみのあそんあずまひと》，中臣東人《なかとみあずまひと，なかとみのあずまうど》
奈良時代の官人。意美麻呂の子。
¶朝日，国書(なかとみあずまひと)，古代(中臣朝臣東人　なかとみのあそんあずまひと)，コン改，コン4，諸系，神人(なかとみのあずまうど)，新潮，人名(なかとみのあずまびと)，日人，万葉(中臣朝臣東人　なかとみのあそみあずまひと)，和俳

中臣伊勢老人 なかとみのいせのおきな
？～延暦8(789)年　㊙中臣伊勢連老人《なかとみのいせのむらじおきな》
奈良時代の官人。
¶古代(中臣伊勢連老人　なかとみのいせのむらじおきな)，日人

中臣逸志 なかとみのいちし
延暦13(794)年～貞観9(867)年　㊙大中臣逸志《おおなかとみのいつし，おおなかとみのはやし》，中臣朝臣逸志《なかとみのあそんいちし》
平安時代前期の官人。
¶古代(中臣朝臣逸志　なかとみのあそんいちし)，神人(大中臣逸志　おおなかとみのいつし　㉜貞観9(867)年1月24日)，日人，平史(大中臣逸志　おおなかとみのはやし)

中臣大島(中臣大嶋)　なかとみのおおしま
？～持統7(693)年　㊙中臣連大島《なかとみのむらじおおしま》
飛鳥時代の官人。渠毎の子。
¶朝日(中臣大嶋　㉜持統7年3月11日？(693年4月21日？))，国史，古史(中臣大嶋)，古代(中臣連大島　なかとみのむらじおおしま　㉜689年)，古中，コン改(中臣大嶋)，コン4(中臣大嶋)，史人(㉜693年3月11日？)，諸系，神人(生没年不詳)，人名，日史(中臣大嶋　㉜持統7(693)年3月？)，日人，百科(中臣大嶋　㉜持統7(693)年？)，歴大

中臣意美麻呂 なかとみのおみまろ
？ ～和銅4（711）年　㊎中臣朝臣意美麻呂《なかとみのあそんおみまろ》
飛鳥時代の廷臣（中納言）。中臣呵多能古連の曽孫。
¶朝日（㊣和銅4年閏6月22日（711年8月10日）），公卿（㊣和銅4（711）年閏6月），国史，古史，古代（中臣朝臣意美麻呂　なかとみのあそんおみまろ），古中，コン改，コン4，史人（㊣711年閏6月22日），諸系，神人，新潮（㊣和銅4（711）年閏6月），人名，世人，日史（㊣和銅4（711）年閏6月22日），日人，百科，歴大

中臣勝海 なかとみのかつみ
？ ～用明天皇2（587）年　㊎中臣勝海連《なかとみのかつみのむらじ》
飛鳥時代の官人（大夫）。
¶朝日，国史，古史，古代（中臣勝海連　なかとみのかつみのむらじ），古中，コン改，コン4，史人，新潮（㊣用明2（587）年4月），世人（㊣用明2（587）年4月2日），日人

中臣金 なかとみのかね
？ ～弘文天皇1・天武天皇1（672）年　㊎中臣金《なかとみのくがね》，中臣金連《なかとみのかねのむらじ》
飛鳥時代の廷臣（右大臣）。天児屋根命の21世孫。
¶朝日（㊣天武1年8月25日（672年9月22日）），公卿（㊣天武1（672）年8月），国史，古史，古代（中臣金連　なかとみのかねのむらじ），古中，コン改，コン4，史人（㊣672年8月25日），諸系，新潮（㊣天武1（672）年8月25日），人名，世人，日史（なかとみのくがね　㊣天武1（672）年8月25日），日人，百科（なかとみのくがね）

中臣鎌子(1) なかとみのかまこ
生没年不詳　㊎中臣鎌子《なかとみかまこ》，中臣連鎌子《なかとみのむらじかまこ》
飛鳥時代の官人。
¶朝日，国史，国書（なかとみかまこ），古代（中臣連鎌子　なかとみのむらじかまこ），古中，コン改，コン4，史人，新潮，日人

中臣鎌子(2) なかとみのかまこ
→藤原鎌足（ふじわらのかまたり）

中臣鎌足 なかとみのかまたり
→藤原鎌足（ふじわらのかまたり）

中臣清麻呂（中臣清麿）　なかとみのきよまろ
→大中臣清麻呂（おおなかとみのきよまろ）

中臣金 なかとみのくがね
→中臣金（なかとみのかね）

中臣国足 なかとみのくにたり
生没年不詳　㊎中臣連国足《なかとみのむらじくにたり》
飛鳥時代の官人。
¶古代（中臣連国足　なかとみのむらじくにたり），諸系，日人

中臣習宜阿曽麻呂 なかとみのすげのあそまろ
生没年不詳　㊎習宜阿曽麻呂《すげのあそまろ》，中臣習宜朝臣阿曽麻呂《なかとみのすげのあそんあそまろ》
奈良時代の官人。従五位下。
¶朝日，国史，古史，古代（中臣習宜朝臣阿曽麻呂　なかとみのすげのあそんあそまろ），古中，コン改，コン4，史人，新潮，人名（習宜阿曽麻呂　すげのあそまろ），世百（習宜阿曽麻呂　すげのあそまろ），日人（習宜阿曽麻呂　すげのあそまろ），日人，歴大

中臣鷹主 なかとみのたかぬし
生没年不詳　㊎大中臣鷹主《おおなかとみのたかぬし》
奈良時代の官人。
¶コン改，コン4，諸系，新潮，人名，日人

中臣親隆 なかとみのちかたか
→大中臣親隆（おおなかとみのちかたか）

中臣近友 なかとみのちかとも
？ ～寛治6（1092）年
平安時代後期の官人。舞で高名。
¶平史

中臣名代 なかとみのなしろ
？ ～天平17（745）年　㊎中臣朝臣名代《なかとみのあそんなしろ》
奈良時代の官人。島麻呂の子、伊賀麻呂の父。
¶朝日（㊣天平17年9月19日（745年10月18日）），古代（中臣朝臣名代　なかとみのあそんなしろ），コン改，コン4，諸系，神人，人名，日人

中臣人足 なかとみのひとたり
生没年不詳　㊎中臣朝臣人足《なかとみのあそんひとたり》
飛鳥時代～奈良時代の官人。
¶古代（中臣朝臣人足　なかとみのあそんひとたり），諸系，神人，日人

中臣宮処東人 なかとみのみやこのあずまひと
？ ～天平10（738）年
奈良時代の官人。長屋王の謀反を密告。
¶朝日（㊣天平10年7月10日（738年7月30日）），コン改，コン4，史人（㊣738年7月10日），日人

中臣宮地 なかとみのみやぢ
→中臣宮地烏摩侶（なかとみのみやどころのおまろ）

中臣宮地烏摩侶 なかとみのみやどころのおまろ
㊎中臣宮地《なかとみのみやぢ》，中臣宮地連烏摩侶《なかとみのみやどころのむらじおまろ》
飛鳥時代の官人。
¶古代（中臣宮地連烏摩侶　なかとみのみやどころのむらじおまろ），人名（中臣宮地　なかとみのみやぢ），日人（生没年不詳）

中臣武良自 なかとみのむらじ
㊎中臣朝臣武良自《なかとみのあそみむらじ》
奈良時代の公卿。万葉歌人。
¶万葉（中臣朝臣武良自　なかとみのあそみむら

な

じ）

中臣宅守 なかとみのやかもり
生没年不詳　[別]中臣朝臣宅守《なかとみのあそみやかもり, なかとみのあそんやかもり》
奈良時代の歌人。
¶朝日，郷土福井，古史，古代（中臣朝臣宅守　なかとみのあそんやかもり），史人，諸系，新潮，新文，人名，全書，日史，日人，百科，文学，万葉（中臣朝臣宅守　なかとみのあそみやかもり），和俳

中臣良檝 なかとみのよしかじ
生没年不詳　[別]中臣良檝《なかとみよしかじ》
平安時代前期の官人・漢詩人。
¶国書（なかとみよしかじ）

中臣能隆 なかとみのよしたか
→大中臣能隆（おおなかとみのよしたか）

中臣良舟 なかとみのよしふね
生没年不詳　[別]中臣良舟《なかとみよしふね》
平安時代前期の官人・漢詩人。
¶国書（なかとみよしふね）

長成親王（良成親王） ながなりしんのう
→良成親王（よしなりしんのう）

中院定清 なかのいんさだきよ
→源定清（みなもとのさだきよ）

中院定平 なかのいんさだひら
→源定平(2)（みなもとのさだひら）

中院親光 なかのいんちかみつ
延慶1（1308）年～天授3/永和3（1377）年4月
[別]中院親光《ちゅういんちかみつ》
鎌倉時代後期～南北朝時代の公卿（権大納言）。権大納言中院光忠の子。
¶朝日（[生]？），鎌室，公卿（[生]？），公家（親光〔中院家（絶家）4〕　ちかみつ　[生]？），国史（[生]？），国書（[生]？），古中（[生]？），コン改，コン4，史人（[生]？），新潮，世人，全書，日人，歴大

中院時通 なかのいんときみち
→土御門時通（つちみかどときみち）

中院俊通 なかのいんとしみち
康元1（1256）年～嘉元2（1304）年5月12日
鎌倉時代後期の公卿（非参議）。権大納言久我具房の子。
¶公卿，公家（俊通〔愛宕家（絶家）〕　としみち）

中院具顕 なかのいんともあき
*～弘安10（1287）年　[別]源具顕《みなもとのともあき》
鎌倉時代の公家・歌人。
¶国書（[生]？　[没]弘安10（1287）年11月7日），日人（源具顕　みなもとのともあき　[生]1260年？）

中院具氏(1) なかのいんともうじ
貞永1（1232）年～建治1（1275）年9月14日
鎌倉時代前期の公卿（参議）。非参議中院通氏の子。
¶公卿，公家（具氏〔中院家（絶家）2〕　ともうじ），国書

中院具氏(2) なかのいんともうじ
生没年不詳
南北朝時代の公家・歌人。
¶国書

中院雅相 なかのいんまさすけ
鎌倉時代後期の公卿（非参議）。権中納言久我雅光の子。
¶公卿（生没年不詳），公家（雅相〔中院家（絶家）1〕　まさすけ）

中院雅忠 なかのいんまさただ
安貞2（1228）年～文永9（1272）年8月3日　[別]源雅忠《みなもとまさただ》
鎌倉時代前期の公卿（大納言）。太政大臣久我通光の四男。
¶公卿，公家（雅忠〔久我家〕　まさただ），国書（源雅忠　みなもとまさただ）

中院通顕 なかのいんみちあき
正応4（1291）年～興国4/康永2（1343）年12月20日
鎌倉時代後期～南北朝時代の公卿（内大臣）。内大臣中院通重の長男。
¶鎌室，公卿，公家（通顕〔中院家〕　みちあき），国書，諸系（[没]1344年），人名（[没]？），日人（[没]1344年）

中院通淳 なかのいんみちあつ
元中6/康応1（1389）年～宝徳3（1451）年
室町時代の公卿（准大臣）。権大納言中院通守の子。
¶鎌室，公卿（[没]宝徳3（1451）年11月28日），公家（通淳〔中院家〕　みちあつ　[没]宝徳3（1451）年11月28日），諸系（[生]1389年，（異説）1398年），人名，日人（[生]1389年，（異説）1398年）

中院通氏(1) なかのいんみちうじ
？～暦仁1（1238）年7月25日
鎌倉時代前期の公卿（非参議）。大納言中院通方の長男。
¶公卿，公家（通氏〔中院家（絶家）2〕　みちうじ），国書（[生]建保1（1213）年）

中院通氏(2) なかのいんみちうじ
正平2/貞和3（1347）年～応永2（1395）年7月6日
南北朝時代の公卿（権大納言）。大納言中院通冬の子。
¶鎌室，公卿（[生]貞和2（1346）年），公家（通氏〔中院家〕　みちうじ　[生]1348年），国書，諸系，人名，日人

中院通枝 なかのいんみちえだ
享保7（1722）年11月29日～宝暦3（1753）年5月19日

江戸時代中期の公家（権中納言）。権大納言久世通夏の次男。
¶公卿，公家（通枝〔中院家〕　みちえだ），国書，諸系（㊥1723年），人名，日人（㊥1723年）

中院通方 なかのいんみちかた
文治5(1189)年〜暦仁1(1238)年12月28日　㊞源通方《みなもとのみちかた》，土御門通方《つちみかどみちかた》
鎌倉時代前期の公卿（大納言）。中院家の祖。内大臣源通親の五男。
¶朝日（㊞暦仁1年12月28日(1239年2月3日)），鎌室（土御門通方　つちみかどみちかた），公卿，公家（通方〔中院家〕　みちかた），国史（源通方　みなもとのみちかた），国書，古中（源通方　みなもとのみちかた），史人，諸系（源通方　みなもとのみちかた　㊞1239年），新潮，人名，日人（源通方　みなもとのみちかた　㊞1239年）

中院通勝 なかのいんみちかつ
弘治2(1556)年〜慶長15(1610)年
安土桃山時代〜江戸時代前期の公家（権中納言）。内大臣中院通為の子。
¶朝日（㊤弘治2年5月6日(1556年6月13日)　㊦慶長15年3月25日(1610年5月18日)），京都，京都大，京都府，近世，公卿（㊦慶長15(1610)年3月25日），公家（通勝〔中院家〕　みちかつ　㊤慶長15(1610)年3月25日），国史，国書（㊤慶長2(1556)年5月6日　㊦慶長15(1610)年3月25日），詩歌（㊤1558年），史人（㊤1556年5月6日　㊦1610年3月25日），諸系，新潮（㊤弘治2(1556)年5月6日　㊦慶長15(1610)年3月25日），新文（㊤慶長15(1610)年3月25日），人名（㊤1558年），姓氏京都，世人（㊤慶長15(1610)年3月25日），世百，全書，戦人，日史（㊤弘治2(1556)年5月6日　㊦慶長15(1610)年3月25日），百科，文学（㊤1558年），平史，歴大，和俳（㊦慶長15(1610)年3月25日）

中院通維 なかのいんみちこれ
元文3(1738)年〜*
江戸時代中期〜後期の公家。
¶国書（㊤元文3(1738)年7月19日　㊦文政6(1823)年12月13日），諸系（㊦1824年），人名（㊦1823年），姓氏京都（㊦1821年），日人（㊦1824年）

中院通重 なかのいんみちしげ
文永7(1270)年〜元亨2(1322)年
鎌倉時代後期の公卿（内大臣）。権大納言・准大臣中院通頼の長男。
¶朝日（㊞元亨2年9月15日(1322年10月26日)），鎌室，公卿（㊞元亨2(1321)年9月15日），公家（通重〔中院家〕　みちしげ　㊞元亨2(1322)年9月15日），国史，国書（㊞元亨2(1322)年9月2日），古中，コン改，コン4，諸系，新潮（㊞元亨2(1322)年9月），人名（㊞1321年），日人，和俳

中院通茂 なかのいんみちしげ
寛永8(1631)年〜宝永7(1710)年3月21日　㊞中

院通茂《なかのいんみちもち》
江戸時代前期〜中期の公家（内大臣）。権大納言中院通純の子。
¶朝日（㊤寛永8年4月13日(1631年5月14日)　㊦宝永7年3月21日(1710年4月19日)），近世，公卿，公家（通茂〔中院家〕　みちしげ　㊤寛永8(1631)年4月13日），国史，国書（㊤寛永8(1631)年4月13日），コン改，コン4，詩歌，史人，（なかのいんみちもち）㊤寛永8(1631)年4月13日），諸系，新潮（㊤寛永8(1631)年4月13日），人名，姓氏京都，日人，和俳

中院通純 なかのいんみちずみ
慶長17(1612)年〜承応2(1653)年4月8日
江戸時代前期の公家（権大納言）。内大臣中院通村の子。
¶公卿，公家（通純〔中院家〕　みちずみ　㊤慶長17(1612)年8月28日），国書（㊤慶長17(1612)年8月28日），諸系，人名，日人

中院通胤 なかのいんみちたね
明応8(1499)年〜享禄3(1530)年
戦国時代の公卿（権中納言）。権中納言中院通世の子。
¶公卿（㊞享禄3(1530)年8月5日），公家（通胤〔中院家〕　みちたね　㊞享禄3(1530)年8月5日），国書（㊞享禄3(1530)年8月5日），諸系，人名，戦人，日人

中院通為 なかのいんみちため
永正14(1517)年〜永禄8(1565)年
戦国時代の公卿（内大臣）。権中納言中院通胤の子。
¶公卿（㊞永禄8(1565)年9月3日），公家（通為〔中院家〕　みちため　㊤永正14(1517)年11月24日　㊞永禄8(1565)年9月3日），国書（㊤永正14(1517)年11月24日　㊞永禄8(1565)年9月3日），諸系（㊤1518年），人名，戦人，日人（㊤1518年）

中院通繫 なかのいんみちつぐ
寛政1(1789)年12月〜文久3(1863)年6月
江戸時代後期〜末期の公家。
¶国書

中院通時 なかのいんみちとき
文永10(1273)年〜?
鎌倉時代後期の公卿（権中納言）。権大納言・准大臣中院通頼の次男。
¶公卿，公家（通時〔中院家〕　みちとき）

中院通敏 なかのいんみちとし
生没年不詳　㊞源通敏《みなもとのみちとし》
南北朝時代の公家・歌人。
¶公卿（源通敏　みなもとのみちとし），公家（通敏〔中院家〕　みちとし），国書

中院通富 なかのいんみちとみ
文政6(1823)年9月23日〜明治18(1885)年6月19日
江戸時代末期〜明治期の公家（権大納言）。内大臣徳大寺実堅の次男。

¶維新，公卿（㊀明治18（1885）年6月），公家（通富〔中院家〕　みちとよ），国書，幕末

中院通知 なかのいんみちとも
明和8（1771）年11月6日～弘化3（1846）年4月4日
江戸時代後期の公家（権大納言）。権大納言中院通古の子。
¶公卿，公家（通知〔中院家〕　みちとも），国書，諸系，人名，日人

中院通成 なかのいんみちなり
貞応1（1222）年～弘安9（1286）年12月23日
鎌倉時代後期の公卿（内大臣）。大納言中院通方の次男。
¶朝日（㊀弘安9年12月23日（1287年1月8日）），鎌室，公卿，公家（通成〔中院家〕　みちなり），国史，国書，古中，諸系（㊀1287年），人名（㊀？），姓氏京都，日人（㊀1287年）

な

中院通教 なかのいんみちのり
寛元4（1246）年～？
鎌倉時代後期の公卿（権中納言）。内大臣中院通成の次男。
¶公卿，公家（通教〔中院家（絶家）3〕　みちのり）

中院通古 なかのいんみちひさ
→中院通古（なかのいんみちふる）

中院通秀 なかのいんみちひで
正長1（1428）年～明応3（1494）年
室町時代～戦国時代の公卿（内大臣）。権大納言中院通淳の子。
¶朝日（㊀明応3年6月22日（1494年7月24日）），鎌室，公卿（㊀明応3（1494）年6月22日），公家（通秀〔中院家〕　みちひで　㊀明応3（1494）年6月22日），国史，国書（㊀明応3（1494）年6月22日），古中，諸系，新潮（㊀明応3（1494）年6月22日），人名，日人

中院通藤 なかのいんみちふじ
鎌倉時代後期の公卿（非参議）。権中納言中院通教の子。
¶公卿（生没年不詳），公家（通藤〔中院家（絶家）3〕　みちふじ）

中院通冬 なかのいんみちふゆ
正和4（1315）年～正平18/貞治2（1363）年
南北朝時代の公卿（大納言）。内大臣中院通顕の子。
¶朝日（㊀貞治2/正平18年閏1月25日（1363年3月11日）），鎌室，公卿（㊀貞治2/正平18（1363）年閏1月25日），公家（通冬〔中院家〕　みちふゆ　㊀貞治2（1363）年閏1月25日），国史，国書（㊀貞治2（1363）年閏1月25日），古中，諸系，新潮（㊀貞治2/正平18（1363）年1月25日），人名，姓氏京都，日人

中院通古 なかのいんみちふる
寛延3（1750）年12月9日～寛政7（1795）年10月21日　㊊中院通古《なかのいんみちひさ》
江戸時代中期の公家（権大納言）。権中納言久我栄通の次男。
¶公卿，公家（通古〔中院家〕　みちふる），国書（なかのいんみちひさ），諸系（㊐1751年），人名，日人（㊐1751年）

中院通躬 なかのいんみちみ
寛文8（1668）年～元文4（1739）年12月3日
江戸時代中期の公家（右大臣）。内大臣中院通茂の子。
¶公卿（㊀元文4（1739）年11月3日），公家（通躬〔中院家〕　みちみ　㊐寛文8（1668）年5月12日），国書（㊐寛文8（1668）年5月12日），諸系（㊀1740年），人名，日人（㊀1740年）

中院通村 なかのいんみちむら
天正16（1588）年～承応2（1653）年2月29日
江戸時代前期の公家（内大臣）。内大臣中院通勝の子。
¶朝日（㊐天正16年1月26日（1588年2月22日）㊀承応2年2月29日（1653年3月28日）），岩史（㊐天正16（1588）年1月26日），京都，近世，公卿（㊐天正15（1587）年），公家（通村〔中院家〕　みちむら　㊐1588年？・天正15（1587）年1月26日？），国史，国書（㊐天正15（1587）年1月26日），コン改，コン4，茶道，詩歌，史人（㊐1588年1月26日），諸系（㊐1587年，（異説）1588年），新潮（㊐天正16（1588）年1月26日），人名，姓氏京都，世人，日史（㊐天正16（1588）年1月26日），日人（㊐1587年，（異説）1588年），百科，歴大，和俳

中院通持 なかのいんみちもち
正安2（1300）年～？
鎌倉時代後期～南北朝時代の公卿（非参議）。内大臣中院通重の次男。
¶公卿，公家（通持〔中院家〕　みちもち）

中院通茂 なかのいんみちもち
→中院通茂（なかのいんみちしげ）

中院通守 なかのいんみちもり
天授3/永和3（1377）年～応永25（1418）年2月10日
室町時代の公卿（権大納言）。権大納言中院通氏の子。
¶鎌室（㊐？），公卿，公家（通守〔中院家〕　みちもり），国書，諸系，人名（㊐？），日人

中院通世(1) なかのいんみちよ
鎌倉時代前期の公卿（参議）。大納言中院通方の五男。
¶公卿（生没年不詳），公家（通世〔中院家〕　みちよ）

中院通世(2) なかのいんみちよ
寛正6（1465）年～永正16（1519）年12月26日
戦国時代の公卿（権中納言）。太政大臣久我通博の末子。
¶公卿，公家（通世〔中院家〕　みちよ　㊐1465年？），国書，諸系（㊀1520年），人名，戦人，日人（㊀1520年）

中院通頼　なかのいんみちより
仁治3 (1242) 年～正和1 (1312) 年
鎌倉時代後期の公卿 (権大納言・准大臣)。内大臣中院通成の長男。
¶鎌室 ([生]仁治2 (1241) 年？), 公卿 ([没]正和1 (1312) 年8月8日), 公家 (通頼〔中院家〕　みちより　[没]正和1 (1312) 年8月8日), 諸系, 人名 ([生]1241年), 日人

中院光顕　なかのいんみつあき
？　～応永11 (1404) 年1月9日
南北朝時代～室町時代の公卿 (権中納言)。権大納言中院親光の子。
¶公卿, 公家 (光顕〔中院家 (絶家) 4〕　みつあき)

中院光忠　なかのいんみつただ
弘安7 (1284) 年～元弘1/元徳3 (1331) 年2月18日
鎌倉時代後期の公卿 (権大納言)。内大臣六条有房の次男。
¶公卿, 公家 (光忠〔中院家 (絶家) 4〕　みつただ), 国書

中院義定　なかのいんよしさだ
生没年不詳
南北朝時代の公家。
¶鎌室

中皇子　なかのおうじ
→中皇子 (なかつおうじ)

長皇子　ながのおうじ
→長皇子 (ながのみこ)

中大兄皇子　なかのおおえのおうじ
→天智天皇 (てんぢてんのう)

中大兄皇子　なかのおひねのおうじ
→天智天皇 (てんぢてんのう)

中関白　なかのかんぱく
→藤原道隆 (ふじわらのみちたか)

仲野親王　なかのしんのう
延暦11 (792) 年～貞観9 (867) 年
平安時代前期の桓武天皇の皇子。
¶朝日 ([没]貞観9年1月17日 (867年2月25日)), 国史, 古代, 古中, 史人 ([没]867年1月17日), 諸系, 新潮 ([没]貞観9 (867) 年1月17日), 人名, 姓氏群馬, 世人, 日史 ([没]貞観9 (867) 年1月17日), 日人, 百科, 平史, 歴大

中御門 (家名)　なかのみかど
→中御門 (なかみかど)

長皇子　ながのみこ
？　～霊亀1 (715) 年　[別]長皇子《おさのみこ, ながのおうじ》, 長親王《ながしんのう》
飛鳥時代～奈良時代の天武天皇の第4皇子。
¶朝日 ([没]霊亀1年6月4日 (715年7月9日)), 大阪人 (おさのみこ　[没]霊亀1 (715) 年6月), 国史 (ながのおうじ), 古史 (長親王　ながしんのう), 古代 (ながのおうじ), 古中 (ながのおうじ), 史人 ([没]715年6月4日), 人名, 日人 (ながのおうじ), 万葉, 和俳

猗宮　ながのみや
文化12 (1815) 年～文政2 (1819) 年
江戸時代後期の光格天皇の皇子。
¶人名

中原章成　なかはらあきなり
寛文9 (1669) 年4月5日～元禄1 (1688) 年10月6日
江戸時代前期の官人。
¶国書

中原友俊　なかはらともとし
貞享1 (1684) 年9月11日～宝暦6 (1756) 年2月17日
江戸時代前期～中期の官人。
¶国書

中原仲章　なかはらなかあき
→源仲章 (みなもとのなかあきら)

中原秀昌　なかはらなかまさ
享保12 (1727) 年閏1月26日～天明5 (1785) 年3月4日
江戸時代中期の官人。
¶国書

中原章兼　なかはらのあきかね
→中原章兼 (なかはらののりかね)

中原明基　なかはらのあきもと
→坂上明基 (さかのうえのあきもと)

中原清重　なかはらのきよしげ
生没年不詳　[別]中原清重《なかはらきよしげ》
平安時代後期の官人・歌人。
¶国書 (なかはらきよしげ), 平史

中原清弘　なかはらのきよひろ
生没年不詳
平安時代後期の官人。
¶平史

中原以忠　なかはらのこれただ
延喜18 (918) 年～天元4 (981) 年
平安時代中期の官人。
¶平史

中原親能　なかはらのちかよし
康治2 (1143) 年～承元2 (1208) 年　[別]中原親能《なかはらちかよし》, 藤原親能《ふじわらちかよし, ふじわらのちかよし》
平安時代後期～鎌倉時代前期の明法博士、御家人。明法博士広季の子。
¶朝日 ([没]承元2年12月18日 (1209年1月25日)), 岩史 ([没]承元2 (1208) 年12月18日), 大分歴 (なかはらちかよし), 角史 (なかはらちかよし), 神奈川人 (なかはらちかよし), 鎌倉 (なかはらちかよし), 鎌室 (なかはらちかよし), 国史 (なかはらちかよし), 古中 (なかはらちかよし), コン改 (なかはらちかよし), コン4 (なかはらちかよし), 史人 (なかはらちかよし [没]1208年12月18日), 重要 (なかはらちかよし

な

[没]承元2 (1208) 年12月18日), 諸系 ([没]1209年), 新潮 (なかはらちかよし　[没]承元2 (1208) 年12月18日), 人名 (なかはらちかよし), 姓氏京都 (なかはらちかよし), 世人 (なかはらちかよし　[没]承元2 (1208) 年12月18日), 世百 (なかはらちかよし), 全書 (なかはらちかよし), 日史 ([没]承元2 (1208) 年12月18日), 日人 ([没]1209年), 百科 (なかはらちかよし), 平史, 歴大 (なかはらちかよし)

中原経則 なかはらのつねのり
生没年不詳　[別]中原経則《なかはらつねのり》
平安時代後期の官人・歌人。
¶国書 (なかはらつねのり), 平史

永原亭子 ながはらのていし, ながはらのていじ
→永原原姫 (ながはらのもとひめ)

中原俊職 なかはらのとしもと
生没年不詳
鎌倉時代の官人。後鳥羽院の主典代。
¶朝日

中原友景 なかはらのともかげ
生没年不詳　[別]中原友景《なかはらともかげ》
鎌倉時代の官人、修明門院の下北面。
¶朝日, 国書 (なかはらともかげ)

中原長国 なかはらのながくに
？ ～天喜2 (1054) 年　[別]中原長国《なかはらながくに》
平安時代中期～後期の官人・歌人。
¶国書 (なかはらながくに　[没]天喜2 (1054) 年12月), 平史

中原仲業 なかはらのなかなり
生没年不詳　[別]中原仲業《なかはらなかなり》
鎌倉時代前期の幕府吏僚、京下り官人。
¶朝日, 鎌室 (なかはらなかなり), 日人

中原章兼 なかはらののりかね
生没年不詳　[別]中原章兼《なかはらあきかね》
鎌倉時代後期の明法家。博士家勢多氏の祖。
¶朝日, 鎌室 (なかはらあきかね), コン改 (なかはらあきかね), コン4 (なかはらあきかね), 諸系, 新潮 (なかはらあきかね), 人名 (なかはらあきかね), 日人

中原政経 なかはらのまさつね
生没年不詳
鎌倉時代前期の官人。官は左衛門少尉。
¶朝日

中原政義 なかはらのまさよし
生没年不詳　[別]中原政義《なかはらまさよし》
平安時代中期の官人・歌人。
¶国書 (なかはらまさよし), 平史

中原致時 なかはらのむねとき
生没年不詳　[別]中原致時《なかはらむねとき》
平安時代中期の官人・歌人。「後拾遺」に名がある。
¶国書 (なかはらむねとき　[生]天徳4 (960) 年　[没]寛弘8 (1011) 年7月8日), 姓氏京都 (なかはらむねとき), 平史

中原職員 なかはらのもとかず
生没年不詳　[別]中原職員《なかはらもとかず》
鎌倉時代後期の官人。
¶国書 (なかはらもとかず)

永原原姫 ながはらのもとひめ
？ ～貞観10 (868) 年頃　[別]永原朝臣亭子《ながはらのあそんていじ》, 永原亭子《ながはらのていし》, 永原媛《ながはらひめ》, 亭子女御《ていしにょうご, ていしのにょうご》
平安時代前期の女性。淳和天皇に寵愛された女御。
¶朝日, 古代 (永原朝臣亭子　ながはらのあそんていじ), 女性 (永原亭子　ながはらのていし　生没年不詳), 女性 (亭子女御　ていしのにょうご　[没]貞観10 (868) 年), 人名 (永原媛　ながはらひめ), 日人, 平史 (生没年不詳)

中原師淳 なかはらのもろあつ
生没年不詳　[別]中原師淳《なかはらもろあつ》
鎌倉時代後期の官人。
¶国書 (なかはらもろあつ)

中原師緒 なかはらのもろお
生没年不詳　[別]中原師緒《なかはらもろお》
鎌倉時代後期の明法官人。師冬の子。
¶朝日, 鎌室 (なかはらもろお), 国史 (なかはらもろお), 国書 (なかはらもろお　[没]建武1 (1334) 年？), 古中 (なかはらもろお), 諸系, 新潮 (なかはらもろお), 日人

中原師香 なかはらのもろか
？ ～元中6/康応1 (1389) 年1月19日　[別]中原師香《なかはらもろか》
南北朝時代の官人。
¶国書 (なかはらもろか)

中原師員 なかはらのもろかず
文治1 (1185) 年～建長3 (1251) 年　[別]中原師員《なかはらもろかず》
鎌倉時代前期の評定衆。中原師茂の子。
¶朝日 ([没]建長3年6月22日 (1251年7月12日)), 岩史 ([没]建長3 (1251) 年6月22日), 神奈川人 (なかはらもろかず), 鎌室 (なかはらもろかず　[生]元暦1 (1184) 年), 国史 (なかはらもろかず), 国書 (なかはらもろかず　[没]建長3 (1251) 年6月22日), 古中 (なかはらもろかず), コン4 (なかはらもろかず), 史人 (なかはらもろかず　[没]1251年6月22日), 諸系, 日史 ([没]建長3 (1251) 年6月22日), 日人

中原師郷 なかはらのもろさと
元中4/嘉慶1 (1387) 年～長禄4 (1460) 年　[別]中原師郷《なかはらもろさと》
南北朝時代～室町時代の官人・歌人。
¶国書 (なかはらもろさと　[没]長禄4 (1460) 年11月7日), 諸系 (なかはらもろさと)

中原師重(1) なかはらのもろしげ
生没年不詳
平安時代中期の官人。
¶平史

中原師重(2) なかはらのもろしげ
仁安1(1166)年～承久3(1221)年　[別]中原師重《なかはらもろしげ》
鎌倉時代前期の明法家。
¶鎌室(なかはらもろしげ　[生]永万1(1165)年)，国書(なかはらもろしげ　[没]承久3(1221)年7月20日)，諸系，新潮(なかはらもろしげ　[生]永万1(1165)年　[没]承久3(1221)年7月20日)，日人，平史

中原師茂 なかはらのもろしげ
正和1(1312)年～天授4/永和4(1378)年　[別]中原師茂《なかはらもろしげ》
南北朝時代の明法官人。父は大外記師右、弟は師守。
¶朝日([没]永和4/天授4年7月7日(1378年7月31日))，鎌室(なかはらもろしげ　生没年不詳)，国史(なかはらもろしげ)，国書(なかはらもろしげ　[没]永和4(1378)年7月7日)，古中(なかはらもろしげ)，コン4(なかはらもろしげ)，諸系，日人

中原師季 なかはらのもろすえ
承安5(1175)年5月～延応1(1239)年8月26日　[別]中原師季《なかはらもろすえ》
平安時代後期～鎌倉時代前期の官人・歌人。
¶国書(なかはらもろすえ)

中原師右 なかはらのもろすけ
永仁3(1295)年～興国6/貞和1(1345)年　[別]中原師右《なかはらもろすけ》
鎌倉時代後期～南北朝時代の明法官人。父は大外記師古。
¶朝日([没]貞和1/興国6年2月6日(1345年3月10日))，国書(なかはらもろすけ　[没]康永4(1345)年2月6日)，諸系，日人

中原師澄 なかはらのもろずみ
生没年不詳
平安時代後期～鎌倉時代前期の官人。大内記。
¶平史

中原師任 なかはらのもろとう
永観1(983)年～康平5(1062)年
平安時代中期～後期の官人・明経家。大外記。
¶平史

中原師遠 なかはらのもろとお
延久2(1070)年～大治5(1130)年　[別]中原師遠《なかはらもろとお》
平安時代後期の官人。
¶朝日([没]大治5年8月7日(1130年9月11日))，国書(なかはらもろとお　[生]延久2(1070)年11月23日　[没]大治5(1130)年8月7日)，諸系，日人，平史

中原師富 なかはらのもろとみ
永享6(1434)年～永正5(1508)年　[別]押小路師富《おしこうじもろとみ》，中原師富《なかはらもろとみ》
室町時代～戦国時代の官人・連歌作者。
¶国書(なかはらもろとみ　[没]永正5(1508)年11月20日)，諸系(押小路師富　おしこうじもろとみ)

中原師豊 なかはらのもろとよ
興国6/貞和1(1345)年～？　[別]中原師豊《なかはらもろとよ》
南北朝時代の官人。
¶国書(なかはらもろとよ)

中原師夏 なかはらのもろなつ
生没年不詳　[別]中原師夏《なかはらもろなつ》
南北朝時代の官人。
¶国書(なかはらもろなつ)

中原師業 なかはらのもろなり
生没年不詳
平安時代後期の官人。
¶平史

中原師尚 なかはらのもろひさ
天承1(1131)年～建久8(1197)年　[別]中原師尚《なかはらもろひさ》
平安時代後期～鎌倉時代前期の明法家。
¶鎌室(なかはらもろひさ)，国書(なかはらもろひさ　[生]天承1(1131)年3月23日　[没]建久8(1197)年5月2日)，諸系，日人，平史

中原師栄 なかはらのもろひで
生没年不詳　[別]中原師栄《なかはらもろひで》
南北朝時代の官人。
¶国書(なかはらもろひで)

中原師秀 なかはらのもろひで
生没年不詳　[別]中原師秀《なかはらもろひで》
南北朝時代の官人。
¶国書(なかはらもろひで)

中原師平 なかはらのもろひら
治安2(1022)年～寛治5(1091)年　[別]中原師平《なかはらもろひら》
平安時代中期～後期の官人。
¶高知人，国書(なかはらもろひら　[生]治安2(1022)年11月28日　[没]寛治5(1091)年9月17日)，兵庫百(生没年不詳)，平史

中原師弘 なかはらのもろひろ
生没年不詳　[別]中原師弘《なかはらもろひろ》
鎌倉時代の官人。
¶国書(なかはらもろひろ)

中原師光 なかはらのもろみつ
建永1(1206)年5月3日～文永2(1265)年3月17日　[別]中原師光《なかはらもろみつ》
鎌倉時代の官人・歌人。
¶国書(なかはらもろみつ)

中原師宗 なかはらのもろむね
延応1(1239)年8月13日～元応1(1319)年10月9日 [別]中原師宗《なかはらもろむね》
鎌倉時代の官人・歌人。
¶国書(なかはらもろむね)

中原師元 なかはらのもろもと
天仁2(1109)年～承安5(1175)年 [別]中原師元《なかはらもろもと》
平安時代後期の官人。
¶国書(なかはらもろもと [没]承安5(1175)年5月20日),平史

中原師守 なかはらのもろもり
生没年不詳 [別]中原師守《なかはらもろもり》
南北朝時代の明法官人。父は大外記師右。大炊頭、権少外記。
¶朝日,鎌室(なかはらもろもり),国史(なかはらもろもり),国書(なかはらもろもり),古中(なかはらもろもり),コン改(なかはらもろもり),コン4(なかはらもろもり),諸系,新潮(なかはらもろもり),姓氏京都(なかはらもろもり),日史,日人,歴大(なかはらもろもり)

中原師安 なかはらのもろやす
寛治2(1088)年～仁平4(1154)年 [別]中原師安《なかはらもろやす》
平安時代後期の官人。
¶国書(なかはらもろやす [生]寛治2(1088)年8月29日 [没]仁平4(1154)年9月25日),平史

中原師梁 なかはらのもろやな
? ～正中3(1326)年 [別]中原師梁《なかはらもろやな》
鎌倉時代後期の官人。
¶国書(なかはらもろやな)

中原康顕 なかはらのやすあき
生没年不詳 [別]中原康顕《なかはらやすあき》
戦国時代の官人。
¶国書(なかはらやすあき)

中原泰定 なかはらのやすさだ
生没年不詳
平安時代後期～鎌倉時代前期の官人。左史生。
¶平史

中原康富 なかはらのやすとみ
*～長禄1(1457)年 [別]中原康富《なかはらやすとみ》
室町時代の官人、父は英隆、隼人正、日向守、権少外記。
¶朝日([生]応永6(1399)年 [没]長禄1年2月16日(1457年3月11日)),鎌室(なかはらやすとみ [生]応永7(1400)年),京都大(なかはらやすとみ [生]応永7(1400)年),国史(なかはらやすとみ [生]?),国書(なかはらやすとみ [生]応永7(1400)年頃 [没]康正3(1457)年2月16日),古中(なかはらやすとみ [生]?),コン4(なかはらやすとみ [生]応永6(1399)年?),新潮(なかはらやすとみ [生]応永7(1400)年 [没]長禄1(1457)年2月16日),姓氏京都(なかはらやすとみ [生]1400年?),日人([生]1400年)

中原頼成 なかはらのよりしげ
? ～応徳1(1084)年 [別]中原頼成《なかはらよりしげ》
平安時代中期～後期の官人・歌人。
¶国書(なかはらよりしげ [没]応徳1(1084)年4月),平史

永原媛 ながはらひめ
→永原原姫(ながはらのもとひめ)

中原広元 なかはらひろもと
→大江広元(おおえのひろもと)

中原職忠 なかはらもとただ
→平田職忠(ひらたもとただ)

中原職俊 なかはらもととし
→平田職俊(1)(ひらたもととし)

中原職平 なかはらもとひら
寛政2(1790)年10月25日～天保5(1834)年3月25日
江戸時代後期の官人。
¶国書

中原師資 なかはらもろすけ
延享1(1744)年～享和1(1801)年6月27日 [別]押小路師資《おしこうじもろすけ》
江戸時代中期～後期の公家(非参議)。享和元年従三位に叙される。
¶公卿,公家(師資〔押小路家〕 もろすけ),国書(押小路師資 おしこうじもろすけ [生]寛保4(1744)年1月1日),諸系(押小路師資 おしこうじもろすけ)

中原師徳 なかはらもろのり
寛政11(1799)年～弘化3(1846)年1月18日 [別]押小路師徳《おしこうじもろのり》
江戸時代後期の公家(非参議)。弘化3年従三位に叙される。
¶公卿,公家(師徳〔押小路家〕 もろのり),国書(押小路師徳 おしこうじもろのり [生]寛政11(1799)年1月8日),諸系(押小路師徳 おしこうじもろのり [生]1800年)

中原千俊 なかはらゆきとし
宝永4(1707)年12月15日～宝暦13(1763)年2月16日
江戸時代中期の官人。
¶国書

永久王 ながひさおう
→北白川宮永久王(きたしらかわのみやながひさおう)

永久王妃祥子 ながひさおうひさちこ
→北白川祥子(きたしらかわさちこ)

栄仁親王 なかひとしんのう
→栄仁親王(よしひとしんのう)

長仁親王 ながひとしんのう
→道助入道親王(どうじょにゅうどうしんのう)

な

永平親王　ながひらしんのう
康保2（965）年～永延2（988）年
平安時代中期の村上天皇の皇子。
¶人名，日人，平史

中御門明豊　なかみかどあきとよ
応永21（1414）年～長禄3（1459）年10月3日
室町時代の公卿（権大納言）。権大納言中御門俊輔の子。
¶公卿，公家（明豊〔中御門家〕　あきとよ）

中御門家成　なかみかどいえなり
→藤原家成（ふじわらのいえなり）

中御門資胤　なかみかどすけたね
永禄12（1569）年5月14日～寛永3（1626）年1月17日
安土桃山時代～江戸時代前期の公家（権大納言）。権大納言庭田重保の子。
¶公卿，公家（資胤〔中御門家〕　すけたね），国書，戦人

中御門資熙（中御門資煕）　なかみかどすけひろ
寛永12（1635）年12月26日～宝永4（1707）年8月21日
江戸時代前期～中期の公家（権大納言）。権大納言中御門宣順の子。
¶近世，公卿（中御門資煕），公家（資熙〔中御門家〕　すけひろ），国史，国書，諸系（[生]1636年），日人（[生]1636年）

中御門為方　なかみかどためかた
建長7（1255）年～徳治1（1306）年12月11日
鎌倉時代後期の公卿（権中納言）。権大納言中御門経任の長男。
¶公卿，公家（為方〔中御門家（絶家）〕　ためかた），国書

中御門為俊　なかみかどためとし
？　～正応2（1289）年10月20日
鎌倉時代後期の公卿（非参議）。権大納言中御門経任の次男。
¶公卿，公家（為俊〔中御門家（絶家）〕　ためとし）

中御門為治　なかみかどためはる
＊～？
鎌倉時代後期～南北朝時代の公卿（権中納言）。権中納言中御門為行の孫。
¶公卿（[生]正和3（1314）年），公家（為治〔中御門家（絶家）〕　ためはる　[生]1315年）

中御門為行　なかみかどためゆき
建治2（1276）年～元弘2/正慶1（1332）年9月10日
[別]藤原為行《ふじわらのためつら》
鎌倉時代後期の公卿（権中納言）。権中納言中御門為方の子。
¶公卿，公家（為行〔中御門家（絶家）〕　ためゆき），新潟百（藤原為行　ふじわらのためつら）

中御門経定　なかみかどつねさだ
安永8（1779）年10月12日～文化14（1817）年11月25日
江戸時代中期～後期の公家。
¶国書

中御門経季　なかみかどつねすえ
正安1（1299）年～正平1/貞和2（1346）年
鎌倉時代後期～南北朝時代の公卿（参議）。権大納言中御門経継の次男。
¶鎌室，公卿（[没]貞和2/正平1（1346）年9月8日），公家（経季〔中御門家〕　つねすえ　[没]貞和2（1346）年9月8日），国書（[没]貞和2（1346）年9月6日），諸系，新潮（[没]貞和2/正平1（1346）年9月8日），日人

中御門経高　なかみかどつねたか
生没年不詳
南北朝時代の公家・歌人。
¶国書

中御門経隆　なかみかどつねたか
嘉永5（1852）年～昭和5（1930）年　[別]中御門経隆《なかみかどつねたか》，中御門寛麿《なかみかどひろまろ》
明治期の海軍兵学寮教員。男爵、貴族院議員。イギリスに留学する。
¶海越（[生]嘉永5（1852）年2月　[没]昭和5（1930）年4月），海越新（[生]嘉永5（1852）年2月　[没]昭和5（1930）年4月），諸系，世紀（[生]嘉永5（1852）年2月29日　[没]昭和5（1930）年4月1日），渡航（中御門経隆・中御門寛麿　なかみかどつねたか・なかみかどひろまろ　[生]1852年2月　[没]1930年4月），日人

中御門経任　なかみかどつねただ
→藤原経任(2)（ふじわらのつねとう）

中御門経継　なかみかどつねつぐ
正嘉2（1258）年～？
鎌倉時代後期の公卿（権大納言）。勧修寺家系中御門家の祖。勧修寺経俊の三男、母は宮内卿平業光の娘。
¶公卿，公家（経継〔中御門家〕　つねつぐ），国書

中御門経任　なかみかどつねとう
→藤原経任(2)（ふじわらのつねとう）

中御門経宣　なかみかどつねのぶ
弘安2（1279）年～興国1/暦応3（1340）年5月6日
鎌倉時代後期～南北朝時代の公卿（参議）。権大納言中御門経継の長男。
¶鎌室，公卿，公家（経宣〔中御門家〕　つねのぶ），国書，諸系，日人

中御門経之　なかみかどつねゆき
文政3（1820）年12月17日～明治24（1891）年8月27日
江戸時代末期～明治期の公家（権大納言）。正五位下・侍従中御門資文の次男。
¶朝日（[生]文政3年12月17日（1821年1月20日）），維新，京都大，近現，近世，公卿（[没]明治24（1891）年8月），公家（経之〔中御門家〕　つね

ゆき)，国史，国書，コン改，コン4，コン5，史人，諸系([生]1821年)，新潮，姓氏京都，世人，日人([生]1821年)，幕末

中御門天皇　なかみかどてんのう
元禄14(1701)年12月17日～元文2(1737)年
江戸時代中期の第114代の天皇(在位1709～1735)。東山天皇第5皇子。
¶朝日([生]元禄14年12月17日(1702年1月14日)[没]元文2年4月11日(1737年5月10日))，岩史([没]元文2(1737)年4月11日)，京都大，近世，国史，国書([没]元文2(1737)年4月11日)，コン改，コン4，史人([没]1737年4月11日)，重要([没]元文2(1737)年4月11日)，諸系([生]1702年)，新潮([没]元文2(1737)年4月11日)，人名，姓氏京都，世人，全書，大百，日史([没]元文2(1737)年4月11日)，日人([生]1702年)，百科，歴大

中御門俊臣　なかみかどとしおみ
元文5(1740)年11月20日～明和8(1771)年8月13日
江戸時代中期の公家(権中納言)。権大納言坊城俊将の次男。
¶公卿，公家(俊臣〔中御門家〕　としおみ)

中御門俊輔　なかみかどとしすけ
元中9/明徳3(1392)年～永享11(1439)年
室町時代の公卿(権大納言)。権中納言中御門宣俊の子。
¶鎌室，公卿([没]永享11(1439)年2月6日)，公家(俊輔〔中御門家〕　としすけ　[没]永享11(1439)年2月6日)，諸系，日人

中御門尚良　なかみかどなおよし
天正18(1590)年8月7日～寛永18(1641)年8月23日　[別]中御門尚良《なかみかどひさよし》
江戸時代前期の公家(権大納言)。権大納言中御門資胤の次男。
¶公卿，公家(尚良〔中御門家〕　ひさよし)，国書(なかみかどひさよし)

中御門宣顕　なかみかどのぶあき
寛文2(1662)年12月2日～元文5(1740)年8月22日
江戸時代中期の公家(権大納言)。権大納言中御門資熈の三男。
¶公卿，公家(宣顕〔中御門家〕　のぶあき)，国書

中御門宣明　なかみかどのぶあき
乾元1(1302)年～正平20/貞治4(1365)年
鎌倉時代後期～南北朝時代の公卿(権大納言)。参議中御門経宣の子。
¶朝日([没]貞治4/正平20年6月3日(1365年6月22日))，鎌室，公卿([没]貞治4/正平20(1365)年6月3日)，公家(宣明〔中御門家〕　のぶあき　[没]貞治4(1365)年6月3日)，国史，国書([没]貞治4(1365)年6月3日)，古中，コン改，コン4，諸系，新潮([没]貞治4/正平20(1365)年6月3日)，日人

中御門宣順　なかみかどのぶあり
慶長18(1613)年10月27日～寛文4(1664)年5月3日　[別]中御門宣順《なかみかどのぶより》
江戸時代前期の公家(権大納言)。権大納言中御門尚良の子。
¶公卿，公家(宣順〔中御門家〕　のぶまさ)，国書(なかみかどのぶより)

中御門宣方　なかみかどのぶかた
正平5/観応1(1350)年～？
南北朝時代の公卿(権中納言)。参議田向経兼の次男。
¶公卿，公家(宣方〔中御門家〕　のぶかた)，国書

中御門宣忠　なかみかどのぶただ
永正14(1517)年5月8日～弘治1(1555)年7月2日
[別]中御門宣治《なかみかどのぶはる》
戦国時代の公卿(権大納言)。権大納言中御門宣秀の次男。
¶公卿，公家(宣忠〔中御門家〕　のぶただ)，国書，戦辞(中御門宣治　なかみかどのぶはる　[没]弘治1年7月2日(1555年7月20日))，戦人(中御門宣治　なかみかどのぶはる)

中御門宣胤　なかみかどのぶたね
嘉吉2(1442)年～大永5(1525)年
室町時代～戦国時代の歌人・公卿(権大納言)。権大納言中御門明豊の子。
¶朝日([生]嘉吉2年8月29日(1442年10月3日)[没]大永5年11月17日(1525年12月1日))，鎌室，京都大，公卿([没]大永5(1525)年11月17日)，公家(宣胤〔中御門家〕　のぶたね　[没]大永5(1525)年11月17日)，国史，国書([生]嘉吉2(1442)年8月29日　[没]大永5(1525)年11月17日)，古中，コン改，コン4，静岡百，静岡歴，諸系，新潮([没]大永5(1525)年11月17日)，人名，姓氏京都，姓氏静岡，戦辞([没]大永5年11月17日(1525年12月1日))，戦人，日人，和俳

中御門宣綱　なかみかどのぶつな
永正8(1511)年～永禄12(1569)年4月
戦国時代の公卿(権中納言)。権大納言中御門宣秀の長男。
¶公卿，公家(宣綱〔中御門家〕　のぶつな)，戦辞，戦人

中御門宣俊　なかみかどのぶとし
建徳2/応安4(1371)年～応永21(1414)年
南北朝時代～室町時代の公卿(権中納言)。権中納言中御門宣方の子。
¶鎌室，公卿([没]応永21(1414)年9月13日)，公家(宣俊〔中御門家〕　のぶとし　[没]応永21(1414)年9月13日)，諸系，日人

中御門宣教　なかみかどのぶのり
天文12(1543)年～天正6(1578)年4月1日
戦国時代～安土桃山時代の公家。
¶国書

中御門宣治　なかみかどのぶはる
→中御門宣忠(なかみかどのぶただ)

中御門宣秀 なかみかどのぶひで
文明1(1469)年～享禄4(1531)年
戦国時代の公卿(権大納言)。権大納言中御門宣胤の子。
¶朝日([生]文明1年8月17日(1469年9月22日) [没]享禄4年7月9日(1531年8月21日)),鎌室,公卿([生]文明1(1469)年8月17日　[没]享禄4(1531)年7月9日),公家(宣秀〔中御門家〕　のぶひで [生]文明1(1469)年8月17日　[没]享禄4(1531)年7月9日),国史,国書([生]文明1(1469)年8月17日　[没]享禄4(1531)年7月9日),古中,コン改,コン4,静岡百,静岡歴,諸系,新潮([没]享禄4(1531)年7月9日),姓氏静岡,戦辞([生]文明1年8月17日(1469年9月22日)　[没]享禄4年7月9日(1531年8月21日)),戦人,日人

中御門宣順 なかみかどのぶより
→中御門宣順(なかみかどのぶあり)

中御門尚良 なかみかどひさよし
→中御門尚良(なかみかどなおよし)

中御門寛麿 なかみかどひろまろ
→中御門経隆(なかみかどつねたか)

中御門冬定 なかみかどふゆさだ
弘安3(1280)年～延元2/建武4(1337)年8月17日
鎌倉時代後期～南北朝時代の公卿(権中納言)。権中納言中御門宗冬の子。
¶公卿,公家(冬定〔松木家〕　ふゆさだ),国書([生]弘安5(1282)年)

中御門光方 なかみかどみつかた
?　～元亨2(1322)年
鎌倉時代後期の公卿(非参議)。非参議中御門為俊の子。
¶公卿([没]元亨2(1322)年5月),公家(光方〔中御門家(絶家)〕　みつかた　[没]元亨2(1322)年閏5月)

中御門光任 なかみかどみつとう
生没年不詳
南北朝時代の公家・歌人。
¶国書

中御門宗家 なかみかどむねいえ
→藤原宗家(2)(ふじわらのむねいえ)

中御門宗兼 なかみかどむねかね
鎌倉時代後期～南北朝時代の公卿(参議)。権中納言中御門冬定の子。
¶公卿([生]延慶1(1308)年　[没]建武4/延元2(1337)年2月17日),公家(宗兼〔松木家〕　むねかね　[生]?　[没]延元1(1336)年12月?)

中御門宗実 なかみかどむねざね
?　～正応2(1289)年
鎌倉時代後期の公卿(非参議)。参議藤原宗平の次男。
¶公卿,公家(宗実〔松木家〕　むねざね　[没]正応2(1289)年12月21日)

中御門宗重 なかみかどむねしげ
嘉元2(1304)年～正平22/貞治6(1367)年12月22日
鎌倉時代後期～南北朝時代の公卿(権中納言)。権中納言中御門冬定の子。
¶公卿,公家(宗重〔松木家〕　むねしげ),国書

中御門宗忠 なかみかどむねただ
→藤原宗忠(ふじわらのむねただ)

中御門宗冬 なかみかどむねふゆ
?　～応長1(1311)年1月19日
鎌倉時代後期の公卿(権中納言)。参議中御門宗雅の子。
¶公卿,公家(宗冬〔松木家〕　むねふゆ)

中御門宗雅 なかみかどむねまさ
建保5(1217)年～文永6(1269)年1月28日
鎌倉時代前期の公卿(参議)。道長系の中御門家の祖。参議藤原宗平の長男。
¶公卿,公家(宗雅〔松木家〕　むねまさ),国書

中御門宗泰 なかみかどむねやす
?　～天授6/康暦2(1380)年1月
南北朝時代の公卿(権中納言)。権中納言中御門宗重の子。
¶公卿,公家(宗泰〔松木家〕　むねやす),国書

中御門宗行 なかみかどむねゆき
→藤原宗行(1)(ふじわらのむねゆき)

中御門宗能 なかみかどむねよし
→藤原宗能(ふじわらのむねよし)

修道親王 ながみちしんのう
→済仁入道親王(さいにんにゅうどうしんのう)

長岑氏主 ながみねのうじぬし
[別]長岑宿禰氏主《ながみねのすくねうじぬし》
平安時代前期の官人。
¶古代(長岑宿禰氏主　ながみねのすくねうじぬし),日人(生没年不詳)

長峯高名(長岑高名) ながみねのたかな
延暦13(794)年～天安1(857)年　[別]長岑宿禰高名《ながみねのすくねたかな》,白鳥高名《しらとりたかな》
平安時代前期の官人。
¶国書(白鳥高名　しらとりたかな　[没]天安1(857)年9月3日),古代(長岑宿禰高名　ながみねのすくねたかな),人名,日人,平史(長岑高名)

長岑諸近 ながみねのもろちか
生没年不詳
平安時代中期の官人。
¶平史

長統王 ながむねおう
→清原長統(きよはらのちょうとう)

仲盛 なかもり
生没年不詳

南北朝時代の公家・歌人。
¶国書

長屋王 ながやおう
天武13(684)年～天平1(729)年　[別]長屋王《ながやのおう, ながやのおおきみ》
飛鳥時代～奈良時代の公卿(左大臣)。天武天皇の孫で高市皇子の第1皇子。皇親勢力の代表として権勢を振るったが、藤原氏による讒言のため自殺させられた。
¶朝日([生]?　[没]天平1年2月12日(729年3月16日)), 岩史([没]神亀6(729)年2月12日), 角史, 郷土奈良, 公卿([没]天平1(729)年3月10日), 国史, 古史([生]?), 古代([生]?), 古中, コン改([生]天武13(684)年?), コン4([生]天武13(684)年?), 詩歌(ながやのおおきみ　[生]676年), 史人([生]?　[没]729年2月12日), 重要([没]天平1(729)年2月12日), 諸系, 人書94, 新潮([没]天平1(729)年2月12日), 人名(ながやのおう　[生]676年), 世人(ながやのおう　[没]天平1(729)年2月12日), 世百([生]676年), 全書([生]684年?), 大百(ながやのおう), 伝記([生]676年), 日史([没]天平1(729)年2月12日), 日人, 百科, 仏教([没]神亀6(729)年2月12日), 万葉(ながやのおおきみ), 歴大, 和俳([没]天平1(729)年2月12日)

長屋王 ながやのおおきみ
→長屋王(ながやおう)

中山篤親 なかやまあつちか
明暦2(1656)年11月25日～享保1(1716)年9月6日
江戸時代前期～中期の公家(権大納言)。権大納言正親町実豊の三男。
¶公卿, 公家(篤親〔中山家〕　あつちか), 国書

中山家親 なかやまいえちか
生没年不詳
鎌倉時代後期の公卿(参議)。非参議中山基雅の子。
¶公卿, 公家(家親〔中山家〕　いえちか), 国書

中山兼季 なかやまかねすえ
治承3(1179)年～?
鎌倉時代前期の公卿(非参議)。内大臣中山忠親の三男、母は権大納言平時忠の娘。
¶鎌室(生没年不詳), 公卿, 公家(兼季〔中山家〕　かねすえ), 諸系, 日人

中山兼親 なかやまかねちか
貞享1(1684)年12月9日～享保19(1734)年10月25日
江戸時代中期の公家(権大納言)。権大納言中山篤親の子。
¶公卿, 公家(兼親〔中山家〕　かねちか), 国書

中山兼宗 なかやまかねむね
長寛1(1163)年～仁治3(1242)年9月3日　[別]藤原兼宗《ふじわらのかねむね》
平安時代後期～鎌倉時代前期の歌人・公卿(大納言)。内大臣中山忠親の長男。
¶鎌室([生]応保2(1162)年), 公卿, 公家(兼宗〔中山家〕　かねむね), 国書, 人名(藤原兼宗　ふじわらのかねむね　[生]1162年), 平史(藤原兼宗　ふじわらのかねむね), 和俳([生]応保2(1162)年)

中山定親 なかやまさだちか
応永8(1401)年～長禄3(1459)年9月17日　[別]藤原定親《ふじわらのさだちか》
室町時代の公卿(権大納言)。権大納言中山満親の子。
¶朝日([没]長禄3年9月17日(1459年10月13日)), 鎌室, 公卿, 公家(定親〔中山家〕　さだちか), 国史, 国書, 古中, 史人, 諸系, 新潮, 世人(藤原定親　ふじわらのさだちか), 日史, 日人

中山定宗 なかやまさだむね
文保1(1317)年～建徳2/応安4(1371)年3月15日
南北朝時代の公卿(権中納言)。参議中山家親の子。
¶公卿, 公家(定宗〔中山家〕　さだむね), 国書

中山栄親 なかやましげちか
宝永6(1709)年11月9日～明和8(1771)年5月22日　[別]中山栄親《なかやまひでちか》
江戸時代中期の公家(権大納言)。権大納言中山兼親の子。
¶公卿, 公家(栄親〔中山家〕　ひでちか), 国書(なかやまひでちか)

中山孝親 なかやまたかちか
永正9(1512)年12月18日～天正6(1578)年
戦国時代～安土桃山時代の公卿(准大臣)。権大納言中山康親の子。
¶公卿([没]天正6(1578)年1月16日), 公家(孝親〔中山家〕　たかちか　[没]天正6(1578)年1月16日), 国書([没]天正6(1578)年1月16日), 諸系([生]1513年), 人名, 戦人, 日人([生]1513年)

中山孝麿 なかやまたかまろ
嘉永6(1853)年～大正8(1919)年
明治～大正期の宮内官吏。侯爵。東宮侍従長、宮中顧問官などを務めた。
¶諸系, 人名([生]1852年), 世紀([生]嘉永5(1853)年12月3日　[没]大正8(1919)年11月24日), 日人

中山忠明 なかやまただあき
寿永2(1183)年～?
鎌倉時代前期の公卿(非参議)。内大臣中山忠親の子。
¶公卿, 公家(忠明〔中山家〕　ただあき)

中山忠定(1) なかやまただささだ
文治4(1188)年～康元1(1256)年11月
鎌倉時代前期の公卿(参議)。大納言中山兼宗の長男。
¶公卿([没]康元1(1256)年11月18日), 公家(忠定〔中山家〕　たださだ), 国書

中山忠定(2) なかやまたださだ
正安2(1300)年～*
鎌倉時代後期～南北朝時代の公卿(非参議)。非参議中山忠明の子。

¶公卿（[没]康永3/興国5（1343）年11月），公家（忠定〔粟田口家（絶家）〕　たださだ　[没]康永3（1344）年11月）

中山忠尹 なかやまただただ
宝暦6（1756）年9月15日〜文化6（1809）年10月20日　[別]中山忠尹《なかやまただまさ》
江戸時代中期〜後期の公家（権大納言）。権大納言中山愛親の子。
¶公卿，公家（忠尹〔中山家〕　ただまさ），国書（なかやまただまさ）

中山忠親 なかやまただちか
天承1（1131）年〜建久6（1195）年　[別]藤原忠親《ふじわらただちか，ふじわらのただちか》
平安時代後期〜鎌倉時代前期の公卿（内大臣）。中山家の祖。権中納言藤原忠宗の次男。
¶朝日（藤原忠親　ふじわらのただちか　[没]建久6年3月12日（1195年4月23日）），鎌室（[生]長承1（1132）年），京都（[生]長承1（1132）年），京都大（[生]長承1（1132）年），公卿（[没]建久6（1195）年3月12日），公家（忠親〔中山家〕　ただちか　[没]建久6（1195）年3月12日），国史，国書（[没]建久6（1195）年3月12日），古中，コン改（[生]長承1（1132）年），コン4（[生]長承1（1132）年），史人（[没]1195年3月12日），重要（[生]長承1（1132）年），諸系，新潮（[生]長承1（1132）年　[没]建久6（1195）年3月12日），人名（[生]1132年），姓氏京都，世人（[没]建久6（1195）年3月12日），世百（[生]1132年），全書，日史（藤原忠親　ふじわらのただちか　[没]建久6（1195）年3月12日），日人，百科（[生]長承1（1132）年），平史（藤原忠親　ふじわらのただちか）

中山忠愛 なかやまただなる
天保3（1832）年〜明治15（1882）年7月25日
江戸時代末期〜明治期の公家。清河八郎ら志士を援助。参与を務める。
¶維新，コン5，幕末

中山忠尹 なかやまただまさ
→中山忠尹（なかやまただただ）

中山忠光 なかやまただみつ
弘化2（1845）年〜元治1（1864）年　[別]森俊斎《もりしゅんさい》
江戸時代末期の公家。中山忠能の7男。
¶朝日（[生]弘化2年4月13日（1845年5月18日）　[没]元治1年11月15日（1864年12月13日）），維新，角史，京都大，近世，国史，コン改，コン4，詩歌，史人（[生]1845年4月13日　[没]1864年11月15日），重要（[生]弘化2（1845）年4月13日　[没]元治1（1864）年11月15日），諸系，人書94，新潮（[生]弘化2（1845）年4月13日　[没]元治1（1864）年11月15日），人名，姓氏京都，世人（[没]元治1（1864）年11月15日），世百（[没]1865年），全書，大百，日史（[生]弘化2（1845）年4月13日　[没]元治1（1864）年11月15日），日人，幕末（[没]1864年12月13日），百科，山口百（[生]1843年），歴大

中山忠能 なかやまただやす
文化6（1809）年〜明治21（1888）年6月12日　[別]中山大納言《なかやまだいなごん》
江戸時代末期〜明治期の公家（准大臣）。権大納言中山忠頼の次男。
¶朝日（[生]文化6年11月11日（1809年12月17日）），維新，岩史（[生]文化6（1809）年11月11日），京都大，近現，近世，公卿（[生]文化6（1809）年11月11日），公家（忠能〔中山家〕　ただやす　[生]文化6（1809）年11月11日），国史，国書（[生]文化6（1809）年11月11日），コン改，コン4，コン5，史人（[生]1809年11月11日），諸系，神史，神人（[生]文化6（1809）年11月），新潮（[生]文化6（1809）年11月11日），人名，姓氏京都，世人，全書，日史（[生]文化6（1809）年11月11日），日人，幕末，百科，歴大

中山忠頼 なかやまただより
安永7（1778）年閏7月22日〜文政8（1825）年5月21日
江戸時代後期の公家（権大納言）。権大納言中山忠尹の子。
¶公卿，公家（忠頼〔中山家〕　ただより），国書

中山親綱 なかやまちかつな
天文13（1544）年11月23日〜慶長3（1598）年11月28日
安土桃山時代の公卿（権大納言）。権大納言中山孝親の子。
¶公卿，公家（親綱〔中山家〕　ちかつな），国書，戦辞（[生]天文13年11月23日（1544年12月7日）　[没]慶長3年11月28日（1598年12月26日）），戦人

中山親通 なかやまちかのり
→中山親通（なかやまちかみち）

中山親雅 なかやまちかまさ
正平8/文和2（1353）年〜応永9（1402）年5月27日
南北朝時代〜室町時代の公卿（権大納言）。権中納言中山定宗の子。
¶朝日（[没]応永9年5月27日（1402年6月27日）），鎌室（[生]文和2/正平7（1353）年？），公卿，公家（親雅〔中山家〕　ちかまさ），国書，諸系，新潮（[生]文和2/正平8（1353）年？），日人

中山親通 なかやまちかみち
応永33（1426）年〜寛正3（1462）年5月25日　[別]中山親通《なかやまちかのり》
室町時代の公卿（権大納言）。権大納言中山定親の子。
¶公卿，公家（親通〔中山家〕　ちかみち），国書（なかやまちかのり）

中山愛親 なかやまなるちか
寛保1（1741）年〜文化11（1814）年8月18日
江戸時代中期〜後期の公家（権大納言）。権大納言中山栄親の次男。
¶朝日（[生]寛保1年5月25日（1741年7月7日）　[没]文化11年8月18日（1814年10月1日）），岩史（[生]寛保1（1741）年5月25日），角史，京都，京都大，近世，公卿（[生]寛保1（1741）年5月25日），公家（愛親〔中山家〕　なるちか　[生]寛保1（1741）年5月25日），国史，国書（[生]寛保1（1741）年5月25日），コン改，コン4，史人

（㊞1741年5月25日），諸系，新潮（㊞寛保1
（1741）年5月），人名，姓氏京都，世人，世百，
全書，日史（㊞寛保1（1741）年5月25日），日
人，百科，歴大

中山宣親 なかやまのぶちか
長禄2（1458）年～永正14（1517）年10月4日
戦国時代の公卿（権中納言）。権大納言中山親通
の子。
　¶公卿，公家（宣親〔中山家〕　のぶちか），国
　書，戦人

中山栄親 なかやまひでちか
　→中山栄親（なかやましげちか）

中山英親 なかやまひでちか
寛永4（1627）年4月15日～延宝2（1674）年2月18日
江戸時代前期の公家（権大納言）。権大納言中山
元親の子。
　¶公卿，公家（英親〔中山家〕　ひでちか）

中山満親 なかやまみつちか
建徳2/応安4（1371）年～応永28（1421）年4月26日
南北朝時代～室町時代の公卿（権大納言）。権大
納言中山親雅の子。
　¶鎌室，公卿，公家（満親〔中山家〕　みつち
　か），国書，諸系，日人

中山元親 なかやまもとちか
文禄2（1593）年12月12日～寛永16（1639）年8月
26日
江戸時代前期の公家（権大納言）。権大納言中山
慶親の子。
　¶公卿，公家（元親〔中山家〕　もとちか），国書

中山基雅 なかやまもとまさ
　？　～文永3（1266）年1月3日
鎌倉時代前期の公卿（非参議）。参議中山忠定
の子。
　¶公卿（生没年不詳），公家（基雅〔中山家〕　も
　とまさ），国書

中山康親 なかやまやすちか
文明17（1485）年～天文7（1538）年8月14日
戦国時代の公卿（権大納言）。権中納言中山宣親
の子。
　¶公卿，公家（康親〔中山家〕　やすちか），国
　書，戦人（㊞？）

中山慶子 なかやまよしこ
天保6（1835）年11月28日～明治40（1907）年10月5
日
江戸時代末期～明治期の女官。孝明天皇の宮人，
明治天皇の生母。
　¶朝日（㊞天保6年11月28日（1836年1月16日）），
　維新，京都大，近現，国史，コン改，コン4，コ
　ン5，史人，諸系（㊞1836年），女性，女性普，
　新潮，人名，姓氏京都，大百，日人（㊞1836
　年），幕末，歴大

中山慶親 なかやまよしちか
永禄9（1566）年11月29日～元和4（1618）年4月

10日
安土桃山時代～江戸時代前期の公家（権大納言）。
権大納言中山親綱の子。
　¶公卿，公家（慶親〔中山家〕　よしちか），国書

中山冷泉為尚 なかやまれいぜいためなお
慶長9（1604）年2月20日～寛文2（1662）年7月5日
江戸時代前期の公家（権中納言）。権大納言中山
親綱の孫。
　¶公卿，公家（為尚〔今城家〕　ためなお）

半井明重 なからいあきしげ
　→和気明重（わけのあきしげ）

半井明茂 なからいあきしげ
応永9（1402）年～文明15（1483）年7月6日　㊋半
井明茂《なかいあきしげ》
室町時代の公卿（非参議）。半井家の祖。非参議
和気明成の子。
　¶公卿（なかいあきしげ　㊱？），公家（明茂〔和
　気1・半井家（絶家）〕　あきしげ），国書

半井明孝 なからいあきたか
延徳2（1490）年～永禄2（1559）年10月4日　㊋半
井明孝《なかいあきたか》
戦国時代の公卿（非参議）。非参議半井明重の子。
　¶公卿（なかいあきたか），公家（明孝〔和気1・
　半井家（絶家）〕　あきたか），戦人

半井明名 なからいあきな
生没年不詳　㊋半井明名《なかいあきな》
戦国時代～安土桃山時代の公卿（非参議）。非参
議半井明孝の子。
　¶公卿（なかいあきな），公家（明名〔和気1・半
　井家（絶家）〕　あきな），戦人

半井明重 なからいあきのぶ
　→和気明重（わけのあきしげ）

半井明英 なからいあきひで
　→半井明英（なからいあきふさ）

半井明英 なからいあきふさ
永正3（1506）年～？　㊋半井明英《なかいあきひ
で，なかいあきふさ，なからいあきひで》
戦国時代の医師，公卿（非参議）。兵庫助明澄入
道の子。
　¶公卿（なかいあきひで），公家（明英〔和気1・
　半井家（絶家）〕　あきひで），人名（なからい
　あきひで），戦辞（㊞永正2（1505）年），日人
　（生没年不詳）

奈貴王 なきおう
　？　～宝亀9（778）年　㊋奈貴王《なきのおう》
奈良時代の官人，王族か（侍従・伯耆守・従四位
下）。橘奈良麻呂の乱の後に昇進を重ねた。
　¶古代（なきのおう），日人

名草豊成 なぐさのとよなり，なくさのとよなり
宝亀3（772）年～斉衡1（854）年　㊋名草宿禰豊成
《なぐさのすくねとよなり》
平安時代前期の学者，官人。

¶古代（名草宿禰豊成　なぐさのすくねとよなり），日人，平史（なくさのとよなり），和歌山人（[生]771年）

名草安成　なぐさのやすなり
→滋野安成（しげののやすなり）

梨木誠斉　なしきせいさい
→三条実美（さんじょうさねとみ）

梨本伊都子　なしもといつこ
明治15（1882）年2月2日～昭和51（1976）年
明治～昭和期の皇族。梨本宮守正王の妃。戦後皇籍離脱。
¶女性（[没]昭和51（1976）年8月），女性普（[没]昭和51（1976）年8月），世紀（[没]昭和51（1976）年8月19日），日人（[没]昭和51（1976）年8月19日）

梨本宮方子女王　なしもとのみやまさこじょおう
→李方子（りまさこ）

梨本宮守正王　なしもとのみやもりまさおう
→梨本守正（なしもともりまさ）

梨本守正　なしもともりまさ
明治7（1874）年3月9日～昭和26（1951）年1月1日
[別]守正王《もりまさおう》，梨本宮守正《なしもとのみやもりまさ》，梨本宮守正王《なしもとのみやもりまさおう》
明治～昭和期の皇族、陸軍軍人。元帥。久邇宮朝彦親王の第4王子。第3代梨本宮。皇族でただ一人の戦犯容疑者として拘留。“ひげの宮様”として知られる。
¶角史（梨本宮守正王　なしもとのみやもりまさおう），近現（守正王　もりまさおう），現朝，現情，現人，現日（梨本宮守正　なしもとのみやもりまさ），国史（守正王　もりまさおう），コン改（梨本宮守正　なしもとのみやもりまさ），コン4（梨本宮守正　なしもとのみやもりまさ），コン5（梨本宮守正　なしもとのみやもりまさ），史人（梨本宮守正王　なしもとのみやもりまさおう），諸系，神人（梨本宮守正王　なしもとのみやもりまさおう），新潮，人名7，世紀，渡航（梨本宮守正王　なしもとのみやもりまさおう），日人，陸海（梨本宮守正王　なしもとのみやもりまさおう），歴大（梨本宮守正　なしもとのみやもりまさ）

難波王(1)　なにわおう
飛鳥時代の皇族。山背大兄王の子か。
¶古代，日人（生没年不詳）

難波王(2)　なにわおう
→難波小野王（なにわのおののきみ）

難波皇子　なにわのおうじ
[別]難波皇子《なにわのみこ》
飛鳥時代の敏達天皇の皇子。
¶古代（なにわのみこ），諸系（生没年不詳），人名，日人（生没年不詳）

難波小野女王　なにわのおぬのじょおう
→難波小野王（なにわのおののきみ）

難波小野王　なにわのおののおおきみ
→難波小野王（なにわのおののきみ）

難波小野王　なにわのおののきみ
[別]難波王《なにわおう》，難波小野王《なにわのおののおおきみ》，難波小野女王《なにわのおぬのじょおう》
上代の女性。雄略天皇の皇女または皇孫女。顕宗天皇の皇后。
¶古代（難波王　なにわおう），女性（なにわのおののおおきみ　生没年不詳），人名（難波小野女王　なにわのおぬのじょおう），日人

難波吉士木蓮子　なにわのきしいたび
飛鳥時代の外交官。
¶古代，日人（生没年不詳）

難波天皇妹　なにわのすめらみことのいも
時代不詳の皇妹。仁徳天皇または孝徳天皇の妹といわれる。
¶万葉

難波内親王　なにわのないしんのう
？　～宝亀4（773）年
奈良時代の女性。施基親王の王女、光仁天皇の姉。
¶女性（[没]宝亀4（773）年10月14日），人名，日人

難波奈良　なにわのなら
[別]難波連奈良《なにわのむらじなら》
奈良時代の官人。
¶古代（難波連奈良　なにわのむらじなら），日人（生没年不詳）

難波皇子　なにわのみこ
→難波皇子（なにわのおうじ）

難波万雄　なにわのよろずお
生没年不詳　[別]難波万雄《なにわよろずお》
平安時代中期の官人・歌人。
¶国書（なにわよろずお）

難波宗教　なにわむねのり
→難波宗教（なんばむねのり）

名辺王　なべおう
奈良時代の王族。垂水王の甥。臣籍降下して三嶋真人を賜わる。
¶古代，日人（生没年不詳）

鍋島伊都子　なべしまいつこ
→梨本伊都子（なしもといつこ）

並山王　なみやまおう
平安時代前期の官人（従五位上紀伊守）。
¶古代，日人（生没年不詳）

奈良女王　ならのじょおう
生没年不詳
奈良時代の王族？・女官。系譜不詳。
¶女性

業顕王　なりあきおう
→白川業顕王（しらかわなりあきおう）

周敦親王 なりあつしんのう
→性承入道親王（しょうじょうにゅうどうしんのう）

成清 なりきよ
生没年不詳
南北朝時代以前の公家・歌人。
¶国書

済子女王 なりこじょおう
→済子女王（さいしじょおう）

業子内親王 なりこないしんのう
？～弘仁6（815）年
平安時代前期の女性。嵯峨天皇の皇女。
¶女性（[没]弘仁6（815）年6月24日），人名，平史

業定王 なりさだおう
→白川業定王（しらかわなりさだおう）

業資王 なりすけおう
→白川業資王（しらかわなりすけおう）

成良親王 なりながしんのう
→成良親王（なりよししんのう）

成仁王 なりひとおう
室町時代の後村上天皇の皇孫。
¶人名

成康親王 なりやすしんのう
承和3（836）年～仁寿3（853）年
平安時代前期の仁明天皇の皇子。
¶人名，日人（[生]837年），平史

業良親王 なりよししんのう
？～貞観10（868）年
平安時代前期の嵯峨天皇の皇子。
¶人名，日人，平史

成良親王 なりよししんのう
嘉暦1（1326）年～興国5/康永3（1344）年1月6日
[別]成良親王《なりながしんのう》
南北朝時代の後醍醐天皇の皇子。
¶朝日（[没]？），岩史（[没]？），角史，神奈川人，鎌室（なりながしんのう），国史（[没]？），古中（[没]？），コン改（なりながしんのう），コン4（なりながしんのう），史人（[没]1344年1月6日？），重要，諸系（[没]？），新潮（なりながしんのう），人名（なりながしんのう），世人（なりながしんのう），全書（なりながしんのう），大百，日史，日人（[没]？），百科，歴大

成宮 なるのみや
文政8（1825）年～文政9（1826）年
江戸時代後期の女性。仁孝天皇の第2皇女。
¶人名

稔彦王 なるひこおう
→東久邇稔彦（ひがしくになるひこ）

稔彦王妃聡子内親王 なるひこおうひとしこないしんのう
→東久邇聡子（ひがしくにとしこ）

成久王 なるひさおう
→北白川宮成久王（きたしらかわのみやなるひさおう）

成久王妃房子内親王 なるひさおうひふさこないしんのう
→北白川房子（きたしらかわふさこ）

愛仁親王 なるひとしんのう
文政1（1818）年～天保13（1842）年
江戸時代後期の孝仁親王の王子。
¶諸系

徳仁親王 なるひとしんのう
→皇太子徳仁（こうたいしなるひと）

徳仁親王妃雅子 なるひとしんのうひまさこ
→皇太子妃雅子（こうたいしひまさこ）

南院式部卿親王女 なんいんしきぶきょうのみこのむすめ
→貞保親王女（さだやすしんのうのむすめ）

難波宗礼 なんばむねあや
天保3（1832）年～明治17（1884）年
江戸時代末期～明治期の公家。
¶維新，諸系，幕末（[没]1884年2月24日）

難波宗有 なんばむねあり
鎌倉時代後期～南北朝時代の公卿（非参議）。非参議藤原宗長の曾孫。
¶公卿（生没年不詳），公家（宗有〔難波家〕　むねあり）

難波宗量 なんばむねかず
寛永19（1642）年～宝永1（1704）年4月25日
江戸時代前期～中期の公家（権中納言）。権大納言飛鳥井雅章の三男、母は権大納言四辻公遠の孫娘。
¶公卿，公家（宗量〔難波家〕　むねかず　[生]寛永19（1642）年9月）

難波宗勝 なんばむねかつ
*～慶安4（1651）年　[別]飛鳥井雅宣《あすかいまさつら，あすかいまさのぶ》
江戸時代前期の公家（権大納言）。権大納言飛鳥井雅庸の次男。
¶公卿（飛鳥井雅宣　あすかいまさのぶ　[生]天正14（1586）年　[没]慶安4（1651）年3月21日），公家（雅宣〔飛鳥井家〕　まさのぶ　[生]1586年　[没]慶安4（1651）年3月21日），国書（飛鳥井雅宣　あすかいまさつら　[生]天正14（1586）年12月6日　[没]慶安4（1651）年3月21日），諸系（[生]1587年），人名，日人（[生]1587年）

難波宗城 なんばむねき
享保9（1724）年8月7日～文化2（1805）年2月22日
江戸時代中期～後期の公家（権大納言）。権大納言難波宗建の子。
¶公卿，公家（宗城〔難波家〕　むねき），国書，諸系，人名，日人

難波宗清 なんばむねきよ
文保2（1318）年～正平16/康安1（1361）年4月11日
南北朝時代の公卿（非参議）。非参議難波宗緒の

長男。
¶公卿，公家（宗清〔難波家〕　むねきよ）

難波宗享 なんばむねたか
明和7（1770）年3月4日～文化5（1808）年5月14日
江戸時代中期～後期の公家（非参議）。権大納言難波宗城の次男。
¶公卿，公家（宗享〔難波家〕　むねたか）

難波宗建 なんばむねたけ
元禄10（1697）年7月15日～明和5（1768）年11月5日
江戸時代中期の公家（権大納言）。非参議難波宗尚の子。
¶近世，公卿，公家（宗建〔難波家〕　むねたけ），国史，国書，諸系，人名，日人

難波宗種 なんばむねたね
慶長15（1610）年～万治2（1659）年2月14日
江戸時代前期の公家（権中納言）。権大納言飛鳥井雅宣（前名難波宗勝）の子。
¶公卿，公家（宗種〔難波家〕　むねたね）

難波宗緒 なんばむねつぐ
正応1（1288）年～？
鎌倉時代後期～南北朝時代の公卿（非参議）。難波家の祖。非参議藤原宗長の曽孫。
¶公卿，公家（宗緒〔難波家〕　むねつぐ）

難波宗尚 なんばむねなお
寛文8（1668）年7月16日～元禄12（1699）年11月12日　[別]難波宗尚《なんばむねひさ》
江戸時代前期～中期の公家（非参議）。権大納言飛鳥井雅章の末男。
¶公卿，公家（宗尚〔難波家〕　むねひさ），国書（なんばむねひさ）

難波宗長 なんばむねなが
→藤原宗長（ふじわらのむねなが）

難波宗教 なんばむねのり
正治2（1200）年～？　[別]藤原宗教《ふじわらのむねのり》，難波宗教《なにわむねのり》
鎌倉時代前期の公卿、蹴鞠家。
¶鎌室（なにわむねのり　生没年不詳），公卿（藤原宗教　ふじわらのむねのり），公家（宗教〔難波家〕　むねのり　[生]1201年），国書，諸系，日人

難波宗尚 なんばむねひさ
→難波宗尚（なんばむねなお）

難波宗秀 なんばむねひで
鎌倉時代後期～南北朝時代の公卿（非参議）。非参議難波宗緒の子。
¶公卿（生没年不詳），公家（宗秀〔難波家〕　むねひで）

難波宗弘 なんばむねひろ
文化4（1807）年7月9日～明治1（1868）年7月28日
江戸時代末期の公家（権大納言）。非参議難波宗享の孫。
¶公卿，公家（宗弘〔難波家〕　むねひろ）

南部郁子 なんぶいくこ
→華頂宮郁子（かちょうのみやいくこ）

【に】

新子内親王 にいこないしんのう
→新子内親王（しんしないしんのう）

新田部親王 にいたべしんのう
？～天平7（735）年　[別]新田部親王《にったべしんのう，にいたべのしんのう，にいたべのみこ，にたべしんのう》
奈良時代の天武天皇の第7皇子。
¶朝日（[没]天平7年9月30日（735年10月20日）），岩史，角史，国史，古史（にいたべしんのう・にったべしんのう），古代，古中，コン改（にたべしんのう），コン4（にたべしんのう），史人（[没]735年9月30日），諸系，新潮（[没]天平7（735）年9月30日），人名（にいたべのしんのう），世人，世百，全書，日史（[没]天平7（735）年9月30日），日人，百科，万葉（にいたべのみこ），歴大

新田部皇女 にいたべのおうじょ
→新田部皇女（にいたべのひめみこ）

新田部皇女 にいたべのこうじょ
→新田部皇女（にいたべのひめみこ）

新田部皇女 にいたべのひめみこ
？～文武天皇3（699）年　[別]新田部皇女《にいたべのおうじょ，にいたべのこうじょ，にたべのひめみこ》
飛鳥時代の女性。天智天皇の皇女、天武天皇の妃、舎人親王の母。
¶朝日（[没]文武3年9月25日（699年10月23日）），古代（にいたべのこうじょ），コン改（にたべのひめみこ），コン4（にたべのひめみこ），諸系（にいたべのおうじょ），女性（にいたべのこうじょ　[没]文武3（699）年9月25日），新潮（[没]文武3（699）年9月20日），人名（にいたべのこうじょ），日人（にいたべのおうじょ）

新田部親王 にいたべのみこ
→新田部親王（にいたべしんのう）

丹生女王 にうのおおきみ
生没年不詳　[別]丹生女王《にうのじょおう，にぶのおおきみ》
奈良時代の万葉歌人。系譜不詳。
¶女性（にうのじょおう），人名（にぶのおおきみ），日人，万葉，和俳（にうのじょおう）

丹生女王 にうのじょおう
→丹生女王（にうのおおきみ）

西五辻文仲 にしいつつじあやなか
安政6（1859）年～昭和10（1935）年
江戸時代末期～明治期の社司、官吏。貴族院議

員、男爵。春日神社社司、宮中祇候御歌会講頌、青山御所助務などを歴任。
¶諸系，人名，日人

西大路隆明 にしおおじたかあき
安永9（1780）年11月14日～弘化3（1846）年6月10日
江戸時代後期の公家（参議）。非参議西大路隆良の子。
¶公卿（にしおうじたかあき），公家（隆明〔西大路家〕　たかあき）

西大路隆業 にしおおじたかかず
天和1（1681）年12月26日～享保17（1732）年2月21日
江戸時代中期の公家（参議）。権中納言広橋貞光の次男。
¶公卿（にしおうじたかかず），公家（隆業〔西大路家〕　たかなり）

西大路隆栄 にしおおじたかしげ
寛文10（1670）年8月28日～享保2（1717）年11月8日
江戸時代中期の公家（非参議）。権大納言広橋総光の孫。
¶公卿（にしおうじたかしげ），公家（隆栄〔西大路家〕　たかひで）

西大路隆枝 にしおおじたかしな
文化3（1806）年11月7日～文久2（1862）年8月9日
江戸時代末期の公家（非参議）。参議西大路隆明の子。
¶公卿（にしおうじたかしな），公家（隆枝〔西大路家〕　たかえだ）

西大路隆富 にしおおじたかとみ
？～宝徳2（1450）年2月
室町時代の公卿（参議）。権大納言西大路隆仲の孫。
¶公卿（にしおうじたかとみ），公家（隆富〔西大路家〕　たかとみ）

西大路隆共 にしおおじたかとも
元文3（1738）年～＊
江戸時代中期の堂上公家。宝暦事件で落飾。
¶近世（[没]1798年），国史（[没]1798年），コン改（[生]享保18（1733）年　[没]寛政5（1793）年），コン4（[生]享保18（1733）年　[没]寛政5（1793）年），史人（[没]1798年12月2日），諸系（[没]1799年），新潮（[没]寛政10（1798）年12月2日），人名（[生]1733年　[没]1793年），日人（[没]1799年）

西大路隆仲 にしおおじたかなか
興国3/康永1（1342）年～応永4（1397）年11月11日
南北朝時代～室町時代の公卿（権大納言）。西大路家の祖。権中納言四条隆持の子。
¶鎌室，公卿（にしおうじたかなか），公家（隆仲〔西大路家〕　たかなか），国書，諸系，日人

西大路隆範 にしおおじたかのり
室町時代の公卿（参議）。参議西大路隆富の子。
¶公卿（にしおうじたかのり　生没年不詳），公家（隆範〔西大路家〕　たかのり）

西大路隆政 にしおおじたかまさ
文永4（1267）年～元弘2/正慶1（1332）年　[別]四条隆政《しじょうたかまさ》
鎌倉時代後期の公卿（非参議）。権大納言四条隆行の三男。
¶公卿（四条隆政　しじょうたかまさ　[没]正慶1（1332）年10月17日），公家（隆政〔西大路家〕　たかまさ　[没]正慶1（1332）年5月12日），諸系，日人

西大路隆意 にしおおじたかもと
文政3（1820）年～明治24（1891）年
江戸時代末期～明治期の公家。
¶維新，諸系，幕末（[没]1891年1月30日）

西大路隆良 にしおおじたかよし
宝暦6（1756）年9月8日～寛政8（1796）年9月22日
江戸時代中期の公家（非参議）。権中納言山科頼言の末子、母は法印禅深の娘。
¶公卿（にしおうじたかよし），公家（隆良〔西大路家〕　たかよし）

西川房任 にしかわふさとう
応永24（1417）年～文明17（1485）年1月19日
室町時代～戦国時代の公卿（参議）。権大納言四条隆直の養子。
¶公卿，公家（房任〔四条家〕　ふさとう）

錦小路（家名） にしきこうじ
→錦小路（にしきのこうじ）

錦小路篤忠 にしきのこうじあつただ
室町時代の公卿（非参議）。非参議錦小路幸基の子。
¶公卿（生没年不詳），公家（篤忠〔錦小路家〕　あつただ）

錦小路在明 にしきのこうじありあき
明治2（1869）年～明治44（1911）年
明治期の華族。
¶諸系，日人（[生]明治2（1869）年7月9日　[没]明治44（1911）年11月24日）

錦小路親康 にしきのこうじちかやす
→丹波親康（たんばちかやす）

錦小路尚秀 にしきのこうじなおひで
宝永2（1705）年9月1日～宝暦6（1756）年9月8日
[別]錦小路尚秀《にしきのこうじひさひで》
江戸時代中期の公家（非参議）。権大納言岡崎国久の次男。
¶公卿，公家（尚秀〔錦小路家〕　ひさひで），国書（にしきのこうじひさひで）

錦小路尚秀 にしきのこうじひさひで
→錦小路尚秀（にしきのこうじなおひで）

錦小路盛直 にしきのこうじもりなお
明応2（1493）年～天文17（1548）年1月　[別]丹波盛直《たんばもりなお》
戦国時代の公卿（非参議）。正四位下・侍医・典薬

頭・左馬頭・大膳大夫錦小路秀直の子。
¶公卿，公家（盛直〔錦小路家〕　もりなお），戦辞，戦辞（丹波盛直　たんばもりなお），戦人（丹波盛直　たんばもりなお）

錦小路幸基 にしきのこうじゆきもと
室町時代の公卿（非参議）。錦小路家の祖。従二位・典薬頭・侍医丹波篤直の孫。
¶公卿（生没年不詳），公家（幸基〔錦小路家〕　ゆきもと）

錦小路頼易 にしきのこうじよりおさ
享和3（1803）年～嘉永4（1851）年11月6日
江戸時代後期の公家。
¶国書

錦小路頼量 にしきのこうじよりかず
→丹波頼量（たんばよりかず）

錦小路頼言 にしきのこうじよりこと
嘉永4（1851）年～明治17（1884）年1月1日
江戸時代後期～明治期の渡航者。
¶渡航

錦小路頼理 にしきのこうじよりただ
→錦小路頼理（にしきのこうじよりまさ）

錦小路頼庸 にしきのこうじよりつね
寛文7（1667）年～享保20（1735）年
江戸時代前期～中期の公家。
¶国書（[没]享保20（1735）年1月10日），諸系，日人

錦小路頼徳 にしきのこうじよりとみ
→錦小路頼徳（にしきのこうじよりのり）

錦小路頼尚 にしきのこうじよりなお
寛保3（1743）年10月5日～寛政9（1797）年10月8日
江戸時代中期の公家（非参議）。非参議錦小路尚秀の子。
¶公卿，公家（頼尚〔錦小路家〕　よりなお）

錦小路頼直 にしきのこうじよりなお
→丹波頼直（たんばよりなお）

錦小路頼徳 にしきのこうじよりのり
天保6（1835）年～元治1（1864）年　[別]錦小路頼徳《にしきこうじよりのり，にしきのこうじよりとみ》
江戸時代末期の公家。唐橋在久の子。
¶朝日（にしきこうじよりのり　[生]天保6年4月24日（1835年5月21日）　[没]元治1年4月27日（1864年6月1日）），維新，角史，京都大，近世，国史，コン改，コン4，史人（[生]1835年4月24日　[没]1864年4月27日），諸系，新潮（にしきのこうじよりとみ　[生]天保6（1835）年4月24日　[没]元治1（1864）年4月27日），人名，姓氏京都（にしきこうじよりのり），世人，日人，幕末（にしきのこうじよりとみ　[没]1864年6月1日）

錦小路頼理 にしきのこうじよりまさ
明和4（1767）年2月9日～文政10（1827）年3月22日
[別]錦小路頼理《にしきのこうじよりただ》
江戸時代中期～後期の公家（非参議）。非参議錦小路頼尚の子。
¶公卿，公家（頼理〔錦小路家〕　よりただ），国書（にしきのこうじよりただ）

錦織従久 にしごりつぐひさ
＊～宝暦5（1755）年7月27日
江戸時代中期の公家（非参議）。錦織家の祖。非参議萩原員従の次男。
¶公卿（[生]元禄10（1697）年12月1日），公家（従久〔錦織家〕　つぐひさ　[生]1696年？・元禄10（1697）年12月1日？），日人（[生]1698年）

錦織教久 にしごりのりひさ
→錦織教久（にしごりゆきひさ）

錦部彦公 にしごりひこきみ
生没年不詳　[別]錦部彦公《にしごりのひこきみ》
平安時代前期の漢学者。
¶国書，平史（にしごりのひこきみ）

錦織久雄 にしごりひさお
享和1（1801）年6月20日～嘉永3（1850）年7月5日
江戸時代末期の公家（非参議）。従四位上・中務少輔錦織従縄の孫。
¶公卿，公家（久雄〔錦織家〕　ひさお）

錦織久隆 にしごりひさなが
文政3（1820）年9月8日～明治15（1882）年6月18日
江戸時代末期～明治期の公家（非参議）。非参議錦織久雄の子。
¶維新，公卿（[没]明治15（1882）年6月），公家（久隆〔錦織家〕　ひさたか），幕末

錦織教久 にしごりゆきひさ
嘉永3（1850）年～明治40（1907）年　[別]錦織教久《にしごりのりひさ》
明治期の司法官。子爵、貴族院議員。淑子内親王家執事、宮中祇候を歴任後、判事に補せられる。
¶人名（にしごりのりひさ），日人

西高辻信巌 にしたかつじのぶいわ
→西高辻信厳（にしたかつじのぶかね）

西高辻信厳 にしたかつじのぶかね
弘化3（1846）年～明治32（1899）年　[別]西高辻信巌《にしたかつじのぶいわ》
江戸時代末期～明治期の華族。男爵。延壽法院信全の法燈を継いで延壽法院法眼と称す。
¶人名（西高辻信巌　にしたかつじのぶいわ），日人

西高辻信雅 にしたかつじのぶまさ
明治10（1877）年～昭和27（1952）年
明治～昭和期の神職。太宰府天満宮宮司。
¶神人

西洞院有郷 にしのとういんありさと
→安倍有郷（あべのありさと）

西洞院親長 にしのとういんちかなが
室町時代の公卿（非参議）。参議西洞院行時の次男。
¶公卿（生没年不詳），公家（親長〔西洞院家〕

ちかなが)

西洞院時顕 にしのとういんときあき
永享6(1434)年〜明応2(1493)年7月25日
室町時代〜戦国時代の公卿(参議)。非参議西洞院時兼の子。
¶公卿，公家(時顕〔西洞院家〕　ときあき)，国書，戦人([生]？)

西洞院時当 にしのとういんときあて
→西洞院時秀(にしのとういんときひで)

西洞院時兼 にしのとういんときかね
？　〜応仁2(1468)年
室町時代の公卿(非参議)。正四位下・右衛門佐西洞院時基の子。
¶公卿(生没年不詳)，公家(時兼〔西洞院家〕　ときかね)

西洞院時名 にしのとういんときな
享保15(1730)年〜寛政10(1798)年
江戸時代中期の堂上公家。宝暦事件で落飾。
¶近世，国史，国書([生]享保15(1730)年2月1日　[没]寛政10(1798)年7月2日)，コン改([没]寛政10(1798)年，(異説)1793年)，コン4([没]寛政10(1798)年，(異説)1793年)，諸系，新潮([生]享保15(1730)年2月1日　[没]寛政10(1798)年7月2日)，人名([生]1724年　[没]1793年)，姓氏京都([没]1796年)，世人([生]享保9(1724)年　[没]寛政5(1793)年12月9日)，日人

西洞院時直 にしのとういんときなお
天正12(1584)年〜寛永13(1636)年10月9日
江戸時代前期の公家(参議)。参議西洞院時慶の子。
¶公卿，公家(時直〔西洞院家〕　ときなお)，国書，諸系

西洞院時長 にしのとういんときなが
明応1(1492)年〜？
戦国時代の公卿(参議)。参議西洞院時顕の子。
¶公卿，公家(時長〔西洞院家〕　ときなが)，戦人([生]延徳3(1491)年)

西洞院時成 にしのとういんときなり
正保2(1645)年12月6日〜享保9(1724)年閏4月9日
江戸時代前期〜中期の公家(権大納言)。非参議西洞院時良の子。
¶公卿，公家(時成〔西洞院家〕　ときなり)

西洞院時秀 にしのとういんときひで
享禄4(1531)年〜永禄9(1566)年4月19日　[別]西洞院時当《にしのとういんときあて》
戦国時代の公卿(非参議)。参議西洞院時長の子。
¶公卿(西洞院時当　にしのとういんときあて)，公家(時当〔西洞院家〕　ときまさ)，国書，戦辞([没]永禄9年4月19日(1566年5月8日))，戦人

西洞院時光 にしのとういんときみつ
延宝2(1674)年6月29日〜宝永6(1709)年4月10日
江戸時代中期の公家(非参議)。権大納言西洞院時成の次男。
¶公卿，公家(時光〔西洞院家〕　ときみつ)

西洞院時慶 にしのとういんときよし
天文21(1552)年〜寛永16(1639)年
安土桃山時代〜江戸時代前期の公家(参議)。安居院僧正覚澄の子。
¶朝日([生]天文21年11月5日(1552年11月20日)　[没]寛永16年12月20日(1640年2月11日))，京都大，近世，公卿([生]天文21(1552)年11月5日　[没]寛永16(1639)年11月20日)，公家(時慶〔西洞院家〕　ときよし　[生]天文21(1552)年11月5日　[没]寛永16(1639)年11月20日)，国史，国書([生]天文21(1552)年11月5日　[没]寛永16(1639)年11月20日)，コン改，コン4，史人([生]1552年11月5日　[没]1639年12月20日)，諸系([没]1640年)，新潮，姓氏京都，世人，戦国，戦人，日人([没]1640年)，歴大，和俳

西洞院時良 にしのとういんときよし
慶長14(1609)年11月21日〜承応2(1653)年2月7日
江戸時代前期の公家(非参議)。参議西洞院時直の子。
¶公卿，公家(時良〔西洞院家〕　ときよし)

西洞院信堅 にしのとういんのぶかた
文化1(1804)年10月2日〜明治24(1891)年
江戸時代末期〜明治期の公家(権中納言)。非参議西洞院信順の子。
¶公卿([没]明治24(1891)年12月)，公家(信堅〔西洞院家〕　のぶかた　[没]明治24(1891)年12月4日)

西洞院信庸 にしのとういんのぶつね
宝暦8(1758)年10月8日〜寛政12(1800)年8月13日
江戸時代中期〜後期の公家(参議)。非参議西洞院範篤の孫。
¶公卿，公家(信庸〔西洞院家〕　のぶつね)，国書

西洞院信愛 にしのとういんのぶなる
弘化3(1846)年〜明治37(1904)年
江戸時代後期〜明治期の公家、華族。
¶諸系，人名([生]1844年)，日人

西洞院信順 にしのとういんのぶゆき
天明7(1787)年2月1日〜*
江戸時代末期の公家(非参議)。参議西洞院信庸の子。
¶公卿([没]？)，公家(信順〔西洞院家〕　のぶあや　[没]文政4(1821)年8月4日)

西洞院範篤 にしのとういんのりあつ
宝永1(1704)年9月9日〜元文3(1738)年7月5日
江戸時代中期の公家(非参議)。権大納言西洞院時成の末子。
¶公卿，公家(範篤〔西洞院家〕　のりあつ)

西洞院行時 にしのとういんゆきとき
正中1(1324)年〜正平24/応安2(1369)年　[別]平

行時《たいらゆきとき》
南北朝時代の公卿(参議)。西洞院家の祖。非参議・蔵人頭・左大弁平行高の次男。
¶鎌室，公卿([没]応安2/正平24(1369)年11月4日)，公家(行時〔西洞院家〕　ゆきとき　[没]応安2(1369)年11月4日)，諸系，人名，日人

西宮左大臣 にしのみやのさだいじん
→源高明(みなもとのたかあきら)

二条昭実 にじょうあきざね
弘治2(1556)年11月1日～元和5(1619)年7月14日
安土桃山時代～江戸時代前期の公家(関白・左大臣・准三宮)。関白・左大臣二条晴良の次男。
¶朝日([生]弘治2年11月1日(1556年12月2日)　[没]元和5年7月14日(1619年8月23日))，岩史，近世，公卿，公家(昭実〔二条家〕　あきざね)，国史，国書，コン4，史人，諸系，人名，姓氏京都，戦人，日史，日人，歴大

二条厚基 にじょうあつもと
明治16(1883)年6月14日～昭和2(1927)年9月11日
明治～大正期の政治家。貴族院議員、公爵。済生会理事長、日本青年館理事を歴任。
¶人名，世紀，日人

二条院 にじょういん
万寿3(1026)年～長治2(1105)年　[別]章子内親王《あきこないしんのう，しょうしないしんのう》
平安時代中期～後期の女性。後一条天皇の第1皇女、後冷泉天皇の中宮。
¶朝日([生]万寿3年12月9日(1027年1月19日)　[没]長治2年9月17日(1105年10月26日))，国史，国書([生]万寿3(1026)年12月9日　[没]長治2(1105)年9月17日)，古中，コン改(章子内親王　しょうしないしんのう)，コン4(章子内親王　しょうしないしんのう)，史人，諸系([生]1027年)，女性(章子内親王　しょうしないしんのう　[生]万寿3(1026)年12月　[没]長治2(1105)年9月17日)，新潮([生]万寿3(1026)年12月9日　[没]長治2(1105)年9月17日)，人名(章子内親王　あきこないしんのう)，姓氏京都(章子内親王　しょうしないしんのう)，日人([生]1027年)，平史(章子内親王　あきこないしんのう)

二条兼基 にじょうかねもと
文永5(1268)年～建武1(1334)年
鎌倉時代後期の公卿(関白・摂政・太政大臣)。関白・左大臣二条師忠の子(弟か)。
¶鎌室，公卿([没]建武1(1334)年8月22日)，公家(兼基〔二条家〕　かねもと　[生]1267年　[没]建武1(1334)年8月22日)，国書([没]建武1(1334)年8月25日)，諸系，新潮([没]建武1(1334)年8月25日)，人名([没]？)，日人

二条尹房 にじょうこれふさ
→二条尹房(にじょうただふさ)

二条定輔 にじょうさだすけ
→藤原定輔(ふじわらのさだすけ)

二条定高 にじょうさだたか
→藤原定高(ふじわらのさだたか)

二条重良 にじょうしげよし
宝暦1(1751)年～明和5(1768)年
江戸時代中期の公家(権大納言)。右大臣二条宗基の子。
¶公卿([生]宝暦1(1751)年11月3日　[没]明和5(1768)年7月2日)，公家(重良〔二条家〕　しげよし　[生]宝暦1(1751)年11月3日　[没]明和5(1768)年7月2日)，諸系，人名，日人

二条資兼 にじょうすけかね
正和3(1314)年～元中4/嘉慶1(1387)年
南北朝時代の公卿(権中納言)。権中納言二条資親の子。
¶公卿([生]正和2(1313)年)，公家(資兼〔平松家(絶家)〕　すけかね)，国書

二条資季 にじょうすけすえ
承元1(1207)年～正応2(1289)年
鎌倉時代後期の公卿(権大納言)。非参議藤原資家の長男。
¶鎌室，公卿([没]？)，公家(資季〔平松家(絶家)〕　すけすえ　[没]？)，国書([没]正応2(1289)年1月22日)，日人

二条資高 にじょうすけたか
文永2(1265)年～嘉元2(1304)年6月22日
鎌倉時代後期の公卿(権中納言)。権大納言二条資季の孫。
¶公卿，公家(資高〔平松家(絶家)〕　すけたか)，国書

二条資親 にじょうすけちか
永仁1(1293)年～正平1/貞和2(1346)年9月23日
鎌倉時代後期～南北朝時代の公卿(権中納言)。権中納言二条資高の子。
¶公卿，公家(資親〔平松家(絶家)〕　すけちか)

二条資藤 にじょうすけふじ
鎌倉時代後期の公卿(権中納言)。権大納言二条資季の孫。
¶公卿(生没年不詳)，公家(資藤〔平松家(絶家)〕　すけふじ)

二条尹房 にじょうただふさ
明応5(1496)年～天文20(1551)年　[別]後大染金剛院殿《ごだいせんこんごういんどの，のちのだいせんこんごういんどの》，二条尹房《にじょうこれふさ》
戦国時代の公卿(関白・左大臣・准三宮)。関白・右大臣二条尚基の子。
¶朝日([没]天文20年9月1日(1551年9月30日))，公卿([生]明応5(1496)年10月12日　[没]天文20(1551)年8月29日)，公家(尹房〔二条家〕　ただふさ　[生]明応5(1496)年10月12日　[没]天文20(1551)年8月29日)，国史，国書([生]明応5(1496)年10月12日　[没]天文20(1551)年8月29日)，古中，諸系，新潮([没]天文20(1551)年8月29日)，人名，世人，戦人(にじょうこれふさ　[生]明応6(1497)年)，日人

に

二条忠基 にじょうただもと
？ ～元応1（1319）年
鎌倉時代後期の公卿（非参議）。内大臣九条基家の孫。
¶公卿，公家（忠基〔月輪家（絶家）〕　ただもと）

二条弼基 にじょうたねもと
明治43（1910）年6月19日～昭和60（1985）年8月28日
昭和期の通信工学者。伊勢神宮神宮司庁大宮司、貴族院議員。
¶現情

二条為明 にじょうためあき
永仁3（1295）年～正平19/貞治3（1364）年10月27日　[別]御子左為明《みこひだりためあき》，藤原為明《ふじわらのためあき》
鎌倉時代後期～南北朝時代の歌人・公卿（権中納言）。権中納言御子左為藤の子。
¶鎌室，公卿（御子左為明　みこひだりためあき），公家（為明〔御子左2・二条・五条家（絶家）〕　ためあき），国書，諸系，新潮，人名（藤原為明　ふじわらのためあき），日人，和俳

二条為氏 にじょうためうじ
貞応1（1222）年～弘安9（1286）年　[別]藤原為氏《ふじわらためうじ，ふじわらのためうじ》
鎌倉時代後期の歌人・公卿（権大納言）。権大納言藤原為家の子。
¶朝日（[没]弘安9年9月14日（1286年10月3日）），角史，鎌室，公卿（藤原為氏　ふじわらのためうじ　[生]建保6（1218）年　[没]弘安9（1286）年9月14日），公家（為氏〔御子左2・二条・五条家（絶家）〕　ためうじ　[没]弘安9（1286）年9月14日），国史，国書（[没]弘安9（1286）年9月14日），古中，コン改，コン4，史人（[没]1286年9月14日），諸系，新潮（[没]弘安9（1286）年9月14日），人名（藤原為氏　ふじわらのためうじ），姓氏京都，世人，全書（藤原為氏　ふじわらのためうじ），栃木歴（藤原為氏　ふじわらためうじ），日音（[没]弘安9（1286）年9月14日），日人，和俳（[没]弘安9（1286）年9月14日）

二条為雄 にじょうためお
建長7（1255）年～？　[別]藤原為雄《ふじわらのためお》
鎌倉時代後期の公家・連歌作者。
¶公卿（藤原為雄　ふじわらのためお　[生]建長6（1254）年），公家（為雄〔御子左2・二条・五条家（絶家）〕　ためお），国書

二条為清 にじょうためきよ
生没年不詳
南北朝時代の公家・歌人。
¶国書

二条為定 にじょうためさだ
永仁1（1293）年～正平15/延文5（1360）年　[別]御子左為定《みこひだりためさだ》，藤原為定《ふじわらのためさだ》
鎌倉時代後期～南北朝時代の歌人。「新千載和歌集」の選者。
¶朝日（[没]延文5/正平15年3月14日（1360年3月31日）），鎌室（御子左為定　みこひだりためさだ　[生]正応2（1289）年），公卿（御子左為定　みこひだりためさだ　[生]正応2（1289）年　[没]延文5/正平15（1360）年5月），公家（為定〔御子左2・二条・五条家（絶家）〕　ためさだ　[生]1293年？　[没]延文5（1360）年3月14日），国史，国書（[没]延文5（1360）年3月14日），古中，史人（[生]1293年？　[没]1360年3月14日），諸系，人名（藤原為定　ふじわらのためさだ　[生]1288年），全書（[生]1293年？），日人，和俳

二条為重 にじょうためしげ
正中2（1325）年～元中2/至徳2（1385）年　[別]御子左為重《みこひだりためしげ》，藤原為重《ふじわらのためしげ》
南北朝時代の歌人・公卿（権大納言）。権大納言藤原為世の孫。
¶鎌室，公卿（御子左為重　みこひだりためしげ　[生]建武1（1334）年　[没]至徳2/元中2（1385）年2月15日），公家（為重〔御子左2・二条・五条家（絶家）〕　ためしげ　[生]？　[没]至徳2（1385）年2月15日），国書（[没]至徳2（1385）年2月15日），諸系，人名（藤原為重　ふじわらのためしげ），人名（[生]1334年），日人，和俳

二条為右 にじょうためすけ
生没年不詳
南北朝時代～室町時代の公家・歌人。
¶国書

二条為忠 にじょうためただ
→御子左為忠（みこひだりためただ）

二条為親 にじょうためちか
→御子左為親（みこひだりためつか）

二条為遠 にじょうためとお
*～弘和1/永徳1（1381）年8月27日　[別]御子左為遠《みこひだりためとお》，藤原為遠《ふじわらのためとお》
南北朝時代の公卿、歌人。
¶公卿（御子左為遠　みこひだりためとお　[生]康永1/興国3（1342）年），公家（為遠〔御子左2・二条・五条家（絶家）〕　ためとお　[生]1342年），国書（[生]暦応4（1341）年），諸系（[生]1341年），人名（藤原為遠　ふじわらのためとお　[生]？），日人（[生]1341年）

二条為言 にじょうためとき
生没年不詳
鎌倉時代後期の公家・連歌作者。
¶国書

二条為衡 にじょうためひら
生没年不詳
南北朝時代～室町時代の公家・歌人。
¶国書

二条為藤 にじょうためふじ
建治1（1275）年～正中1（1324）年　[別]御子左為藤

《みこひだりためふじ》,三条為藤《さんじょうためふじ》,藤原為藤《ふじわらのためふじ》
鎌倉時代後期の歌人・公卿（権中納言）。京極（藤原）定家の裔。
¶朝日（[没]正中1年7月17日（1324年8月7日）），公卿（御子左為藤　みこひだりためふじ　[没]正中1（1324）年7月），公家（為藤〔御子左2・二条・五条家（絶家）〕　ためふじ　[没]正中1（1324）年7月17日），国史，国書（[没]元亨4（1324）年7月17日），古中，諸系，人書94（三条為藤　さんじょうためふじ），人名（藤原為藤　ふじわらのためふじ　[生]？），日人，和俳

二条為冬　にじょうためふゆ
？～建武2（1335）年　[別]藤原為冬《ふじわらためふゆ,ふじわらのためふゆ》
鎌倉時代後期～南北朝時代の廷臣歌人。
¶鎌室（藤原為冬　ふじわらためふゆ），国史，国書（[没]建武2（1335）年12月12日），古中，史人（[没]1335年12月12日），静岡百，静岡歴，諸系，新潮（[没]建武2（1335）年12月12日），人名（藤原為冬　ふじわらのためふゆ），世人（藤原為冬　ふじわらのためふゆ），日人，和俳

二条為躬　にじょうためみ
生没年不詳
鎌倉時代後期の公家・歌人。
¶国書

二条為道　にじょうためみち
文永8（1271）年～正安1（1299）年
鎌倉時代後期の公家、歌人。
¶国書（[没]正安1（1299）年5月5日），諸系，日人

二条為宗　にじょうためむね
生没年不詳
鎌倉時代後期の公家・歌人。
¶国書

二条為世　にじょうためよ
建長2（1250）年～延元3/暦応1（1338）年8月5日
[別]御子左為世《みこさためよ》,藤原為世《ふじわらためよ,ふじわらのためよ》
鎌倉時代後期～南北朝時代の歌人・公卿（権大納言）。権大納言藤原為氏の長男。
¶朝日（[没]暦応1/延元3年8月5日（1338年9月18日）），鎌室，公卿（藤原為世　ふじわらのためよ），公家（為世〔御子左2・二条・五条家（絶家）〕　ためよ），国史，国書，古中，史人，諸系，新潮，人名（藤原為世　ふじわらのためよ），世人（藤原為世　ふじわらのためよ），世百，全書，大百，日史，日人，百科，歴大，和俳

二条綱平　にじょうつなひら
寛文12（1672）年～享保17（1732）年
江戸時代中期の公家（関白・左大臣）。左大臣九条兼晴の次男。
¶公卿（[生]寛文12（1672）年4月13日　[没]享保17（1732）年2月6日），公家（綱平〔二条家〕　つなひら　[生]寛文12（1672）年4月13日　[没]享保17（1732）年2月6日），国書（[生]寛文12（1672）年4月13日　[没]享保17（1732）年2月6日），諸系，人名，日人

二条経教　にじょうつねのり
弘安9（1286）年～？
鎌倉時代後期の公卿（非参議）。権大納言二条教良の子。
¶公卿，公家（経教〔二条家〕　つねのり）

二条経通　にじょうつねみち
建長7（1255）年～？
鎌倉時代後期の公卿（非参議）。関白・左大臣二条良実の四男。
¶公卿，公家（経通〔二条家〕　つねみち）

二条経良　にじょうつねよし
建長2（1250）年～正応2（1289）年12月28日
鎌倉時代後期の公卿（権中納言）。大納言二条良教の長男。
¶公卿，公家（経良〔粟田口家（絶家）〕　つねよし）

二条天皇　にじょうてんのう
康治2（1143）年～永万1（1165）年
平安時代後期の第78代の天皇（在位1158～1165）。後白河天皇と懿子との皇子。
¶朝日（[生]康治2年6月17日（1143年7月30日）　[没]永万1年7月28日（1165年9月5日）），岩史（[生]康治2（1143）年6月17日　[没]永万1（1165）年7月28日），角史，鎌室，京都大，国史，国書（[生]康治2（1143）年6月17日　[没]永万1（1165）年7月28日），古史，古中，コン改，コン4，史人（[生]1143年6月17日　[没]1165年7月28日），重要（[生]康治2（1143）年6月17日　[没]永万1（1165）年7月28日），諸系，新潮（[生]康治2（1143）年6月17日　[没]永万1（1165）年7月28日），人名，姓氏京都，世人，全書，大百，日史（[生]康治2（1143）年6月17日　[没]永万1（1165）年7月28日），日人，平史，歴大

二条斉信　にじょうなりのぶ
天明8（1788）年3月5日～弘化4（1847）年
江戸時代後期の公家（左大臣）。左大臣二条治孝の次男。
¶公卿（[没]弘化4（1847）年4月26日），公家（斉信〔二条家〕　なりのぶ　[没]1848年？・弘化4（1847）年4月26日？），国書（[没]弘化4（1847）年4月26日），諸系，人名，日人

二条斉通　にじょうなりみち
天明1（1781）年閏5月9日～寛政10（1798）年5月21日
江戸時代中期～後期の公家（内大臣）。左大臣二条治孝の長男。
¶公卿，公家（斉通〔二条家〕　なりみち），国書，諸系，人名，日人

二条斉敬　にじょうなりゆき
文化13（1816）年～明治11（1878）年12月5日
江戸時代末期～明治期の公家（摂政・関白・左大臣）。左大臣二条斉信の子。
¶朝日（[生]文化13年9月12日（1816年11月1日）），

維新, 岩史 (㊥文化13 (1816) 年9月12日), 京都大, 近現, 近世, 公卿 (㊥文化13 (1816) 年9月12日), 公家 (斉敬〔二条家〕 なりゆき ㊥文化13 (1816) 年9月12日), 国史, 国書 (㊥文化13 (1816) 年9月12日), コン改, コン4, コン5, 史人 (㊥1816年9月12日), 諸系, 新潮 (㊥文化13 (1816) 年9月12日), 人名, 姓氏京都, 日人, 幕末, 歴大

二条后 にじょうのきさき
→藤原高子 (ふじわらのこうし)

二条教定 にじょうのりさだ
→飛鳥井教定 (あすかいのりさだ)

二条教基 にじょうのりもと
生没年不詳
南北朝時代の公家・歌人。
¶国書

二条教良 にじょうのりよし
文暦1 (1234) 年〜?
鎌倉時代後期の公卿 (権大納言)。関白・左大臣二条道実の次男。
¶公卿, 公家 (教良〔二条家〕 のりよし), 国書 (㊥正和2 (1313) 年?)

二条教頼 にじょうのりより
生没年不詳
南北朝時代の公家・歌人。
¶国書

二条治孝 にじょうはるたか
宝暦4 (1754) 年2月9日〜文政9 (1826) 年10月6日
江戸時代中期〜後期の公家 (左大臣)。右大臣二条宗基の子。
¶公卿, 公家 (治孝〔二条家〕 はるたか), 国書, 諸系, 人名, 日人

二条晴良 にじょうはるなが
→二条晴良 (にじょうはれよし)

二条晴良 にじょうはるよし
→二条晴良 (にじょうはれよし)

二条晴良 にじょうはれよし
大永6 (1526) 年〜天正7 (1579) 年 ㉞浄明珠院殿《じょうみょうじゅいんどの》, 二条晴良《にじょうはるながが, にじょうはるよし》
戦国時代〜安土桃山時代の公卿 (関白・左大臣・准一宮)。関白・左大臣二条尹房の長男。
¶朝日 (㉞天正7年4月29日 (1579年5月24日)), 公卿 (にじょうはるよし) ㊥大永6 (1526) 年4月16日 ㉞天正7 (1579) 年4月29日), 公家 (晴良〔二条家〕 はれよし ㊥大永6 (1526) 年4月16日 ㉞天正7 (1579) 年4月29日), 国史, 国書 (㊥大永6 (1526) 年4月16日 ㉞天正7 (1579) 年4月29日), 古中, 諸系 (にじょうはるよし), 人名 (にじょうはるよし), 戦人 (にじょうはるなが), 日人 (にじょうはるよし)

二条尚基 にじょうひさもと
文明3 (1471) 年〜明応6 (1497) 年

戦国時代の公卿 (関白・右大臣)。関白・左大臣二条政嗣の子。
¶公卿 (㉞明応6 (1497) 年10月10日), 公家 (尚基〔二条家〕 ひさもと ㉞明応6 (1497) 年10月10日), 国書 (㉞明応6 (1497) 年10月10日), 諸系, 人名, 戦人, 日人

二条広子 にじょうひろこ
→有栖川宮広子 (ありすがわのみやひろこ)

二条冬実 にじょうふゆざね
生没年不詳
南北朝時代の公家・歌人。
¶国書

二条冬通 にじょうふゆみち
弘安8 (1285) 年〜正和5 (1316) 年10月
鎌倉時代後期の公卿 (非参議)。関白・左大臣二条師忠の次男。
¶公卿, 公家 (冬通〔二条家〕 ふゆみち)

二条政嗣 にじょうまさつぐ
嘉吉3 (1443) 年〜文明12 (1480) 年9月2日
室町時代〜戦国時代の公卿 (関白・左大臣)。関白・太政大臣二条持通の子。
¶鎌室, 公卿, 公家 (政嗣〔二条家〕 まさつぐ), 国書, 諸系, 人名, 日人

二条正麿 にじょうまさまろ
明治5 (1872) 年1月9日〜昭和4 (1929) 年2月18日
明治〜昭和期の男爵。
¶世紀, 日人

二条道良 にじょうみちなが
文暦2 (1234) 年〜正元1 (1259) 年 ㊞藤原道良《ふじわらのみちなが》, 二条道良《にじょうみちよし》
鎌倉時代前期の公卿 (左大臣)。関白・左大臣二条良実の長男。
¶鎌室, 公卿 (㉞正元1 (1259) 年11月8日), 公家 (道良〔二条家〕 みちなが ㉞?), 国書 (にじょうみちよし ㉞正元1 (1259) 年11月8日), 諸系, 人名 (藤原道良 ふじわらのみちなが), 日人

二条道平 にじょうみちひら
正応1 (1288) 年〜建武2 (1335) 年 ㉞後光明照院殿《ごこうみょうしょういんどの》, 藤原道平《ふじわらのみちひら》
鎌倉時代後期〜南北朝時代の公卿 (関白・左大臣)。関白・摂政・太政大臣二条兼基の長男。
¶朝日 (㉞建武2年2月4日 (1335年2月27日)), 角史, 鎌室 (㊥弘安10 (1287) 年), 公卿 (㊥弘安10 (1287) 年 ㉞建武2 (1335) 年2月4日), 公家 (道平〔二条家〕 みちひら ㊥弘安10 (1287) 年 ㉞建武2 (1335) 年2月4日), 国史, 国書 (㊥弘安10 (1287) 年 ㉞建武2 (1335) 年2月4日), 古中, コン改, コン4, 史人 (㊥1287年 ㉞1335年2月4日), 諸系, 新潮 (㊥弘安10 (1287) 年, (異説) 正元1 (1288) 年 ㉞建武2 (1335) 年2月4日), 人名 (藤原道平 ふじわら

のみちひら），世人，日史（[没]建武2（1335）年2月4日），日人，百科，歴大，和俳

二条道良　にじょうみちよし

→二条道良（にじょうみちなが）

二条光平　にじょうみつひら

寛永1（1624）年12月13日～天和2（1682）年

江戸時代前期の公家（摂政・関白・左大臣）。摂政・左大臣二条康道の子。

¶公卿（[没]天和2（1683）年11月12日），公家（光平〔二条家〕　みつひら　[没]天和2（1682）年11月12日），国書（[没]天和2（1682）年11月12日），諸系（[生]1625年），人名，日人（[生]1625年）

二条満基　にじょうみつもと

弘和3/永徳3（1383）年～応永17（1410）年12月27日　[別]藤原満基《ふじわらのみつもと》

室町時代の公卿・歌人（関白・左大臣）。関白・左大臣二条師嗣の子。

¶鎌室，公卿，公家（満基〔二条家〕　みつもと），国書，諸系（[没]1411年），人名（藤原満基　ふじわらのみつもと　[没]？），人名，日人（[没]1411年），和俳（藤原満基　ふじわらのみつもと　[没]？）

二条宗熙（二条宗煕）　にじょうむねひろ

享保3（1718）年～元文3（1738）年

江戸時代中期の公家（右大臣）。関白・左大臣二条吉忠の子。

¶公卿（二条宗煕　[生]享保3（1718）年11月6日　[没]元文3（1738）年6月18日），公家（宗熙〔二条家〕　むねひろ　[生]享保3（1718）年11月6日　[没]元文3（1738）年6月18日），諸系，人名，日人

二条宗基　にじょうむねもと

享保12（1727）年～宝暦4（1754）年

江戸時代中期の公家（右大臣）。内大臣九条幸教の次男。

¶公卿（[生]享保12（1727）年5月20日　[没]宝暦4（1754）年1月18日），公家（宗基〔二条家〕　むねもと　[生]享保12（1727）年5月20日　[没]宝暦4（1754）年1月18日），国書（[生]享保12（1727）年5月20日　[没]宝暦4（1754）年1月18日），諸系，人名，日人

二条持通　にじょうもちみち

応永23（1416）年～明応2（1493）年1月12日

室町時代～戦国時代の公卿（関白・太政大臣・准三宮）。摂政・関白・太政大臣二条持基の子。

¶朝日（[没]明応2年1月12日（1493年1月29日）），鎌室，公卿（[生]応永23（1416）年5月6日），公家（持通〔二条家〕　もちみち　[生]応永23（1416）年5月6日），国書（[生]応永24（1417）年5月6日），諸系，新潮（[生]応永23（1416）年5月6日），人名（[生]1417年），日人

二条持基　にじょうもちもと

元中7/明徳1（1390）年～文安2（1445）年11月3日

室町時代の公卿（摂政・関白・太政大臣）。関白・左大臣二条師嗣の子。

¶鎌室，公卿，公家（持基〔二条家〕　もちもと），国書，諸系，人名，日人

二条基弘　にじょうもとひろ

安政6（1859）年～昭和3（1928）年

明治～大正期の官吏、宮司。公爵、貴族院議員。宮中顧問官、官幣大社春日神社宮司を務める。

¶諸系，神人（[没]昭和3（1927）年），人名，世紀（[生]安政6（1859）年10月25日　[没]昭和3（1928）年4月4日），渡航（[生]1859年10月25日　[没]1928年4月4日），日人

二条基冬　にじょうもとふゆ

興国2/暦応4（1341）年～弘和2/永徳2（1382）年11月21日

南北朝時代の公卿（権大納言）。権大納言二条良冬の子。

¶公卿，公家（基冬〔今小路家（絶家）〕　もとふゆ），国書

二条師忠　にじょうもろただ

建長6（1254）年～興国2/暦応4（1341）年1月14日

鎌倉時代後期～南北朝時代の公卿（関白・左大臣）。関白・左大臣二条良実の三男。

¶鎌室，公卿，公家（師忠〔二条家〕　もろただ），国書，諸系，人名，日人

二条師嗣　にじょうもろつぐ

正平11/延文1（1356）年～応永7（1400）年　[別]藤原師嗣《ふじわらのもろつぐ》

南北朝時代～室町時代の歌人・公卿（関白・左大臣）。摂政・関白・太政大臣二条良基の次男。

¶朝日（[没]応永7年11月22日（1400年12月8日）），鎌室，公卿（[没]応永7（1400）年11月22日），公家（師嗣〔二条家〕　もろつぐ　[没]応永7（1400）年11月23日），国書（[没]応永7（1400）年11月23日），諸系，新潮（[没]応永7（1400）年11月23日），人名（藤原師嗣　ふじわらのもろつぐ），人名，日人

二条師基　にじょうもろもと

正安3（1301）年～正平20/貞治4（1365）年　[別]藤原師基《ふじわらのもろもと》

鎌倉時代後期～南北朝時代の公卿（関白・左大臣）。関白・摂政・太政大臣二条兼基の次男。

¶朝日（[没]貞治4/正平20年1月26日（1365年2月17日）），鎌室，公卿（[生]正安2（1300）年），公家（師基〔二条家〕　もろもと　[没]正平20（1365）年1月26日），国史，国書（[没]正平20（1365）年1月26日），古中，コン改（藤原師基　ふじわらのもろもと），コン4（藤原師基　ふじわらのもろもと），史人（[没]1365年1月26日），諸系，新潮（[没]貞治4/正平20（1365）年1月26日），人名（藤原師基　ふじわらのもろもと），日人

二条師良　にじょうもろよし

興国6/貞和1（1345）年～弘和2/永徳2（1382）年5月1日

南北朝時代の公卿（関白・左大臣）。摂政・関白・太政大臣二条良基の長男。

¶鎌室，公卿，公家（師良〔二条家〕　もろよし），国書，諸系，新潮，人名，日人

二条康道 にじょうやすみち
慶長12(1607)年～寛文6(1666)年7月28日
江戸時代前期の公家(摂政・左大臣)。関白・左大臣九条幸家の長男。
¶公卿([生]慶長12(1607)年1月24日),公家(康道〔二条家〕 やすみち [生]慶長12(1607)年1月24日),国書([生]慶長12(1607)年1月24日),コン改,コン4,諸系,新潮,人名,日人,和俳

二条良実 にじょうよしざね
建保4(1216)年～文永7(1270)年 [別]藤原良実《ふじわらのよしざね》,普光園院殿《ふこうおんいんどの》
鎌倉時代前期の公卿(関白・左大臣)。九条家系の二条家の祖。関白九条道家の次男。
¶岩史([没]文永7(1270)年11月29日),角史,鎌室,公卿([生]建保3(1215)年 [没]文永7(1269)年11月29日),公家(良実〔二条家〕 よしざね [没]文永7(1270)年11月29日),国史,国書([没]文永7(1270)年11月29日),古中,コン改,コン4,史人([没]1270年11月29日),諸系,新潮([没]文永7(1270)年11月29日),人名,姓氏京都,世人,全書,大百(藤原良実 ふじわらのよしざね),日史([没]文永7(1270)年11月29日),日人,百科,歴大

二条吉忠 にじょうよしただ
元禄2(1689)年～元文2(1737)年8月3日
江戸時代中期の公家(関白・左大臣)。関白・左大臣二条綱平の子。
¶公卿([生]元禄2(1689)年6月20日),公家(吉忠〔二条家〕 よしただ [生]元禄2(1689)年8月13日),国書([生]元禄2(1689)年8月13日),諸系,人名,日人

二条良忠 にじょうよしただ
元亨1(1321)年～?
南北朝時代の公卿(権大納言)。関白・左大臣二条道平の次男。
¶公卿,公家(良忠〔二条家〕 よしただ)

二条良豊 にじょうよしとよ
天文5(1536)年～天文20(1551)年
戦国時代の公卿(非参議)。関白・左大臣二条尹房の次男。
¶公卿([没]天文20(1551)年8月29日),公家(良豊〔二条家〕 よしとよ [没]天文20(1551)年9月2日),戦人

二条良教 にじょうよしのり
→藤原良教(ふじわらのよしのり)

二条良冬 にじょうよしふゆ
*～?
南北朝時代の公卿(権大納言)。関白・摂政・太政大臣二条兼基の子。
¶公卿([生]元応2(1320)年),公家(良冬〔今小路家(絶家)〕 よしふゆ),国書([生]元亨2(1322)年)

二条良基 にじょうよしもと
元応2(1320)年～元中5/嘉慶2(1388)年6月13日 [別]後普光園院殿《ごふこうおんいんどの,のちのふこうおんいんどの》,藤原良基《ふじわらのよしもと》,良基《よしもと,りょうき》
南北朝時代の歌人・公卿(摂政・関白・太政大臣・准三宮)。関白・左大臣二条道平の長男。著作に「菟玖波集」「応安新式」など。
¶朝日([没]嘉慶2/元中5年6月13日(1388年7月16日)),岩史,角史,鎌室,京都,京都大,公卿,公家(良基〔二条家〕 よしもと [没]嘉慶2(1388)年6月),国史,国書,古中,コン改,コン4,詩歌,史人,重要,諸系,人書94,新潮,新文,人名,姓氏京都,世人,世百,全書,大百,伝記,日史,日人,俳句(良基 よしもと),俳句(良基 りょうき),百科,文学,歴大,和俳

西四辻公業 にしよつつじきみなり
→西四辻公業(にしよつつじきんなり)

西四辻公碩 にしよつつじきみひろ
明和4(1767)年～寛政5(1793)年 [別]西四辻公碩《にしよつつじきんひろ》
江戸時代中期～後期の公家。
¶諸系(にしよつつじきんひろ),日人

西四辻公尹 にしよつつじきんただ
寛政1(1789)年閏6月19日～嘉永4(1851)年12月25日 [別]西四辻公尹《にしよつつじきんまさ》
江戸時代後期の公家(非参議)。権大納言四辻公亨の孫。
¶公卿([没]嘉永4(1851)年11月24日),公家(公尹〔西四辻家〕 きんただ),国書(にしよつつじきんまさ)

西四辻公恪 にしよつつじきんつむ
文化9(1812)年12月4日～明治6(1873)年10月18日
江戸時代末期～明治期の公家(非参議)。非参議西四辻公尹の子。
¶維新([没]1859年),公卿([没]明治6(1873)年10月),公家(公恪〔西四辻家〕 きんつむ),国書,幕末

西四辻公業 にしよつつじきんなり
天保9(1838)年～明治32(1899)年10月7日 [別]西四辻公業《にしよつつじきみなり,にしよつつじきんなる》
江戸時代末期～明治期の公家。
¶維新(にしよつつじきんなる),近現,国史,新潮([生]天保9(1838)年3月5日),人名,日人(にしよつつじきみなり),幕末(にしよつつじきんなる)

西四辻公業 にしよつつじきんなる
→西四辻公業(にしよつつじきんなり)

西四辻公碩 にしよつつじきんひろ
→西四辻公碩(にしよつつじきみひろ)

西四辻公尹 にしよつつじきんまさ
→西四辻公尹(にしよつつじきんただ)

二代后 にだいのきさき
→藤原多子(ふじわらのたし)

新田部親王 にたべしんのう
→新田部親王(にいたべしんのう)

新田部皇女 にたべのひめみこ
→新田部皇女(にいたべのひめみこ)

日栄女王 にちえいにょおう
→村雲日栄(むらくもにちえい)

日尊 にっそん
→日尊尼(にっそんに)

日尊尼 にっそんに
文化4(1807)年～明治1(1868)年 ㊚日尊《にっそん》
江戸時代末期の尼僧。伏見宮貞敬親王の第3王女。村雲御所(京都瑞竜寺門跡)第9代。
¶人名(日尊 にっそん), 日人

新田部親王 にったべしんのう
→新田部親王(にいたべしんのう)

丹生女王 にぶのおおきみ
→丹生女王(にうのおおきみ)

如覚 にょかく
→藤原高光(ふじわらのたかみつ)

庭田朝子 にわたあさこ
→源朝子(みなもとのちょうし)

庭田幸子 にわたこうし
→敷政門院(ふせいもんいん)

庭田重有 にわたしげあり
天授4/永和4(1378)年～永享12(1440)年7月20日
室町時代の公卿(権大納言)。権大納言庭田重資の孫。
¶公卿, 公家(重有〔庭田家〕 しげあり), 国書(㊈永徳1(1381)年)

庭田重条 にわたしげえだ
→庭田重条(にわたしげなが)

庭田重定 にわたしげさだ
天正5(1577)年～元和6(1620)年7月29日
安土桃山時代～江戸時代前期の公家(権中納言)。権大納言庭田重具の子。
¶公卿, 公家(重定〔庭田家〕 しげさだ)

庭田重資 にわたしげすけ
徳治1(1306)年～元中6/康応1(1389)年
鎌倉時代後期～南北朝時代の公卿(権大納言)。庭田家の祖。権中納言綾小路経資の孫。
¶公卿(㊚康応1/元中6(1389)年8月13日), 公家(重資〔庭田家〕 しげすけ ㊈康応1(1389)年8月13日), 国史(㊈1305年), 国書(㊈嘉元3(1305)年 ㊚康応1(1389)年8月13日), 古人(㊈1305年), 諸系, 日人

庭田重孝 にわたしげたか
元禄5(1692)年10月25日～延享2(1745)年閏12月19日
江戸時代中期の公家(権大納言)。権大納言中山篤親の次男。
¶公卿, 公家(重孝〔庭田家〕 しげたか), 国書

庭田重胤 にわたしげたね
文政4(1821)年8月16日～明治6(1873)年6月29日
江戸時代末期～明治期の公家(権大納言)。参議庭田重基の子。
¶維新, 公卿(㊚明治6(1873)年6月), 公家(重胤〔庭田家〕 しげたね), 国書, 諸系, 幕末

庭田重親 にわたしげちか, にわだしげちか
明応4(1495)年～天文2(1533)年12月24日
戦国時代の公卿(権中納言)。権中納言中山宣親の次男。
¶公卿, 公家(重親〔庭田家〕 しげちか), 国書, 戦人(にわだしげちか)

庭田重嗣 にわたしげつぐ
宝暦7(1757)年1月30日～天保2(1831)年4月5日
江戸時代中期～後期の公家(権大納言)。権大納言庭田重煕の子。
¶公卿, 公家(重嗣〔庭田家〕 しげつぐ), 国書

庭田重経 にわたしげつね, にわだしげつね
寛正6(1465)年～文亀1(1501)年10月25日
戦国時代の公卿(参議)。権大納言庭田雅行の子。
¶公卿, 公家(重経〔庭田家〕 しげつね), 国書, 戦人(にわだしげつね)

庭田重能 にわたしげとう
天明2(1782)年6月3日～天保13(1842)年8月19日 ㊚庭田重能《にわたしげよし》
江戸時代後期の公家(権大納言)。権大納言庭田重嗣の子。
¶公卿, 公家(重能〔庭田家〕 しげよし), 国書(にわたしげよし)

庭田重具 にわたしげとも
→庭田重通(にわたしげみち)

庭田重条 にわたしげなが
慶安3(1650)年2月14日～享保10(1725)年7月16日 ㊚庭田重条《にわたしげえだ》
江戸時代前期～中期の公家(権中納言)。権中納言庭田重定の子。
¶公卿, 公家(重条〔庭田家〕 しげえだ), 国書(にわたしげえだ)

庭田重煕(庭田重熙) にわたしげひろ
享保2(1717)年9月21日～寛政1(1789)年8月12日
江戸時代中期の公家(権大納言)。権大納言庭田重孝の子。
¶公卿, 公家(重煕〔庭田家〕 しげひろ), 国書(庭田重熙 ㊈寛政1(1789)年8月22日)

庭田重通 にわたしげみち, にわだしげみち
天文16(1547)年2月20日～慶長3(1598)年 ㊚庭田重具《にわたしげとも》

安土桃山時代の公卿（権大納言）。権大納言庭田重保の長男。
¶公卿（庭田重具　にわたしげとも　[没]慶長3（1598）年6月17日），公家（重具〔庭田家〕　しげとも　[没]慶長3（1598）年1月17日），国書（[没]慶長3（1598）年6月17日），戦人（にわだしげみち）

庭田重基 にわたしげもと
寛政11（1799）年8月22日～天保11（1840）年2月17日
江戸時代後期の公家（参議）。権大納言庭田重能の子。
¶公卿，公家（重基〔庭田家〕　しげもと），国書

庭田重保 にわたしげやす，にわだしげやす
大永5（1525）年～文禄4（1595）年
戦国時代～安土桃山時代の公卿（権大納言）。権中納言庭田重親の子。
¶朝日（[生]大永5年7月23日（1525年8月11日）　[没]文禄4年8月6日（1595年9月9日）），京都大，公卿（[生]大永5（1525）年7月23日　[没]文禄4（1595）年8月6日），公家（重保〔庭田家〕　しげやす　[生]大永5（1525）年7月23日　[没]文禄4（1595）年8月26日），国書（[生]大永5（1525）年7月23日　[没]文禄4（1595）年8月26日），諸系，姓氏京都，戦人（にわだしげやす），日人

に

庭田重能 にわたしげよし
→庭田重能（にわたしげとう）

庭田資子 にわたすけこ
→源資子（みなもとのしし）

庭田経有 にわたつねあり
？～応永19（1412）年5月15日
南北朝時代～室町時代の公家・歌人。
¶国書

庭田経資 にわたつねすけ
仁治2（1241）年～？　[別]綾小路経資《あやのこうじつねすけ》
鎌倉時代後期の公卿（権中納言）。綾小路家の祖。権中納言源有資の子。
¶朝日，鎌室，公卿（綾小路経資　あやのこうじつねすけ），公家（経資〔庭田家〕　つねすけ），諸系，新潮，人名，日人

庭田長賢 にわたながかた
？～文明19（1487）年1月18日
室町時代～戦国時代の公卿（権大納言）。権大納言庭田重有の子。
¶公卿（[没]長享1（1487）年1月19日），公家（長賢〔庭田家〕　ながかた），国書（[生]応永16（1409）年）

庭田秀子 にわたひでこ
？～貞享2（1685）年　[別]小一条局《こいちじょうのつぼね》
江戸時代前期～中期の女性。後光明天皇の典侍。後光明天皇の唯一の子である礼成門院孝子内親王の母。
¶諸系，女性（小一条局　こいちじょうのつぼね　生没年不詳），女性（[没]貞享2（1685）年4月2日），人名，日人

庭田雅純 にわたまさずみ
寛永4（1627）年1月5日～寛文3（1663）年12月1日
江戸時代前期の公家。
¶国書

庭田雅行 にわたまさゆき
永享6（1434）年～明応4（1495）年2月20日
室町時代～戦国時代の公卿（権大納言）。権大納言庭田長賢の子。
¶公卿，公家（雅行〔庭田家〕　まさゆき），国書

仁恵法親王 にんえほうしんのう
寛元2（1244）年～永仁6（1298）年　[別]仁恵《にんえ》，仁恵法親王《にんえほっしんのう》
鎌倉時代後期の後嵯峨天皇の皇子。
¶鎌室（にんえほっしんのう），人名，日人，仏教（仁恵　にんえ　[没]永仁6（1298）年4月12日）

仁賢天皇 にんけんてんのう
[別]億計王《おけおう，おけのおう》，億計皇子《おけのおうじ》，億計天皇《おけのすめらみこと》
上代の第24代の天皇。市辺押磐皇子の子、顕宗天皇の兄、武烈天皇の父。
¶朝日（生没年不詳），岩史（生没年不詳），角史，国史，古史，古代，古中，コン改，コン4，史人，重要（生没年不詳），諸系，新潮，人名，世人，全書（生没年不詳），大百，日史，日人，百科（億計天皇・弘計天皇　おけのすめらみこと・をけのすめらみこと），兵庫百（億計皇子・弘計皇子　おけのおうじをけのおうじ）

仁孝天皇 にんこうてんのう
寛政12（1800）年～弘化3（1846）年
江戸時代後期の第120代の天皇（在位1817～1846）。光格天皇の第6皇子、寛宮。
¶朝日（[生]寛政12年2月21日（1800年3月16日）　[没]弘化3年1月26日（1846年2月21日）），岩史（[生]寛政12（1800）年2月21日　[没]弘化3（1846）年1月26日），角史，京都大，近世，国史，国書（[生]寛政12（1800）年2月21日　[没]弘化3（1846）年1月26日），コン改，コン4，史人（[生]1800年2月21日　[没]1846年1月26日），重要（[生]寛政12（1800）年2月21日　[没]弘化3（1846）年1月26日），諸系，新潮（[生]寛政12（1800）年2月21日　[没]弘化3（1846）年1月26日），人名，姓氏京都，世人，全書，大百，日史（[生]寛政12（1800）年2月21日　[没]弘化3（1846）年1月26日），日人，歴大

仁悟法親王 にんごほうしんのう
文明14（1482）年～永正12（1515）年
戦国時代の僧（円満院門主）。後土御門天皇の皇子。
¶人名，日人

任助親王 にんじょしんのう
→任助入道親王（にんじょにゅうどうしんのう）

任助入道親王　にんじょにゅうどうしんのう
大永5(1525)年7月22日～天正12(1584)年11月29日　[別]任助《にんじょ》,任助親王《にんじょしんのう》,任助法親王《にんじょほうしんのう》,厳島御室《いつくしまおむろ》
戦国時代～安土桃山時代の真言宗の僧。伏見宮貞敦親王の第5王子。仁和寺20世。
¶国書(任助親王　にんじょしんのう),人名(任助法親王　にんじょほうしんのう),日人,仏教(任助　にんじょ)

仁助法親王　にんじょほうしんのう
建保2(1214)年～弘長2(1262)年　[別]仁助《にんじょ》,仁助法親王《にんじょほっしんのう》
鎌倉時代前期の土御門天皇の皇子。
¶鎌室(にんじょほっしんのう),日人,仏教(仁助　にんじょ　[没]弘長2(1262)年8月11日)

任助法親王　にんじょほうしんのう
→任助入道親王(にんじょにゅうどうしんのう)

仁澄　にんちょう
?～文保2(1318)年
鎌倉時代後期の天台宗の僧・歌人。征夷大将軍惟康親王の王子。
¶鎌室(生没年不詳),国書,人名,日人,仏教(生没年不詳)

仁徳天皇　にんとくてんのう
[別]大鷦鷯尊《おおさざぎのみこと》,大鷦鷯命《おおさざぎのみこと》
上代の第16代の天皇。応神天皇の皇子。
¶朝日(生没年不詳),岩史(生没年不詳),大阪人,角史,国史,国書(生没年不詳),古史,古代,古中,コン改,コン4,詩歌,史人,重要(生没年不詳),諸系,新潮,人名,世人,世百,全書(生没年不詳),大百,日史,日人,百科,兵庫百,万葉,歴大(生没年不詳),和俳(生没年不詳)

仁和寺宮嘉彰親王　にんなじのみやよしあきしんのう
→小松宮彰仁親王(こまつのみやあきひとしんのう)

仁明天皇　にんみょうてんのう
弘仁1(810)年～嘉祥3(850)年　[別]深草帝《ふかくさのみかど》
平安時代前期の第54代の天皇(在位833～850)。嵯峨天皇の皇子。深草天皇とも。
¶朝日([没]嘉祥3年3月21日(850年5月6日)),岩史([没]嘉祥3(850)年3月21日),角史,京都大,芸能([没]嘉祥3(850)年3月21日),国史,国書([没]嘉祥3(850)年3月21日),古史,古代,古中,コン改,コン4,史人([没]850年3月21日),重要([没]嘉祥3(850)年3月21日),諸系,新潮([没]嘉祥3(850)年3月21日),人名,姓氏京都,世人,全書,大百,日音([没]嘉祥3(850)年3月21日),日史([没]嘉祥3(850)年3月21日),日人,百科,平史,歴大

仁誉親王　にんよしんのう
→仁誉法親王(にんよほうしんのう)

仁誉法親王　にんよほうしんのう
興国1/暦応3(1340)年～?　[別]仁誉親王《にんよしんのう》,仁誉法親王《にんよほっしんのう》
南北朝時代の亀山天皇の皇孫。常磐井宮恒明親王の王子。
¶鎌室(にんよほっしんのう),国書(仁誉親王　にんよしんのう　[生]興国2(1341)年),人名,日人

【ぬ】

額田今足　ぬかたのいまたり,ぬかだのいまたり
生没年不詳　[別]額田宿禰今足《ぬかたのすくねいまたり》
平安時代前期の明法家、明法博士。
¶朝日,岩史,角史,国史,古代(額田宿禰今足　ぬかたのすくねいまたり),古中,コン改,コン4,史人,新潮(ぬかだのいまたり),人名(ぬかだのいまたり),世人(ぬかだのいまたり),世百,日史,日人,百科,平史,歴大

額田今人　ぬかたのいまひと
平安時代前期の明法家。
¶古代,日人(生没年不詳)

額田王　ぬかたのおおきみ,ぬかだのおおきみ
生没年不詳　[別]額田女王《ぬかたのひめみこ》
飛鳥時代の女性皇族、万葉歌人。鏡王の王女といわれる。大海人皇子と天智天皇とに愛されたという。
¶朝日,岩史,愛媛百,角史,郷土滋賀,国史,国書,古史,古代(額田女王　ぬかたのひめみこ),古中,コン改,コン4,詩歌(ぬかだのおおきみ),史人,重要(ぬかだのおおきみ),女性,人書94,新潮,新文([生]舒明2(630)年頃),人名(ぬかだのおおきみ),姓氏京都(ぬかだのおおきみ),世人(ぬかだのおおきみ),世百,全書,大百(ぬかだのおおきみ),伝記(ぬかだのおおきみ),日史,日人,百科,文学(ぬかだのおおきみ　[生]630年頃),万葉,歴大,和俳([生]舒明2(630)年頃)

額田大中彦皇子　ぬかたのおおなかつひこのおうじ
→額田大中彦皇子(ぬかたのおおなかつひこのみこ)

額田大中彦皇子　ぬかたのおおなかつひこのみこ
[別]額田大中彦皇子《ぬかたのおおなかつひこのおうじ》
上代の応神天皇の皇子。
¶古代,日人(ぬかたのおおなかつひこのおうじ)

額田女王　ぬかたのひめみこ
→額田王(ぬかたのおおきみ)

額田部皇女　ぬかたべのおうじょ
→推古天皇(すいこてんのう)

額田部比羅夫　ぬかたべのひらぶ
[別]額田部連比羅夫《ぬかたべのむらじひらぶ》
飛鳥時代の官人。

¶古代（額田部連比羅夫　ぬかたべのむらじひらぶ），日人（生没年不詳）

糠手姫皇女　ぬかてひめのおうじょ
→糠手姫皇女（ぬかてひめのひめみこ）

糠手姫皇女　ぬかでひめのこうじょ
→糠手姫皇女（ぬかてひめのひめみこ）

糠手姫皇女　ぬかてひめのひめみこ
？　～天智3（664）年　[別]糠手姫皇女《ぬかてひめのおうじょ，ぬかでひめのこうじょ》
飛鳥時代の女性。敏達天皇の皇女。
¶朝日（[没]天智3（664）年6月），古代，コン改，コン4，諸系（ぬかてひめのおうじょ），女性（ぬかでひめのこうじょ　[没]天智3（664）年6月），日人（ぬかてひめのおうじょ）

粳娘　ぬかのいらつめ
→糠君娘（あらきみのいらつめ）

鐸石別命（釟石別命）　ぬてしわけのみこと，ぬでしわけのみこと
上代の垂仁天皇の皇子。
¶岡山歴（ぬでしわけのみこと），諸系，人名（釟石別命），日人

渟名城入姫命　ぬなきいりひめのみこと
[別]渟名城入姫命《ぬなきのいりびめのみこと》
上代の女性。崇神天皇の皇女。
¶朝日，古代（ぬなきのいりびめのみこと），史人，諸系（ぬなきのいりびめのみこと），女性，新潮，日人（ぬなきのいりびめのみこと）

渟中倉太珠敷尊　ぬなくらふとたましきのみこと
→敏達天皇（びだつてんのう）

渟名底仲媛命　ぬなそこなかつひめのみこと
上代の女性。安寧天皇の皇后。
¶女性，日人

渟葉田瓊入媛命　ぬはたにいりひめのみこと
→渟葉田瓊入媛（ぬはたのにいりひめ）

渟葉田瓊入媛　ぬはたのにいりひめ
[別]渟葉田瓊入媛命《ぬはたにいりひめのみこと》
上代の女性。垂仁天皇の妃。
¶女性，人名（渟葉田瓊入媛命　ぬはたにいりひめのみこと），日人

漆部兄　ぬりべのあに
生没年不詳
飛鳥時代の官吏。
¶日人

漆部伊波　ぬりべのいなみ
→漆部伊波（ぬりべのいわ）

漆部伊波　ぬりべのいば
→漆部伊波（ぬりべのいわ）

漆部伊波　ぬりべのいわ
生没年不詳　[別]漆部伊波《うるしべのいは，ぬりべのいなみ，ぬりべのいば》，漆部直伊波《ぬりべのあたいいわ》
奈良時代の中央官人。
¶朝日，大阪人（うるしべのいは），神奈川人，古代（漆部直伊波　ぬりべのあたいいわ），コン改（ぬりべのいなみ），コン4（ぬりべのいなみ），姓氏神奈川（ぬりべのいば），新潟百，日人

【ね】

根鳥皇子　ねとりのおうじ
上代の景行天皇の皇子。
¶人名，日人

【の】

濃子内親王　のうしないしんのう
？　～延喜3（903）年　[別]濃子内親王《あつこないしんのう》
平安時代前期の女性。文徳天皇の皇女。
¶人名，日人，平史（あつこないしんのう）

能子内親王　のうしないしんのう
→能子内親王（よしこないしんのう）

後円光院殿　のちのえんこういんどの
→鷹司冬教（たかつかさふゆのり）

後京極摂政　のちのきょうごくせっしょう
→九条良経（くじょうよしつね）

後江相公　のちのごうしょうこう
→大江朝綱（おおえのあさつな）

後光明照院殿　のちのこうみょうしょういんどの
→二条道平（にじょうみちひら）

後成恩寺関白　のちのじょうおんじかんぱく
→一条兼良（いちじょうかねよし）

後深心院殿　のちのしんしんいんどの
→近衛道嗣(2)（このえみちつぐ）

後大染金剛院殿　のちのだいせんこんごういんどの
→二条尹房（にじょうただふさ）

後普光園院殿　のちのふこうおんいんどの
→二条良基（にじょうよしもと）

後報恩院殿　のちのほうおんいんどの
→九条経教（くじょうつねのり）

後法性寺入道殿　のちのほっしょうじにゅうどうどの
→九条兼実（くじょうかねざね）

能登女王　のとじょおう
天平5（733）年～天応1（781）年　[別]能登女王《のとのじょおう，のとのひめみこ》，能登内親王《のとないしんのう》
奈良時代の女性。光仁天皇の皇女。

¶古代（のとのひめみこ），女性（のとのじょおう [没]天応1（781）年2月17日），人名（能登内親王 のとないしんのう [生]？），日人

能登内親王 のとないしんのう
→能登女王（のとじょおう）

能登乙美 のとのおとみ
[別]能登臣乙美《のとのおみおとみ》
奈良時代の官人。万葉歌人。
¶姓氏石川（能登臣乙美 のとのおみおとみ），万葉（能登臣乙美 のとのおみおとみ）

能登女王 のとのひめみこ
→能登女王（のとじょおう）

野宮定功 ののみやさだいさ
文化12（1815）年7月26日～明治14（1881）年1月10日
江戸時代末期～明治期の公家（権中納言）。権大納言野宮定祥の子。
¶維新，公卿（[没]明治14（1881）年1月），公家（定功〔野宮家〕 さだいさ），国書，諸系，新潮，人名，日人，幕末

野宮定業 ののみやさだかず
宝暦9（1759）年9月23日～文化13（1816）年6月22日 [別]野宮定業《ののみやさだなり》
江戸時代中期～後期の公家（権中納言）。権大納言野宮定之の末子。
¶公卿，公家（定業〔野宮家〕 さだなり），国書（ののみやさだなり）

野宮定静 ののみやさだきよ
天明1（1781）年7月6日～文政4（1821）年4月20日
江戸時代中期～後期の公家。
¶国書

野宮定輔 ののみやさだすけ
→野宮定縁（ののみやさだより）

野宮定逸 ののみやさだとし
慶長15（1610）年～万治1（1658）年 [別]花山院定逸《かざんいんさだとし》，野宮定逸《ののみやさだはや》
江戸時代前期の公家（権大納言）。左大臣花山院定熙の孫。
¶公卿（[没]万治1（1658）年2月15日），公家（定逸〔野宮家〕 さだはや [没]万治1（1658）年2月15日），国書（ののみやさだはや [生]慶長15（1610）年5月17日 [没]明暦4（1658）年2月15日），諸系（花山院定逸 かざんいんさだとし），諸系，日人（花山院定逸 かざんいんさだとし）

野宮定俊 ののみやさだとし
元禄15（1702）年5月25日～宝暦7（1757）年3月30日
江戸時代中期の公家（権大納言）。権大納言正親町公通の次男。
¶公卿，公家（定俊〔野宮家〕 さだとし），国書

野宮定祥 ののみやさだなが，ののみやさだなか
寛政12（1800）年1月15日～安政5（1858）年9月2日
江戸時代末期の公家（権大納言）。権中納言野宮定業の孫。
¶維新，公卿，公家（定祥〔野宮家〕 さだなか），国書，諸系（ののみやさだなか），幕末（[没]1858年10月8日）

野宮定業 ののみやさだなり
→野宮定業（ののみやさだかず）

野宮定逸 ののみやさだはや
→野宮定逸（ののみやさだとし）

野宮定晴 ののみやさだはる
寛保2（1742）年5月11日～天明1（1781）年9月3日
江戸時代中期の公家（権中納言）。権大納言野宮定之の子。
¶公卿，公家（定晴〔野宮家〕 さだはる），国書

野宮定允 ののみやさだみつ
嘉永1（1848）年8月22日～慶応2（1866）年8月27日
江戸時代後期～末期の公家。
¶国書

野宮定基 ののみやさだもと
寛文9（1669）年～正徳1（1711）年
江戸時代中期の公家（権中納言）。内大臣中院通茂の次男。
¶朝日（[生]寛文9年7月14日（1669年8月10日） [没]正徳1年6月29日（1711年8月13日）），角史，近世，公卿（[生]寛文9（1669）年7月14日 [没]正徳1（1711）年6月29日），公家（定基〔野宮家〕 さだもと [生]寛文9（1669）年7月14日 [没]正徳1（1711）年6月29日），国史，国書（[生]寛文9（1669）年7月14日 [没]正徳1（1711）年6月29日），コン改，コン4，史人（[生]1669年7月14日 [没]1711年6月29日），諸系，新潮（[生]寛文9（1669）年7月14日 [没]正徳1（1711）年6月29日），人名，世人，日史（[生]寛文9（1669）年7月14日 [没]正徳1（1711）年6月29日），日人，百科，平史

野宮定之 ののみやさだゆき
享保6（1721）年7月23日～天明2（1782）年2月26日
江戸時代中期の公家（権大納言）。権大納言野宮定俊の子。
¶公卿，公家（定之〔野宮家〕 さだゆき），国書

野宮定縁 ののみやさだより
寛永14（1637）年11月12日～延宝5（1677）年9月15日 [別]野宮定輔《ののみやさだすけ》
江戸時代前期の公家（権中納言）。権大納言中院通純の次男。
¶公卿，公家（定縁〔野宮家〕 さだより），国書（野宮定輔 ののみやさだすけ）

野宮左大臣 ののみやのさだいじん
→徳大寺公継（とくだいじきんつぐ）

信子女王(1) のぶこじょおう
生没年不詳 [別]信子女王《のぶこにょおう》
平安時代中期～後期の女性。三条天皇皇子敦明親王の王女。

¶女性，人名（のぶこにょおう），日人

信子女王(2)　のぶこじょおう
生没年不詳　[別]信子女王《のぶこにょおう》
平安時代後期の女性。花山天皇皇子清仁親王の王女。
¶女性，人名（のぶこにょおう），日人

信子女王(3)　のぶこじょおう
→三条西信子（さんじょうにしのぶこ）

姰子内親王　のぶこないしんのう
？ ～長承1（1132）年
平安時代後期の女性。白河天皇の皇女。
¶平史

允子内親王　のぶこないしんのう
→朝香宮允子（あさかのみやのぶこ）

延子内親王　のぶこないしんのう
→延明門院（えんめいもんいん）

の

修子内親王　のぶこないしんのう
→修子内親王（しゅうしないしんのう）

述子内親王　のぶこないしんのう
→述子内親王（じゅつしないしんのう）

宣子内親王　のぶこないしんのう
延喜2（902）年～延喜20（920）年
平安時代中期の女性。醍醐天皇の第2皇女。
¶女性（[没]延喜20（920）年閏6月9日），人名，日人，平史

選子内親王　のぶこないしんのう
→選子内親王（せんしないしんのう）

頌子内親王　のぶこないしんのう
→頌子内親王（しょうしないしんのう）

信子女王(1)　のぶこにょおう
→信子女王(1)（のぶこじょおう）

信子女王(2)　のぶこにょおう
→信子女王(2)（のぶこじょおう）

延信王　のぶざねおう
生没年不詳　[別]源延信《みなもとのえんしん》，白川延信《しらかわえんしん》
平安時代中期の王族、官人。清仁親王の子。後世、神祇官の長官伯を世襲した白川伯王家の祖。
¶朝日，国書（白川延信　しらかわえんしん），コン改，コン4，諸系，諸系，諸系，神史，神人，新潮，人名，人名（源延信　みなもとのえんしん），日人

宣仁親王　のぶひとしんのう
→高松宮宣仁親王（たかまつのみやのぶひとしんのう）

宣仁親王妃喜久子　のぶひとしんのうひきくこ
→高松宮喜久子（たかまつのみやきくこ）

式明親王　のりあきらしんのう
延喜7（907）年～康保3（966）年
平安時代中期の醍醐天皇の皇子。
¶人名，日人（[没]967年），平史

章明親王　のりあきらしんのう
→章明親王（しょうめいしんのう）

則子女王　のりこじょおう
嘉永3（1850）年4月4日～明治7（1874）年11月14日
江戸時代末期～明治期の女性。伏見宮邦家親王の第8王女。
¶女性，女性普，人名，日人

規子内親王　のりこないしんのう
→規子内親王（きしないしんのう）

儀子内親王(1)　のりこないしんのう
→儀子内親王(1)（ぎしないしんのう）

儀子内親王(2)　のりこないしんのう
→儀子内親王(2)（ぎしないしんのう）

勤子内親王　のりこないしんのう
→勤子内親王（きんしないしんのう）

憲子内親王　のりこないしんのう
寛文9（1669）年～貞享5（1688）年
江戸時代前期～中期の女性。霊元天皇の第2皇女。
¶女性（[生]寛文9（1669）年3月21日　[没]貞享5（1688）年4月15日），人名，日人

式子内親王　のりこないしんのう
→式子内親王（しきしないしんのう）

範子内親王　のりこないしんのう
→坊門院（ぼうもんいん）

誨子内親王　のりこないしんのう
→誨子内親王（かいしないしんのう）

義良親王　のりながしんのう
→後村上天皇（ごむらかみてんのう）

鎔宮　のりのみや
文政8（1825）年～文政10（1827）年
江戸時代後期の仁孝天皇の第2皇子。
¶人名

紀宮清子内親王　のりのみやさやこないしんのう
→黒田清子（くろださやこ）

憲仁親王　のりひとしんのう
→高円宮憲仁親王（たかまどのみやのりひとしんのう）

憲仁親王妃久子　のりひとしんのうひひさこ
→高円宮久子（たかまどのみやひさこ）

義良親王　のりよししんのう
→後村上天皇（ごむらかみてんのう）

【 は 】

禖子内親王(1)　ばいしないしんのう
長暦3 (1039) 年～嘉保3 (1096) 年9月13日　[別]禖子内親王《みわこないしんのう》, 六条斎院《ろくじょうさいいん》
平安時代中期～後期の女性。後朱雀天皇の第4皇女。
¶朝日 ([生]長暦3年8月19日 (1039年9月10日)　[没]永長1年9月13日 (1096年10月1日)), 国史, 国書 ([生]長暦3 (1039) 年8月19日), 古中, コン改, コン4, 史人 ([生]1039年8月19日), 諸系, 女性 ([生]長暦3 (1039) 年8月), 新潮 ([生]長暦3 (1039) 年8月19日), 人名, 世人, 全書, 日人, 平史 (みわこないしんのう), 和俳

禖子内親王(2)　ばいしないしんのう
→崇明門院 (すうめいもんいん)

絙某弟　はえいろと, はえいろど
上代の女性。孝霊天皇の妃。
¶女性, 人名, 日人 (はえいろど)

絙某姉　はえいろね
上代の女性。孝霊天皇の妃。
¶女性, 人名

黄媛(1)　はえひめ
上代の女性。履中天皇皇子市辺押磐皇子の妃。
¶女性

黄媛(2)　はえひめ
上代の女性。継体天皇の妃。
¶女性, 日人 (生没年不詳)

袴垂保輔　はかまだれやすすけ
→藤原保輔 (ふじわらのやすすけ)

葉川基起　はがわもとおき
正保3 (1646) 年～延宝7 (1679) 年
江戸時代前期の公家 (非参議)。権大納言園基音の三男。
¶公卿 ([生]正保3 (1646) 年11月7日　[没]延宝7 (1679) 年2月4日), 公家 (基起〔壬生家〕　もとおき　[没]延宝7 (1679) 年2月24日)

萩麿王　はぎまろおう
→鹿島萩麿 (かしまはぎまろ)

萩原員維　はぎわらかずこれ
天明3 (1783) 年7月15日～慶応1 (1865) 年2月23日
江戸時代後期の公家 (非参議)。非参議萩原従言の子。
¶公卿, 公家 (員維〔萩原家〕　かずただ)

萩原員従　はぎわらかずつぐ
正保2 (1645) 年6月8日～宝永7 (1710) 年4月4日
江戸時代前期～中期の公家 (非参議)。非参議錦小路頼直の三男。
¶公卿, 公家 (員従〔萩原家〕　かずつぐ)

萩原員光　はぎわらかずみつ
文政4 (1821) 年1月12日～明治35 (1902) 年
江戸時代末期～明治期の公家 (非参議)。非参議萩原員維の子。
¶公卿 ([没]明治35 (1902) 年7月), 公家 (員光〔萩原家〕　かずみつ　[没]明治35 (1902) 年7月25日), 日人

萩原員領　はぎわらかずむね
享保3 (1718) 年2月4日～天明4 (1784) 年10月21日
江戸時代中期の公家 (非参議)。非参議萩原兼武の子。
¶公卿, 公家 (員領〔萩原家〕　かずみね)

萩原員幹　はぎわらかずもと
元文5 (1740) 年7月1日～文政11 (1828) 年5月2日
江戸時代中期～後期の公家 (非参議)。非参議萩原員領の子。
¶公卿, 公家 (員幹〔萩原家〕　かずもと)

萩原兼武　はぎわらかねたけ
元禄6 (1693) 年11月2日～明和2 (1765) 年4月25日
江戸時代中期の公家 (非参議)。非参議萩原員従の孫。
¶公卿, 公家 (兼武〔萩原家〕　かねたけ)

萩原兼従　はぎわらかねつぐ
→萩原兼従 (はぎわらかねより)

萩原兼従　はぎわらかねより
天正16 (1588) 年～万治3 (1660) 年　[別]吉田兼従《よしだかねより》, 萩原兼従《はぎわらかねつぐ》, 卜部兼従《うらべかねより》
江戸時代前期の神道家。豊国社の社務職を継承。
¶朝日 ([没]万治3年8月13日 (1660年9月17日)), 近世 ([生]1590年), 国史 ([生]1590年), 国書 ([没]万治3 (1660) 年8月13日), コン改, コン4, 史人 ([生]1590年　[没]1660年8月13日), 諸系, 神史 ([生]1590年), 神人, 新潮, 人名 (はぎわらかねつぐ), 戦国 (はぎわらかねつぐ), 戦人, 日人, 歴大

萩原従言　はぎわらつぐこと
宝暦6 (1756) 年11月24日～文政12 (1829) 年2月12日
江戸時代中期～後期の公家 (非参議)。非参議萩原員領の末子、母は非参議倉橋泰章の娘。
¶公卿, 公家 (従言〔萩原家〕　つぐこと)

萩原院　はぎわらのいん
→花園天皇 (はなぞのてんのう)

白雲禅師　はくうんぜんじ
生没年不詳
平安時代前期の僧。嵯峨天皇の皇子。
¶仏教

博雅三位　はくがのさんみ
→源博雅 (みなもとのひろまさ)

博山女王 はくさんじょおう
→元敞女王(げんしょうじょおう)

羽栗馬長 はぐりのうまなが
生没年不詳
平安時代前期の官人。
¶平史

羽栗翔 はくりのかける,はぐりのかける
生没年不詳 ㊙羽栗臣翔《はくりのおみかける》
奈良時代の官人。阿部仲麻呂の従者吉麻呂と中国人女性との子。
¶朝日,国史,古代(羽栗臣翔 はくりのおみかける),古中,史人(はぐりのかける),日人

羽栗翼 はくりのたすく,はぐりのたすく
→羽栗翼(はくりのつばさ)

は

羽栗翼 はくりのつばさ,はぐりのつばさ
養老3(719)年〜延暦17(798)年 ㊙羽栗臣翼《はくりのおみつばさ》,羽栗翼《はくりのたすく,はぐりのたすく》
奈良時代〜平安時代前期の官人。大外記、勅旨大丞を兼任して入唐。
¶朝日(㊥?) ㊳延暦17年5月27日(798年6月15日)),国史,古代(羽栗臣翼 はくりのおみつばさ),古中,コン改(はぐりのたすく) ㊃養老2(718)年),コン4(はぐりのたすく) ㊃養老2(718)年),史人(はぐりのつばさ) ㊳798年5月27日),新潮(はぐりのたすく) ㊳延暦17(798)年5月27日),人名(はくりのたすく),姓氏京都(はぐりのつばさ),日人,平史(はぐりのつばさ)

土師猪手 はじのいて
?〜643年 ㊙土師連猪手《はじのむらじいて》
飛鳥時代の豪族。
¶古代(土師連猪手 はじのむらじいて),姓氏山口(土師連猪手 はじのむらじいて),日人

土師馬手 はじのうまて
?〜和銅4(711)年 ㊙土師宿禰馬手《はじのすくねうまて》
飛鳥時代の官人。
¶古代(土師宿禰馬手 はじのすくねうまて),日人

土師甥 はじのおい
㊙土師宿禰甥《はじのすくねおい》
飛鳥時代の文人、官人。
¶古代(土師宿禰甥 はじのすくねおい),人名,世人(生没年不詳),日人(生没年不詳)

土師富杼 はじのほど
㊙土師連富杼《はじのむらじほど》
飛鳥時代の人。
¶古代(土師連富杼 はじのむらじほど),日人(生没年不詳)

土師道良 はじのみちなが
→土師道良(はじのみちよし)

土師道良 はじのみちよし
㊙土師宿禰道良《はにしのすくねみちよし》,土師道良《はにしのみちなが,はにしのみちよし》
奈良時代の歌人。
¶人名(はにしのみちよし),富山百(生没年不詳),富山文(はにしのみちなが),日人(生没年不詳),万葉(土師宿禰道良 はにしのすくねみちよし)

土師百村 はじのももむら
生没年不詳
奈良時代の官吏。
¶日人

埿部穴穂部皇子(泥部穴穂部皇子) はしひとのあなほべのおうじ
→穴穂部皇子(あなほべのみこ)

埿部穴穂部皇女 はしひとのあなほべのひめみこ
→穴穂部間人皇女(あなほべのはしひとのひめみこ)

埿部穴穂部皇子 はしひとのあなほべのみこ
→穴穂部皇子(あなほべのみこ)

間人皇女 はしひとのおうじょ
→間人皇女(はしひとのひめみこ)

間人皇后(1) はしひとのこうごう
→穴穂部間人皇女(あなほべのはしひとのひめみこ)

間人皇后(2) はしひとのこうごう
→間人皇女(はしひとのひめみこ)

間人皇女 はしひとのこうじょ
→間人皇女(はしひとのひめみこ)

間人皇女 はしひとのひめみこ
?〜天智4(665)年 ㊙間人皇后《はしひとのこうごう》,間人皇女《はしひとのおうじょ,はしひとのこうじょ》
飛鳥時代の女性。舒明天皇の皇女。孝徳天皇の皇后。
¶朝日(㊳天智4年2月25日(665年3月16日)),岩史(㊳天智4(665)年2月25日),大阪人(間人皇后 はしひとのこうごう) ㊃627年),国史(はしひとのおうじょ),古代,古中(はしひとのおうじょ),コン改,コン4,史人(㊳665年2月25日),諸系(はしひとのおうじょ),女性(はしひとのこうじょ) ㊳天智4(665)年2月25日),新潮(はしひとのこうごう) ㊳天智4(665)年2月25日),世人(間人皇后 はしひとのこうごう),日史(はしひとのおうじょ) ㊳天智4(665)年2月25日),日人(はしひとのおうじょ),百科,歴大(はしひとのおうじょ)

橋本公国 はしもときんくに
応永24(1417)年〜文明1(1469)年
室町時代の公卿(権中納言)。権大納言橋本実郷の子。
¶公卿,公家(公国〔橋本家〕 きんくに)

橋本公夏 はしもときんなつ
享徳3(1454)年〜?

戦国時代の公卿（権中納言）。権大納言清水谷実久の子。
¶公卿，公家（公夏〔橋本家〕　きんなつ），国書（㉒天文7（1538）年8月6日），諸系（㉒1538年），戦人

橋本公音　はしもときんなり
？〜応永12（1405）年7月
南北朝時代〜室町時代の公卿（権中納言）。権中納言橋本実澄の子。
¶公卿，公家（公音〔橋本家〕　きんね）

橋本実麗　はしもとさねあきら
文化6（1809）年〜明治15（1882）年
江戸時代末期〜明治期の公家（権大納言）。権大納言橋本実久の子。
¶維新，公卿（㋐文化6（1809）年10月26日　㋒明治15（1882）年10月），公家（実麗〔橋本家〕　さねあきら　㋓文化6（1809）年10月26日　㋒明治15（1882）年10月8日），国際，国書（㋐文化6（1809）年10月26日　㋒明治15（1882）年10月8日），諸系，幕末（㉒1882年10月8日）

橋本実郷　はしもとさねさと
元中4/嘉慶1（1387）年〜？
室町時代の公卿（権大納言）。権中納言橋本公音の子。
¶公卿，公家（実郷〔橋本家〕　さねさと）

橋本実理　はしもとさねすけ
→橋本実理（はしもとさねよし）

橋本実澄　はしもとさねずみ
元弘1/元徳3（1331）年〜文中2/応安6（1373）年9月9日
南北朝時代の公卿（権中納言）。橋本家の祖。非参議藤原季経の子。
¶公卿，公家（実澄〔橋本家〕　さねずみ）

橋本実陳　はしもとさねつら
嘉永3（1850）年4月5日〜明治6（1873）年3月8日
江戸時代後期〜明治期の公家。
¶国書

橋本実俊　はしもとさねとし
文応1（1260）年〜興国2/暦応4（1341）年　㋕西園寺実俊《さいおんじさねとし》，藤原実俊《ふじわらのさねとし》
鎌倉時代後期〜南北朝時代の公卿（参議）。橋本家系の祖。太政大臣西園寺公相の四男。
¶公卿（藤原実俊　ふじわらのさねとし　㉒暦応4（1341）年2月15日），公家（実俊〔橋本家〕　さねとし　㉒暦応4（1341）年2月15日），国書（西園寺実俊　さいおんじさねとし　㉒暦応4（1341）年2月15日），諸系，日人

橋本実誠　はしもとさねなり
→橋本実誠（はしもとさねみつ）

橋本実久　はしもとさねひさ
寛政2（1790）年4月25日〜安政4（1857）年1月28日
江戸時代末期の公家（権大納言）。権中納言橋本

実誠の子。
¶維新，公卿，公家（実久〔橋本家〕　さねひさ），国書，諸系，幕末（㉒1857年2月22日）

橋本実穎　はしもとさねひで
慶応3（1867）年〜昭和6（1931）年
明治〜昭和期の華族。
¶日人

橋本実文　はしもとさねふみ
宝永1（1704）年7月23日〜安永8（1779）年4月16日
江戸時代中期の公家（権大納言）。権中納言橋本実松の次男。
¶公卿，公家（実文〔橋本家〕　さねふみ），国書

橋本実松　はしもとさねまつ
寛文12（1672）年9月5日〜享保17（1732）年5月21日
江戸時代中期の公家（権中納言）。権大納言葉室頼業の孫。
¶公卿，公家（実松〔橋本家〕　さねまつ），国書

橋本実誠　はしもとさねみつ
宝暦8（1758）年3月2日〜文化14（1817）年2月23日　㋕橋本実誠《はしもとさねなり》
江戸時代中期〜後期の公家（権大納言）。権大納言橋本実理の子。
¶公卿，公家（実誠〔橋本家〕　さねなり），国書（はしもとさねなり）㉒文化14（1817）年2月13日）

橋本実村　はしもとさねむら
慶長3（1598）年〜寛文4（1664）年11月11日
江戸時代前期の公家（権中納言）。権中納言橋本公夏の曾孫。
¶公卿，公家（実村〔橋本家〕　さねむら），国書，諸系

橋本実梁（橋本実梁）　はしもとさねやな
天保5（1834）年〜明治18（1885）年9月16日
江戸時代末期〜明治期の公家。尊攘派。
¶朝日（㋐天保5年4月5日（1834年5月13日）），維新，京都大，近現，国史，国書（㋐天保5（1834）年4月25日），コン改，コン4，コン5，史人（㋐1834年5月4日），諸系，神人（橋本実梁㋓天保5（1834）年4月5日），新潮（㋓天保5（1834）年4月5日），人名，姓氏京都，日人，幕末

橋本実理　はしもとさねよし
享保11（1726）年11月21日〜寛政10（1798）年2月12日　㋕橋本実理《はしもとさねすけ》
江戸時代中期の公家（権大納言）。左大臣西園寺致季の五男。
¶公卿，公家（実理〔橋本家〕　さねまさ），国書（はしもとさねすけ）

橋本季村　はしもとすえむら
寛永4（1627）年9月6日〜慶安1（1648）年4月27日
江戸時代前期の公家。
¶国書

はせつか　　　　　　　　　　　396　　　　　　　日本人物レファレンス事典

丈部大麻呂（丈部大麿）はせつかべのおおまろ
　　㉚丈部大麻呂《はせべのおおまろ》
　　奈良時代の官人。東大寺大仏の鍍金に用いる砂金
　　を発見。
　　¶朝日（生没年不詳），郷土千葉，古代，コン改
　　（はせべのおおまろ　生没年不詳），コン4（は
　　せべのおおまろ　生没年不詳），人名（丈部大
　　麿），千葉百，日人（生没年不詳）

丈部竜麻呂はせつかべのたつまろ
　　奈良時代の官人。大伴三中の歌に詠まれた人。
　　¶万葉

丈部不破麻呂はせつかべのふはまろ
　　→丈部不破麻呂（はせつかべのふわまろ）

丈部不破麻呂はせつかべのふわまろ
　　㉚丈部直不破麻呂《はせつかべのあたいふはまろ，
　　はせつかべのあたいふわまろ》
　　奈良時代の官人。
　　¶古代（丈部直不破麻呂　はせつかべのあたいふ
　　わまろ），埼玉人（生没年不詳），埼玉百（丈部
　　直不破麻呂　はせつかべのあたいふはまろ），
　　日人（生没年不詳）

丈部（家名）はせべ
　　→丈部（はせつかべ）

長谷部内親王はせべないしんのう
　　→泊瀬部皇女（はつせべのおうじょ）

秦足長はたのあしなが
　　生没年不詳
　　奈良時代の中級官人。
　　¶姓氏京都

秦石竹はたのいわたけ
　　㉚秦忌寸石竹《はたのいみきいわたけ》
　　奈良時代の歌人。
　　¶人名，富山百（生没年不詳），日人（生没年不
　　詳），万葉（秦忌寸石竹　はたのいみきいわた
　　け）

秦氏安はたのうじやす
　　生没年不詳　㉚秦氏安《はたうじやす》
　　平安時代中期の官人。
　　¶国書（はたうじやす）

秦兼方はたのかねかた
　　長元9（1036）年〜？　㉚秦兼方《はたかねかた》
　　平安時代中期〜後期の官人・歌人。
　　¶国書（はたかねかた），平史（生没年不詳）

秦兼久はたのかねひさ
　　生没年不詳　㉚秦兼久《はたかねひさ》
　　平安時代後期の官人・歌人。
　　¶国書（はたかねひさ），平史

秦兼広はたのかねひろ
　　生没年不詳
　　平安時代後期の官人。
　　¶平史

秦河勝はたのかわかつ
　　生没年不詳　㉚秦造河勝《はたのみやつこかわか
　　つ》
　　飛鳥時代の厩戸皇子の側近。
　　¶朝日，岩史，角史，京都，京都大，芸能，国史，
　　古史，古代（秦造河勝　はたのみやつこかわか
　　つ），古中，コン改，コン4，史人，重要，新
　　潮，人名，姓氏京都，世人，世百，全書，日音，
　　日史，日人，百科，仏教，歴大

秦浄足はたのきよたり
　　生没年不詳
　　奈良時代の官吏。
　　¶日人

秦許遍麻呂はたのこえまろ
　　奈良時代の万葉歌人。
　　¶万葉

秦巨勢大夫はたのこせたゆう
　　飛鳥時代の官人。善光寺仏を信濃へ送り届けたと
　　される。
　　¶長野歴

秦維興はたのこれおき
　　生没年不詳
　　平安時代中期の明経道の官人。
　　¶平史

秦嶋麻呂（秦島麻呂）はたのしままろ
　　？〜天平19（747）年　㉚秦下嶋麻呂《はたのしも
　　のしままろ》
　　奈良時代の官人。恭仁宮の造営に携わる。
　　¶朝日（㉒天平19年6月4日（747年7月15日）），国
　　史，古史（秦下嶋麻呂　はたのしものしまま
　　ろ），古代（秦下嶋麻呂　はたのしものしまま
　　ろ），古中，コン改（秦島麻呂），コン4（秦島麻
　　呂），日人

秦下嶋麻呂はたのしものしままろ
　　→秦嶋麻呂（はたのしままろ）

秦高範はたのたかのり
　　生没年不詳
　　平安時代中期の明経道の官人。
　　¶平史

秦田麻呂はたのたまろ
　　奈良時代の歌人。
　　¶人名，日人（生没年不詳），万葉

秦為辰はたのためとき
　　生没年不詳
　　平安時代後期の官人。播磨国大掾兼赤穂郡司。
　　¶平史

秦朝元はたのちょうがん
　　→秦朝元（はたのちょうげん）

秦朝元はたのちょうげん
　　生没年不詳　㉚秦忌寸朝元《はたのいみきちょう
　　がん，はたのいみきちょうげん》
　　奈良時代の官人，医師。父は弁正法師，母は唐人。

¶朝日，国史，古史，古代（秦忌寸朝元　はたのいみきちょうげん），古中，コン改，コン4，史人，新潮，人名，姓氏京都，日人，万葉（秦忌寸朝元　はたのいみきちょうがん）

秦都岐麻呂　はたのつきまろ
生没年不詳　⑩秦宿禰都岐麻呂《はたのすくねつきまろ》
奈良時代〜平安時代前期の官人。
¶京都大，古代（秦宿禰都岐麻呂　はたのすくねつきまろ），姓氏京都，日人

秦連雅　はたのつらまさ
生没年不詳
平安時代中期の官人。
¶平史

秦都理　はたのとり
生没年不詳　⑩秦忌寸都理《はたのいみきとり》
飛鳥時代の豪族。
¶京都大，古代（秦忌寸都理　はたのいみきとり），姓氏京都，日人

秦直宗　はたのなおむね
→惟宗直宗（これむねのなおむね）

秦永宗　はたのながむね
生没年不詳
平安時代前期の官人・音博士。
¶平史

秦八千嶋（秦八千島）　**はたのやちしま**
⑩秦忌寸八千嶋《はたのいみきやちしま》
奈良時代の官人。万葉歌人。
¶富山百（秦八千島　生没年不詳），万葉（秦忌寸八千嶋　はたのいみきやちしま）

幡梭皇女　はたひのおうじょ
→草香幡梭皇女（くさかのはたびのひめみこ）

幡日若郎女　はたひのわかいらつめ
上代の女性。応神天皇の皇女。
¶女性，日人

蜂子皇子　はちこのおうじ
欽明天皇23（562）年〜舒明天皇13（641）年
上代〜飛鳥時代の皇族。崇峻天皇の第3皇子。出羽三山・羽黒山修験道の開祖。
¶庄内

八条院　はちじょういん
保延3（1137）年〜建暦1（1211）年　⑩暲子内親王《あきこないしんのう，きしないしんのう，しょうしないしんのう》，暲子内親王《きしないしんのう，しょうしないしんのう》，八条女院《はちじょうにょいん》
平安時代後期〜鎌倉時代前期の女性。鳥羽天皇の第3皇女。
¶朝日（⑫保延3年4月4日（1137年4月25日）⑫建暦1年6月26日（1211年8月6日）），岩史（⑫保延3（1137）年4月8日　⑫建暦1（1211）年6月26日），角史，鎌室，京都（八条女院　はちじょうにょいん），京都大（八条女院　はち

じょうにょいん）（⑫保延2（1136）年），国史，古史，古中，コン改，コン4，史人（⑫1137年4月8日　⑫1211年6月26日），諸系，女性（⑫保延3（1137）年4月8日　⑫建暦1（1211）年6月26日），新潮（⑫保延3（1137）年4月8日　⑫建暦1（1211）年6月26日），人名，世人（⑫保延2（1136）年），全書，大百，日史（⑫保延3（1137）年4月8日　⑫建暦1（1211）年6月26日），百人，百科，仏教（⑫保延3（1137）年4月8日　⑫建暦1（1211）年6月26日），平史（暲子内親王　あきこないしんのう），歴大

八条清季　はちじょうきよすえ
永仁3（1295）年〜正平4/貞和5（1349）年9月12日
鎌倉時代後期〜南北朝時代の公卿（非参議）。非参議八条実英の子。
¶公卿，公家（清季〔八条家（絶家）〕　きよすえ）

八条公夏　はちじょうきんなつ
生没年不詳
南北朝時代の公家・歌人。
¶国書

八条公益　はちじょうきんます
鎌倉時代前期の公卿（非参議）。参議藤原公清の孫。
¶公卿（生没年不詳），公家（公益〔八条家（絶家）〕　きんます）

八条実興　はちじょうさねおき
？　〜正平21/貞治5（1366）年8月5日
南北朝時代の公卿（非参議）。侍従藤原清季の子。
¶公卿，公家（実興〔八条家（絶家）〕　さねおき）

八条実種　はちじょうさねたね
？　〜応永25（1418）年4月
室町時代の公卿（非参議）。非参議八条季興の子。
¶公卿，公家（実種〔八条家（絶家）〕　さねたね）

八条実英　はちじょうさねひで
鎌倉時代後期の公卿（非参議）。非参議八条公益の子。
¶公卿（生没年不詳），公家（実英〔八条家（絶家）〕　さねひで）

八条実世　はちじょうさねよ
室町時代の公卿（非参議）。康正2年従三位に、長禄3年侍従に任ぜられる。
¶公卿（生没年不詳），公家（実世〔八条家（絶家）〕　さねよ）

八条季興　はちじょうすえおき
南北朝時代〜室町時代の公卿（非参議）。八条為敦の兄か。
¶公卿（生没年不詳），公家（季興〔八条家（絶家）〕　すえおき）

八条隆祐　はちじょうたかさち
寛政7（1795）年1月7日〜明治5（1872）年5月24日
江戸時代末期〜明治期の公家（権大納言）。参議八条隆礼の子。
¶維新，公卿（⑫？），公家（隆祐〔八条家〕　た

かさち），国書，幕末（[没]1878年6月29日）

八条隆輔　はちじょうたかすけ
元文1（1736）年8月7日～寛政2（1790）年2月29日
江戸時代中期の公家（参議）。権中納言八条隆英の末子。
¶公卿，公家（隆輔〔八条家〕　たかすけ）

八条隆英　はちじょうたかてる
→八条隆英（はちじょうたかひで）

八条隆声　はちじょうたかな
文政9（1826）年12月4日～文久2（1862）年6月12日
江戸時代末期の公家（非参議）。権大納言八条隆祐の子。
¶維新，公卿，公家（隆声〔八条家〕　たかな），幕末（[没]1862年7月8日）

八条隆英　はちじょうたかひで
元禄15（1702）年4月5日～宝暦6（1756）年10月10日　[別]八条隆英《はちじょうたかてる》
江戸時代中期の公家（権中納言）。櫛笥家系の八条家の祖。四条家の分家櫛笥隆朝の曽孫。
¶公卿，公家（隆英〔八条家〕　たかひで），国書，諸系（はちじょうたかてる），日人（はちじょうたかてる）

八条隆礼　はちじょうたかよし
明和1（1764）年6月22日～文政2（1819）年6月2日
江戸時代中期～後期の公家（参議）。参議八条隆輔の子。
¶公卿，公家（隆礼〔八条家〕　たかあや）

八条為敦　はちじょうためあつ
？～応永9（1402）年
南北朝時代～室町時代の公卿（非参議）。八条季興の弟か。
¶公卿，公家（為敦〔八条家（絶家）〕　ためあつ），国書（[生]貞和1（1345）年）

八条為季　はちじょうためすえ
→藤原為季(2)（ふじわらのためすえ）

八条為盛　はちじょうためもり
→藤原為盛（ふじわらのためもり）

八条為保　はちじょうためやす
室町時代の公卿（非参議）。文明12年従三位に叙される。
¶公卿（生没年不詳），公家（為保〔八条家（絶家）〕　ためやす）

八条女院　はちじょうにょいん
→八条院（はちじょういん）

八条宮智忠親王　はちじょうのみやとしただしんのう
→智忠親王（としただしんのう）

八条宮智仁親王　はちじょうのみやとしひとしんのう
→智仁親王（としひとしんのう）

八条宮尚仁親王　はちじょうのみやなおひとしんのう
→尚仁親王（なおひとしんのう）

八幡太郎義家　はちまんたろうよしいえ
→源義家（みなもとのよしいえ）

泊瀬仲王　はつせなかつおう
？～628年　[別]泊瀬仲王《はっせのなかつみこ》
飛鳥時代の皇族。聖徳太子の子。
¶古代（はっせのなかつみこ），日人

泊瀬仲王　はっせのなかつみこ
→泊瀬仲王（はつせなかつおう）

泊瀬部皇子　はつせべのおうじ
→崇峻天皇（すしゅんてんのう）

泊瀬部皇女　はつせべのおうじょ
？～天平13（741）年　[別]長谷部内親王《はせべないしんのう》，泊瀬部皇女《はつせべのひめみこ》，泊瀬部内親王《はつせべのないしんのう》
奈良時代の女性。天武天皇の皇女。
¶女性（泊瀬部内親王　はつせべのないしんのう　[没]天平13（741）年3月28日），人名（長谷部内親王　はせべないしんのう），日人，万葉（はつせべのひめみこ）

泊瀬部内親王　はつせべのないしんのう
→泊瀬部皇女（はつせべのおうじょ）

泊瀬部皇女　はつせべのひめみこ
→泊瀬部皇女（はつせべのおうじょ）

泊瀬部皇子　はつせべのみこ
→崇峻天皇（すしゅんてんのう）

長谷部若雀尊　はつせべのわかさぎのみこと
→崇峻天皇（すしゅんてんのう）

花園公燕　はなぞのきんなる
天明1（1781）年6月3日～天保11（1840）年9月19日
江戸時代後期の公家（参議）。非参議花園実章の子。
¶公卿，公家（公燕〔花園家〕　きみひろ）

花園公晴　はなぞのきんはる
寛文1（1661）年11月29日～元文1（1736）年
江戸時代中期の公家（権中納言）。参議花園実満の子。
¶公卿（[没]元文1（1736）年3月12日），公家（公晴〔花園家〕　きんはる　[没]元文1（1736）年3月12日），諸系（[生]1662年），人名，日人（[生]1662年）

花園公久　はなぞのきんひさ
天正19（1591）年～寛永10（1633）年
安土桃山時代～江戸時代前期の公家。
¶諸系，日人

花園公総　はなぞのきんふさ
文政4（1821）年～文久2（1862）年
江戸時代後期～末期の公家。
¶諸系，日人

花園実章　はなぞのさねあき
明和4（1767）年5月23日～文化7（1810）年12月6日
[別]花園実章《はなぞのさねぶみ》

江戸時代中期～後期の公家（非参議）。権大納言正親町公積の末子。
¶公卿，公家（実章〔花園家〕　さねぶみ），国書（はなぞのさねぶみ　[没]文化6（1809）年6月2日）

花園実廉　はなぞのさねかど
→花園実廉（はなぞのさねやす）

花園実章　はなぞのさねぶみ
→花園実章（はなぞのさねあき）

花園実路　はなぞのさねみち
寛政12（1800）年7月19日～天保8（1837）年3月25日
江戸時代後期の公家（非参議）。権大納言園基理の末子。
¶公卿，公家（実路〔花園家〕　さねみち）

花園実満　はなぞのさねみつ
寛永6（1629）年～貞享1（1684）年
江戸時代前期の公家（参議）。従四位上・左中将正親町三条実教の孫。
¶公卿（[生]寛永6（1629）年3月22日　[没]貞享1（1684）年3月16日），公家（実満〔花園家〕　さねみつ　[生]寛永6（1629）年3月22日　[没]貞享1（1684）年3月16日），諸系，人名，日人

花園実廉　はなぞのさねやす
元禄3（1690）年12月29日～宝暦11（1761）年10月20日　[別]花園実廉《はなぞのさねかど》
江戸時代中期の公家（権大納言）。権中納言花園公晴の子。
¶公卿，公家（実廉〔花園家〕　さねかど），国書（はなぞのさねかど），諸系（[生]1691年），人名，日人（[生]1691年）

花園天皇　はなぞのてんのう
永仁5（1297）年7月25日～正平3/貞和4（1348）年11月11日　[別]萩原院《はぎわらのいん》
鎌倉時代後期の第95代の天皇（在位1308～1318）。父は伏見天皇。母は顕親門院藤原秀子。
¶朝日（[生]永仁5年7月25日（1297年8月14日）[没]貞和4/正平3年11月11日（1348年12月2日）），岩史，角史，鎌室，京都，京都大，国史，国書，古中，コン改，コン4，詩歌，史人，重要，諸系，人書94，新潮，新文，人名，姓氏京都，世人，世百，全書，大百，伝記，日史，日人，百科，仏教，文学，歴大，和俳

花園宮　はなぞののみや
→満良親王（みつながしんのう）

土師（家名）　はにし
→土師（はじ）

埴安媛　はにやすひめ
上代の女性。孝元天皇の妃。
¶女性，人名，日人

姥津媛　ははつひめ
上代の記・紀にみえる開化天皇の妃。
¶日人

葉室顕孝　はむろあきたか
寛政8（1796）年9月4日～安政5（1858）年6月9日
江戸時代末期の公家（権大納言）。参議葉室頼寿の子。
¶公卿，公家（顕孝〔葉室家〕　あきたか），国書

葉室顕頼　はむろあきより
→藤原顕頼（ふじわらのあきより）

葉室定顕　はむろさだあき
→葉室長親（はむろながちか）

葉室定嗣　はむろさだつぐ
承元2（1208）年～文永9（1272）年6月26日　[別]藤原定嗣《ふじわらのさだつぐ》
鎌倉時代前期の公卿（権中納言）。権中納言藤原光雅の孫。
¶朝日（[没]文永9年6月26日（1272年7月22日）），岩史，鎌室（[没]？），公卿（[没]？），公家（定嗣〔堀河・岩蔵・葉室1家（絶家）〕　さだつぐ），国史，国書，古中，コン4，史人，諸系，新潮（藤原定嗣　ふじわらのさだつぐ），姓氏京都，日史，日人，百科

葉室定藤　はむろさだふじ
？～正和4（1315）年11月8日　[別]藤原定藤《ふじわらさだふじ》
鎌倉時代後期の公卿（参議）。権中納言葉室定嗣の子。
¶公卿，公家（定藤〔堀河・岩蔵・葉室1家（絶家）〕　さだふじ），国書，北条（藤原定藤　ふじわらさだふじ）

葉室季頼　はむろすえより
建保1（1213）年～永仁1（1293）年11月14日
鎌倉時代後期の公卿（非参議）。中納言葉室資頼の長男。
¶公卿，公家（季頼〔葉室家〕　すえより）

葉室資頼　はむろすけより
建久5（1194）年～建長7（1255）年
鎌倉時代前期の公卿（中納言）。葉室家の祖。権大納言藤原宗頼の孫。
¶朝日（[没]建長7年10月18日（1255年11月18日）），鎌室，公卿（[没]建長7（1255）年10月18日），公家（資頼〔葉室家〕　すけより　[没]建長7（1255）年10月18日），国書（[没]建長7（1255）年10月18日），諸系，日人

葉室時長　はむろときなが
生没年不詳
鎌倉時代前期の文学者。
¶鎌室，史人，新潮，人名，世人，日人

葉室長顕　はむろながあき
元亨1（1321）年～元中7/明徳1（1390）年2月21日
南北朝時代の公卿（権大納言）。権大納言葉室長隆の次男。
¶公卿，公家（長顕〔葉室家（絶家）3〕　ながあき）

は

葉室長邦 はむろながくに
天保10(1839)年～明治31(1898)年12月26日
江戸時代末期～明治期の公家。
¶維新，国書([生]天保10(1839)年1月28日)，幕末

葉室長隆 はむろながたか
弘安9(1286)年～興国5/康永3(1344)年
鎌倉時代後期～南北朝時代の公卿(権大納言)。権大納言葉室頼藤の長男。
¶鎌室([生]弘安8(1285)年)，公卿([没]康永3(1344)年3月8日)，公家(長隆〔葉室家〕 ながたか [没]康永3(1344)年3月8日)，諸系，日人

葉室長忠 はむろながただ
室町時代の公卿(権大納言)。参議葉室長宗の子。
¶公卿(生没年不詳)，公家(長忠〔葉室家〕 ながただ)

葉室長親 はむろながちか
？ ～応永21(1414)年2月 [別]葉室定顕《はむろさだあき》
室町時代の公卿(参議)。権大納言葉室宗顕の子。
¶鎌室，公卿，公家(長親〔葉室家(絶家)3〕 ながちか)，国書(葉室定顕 はむろさだあき)，諸系，日人

葉室長順 はむろながとし
文政3(1820)年4月14日～明治12(1879)年
江戸時代末期～明治期の公家(権大納言)。権大納言葉室頼孝の三男。
¶維新，公卿([没]明治12(1879)年10月)，公家(長順〔葉室家〕 ながとし [没]明治12(1879)年10月17日)，国書([没]明治12(1879)年10月17日)，幕末([没]1879年10月7日)

葉室長藤 はむろながふじ
正和3(1314)年～？
鎌倉時代後期～南北朝時代の公卿(参議)。応安元年加賀権守に任ぜられる。
¶公卿，公家(長藤〔葉室家〕 ながふじ)

葉室長光 はむろながみつ
延慶2(1309)年～正平20/貞治4(1365)年閏9月7日
南北朝時代の公卿(権大納言)。権大納言葉室長隆の長男。
¶公卿([生]延慶3(1310)年)，公家(長光〔葉室家〕 ながみつ)，国書

葉室長宗 はむろながむね
南北朝時代の公卿(参議)。権大納言葉室長光の子。
¶公卿(生没年不詳)，公家(長宗〔葉室家〕 ながむね)

葉室成隆 はむろなりたか
正応2(1289)年～元徳2(1330)年
鎌倉時代後期の公卿(参議)。権大納言葉室頼藤の次男。
¶公卿，公家(成隆〔葉室家〕 なりたか)

葉室成頼 はむろなりより
→藤原成頼(ふじわらのなりより)

葉室顕隆 はむろのあきたか
→藤原顕隆(ふじわらのあきたか)

葉室教忠 はむろのりただ
応永30(1423)年～明応3(1494)年10月13日
室町時代～戦国時代の公卿(権大納言)。権大納言葉室長忠の孫。
¶公卿，公家(教忠〔葉室家〕 のりただ)，国書

葉室光顕 はむろみつあき
鎌倉時代後期～南北朝時代の公卿(参議)。参議葉室光定の子。
¶公卿([生]？ [没]延元1(1336)年5月21日)，公家(光顕〔堀河・岩蔵・葉室1家(絶家)〕 みつあき [生]？ [没]延元1(1336)年5月21日)，庄内([生]永仁5(1297)年 [没]建武2(1335)年11月21日)，山形百([生]永仁4(1296)年 [没]建武2(1335)年)

葉室光定 はむろみつさだ
→藤原光定(ふじわらのみつさだ)

葉室光資 はむろみつすけ
生没年不詳
南北朝時代の公家・歌人。
¶国書

葉室光忠 はむろみつただ
嘉吉1(1441)年～明応2(1493)年
室町時代～戦国時代の公卿(権中納言)。権大納言葉室教忠の子。
¶朝日([没]明応2年閏4月29日(1493年6月13日))，公卿([没]明応2(1493)年4月29日)，公家(光忠〔葉室家〕 みつただ)，諸系，日人

葉室光雅 はむろみつまさ
→藤原光雅(ふじわらのみつまさ)

葉室光頼 はむろみつより
→藤原光頼(ふじわらのみつより)

葉室宗顕 はむろむねあき
正平2/貞和3(1347)年～応永16(1409)年11月3日
南北朝時代～室町時代の公卿(権大納言)。権大納言葉室長顕の子。
¶公卿(生没年不詳)，公家(宗顕〔葉室家(絶家)3〕 むねあき)，国書

葉室宗行 はむろむねゆき
→藤原宗行(1)(ふじわらのむねゆき)

葉室宗頼 はむろむねより
久寿1(1154)年～建仁3(1203)年 [別]藤原宗頼《ふじわらのむねより，ふじわらむねより》
平安時代後期～鎌倉時代前期の公卿(権大納言)。権大納言藤原光頼の四男。
¶朝日(藤原宗頼 ふじわらのむねより [没]建仁3年1月29日(1203年3月14日))，鎌室，公卿(藤原宗頼 ふじわらのむねより [没]建仁3(1203)年1月29日)，公家(宗頼〔葉室家〕 むねより

[没]建仁3(1203)年1月29日)，諸系，新潮([没]建仁3(1203)年1月29日)，人名(藤原宗頼　ふじわらのむねより)，日人

葉室頼重　はむろよりあつ
→葉室頼重(はむろよりしげ)

葉室頼業　はむろよりかず
元和1(1615)年4月24日～延宝3(1675)年6月24日
[別]葉室頼業《はむろよりなり》
江戸時代前期の公家(権大納言)。参議万里小路孝房の次男。
¶公卿，公家(頼業〔葉室家〕　よりなり)，国書(はむろよりなり)

葉室頼重　はむろよりしげ
寛文9(1669)年3月19日～宝永2(1705)年7月21日
[別]葉室頼重《はむろよりあつ》
江戸時代前期～中期の公家(権中納言)。権大納言葉室頼孝の子。
¶公卿([没]宝永2(1705)年7月20日)，公家(頼重〔葉室家〕　よりしげ)，国書(はむろよりあつ)

葉室頼孝　はむろよりたか
正保1(1644)年9月28日～宝永6(1709)年8月4日
江戸時代前期～中期の公家(権大納言)。権大納言葉室頼業の子。
¶公卿，公家(頼孝〔葉室家〕　よりたか)，国書

葉室頼任　はむろよりただ
鎌倉時代後期の公卿(非参議)。権大納言葉室頼親の三男。
¶公卿(生没年不詳)，公家(頼任〔葉室家〕　よりとう)

葉室頼胤　はむろよりたね
元禄10(1697)年9月2日～安永5(1776)年5月2日
江戸時代中期の公家(准大臣)。権中納言橋本実松の子。
¶公卿，公家(頼胤〔葉室家〕　よりたね)，国書

葉室頼親　はむろよりちか
嘉禎2(1236)年～嘉元4(1306)年2月5日
鎌倉時代後期の公卿(権大納言)。非参議葉室季頼の子。
¶公卿，公家(頼親〔葉室家〕　よりちか)，国書([生]文暦1(1234)年)

葉室頼継　はむろよりつぐ
明応1(1492)年～享禄2(1529)年7月30日
戦国時代の公卿(参議)。権中納言葉室光忠の子。
¶公卿，公家(頼継〔葉室家〕　よりつぐ)，国書，戦人

葉室頼時　はむろよりとき
室町時代の公卿(権大納言)。参議葉室長親の子。
¶公卿(生没年不詳)，公家(頼時〔葉室家(絶家)3〕　よりとき)

葉室頼要　はむろよりとし
→葉室頼要(はむろよりやす)

葉室頼業　はむろよりなり
→葉室頼業(はむろよりかず)

葉室頼宣　はむろよりのぶ
元亀2(1571)年～慶長15(1610)年8月4日
安土桃山時代～江戸時代前期の公家(権中納言)。権中納言葉室頼房の子。
¶公卿，公家(頼宣〔葉室家〕　よりのぶ)

葉室頼寿　はむろよりひさ
安永6(1777)年9月7日～文化1(1804)年8月29日
江戸時代中期～後期の公家(参議)。権大納言葉室頼熙の子。
¶公卿，公家(頼寿〔葉室家〕　よりひさ)，国書

葉室頼熙(葉室頼煕)　**はむろよりひろ**
寛延3(1750)年2月7日～文化1(1804)年9月19日
江戸時代中期～後期の公家(権大納言)。権中納言堤代長の次男。
¶公卿，公家(頼熙〔葉室家〕　よりひろ)，国書(葉室頼煕)

葉室頼房(1)　はむろよりふさ
鎌倉時代後期の公卿(非参議)。権大納言葉室頼親の次男。
¶公卿(生没年不詳)，公家(頼房〔葉室家(絶家)2〕　よりふさ)

葉室頼房(2)　はむろよりふさ
大永7(1527)年4月7日～天正4(1576)年6月24日
戦国時代～安土桃山時代の公卿(権中納言)。参議葉室頼継の子。
¶公卿，公家(頼房〔葉室家〕　よりふさ)，戦人

葉室頼藤　はむろよりふじ
建長6(1254)年～延元1/建武3(1336)年5月14日
鎌倉時代後期～南北朝時代の公卿(権大納言)。権大納言葉室頼親の長男。
¶公卿，公家(頼藤〔葉室家〕　よりふじ)，国書

葉室頼要　はむろよりやす
正徳5(1715)年4月23日～寛政6(1794)年6月3日
[別]葉室頼要《はむろよりとし》
江戸時代中期の公家(権大納言)。権中納言坊城俊清の次男。
¶公卿，公家(頼要〔葉室家〕　よりやす)，国書(はむろよりとし)

林東人　はやしのあずまひと
生没年不詳
平安時代前期の官人。
¶平史

林浦海　はやしのうらうみ
[別]林連浦海《はやしのむらじうらうみ》
奈良時代の官人。
¶古代(林連浦海　はやしのむらじうらうみ)，日人(生没年不詳)

林王　はやしのおおきみ
奈良時代の官人、王族か。
¶万葉

林娑婆 はやしのさば
生没年不詳　[別]林娑婆《はやしさば》
平安時代前期の漢学者・漢詩人。
¶国書（はやしさば）

林重親 はやしのしげちか
生没年不詳
平安時代中期の官人。
¶平史

林広山 はやしのひろやま
生没年不詳　[別]林広山《はやしひろやま》
奈良時代の官人。
¶埼玉人（はやしひろやま）

林山主 はやしのやまぬし
天平勝宝1（749）年～天長9（832）年
奈良時代～平安時代前期の官人。
¶平史

隼別皇子（隼総別皇子） はやぶさわけのおうじ
→隼別皇子（はやぶさわけのみこ）

隼別皇子（隼総別皇子） はやぶさわけのみこ
[別]隼総別皇子《はやぶさわけのおうじ, はやぶさわけのみこ》, 隼別皇子《はやぶさわけのおうじ》
上代の皇族。応神天皇の皇子。
¶朝日，国史（はやぶさわけのおうじ），古史（隼総別皇子・雌鳥皇女　はやぶさわけのみこ・めとりのひめみこ），古代（隼総別皇子），古中（はやぶさわけのおうじ），コン改，コン4，史人，新潮，人名（はやぶさわけのおうじ），世人（はやぶさわけのおうじ　生没年不詳），日史（隼総別皇子・雌鳥皇女　はやぶさわけのおうじ・めとりのおうじょ），日人（はやぶさわけのおうじ）

速水常成 はやみつねなり
寛延2（1749）年～寛政9（1797）年6月4日
江戸時代中期～後期の官人。
¶国書

速水友益 はやみともます
弘治3（1557）年～慶長12（1607）年11月27日
戦国時代～江戸時代前期の官人・連歌作者。
¶国書

速水房常 はやみふさつね
元禄13（1700）年～明和6（1769）年
江戸時代中期の有職故実家。壺井義知に師事。
¶朝日（[没]明和6年2月4日（1769年3月11日）），近世，国史，国書（[没]明和6（1769）年2月4日），史人（[没]1769年2月4日），神人，人名（[生]？），日人

播磨稲日大郎姫 はりまのいなびのおおいらつひめ
→播磨稲日大郎姫（はりまのいなびのおおいらつめ）

播磨稲日大郎姫（針間伊那毘能大郎女） はりまのいなびのおおいらつめ, はりまのいなひのおおいらつめ
[別]播磨稲日大郎姫《はりまのいなひのおおいらつめ, はりまのいなびのおおいらつひめ》
上代の女性。景行天皇の皇后。
¶朝日，岡山歴（針間伊那毘能大郎女），コン改（はりまのいなびのおおいらつひめ），コン4（はりまのいなびのおおいらつひめ），諸系，女性（はりまのいなびのおおいらつひめ），新潮（はりまのいなひのおおいらつめ），日人

播磨信貞 はりまののぶさだ
生没年不詳
平安時代後期の官人。
¶平史

春枝王 はるえおう
延暦17（798）年～斉衡3（856）年　[別]春枝王《はるえだおう, はるえのおう》
平安時代前期の王族、官人。仲嗣王の王子。高市皇子の裔。能登守・下総守などを歴任。
¶石川百（はるえのおう），古代，姓氏石川，日人，平史（はるえだおう　生没年不詳）

春枝王 はるえだおう
→春枝王（はるえおう）

美子 はるこ
→昭憲皇太后（しょうけんこうたいごう）

治子女王 はるこじょおう
享保5（1720）年～延享4（1747）年
江戸時代中期の女性。閑院宮直仁親王の第1王女。
¶女性（[生]享保5（1720）年7月13日　[没]延享4（1747）年2月25日），人名，日人

治子内親王 はるこないしんのう
生没年不詳
南北朝時代の女性。後光厳天皇の皇女。
¶女性，人名，日人

春科道直 はるしなのみちなお
生没年不詳
奈良時代～平安時代前期の官人。
¶平史

春澄善縄 はるずみのよしただ
延暦16（797）年～貞観12（870）年　[別]春澄善縄《はるすみのよしなわ, はるずみよしただ》, 春澄朝臣善縄《はるずみのあそんよしただ》, 澄相公《ちょうしょうこう》
平安時代前期の学者、公卿（参議）。伊勢国員弁郡の出身。
¶朝日（[没]貞観12年2月19日（870年3月24日）），公卿（[生]延暦17（798）年　[没]貞観12（871）年3月19日），国史，国書（はるずみよしただ　[没]貞観12（870）年2月19日），古史（はるすみのよしなわ），古代（春澄朝臣善縄　はるずみのあそんよしただ），古中，コン改（はるずみよしただ），コン4（はるずみよしただ），史人（[没]870年2月19日），新潮（[没]貞観12（870）年2月19日），人名（はるずみよしただ），姓氏京都，日史（[没]貞観12（870）年2月19日），日人，百科，平史，三重

春澄善縄 はるすみのよしなわ
→春澄善縄（はるずみのよしただ）

城宮 はるのみや
文化14（1817）年〜文政2（1819）年
江戸時代後期の女性。光格天皇の第6皇女。
¶人名

春原五百枝 はるはらのいおえ
天平宝字4（760）年〜天長6（829）年 [別]五百枝王《いおえのおう》，春原五百枝《はるはらのいおしげ》
奈良時代〜平安時代前期の公卿（参議）。施基皇子の裔、正四位下・春日王の曽孫。市原王の子。
¶神奈川人，公卿（はるはらのいおしげ [没]天長6（829）年2月15日），古代（五百枝王 いおえのおう），姓氏群馬（生没年不詳），日人（五百枝王 いおえのおう [没]829年，（異説）830年），平史

春原五百枝 はるはらのいおしげ
→春原五百枝（はるはらのいおえ）

治仁王 はるひとおう
弘和1/永徳1（1381）年〜応永24（1417）年 [別]伏見宮治仁王《ふしみのみやはるひとおう》
室町時代の皇族。伏見宮第2代。伏見宮初代栄仁親王の王子。
¶朝日（[生]？ [没]応永24年2月11日（1417年2月27日）），鎌室，京都大（伏見宮治仁王 ふしみのみやはるひとおう [生]建徳2/応安4（1371）年），国書（[没]応永24（1417）年2月12日），諸系，新潮（[没]応永24（1417）年2月11日），人名，日人

春仁王 はるひとおう
→閑院春仁（かんいんはるひと）

美仁親王 はるひとしんのう
＊〜文政1（1818）年
江戸時代後期の皇族。閑院宮第3代。典仁親王の第1王子。
¶国書（[生]宝暦7（1757）年11月25日 [没]文政1（1818）年10月6日），諸系（[生]1758年），人名（[生]1757年），日人（[生]1758年）

春道列樹 はるみちのつらき
？ 〜延喜20（920）年 [別]春道列樹《はるみちつらき》
平安時代中期の歌人。
¶国書（はるみちつらき），人名，日人，平史，和俳

春道永蔵 はるみちのながくら
生没年不詳
平安時代前期の官人。
¶平史

春海奥雄 はるみのおくお
生没年不詳
平安時代前期の官人。
¶平史

春海貞吉 はるみのさだよし
宝亀10（779）年〜寛平9（897）年
奈良時代〜平安時代前期の雅楽寮の官人。
¶姓氏京都，平史

伴国道 ばんくにみち
→大伴国道（おおとものくにみち）

班子女王 はんしじょおう
天長10（833）年〜昌泰3（900）年 [別]斑子女王《はんしにょおう》，班子女王《なかこじょおう，はんしにょおう》
平安時代前期の女性。光孝天皇の妃。
¶朝日（[没]昌泰3年4月1日（900年5月2日）），国史，古代（[生]833年，（異説）853年），古中，コン改（斑子女王 はんしにょおう），コン4（斑子女王 はんしにょおう），史人（[生]833年，（異説）853年 [没]900年4月1日），諸系，女性（[没]昌泰3（900）年4月1日），新潮（[生]天長10（833）年，（異説）仁寿3（853）年 [没]昌泰3（900）年4月1日），人名（はんしにょおう），世人（はんしにょおう），日史（[没]昌泰3（900）年4月1日），日人，平史（なかこじょおう [生]853年），歴大（はんしにょおう）

繁子内親王(1) はんしないしんのう
？ 〜仁寿1（851）年 [別]繁子内親王《けいしないしんのう》，繁子内親王《しげこないしんのう》
平安時代前期の女性。嵯峨天皇の皇女。
¶女性（[没]仁寿1（851）年12月9日），人名（繁子内親王 けいしないしんのう），日人（[没]852年），平史（しげこないしんのう）

繁子内親王(2) はんしないしんのう
？ 〜延喜16（916）年 [別]繁子内親王《けいしないしんのう》，繁子内親王《しげこないしんのう》
平安時代前期〜中期の女性。光孝天皇の皇女。
¶女性（[没]延喜16（916）年5月26日），人名（繁子内親王 けいしないしんのう），日人，平史（しげこないしんのう）

範子内親王 はんしないしんのう
→坊門院（ぼうもんいん）

斑子女王（班子女王） はんしにょおう
→班子女王（はんしじょおう）

万秋門院 ばんしゅうもんいん
文永5（1268）年〜延元3/暦応1（1338）年 [別]藤原頊子《ふじわらぎょくし，ふじわらのたまこ》
鎌倉時代後期〜南北朝時代の女性。後二条天皇の尚侍。一条実経の女。
¶鎌室，国書（[没]建武5（1338）年3月26日），諸系，女性（[没]建武5/延元3（1338）年3月26日），人名，日人

反正天皇 はんしょうてんのう
→反正天皇（はんぜいてんのう）

反正天皇 はんぜいてんのう
[別]多遅比瑞歯別尊《たじひのみつはわけのみこと》，反正天皇《はんしょうてんのう》

上代の第18代の天皇。仁徳天皇と葛城襲津彦の娘磐之媛の子。
¶朝日（生没年不詳），岩史，角史，国史，古史，古代，古中，コン改，コン4，史人，重要（生没年不詳），諸系，人書94（生没年不詳），新潮，人名（はんしょうてんのう），世人（生没年不詳），全書（生没年不詳），大百，日史，日人，歴大（生没年不詳）

伴常志 ばんつねゆき
享和3（1803）年〜？
江戸時代後期の公家。
¶国書

【 ひ 】

薭田親王 ひえだしんのう
天平勝宝3（751）年〜＊
奈良時代の光仁天皇の皇子。
¶古代（㊟781年），日人（㊟782年）

日影皇女 ひかげのおうじょ
生没年不詳　㊙日影皇女《ひかげのこうじょ》
飛鳥時代の女性。欽明天皇の妃。
¶女性（ひかげのこうじょ），人名，日人

日影皇女 ひかげのこうじょ
→日影皇女（ひかげのおうじょ）

東一条院 ひがしいちじょういん
建久3（1192）年〜宝治1（1247）年12月21日　㊙藤原立子《ふじわらのりっし，ふじわらのりつし，ふじわらりっし》
鎌倉時代前期の女性。順徳天皇の皇后。
¶朝日（㊟宝治1年12月21日（1248年1月18日）），鎌室，諸系（㊟1248年），女性，新潮，人名，世人，日人（㊟1248年）

東京極院 ひがしきょうごくいん
安永9（1780）年〜天保14（1843）年　㊙藤原婧子《ふじわらのただこ》
江戸時代後期の女性。光格天皇の宮人，仁孝天皇の母。
¶朝日（㊐安永9年11月6日（1780年12月1日）㊡天保14年3月21日（1843年4月20日）），諸系，女性（㊐安永9（1780）年11月6日　㊡天保14（1843）年3月21日），人名，日人

東久世博高 ひがしくぜひろたか，ひがしくせひろたか
万治2（1659）年9月12日〜享保9（1724）年9月28日
江戸時代前期〜中期の公家（非参議）。参議東久世通廉の子。
¶公卿，公家（博高〔東久世家〕　ひろたか），国書，諸系，人名（ひがしくせひろたか　㊟？），日人

東久世通暉 ひがしくぜみちあき
→東久世通暉（ひがしくぜみちてる）

東久世通廉 ひがしくぜみちかど，ひがしくせみちかど
寛永7（1630）年〜貞享1（1684）年
江戸時代前期の公家（参議）。東久世家の祖。右大将久我晴通の孫。
¶公卿（㊐寛永7（1630）年6月15日　㊡貞享1（1684）年9月23日），公家（通廉〔東久世家〕みちかど　㊐寛永7（1630）年6月15日　㊡貞享1（1684）年9月22日），諸系，人名（ひがしくせみちかど　㊟？），日人

東久世通武 ひがしくぜみちたけ，ひがしくせみちたけ
寛延1（1748）年〜天明8（1788）年12月10日
江戸時代中期の公家（非参議）。権中納言東久世通積の子。
¶公卿（㊐寛延1（1748）年10月13日），公家（通武〔東久世家〕　みちたけ　㊐延享5（1748）年10月13日），諸系（㊟1789年），人名（ひがしくせみちたけ），日人（㊟1789年）

東久世通積 ひがしくぜみちつむ，ひがしくせみちつむ
宝永5（1708）年〜明和1（1764）年8月21日
江戸時代中期の公家（権中納言）。非参議東久世博高の次男。
¶近世，公卿（㊐宝永5（1708）年9月6日），公家（通積〔東久世家〕　みちつむ　㊐宝永5（1708）年9月6日），国史，コン改，コン4，史人（㊐1708年9月6日），諸系，新潮，史人，世人，日人

東久世通暉 ひがしくぜみちてる
嘉永3（1851）年12月〜？　㊙東久世通暉《ひがしくぜみちあき》
明治期の男性。伏見宮能久に随行してドイツに渡る。
¶海越，海越新，渡航（ひがしくぜみちあき）

東久世通禧 ひがしくぜみちとみ，ひがしくせみちとみ
天保4（1833）年11月22日〜明治45（1912）年1月4日　㊙東久世通禧《ひがしくぜみちよし》，古帆軒，竹亭，保丸
江戸時代末期〜明治期の公家。七卿都落ちの一人。
¶朝日（㊐天保4年11月22日（1834年1月1日）），維新，岩史，海越（㊐天保4（1834）年11月22日），海越新（㊐天保4（1834）年11月22日），角史，神奈川人，神奈川百，近現，国史，国書，コン改，コン4，コン5，札幌，史人，諸系（㊐1834年），神人（ひがしくぜみちよし），新潮，人名（ひがしくせみちとみ），姓氏京都，世人，全書，大百，渡航，日史，日人（㊐1834年），日本，幕末，百科，兵庫人，兵庫百，北海道百，北海道文（㊟明治45（1912）年2月），北海歴，明治1（㊐1834年），履歴，歴大

東久世通岑 ひがしくぜみちみね，ひがしくせみちみね
寛政4（1792）年〜嘉永1（1848）年
江戸時代後期の歌人・公家（参議）。非参議東久世通庸の子。
¶公卿（㊐寛政4（1792）年9月6日　㊡嘉永1（1848）年6月9日），公家（通岑〔東久世家〕みちみね　㊐寛政4（1792）年9月6日　㊡嘉永1（1848）年6月11日），諸系，人名（ひがしくせ

みちみね），日人，和俳

東久世通庸 ひがしくぜみちやす，ひがしくせみちやす
明和6（1769）年～文政1（1818）年
江戸時代中期～後期の公家（非参議）。非参議東久世通武の子。
¶公卿（[生]明和6（1769）年4月7日　[没]文政1（1818）年9月17日），公家（通庸〔東久世家〕　みちいさ　[生]明和6（1769）年4月7日　[没]文政1（1818）年9月17日），諸系，人名（ひがしくせみちやす），日人

東久世通禧 ひがしくぜみちよし
→東久世通禧（ひがしくぜみちとみ）

東久邇成子 ひがしくにしげこ
大正14（1925）年12月6日～昭和36（1961）年7月23日
昭和期の元皇族。昭和天皇の第1皇女。東久邇宮稔彦王の長男盛厚王と結婚。昭和22年東久邇宮が皇族身分を離れたのに伴い、成子内親王も皇籍離脱。著作に「やりくりの記」。
¶現朝，現日，諸系，女性，女性普，世紀，日人

東久邇聡子 ひがしくにとしこ
明治29（1896）年～昭和53（1978）年3月5日
明治～昭和期の皇族。陸海軍将校婦人会総裁。明治天皇の第9皇女。夫稔彦王は戦後の皇族内閣総理大臣。
¶諸系，女性（[生]明治29（1896）年5月），女性普（[生]明治29（1896）年5月），人名7，世紀（[生]明治29（1896）年5月11日），日人（[生]明治29（1896）年5月11日）

東久邇稔彦 ひがしくになるひこ
明治20（1887）年12月3日～平成2（1990）年1月20日　[別]東久邇宮稔彦《ひがしくにのみやなるひこ》，東久邇宮稔彦王《ひがしくにのみやなるひこおう》，稔彦王《なるひこおう》
明治～平成期の皇族、陸軍軍人。総理大臣。敗戦直後に初の皇族内閣を組閣、戦後処理に当たるが、2カ月後総辞職。のち皇籍離脱。
¶岩史，角史，近現，現朝，現情，現人，国史，コン改，コン4，コン5，史人，重要（東久邇宮稔彦王　ひがしくにのみやなるひこおう），諸系，新潮，世紀，政治，姓氏京都，世人，世百，世百新，全書，伝記，日史，日人，日本，百科，陸海（東久邇宮稔彦王　ひがしくにのみやなるひこおう），歴大（東久邇宮稔彦　ひがしくにのみやなるひこ）

東久邇宮稔彦王 ひがしくにのみやなるひこおう
→東久邇稔彦（ひがしくになるひこ）

東久邇宮盛厚王 ひがしくにのみやもりひろおう
→東久邇盛厚（ひがしくにもりひろ）

東久邇盛厚 ひがしくにもりあつ
→東久邇盛厚（ひがしくにもりひろ）

東久邇盛厚 ひがしくにもりひろ
大正5（1916）年5月6日～昭和44（1969）年2月1日
[別]東久邇盛厚《ひがしくにもりあつ》，東久邇宮盛厚王《ひがしくにのみやもりひろおう》
昭和期の皇族、陸軍軍人。少佐。東久邇宮稔彦王の第1王子。昭和天皇の第1皇女成子内親王と結婚。戦後皇籍離脱。ラテンアメリカ協会理事、日本ドミニカ協会会長を歴任。
¶現情，人名7（ひがしくにもりあつ），世紀，日人，陸海（東久邇宮盛厚王　ひがしくにのみやもりひろおう）

東三条院 ひがしさんじょういん
応和2（962）年～長保3（1001）年　[別]東三条院《とうさんじょういん》，藤原詮子《ふじわらのあきこ，ふじわらのせんし》
平安時代中期の女性。円融天皇の女御、一条天皇の生母。
¶朝日（[没]長保3年閏12月22日（1002年2月7日）），岩史（[没]長保3（1001）年閏12月22日），角史（藤原詮子　ふじわらのせんし），京都（藤原詮子　ふじわらのせんし　[生]応和1（961）年），京都大（藤原詮子　ふじわらのせんし　[生]応和1（961）年），京都府（藤原詮子　ふじわらのせんし　[生]応和1（961）年），国史，国書（とうさんじょういん　[没]長保3（1001）年閏12月22日），古史（藤原詮子　ふじわらのせんし），古中，コン改（[生]応和1（961）年），コン4，史人（[没]1001年閏12月22日），諸系（[没]1002年），女性（[没]長保3（1001）年閏12月22日），新潮（[生]応和1（961）年　[没]長保3（1001）年閏12月22日），人名，姓氏京都，世人（[生]応和1（961）年），世百（藤原詮子　ふじわらのせんし　[生]961年），全書（藤原詮子　ふじわらのせんし　[生]961年），大百（藤原詮子　ふじわらのせんし），日史（[没]長保3（1001）年閏12月22日），日人（[没]1002年），百科（[生]応和1（961）年），平史（藤原詮子　ふじわらのあきこ），歴大（藤原詮子　ふじわらのせんし）

東三条公恭 ひがしさんじょうきんあや
→三条公恭（さんじょうきみやす）

東三条大入道 ひがしさんじょうのおおにゅうどう
→藤原兼家（ふじわらのかねいえ）

東七条院 ひがししちじょういん
→藤原温子（ふじわらのおんし）

東園基楨 ひがしぞのもとえだ
→東園基禎（ひがしぞのもとちか）

東園基量 ひがしぞのもとかず
承応2（1653）年2月16日～宝永7（1710）年1月26日
江戸時代前期～中期の公家（権大納言）。権大納言東園基賢の子。
¶近世，公卿，公家（基量〔東園家〕　もとかず），国史，国書，諸系，人名，日人

東園基賢 ひがしぞのもとかた
寛永3（1626）年～宝永1（1704）年
江戸時代前期～中期の公家（権大納言）。権大納言園基音の次男。
¶公卿（[生]寛永3（1626）年9月23日　[没]宝永1（1704）年7月22日），公家（基賢〔東園家〕　もとかた　[生]寛永3（1626）年9月23日　[没]宝永1

ひ

（1704）年7月21日），国書（⊕寛永3（1626）年9月23日　㉲宝永1（1704）年7月21日），諸系，人名（㉲？），日人

東園基貞　ひがしぞのもとさだ
寛政12（1800）年〜安政4（1857）年
江戸時代末期の公家（参議）。参議東園基仲の子。
¶公卿（⊕寛政12（1800）年6月24日　㉲安政4（1857）年9月12日），公家（基貞〔東園家〕　もとさだ　⊕寛政12（1800）年6月24日　㉲安政4（1857）年9月12日），諸系，人名，日人

東園基辰　ひがしぞのもとたつ
寛保3（1743）年〜寛政9（1797）年
江戸時代中期の公家（権中納言）。権中納言東園基禎の子。
¶公卿（⊕寛保3（1743）年2月24日　㉲寛政9（1797）年9月3日），公家（基辰〔東園家〕　もととき　⊕寛保3（1743）年2月24日　㉲寛政9（1797）年9月3日），諸系，人名，日人

東園基禎（東園基禎）　ひがしぞのもとちか
宝永3（1706）年1月19日〜延享1（1744）年6月24日
㉕東園基禎《ひがしぞのもとえだ》
江戸時代中期の公家（権中納言）。権大納言東園基雅の次男。
¶公卿，公家（基禎〔東園家〕　もとえだ），国書（東園基禎　ひがしぞのもとえだ），諸系（東園基禎），人名（東園基禎），日人（東園基禎）

東園基仲　ひがしぞのもとなか
安永9（1780）年3月18日〜文政4（1821）年3月2日
江戸時代後期の公家（参議）。権中納言東園基辰の次男。
¶公卿，公家（基仲〔東園家〕　もとなか），国書，諸系，人名，日人

東園基長　ひがしぞのもとなが
→東園基雅（ひがしぞのもとまさ）

東園基愛　ひがしぞのもとなる
嘉永4（1851）年〜大正9（1920）年
明治〜大正期の公家。子爵。明治天皇の侍従で掌典次長兼宮中顧問官を務める。
¶諸系，人名，世紀（⊕嘉永4（1851）年6月14日　㉲大正9（1920）年11月10日），日人

東園基教　ひがしぞのもとのり
慶長16（1611）年〜寛永13（1636）年
江戸時代前期の東園氏の祖、藤原北家中御門家流。
¶諸系，人名（⊕？），日人

東園基雅　ひがしぞのもとまさ
延宝3（1675）年1月5日〜享保13（1728）年6月11日
㉕東園基長《ひがしぞのもとなが》
江戸時代中期の公家（権大納言）。権大納言東園基量の子。
¶公卿，公家（基雅〔東園家〕　もとまさ），国書（東園基長　ひがしぞのもとなが），諸系，人名，日人

東園基光　ひがしぞのもとみつ
明治8（1875）年3月4日〜昭和9（1934）年2月26日
明治〜昭和期の文官、実業家。子爵。富山県知事の後、白山水力、太白川電力などの社長歴任。
¶人名，世紀，富山百，日人

東園基敬　ひがしぞのもとゆき
文政3（1820）年10月23日〜明治16（1883）年
江戸時代末期〜明治期の公家。参議左中将。条約幕府委任反対の八十八卿列参に参加。宮内大丞、皇太后宮亮などを歴任。
¶維新，公卿（㉲明治9（1876）年8月），公家（基敬〔東園家〕　もとゆき　⊕明治16（1883）年5月24日），コン5，幕末（㉲1883年5月26日）

東二条院　ひがしにじょういん
貞永1（1232）年〜嘉元2（1304）年　㉕藤原公子《ふじわらこうし，ふじわらのこうし》
鎌倉時代の女性。後深草天皇の皇后。
¶朝日（㉲嘉元2年1月21日（1304年2月27日）），鎌室，諸系，女性（㉲嘉元2（1304）年1月21日），新潮（㉲嘉元2（1304）年1月21日），人名，日人

東御方　ひがしのおんかた
応永22（1415）年〜？
室町時代の女性。長慶天皇皇胤の玉河宮の王女。
¶女性，人名，日人

東伏見周子　ひがしふしみかねこ
明治9（1876）年8月〜昭和30（1955）年3月
明治〜昭和期の女性。東伏見宮依仁親王の妃。公爵岩倉具定の長女。
¶女性，女性普

東伏見宮嘉彰親王　ひがしふしみのみやよしあきしんのう
→小松宮彰仁親王（こまつのみやあきひとしんのう）

東伏見宮依仁親王　ひがしふしみのみやよりひとしんのう
慶応3（1867）年〜大正11（1922）年6月27日　㉕依仁親王《よりひとしんのう》，東伏見宮依仁《ひがしふしみのみやよりひと》，山階宮定麿親王《やましなのみやさだまろしんのう》
明治〜大正期の皇族、海軍軍人。大将。伏見宮邦家親王の第17王子。横須賀鎮守府長官、第2艦隊長官などを歴任。
¶朝日（依仁親王　よりひとしんのう　⊕慶応3年9月19日（1867年10月16日）），海越（㉲慶応3（1867）年9月19日　㉲大正11（1922）年6月26日），海越新（慶応3（1867）年9月19日　㉲大正11（1922）年6月26日），近現（依仁親王　よりひとしんのう），国史（依仁親王　よりひとしんのう），史人（㉲1867年9月19日），諸系，新潮（依仁親王　よりひとしんのう　⊕慶応3（1867）年9月15日），人名（依仁親王　よりひとしんのう），世紀（東伏見宮依仁　ひがしふしみのみやよりひと　⊕慶応3（1867）年9月19日），渡航（東伏見宮依仁親王・山階宮定麿親王　ひがしふしみのみやよりひとしんのう・やましなのみやさだまろしんのう　⊕1867年9月19

日)，日入，陸海（㊥慶応3年9月15日）

東坊城顕長 ひがしぼうじょうあきなが
？〜永正8（1511）年12月14日
室町時代の公卿（参議）。権大納言唐橋在豊の次男。
¶公卿（生没年不詳），公家〔顕長〔西坊城家〔絶家〕〕 あきなが）

東坊城和長 ひがしぼうじょうかずなが
長禄3（1460）年〜享禄2（1529）年12月20日
戦国時代の公卿（権大納言）。参議東坊城長清の子。
¶公卿，公家（和長〔東坊城家〕 かずなが），国書，諸系（㊥1530年），人名，戦人，日人（㊥1530年）

東坊城茂長 ひがしぼうじょうしげなが
弘安7（1284）年〜興国4/康永2（1343）年
鎌倉時代後期〜南北朝時代の公卿（非参議）。東坊城家の祖。参議五条経之の次男。
¶鎌室（㊥弘安6（1283）年），公卿（㊥弘安6（1283）年 ㊨康永2/興国4（1343）年2月2日），公家（茂長〔東坊城家〕 しげなが ㊨康永2（1343）年2月2日），諸系，人名（㊥1283年），日人

東坊城資長 ひがしぼうじょうすけなが
延宝7（1679）年〜享保9（1724）年12月25日
江戸時代中期の公家（権中納言）。権大納言東坊城長詮の子。
¶公卿（㊥延宝7（1679）年6月4日），公家（資長〔東坊城家〕 すけなが ㊥延宝7（1679）年6月4日），諸系，人名，日人（㊥1725年）

東坊城任長 ひがしぼうじょうただなが
天保9（1838）年4月14日〜明治19（1886）年3月25日
江戸時代後期〜明治期の公家。
¶国書

東坊城綱忠 ひがしぼうじょうつなただ
宝永3（1706）年10月25日〜天明1（1781）年6月26日
江戸時代中期の公家（権大納言）。権中納言東坊城資長の子。
¶公卿，公家（綱忠〔東坊城家〕 つなただ），国書，諸系，人名，日人

東坊城恒長 ひがしぼうじょうつねなが
元和7（1621）年12月18日〜元禄13（1700）年10月12日
江戸時代前期〜中期の公家（権大納言）。権大納言東坊城長維の子。
¶公卿，公家（恒長〔東坊城家〕 つねなが），国書，諸系（㊥1622年），人名，日人（㊥1622年）

東坊城輝長 ひがしぼうじょうてるなが
元文1（1736）年8月11日〜明和1（1764）年10月23日
江戸時代中期の公家（非参議）。権大納言東坊城綱忠の子。

¶公卿，公家（輝長〔東坊城家〕 てるなが），国書，諸系，人名，日人

東坊城聡長 ひがしぼうじょうときなが
寛政11（1799）年12月26日〜文久1（1861）年
㊨東坊城聡長《ひがしぼうじょうふさなが》
江戸時代末期の公家（権大納言）。権大納言五条為徳の末子。
¶維新，公卿（㊥文久1（1861）年11月9日），公家（聡長〔東坊城家〕 としなが ㊨文久1（1861）年11月9日），国書（㊥文久1（1861）年11月9日），諸系（㊥1800年），人名（ひがしぼうじょうふさなが），日人（㊥1800年），幕末（㊨1861年12月10日）

東坊城徳長 ひがしぼうじょうとくなが
→東坊城徳長（ひがしぼうじょうよしなが）

東坊城尚長 ひがしぼうじょうなおなが
安永7（1778）年10月22日〜文化2（1805）年閏8月22日 ㊨東坊城尚長《ひがしぼうじょうひさなが》
江戸時代中期〜後期の公家（非参議）。非参議東坊城益良の子。
¶公卿，公家（尚長〔東坊城家〕 ひさなが），国書（ひがしぼうじょうひさなが），諸系，人名，日人

東坊城長詮 ひがしぼうじょうながあき
正保3（1646）年12月16日〜正徳1（1711）年
江戸時代前期〜中期の公家（権大納言）。権大納言東坊城恒長の子。
¶公卿（㊥正徳1（1711）年3月11日），公家（長詮〔東坊城家〕 ながあき ㊨宝永8（1711）年3月12日），諸系（㊥1647年），人名，日人（㊥1647年）

東坊城長淳 ひがしぼうじょうながあつ
永正3（1506）年〜天文17（1548）年
戦国時代の公卿（権中納言）。権大納言東坊城和長の次男。
¶公卿（㊥天文17（1548）年3月23日），公家（長淳〔東坊城家〕 ながあつ ㊨天文17（1548）年3月23日），諸系，人名，戦人，日人

東坊城長清 ひがしぼうじょうながきよ
永享12（1440）年〜文明3（1471）年
室町時代の公卿（参議）。権大納言東坊城益長の子。
¶公卿（㊥永享10（1438）年 ㊨文明3（1471）年1月4日），公家（長清〔東坊城家〕 ながきよ ㊨文明3（1471）年1月4日），諸系，人名（㊥1439年），日人

東坊城長維 ひがしぼうじょうながこれ
文禄3（1594）年〜万治2（1659）年
江戸時代前期の公家（権大納言）。権中納言五条為経の子。
¶公卿（㊥文禄3（1594）年4月14日 ㊨万治2（1659）年3月13日），公家（長維〔東坊城家〕 ながこれ ㊥文禄3（1594）年4月14日 ㊨万治2（1659）年3月13日），諸系，人名，日人

東坊城長祐 ひがしぼうじょうながすけ
寛永21 (1644) 年10月17日～寛文2 (1662) 年8月27日
江戸時代前期の公家。
¶国書

東坊城長綱 ひがしぼうじょうながつな
？ ～元中9/明徳3 (1392) 年6月15日
南北朝時代の公卿 (参議)。非参議東坊城茂長の子。
¶公卿，公家 (長綱〔東坊城家〕　ながつな)，国書，諸系 ([生]1314年)，人名 ([没]1386年)，日人 ([生]1314年)

東坊城長遠 ひがしぼうじょうながとお
正平20/貞治4 (1365) 年～応永29 (1422) 年
南北朝時代～室町時代の公卿 (参議)。参議東坊城秀長の子。
¶公卿 ([没]応永29 (1422) 年7月29日)，公家 (長遠〔東坊城家〕　ながとお　[没]応永29 (1422) 年7月19日)，国書 ([没]応永29 (1422) 年7月19日)，諸系，人名，日人

東坊城長政 ひがしぼうじょうながまさ
？ ～享徳2 (1453) 年
室町時代の公卿 (参議)。少納言菅原言長の子。
¶公卿，公家 (長政〔西坊城家 (絶家)〕　ながまさ)

東坊城夏長 ひがしぼうじょうなつなが
天保7 (1836) 年～安政6 (1859) 年
江戸時代末期の公家。
¶維新，国書 ([生]天保7 (1836) 年10月23日　[没]安政6 (1859) 年10月1日)，幕末 ([没]1859年10月26日)

東坊城尚長 ひがしぼうじょうひさなが
→東坊城尚長 (ひがしぼうじょうなおなが)

東坊城秀長 ひがしぼうじょうひでなが
延元3/暦応1 (1338) 年～応永18 (1411) 年
南北朝時代～室町時代の公卿 (参議)。参議東坊城長綱の子。
¶朝日 ([没]応永18年8月6日 (1411年8月25日))，公卿 ([没]応永18 (1411) 年8月6日)，公家 (秀長〔東坊城家〕　ひでなが　[没]応永18 (1411) 年8月6日)，国書 ([没]応永18 (1411) 年8月6日)，コン4，諸系，人名，日人

東坊城聡長 ひがしぼうじょうふさなが
→東坊城聡長 (ひがしぼうじょうときなが)

東坊城益長 ひがしぼうじょうますなが
応永14 (1407) 年～文明6 (1474) 年12月18日
室町時代の公卿 (権大納言)。参議東坊城長遠の子。
¶公卿，公家 (益長〔東坊城家〕　ますなが)，国書，諸系 ([没]1475年)，人名，日人 ([没]1475年)

東坊城益良 ひがしぼうじょうますよし
延享4 (1747) 年～寛政3 (1791) 年12月21日
江戸時代中期の公家 (非参議)。准大臣広橋勝胤の次男。
¶公卿 ([生]延享4 (1747) 年3月10日　[没]寛政3 (1791) 年12月20日)，公家 (益良〔東坊城家〕　ますよし　[生]延享4 (1747) 年3月10日)，国書 ([生]延享4 (1747) 年3月10日)，諸系 ([没]1792年)，人名，日人 ([没]1792年)

東坊城盛長 ひがしぼうじょうもりなが
天文7 (1538) 年～慶長12 (1607) 年12月23日
安土桃山時代～江戸時代前期の公家 (権中納言)。権中納言五条為康の子。
¶公卿，公家 (盛長〔東坊城家〕　もりなが)，諸系 ([没]1608年)，人名，戦人，日人 ([没]1608年)

東坊城徳長 ひがしぼうじょうよしなが
明治2 (1869) 年5月17日～大正11 (1922) 年8月8日
[別]東坊城徳長《ひがしぼうじょうとくなが》
明治～大正期の歌人。子爵、貴族院議員明治天皇。明治天皇御製臨時編纂部員、歌御会始奉行など拝命。
¶諸系，人名 (ひがしぼうじょうとくなが)，世紀，日人

東山天皇 ひがしやまてんのう
延宝3 (1675) 年～宝永6 (1709) 年12月17日
江戸時代中期の第113代の天皇 (在位1687～1709)。霊元天皇の第4皇子。
¶朝日 ([生]延宝3年9月3日 (1675年10月21日)　[没]宝永6年12月17日 (1710年1月16日))，岩史 ([生]延宝3 (1675) 年9月3日)，京都大，近世，国史，国書 ([生]延宝3 (1675) 年9月3日)，コン改，コン4，史人 ([生]1675年9月3日)，重要 ([生]延宝3 (1675) 年9月3日)，諸系 ([没]1710年)，新潮 ([生]延宝3 (1675) 年9月3日)，人名，姓氏京都，世人，全書，大百，日史 ([生]延宝3 (1675) 年9月3日)，日人 ([没]1710年)，百科，歴大

氷上娘 ひかみのいらつめ
→藤原氷上娘 (ふじわらのひかみのいらつめ)

氷上川継 ひかみのかわつぎ
→氷上川継 (ひかみのかわつぐ)

氷上川継 ひかみのかわつぐ，ひがみのかわつぐ
生没年不詳　[別]氷上真人川継《ひがみのまひとかわつぐ》，氷上川継《ひかみかわつぐ，ひかみのかわつぎ》
平安時代前期の貴族。塩焼王と不破内親王の次男。
¶朝日，岩史，角史，国史 (ひがみのかわつぐ)，古史，古代 (氷上真人川継　ひがみのまひとかわつぐ)，古中 (ひがみのかわつぐ)，コン改 (ひかみのかわつぎ)，コン4 (ひかみのかわつぎ)，史人，新潮，人名 (ひかみのかわつぎ)，世人，世百 (ひがみのかわつぐ)，全書，日史，日人，百科，平史 (ひかみのかわつぎ)，歴大 (ひかみかわつぐ)

氷上塩焼 ひかみのしおやき，ひがみのしおやき
→塩焼王 (しおやきおう)

氷上志計志麻呂 ひかみのしけしまろ，ひかみのしげし

皇族・貴族篇 409 ひこいま

まろ;ひがみのしけしまろ
生没年不詳
奈良時代～平安時代前期の貴族。塩焼王と不破内
親王の長子。
¶朝日，高知人，高知百（ひかみのしげしまろ），
国史（ひがみのしけしまろ），古代（ひがみのし
けしまろ），古中（ひがみのしけしまろ），コン
改，コン4，史人，新潮，人名（ひかみのしげし
まろ），世人（ひかみのしけしまろ），日史，日
人，百科

引田虫麻呂 ひきたのむしまろ
→引田虫麻呂（ひけたのむしまろ）

樋口静康 ひぐちきよやす
天保6（1835）年3月16日～明治7（1874）年
江戸時代末期～明治期の公家（非参議）。右馬権
頭樋口保康の子。
¶公卿（㊱明治7（1874）年5月），公家（静康〔樋
口家〕 すみやす ㊲明治7（1874）年5月17日）

樋口信孝 ひぐちのぶたか
＊～万治1（1658）年
江戸時代前期の公家（参議）。樋口家の祖。右兵
衛督水無瀬親具の次男。
¶公卿（㊱慶長4（1599）年12月24日 ㊲万治1
（1658）年7月20日），公家（信孝〔樋口家〕 の
ぶたか ㊱慶長4（1599）年12月24日 ㊲万治1
（1658）年7月20日），諸系（㊱1600年），人名
（㊱？），日人（㊱1600年）

樋口信康 ひぐちのぶやす
元和9（1623）年～元禄4（1691）年
江戸時代前期の公家（権中納言）。参議樋口信孝
の子。
¶公卿（㊱元和9（1623）年11月10日 ㊲元禄4
（1691）年6月21日），公家（信康〔樋口家〕 の
ぶやす ㊱元和9（1623）年11月10日 ㊲元禄4
（1691）年6月21日），諸系，人名，日人

樋口宮 ひぐちのみや
→小倉宮（おぐらのみや）

樋口寿康 ひぐちひさやす
寛政2（1790）年～天保10（1839）年
江戸時代後期の公家（非参議）。権中納言樋口宣
康の子。
¶公卿（㊱寛政2（1790）年3月11日 ㊲天保10
（1839）年5月1日），公家（寿康〔樋口家〕 ひ
さやす ㊱寛政2（1790）年3月11日 ㊲天保10
（1839）年5月23日），諸系，人名，日人

樋口冬康 ひぐちふゆやす
享保12（1727）年12月15日～明和5（1768）年
江戸時代中期の公家（非参議）。権大納言樋口基
康の子。
¶公卿（㊲明和5（1768）年12月28日），公家（冬康
〔樋口家〕 ふゆやす ㊲明和5（1768）年11月
28日），諸系（㊱1728年 ㊲1769年），人名，日
人（㊱1728年 ㊲1769年）

樋口基康 ひぐちもとやす
宝永3（1706）年7月11日～安永9（1780）年6月27日
江戸時代中期の公家（権大納言）。非参議樋口康
煕の子。
¶公卿，公家（基康〔樋口家〕 もとやす），国
書，諸系，人名，日人

樋口康煕（樋口康凞，樋口康熈） ひぐちやすひろ
延宝5（1677）年～享保8（1723）年
江戸時代中期の公家（非参議）。権中納言樋口信
康の三男。
¶公卿（樋口康熙）（㊱延宝5（1677）年11月30日
㊲享保8（1723）年6月5日），公家（康熙〔樋口
家〕 やすひろ ㊱延宝5（1677）年11月30日
㊲享保8（1723）年6月5日），諸系（樋口康凞），
人名，日人

樋口宜康 ひぐちよしやす
宝暦4（1754）年～文政5（1822）年
江戸時代中期～後期の公家（権中納言）。非参議
樋口冬康の四男。
¶公卿（㊱宝暦4（1754）年5月19日 ㊲文政5
（1822）年3月23日），公家（宜康〔樋口家〕 の
ぶやす ㊱宝暦4（1754）年5月19日 ㊲文政5
（1822）年3月22日），諸系，人名，日人

引田虫麻呂 ひけたのむしまろ
㊾引田虫麻呂《ひきたのむしまろ》，引田朝臣虫麻
呂《ひけたのあそんむしまろ》
奈良時代の官人。
¶高知人（ひきたのむしまろ 生没年不詳），高知
百（ひきたのむしまろ），古代（引田朝臣虫麻呂
ひけたのあそんむしまろ），日人（生没年不詳）

彦五十狭芹彦命 ひこいさせりひこのみこと
上代の孝霊天皇の皇子。
¶古代

彦五瀬命 ひこいつせのみこと
生没年不詳
上代の皇族。神武天皇の兄。
¶郷土和歌山

彦坐王 ひこいますのおう
→彦坐命（ひこいますのみこと）

日子坐王 ひこいますのみこ
→彦坐命（ひこいますのみこと）

彦坐命 ひこいますのみこと
㊾日子坐王《ひこいますのみこ》，彦坐王《ひこい
ますのう，ひこいますのおう》，彦坐王命《ひこい
ますのみこのみこと》
上代の皇族。開化天皇の皇子。
¶古史，古代（彦坐王命 ひこいますのみこのみ
こと），滋賀百（日子坐王 ひこいますのみ
こ），諸系（彦坐王 ひこいますのおう），日
史，日人（彦坐王 ひこいますのおう），百科，
歴大（彦坐王 ひこいますおう）

彦坐王命 ひこいますのみこのみこと
→彦坐命（ひこいますのみこと）

彦主人王 ひこうしのおう

〔別〕彦主人王《ひこうしおう，ひこうしのおおきみ》
上代の応神天皇四世孫，継体天皇の父。
¶国史，古代（ひこうしのおおきみ），古中，史人
（ひこうしおう　生没年不詳），諸系，日史（ひ
こうしおう），日人，百科

彦主人王 ひこうしのおおきみ

→彦主人王（ひこうしのおう）

日子刺肩別命 ひこさしかたわけのみこと

〔別〕日子刺肩別命《ひこさすかたわけのみこと》
上代の孝霊天皇の皇子。
¶人名（ひこさすかたわけのみこと），日人

彦狭嶋王(1)（彦狭島王）ひこさしまおう

生没年不詳　〔別〕彦狭島王《ひこさしまのおう》，彦
狭嶋王《ひこさしまのみこ》
上代の王族。豊城入彦命（崇神天皇皇子）の孫。
上毛野氏の祖と伝えられる。
¶郷土群馬（彦狭島王　ひこさしまのおう），群
馬人，埼玉人（彦狭島王），姓氏群馬（ひこさし
まのみこ）

彦狭嶋王(2) ひこさしまおう

→彦狭嶋命（ひこさしまのみこと）

彦狭嶋王 ひこさしまのみこ

→彦狭嶋王(1)（ひこさしまおう）

彦狭嶋命 ひこさしまのみこと

〔別〕彦狭嶋王《ひこさしまおう》
上代の孝霊天皇の皇子。越智氏の祖。
¶古代（彦狭嶋王　ひこさしまおう），人名，日人

日子刺肩別命 ひこさすかたわけのみこと

→日子刺肩別命（ひこさしかたわけのみこと）

彦豊王 ひことよおう

鎌倉時代後期の王族。順徳天皇の皇子忠成王の
王子。
¶人名

彦成王 ひこなりおう

生没年不詳
鎌倉時代前期の僧。順徳天皇の皇子。
¶鎌室，人名，日人

彦仁王 ひこひとおう

？～永仁6（1298）年3月23日　〔別〕源彦仁《みなも
とのひこひと》
鎌倉時代後期の王族，公家（非参議）。順徳天皇
の皇子忠成王の王子。
¶公卿（源彦仁　みなもとのひこひと），公家（彦
仁〔順徳源氏（絶家）〕　ひこひと），人名，日人

彦人大兄王 ひこひとおおえおう

→彦人大兄（ひこひとのおおえ）

彦人大兄 ひこひとのおおえ

〔別〕彦人大兄王《ひこひとおおえおう》
上代の皇族。記・紀にみえる景行天皇の皇子。
¶人名（彦人大兄王　ひこひとおおえおう），日人

彦人大兄皇子 ひこひとのおおえのおうじ

→押坂彦人大兄皇子（おしさかのひこひとのおおえの
おうじ）

彦太忍信命 ひこふつおしのまことのみこと

〔別〕彦太忍信命《ひこふとおしまことのみこと》
上代の孝元天皇の皇子。
¶諸系，人名（ひこふとおしまことのみこと），
日人

彦太忍信命 ひこふとおしまことのみこと

→彦太忍信命（ひこふつおしのまことのみこと）

日子八井命 ひこやいのみこと

上代の神武天皇の皇子。
¶古代，日人

久明王 ひさあきしんのう

→久明親王（ひさあきらしんのう）

久明親王 ひさあきらしんのう

建治2（1276）年～嘉暦3（1328）年　〔別〕久明親王
《ひさあきしんのう》
鎌倉時代後期の鎌倉幕府第8代の将軍（在職1289
～1308）。後深草天皇の皇子。大覚寺統の惟康親
王にかわり東下。
¶朝日（ひさあきしんのう　④建治2年9月11日
（1276年10月19日）　②嘉暦3年10月14日（1328
年11月16日）），岩史（④建治2（1276）年9月11
日　②嘉暦3（1328）年10月14日），角史，神奈
川人，鎌倉（ひさあきしんのう），鎌室（ひさあ
きしんのう），郷土神奈川，国史，国書（④建治
2（1276）年9月11日　②嘉暦3（1328）年10月14
日），古中，コン改，コン4，史人（ひさあきし
んのう　④1276年9月11日　②1328年10月14
日），重要（④建治2（1276）年9月11日　②嘉暦
3（1328）年10月14日），諸系，新潮（ひさあき
しんのう　④建治2（1276）年9月11日　②嘉暦3
（1328）年10月14日），人名，姓氏神奈川（ひさ
あきしんのう），世人（ひさあきしんのう），全
書（ひさあきしんのう），大百（ひさあきしんの
う），日人，歴大

寿子女王 ひさこじょおう

寛保2（1742）年～寛政2（1790）年
江戸時代中期の伏見宮貞建親王の第4王女。
¶人名，日人

久子内親王(1) ひさこないしんのう

？～貞観18（876）年　〔別〕久子内親王《きゅうしな
いしんのう》
平安時代前期の女性。仁明天皇の皇女，斎宮。
¶女性（きゅうしないしんのう　②貞観18（876）
年6月18日），人名，日人，平史

久子内親王(2) ひさこないしんのう

→永陽門院（えいようもんいん）

久良親王 ひさながしんのう

→久良親王（ひさよししんのう）

久嘉親王 ひさよししんのう

→堯恭入道親王（ぎょうきょうにゅうどうしんのう）

久良親王 ひさよししんのう
延慶3 (1310) 年〜? [別]久良親王《ひさながしんのう》,源久良《みなもとのひさよし》
鎌倉時代後期の公卿(非参議)。後深草天皇の孫。征夷大将軍久明親王の王子。
¶公卿(源久良 みなもとのひさよし), 公家(久良〔後深草源氏(絶家)〕 ひさよし), 国書, 人名(ひさながしんのう), 日人(ひさながしんのう)

媄子内親王 びしないしんのう
長保2 (1000) 年〜寛弘5 (1008) 年 [別]媄子内親王《よしこないしんのう》
平安時代中期の女性。一条天皇の皇女。
¶人名, 日人([生]1001年), 平史(よしこないしんのう)

常陸娘 ひたちのいらつめ
→蘇我常陸娘(そがのひたちのいらつめ)

常陸宮華子 ひたちのみやはなこ
昭和15 (1940) 年7月19日〜 [別]常陸宮妃華子《ひたちのみやひはなこ》
昭和〜平成期の女性。常陸宮正仁親王の妃。伯爵津軽義孝の娘。
¶現日(常陸宮妃華子 ひたちのみやひはなこ), 児人(常陸宮妃華子 ひたちのみやひはなこ), 世紀, 日人(常陸宮妃華子 ひたちのみやひはなこ)

常陸宮正仁親王 ひたちのみやまさひとしんのう
昭和10 (1935) 年11月28日〜 [別]常陸宮正仁《ひたちのみやまさひと》,正仁《まさひと》,正仁親王《まさひとしんのう》
昭和〜平成期の皇族。日本肢体不自由児協会総裁、日本鳥類保護連盟総裁。昭和天皇の第2皇子。昭和39年結婚して常陸宮を創家。魚類のガンの研究に携わった。
¶現朝(常陸宮正仁 ひたちのみやまさひと), 現情(正仁 まさひと), 現日(常陸宮正仁 ひたちのみやまさひと), 諸系, 新潮(常陸宮正仁 ひたちのみやまさひと), 世紀(常陸宮正仁 ひたちのみやまさひと), 全書(常陸宮正仁 ひたちのみやまさひと), 大百, 日人

敏達天皇 びだつてんのう, びたつてんのう
? 〜敏達14 (585) 年 [別]渟中倉太珠敷尊《ぬなくらふとたましきのみこと》
飛鳥時代の第30代の天皇。欽明天皇の子。
¶朝日([没]敏達14年8月15日 (585年9月14日)), 岩史([没]敏達14 (585) 年8月15日), 角史, 国史, 古史(びたつてんのう), 古代, 古中, コン改, コン4, 史人, 重要, 諸系, 新潮([没]敏達14 (585) 年8月15日), 人名, 世人, 全書, 大百, 日史, 日人, 仏教([生]宣化3 (538) 年), 歴大

斐太乃大黒 ひだのおおぐろ
奈良時代の官人。巨勢斐太島村の男。
¶万葉

飛驒祖門 ひだのおやかど
[別]飛驒国造祖門《ひだのくにのみやつこおやかど》
奈良時代〜平安時代前期の官人。
¶古代(飛驒国造祖門 ひだのくにのみやつこおやかど), 日人(生没年不詳)

飛驒高市麿 ひだのたかいちまろ
→飛驒高市麻呂(ひだのたけちまろ)

飛驒高市麻呂 ひだのたけちまろ
生没年不詳 [別]飛驒高市麿《ひだのたかいちまろ》
奈良時代の官吏。
¶郷土岐阜(飛驒高市麿 ひだのたかいちまろ), 日人

英子女王 ひでこじょおう
文化5 (1808) 年〜安政4 (1857) 年
江戸時代後期の女性。伏見宮貞敬親王の第4王女。
¶女性([生]文化5 (1808) 年6月19日 [没]安政4 (1857) 年4月25日), 人名, 日人

栄子内親王 ひでこないしんのう
→栄子内親王(えいしないしんのう)

英子内親王 ひでこないしんのう
→英子内親王(えいしないしんのう)

秀子内親王 ひでこないしんのう
? 〜嘉祥3 (850) 年 [別]秀子内親王《しゅうしないしんのう》
平安時代前期の女性。嵯峨天皇の皇女。
¶女性(しゅうしないしんのう [没]嘉祥3 (850) 年6月25日), 人名, 日人, 平史

秀良親王 ひでながしんのう
弘仁8 (817) 年〜寛平7 (895) 年 [別]秀良親王《ひでよししんのう》
平安時代前期の嵯峨天皇の皇子。
¶古代, 人名, 姓氏群馬(ひでよししんのう), 日人, 平史(ひでよししんのう)

秀世王 ひでよおう
平安時代前期の桓武天皇皇孫、仲野親王の王子。
¶人名, 日人(生没年不詳)

秀良親王 ひでよししんのう
→秀良親王(ひでながしんのう)

秀頼王 ひでよりおう
生没年不詳
平安時代中期の神祇伯。
¶神人, 平史

仁子内親王 ひとこないしんのう
→仁子内親王(じんしないしんのう)

斉子内親王 ひとしいこないしんのう
→斉子内親王(1)(せいしないしんのう)

均子内親王 ひとしきこないしんのう
→均子内親王(きんしないしんのう)

一橋在子 ひとつばしますこ
宝暦6 (1756) 年6月19日〜明和7 (1770) 年7月12日
江戸時代中期の歌人。京極宮公仁親王の女、一橋治済の室。

ひ

¶国書

日並皇子 ひなみしのみこ
→草壁皇子(くさかべのおうじ)

日野有範(1) ひのありのり
生没年不詳 [別]藤原有範《ふじわらありのり》
平安時代後期の公家。
¶鎌室(藤原有範 ふじわらありのり [没]安元2(1176)年),国書([没]安元2(1176)年5月18日),諸系,姓氏京都,日人

日野有範(2) ひのありのり
乾元1(1302)年～正平18/貞治2(1363)年12月1日 [別]藤原有範《ふじわらありのり,ふじわらのありのり》
鎌倉時代後期～南北朝時代の公卿(非参議)。非参議藤原藤範の子。
¶朝日(藤原有範 ふじわらありのり [没]貞治2/正平18年12月1日(1364年1月5日)),鎌室(藤原有範 ふじわらありのり),公卿(藤原有範 ふじわらのありのり),公家(有範〔成季裔(絶家)〕 ありのり),国史,国書(藤原有範 ふじわらありのり),古中,日史,日人([没]1364年),百科

日野有光 ひのありみつ
元中4/嘉慶1(1387)年～嘉吉3(1443)年
室町時代の公卿(権大納言)。権大納言日野資教の子。
¶朝日([没]嘉吉3年9月26日(1443年10月19日)),鎌室,公卿([没]嘉吉3(1443)年9月),公家(有光〔快楽院家(絶家)〕 ありみつ [没]嘉吉3(1443)年9月26日),国史,国書([没]嘉吉3(1443)年9月26日),古中,コン改,コン4,史人([没]1443年9月26日),諸系,新潮([没]嘉吉3(1443)年9月26日),人名,姓氏京都,日史([没]嘉吉3(1443)年9月26日),日人,百科,歴大

日野家宣 ひのいえのぶ
文治1(1185)年～貞応1(1222)年10月27日
鎌倉時代前期の公卿(参議)。権中納言日野資実の長男。
¶公卿,公家(家宣〔日野家〕 いえのぶ)

日野家秀 ひのいえひで
応永8(1401)年～永享4(1432)年6月1日
室町時代の公卿(権大納言)。権大納言日野資教の子。
¶公卿,公家(家秀〔快楽院家(絶家)〕 いえひで)

日野家光 ひのいえみつ
正治1(1199)年～嘉禎2(1236)年12月14日 [別]藤原家光《ふじわらいえみつ》
鎌倉時代前期の公卿(権中納言)。権中納言日野資実の三男。
¶鎌室(藤原家光 ふじわらいえみつ),公卿,公家(家光〔日野家〕 いえみつ),国書,諸系([没]1237年),日人([没]1237年)

日野氏種 ひのうじたね
元徳1(1329)年～元中2/至徳2(1385)年2月24日
南北朝時代の公卿(非参議)。非参議日野行光の子。
¶公卿,公家(氏種〔日野家(絶家)2〕 うじたね)

日野内光 ひのうちみつ
延徳1(1489)年～大永7(1527)年
戦国時代の公卿(権大納言)。太政大臣徳大寺実淳の次男。
¶朝日([没]大永7年2月13日(1527年3月15日)),公卿([没]大永7(1527)年2月13日),公家(内光〔日野家〕 うちみつ [没]大永7(1527)年2月13日),国史,古中,諸系,新潮([没]大永7(1527)年2月13日),人名,世人,戦人,日人

日野勝光 ひのかつみつ
永享1(1429)年～文明8(1476)年6月15日
室町時代の公卿(左大臣)。権中納言裏松義資の孫。
¶朝日([没]文明8年6月15日(1476年7月6日)),岩史,鎌室,京都大,公卿,公家(勝光〔日野家〕 かつみつ),国史,国書,古中,コン改,コン4,史人,諸系,新潮,人名,姓氏京都,世人,全書,日史,日人,百科,歴大

日野兼光 ひのかねみつ
久安1(1145)年～建久7(1196)年 [別]藤原兼光《ふじわらかねみつ,ふじわらのかねみつ》
平安時代後期～鎌倉時代前期の公卿(権中納言)。権中納言藤原資長の子。
¶朝日(藤原兼光 ふじわらのかねみつ [没]建久7年4月23日(1196年5月22日)),鎌室(藤原兼光 ふじわらかねみつ),公卿(藤原兼光 ふじわらのかねみつ [生]久安2(1146)年 [没]建久7(1196)年4月23日),公家(兼光〔日野家〕 かねみつ [生]1146年 [没]建久7(1196)年4月23日),国書([没]建久7(1196)年4月23日),諸系,新潮([没]建久7(1196)年4月23日),人名(藤原兼光 ふじわらのかねみつ),姓氏京都(藤原兼光 ふじわらのかねみつ),日人,平史(藤原兼光 ふじわらのかねみつ)

日野邦光 ひのくにみつ
元応2(1320)年～正平18/貞治2(1363)年 [別]阿新丸《くまわかまる》,藤原邦光《ふじわらのくにみつ》
南北朝時代の公家。南朝方の廷臣。
¶鎌室,国史,古中,史人,島根歴,諸系,新潮,人名,世人([生]?),新潟百(阿新丸 くまわかまる [没]1368年),日史(阿新丸 くまわかまる),日人,百科(阿新丸 くまわかまる [生]元応1(1319)年 [没]?),歴大(阿新丸 くまわかまる [生]1319年)

檜隈女王 ひのくまのおおきみ
→檜隈女王(ひのくまのひめぎみ)

檜隈女王(檜前女王) ひのくまのじょおう
→檜隈女王(ひのくまのひめぎみ)

檜隈女王 ひのくまのひめぎみ
生没年不詳 [別]檜隈女王《ひのくまじょおう,ひのくまのおおきみ,ひのくまのじょおう》,檜前女王《ひのくまのじょおう,ひのくまのひめみこ》
奈良時代の女性。従四位上の女王。
¶神奈川人(檜前女王 ひのくまのひめみこ),コン改,コン4,史人(ひのくまじょおう),女性(檜前女王 ひのくまのじょおう),新潮,人名(ひのくまのおおきみ),日人(ひのくまのじょおう),万葉(ひのくまのおおきみ),和俳

檜前女王 ひのくまのひめみこ
→檜隈女王(ひのくまのひめぎみ)

日野実綱 ひのさねつな
→藤原実綱(1)(ふじわらのさねつな)

日野重光 ひのしげみつ
建徳1/応安3(1370)年～応永20(1413)年3月16日 [別]裏松重光《うらまつしげみつ》
南北朝時代～室町時代の公卿(大納言)。権大納言裏松資康の子。
¶朝日([没]応永20年3月16日(1413年4月16日)),鎌室,公卿(裏松重光 うらまつしげみつ),公家(重光〔日野家〕 しげみつ),国史,国書(裏松重光 うらまつしげみつ),古中,史人,諸系(裏松重光 うらまつしげみつ),新潮,日史,日人,百科

日野資勝 ひのすけかつ
天正5(1577)年～寛永16(1639)年
安土桃山時代～江戸時代前期の公家(権大納言)。権大納言日野輝資の子。
¶朝日([没]寛永16年6月15日(1639年7月15日)),近世,公卿([没]寛永16(1639)年6月15日),公家(資勝〔日野家〕 すけかつ [没]寛永16(1639)年6月15日),国史,国書([没]寛永16(1639)年6月15日),コン4,史人([没]1639年6月15日),諸系,人名,戦人,日人

日野資枝 ひのすけき
元文2(1737)年～享和1(1801)年
江戸時代中期～後期の歌人・公家(権大納言)。内大臣烏丸光栄の末子。
¶公卿([生]元文2(1737)年11月1日 [没]享和1(1801)年10月10日),公家(資枝〔日野家〕 すけき [生]元文2(1737)年11月1日 [没]享和1(1801)年10月10日),国書([生]元文2(1737)年11月1日 [没]享和1(1801)年10月10日),茶道,諸系,人名,日人,和俳

日野資子 ひのすけこ
→光範門院(こうはんもんいん)

日野資定 ひのすけさだ
鎌倉時代前期の公卿(非参議)。権中納言日野資実の孫。
¶公卿(生没年不詳),公家(資定〔日野家〕 すけさだ)

日野資実 ひのすけざね
応保2(1162)年～貞応2(1223)年 [別]藤原家実《ふじわらいえざね,ふじわらのいえざね》,藤原資実《ふじわらすけざね,ふじわらのすけざね》
平安時代後期～鎌倉時代前期の公卿(権中納言)。日野家の祖。権中納言藤原兼光の長男。
¶朝日([没]貞応2年2月20日(1223年3月23日)),鎌室,公卿([没]貞応2(1223)年2月20日),公家(資実〔日野家〕 すけざね [没]貞応2(1223)年2月20日),国書([没]貞応2(1223)年2月20日),コン4,諸系,新潮([没]貞応2(1223)年2月20日),日人,平史(藤原資実 ふじわらのすけざね)

日野資茂 ひのすけしげ
慶安3(1650)年4月27日～貞享4(1687)年7月29日
江戸時代前期の公家(権中納言)。権大納言日野弘資の子。
¶公卿,公家(資茂〔日野家〕 すけしげ),国書

日野資親 ひのすけちか
? ～嘉吉3(1443)年9月28日
室町時代の公卿(参議)。権大納言日野有光の子。
¶公卿,公家(資親〔快楽院家(絶家)〕 すけちか)

日野資矩 ひのすけつね
→日野資矩(ひのすけのり)

日野資時 ひのすけとき
元禄3(1690)年8月1日～寛保2(1742)年
江戸時代中期の公家(権大納言)。侍従豊岡弘昌の子。
¶公卿([没]寛保2(1742)年10月26日),公家(資時〔日野家〕 すけとき [没]寛保2(1742)年10月25日),国書([没]寛保2(1742)年10月25日),諸系,人名,日人

日野資朝 ひのすけとも
正応3(1290)年～元弘2/正慶1(1332)年 [別]藤原資朝《ふじわらのすけとも》
鎌倉時代後期の公卿(権中納言)。権大納言日野俊光の次男。後醍醐天皇の側近。討幕を企てたが、正中の変で佐渡に流され、元弘の変のとき殺された。
¶朝日([没]正慶1/元弘2年6月2日(1332年6月25日)),岩史([没]正慶1(1332)年6月2日),角史,鎌倉,鎌室,京都大,公卿([没]正慶1/元弘2(1332)年6月2日),公家(資朝〔日野家〕 すけとも [没]元弘2(1332)年6月2日),国史,国書([没]元弘2(1332)年6月2日),古中,コン改,コン4,詩歌,史人([没]1332年6月2日),重要([没]元弘2/正慶1(1332)年6月2日),諸系,新潮([没]正慶1/元弘2(1332)年6月2日),人名([生]?),姓氏京都,世人([没]元弘2/正慶1(1332)年6月2日),世百,全書,大百,新潟百,日史([没]元弘2(1332)年6月2日),日人,百科,歴大

日野資名 ひのすけな
*～延元3/暦応1(1338)年5月2日
鎌倉時代後期～南北朝時代の公卿(権大納言)。権大納言日野俊光の長男。
¶朝日([生]弘安8(1285)年 [没]暦応1/延元3年5月

ひ

2日（1338年5月21日）），鎌室（[生]弘安9（1286）年），公卿（[生]弘安10（1287）年），公家（資名〔日野家〕　すけな　[生]1287年），国史（[生]1285年），国書（[生]弘安10（1287）年），古中（[生]1285年），コン4（[生]弘安8（1285）年），史人（[生]1285年），諸系（[生]1287年），新潮（[生]弘安9（1286）年），人名，日史（[生]弘安10（1287）年），日人（[生]1287年），百科（[生]弘安10（1287）年）

日野資長　ひのすけなが
元永2（1119）年～建久6（1195）年　[別]藤原資長《ふじわらのすけなが》
平安時代後期～鎌倉時代前期の公卿（権中納言）。権中納言藤原実光の次男。
¶朝日（藤原資長　ふじわらのすけなが　[没]建久6年10月6日（1195年11月9日）），公卿（藤原資長　ふじわらのすけなが　[生]長承2（1133）年　[没]建久6（1195）年10月26日），公家（資長〔日野家〕　すけなが　[没]建久6（1195）年10月26日），国書（[没]建久6（1195）年10月6日），諸系，日人，平史（藤原資長　ふじわらのすけなが）

日野資業　ひのすけなり
永延2（988）年～延久2（1070）年　[別]藤原資業《ふじわらすけなり，ふじわらのすけなり》
平安時代中期の学者、公卿（非参議）。参議藤原有国の七男。
¶朝日（[生]正暦1（990）年　[没]延久2年8月24日（1070年10月1日）），京都大，公卿（藤原資業　ふじわらのすけなり　[没]延久2（1070）年8月24日），国史（藤原資業　ふじわらのすけなり），国書（藤原資業　ふじわらすけなり　[没]延久2（1070）年8月24日），古中（藤原資業　ふじわらのすけなり），コン改（[生]正暦1（990）年），コン4（[生]正暦1（990）年），諸系，新潮（[没]延久2（1070）年8月24日，（異説）9月24日），人名，姓氏京都（藤原資業　ふじわらのすけなり），日史（藤原資業　ふじわらのすけなり　[没]延久2（1070）年8月24日），日人，百科（藤原資業　ふじわらのすけなり），兵庫百（藤原資業　ふじわらのすけなり），平史（藤原資業　ふじわらのすけなり），和俳（[没]延久2（1070）年8月24日）

日野資愛　ひのすけなる
安永9（1780）年11月22日～弘化3（1846）年3月2日
江戸時代後期の公家（准大臣）。権大納言日野資矩の子。
¶公卿，公家（資愛〔日野家〕　すけなる），国書，諸系，人名，日人

日野資宣　ひのすけのぶ
元仁1（1224）年～正応5（1292）年4月7日
鎌倉時代後期の公卿（権中納言）。権中納言日野家光の次男。
¶公卿，公家（資宣〔日野家〕　すけのぶ），国書

日野資教　ひのすけのり
正平11/延文1（1356）年～正長1（1428）年
南北朝時代～室町時代の公卿（権大納言）。権中納言日野時光の次男。
¶公卿（[没]正長1（1428）年4月29日），公家（資教〔快楽院家（絶家）〕　すけのり），国書（[没]正長1（1428）年5月1日）

日野資矩　ひのすけのり
宝暦6（1756）年8月22日～天保1（1830）年7月9日　[別]日野資矩《ひのすけつね》
江戸時代中期～後期の公家（権大納言）。権大納言日野資枝の子。
¶公卿（[没]天保1（1830）年7月29日），公家（資矩〔日野家〕　すけつね），国書（ひのすけつね）

日野資秀　ひのすけひで
文久3（1863）年～明治36（1903）年
明治期の侍従。貴族院議員、伯爵。明宮御用掛、東宮侍従を経て貴族院議員。
¶諸系，人名，姓氏京都，渡航（[生]1863年5月19日　[没]1903年11月23日），日人

日野資宗　ひのすけむね
文化12（1815）年5月19日～明治12（1879）年8月25日
江戸時代末期～明治期の公家（権大納言）。准大臣日野資愛の子。
¶維新，公卿（[没]明治11（1878）年8月），公家（資宗〔日野家〕　すけむね），国書，幕末

日野種範　ひのたねのり
？　～元亨1（1321）年
鎌倉時代後期の公卿（非参議）。正四位下・大学頭藤原邦行の子。
¶公卿，公家（種範〔日野家（絶家）2〕　たねのり）

日野輝資　ひのてるすけ
弘治1（1555）年～元和9（1623）年
安土桃山時代～江戸時代前期の公家（権大納言）。権大納言広橋国光の長男。
¶朝日（[没]元和9年閏8月2日（1623年9月26日）），近世，公卿（[没]慶長16（1611）年6月），公家（輝資〔日野家〕　てるすけ　[没]元和9（1623）年閏8月2日），国史，国書（[没]元和9（1623）年閏8月2日），茶道，史人（[没]1623年閏8月2日），諸系，人名，戦国（[生]？），戦人（[生]？），日史（[没]元和9（1623）年閏8月2日），日人，百科，歴大

日野輝光　ひのてるみつ
＊～享保2（1717）年1月5日
江戸時代中期の公家（権大納言）。権中納言日野資茂の子。
¶公卿（[生]延宝1（1673）年2月21日），公家（輝光〔日野家〕　てるみつ　[生]1670年？・寛文13（1673）年2月21日？），国書（[生]寛文10（1670）年2月21日），諸系（[生]1670年），人名（[生]1673年），日人（[生]1670年）

日野時光　ひのときみつ
嘉暦3（1328）年～正平22/貞治6（1367）年9月25日
南北朝時代の公卿（権大納言）。権大納言日野資名の三男。
¶公卿，公家（時光〔日野家〕　ときみつ），国書

日野俊光　ひのとしみつ
文応1（1260）年～嘉暦1（1326）年5月15日　[別]藤

原俊光《ふじわらとしみつ，ふじわらのとしみつ》
鎌倉時代後期の歌人・公卿（権大納言）。権中納言日野資宣の子。
¶朝日（㊤嘉暦1年5月21日（1326年6月21日）），鎌室（藤原俊光　ふじわらのとしみつ），公家（俊光〔日野家〕　としみつ），国書，諸系，新潮，人名（藤原俊光　ふじわらのとしみつ），日人，歴大，和俳

日野俊基　ひのとしもと
？～元弘2/正慶1（1332）年
鎌倉時代後期の公家。後醍醐天皇の側近として討幕運動に従事。元弘の変で幕府に捕らえられ殺された。
¶朝日（㊤正慶1/元弘2（1332）年6月），岩史（㊤正慶1（1332）年6月3日），角史，神奈川百，鎌倉，鎌室，京都大，国史，古中，コン改，コン4，重要（㊤元弘2/正慶1（1332）年6月3日），新潮（㊤正慶1/元弘2（1332）年6月），人名，姓氏京都，世人（㊤元弘2/正慶1（1332）年6月3日），世百，全書，大百，日史（㊤元弘2（1332）年6月3日），日人，歴大

日野豊光　ひのとよみつ
→烏丸豊光（からすまるとよみつ）

日野永資　ひのながすけ
元禄7（1694）年1月28日～正徳2（1712）年2月2日
江戸時代中期の公家。
¶国書

日野西国豊　ひのにしくにとよ
承応2（1653）年7月10日～宝永7（1710）年7月17日
江戸時代前期～中期の公家（権中納言）。准大臣広橋兼賢の末子。
¶公卿，公家（国豊〔日野西家〕　くにとよ），国書

日野西国盛　ひのにしくにもり
＊～宝徳1（1449）年
室町時代の公卿（権大納言）。権大納言日野西資国の子。
¶公卿（㊤康応1/元中6（1389）年　㊦宝徳1（1449）年2月15日），公家（国盛〔日野西家（絶家）〕　くにもり　㊦？）

日野西資興　ひのにしすけおき
享保7（1722）年1月7日～宝暦6（1756）年7月26日
江戸時代中期の公家。
¶国書

日野西資国　ひのにしすけくに
正平20/貞治4（1365）年～正長1（1428）年3月25日
南北朝時代～室町時代の公卿（権大納言）。日野西家の祖。権大納言日野時光の三男。
¶公卿，公家（資国〔日野西家（絶家）〕　すけくに）

日野西資敬　ひのにしすけたか
→日野西資敬（ひのにしすけのり）

日野西資敬　ひのにしすけのり
元禄8（1695）年10月18日～元文1（1736）年1月10日　㊦日野西資敬《ひのにしすけたか》
江戸時代中期の公家（参議）。権中納言日野西国豊の次男。
¶公卿（㊤元禄8（1695）年12月1日），公家（資敬〔日野家〕　すけたけ），国書（ひのにしすけたか）

日野西資宗　ひのにしすけむね
？～文正1（1466）年7月11日
室町時代の公卿（権大納言）。権大納言日野西国盛の子。
¶公卿，公家（資宗〔日野西家（絶家）〕　すけむね）

日野西延栄　ひのにしとおしげ
文政10（1827）年5月27日～文久1（1861）年8月8日
江戸時代後期～末期の公家。
¶国書

日野西延光　ひのにしとおみつ
→日野西延光（ひのにしのぶみつ）

日野西延光　ひのにしのぶみつ
明和8（1771）年9月26日～弘化3（1846）年11月2日　㊦日野西延光《ひのにしとおみつ》
江戸時代後期の公家（権大納言）。権大納言樋口基康の末子。
¶公卿，公家（延光〔日野西家〕　とおみつ），国書（ひのにしとおみつ）

日野西勝貫　ひのにしまさつら
宝暦5（1755）年10月3日～天明1（1781）年9月16日
江戸時代中期の公家。
¶国書

日野西光暉　ひのにしみつてる
寛政9（1797）年10月22日～文久4（1864）年2月1日
江戸時代末期の公家（権中納言）。権中納言日野西延光の子。
¶公卿（㊤元治1（1864）年11月2日），公家（光暉〔日野西家〕　みつてる），国書

日野西光善　ひのにしみつよし
嘉永2（1849）年～大正12（1923）年
江戸時代後期～明治期の公家。
¶国書（㊤嘉永2（1849）年12月17日　㊦大正12（1923）年1月10日），神人，姓氏京都

日野晴光　ひのはるみつ
永正15（1518）年1月1日～弘治1（1555）年9月18日　㊦日野晴光《ひのはれみつ》
戦国時代の公卿（権大納言）。権大納言日野内光の子。
¶公卿（ひのはれみつ），公家（晴光〔日野家〕　はれみつ），国書，戦人

日野晴光　ひのはれみつ
→日野晴光（ひのはるみつ）

日野弘資 ひのひろすけ
元和3（1617）年～貞享4（1687）年
江戸時代前期の歌人・公家（権大納言）。権中納言日野光慶の子。
¶公卿（㊤元和3（1617）年1月29日　㊦貞享4（1687）年8月29日），公家（弘資〔日野家〕　ひろすけ　㊤元和3（1617）年1月29日　㊦貞享4（1687）年8月29日），国書（㊤元和3（1617）年1月29日　㊦貞享4（1687）年9月29日），諸系，人名，日人，和俳

日野政資 ひのまさすけ
文明1（1469）年～明応4（1495）年9月7日
戦国時代の公卿（権中納言）。左大臣日野勝光の三男。
¶公卿，公家（政資〔日野家〕　まさすけ），戦人

日野雅光 ひのまさみつ
南北朝時代の公卿（非参議）。権大納言日野俊光の子。
¶公卿（生没年不詳），公家（雅光〔日野家〕　まさみつ）

日野町資藤 ひのまちすけふじ
→町資藤（まちすけふじ）

日野光国 ひのみつくに
建永1（1206）年～文永7（1270）年　㊥藤原光国《ふじわらみつくに》
鎌倉時代前期の公卿（非参議）。権中納言日野資実の四男。
¶鎌室（藤原光国　ふじわらみつくに），公卿（㊦文永7（1270）年10月13日），公家（光国〔日野家〕　みつくに　㊦文永7（1270）年10月13日），諸系，日人

日野光慶 ひのみつよし
天正19（1591）年8月～寛永7（1630）年
江戸時代前期の公家（権中納言）。権大納言日野資勝の子。
¶公卿（㊦寛永7（1630）年1月2日），公家（光慶〔日野家〕　みつよし　㊦寛永7（1630）年1月），国書（㊦寛永7（1630）年1月2日），諸系，人名，日人

日野行氏 ひのゆきうじ
？～興国1/暦応3（1340）年2月22日
鎌倉時代後期～南北朝時代の公卿（非参議）。非参議日野種範の子。
¶公卿，公家（行氏〔日野家（絶家）2〕　ゆきうじ）

日野行光 ひのゆくみつ
南北朝時代の公卿（非参議）。非参議日野種範の次男。
¶公卿（生没年不詳），公家（行光〔日野家（絶家）2〕　ゆきみつ）

日葉酢媛 ひはすひめ，ひばすひめ
→日葉酢媛命（ひばすひめのみこと）

日葉酢媛命 ひばすひめのみこと，ひはすひめのみこと
㊥日葉酢媛《ひはすひめ，ひばすひめ》
上代の女性。垂仁天皇の皇后。
¶朝日，国史（ひはすひめのみこと），古史（生没年不詳），古代，古中（ひはすひめのみこと），コン改（日葉酢媛　ひばすひめ），コン4（日葉酢媛　ひばすひめ），史人，諸系，女性，新潮（日葉酢媛　ひはすひめ），人名（ひはすひめのみこと），世人（日葉酢媛　ひはすひめ），日史，日人，百科

美福門院 びふくもんいん
永久5（1117）年～永暦1（1160）年　㊥藤原得子《ふじわらとくし，ふじわらのとくこ，ふじわらのとくし，ふじわらのなりこ》
平安時代後期の女性。鳥羽天皇の皇后。
¶朝日（㊦永暦1年11月23日（1160年12月22日）），岩史（㊦永暦1（1160）年11月23日），角史，鎌室，京都，京都大，郷土和歌山，国史，国書（㊦永暦1（1160）年11月23日），古史，古中，コン改，コン4，史人（㊦1160年11月23日），諸系，女性（㊦永暦1（1160）年11月23日），新潮（㊦永暦1（1160）年11月23日），人名，姓氏京都，世人（㊦永暦1（1160）年11月23日），全書，大百，日史（㊦永暦1（1160）年11月23日），日人，百科，仏教（㊦永暦1（1160）年11月23日），平史（藤原得子　ふじわらのなりこ），歴大，和歌山人

日向泉長媛 ひむかのいずみのながひめ
㊥日向泉長愛《ひゅうがのいずみながひめ》，日向泉長姫《ひゅうがのいずみながひめ》，日向泉長媛《ひむかのいずみながひめ》
上代の女性。応神天皇の妃。
¶女性（ひむかのいずみながひめ），人名（日向泉長姫　ひゅうがのいずみながひめ），姓氏鹿児島（日向泉長愛　ひゅうがのいずみながひめ），日人

日向髪長大田根媛 ひむかのかみながおおたねひめ
㊥日向髪長大田根《ひゅうがのかみながおおたね》
上代の女性。景行天皇の妃。
¶女性，姓氏鹿児島（日向髪長大田根　ひゅうがのかみながおおたね），日人

日向髪長媛 ひむかのかみながひめ
→髪長媛（かみながひめ）

姫蹈鞴五十鈴姫（媛蹈鞴五十鈴媛）ひめたたらいすずひめ
→媛蹈鞴五十鈴媛命（ひめたたらいすずひめのみこと）

媛蹈鞴五十鈴媛命（姫踏鞴五十鈴媛命，姫蹈鞴五十鈴姫命，媛蹈鞴五十鈴姫命，媛蹈鞴五十鈴媛命）ひめたたらいすずひめのみこと
㊥伊須気余理比売《いすけよりひめ》，姫蹈鞴五十鈴姫《ひめたたらいすずひめ》，媛蹈鞴五十鈴媛《ひめたたらいすずひめ》
上代の女性。神武天皇の皇后。
¶朝日（姫踏鞴五十鈴媛命），国史，古代（媛蹈鞴五十鈴姫命），古中，コン改（姫蹈鞴五十鈴姫

ひめたたらいすずひめ)，コン4(姫蹈鞴五十鈴姫　ひめたたらいすずひめ)，詩歌(伊須気余理比売　いすけよりひめ)，史人(媛蹈鞴五十鈴媛命)，女性，神史(姫蹈鞴五十鈴姫命)，新潮(媛蹈鞴五十鈴媛　ひめたたらいすずひめ)，人名(媛蹈鞴五十鈴媛命)，日史(伊須気余理比売　いすけよりひめ)，日人，百科(伊須気余理比売　いすけよりひめ)，和俳(伊須気余理比売　いすけよりひめ　生没年不詳)

桧山久術 ひやまひさやす
1717年～寛政5(1793)年10月11日
江戸時代中期の公家(花山院家諸大夫)。父は大蔵大輔正五位下桧山久繁。
¶公家(久術〔花山院家諸大夫 桧山家(藤原氏)〕ひさやす)

日向泉長愛(日向泉長姫) ひゅうがのいずみながひめ
→日向泉長媛(ひむかのいずみのながひめ)

日向髪長大田根 ひゅうがのかみながおおたね
→日向髪長大田根媛(ひむかのかみながおおたねひめ)

日向髪長媛 ひゅうがのかみながひめ
→髪長媛(かみながひめ)

平子内親王 ひらこないしんのう
→平子内親王(へいしないしんのう)

平田職厚 ひらたもとあつ
安永3(1774)年1月10日～文政3(1820)年11月12日
江戸時代中期～後期の官人・故実家。
¶国書

平田職在 ひらたもとあり
慶長6(1601)年7月5日～貞享3(1686)年7月27日
安土桃山時代～江戸時代前期の官人・故実家。
¶国書

平田職修 ひらたもとおさ
文化14(1817)年6月29日～？
江戸時代後期～末期の官人。
¶国書

平田職方 ひらたもとかた
元文5(1740)年2月1日～安永7(1778)年7月22日
江戸時代中期の官人・故実家。
¶国書

平田職周 ひらたもとかね
元禄11(1698)年8月11日～享保5(1720)年9月19日
江戸時代中期の官人。
¶国書

平田職清 ひらたもときよ
天文19(1550)年～慶長12(1607)年12月7日
戦国時代～江戸時代前期の官人。
¶国書

平田職定 ひらたもとさだ
享禄1(1528)年～天正11(1583)年4月21日
戦国時代～安土桃山時代の官人。
¶国書

平田職甫 ひらたもとすけ
宝永6(1709)年8月21日～寛延1(1748)年8月21日
江戸時代中期の官人。
¶国書

平田職忠 ひらたもとただ
天正8(1580)年～万治3(1660)年　[別]中原職忠《なかはらもとただ》
江戸時代前期の有職家。
¶国書([没]万治3(1660)年6月16日)，人名(中原職忠　なかはらもとただ)，日人

平田職辰 ひらたもととき
天和1(1681)年～？
江戸時代前期～中期の官人。
¶国書

平田職俊(1) ひらたもととし
*～正徳1(1711)年　[別]中原職俊《なかはらもととし》
江戸時代前期～中期の官吏、有職家。
¶国書([生]寛永9(1632)年11月24日　[没]正徳1(1711)年5月27日)，人名(中原職俊　なかはらもととし　[生]？)，日人([生]1633年)

平田職俊(2) ひらたもととし
宝暦10(1760)年8月24日～？
江戸時代中期～後期の官人。
¶国書

平田職寅 ひらたもととら
天明7(1787)年8月17日～？
江戸時代中期～後期の官人。
¶国書

平田職直 ひらたもとなお
慶安2(1649)年5月11日～寛保2(1742)年2月16日
江戸時代前期～中期の官人。
¶国書

平田職央 ひらたもとなか
元和6(1620)年5月20日～元禄11(1698)年6月14日
江戸時代前期～中期の官人・故実家。
¶国書

平田職教 ひらたもとのり
弘化4(1847)年～？
江戸時代後期～末期の官人。
¶国書

平田職正 ひらたもとまさ
寛永16(1639)年～天和1(1681)年10月7日
江戸時代前期の官人。
¶国書

平田職盛 ひらたもともり
文明1(1469)年～？
戦国時代の官人。
¶国書

平松資継 ひらまつすけつぐ
応永24(1417)年～寛正5(1464)年
室町時代の公卿(権中納言)。左中将藤原資敦の子。
¶公卿([没]寛正5(1464)年7月20日), 公家(資継〔平松家(絶家)〕 すけつぐ [没]寛正5(1464)年7月30日)

平松資遠 ひらまつすけとお
延徳2(1490)年～？
戦国時代の公卿(非参議)。参議平松資冬の子。
¶公卿(生没年不詳), 公家(資遠〔平松家(絶家)〕 すけとお), 高知人(生没年不詳), 戦人

平松資冬 ひらまつすけふゆ
室町時代の公卿(参議)。権中納言平松資継の子。
¶公卿(生没年不詳), 公家(資冬〔平松家(絶家)〕 すけふゆ)

平松時章 ひらまつときあき
宝暦4(1754)年7月11日～文政11(1828)年9月19日
江戸時代中期～後期の公家(権大納言)。権中納言平松時行の次男。
¶公卿, 公家(時章〔平松家〕 ときき), 国書, 諸系

平松時厚 ひらまつときあつ
弘化2(1845)年～明治44(1911)年
江戸時代末期～明治期の志士、公家、華族。
¶朝日([生]弘化2年9月11日(1845年10月11日) [没]明治44(1911)年8月22日), 維新, 近現, 近世, 国史, コン改, コン4, コン5, 諸系([生]1653年 [没]1713年), 神人([生]弘化1(1844)年), 新潮([生]弘化2(1845)年9月11日 [没]明治44(1911)年8月22日), 人名, 新潟百, 日人, 幕末([没]1911年8月22日)

平松時量 ひらまつときかず
寛永4(1627)年2月15日～宝永1(1704)年8月12日
江戸時代前期～中期の公家(権中納言)。権中納言平松時庸の子。
¶公卿, 公家(時量〔平松家〕 ときかず), 国書

平松時方 ひらまつときかた
慶安4(1651)年9月24日～宝永7(1710)年7月27日
江戸時代前期～中期の公家(権中納言)。権中納言平松時量の次男。
¶公卿, 公家(時方〔平松家〕 ときかた), 国書

平松時門 ひらまつときかど
天明7(1787)年9月20日～弘化2(1845)年5月19日
江戸時代後期の公家(参議)。権大納言平松時章の次男。
¶公卿, 公家(時門〔平松家〕 ときかど), 国書

平松時言 ひらまつときこと
文政6(1823)年～明治16(1883)年 [別]平松時言《ひらまつときより,ひらまつよりこと》
江戸時代末期～明治期の公家(非参議)。非参議平松時保の子。
¶維新, 公卿(ひらまつときより [生]文政6(1823)年8月13日 [没]明治16(1883)年10月), 公家(時言〔平松家〕 ときこと [生]文政6(1823)年8月13日 [没]明治16(1883)年10月26日), 諸系(ひらまつよりこと), 幕末([没]1883年10月26日)

平松時庸 ひらまつときつね
慶長4(1599)年～承応3(1654)年
江戸時代前期の公家(権中納言)。平家系の平松家の祖。参議西洞院時慶の次男。
¶公卿([生]慶長4(1599)年4月28日 [没]承応3(1654)年7月12日), 公家(時庸〔平松家〕 ときつね [生]慶長4(1599)年4月28日 [没]承応3(1654)年7月12日), 国書([生]慶長4(1599)年4月28日 [没]承応3(1654)年7月12日), 諸系, 人名([生]?), 日人

平松時升 ひらまつときのり
元文5(1740)年10月18日～宝暦7(1757)年10月24日
江戸時代中期の公家。
¶国書

平松時春 ひらまつときはる
元禄6(1693)年9月11日～宝暦4(1754)年1月4日
江戸時代中期の公家(非参議)。権中納言平松時方の子。
¶公卿, 公家(時春〔平松家〕 ときはる), 国書

平松時広 ひらまつときひろ
慶安3(1650)年2月2日～寛文7(1667)年1月11日
江戸時代前期の公家。
¶国書

平松時保 ひらまつときもり
→平松時保(ひらまつときやす)

平松時保 ひらまつときやす
享和2(1802)年12月14日～嘉永5(1852)年閏2月1日 [別]平松時保《ひらまつときもり》
江戸時代末期の公家(非参議)。参議平松時門の子。
¶公卿, 公家(時保〔平松家〕 ときより), 国書(ひらまつときもり)

平松時行 ひらまつときゆき
正徳4(1714)年2月2日～天明6(1786)年9月16日
江戸時代中期の公家(権中納言)。非参議平松時春の子。
¶公卿, 公家(時行〔平松家〕 ときゆき), 国書

平松時言 ひらまつときより
→平松時言(ひらまつときこと)

平松時言 ひらまつよりこと
→平松時言(ひらまつときこと)

凞明親王(熙明親王) ひろあきしんのう
→熙明親王(ひろあきらしんのう)

熙明親王(熙明親王) ひろあきらしんのう
? ～正平3/貞和4(1348)年 [別]凞明親王《ひろあきしんのう》,熙明親王《ひろあきしんのう》,熙明親王《ひろあきらしんのう》
鎌倉時代後期～南北朝時代の後深草天皇の皇孫。征夷大将軍久明親王の王子。
¶鎌室(ひろあきしんのう),国書(熙明親王 [没]貞和4(1348)年1月8日),人名(凞明親王 ひろあきしんのう),日人

博厚親王 ひろあつしんのう
→華頂宮博厚親王(かちょうのみやひろあつしんのう)

広井女王 ひろいじょおう
? ～貞観1(859)年 [別]広井女王《ひろいのひめみこ》
平安時代前期の女官(従三位・尚侍)。天武天皇の皇子・長親王の後裔で、雄河王の王女。
¶古代,女性([没]貞観1(859)年10月23日),日音(ひろいのひめみこ [没]貞観1(859)年10月23日),日人,平史

広井女王 ひろいのひめみこ
→広井女王(ひろいじょおう)

広岡古那可智 ひろおかのこなかち
→橘古那可智(たちばなのこなかち)

広川王 ひろかわおう
奈良時代の廷臣。長田王の王子。
¶人名,日人(生没年不詳)

広河女王 ひろかわのおおきみ
→広河女王(ひろかわのじょおう)

広河女王 ひろかわのじょおう
生没年不詳 [別]広河女王《ひろかわじょおう,ひろかわのおおきみ》
奈良時代の女性、万葉歌人。穂積親王の孫。上道王の王女。
¶国書(ひろかわじょおう),女性,人名(ひろかわのおおきみ),日人,万葉(ひろかわのおおきみ),和俳

尋来津関麻呂 ひろきつのせきまろ
生没年不詳
奈良時代～平安時代前期の官人。
¶平史

熙子女王 ひろこじょおう
→熙子女王(きしじょおう)

寛子内親王 ひろこないしんのう
? ～貞観11(869)年
平安時代前期の女性。淳和天皇の皇女。
¶平史

普子内親王 ひろこないしんのう
→普子内親王(ふしないしんのう)

広瀬王 ひろせおう
? ～養老6(722)年 [別]小治田広瀬王《おわりだのひろせのおおきみ》
飛鳥時代～奈良時代の官人(大蔵卿・正四位下)。
¶古代,日人,万葉(小治田広瀬王 おわりだのひろせのおおきみ)

広瀬女王 ひろせのじょおう
? ～神護景雲1(767)年10月22日
奈良時代の女性。天武天皇の子の長皇子の王女。
¶女性

広田王 ひろたおう
生没年不詳
奈良時代の官人(越後守・縫殿頭・従五位上)。
¶新潟百

博忠王 ひろただおう
→華頂宮博忠王(かちょうのみやひろただおう)

寛恒親王 ひろつねしんのう
→彦胤入道親王(げんいんにゅうどうしんのう)

博経親王 ひろつねしんのう
→華頂宮博経親王(かちょうのみやひろつねしんのう)

博経親王妃郁子 ひろつねしんのうひいくこ
→華頂宮郁子(かちょうのみやいくこ)

寛成親王 ひろなりしんのう
→長慶天皇(ちょうけいてんのう)

広根諸勝 ひろねのもろかつ
生没年不詳
平安時代前期の官人。
¶平史

弘野河継 ひろののかわつぐ
生没年不詳
平安時代前期の官人。左比橋を修理。
¶平史

博信王 ひろのぶのう
→華頂博信(かちょうひろのぶ)

浩宮徳仁 ひろのみやなるひと
→皇太子徳仁(こうたいしなるひと)

広橋勝胤 ひろはしかつたね
→広橋兼胤(ひろはしかねたね)

広橋兼顕 ひろはしかねあき
宝徳1(1449)年～文明11(1479)年
室町時代の公卿(権中納言)。権大納言広橋綱光の子。
¶朝日([生]宝徳1年9月18日(1449年10月4日) [没]文明11年5月14日(1479年6月4日)),公卿([没]文明11(1479)年5月14日),公家(兼顕〔広橋家〕 かねあき [没]文明11(1479)年5月14日),国史,国書([生]宝徳1(1449)年9月18日 [没]文明11(1479)年5月14日),古中,コン4,諸系,日人

ひ

広橋兼賢 ひろはしかねかた
文禄4 (1595) 年7月26日～寛文9 (1669) 年5月26日
江戸時代前期の公家 (准大臣)。権大納言広橋総光の子。
¶公卿, 公家 (兼賢〔広橋家〕　かねかた), 国書

広橋兼勝 ひろはしかねかつ
永禄1 (1558) 年～元和8 (1622) 年
安土桃山時代～江戸時代前期の公家 (内大臣)。権大納言広橋国光の子。
¶朝日 ([生]永禄1年10月22日 (1558年12月1日) [没]元和8年12月18日 (1623年1月18日)), 京都, 京都大, 近世, 公卿 ([生]永禄2 (1559) 年8月27日 [没]元和8 (1622) 年12月18日), 公家 (兼勝〔広橋家〕　かねかつ　[没]元和8 (1622) 年12月18日), 国史, 国書 ([生]永禄1 (1558) 年10月22日 [没]元和8 (1622) 年12月18日), コン4, 史人 ([生]1558年10月23日　[没]1622年12月18日), 諸系 ([没]1623年), 姓氏京都 ([生]1559年), 戦辞 ([生]永禄1年10月23日 (1558年12月2日)　[没]元和8年12月18日 (1623年1月18日)), 戦人, 日人 ([没]1623年), 歴大

広橋兼廉 ひろはしかねかど
→広橋兼廉 (ひろはしかねよし)

広橋兼郷 ひろはしかねさと
応永8 (1401) 年～文安3 (1446) 年4月12日
室町時代の公卿 (権中納言)。大納言広橋兼宣の子。
¶公卿, 公家 (兼郷〔広橋家〕　かねさと), 国書

広橋兼茂 ひろはしかねしげ
寛永13 (1636) 年7月19日～貞享4 (1687) 年8月15日
江戸時代前期の公家。
¶国書

広橋兼胤 ひろはしかねたね
正徳5 (1715) 年11月18日～天明1 (1781) 年8月9日
[別]広橋勝胤《ひろはしかつたね》
江戸時代中期の公家 (准大臣)。権大納言広橋兼廉の孫。
¶公卿 (広橋勝胤　ひろはしかつたね), 公家 (兼胤〔広橋家〕　かねたね), 国書 (広橋勝胤　ひろはしかつたね), 諸系, 日人

広橋兼綱 ひろはしかねつな
正和4 (1315) 年～弘和1/永徳1 (1381) 年9月26日
[別]勘解由小路兼綱《かげゆこうじかねつな》
鎌倉時代後期～南北朝時代の公家・歌人 (准大臣)。権中納言勘解由小路光業の子。
¶公卿 (勘解由小路兼綱　かげゆこうじかねつな　[生]正和5 (1316) 年), 公家 (兼綱〔広橋家〕　かねつな), 国書

広橋兼仲 ひろはしかねなか
寛元2 (1244) 年～延慶1 (1308) 年1月20日　[別]勘解由小路兼仲《かげゆこうじかねなか, かでのこうじかねなか》, 藤原兼仲《ふじわらのかねなか》
鎌倉時代後期の公卿 (権中納言)。権中納言勘解由小路経光の次男、母は太宰大夫・非参議藤原親実の娘。
¶朝日 (藤原兼仲　ふじわらのかねなか　[没]延慶1年1月20日 (1308年2月12日)), 鎌室 (勘解由小路兼仲　かでのこうじかねなか), 公卿 (勘解由小路兼仲　かげゆこうじかねなか), 公家 (兼仲〔広橋家〕　かねなか), 国史, 国書, 古中, 史人, 諸系, 新潮, 姓氏京都 ([生]1243年), 日史, 日人

広橋兼宣 ひろはしかねのぶ
正平21/貞治5 (1366) 年～永享1 (1429) 年
南北朝時代～室町時代の公卿 (大納言)。権大納言広橋仲光の子。
¶朝日 ([没]永享1年9月14日 (1429年10月12日)), 鎌室, 公卿 ([没]永享1 (1429) 年9月14日), 公家 (兼宣〔広橋家〕　かねのぶ　[没]永享1 (1429) 年9月14日), 国史, 国書 ([生]貞治5 (1366) 年11月6日　[没]永享1 (1429) 年9月14日), 古中, コン4, 史人 ([没]1429年9月14日), 諸系, 新潮 ([没]永享1 (1429) 年9月13日), 人名 ([生]1370年), 姓氏京都, 日人

広橋兼秀 ひろはしかねひで
永正3 (1506) 年4月29日～永禄10 (1567) 年
戦国時代の公卿 (内大臣)。権大納言広橋守光の子。
¶公卿 ([没]永禄10 (1567) 年8月5日), 公家 (兼秀〔広橋家〕　かねひで　[没]永禄10 (1567) 年8月15日), 国書 ([没]永禄10 (1567) 年8月5日), 戦人

広橋兼廉 ひろはしかねよし
延宝6 (1678) 年3月3日～享保9 (1724) 年2月23日
[別]広橋兼廉《ひろはしかねかど》
江戸時代中期の公家 (権大納言)。権中納言広橋貞光の子。
¶公卿, 公家 (兼廉〔広橋家〕　かねかど), 国書 (ひろはしかねかど)

広橋国光 ひろはしくにみつ
*～永禄11 (1568) 年11月12日
戦国時代の公卿 (権大納言)。内大臣広橋兼秀の子。
¶公卿 ([生]大永6 (1526) 年5月19日), 公家 (国光〔広橋家〕　くにみつ　[生]1527年？・大永6 (1526) 年5月19日？), 国書 ([生]大永6 (1526) 年5月19日), 戦辞 ([生]大永7年5月19日 (1527年6月17日)　[没]永禄11年11月12日 (1568年11月1日)), 戦人 ([生]大永7 (1527) 年)

広橋伊光 ひろはしこれみつ
延享2 (1745) 年6月16日～文政6 (1823) 年4月4日
江戸時代中期～後期の公家 (准大臣)。准大臣広橋勝胤の子。
¶公卿, 公家 (伊光〔広橋家〕　これみつ), 国書, 諸系, 日人

広橋貞光 ひろはしさだみつ
寛永20 (1643) 年12月15日～元禄12 (1699) 年7月21日
江戸時代前期の公家 (権中納言)。権中納言広橋綏光の次男。

¶公卿，公家（貞光〔広橋家〕　さだみつ），国書

広橋資光 ひろはしすけみつ
元中9/明徳3（1392）年～応永27（1420）年
室町時代の公卿（権中納言）。右衛門督兼俊の子。
¶公卿（[没]応永27（1420）年1月14日），公家（資光〔広橋家〕　すけみつ　[没]応永27（1420）年閏1月14日）

広橋真光 ひろはしただみつ
明治35（1902）年12月11日～平成9（1997）年5月21日
大正～平成期の内務官僚、華族（伯爵）。
¶履歴2

広橋胤定 ひろはしたねさだ
明和7（1770）年10月15日～天保3（1832）年閏11月11日
江戸時代後期の公家（権大納言）。准大臣広橋伊光の子。
¶公卿（[生]明和7（1770）年10月17日　[没]天保3（1832）年11月12日），公家（胤定〔広橋家〕　たねさだ），国書

広橋胤保 ひろはしたねやす
文政2（1819）年～明治9（1876）年
江戸時代末期～明治期の公家（権大納言）。准大臣広橋光成の子。
¶維新，公卿（[生]文政2（1819）年2月1日　[没]明治9（1876）年10月），公家（胤保〔広橋家〕　たねやす　[生]文政2（1819）年2月1日　[没]明治9（1876）年11月14日），国書（[生]文政2（1819）年2月1日　[没]明治9（1876）年11月14日），諸系，日人，幕末（[没]1876年11月14日）

広橋仲子 ひろはしちゅうし
→崇賢門院（すうけんもんいん）

広橋綱光 ひろはしつなみつ
永享3（1431）年～文明9（1477）年
室町時代の公卿（権大納言）。権中納言広橋兼郷の子。
¶朝日（[生]永享3年6月13日（1431年7月22日）　[没]文明9年2月14日（1477年3月28日）），鎌室，公卿（[生]永享3（1431）年6月13日　[没]文明9（1477）年2月14日），公家（綱光〔広橋家〕　つなみつ　[生]永享3（1431）年6月13日　[没]文明9（1477）年2月14日），国史，国書（[生]永享3（1431）年6月13日　[没]文明9（1477）年2月14日），古中，史人（[生]1431年6月13日　[没]1477年2月14日），諸系，新潮（[生]永享3（1431）年6月13日　[没]文明9（1477）年2月14日），姓氏京都，世人，日人

広橋経光 ひろはしつねみつ
→藤原経光（ふじわらのつねみつ）

広橋仲光 ひろはしなかみつ
興国3/康永1（1342）年～応永13（1406）年2月12日
南北朝時代～室町時代の公卿（権大納言）。広橋家の祖。権大納言勘解由小路兼綱の子。
¶朝日（[没]応永13年2月12日（1406年3月2日）），鎌室，公卿，公家（仲光〔広橋家〕　なかみつ），国書，諸系，新潮，日人

広橋総光 ひろはしふさみつ
天正8（1580）年8月7日～寛永6（1629）年9月14日
江戸時代前期の公家（権大納言）。内大臣広橋兼勝の長男。
¶公卿，公家（総光〔広橋家〕　ふさみつ），国書

広橋賢光 ひろはしまさみつ
安政2（1855）年～明治43（1910）年
明治期の官吏。伊藤博文の欧州派遣に随行、内閣記録局長を務める。
¶海越新（[生]安政2（1855）年8月9日　[没]明治43（1910）年3月21日），諸系，人名（[生]1854年），渡航（[生]1854年8月19日　[没]1910年3月20日），日人

広橋光成 ひろはしみつしげ
寛政9（1797）年～文久2（1862）年
江戸時代末期の公家（准大臣）。権大納言広橋胤定の子。
¶維新，公卿（[生]寛政9（1797）年1月26日　[没]文久2（1862）年8月4日），公家（光成〔広橋家〕　みつしげ　[生]寛政9（1797）年1月26日　[没]文久2（1862）年閏8月6日），国書（[生]寛政9（1797）年1月26日　[没]文久2（1862）年閏8月6日），諸系，日人，幕末（[没]1862年9月29日）

広橋光業 ひろはしみつなり
弘安10（1287）年～康安1（1361）年4月22日　[別]勘解由小路光業《かげゆこうじみつおき》
鎌倉時代後期～南北朝時代の公家。
¶公卿（勘解由小路光業　かげゆこうじみつおき　[没]？），公家（光業〔広橋家〕　みつなり），国書

広橋守光 ひろはしもりみつ
文明3（1471）年～大永6（1526）年
戦国時代の公卿（権大納言）。権大納言町広光の子。
¶朝日（[生]文明3年3月5日（1471年3月26日）　[没]大永6年4月1日（1526年5月12日）），公卿（[生]文明3（1471）年3月5日　[没]大永6（1526）年4月1日），公家（守光〔広橋家〕　もりみつ　[生]文明3（1471）年3月5日　[没]大永6（1526）年4月1日），国書（[生]文明3（1471）年3月5日　[没]大永6（1526）年4月1日），諸系，人名，戦人，日人

広橋綏光 ひろはしやすみつ
元和2（1616）年1月23日～承応3（1654）年3月4日
江戸時代前期の公家（権中納言）。准大臣広橋兼賢の長男。
¶公卿，公家（綏光〔広橋家〕　やすみつ），国書

広橋頼資 ひろはしよりすけ
→藤原頼資（ふじわらのよりすけ）

広幡前豊 ひろはたさきとよ
寛保2（1742）年2月20日～天明3（1783）年12月19日
江戸時代中期の公家（内大臣）。権大納言広幡長忠の子。

¶公卿，公家（前豊〔広幡家〕　さきとよ），国書，諸系（[没]1784年），人名，日人（[没]1784年）

広幡前秀 ひろはたさきひで
宝暦12（1762）年12月2日～文化5（1808）年
江戸時代中期～後期の公家（権大納言）。内大臣広幡前豊の子。
¶公卿（[没]文化5（1808）年6月19日），公家（前秀〔広幡家〕　さきひで　[没]文化5（1808）年6月19日），諸系（[生]1763年），人名，日人（[生]1763年）

広幡忠礼 ひろはたただあや
文政7（1824）年～明治30（1897）年
江戸時代末期～明治期の公家（内大臣）。内大臣広幡基豊の子。
¶維新，公卿（[生]文政7（1824）年6月28日　[没]明治38（1905）年1月），公家（忠礼〔広幡家〕　ただあや　[生]文政7（1824）年6月28日　[没]明治30（1897）年2月18日），諸系，日人，幕末（[没]1897年2月18日）

広幡忠隆 ひろはたただたか
明治17（1884）年12月11日～昭和36（1961）年4月12日
明治～昭和期の逓信官僚、華族（侯爵）。
¶履歴，履歴2

広幡忠朝 ひろはたただとも
万延1（1860）年～明治38（1905）年
明治～大正期の侍従武官。公爵。日清戦争の功で双光旭日章、年金を賜う。
¶人名，日人

広幡忠幸 ひろはたただゆき
寛永1（1624）年～寛文9（1669）年
江戸時代前期の公家（権大納言）。広幡家の祖。正親町天皇の皇孫八条宮智仁親王の皇子、母は丹後侍従高知の娘。
¶公卿（[没]寛文9（1669）年閏10月16日），公家（忠幸〔広幡家〕　ただゆき　[没]寛文9（1669）年閏10月16日），諸系，人名，日人

広幡経豊 ひろはたつねとよ
安永8（1779）年6月25日～天保9（1838）年8月23日
江戸時代後期の公家（内大臣）。権大納言広幡前秀の子。
¶公卿，公家（経豊〔広幡家〕　つねとよ），国書，諸系，人名，日人

広幡豊忠 ひろはたとよただ
寛文6（1666）年～元文2（1737）年
江戸時代中期の公家（内大臣）。権中納言久我通名の子。
¶公卿（[生]寛文6（1666）年6月26日　[没]元文2（1737）年8月1日），公家（豊忠〔広幡家〕　とよただ　[生]寛文6（1666）年6月26日　[没]元文2（1737）年8月1日），国書（[生]寛文6（1666）年6月26日　[没]元文2（1737）年8月1日），諸系，人名，日人

広幡長忠 ひろはたながただ
正徳1（1711）年4月4日～明和8（1771）年9月27日
江戸時代中期の公家（権大納言）。内大臣広幡豊忠の子。
¶公卿，公家（長忠〔広幡家〕　ながただ），国書，諸系，人名（[没]？），日人

広幡基豊 ひろはたもととよ
寛政12（1800）年4月22日～安政4（1857）年5月29日
江戸時代末期の公家（内大臣）。内大臣広幡経豊の子。
¶公卿，公家（基豊〔広幡家〕　もととよ），国書，諸系，人名，日人

博英王 ひろひでおう
→伏見博英（ふしみひろひで）

裕仁親王 ひろひとしんのう
→昭和天皇（しょうわてんのう）

広姫 ひろひめ
？～敏達4（575）年　[別]広姫王《ひろひめのひめみこ》
飛鳥時代の女性。敏達天皇の皇后。
¶女性（[没]敏達4（575）年11月），人名（広姫王　ひろひめのひめみこ），日人

広媛(1) ひろひめ
生没年不詳
上代の女性。継体天皇の妃。根王の娘。
¶日人

広媛(2) ひろひめ
上代の女性。継体天皇の妃。坂田大跨王の娘。
¶女性，日人（生没年不詳）

広姫王 ひろひめのひめみこ
→広姫（ひろひめ）

広平親王 ひろひらしんのう
天暦4（950）年～天禄2（971）年
平安時代中期の村上天皇の第1皇子。
¶国書（[没]天禄2（971）年9月10日），コン改，コン4，諸系，新潮（[没]天禄2（971）年9月10日），人名，日人，平史

弘道王 ひろみちおう
平安時代前期の皇族・官人（従五位上刑部大輔・内膳正）。
¶古代，日人（生没年不詳）

弘道親王 ひろみちしんのう
→公澄入道親王（こうちょうにゅうどうしんのう）

弘宗王 ひろむねおう
生没年不詳
平安時代前期の天武系皇族（従四位下越前守）。
¶古代，日人，福井百，平史

博恭王 ひろやすおう
→伏見宮博恭王（ふしみのみやひろやすおう）

博恭王妃経子 ひろやすおうひつねこ
→伏見宮経子（ふしみのみやつねこ）

弘保親王 ひろやすしんのう
→教仁入道親王(きょうにんにゅうどうしんのう)

博義王妃朝子 ひろよしおうひときこ
→伏見朝子(ふしみときこ)

寛義親王 ひろよししんのう
→公啓入道親王(こうけいにゅうどうしんのう)

【ふ】

武 ぶ
→倭王武(わおうぶ)

深草帝 ふかくさのみかど
→仁明天皇(にんみょうてんのう)

富貴宮 ふきのみや
安政5(1858)年～安政6(1859)年
江戸時代末期の女性。孝明天皇の第2皇女。
¶人名

福子内親王 ふくこないしんのう
延宝4(1676)年～宝永4(1707)年 [別]福子内親王《とみこないしんのう》
江戸時代中期の女性。霊元天皇の第4皇女。伏見宮邦永親王の妃。
¶女性(とみこないしんのう [生]延宝4(1676)年9月14日 [没]宝永4(1707)年7月3日), 女性([生]延宝4(1676)年9月 [没]宝永4(1707)年7月), 人名(とみこないしんのう), 日人

富家殿 ふけどの
→藤原忠実(ふじわらのただざね)

普光園院殿 ふこうおんいんどの
→二条良実(にじょうよしざね)

普光女王 ふこうじょおう
天文6(1537)年～* [別]安禅寺宮《あんぜんじのみや》
戦国時代の女性(安禅寺宮)。後奈良天皇の第5皇女。
¶人名([没]1561年), 日人([没]1562年)

成子内親王 ふさこないしんのう
享保14(1729)年～明和8(1771)年 [別]成子内親王《しげこないしんのう》
江戸時代中期の女性。中御門天皇の第5皇女。
¶女性(しげこないしんのう [生]享保14(1729)年8月 [没]明和8(1771)年5月), 女性([生]享保14(1729)年8月4日 [没]明和8(1775)年5月10日), 人名, 日人

房子内親王 ふさこないしんのう
→北白川房子(きたしらかわふさこ)

房世王 ふさよおう
? ～元慶7(883)年 [別]平房世《たいらのふさよ》
平安時代前期の桓武天皇の皇孫。
¶古代, 諸系, 人名(平房世 たいらのふさよ), 日人, 平史

藤井兼充 ふじいかねみつ
万治3(1660)年～享保1(1716)年
江戸時代前期～中期の公家。
¶日人

葛井親王 ふじいしんのう
延暦19(800)年～嘉祥3(850)年 [別]葛井親王《かどいしんのう, かどいのしんのう》
平安時代前期の皇族、官人。桓武天皇の第12皇子。
¶朝日(かどいしんのう [生]延暦17(798)年 [没]嘉祥3年4月2日(850年5月16日)), 国史, 古代, 古中, コン改(かどいしんのう), コン4(かどいしんのう), 新潮(かどいしんのう [没]嘉祥3(850)年4月2日), 人名(かどいのしんのう), 姓氏群馬, 日人, 平史

藤井嗣賢 ふじいつぐかた
室町時代～戦国時代の公家(従三位)。
¶公家(嗣賢〔藤井家(絶家)〕 つぐかた)

藤井嗣孝 ふじいつぐたか
室町時代の公卿(非参議)。参議藤井嗣尹の子。
¶公卿(生没年不詳), 公家(嗣孝〔藤井家(絶家)〕 つぐたか)

藤井嗣尹 ふじいつぐただ
? ～応永13(1406)年5月6日
南北朝時代～室町時代の公卿(参議)。藤井家の始祖。応永4年従二位に叙される。
¶公卿, 公家(嗣尹〔藤井家(絶家)〕 つぐただ)

藤井嗣広 ふじいつぐひろ
生没年不詳
室町時代の公家・連歌作者。
¶国書

葛井広成(藤井広成) ふじいのひろなり
生没年不詳 [別]葛井広成《ふじいひろなり》, 葛井連広成《ふじいのむらじひろなり》, 藤井連広成《ふじいのむらじひろなり》, 白猪広成《しらいのひろなり》
奈良時代の官人。遣新羅使として新羅に派遣。
¶朝日, 大分歴(藤井連広成 ふじいのむらじひろなり), 国書(ふじいひろなり), 古史(ふじいひろなり), 古代(葛井連広成 ふじいのむらじひろなり), コン改, コン4, 新潮, 人名, 日史, 日人, 百科, 万葉(葛井連広成 ふじいのむらじひろなり), 和俳

葛井道依 ふじいのみちより
生没年不詳 [別]葛井連道依《ふじいのむらじみちより》
奈良時代の官人。
¶古代(葛井連道依 ふじいのむらじみちより), 新潟百, 日人

葛井諸会 ふじいのもろあい
→葛井諸会(ふじいのもろえ)

葛井諸会 ふじいのもろえ
[別]葛井諸会《かどいのもろあい, ふじいもろえ》,

葛井連諸会《ふじいのむらじもろあい，ふじいのむらじもろえ》
奈良時代の官人。
¶神奈川人（生没年不詳），国書（ふじいもろえ　生没年不詳），古代（葛井連諸会　ふじいのむらじもろえ），人名（かどいのもろあい），日人（生没年不詳），万葉（葛井連諸会　ふじいのむらじもろあい）

藤井充武 ふじいみちたけ
寛延2（1749）年8月6日～文化6（1809）年7月18日
江戸時代中期～後期の公家（非参議）。非参議藤井充行の子。
¶公卿，公家（充武〔藤井家〕　みつたけ）

藤井充行 ふじいみちゆき
享保7（1722）年11月28日～寛政4（1792）年4月24日
江戸時代中期の公家（非参議）。正六位上・式部大丞藤井兼代の子。
¶公卿，公家（充行〔藤井家〕　みつゆき）

藤井行学 ふじいゆきたか
享和3（1803）年1月7日～明治1（1868）年
江戸時代末期の公家（非参議）。非参議藤井行福の子。
¶公卿（[没]明治1（1868）年7月），公家（行学〔藤井家〕　ゆきひさ　[没]明治1（1868）年7月7日）

藤井行福 ふじいゆきとみ
安永3（1774）年2月11日～天保6（1835）年3月8日
江戸時代後期の公家（非参議）。非参議藤井充武の子。
¶公卿，公家（行福〔藤井家〕　ゆきとみ）

藤井行徳 ふじいゆきのり
安政2（1855）年～昭和7（1932）年
明治～大正期の華族、神職。
¶神人，世紀（[生]安政2（1855）年4月8日　[没]昭和7（1932）年3月5日），姓氏京都，日人

藤井行道 ふじいゆきみち
文政8（1825）年9月28日～明治24（1891）年
江戸時代末期～明治期の公家（非参議）。非参議藤井行学の子。
¶公卿（[没]明治24（1891）年7月），公家（行道〔藤井家〕　ゆきみち　[没]明治24（1891）年7月9日）

藤井義敬 ふじいよしのり
文化14（1817）年～？
江戸時代後期～末期の官人。
¶国書

藤江雅良 ふじえまさよし
慶長8（1603）年～？
江戸時代前期の公家（非参議）。権大納言飛鳥井雅綱の孫。
¶公卿，公家（雅良〔藤江家（絶家）〕　まさよし）

藤谷（家名） ふじがやつ
→藤谷（ふじたに）

藤谷為敦 ふじたにためあつ
寛延4（1751）年7月13日～文化3（1806）年6月7日
江戸時代中期～後期の公家（権中納言）。権中納言藤谷為香の孫。
¶公卿，公家（為敦〔藤谷家〕　ためあつ）

藤谷為賢 ふじたにためかた
文禄2（1593）年8月13日～承応2（1653）年7月11日
[別]藤谷為賢《ふじがやつためかた》
江戸時代前期の公家（権中納言）。藤谷家の祖。権大納言冷泉為満の次男。
¶公卿，公家（為賢〔藤谷家〕　ためかた），国書（ふじがやつためかた），諸系，日人

藤谷為兄 ふじたにためさき
天保1（1830）年8月11日～安政5（1858）年
江戸時代末期の公家（非参議）。非参議藤谷為知の子。
¶公卿（[没]安政5（1858）年9月），公家（為兄〔藤谷家〕　ためさき　[没]安政5（1858）年9月3日）

藤谷為茂 ふじたにためしげ
承応3（1654）年6月23日～正徳3（1713）年6月13日
[別]藤谷為茂《ふじがやつためもち》
江戸時代前期～中期の公家（権大納言）。権中納言藤谷為条の子。
¶公卿，公家（為茂〔藤谷家〕　ためしげ），国書（ふじがやつためもち）

藤谷為知 ふじたにためとも
文化4（1807）年6月10日～嘉永2（1849）年9月29日
江戸時代後期の公家（非参議）。権中納言藤谷為脩の子。
¶公卿，公家（為知〔藤谷家〕　ためつぐ）

藤谷為条 ふじたにためなが
元和6（1620）年3月21日～延宝8（1680）年9月15日
江戸時代前期の公家（権中納言）。権中納言藤谷為賢の子。
¶公卿，公家（為条〔藤谷家〕　ためえだ）

藤谷為脩 ふじたにためなが
天明4（1784）年1月6日～天保14（1843）年
江戸時代後期の公家（権中納言）。権中納言藤谷為敦の子。
¶公卿（[没]天保14（1843）年8月14日），公家（為脩〔藤谷家〕　ためなお　[没]天保14（1843）年8月15日）

藤谷為信 ふじたにためのぶ
延宝3（1675）年11月21日～元文5（1740）年10月7日　[別]藤谷為信《ふじがやつためのぶ》
江戸時代中期の公家（権中納言）。権大納言藤谷為茂の子。
¶公卿，公家（為信〔藤谷家〕　ためのぶ），国書（ふじがやつためのぶ）

藤谷為茂 ふじたにためもち
→藤谷為茂（ふじたにためしげ）

藤谷為香 ふじたにためよし
宝永3（1706）年2月26日～宝暦7（1757）年

江戸時代中期の公家(権中納言)。権中納言藤谷為信の子。

¶公卿([没]宝暦7(1757)年9月10日), 公家(為香〔藤谷家〕　ためか　[没]宝暦7(1757)年9月5日)

普子内親王 ふしないしんのう

延喜9(909)年～天暦1(947)年　[別]普子内親王《ひろこないしんのう》

平安時代中期の女性。醍醐天皇の皇女。

¶女性([没]天暦1(947)年7月), 人名([生]910年), 日人, 平史(ひろこないしんのう)

孚子内親王 ふしないしんのう

?　～天徳2(958)年　[別]孚子内親王《さねこないしんのう》

平安時代中期の女性。宇多天皇の皇女。

¶国書([没]天徳2(958)年4月28日), 女性([没]天徳2(958)年4月28日), 人名, 日人, 平史(さねこないしんのう)

藤波朝忠 ふじなみあさただ

→藤波朝忠(ふじなみともただ)

藤波景忠 ふじなみかげただ

正保4(1647)年4月16日～享保12(1727)年5月11日　[別]大中臣景忠《おおなかとみのかげただ》

江戸時代前期～中期の公家(非参議)。正五位下・祭主・権少副藤波種忠の孫。

¶公卿, 公家(景忠〔藤波家〕　かげただ), 国書, 諸系, 神人(大中臣景忠　おおなかとみのかげただ)

藤波和忠 ふじなみかずただ

宝永4(1707)年1月9日～明和2(1765)年12月6日

江戸時代中期の公家(非参議)。非参議藤波徳忠の子。

¶公卿, 公家(和忠〔藤波家〕　かずただ), 神人

藤波清忠 ふじなみきよただ

→大中臣清忠(おおなかとみのきよただ)

藤波清世 ふじなみきよよ

→大中臣清世(おおなかとみのすがよ)

藤波季忠 ふじなみすえただ

元文4(1739)年～文化10(1813)年

江戸時代中期～後期の茶人、公家(非参議)。権大納言冷泉宗家の次男。

¶公卿([生]元文4(1739)年1月26日　[没]文化10(1813)年2月15日), 公家(季忠〔藤波家〕　すえただ　[生]元文4(1739)年1月26日　[没]文化10(1813)年2月15日), 国書([生]元文4(1739)年1月26日　[没]文化10(1813)年2月15日), 茶道, 諸系, 神人, 人名, 日人

藤波徳忠 ふじなみとくただ

→藤波徳忠(ふじなみのりただ)

藤波朝忠 ふじなみともただ

明応7(1498)年～元亀1(1570)年　[別]大中臣朝忠《おおなかとみのともただ》, 藤波朝忠《ふじなみあさただ》

戦国時代の公卿(非参議)。非参議藤波伊忠の子。

¶公卿(ふじなみあさただ　[没]元亀1(1570)年11月26日), 公家(朝忠〔藤波家〕　あさただ　[没]元亀1(1570)年11月26日), 諸系(大中臣朝忠　おおなかとみのともただ), 神人(大中臣朝忠　おおなかとみのともただ　[生]明応6(1497)年　[没]元亀1(1569)年), 戦人

藤波教忠 ふじなみなりただ

→藤波教忠(ふじなみのりただ)

藤波教忠 ふじなみのりただ

文政6(1823)年～明治24(1891)年　[別]藤波教忠《ふじなみなりただ》

江戸時代末期～明治期の公家(非参議)。非参議藤波光忠の子。

¶維新(ふじなみなりただ), 公卿([生]文政6(1823)年8月19日　[没]明治24(1891)年1月), 公家(教忠〔藤波家〕　のりただ　[生]文政6(1823)年8月19日　[没]明治24(1891)年1月31日), 国書([生]文政7(1824)年閏8月19日　[没]明治24(1891)年1月31日), 諸系, 神人, 幕末(ふじなみなりただ　[没]1891年1月31日)

藤波徳忠 ふじなみのりただ

寛文10(1670)年4月4日～享保12(1727)年　[別]藤波徳忠《ふじなみとくただ》

江戸時代中期の公家(非参議)。非参議藤波景忠の子。

¶公卿(ふじなみとくただ　[没]享保12(1727)年3月23日), 公家(徳忠〔藤波家〕　のりただ　[没]享保12(1727)年3月22日), 神人([生]寛文14(1674)年　[没]享保12(1727)年3月)

藤波秀忠 ふじなみひでただ

→大中臣秀忠(おおなかとみのひでただ)

藤波寛忠 ふじなみひろただ

宝暦9(1759)年1月25日～文政7(1824)年11月24日

江戸時代中期～後期の公家(非参議)。非参議藤波季忠の子。

¶公卿, 公家(寛忠〔藤波家〕　ひろただ), 国書, 神人

藤波光忠 ふじなみみつただ

寛政4(1792)年閏2月19日～弘化1(1844)年6月30日

江戸時代後期の公家(非参議)。非参議藤波寛忠の子。

¶公卿, 公家(光忠〔藤波家〕　みつただ), 神人

藤波伊忠 ふじなみよしただ

→大中臣伊忠(おおなかとみのこれただ)

伏原賢忠 ふしはらかたただ

慶長7(1602)年～寛文6(1666)年　[別]伏原賢忠《ふせはらかたただ》

江戸時代前期の公家(非参議)。伏原家の祖。非参議船橋国賢の孫。

¶公卿(ふせはらかたただ　[生]慶長7(1602)年5月2日　[没]寛文6(1666)年9月6日), 公家(賢忠〔伏原家〕　まさただ　[生]慶長7(1602)年5月2

日 [没]寛文6（1666）年9月6日），国書（[生]慶長7（1602）年5月2日 [没]寛文6（1666）年9月6日），諸系，日人

伏原宣条 ふしはらのぶえだ
享保5（1720）年～寛政3（1791）年 [別]伏原宣条《ふせはらのぶえだ》
江戸時代中期の公家（非参議）。非参議伏原宣通の子。
¶公卿（ふせはらのぶえだ [生]享保5（1720）年1月25日 [没]寛政3（1791）年9月17日），公家（宣条〔伏原家〕 のぶえだ [生]享保5（1720）年9月14日 [没]寛政3（1791）年9月17日），国書（[生]享保5（1720）年9月14日 [没]寛政3（1791）年9月17日），諸系，人名（ふせはらのぶえだ），姓氏京都，日人

伏原宣香 ふしはらのぶか
元禄16（1703）年3月7日～享保18（1733）年7月13日
江戸時代中期の公家。
¶国書

ふ

伏原宣諭 ふしはらのぶさと
文政6（1823）年～明治9（1876）年 [別]伏原宣諭《ふせはらのぶさと》
江戸時代末期～明治期の公家（非参議）。非参議伏原宣明の子。
¶維新（ふせはらのぶさと），公卿（ふせはらのぶさと [生]文政6（1823）年12月3日），公家（宣諭〔伏原家〕 のぶさと [生]文政6（1823）年12月3日 [没]明治9（1876）年8月21日），姓氏京都，幕末（ふせはらのぶさと [没]1876年8月21日）

伏原宣武 ふしはらのぶたけ
安永3（1774）年～天保4（1833）年 [別]伏原宣武《ふせはらのぶたけ》
江戸時代後期の公家（非参議）。非参議伏原宣光の子。
¶公卿（ふせはらのぶたけ [生]安永3（1774）年5月13日 [没]天保4（1833）年8月9日），公家（宣武〔伏原家〕 のぶたけ [生]安永3（1774）年5月13日 [没]天保4（1833）年8月9日），諸系，人名（ふせはらのぶたけ），日人

伏原宣長 ふしはらのぶたり
→伏原宣足（ふしはらのぶたる）

伏原宣足 ふしはらのぶたる
弘化2（1845）年～昭和5（1930）年 [別]伏原宣長《ふしはらのぶたり》
明治～昭和期の華族、神職。
¶諸系，神人（伏原宣長 ふしはらのぶたり），世紀（[生]弘化2（1845）年5月27日 [没]昭和5（1930）年2月19日），姓氏京都，日人

伏原宣明 ふしはらのぶはる
寛政2（1790）年～文久3（1863）年 [別]伏原宣明《ふせはらのぶはる》
江戸時代末期の公家（非参議）。非参議伏原宣武の子。
¶維新（ふせはらのぶはる），公卿（ふせはらのぶはる [生]寛政2（1790）年4月1日 [没]文久3（1863）年2月14日），公家（宣明〔伏原家〕 のぶはる [生]寛政2（1790）年4月1日 [没]文久3（1863）年2月14日），国書（[生]寛政2（1790）年4月1日 [没]文久3（1863）年2月14日），諸系，人名（ふせはらのぶはる），日人，幕末（ふせはらのぶはる [没]1863年4月1日）

伏原宣通 ふしはらのぶみち
寛文7（1667）年8月25日～寛保1（1741）年 [別]伏原宣通《ふせはらのぶみち》
江戸時代中期の公家（非参議）。非参議伏原宣幸の子。
¶公卿（ふせはらのぶみち [没]寛保1（1741）年2月12日），公家（宣通〔伏原家〕 のぶみち [没]元文6（1741）年2月14日），国書（[没]元文6（1741）年2月14日），諸系，人名（ふせはらのぶみち），日人

伏原宣光 ふしはらのぶみつ
寛延3（1750）年～文政10（1827）年12月20日
[別]伏原宣光《ふせはらのぶみつ》
江戸時代中期～後期の公家（非参議）。非参議伏原宣条の子。
¶公卿（ふせはらのぶみつ [生]寛延3（1750）年2月9日），公家（宣光〔伏原家〕 のぶみつ [生]寛延3（1750）年2月9日），諸系（[没]1828年），人名（ふせはらのぶみつ），日人（[没]1828年）

伏原宣幸 ふしはらのぶゆき
寛永14（1637）年5月6日～宝永2（1705）年8月1日
[別]伏原宣幸《ふせはらのぶゆき》
江戸時代前期～中期の公家（非参議）。非参議船橋賢忠の子。
¶公卿（ふせはらのぶゆき），公家（宣幸〔伏原家〕 のぶゆき），国書，諸系，人名（ふせはらのぶゆき），日人

藤麿王 ふじまろおう
→筑波藤麿（つくばふじまろ）

伏見天皇 ふしみてんのう
文永2（1265）年～文保1（1317）年
鎌倉時代後期の第92代の天皇（在位1287～1298）。父は後深草天皇。後宇多天皇の皇太子。
¶朝日（[生]文永2年4月23日（1265年5月10日） [没]文保1年9月3日（1317年10月8日）），岩史（[生]文永2（1265）年4月23日 [没]文保1（1317）年9月3日），角史，鎌室，京都大，国史，国書（[生]文永2（1265）年4月23日 [没]文保1（1317）年9月3日），古中，コン改，コン4，詩歌，史人（[生]1265年4月23日 [没]1317年9月3日），重要（[生]文永2（1265）年4月23日 [没]文保1（1317）年9月3日），諸系，人書94，新潮（[生]文永2（1265）年4月23日 [没]文保1（1317）年9月3日），新文（[没]文保1（1317）年9月3日），人名，姓氏京都，世人（[生]文永2（1265）年4月23日 [没]文保1（1317）年9月3日），世百，全書，大百，日史（[生]文永2（1265）年4月23日 [没]文保1（1317）年9月3日），日人，美術，百科，文学，歴大，和俳（[没]文保1（1317）年9月3日）

伏見朝子 ふしみときこ
明治35(1902)年6月〜昭和46(1971)年4月3日
大正〜昭和期の女性。伏見宮博義王の妻。学習院常磐会会長。
¶女性，女性普

伏見宮敦子女王 ふしみのみやあつこじょおう
→清棲敦子(きよすあつこ)

伏見宮敦親王 ふしみのみやさだあつしんのう
→貞敦親王(さだあつしんのう)

伏見宮貞愛親王 ふしみのみやさだなるしんのう
安政5(1858)年4月28日〜大正12(1923)年2月4日
㊞貞愛親王《さだなるしんのう》,伏見宮貞愛《ふしみのみやさだなる》,敦宮
明治〜大正期の皇族、陸軍軍人。元帥。伏見宮邦家親王の王子。孝明天皇の養子になるが伏見家に復帰。西南戦争、日清、日露戦争に従軍。
¶朝日(貞愛親王 さだなるしんのう ㊞安政5年4月28日(1858年6月9日)),維新(貞愛親王 さだなるしんのう),海越(㊞大正12(1923)年2月3日),海越新(㊞大正12(1923)年2月3日),近現(貞愛親王 さだなるしんのう),国史(貞愛親王 さだなるしんのう),コン改(伏見宮貞愛 ふしみのみやさだなる ㊞1925年),コン5(伏見宮貞愛 ふしみのみやさだなる ㊞大正4(1925)年),史人,諸系(貞愛親王 さだなるしんのう),真宗(貞愛親王 さだなるしんのう),新潮(貞愛親王 さだなるしんのう),人名(貞愛親王 さだなるしんのう),世紀(伏見宮貞愛 ふしみのみやさだなる),渡航(㊞1858年5月),日人,幕末(貞愛親王 さだなるしんのう),明治1,陸海

伏見宮貞成親王 ふしみのみやさだふさしんのう
→後崇光院(ごすこういん)

伏見宮禎子女王 ふしみのみやさちこじょおう
→山内禎子(やまのうちさちこ)

伏見宮経子 ふしみのみやつねこ
明治15(1882)年9月〜昭和14(1939)年8月
明治〜昭和期の皇族。伏見宮博恭王の妃。
¶女性，女性普

伏見宮利子 ふしみのみやとしこ
安政5(1858)年5月〜昭和2(1927)年10月
江戸時代末期〜昭和期の皇族。伏見宮貞愛親王の妃。日露戦争時兵士の労をねぎらう。
¶女性，女性普

伏見宮治仁王 ふしみのみやはるひとおう
→治仁王(はるひとおう)

伏見宮博信王 ふしみのみやひろのぶのう
→華頂博信(かちょうひろのぶ)

伏見宮博英王 ふしみのみやひろひでおう
→伏見博英(ふしみひろひで)

伏見宮博恭王 ふしみのみやひろやすおう
明治8(1875)年10月16日〜昭和21(1946)年8月16日 ㊞博恭王《ひろやすおう》,伏見宮博恭《ふしみのみやひろやす》,伏見宮博恭親王《ふしみのみやひろやすしんのう》
明治〜昭和期の皇族、海軍軍人。元帥、理化学研究所総裁、日本産業協会総裁。伏見宮貞愛親王の王子。朝日艦長、軍事参事官などを歴任。大将、のち軍令部長。
¶海越(伏見宮博恭親王 ふしみのみやひろやすしんのう),海越新(伏見宮博恭親王 ふしみのみやひろやすしんのう),角史(伏見宮博恭 ふしみのみやひろやす),近現(博恭王 ひろやすおう),現朝(伏見宮博恭 ふしみのみやひろやす),現情(博恭王 ひろやすおう),現日(伏見宮博恭 ふしみのみやひろやす),国史(博恭王 ひろやすおう),コン改(伏見宮博恭 ふしみのみやひろやす),コン4(伏見宮博恭 ふしみのみやひろやす),コン5(伏見宮博恭 ふしみのみやひろやす),諸系(博恭王 ひろやすおう),新潮(博恭王 ひろやすおう),人名7(博恭王 ひろやすおう),世紀(伏見宮博恭 ふしみのみやひろやす),姓氏京都,渡航(伏見宮博恭 ふしみのみやひろやすおう),日史(博恭王 ひろやすおう),日人,陸海,歴大

伏見宮恭子女王 ふしみのみややすこじょおう
→浅野恭子(あさのやすこ)

伏見博英 ふしみひろひで
大正1(1912)年〜昭和18(1943)年 ㊞伏見宮博英《ふしみのみやひろひで》
昭和期の皇族、考古学者。伏見宮博恭王の第4王子。臣籍降下して伏見伯爵家を創設。
¶長野歴(伏見宮博英 ふしみのみやひろひで)

藤原北夫人 ふじわらきたのふじん
→藤原北夫人(ふじわらきたのぶにん)

藤原北夫人 ふじわらきたのぶにん
?〜天平宝字4(760)年 ㊞藤原北夫人《ふじわらきたのふじん》
奈良時代の女性。聖武天皇の妃。
¶女性(ふじわらきたのふじん ㊞天平宝字4(760)年1月29日),日人

藤原顕家(1) ふじわらのあきいえ
万寿1(1024)年〜寛治3(1089)年
平安時代中期〜後期の公卿(参議)。権中納言藤原経通の四男。
¶公卿(㊞寛治3(1089)年12月22日),平史

藤原顕家(2) ふじわらのあきいえ
仁平3(1153)年〜* ㊞藤原顕家《ふじわらあきいえ》
平安時代後期〜鎌倉時代前期の歌人・公卿(非参議)。非参議藤原重家の次男。
¶鎌室(ふじわらあきいえ ㊞建保3(1215)年),公卿(顕家〔六条・春日・九条・紙屋河家(絶家)〕あきいえ ?),国書(ふじわらあきいえ ㊞貞応2(1223)年12月),諸系(㊞1223年),人名,日人(㊞1223年),平史(㊞1223年),和俳(㊞建保3(1215)年

藤原顕家(3)　ふじわらのあきいえ
？～徳治1（1306）年3月10日　[別]四条顕家《しじょうあきいえ》，藤原顕家《ふじわらあきいえ》
鎌倉時代後期の公卿（参議）。権中納言藤原親頼の子。
¶鎌室（ふじわらあきいえ），公卿（四条顕家　しじょうあきいえ），公家（顕家〔堀河・岩蔵・葉室1家（絶家）〕　あきいえ），日人

藤原顕氏　ふじわらのあきうじ
承元1（1207）年～文永11（1274）年　[別]紙屋川顕氏《かみやがわあきうじ》，藤原顕氏《ふじわらあきうじ》
鎌倉時代前期の歌人・公卿（非参議）。非参議藤原顕家次男。
¶鎌室（ふじわらあきうじ），公卿（[没]文永11（1274）年11月8日），公家（顕氏〔六条・春日・九条・紙屋河家（絶家）〕　あきうじ　[没]文永11（1274）年11月8日），国書（紙屋川顕氏　かみやがわあきうじ　[没]文永11（1274）年11月8日），諸系，人名，日人，和俳

藤原顕雄　ふじわらのあきお
1268年～？
鎌倉時代後期の公卿（非参議）。非参議藤原顕名の子。
¶公卿（生没年不詳），公家（顕雄〔六条・春日・九条・紙屋河家（絶家）〕　あきお）

藤原顕方　ふじわらのあきかた
生没年不詳　[別]藤原顕方《ふじわらあきかた》
平安時代後期の公家・歌人。
¶国書（ふじわらあきかた），平史

藤原彰子　ふじわらのあきこ
→上東門院（じょうとうもんいん）

藤原昭子　ふじわらのあきこ
→藤原昭子（ふじわらのしょうし）

藤原詮子　ふじわらのあきこ
→東三条院（ひがしさんじょういん）

藤原璋子　ふじわらのあきこ
→待賢門院（たいけんもんいん）

藤原顕定　ふじわらのあきさだ
平安時代中期の公卿（権大納言）。
¶人名

藤原顕実　ふじわらのあきざね
永承4（1049）年～天永1（1110）年
平安時代中期～後期の公卿（参議）。大納言藤原資平の孫。
¶公卿（[没]天永1（1110）年7月13日），平史

藤原顕季　ふじわらのあきすえ
天喜3（1055）年～保安4（1123）年　[別]藤原顕季《ふじわらあきすえ》，六条顕季《ろくじょうあきすえ》
平安時代後期の歌人・公卿（非参議）。大納言藤原実季の養子。
¶朝日（[没]保安4年9月6日（1123年9月27日）），岩史（[没]保安4（1123）年9月6日），角史，公卿（[没]保安4（1123）年9月6日），国史，国書（ふじわらあきすえ　[没]保安4（1123）年9月6日），古史，古中，コン改，コン4，詩歌，史人（[没]1123年9月6日），諸系，新潮（[没]保安4（1123）年9月6日），新文（[没]保安4（1123）年9月6日），人名，姓氏京都，世人（生没年不詳），世人（六条顕季　ろくじょうあきすえ　[没]保安4（1123）年9月6日），世百，全書，日史（[没]保安4（1123）年9月6日），日人，百科，兵庫百，文学，平史，和俳（[没]保安4（1123）年9月6日）

藤原顕輔　ふじわらのあきすけ
寛治4（1090）年～久寿2（1155）年　[別]藤原顕輔《ふじわらあきすけ》，六条顕輔《ろくじょうあきすけ》
平安時代後期の歌人・公卿（非参議）。非参議藤原顕季の三男。
¶朝日（[没]久寿2年5月7日（1155年6月8日）），岩史（[没]久寿2（1155）年5月7日），角史，公卿（[没]久寿2（1155）年5月7日），公家（顕輔〔六条・春日・九条・紙屋河家（絶家）〕　あきすけ　[没]久寿2（1155）年5月7日），国史，国書（ふじわらあきすけ　[没]久寿2（1155）年5月7日），古史，古中，コン改，コン4，詩歌，史人（[没]1155年5月7日），諸系，新潮（[没]久寿2（1155）年5月7日），人名，姓氏京都，世人（六条顕輔　ろくじょうあきすけ　[生]寛治3（1089）年　[没]久寿2（1155）年5月7日），世百，全書（[生]1089年，（異説）1090年），大百，新潟百，日史（[没]久寿2（1155）年5月7日），日人，百科，平史，和俳（[没]久寿2（1155）年5月7日）

藤原顕隆　ふじわらのあきたか
延久4（1072）年～大治4（1129）年　[別]藤原顕隆《ふじわらあきたか》，葉室顕隆《はむろあきたか，はむろのあきたか》
平安時代後期の公卿（権中納言）。参議藤原為房の次男。
¶朝日（[没]大治4年1月15日（1129年2月5日）），岩史（[没]大治4（1129）年1月15日），角史（葉室顕隆　はむろあきたか），公卿（[没]大治4（1129）年1月15日），国史，国書（ふじわらあきたか　[没]大治4（1129）年1月15日），古史，古中，コン改（葉室顕隆　はむろあきたか），コン4（葉室顕隆　はむろあきたか），史人（[没]1129年1月15日），諸系，新潮（葉室顕隆　はむろあきたか　[没]大治4（1129）年1月15日），姓氏京都，世人（葉室顕隆　はむろのあきたか），全書（葉室顕隆　はむろのあきたか），日史（[没]大治4（1129）年1月15日），日人，百科，平史，歴大（葉室顕隆　はむろあきたか）

藤原顕忠　ふじわらのあきただ
昌泰1（898）年～康保2（965）年　[別]藤原顕忠《ふじわらあきただ》
平安時代中期の公卿（右大臣）。左大臣藤原時平の次男。
¶公卿（[没]康保2（965）年4月24日），国史，国書（ふじわらあきただ　[没]康保2（965）年4月24

日），古中，コン改（[生]寛平9（897）年），コン4，諸系，新潮（[没]康保2（965）年4月24日），人名，日人，平史

藤原顕嗣 ふじわらのあきつぐ
鎌倉時代前期の公卿（非参議）。参議藤原兼高の子。
¶公卿（生没年不詳），公家（顕嗣〔八条家（絶家）〕　あきつぐ）

藤原顕綱 ふじわらのあきつな
長元2（1029）年～＊　[別]藤原顕綱《ふじわらあきつな》
平安時代中期～後期の歌人。「讃岐典侍日記」の作者。長子や歌人伊予三位の父。
¶朝日（[生]？　[没]嘉承2（1107）年頃），国史（生没年不詳），国書（ふじわらあきつな　生没年不詳），古史（[生]1029年？　[没]1103年？），古中（生没年不詳），コン改（[生]長元2（1029）年，（異説）1033年　[没]康和5（1103）年，（異説）1107年），コン4（[生]長元2（1029）年，（異説）1033年　[没]康和5（1103）年，（異説）1107年），諸系（[生]？　[没]1107年頃），人名（[没]1103年），日人（[生]？　[没]1107年頃），平史（[没]1103年？），和俳（[没]康和5（1103）年）

藤原秋常 ふじわらのあきつね
生没年不詳　[別]藤原朝臣秋常《ふじわらのあそんあきつね》
平安時代前期の官人。
¶古代（藤原朝臣秋常　ふじわらのあそんあきつね），諸系，日人

藤原顕時 ふじわらのあきとき
天永1（1110）年～仁安2（1167）年3月14日　[別]藤原顕時《ふじわらあきとき》
平安時代後期の公卿（権中納言）。参議藤原為房の孫。
¶公卿，公家（顕時〔中山家（絶家）〕　あきとき），国書（ふじわらあきとき），平史

藤原顕俊 ふじわらのあきとし
寿永1（1182）年～寛喜1（1229）年　[別]藤原顕俊《ふじわらあきとし》
鎌倉時代前期の公卿（権中納言）。権中納言藤原光雅の次男。
¶公卿（[没]寛喜1（1229）年6月），公家（顕俊〔堀河・岩蔵・葉室1家（絶家）〕　あきとし　[没]寛喜1（1229）年6月），国書（ふじわらあきとし　[没]寛喜1（1229）年7月21日），新潟百

藤原顕名 ふじわらのあきな
？～弘安5（1282）年12月16日
鎌倉時代後期の公卿（非参議）。非参議藤原顕氏の子。
¶公卿，公家（顕名〔六条・春日・九条・紙屋河家（絶家）〕　あきな）

藤原顕仲 ふじわらのあきなか
康平2（1059）年～大治4（1129）年　[別]藤原顕仲《ふじわらあきなか》
平安時代後期の歌人。
¶国書（ふじわらあきなか　[没]大治4（1129）年1月11日），人名，日人，平史，和俳（生没年不詳）

藤原顕長 ふじわらのあきなが
元永1（1118）年～仁安2（1167）年　[別]藤原顕長《ふじわらあきなが》
平安時代後期の公卿（権中納言）。権中納言藤原顕隆の三男。
¶朝日（[没]仁安2年10月18日（1167年12月1日）），鎌室（ふじわらあきなが），公卿（[生]永久5（1117）年　[没]仁安2（1167）年10月18日），公家（顕長〔八条家（絶家）〕　あきなが　[没]仁安2（1167）年10月18日），国書（ふじわらあきなが　[生]永久5（1117）年　[没]仁安2（1167）年10月18日），諸系，新潮（[没]仁安2（1167）年10月18日），姓氏愛知，日人，平史（[生]1117年）

藤原顕業 ふじわらのあきなり
寛治4（1090）年～久安4（1148）年5月14日　[別]藤原顕業《ふじわらあきなり》
平安時代後期の公卿（参議）。参議藤原広業の4代孫。
¶公卿，国書（ふじわらあきなり），平史

藤原顕成 ふじわらのあきなり
？～永仁4（1296）年
鎌倉時代後期の公卿（非参議）。非参議四条隆兼の子。
¶公卿，公家（顕成〔冷泉家（絶家）1〕　あきなり）

藤原顕信 ふじわらのあきのぶ
正暦5（994）年～万寿4（1027）年
平安時代中期の貴族。藤原道長と明子の子。
¶朝日（[没]万寿4年5月14日（1027年6月20日）），国史，古中，コン4，諸系，日人，平史

藤原章信 ふじわらのあきのぶ
生没年不詳
平安時代中期の官人。
¶平史

藤原顕教 ふじわらのあきのり
鎌倉時代後期の公卿（非参議）。非参議藤原重氏の子。
¶公卿（生没年不詳），公家（顕教〔六条・春日・九条・紙屋河家（絶家）〕　あきのり）

藤原顕範 ふじわらのあきのり
鎌倉時代後期の公卿（非参議）。非参議藤原季範の子。
¶公卿（生没年不詳），公家（顕範〔六条・春日・九条・紙屋河家（絶家）〕　あきのり）

藤原明範 ふじわらのあきのり
安貞1（1227）年～正安3（1301）年
鎌倉時代後期の公卿（非参議）。非参議藤原経範の次男。
¶公卿（[没]正安3（1301）年9月23日），公家（明範〔成季裔（絶家）〕　あきのり）

藤原明衡 ふじわらのあきひら
*～治暦2（1066）年　[別]藤原明衡《ふじわらあきひら》，明衡《めいこう》
平安時代中期の学者、漢詩人。
¶朝日（[生]？　[没]治暦2年10月18日（1066年11月8日）），岩史（[生]？　[没]治暦2（1066）年10月18日），角史（[生]？），教育（[生]989年），京都（[生]？　[没]治暦），京都大（[生]？），国史（[生]？），国書（ふじわらあきひら　[生]永祚1（989）年　[没]治暦2（1066）年10月18日），古史（[生]989年），古中（[生]？），コン改（[生]？），コン4（[生]？），詩歌（[生]989年），史人（[生]？　[没]1066年10月18日），島根歴（ふじわらあきひら　[生]？），諸系（[生]989年），人書94（ふじわらあきひら　[生]991年頃），新潮（[生]永祚1（989）年？），新文（[生]永祚1（989）年　[没]治暦2（1066）年10月18日），人名（[生]989年），姓氏京都（[生]？），世人（[生]永祚1（989）年？），世百（[生]989年？），全書（[生]989年？），日音（[生]永祚1（989）年　[没]治暦2（1066）年10月18日），日史（[生]永祚1（989）年　[没]治暦2（1066）年10月18日），日人（[生]989年），百科（[生]永祚1（989）年），文学（[生]989年），平史（[生]989年），歴大（[生]？），和俳（[生]永祚1（989）年）

藤原顕広 ふじわらのあきひろ
→藤原俊成（ふじわらのとしなり）

藤原顕房 ふじわらのあきふさ
→源顕房（みなもとのあきふさ）

藤原顕雅 ふじわらのあきまさ
承元1（1207）年～弘安4（1281）年9月18日　[別]藤原顕雅《ふじわらあきまさ》
鎌倉時代後期の公卿（参議）。参議藤原親房の子。
¶鎌室（ふじわらあきまさ），公卿，公家（顕雅〔四条家（絶家）〕　あきまさ），日人

藤原顕光 ふじわらのあきみつ
天慶7（944）年～治安1（1021）年　[別]悪霊左府《あくりょうさふ》，藤原顕光《ふじわらあきみつ》
平安時代中期の公卿（左大臣）。関白・太政大臣藤原兼通の長男。
¶朝日（[没]治安1年5月25日（1021年7月7日）），岩史（[没]治安1（1021）年5月25日），公卿，国史，国書（ふじわらあきみつ　[没]治安1（1021）年5月25日），古史，古中，コン改，コン4，史人（[没]1021年5月25日），諸系，新潮（[没]治安1（1021）年5月25日），人名，姓氏京都，世人，日史（[没]治安1（1021）年5月25日），日人，百科（[没]万寿4（1027）年），平史，歴大

藤原顕香 ふじわらのあきよし
鎌倉時代後期の公卿（非参議）。非参議藤原顕雄の子。
¶公卿（生没年不詳），公家（顕香〔六条・春日・九条・紙屋河家（絶家）〕　あきか）

藤原顕能 ふじわらのあきよし
嘉承2（1107）年～保延5（1139）年
平安時代後期の官人。権中納言顕隆の二男。
¶平史

藤原顕頼 ふじわらのあきより
嘉保1（1094）年～久安4（1148）年　[別]藤原顕頼《ふじわらあきより》，葉室顕頼《はむろあきより》
平安時代後期の公卿（権中納言）。権中納言藤原顕隆の長男。
¶朝日（[没]久安4年1月5日（1148年1月27日）），公卿（[没]久安4（1148）年1月5日），国史，国書（ふじわらあきより　[没]久安4（1148）年1月5日），古中，コン4，諸系（葉室顕頼　はむろあきより），日史（[没]久安4（1148）年1月5日），日人（葉室顕頼　はむろあきより），百科，平史，歴大（葉室顕頼　はむろあきより）

藤原明子 ふじわらのあきらけいこ
→藤原明子（ふじわらのめいし）

藤原朝家 ふじわらのあさいえ
生没年不詳　[別]藤原朝家《ふじわらあさいえ》
平安時代後期の公家・歌人。
¶国書（ふじわらあさいえ）

藤原朝方 ふじわらのあさかた
→藤原朝方（ふじわらのともかた）

藤原朝獦（藤原朝狩，藤原朝猟）ふじわらのあさかり
？～天平宝字8（764）年　[別]恵美朝獦《えみのあさかり》，恵美朝狩《えみのあさかり》，藤原朝臣朝獦《ふじわらのあそんあさかり》
奈良時代の官人（参議）。大師恵美押勝の三男。
¶秋田百（藤原朝猟），朝日，岩史（藤原朝狩　[没]天平宝字8（764）年9月18日），公卿（[没]天平宝字8（764）年9月），国史（藤原朝狩），古代（藤原朝臣朝獦　ふじわらのあそんあさかり），古中（藤原朝狩），コン改，コン4，諸系，新潮（[没]天平宝字8（764）年9月18日），人名，姓氏宮城（恵美朝獦　えみのあさかり），日史（[没]天平宝字8（764）年9月18日），日人，百科，歴大

藤原夙子 ふじわらのあさこ
→英照皇太后（えいしょうこうたいごう）

藤原朝隆 ふじわらのあさたか
承徳1（1097）年～平治1（1159）年10月3日　[別]藤原朝隆《ふじわらあさたか，ふじわらのともたか》
平安時代後期の公卿（権中納言）。権中納言藤原顕隆の六男。
¶角史（ふじわらのともたか），公卿（ふじわらのともたか），公家（朝隆〔冷泉家（絶家）1〕　あさたか），国書（ふじわらあさたか），平史

藤原朝忠 ふじわらのあさただ
延喜10（910）年～康保3（966）年　[別]藤原朝忠《ふじわらあさただ》
平安時代中期の歌人・公卿（中納言）。右大臣藤原定方の五男。
¶岩史（[没]康保3（966）年12月2日），公卿（[没]康保3（966）年12月2日），国史，国書（ふじわらあさただ　[没]康保3（966）年12月2日），古史，古中，コン4，詩歌（[生]909年），人名，日人（[没]967年），平史（[生]912年），和俳

ふ

藤原朝尹 ふじわらのあさただ
生没年不詳 [別]藤原朝尹《ふじわらあさただ》
鎌倉時代後期～南北朝時代の公家・歌人。
¶国書(ふじわらあさただ)

藤原朝経 ふじわらのあさつね
天延1(973)年～長元2(1029)年 [別]藤原朝経《ふじわらのともつね》
平安時代中期の公卿(権中納言)。大納言藤原朝光の子。
¶公卿(ふじわらのともつね [没]長元2(1029)年7月4日),平史

藤原朝光 ふじわらのあさてる
天暦5(951)年～長徳1(995)年 [別]藤原朝光《ふじわらあさてる,ふじわらのあさみつ》
平安時代中期の公卿(大納言)。関白・太政大臣藤原兼通の四男。
¶朝日([没]長徳1年3月20日(995年4月22日)),公卿([没]長徳1(995)年3月20日),国書(ふじわらあさてる [没]長徳1(995)年3月20日),諸系(ふじわらのあさみつ),人名,日人(ふじわらのあさみつ),平史

藤原朝仲 ふじわらのあさなか
生没年不詳 [別]藤原朝仲《ふじわらあさなか》
平安時代後期の公家・歌人。
¶国書(ふじわらあさなか),平史

藤原朝成 ふじわらのあさひら
延喜17(917)年～天延2(974)年 [別]藤原朝成《ふじわらのともなり》
平安時代中期の公卿(中納言)。右大臣藤原定方の六男。
¶公卿(ふじわらのともなり [没]天延2(974)年4月5日),人名(ふじわらのともなり),日人,平史

藤原朝光 ふじわらのあさみつ
→藤原朝光(ふじわらのあさてる)

藤原朝元 ふじわらのあさもと
? ～長元4(1031)年
平安時代中期の官人。
¶平史

藤原朝頼 ふじわらのあさより
生没年不詳 [別]藤原朝頼《ふじわらあさより》
平安時代中期の公家・歌人。
¶国書(ふじわらあさより),平史

藤原安宿媛 ふじわらのあすかべひめ
→光明皇后(こうみょうこうごう)

藤原敦家 ふじわらのあついえ
長元6(1033)年～寛治4(1090)年 [別]藤原敦家《ふじわらあついえ》,道因《どういん》
平安時代中期～後期の廷臣、楽人。
¶芸能,国書(ふじわらあついえ [没]寛治4(1090)年7月13日),コン改([生]? [没]寛治5(1091)年),コン4([生]? [没]寛治5(1091)年),諸系,人名([生]? [没]1091年),姓氏京都,日音([没]寛治4(1090)年7月13日),日人,平史

藤原敦兼 ふじわらのあつかね
承暦3(1079)年～? [別]藤原敦兼《ふじわらあつかね》
平安時代後期の楽人。
¶国書(ふじわらあつかね),諸系,人名,姓氏京都,日人,平史

藤原敦国 ふじわらのあつくに
室町時代の公家(従三位)。
¶公家(敦国〔式家(絶家)〕 あつくに)

藤原篤茂 ふじわらのあつしげ
生没年不詳 [別]藤原篤茂《ふじわらあつしげ》
平安時代中期の官吏、漢詩人。
¶国書(ふじわらあつしげ),日人,平史

藤原敦隆 ふじわらのあつたか
? ～保安1(1120)年 [別]藤原敦隆《ふじわらあつたか》
平安時代後期の官吏、歌人。
¶国書(ふじわらあつたか [没]保安1(1120)年7月1日),日人,平史(生没年不詳)

藤原敦忠 ふじわらのあつただ
延喜6(906)年～天慶6(943)年 [別]藤原敦忠《ふじわらあつただ》
平安時代中期の歌人・公卿(権中納言)。左大臣藤原時平の三男。
¶朝日([没]天慶6年3月7日(943年4月14日)),岩史([没]天慶6(943)年3月7日),公卿([没]天慶6(943)年3月7日),国史,国書(ふじわらあつただ [没]天慶6(943)年3月7日),古史,古中,コン4,詩歌,史人([没]943年3月7日),諸系,人名,日人,平史,和俳([没]天慶6(943)年3月7日)

藤原敦周 ふじわらのあつちか
大治3(1128)年～寿永2(1183)年
平安時代後期の官人。
¶平史

藤原敦継 ふじわらのあつつぎ
? ～正和1(1312)年
鎌倉時代後期の公卿(非参議)。非参議藤原兼倫の子。
¶公卿,公家(敦継〔式家(絶家)〕 あつつぐ)

藤原敦経 ふじわらのあつつね
生没年不詳 [別]藤原敦経《ふじわらあつつね》
平安時代後期の公家・歌人。
¶国書(ふじわらあつつね),平史

藤原敦敏 ふじわらのあつとし
延喜12(912)年～天暦1(947)年 [別]藤原敦敏《ふじわらあつとし》
平安時代中期の公家・歌人。
¶国書(ふじわらあつとし [没]天暦1(947)年11月17日),平史

藤原敦仲 ふじわらのあつなか
生没年不詳 [別]藤原敦仲《ふじわらあつなか》

平安時代後期の公家・歌人。
¶国書（ふじわらあつなか），平史

藤原敦信　ふじわらのあつのぶ
生没年不詳
平安時代中期の歌人、漢詩人。
¶朝日，国史，古中，コン4，諸系，日人，平史，和俳

藤原淳範　ふじわらのあつのり
？　～正和4（1315）年9月7日
鎌倉時代後期の公卿（非参議）。非参議藤原経範の四男。
¶公卿，公家（淳範〔成季裔（絶家）〕　あつのり）

藤原敦光　ふじわらのあつみつ
康平6（1063）年～天養1（1144）年　[別]藤原敦光《ふじわらあつみつ》
平安時代後期の文人貴族、儒官。
¶朝日（[没]天養1年10月28日（1144年11月24日）），岩史（[没]天養1（1144）年10月28日），国史，国書（ふじわらあつみつ　[没]天養1（1144）年10月28日），古史，古中，コン改，コン4，史人（[没]1144年10月28日），諸系，新潮（[没]天養1（1144）年10月28日），人名（[生]1062年），姓氏京都，世人（[生]康平5（1062）年），日人，平史，歴大，和俳

藤原敦宗　ふじわらのあつむね
長久3（1042）年～天永2（1111）年　[別]藤原敦宗《ふじわらあつむね》
平安時代中期～後期の学者、漢詩人。
¶朝日（[没]天永2年9月16日（1111年10月20日）），国史，国書（ふじわらあつむね　[没]天永2（1111）年9月16日），古中，コン4，日人，平史（[生]1043年），和俳

藤原敦基　ふじわらのあつもと
永承1（1046）年～嘉承1（1106）年　[別]藤原敦基《ふじわらあつもと》
平安時代中期～後期の学者、漢詩人。後三条、白河両天皇に仕える。
¶朝日（[没]嘉承1（1106）年7月），郷土群馬（ふじわらあつもと　生没年不詳），群馬人（ふじわらあつもと　[生]？），群馬百（[生]1045年），国史，国書（ふじわらあつもと　[没]嘉承1（1106）年7月），古史，古中，コン4，諸系，人名，日人，平史，和俳

藤原敦頼　ふじわらのあつより
→道因(1)（どういん）

藤原当幹　ふじわらのあてもと
→藤原当幹（ふじわらのまさもと）

藤原愛発　ふじわらのあらち
→藤原愛発（ふじわらのちかなり）

藤原有家　ふじわらのありいえ
久寿2（1155）年～建保4（1216）年　[別]藤原仲家《ふじわらなかいえ》，藤原有家《ふじわらありいえ》
平安時代後期～鎌倉時代前期の歌人・公卿（非参議）。非参議藤原重家の三男。
¶朝日（[没]建保4年4月11日（1216年4月29日）），鎌室（ふじわらありいえ　[生]保元1（1156）年），公卿（[没]建保4（1216）年4月11日），公家（有家〔六条・春日・九条・紙屋河家（絶家）〕　ありいえ　[没]建保4（1216）年4月11日），国史，国書（ふじわらありいえ　[没]建保4（1216）年4月11日），古中，コン4，史人（[没]1216年4月11日），諸系，人名，全書，日人，平史，和俳（[没]建保4（1216）年4月11日）

藤原有氏　ふじわらのありうじ
生没年不詳　[別]藤原有氏《ふじわらありうじ》
南北朝時代の公家・歌人。
¶国書（ふじわらありうじ）

藤原有蔭　ふじわらのありかげ
天長1（824）年～仁和1（885）年　[別]藤原朝臣有蔭《ふじわらのあそんありかげ》
平安時代前期の官人。
¶古代（藤原朝臣有蔭　ふじわらのあそんありかげ），姓氏群馬（藤原朝臣有蔭　ふじわらのあそんありかげ），日人（[没]886年）

藤原有清　ふじわらのありきよ
？　～延慶3（1310）年4月26日
鎌倉時代後期の公卿（非参議）。非参議藤原信隆の曾孫。
¶公卿，公家（有清〔坊門家（絶家）〕　ありきよ）

藤原有国（藤原在国）　ふじわらのありくに
天慶6（943）年～寛弘8（1011）年　[別]藤原有国《ふじわらありくに》
平安時代中期の公卿（参議）。参議藤原家宗の4代孫。
¶朝日（[没]寛弘8年7月11日（1011年8月12日）），公卿（[没]寛弘8（1011）年7月11日），国史，国書（ふじわらありくに　[没]寛弘8（1011）年7月11日），古中，コン改，コン4，史人（[没]1011年7月11日），諸系，新潮（[没]寛弘8（1011）年7月11日），人名，新潟百（藤原在国），日人，平史，和俳（[没]寛弘8（1011）年7月11日）

藤原有子　ふじわらのありこ
→安喜門院（あんきもんいん）

藤原有貞　ふじわらのありさだ
天長4（827）年～貞観15（873）年　[別]藤原朝臣有貞《ふじわらのあそんありさだ》
平安時代前期の官人。
¶古代（藤原朝臣有貞　ふじわらのあそんありさだ），諸系，人名（[生]837年），日人，平史

藤原有定　ふじわらのありさだ
長久4（1043）年～寛治8（1094）年　[別]藤原有定《ふじわらありさだ》
平安時代中期～後期の公家・歌人。
¶国書（ふじわらありさだ　[没]寛治8（1094）年3月18日），平史

藤原有実　ふじわらのありざね
承和14（847）年～延喜14（914）年　[別]藤原朝臣有

実《ふじわらのあそんありざね》
平安時代前期～中期の公卿（参議）。左大臣藤原冬嗣の孫。
¶公卿（[没]延喜14（914）年5月12日），古代（藤原朝臣有実　ふじわらのあそんありざね），諸系，日人，平史（[生]848年）

藤原有佐 ふじわらのありすけ
？～天承1（1131）年　[別]藤原有佐《ふじわらありすけ》
平安時代後期の公家・歌人。
¶国書（ふじわらありすけ　[没]天承1（1131）年9月20日），平史

藤原有相 ふじわらのありすけ
延喜8（908）年～天徳3（959）年
平安時代中期の公卿（参議）。右大臣藤原恒佐の長男。
¶公卿（[没]天徳3（959）年5月9日），平史

藤原有能 ふじわらのありたか
鎌倉時代前期の公卿（非参議）。非参議藤原範能の子。
¶公卿（生没年不詳），公家（有能〔実兼裔（絶家）〕　ありよし）

藤原有親 ふじわらのありちか
生没年不詳　[別]藤原有親《ふじわらありちか》
平安時代中期の公家・歌人。
¶国書（ふじわらありちか），平史

藤原有綱 ふじわらのありつな
？～永保2（1082）年　[別]藤原有綱《ふじわらありつな》
平安時代中期～後期の漢学者・漢詩人・歌人。
¶国書（ふじわらありつな　[没]永保2（1082）年3月23日），平史

藤原有時 ふじわらのありとき
生没年不詳　[別]藤原有時《ふじわらありとき》
平安時代中期の公家・歌人。
¶国書（ふじわらありとき），平史

藤原有俊 ふじわらのありとし
長暦1（1037）年～康和4（1102）年
平安時代中期～後期の官人。式部大輔文章博士実綱の二男。
¶平史

藤原有年 ふじわらのありとし
生没年不詳
平安時代前期の官人。南家陸奥守高扶の子。
¶平史

藤原有業 ふじわらのありなり
？～天承2（1132）年6月　[別]藤原有業《ふじわらありなり》
平安時代後期の公家・歌人。
¶国書（ふじわらありなり）

藤原有信 ふじわらのありのぶ
長暦4（1040）年～承徳3（1099）年　[別]藤原有信《ふじわらありのぶ》
平安時代中期～後期の公家・歌人・漢詩人。
¶国書（ふじわらありのぶ　[没]承徳3（1099）年7月11日），平史

藤原有範(1) ふじわらのありのり
→日野有範(1)（ひのありのり）

藤原有範(2) ふじわらのありのり
→日野有範(2)（ひのありのり）

藤原在衡 ふじわらのありひら
寛平4（892）年～天禄1（970）年　[別]粟田左大臣《あわたのさだいじん》，藤原在衡《ふじわらありひら》，粟田大臣《あわたのおとど》
平安時代中期の公卿（左大臣）。中納言藤原山陰の孫。
¶朝日（[没]天禄1年10月10日（970年11月11日）），公卿（[没]天禄1（970）年10月10日），国史，国書（ふじわらありひら　[没]天禄1（970）年10月10日），古中，コン改，コン4，史人（[没]970年10月10日），諸系，新潮（[没]天禄1（970）年10月10日），人名（[生]891年　[没]969年），姓氏京都，日史（[没]天禄1（970）年10月10日），日人，百科，平史

藤原有文 ふじわらのありふみ
生没年不詳　[別]藤原有文《ふじわらありふん》
平安時代中期の公家・歌人。
¶国書（ふじわらありふん），平史

藤原有文 ふじわらのありふん
→藤原有文（ふじわらのありふみ）

藤原有穂 ふじわらのありほ
承和5（838）年～延喜7（907）年　[別]藤原朝臣有穂《ふじわらのあそんありほ》
平安時代前期～中期の公卿（中納言）。左大臣藤原魚名の4代孫。
¶公卿（[没]延喜7（907）年12月21日），古代（藤原朝臣有穂　ふじわらのあそんありほ　[生]838年，（異説）837年），諸系（[没]908年），日人（[没]908年），平史

藤原有通 ふじわらのありみち
正嘉2（1258）年～元弘3/正慶2（1333）年11月3日
鎌倉時代後期の公卿（参議）。参議藤原茂通の子。
¶公卿，公家（有通〔坊門家（絶家）〕　ありみち）

藤原有光 ふじわらのありみつ
康和1（1099）年～治承1（1177）年
平安時代後期の官人。
¶平史

藤原有好 ふじわらのありよし
生没年不詳　[別]藤原有好《ふじわらありよし》
平安時代中期の公家・歌人。
¶国書（ふじわらありよし），平史

藤原有能 ふじわらのありよし
南北朝時代の公卿（非参議）。非参議世尊寺経尹の子。

¶公卿（生没年不詳），公家（有能〔世尊寺家（絶家）〕　ありよし）

藤原敦頼　ふじわらのありより
→道因(1)（どういん）

藤原安子　ふじわらのあんし
延長5（927）年～康保1（964）年　[別]藤原安子《ふじわらのやすこ》
平安時代中期の女性。村上天皇の皇后。
¶朝日（[没]康保1年4月29日（964年6月11日）），岩史（[没]応和4（964）年4月29日），角史，国史，古史，古中，コン改，コン4，史人（[没]964年4月29日），諸系，女性（[没]応和4（964）年4月29日），新潮（[没]康保1（964）年4月24日），人名（ふじわらのやすこ），姓氏京都，世人，世百，全書，大百，日史（[没]康保1（964）年4月29日），日人，百科，平史（ふじわらのやすこ），歴大

ふ

藤原家明　ふじわらのいえあき
→藤原家明（ふじわらのいえあきら）

藤原家明　ふじわらのいえあきら
大治3（1128）年～承安2（1172）年　[別]藤原家明《ふじわらのいえあき》
平安時代後期の公卿（非参議）。中納言藤原家成の次男。
¶公卿（ふじわらのいえあき　[没]承安2（1172）年12月24日），公家（家明〔四条家〕　いえあきら　[没]承安2（1172）年12月24日），新潟百，平史

藤原家雄　ふじわらのいえお
延暦18（799）年～天長9（832）年
平安時代前期の人。緒嗣の長子。
¶平史

藤原家清　ふじわらのいえきよ
建保3（1215）年～宝治1（1247）年1月18日
鎌倉時代前期の公卿（非参議）。権中納言藤原家衡の長男。
¶公卿，公家（家清〔六条・春日・九条・紙屋河家（絶家）〕　いえきよ）

藤原舎子　ふじわらのいえこ
→青綺門院（せいきもんいん）

藤原家定　ふじわらのいえさだ
→持明院家定（じみょういんいえさだ）

藤原家実(1)　ふじわらのいえざね
生没年不詳　[別]藤原家実《ふじわらいえざね》
平安時代後期の公家・歌人。
¶国書（ふじわらいえざね），平史

藤原家実(2)　ふじわらのいえざね
→近衛家実（このえいえざね）

藤原家実(3)　ふじわらのいえざね
→日野資実（ひのすけざね）

藤原家季　ふじわらのいえすえ
建久3（1192）年～建長2（1250）年6月
鎌倉時代前期の公卿（非参議）。非参議藤原経家の次男。
¶公卿，公家（家季〔六条・春日・九条・紙屋河家（絶家）〕　いえすえ），新潟百

藤原家相　ふじわらのいえすけ
？　～正和4（1315）年8月15日
鎌倉時代後期の公卿（非参議）。参議藤原長相の子。
¶公卿，公家（家相〔持明院（正嫡）家（絶家）〕　いえすけ）

藤原家隆　ふじわらのいえたか
保元3（1158）年～嘉禎3（1237）年　[別]藤原家隆《ふじわらいえたか，ふじわらのかりゅう》，藤原雅隆《ふじわらまさたか》
平安時代後期～鎌倉時代前期の歌人・公卿（非参議）。権中納言藤原光隆の次男。藤原俊成の門人で「新古今和歌集」の撰者のひとり。
¶朝日（[没]嘉禎3年4月9日（1237年5月5日）），岩史（[没]嘉禎3（1237）年4月9日），大阪人（ふじわらいえたか　[没]嘉禎3（1237）年4月），大阪墓（[生]保元1（1156）年　[没]嘉禎3（1237）年4月8日），角史，鎌室（ふじわらいえたか），公卿（[没]嘉禎3（1237）年4月9日），公家（家隆〔壬生家（絶家）〕　いえたか　[没]嘉禎3（1237）年4月9日），国史，国書（ふじわらいえたか　[没]嘉禎3（1237）年4月9日），古史，古中，コン改，コン4，茶道，詩歌，史人（[没]1237年4月9日），重要（ふじわらのかりゅう　[没]嘉禎3（1237）年4月9日），諸系，人書79，新潮（[没]嘉禎3（1237）年4月9日），新文（[没]嘉禎3（1237）年4月9日），人名，姓氏京都，姓氏富山（ふじわらいえたか），世人（[没]嘉禎3（1237）年4月9日），世百，全書，大百，富山百，富山文，日史（[没]嘉禎3（1237）年4月9日），日人，百科，文学，平史，歴大，和俳（[没]嘉禎3（1237）年4月9日）

藤原家忠　ふじわらのいえただ
康平5（1062）年～保延2（1136）年　[別]花山院家忠《かざんいんいえただ》
平安時代後期の公卿（左大臣）。花山院家の祖。摂政・関白・太政大臣藤原師実の次男。
¶朝日（[没]保延2年5月24日（1136年6月25日）），公卿（[没]保延2（1136）年5月14日），国史，古史，古中，コン改（[生]康平4（1061）年），コン4（[生]康平4（1061）年），史人（[没]1136年5月14日），諸系，新潮（花山院家忠　かざんいんいえただ　[没]保延2（1136）年5月14日），人名（花山院家忠　かざんいんいえただ），人名（[生]1061年），姓氏京都，日史（[没]保延2（1136）年5月24日），日人，百科（[生]康平4（1061）年），平史

藤原家尹　ふじわらのいえただ
→月輪家尹（つきのわいえまさ）

藤原家倫　ふじわらのいえつぐ
永仁2（1294）年～正平14/延文4（1359）年10月17日
鎌倉時代後期～南北朝時代の公卿（非参議）。非参議藤原兼倫の子。
¶公卿，公家（家倫〔式家（絶家）〕　いえとも）

藤原家綱 ふじわらのいえつな
生没年不詳 [別]藤原家綱《ふじわらいえつな》
平安時代後期の公家・歌人。
¶国書（ふじわらいえつな），平史

藤原家経(1) ふじわらのいえつね
正暦3（992）年～天喜6（1058）年 [別]藤原家経《ふじわらいえつね》
平安時代中期の歌人。
¶国書（ふじわらいえつね [没]天喜6（1058）年5月18日），諸系，人名（[生]？），日人，平史，和俳（[生]？）

藤原家経(2) ふじわらのいえつね
→花山院家経（かざんいんいえつね）

藤原家時(1) ふじわらのいえとき
？～嘉禎2（1236）年1月 [別]藤原家時《ふじわらいえとき》
鎌倉時代前期の公卿（非参議）。従四位上・宮内大輔藤原親綱の長男。
¶鎌室（ふじわらいえとき），公卿，公家（家時〔小一条流姉小路家（絶家）〕 いえとき），日人

藤原家時(2) ふじわらのいえとき
建久5（1194）年～弘安5（1282）年7月20日 [別]藤原家時《ふじわらいえとき》
鎌倉時代前期の公卿（非参議）。権中納言持明寺保家の次男。
¶鎌室（ふじわらいえとき），公卿，公家（家時〔持明院（正嫡）家（絶家）〕 いえとき），日人

藤原家良 ふじわらのいえなが
→藤原家良（ふじわらのいえよし）

藤原家成 ふじわらのいえなり
嘉承2（1107）年～久寿1（1154）年 [別]中御門家成《なかみかどいえなり》，藤原家成《ふじわらいえなり》
平安時代後期の公卿（中納言）。参議藤原家保の三男。
¶朝日（[没]久寿1年5月29日（1154年7月11日）），公卿（[没]久寿1（1154）年5月29日），公家（家成〔四条家〕 いえなり [没]仁平4（1154）年5月29日），国史，国書（ふじわらいえなり [没]仁平4（1154）年5月29日），古中，コン4，諸系，新潮（[没]久寿1（1154）年5月29日），姓氏京都，世人（中御門家成 なかみかどいえなり），日史（[没]久寿1（1154）年5月29日），日人，百科，平史，歴大

藤原家信 ふじわらのいえのぶ
寿永1（1182）年～嘉禎2（1236）年8月22日
鎌倉時代前期の公卿（非参議）。参議藤原雅長の三男。
¶公卿，公家（家信〔室町家（絶家）〕 いえのぶ）

藤原家教 ふじわらのいえのり
→花山院家教（かざんいんいえのり）

藤原家衡 ふじわらのいえひら
治承3（1179）年～寛元3（1245）年6月2日 [別]藤原家衡《ふじわらいえひら》
鎌倉時代前期の公卿（非参議）。非参議藤原経家の子。
¶公卿（[没]？），公家（家衡〔六条・春日・九条・紙屋河家（絶家）〕 いえひら），国書（ふじわらいえひら）

藤原家房 ふじわらのいえふさ
仁安2（1167）年～建久7（1196）年7月22日 [別]藤原家房《ふじわらいえふさ》
平安時代後期～鎌倉時代前期の公卿（権中納言）。摂政・関白・太政大臣藤原基房の次男。
¶鎌室（ふじわらいえふさ），公卿，公家（家房〔松殿家（絶家）〕 いえふさ），国書（ふじわらいえふさ），日人，平史

藤原家政 ふじわらのいえまさ
承暦4（1080）年～永久3（1115）年4月8日
平安時代後期の公卿（参議）。関白・内大臣藤原師通の次男。
¶公卿

藤原家躬 ふじわらのいえみ
生没年不詳 [別]藤原家躬《ふじわらいえみ》
鎌倉時代の公家・連歌作者。
¶国書（ふじわらいえみ）

藤原家通(1) ふじわらのいえみち
天喜4（1056）年～永久4（1116）年
平安時代後期の廷臣。
¶平史

藤原家通(2) ふじわらのいえみち
康治2（1143）年～文治3（1187）年 [別]藤原家通《ふじわらいえみち》，藤原基重《ふじわらもとしげ》
平安時代後期の公卿（権中納言）。大納言藤原重通の子。
¶朝日（[没]文治3年11月1日（1187年12月2日）），鎌室（ふじわらいえみち），公卿（[没]文治3（1187）年11月1日），公家（家通〔坊門家（絶家）〕 いえみち [没]文治3（1187）年11月1日），国書（ふじわらいえみち [没]文治3（1187）年11月1日），諸系，新潮（[没]文治3（1187）年11月1日），日人，平史

藤原家光 ふじわらのいえみつ
→日野家光（ひのいえみつ）

藤原家宗(1) ふじわらのいえむね
弘仁8（817）年～元慶1（877）年
平安時代前期の公卿（参議）。参議藤原真夏の孫。
¶公卿（[没]元慶1（877）年2月20日），平史

藤原家宗(2) ふじわらのいえむね
？～建暦1（1211）年10月10日
鎌倉時代前期の公卿（非参議）。太政大臣大炊御門頼実の長男。
¶公卿，公家（家宗〔大炊御門家〕 いえむね）

藤原家保 ふじわらのいえやす
承暦4（1080）年～保延2（1136）年

平安時代後期の公卿（参議）。非参議藤原顕季の次男。
¶公卿（[没]保延2（1136）年8月14日），平史

藤原家行 ふじわらのいえゆき
→持明院家行（じみょういんいえゆき）

藤原家能 ふじわらのいえよし
→持明院家行（じみょういんいえゆき）

藤原家良 ふじわらのいえよし
建久3（1192）年～文永1（1264）年　[別]衣笠家良《きぬがさいえよし》，藤原家良《ふじわらいえよし，ふじわらのいえなが》
鎌倉時代前期の歌人・公卿（内大臣）。衣笠家の祖。大納言藤原忠良の次男。
¶鎌室（ふじわらいえよし），公卿（衣笠家良　きぬがさいえよし　[没]文永1（1264）年9月10日），公家（家良〔衣笠家（絶家）〕　いえよし　[没]文永1（1264）年9月10日），国史，国書（衣笠家良　きぬがさいえよし　[没]文永1（1264）年9月10日），古中，コン4，新潮（[没]文永1（1264）年9月10日），人名（ふじわらのいえなが），姓氏京都，世人，日人，和俳

藤原家依 ふじわらのいえより
天平15（743）年～延暦4（785）年　[別]藤原朝臣家依《ふじわらのあそんいえより》
奈良時代の官人（中納言）。左大臣藤原永手の長男。
¶公卿（[没]延暦4（785）年6月25日），古代（藤原朝臣家依　ふじわらのあそんいえより　[生]743年？），諸系，日人

藤原五百重娘 ふじわらのいおえのいらつめ
→五百重娘（いおえのいらつめ）

藤原五百重媛 ふじわらのいおえひめ
→五百重娘（いおえのいらつめ）

藤原生子 ふじわらのいくこ
→藤原生子（ふじわらのせいし）

藤原育子 ふじわらのいくし
久安2（1146）年～承安3（1173）年　[別]藤原育子《ふじわらのむねこ》
平安時代後期の女性。二条天皇の皇后。
¶朝日（[没]承安3年8月15日（1173年9月23日）），コン改，コン4，諸系，女性（[没]承安3（1173）年8月15日），新潮（[没]承安3（1173）年8月15日），人名，日人，平史（ふじわらのむねこ）

藤原生子 ふじわらのいくし
→藤原生子（ふじわらのせいし）

藤原位子 ふじわらのいし
→新陽明門院（しんようめいもんいん）

藤原威子 ふじわらのいし
長保1（999）年～長元9（1036）年　[別]藤原威子《ふじわらのたけこ》
平安時代中期の女性。後一条天皇の皇后。
¶朝日（[生]長保1年12月23日（1000年2月1日）[没]長元9年9月6日（1036年9月28日）），角史，国史，古史，古中，コン改，コン4，史人（[生]999年12月23日　[没]1036年9月6日），諸系（[生]1000年），女性（[没]長元9（1036）年9月6日），新潮（[生]長保2（1000）年　[没]長元9（1036）年9月6日），人名，姓氏京都，世人，世百（[生]1000年），日人（[生]1000年），平史（ふじわらのたけこ），歴大（[生]1000年）

藤原懿子 ふじわらのいし
永久4（1116）年～康治2（1143）年　[別]源懿子《みなもとのいし》，藤原懿子《ふじわらのよしこ》
平安時代後期の女性。後白河天皇の女御。
¶諸系，女性（源懿子　みなもとのいし　[生]？），日人，平史（ふじわらのよしこ）

藤原苡子 ふじわらのいし
承保3（1076）年～康和5（1103）年　[別]藤原苡子《ふじわらのしげこ》
平安時代後期の女性。堀河天皇の女御。
¶朝日（[没]康和5年1月25日（1103年3月5日）），角史，国史，古中，コン改，コン4，諸系，女性（[没]康和5（1103）年1月25日），新潮（[没]康和5（1103）年1月25日），人名，世人，日史（[没]康和5（1103）年1月25日），日人，平史（ふじわらのしげこ）

藤原石津 ふじわらのいしづ
[別]藤原朝臣石津《ふじわらのあそんいしづ》
奈良時代の皇族。系譜不明。もとは石津王だったが藤原朝臣を賜わった。
¶古代（藤原朝臣石津　ふじわらのあそんいしづ），日人（生没年不詳）

藤原伊周 ふじわらのいしゅう
→藤原伊周（ふじわらのこれちか）

藤原伊勢人 ふじわらのいせひと
天平宝字3（759）年～天長4（827）年
奈良時代～平安時代前期の官人。
¶姓氏京都，平史

藤原今川 ふじわらのいまがわ
天平勝宝1（749）年～弘仁5（814）年　[別]藤原朝臣今川《ふじわらのあそんいまがわ》
奈良時代～平安時代前期の中級官人。
¶古代（藤原朝臣今川　ふじわらのあそんいまがわ），諸系，日人

藤原愔子 ふじわらのいんし
→玄輝門院（げんきもんいん）

藤原胤子 ふじわらのいんし
？～寛平8（896）年　[別]藤原胤子《ふじわらのたねこ》，藤原朝臣胤子《ふじわらのあそんいんし》
平安時代前期の女性。宇多天皇の女御。
¶朝日（[没]寛平8年6月30日（896年8月12日）），国史，古代（藤原朝臣胤子　ふじわらのあそんいんし　[生]876年），古中，コン改，コン4，史人（[没]896年6月30日），諸系，女性（[没]寛平8（896）年6月30日），新潮（[没]寛平8（896）年6月30日），人名，日人，平史（ふじわらのたねこ

[生]876年)

藤原魚名　ふじわらのうおな
養老5(721)年～延暦2(783)年　[別]藤原朝臣魚名《ふじわらのあそんうおな》
奈良時代の官人(左大臣)。参議藤原房前の五男。
¶朝日([没]延暦2年7月25日(783年8月27日)), 岩史([没]延暦2(783)年7月25日), 角史, 公卿([没]延暦2(783)年7月25日), 国史, 古史, 古代(藤原朝臣魚名　ふじわらのあそんうおな), 古中, コン改, コン4, 史人([没]783年7月25日), 諸系, 新潮([没]延暦2(783)年7月25日), 人名, 世人, 世百, 全書, 大百, 日史([没]延暦2(783)年7月25日), 日人, 百科, 歴大

藤原氏雄　ふじわらのうじお
[別]藤原朝臣氏雄《ふじわらのあそんうじお》
平安時代前期の官人。
¶古代(藤原朝臣氏雄　ふじわらのあそんうじお), 日人(生没年不詳)

藤原氏定　ふじわらのうじさだ
生没年不詳　[別]藤原氏定《ふじわらうじさだ》
南北朝時代の公家・歌人。
¶国書(ふじわらうじさだ)

藤原氏直　ふじわらのうじなお
戦国時代の公家。
¶人名

藤原氏宗　ふじわらのうじむね
弘仁1(810)年～貞観14(872)年　[別]藤原氏宗《ふじわらうじむね》, 藤原朝臣氏宗《ふじわらのあそんうじむね》
平安時代前期の公卿(右大臣)。中納言藤原葛野麿の七男。
¶朝日([生]?　[没]貞観14年2月7日(872年3月19日)), 公卿([生]延暦14(795)年　[没]貞観14(872)年2月11日), 国史, 国書(ふじわらうじむね　[没]貞観14(872)年2月7日), 古代(藤原朝臣氏宗　ふじわらのあそんうじむね　[生]807年,(異説)810年), 古中, コン改([生]大同3(808)年), コン4([生]大同3(808)年), 史人([没]872年2月7日), 諸系, 新潮([生]大同3(808)年?　[没]貞観14(872)年2月7日), 人名([生]808年), 世人([生]大同3(808)年), 日史([没]貞観14(872)年2月7日), 日人, 百科, 平史

藤原内経　ふじわらのうちつね
→一条内経(いちじょううちつね)

藤原内麻呂　ふじわらのうちまろ
天平勝宝8(756)年～弘仁3(812)年　[別]藤原朝臣内麻呂《ふじわらのあそんうちまろ》, 藤原内麻呂《ふじわらうちまろ》
奈良時代～平安時代前期の公卿(右大臣)。大納言藤原真楯の三男。
¶朝日([没]弘仁3年10月6日(812年11月13日)), 角史, 公卿([生]天平勝宝7(755)年　[没]弘仁3(812)年10月6日), 国史, 国書(ふじわらうちまろ　[没]弘仁3(812)年10月6日), 古史, 古代(藤原朝臣内麻呂　ふじわらのあそんうちまろ), 古中, コン改, コン4, 史人([没]812年10月6日), 諸系, 新潮([没]弘仁3(812)年10月6日), 人名, 姓氏京都, 世人, 日史([没]弘仁3(812)年10月6日), 日人, 百科, 平史, 歴大

藤原宇合　ふじわらのうまかい
持統8(694)年～天平9(737)年　[別]藤原宇合《ふじわらうまかい》, 藤原朝臣宇合《ふじわらのあそみうまかい, ふじわらのあそんうまかい》
飛鳥時代～奈良時代の官人(参議)。藤原式家の祖。右大臣藤原不比等の三男。
¶朝日([没]天平9年8月5日(737年9月3日)), 茨城百, 岩史([没]天平9(737)年8月5日), 大阪人(ふじわらうまかい　[没]天平9(737)年8月), 角史, 郷土茨城, 公卿([没]天平9(737)年8月5日), 国史([生]?), 国書(ふじわらうまかい　[没]天平9(737)年8月5日), 古史, 古代(藤原朝臣宇合　ふじわらのあそんうまかい), 古中([生]?), コン改([生]持統8(694)年?), コン4([生]持統8(694)年?), 史人([没]737年8月5日), 重要([没]天平9(737)年8月5日), 諸系, 新潮([没]天平9(737)年8月5日), 人名, 姓氏京都, 世人([没]天平9(737)年8月5日), 世百, 全書, 大百, 日史([生]持統8(694)年?　[没]天平9(737)年4月3日), 日人, 百科([生]持統8(694)年?), 福岡百([没]天平9(737)年8月5日), 万葉(藤原朝臣宇合　ふじわらのあそみうまかい), 歴大, 和俳([没]天平9(737)年8月5日)

藤原栄子　ふじわらのえいし
→吉徳門院(きっとくもんいん)

藤原瑛子　ふじわらのえいし
→昭訓門院(しょうくんもんいん)

藤原枝良　ふじわらのえだよし
承和12(845)年～延喜17(917)年　[別]藤原朝臣枝良《ふじわらのあそんえだよし》
平安時代前期～中期の公卿(参議)。左大臣藤原緒嗣の孫。
¶神奈川人, 公卿([没]延喜17(917)年5月27日), 古代(藤原朝臣枝良　ふじわらのあそんえだよし), コン改, コン4, 諸系, 日人, 平史

藤原恵美執棹　ふじわらのえみのとりさお
→藤原執棹(ふじわらのとりさお)

藤原延子(1)　ふじわらのえんし
?～寛仁3(1019)年　[別]藤原延子《ふじわらえんし, ふじわらののぶこ》, 堀河女御《ほりかわのにょうご》
平安時代中期の女性。三条天皇の第1皇子敦明親王の妃。
¶国書(ふじわらえんし　[没]寛仁3(1019)年4月10日), 諸系, 女性([没]寛仁3(1019)年4月10日), 人名, 日人, 平史(ふじわらののぶこ)

藤原延子(2)　ふじわらのえんし
長和5(1016)年～嘉保2(1095)年　[別]藤原延子《ふじわらののぶこ》
平安時代中期～後期の女性。後朱雀天皇の女御。
¶朝日([生]長和5年10月4日(1016年11月6日))

[没]嘉保2年6月9日（1095年7月13日）），コン改，コン4，諸系，女性（[没]嘉保2（1095）年6月10日），新潮（[没]嘉保2（1095）年6月9日），人名（ふじわらののぶこ），日人，平史（ふじわらののぶこ）

藤原大津 ふじわらのおおつ
延暦11（792）年～斉衡1（854）年　[別]藤原朝臣大津《ふじわらのあそんおおつ》
平安時代前期の官人。
¶古代（藤原朝臣大津　ふじわらのあそんおおつ），コン改（[生]延暦1（782）年），コン4（[生]延暦1（782）年），諸系，人名（[生]782年），日人，平史

藤原大継 ふじわらのおおつぐ
？　～弘仁1（810）年
奈良時代～平安時代前期の官人。京家麻呂の孫、参議浜成の子。
¶平史

藤原岳守 ふじわらのおかもり
大同3（808）年～仁寿1（851）年　[別]藤原岳守《ふじわらのたけもり》，藤原朝臣岳守《ふじわらのあそんおかもり》
平安時代前期の中級官人。
¶古代（藤原朝臣岳守　ふじわらのあそんおかもり），人名（ふじわらのたけもり），日人，平史

藤原興風 ふじわらのおきかぜ
生没年不詳　[別]藤原興風《ふじわらおきかぜ》
平安時代中期の歌人。三十六歌仙の一人。
¶岩史，国史，国書（ふじわらおきかぜ），古中，コン改，コン4，詩歌，史人，諸系，新潮，人名，世人，日人，平史，和俳

藤原興邦 ふじわらのおきくに
弘仁12（821）年～貞観5（863）年　[別]藤原朝臣興邦《ふじわらのあそんおきくに》
平安時代前期の中級官人。
¶古代（藤原朝臣興邦　ふじわらのあそんおきくに），諸系，日人

藤原興嗣 ふじわらのおきつぐ
生没年不詳
平安時代前期の官人。
¶平史

藤原興範 ふじわらのおきのり
承和11（844）年～延喜17（917）年　[別]藤原朝臣興範《ふじわらのあそんおきのり》
平安時代前期～中期の公卿（参議）。中納言藤原縄主の曽孫。
¶公卿（[没]延喜17（917）年5月27日），古代（藤原朝臣興範　ふじわらのあそんおきのり），日人，平史

藤原興世 ふじわらのおきよ
？　～寛平3（891）年
平安時代前期の官人。
¶庄内（生没年不詳），平史

藤原小屎 ふじわらのおぐそ，ふじわらのおくそ
生没年不詳
平安時代前期の女性。桓武天皇の夫人。
¶女性（ふじわらのおくそ），人名（ふじわらのおくそ），日人，平史

藤原小黒麻呂（藤原小黒麿）　ふじわらのおぐろまろ
天平5（733）年～延暦13（794）年　[別]藤原小黒麻呂《ふじわらのこぐろまろ》，藤原朝臣小黒麻呂《ふじわらのあそんおぐろまろ》
奈良時代の官人（大納言）。参議藤原房前の孫。
¶朝日（[没]延暦13年7月1日（794年7月31日）），京都，京都大，公卿（[没]延暦13（794）年7月1日），国史，古史，古代（藤原朝臣小黒麻呂　ふじわらのあそんおぐろまろ），古中，コン改（藤原小黒麿），コン4（藤原小黒麿），史人（[没]794年7月1日），諸系，新潮（[没]延暦13（794）年7月1日），人名（藤原小黒麿），姓氏京都（ふじわらのこぐろまろ），姓氏群馬（藤原朝臣小黒麻呂　ふじわらのあそんおぐろまろ），世人（[没]延暦13（794）年7月1日），日史（[没]延暦13（794）年7月1日），日人，百科，歴大

藤原雄田麻呂 ふじわらのおだまろ
→藤原百川（ふじわらのももかわ）

藤原緒嗣 ふじわらのおつぐ
宝亀5（774）年～承和10（843）年　[別]藤原朝臣緒嗣《ふじわらのあそんおつぐ》
平安時代前期の公卿（左大臣）。参議藤原百川の長男。
¶朝日（[没]承和10年7月23日（843年8月22日）），岩史（[没]承和10（843）年7月23日），角史，京都，京都大，公卿（[没]承和10（843）年7月23日），国史，古史，古代（藤原朝臣緒嗣　ふじわらのあそんおつぐ），古中，コン改，コン4，史人（[没]843年7月23日），重要，諸系，新潮（[没]承和10（843）年7月23日），人名（[生]773年），姓氏京都，世人（[生]宝亀4（773）年），世百，全書，大百，日史（[没]承和10（843）年7月23日），日人，百科，平史，宮城百（[生]宝亀4（773）年），歴大

藤原乙叡 ふじわらのおとえい
→藤原乙叡（ふじわらのたかとし）

藤原弟貞 ふじわらのおとさだ
→山背王(1)（やましろおう）

藤原雄敏（藤原雄俊）　ふじわらのおとし
？　～嘉祥1（848）年
平安時代前期の法制学者。
¶史人，人名（藤原雄俊），日人，平史

藤原乙叡 ふじわらのおとたか
→藤原乙叡（ふじわらのたかとし）

藤原乙叡 ふじわらのおとただ
→藤原乙叡（ふじわらのたかとし）

藤原乙縄 ふじわらのおとただ
？　～天応1（781）年　[別]藤原乙縄《ふじわらのたかつな》，藤原朝臣乙縄《ふじわらのあそんおとただ》

奈良時代の官人(参議)。右大臣藤原豊成の三男。
¶朝日([没]天応1年6月6日(781年7月1日)), 公卿([没]天応1(781)年6月6日), 国史, 古代(藤原朝臣乙縄 ふじわらのあそんおとただ), 古中, 諸系, 新潮([没]天応1(781)年6月6日), 人名(ふじわらのたかつな), 世人, 日人

藤原弟友(藤原乙友) ふじわらのおととも
生没年不詳 [別]藤原朝臣乙友《ふじわらのあそんおととも》
奈良時代の貴族、官人。南家藤原是公の3男。
¶古代(藤原朝臣乙友 ふじわらのあそんおととも), 諸系, 日人

藤原乙麻呂 ふじわらのおとまろ
? ～天平宝字4(760)年 [別]藤原朝臣乙麻呂《ふじわらのあそんおとまろ》
奈良時代の官人(非参議)。贈太政大臣・左大臣藤原武智麻呂の三男。
¶公卿([没]天平勝宝4(752)年6月), 古代(藤原朝臣乙麻呂 ふじわらのあそんおとまろ), 諸系, 日人

藤原乙牟漏 ふじわらのおとむろ
天平宝字4(760)年～延暦9(790)年 [別]藤原朝臣乙牟漏《ふじわらのあそんおとむろ》
奈良時代の女性。桓武天皇の皇后。
¶朝日([没]延暦9年閏3月10日(790年4月28日)), 角史, 京都, 京都大, 京都府, 国史, 古史, 古代(藤原朝臣乙牟漏 ふじわらのあそんおとむろ), 古中, コン改, コン4, 史人([没]790年閏3月10日), 諸系, 女性([没]延暦9(790)年閏3月10日), 新潮([没]延暦9(790)年閏3月10日), 人名, 姓氏京都, 世人, 世百, 全書, 大百, 日人, 平史, 歴大

藤原雄友 ふじわらのおとも
天平勝宝5(753)年～弘仁2(811)年 [別]藤原朝臣雄友《ふじわらのあそんおとも》, 藤原雄友《ふじわらおとも》
奈良時代～平安時代前期の公卿(大納言)。右大臣藤原是公の三男。
¶朝日([没]弘仁2年4月23日(811年5月18日)), 公卿([没]弘仁2(811)年4月23日), 国史, 国書(ふじわらおとも [没]弘仁2(811)年4月23日), 古代(藤原朝臣雄友 ふじわらのあそんおとも), 古中, コン改, コン4, 諸系, 新潮([没]弘仁2(811)年4月23日), 人名, 日人, 平史

藤原緒夏 ふじわらのおなつ
? ～斉衡2(855)年 [別]藤原朝臣緒夏《ふじわらのあそんおなつ》
平安時代前期の女性。嵯峨天皇の妃。
¶古代(藤原朝臣緒夏 ふじわらのあそんおなつ), 諸系, 女性([没]斉衡2(855)年10月11日), 人名, 日人, 平史

藤原小湯麻呂 ふじわらのおゆまろ
? ～天平宝字8(764)年 [別]藤原朝臣小湯麻呂《ふじわらのあそんおゆまろ》
奈良時代の官人。
¶古代(藤原朝臣小湯麻呂 ふじわらのあそんおゆまろ), 日人

藤原雄依 ふじわらのおより
生没年不詳 [別]藤原朝臣雄依《ふじわらのあそんおより》
奈良時代～平安時代前期の官人。
¶古代(藤原朝臣雄依 ふじわらのあそんおより), 諸系, 日人

藤原温子 ふじわらのおんし
貞観14(872)年～延喜7(907)年 [別]七条后《しちじょうのきさき》, 東七条院《ひがししちじょういん》, 藤原温子《ふじわらのよしこ》
平安時代前期～中期の女性。宇多天皇の女御。
¶朝日([没]延喜7年6月8日(907年7月20日)), 岩史([没]延喜7(907)年6月8日), 角史, 国史, 国書(七条后 しちじょうのきさき [没]延喜7(907)年6月8日), 古史, 古中, コン改, コン4, 史人([没]907年6月8日), 諸系, 女性([没]延喜7(907)年6月7日), 新潮([没]延喜7(907)年6月8日), 人名, 姓氏京都, 世人, 世百, 大百, 日史([没]延喜7(907)年6月8日), 日人, 百科, 平史(ふじわらのよしこ), 歴大, 和俳

藤原穏子 ふじわらのおんし
仁和1(885)年～天暦8(954)年 [別]藤原穏子《ふじわらおんし, ふじわらのやすこ》
平安時代中期の女性。醍醐天皇の皇后。
¶朝日([没]天暦8年1月4日(954年2月9日)), 岩史([没]天暦8(954)年1月4日), 角史, 京都, 京都大, 京都府, 国史, 国書(ふじわらおんし [没]天暦8(954)年1月4日), 古史, 古中, コン改, コン4, 史人([没]954年1月4日), 諸系, 女性([没]天暦8(954)年1月4日), 新潮([没]天暦8(954)年1月4日), 人名, 姓氏京都, 世人, 世百, 大百, 日史([没]天暦8(954)年1月4日), 日人, 百科, 平史(ふじわらのやすこ), 歴大

藤原懐子 ふじわらのかいし
天慶8(945)年～天延3(975)年 [別]藤原懐子《ふじわらかいし, ふじわらのかねこ》
平安時代中期の女性。冷泉天皇の女御。
¶朝日([没]天延3年4月3日(975年5月16日)), 岩史([没]天延3(975)年4月3日), 角史, 国書(ふじわらかいし [没]天延3(975)年4月3日), コン改, コン4, 諸系, 女性([没]天延3(975)年4月3日), 新潮([没]天延3(975)年4月3日), 人名, 日人, 平史(ふじわらのかねこ)

藤原楓麻呂 ふじわらのかえでまろ
養老7(723)年～宝亀7(776)年 [別]藤原朝臣楓麻呂《ふじわらのあそんかえでまろ》
奈良時代の官人(参議)。参議藤原房前の七男。
¶朝日([生]? [没]宝亀7年6月13日(776年7月3日)), 岐阜百, 公卿([生]? [没]宝亀7(776)年6月13日), 古代(藤原朝臣楓麻呂 ふじわらのあそんかえでまろ [生]?), コン改, コン4, 史人([没]776年6月13日), 諸系, 新潮([没]宝亀7(776)年6月13日), 人名, 日人

藤原景斉 ふじわらのかげただ
? ～治安3(1023)年

平安時代中期の官人。
¶平史

藤原蔭基 ふじわらのかげもと
生没年不詳　[別]藤原蔭基《ふじわらかげもと》
平安時代前期の公家・歌人。
¶国書（ふじわらかげもと），平史

藤原梶長 ふじわらのかじなが
生没年不詳　[別]藤原朝臣梶長《ふじわらのあそんかじなが》
平安時代前期の官人。
¶古代（藤原朝臣梶長　ふじわらのあそんかじなが），日人，平史

藤原佳珠子 ふじわらのかずこ
生没年不詳
平安時代前期の女性。清和天皇の女御。
¶諸系，女性，人名，日人，平史

藤原数紀 ふじわらのかずのり
1683年～宝暦3（1753）年9月11日
江戸時代中期の公家（九条家諸大夫）。伊予守藤原正春の子で、右馬頭従五位上藤原顕長の養子。
¶公家（数紀〔九条家諸大夫 矢野家（藤原氏）〕かずのり）

藤原縵麻呂（藤原縄麻呂） ふじわらのかずらまろ
神護景雲2（768）年～弘仁12（821）年　[別]藤原縄麻呂《ふじわらのかずらまろ》，藤原朝臣縵麻呂《ふじわらのあそんかずらまろ》
奈良時代～平安時代前期の官人。
¶神奈川人，古代（藤原朝臣縵麻呂　ふじわらのあそんかずらまろ），日人，平史（藤原縄麻呂）

藤原賢子 ふじわらのかたこ
→藤原賢子（ふじわらのけんし）

藤原勝臣 ふじわらのかちおみ
生没年不詳　[別]藤原勝臣《ふじわらかちおむ》
平安時代前期の公家・歌人。
¶国書（ふじわらかちおむ），平史

藤原勝臣 ふじわらのかちおむ
→藤原勝臣（ふじわらのかちおみ）

藤原廉子 ふじわらのかとこ
→阿野廉子（あのれんし）

藤原葛野麻呂 ふじわらのかどのまろ
天平勝宝7（755）年～弘仁9（818）年　[別]藤原朝臣葛野麻呂《ふじわらのあそんかどのまろ》
奈良時代～平安時代前期の公卿（中納言）。従五位下藤原鳥養の孫。
¶朝日（[没]弘仁9年11月10日（818年12月11日）），岩史（[没]弘仁9（818）年11月10日），角史，京都，京都大，公卿（[生]天平勝宝1（749）年　[没]弘仁9（818）年11月16日），国史，古史，古代（藤原朝臣葛野麻呂　ふじわらのあそんかどのまろ），古中，コン改，コン4，史人（[没]818年11月10日），諸系，新潮（[没]弘仁9（818）年11月），人名（[生]765年），姓氏京都，世人（[生]天平神護1（765）年），日史（[没]弘仁9（818）年11月10日），日人，百科，平史，歴大

藤原門宗 ふじわらのかどむね
[別]藤原朝臣門宗《ふじわらのあそんかどむね》
平安時代前期の官人。
¶古代（藤原朝臣門宗　ふじわらのあそんかどむね），日人（生没年不詳）

藤原兼家 ふじわらのかねいえ
延長7（929）年～正暦1（990）年　[別]東三条大入道《ひがしさんじょうのおおにゅうどう》，藤原兼家《ふじわらかねいえ》
平安時代中期の公卿（摂政・関白・太政大臣）。右大臣藤原師輔の三男。
¶朝日（[没]正暦1年7月2日（990年7月26日）），岩史（[没]永祚2（990）年7月2日），角史，京都大，公卿（[没]正暦1（990）年7月2日），国史，国書（ふじわらかねいえ　[没]永祚2（990）年7月2日），古史，古中，コン改，コン4，史人（[没]990年7月2日），重要（[没]正暦1（990）年7月2日），諸系，新潮（[没]正暦1（990）年7月2日），人名，姓氏京都，世人（[没]正暦1（990）年7月2日），世百，全書，大百，日史（[没]正暦1（990）年7月2日），日人，百科，平史，歴大，和俳（[没]正暦1（990）年7月2日）

藤原兼邦 ふじわらのかねくに
？～応永27（1420）年2月25日　[別]楊梅兼邦《やまももかねくに》
室町時代の公卿（非参議）。非参議藤原兼親の子。
¶鎌室（楊梅兼邦　やまももかねくに），公卿，公家（兼邦〔楊梅家（絶家）〕　かねくに），日人

藤原懐子 ふじわらのかねこ
→藤原懐子（ふじわらのかいし）

藤原兼実 ふじわらのかねざね
→九条兼実（くじょうかねざね）

藤原兼茂 ふじわらのかねしげ
→藤原兼茂（ふじわらのかねもち）

藤原兼輔(1) ふじわらのかねすけ
元慶1（877）年～承平3（933）年2月18日　[別]堤中納言《つつみちゅうなごん》，藤原兼輔《ふじわらかねすけ》
平安時代前期～中期の歌人・公卿（中納言）。左大臣藤原冬嗣の曽孫。
¶角史，公卿，国史，国書（ふじわらかねすけ），古中，コン4，詩歌，史人，諸系，新潮，人名，世人，全書，日史，日人，百科，平史，和俳

藤原兼輔(2) ふじわらのかねすけ
鎌倉時代後期の公卿（非参議）。参議近衛兼嗣の子。
¶公卿（生没年不詳），公家（兼輔〔北小路・室町家（絶家）〕　かねすけ）

藤原兼高(1) ふじわらのかねたか
？～延応1（1239）年11月6日　[別]藤原兼高《ふじわらかねたか》
鎌倉時代前期の公卿（参議）。権中納言藤原長方の四男。

¶公卿，公家（兼高〔八条家（絶家）〕　かねたか），国書（ふじわらかねたか　[生]治承3（1179）年）

藤原兼高(2)　ふじわらのかねたか
弘安10（1287）年～延元3/暦応1（1338）年12月28日
鎌倉時代後期～南北朝時代の公卿（非参議）。非参議藤原兼行の次男。
¶公卿，公家（兼高〔楊梅家（絶家）〕　かねたか）

藤原兼隆　ふじわらのかねたか
寛和1（985）年～天喜1（1053）年
平安時代中期の公卿（中納言）。関白・右大臣藤原道兼の次男。
¶公卿（[没]天喜1（1053）年10月），平史

藤原懐忠　ふじわらのかねただ
承平5（935）年～寛仁4（1020）年　[別]藤原懐忠《ふじわらのちかただ》
平安時代中期の公卿（大納言）。大納言藤原元方の九男。
¶公卿（ふじわらのちかただ　[没]寛仁4（1020）年11月1日），平史

藤原兼忠　ふじわらのかねただ
→鷹司兼忠(1)（たかつかさかねただ）

藤原兼親　ふじわらのかねちか
？～元中6/康応1（1389）年
南北朝時代の公卿（非参議）。非参議藤原兼高の子。
¶公卿，公家（兼親〔楊梅家（絶家）〕　かねちか）

藤原兼倫　ふじわらのかねつぐ
安貞1（1227）年～正安1（1299）年8月
鎌倉時代後期の公卿（非参議）。非参議藤原光兼の子。
¶公卿，公家（兼倫〔式家（絶家）〕　かねとも）

藤原兼綱　ふじわらのかねつな
永延2（988）年～天喜6（1058）年　[別]藤原兼綱《ふじわらかねつな》
平安時代中期～後期の公家・歌人。
¶国書（ふじわらかねつな　[没]天喜6（1058）年7月29日），平史

藤原兼経　ふじわらのかねつね
長保2（1000）年～長久4（1043）年
平安時代中期の公卿（参議）。大納言藤原道綱の三男。
¶公卿（[没]長久4（1043）年5月2日），平史

藤原兼俊　ふじわらのかねとし
？～元中7/明徳1（1390）年
南北朝時代の公卿（非参議）。非参議藤原家倫の子。
¶公卿，公家（兼俊〔式家（絶家）〕　かねとし）

藤原兼仲　ふじわらのかねなか
→広橋兼仲（ひろはしかねなか）

藤原兼長　ふじわらのかねなが
保延4（1138）年～保元3（1158）年1月
平安時代後期の公卿（権中納言）。左大臣藤原頼長の長男。
¶朝日（[生]保延4（1138）年5月），公卿，公家（兼長〔宇治家（絶家）〕　かねなが　[生]保延4（1138）年5月），コン改，コン4，諸系，新潮，人名，日人，平史

藤原兼信　ふじわらのかねのぶ
→花山院兼信（かざんいんかねのぶ）

藤原懐平　ふじわらのかねひら
天暦7（953）年～寛仁1（1017）年　[別]藤原懐平《ふじわらのちかひら》
平安時代中期の公卿（権中納言）。摂政・太政大臣藤原実頼の孫。
¶公卿（ふじわらのちかひら　[没]寛仁1（1017）年4月18日），平史

藤原兼平　ふじわらのかねひら
貞観17（875）年～承平5（935）年
平安時代前期～中期の官人。
¶平史

藤原兼房(1)　ふじわらのかねふさ
長保3（1001）年～延久1（1069）年　[別]藤原兼房《ふじわらかねふさ》
平安時代中期～後期の官人・歌人。
¶国書（ふじわらかねふさ　[没]延久1（1069）年6月4日），諸系，日人，平史

藤原兼房(2)　ふじわらのかねふさ
仁平3（1153）年～建保5（1217）年　[別]藤原兼房《ふじわらかねふさ》
平安時代後期～鎌倉時代前期の歌人・公卿（太政大臣）。摂政・関白・太政大臣藤原忠通の四男。
¶鎌室（ふじわらかねふさ　[生]久安6（1150）年？），公卿（[没]建保5（1217）年2月22日），公家（兼房〔高野家（絶家）〕　かねふさ　[没]建保5（1217）年2月26日），諸系，人名（[生]？），日人，平史，和俳

藤原兼雅　ふじわらのかねまさ
→花山院兼雅（かざんいんかねまさ）

藤原兼三　ふじわらのかねみ
生没年不詳　[別]藤原兼三《ふじわらかねみ》
平安時代前期～中期の公家・歌人。
¶国書（ふじわらかねみ），平史

藤原懐通　ふじわらのかねみち
生没年不詳　[別]藤原懐通《ふじわらかねみち》
南北朝時代の公家・歌人。
¶国書（ふじわらかねみち）

藤原兼通　ふじわらのかねみち
延長3（925）年～貞元2（977）年11月8日　[別]忠義公《ちゅうぎこう》，藤原兼通《ふじわらかねみち》
平安時代中期の公卿（関白・太政大臣）。右大臣藤原師輔の次男。
¶朝日（[没]貞元2年11月8日（977年12月20日）），

岩史，角史，公卿，国史，国書（ふじわらかねみち），古史，古中，コン改，コン4，史人，重要，諸系，新潮，人名，姓氏京都，世人，全書，大百，日史，日人，百科，平史，歴大

藤原兼光(1)　ふじわらのかねみつ
生没年不詳
平安時代中期の鎮守府将軍。
¶平史

藤原兼光(2)　ふじわらのかねみつ
→日野兼光（ひのかねみつ）

藤原兼宗　ふじわらのかねむね
→中山兼宗（なかやまかねむね）

藤原兼茂　ふじわらのかねもち
？ ～延長2（923）年3月7日　[別]藤原兼茂《ふじわらかねもち，ふじわらのかねしげ》
平安時代中期の公卿（参議）。左大臣藤原冬嗣の曽孫。
¶公卿（ふじわらのかねしげ），国書（ふじわらかねもち），平史

藤原兼行　ふじわらのかねゆき
建長6（1254）年～？　[別]楊梅兼行《やまももかねゆき》
鎌倉時代後期の公卿（非参議）。非参議藤原忠兼の子。
¶公卿，公家（兼行〔楊梅家（絶家）〕　かねゆき），国書（楊梅兼行　やまももかねゆき），日人

藤原懐世　ふじわらのかねよ
生没年不詳　[別]藤原懐世《ふじわらかねよ》
鎌倉時代後期の公家・歌人。
¶国書（ふじわらかねよ）

藤原兼良　ふじわらのかねよし
仁安2（1167）年～承久3（1221）年　[別]九条兼良《くじょうかねよし》
平安時代後期～鎌倉時代前期の公卿（大納言）。太政大臣藤原兼房の子。
¶公卿（九条兼良　くじょうかねよし　生没年不詳），公家（兼良〔高野家（絶家）〕　かねよし），平史

藤原兼頼(1)　ふじわらのかねより
長和3（1014）年～康平6（1063）年
平安時代中期の公卿（権中納言）。右大臣藤原頼宗の長男。
¶公卿（[没]康平6（1063）年1月11日），平史

藤原兼頼(2)　ふじわらのかねより
？ ～文永6（1269）年3月28日
鎌倉時代前期の公卿（非参議）。兵衛佐信家の孫。
¶公卿，公家（兼頼〔烏丸家（絶家）〕　かねより）

藤原周頼　ふじわらのかねより
→藤原周頼（ふじわらのちかより）

藤原鎌足　ふじわらのかまたり
推古天皇22（614）年～天智天皇8（669）年　[別]中臣鎌子《なかとみのかまこ》，中臣鎌足《なかとみのかまたり》，中臣連鎌足《なかとみのむらじかまたり》，藤原鎌足《ふじわらかまたり》，藤原卿《ふじわらのまえつきみ》，藤原朝臣鎌足《ふじわらのあそみかまたり》
飛鳥時代の廷臣（内大臣）。藤原家の始祖。天児屋尊の裔。中大兄皇子と協力して大化改新を断行。改新後は内臣として政治にあたり、死の直前に藤原姓を賜る。
¶朝日（中臣鎌足　なかとみのかまたり　[没]天智8年10月16日（669年11月14日）），茨城百，岩史（[没]天智8（669）年10月16日），角史，鎌倉，郷土茨城，郷土奈良，公卿（[没]天智8（669）年10月16日），国史，国書（ふじわらかまたり　[没]天智8（669）年10月16日），古史（中臣鎌足　なかとみのかまたり），古代（中臣連鎌足　なかとみのむらじかまたり），古中，コン改（中臣鎌足　なかとみのかまたり），コン4（中臣鎌足　なかとみのかまたり），史人（[没]669年10月16日），重要（中臣鎌足　なかとみのかまたり　[没]天智8（669）年10月16日），諸系，神史，神人（ふじわらかまたり），新潮（[没]天智8（669）年10月16日），人名，姓氏京都（中臣鎌足　なかとみのかまたり），世人（中臣鎌足　なかとみのかまたり　[没]天智8（669）年10月16日），世百，全書，大百，伝記，日史（[没]天智8（669）年10月16日），日人，百科，仏教（[没]天智8（669）年10月16日），万葉（藤原卿　ふじわらのまえつきみ），万葉（藤原朝臣鎌足　ふじわらのあそみかまたり），歴大

藤原佳美子　ふじわらのかみこ
？ ～昌泰1（898）年　[別]藤原朝臣佳美子《ふじわらのあそんかみこ》
平安時代前期の女性。光孝天皇の女御。
¶古代（藤原朝臣佳美子　ふじわらのあそんかみこ），女性（[没]昌泰1（898）年7月28日），人名，日人，平史

藤原辛加知　ふじわらのからかち
？ ～天平宝字8（764）年　[別]藤原朝臣辛加知《ふじわらのあそんからかち》
奈良時代の官人。
¶古史，古代（藤原朝臣辛加知　ふじわらのあそんからかち），日人，福井百（生没年不詳）

藤原家隆　ふじわらのかりゅう
→藤原家隆（ふじわらのいえたか）

藤原寛子(1)　ふじわらのかんし
延喜6（906）年～天慶8（945）年　[別]藤原寛子《ふじわらのひろこ》
平安時代中期の女性。醍醐天皇の第4皇子重明親王の妃。
¶女性（[没]天慶8（945）年1月18日），人名，日人，平史（ふじわらのひろこ）

藤原寛子(2)　ふじわらのかんし
長保1（999）年～万寿2（1025）年　[別]藤原寛子《ふじわらのひろこ》
平安時代中期の女性。三条天皇の第1皇子小一条院敦明親王の妃。
¶朝日（[没]万寿2年7月9日（1025年8月5日）），国

史([生]?)，古史([生]?)，古中([生]?)，史人([没]1025年7月9日)，諸系，女性([没]万寿2(1025)年7月9日)，人名，日人，平史(ふじわらのひろこ　[生]?)

藤原寛子(3)　ふじわらのかんし
長元9(1036)年〜大治2(1127)年　[別]藤原寛子《ふじわらのひろこ》
平安時代中期〜後期の女性。後冷泉天皇の皇后。
¶朝日([没]大治2年8月14日(1127年9月21日))，角史，京都([没]保安2(1121)年)，京都大([没]保安2(1121)年)，京都府([没]保安2(1121)年)，国史，古史，古中，コン改([没]保安2(1121)年)，コン4([没]保安2(1121)年)，史人([没]1127年8月14日)，諸系，女性([没]大治2(1127)年8月14日)，新潮([没]大治2(1127)年8月14日)，人名，姓氏京都，日人，平史(ふじわらのひろこ)

藤原歓子　ふじわらのかんし
治安1(1021)年〜康和4(1102)年　[別]小野皇后《おののこうごう》,藤原歓子《ふじわらのよしこ》，小野后《おののきさき》,小野皇太后《おののこうたいごう》
平安時代中期〜後期の女性。後冷泉天皇の皇后。
¶朝日([没]康和4年8月17日(1102年9月30日))，角史，国史，古中，コン改，コン4，諸系，女性([没]康和4(1102)年8月17日)，新潮([没]康和4(1102)年8月17日)，人名，世百([生]1020年)，大百，日人，平史(ふじわらのよしこ)

藤原忯子　ふじわらのきし
→藤原忯子(ふじわらのしし)

藤原嬉子(1)　ふじわらのきし
寛弘4(1007)年〜万寿2(1025)年　[別]藤原嬉子《ふじわらのよしこ》
平安時代中期の女性。東宮敦良親王(後朱雀天皇)の女御。
¶朝日([生]寛弘4年1月5日(1007年1月26日)　[没]万寿2年8月5日(1025年8月30日))，角史，古史，コン改，コン4，史人([生]1007年1月5日　[没]1025年8月5日)，諸系，女性([没]万寿2(1025)年8月15日)，新潮([生]寛弘4(1007)年1月5日　[没]万寿2(1025)年8月5日)，人名，日人，平史(ふじわらのよしこ)

藤原嬉子(2)　ふじわらのきし
→今出河院(いまでがわいん)

藤原季子　ふじわらのきし
→顕親門院(けんしんもんいん)

藤原禧子　ふじわらのきし
→礼成門院(1)(れいせいもんいん)

藤原義子　ふじわらのぎし
天延2(974)年〜天喜1(1053)年　[別]藤原義子《ふじわらのよしこ》
平安時代中期の女性。一条天皇の女御。
¶諸系，女性([没]天喜1(1053)年7月)，人名(ふじわらのよしこ)，日人，平史(ふじわらのよしこ)

藤原姞子　ふじわらのきっし
→大宮院(おおみやいん)

藤原吉子　ふじわらのきっし
?　〜大同2(807)年　[別]藤原吉子《ふじわらのよしこ》,藤原朝臣吉子《ふじわらのあそんきっし》
奈良時代〜平安時代前期の女性。桓武天皇の夫人。右大臣藤原是公の娘。
¶朝日，国史，古史，古代(藤原朝臣吉子　ふじわらのあそんきっし)，古中，コン改(ふじわらのよしこ)，コン4(ふじわらのよしこ)，史人(ふじわらのよしこ　[没]807年11月12日)，諸系，女性([没]大同2(807)年11月12日)，新潮(ふじわらのよしこ　[没]大同2(807)年11月12日)，人名(ふじわらのよしこ)，世人(ふじわらのよしこ　[没]大同2(807)年11月12日)，日人，平史(ふじわらのよしこ)，歴大(ふじわらのよしこ)

藤原佶子　ふじわらのきっし
→京極院(きょうごくいん)

藤原備雄　ふじわらのきびお
生没年不詳
平安時代前期の官人。
¶新潟百

藤原宮子　ふじわらのきゅうし
→藤原宮子(ふじわらのみやこ)

藤原清家　ふじわらのきよいえ
生没年不詳　[別]藤原清家《ふじわらきよいえ》
平安時代後期の公家・歌人。
¶国書(ふじわらきよいえ)，平史

藤原刷雄　ふじわらのきよお
→藤原刷雄(ふじわらのよしお)

藤原清廉　ふじわらのきよかど
生没年不詳
平安時代中期の官人。「今昔物語集」にみえる猫恐の大夫。
¶朝日，国史，古中，コン4，全書，日人，平史

藤原清河　ふじわらのきよかわ
[別]藤原清河《ふじわらきよかわ》,藤原朝臣清河《ふじわらのあそみきよかわ,ふじわらのあそんきよかわ》
奈良時代の官人(参議)。参議藤原房前の四男。
¶朝日(生没年不詳)，岩史([生]霊亀1(715)年?　[没]宝亀4(773)年?)，角史(生没年不詳)，公卿([生]慶雲3(706)年　[没]宝亀9(778)年)，国史(生没年不詳)，国書(ふじわらきよかわ　[生]?　[没]宝亀10(779)年2月?)，古史(生没年不詳)，古代(藤原朝臣清河　ふじわらのあそんきよかわ)，古中(生没年不詳)，コン改([生]?　[没]宝亀10(779)年)，コン4([生]?　[没]宝亀10(779)年)，史人(生没年不詳)，重要(生没年不詳)，諸系(生没年不詳)，新潮(生没年不詳)，人名([生]706年　[没]778年)，世人(生没年不詳)，世百([生]706年　[没]778年)，全書(生没年不詳)，大百([生]?　[没]778年)，日史(生没年不詳)，日人(生没年不詳)，百科(生没年不詳)，万葉

（藤原朝臣清河　ふじわらのあそみきよかわ），歴大（生没年不詳）

藤原頊子　ふじわらのぎょくし
→万秋門院（ばんしゅうもんいん）

藤原聖子　ふじわらのきよこ
→皇嘉門院（こうかもんいん）

藤原妍子　ふじわらのきよこ
→藤原妍子（ふじわらのけんし）

藤原清季　ふじわらのきよすえ
承安4（1174）年～安貞1（1227）年6月1日
鎌倉時代前期の公卿（非参議）。非参議藤原実清の次男。
¶公卿，公家（清季〔八条家（絶家）〕　きよすえ）

藤原清輔　ふじわらのきよすけ
長治1（1104）年～安元3（1177）年6月20日　[別]藤原清輔《ふじわらきよすけ》
平安時代後期の藤原氏北家末茂流。
¶朝日（[没]治承1年6月20日（1177年7月17日）），岩史，角史，国史（[生]？），国書（ふじわらきよすけ），古史，古中（[生]1108年），コン改，コン4，詩歌，史人，諸系，新潮，新文，人名，世人，世百，全書，大百，日史，日人，百科，文学，平史，歴大，和俳

藤原清隆(1)　ふじわらのきよたか
寛治5（1091）年～応保2（1162）年4月17日
平安時代後期の公卿（権中納言）。左大臣藤原冬嗣・中納言藤原兼輔の裔。
¶公卿，公家（清隆〔壬生家（絶家）〕　きよたか），新潟百（[生]1084年　[没]1155年），平史

藤原清隆(2)　ふじわらのきよたか
生没年不詳　[別]藤原清隆《ふじわらきよたか》
鎌倉時代後期の公家・歌人。
¶国書（ふじわらきよたか）

藤原清正　ふじわらのきよただ
？～天徳2（958）年　[別]藤原清正《ふじわらきよただ》
平安時代中期の歌人。三十六歌仙の一人。
¶朝日（[没]天徳2（958）年7月），岩史（[没]天徳2（958）年7月），国史，国書（ふじわらきよただ　[没]天徳2（958）年7月），古中，日人，平史，和俳

藤原清経　ふじわらのきよつね
承和13（846）年～延喜15（915）年　[別]藤原朝臣清経《ふじわらのあそんきよつね》
平安時代前期～中期の公卿（参議）。権中納言藤原長良の六男。
¶公卿（[没]延喜15（915）年5月23日），古代（藤原朝臣清経　ふじわらのあそんきよつね），諸系，日人，平史

藤原清貫　ふじわらのきよつら
貞観9（867）年～延長8（930）年　[別]藤原清貫《ふじわらきよつら，ふじわらのきよぬき》
平安時代前期～中期の公卿（大納言）。参議藤原保則の四男。
¶神奈川人，公卿（ふじわらのきよぬき　[没]延長8（930）年6月26日），国書（ふじわらきよつら　[没]延長8（930）年6月26日），平史（[生]887年）

藤原浄弁　ふじわらのきよとも
？～天平宝字8（764）年9月
奈良時代の官人。
¶埼玉人

藤原清長　ふじわらのきよなが
承安1（1171）年～建保2（1214）年12月　[別]藤原清長《ふじわらきよなが》
平安時代後期～鎌倉時代前期の公卿（非参議）。参議藤原定長の子。
¶鎌室（ふじわらきよなが），公卿，公家（清長〔霊山家（絶家）〕　きよなが），日人（[没]1215年）

藤原清成　ふじわらのきよなり
生没年不詳　[別]藤原朝臣清成《ふじわらのあそんきよなり》
奈良時代の式家種継の父。
¶古代（藤原朝臣清成　ふじわらのあそんきよなり　[生]716年　[没]777年），諸系，日人

藤原清貫　ふじわらのきよぬき
→藤原清貫（ふじわらのきよつら）

藤原清範　ふじわらのきよのり
生没年不詳　[別]藤原清範《ふじわらきよのり》
平安時代後期～鎌倉時代前期の公家・歌人。
¶国書（ふじわらきよのり）

藤原清春　ふじわらのきよはる
生没年不詳　[別]藤原清春《ふじわらきよはる》
南北朝時代の公家・歌人。
¶国書（ふじわらきよはる）

藤原清房　ふじわらのきよふさ
鎌倉時代後期～南北朝時代の公卿（非参議）。権大納言藤原忠信の曾孫。
¶公卿（生没年不詳），公家（清房〔坊門家（絶家）〕　きよふさ）

藤原清通　ふじわらのきよみち
永治1（1141）年～？
平安時代後期の公卿（非参議）。中納言藤原伊実の長男。
¶公卿，公家（清通〔坊門家（絶家）〕　きよみち），平史

藤原浄本　ふじわらのきよもと
*～天長7（830）年　[別]藤原浄本《ふじわらのじょうもと》
平安時代前期の公卿（非参議）。参議藤原蔵下麿の九男。
¶公卿（ふじわらのじょうもと　[生]宝亀2（771）年　[没]天長7（830）年7月21日），平史（[生]770年）

藤原公明　ふじわらのきんあき
？～建保6（1218）年7月　[別]藤原公明《ふじわらきんあき，ふじわらのきんめい》
鎌倉時代前期の公卿（非参議）。大納言藤原実家

の次男。
¶鎌室（ふじわらきんあき），公卿（ふじわらのきんめい），公家（公明〔河原・大炊御門・近衛家（絶家）〕　きんあき），日人

藤原公敦　ふじわらのきんあつ
鎌倉時代後期の公卿（参議）。参議藤原実光の子。
¶公卿（㊐文暦1（1234）年　㊦弘安10（1286）年12月6日），公家（公敦〔河原・大炊御門・近衛家（絶家）〕　きんあつ　㊐1235年　㊦弘安10（1287）年12月6日）

藤原公雄　ふじわらのきんお
鎌倉時代前期の歌人。
¶人名，和俳（生没年不詳）

藤原公蔭　ふじわらのきんかげ
？～文永8（1271）年3月4日
鎌倉時代前期の公卿（非参議）。権大納言藤原実持の長男。
¶公卿，公家（公蔭〔清水谷家（絶家）〕　きんかげ）

藤原公賢　ふじわらのきんかた
→洞院公賢（とういんきんかた）

藤原公兼　ふじわらのきんかね
仁治1（1240）年～正和1（1312）年4月17日
鎌倉時代後期の公卿（非参議）。権大納言藤原実持の次男。
¶公卿，公家（公兼〔清水谷家（絶家）〕　きんかね）

藤原公清　ふじわらのきんきよ
仁安1（1166）年～安貞2（1228）年10月11日
平安時代後期～鎌倉時代前期の公卿（参議）。河鰭家系の祖。権大納言滋野井実国の次男。
¶公卿，公家（公清〔河鰭家〕　きんきよ）

藤原公国　ふじわらのきんくに
長寛1（1163）年～建保6（1218）年9月10日
平安時代後期～鎌倉時代前期の公卿（中納言）。大納言藤原実家の長男。
¶公卿，公家（公国〔河原・大炊御門・近衛家（絶家）〕　きんくに）

藤原公定(1)　ふじわらのきんさだ
永承4（1049）年～康和1（1099）年
平安時代中期～後期の公卿（参議）。権中納言藤原経輔の長男。
¶公卿（㊦康和1（1099）年7月2日），諸系，人名（㊐1050年），日音（㊦康和1（1099）年7月1日），日人，平史

藤原公定(2)　ふじわらのきんさだ
→三条公定（さんじょうきんさだ）

藤原公実　ふじわらのきんざね
天喜1（1053）年～嘉承2（1107）年　㊛藤原公実《ふじわらきんざね》
平安時代後期の公卿（権大納言）。大納言藤原実季の長男。

¶朝日（㊦嘉承2年11月14日（1107年12月29日）），公卿（㊦嘉承2（1107）年11月14日），国史，国書（ふじわらきんざね　㊦嘉承2（1107）年11月14日），古中，コン改（㊐長久4（1043）年），コン4，諸系，新潮（㊦嘉承2（1107）年11月14日），人名，日人，平史，和俳（㊦嘉承2（1107）年11月14日）

藤原忻子(1)　ふじわらのきんし
長承3（1134）年～承元3（1209）年　㊛藤原忻子《ふじわらきんし，ふじわらのよしこ》
平安時代後期～鎌倉時代前期の女性。後白河天皇の皇后。
¶朝日（㊦承元3年8月12日（1209年9月12日）），鎌室（ふじわらきんし），国史，古中，コン4，女性（㊦承元3（1209）年8月12日），新潮（㊦承元3（1209）年8月12日），人名，日人，平史（ふじわらのよしこ）

藤原忻子(2)　ふじわらのきんし
→長楽門院（ちょうらくもんいん）

藤原公重　ふじわらのきんしげ
元永1（1118）年～治承2（1178）年　㊛藤原公重《ふじわらきんしげ》
平安時代後期の官吏，歌人。
¶国書（ふじわらきんしげ　㊦元永2（1119）年），諸系，姓氏京都，日人，平史

藤原公季　ふじわらのきんすえ
天徳1（957）年～長元2（1029）年　㊛閑院公季《かんいんきんすえ》，仁義公《じんぎこう》，藤原公季《ふじわらきんすえ》
平安時代中期の公卿（太政大臣）。右大臣藤原師輔の十一男。
¶朝日（㊦長元2年10月17日（1029年11月25日）），岩史（㊦長元2（1029）年10月17日），角史，公卿（㊦長元2（1029）年10月17日），国史，国書（ふじわらきんすえ　㊦長元2（1029）年10月17日），古史，古中，コン改（㊐天暦10（956）年），コン4（㊐天暦10（956）年），史人（㊦1029年10月17日），諸系，新潮（㊦長元2（1029）年10月17日），人名（㊐956年），姓氏京都，世人（㊐天暦10（956）年），日史（㊦長元2（1029）年10月17日），日人，百科，平史，歴大

藤原公相　ふじわらのきんすけ
→西園寺公相（さいおんじきんすけ）

藤原公隆　ふじわらのきんたか
康和5（1103）年～仁平3（1153）年6月20日
平安時代後期の公卿（参議）。中納言藤原実隆の長男。
¶公卿，公家（公隆〔閑院家（絶家）〕1　きんたか），平史（㊐1104年ごろ）

藤原公為　ふじわらのきんため
嘉禄2（1226）年～？
鎌倉時代前期の公卿（非参議）。左大臣三条実房の孫。
¶公卿，公家（公為〔知足院三条家（絶家）〕　きんため）

藤原公親 ふじわらのきんちか
天承1(1131)年～平治1(1159)年7月10日
平安時代後期の公卿(参議)。左大臣徳大寺実能
の次男。
¶公卿，公家(公親〔徳大寺家〕 きんちか)，
平史

藤原公継 ふじわらのきんつぐ
→徳大寺公継(とくだいじきんつぐ)

藤原公経(1) ふじわらのきんつね
？ ～承徳3(1099)年 圀藤原公経《ふじわらきん
つね》
平安時代中期～後期の歌人。
¶国書(ふじわらきんつね 圀承徳3(1099)年7月
23日)，人名，日人，平史，和俳

藤原公経(2) ふじわらのきんつね
→西園寺公経(さいおんじきんつね)

藤原公任 ふじわらのきんとう
康保3(966)年～長久2(1041)年 圀四条大納言
《しじょうだいなごん》，藤原公任《ふじわらきん
とう》
平安時代中期の歌人・公卿(権大納言)。関白・太
政大臣藤原頼忠の長男。
¶朝日(圀長久2年1月1日(1041年2月4日))，岩
史(圀長久2(1041)年1月1日)，角史，京都，京
都大，公卿(圀長久2(1041)年1月1日)，国史，
国書(ふじわらきんとう 圀長久2(1041)年1月
1日)，古史，古中，コン改，コン4，茶道，詩
歌，史人(圀1041年1月1日)，重要(圀長久2
(1041)年1月1日)，人書94(ふじわらきんと
んとう)，神人(ふじわらきんとう 圀長久2
(1041)年1月1日)，新潮(圀長久2(1041)年1
月1日)，新文(圀長久2(1041)年1月1日)，人
名，姓氏京都，世人(圀長久2(1041)年1月1
日)，世百，全書，大百，伝記，日音(圀長久2
(1041)年1月1日)，日史(圀長久2(1041)年1
月1日)，日人，美術，百科，仏教(圀長久2
(1041)年1月1日)，文学，平史，歴大，和歌山
人，和俳(圀長久2(1041)年1月1日)

藤原公時 ふじわらのきんとき
保元2(1157)年～承久2(1220)年 圀滋野井公時
《しげのいきんとき》，藤原公時《ふじわらきんと
き》
平安時代後期～鎌倉時代前期の公家・歌人。
¶公卿(滋野井公時 しげのいきんとき 圀？)，
公家(公時〔滋野井家〕 きんとき)，国書(ふ
じわらきんとき 圀承久2(1220)年4月23日)，
平史

藤原公直 ふじわらのきんなお
承久1(1219)年～？ 圀藤原公直《ふじわらきん
なお》
鎌倉時代前期の公卿。
¶鎌室(ふじわらきんなお 生没年不詳)，公家
(公直〔河原・大炊御門・近衛家(絶家)〕 き
んなお)，北条(ふじわらきんなお)

藤原公仲 ふじわらのきんなか
生没年不詳 圀藤原公仲《ふじわらきんなか》
鎌倉時代の公家。
¶北条(ふじわらきんなか)

藤原公長 ふじわらのきんなが
元暦1(1184)年～？ 圀藤原公長《ふじわらきん
なが》
鎌倉時代前期の公卿(非参議)。中納言藤原実教
の三男。
¶鎌室(ふじわらきんなが 生没年不詳)，公卿，
公家(公長〔山科家(絶家)1〕 きんなが)，諸
系，日人

藤原公成 ふじわらのきんなり
長保1(999)年～長久4(1043)年 圀藤原公成《ふ
じわらきんなり》
平安時代中期の公卿(権中納言)。中納言藤原実
成の長男。
¶朝日(圀長久4年6月24日(1043年8月1日))，公
卿(圀長久4(1043)年6月24日)，国史，国書
(ふじわらきんなり 圀長久4(1043)年6月24
日)，古中，コン4，諸系，人名，日人，平史

藤原公信(1) ふじわらのきんのぶ
貞元2(977)年～万寿3(1026)年5月15日 圀藤原
公信《ふじわらきんのぶ》
平安時代中期の公卿(権中納言)。太政大臣藤原
為光の六男。
¶公卿，国書(ふじわらきんのぶ)，平史

藤原公信(2) ふじわらのきんのぶ
鎌倉時代後期の公卿(非参議)。権大納言室町実
藤の次男。
¶公卿(生没年不詳)，公家(公信〔室町家(絶
家)2〕 きんのぶ)

藤原公教 ふじわらのきんのり
康和5(1103)年～永暦1(1160)年 圀三条公教
《さんじょうきんのり》，藤原公教《ふじわらきん
のり》
平安時代後期の公卿(内大臣)。太政大臣三条実
行の子。
¶朝日(圀永暦1年7月9日(1160年8月12日))，鎌
室(ふじわらきんのり)，公卿(三条公教 さん
じょうきんのり 圀永暦1(1160)年7月9日)，
公家(公教〔三条家〕 きんのり 圀永暦1
(1160)年7月9日)，国史，国書(三条公教 さ
んじょうきんのり 圀永暦1(1160)年7月9日)，
古中，コン4，諸系(三条公教 さんじょうきん
のり)，新潮(三条公教 さんじょうきんのり
圀永暦1(1160)年7月1日)，人名，姓氏京都，
日人(三条公教 さんじょうきんのり)，平史

藤原公則 ふじわらのきんのり
生没年不詳
平安時代中期の官人。藤原伊傅の子。
¶平史

藤原公秀 ふじわらのきんひで
生没年不詳 圀藤原公秀《ふじわらきんひで》
鎌倉時代後期の公家。

¶鎌室（ふじわらきんひで）

藤原公衡 ふじわらのきんひら
？～建久4（1193）年2月21日　[別]藤原公衡《ふじわらきんひら》
平安時代後期の公卿（非参議）。右大臣徳大寺公能の四男。
¶公卿，公家（公衡〔菩提院家（絶家）〕　きんひら），国書（ふじわらきんひら），日人（[生]1158年），平史（[生]1158年??）

藤原公房 ふじわらのきんふさ
長元3（1030）年～康和4（1102）年
平安時代中期～後期の公卿（参議）。参議藤原資房の次男。
¶公卿（[没]康和4（1102）年8月28日），平史

藤原公藤 ふじわらのきんふじ
→清水谷公藤（しみずだにきんふじ）

藤原公冬 ふじわらのきんふゆ
鎌倉時代後期の公卿（非参議）。参議藤原能清の子。
¶公卿（生没年不詳），公家（公冬〔一条家（絶家）〕　きんふゆ）

藤原公雅 ふじわらのきんまさ
寿永2（1183）年～宝治2（1248）年3月20日　[別]藤原公雅《ふじわらきんまさ》
鎌倉時代前期の公卿（権大納言）。参議藤原実明の子。
¶鎌室（ふじわらきんまさ　[生]？），公卿，公家（公雅〔閑院家（絶家）2〕　きみまさ），日人

藤原公通 ふじわらのきんみち
永久5（1117）年～承安3（1173）年　[別]西園寺公通《さいおんじきんみち》，藤原公通《ふじわらきんみち》
平安時代後期の公卿（権大納言）。権中納言藤原通季の長男。
¶朝日（[没]承安3年4月9日（1173年5月22日）），鎌室（ふじわらきんみち　[生]？），公卿（[没]承安3（1173）年9月9日），公家（公通〔西園寺家〕　きんみち　[没]承安3（1173）年4月9日），国書（ふじわらきんみち　[没]承安3（1173）年4月9日），諸系（西園寺公通　さいおんじきんみち），新潮（[生]？　[没]承安3（1173）年4月9日），日人（西園寺公通　さいおんじきんみち），平史

藤原公光 ふじわらのきんみつ
大治5（1130）年～治承2（1178）年　[別]藤原公光《ふじわらきんみつ》
平安時代後期の公卿（権中納言）。権大納言藤原季成の長男。
¶朝日（[没]治承2年1月12日（1178年2月1日）），鎌室（ふじわらきんみつ），公卿（[没]治承2（1178）年1月11日），公家（公光〔加賀家（絶家）〕　きんみつ　[没]治承2（1178）年1月11日），国書（ふじわらきんみつ　[没]治承2（1178）年1月12日），新潮（[没]治承2（1178）年1月11日），日人，平史

藤原公宗 ふじわらのきんむね
→西園寺公宗（さいおんじきんむね）

藤原公明 ふじわらのきんめい
→藤原公明（ふじわらのきんあき）

藤原公持 ふじわらのきんもち
→清水谷公持（しみずだにきんもち）

藤原公基(1) ふじわらのきんもと
治安2（1022）年～承保2（1075）年
平安時代中期～後期の官人。
¶平史

藤原公基(2) ふじわらのきんもと
生没年不詳　[別]藤原公基《ふじわらきんもと》
鎌倉時代前期の公卿。
¶鎌室（ふじわらきんもと）

藤原公守 ふじわらのきんもり
→洞院公守（とういんきんもり）

藤原公保 ふじわらのきんやす
長承1（1132）年～安元2（1176）年　[別]藤原公保《ふじわらきんやす》
平安時代後期の公卿（権大納言）。左大臣徳大寺実能の三男。
¶朝日（[没]安元2年9月25日（1176年10月29日）），鎌室（ふじわらきんやす　[生]？），公卿（[没]安元2（1176）年9月27日），公家（公保〔徳大寺家（絶家）〕　きんやす　[没]安元2（1176）年9月27日），諸系，新潮（[生]？　[没]安元2（1176）年9月27日），日人，平史

藤原公行 ふじわらのきんゆき
長治2（1105）年～久安4（1148）年　[別]藤原公行《ふじわらきんゆき》
平安時代後期の公卿（参議）。権大納言藤原公実の孫。
¶公卿（[没]久安4（1148）年6月22日），国書（ふじわらきんゆき　[没]久安4（1148）年6月12日），平史

藤原公世 ふじわらのきんよ
？～正安3（1301）年4月6日　[別]藤原公世《ふじわらきんよ》
鎌倉時代後期の公卿（非参議）。非参議藤原実俊の次男。
¶公卿，公家（公世〔八条家（絶家）〕　きんよ），国書（ふじわらきんよ）

藤原公能 ふじわらのきんよし
永久3（1115）年～応保1（1161）年　[別]藤原公能《ふじわらきんよし》，徳大寺公能《とくだいじきんよし》
平安時代後期の公卿（右大臣）。左大臣徳大寺実能の長男。
¶公卿（徳大寺公能　とくだいじきんよし　[没]応保1（1161）年8月11日），公家（公能〔徳大寺家〕　きんよし　[没]永暦2（1161）年8月11日），国史，国書（ふじわらきんよし　[没]永暦2（1161）年8月11日），古中，コン4，諸系（徳大

ふ

寺公能　とくだいじきんよし)，日人(徳大寺公能　とくだいじきんよし)，平史

藤原公頼(1)　ふじわらのきんより
承安2(1172)年～建長2(1250)年11月24日
鎌倉時代前期の公卿(参議)。中納言藤原実教の次男。
¶公卿，公家(公頼〔山科家〕　きんより)

藤原公頼(2)　ふじわらのきんより
宝治1(1247)年～？
鎌倉時代後期の公卿(非参議)。非参議藤原実隆の子。
¶公卿，公家(公頼〔河鰭家〕　きんより)

藤原薬子　ふじわらのくすこ
？　～弘仁1(810)年　[別]藤原朝臣薬子《ふじわらのあそんくすこ》，薬子《くすこ》
平安時代前期の尚侍。藤原種継の娘。平城上皇の寵を得る。上皇の復位を謀ったが失敗、自殺(薬子の変)。
¶朝日([没]弘仁1年9月12日(810年10月13日))，岩史([没]大同5(810)年9月12日)，角史，京都，京都大，国史，古史，古代(藤原朝臣薬子　ふじわらのあそんくすこ)，古中，コン改，コン4，史人([没]810年9月12日)，重要([没]弘仁1(810)年9月12日)，諸系，女性([没]大同5(810)年9月12日)，新潮([没]弘仁1(810)年9月12日)，人名，姓氏京都，世人([没]弘仁1(810)年9月12日)，世百，全書，大百，伝記，日史([没]弘仁1(810)年9月12日)，日人，百科，平史，歴大

藤原久須麻呂(藤原訓儒麻呂)　**ふじわらのくずまろ，ふじわらのくすまろ**
？　～天平宝字8(764)年　[別]藤原朝臣久須麻呂《ふじわらのあそみくすまろ，ふじわらのあそんくずまろ》
奈良時代の官人(参議)。大師藤原仲麻呂(恵美押勝)の長男。父の乱で殺された。
¶朝日([没]天平宝字8年9月11日(764年10月10日))，公卿(藤原訓儒麻呂　[没]天平宝字8(764)年9月)，古代(藤原朝臣久須麻呂　ふじわらのあそんくずまろ)，コン改(ふじわらのくすまろ)，コン4(ふじわらのくすまろ)，諸系，新潮(ふじわらのくすまろ　[没]天平宝字8(764)年9月11日)，人名(ふじわらのくすまろ)，日人，万葉(藤原朝臣久須麻呂　ふじわらのあそみくすまろ)

藤原国章　ふじわらのくにあき
延喜19(919)年～寛和1(985)年6月23日　[別]藤原国章《ふじわらくにあき》
平安時代中期の公卿(非参議)。参議藤原元名の四男。
¶公卿([生]？)，国書(ふじわらくにあき)，平史

藤原国明　ふじわらのくにあき
→源国明(みなもとのくにあき)

藤原国風　ふじわらのくにかぜ
生没年不詳
平安時代前期の官人。大学頭藤原佐高の子。
¶平史

藤原国兼　ふじわらのくにかね
平安時代後期の廷臣。
¶人名，日人(生没年不詳)

藤原国子　ふじわらのくにこ
→新広義門院(しんこうぎもんいん)

藤原邦隆　ふじわらのくにたか
生没年不詳
平安時代前期の神祇伯。
¶神人

藤原邦綱　ふじわらのくにつな
保安3(1122)年～養和1(1181)年　[別]藤原邦綱《ふじわらくにつな》
平安時代後期の公卿(権大納言)。左大臣藤原冬嗣・中納言藤原兼輔の裔。
¶朝日([没]養和1年閏2月23日(1181年4月8日))，岩史([没]治承5(1181)年閏2月23日)，角史，鎌室(ふじわらくにつな)，京都，京都大，公卿([没]養和1(1181)年2月3日)，公家(邦綱〔壬生家(絶家)〕　くにつな　[没]養和1(1181)年閏2月23日)，国史，古史，古中，コン4，諸系，新潮([没]養和1(1181)年閏2月23日)，姓氏京都([生]1121年)，新潟百，日史([没]養和1(1181)年閏2月23日)，日人，百科，兵庫百([生]保安2(1121)年)，平史([生]1121年)，歴大

藤原国経　ふじわらのくにつね
天長5(828)年～延喜8(908)年　[別]藤原国経《ふじわらくにつね》，藤原朝臣国経《ふじわらのあそんくにつね》
平安時代前期～中期の公卿(大納言)。権中納言藤原長良の長男。
¶朝日([没]延喜8年6月29日(908年7月29日))，公卿([没]延喜8(908)年6月29日)，国書(ふじわらくにつね　[没]延喜8(908)年6月29日)，古代(藤原朝臣国経　ふじわらのあそんくにつね)，諸系，日人，平史

藤原邦恒　ふじわらのくにつね
寛和2(986)年～治暦3(1067)年
平安時代中期～後期の官人。父は安芸守邦昌。
¶平史

藤原国成　ふじわらのくになり
生没年不詳　[別]藤原国成《ふじわらくになり》
平安時代中期の公家・漢詩人・歌人。
¶国書(ふじわらくになり)

藤原国房　ふじわらのくにふさ
生没年不詳　[別]藤原国房《ふじわらくにふさ》
平安時代後期の公家・歌人。
¶国書(ふじわらくにふさ)，平史

藤原国通　ふじわらのくにみち
安元2(1176)年～正元1(1259)年4月　[別]藤原国通《ふじわらくにみち》，坊門国通《ぼうもんくにみち》
鎌倉時代前期の公卿(中納言)。権大納言藤原泰

通の次男。
¶公卿，公家（国通〔坊門家（絶家）〕　くにみち），国書（ふじわらくにみち），北条（坊門国通　ぼうもんくにみち）

藤原国光 ふじわらのくにみつ
生没年不詳
平安時代中期の官人。
¶平史

藤原邦光 ふじわらのくにみつ
→日野邦光（ひのくにみつ）

藤原邦宗 ふじわらのくにむね
康平7（1064）年〜元永1（1118）年
平安時代後期の官人。
¶平史

藤原国用 ふじわらのくにもち
生没年不詳　[別]藤原国用《ふじわらくにもち》
平安時代中期の公家・歌人。
¶国書（ふじわらくにもち），平史

藤原国幹 ふじわらのくにもと
生没年不詳
平安時代中期の官人。
¶平史

藤原邦基 ふじわらのくにもと
貞観17（875）年〜承平2（932）年
平安時代前期〜中期の公卿（中納言）。左大臣藤原良世の五男。
¶公卿（[没]承平2（932）年3月8日），平史

藤原国行 ふじわらのくにゆき
生没年不詳　[別]藤原国行《ふじわらくにゆき》
平安時代後期の公家・歌人。
¶国書（ふじわらくにゆき），平史

藤原蔵下麻呂（藤原蔵下麿，藤原倉下麻呂） ふじわらのくらじまろ
天平6（734）年〜宝亀6（775）年　[別]藤原朝臣倉下麻呂《ふじわらのあそんくらじまろ》
奈良時代の官人（参議）。参議藤原宇合の九男。
¶朝日（[没]宝亀6年7月1日（775年8月1日）），公卿（[没]宝亀6（775）年7月1日），国史，古代（藤原朝臣倉下麻呂　ふじわらのあそんくらじまろ），古中，コン改，コン4，諸系，新潮（[没]宝亀6（775）年7月1日），人名（藤原蔵下麿　[生]733年），日人

藤原蔵規 ふじわらのくらのり
→藤原蔵規（ふじわらのまさのり）

藤原玄上 ふじわらのくろかみ
→藤原玄上（ふじわらのげんじょう）

藤原黒麻呂 ふじわらのくろまろ
[別]藤原朝臣黒麻呂《ふじわらのあそんくろまろ》
奈良時代の官人。
¶千葉百（藤原朝臣黒麻呂　ふじわらのあそんくろまろ）

藤原慶子 ふじわらのけいし
？〜天暦5（951）年　[別]大将御息所《だいしょうのみやすんどころ》，藤原慶子《ふじわらのよしこ》
平安時代中期の女性。朱雀天皇の女御。
¶国書（大将御息所　だいしょうのみやすんどころ　[没]天暦5（951）年10月9日），諸系，女性（[没]天暦5（951）年10月9日），人名（ふじわらのよしこ），日人，平史（ふじわらのよしこ）

藤原経子 ふじわらのけいし
？〜正中1（1324）年　[別]藤原経子《ふじわらけいし，ふじわらのつねこ》
鎌倉時代後期の女性。伏見天皇の典侍（准三后）。後伏見天皇の生母。
¶鎌室（ふじわらけいし），女性（ふじわらのつねこ　生没年不詳），人名（ふじわらのつねこ），日人

藤原原子 ふじわらのげんこ
→藤原原子（ふじわらのげんし）

藤原賢子 ふじわらのけんし
天喜5（1057）年〜応徳1（1084）年　[別]藤原賢子《ふじわらのかたこ》
平安時代後期の女性。白河天皇の皇后。
¶朝日（[没]応徳1年9月22日（1084年10月24日）），国史，古中，コン改，コン4，史人（[没]1084年9月22日），諸系，女性（[没]応徳1（1084）年9月22日），新潮（[没]応徳1（1084）年9月22日），人名，姓氏京都，世人，日史（[没]応徳1（1084）年9月22日），日人，平史（ふじわらのかたこ）

藤原妍子（藤原研子） ふじわらのけんし
正暦5（994）年〜万寿4（1027）年　[別]藤原妍子《ふじわらけんし，ふじわらのきよこ，ふじわらのよしこ》
平安時代中期の女性。三条天皇の皇后。
¶朝日（[没]万寿4年9月14日（1027年10月16日）），岩史（[没]万寿4（1027）年9月14日），角史，国史，国書（ふじわらけんし　[没]万寿4（1027）年9月14日），古中，コン改，コン4，史人（[生]994年3月　[没]1027年9月14日），諸系，女性（[没]万寿4（1027）年9月14日），新潮（[生]正暦5（994）年3月　[没]万寿4（1027）年9月14日），人名（ふじわらのよしこ），姓氏京都（藤原研子），世人，世百，大百，日人，平史（ふじわらのきよこ），歴大

藤原嫄子 ふじわらのげんし
長和5（1016）年〜長暦3（1039）年　[別]弘徽殿中宮《こきでんのちゅうぐう》，藤原嫄子《ふじわらのもとこ》
平安時代中期の女性。後朱雀天皇の中宮。
¶朝日（[生]長和5年7月19日（1016年8月24日）　[没]長暦3年8月28日（1039年9月19日）），国史，古中，諸系，女性（[没]長暦3（1039）年8月28日），人名（弘徽殿中宮　こきでんのちゅうぐう），人名，日人，平史（ふじわらのもとこ）

藤原元子 ふじわらのげんし
生没年不詳　[別]藤原元子《ふじわらげんし，ふじわらのもとこ》
平安時代中期の女性。一条天皇の女御。

¶朝日，国書（ふじわらげんし），諸系，女性，人名（ふじわらのもとこ），日人，平史（ふじわらのもとこ）

藤原原子　ふじわらのげんし

？～長保4（1002）年　[別]藤原原子《ふじわらのげんこ，ふじわらのもとこ》

平安時代中期の女性。三条天皇の女御。摂政藤原道隆の二女。

¶諸系，女性（[没]長保4（1002）年8月3日），人名（ふじわらのげんこ），日人，平史（ふじわらのもとこ）

藤原厳子　ふじわらのげんし

→通陽門院（つうようもんいん）

藤原玄上　ふじわらのげんじょう

斉衡3（856）年～承平3（933）年　[別]藤原玄上《ふじわらのくろかみ，ふじわらのはるかみ，ふじわらはるかみ》

平安時代前期～中期の公卿（参議）。中納言藤原諸葛の五男。

¶公卿（ふじわらのくろかみ　[没]承平3（933）年1月21日），国書（ふじわらはるかみ　[没]承平3（933）年1月21日），諸系，日人，平史（ふじわらのはるかみ），名画

藤原元利万侶　ふじわらのげんりまろ

[別]藤原朝臣元利万侶《ふじわらのあそんげんりまろ》

平安時代前期の官人。

¶古代（藤原朝臣元利万侶　ふじわらのあそんげんりまろ），日人（生没年不詳）

藤原媓子　ふじわらのこうし

天暦1（947）年～天元2（979）年　[別]藤原媓子《ふじわらこうし，ふじわらのてるこ》

平安時代中期の女性。円融天皇の皇后。

¶朝日（[没]天元2年6月3日（979年6月29日）），岩史（[没]天元2（979）年6月3日），角史，国史，国書（ふじわらこうし　[没]天元2（979）年6月3日），古中，コン改，コン4，諸系，女性（[没]天元2（979）年6月3日），新潮（[没]天元2（979）年6月3日），人名，大百，日人，平史（ふじわらのてるこ），歴大，和俳（[没]天元2（979）年6月3日）

藤原公子　ふじわらのこうし

→東二条院（ひがしにじょういん）

藤原高子　ふじわらのこうし

承和9（842）年～延喜10（910）年　[別]藤原高子《ふじわらこうし，ふじわらのたかいこ，ふじわらのたかきこ》，藤原朝臣高子《ふじわらのあそんたかいこ》，二条后《にじょうのきさき》

平安時代前期～中期の女性。清和天皇の皇后。

¶朝日（[没]延喜10年3月24日（910年5月6日）），岩史（[没]延喜10（910）年3月24日），角史，京都（ふじわらのたかいこ），京都大（ふじわらのたかいこ），国史，国書（ふじわらこうし　[没]延喜10（910）年3月24日），古史（ふじわらのたかきこ），古代（藤原朝臣高子　ふじわらのあそんたかいこ），古中，コン改（ふじわらのたかいこ），コン4（ふじわらのたかいこ），史人（ふじわらのたかいこ　[没]910年3月24日），諸系，女性（[没]延喜10（910）年3月2日），新潮（ふじわらのたかいこ　[没]延喜10（910）年3月24日），人名（ふじわらのたかいこ），姓氏京都（ふじわらのたかいこ），世人（ふじわらのたかいこ），世百，大百（ふじわらのたかいこ），日史（[没]延喜10（910）年3月24日），日人，百科（ふじわらのたかいこ），平史（ふじわらのたかいこ），歴大（ふじわらのたかいこ）

藤原行成　ふじわらのこうぜい

→藤原行成（ふじわらのゆきなり）

藤原光明子　ふじわらのこうみょうし

→光明皇后（こうみょうこうごう）

藤原小黒麻呂　ふじわらのこぐろまろ

→藤原小黒麻呂（ふじわらのおぐろまろ）

藤原古子　ふじわらのこし

→藤原古子（ふじわらのふるこ）

藤原巨勢麻呂　ふじわらのこせまろ

？～天平宝字8（764）年　[別]藤原朝臣巨勢麻呂《ふじわらのあそんこせまろ》

奈良時代の官人（参議）。贈太政大臣・左大臣藤原武智麻呂の四男。

¶公卿（[没]天平宝字8（764）年9月），古代（藤原朝臣巨勢麻呂　ふじわらのあそんこせまろ），諸系，日人

藤原言家　ふじわらのこといえ

→藤原言家（ふじわらのときいえ）

藤原言直　ふじわらのことなお

生没年不詳　[別]藤原言直《ふじわらことなお》

平安時代前期～中期の公家・歌人。

¶国書（ふじわらことなお），平史

藤原伊家(1)　ふじわらのこれいえ

長久2（1041）年～応徳1（1084）年　[別]藤原伊家《ふじわらこれいえ》

平安時代中期～後期の官吏、歌人。

¶国書（ふじわらこれいえ　[生]永承3（1048）年　[没]応徳1（1084）年7月17日），日人，平史

藤原伊家(2)　ふじわらのこれいえ

？～正和5（1316）年7月21日

鎌倉時代後期の公卿（非参議）。非参議藤原伊定の次男。

¶公卿，公家（伊家〔坊門家（絶家）〕　これいえ）

藤原惟風　ふじわらのこれかぜ

生没年不詳

平安時代前期の官人。尾張守藤原文信の子。

¶平史

藤原惟方　ふじわらのこれかた

天治2（1125）年～？　[別]粟田別当《あわたのべっとう》，藤原惟方《ふじわらこれかた》

平安時代後期の公卿（参議）。権中納言藤原顕頼の次男。

¶朝日，鎌室（ふじわらこれかた），公卿（[生]天治1（1124）年），公家（惟方〔粟田口家（絶家）〕　これかた），国史，国書（ふじわらこれかた），古中，コン改，コン4，史人，諸系，新潮，人名，世人，日人，平史，歴大

藤原是公 ふじわらのこれきみ
神亀4（727）年～延暦8（789）年　[別]藤原朝臣是公《ふじわらのあそんこれきみ》
奈良時代の官人（右大臣）。贈太政大臣・左大臣藤原武智麿の孫。
¶朝日（[没]延暦8年9月19日（789年10月12日）），公卿（[没]延暦8（789）年9月19日），国史，古史，古代（藤原朝臣是公　ふじわらのあそんこれきみ），古中，コン改，コン4，史人（[没]789年9月19日），諸系，新潮（[没]延暦8（789）年9月19日），人名，世人，日史（[没]延暦8（789）年9月19日），日人，百科，平史，歴大

藤原維子 ふじわらのこれこ
→盛化門院（せいかもんいん）

藤原是子 ふじわらのこれこ
平安時代前期の女性。文徳天皇の女御。
¶人名，日人（生没年不詳）

藤原伊定 ふじわらのこれさだ
宝治1（1247）年～正安2（1300）年4月10日　[別]藤原伊定《ふじわらこれさだ》
鎌倉時代後期の公卿（非参議）。非参議藤原伊時の孫。
¶公卿，公家（伊定〔坊門家（絶家）〕　これさだ），国書（ふじわらこれさだ）

藤原惟貞 ふじわらのこれさだ
生没年不詳　[別]藤原惟貞《ふじわらこれさだ》
平安時代中期の公家。
¶国書（ふじわらこれさだ）

藤原伊実 ふじわらのこれざね
天治1（1124）年～永暦1（1160）年9月2日　[別]藤原伊実《ふじわらこれざね》
平安時代後期の公卿（中納言）。太政大臣伊通の次男。
¶公卿，公家（伊実〔坊門家（絶家）〕　これざね），国書（ふじわらこれざね），平史

藤原惟成 ふじわらのこれしげ
天暦7（953）年～永祚1（989）年　[別]藤原惟成《ふじわらこれしげ，ふじわらのこれなり》
平安時代中期の官人。藤原義懐を補して政治を推進。
¶朝日，岩史（[生]天慶4（941）年？　[没]永祚1（989）年11月），国史（[生]？），国書（ふじわらこれしげ　[没]永祚1（989）年11月），古中（[生]？），コン改，コン4，新潮（[生]天暦7（953）年？　[没]永祚1（989）年11月），人名（ふじわらのこれなり），世人，日人，平史，歴大

藤原伊輔 ふじわらのこれすけ
久寿2（1155）年～建保6（1218）年　[別]藤原伊輔《ふじわらこれすけ》
平安時代後期～鎌倉時代前期の公卿（非参議）。中納言藤原伊実の子。
¶鎌室（ふじわらこれすけ），公卿（生没年不詳），公家（伊輔〔坊門家（絶家）〕　これすけ　[生]？　[没]建保6（1218）年3月），日人

藤原伊祐 ふじわらのこれすけ
？　～長和3（1014）年
平安時代中期の人。丹波守為頼男。
¶平史

藤原惟佐 ふじわらのこれすけ
生没年不詳
平安時代中期の官人。
¶平史

藤原伊忠 ふじわらのこれただ
建暦1（1211）年～？
鎌倉時代前期の公卿（非参議）。非参議藤原忠行の次男。
¶公卿，公家（伊忠〔楊梅家（絶家）〕　これただ）

藤原伊尹 ふじわらのこれただ
延長2（924）年～天禄3（972）年　[別]謙徳公《けんとくこう》，藤原伊尹《ふじわらこれまさ，ふじわらのこれまさ》
平安時代中期の公卿（摂政・太政大臣）。右大臣藤原師輔の長男。
¶朝日（[没]天禄3年11月1日（972年12月9日）），岩史（ふじわらのこれまさ　[没]天禄3（972）年11月1日），角史（ふじわらのこれまさ），公卿（[没]天禄3（972）年11月1日），国史（ふじわらのこれまさ），国書（ふじわらこれまさ　[没]天禄3（972）年11月1日），古史（ふじわらのこれまさ），古中（ふじわらのこれまさ），コン改，コン4，詩歌，史人（[没]972年11月1日），諸系，新潮（ふじわらのこれまさ　[没]天禄3（972）年11月1日），人名，姓氏京都，世人（[没]天禄3（972）年11月1日），全書，大百，日史（[没]天禄3（972）年11月1日），日人，百科，平史（ふじわらのこれまさ），歴大（ふじわらのこれまさ），和俳（[没]天禄3（972）年11月1日）

藤原伊周 ふじわらのこれちか
天延2（974）年～寛弘7（1010）年　[別]藤原伊周《ふじわらこれちか，ふじわらのいしゅう》
平安時代中期の公卿（准大臣）。摂政・内大臣藤原道隆の次男。叔父道長との政争に敗れ，一時太宰権帥に。後に帰京したが政権の中枢には戻れなかった。
¶朝日（[没]寛弘7年1月28日（1010年2月14日）），岩史（[没]寛弘7（1010）年1月28日），角史，京都，京都大（[生]天延1（973）年），公卿（[没]寛弘7（1010）年1月28日），国史，国書（ふじわらこれちか　[没]寛弘7（1010）年1月28日），古史，古中，コン改（[生]天延1（973）年），コン4（[生]天延1（973）年），史人（[没]1010年1月28日），重要（[生]天延1（973）年　[没]寛弘7（1010）年1月28日），諸系，新潮（[生]天延1（973）年　[没]寛弘7（1010）年1月28日），人名（[生]973年），姓氏京都，世人（[生]天延1（973）年　[没]寛弘7（1010）年1月28日），世百，全書，大百，日史（[没]寛弘7

(1010)年1月28日)，日人，百科，平史，歴大，和俳([没]寛弘7(1010)年1月28日)

藤原維幾 ふじわらのこれちか
生没年不詳
平安時代中期の官人。
¶茨城百，平史

藤原伊綱 ふじわらのこれつな
生没年不詳　[別]藤原伊綱《ふじわらこれつな》
平安時代後期～鎌倉時代前期の公家・歌人。
¶国書(ふじわらこれつな)，平史

藤原伊経 ふじわらのこれつね
→世尊寺伊経(せそんじこれつね)

藤原伊時 ふじわらのこれとき
治承2(1178)年～嘉禎3(1237)年4月
鎌倉時代前期の公卿(非参議)。非参議藤原伊輔の次男。
¶公卿，公家(伊時〔坊門家(絶家)〕　これとき)

藤原伊長(1) ふじわらのこれなが
生没年不詳
平安時代後期の官人。藤原季通の子。
¶平史

藤原伊長(2) ふじわらのこれなが
？　～正嘉2(1258)年　[別]藤原伊長《ふじわらこれなが》
鎌倉時代の公家・歌人。
¶国書(ふじわらこれなが)

藤原伊成 ふじわらのこれなり
建久5(1194)年～？　[別]藤原伊成《ふじわらこれなり》
鎌倉時代前期の公卿(非参議)。権中納言藤原経定の孫。
¶公卿，公家(伊成〔堀河2・三条家(絶家)〕　これなり)，国書(ふじわらこれなり)

藤原惟成 ふじわらのこれなり
→藤原惟成(ふじわらのこれしげ)

藤原維成 ふじわらのこれなり
鎌倉時代後期～南北朝時代の公卿(非参議)。権中納言藤原教成の曽孫。
¶公卿(生没年不詳)，公家(維成〔冷泉家(絶家)2〕　これなり)

藤原伊信 ふじわらのこれのぶ
生没年不詳　[別]藤原伊信《ふじわらこれのぶ》
鎌倉時代後期の公家・画家・歌人。
¶国書(ふじわらこれのぶ)，諸系，人名，日人，名画(ふじわらこれのぶ)

藤原惟信 ふじわらのこれのぶ
生没年不詳　[別]藤原惟信《ふじわらこれのぶ》
平安時代後期の公家・歌人。
¶国書(ふじわらこれのぶ)，平史

藤原惟憲 ふじわらのこれのり
応和3(963)年～長元6(1033)年
平安時代中期の公卿(非参議)。権中納言藤原為輔の孫。
¶朝日([没]長元6年3月26日(1033年4月27日))，京都，京都大，公卿([没]長元6(1033)年3月26日)，国史，古中，コン4，史人([没]1033年3月26日)，新潮([没]長元6(1033)年3月26日)，日史([没]長元6(1033)年3月26日)，日人，百科，平史

藤原是憲 ふじわらのこれのり
生没年不詳
平安時代後期の公家。藤原通憲と高階重仲の娘の子。
¶朝日

藤原是人 ふじわらのこれひと
？　～弘仁13(822)年
平安時代前期の廷臣。
¶人名

藤原伊衡 ふじわらのこれひら
貞観18(876)年～天慶1(938)年　[別]藤原伊衡《ふじわらこれひら》
平安時代前期～中期の歌人・公卿(参議)。参議藤原巨勢麿五代孫。
¶公卿([没]天慶1(938)年12月17日)，国書(ふじわらこれひら　[没]天慶1(938)年12月17日)，人名，日人([没]939年)，平史，和俳

藤原伊房 ふじわらのこれふさ
長元3(1030)年～永長1(1096)年　[別]藤原伊房《ふじわらこれふさ》
平安時代中期～後期の公卿(権中納言)。参議藤原行経の長男。
¶朝日([没]永長1年9月16日(1096年10月4日))，岩史([没]嘉保3(1096)年9月16日)，角史，公卿([没]永長1(1096)年9月16日)，国史，国書(ふじわらこれふさ　[没]嘉保3(1096)年9月16日)，古中，コン改，コン4，史人([没]1096年9月16日)，諸系，新潮([没]永長1(1096)年9月22日)，世人，全書([生]1031年)，日史([没]永長1(1096)年9月22日)，日人，美術，百科，平史，歴大，和俳

藤原伊尹 ふじわらのこれまさ
→藤原伊尹(ふじわらのこれただ)

藤原伊通 ふじわらのこれみち
寛治7(1093)年～永万1(1165)年　[別]藤原伊通《ふじわらこれみち》
平安時代後期の公卿(太政大臣)。権大納言藤原宗通の次男。
¶朝日([没]永万1年2月15日(1165年3月28日))，角史，公卿([没]永万1(1165)年2月15日)，公家(伊通〔坊門家(絶家)〕　これみち　[没]長寛3(1165)年2月15日)，国史，国書(ふじわらこれみち　[没]長寛3(1165)年2月15日)，古中，コン改，コン4，史人([没]1165年2月15日)，諸系，新潮([没]永万1(1165)年2月15日)，人名，世人，全書，大百，日史([没]永万1(1165)年2月15日)，日人，百科，平史，歴大

藤原伊光 ふじわらのこれみつ
生没年不詳 [別]藤原伊光《ふじわらこれみつ》
平安時代後期〜鎌倉時代前期の公家・歌人。
¶国書(ふじわらこれみつ)

藤原伊基 ふじわらのこれもと
鎌倉時代前期の公卿(非参議)。非参議藤原伊成の長男。
¶公卿(生没年不詳)，公家(伊基〔堀河2・三条家(絶家)〕 これもと)

藤原惟幹 ふじわらのこれもと
生没年不詳 [別]藤原惟幹《ふじわらこれもと》
平安時代前期の公家・歌人。
¶国書(ふじわらこれもと)，平史

藤原伊行 ふじわらのこれゆき
？ 〜安元1(1175)年 [別]世尊寺伊行《せそんじこれゆき》
平安時代後期の公家・書家。世尊寺家第6代。
¶朝日，国史(生没年不詳)，国書(世尊寺伊行 せそんじこれゆき 生没年不詳)，古中(生没年不詳)，コン4([没]安元1(1175)年？)，史人([没]1175年？)，諸系，姓氏京都([生]1138年？ [没]1175年？)，全書，日人，平史(生没年不詳)

藤原前子 ふじわらのさきこ
→中和門院(ちゅうわもんいん)

藤原定家 ふじわらのさだいえ
応保2(1162)年〜仁治2(1241)年 [別]京極定家《きょうごくさだいえ》,藤原定家《ふじわらさだいえ,ふじわらていか,ふじわらのていか(さだいえ),ふじわらのていか》，定家《ていか》
平安時代後期〜鎌倉時代前期の歌人・公卿(権中納言)。非参議・皇太后宮大夫藤原俊成の次男。歌道の第一人者で「新古今和歌集」選者。日記に「明月記」がある。
¶朝日(ふじわらのていか [没]仁治2年8月20日(1241年9月26日))，岩史([没]仁治2(1241)年8月20日)，角史，鎌室(ふじわらさだいえ)，教育，京都(ふじわらのていか(さだいえ))，京都大，公卿(京極定家 きょうごくさだいえ [没]仁治2(1241)年8月20日)，公家(定家〔冷泉家〕 さだいえ [没]仁治2(1241)年8月20日)，国史，国書(ふじわらていか [没]仁治2(1241)年8月20日)，古史，古中，コン改，コン4，茶道，詩歌，史人([没]1241年8月20日)，重要(ふじわらのていか [没]仁治2(1241)年8月20日)，諸系，人書79，人書94(ふじわらさだいえ)，人情，人情3，新潮([没]仁治2(1241)年8月20日)，新文([没]仁治2(1241)年8月20日)，人名(ふじわらのていか)，姓氏京都，世人([没]仁治2(1241)年8月20日)，世百，全書(ふじわらのていか)，大百(ふじわらのていか)，伝記，鳥取百，日史(ふじわらのていか [没]仁治2(1241)年8月20日)，日人，美術，百科，仏教([没]仁治2(1241)年8月20日)，文学，平史，歴大(ふじわらのていか)，和歌山人，和俳([没]仁治2(1241)年8月20日)

藤原定方 ふじわらのさだかた
貞観15(873)年〜承平2(932)年 [別]藤原定方《ふじわらさだかた》
平安時代前期〜中期の公卿(右大臣)。内大臣藤原高藤の次男。
¶公卿([没]承平2(932)年8月4日)，国史，国書(ふじわらさだかた [没]承平2(932)年8月4日)，古史，古中，コン改，コン4，詩歌，諸系，新潮([没]承平2(932)年8月4日)，人名，日人，平史，和俳([没]承平2(932)年8月4日)

藤原定国 ふじわらのさだくに
貞観9(867)年〜延喜6(906)年
平安時代前期〜中期の公卿(大納言)。内大臣藤原高藤の長男。
¶公卿([生]貞観8(866)年 [没]延喜6(906)年7月2日)，コン改，コン4，諸系，新潮([没]延喜6(906)年7月3日)，人名，日人，平史([生]866年)

藤原貞子 ふじわらのさだこ
→藤原貞子(1)(ふじわらのていし)

藤原定子(1) ふじわらのさだこ
→開明門院(かいめいもんいん)

藤原定子(2) ふじわらのさだこ
→藤原定子(ふじわらのていし)

藤原定実 ふじわらのさだざね
生没年不詳
平安時代後期の公卿、能書家。
¶諸系，全書，日人，平史

藤原定季 ふじわらのさだすえ
承安3(1173)年〜文暦1(1234)年10月16日
鎌倉時代前期の公卿(非参議)。権大納言藤原定能の次男。
¶公卿，公家(定季〔平松家(絶家)〕 さだすえ)

藤原貞資 ふじわらのさだすけ
生没年不詳 [別]藤原貞資《ふじわらさだすけ》
平安時代中期の公家・歌人。
¶国書(ふじわらさだすけ)

藤原定輔 ふじわらのさだすけ
長寛1(1163)年〜安貞1(1227)年7月9日 [別]藤原定輔《ふじわらさだすけ》,二条定輔《にじょうさだすけ》
平安時代後期〜鎌倉時代前期の公卿(権大納言)。二条家の祖。中納言藤原親信の長男。
¶朝日([没]安貞1年7月9日(1227年8月22日))，鎌室(ふじわらさだすけ)，公卿(二条定輔 にじょうさだすけ)，公家(定輔〔三条家(絶家)〕 さだすけ)，国書(二条定輔 にじょうさだすけ)，新潮，日音，日人，平史

藤原定高 ふじわらのさだたか
建久1(1190)年〜暦仁1(1238)年1月22日 [別]藤原定高《ふじわらさだたか》,二条定高《にじょうさだたか》
鎌倉時代前期の公卿(権中納言)。参議藤原光長の三男。

¶朝日（二条定高　にじょうさだたか　[没]寛元1年1月16日（1243年2月6日）），鎌室（ふじわらさだたか　[生]？），公卿，公家（定高〔海住山家（絶家）〕　さだたか），国書（ふじわらさだたか），新潮（[生]？），新潟百，日人

藤原定隆　ふじわらのさだたか
長承3（1134）年～嘉応2（1170）年
平安時代後期の公卿（非参議）。権中納言藤原清隆の次男。
¶公卿（[没]嘉応2（1170）年11月1日），公家（定隆〔壬生家（絶家）〕　さだたか　[没]嘉応2（1170）年10月2日），平史

藤原定親(1)　ふじわらのさだちか
生没年不詳　[別]藤原定親《ふじわらさだちか》
鎌倉時代の公家。宮内大輔定宗の子。
¶鎌室（ふじわらさだちか），日人

藤原定親(2)　ふじわらのさだちか
生没年不詳　[別]藤原定親《ふじわらさだちか》
鎌倉時代前期の廷臣。権大納言定能の四男。
¶鎌室（ふじわらさだちか），日人

藤原定親(3)　ふじわらのさだちか
→中山定親（なかやまさだちか）

藤原貞嗣　ふじわらのさだつぐ
天平宝字3（759）年～天長1（824）年　[別]藤原朝臣貞嗣《ふじわらのあそんさだつぐ》
奈良時代～平安時代前期の公卿（中納言）。贈太政大臣・左大臣藤原武智麻呂の孫。
¶公卿（[没]天長1（824）年1月4日），古代（藤原朝臣貞嗣　ふじわらのあそんさだつぐ），諸系，日人，平史

藤原定嗣　ふじわらのさだつぐ
→葉室定嗣（はむろさだつぐ）

藤原定綱　ふじわらのさだつな
？　～寛治6（1092）年
平安時代後期の人。大納言公任曽孫。
¶平史

藤原定経　ふじわらのさだつね
保元3（1158）年～寛喜3（1231）年　[別]藤原定経《ふじわらさだつね》
平安時代後期～鎌倉時代前期の公卿（参議）。権大納言藤原経房の長男。
¶朝日（[没]寛喜3年2月13日（1231年3月18日）），鎌室（ふじわらさだつね　[生]保元1（1156）年），公卿（[生]保元1（1156）年　[没]寛喜3（1231）年2月14日），公家（定経〔甘露寺家〕　さだつね　[没]寛喜3（1231）年2月14日），国書（ふじわらさだつね　[没]寛喜3（1231）年2月13日），諸系，新潮（[没]寛喜3（1231）年2月13日），日人，平史

藤原定任　ふじわらのさだとう
？　～長久1（1040）年
平安時代中期の人。大納言済時孫。
¶平史

藤原貞敏　ふじわらのさだとし
大同2（807）年～貞観9（867）年　[別]藤原朝臣貞敏《ふじわらのあそんさだとし》，藤原貞敏《ふじわらさだとし》
平安時代前期の雅楽演奏者。唐代中国の雅楽を日本に伝える。
¶朝日（[没]貞観9年10月4日（867年11月3日）），音楽，芸能，国史，国書（ふじわらさだとし　[没]貞観9（867）年10月4日），古代（藤原朝臣貞敏　ふじわらのあそんさだとし），古中，コン改，コン4，史人（[没]867年10月4日），諸系，新潮（[没]貞観9（867）年10月4日），人名，姓氏京都，世人（[没]貞観9（867）年10月4日），世百，全書，日音，日史（[没]貞観9（867）年10月4日），日人，百科，平史，歴大

藤原貞仲　ふじわらのさだなか
生没年不詳
平安時代中期の官人。常陸介藤原高節の子。
¶平史

藤原定長(1)　ふじわらのさだなが
久安5（1149）年～建久6（1195）年　[別]藤原定長《ふじわらさだなが》
平安時代後期～鎌倉時代前期の公卿（参議）。参議藤原為隆の孫。
¶朝日（[没]建久6年11月11日（1195年12月14日）），鎌室（ふじわらさだなが），公卿（[没]建久6（1195）年11月11日），公家（定長〔霊山家（絶家）〕　さだなが　[没]建久6（1195）年11月11日），国書（ふじわらさだなが　[没]建久6（1195）年11月11日），新潮（[没]建久6（1195）年10月11日），日人，平史

藤原定長(2)　ふじわらのさだなが
→寂蓮（じゃくれん）

藤原定成(1)　ふじわらのさだなり
生没年不詳　[別]藤原定成《ふじわらさだなり》
平安時代中期の公家・歌人。
¶国書（ふじわらさだなり）

藤原定成(2)　ふじわらのさだなり
長和3（1014）年～？　[別]藤原定成《ふじわらさだなり》
平安時代中期～後期の公家・歌人。陸奥守朝元の子。
¶国書（ふじわらさだなり），平史

藤原定信　ふじわらのさだのぶ
寛治2（1088）年～＊
平安時代後期の世尊寺家の5代。
¶朝日（[没]？），国史（[没]？），古中（[没]？），コン4（[没]？），史人（[没]1154年？），諸系（[没]1156年？），新潮（[没]？），人名（[没]1156年），世人（[没]？），世百（[没]1156年），全書（[没]1156年），日史（[没]？），日人（[没]1156年？），美術（[没]保元1（1156）年？），百科（[没]保元1（1156）年？），平史（[没]？）

藤原貞憲　ふじわらのさだのり
生没年不詳　[別]藤原貞憲《ふじわらさだのり》

平安時代後期の公家・歌人。
¶国書(ふじわらさだのり), 平史

藤原定房(1) ふじわらのさだふさ
寛仁4(1020)年〜嘉保2(1095)年
平安時代中期〜後期の官人。
¶平史

藤原定房(2) ふじわらのさだふさ
→吉田定房(よしださだふさ)

藤原定藤 ふじわらのさだふじ
→葉室定藤(はむろさだふじ)

藤原定文 ふじわらのさだふみ
? 〜延喜7(907)年
平安時代前期〜中期の人。内大臣高藤男。
¶平史

藤原定通 ふじわらのさだみち
応徳2(1085)年〜永久3(1115)年 [別]藤原定通《ふじわらさだみち》
平安時代後期の官吏。
¶国書(ふじわらさだみち [没]永久3(1115)年8月24日), 日人, 平史([生]1095年)

藤原貞守 ふじわらのさだもり
延暦17(798)年〜貞観2(859)年 [別]藤原朝臣貞守《ふじわらのあそんさだもり》
平安時代前期の公卿(参議)。参議藤原楓麿の曽孫。
¶公卿([没]貞観2(859)年5月1日), 古代(藤原朝臣貞守 ふじわらのあそんさだもり), 諸系, 新潟百, 日人, 平史

藤原定能 ふじわらのさだよし
久安4(1148)年〜承元3(1209)年 [別]藤原定能《ふじわらさだよし》
平安時代後期〜鎌倉時代前期の公卿(権大納言)。非参議藤原季行の次男。
¶鎌室(ふじわらさだよし 生没年不詳), 公卿([没]?), 公家(定能〔平松家(絶家)〕 さだよし [没]承元3(1209)年8月23日), 国書(ふじわらさだよし [没]承元3(1209)年8月22日), 諸系, 日音([没]承元3(1209)年8月22日), 日人, 平史

藤原定頼(1) ふじわらのさだより
長徳1(995)年〜寛徳2(1045)年 [別]藤原定頼《ふじわらさだより》
平安時代中期の歌人・公卿(権中納言)。権大納言藤原公任の長男。
¶朝日([没]寛徳2年1月19日(1045年2月8日)), 公卿([生]正暦3(992)年 [没]寛徳2(1045)年1月19日), 国史, 国書(ふじわらさだより [没]寛徳2(1045)年1月19日), 古中, コン改, コン4, 詩歌([生]996年), 史人([没]1045年1月19日), 諸系, 人書94(ふじわらさだより), 新潮([没]寛徳2(1045)年1月19日), 人名, 日人, 平史, 和俳([没]寛徳2(1045)年1月19日)

藤原定頼(2) ふじわらのさだより
? 〜文永7(1270)年
鎌倉時代前期の公卿(非参議)。権中納言藤原宗隆の孫。
¶公卿, 公家(定頼〔八条家(絶家)〕 さだより)

藤原定頼母(藤原定頼の母) ふじわらのさだよりのはは
生没年不詳 [別]藤原定頼母《ふじわらさだよりのはは》
平安時代中期の女性、歌人。村上天皇第9皇子昭平親王の王女。
¶国書(ふじわらさだよりのはは), 女性(藤原定頼の母), 日人, 平史, 和俳(藤原定頼の母)

藤原薩雄 ふじわらのさちお
? 〜天平宝字8(764)年 [別]藤原薩雄《ふじわらのひろお》, 藤原朝臣薩雄《ふじわらのあそんさちお》
奈良時代の貴族。藤原仲麻呂の子。
¶朝日, 古代(藤原朝臣薩雄 ふじわらのあそんさちお), 諸系, 日人, 福井百(ふじわらのひろお 生没年不詳)

藤原刷雄 ふじわらのさつお
→藤原刷雄(ふじわらのよしお)

藤原実明 ふじわらのさねあき
? 〜貞応2(1223)年8月16日
平安時代後期〜鎌倉時代前期の公卿(参議)。権大納言藤原公通の次男。
¶公卿(生没年不詳), 公家(実明〔閑院家(絶家)2〕 さねあき)

藤原実有 ふじわらのさねあり
→清水谷実有(しみずだにさねあり)

藤原実家 ふじわらのさねいえ
久安1(1145)年〜建久4(1193)年 [別]藤原実家《ふじわらさねいえ》
平安時代後期の公卿(大納言)。右大臣徳大寺公能の次男。
¶公卿([没]建久4(1193)年3月16日), 公家(実家〔河原・大炊御門・近衛家(絶家)〕 さねいえ [没]建久4(1193)年3月16日), 国書(ふじわらさねいえ [没]建久4(1193)年3月16日), 諸系, 日人, 平史

藤原実雄 ふじわらのさねお
→洞院実雄(とういんさねお)

藤原真雄 ふじわらのさねお
神護景雲1(767)年〜弘仁2(811)年
奈良時代〜平安時代前期の貴族。左大臣魚名の孫、左京大夫鷹取の子。
¶平史

藤原実興 ふじわらのさねおき
生没年不詳 [別]藤原実興《ふじわらさねおき》
南北朝時代の公家・歌人。
¶国書(ふじわらさねおき)

ふ

藤原実方 ふじわらのさねかた
？～長徳4（998）年　[別]藤原実方《ふじわらさねかた》
平安時代中期の歌人。
¶朝日（[生]天徳4（960）年頃　[没]長徳4（998）年12月），岩史（[没]長徳4（998）年12月），角史，国史，国書（ふじわらさねかた　[没]長徳4（998）年11月13日），古中，コン改，コン4，詩歌，諸系，新潮（[没]長徳4（998）年11月13日），人名，姓氏宮城，世人，全書，日史，日人，平史，宮城百（ふじわらさねかた），和俳

藤原実雄 ふじわらのさねかつ
→洞院実雄（とういんさねお）

藤原実兼(1) ふじわらのさねかね
応徳2（1085）年～天永3（1112）年　[別]藤原実兼《ふじわらさねかね》
平安時代後期の学者、文章生。蔵人に叙任される。
¶朝日（[没]天永3年4月2日（1112年4月29日）），国書（ふじわらさねかね　[没]天永3（1112）年4月3日），諸系，日人，平史

藤原実兼(2) ふじわらのさねかね
生没年不詳　[別]藤原実兼《ふじわらさねかね》
鎌倉時代の公家。従四位下。伯父である太政大臣三条公房の養子。
¶鎌室（ふじわらさねかね），日人

藤原実兼(3) ふじわらのさねかね
→西園寺実兼（さいおんじさねかね）

藤原実清(1) ふじわらのさねきよ
生没年不詳　[別]藤原実清《ふじわらさねきよ》
平安時代後期の公家・歌人・連歌作者。
¶国書（ふじわらさねきよ），平史

藤原実清(2) ふじわらのさねきよ
保延5（1139）年～文治1（1185）年1月8日
平安時代後期の公卿（非参議）。非参議藤原長輔の三男。
¶公卿，公家（実清〔八条家（絶家）〕　さねきよ），平史

藤原実清(3) ふじわらのさねきよ
承元1（1207）年～正応5（1292）年12月25日
鎌倉時代後期の公卿（非参議）。参議藤原公清の次男。
¶公卿，公家（実清〔八条家（絶家）〕　さねきよ）

藤原実国 ふじわらのさねくに
→滋野井実国（しげのいさねくに）

藤原実子 ふじわらのさねこ
→宣光門院（せんこうもんいん）

藤原実定 ふじわらのさねさだ
→徳大寺実定（とくだいじさねさだ）

藤原実重 ふじわらのさねしげ
生没年不詳　[別]藤原実重《ふじわらさねしげ》
鎌倉時代前期の公卿。
¶鎌室（ふじわらさねしげ），国書（ふじわらさねしげ）

藤原実茂 ふじわらのさねしげ
鎌倉時代後期～南北朝時代の公卿（参議）。中納言藤原公国の裔。
¶公卿（生没年不詳），公家（実茂〔河原・大炊御門・近衛家（絶家）〕　さねしげ）

藤原実季 ふじわらのさねすえ
長元8（1035）年～寛治5（1091）年12月24日　[別]藤原実季《ふじわらさねすえ》
平安時代中期～後期の公卿（大納言）。権中納言藤原公成の子。
¶公卿，国史，国書（ふじわらさねすえ），古中，コン4，日史，平史

藤原実資 ふじわらのさねすけ
天徳1（957）年～永承1（1046）年　[別]小野宮実資《おののみやさねすけ》，藤原実資《ふじわらさねすけ》
平安時代中期の公卿（右大臣）。摂政・太政大臣藤原実頼の孫。
¶朝日（[没]永承1年1月18日（1046年2月26日）），岩史（[没]永承1（1046）年1月18日），角史，京都，京都大，公卿（[没]永承1（1046）年1月18日），国史，国書（ふじわらさねすけ　[没]寛徳3（1046）年1月18日），古史，古中，コン改，コン4，史人（[没]1046年1月18日），重要，諸系，新潮（[没]永承1（1046）年1月18日），人名，姓氏京都，世人，世百，全書，大百，日史（[没]永承1（1046）年1月18日），日人，百科，平史，歴大

藤原実澄 ふじわらのさねずみ
生没年不詳
平安時代後期の官人。藤原則光の子孫。
¶平史

藤原実隆(1) ふじわらのさねたか
承暦3（1079）年～大治2（1127）年10月16日　[別]藤原実隆《ふじわらさねたか》
平安時代後期の公卿（中納言）。権大納言藤原公実の長男。
¶公卿，国書（ふじわらさねたか），平史

藤原実隆(2) ふじわらのさねたか
建仁3（1203）年～文永7（1270）年9月12日　[別]藤原実隆《ふじわらさねたか》
鎌倉時代前期の公卿（非参議）。参議藤原公清の三男。
¶鎌室（ふじわらさねたか　[生]？），公卿，公家（実隆〔河鰭家〕　さねたか），日人

藤原実忠 ふじわらのさねただ
生没年不詳　[別]藤原実忠《ふじわらさねただ》
鎌倉時代前期の公卿。
¶鎌室（ふじわらさねただ），日人

藤原真忠 ふじわらのさねただ
生没年不詳　[別]藤原真忠《ふじわらさねただ》
平安時代中期の公家・歌人。
¶国書（ふじわらさねただ），平史

藤原実嗣 ふじわらのさねつぐ
建久6(1195)年〜建保1(1213)年7月21日
鎌倉時代前期の公卿(非参議)。内大臣徳大寺公継の長男。
¶公卿，公家(実嗣〔徳大寺家〕　さねつぐ)

藤原実綱(1) ふじわらのさねつな
長和2(1013)年〜永保2(1082)年　[別]藤原実綱《ふじわらさねつな》，日野実綱《ひのさねつな》
平安時代中期〜後期の文人。日野流の発展に寄与。
¶国史，国書(ふじわらさねつな　[生]長和1(1012)年)，古中，コン4，諸系(日野実綱　ひのさねつな)，日人(日野実綱　ひのさねつな)，平史

藤原実綱(2) ふじわらのさねつな
*〜治承4(1180)年12月19日　[別]藤原実経《ふじわらさねつね》，藤原実綱《ふじわらさねつな》
平安時代後期の公卿(権中納言)。権大納言藤原公実の曽孫。
¶愛媛百([生]？)，鎌室(ふじわらさねつな　[生]？)，公卿([生]大治2(1127)年)，公家(実綱〔三条家〕　さねつな　[生]1127年)，国書(ふじわらさねつな　[生]大治1(1126)年)，諸系([生]1128年　[没]1181年)，新潮([生]大治3(1128)年？)，日人([生]1128年　[没]1181年)，平史([生]1112年)

藤原実綱(3) ふじわらのさねつな
[別]藤原実綱《ふじわらさねつな》
鎌倉時代後期の公家・歌人。
¶公家(実綱〔河原・大炊御門・近衛家(絶家)〕　さねつな)，国書(ふじわらさねつな　生没年不詳)

藤原実経(1) ふじわらのさねつね
長徳4(998)年〜寛徳2(1045)年
平安時代中期の人。権大納言行成男。
¶平史

藤原実経(2) ふじわらのさねつね
→一条実経(いちじょうさねつね)

藤原実経(3) ふじわらのさねつね
→藤原実綱(2)(ふじわらのさねつな)

藤原実任 ふじわらのさねとう
承元1(1207)年〜？
鎌倉時代前期の公卿(権中納言)。権大納言藤原公雅の長男。
¶公卿，公家(実任〔閑院家(絶家)2〕　さねとう)

藤原実遠(1) ふじわらのさねとお
？　〜康平5(1062)年
平安時代中期の官人。私営田経営を行う。
¶朝日([没]康平5年4月10日(1062年5月21日))，国史，古史，古中，コン4，史人([没]1062年4月10日)，全書([没]1063年)，日人，平史([没]1063年)，歴大

藤原実遠(2) ふじわらのさねとお
文永8(1271)年〜徳治3(1308)年2月15日　[別]藤原実遠《ふじわらさねとお》
鎌倉時代後期の公家・歌人。
¶公家(実遠〔一条家(絶家)〕　さねとお)，国書(ふじわらさねとお)

藤原実時(1) ふじわらのさねとき
生没年不詳　[別]藤原実時《ふじわらさねとき》
鎌倉時代後期の公家(右近衛中将)。藤原公守の子。
¶鎌室(ふじわらさねとき)，日人

藤原実時(2) ふじわらのさねとき
建長3(1251)年〜徳治3(1308)年5月17日　[別]藤原実時《ふじわらさねとき》
鎌倉時代後期の公卿(参議)。非参議藤原公蔭の子。
¶公卿，公家(実時〔清水谷家(絶家)〕　さねとき)，国書(ふじわらさねとき)

藤原実俊(1) ふじわらのさねとし
？　〜嘉禎3(1237)年12月18日
鎌倉時代前期の公卿(非参議)。参議藤原公清の長男。
¶公卿，公家(実俊〔八条家(絶家)〕　さねとし)

藤原実俊(2) ふじわらのさねとし
→橋本実俊(はしもとさねとし)

藤原真友 ふじわらのさねとも
天平14(742)年〜延暦16(797)年　[別]藤原真友《ふじわらのまとも》
奈良時代〜平安時代前期の公卿(参議)。右大臣藤原是公の次男。
¶公卿(ふじわらのまとも　[没]延暦16(797)年6月25日)，平史

藤原実直 ふじわらのさねなお
→阿野実直(あのさねなお)

藤原実仲(1) ふじわらのさねなか
生没年不詳　[別]藤原実仲《ふじわらさねなか》
鎌倉時代前期の公卿。
¶鎌室(ふじわらさねなか)

藤原実仲(2) ふじわらのさねなか
→正親町三条実仲(おおぎまちさんじょうさねなか)

藤原実長 ふじわらのさねなが
*〜寿永1(1182)年12月27日　[別]藤原実長《ふじわらさねなが》
平安時代後期の公卿(権大納言)。参議藤原公行の長男。
¶朝日([生]大治3(1128)年？　[没]寿永1年12月27日(1183年1月22日))，鎌室(ふじわらさねなが　[生]？)，公卿([生]大治3(1128)年)，公家(実長〔三条家〕　さねなが　[生]1128年)，国書(ふじわらさねなが　[生]大治3(1128)年)，新潮([生]大治3(1128)年？)，日人([生]1128年　[没]1183年)，平史([生]1130年)

藤原実成 ふじわらのさねなり
天延3(975)年〜寛徳1(1044)年

平安時代中期の公卿（中納言）。三条家系の祖。内大臣藤原公季の長男。
¶公卿（[没]寛徳1（1044）年12月），諸系，人名，日人，平史

藤原誠信　ふじわらのさねのぶ
康保1（964）年〜長保3（1001）年　[別]藤原誠信《ふじわらのしげのぶ》
平安時代中期の公卿（参議）。右大臣藤原為光の長男。
¶公卿（ふじわらのしげのぶ　[没]長保3（1001）年9月3日），コン改（ふじわらのしげのぶ），コン4（ふじわらのしげのぶ），諸系，新潮（[没]長保3（1001）年9月3日），人名（ふじわらのしげのぶ），日人，平史

藤原実教　ふじわらのさねのり
久安6（1150）年〜安貞1（1227）年　[別]山科実教《やましなさねのり》，藤原実教《ふじわらさねのり》
平安時代後期〜鎌倉時代前期の公卿（中納言）。中納言藤原家成の六男。
¶朝日（山科実教　やましなさねのり　[没]安貞1年4月3日（1227年5月19日）），鎌室（ふじわらさねのり　[生]仁平1（1151）年），公卿（[没]嘉禄3（1227）年4月3日），公家（実教〔山科家〕　さねのり　[没]嘉禄3（1227）年4月3日），コン改（山科実教　やましなさねのり），コン4（山科実教　やましなさねのり），諸系，新潮（[生]仁平1（1151）年　[没]安貞1（1227）年4月3日），日人，平史

藤原実範　ふじわらのさねのり
生没年不詳　[別]藤原実範《ふじわらさねのり》
平安時代後期の学者、漢詩人。藤原義忠に師事。
¶朝日，国史，国書（ふじわらさねのり），古中，コン4，諸系，日人，平史，和俳

藤原実春　ふじわらのさねはる
生没年不詳　[別]藤原実春《ふじわらさねはる》
鎌倉時代前期の公家。
¶北条（ふじわらさねはる）

藤原実秀　ふじわらのさねひで
文永8（1271）年〜延元4/暦応2（1339）年11月25日　[別]藤原実秀《ふじわらさねひで》
鎌倉時代後期〜南北朝時代の公卿（参議）。非参議藤原公兼の子。
¶公卿，公家（実秀〔清水谷家（絶家）〕　さねひで），国書（ふじわらさねひで　生没年不詳）

藤原実衡　ふじわらのさねひら
康和2（1100）年〜康治1（1142）年
平安時代後期の公卿（権中納言）。権大納言藤原仲実の長男。
¶公卿（[没]康治1（1142）年2月8日），平史

藤原実房　ふじわらのさねふさ
→三条実房（さんじょうさねふさ）

藤原実文　ふじわらのさねぶみ
生没年不詳　[別]姉小路実文《あねがこうじさねふみ》，藤原実文《ふじわらさねぶみ》
鎌倉時代の公家（非参議）。権大納言姉小路公宣の次男。
¶公卿（姉小路実文　あねがこうじさねふみ），公家（実文〔姉小路家〕　さねふみ），北条（ふじわらさねぶみ）

藤原実雅　ふじわらのさねまさ
→一条実雅（いちじょうさねまさ）

藤原実政　ふじわらのさねまさ
寛仁3（1019）年〜寛治7（1093）年　[別]藤原実政《ふじわらさねまさ》
平安時代中期〜後期の公卿（参議）。非参議藤原資業の三男。
¶朝日（[没]寛治7年2月18日（1093年3月17日）），岩史（[没]寛治7（1093）年2月18日），公卿（[没]寛治7（1093）年2月18日），国史，国書（ふじわらさねまさ　[没]寛治7（1093）年2月18日），古中，コン4，日人，平史

藤原実躬　ふじわらのさねみ
建暦1（1211）年〜？
鎌倉時代前期の公卿（非参議）。権大納言藤原公雅の次男。
¶公卿，公家（実躬〔閑院家（絶家）2〕　さねみ）

藤原実光(1)　ふじわらのさねみつ
延久1（1069）年〜久安3（1147）年5月21日　[別]藤原実光《ふじわらさねみつ》
平安時代後期の公卿（権中納言）。非参議藤原資業の曽孫。
¶公卿，国書（ふじわらさねみつ），平史

藤原実光(2)　ふじわらのさねみつ
*〜宝治1（1247）年9月12日　[別]藤原実光《ふじわらさねみつ》
鎌倉時代前期の公卿（参議）。中納言藤原公国の三男。
¶鎌室（ふじわらさねみつ　[生]？），公卿（[生]建仁2（1202）年），公家（実光〔河原・大炊御門・近衛家（絶家）〕　さねみつ　[生]1204年），日人（[生]1202年）

藤原実宗　ふじわらのさねむね
*〜建暦2（1213）年　[別]西園寺実宗《さいおんじさねむね》，藤原実宗《ふじわらさねむね》
平安時代後期〜鎌倉時代前期の公卿（内大臣）。権大納言藤原公通の長男。
¶朝日（[生]久安1（1145）年？　[没]建暦2年12月9日（1213年1月2日）），鎌室（ふじわらさねむね　[生]康治2（1143）年？　[没]建暦2（1212）年），公卿（[生]久安1（1145）年　[没]建保1（1213）年11月9日），公家（実宗〔西園寺家〕　さねむね　[生]1145年　[没]建保1（1213）年11月9日），国書（ふじわらさねむね　[生]久安5（1149）年　[没]建暦2（1212）年12月8日），諸系（西園寺実宗　さいおんじさねむね　[生]1144年），人名（西園寺実宗　さいおんじさねむね　[生]1143年），日音（[生]久安5（1149）年　[没]建暦2（1212）年12月8日），日人（西園寺実宗　さいおんじさねむね　[生]1144年），平史（[生]1149年？　[没]1212年）

藤原実持 ふじわらのさねもち
*～建長8(1256)年5月8日
鎌倉時代前期の公卿(権大納言)。内大臣藤原実宗の孫。
¶公卿([生]文治5(1189)年)，公家(実持〔清水谷家(絶家)〕　さねもち　[生]1192年)

藤原実基 ふじわらのさねもと
生没年不詳　[別]藤原実基《ふじわらさねもと》
鎌倉時代前期の公卿。
¶鎌室(ふじわらさねもと)，日人，平史

藤原実守 ふじわらのさねもり
久安3(1147)年～文治1(1185)年4月25日　[別]藤原実守《ふじわらさねもり》
平安時代後期の公卿(権中納言)。右大臣徳大寺公能の三男。
¶公卿，公家(実守〔菩提院家(絶家)〕　さねもり)，国書(ふじわらさねもり)，平史

藤原実泰 ふじわらのさねやす
→洞院実泰(とういんさねやす)

藤原実保 ふじわらのさねやす
？　～承元1(1207)年11月
平安時代後期～鎌倉時代前期の公卿(非参議)。権大納言藤原公保の長男。
¶公卿，公家(実保〔徳大寺家(絶家)〕　さねやす)

藤原実行 ふじわらのさねゆき
承暦4(1080)年～応保2(1162)年　[別]三条実行《さんじょうさねゆき》
平安時代後期の公卿(太政大臣)。三条家の祖。権大納言藤原公実の次男。
¶朝日([没]応保2年7月28日(1162年9月9日))，公卿(三条実行　さんじょうさねゆき　[没]応保2(1162)年7月28日)，公家(実行〔三条家〕　さねゆき　[没]応保2(1162)年7月28日)，国史，国書(三条実行　さんじょうさねゆき　[没]応保2(1162)年7月28日)，古中，コン4，諸系(三条実行　さんじょうさねゆき)，人名(三条実行　さんじょうさねゆき　[生]1079年)，日人(三条実行　さんじょうさねゆき)，平史

藤原実義 ふじわらのさねよし
治暦3(1067)年～嘉承1(1106)年
平安時代後期の学者。
¶平史

藤原実能 ふじわらのさねよし
→徳大寺実能(とくだいじさねよし)

藤原実廉 ふじわらのさねよし
正平22/貞治6(1367)年～？
南北朝時代～室町時代の公卿(非参議)。非参議藤原実清の裔。
¶公卿，公家(実廉〔八条家(絶家)〕　さねかど)

藤原実頼 ふじわらのさねより
昌泰3(900)年～天禄1(970)年　[別]小野宮実頼《おののみやさねより》，清慎公《せいしんこう》，藤原実頼《ふじわらさねより》
平安時代中期の公卿(摂政・関白・太政大臣)。摂政・左大臣藤原忠平の長男。
¶朝日([没]天禄1年5月18日(970年6月24日))，岩史([没]天禄1(970)年5月18日)，角史，公卿([没]安和3(970)年5月18日)，国史，国書(ふじわらさねより　[没]天禄1(970)年5月18日)，古史，古中，コン改，コン4，史人([没]970年5月18日)，重要([没]天禄1(970)年5月18日)，諸系，新潮([没]天禄1(970)年5月18日)，人名，姓氏京都，世人([没]天禄1(970)年5月18日)，世百，全書，大百，日史([没]天禄1(970)年5月18日)，日人，百科，平史，歴大，和俳([没]天禄1(970)年5月18日)

藤原佐理 ふじわらのさり
→藤原佐理(2)(ふじわらのすけまさ)

藤原沢子 ふじわらのさわこ
→藤原沢子(ふじわらのたくし)

藤原産子 ふじわらのさんし
天平宝字5(761)年～天長6(829)年　[別]藤原産子《ふじわらのただこ》
奈良時代～平安時代前期の女性。光仁天皇の妃。
¶朝日([没]天長6年5月22日(829年6月26日))，女性([没]天長6(829)年5月22日)，人名(ふじわらのただこ)，日人，平史(ふじわらのただこ)

藤原茂明 ふじわらのしげあき
→藤原茂明(ふじわらのもちあきら)

藤原重家(1) ふじわらのしげいえ
貞元2(977)年～？
平安時代の朝臣。
¶諸系，人名，日人，平史

藤原重家(2) ふじわらのしげいえ
大治3(1128)年～治承4(1180)年12月21日　[別]藤原重家《ふじわらしげいえ》
平安時代後期の公卿(非参議)。非参議藤原顕輔の子。
¶朝日([没]治承4年12月21日(1181年1月8日))，公卿([没]？)，公家(重家〔六条・春日・九条・紙屋河家(絶家)〕　しげいえ)，国史，国書(ふじわらしげいえ)，古中，コン4，史人，諸系([没]1181年)，日人([没]1181年)，平史

藤原重氏 ふじわらのしげうじ
嘉禎1(1235)年～建治3(1277)年12月9日　[別]紙屋川重氏《かみやがわしげうじ》
鎌倉時代前期の公卿(非参議)。非参議藤原顕氏の子。
¶公卿，公家(重氏〔六条・春日・九条・紙屋河家(絶家)〕　しげうじ)，国書(紙屋川重氏　かみやがわしげうじ)

藤原重兼 ふじわらのしげかね
嘉元1(1303)年～？
鎌倉時代後期～南北朝時代の公卿(非参議)。非参議藤原兼高の子。
¶公卿，公家(重兼〔楊梅家(絶家)〕　しげかね)

藤原重清　ふじわらのしげきよ
鎌倉時代後期の公卿（非参議）。権中納言藤原長良の裔。
¶公卿（生没年不詳），公家（重清〔高倉家（絶家）〕　しげきよ）

藤原重子　ふじわらのしげこ
→修明門院（しゅめいもんいん）

藤原茂子　ふじわらのしげこ
→藤原茂子（ふじわらのもし）

藤原苡子　ふじわらのしげこ
→藤原苡子（ふじわらのいし）

藤原重貞　ふじわらのしげさだ
生没年不詳　[別]藤原重貞《ふじわらしげさだ》
鎌倉時代の公家・歌人。
¶国書（ふじわらしげさだ）

藤原滋実　ふじわらのしげざね
？ ～延喜1（901）年　[別]藤原朝臣滋実《ふじわらのあそんしげざね》
平安時代前期～中期の武官。
¶古代（藤原朝臣滋実　ふじわらのあそんしげざね），日人，平史

藤原重季　ふじわらのしげすえ
生没年不詳
平安時代後期の官人。楊梅家祖。
¶日音，平史

藤原重隆　ふじわらのしげたか
承保3（1076）年～元永1（1118）年　[別]藤原重隆《ふじわらしげたか》
平安時代後期の公家・故実家。
¶国書（ふじわらしげたか　[没]元永1（1118）年閏9月1日），平史

藤原重尹　ふじわらのしげただ
*～永承6（1051）年
平安時代中期の公卿（権中納言）。大納言藤原懐忠の五男。
¶公卿（[生]永観3（985）年　[没]永承6（1051）年3月8日），平史（[生]984年）

藤原重綱(1)　ふじわらのしげつな
？ ～建久3（1192）年　[別]藤原重綱《ふじわらしげつな》
平安時代後期の公家・歌人。
¶国書（ふじわらしげつな　[没]建久3（1192）年6月），平史

藤原重綱(2)　ふじわらのしげつな
生没年不詳　[別]藤原重綱《ふじわらしげつな》
鎌倉時代後期の武家・歌人。
¶国書（ふじわらしげつな）

藤原重名　ふじわらのしげな
生没年不詳　[別]藤原重名《ふじわらしげな》
鎌倉時代の公家・歌人。
¶国書（ふじわらしげな）

藤原茂永　ふじわらのしげなが
生没年不詳
平安時代中期の官人。陸奥鎮守府将軍。
¶平史

藤原誠信　ふじわらのしげのぶ
→藤原誠信（ふじわらのさねのぶ）

藤原成範　ふじわらのしげのり
→藤原成範（ふじわらのなりのり）

藤原茂範　ふじわらのしげのり
嘉禎2（1236）年～？　[別]藤原茂範《ふじわらしげのり》
鎌倉時代後期の公卿（非参議）。非参議藤原経範の長男。
¶公卿，公家（茂範〔成季裔（絶家）〕　しげのり），国書（ふじわらしげのり），新潟百（生没年不詳）

藤原重通　ふじわらのしげみち
康和1（1099）年～応保1（1161）年
平安時代後期の公卿（大納言）。権大納言藤原宗通の五男，母は非参議藤原顕季の長女。
¶公卿（[没]応保1（1161）年6月3日），公家（重通〔坊門家（絶家）〕　しげみち　[没]永暦2（1161）年6月5日），平史

藤原茂通　ふじわらのしげみち
*～永仁1（1293）年12月12日
鎌倉時代後期の公卿（参議）。権中納言藤原家通の曾孫。
¶公卿（[生]寛喜3（1231）年），公家（茂通〔坊門家（絶家）〕　しげみち　[生]1232年）

藤原滋幹　ふじわらのしげもと
？ ～承平1（931）年　[別]藤原滋幹《ふじわらしげもと》
平安時代前期～中期の公家・歌人。
¶国書（ふじわらしげもと），平史

藤原重基　ふじわらのしげもと
？ ～長承3（1134）年　[別]藤原重基《ふじわらしげもと》
平安時代後期の公家・歌人。
¶国書（ふじわらしげもと　[没]長承3（1134）年11月18日），平史

藤原忯子　ふじわらのしし
安和2（969）年～寛和1（985）年　[別]弘徽殿女御《こきでんのにょご》，弘徽殿女御《こきでんのにょうご》，藤原忯子《ふじわらのきし，ふじわらのていし，ふじわらのよしこ》，為光の娘忯子《ためみつのむすめていし》
平安時代中期の女性。花山天皇の女御。太政大臣藤原為光の二女。
¶朝日（[没]寛和1年7月18日（985年8月7日）），国史，古中，コン4，史人（[没]985年7月18日），諸系，女性（ふじわらのていし　[生]？　[没]寛和1（985）年7月18日），人名（弘徽殿女御〔忯子〕　こきでんのにょご　[生]？），人名（ふじわらのきし　[生]？），日人，平史（ふじわらのよし

こ)，歴大

藤原諟子 ふじわらのしし
？ ～長元8 (1035) 年　[別]藤原諟子《ふじわらのただこ》
平安時代中期の女性。花山天皇の女御。関白太政大臣藤原頼忠の二女。
¶女性 ([没]長元8 (1035) 年6月)，人名，日人，平史 (ふじわらのただこ)

藤原資子 ふじわらのしし
→光範門院 (こうはんもんいん)

藤原実子 ふじわらのじっし
→宣光門院 (せんこうもんいん)

藤原呈子 ふじわらのしめこ
→九条院 (くじょういん)

藤原秀子 ふじわらのしゅうし
→陽禄門院 (ようろくもんいん)

藤原娍子 ふじわらのじゅうし
→藤原娍子 (ふじわらのせいし)

藤原重子 ふじわらのじゅうし
→修明門院 (しゅめいもんいん)

藤原述子 ふじわらのじゅっし, ふじわらのじゅつし
承平3 (933) 年～天暦1 (947) 年　[別]弘徽殿女御《こきでんのにょご》, 弘徽殿女御《こきでんのにょうご》, 藤原述子《ふじわらののぶこ》
平安時代中期の女性。村上天皇の女御。
¶国書 (弘徽殿女御　こきでんのにょうご　[没]天暦1 (947) 年10月5日)，諸系，女性 (ふじわらのじゅつし　[没]天暦1 (947) 年10月5日)，人名 (弘徽殿女御〔述子〕　こきでんのにょご)，人名 (ふじわらののぶこ)，日人，平史 (ふじわらののぶこ)

藤原竴子 ふじわらのしゅんし
→藻璧門院 (そうへきもんいん)

藤原遵子 ふじわらのじゅんし
天徳1 (957) 年～寛仁1 (1017) 年　[別]藤原遵子《ふじわらじゅんし, ふじわらののぶこ》
平安時代中期の女性。円融天皇の皇后。
¶朝日 ([没]寛仁1年6月1日 (1017年6月27日))，岩史 ([没]寛仁1 (1017) 年6月1日)，国史，国書 (ふじわらじゅんし　[没]寛仁1 (1017) 年6月1日)，古中，コン改，コン4，史人 ([没]1017年6月1日)，諸系，女性 (ふじわらののぶこ　[没]寛仁1 (1017) 年6月1日)，新潮 ([没]寛仁1 (1017) 年6月1日)，人名，世人，日人，平史 (ふじわらののぶこ)，歴大

藤原順子 ふじわらのじゅんし
大同4 (809) 年～貞観13 (871) 年　[別]五条后《ごじょうのきさき》, 藤原順子《ふじわらののぶこ》, 藤原朝臣順子《ふじわらのあそんじゅんし》
平安時代前期の女性。仁明天皇の女御。
¶朝日 ([没]貞観13年9月28日 (871年11月14日))，角史，国史，古史，古代 (藤原朝臣順子　ふじわらのあそんじゅんし)，古中，コン改，コン4，史人 ([没]871年9月28日)，諸系，女性 ([没]貞観13 (871) 年9月28日)，新潮 ([没]貞観13 (871) 年9月28日)，人名 (五条后　ごじょうのきさき)，人名，姓氏京都，世人，大百 ([生]？)，日人，平史 (ふじわらののぶこ)

藤原俊成 ふじわらのしゅんぜい
→藤原俊成 (ふじわらのとしなり)

藤原鐘子 ふじわらのしょうし
→永福門院 (えいふくもんいん)

藤原勝子 ふじわらのしょうし
→嘉喜門院 (かきもんいん)

藤原彰子 ふじわらのしょうし
→上東門院 (じょうとうもんいん)

藤原昭子 ふじわらのしょうし
生没年不詳　[別]藤原昭子《ふじわらのあきこ》
平安時代中期～後期の女性。後三条天皇の女御。
¶朝日，コン改，コン4，諸系，女性，人名 (ふじわらのあきこ)，日人，平史 (ふじわらのあきこ)

藤原正子 ふじわらのしょうし
生没年不詳　[別]藤原正子《ふじわらのまさこ》
平安時代前期の女性。桓武天皇の女御。
¶諸系，女性，人名 (ふじわらのまさこ)，日人

藤原璋子 ふじわらのしょうし
→待賢門院 (たいけんもんいん)

藤原娍子 (藤原城子) ふじわらのじょうし
→藤原娍子 (ふじわらのせいし)

藤原浄本 ふじわらのじょうもと
→藤原浄本 (ふじわらのきよもと)

藤原殖子 ふじわらのしょくし
→七条院 (しちじょういん)

藤原信子 ふじわらのしんし
→嘉楽門院 (からくもんいん)

藤原信西 ふじわらのしんぜい
→藤原通憲 (ふじわらのみちのり)

藤原綏子 ふじわらのすいし
→藤原綏子 (ふじわらのやすこ)

藤原季顕 ふじわらのすえあき
鎌倉時代後期の公卿 (非参議)。権中納言藤原親季の次男。
¶公卿 (生没年不詳)，公家 (季顕〔平松家 (絶家)〕　すえあき)

藤原季家 ふじわらのすえいえ
生没年不詳
平安時代後期の武士。
¶平史

藤原季兼 ふじわらのすえかね
？ ～長寛2 (1164) 年
平安時代後期の公卿。後白河天皇の今様先達の

一人。
¶朝日（[没]長寛2年5月3日（1164年5月25日）），日音（[没]長寛2（1164）年5月3日），日人

藤原季清　ふじわらのすえきよ
生没年不詳
平安時代後期の官人。
¶平史

藤原季子　ふじわらのすえこ
→顕親門院（けんしんもんいん）

藤原季実　ふじわらのすえざね
生没年不詳
平安時代後期の官人。
¶平史

藤原末茂　ふじわらのすえしげ
[別]藤原朝臣末茂《ふじわらのあそんすえしげ》，藤原末茂《ふじわらのすえもち》
平安時代の下級官人。
¶古代（藤原朝臣末茂　ふじわらのあそんすえしげ），諸系（生没年不詳），人名（ふじわらのすえもち），日人（生没年不詳）

藤原季輔　ふじわらのすえすけ
生没年不詳
平安時代後期の官人。権大納言藤原仲実の子。
¶平史

藤原季孝　ふじわらのすえたか
生没年不詳　[別]藤原季孝《ふじわらすえたか》
平安時代中期の公家・歌人。
¶国書（ふじわらすえたか）

藤原季隆　ふじわらのすえたか
大治4（1129）年～建久1（1190）年5月19日
平安時代後期の公卿（非参議）。非参議藤原長輔の長男。
¶公卿（[生]大治1（1126）年），公家（季隆〔八条家（絶家）〕　すえたか），平史

藤原季縄　ふじわらのすえただ
？～延喜19（919）年　[別]藤原季縄《ふじわらすえなわ，ふじわらのすえなわ》
平安時代前期～中期の官吏。
¶国書（ふじわらすえなわ　[没]延喜19（919）年3月），人名（ふじわらのすえなわ），日人，平史，和俳（ふじわらのすえなわ　生没年不詳）

藤原季綱(1)　ふじわらのすえつな
生没年不詳　[別]藤原季綱《ふじわらすえつな》
平安時代中期～後期の漢詩人。
¶国史，国書（ふじわらすえつな），古中，諸系，日人，平史，和俳

藤原季綱(2)　ふじわらのすえつな
生没年不詳　[別]藤原季綱《ふじわらすえつな》
鎌倉時代の官人・歌人。
¶国書（ふじわらすえつな）

藤原季経　ふじわらのすえつね
天承1（1131）年～承久3（1221）年　[別]藤原季経《ふじわらすえつね》
平安時代後期～鎌倉時代前期の歌人・公卿（非参議）。非参議藤原顕輔の子。
¶朝日（[没]承久3年閏10月4日（1221年11月19日）），鎌室（ふじわらすえつね），公卿，公家（季経〔六条・春日・九条・紙屋河家（絶家）〕　すえつね　[没]承久3（1221）年閏10月4日），国書（ふじわらすえつね　[没]承久3（1221）年閏10月4日），コン改，コン4，諸系，新潮（[没]承久3（1221）年閏10月4日），人名，日人，平史，和俳

藤原季仲　ふじわらのすえなか
永承1（1046）年～元永2（1119）年　[別]藤原季仲《ふじわらすえなか》
平安時代中期～後期の公卿（権中納言）。権中納言藤原経季の子。
¶朝日（[没]元永2年6月1日（1119年7月10日）），公卿（[生]？　[没]元永2（1119）年6月1日），国史，国書（ふじわらすえなか　[没]元永3（1120）年6月1日），古中，コン4，諸系，新潮（[没]元永2（1119）年6月1日），人名（[生]？），日史（[没]元永2（1119）年6月1日），日人，百科，平史

藤原季成　ふじわらのすえなり
天永3（1112）年～永万1（1165）年2月1日
平安時代後期の公卿（権大納言）。権大納言藤原公実の子。
¶公卿，公家（季成〔加賀家（絶家）〕　すえなり），平史（[生]1102年）

藤原季縄　ふじわらのすえなわ
→藤原季縄（ふじわらのすえただ）

藤原季範　ふじわらのすえのり
嘉禄1（1225）年～弘安4（1281）年
鎌倉時代後期の公卿（非参議）。非参議藤原家季の子。
¶公卿（[没]弘安4（1281）年7月24日），公家（季範〔六条・春日・九条・紙屋河家（絶家）〕　すえのり　[没]弘安4（1281）年7月14日）

藤原季平　ふじわらのすえひら
延喜22（922）年～永観1（983）年6月11日
平安時代中期の公卿（非参議）。権中納言藤原長良の曾孫。
¶公卿

藤原季房(1)　ふじわらのすえふさ
生没年不詳　[別]藤原季房《ふじわらすえふさ》
鎌倉時代の公家。
¶鎌室（ふじわらすえふさ），日人

藤原季房(2)　ふじわらのすえふさ
→万里小路季房（までのこうじすえふさ）

藤原季通　ふじわらのすえみち
生没年不詳　[別]藤原季通《ふじわらすえみち》
平安時代後期の廷臣、箏の名人、歌手。
¶国書（ふじわらすえみち），諸系，日音（[生]嘉保1（1094）年頃　[没]平治1（1159）年以後），日人，

平史

藤原季宗 ふじわらのすえむね
生没年不詳　[別]藤原季宗《ふじわらすえむね》
鎌倉時代前期の公家・歌人。
¶国書(ふじわらすえむね)

藤原末茂 ふじわらのすえもち
→藤原末茂(ふじわらのすえしげ)

藤原季保 ふじわらのすえやす
生没年不詳　[別]藤原季保《ふじわらすえやす》
鎌倉時代前期の中流貴族。
¶徳島歴(ふじわらすえやす)

藤原季行 ふじわらのすえゆき
永久2(1114)年～応保2(1162)年8月23日　[別]楊梅季行《やまももすえゆき》
平安時代後期の公卿(非参議)。参議藤原兼経の曽孫。
¶公卿，公家(季行〔楊梅家(絶家)〕　すえゆき)，国書(楊梅季行　やまももすえゆき)，平史

藤原季能 ふじわらのすえよし
仁平3(1153)年～建暦1(1211)年　[別]藤原季能《ふじわらすえよし》
鎌倉時代前期の公卿(非参議)。非参議藤原俊盛の子。
¶鎌室(ふじわらすえよし　[生]?)，公卿(生没年不詳)，公家(季能〔八条家(絶家)〕　すえよし　[没]建暦1(1211)年6月21日)，国書(ふじわらすえよし　[没]建暦1(1211)年6月21日)，日人([生]?)，平史

藤原季随 ふじわらのすえより
生没年不詳
平安時代中期の官人。参議藤原安親の子。
¶平史

藤原菅雄 ふじわらのすがお
生没年不詳　[別]藤原朝臣菅雄《ふじわらのあそんすがお》
平安時代前期の官人。
¶古代(藤原朝臣菅雄　ふじわらのあそんすがお)，諸系，日人

藤原菅根 ふじわらのすがね
斉衡3(856)年～延喜8(908)年　[別]藤原菅根《ふじわらすがね》，藤原朝臣菅根《ふじわらのあそんすがね》
平安時代前期～中期の公卿(参議)。従五位上・常陸介藤原春継の孫。
¶朝日([没]延喜8年10月7日(908年11月3日))，公卿([没]延喜8(908)年10月7日)，国史，国書(ふじわらすがね　[没]延喜8(908)年10月7日)，古代(藤原朝臣菅根　ふじわらのあそんすがね)，古中，コン改，コン4，諸系，新潮([没]延喜8(908)年10月7日)，人名，世人，日人

藤原宿奈麻呂 ふじわらのすくなまろ
→藤原良継(ふじわらのよしつぐ)

藤原助 ふじわらのすけ
→藤原助(ふじわらのたすく)

藤原資明 ふじわらのすけあき
→柳原資明(やなぎわらすけあき)

藤原資有 ふじわらのすけあり
生没年不詳　[別]藤原資有《ふじわらすけあり》
鎌倉時代の公家・歌人。
¶国書(ふじわらすけあり)

藤原資家 ふじわらのすけいえ
治承1(1177)年～?
鎌倉時代前期の公卿(非参議)。権大納言藤原定能の三男。
¶公卿，公家(資家〔平松家(絶家)〕　すけいえ)

藤原祐家 ふじわらのすけいえ
長元9(1036)年～寛治2(1088)年7月28日　[別]藤原祐家《ふじわらすけいえ》
平安時代中期～後期の公卿(中納言)。権大納言藤原長家の三男。
¶公卿，国書(ふじわらすけいえ)，平史

藤原輔臣 ふじわらのすけおみ
生没年不詳　[別]藤原輔臣《ふじわらすけおみ》
平安時代前期の公家・歌人。
¶国書(ふじわらすけおみ)

藤原輔公 ふじわらのすけきみ
生没年不詳
平安時代中期の官人。備中守藤原清通の子。
¶平史

藤原娍子 ふじわらのすけこ
→藤原娍子(ふじわらのせいし)

藤原資子 ふじわらのすけこ
→光範門院(こうはんもんいん)

藤原資実 ふじわらのすけざね
→日野資実(ひのすけざね)

藤原資季 ふじわらのすけすえ
生没年不詳　[別]藤原資季《ふじわらすけすえ》
鎌倉時代前期の廷臣。
¶鎌室(ふじわらすけすえ)，人名，日人，和俳

藤原佐高 ふじわらのすけたか
生没年不詳
平安時代前期の漢学者。
¶平史

藤原資能 ふじわらのすけたか
鎌倉時代前期の公卿(非参議)。非参議藤原有能の子。
¶公卿(生没年不詳)，公家(資能〔実兼裔(絶家)〕　すけよし)

藤原資隆 ふじわらのすけたか
生没年不詳　[別]藤原資隆《ふじわらすけたか》
平安時代後期の歌人。
¶鎌室(ふじわらすけたか)，国書(ふじわらすけ

ふ

たか)，人名，日人，平史，和俳

藤原佐忠 ふじわらのすけただ
生没年不詳　[別]藤原佐忠《ふじわらすけただ》
平安時代中期の公家・歌人。
¶国書(ふじわらすけただ)，平史

藤原資忠 ふじわらのすけただ
生没年不詳　[別]藤原資忠《ふじわらすけただ》
平安時代後期の公家・歌人。
¶国書(ふじわらすけただ)，平史

藤原相尹 ふじわらのすけただ
生没年不詳
平安時代中期の官人。
¶平史

藤原輔尹 ふじわらのすけただ
? ～治安1(1021)年　[別]藤原輔尹《ふじわらすけただ》
平安時代中期の歌人、漢詩人。
¶国書(ふじわらすけただ　生没年不詳)，人書94(ふじわらすけただ)，日人，平史

藤原輔嗣 ふじわらのすけつぐ
生没年不詳
平安時代前期の官人。藤原真楯の曽孫。
¶平史

藤原資経 ふじわらのすけつね
治承4(1180)年～建長3(1251)年　[別]吉田資経《よしだすけつね》，藤原資経《ふじわらすけつね》
鎌倉時代前期の公卿(参議)。参議藤原定経の長男。
¶朝日([没]建長3年7月15日(1251年8月3日))，鎌室(ふじわらすけつね)，公卿([生]養和1(1181)年　[没]建長3(1251)年7月15日)，公家(資経〔甘露寺家〕　すけつね　[生]1181年　[没]建長3(1251)年7月15日)，国書(吉田資経　よしだすけつね　[生]養和1(1181)年　[没]建長3(1251)年7月15日)，諸系，諸系(ふじわらすけつね)，人書94(吉田資経　よしだすけつね　[生]1181年)，新潮([没]建長3(1251)年7月15日)，日人，平史([生]1181年)

藤原資任 ふじわらのすけとう
→烏丸資任(からすまるすけとう)

藤原資朝 ふじわらのすけとも
→日野資朝(ひのすけとも)

藤原資仲 ふじわらのすけなか
治安1(1021)年～寛治1(1087)年　[別]藤原資仲《ふじわらすけなか》
平安時代中期～後期の公卿(権中納言)。権大納言藤原資平の次男。
¶角史，公卿([没]寛治1(1087)年11月)，国書(ふじわらすけなか　[没]寛治1(1087)年11月12日)，諸系，日人，平史

藤原資長 ふじわらのすけなが
→日野資長(ひのすけなが)

藤原資業 ふじわらのすけなり
→日野資業(ひのすけなり)

藤原資信 ふじわらのすけのぶ
永保2(1082)年～保元3(1158)年　[別]藤原資信《ふじわらすけのぶ》
平安時代後期の公卿(中納言)。参議藤原顕実の長男。
¶公卿([没]保元3(1158)年11月18日)，公家(資信〔小野宮家〕　すけのぶ　[没]保元3(1158)年11月18日)，国書(ふじわらすけのぶ　生没年不詳)，新潟百，平史

藤原助信 ふじわらのすけのぶ
? ～康保3(966)年　[別]藤原助信《ふじわらすけのぶ》
平安時代中期の官吏。
¶国書(ふじわらすけのぶ　[没]康保3(966)年5月16日)，諸系，日人，平史

藤原相信 ふじわらのすけのぶ
平安時代の朝臣。
¶人名

藤原輔仁 ふじわらのすけひと
生没年不詳
平安時代中期の歌人。
¶平史

藤原資平 ふじわらのすけひら
*～治暦3(1067)年12月5日　[別]藤原資平《ふじわらすけひら》
平安時代中期の公卿(大納言)。権中納言藤原懐平の次男。
¶朝日([生]永延1(987)年　[没]治暦3年12月5日(1068年1月12日))，公卿([生]寛和3(987)年)，国書(ふじわらすけひら　[生]寛和2(986)年)，コン改([生]永延1(987)年)，コン4([生]永延1(987)年)，諸系([生]986年　[没]1068年)，新潮([生]永延1(987)年)，人名([生]986年)，日人([生]986年　[没]1068年)，平史([生]986年)

藤原資房 ふじわらのすけふさ
寛弘4(1007)年～天喜5(1057)年　[別]藤原資房《ふじわらすけふさ》
平安時代中期の公卿(参議)。大納言藤原資平の長男。
¶朝日([没]天喜5年1月24日(1057年3月2日))，角史，公卿([没]天喜5(1057)年1月24日)，国史，国書(ふじわらすけふさ　[没]天喜5(1057)年1月24日)，古中，コン4，史人([没]1057年1月24日)，諸系，日人，平史

藤原輔文 ふじわらのすけふん
生没年不詳　[別]藤原輔文《ふじわらすけふん》
平安時代前期の公家・歌人。
¶国書(ふじわらすけふん)

藤原佐理(1) ふじわらのすけまさ
? ～天元1(978)年
平安時代中期の権中納言敦忠の四男。
¶平史

藤原佐理(2)　ふじわらのすけまさ
天慶7(944)年～長徳4(998)年　[別]藤原佐理《ふじわらすけまさ,ふじわらのさり》
平安時代中期の書家、公卿(参議)。摂政・太政大臣藤原実頼の孫。能書家として知られる。三蹟の一人。
¶朝日([没]長徳4(998)年7月)，岩史([没]長徳4(998)年7月)，愛媛百，角史，京都大，公卿([没]長徳4(998)年7月)，国史，国書(ふじわらすけまさ　[没]長徳4(998)年7月)，古史，古中，コン改，コン4，茶道，史人([没]998年7月)，重要(ふじわらのさり　[没]長徳4(998)年7月25日)，諸系，人書94(ふじわらすけまさ)，新潮(ふじわらのさり　[没]長徳4(998)年7月)，人名，姓氏京都，世人([没]長徳4(998)年7月25日)，世百，全書，大百，伝記，日史([没]長徳4(998)年7月)，日人，美術，百科，福岡百([没]長徳4(998)年1月25日)，平史，歴大

藤原輔相　ふじわらのすけみ
生没年不詳　[別]藤原輔相《ふじわらすけみ》
平安時代中期の歌人。家集に「藤六集」がある。
¶朝日，国書(ふじわらすけみ)，史人，人名，日人，平史，和俳

藤原相通　ふじわらのすけみち
生没年不詳
平安時代中期の官人。
¶新潟百，平史

藤原資光　ふじわらのすけみつ
？～天承2(1132)年2月17日　[別]藤原資光《ふじわらすけみつ》
平安時代後期の公家・漢詩人。
¶国書(ふじわらすけみつ)

藤原資宗　ふじわらのすけむね
生没年不詳　[別]藤原資宗《ふじわらすけむね》
平安時代中期の公家・歌人。
¶国書(ふじわらすけむね)，平史

藤原資基　ふじわらのすけもと
応徳1(1084)年～？
平安時代後期の文人。「三外往生伝」の著者。
¶仏教

藤原扶幹　ふじわらのすけもと
貞観6(864)年～天慶1(938)年7月10日　[別]藤原扶幹《ふじわらすけもと,ふじわらのたすもと》
平安時代前期～中期の公卿(大納言)。右大臣藤原内麿の子藤原福当麿の曽孫。
¶公卿(ふじわらのたすもと)，国書(ふじわらすけもと)，平史

藤原資盛　ふじわらのすけもり
生没年不詳
平安時代後期の官人。下総守藤原資俊の子。
¶平史

藤原相保　ふじわらのすけやす
*～？
鎌倉時代前期の公卿(非参議)。権中納言持明院保家の孫。
¶公卿([生]嘉禄1(1225)年)，公家(相保〔持明院(正嫡)家(絶家)〕　すけやす　[生]1224年)

藤原相如　ふじわらのすけゆき
？～長徳1(995)年　[別]藤原相如《ふじわらすけゆき》
平安時代中期の歌人。蔵人、出雲守を歴任。家集に「相如集」がある。
¶朝日([没]長徳1年5月29日(995年6月29日))，国史，国書(ふじわらすけゆき　[没]長徳1(995)年5月29日)，古中，諸系，人書94(ふじわらすけゆき　[生]951年頃)，日人，平史，和俳

藤原佐世　ふじわらのすけよ
承和14(847)年～*　[別]藤原佐世《ふじわらすけよ》,藤原朝臣佐世《ふじわらのあそんすけよ》
平安時代前期の儒学者。菅原是善の門下。
¶朝日([没]昌泰1年10月27日(898年11月14日))，岩史([没]昌泰1(898)年10月27日)，角史([没]寛平9(897)年)，京都大([生]？　[没]昌泰1(898)年)，国史([没]897年)，国書(ふじわらすけよ　[没]寛平9(897)年)，古代(藤原朝臣佐世　ふじわらのあそんすけよ　[没]897年)，古中([没]897年)，コン改([生]？　[没]昌泰1(898)年)，コン4([生]？　[没]昌泰1(898)年)，史人([没]897年10月27日)，諸系([没]897年)，新潮([生]？　[没]昌泰1(898)年10月27日)，人名([生]？　[没]898年)，姓氏京都([没]897年)，世人([生]？　[没]昌泰1(898)年)，世百([生]？　[没]898年)，全書([生]？　[没]897年)，大百([生]？　[没]898年)，日史([生]？　[没]昌泰1(898)年10月27日)，日人([没]897年)，百科([生]？　[没]昌泰1(898)年)，平史([没]897年)，歴大([没]897年)

藤原資頼　ふじわらのすけより
久安4(1148)年～？　[別]藤原資頼《ふじわらすけより》
平安時代後期の公卿(非参議)。参議藤原頼定の長男。
¶鎌室(ふじわらすけより)，公卿，公家(資頼〔堀河2・三条家(絶家)〕　すけより)，日人，平史(生没年不詳)

藤原純友　ふじわらのすみとも
？～天慶4(941)年　[別]藤原純友《ふじわらすみとも》
平安時代中期の官人。伊予に赴任したが、日振島を本拠に海賊の棟梁となって朝廷に反乱。小野好古・源経基に鎮圧された。
¶朝日([没]天慶4年6月20日(941年7月17日))，岩史([没]天慶4(941)年6月20日)，愛媛百，角史，京都，郷土愛媛，京都大，国史，古史，古中，コン改，コン4，史人([没]941年6月20日)，重要([没]天慶4(941)年6月20日)，諸系，人書94(ふじわらすみとも)，新潮([没]天慶4(941)年6月)，人名，姓氏京都，姓氏山口(ふじわらすみとも)，世人([没]天慶4(941)年6月20日)，世百，全書，大百，伝記，日史([没]天慶4(941)年6月20日)，日人，百科，福岡百([没]天慶4(941)年6月20日)，平史，歴大

藤原娍子 ふじわらのせいし

天禄3(972)年～万寿2(1025)年 **別**藤原娍子《ふじわらのじゅうし，ふじわらのすけこ》，藤原娍子《ふじわらのじょうし》，藤原城子《ふじわらのじょうし》

平安時代中期の女性。三条天皇の皇后。

¶朝日(**没**万寿2年3月25日(1025年4月25日))，角史，国史，古中，コン改(ふじわらのじょうし **也**?)，コン4(ふじわらのじょうし **也**?)，史人(**没**1025年3月25日)，諸系，女性(藤原娍子 ふじわらのじゅうし **生**天禄2(971)年頃 **没**万寿2(1025)年3月25日)，新潮(**没**万寿2(1025)年3月25日)，人名(藤原城子 ふじわらのじょうし **也**?)，世人(**也**?)，日人，平史(藤原娍子 ふじわらのすけこ)，歴大(ふじわらのじょうし)

藤原成子 ふじわらのせいし

鎌倉時代の後深草天皇の妃。

¶人名，日人(生没年不詳)

藤原生子 ふじわらのせいし

長和3(1014)年～治暦4(1068)年 **別**弘徽殿女御《こきでんのにょうご》，藤原生子《ふじわらせいし，ふじわらのいくこ，ふじわらのいくし，ふじわらのなりこ》

平安時代中期の女性。後朱雀天皇の女御。

¶朝日(ふじわらのいくし **生**長和3年8月17日(1014年9月13日) **没**治暦4年8月21日(1068年9月20日))，国史，国書(ふじわらせいし **生**長和3(1014)年8月17日 **没**治暦4(1068)年8月21日)，古中，コン改(ふじわらのいくし)，コン4(ふじわらのいくし)，諸系，女性(**生**長和3(1014)年8月 **没**治暦4(1068)年8月21日)，新潮(**生**長和3(1014)年8月17日 **没**治暦4(1068)年8月21日)，人名(ふじわらのいくこ)，日人，平史(ふじわらのなりこ)，和俳(**生**長和3(1014)年8月17日 **没**治暦4(1068)年8月21日)

藤原聖子 ふじわらのせいし

→皇嘉門院(こうかもんいん)

藤原関雄 ふじわらのせきお

延暦24(805)年～仁寿3(853)年 **別**藤原関雄《ふじわらせきお》，藤原朝臣関雄《ふじわらのあそんせきお》

平安時代前期の文人。淳和上皇の近臣。

¶朝日(**没**仁寿3年2月14日(853年3月26日))，国史，国書(ふじわらせきお **没**仁寿3(853)年2月14日)，古代(藤原朝臣関雄 ふじわらのあそんせきお)，古中，コン改，コン4，諸系，新潮(**没**仁寿3(853)年2月14日)，人名，姓氏京都，日音(ふじわら 仁寿3(853)年2月14日)，日人，平史，和俳(**没**仁寿3(853)年2月14日)

藤原詮子 ふじわらのせんし

→東三条院(ひがしさんじょういん)

藤原琮子 ふじわらのそうし

? ～寛喜3(1231)年 **別**藤原琮子《ふじわらそうし，ふじわらのたまこ》

鎌倉時代前期の女性。後白河天皇の御室。

¶鎌室(ふじわらそうし)，女性(**没**寛喜3(1231)年4月6日)，人名，日人，平史(ふじわらのたまこ 生没年不詳)

藤原曹子 (藤原曹司) ふじわらのそうし

天平宝字2(758)年～延暦12(793)年

奈良時代の女性。光仁天皇の夫人。

¶諸系，女性(生没年不詳)，人名(藤原曹司)，日人

藤原相子 ふじわらのそうし

生没年不詳 **別**藤原相子《ふじわらそうし》

鎌倉時代後期の女性。後深草天皇の後宮(准三后)。

¶鎌室(ふじわらそうし)，女性，人名，日人

藤原園人 ふじわらのそのひと

天平勝宝8(756)年～弘仁9(818)年 **別**藤原園人《ふじわらのそのんど》，藤原朝臣園人《ふじわらのあそんそのひと》

奈良時代～平安時代前期の公卿(右大臣)。参議藤原房前の孫。

¶朝日(ふじわらのそのんど **没**弘仁9年12月19日(819年1月18日))，角史，神奈川人(**生**755年)，公卿(**生**天平勝宝7(755)年 **没**弘仁9(818)年12月19日)，国史，古史，古代(藤原朝臣園人 ふじわらのあそんそのひと)，古中，コン改(ふじわらのそのんど)，史人(**没**818年12月19日)，諸系(**没**819年)，新潮(弘仁9(818)年12月19日)，人名(ふじわらのそのんど **生**757年)，姓氏京都，世人，日史(ふじわらのそのんど **没**弘仁9(818)年12月19日)，日人(**没**819年)，百科(ふじわらのそのんど)，平史，歴大

藤原園人 ふじわらのそのんど

→藤原園人(ふじわらのそのひと)

藤原墫子 ふじわらのそんし

→藻璧門院(そうへきもんいん)

藤原尊子 ふじわらのそんし

永観2(984)年～治安2(1022)年12月25日 **別**藤原尊子《ふじわらのたかこ》

平安時代中期の女性。一条天皇の女御。

¶朝日(ふじわらのたかこ **没**?)，コン改，コン4，諸系(**没**1023年)，女性，新潮，人名(ふじわらのたかこ)，日人(**没**1023年)，平史(ふじわらのたかこ)

藤原帯子 ふじわらのたいし

? ～延暦13(794)年 **別**藤原帯子《ふじわらのたらしこ》，藤原朝臣帯子《ふじわらのあそんたいし》

奈良時代の女性。平城天皇の皇后。

¶朝日(**没**延暦13年5月28日(794年6月30日))，国史，古代(藤原朝臣帯子 ふじわらのあそんたいし)，古中，コン改(ふじわらのたらしこ)，コン4(ふじわらのたらしこ)，女性(**没**延暦13(794)年5月4日，(異説)5月28日)，新潮(ふじわらのたらしこ **没**延暦13(794)年5月27日)，人名(ふじわらのたらしこ)，日人，平史

（ふじわらのたらしこ），歴大

藤原泰子 ふじわらのたいし
→高陽院（かやのいん）

藤原隆家 ふじわらのたかいえ
天元2（979）年～寛徳1（1044）年　[別]藤原隆家《ふじわらたかいえ》
平安時代中期の公卿（中納言）。摂政・内大臣藤原道隆の四男。刀伊の入寇を撃退。
¶朝日（[没]寛徳1年1月1日（1044年2月2日）），岩史（[没]長久5（1044）年1月1日），角史，公卿（[没]寛徳1（1044）年1月1日），国史，国書（ふじわらたかいえ　[没]長久5（1044）年1月1日），古史，古中，コン改，コン4，史人（[没]1044年1月1日），重要（[没]寛徳1（1044）年1月1日），諸系，新潮（[没]寛徳1（1044）年1月1日），人名，姓氏京都，世人（[没]寛徳1（1044）年1月1日），世百，全書，大百，伝記，日史（[没]寛徳1（1044）年1月1日），日人，百科，福岡百（[没]長久5（1044）年1月1日），平史，歴大

藤原高子 ふじわらのたかいこ
→藤原高子（ふじわらのこうし）

藤原隆方 ふじわらのたかかた
長和3（1014）年～承暦2（1078）年　[別]藤原隆方《ふじわらたかかた》
平安時代中期～後期の公家・歌人・漢詩人。
¶国書（ふじわらたかかた　[没]承暦2（1078）年12月），平史

藤原高兼 ふじわらのたかかね
生没年不詳　[別]藤原高兼《ふじわらたかかね》
鎌倉時代の公家・歌人。
¶国書（ふじわらたかかね）

藤原高子 ふじわらのたかきこ
→藤原高子（ふじわらのこうし）

藤原多可幾子（藤原多賀幾子） ふじわらのたかきこ
？～天安2（858）年
平安時代前期の女性。文徳天皇の女御。
¶諸系，女性（藤原多賀幾子　[没]天安2（858）年11月14日），人名（藤原多賀幾子），日人，平史

藤原隆清 ふじわらのたかきよ
→坊門隆清（ぼうもんたかきよ）

藤原尊子 ふじわらのたかこ
→藤原尊子（ふじわらのそんし）

藤原孝定 ふじわらのたかさだ
生没年不詳
平安時代後期の官人、雅楽家。
¶平史

藤原高実 ふじわらのたかざね
承元4（1210）年～宝治2（1248）年8月1日
鎌倉時代前期の公卿（権大納言）。大納言九条良平の長男。
¶公卿，公家（高実〔八条・外山家（絶家）〕　たかざね）

藤原孝重 ふじわらのたかしげ
？～興国4/康永2（1343）年2月14日　[別]藤原孝重《ふじわらたかしげ》
鎌倉時代後期～南北朝時代の公卿（非参議）。権中納言藤原為輔の11代孫。
¶公卿，公家（孝重〔松崎家（絶家）〕　たかしげ），国書（ふじわらたかしげ）

藤原隆成 ふじわらのたかしげ
→藤原隆成（ふじわらのたかなり）

藤原隆季 ふじわらのたかすえ
大治2（1127）年～文治1（1185）年　[別]四条隆季《しじょうたかすえ》，藤原隆季《ふじわらたかすえ》
平安時代後期の公卿（権大納言）。四条家系の祖。中納言藤原家成の長男。
¶朝日（[没]文治1年1月11日（1185年2月12日）），鎌室（ふじわらたかすえ　[生]？），公卿（[没]文治1（1185）年1月11日），公家（隆季〔四条家〕　たかすえ　[没]文治1（1185）年1月11日），国史，国書（ふじわらたかすえ　[没]元暦2（1185）年1月11日），古中，コン4，諸系（四条隆季　しじょうたかすえ），新潮（四条隆季　しじょうたかすえ　[生]？　[没]文治1（1185）年1月11日），新潟百，日史（[没]文治1（1185）年1月11日），日人（四条隆季　しじょうたかすえ），百科，平史，歴大

藤原隆佐 ふじわらのたかすけ
寛和1（985）年～承保1（1074）年
平安時代中期の公卿（非参議）。権中納言藤原為輔の孫。
¶公卿（[没]？），新潟百，平史

藤原隆資 ふじわらのたかすけ
？～永保3（1083）年　[別]藤原隆資《ふじわらたかより》
平安時代中期～後期の公家・歌人。
¶国書（ふじわらたかより　生没年不詳），平史

藤原隆祐 ふじわらのたかすけ
生没年不詳　[別]藤原隆祐《ふじわらたかすけ》
鎌倉時代前期の歌人。「藤原基家家三十首」に参加。
¶朝日（[没]建長3（1251）年以降），鎌室（ふじわらたかすけ），国史，国書（ふじわらたかすけ），古中，人名，日人，和俳（[没]建長3（1251）年以降）

藤原孝忠 ふじわらのたかただ
生没年不詳
平安時代中期の官人。
¶平史

藤原隆忠 ふじわらのたかただ
長寛1（1163）年～寛元3（1245）年　[別]藤原隆忠《ふじわらたかただ》
平安時代後期～鎌倉時代前期の公卿（左大臣）。摂政・関白・太政大臣藤原基房の長男。
¶朝日（[没]寛元3年5月22日（1245年6月17日）），鎌室（ふじわらたかただ），公卿（[没]寛元3（1245）年5月），公家（隆忠〔松殿家（絶家）〕

たかただ　[没]寛元3(1245)年5月22日)，諸系，新潮([没]寛元3(1245)年5月22日)，人名，日人，平史

藤原隆親 ふじわらのたかちか
生没年不詳　[別]藤原隆親《ふじわらたかちか》
平安時代後期～鎌倉時代前期の廷臣。
¶鎌室(ふじわらたかちか)，国書(ふじわらたかちか)，人名，日人，平史

藤原孝継 ふじわらのたかつぐ
生没年不詳　[別]藤原孝継《ふじわらたかつぐ》
鎌倉時代の公家・歌人。
¶国書(ふじわらたかつぐ)

藤原乙縄 ふじわらのたかつな
→藤原乙縄(ふじわらのおとただ)

藤原高経 ふじわらのたかつね
承和2(835)年～寛平5(893)年　[別]藤原高経《ふじわらたかつね》
平安時代前期の公家・歌人。
¶国書(ふじわらたかつね　[没]寛平5(893)年5月19日)，平史

藤原隆経 ふじわらのたかつね
生没年不詳　[別]藤原隆経《ふじわらたかつね》
平安時代中期の官吏、歌人。
¶国書(ふじわらたかつね)，諸系，諸系，日人，平史

藤原高遠 ふじわらのたかとお
天暦3(949)年～長和2(1013)年　[別]藤原高遠《ふじわらたかとお》
平安時代中期の歌人・公卿(非参議)。摂政・太政大臣藤原実頼の孫。
¶朝日([没]長和2(1013)年5月)，岩史([没]長和2(1013)年5月16日)，公卿([没]？)，国史，国書(ふじわらたかとお　[没]長和2(1013)年5月11日)，古中，コン4，史人([没]1013年5月)，諸系，人名，日人，平史，和俳

藤原孝時 ふじわらのたかとき
？～文永3(1266)年　[別]藤原孝時《ふじわらたかとき》
鎌倉時代の公家・楽人。
¶国書(ふじわらたかとき)

藤原隆時 ふじわらのたかとき
生没年不詳　[別]藤原隆時《ふじわらたかとき》
平安時代後期の貴族、歌人。
¶朝日([没]嘉承2(1107)年？)，国史，国書(ふじわらたかとき　[没]嘉承1(1106)年)，古中，諸系，日人，平史，和俳

藤原乙叡 ふじわらのたかとし
天平宝字5(761)年～大同3(808)年　[別]藤原乙叡《ふじわらのおとえい，ふじわらのおとたか，ふじわらのおとただ》，藤原朝臣乙叡《ふじわらのあそんたかとし》
奈良時代～平安時代前期の公卿(中納言)。右大臣藤原継縄の次男。
¶公卿([生]天平宝字4(760)年　[没]大同2(807)年5月3日)，国史，古代(藤原朝臣乙叡　ふじわらのあそんたかとし)，古中，コン改(ふじわらのおとただ)，コン4(ふじわらのおとただ)，史人(ふじわらのおとえい　[没]808年6月3日)，諸系，新潮(ふじわらのおとたか　[没]大同3(808)年6月3日)，人名，世人(ふじわらのおとえい)，長野歴，日人，平史，歴大

藤原隆俊(1) ふじわらのたかとし
生没年不詳　[別]藤原隆俊《ふじわらたかとし》
鎌倉時代前期の廷臣。
¶鎌室(ふじわらたかとし)

藤原隆俊(2) ふじわらのたかとし
→四条隆俊(しじょうたかとし)

藤原鷹取 ふじわらのたかとり
？～延暦3(784)年　[別]藤原朝臣鷹取《ふじわらのあそんたかとり》
奈良時代の官人。
¶古代(藤原朝臣鷹取　ふじわらのあそんたかとり)，諸系，日人，平史

藤原挙直 ふじわらのたかなお
？～長和1(1012)年頃　[別]藤原挙直《ふじわらたかなお》
平安時代中期の漢詩人。
¶人書94(ふじわらたかなお)

藤原隆長 ふじわらのたかなが
永治1(1141)年～？
平安時代後期の人。左大臣頼長男。
¶平史

藤原隆成 ふじわらのたかなり
生没年不詳　[別]藤原隆成《ふじわらたかしげ》
平安時代中期の公家・歌人。
¶国書(ふじわらたかしげ)，平史

藤原隆信 ふじわらのたかのぶ
康治1(1142)年～元久2(1205)年　[別]藤原隆信《ふじわらたかのぶ》
平安時代後期～鎌倉時代前期の歌人、似絵絵師。「源頼朝像」「平重盛像」で有名。
¶朝日([没]元久2年2月27日(1205年3月19日))，岩史([没]元久2(1205)年2月27日)，角史，鎌室(ふじわらたかのぶ)，京都，京都大，国史，国書(ふじわらたかのぶ　[没]元久2(1205)年2月27日)，古史，古中，コン改，コン4，茶道，史人([没]1205年2月27日)，重要([没]元久2(1205)年2月27日)，諸系，新潮([没]元久2(1205)年2月27日)，人名，姓氏京都，世人([没]元久2(1205)年2月27日)，世百，全書，大百，伝記，日史([没]元久2(1205)年2月27日)，日人，美術，百科，兵庫百，仏教(ふじわらたかのぶ)，平史，名画(ふじわらたかのぶ)，歴大，和俳

藤原孝範 ふじわらのたかのり
保元3(1158)年～天福1(1233)年　[別]藤原孝範《ふじわらたかのり》
平安時代後期～鎌倉時代前期の官吏・漢詩人。

¶国書（ふじわらたかのり　㊵天福1（1233）年8月），諸系，日人，平史

藤原孝秀 ふじわらのたかひで
生没年不詳　㊗藤原孝秀《ふじわらたかひで》
鎌倉時代の公家・楽人。
¶国書（ふじわらたかひで）

藤原隆衡 ふじわらのたかひら
→四条隆衡（しじょうたかひら）

藤原隆広 ふじわらのたかひろ
？　～元中4/嘉慶1（1387）年3月19日
南北朝時代の公卿（非参議）。権大納言藤原隆房の裔。
¶公卿，公家（隆広〔鷲尾家〕　たかひろ）

藤原隆博 ふじわらのたかひろ
？　～永仁6（1298）年　㊗九条博家《くじょうひろいえ》，九条隆博《くじょうたかひろ》
鎌倉時代後期の公卿（非参議）。非参議九条行家の子。
¶鎌室（九条隆博　くじょうたかひろ），公卿（九条隆博　くじょうたかひろ），公家（隆博〔六条・春日・九条・紙屋河家（絶家）〕　たかひろ），国書（九条隆博　くじょうたかひろ　㊵永仁6（1298）年12月5日），諸系（㊵1299年），人名，日人（㊵1299年），和俳（生没年不詳）

藤原高房(1) ふじわらのたかふさ
㊗藤原朝臣高房《ふじわらのあそんたかふさ》
奈良時代の公卿。
¶古代（藤原朝臣高房　ふじわらのあそんたかふさ）

藤原高房(2) ふじわらのたかふさ
延暦14（795）年～仁寿2（852）年　㊗藤原朝臣高房《ふじわらのあそんたかふさ》
平安時代前期の官人。
¶朝日（㊵仁寿2年2月25日（852年3月19日）），岐阜百，郷土岐阜，国史，古代（藤原朝臣高房　ふじわらのあそんたかふさ），古中，コン改，コン4，諸系，新潮（㊵仁寿2（852）年2月25日），人名，世人，日人，平史，歴大

藤原隆房 ふじわらのたかふさ
→四条隆房（しじょうたかふさ）

藤原高藤 ふじわらのたかふじ
承和5（838）年～昌泰3（900）年　㊗藤原朝臣高藤《ふじわらのあそんたかふじ》
平安時代前期の公卿（内大臣）。左大臣藤原冬嗣の孫。
¶朝日（㊵昌泰3年3月12日（900年4月13日）），角史，公卿（㊵昌泰3（900）年3月12日），国史，古史，古代（藤原朝臣高藤　ふじわらのあそんたかふじ），古中，コン改，コン4，史人（㊵900年3月12日），諸系，新潮（㊵昌泰3（900）年3月12日），人名，姓氏京都，日史（㊵昌泰3（900）年3月12日），日人，百科，平史，歴大

藤原隆雅 ふじわらのたかまさ
平安時代後期～鎌倉時代前期の公家（従三位皇太后宮大夫）。正二位権大納言藤原隆季の三男。
¶公家（隆雅〔四条家〕　たかまさ）

藤原高松 ふじわらのたかまつ
㊗藤原朝臣高松《ふじわらのあそんたかまつ》
平安時代前期の官人。
¶古代（藤原朝臣高松　ふじわらのあそんたかまつ），日人（生没年不詳）

藤原孝道 ふじわらのたかみち
仁安1（1166）年～嘉禎3（1237）年　㊗藤原孝道《ふじわらたかみち》
平安時代後期～鎌倉時代前期の雅楽演奏者。琵琶に長ける。
¶朝日（㊵嘉禎3年10月22日（1237年11月11日）），国書（ふじわらたかみち　㊵嘉禎3（1237）年10月22日），日音（㊵嘉禎3（1237）年10月22日），日人，平史（㊵1239年）

藤原高通 ふじわらのたかみち
嘉応1（1169）年～貞応1（1222）年8月16日
平安時代後期～鎌倉時代前期の公卿（非参議）。非参議藤原清通の子。
¶公卿，公家（高通〔坊門家（絶家）〕　たかみち）

藤原隆通 ふじわらのたかみち
？　～＊
南北朝時代の公卿（非参議）。権大納言藤原隆房の裔。
¶公卿（㊵応永2（1395）年），公家（隆通〔四条家（絶家）〕　たかみち　㊵明徳3（1392）年）

藤原高光 ふじわらのたかみつ
？　～正暦5（994）年　㊗藤原高光《ふじわらたかみつ》，如覚《にょかく》
平安時代中期の歌人。三十六歌仙の一人。
¶朝日（㊵正暦5年3月10日（994年4月23日）），岩史（㊵正暦5（994）年3月10日），岐阜百，国史，国書（ふじわらたかみつ　㊔天慶3（940）年　㊵正暦5（994）年3月10日），古中，コン改，コン4，史人，諸系，人書94（ふじわらたかみつ　㊵994年頃），新潮（生没年不詳），人名，世人，日史（㊔天慶3（940）年？　㊵正暦5（994）年3月10日），日人，百科（㊔天慶4（941）年），仏教（如覚　にょかく　㊵正暦5（994）年3月10日），平史（㊔939年），和俳

藤原隆保 ふじわらのたかやす
久安6（1150）年～？
平安時代後期～鎌倉時代前期の公卿（非参議）。権大納言藤原隆季の次男。
¶公卿，公家（隆保〔四条家〕　たかやす）

藤原孝善 ふじわらのたかよし
生没年不詳　㊗藤原孝善《ふじわらたかよし》
平安時代後期の公家・歌人。
¶国書（ふじわらたかよし），平史

藤原高能 ふじわらのたかよし
→一条高能（いちじょうたかよし）

ふ

藤原隆能 ふじわらのたかよし
生没年不詳　[別]藤原隆能《ふじわらたかよし》
平安時代後期の宮廷絵師。藤原忠実七十賀の蒔絵硯箱の絵様を描く。
¶朝日，岩史，角史，鎌室（ふじわらたかよし），国史，国書（ふじわらたかよし），古中，コン改，コン4，茶道，史人，重要，諸系，新潮，人名，姓氏京都，世人，全書，大百，日史，日人，美術，百科，平史，名画（ふじわらたかよし）

藤原隆資 ふじわらのたかより
→藤原隆資（ふじわらのたかすけ）

藤原隆頼 ふじわらのたかより
生没年不詳　[別]藤原隆頼《ふじわらたかより》
平安時代中期の公家・歌人。
¶国書（ふじわらたかより）

藤原沢子 ふじわらのたくし
？～承和6（839）年　[別]藤原沢子《ふじわらのさわこ》，藤原朝臣沢子《ふじわらのあそんたくし》
平安時代前期の女性。仁明天皇の女御。
¶朝日（[没]承和6年6月30日（839年8月12日）），国史，古代（藤原朝臣沢子　ふじわらのあそんたくし），古中，コン改，コン4，史人（ふじわらのさわこ　[没]839年6月30日），諸系，女性（[没]承和6（839）年6月30日），新潮（[没]承和6（839）年6月30日），人名（ふじわらのさわこ），姓氏京都，日人，平史（ふじわらのさわこ）

藤原威子 ふじわらのたけこ
→藤原威子（ふじわらのいし）

藤原岳守 ふじわらのたけもり
→藤原岳守（ふじわらのおかもり）

藤原多子 ふじわらのたし
保延6（1140）年～建仁1（1201）年　[別]藤原多子《ふじわらたし，ふじわらのまさるこ》，二代后《にだいのきさき》
平安時代後期～鎌倉時代前期の女性。近衛天皇の皇后。
¶朝日（[没]建仁1年12月24日（1202年1月19日）），岩史（[没]建仁1（1201）年12月24日），鎌室（ふじわらたし），国史，古史，古中，コン改，コン4，諸系（[没]1202年），女性（[生]？），新潮（[没]建仁1（1201）年12月24日），人名，大百，日史（[没]建仁1（1201）年12月24日），日人（[没]1202年），平史（ふじわらのまさるこ）

藤原助 ふじわらのたすく
延暦18（799）年～仁寿3（853）年　[別]藤原助《ふじわらのすけ》，藤原朝臣助《ふじわらのあそんたすく》
平安時代前期の公卿（参議）。右大臣藤原内麿の十一男。
¶公卿（ふじわらのすけ　[没]仁寿3（853）年5月29日），古代（藤原朝臣助　ふじわらのあそんたすく），諸系，日人，平史

藤原扶幹 ふじわらのたすもと
→藤原扶幹（ふじわらのすけもと）

藤原忠有 ふじわらのただあり
生没年不詳　[別]藤原忠有《ふじわらただあり》
平安時代後期の公家・歌人。
¶国書（ふじわらただあり）

藤原忠家(1) ふじわらのただいえ
長元6（1033）年～寛治5（1091）年　[別]藤原忠家《ふじわらただいえ》
平安時代中期の公卿（大納言）。権大納言藤原長家の次男。
¶公卿（[没]？），国書（ふじわらただいえ　[没]寛治5（1091）年11月7日），平史

藤原忠家(2) ふじわらのただいえ
→九条忠家（くじょうただいえ）

藤原忠兼(1) ふじわらのただかね
生没年不詳
平安時代中期の官人。
¶平史

藤原忠兼(2) ふじわらのただかね
生没年不詳　[別]藤原忠兼《ふじわらただかね》
平安時代後期の公家・歌人。
¶国書（ふじわらただかね），平史

藤原忠兼(3) ふじわらのただかね
生没年不詳　[別]藤原忠兼《ふじわらただかね》
鎌倉時代前期の公卿（非参議）。非参議藤原忠行の子。
¶公卿，公家（忠兼〔楊梅家（絶家）〕　ただかね），国書（ふじわらただかね）

藤原忠兼(4) ふじわらのただかね
→正親町公蔭（おおぎまちきんかげ）

藤原忠君 ふじわらのただきみ
？～安和1（968）年　[別]藤原忠君《ふじわらただきみ》
平安時代中期の公家・歌人。
¶国書（ふじわらただきみ），平史

藤原忠清(1) ふじわらのただきよ
[別]藤原忠清《ふじわらただきよ》
平安時代後期の公家・歌人。
¶国書（ふじわらただきよ　[生]治暦4（1068）年　[没]？），平史（[生]1067年　[没]1151年）

藤原忠清(2) ふじわらのただきよ
→坊門忠清（ぼうもんただきよ）

藤原忠国 ふじわらのただくに
生没年不詳　[別]藤原忠国《ふじわらただくに》
平安時代前期の公家・歌人。
¶国書（ふじわらただくに），平史

藤原婧子 ふじわらのただこ
→東京極院（ひがしきょうごくいん）

藤原諟子 ふじわらのただこ
→藤原諟子（ふじわらのしし）

藤原産子 ふじわらのただこ
→藤原産子(ふじわらのさんし)

藤原忠実 ふじわらのただざね, ふじわらのたださね
承暦2(1078)年～応保2(1162)年　[別]藤原忠実《ふじわらただざね》, 富家殿《ふけどの》
平安時代後期の公卿(摂政・関白・太政大臣)。関白・内大臣藤原師通の長男。
¶朝日([生]承暦2(1078)年12月　[没]応保2年6月18日(1162年7月31日)), 岩史([生]承暦2(1078)年12月　[没]応保2(1162)年6月18日), 角史, 鎌室(ふじわらただざね), 京都大, 京都府, 公卿([没]応保2(1162)年6月18日), 国史, 国書(ふじわらただざね　[生]承暦2(1078)年12月　[没]応保2(1162)年6月18日), 古史, 古中, コン改, コン4, 史人([生]1078年12月　[没]1162年6月18日), 重要([没]応保2(1162)年6月18日), 諸系([生]1079年), 新潮([没]応保2(1162)年6月18日), 人名, 姓氏京都, 世人, 世百, 全書, 大百, 日音(ふじわらのたださね　[没]応保2(1162)年6月18日), 日史([生]承暦2(1078)年12月　[没]応保2(1162)年6月18日), 日人([生]1079年), 百科, 平史, 歴大, 和歌山人

藤原忠重 ふじわらのただしげ
生没年不詳
平安時代後期の国守。豊前守重兼の子。
¶平史

藤原忠季 ふじわらのただすえ
?～建久7(1196)年　[別]藤原忠季《ふじわらただすえ》
平安時代後期～鎌倉時代前期の公卿。
¶鎌室(ふじわらただすえ), 諸系, 日人, 平史

藤原忠資 ふじわらのただすけ
生没年不詳　[別]藤原忠資《ふじわらただすけ》
鎌倉時代の公家・歌人。
¶国書(ふじわらただすけ)

藤原忠輔 ふじわらのただすけ
天慶7(944)年～長和2(1013)年
平安時代中期の公卿(権中納言)。左大臣藤原在衡の孫。
¶神奈川人, 公卿([没]長和2(1013)年6月4日), 平史

藤原忠高 ふじわらのただたか
建保1(1213)年～?　[別]九条忠高《くじょうただたか》, 藤原忠高《ふじわらただたか》
鎌倉時代の公家(中納言)。権中納言藤原定高の子。
¶公卿(九条忠高　くじょうただたか), 公家(忠高〔海住山家(絶家)〕　ただたか), 国書(ふじわらただたか　[生]建暦1(1211)年　[没]建治2(1276)年5月4日)

藤原忠隆(1) ふじわらのただたか
生没年不詳　[別]藤原忠隆《ふじわらただたか》
平安時代後期の公家・歌人。能登守基兼の子。
¶国書(ふじわらただたか), 平史

藤原忠隆(2) ふじわらのただたか
康和4(1102)年～久安6(1150)年
平安時代後期の公卿(非参議)。非参議藤原基隆の長男。
¶京都府, 公卿([没]久安6(1150)年8月3日), 公家(忠隆〔姉小路家(絶家)〕　ただたか　[没]久安6(1150)年8月3日), 諸系, 人名, 姓氏京都, 日人, 平史

藤原尹忠 ふじわらのただただ
→藤原尹忠(ふじわらのまさただ)

藤原忠親 ふじわらのただちか
→中山忠親(なかやまただちか)

藤原忠継 ふじわらのただつぐ
?～建治3(1277)年7月20日
鎌倉時代前期の公卿(参議)。非参議花山院雅継の子。
¶公卿, 公家(忠継〔五辻家(絶家)〕　ただつぐ)

藤原忠綱(1) ふじわらのただつな
?～応徳1(1084)年
平安時代中期～後期の官人。
¶平史

藤原忠綱(2) ふじわらのただつな
生没年不詳
鎌倉時代前期の後鳥羽院の近習。
¶朝日, 姓氏京都, 日人, 平史

藤原忠経 ふじわらのただつね
?～長和3(1014)年
平安時代中期の人。権大納言道頼男。
¶平史

藤原斉敏 ふじわらのただとし
延長6(928)年～天延1(973)年　[別]藤原斉敏《ふじわらのなりとし》
平安時代中期の公卿(参議)。摂政・関白・太政大臣藤原実頼の三男。
¶公卿(ふじわらのなりとし　[没]天延1(973)年2月14日), 平史

藤原忠朝 ふじわらのただとも
弘安5(1282)年～?
鎌倉時代後期の公卿(非参議)。非参議藤原長忠の次男。
¶公卿, 公家(忠朝〔烏丸家(絶家)〕　ただとも)

藤原忠長(1) ふじわらのただなが
生没年不詳
平安時代後期の中級官人(従四位上、宮内卿・皇后宮権亮)。関白師実の子。
¶平史

藤原忠長(2) ふじわらのただなが
鎌倉時代後期の公卿(非参議)。権中納言藤原定高の曾孫。
¶公卿(生没年不詳), 公家(忠長〔海住山家(絶家)〕　ただなが)

藤原三成 ふじわらのただなり
延暦5(786)年～天長7(830)年　[別]藤原三成《ふじわらただひら》
奈良時代～平安時代前期の公家・漢詩人。
¶国書(ふじわらただひら　[没]天長7(830)年4月30日)，平史

藤原縄主 ふじわらのただぬし
天平宝字4(760)年～弘仁8(817)年　[別]藤原朝臣縄主《ふじわらのあそんただぬし》
奈良時代～平安時代前期の公卿(中納言)。参議藤原蔵下麿の長男。
¶朝日([没]弘仁8年9月16日(817年10月29日))，角史，神奈川人，公卿([生]天平宝字5(761)年 [没]弘仁8(817)年9月16日)，古代(藤原朝臣縄主　ふじわらのあそんただぬし)，コン改，コン4，諸系，新潮([没]弘仁8(817)年9月16日)，人名([生]761年)，日人，平史

藤原斉信 ふじわらのただのぶ
康保4(967)年～長元8(1035)年　[別]藤原斉信《ふじわらただのぶ，ふじわらのなりのぶ》
平安時代中期の歌人・公卿(大納言)。太政大臣藤原為光の次男。
¶朝日([没]長元8年3月23日(1035年5月3日))，公卿([没]長元8(1035)年3月23日)，国史(ふじわらのなりのぶ)，国書(ふじわらただのぶ　[没]長元8(1035)年3月23日)，古中(ふじわらのなりのぶ)，コン改([生]天徳1(957)年)，コン4([生]天徳1(957)年)，史人([没]1035年3月23日)，諸系，人書94(ふじわらただのぶ)，新潮([没]長元8(1035)年3月23日)，人名，日史([没]長元8(1035)年3月23日)，日人，百科，平史，和俳([没]長元8(1035)年3月23日)

藤原忠信(1) ふじわらのただのぶ
＊～？
平安時代中期の公卿(非参議)。中納言藤原山陰の曽孫。
¶公卿([生]承平4(934)年)，平史([生]933年)

藤原忠信(2) ふじわらのただのぶ
→坊門清忠(ぼうもんきよただ)

藤原忠信(3) ふじわらのただのぶ
→坊門忠信(ぼうもんただのぶ)

藤原忠舒 ふじわらのただのぶ
生没年不詳
平安時代中期の官人。
¶平史

藤原忠教 ふじわらのただのり
承保3(1076)年～永治1(1141)年　[別]藤原忠教《ふじわらただのり》
平安時代後期の公卿(大納言)。難波家系の祖。摂政・関白・太政大臣藤原師実の五男。
¶公卿([没]永治1(1141)年10月25日)，国書(ふじわらただのり　[没]永治1(1141)年11月)，平史

藤原三成 ふじわらのただひら
→藤原三成(ふじわらのただなり)

藤原忠平 ふじわらのただひら
元慶4(880)年～天暦3(949)年　[別]貞信公《ていしんこう》，藤原忠平《ふじわらただひら》
平安時代中期の公卿(摂政・関白・太政大臣)。関白・太政大臣藤原基経の四男。兄時平の死後、氏長者になる。
¶朝日([没]天暦3年8月14日(949年9月9日))，岩史([没]天暦3(949)年8月14日)，角史，京都，京都大，公卿([没]天暦3(949)年8月14日)，国史，国書(ふじわらただひら　[没]天暦3(949)年8月14日)，古史，古中，コン改，コン4，詩歌，史人([没]949年8月14日)，重要([没]天暦3(949)年8月14日)，諸系，新潮([没]天暦3(949)年8月14日)，人名，姓氏京都，世人([没]天暦3(949)年8月14日)，世百，全書，大百，日史([没]天暦3(949)年8月14日)，日人，百科，仏教([没]天暦3(949)年8月14日)，平史，歴大，和俳([没]天暦3(949)年8月14日)

藤原忠房 ふじわらのただふさ
？～＊　[別]藤原忠房《ふじわらただふさ》
平安時代前期の作曲家、催馬楽笛譜の作者。
¶国書(ふじわらただふさ　[没]延長6(928)年12月1日)，諸系([没]929年)，人名，日人([没]929年)，平史([没]928年)

藤原忠文 ふじわらのただふみ，ふじわらのただぶみ
貞観15(873)年～天暦1(947)年
平安時代前期～中期の公卿(参議)。参議藤原枝良の三男。
¶朝日([没]天暦1年6月26日(947年7月16日))，岩史([没]天暦1(947)年6月26日)，京都，公卿([没]天暦1(947)年6月26日)，国史(ふじわらのただぶみ)，古史，古中(ふじわらのただぶみ)，コン改，コン4，史人([没]947年6月26日)，諸系，新潮(ふじわらのただぶみ　[没]天暦1(947)年6月26日)，人名(ふじわらのただぶみ)，姓氏京都，世人(ふじわらのただぶみ　[没]天暦1(947)年6月26日)，日人，平史

藤原忠雅 ふじわらのただまさ
→花山院忠雅(かざんいんただまさ)

藤原縄麻呂 ふじわらのただまろ
天平1(729)年～宝亀10(779)年　[別]藤原朝臣縄麻呂《ふじわらのあそんただまろ》
奈良時代の官人(中納言)。右大臣藤原豊成の四男。
¶朝日([没]宝亀10年12月13日(780年1月24日))，公卿([没]宝亀10(779)年12月)，国史，古代(藤原朝臣縄麻呂　ふじわらのあそんただまろ)，古中，コン改，コン4，史人([没]779年12月13日)，諸系([没]780年)，新潮([没]宝亀10(779)年12月13日)，人名，世人，日人([没]780年)

藤原忠通 ふじわらのただみち
承徳1(1097)年～長寛2(1164)年　[別]藤原忠通《ふじわらただみち》，法性寺殿《ほっしょうじどの》
平安時代後期の公卿(摂政・関白・太政大臣)。摂政・関白・太政大臣藤原忠実の長男。父忠実・弟

皇族・貴族篇　　　　　　　　　　　　　　　ふしわら

頼長との確執が保元の乱の直接の契機となった。
¶朝日（⊕承徳1年閏1月29日（1097年3月15日）
㉑長寛2年2月19日（1164年3月13日））、岩史
（⊕永長2（1097）年閏1月29日　㉑長寛2（1164）
年2月19日）、角史、鎌室（ふじわらのただ
みち）、教育、京都、京都大、公卿（㉑長寛2（1164）年2
月19日）、公家（忠通〔近衛家〕　ただみち
㉑長寛2（1164）年2月19日）、国史、国書（ふじ
わらのただみち　⊕永長2（1097）年閏1月29日
㉑長寛2（1164）年2月19日）、古史、古中、コン
改、コン4、詩歌、史人（⊕1097年閏1月29日
㉑1164年2月19日）、重要（㉑長寛2（1164）年2
月19日）、新潮、人名、姓氏京都、世人（㉑長寛2（1164）年
2月19日）、世百、全書、大百、伝記、日史
（⊕承徳1（1097）年閏1月29日　㉑長寛2（1164）
年2月29日）、日人、美術、百科、仏教（⊕承徳1
（1097）年閏1月29日　㉑長寛2（1164）年2月19
日）、平史、歴大、和俳（㉑長寛2（1164）年2月
19日）

藤原忠宗　ふじわらのただむね
平安時代後期の公卿（権中納言）。左大臣藤原家
忠の長男。
¶公卿（⊕応徳3（1086）年　㉑長承2（1132）年9月
1日）、平史⊕1087年　㉑1133年）

藤原忠基(1)　ふじわらのただもと
康和1（1099）年～保元1（1156）年7月
平安時代後期の公卿（権中納言）。大納言藤原忠
教の長男。
¶公卿、公家（忠基〔難波家〕　ただもと）、平史
（⊕1101年）

藤原忠基(2)　ふじわらのただもと
寛喜2（1230）年～弘長3（1263）年2月5日　㊞藤原
忠基《ふじわらただもと》
鎌倉時代前期の公卿（参議）。権大納言藤原高実
の子。
¶公卿、公家（忠基〔八条・外山家（絶家）〕　た
だもと）、国書（ふじわらただもと）

藤原三守　ふじわらのただもり
→藤原三守（ふじわらのみもり）

藤原忠行(1)　ふじわらのただゆき
？～延喜6（906）年　㊞藤原忠行《ふじわらただ
ゆき》
平安時代前期～中期の公家・歌人。
¶国書（ふじわらただゆき　㉑延喜6（906）年11
月）、平史

藤原忠行(2)　ふじわらのただゆき
仁安1（1166）年～寛喜3（1231）年6月2日
平安時代後期～鎌倉時代前期の公卿（非参議）。
非参議藤原季行の孫。
¶公卿、公家（忠行〔楊梅家（絶家）〕　ただゆき）

藤原忠能　ふじわらのただよし
嘉保1（1094）年～保元3（1158）年3月6日
平安時代後期の公卿（参議）。中納言藤原経忠の
長男。

¶公卿，公家（忠能〔鷹司家（絶家）〕　ただよ
し）、平史

藤原忠良　ふじわらのただよし
長寛2（1164）年～嘉禄1（1225）年　㊞藤原忠良
《ふじわらただよし》
平安時代後期～鎌倉時代前期の歌人・公卿（大納
言）。摂政・関白・左大臣近衛基実の次男。
¶鎌室（ふじわらただよし）、公卿（㉑嘉禄1
（1225）年5月16日）、公家（忠良〔粟田口家（絶
家）〕　ただよし　㉑嘉禄1（1225）年5月16
日）、国書（ふじわらただよし　㉑嘉禄1（1225）
年5月16日）、人名、日人、平史、和俳

藤原胤子　ふじわらのたねこ
→藤原胤子（ふじわらのいんし）

藤原殖子　ふじわらのたねこ
→七条院（しちじょういん）

藤原種継　ふじわらのたねつぐ
天平9（737）年～延暦4（785）年　㊞藤原朝臣種継
《ふじわらのあそんたねつぐ》
奈良時代の官人（中納言）。参議藤原宇合の孫。
¶朝日（㉑延暦4年9月23日（785年10月30日））、
岩史（㉑延暦4（785）年9月24日）、角史、京都、
京都大、京都府、公卿（⊕天平13（741）年
㉑延暦4（785）年9月24日）、国史、古史、古代
（藤原朝臣種継　ふじわらのあそんたねつぐ）、
古中、コン改、コン4、史人（㉑785年9月24
日）、重要（㉑延暦4（785）年9月24日）、諸系、
新潮（㉑延暦4（785）年9月24日）、人名、姓氏京
都、世人（㉑延暦4（785）年9月24日）、世百、全
書、大百、日史（㉑延暦4（785）年9月23日）、日
人、百科、平史、歴大

藤原種弘　ふじわらのたねひろ
生没年不詳　㊞藤原種弘《ふじわらたねひろ》
平安時代後期の貴族。
¶姓氏山口（ふじわらたねひろ）

藤原旅子　ふじわらのたびこ
天平宝字3（759）年～延暦7（788）年　㊞藤原朝臣
旅子《ふじわらのあそんたびこ》、藤原旅子《ふじ
わらのりょし》
奈良時代の女性。桓武天皇の妃。
¶朝日（㉑延暦7年5月4日（788年6月12日））、国
史（ふじわらのりょし）、古史、古代（藤原朝臣
旅子　ふじわらのあそんたびこ）、古中（ふじ
わらのりょし）、コン改、コン4、諸系、女性
（㉑延暦7（788）年5月4日）、新潮（㉑延暦7
（788）年5月4日）、人名、日人、平史、歴大（ふ
じわらのりょし）

藤原琮子　ふじわらのたまこ
→藤原琮子（ふじわらのそうし）

藤原項子　ふじわらのたまこ
→万秋門院（ばんしゅうもんいん）

藤原璋子　ふじわらのたまこ
→待賢門院（たいけんもんいん）

藤原田麻呂　ふじわらのたまろ
養老6（722）年～延暦2（783）年　[別]藤原朝臣田麻呂《ふじわらのあそんたまろ》
奈良時代の官人（左大臣）。参議藤原宇合の五男。
¶朝日（[没]延暦2年3月19日（783年4月25日）），公卿（[没]延暦2（783）年3月19日），国史，古代（藤原朝臣田麻呂　ふじわらのあそんたまろ），古中，コン改，コン4，史人（[没]783年3月19日），諸系，新潮（[没]延暦2（783）年3月19日），人名，日史（[没]延暦2（783）年3月19日），日人，百科

藤原多美子　ふじわらのたみこ
？　～仁和2（886）年　[別]藤原朝臣多美子《ふじわらのあそんたみこ》
平安時代前期の女性。清和天皇の女御。
¶古代（藤原朝臣多美子　ふじわらのあそんたみこ），諸系，女性（[没]仁和2（886）年10月29日），人名，日人，平史

藤原為顕　ふじわらのためあき
生没年不詳　[別]藤原為顕《ふじわらためあき》
鎌倉時代前期の歌人。
¶国書（ふじわらためあき），人名，日人，和俳

藤原為明　ふじわらのためあき
→二条為明（にじょうためあき）

藤原為家　ふじわらのためいえ
建久9（1198）年～建治1（1275）年　[別]藤原為家《ふじわらためいえ》
鎌倉時代前期の歌人・公卿（権大納言）。権中納言藤原定家の次男。
¶朝日（[没]建治1年5月1日（1275年5月27日）），岩史（[没]建治1（1275）年5月1日），角史，鎌室（ふじわらためいえ），京都大，公卿（[没]建治1（1275）年5月1日），公家（為家〔冷泉家〕　ためいえ　[没]建治1（1275）年5月1日），国史，国書（ふじわらためいえ　[没]建治1（1275）年5月1日），古中，コン改，コン4，史人（[没]1275年5月1日），諸系，人書94（ふじわらためいえ），新潮（[没]建治1（1275）年5月1日），新文（[没]建治1（1275）年5月1日），人名，姓氏京都，世人（[生]建久8（1197）年　[没]建治1（1275）年5月1日），世百，全書，大百，栃木歴（ふじわらためいえ），日史（[没]建治1（1275）年5月1日），日人，百科，文学，平史，名画（ふじわらためいえ），歴大，和俳（[没]建治1（1275）年5月1日）

藤原為氏　ふじわらのためうじ
→二条為氏（にじょうためうじ）

藤原為雄　ふじわらのためお
→二条為雄（にじょうためお）

藤原為兼　ふじわらのためかね
→京極為兼（きょうごくためかね）

藤原為定(1)　ふじわらのためさだ
生没年不詳
平安時代後期の官人。
¶平史

藤原為定(2)　ふじわらのためさだ
→二条為定（にじょうためさだ）

藤原為実(1)　ふじわらのためざね
生没年不詳
平安時代後期の官人。
¶平史

藤原為実(2)　ふじわらのためざね
→五条為実（ごじょうためざね）

藤原為真　ふじわらのためざね
生没年不詳　[別]藤原為真《ふじわらためざね》
平安時代後期の官人・歌人。
¶国書（ふじわらためざね）

藤原為重(1)　ふじわらのためしげ
生没年不詳　[別]藤原為重《ふじわらためしげ》
鎌倉時代後期の公家。
¶鎌室（ふじわらためしげ）

藤原為重(2)　ふじわらのためしげ
生没年不詳　[別]藤原為重《ふじわらためしげ》
南北朝時代の公家。
¶鎌室（ふじわらためしげ）

藤原為重(3)　ふじわらのためしげ
→二条為重（にじょうためしげ）

藤原為成　ふじわらのためしげ
生没年不詳　[別]藤原為成《ふじわらためしげ》
平安時代後期～鎌倉時代前期の公家・歌人。
¶国書（ふじわらためしげ）

藤原為季(1)　ふじわらのためすえ
生没年不詳　[別]藤原為季《ふじわらためすえ》
平安時代後期の公家・歌人。
¶国書（ふじわらためすえ），平史

藤原為季(2)　ふじわらのためすえ
応永21（1414）年～文明6（1474）年3月29日　[別]八条為季《はちじょうためすえ》
室町時代の公卿（非参議）。権中納言藤原長良の裔。
¶公卿，公家（為季〔八条家（絶家）〕　ためすえ），国書（八条為季　はちじょうためすえ）

藤原為相　ふじわらのためすけ
→冷泉為相（れいぜいためすけ）

藤原為輔　ふじわらのためすけ
延喜20（920）年～寛和2（986）年
平安時代中期の公卿（権中納言）。右大臣藤原定方の孫。
¶公卿（[没]寛和2（986）年8月26日），諸系，平史

藤原為理　ふじわらのためすけ
→藤原為理（ふじわらのためまさ）

藤原為隆(1)　ふじわらのためたか
延久2（1070）年～大治5（1130）年　[別]藤原為隆《ふじわらためたか》
平安時代後期の公卿（参議）。参議藤原為房の

長男。
¶角史，公卿（[没]大治5（1130）年9月8日），国史，国書（ふじわらためたか　[没]大治5（1130）年9月8日），古中，史人（[没]1130年9月8日），諸系，日人，平史

藤原為隆(2)　ふじわらのためたか
→藤原為経(1)（ふじわらのためつね）

藤原為忠　ふじわらのためただ
？～保延2（1136）年　[別]藤原為忠《ふじわらためただ》
平安時代後期の歌人、白河上皇の近臣。令子内親王や鳥羽上皇の殿舎を造営。
¶朝日，国書（ふじわらためただ），諸系，人名，日人，平史，和俳

藤原為親　ふじわらのためちか
？～承安2（1172）年　[別]藤原為親《ふじわらためちか》
平安時代後期の参議藤原親隆の子。
¶国書（ふじわらためちか　[没]承安2（1172）年2月），平史，名画（ふじわらためちか）

藤原為継　ふじわらのためつぐ
建永1（1206）年～文永2（1265）年　[別]藤原為継《ふじわらためつぐ》
鎌倉時代前期の画師、公卿（非参議）。権中納言藤原長良の裔。
¶公卿（[生]？　[没]文永3（1266）年），公家（為継〔八条家（絶家）〕　ためつぐ），国史，国書（ふじわらためつぐ　[没]文永2（1265）年5月20日），古中，諸系，日人，名画（ふじわらためつぐ）

藤原為綱　ふじわらのためつな
生没年不詳　[別]藤原為綱《ふじわらためつな》
鎌倉時代の公家・歌人。
¶国書（ふじわらためつな）

藤原為経(1)　ふじわらのためつね
永久3（1115）年頃～？　[別]寂超《じゃくちょう》，藤原為隆《ふじわらのためたか》
平安時代後期の歌人。「後葉集」を選する。
¶朝日（[生]永久3（1115）年頃），国書（寂超　じゃくちょう　[生]永久1（1113）年頃？），詩歌（寂超　じゃくちょう），諸系（生没年不詳），人名，日史（生没年不詳），日人（生没年不詳），百科（生没年不詳），平史（寂超　じゃくちょう　生没年不詳），和俳

藤原為経(2)　ふじわらのためつね
→吉田為経（よしだためつね）

藤原為行　ふじわらのためつら
→中御門為行（なかみかどためゆき）

藤原為任　ふじわらのためとう
？～寛徳2（1045）年　[別]藤原為任《ふじわらためとう》
平安時代中期の公家・歌人。
¶国書（ふじわらためとう），平史

藤原為遠　ふじわらのためとお
→二条為遠（にじょうためとお）

藤原為時　ふじわらのためとき，ふしわらのためとき
生没年不詳　[別]藤原為時《ふじわらためとき》
平安時代中期の漢詩人。紫式部の父。
¶朝日，岩史，国史，国書（ふじわらためとき），古中，コン改（[生]天暦1（947）年？　[没]治安1（1021）年？），コン4（[生]天暦1（947）年？　[没]治安1（1021）年？），史人，諸系，新潮，人名，世人，全書（ふしわらのためとき），新潟百，日史（[生]天暦3（949）年頃　[没]長元2（1029）年頃），日人，百科（[生]天暦3（949）年頃　[没]長元2（1029）年頃），平史，和俳（[生]天暦3（949）年頃）

藤原為名　ふじわらのためな
？～応永2（1395）年　[別]坊門為名《ぼうもんためな》
南北朝時代の公卿（非参議）。非参議藤原信隆・参議坊門隆清の裔。
¶公卿，公家（為名〔坊門家（絶家）〕　ためな），国書（坊門為名　ぼうもんためな）

ふ

藤原為仲　ふじわらのためなか
生没年不詳　[別]藤原為仲《ふじわらためなか》
鎌倉時代の公家・歌人。
¶国書（ふじわらためなか）

藤原為長　ふじわらのためなが
生没年不詳　[別]藤原為長《ふじわらためなが》
平安時代中期の公家・歌人。
¶岡山歴（ふじわらためなが），国書（ふじわらためなが），平史

藤原為業　ふじわらのためなり
生没年不詳　[別]寂念《じゃくねん》
平安時代後期の歌人、僧。常盤三寂と呼ばれる。
¶朝日（[生]永久2（1114）年頃），国史，国書（寂念　じゃくねん　[生]永久1（1113）年頃？），古中，詩歌（寂念　じゃくねん），史人，諸系，人名，姓氏京都（寂念　じゃくねん），日史，日人，百科，仏教，平史（寂念　じゃくねん），和俳（[生]永久2（1114）年頃）

藤原為信(1)　ふじわらのためのぶ
生没年不詳
平安時代中期の官吏。
¶日人，平史

藤原為信(2)　ふじわらのためのぶ
宝治2（1248）年～？　[別]藤原為信《ふじわらためのぶ》，法性寺為信《ほうじょうじためのぶ，ほっしょうじためのぶ》
鎌倉時代後期の画師、公卿（非参議）。従四位上・右馬権頭藤原伊信の子。
¶朝日（[生]宝治2（1248）年2月），鎌室（ふじわらためのぶ　生没年不詳），公卿（法性寺為信　ほうじょうじためのぶ），公家（為信〔八条家（絶家）〕　ためのぶ），国史，国書（法性寺為信　ほっしょうじためのぶ），古中，諸系，新潮，人名，世人，日人，名画（ふじわらための

ぶ)，和俳

藤原為教　ふじわらのためのり
→京極為教(きょうごくためのり)

藤原為憲　ふじわらのためのり
生没年不詳
平安時代中期の官人。
¶コン改，コン4，諸系，新潮，人名，姓氏静岡，日人

藤原為房　ふじわらのためふさ
永承4(1049)年～永久3(1115)年　[別]藤原為房《ふじわらためふさ》
平安時代中期～後期の公卿(参議)。左大臣藤原冬嗣・内大臣藤原高藤の裔。
¶朝日([没]永久3年4月2日(1115年4月27日))，石川百，角史，公卿([没]永久3(1115)年4月2日)，国史，国書(ふじわらためふさ　[没]永久3(1115)年4月2日)，古史，古中，コン改，コン4，史人([没]1115年4月2日)，諸系，新潮([没]永久3(1115)年4月2日)，人名，姓氏京都，世人，日史([没]永久3(1115)年4月2日)，日人，百科，平史，歴大，和歌山人([生]？)

藤原為藤　ふじわらのためふじ
→二条為藤(にじょうためふじ)

藤原為冬　ふじわらのためふゆ
→二条為冬(にじょうためふゆ)

藤原為正　ふじわらのためまさ
生没年不詳　[別]藤原為正《ふじわらためまさ》
平安時代中期の公家・歌人。
¶国書(ふじわらためまさ)，平史

藤原為理　ふじわらのためまさ
？～正和5(1316)年12月15日　[別]藤原為理《ふじわらのためすけ》,法性寺為理《ほっしょうじためのり》
鎌倉時代後期の歌人・公卿(非参議)。権中納言藤原長良の裔。
¶公卿(ふじわらのためすけ)，公家(為理〔八条家(絶家)〕　ためまさ)，国書(法性寺為理　ほっしょうじためのり　[生]文永9(1272)年頃？)，諸系([没]1317年)，人名(ふじわらのためすけ)，日人([没]1317年)，和俳(ふじわらのためすけ)

藤原為通　ふじわらのためみち
*～久寿1(1154)年6月13日　[別]藤原為通《ふじわらためみち》
平安時代後期の公卿(参議)。太政大臣伊通の長男。
¶公卿([生]天永3(1112)年)，公家(為通〔坊門家(絶家)〕　ためみち　[生]1112年)，国書(ふじわらためみち　[生]永久3(1115)年？)，平史([生]1115年)

藤原為光　ふじわらのためみつ
天慶5(942)年～正暦3(992)年　[別]恒徳公《こうとくこう》,藤原為光《ふじわらためみつ》
平安時代中期の公卿(太政大臣)。右大臣藤原師輔の九男。
¶朝日([没]正暦3年6月16日(992年7月18日))，岩史([没]正暦3(992)年6月16日)，公卿([没]正暦3(992)年6月16日)，国史，国書(ふじわらためみつ　[没]正暦3(992)年6月16日)，古中，コン改，コン4，史人([没]992年6月16日)，諸系，新潮([没]正暦3(992)年6月16日)，人名，姓氏京都，日人，平史，歴大

藤原為基　ふじわらのためもと
生没年不詳　[別]藤原為基《ふじわらためもと》
南北朝時代の公家・歌人。
¶国書(ふじわらためもと)

藤原為元　ふじわらのためもと
生没年不詳
平安時代中期の官人。
¶平史

藤原為守　ふじわらのためもり
→冷泉為守(れいぜいためもり)

藤原為盛　ふじわらのためもり
正平21/貞治5(1366)年～？　[別]八条為盛《はちじょうためもり》
南北朝時代～室町時代の公卿(非参議)。権中納言藤原長良の裔。
¶公卿，公家(為盛〔八条家(絶家)〕　ためもり)，国書(八条為盛　はちじょうためもり)，平史(生没年不詳)

藤原為世(1)　ふじわらのためよ
生没年不詳　[別]藤原為世《ふじわらためよ》
平安時代中期の公家・歌人。
¶国書(ふじわらためよ)，平史

藤原為世(2)　ふじわらのためよ
→二条為世(にじょうためよ)

藤原為頼　ふじわらのためより
？～長徳4(998)年　[別]藤原為頼《ふじわらためより》
平安時代中期の官吏、歌人。
¶国書(ふじわらためより)，諸系，日人，平史

藤原帯子　ふじわらのたらしこ
→藤原帯子(ふじわらのたいし)

藤原親家(1)　ふじわらのちかいえ
生没年不詳　[別]藤原親家《ふじわらちかいえ》
平安時代後期～鎌倉時代前期の公家。少納言藤原昌隆の子で中山忠親の養子。
¶鎌室(ふじわらちかいえ)，日人

藤原親家(2)　ふじわらのちかいえ
生没年不詳
平安時代後期～鎌倉時代前期の公家。藤原師光(西光法師)の六男。
¶平史

藤原親家(3)　ふじわらのちかいえ
生没年不詳　[別]藤原親家《ふじわらちかいえ》

鎌倉時代前期の公卿。
¶鎌室（ふじわらちかいえ），日人

藤原親家(4)　ふじわらのちかいえ
室町時代の公家。従三位藤原親行の子。
¶公家（親家〔楊梅家（絶家）〕　ちかいえ）

藤原親方　ふじわらのちかかた
？　～文保1（1317）年6月　[別]藤原親方《ふじわらちかかた》
鎌倉時代後期の公卿（非参議）。権中納言藤原光親の曽孫。
¶公卿，公家（親方〔堀河・岩蔵・葉室1家（絶家）〕　ちかかた），国書（ふじわらちかかた）

藤原親兼　ふじわらのちかかね
→水無瀬親兼（みなせちかかね）

藤原千蔭（藤原千景）　ふじわらのちかげ
生没年不詳　[別]藤原千景《ふじわらちかげ》
平安時代中期の公家・歌人。「拾遺集」に一首入集。
¶国書（藤原千景　ふじわらちかげ），平史

藤原親定　ふじわらのちかさだ
寿永2（1183）年～暦仁1（1238）年6月12日
鎌倉時代前期の公卿（参議）。中納言藤原親信の孫。
¶公卿，公家（親定〔三条家（絶家）〕　ちかさだ）

藤原親実　ふじわらのちかざね
仁安3（1168）年～建保3（1215）年　[別]藤原親実《ふじわらちかざね》
鎌倉時代前期の公卿（非参議）。権大納言藤原成親の子。
¶鎌室（ふじわらちかざね　[生]？），公卿（生没年不詳），公家（親実〔大宮家（絶家）〕　ちかざね　[没]建保3（1215）年8月），新潟百，日人

藤原親季(1)　ふじわらのちかすえ
生没年不詳　[別]藤原親季《ふじわらちかすえ》
鎌倉時代前期の公卿。
¶鎌室（ふじわらちかすえ）

藤原親季(2)　ふじわらのちかすえ
建仁1（1201）年～？　[別]藤原親季《ふじわらちかすえ》
鎌倉時代前期の公卿（権中納言）。非参議藤原定季の子。
¶鎌室（ふじわらちかすえ　生没年不詳），公卿，公家（親季〔平松家（絶家）〕　ちかすえ），日人

藤原親輔　ふじわらのちかすけ
長寛1（1163）年～元仁1（1224）年7月26日
平安時代後期～鎌倉時代前期の公卿（非参議）。非参議藤原信隆の子。
¶公卿，公家（親輔〔坊門家（絶家）〕　ちかすけ）

藤原親隆　ふじわらのちかたか
康和1（1099）年～永万1（1165）年　[別]藤原親隆《ふじわらちかたか》
平安時代後期の公卿（参議）。参議藤原為房の七男。
¶公卿（[没]永万1（1165）年8月23日），公家（親隆〔四条家（絶家）〕　ちかたか　[生]1098年），国書（ふじわらちかたか　[没]永万1（1165）年8月23日），諸系，日人，平史

藤原懐忠　ふじわらのちかただ
→藤原懐忠（ふじわらのかねただ）

藤原親忠(1)　ふじわらのちかただ
嘉保2（1095）年～仁平3（1153）年
平安時代後期の官人。
¶平史

藤原親忠(2)　ふじわらのちかただ
建久3（1192）年～寛元1（1243）年1月5日
鎌倉時代前期の公卿（非参議）。権中納言藤原親兼の長男。
¶公卿，公家（親忠〔水無瀬家〕　ちかただ）

藤原親継　ふじわらのちかつぐ
生没年不詳　[別]藤原親継《ふじわらちかつぐ》
鎌倉時代前期の公家・歌人。
¶国書（ふじわらちかつぐ）

藤原親経　ふじわらのちかつね
仁平1（1151）年～承元4（1210）年　[別]藤原親経《ふじわらちかつね》
平安時代後期～鎌倉時代前期の公卿（権中納言）。参議藤原俊経の次男。
¶朝日（[没]承元4年11月11日（1210年11月28日）），鎌室（ふじわらちかつね），公卿（[生]？　[没]承元4（1210）年11月11日），公家（親経〔大福寺家（絶家）〕　ちかつね　[生]？　[没]承元4（1210）年11月11日），国書（ふじわらちかつね　[没]承元4（1210）年11月11日），諸系，新潮（[没]承元4（1210）年11月11日），日人，平史

藤原親俊　ふじわらのちかとし
→堀河親俊（ほりかわちかとし）

藤原親朝　ふじわらのちかとも
嘉禎2（1236）年～弘安4（1281）年12月23日
鎌倉時代後期の公卿（参議）。権中納言藤原親俊の次男。
¶公卿，公家（親朝〔堀河・岩蔵・葉室1家（絶家）〕　ちかとも）

藤原親長　ふじわらのちかなが
→法性寺親長（ほっしょうじちかなが）

藤原愛発　ふじわらのちかなり
延暦6（787）年～承和10（843）年　[別]藤原愛発《ふじわらのあらち，ふじわらのなりとき》，藤原朝臣愛発《ふじわらのあそんあらち》
平安時代前期の公卿（大納言）。右大臣藤原内麿の七男。
¶公卿（ふじわらのあらち　[没]承和10（843）年9月16日），国史，古代（藤原朝臣愛発　ふじわらのあそんあらち），古中，史人（ふじわらのあらち　[没]843年9月16日），諸系，人名（ふじわらのなりとき），日人，平史

藤原近成 ふじわらのちかなり
㋙藤原朝臣近成《ふじわらのあそんちかなり》
平安時代前期の官人。
　¶古代（藤原朝臣近成　ふじわらのあそんちかなり），日人（生没年不詳）

藤原親業 ふじわらのちかなり
安貞2（1228）年〜？
鎌倉時代前期の公卿（非参議）。参議藤原信盛の次男。
　¶公卿，公家（親業〔大福寺家（絶家）〕　ちかなり）

藤原千兼 ふじわらのちかぬ
生没年不詳　㋙藤原千兼《ふじわらちかぬ》
平安時代中期の公家・歌人。
　¶国書（ふじわらちかぬ），平史

藤原親信 ふじわらのちかのぶ
保延3（1137）年〜建久8（1197）年　水無瀬親信《みなせちかのぶ》，藤原親信《ふじわらちかのぶ》，坊門親信《ぼうもんちかのぶ》
平安時代後期〜鎌倉時代前期の公卿（中納言）。中納言藤原経忠の孫。
　¶朝日（坊門親信　ぼうもんちかのぶ　㋜建久8年7月12日（1197年8月26日）），鎌室（ふじわらちかのぶ），公卿（㋖保延4（1138）年　㋜建久8（1197）年7月12日），公家（親信〔水無瀬家〕ちかのぶ　㋜建久8（1197）年7月12日），諸系，新潮（㋜建久8（1197）年7月12日），人名（水無瀬親信　みなせちかのぶ），日人，平史

藤原親範 ふじわらのちかのり
生没年不詳　㋙藤原親範《ふじわらちかのり》
鎌倉時代後期の公家・歌人。
　¶国書（ふじわらちかのり）

藤原親尚 ふじわらのちかひさ
生没年不詳　㋙藤原親尚《ふじわらちかひさ》
南北朝時代〜室町時代の公家・連歌作者。
　¶国書（ふじわらちかひさ）

藤原懐平 ふじわらのちかひら
→藤原懐平（ふじわらのかねひら）

藤原親房 ふじわらのちかふさ
生没年不詳　㋙藤原親房《ふじわらちかふさ》
鎌倉時代前期の公卿（参議）。参議藤原親雅の次男。
　¶鎌室（ふじわらちかふさ），公卿，公家（親房〔四条家（絶家）〕　ちかふさ），日人

藤原親雅 ふじわらのちかまさ
久安1（1145）年〜承元4（1210）年9月23日　㋙藤原親雅《ふじわらちかまさ》
平安時代後期〜鎌倉時代前期の公卿（参議）。参議藤原親隆の三男。
　¶鎌室（ふじわらちかまさ），公卿，公家（親雅〔四条家（絶家）〕　ちかまさ），日人

藤原親政(1) ふじわらのちかまさ
生没年不詳

平安時代後期の地方土着貴族。
　¶平史

藤原親政(2) ふじわらのちかまさ
生没年不詳　㋙藤原親政《ふじわらちかまさ》
鎌倉時代前期の公家・連歌作者。
　¶国書（ふじわらちかまさ）

藤原親通 ふじわらのちかみち
生没年不詳
平安時代後期の受領貴族。
　¶平史

藤原周光 ふじわらのちかみつ
承暦3（1079）年〜？　㋙藤原周光《ふじわらちかみつ》
平安時代後期の学者，漢詩人。
　¶朝日（㋖承暦3（1079）年頃），国史（生没年不詳），国書（ふじわらちかみつ　生没年不詳），古中（生没年不詳），日人（㋖1079年頃），平史（㋖1079年ごろ），和俳

藤原親光 ふじわらのちかみつ
生没年不詳　㋙藤原親光《ふじわらちかみつ》
鎌倉時代前期の公卿。
　¶鎌室（ふじわらちかみつ），日人，平史

藤原親盛 ふじわらのちかもり
生没年不詳　㋙藤原親盛《ふじわらちかもり》
平安時代後期〜鎌倉時代前期の武士，歌人。
　¶国書（ふじわらちかもり），日人，平史

藤原親康(1) ふじわらのちかやす
生没年不詳　㋙藤原親康《ふじわらちかやす》
鎌倉時代前期の公家・歌人。
　¶鎌室（ふじわらちかやす），国書（ふじわらちかやす）

藤原親康(2) ふじわらのちかやす
弘安7（1284）年〜元弘2/正慶1（1332）年11月10日　㋙藤原親康《ふじわらちかやす》
鎌倉時代後期の公卿（非参議）。非参議藤原雅平の孫。
　¶鎌室（ふじわらちかやす），公卿，公家（親康〔法性寺家（絶家）〕　ちかやす）

藤原親行 ふじわらのちかゆき
㋙楊梅親行《やまももちかゆき》
南北朝時代の公家・歌人。従三位楊梅盛богの子。
　¶公家（親行〔楊梅家（絶家）〕　ちかゆき），国書（楊梅親行　やまももちかゆき　生没年不詳）

藤原親世 ふじわらのちかよ
明応3（1494）年〜？　㋙藤原親世《ふじわらちかよ》
戦国時代の公家。
　¶公家（親世〔法性寺家（絶家）〕　ちかよ），戦人（ふじわらちかよ）

藤原親能(1) ふじわらのちかよし
？　〜承元1（1207）年10月22日
平安時代後期〜鎌倉時代前期の公卿（権中納言）。

権大納言藤原定能の長男。
¶公卿，公家（親能〔平松家（絶家）〕　ちかよし）

藤原親能(2)　ふじわらのちかよし
→中原親能（なかはらのちかよし）

藤原周頼　ふじわらのちかより
？～寛仁3（1019）年　[別]藤原周頼《ふじわらかねより》
平安時代中期の官人。
¶姓氏静岡（ふじわらかねより），平史

藤原親頼　ふじわらのちかより
嘉禄1（1225）年～？
鎌倉時代前期の公卿（権中納言）。権中納言藤原親俊の子。
¶公卿，公家（親頼〔堀河・岩蔵・葉室1家（絶家）〕　ちかより）

藤原千常　ふじわらのちつね
生没年不詳
平安時代中期の地方軍事貴族。
¶平史

藤原千晴　ふじわらのちはる
生没年不詳
平安時代中期の貴族。藤原秀郷の子。
¶朝日，国史，古中，コン4，史人，諸系，諸系，日人，平史

藤原中子　ふじわらのちゅうし
→崇賢門院（すうけんもんいん）

藤原仲子　ふじわらのちゅうし
→藤原仲子（ふじわらのなかこ）

藤原忠子　ふじわらのちゅうし
→談天門院（だんてんもんいん）

藤原超子　ふじわらのちょうし
？～天元5（982）年　[別]藤原超子《ふじわらのとおこ》
平安時代中期の女性。冷泉天皇の女御。
¶朝日（[没]天元5年1月28日（982年2月24日）），角史，古史，コン改，コン4，諸系，女性（[没]天元5（982）年1月28日），新潮（[没]天元5（982）年1月28日），人名，日人，平史（ふじわらのとおこ）

藤原長子　ふじわらのちょうし
→鷹司院（たかつかさいん）

藤原姚子　ふじわらのちょうし
天禄2（971）年～永延3（989）年　[別]藤原姚子《ふじわらのよしこ》
平安時代中期の女性。花山天皇の女御。
¶女性（[没]永延3（989）年5月29日），人名，日人，平史（ふじわらのよしこ）

藤原陳子　ふじわらのちんし
→北白河院（きたしらかわいん）

藤原通子　ふじわらのつうし
長寛1（1163）年～？　[別]藤原通子《ふじわらのみちこ》
平安時代後期の女性。高倉天皇の妃。
¶女性（生没年不詳），人名，日人（生没年不詳），平史（ふじわらのみちこ）

藤原継業　ふじわらのつぎかず
→藤原継業（ふじわらのつぐなり）

藤原嗣定　ふじわらのつぎさだ
生没年不詳　[別]藤原嗣定《ふじわらつぎさだ》
南北朝時代の公家・歌人。
¶国書（ふじわらつぎさだ）

藤原継縄　ふじわらのつぎなわ
→藤原継縄（ふじわらのつぐただ）

藤原継彦　ふじわらのつぎひこ
→藤原継彦（ふじわらのつぐひこ）

藤原嗣家　ふじわらのつぐいえ
延慶3（1310）年～正平1/貞和2（1346）年9月22日
鎌倉時代後期～南北朝時代の公卿（非参議）。参議藤原嗣実の子。
¶公卿，公家（嗣家〔藤井家（絶家）〕　つぐいえ）

藤原継蔭　ふじわらのつぐかげ
生没年不詳
平安時代前期の官人。
¶平史

藤原嗣実　ふじわらのつぐざね
鎌倉時代後期の公卿（非参議）。権大納言藤原基良の孫。
¶公卿（生没年不詳），公家（嗣実〔藤井家（絶家）〕　つぐざね）

藤原継縄　ふじわらのつぐただ，ふじわらのつくただ
神亀4（727）年～延暦15（796）年　[別]桃園右大臣《ももぞのうだいじん，ももぞののうだいじん》，藤原継縄《ふじわらつぐただ，ふじわらのつぎなわ》，藤原朝臣継縄《ふじわらのあそみつぐなわ，ふじわらのあそんつぐただ》
奈良時代～平安時代前期の公卿（右大臣）。右大臣藤原豊成の次男。
¶朝日（[没]延暦15年7月16日（796年8月23日）），岩史（[没]延暦15（796）年7月16日），角史，公卿（ふじわらのつくただ　[没]延暦15（796）年7月16日），国史，国書（ふじわらつぐただ　[没]延暦15（796）年7月16日），古史，古代（藤原朝臣継縄　ふじわらのあそんつぐただ），古中，コン改，コン4，史人（[没]796年7月16日），諸系，新潮（[没]延暦15（796）年7月16日），人名（ふじわらのつぎなわ），世人（[没]延暦15（796）年7月16日），全書，日史（[没]延暦15（796）年7月16日），日人，百科，平史，万葉（藤原朝臣継縄　ふじわらのあそみつぐなわ），歴大

藤原継業　ふじわらのつぐなり
宝亀9（778）年～承和9（842）年　[別]藤原継業《ふじわらのつぎかず》
平安時代前期の公卿（非参議）。参議藤原百川の三男。

¶公卿（ふじわらのつぎかず　[生]宝亀10（779）年 [没]承和9（842）年7月5日），神人，平史

藤原継縄　ふじわらのつぐなわ
→藤原継縄（ふじわらのつぐただ）

藤原継彦　ふじわらのつぐひこ
天平感宝1（749）年～天長5（828）年　[別]藤原継彦《ふじわらのつぎひこ》
奈良時代～平安時代前期の公卿（非参議）。参議藤原浜成の三男。
¶公卿（ふじわらのつぎひこ　[没]天長5（828）年2月26日），諸系，人名（ふじわらのつぎひこ），日人，平史

藤原嗣宗　ふじわらのつぐむね
延暦7（788）年～嘉祥2（849）年　[別]藤原朝臣嗣宗《ふじわらのあそんつぐむね》
平安時代前期の官人。
¶古代（藤原朝臣嗣宗　ふじわらのあそんつぐむね），日人，平史

藤原繋子　ふじわらのつなこ
→新皇嘉門院（しんこうかもんいん）

藤原綱継　ふじわらのつなつぐ
天平宝字7（763）年～承和14（847）年　[別]藤原朝臣綱継《ふじわらのあそんつなつぐ》
奈良時代～平安時代前期の公卿（参議）。参議藤原蔵下麿の五男。
¶神奈川人，公卿（[没]承和14（847）年7月24日），古代（藤原朝臣綱継　ふじわらのあそんつなつぐ），コン改，コン4，諸系，神人，人名，日人，平史

藤原綱手　ふじわらのつなて
？～天平12（740）年　[別]藤原朝臣綱手《ふじわらのあそんつなて》
奈良時代の式家宇合の子。
¶古代（藤原朝臣綱手　ふじわらのあそんつなて），諸系，日人

藤原経顕　ふじわらのつねあき
→勧修寺経顕（かじゅうじつねあき）

藤原経家(1)　ふじわらのつねいえ
寛仁2（1018）年～治暦4（1068）年5月25日　[別]藤原経家《ふじわらつねいえ》
平安時代中期の公卿（権中納言）。権中納言藤原定頼の長男。
¶公卿（[生]寛弘7（1010）年），国書（ふじわらつねいえ），平史

藤原経家(2)　ふじわらのつねいえ
久安5（1149）年～承元3（1209）年　[別]藤原経家《ふじわらつねいえ》
平安時代後期～鎌倉時代前期の公卿（非参議）。非参議藤原重家の長男。
¶公卿（生没年不詳），公家（経家〔六条・春日・九条・紙屋河家（絶家）〕　つねいえ　[没]承元3（1209）年9月19日），国書（ふじわらつねいえ　[没]承元3（1209）年9月19日），諸系，日人，平史

藤原経家(3)　ふじわらのつねいえ
安貞1（1227）年～？　[別]九条経家《くじょうつねいえ》
鎌倉時代前期の公卿（非参議）。内大臣九条基家の長男。
¶公卿，公家（経家〔月輪家（絶家）〕　つねいえ），国書（九条経家　くじょうつねいえ）

藤原経氏　ふじわらのつねうじ
？～弘安8（1285）年4月9日
鎌倉時代後期の公卿（参議）。参議藤原忠継の長男。
¶公卿，公家（経氏〔五辻家（絶家）〕　つねうじ）

藤原経雄　ふじわらのつねお
*～元亨3（1323）年
鎌倉時代後期の公卿（参議）。参議藤原経業の曾孫。
¶公卿（[生]宝治1（1247）年），公家（経雄〔大福寺家（絶家）〕　つねお　[生]1249年）

藤原経臣　ふじわらのつねおみ
昌泰3（900）年～*　[別]藤原経臣《ふじわらつねおみ》
平安時代前期～中期の公家・歌人。
¶国書（ふじわらつねおみ　[没]天暦5（951）年），平史（[没]？）

藤原経賢　ふじわらのつねかた
？～寛元4（1246）年10月7日
鎌倉時代前期の公卿（非参議）。参議藤原定経の次男。
¶公卿，公家（経賢〔吉田家（絶家）1〕　つねかた）

藤原経清　ふじわらのつねきよ
生没年不詳　[別]藤原経清《ふじわらつねきよ》
鎌倉時代後期の公家・歌人。
¶国書（ふじわらつねきよ）

藤原経子　ふじわらのつねこ
→藤原経子（ふじわらのけいし）

藤原経定(1)　ふじわらのつねさだ
康和2（1100）年～保元1（1156）年1月28日
平安時代後期の公卿（権中納言）。大納言藤原経実の長男。
¶公卿，公家（経定〔堀河2・三条家（絶家）〕　つねさだ），平史（[生]1102年？）

藤原経定(2)　ふじわらのつねさだ
生没年不詳　[別]藤原経定《ふじわらつねさだ》
鎌倉時代の公家・歌人。
¶国書（ふじわらつねさだ）

藤原経実　ふじわらのつねざね
治暦4（1068）年～天承1（1131）年10月23日　[別]藤原経実《ふじわらつねざね》
平安時代後期の公卿（大納言）。摂政・関白・太政大臣藤原師実の三男。
¶公卿，国書（ふじわらつねざね），平史

藤原経季(1)　ふじわらのつねすえ
寛弘7（1010）年〜＊
平安時代中期の公卿（中納言）。権中納言藤原経通の次男。
¶公卿（[没]？），平史（[没]1086年）

藤原経季(2)　ふじわらのつねすえ
建仁1（1201）年〜？
鎌倉時代前期の公卿（非参議）。非参議藤原忠行の長男。
¶公卿，公家（経季〔楊梅家（絶家）〕　つねすえ）

藤原経輔　ふじわらのつねすけ
寛弘3（1006）年〜永保1（1081）年　[別]藤原経輔《ふじわらつねすけ》
平安時代中期の公卿（権大納言）。中納言藤原隆家の次男。
¶公卿（[没]承保1（1074）年8月7日），国書（ふじわらつねすけ　[没]永保1（1081）年8月7日），平史

藤原恒佐　ふじわらのつねすけ
元慶3（879）年〜天慶1（938）年　[別]藤原恒佐《ふじわらつねすけ》
平安時代前期〜中期の公卿（右大臣）。左大臣藤原良世の七男。
¶公卿（[没]天慶1（938）年5月5日），国史，国書（ふじわらつねすけ　[生]元慶4（880）年　[没]承平8（938）年5月5日），古中，諸系，人名，日人，平史

藤原経忠　ふじわらのつねただ
承保2（1075）年〜保延4（1138）年7月16日　[別]藤原経忠《ふじわらつねただ》
平安時代後期の公卿（中納言）。権大納言藤原経輔の孫。
¶公卿（[生]？），国書（ふじわらつねただ），平史

藤原常嗣　ふじわらのつねつぐ
延暦15（796）年〜承和7（840）年　[別]藤原常嗣《ふじわらつねつぐ》，藤原朝臣常嗣《ふじわらのあそんつねつぐ》
平安時代前期の公卿（参議）。中納言藤原葛野麿の六男。
¶朝日（[没]承和7年4月23日（840年5月27日）），岩史（[没]承和7（840）年4月23日），神奈川人，公卿（[没]承和7（840）年4月23日），国史，国書（ふじわらつねつぐ　[没]承和7（840）年4月23日），古代（藤原朝臣常嗣　ふじわらのあそんつねつぐ），古中，コン改，コン4，史人（[没]840年4月23日），諸系，新潮（[没]承和7（840）年4月23日），人名，日史（[没]承和7（840）年4月23日），日人，百科，平史

藤原経任(1)　ふじわらのつねとう
長保2（1000）年〜治暦2（1066）年
平安時代中期の公卿（権大納言）。大納言藤原斉信の子。
¶朝日（[没]治暦2年2月16日（1066年3月14日）），公卿（[没]治暦2（1066）年2月16日），コン改，コン4，諸系，新潮（[没]治暦2（1066）年2月16日），日人，平史

藤原経任(2)　ふじわらのつねとう
天福1（1233）年〜永仁5（1297）年1月19日　[別]中御門経任《なかみかどつねただ，なかみかどつねとう》，藤原経任《ふじわらつねとう》
鎌倉時代後期の公卿（権大納言）。中御門家の祖。中納言藤原為経の次男。
¶朝日（中御門経任　なかみかどつねとう　[生]寛喜2（1230）年　[没]永仁5年1月19日（1297年2月12日）），鎌室（ふじわらつねとう），公卿（中御門経任　なかみかどつねただ　[生]貞永1（1232）年），公家（経任〔中御門家（絶家）〕　つねとう），国書（中御門経任　なかみかどつねとう），コン改，コン4，新潮，日人，和俳

藤原経俊　ふじわらのつねとし
→吉田経俊（よしだつねとし）

藤原経仲　ふじわらのつねなか
生没年不詳
平安時代後期の検非違使丁官人。
¶平史

藤原経長　ふじわらのつねなが
→吉田経長（よしだつねなが）

藤原経業　ふじわらのつねなり
嘉禄2（1226）年〜正応2（1289）年10月19日　[別]藤原経業《ふじわらつねなり》
鎌倉時代後期の公卿（参議）。参議藤原信盛の長男。
¶公卿，公家（経業〔大福寺家（絶家）〕　つねなり），国書（ふじわらつねなり）

藤原経範　ふじわらのつねのり
文治3（1187）年〜正嘉1（1257）年1月14日
鎌倉時代前期の公卿（非参議）。非参議藤原永範の孫。
¶公卿，公家（経範〔成季裔（絶家）〕　つねのり）

藤原経衡　ふじわらのつねひら
寛弘2（1005）年〜延久4（1072）年　[別]藤原経衡《ふじわらつねひら》
平安時代中期の歌人。
¶国書（ふじわらつねひら　[没]延久4（1072）年6月20日），諸系，人名（[生]？），日人，平史（生没年不詳）

藤原経平　ふじわらのつねひら
長和3（1014）年〜寛治5（1091）年
平安時代中期〜後期の公卿（非参議）。権中納言藤原経通の子。
¶公卿（[没]寛治5（1091）年7月3日），平史

藤原経房　ふじわらのつねふさ
→吉田経房（よしだつねふさ）

藤原経尹　ふじわらのつねまさ
生没年不詳　[別]藤原経尹《ふじわらつねまさ》
平安時代後期の公家・歌人。
¶国書（ふじわらつねまさ）

藤原経通(1)　ふじわらのつねみち
天元5(982)年～永承6(1051)年8月16日　[別]藤原経通《ふじわらつねみち》
平安時代中期の公卿(権中納言)。権中納言藤原懐平の長男。
¶公卿，国書(ふじわらつねみち)，平史

藤原経通(2)　ふじわらのつねみち
安元2(1176)年～延応1(1239)年10月13日　[別]藤原経通《ふじわらつねみち》
鎌倉時代前期の公卿(権大納言)。権大納言藤原泰通の長男。
¶公卿，公家(経通〔坊門家(絶家)〕　つねみち)，国書(ふじわらつねみち)，平史

藤原経光　ふじわらのつねみつ
建暦2(1212)年～文永11(1274)年　[別]勘解由小路経光《かげゆこうじつねみつ》，広橋経光《ひろはしつねみつ》，藤原経光《ふじわらつねみつ》
鎌倉時代前期の公卿。
¶朝日([没]文永11年4月15日(1274年5月22日))，鎌室(ふじわらつねみつ　[生]建暦3(1213)年)，公卿(勘解由小路経光　かげゆこうじつねみつ　[没]文永11(1273)年4月15日)，公家(経光〔広橋家〕　つねみつ　[生]1213年　[没]文永11(1274)年4月15日)，国史，国書(ふじわらつねみつ　[生]建保1(1213)年　[没]文永11(1274)年4月15日)，古中，コン4，諸系(広橋経光　ひろはしつねみつ)，新潮(広橋経光　ひろはしつねみつ　[生]建保1(1213)年　[没]文永11(1274)年4月15日)，日人(広橋経光　ひろはしつねみつ)，和歌山人([生]1213年)

藤原経宗　ふじわらのつねむね
元永2(1119)年～文治5(1189)年　[別]阿波大臣《あわのおとど》，大炊御門経宗《おおいみかどつねむね》，藤原経宗《ふじわらつねむね》
平安時代後期の公卿(左大臣)。大納言藤原経実の四男，母は権大納言藤原公実の娘の従三位公子。
¶朝日([没]文治5年2月18日(1189年3月6日))，角史，鎌室(大炊御門経宗　おおいみかどつねむね)，公卿([没]文治5(1189)年2月28日)，公家(経宗〔大炊御門家〕　つねむね　[没]文治5(1189)年2月28日)，国史，国書(ふじわらつねむね　[没]文治5(1189)年2月28日)，古中，コン改(大炊御門経宗　おおいみかどつねむね)，コン4(大炊御門経宗　おおいみかどつねむね)，コン4，史人([没]1189年2月28日)，諸系(大炊御門経宗　おおいみかどつねむね)，新潮(大炊御門経宗　おおいみかどつねむね　[没]文治5(1189)年2月28日)，人名(大炊御門経宗　おおいみかどつねむね)，人名，世人(大炊御門経宗　おおいみかどつねむね　[没]文治5(1189)年2月18日)，世人，日史([没]文治5(1189)年2月28日)，日人(大炊御門経宗　おおいみかどつねむね)，百科，平史，歴大

藤原経行　ふじわらのつねゆき
鎌倉時代前期の公卿(非参議)。非参議藤原信雅の長男。
¶公卿(生没年不詳)，公家(経行〔丹羽家(絶家)〕　つねゆき)

藤原常行　ふじわらのつねゆき
承和3(836)年～貞観17(875)年
平安時代前期の公卿(大納言)。右大臣藤原良相の長男。
¶公卿([没]貞観17(875)年2月17日)，諸系，人名，日人，平史

藤原定家　ふじわらのていか
→藤原定家(ふじわらのさだいえ)

藤原忯子　ふじわらのていし
→藤原忯子(ふじわらのしし)

藤原貞子(1)　ふじわらのていし
？～貞観6(864)年　[別]藤原朝臣貞子《ふじわらのあそんさだこ》，藤原貞子《ふじわらのさだこ》
平安時代前期の女性。仁明天皇の女御。
¶古代(藤原朝臣貞子　ふじわらのあそんさだこ)，コン改，コン4，諸系，女性([没]貞観6(864)年8月3日)，人名(ふじわらのさだこ)，日人，平史(ふじわらのさだこ)

藤原貞子(2)　ふじわらのていし
→今林准后(いまばやしじゅごう)

藤原呈子　ふじわらのていし
→九条院(くじょういん)

藤原定子　ふじわらのていし
貞元1(976)年～長保2(1000)年12月16日　[別]藤原定子《ふじわらていし，ふじわらのさだこ》
平安時代中期の女性。一条天皇の皇后。
¶朝日([没]長保2年12月16日(1001年1月13日))，岩史(ふじわらのさだこ)，角史，京都，京都大，国史，国書(ふじわらていし)，古史，古中，コン改([生]貞元2(977)年)，コン4，史人，重要([生]貞元2(977)年)，諸系([没]1001年)，女性([生]貞元2(977)年)，人書94(ふじわらていし　[生]977年)，新潮，人名(ふじわらのさだこ　[生]977年)，姓氏京都，世人，世百，全書，大百，日史，日人([没]1001年)，百科，平史(ふじわらのさだこ)，歴大，和俳

藤原媓子　ふじわらのてるこ
→藤原媓子(ふじわらのこうし)

藤原任子　ふじわらのとうこ
→宜秋門院(ぎしゅうもんいん)

藤原藤子　ふじわらのとうし
→豊楽門院(ぶらくもんいん)

藤原道子　ふじわらのどうし
→藤原道子(ふじわらのみちこ)

藤原遠明　ふじわらのとおあきら
嘉保2(1095)年～嘉応1(1169)年
平安時代後期の官人。
¶平史

藤原遠量　ふじわらのとおかず
生没年不詳

平安時代中期の官人。
¶平史

藤原超子 ふじわらのとおこ
→藤原超子(ふじわらのちょうし)

藤原遠経 ふじわらのとおつね
? ～仁和4(888)年　[別]藤原朝臣遠経《ふじわらのあそんとおつね》
平安時代前期の官人。
¶古代(藤原朝臣遠経　ふじわらのあそんとおつね), 諸系, 日人, 平史

藤原遠規 ふじわらのとおのり
? ～天暦7(953)年
平安時代中期の官人。南家右大臣三守の玄孫、少納言治方の子。
¶平史

藤原遠度 ふじわらのとおのり
? ～永祚1(989)年
平安時代中期の公卿(非参議)。右大臣藤原師輔の七男。
¶公卿([没]永祚1(989)年3月24日), 平史

藤原言家 ふじわらのときいえ
? ～延応1(1239)年　[別]藤原言家《ふじわらときいえ,ふじわらのこといえ》
鎌倉時代前期の公卿(非参議)。非参議藤原成家の次男。
¶鎌室(ふじわらときいえ), 公卿(ふじわらのこといえ　[没]延応2(1240)年2月2日), 公家(言家〔御子左家(絶家)1〕　こといえ　[没]暦仁2(1239)年2月2日), 日人

藤原説貞 ふじわらのときさだ
生没年不詳
平安時代中期の官人。
¶平史

藤原説孝 ふじわらのときたか
天暦1(947)年～?
平安時代中期の官人。
¶平史

藤原時長 ふじわらのときなが
生没年不詳　[別]藤原時長《ふじわらときなが》
鎌倉時代前期の「平家物語」の作者の一人か(従四位または正五位民部少輔)。藤原隆盛の子。
¶朝日, 鎌室(ふじわらときなが), 国史, 古中, 人名, 日人, 平史

藤原節信 ふじわらのときのぶ
生没年不詳　[別]藤原節信《ふじわらとしのぶ》
平安時代中期の官吏。
¶国書(ふじわらとしのぶ), 日人, 平史([没]1044年)

藤原時平 ふじわらのときひら
貞観13(871)年～延喜9(909)年　[別]藤原時平《ふじわらときひら》,藤原朝臣時平《ふじわらのあそんときひら》
平安時代前期～中期の公卿(左大臣)。関白・太政大臣藤原基経の長男。讒言により菅原道真を左遷に追い込んだ。のち醍醐天皇のもと「延喜の治」を推進。
¶朝日([没]延喜9年4月4日(909年4月26日)), 岩史([没]延喜9(909)年4月4日), 角史, 京都, 京都大, 公卿([没]延喜9(909)年4月4日), 国史, 国書(ふじわらときひら　[没]延喜9(909)年4月4日), 古史, 古代(藤原朝臣時平　ふじわらのあそんときひら), 古中, コン改, コン4, 史人([没]909年4月4日), 重要([没]延喜9(909)年4月4日), 諸系, 新潮([没]延喜9(909)年4月4日), 人名, 姓氏京都, 世人([没]延喜9(909)年4月4日), 世百, 全書, 大百, 日史([没]延喜9(909)年4月4日), 日人, 百科, 平史, 歴大, 和俳([没]延喜9(909)年4月4日)

藤原時房(1) ふじわらのときふさ
生没年不詳　[別]藤原時房《ふじわらときふさ》
平安時代後期の廷臣。
¶鎌室(ふじわらときふさ), 国書(ふじわらときふさ), 日人, 平史

藤原時房(2) ふじわらのときふさ
→万里小路時房(までのこうじときふさ)

藤原時雨 ふじわらのときふる
生没年不詳　[別]藤原時雨《ふじわらときふる》
平安時代中期の公家・歌人。
¶国書(ふじわらときふる), 平史

藤原時昌 ふじわらのときまさ
生没年不詳　[別]藤原時昌《ふじわらときまさ》
平安時代後期の公家・歌人。
¶国書(ふじわらときまさ), 平史

藤原時正 ふじわらのときまさ
生没年不詳　[別]藤原時正《ふじわらときまさ》
平安時代後期の公家・歌人。
¶国書(ふじわらときまさ)

藤原時光(1) ふじわらのときみつ
天暦2(948)年～長和4(1015)年
平安時代中期の公卿(中納言)。関白・太政大臣藤原兼通の次男。
¶公卿([没]長和4(1015)年10月4日), 平史

藤原時光(2) ふじわらのときみつ
生没年不詳
平安時代後期の官人。中山中納言顕時の子。
¶平史

藤原得子 ふじわらのとくこ
→美福門院(びふくもんいん)

藤原得子 ふじわらのとくし
→美福門院(びふくもんいん)

藤原俊顕 ふじわらのとしあき
? ～元中8/明徳2(1391)年6月21日　[別]藤原俊顕《ふじわらとしあき》
南北朝時代の公家・歌人・連歌作者。

¶国書（ふじわらとしあき）

藤原俊家 ふじわらのとしいえ
寛仁3（1019）年～永保2（1082）年　[別]藤原俊家《ふじわらとしいえ》
平安時代中期～後期の公卿（右大臣）。右大臣藤原頼宗の次男。
¶公卿（[没]永保2（1082）年10月2日），国史，国書（ふじわらとしいえ　[没]永保2（1082）年10月2日），古中，コン4，史人（[没]1082年10月2日），諸系，人名，日音（[没]永保2（1082）年10月2日），日人，平史

藤原俊兼 ふじわらのとしかね
文永8（1271）年～？　[別]楊梅俊兼《やまももとしかね》
鎌倉時代後期の公卿（非参議）。非参議藤原兼行の長男。
¶公卿，公家（俊兼〔楊梅家（絶家）〕　としかね），国書（楊梅俊兼　やまももとしかね）

ふ

藤原年子 ふじわらのとしこ
生没年不詳　[別]藤原年子《ふじわらのねんし》
平安時代前期の女性。文徳天皇の女御。
¶女性（ふじわらのねんし），人名，日人

藤原俊季 ふじわらのとしすえ
鎌倉時代後期～南北朝時代の公卿（非参議）。参議藤原実俊の子。
¶公卿（生没年不詳），公家（俊季〔橋本家〕　としすえ）

藤原俊忠 ふじわらのとしただ
延久5（1073）年～保安4（1123）年7月9日　[別]藤原俊忠《ふじわらとしただ》
平安時代後期の歌人・公卿（中納言）。大納言藤原忠家の子。
¶公卿，国書（ふじわらとしただ），諸系，人名，日史（[生]延久3（1071）年），日人，百科（[生]延久3（1071）年），平史，和俳

藤原俊綱 ふじわらのとしつな
→橘俊綱（たちばなのとしつな）

藤原俊経 ふじわらのとしつね
永久1（1113）年～建久2（1191）年　[別]藤原俊経《ふじわらとしつね》
平安時代後期の公卿（参議）。参議藤原顕業の次男。
¶朝日（[没]建久2年1月22日（1191年2月17日）），鎌室（ふじわらとしつね　[生]永久2（1114）年），公卿（[没]？），公家（俊経〔大福寺家（絶家）〕　としつね　[生]1114年　[没]建久2（1191）年1月22日），国書（ふじわらとしつね　[没]建久2（1191）年1月22日），諸系，新潮（[生]永久2（1114）年 [没]建久2（1191）年1月22日），日人，平史

藤原俊言 ふじわらのとしとき
？～正中2（1325）年10月　[別]藤原俊言《ふじわらとしとき，ふじわらのとしのぶ》
鎌倉時代後期の公家・歌人。
¶公卿（ふじわらのとしのぶ　生没年不詳），公家（俊言〔御子左2・二条・五条家（絶家）〕　としこと），国書（ふじわらとしとき）

藤原俊成 ふじわらのとしなり
永久2（1114）年～元久1（1204）年　[別]五条三位《ごじょうのさんみ》，藤原顕広《ふじわらあきひろ，ふじわらのあきひろ》，藤原俊成《ふじわらしゅんぜい，ふじわらとしなり，ふじわらのしゅんぜい（としなり），ふじわらのしゅんぜい》，俊成《しゅんぜい》
平安時代後期～鎌倉時代前期の歌人・公卿（非参議）。権中納言藤原俊忠の三男。「千載和歌集」の撰者、和歌所の寄人。
¶朝日（ふじわらのしゅんぜい　[没]元久1年11月30日（1204年12月22日）），岩史（ふじわらのしゅんぜい　[没]元久1（1204）年11月30日），角史，鎌室（ふじわらとしなり），京都（ふじわらのしゅんぜい（としなり）），京都大，公卿（[没]元久1（1204）年11月30日），公家（俊成〔冷泉家〕　としなり　[没]元久1（1204）年11月30日），国史，国書（ふじわらしゅんぜい　[没]元久1（1204）年11月30日），古史，古中，コン改，コン4，詩歌，史人（[没]1204年11月30日），重要（ふじわらのしゅんぜい　[没]元久1（1204）年11月30日），諸系，人書94（ふじわらとしなり），人情3，新潮（[没]元久1（1204）年11月30日），新文（[没]元久1（1204）年11月30日），人名（ふじわらのしゅんぜい），姓氏京都，世人（[没]元久1（1204）年11月30日），世百，全書（ふじわらのしゅんぜい），大百（ふじわらのしゅんぜい），伝記，日史（ふじわらのしゅんぜい　[没]元久1（1204）年11月30日），日人，百科，仏教（[没]元久1（1204）年11月30日），文学，平史，歴大（ふじわらのしゅんぜい），和俳（[没]元久1（1204）年11月30日）

藤原俊言 ふじわらのとしのぶ
→藤原俊言（ふじわらのとしとき）

藤原俊信 ふじわらのとしのぶ
天喜3（1055）年～長治2（1105）年
平安時代後期の人。広業の曽孫。
¶平史

藤原節信 ふじわらのとしのぶ
→藤原節信（ふじわらのときのぶ）

藤原俊憲 ふじわらのとしのり
保安3（1122）年～仁安2（1167）年　[別]藤原俊憲《ふじわらとしのり》
平安時代後期の公卿（参議）。参議藤原巨勢麻呂の裔。
¶朝日（[没]仁安2年4月10日（1167年4月30日）），角史，公卿（生没年不詳），公家（俊憲〔実兼裔（絶家）〕　としのり），国書（ふじわらとしのり　[没]仁安2（1167）年4月10日），諸系，新潟百，日史（[没]仁安2（1167）年4月10日），日人，百科，平史

藤原俊範 ふじわらのとしのり
？～嘉暦2（1327）年5月20日
鎌倉時代後期の公卿（非参議）。非参議藤原明範の子。

¶公卿，公家（俊範〔成季裔（絶家）〕　としのり）

藤原利仁 ふじわらのとしひと
生没年不詳　[別]利仁将軍《りじんしょうぐん》
平安時代中期の武士、軍事貴族（上野介，上総介，鎮守府将軍）。
¶朝日，石川百，岩史，角史，郷土福井，国史，古史，古中，コン4，埼玉人，史人，諸系，新潮，人名，姓氏石川，世人，全書，大百，富山百，日史，日人，百科，福井百，平史，歴大

藤原俊雅 ふじわらのとしまさ
文永9（1272）年～応長1（1311）年5月22日
鎌倉時代後期の公卿（参議）。参議藤原経氏の子。
¶公卿，公家（俊雅〔五辻家（絶家）〕　としまさ）

藤原俊通 ふじわらのとしみち
大治3（1128）年～？
平安時代後期の公卿（権中納言）。太政大臣藤原宗輔の長男。
¶朝日，公卿（[生]大治2（1127）年），公家（俊通〔堀川家（絶家）〕　としみち　[生]1127年），日人，平史

藤原俊光 ふじわらのとしみつ
→日野俊光（ひのとしみつ）

藤原利基 ふじわらのとしもと
生没年不詳　[別]藤原朝臣利基《ふじわらのあそんとしもと》
平安時代前期の中級官人。
¶神奈川人，古代（藤原朝臣利基　ふじわらのあそんとしもと），諸系，日人

藤原俊盛 ふじわらのとしもり
保安1（1120）年～？
平安時代後期の公卿（非参議）。権中納言藤原長実の孫。
¶公卿，公家（俊盛〔八条家（絶家）〕　としもり），日史，日人，百科，平史

藤原敏行 ふじわらのとしゆき
？～延喜1（901）年　[別]藤原朝臣敏行《ふじわらのあそんとしゆき》，藤原敏行《ふじわらとしゆき》
平安時代前期～中期の官人、歌人、書家。三十六歌仙の一人。
¶朝日（生没年不詳），岩史，角史，国史，国書（ふじわらとしゆき），古代（藤原朝臣敏行　ふじわらのあそんとしゆき），古中，コン4（生没年不詳），詩歌，諸系，新潮，人名（[没]907年），全書（[没]901年，（異説）907年），日史，日人，百科，平史，和俳

藤原富子 ふじわらのとみこ
→恭礼門院（きょうらいもんいん）

藤原知章 ふじわらのともあきら
？～長和2（1013）年
平安時代中期の官人。
¶平史

藤原知家 ふじわらのともいえ
寿永1（1182）年～正嘉2（1258）年　[別]藤原知家《ふじわらともいえ》，六条知家《ろくじょうともいえ》
鎌倉時代前期の歌人・公卿（非参議）。非参議藤原顕家の子。
¶朝日（[没]正嘉2（1258）年11月），鎌室（ふじわらともいえ），鎌室（六条知家　ろくじょうともいえ　[没]？），公卿（[没]？），公家（知家〔六条・春日・九条・紙屋河家（絶家）〕　ともいえ　[没]正嘉2（1258）年1月），国史，国書（六条知家　ろくじょうともいえ　[没]正嘉2（1258）年11月），古中，コン4，諸系，人名（[没]？），人名（六条知家　ろくじょうともいえ　[没]？），日人，平史（生没年不詳），和俳（[没]？）

藤原朝方 ふじわらのともかた
保延1（1135）年～建仁1（1201）年　[別]藤原朝方《ふじわらともかた，ふじわらのあさかた》
平安時代後期～鎌倉時代前期の公卿（権大納言）。権中納言藤原朝隆の長男。
¶朝日（[没]建仁1年2月16日（1201年3月22日）），鎌室（ふじわらともかた），公卿（[生]久寿2（1155）年　[没]建仁1（1201）年2月16日），公家（朝方〔冷泉家（絶家）1〕　あさかた　[没]建仁1（1201）年2月16日），新潮（[没]建仁1（1201）年2月16日），日人，平史（ふじわらのあさかた）

藤原友実 ふじわらのともざね
康平5（1062）年～承徳1（1097）年　[別]藤原友実《ふじわらともざね》
平安時代後期の漢詩人。
¶国書（ふじわらともざね　[没]承徳1（1097）年11月27日），平史

藤原朝輔 ふじわらのともすけ
生没年不詳
平安時代後期の官人。
¶平史

藤原朝隆 ふじわらのともたか
→藤原朝隆（ふじわらのあさたか）

藤原朝経(1) ふじわらのともつね
生没年不詳　[別]藤原朝経《ふじわらともつね》
鎌倉時代前期の公卿。
¶鎌室（ふじわらともつね）

藤原朝経(2) ふじわらのともつね
→藤原朝経（ふじわらのあさつね）

藤原朝俊 ふじわらのともとし
？～承久3（1221）年　[別]藤原朝俊《ふじわらともとし》
鎌倉時代前期の廷臣。
¶鎌室（ふじわらともとし），人名，日人

藤原朝成 ふじわらのともなり
→藤原朝成（ふじわらのあさひら）

藤原知信 ふじわらのとものぶ
承保3（1076）年～？　[別]藤原知信《ふじわらとものぶ》
平安時代後期の公家・歌人。

¶国書（ふじわらとものぶ），平史

藤原具範　ふじわらのとものり
？　～元亨1（1321）年
鎌倉時代後期の公卿（非参議）。非参議藤原広範の子。
¶公卿，公家（具範〔成季裔（絶家）〕　とものり）

藤原友人　ふじわらのともひと
神護景雲1（767）年～弘仁13（822）年
奈良時代～平安時代前期の朝臣。
¶神奈川人，諸系，人名，日人，平史（[生]768年 [没]823年）

藤原知房　ふじわらのともふさ
永承1（1046）年～天永3（1112）年　[別]藤原知房《ふじわらともふさ》
平安時代中期～後期の公家・歌人・漢詩人。
¶国書（ふじわらともふさ　[没]天永3（1112）年2月18日），平史

藤原共理　ふじわらのともまさ
？　～天慶2（939）年
平安時代前期～中期の官人。北家内麻呂流長岡の曽孫、保高の子。
¶平史

藤原具雅　ふじわらのともまさ
？　～明徳4（1393）年5月
南北朝時代の公卿（参議）。権中納言鷹司宗雅の子。
¶公卿，公家（具雅〔鷹司家（絶家）1〕　ともまさ）

藤原知光　ふじわらのともみつ
生没年不詳
平安時代中期の官人。
¶平史

藤原倫寧　ふじわらのともやす
？　～貞元2（977）年　[別]藤原倫寧《ふじわらともやす》
平安時代中期の官人。正四位下。
¶朝日，国書（ふじわらともやす），諸系，日人，平史

藤原具良　ふじわらのともよし
*～元弘1/元徳3（1331）年4月16日
鎌倉時代後期の公卿（非参議）。参議藤原信成の曽孫。
¶公卿（[生]文永8（1271）年），公家（具良〔水無瀬家〕　ともよし　[生]1269年）

藤原豊継　ふじわらのとよつぐ
生没年不詳
平安時代前期の官人。藤原大継の子。
¶平史

藤原豊並　ふじわらのとよなみ
？　～承和6（839）年
平安時代前期の人。京家の祖麻呂の曽孫豊前介古（石）雄の子。
¶平史

藤原豊成　ふじわらのとよなり
慶雲1（704）年～天平神護1（765）年　[別]藤原朝臣豊成《ふじわらのあそんとよなり》，藤原豊成朝臣《ふじわらのとよなりあそみ》
奈良時代の官人（右大臣）。贈太政大臣・左大臣藤原武智麻呂の長男。
¶朝日（[没]天平神護1年11月27日（766年1月12日）），岩史（[没]天平神護1（765）年11月27日），角史，公卿（[没]天平神護1（765）年11月27日），国史，古史，古代（藤原朝臣豊成　ふじわらのあそんとよなり），古中，コン改（[生]慶雲1（704）年？），コン4（[生]慶雲1（704）年？），史人（[没]765年11月27日），重要，諸系（[没]766年），新潮（[没]天平神護1（765）年11月27日），人名（[生]703年），世人，世百（[生]703年），全書，大百，日史（[没]天平神護1（765）年11月27日），日人（[没]766年），百科，万葉（藤原豊成朝臣　ふじわらのとよなりあそみ），歴大（[没]756年）

藤原鳥養　ふじわらのとりかい
生没年不詳　[別]藤原朝臣鳥養《ふじわらのあそんとりかい》
奈良時代の官人。
¶古代（藤原朝臣鳥養　ふじわらのあそんとりかい），諸系，日人

藤原執棹　ふじわらのとりさお
？　～天平宝字8（764）年　[別]藤原恵美朝臣執棹《ふじわらのえみのあそんとりさお》
奈良時代の南家仲麻呂の9子。
¶古代（藤原恵美朝臣執棹　ふじわらのえみのあそんとりさお），日人

藤原執弓　ふじわらのとりゆみ
？　～天平宝字8（764）年　[別]藤原朝臣執弓《ふじわらのあそみとりゆみ，ふじわらのあそんとりゆみ》
奈良時代の南家仲麻呂の二男。
¶古代（藤原朝臣執弓　ふじわらのあそんとりゆみ），日人，万葉（藤原朝臣執弓　ふじわらのあそみとりゆみ）

藤原尚忠　ふじわらのなおただ
生没年不詳　[別]藤原尚忠《ふじわらなおただ》
平安時代中期の公家・歌人。
¶国書（ふじわらなおただ），平史

藤原直世　ふじわらのなおよ
生没年不詳
平安時代前期の官人。
¶新潟百

藤原仲家　ふじわらのなかいえ
→藤原有家（ふじわらのありいえ）

藤原長家　ふじわらのながいえ
寛弘2（1005）年～康平7（1064）年　[別]藤原長家《ふじわらながいえ》
平安時代中期の歌人・公卿（権大納言）。摂政・太政大臣藤原道長の六男。
¶公卿（[没]康平7（1064）年11月9日），国書（ふじ

わらながいえ　[生]寛弘2(1005)年8月20日　[没]康平7(1064)年11月9日)，諸系，人名，日音([没]康平7(1064)年11月9日)，日人，平史，和俳([没]康平7(1064)年11月9日)

藤原長氏　ふじわらのながうじ
?　～文応1(1260)年10月
鎌倉時代前期の公卿(非参議)。非参議藤原長清の子。
¶公卿，公家(長氏〔八条家(絶家)〕　ながうじ)

藤原長岡　ふじわらのながおか
延暦5(786)年～嘉祥2(849)年
平安時代前期の廷臣。
¶コン改，コン4，人名，平史

藤原長方　ふじわらのながかた
保延5(1139)年～建久2(1191)年　[別]藤原長方《ふじわらながかた》
平安時代後期の公卿(権中納言)。権中納言藤原顕長の長男。
¶朝日([没]建久2年3月10日(1191年4月5日))，鎌室(ふじわらながかた　[生]保延6(1140)年)，公卿，公家(長方〔八条家(絶家)〕　ながかた　[没]建久2(1191)年3月10日)，国史，国書(ふじわらながかた　[没]建久2(1191)年3月10日)，古中，コン4，新潮([没]建久2(1191)年3月10日)，人名([生]1140年)，世人([生]保延6(1140)年)，日人，平史

藤原長兼　ふじわらのながかね
応保2(1162)年～?　[別]三条長兼《さんじょうながかね》，藤原長兼《ふじわらながかね》
平安時代後期～鎌倉時代前期の公卿(権中納言)。権中納言藤原長方の次男。
¶朝日(生没年不詳)，角史(三条長兼　さんじょうながかね　[生]応保2(1162)年?)，鎌室(ふじわらながかね　生没年不詳)，公卿(生没年不詳)，公家(長兼〔八条家(絶家)〕　ながかね)，国書(ふじわらながかね)，姓氏京都(三条長兼　さんじょうながかね)，日人(生没年不詳)，平史

藤原長川　ふじわらのながかわ
生没年不詳
奈良時代の官人。
¶神奈川人

藤原永清　ふじわらのながきよ
長元4(1031)年～永長1(1096)年
平安時代中期～後期の官人。
¶平史

藤原長清　ふじわらのながきよ
治承4(1180)年～暦仁1(1238)年8月8日
鎌倉時代前期の公卿(非参議)。非参議藤原実清の三男。
¶公卿，公家(長清〔八条家(絶家)〕　ながきよ)

藤原仲子　ふじわらのなかこ
生没年不詳　[別]藤原仲子《ふじわらのちゅうし》
平安時代前期の女性。桓武天皇の女御。
¶女性(ふじわらのちゅうし)，人名，日人

藤原仲実(1)　ふじわらのなかざね
天喜5(1057)年～元永1(1118)年　[別]藤原仲実《ふじわらなかざね》
平安時代後期の歌人。堀河院歌壇の一員、「堀河百首」の作者の一人。
¶朝日([没]元永1年3月26日(1118年4月18日))，国史，国書(ふじわらなかざね　[没]永久6(1118)年3月26日)，古中，コン4，新潮([生]天喜4(1056)年　[没]元永1(1118)年3月26日)，人名([生]1056年)，世人([生]天喜4(1056)年)，全書，日人，平史，和俳([生]天喜4(1056)年　[没]元永1(1118)年3月26日)

藤原仲実(2)　ふじわらのなかざね
?　～保安2(1121)年
平安時代後期の公卿(権大納言)。大納言藤原実季の三男。
¶公卿([没]保安2(1121)年12月23日)，平史

藤原永実(1)　ふじわらのながざね
生没年不詳　[別]藤原永実《ふじわらながざね》
平安時代後期の公家・歌人。
¶国書(ふじわらながざね)，平史

藤原永実(2)　ふじわらのながざね
康平5(1062)年～元永2(1119)年
平安時代後期の学者・官人・漢詩人。
¶平史

藤原長実　ふじわらのながざね
承保2(1075)年～長承2(1133)年　[別]藤原長実《ふじわらながざね》
平安時代後期の公卿(権中納言)。非参議藤原顕季の長男。
¶朝日([没]長承2年8月19日(1133年9月19日))，公卿([没]長承2(1133)年8月19日)，国書(ふじわらながざね　[没]長承2(1133)年8月19日)，諸系，姓氏京都，日史([没]長承2(1133)年8月19日)，日人，百科，平史，歴大

藤原仲季　ふじわらのなかすえ
生没年不詳
平安時代中期の人。前大和守藤原成資の三男。
¶平史

藤原長季　ふじわらのながすえ
文治3(1187)年～?
鎌倉時代前期の公卿(非参議)。非参議藤原季能の次男。
¶公卿，公家(長季〔八条家(絶家)〕　ながすえ)

藤原長相　ふじわらのながすけ
→持明院長相(じみょういんながすけ)

藤原長輔　ふじわらのながすけ
康和5(1103)年～保元1(1156)年1月14日
平安時代後期の公卿(非参議)。権中納言藤原長実の長男。
¶公卿，公家(長輔〔八条家(絶家)〕　ながすけ)，平史

藤原中尹 ふじわらのなかただ
生没年不詳
平安時代中期の官人。
¶平史

藤原長忠(1) ふじわらのながただ
天喜5(1057)年～大治4(1129)年
平安時代後期の公卿。内大臣能長の子。
¶平史

藤原長忠(2) ふじわらのながただ
鎌倉時代前期の公卿(非参議)。非参議藤原兼頼の子。
¶公卿(生没年不詳),公家(長忠〔烏丸家(絶家)〕　ながただ)

藤原長親(1) ふじわらのながちか
生没年不詳　[別]藤原長親《ふじわらながちか》
平安時代後期～鎌倉時代前期の廷臣。
¶鎌室(ふじわらながちか)

藤原長親(2) ふじわらのながちか
→花山院長親(かざんいんながちか)

藤原長倫 ふじわらのながつぐ
承安3(1173)年～?
鎌倉時代前期の公卿(非参議)。文章博士藤原光輔の次男。
¶公卿,公家(長倫〔式家(絶家)〕　ながとも)

藤原長綱 ふじわらのながつな
生没年不詳　[別]藤原長綱《ふじわらながつな》
鎌倉時代の公家、歌人。
¶国書(ふじわらながつな),日人

藤原仲経 ふじわらのなかつね
1167年～嘉禎2(1236)年12月27日
平安時代後期～鎌倉時代前期の公卿(権中納言)。中納言藤原親信の次男。
¶公卿(生没年不詳),公家(仲経〔水無瀬家〕　なかつね)

藤原永経 ふじわらのながつね
?　～永仁5(1297)年9月2日
鎌倉時代後期の公卿(非参議)。権中納言藤原長良の裔。
¶公卿,公家(永経〔高倉家〕　ながつね)

藤原長経 ふじわらのながつね
生没年不詳　[別]藤原長経《ふじわらながつね》
平安時代後期～鎌倉時代前期の歌人・公卿(非参議)。非参議藤原実清の長男。
¶公卿,公家(長経〔八条家(絶家)〕　ながつね),国書(ふじわらながつね),人名,日人,和俳

藤原永手 ふじわらのながて
和銅7(714)年～宝亀2(771)年　[別]藤原永手《ふじわらながて》,藤原永手朝臣《ふじわらのながてあそみ》,藤原朝臣永手《ふじわらのあそんながて》
奈良時代の官人(左大臣)。参議藤原房前の次男。
¶朝日([没]宝亀2年2月22日(771年3月12日)),岩史([没]宝亀2(771)年2月22日),角史,公卿([没]宝亀2(771)年2月22日),国史,国書(ふじわらながて　[没]宝亀2(771)年2月22日),古史,古代(藤原朝臣永手　ふじわらのあそんながて),古中,コン改,コン4,史人([没]771年2月22日),諸系,新潮,人名,世人([没]宝亀2(771)年2月22日),世百,全書,大百,日史([没]宝亀2(771)年2月22日),日人,百科,仏教([没]宝亀2(771)年2月22日),万葉(藤原永手朝臣　ふじわらのながてあそみ),歴大

藤原長能 ふじわらのながとう
天暦3(949)年?　～?　[別]藤原長能《ふじわらながとう,ふじわらのながよし》
平安時代中期の歌人、花山天皇側近。
¶朝日,国史(生没年不詳),国書(ふじわらながとう　生没年不詳),古中(生没年不詳),コン4,史人(生没年不詳),諸系(ふじわらのながよし),人名,日人(ふじわらのながよし),平史(ふじわらのながよし　[生]949年　[没]1009年),和俳([生]天暦3(949)年?)

藤原仲遠 ふじわらのなかとお
生没年不詳
平安時代中期の官人。
¶平史

藤原長朝 ふじわらのながとも
建久8(1197)年～建長3(1251)年8月8日
鎌倉時代前期の公卿(参議)。権中納言藤原長兼の次男。
¶公卿,公家(長朝〔八条家(絶家)〕　ながとも)

藤原仲成 ふじわらのなかなり
天平宝字8(764)年～弘仁1(810)年　[別]藤原朝臣仲成《ふじわらのあそんなかなり》
平安時代前期の公卿(参議)。参議藤原宇合の曽孫。
¶朝日([没]弘仁1年9月11日(810年10月12日)),岩史([没]大同5(810)年9月11日),角史,京都([生]宝亀5(774)年),京都大([生]宝亀5(774)年),公卿([生]宝亀5(774)年　[没]弘仁1(810)年9月),国史,古史,古代(藤原朝臣仲成　ふじわらのあそんなかなり),古中,コン改([生]宝亀5(774)年),コン4([生]宝亀5(774)年),史人([没]810年9月11日),重要([生]宝亀5(774)年　[没]弘仁1(810)年9月11日),諸系,新潮([生]宝亀5(774)年　[没]弘仁1(810)年9月11日),人名([生]774年),姓氏京都,世人([生]宝亀5(774)年),世百([生]774年),全書([生]774年),大百([生]?),新潟百,日史([没]弘仁1(810)年9月11日),日人,百科,平史,歴大

藤原長成 ふじわらのながなり
生没年不詳
平安時代後期の官人。
¶平史

藤原長信 ふじわらのながのぶ
生没年不詳　[別]藤原長信《ふじわらながのぶ》
鎌倉時代の公家・歌人。
¶国書(ふじわらながのぶ)

藤原仲統　ふじわらのなかのり
→藤原仲統（ふじわらのなかむね）

藤原永範　ふじわらのながのり
＊～治承4（1180）年　[別]藤原永範《ふじわらながのり》
平安時代後期の公卿（非参議）。参議藤原巨勢麻呂の裔。
¶公卿（[生]康和1（1100）年　[没]治承4（1180）年11月10日），公家（永範〔成季裔（絶家）〕　ながのり　[生]1096年　[没]治承4（1180）年11月13日），国書（ふじわらながのり　[生]康和4（1102）年？　[没]治承4（1180）年11月9日），諸系（[生]1102年，（異説）1106年），日人（[生]1102年，（異説）1106年），平史（[生]1106年）

藤原脩範（藤原修範，藤原脩憲）　ふじわらのながのり
康治2（1143）年～？　[別]藤原修範《ふじわらながのり》
平安時代後期の公卿（参議）。参議藤原巨勢麻呂の裔。
¶朝日（藤原脩憲），公卿（[没]寿永2（1183）年），公家（脩範〔実兼裔（絶家）〕　ながのり　[没]寿永2（1183）年？），国書（藤原修範　ふじわらながのり），諸系，日人，平史（藤原修範）

藤原仲平　ふじわらのなかひら
貞観17（875）年～天慶8（945）年　[別]藤原仲平《ふじわらなかひら》
平安時代前期～中期の公卿（左大臣）。関白・太政大臣藤原基経の次男。
¶岩史（[没]天慶8（945）年9月5日），公卿（[没]天慶8（945）年9月5日），国史，国書（ふじわらなかひら　[没]天慶8（945）年9月5日），古中，コン改，コン4，諸系，新潮（[没]天慶8（945）年9月5日），人名，日人，平史，歴大

藤原長房(1)　ふじわらのながふさ
長元3（1030）年～康和1（1099）年　[別]藤原長房《ふじわらながふさ》
平安時代中期～後期の公卿（参議）。権大納言藤原経輔の次男。
¶公卿（[没]康和1（1099）年9月9日），国書（ふじわらながふさ　[没]康和1（1099）年9月9日），諸系，人名，日人，福岡百（[没]康和1（1099）年8月），平史

藤原長房(2)　ふじわらのながふさ
嘉応2（1170）年～寛元1（1243）年　[別]覚真《かくしん》，藤原憲頼《ふじわらのりより》，藤原長房《ふじわらながふさ》
鎌倉時代前期の公卿（参議）。参議藤原光長の長男。
¶朝日（[没]寛元1年1月16日（1243年2月6日）），鎌室（ふじわらながふさ），京都府（覚真　かくしん），公卿（[生]仁安3（1168）年　[没]？），公家（長房〔海住山家（絶家）〕　ながふさ　[生]1168年　[没]？），新潮（[没]寛元1（1243）年1月16日），日人，仏教（覚真　かくしん　[没]仁治4（1243）年1月16日）

藤原仲縁　ふじわらのなかふち
弘仁10（819）年～貞観17（875）年6月6日
平安時代前期の公卿（参議）。右大臣藤原三守の次男。
¶公卿

藤原仲文　ふじわらのなかぶみ，ふじわらのなかふみ
＊～正暦3（992）年　[別]藤原仲文《ふじわらなかふみ》
平安時代中期の歌人。三十六歌仙の一人。
¶岩史（[生]延喜23（923）年　[没]正暦3（992）年2月），国史（[生]922年），国書（ふじわらなかふみ　[生]延長1（923）年　[没]正暦3（992）年2月），古中（[生]922年），コン4（[生]延喜23（921）年），人名（[生]908年　[没]978年），日人（[生]923年），平史（ふじわらのなかふみ　[生]923年），和俳（[生]延喜8（908）年　[没]天元1（978）年）

藤原仲麻呂（藤原仲麿）　ふじわらのなかまろ
慶雲3（706）年～天平宝字8（764）年　[別]恵美押勝《えみおしかつ，えみのおしかつ》，藤原仲麻呂《ふじわらなかまろ》，藤原仲麻呂朝臣《ふじわらのなかまろあそみ》，藤原朝臣仲麻呂《ふじわらのあそんなかまろ》
奈良時代の官人（太師）。贈太政大臣・左大臣藤原武智麻呂の次男。光明皇后に引き立てられ政界に。橘諸兄・奈良麻呂等の勢力を抑え専権をふるう。淳仁天皇を即位させ自らは太師恵美押勝として頂点に。のち孝謙上皇に登用された道鏡を除こうとして乱をおこし敗死。
¶朝日（[没]天平宝字8年9月18日（764年10月17日）），岩史（[没]天平宝字8（764）年9月18日），角史，公卿（藤原仲麿　[没]天平宝字8（764）年9月），国史，国書（ふじわらなかまろ　[没]天平宝字8（764）年9月18日），古史，古代（藤原朝臣仲麻呂　ふじわらのあそんなかまろ　[生]716年），古中，コン改（[生]慶雲3（706）年？），コン4（[生]慶雲3（706）年？），史人（[没]764年9月18日），重要（[没]天平宝字8（764）年9月18日），諸系，人書79（[生]706年？），人書94（ふじわらなかまろ），新潮（[没]天平宝字8（764）年9月18日），人名，世人（[没]天平宝字8（764）年9月18日），世百（恵美押勝　えみのおしかつ），全書，大百，伝記，日史（[没]天平宝字8（764）年9月18日），日人，百科，仏教（[没]天平宝字8（764）年9月19日），万葉（藤原仲麻呂朝臣　ふじわらのなかまろあそみ），歴大

藤原永光　ふじわらのながみつ
生没年不詳　[別]藤原永光《ふじわらながみつ》
鎌倉時代前期の公家・歌人。
¶国書（ふじわらながみつ）

藤原長光　ふじわらのながみつ
康和3（1101）年～？
平安時代後期の官人。
¶平史

藤原仲統　ふじわらのなかむね
弘仁9（818）年～貞観17（875）年　[別]藤原仲統《ふじわらのなかのり》，藤原朝臣仲統《ふじわらのあ

ふしわら　　　　　　　　　　490　　　　　　　日本人物レファレンス事典

そんなかむね》
平安時代前期の公卿。
　¶古代（藤原朝臣仲統　ふじわらのあそんなかむ
　ね），諸系，日人，平史（ふじわらのなかのり）

藤原長基 ふじわらのながもと
　生没年不詳　㋭藤原長基《ふじわらながもと》
　鎌倉時代後期の公卿（非議）。非参議藤原長忠
　の長男。
　¶公卿，公家（長基〔烏丸家（絶家）〕　　ながも
　と），国書（ふじわらながもと）

藤原長能 ふじわらのながよし
　→藤原長能（ふじわらのながとう）

藤原長良 ふじわらのながよし
　→藤原長良（ふじわらのながら）

藤原永頼 ふじわらのながより
　承平2（932）年〜寛弘7（1010）年
　平安時代中期の官人。
　¶姓氏京都，平史

藤原長良 ふじわらのながら
　延暦21（802）年〜斉衡3（856）年　㋭藤原朝臣長
　良《ふじわらのあそんながら》，藤原長良《ふじわ
　らながら，ふじわらのながよし》
　平安時代前期の公卿（権中納言）。左大臣藤原冬
　嗣の長男。
　¶朝日（㋬斉衡3年7月3日（856年8月6日）），角史，
　神奈川人，公卿（㋬斉衡3（856）年6月23日），国
　史，国書（ふじわらながら　㋬斉衡3（856）年7
　月3日），古代（藤原朝臣長良　ふじわらのあそ
　んながら），古中，コン改，コン4，史人（㋬856
　年7月3日），諸系，新潮（㋬斉衡3（856）年7月3
　日），人名（ふじわらのながよし），日人，平史

藤原並藤 ふじわらのなみふじ
　延暦11（792）年〜仁寿3（853）年
　平安時代前期の陰陽家。陰陽頭。
　¶国史，古中，人名，日人，平史

藤原済家 ふじわらのなりいえ
　鎌倉時代後期の公卿（非参議）。非参議藤原信時
　の子。
　¶公卿（生没年不詳），公家（済家〔小一条流姉小
　路家（絶家）〕　なりいえ），平史

藤原成家 ふじわらのなりいえ
　久寿2（1155）年〜承久2（1220）年　㋭藤原成家
　《ふじわらなりいえ》
　平安時代後期〜鎌倉時代前期の公卿（非参議）。
　非参議藤原俊成の長男。
　¶鎌室（ふじわらなりいえ），公卿（㋬承久2
　（1220）年6月4日），公家（成家〔御子左家（絶
　家）〕，国書（ふじわらなりいえ　㋬承久2（1220）
　年6月4日），諸系，人名，日人，平史

藤原済氏 ふじわらのなりうじ
　文永3（1266）年〜嘉暦2（1327）年
　鎌倉時代後期の公卿（非参議）。非参議藤原済家

の子。
　¶公卿，公家（済氏〔小一条流姉小路家（絶家）〕
　なりうじ）

藤原業清(1) ふじわらのなりきよ
　生没年不詳　㋭藤原業清《ふじわらなりきよ》
　平安時代後期〜鎌倉時代前期の公家・歌人。
　¶国書（ふじわらなりきよ），平史

藤原業清(2) ふじわらのなりきよ
　生没年不詳　㋭藤原業清《ふじわらなりきよ》
　南北朝時代の公家・歌人。
　¶国書（ふじわらなりきよ）

藤原成国 ふじわらのなりくに
　？　〜天暦8（954）年　㋭藤原成国《ふじわらなり
　くに》
　平安時代中期の公家・歌人。
　¶国書（ふじわらなりくに　㋬天暦8（954）年4月
　20日），平史

藤原生子 ふじわらのなりこ
　→藤原生子（ふじわらのせいし）

藤原得子 ふじわらのなりこ
　→美福門院（びふくもんいん）

藤原成定 ふじわらのなりさだ
　仁平3（1153）年〜＊　㋭藤原成定《ふじわらなりさ
　だ》
　平安時代後期〜鎌倉時代前期の廷臣。
　¶鎌室（ふじわらなりさだ　㋬正治2（1200）
　年？），日人（㋬1201年？）

藤原業実 ふじわらのなりざね
　生没年不詳
　平安時代後期〜鎌倉時代前期の官吏、画家。
　¶日人

藤原成実 ふじわらのなりざね
　建久2（1191）年〜？　㋭藤原成実《ふじわらなり
　ざね》
　鎌倉時代前期の公卿（非参議）。非参議藤原親実
　の長男。
　¶公卿，公家（成実〔大宮家（絶家）〕　なりざ
　ね），国書（ふじわらなりざね）

藤原成季 ふじわらのなりすえ
　生没年不詳
　平安時代中期〜後期の官吏、漢詩人。
　¶諸系，日人，平史

藤原成能 ふじわらのなりたか
　寛元4（1246）年〜？
　鎌倉時代後期の公卿（非参議）。非参議藤原資能
　の次男。
　¶公卿，公家（成能〔実兼裔（絶家）〕　なりよし）

藤原業尹 ふじわらのなりただ
　生没年不詳　㋭藤原業尹《ふじわらなりただ》
　鎌倉時代後期の公家・歌人。
　¶国書（ふじわらなりただ）

藤原成親 ふじわらのなりちか
保延4（1138）年～治承1（1177）年　[別]藤原成親《ふじわらなりちか》
平安時代後期の公卿（権大納言）。中納言藤原家成の三男。後白河院の近臣。
¶朝日（[没]治承1年7月9日（1177年8月4日）），岩史（[没]安元3（1177）年7月9日），岡山人（ふじわらなりちか），岡山歴（[没]治承1（1177）年8月19日），角史，鎌室（ふじわらなりちか），京都（[生]保延3（1137）年），京都大，公卿（[没]治承1（1177）年7月13日），公家（成親〔大宮家（絶家）〕　なりちか　[没]安元3（1177）年7月13日），国史，国書（ふじわらなりちか　生没年不詳），古中，コン改（[生]保延3（1137）年），コン4（[生]保延3（1137）年），史人（[没]1177年7月9日），重要（[生]保延3（1137）年　[没]治承1（1177）年7月9日），諸系，新潮（[没]治承1（1177）年7月），人名，姓氏京都，世人（[生]保延3（1137）年　[没]治承1（1177）年7月9日），世百，全書，大百，新潟百，日史（[没]治承1（1177）年7月9日），日人，百科，平史，歴大

藤原成経(1) ふじわらのなりつね
保元1（1156）年～建仁2（1202）年　[別]藤原成経《ふじわらなりつね》
平安時代後期～鎌倉時代前期の公卿（参議）。権大納言藤原成親の長男。
¶鎌室（ふじわらなりつね），公卿（[生]？　[没]建仁2（1202）年3月19日），公家（成経〔大宮家（絶家）〕　なりつね　[生]？　[没]建仁2（1202）年3月18日），国書（ふじわらなりつね　[没]建仁2（1202）年3月18日），諸系，人名（[生]？），日人，平史

藤原成経(2) ふじわらのなりつね
永仁5（1297）年～＊
鎌倉時代後期～南北朝時代の公卿（参議）。非参議藤原公兼の孫。
¶公卿（[没]観応2/正平6（1350）年6月），公家（成経〔清水谷家（絶家）〕　なりつね　[没]観応2（1351）年6月）

藤原登任 ふじわらのなりとう
永延2（988）年？～？
平安時代中期の官人。
¶平史

藤原愛発 ふじわらのなりとき
→藤原愛発（ふじわらのちかなり）

藤原済時 ふじわらのなりとき
天慶4（941）年～長徳1（995）年　[別]藤原済時《ふじわらなりとき》
平安時代中期の公卿（大納言）。左大臣藤原師尹の子。
¶朝日（[没]長徳1年4月23日（995年5月25日）），角史，公卿（[没]長徳1（995）年4月23日），国史，国書（ふじわらなりとき　[生]天慶4（941）年6月10日　[没]長徳1（995）年4月23日），古中，コン改，コン4，諸系，新潮（[没]長徳1（995）年4月23日），人名，日人，平史，名画，歴大

藤原斉敏 ふじわらのなりとし
→藤原斉敏（ふじわらのただとし）

藤原成長 ふじわらのなりなが
養和1（1181）年～天福1（1233）年7月3日
鎌倉時代前期の公卿（非参議）。参議藤原定長の三男。
¶公卿，公家（成長〔霊山家（絶家）〕　なりなが）

藤原斉信 ふじわらのなりのぶ
→藤原斉信（ふじわらのただのぶ）

藤原成範 ふじわらのなりのり
保延1（1135）年～文治3（1187）年　[別]藤原成範《ふじわらしげのり，ふじわらなりのり，ふじわらのしげのり》
平安時代後期の歌人・公卿（中納言）。参議藤原巨勢麻呂の裔。
¶朝日（[没]文治3年3月17日（1187年4月27日）），鎌室（ふじわらなりのり），公卿（[没]文治3（1187）年3月17日），公家（成範〔実兼裔（絶家）〕　なりのり　[没]文治3（1187）年3月16日），国書（ふじわらしげのり　[没]文治3（1187）年3月17日），諸系，人書94（ふじわらなりのり），新潮（[没]文治3（1187）年3月17日），人名，姓氏京都，日史（[没]文治3（1187）年3月17日），日人，百科（ふじわらのしげのり），平史（ふじわらのしげのり），和俳（[没]文治3（1187）年3月17日）

藤原成房 ふじわらのなりふさ
天元5（982）年～？
平安時代中期の官人。
¶平史

藤原成通 ふじわらのなりみち
承徳1（1097）年～？
平安時代後期の公卿（大納言）。権大納言藤原宗通の四男，母は非参議藤原顕季の長女。
¶朝日，公卿（[没]応保2（1162）年），公家（成通〔坊門家（絶家）〕　なりみち），国書，諸系，人名（[没]1159年），体育，日人，平史

藤原成光 ふじわらのなりみつ
天永2（1111）年～治承4（1180）年
平安時代後期の敦光の子。
¶平史

藤原成宗 ふじわらのなりむね
生没年不詳　[別]藤原成宗《ふじわらなりむね》
鎌倉時代前期の公家・歌人。
¶国書（ふじわらなりむね）

藤原成頼 ふじわらのなりより
保延2（1136）年～建仁2（1202）年　[別]葉室成頼《はむろなりより》
平安時代後期～鎌倉時代前期の公卿（参議）。権中納言藤原顕頼の三男。
¶朝日（[没]建仁2（1202）年閏10月），公卿（[没]建仁2（1202）年10月），公家（成頼〔葉室家〕　なりより　[没]建仁2（1202）年閏10月），国書（葉室成頼　はむろなりより　[没]建仁2（1202）年閏10月），諸系，新潟百，日人，平史

藤原仁善子 ふじわらのにぜこ
？ ～天慶8（945）年　[別]王女御の母《おうにょうごのはは》，藤原仁善子《ふじわらのよしこ》
平安時代中期の女性。醍醐天皇の皇太子保明親王の妃。
¶女性（王女御の母　おうにょうごのはは　[没]天慶8（945）年12月20日），人名，日人（[没]946年），平史（ふじわらのよしこ）

藤原任子 ふじわらのにんし
→宜秋門院（ぎしゅうもんいん）

藤原寧子 ふじわらのねいし
→広義門院（こうぎもんいん）

藤原年子 ふじわらのねんし
→藤原年子（ふじわらのとしこ）

藤原能子 ふじわらののうし
？ ～応和4（964）年　[別]藤原仁善子《ふじわらのひとよしこ》，藤原能子《ふじわらのうし，ふじわらのよしこ》
平安時代中期の女性。醍醐天皇の女御。
¶国書（ふじわらのうし　[没]応和4（964）年4月11日），女性（藤原仁善子　ふじわらのひとよしこ　[没]応和4（964）年4月），女性（[没]応和4（964）年4月11日），人名（ふじわらのよしこ），日人，平史（ふじわらのよしこ）

藤原野風 ふじわらののかぜ
生没年不詳
平安時代前期の官人。
¶新潟百

藤原後生 ふじわらののちおう
延喜9（909）年～天禄1（970）年　[別]藤原後生《ふじわらのちおう》
平安時代中期の漢学者・漢詩人・歌人。
¶国書（ふじわらのちおう　[没]天禄1（970）年7月12日），平史

藤原後蔭 ふじわらののちかげ
？ ～延喜21（921）年　[別]藤原後蔭《ふじわらのちかげ》
平安時代前期～中期の公家・歌人。
¶国書（ふじわらのちかげ），平史

藤原信家 ふじわらののぶいえ
寛仁3（1019）年～康平4（1061）年　[別]藤原信家《ふじわらのぶいえ》
平安時代中期の公卿（権大納言）。関白・大政大臣藤原教通の長男。
¶公卿（[没]康平3（1060）年4月13日），国書（ふじわらのぶいえ　[没]康平4（1061）年4月13日），平史（[生]1018年）

藤原信賢 ふじわらののぶかた
生没年不詳　[別]藤原信賢《ふじわらのぶかた》
平安時代中期の公家・歌人。
¶国書（ふじわらのぶかた），平史

藤原宣方 ふじわらののぶかた
？ ～正和1（1312）年　[別]藤原宣方《ふじわらのぶかた》
鎌倉時代後期の公卿（非参議）。参議藤原惟方の裔。
¶公卿，公家（宣方〔粟田口家（絶家）〕　のぶかた），国書（ふじわらのぶかた　生没年不詳）

藤原信兼 ふじわらののぶかね
生没年不詳　[別]藤原信兼《ふじわらのぶかね》
鎌倉時代後期の公家・歌人。
¶国書（ふじわらのぶかね）

藤原信清 ふじわらののぶきよ
→坊門信清（ぼうもんのぶきよ）

藤原延子(1) ふじわらののぶこ
→藤原延子(1)（ふじわらのえんし）

藤原延子(2) ふじわらののぶこ
→藤原延子(2)（ふじわらのえんし）

藤原述子 ふじわらののぶこ
→藤原述子（ふじわらのじゅっし）

藤原遵子 ふじわらののぶこ
→藤原遵子（ふじわらのじゅんし）

藤原順子 ふじわらののぶこ
→藤原順子（ふじわらのじゅんし）

藤原信子 ふじわらののぶこ
→嘉楽門院（からくもんいん）

藤原信定 ふじわらののぶさだ
久安1（1145）年～嘉禄2（1226）年　[別]藤原信定《ふじわらのぶさだ》
平安時代後期～鎌倉時代前期の公卿（非参議）。非参議藤原信隆の長男。
¶鎌室（ふじわらのぶさだ），公卿（生没年不詳），公家（信定〔坊門家（絶家）〕　のぶさだ　[生]？　[没]嘉禄2（1226）年3月），諸系，日人

藤原信実 ふじわらののぶざね
安元2（1176）年～？　[別]藤原信実《ふじわらのぶざね》
鎌倉時代前期の歌人、似絵絵師。歌集に「信実朝臣集」があり、「三十六歌仙絵巻」などでも知られる。
¶朝日（生没年不詳），岩史（[生]1176（安元2）年？），角史（生没年不詳），鎌室（ふじわらのぶざね　生没年不詳），京都大，国史（生没年不詳），国書（ふじわらのぶざね　生没年不詳），古中（生没年不詳），コン改，コン4，茶道（[没]1265年？），史人（[生]1176年？　[没]1265年？），重要，諸系（生没年不詳），人書94（ふじわらのぶざね　[没]1265年頃），新潮，人名，姓氏京都（[生]1177年），世人，世百，全書（生没年不詳），大百，伝記（[生]1177年　[没]1265年），日史（[生]安元2（1176）年？　[没]文永3（1266）年頃），日人（生没年不詳），百科（[生]安元2（1176）年？　[没]文永3（1266）年頃），仏教（ふじわらのぶざね），平史（[生]1176年？　[没]1265年？），

名画（ふじわらのぶざね），歴大（[生]1174年 [没]1266年ころ），和俳（[没]文永2（1265）年）

藤原信隆 ふじわらののぶたか
大治1（1126）年～治承3（1179）年　[別]藤原信隆《ふじわらのぶたか》
平安時代後期の公卿（非参議）。中納言藤原経忠の孫。
¶朝日（[没]治承3年11月17日（1179年12月17日）），鎌室（ふじわらのぶたか），公卿（[没]治承3（1179）年11月16日），公家（信隆〔坊門家（絶家）〕　のぶたか　[没]治承3（1179）年11月16日），諸系，新潮（[没]治承3（1179）年11月17日），日人，平史

藤原宣孝 ふじわらののぶたか
？～長保3（1001）年
平安時代中期の廷臣。
¶史人（[没]1001年4月25日），諸系，日史（[没]長保3（1001）年4月25日），日人，百科，平史，歴大

藤原陳忠 ふじわらののぶただ
生没年不詳
平安時代中期の受領、信濃守。
¶朝日，郷土長野，重要，姓氏長野，長野歴，日人，平史

藤原信親 ふじわらののぶちか
久寿2（1155）年～？
平安時代後期～鎌倉時代前期の人。正三位権中納言信頼の子。
¶平史

藤原信綱 ふじわらののぶつな
生没年不詳　[別]藤原信綱《ふじわらのぶつな》
平安時代後期の公家・歌人。
¶国書（ふじわらのぶつな），平史

藤原信経 ふじわらののぶつね
生没年不詳
平安時代中期の官人。
¶平史

藤原信時 ふじわらののぶとき
元久1（1204）年～文永3（1266）年
鎌倉時代前期の公卿（非参議）。非参議藤原家時の長男。
¶公卿，公家（信時〔小一条流姉小路家（絶家）〕　のぶとき）

藤原信長 ふじわらののぶなが
治安2（1022）年～嘉保1（1094）年　[別]藤原信長《ふじわらのぶなが》
平安時代中期～後期の公卿（太政大臣）。内大臣藤原教通の三男。
¶朝日（[没]嘉保1年9月5日（1094年10月16日）），公卿（[没]嘉保1（1094）年9月3日），国史，国書（ふじわらのぶなが　[没]寛治8（1094）年9月3日），古史，古中，コン改，コン4，史人（[没]1094年9月3日），諸系，新潮（[没]嘉保1（1094）年9月3日），人名，姓氏京都，世人，日史（[没]嘉保1（1094）年9月3日），日人，平史，和俳（[没]嘉保1（1094）年9月3日）

藤原信成 ふじわらののぶなり
→水無瀬信成（みなせのぶなり）

藤原惟規 ふじわらののぶのり
？～寛弘8（1011）年　[別]藤原惟規《ふじわらのぶのり》
平安時代中期の歌人。
¶国書（ふじわらのぶのり　生没年不詳），諸系，人名，日人，平史，和俳（生没年不詳）

藤原信平 ふじわらののぶひら
？～正中2（1325）年12月25日
鎌倉時代後期の公卿（非参議）。非参議藤原雅平の子。
¶公卿，公家（信平〔法性寺家（絶家）〕　のぶひら）

藤原宣房(1) ふじわらののぶふさ
？～建保2（1214）年　[別]藤原宣房《ふじわらのぶふさ》
鎌倉時代前期の廷臣。
¶鎌室（ふじわらのぶふさ）

藤原宣房(2) ふじわらののぶふさ
→万里小路宣房（までのこうじのぶふさ）

藤原信雅 ふじわらののぶまさ
生没年不詳　[別]藤原信雅《ふじわらのぶまさ》
平安時代後期～鎌倉時代前期の公卿（非参議）。非参議藤原信隆の孫。
¶公卿，公家（信雅〔丹羽家（絶家）〕　のぶまさ），国書（ふじわらのぶまさ）

藤原惟通 ふじわらののぶみち
？～寛仁4（1020）年
平安時代中期の官人。父は越前守為時。
¶平史

藤原信通(1) ふじわらののぶみち
生没年不詳
平安時代中期の官人。
¶茨城百，平史

藤原信通(2) ふじわらののぶみち
*～保安1（1120）年
平安時代後期の公卿（参議）。権大納言藤原宗通の長男。
¶公卿（[生]寛治5（1091）年　[没]保安1（1120）年10月22日），平史（[生]1092年）

藤原信盛 ふじわらののぶもり
鎌倉時代前期の公卿（参議）。非参議藤原盛経の長男。
¶公卿（[生]文治5（1189）年　[没]文永7（1266）年8月），公家（信盛〔大福寺家（絶家）〕　のぶもり　[生]1193年　[没]文永7（1270）年8月）

藤原信行 ふじわらののぶゆき
？～寿永2（1183）年
平安時代後期の官人。道隆の後裔信輔の子。

¶平史

藤原信能(1)　**ふじわらののぶよし**
→一条信能(いちじょうのぶよし)

藤原信能(2)　**ふじわらののぶよし**
→藤原宗家(2)(ふじわらのむねいえ)

藤原信頼　**ふじわらののぶより**
長承2(1133)年～平治1(1159)年12月27日　[別]藤原信頼《ふじわらのぶより》
平安時代後期の公卿(権中納言)。非参議藤原忠隆の三男。源義朝と結び藤原通憲を除いて権力を掌握しようとした(平治の乱)が、平清盛に敗れて刑死。
¶朝日([没]平治1年12月27日(1160年2月6日)), 岩史, 角史, 鎌室(ふじわらのぶより), 京都, 京都大, 公卿, 公家(信頼〔姉小路家(絶家)〕　のぶより), 国史, 古史, 古中, コン改, コン4, 史人, 重要, 諸系([没]1160年), 新潮, 人名, 姓氏京都, 世人, 世百, 全書, 大百, 伝記, 日史, 日人([没]1160年), 百科, 平史, 歴大

藤原教顕　**ふじわらののりあき**
鎌倉時代後期の公卿(非参議)。非参議藤原基定の曾孫。
¶公卿(生没年不詳), 公家(教顕〔堀河2・三条家(絶家)〕　のりあき)

藤原教家　**ふじわらののりいえ**
建久5(1194)年～建長7(1255)年4月28日　[別]藤原教家《ふじわらのりいえ》
鎌倉時代前期の公卿(権大納言)。摂政・太政大臣九条良経の次男。
¶公卿, 公家(教家〔九条家〕　のりいえ), 国書(ふじわらのりいえ), 諸系, 日人

藤原教氏(1)　**ふじわらののりうじ**
？　～文永6(1269)年
鎌倉時代前期の公卿(非参議)。非参議藤原公長の子。
¶公卿, 公家(教氏〔山科家(絶家)1〕　のりうじ)

藤原教氏(2)　**ふじわらののりうじ**
弘安10(1287)年～正平7/文和1(1352)年
鎌倉時代後期～南北朝時代の公卿(非参議)。非参議藤原顕教の子。
¶公卿, 公家(教氏〔六条・春日・九条・紙屋河家(絶家)〕　のりうじ)

藤原範氏　**ふじわらののりうじ**
建暦2(1212)年～？
鎌倉時代前期の公卿(非参議)。権中納言藤原範朝の子。
¶公卿, 公家(範氏〔岡崎家(絶家)〕　のりうじ)

藤原範雄　**ふじわらののりお**
？　～元亨2(1322)年
鎌倉時代後期の公卿(非参議)。非参議藤原範氏の孫。
¶公卿, 公家(範雄〔岡崎家(絶家)〕　のりお)

藤原憲方　**ふじわらののりかた**
嘉承1(1106)年～永暦1(1160)年
平安時代後期の官人。
¶平史

藤原教兼　**ふじわらののりかね**
生没年不詳　[別]藤原教兼《ふじわらのりかね》
鎌倉時代後期の公家・歌人。
¶国書(ふじわらのりかね)

藤原範兼　**ふじわらののりかね**
嘉承2(1107)年～永万1(1165)年　[別]藤原範兼《ふじわらのりかね》
平安時代後期の学者、歌人、公卿(非参議)。参議藤原巨勢麻呂の裔。
¶朝日([没]永万1年4月26日(1165年6月6日)), 公卿([没]永万1(1165)年4月26日), 公家(範兼〔藪家〕　のりかね　[没]長寛3(1165)年4月26日), 国書(ふじわらのりかね　[没]長寛3(1165)年4月26日), 諸系, 人名, 全書, 新潟百, 日人, 平史, 和俳([没]永万1(1165)年4月26日)

藤原教定(1)　**ふじわらののりさだ**
平安時代後期の歌人。
¶人名, 和俳(生没年不詳)

藤原教定(2)　**ふじわらののりさだ**
文永8(1271)年～元徳2(1330)年2月11日　[別]藤原教定《ふじわらのりさだ》
鎌倉時代後期の公卿(非参議)。権中納言藤原教成の曽孫。
¶公卿, 公家(教定〔山科家(絶家)2〕　のりさだ), 国書(ふじわらのりさだ　[生]？)

藤原範貞　**ふじわらののりさだ**
大治1(1126)年～？
平安時代後期の人。式部大輔文章博士永範の一男。
¶平史

藤原教成　**ふじわらののりしげ**
→山科教成(やましなのりしげ)

藤原範重　**ふじわらののりしげ**
生没年不詳　[別]藤原範重《ふじわらのりしげ》
鎌倉時代後期の公家・歌人。
¶国書(ふじわらのりしげ)

藤原範茂　**ふじわらののりしげ**
*～承久3(1221)年　[別]藤原範茂《ふじわらのりしげ》
鎌倉時代前期の公卿(参議)。非参議藤原範季の次男。
¶朝日([生]元暦1(1184)年　[没]承久3年6月18日(1221年7月9日)), 神奈川人([生]1185年), 鎌室(ふじわらのりしげ　[生]元暦1(1184)年), 公卿([生]文治1(1185)年), 公家(範茂〔藪家〕　のりしげ　[生]1185年), 諸系([生]1184年), 新潮([生]元暦1(1184)年　[没]承久3(1221)年6月18日), 人名([生]？), 新潟百([生]1185年), 日人([生]1184年)

藤原範季　ふじわらののりすえ
大治5（1130）年～元久2（1205）年　[別]高倉範季《たかくらのりすえ》，藤原範季《ふじわらのりすえ》
平安時代後期～鎌倉時代前期の公卿（非参議）。非参議藤原範兼の子。
¶朝日（[没]元久2年5月10日（1205年5月30日）），岩史（[没]元久2（1205）年5月10日），鎌室（ふじわらのりすえ），公卿（[没]元久2（1205）年5月10日），公家（範季〔藪家〕　のりすえ　[没]元久2（1205）年5月10日），国史，古中，コン4，史人（[没]1205年5月10日），諸系，新潮（[没]元久2（1205）年5月10日），日史（高倉範季　たかくらのりすえ　[没]元久2（1205）年5月10日），日人，百科（高倉範季　たかくらのりすえ），平史，和歌山人

藤原範輔　ふじわらののりすけ
室町時代の公卿（非参議）。非参議藤原範雄の曾孫。
¶公卿（生没年不詳），公家（範輔〔岡崎家（絶家）〕　のりすけ）

藤原義孝　ふじわらののりたか
生没年不詳　[別]藤原義孝《ふじわらよしたか》
平安時代中期の公家・歌人。
¶国書（ふじわらよしたか），平史

藤原範能　ふじわらののりたか
→藤原範能（ふじわらののりよし）

藤原義忠　ふじわらののりただ
？～長久2（1041）年　[別]藤原義忠《ふじわらのよしただ，ふじわらのりただ》
平安時代中期の文人。勅撰集に5首入集。
¶国史（ふじわらのよしただ），国書（ふじわらのりただ　[没]長久2（1041）年10月11日），古中（ふじわらのよしただ），コン4（ふじわらのよしただ），諸系，人名（ふじわらのよしただ　[生]1004年），日人，平史（[生]1004年）

藤原教忠　ふじわらののりただ
寿永5（1189）年～？
鎌倉時代前期の公卿（非参議）。左大臣藤原隆忠の次男。
¶公卿，公家（教忠〔松殿家（絶家）〕　のりただ）

藤原範忠(1)　ふじわらののりただ
生没年不詳
平安時代後期の官人。熱田大宮司季範の子。
¶姓氏愛知，平史

藤原範忠(2)　ふじわらののりただ
生没年不詳　[別]藤原範忠《ふじわらのりただ》
鎌倉時代の公家・歌人。内蔵権頭清範の子。
¶国書（ふじわらのりただ）

藤原範綱　ふじわらののりつな
生没年不詳　[別]藤原範綱《ふじわらのりつな》
平安時代後期の公家・歌人。
¶国書（ふじわらのりつな），平史

藤原宣経　ふじわらののりつね
→花山院宣経（かざんいんのぶつね）

藤原憲説　ふじわらののりとき
生没年不詳　[別]藤原憲説《ふじわらのりとき》
鎌倉時代の公家。
¶国書（ふじわらのりとき）

藤原範時　ふじわらののりとき
平安時代後期～鎌倉時代前期の公卿（非参議）。非参議藤原範季の長男。
¶公卿（生没年不詳），公家（範時〔藪家〕　のりとき）

藤原則俊　ふじわらののりとし
生没年不詳　[別]藤原則俊《ふじわらのりとし》
鎌倉時代の公家・歌人・連歌作者。
¶国書（ふじわらのりとし）

藤原範朝　ふじわらののりとも
治承2（1178）年～嘉禎3（1237）年　[別]藤原範朝《ふじわらのりとも》
鎌倉時代前期の公卿（権中納言）。権中納言藤原範光の長男。
¶鎌室（ふじわらのりとも　[生]？），公卿（[没]嘉禎3（1237）年6月22日），公家（範朝〔岡崎家（絶家）〕　のりとも　[没]嘉禎3（1237）年6月22日），諸系，日人

藤原教長　ふじわらののりなが
天仁2（1109）年～？　[別]藤原教長《ふじわらのりなが》
平安時代後期の歌人・公卿（参議）。大納言藤原忠教の次男。
¶朝日（[没]治承4（1180）年以前），岩史（[没]治承4（1180）年10月以前），角史，鎌室（ふじわらのりなが），公卿，公家（教長〔難波家〕　のりなが），国史，国書（ふじわらのりなが），古中，コン4，史人（[没]1180年？），人書94（ふじわらのりなが　[没]1180年），新潮，人名，姓氏京都，世人（[生]嘉承1（1106）年　[没]治承11（1177）年？），全書，日史，日人（[没]1180年），百科，平史，和俳

藤原則長　ふじわらののりなが
生没年不詳　[別]藤原則長《ふじわらのりなが》
平安時代後期の公家・歌人。
¶国書（ふじわらのりなが）

藤原範永　ふじわらののりなが
生没年不詳　[別]藤原範永《ふじわらのりなが》
平安時代中期の歌人、蔵人。
¶朝日，国史，国書（ふじわらのりなが），古中，人名，日人，平史，和俳

藤原教成　ふじわらののりなり
→山科教成（やましなのりしげ）

藤原範房　ふじわらののりふさ
建暦2（1212）年～弘安1（1278）年10月6日
鎌倉時代前期の公卿（非参議）。参議藤原範茂の子。

¶公卿，公家（範房〔高倉家（絶家）〕　のりふさ）

藤原範藤　ふじわらののりふじ
→高倉範藤（たかくらのりふじ）

藤原教通　ふじわらののりみち
長徳2(996)年～承保2(1075)年　㉟大二条関白《おおにじょうかんぱく》，藤原教通《ふじわらののりみち》
平安時代中期の公卿（関白・太政大臣）。摂政・太政大臣藤原道長の三男。
　¶朝日（㊥長徳2年6月7日(996年6月25日)　㊎承保2年9月25日(1075年11月6日)），岩史（㊥長徳2(996)年6月7日　㊎承保2(1075)年9月25日），角史，公卿（㊎承保2(1075)年9月25日），国史，国書（ふじわらのりみち　㊥長徳2(996)年6月7日　㊎承保2(1075)年9月25日），古中，コン改，コン4，史人（㊥996年6月7日　㊎1075年9月25日），諸系，新潮（㊎承保2(1075)年9月25日），人名（㊥997年），姓氏京都，世人（㊥長徳3(997)年　㊎承保3(1076)年9月25日），全書（㊥997年），大百，日史（㊎承保2(1075)年9月25日），日人，百科，平史，歴大

藤原範光　ふじわらののりみつ
久寿1(1154)年～建保1(1213)年　㉟高倉範光《たかくらのりみつ》，藤原範光《ふじわらのりみつ》
平安時代後期～鎌倉時代前期の公卿（権中納言）。非参議藤原範兼の子。
　¶朝日（㊥久寿2(1155)年　㊎建保1年4月5日(1213年4月27日)），鎌室（ふじわらのりみつ），公卿（㊥久寿2(1155)年　㊎?），公家（範光〔岡崎家（絶家）〕　のりみつ　㊎建暦3(1213)年4月5日），国書（ふじわらのりみつ　㊎建暦3(1213)年4月5日），諸系，新潮（㊎建暦1(1213)年4月5日），姓氏京都（高倉範光　たかくらのりみつ），日人，平史，和歌山人

藤原範宗　ふじわらののりむね
承安1(1171)年～天福1(1233)年6月18日　㉟藤原範宗《ふじわらのりむね》
鎌倉時代前期の公卿（非参議）。参議藤原俊憲の孫。
　¶朝日（㊎天福1年6月18日(1233年7月26日)），公卿，公家（範宗〔実兼裔（絶家）〕　のりむね），国書（ふじわらのりむね），日人

藤原範基⑴　ふじわらののりもと
?～治暦2(1066)年
平安時代中期～後期の廷臣。
　¶平史

藤原範基⑵　ふじわらののりもと
治承2(1179)年～嘉禄2(1226)年6月20日
鎌倉時代前期の公卿（非参議）。権中納言藤原範光の次男。
　¶公卿，公家（範基〔岡崎家（絶家）〕　のりもと）

藤原範保　ふじわらののりやす
正治1(1199)年～?
鎌倉時代前期の公卿（非参議）。非参議藤原範宗の子。

¶公卿，公家（範保〔実兼裔（絶家）〕　のりやす）

藤原範世　ふじわらののりよ
?～延慶1(1308)年1月1日
鎌倉時代後期の公卿（非参議）。非参議藤原範房の子。
　¶公卿，公家（範世〔高倉家（絶家）〕　のりよ）

藤原範能　ふじわらののりよし
生没年不詳　㉟藤原範能《ふじわらののりたか》
平安時代末期～鎌倉時代前期の公卿（非参議）。参議藤原脩範の長男。
　¶公卿（ふじわらののりたか），公家（範能〔実兼裔（絶家）〕　のりよし），平史

藤原憲頼　ふじわらののりより
→藤原長房⑵（ふじわらのながふさ）

藤原浜成　ふじわらのはまなり
神亀1(724)年～延暦9(790)年　㉟藤原朝臣浜成《ふじわらのあそんはまなり》，藤原浜成《ふじわらはまなり》
奈良時代の官人（参議）。参議藤原麻呂の長男。
　¶朝日（㊎延暦9年2月18日(790年3月8日)），岩史（㊎延暦9(790)年2月18日），角史，公卿（㊎延暦9(790)年2月18日），国史，国書（ふじわらはまなり　㊎延暦9(790)年2月18日），古史，古代（藤原朝臣浜成　ふじわらのあそんはまなり），古中，コン改（㊥和銅4(711)年），コン4（㊥和銅4(711)年），史人（㊎790年2月18日），諸系，新潮（㊎延暦9(790)年2月18日），人名（㊥711年），世人（㊥和銅4(711)年　㊎延暦9(790)年12月18日），全書，大百，日人，歴大，和俳（㊎延暦9(790)年2月18日）

藤原浜主　ふじわらのはまぬし
延暦4(785)年～承和12(845)年
奈良時代～平安時代前期の人。藤原園人男。
　¶神人，平史

藤原春景　ふじわらのはるかげ
生没年不詳　㉟藤原朝臣春景《ふじわらのあそんはるかげ》
平安時代前期の官人。
　¶古代（藤原朝臣春景　ふじわらのあそんはるかげ），諸系，日人

藤原治方　ふじわらのはるかた
→藤原治方（ふじわらのはるまさ）

藤原玄上　ふじわらのはるかみ
→藤原玄上（ふじわらのげんじょう）

藤原晴子　ふじわらのはるこ
→新上東門院（しんじょうとうもんいん）

藤原春津　ふじわらのはるつ
大同3(808)年～貞観1(859)年　㉟藤原朝臣春津《ふじわらのあそんはるつ》
平安時代前期の官人。
　¶古代（藤原朝臣春津　ふじわらのあそんはるつ），諸系，人名，日人，平史

藤原治方 ふじわらのはるまさ
生没年不詳 ㊞藤原治方《ふじわらはるかた》
平安時代中期の公家・歌人。
¶国書（ふじわらはるかた），平史

藤原春海 ふじわらのはるみ
生没年不詳 ㊞藤原春海《ふじわらはるみ》
平安時代前期の公家・漢学者・漢詩人。
¶国書（ふじわらはるみ），平史

藤原春幹 ふじわらのはるもと
生没年不詳
平安時代前期の貴族。
¶神奈川人

藤原氷上娘 ふじわらのひかみのいらつめ，ふじわらの
ひがみのいらつめ
？～天武天皇11(682)年 ㊞氷上娘《ひかみのい
らつめ》
飛鳥時代の女性。天武天皇の妃。
¶朝日（㊏天武11年1月18日（682年3月2日）），古
代（氷上娘　ひかみのいらつめ），コン改，コン
4，諸系（氷上娘　ひかみのいらつめ），女性
（氷上娘　ひかみのいらつめ　㊏天武10(681)
年1月18日），人名（ふじわらのひがみのいらつ
め），日人（氷上娘　ひかみのいらつめ），和俳

藤原彦子 ふじわらのひここ
→宣仁門院（せんにんもんいん）

藤原尚子 ふじわらのひさこ
→新中和門院（しんちゅうかもんいん）

藤原久貞 ふじわらのひささだ
生没年不詳 ㊞藤原久貞《ふじわらひささだ》
平安時代前期の官人。
¶国書（ふじわらひささだ）

藤原秀子 ふじわらのひでこ
→陽禄門院（ようろくもんいん）

藤原秀郷 ふじわらのひでさと
生没年不詳 ㊞藤原秀郷《ふじわらひでさと》，俵
藤太《たわらとうた，たわらとうだ，たわらのとう
た》
平安時代中期の軍事貴族、下野国の押領使。平貞
盛と協力して平将門の乱を平定。
¶朝日，茨城百，岩史，江戸（ふじわらひでさ
と），角史，郷土茨城，郷土滋賀，郷土栃木，
群馬人（ふじわらひでさと），群馬百，国史，古
史（㊏958年？），古中，コン改，コン4，埼玉
人，滋賀百（ふじわらひでさと），史人，重要，
諸系，諸系，新潮，人名，姓氏岩手，世人，世
百，全書，大百，大百（俵藤太　たわらとう
た），栃木歴，日史，日人，百科，平史（㊏958
年？），歴大（㊏958年？）

藤原秀能 ふじわらのひでとう
→藤原秀能（ふじわらのひでよし）

藤原秀能 ふじわらのひでよし
元暦1(1184)年～仁治1(1240)年 ㊞藤原秀能
《ふじわらのひでとう，ふじわらのひでよし》

鎌倉時代前期の歌人、後鳥羽上皇の近臣歌人。
¶朝日（㊏仁治1年5月21日（1240年6月12日）），
鎌室（ふじわらひでよし），国書（ふじわらひで
よし　㊏延応2(1240)年5月21日），人名（ふじ
わらのひでとう），全書（ふじわらのひでとう），
日人，仏教（㊏延応2(1240)年5月21日），和俳

藤原仁善子 ふじわらのひとよしこ
→藤原能子（ふじわらののうし）

藤原薩雄 ふじわらのひろお
→藤原薩雄（ふじわらのさちお）

藤原寛子(1) ふじわらのひろこ
→藤原寛子(1)（ふじわらのかんし）

藤原寛子(2) ふじわらのひろこ
→藤原寛子(2)（ふじわらのかんし）

藤原寛子(3) ふじわらのひろこ
→藤原寛子(3)（ふじわらのかんし）

藤原博定 ふじわらのひろさだ
？～康和5(1103)年
平安時代後期の人。兵庫頭知定の猶子。
¶平史

藤原広嗣 ふじわらのひろつぐ
？～天平12(740)年 ㊞藤原朝臣広嗣《ふじわら
のあそみひろつぐ，ふじわらのあそんひろつぐ》
奈良時代の官人、藤原広嗣の乱の指導者。
¶朝日（㊏天平12年11月1日（740年11月24日）），
角史，国史，古史，古代（藤原朝臣広嗣　ふじ
わらのあそんひろつぐ），古中，コン改，コン
4，史人（㊏740年11月1日），重要（㊏天平12
(740)年11月1日），諸系，新潮（㊏天平12
(740)年11月1日），人名，世人（㊏天平12
(740)年11月1日），世百，全書，大百，伝記，
日史（㊏天平12(740)年11月1日），日人，百
科，福岡百（㊏天平12(740)年11月1日），万葉
（藤原朝臣広嗣　ふじわらのあそみひろつぐ），
歴大，和俳（㊏天平12(740)年11月1日）

藤原広綱 ふじわらのひろつな
生没年不詳 ㊞藤原広綱《ふじわらひろつな》
平安時代後期の公家・漢詩人。
¶国書（ふじわらひろつな），平史

藤原弘経 ふじわらのひろつね
承和6(839)年～元慶7(883)年 ㊞藤原朝臣弘経
《ふじわらのあそんひろつね》
平安時代前期の官人。
¶古代（藤原朝臣弘経　ふじわらのあそんひろつ
ね），日人，平史

藤原広業 ふじわらのひろなり
貞元1(976)年～万寿5(1028)年 ㊞藤原広業《ふ
じわらひろなり》
平安時代中期の公卿（参議）。参議藤原有国の
次男。
¶愛媛百（㊏貞元2(977)年），公卿（㊏貞元2
(977)年㊏長元1(1028)年4月13日），国史，

国書(ふじわらひろなり　[没]万寿5(1028)年4月), 古中, 諸系, 日人, 平史([生]977年)

藤原広範 ふじわらのひろのり
？～嘉元1(1303)年　[別]藤原広範《ふじわらひろのり》
鎌倉時代後期の公卿(非参議)。非参議藤原茂範の子。
¶公卿, 公家(広範〔成季裔(絶家)〕　ひろのり), 国書(ふじわらひろのり)

藤原博文 ふじわらのひろふみ
？～延長7(929)年　[別]藤原博文《ふじわらひろふみ》
平安時代前期～中期の公家・漢学者・漢詩人。
¶国書(ふじわらひろふみ　[没]延長7(929)年9月9日), 平史

藤原弘道 ふじわらのひろみち
天暦8(954)年～寛弘5(1008)年
平安時代中期の官人。
¶平史

藤原広基 ふじわらのひろもと
？～貞観17(875)年
平安時代前期の人。南家助川男。
¶神人

藤原房雄 ふじわらのふさお
？～＊　[別]藤原朝臣房雄《ふじわらのあそんふさお》
平安時代前期の官人。
¶古代(藤原朝臣房雄　ふじわらのあそんふさお　[没]895年？), 日人([没]895年)

藤原房子 ふじわらのふさこ
→新上西門院(しんじょうさいもんいん)

藤原房前 ふじわらのふささき
天武天皇10(681)年～天平9(737)年　[別]藤原朝臣房前《ふじわらのあそみふささき,ふじわらのあそんふささき》,藤原房前《ふじわらふささき》
飛鳥時代～奈良時代の官人(参議)。藤原北家の祖。右大臣藤原不比等の次男。
¶朝日([没]天平9年4月17日(737年5月21日)), 岩史([没]天平9(737)年4月17日), 角史, 鎌倉, 公卿([没]天平9(737)年4月17日), 国史, 国書(ふじわらふささき　[没]天平9(737)年4月17日), 古史, 古代(藤原朝臣房前　ふじわらのあそんふささき), 古中, コン改, コン4, 史人([没]737年4月17日), 重要([没]天平9(737)年4月17日), 諸系, 新潮([没]天平9(737)年4月17日), 人名, 世人([没]天平9(737)年4月17日), 世百, 全書, 大百, 日史([生]天武10(681)年？　[没]天平9(737)年4月17日), 日人, 百科, 万葉(藤原朝臣房前　ふじわらのあそみふささき), 歴大, 和俳([没]天平9(737)年4月17日)

藤原房高 ふじわらのふさたか
弘安7(1284)年～興国4/康永2(1343)年
鎌倉時代後期～南北朝時代の公卿(非参議)。非参議四条顕家の子。
¶公卿, 公家(房高〔堀河・岩蔵・葉室1家(絶家)〕　ふさたか)

藤原総継 ふじわらのふさつぐ
生没年不詳
平安時代前期の官人。
¶平史

藤原房教 ふじわらのふさのり
寛喜3(1231)年～正安1(1299)年6月6日
鎌倉時代後期の公卿(非参議)。権大納言藤原基良の次男。
¶公卿, 公家(房教〔粟田口家(絶家)〕　ふさのり)

藤原房範 ふじわらのふさのり
乾元1(1302)年～？
鎌倉時代後期～南北朝時代の公卿(非参議)。非参議藤原俊範の子。
¶公卿, 公家(房範〔成季裔(絶家)〕　ふさのり)

藤原房通 ふじわらのふさみち
？～延慶2(1309)年6月
鎌倉時代後期の公卿(非参議)。非参議藤原房教の子。
¶公卿, 公家(房通〔粟田口家(絶家)〕　ふさみち)

藤原忯子 ふじわらのふし
生没年不詳　[別]藤原忯子《ふじわらのよしこ》
平安時代中期の女性。冷泉天皇の女御。
¶諸系, 女性, 人名(ふじわらのよしこ), 日人, 平史(ふじわらのよしこ)

藤原藤清 ふじわらのふじきよ
生没年不詳　[別]藤原藤清《ふじわらふじきよ》
南北朝時代の公家・歌人。
¶国書(ふじわらふじきよ)

藤原藤嗣 ふじわらのふじつぐ
宝亀4(773)年～弘仁8(817)年　[別]藤原朝臣藤嗣《ふじわらのあそんふじつぐ》
平安時代前期の公卿(参議)。左大臣藤原魚名の孫。
¶公卿([没]弘仁8(817)年3月24日), 古代(藤原朝臣藤嗣　ふじわらのあそんふじつぐ), 諸系, 日人, 平史

藤原藤朝 ふじわらのふじとも
鎌倉時代後期の公卿(参議)。参議藤原親朝の子。
¶公卿(生没年不詳), 公家(藤朝〔堀河・岩蔵・葉室1家(絶家)〕　ふじとも)

藤原藤成 ふじわらのふじなり
宝亀7(776)年～弘仁13(822)年
奈良時代～平安時代前期の官吏。
¶諸系, 日人, 平史

藤原藤範 ふじわらのふじのり
＊～延元2/建武4(1337)年
鎌倉時代後期～南北朝時代の公卿(非参議)。非参議藤原広範の子。

¶公卿（[生]文永1（1264）年），公家（藤範〔成季裔（絶家）〕　ふじのり　[生]？）

藤原藤房 ふじわらのふじふさ
→万里小路藤房（までのこうじふじふさ）

藤原富士麻呂 ふじわらのふじまろ
延暦23（804）年～嘉祥3（850）年　[別]藤原朝臣富士麻呂《ふじわらのあそんふじまろ》
平安時代前期の官人。陸奥出羽按察使。
¶国史，古代（藤原朝臣富士麻呂　ふじわらのあそんふじまろ），古中，コン改，コン4，諸系，新潮（[没]嘉祥3（850）年2月16日），人名，日人，平史

藤原夫人 ふじわらのぶにん
→五百重娘（いおえのいらつめ）

藤原不比等 ふじわらのふひと
斉明5（659）年～養老4（720）年　[別]淡海公《おうみこう，たんかいこう》，藤原朝臣不比等《ふじわらのあそみふひと，ふじわらのあそんふひと》，藤原不比等《ふじわらふひと》
飛鳥時代～奈良時代の官人（右大臣）。藤原鎌足の子。「大宝律令」「養老律令」を制定。初めて藤原氏が天皇家の外戚になる端緒をつくった。
¶朝日（[没]養老4年8月3日（720年9月9日）），岩史（[没]養老4（720）年8月3日），角史，郷土奈良，公卿（[没]養老4（720）年8月3日），国史，国書（ふじわらふひと　[没]養老4（720）年8月3日），古史，古代（藤原朝臣不比等　ふじわらのあそんふひと），古中，コン改（[生]斉明5（659）年，（異説）658年），コン4（[生]斉明5（659）年，（異説）658年），史人（[没]720年8月3日），重要（[生]斉明5（659）年？），諸系，人書94（ふじわらふひと　[生]659年，（異説）658年），新潮（[生]斉明5（659）年，（異説）斉明4（658）年　[没]養老4（720）年8月3日），人名，世人，世百，全書（[生]658年，（異説）659年），大百，伝記，日史（[没]養老4（720）年8月3日），日人，百科，仏教（[没]養老4（720）年8月3日），万葉（藤原朝臣不比等　ふじわらのあそみふひと），歴大

藤原文貞 ふじわらのふみさだ
貞観8（866）年～延長5（927）年
平安時代前期～中期の官人。
¶平史

藤原文脩 ふじわらのふみなが
生没年不詳
平安時代中期の軍事貴族。
¶平史

藤原文範 ふじわらのふみのり
延喜9（909）年～長徳2（996）年　[別]藤原文範《ふじわらふみのり》
平安時代中期の公卿（中納言）。参議藤原元名の次男。
¶公卿（[没]長徳2（996）年3月28日），国書（ふじわらふみのり　[没]長徳2（996）年3月28日），姓氏京都，平史

藤原文正 ふじわらのふみまさ
生没年不詳
平安時代中期の官人。下野守藤原忠紀の子。
¶平史

藤原文山 ふじわらのふみやま
？～承和8（841）年　[別]藤原朝臣文山《ふじわらのあそんふみやま》
平安時代前期の官人。
¶古代（藤原朝臣文山　ふじわらのあそんふみやま），諸系，日人

藤原文行 ふじわらのふみゆき
生没年不詳
平安時代中期の軍事貴族。
¶平史

藤原冬緒 ふじわらのふゆお
大同3（808）年～寛平2（890）年　[別]藤原朝臣冬緒《ふじわらのあそんふゆお》
平安時代前期の公卿（大納言）。参議藤原浜成の孫。
¶朝日（[生]大同2（807）年　[没]寛平2年5月23日（890年6月14日）），岩史（[没]寛平2（890）年5月23日），公卿（[没]寛平2（890）年5月25日），国史（[生]807年），古代（藤原朝臣冬緒　ふじわらのあそんふゆお），古中（[生]807年），コン改（[生]大同2（807）年），コン4（[生]大同2（807）年），史人（[没]890年5月23日），諸系，新潮（[没]寛平2（890）年5月23日），人名，長野歴，日史（[生]大同2（807）年　[没]寛平2（890）年5月23日），日人，百科（[生]大同2（807）年），平史，歴大（[生]807年，（異説）808年）

藤原冬兼 ふじわらのふゆかね
鎌倉時代後期～南北朝時代の公卿（非参議）。非参議藤原兼輔の子。
¶公卿（生没年不詳），公家（冬兼〔北小路・室町家（絶家）〕　ふゆかね）

藤原冬隆 ふじわらのふゆたか
？～興国6/貞和1（1345）年8月？　[別]藤原冬隆《ふじわらふゆたか》
鎌倉時代後期～南北朝時代の公家・歌人・連歌作者。
¶国書（ふじわらふゆたか）

藤原冬嗣 ふじわらのふゆつぐ
宝亀6（775）年～天長3（826）年　[別]藤原朝臣冬嗣《ふじわらのあそんふゆつぐ》，藤原冬嗣《ふじわらふゆつぐ》
平安時代前期の公卿（左大臣）。右大臣藤原内麻呂の次男。初の蔵人頭で北家隆盛の基礎を築く。
¶朝日（[没]天長3年7月24日（826年8月30日）），岩史（[没]天長3（826）年7月24日），角史，教育，京都，京都大，公卿（[没]天長3（826）年7月24日），国史，国書（ふじわらふゆつぐ　[没]天長3（826）年7月24日），古史，古代（藤原朝臣冬嗣　ふじわらのあそんふゆつぐ），古中，コン改，コン4，史人（[没]826年7月24日），重要（[没]天長3（826）年7月24日），諸系，新潮（[没]天長3（826）年7月24日），人名，姓氏京都，世人（[没]天長3

ふ

(826)年7月24日), 世百, 全書, 大百, 伝記, 日史([没]天長3(826)年7月24日), 日人, 百科, 仏教([没]天長3(826)年7月26日), 平史, 歴大

藤原冬綱 ふじわらのふゆつな
生没年不詳 [別]藤原冬綱《ふじわらふゆつな》
鎌倉時代後期の公家・歌人。
¶国書(ふじわらふゆつな)

藤原冬長 ふじわらのふゆなが
生没年不詳 [別]藤原冬長《ふじわらふゆなが》
鎌倉時代後期～南北朝時代の公家・歌人。
¶国書(ふじわらふゆなが)

藤原冬頼 ふじわらのふゆより
? ～弘和3/永徳3(1383)年 [別]藤原冬頼《ふじわらふゆより》
南北朝時代の公家・歌人。
¶国書(ふじわらふゆより)

藤原古子 ふじわらのふるこ
生没年不詳 [別]藤原古子《ふじわらのこし》,藤原朝臣古子《ふじわらのあそんふるこ》
平安時代前期の女性。文徳天皇の女御。
¶古代(藤原朝臣古子 ふじわらのあそんふるこ), 諸系, 女性(ふじわらのこし), 人名, 日人

藤原芳子 ふじわらのほうし
? ～康保4(967)年 [別]藤原芳子《ふじわらのよしこ,ふじわらほうし》
平安時代中期の女性。村上天皇の女御。
¶朝日([没]康保4年7月29日(967年9月6日)), 国史, 国書(ふじわらほうし [没]康保4(967)年7月29日), 古中, 諸系, 女性([没]康保4(967)年7月29日), 人名(ふじわらのよしこ), 日人, 平史(ふじわらのよしこ)

藤原卿 ふじわらのまえつきみ
→藤原鎌足(ふじわらのかまたり)

藤原雅顕 ふじわらのまさあき
→飛鳥井雅顕(あすかいまさあき)

藤原雅明 ふじわらのまさあき
生没年不詳 [別]藤原雅明《ふじわらまさあき》
室町時代の公家・歌人。
¶国書(ふじわらまさあき)

藤原尹明 ふじわらのまさあきら
生没年不詳
平安時代後期の廷臣。
¶平史

藤原正家 ふじわらのまさいえ
万寿3(1026)年～天永2(1111)年 [別]藤原正家《ふじわらまさいえ》
平安時代中期～後期の廷臣、文章博士。
¶国書(ふじわらまさいえ [没]天永2(1111)年10月12日), 諸系, 人名, 日人, 平史

藤原雅量 ふじわらのまさかず
? ～天暦5(951)年
平安時代中期の官人。
¶平史

藤原雅兼 ふじわらのまさかね
南北朝時代の公卿(非参議)。非参議室町雅春の子。
¶公卿(生没年不詳), 公家(雅兼〔室町家(絶家)〕 まさかね)

藤原理兼 ふじわらのまさかね
平安時代中期の官人。
¶岡山歴, 平史(生没年不詳)

藤原雅材 ふじわらのまさき
生没年不詳 [別]藤原雅材《ふじわらまさき》
平安時代中期の公家・漢詩人。
¶国書(ふじわらまさき), 平史

藤原雅子 ふじわらのまさこ
→新待賢門院(1)(しんたいけんもんいん)

藤原正子 ふじわらのまさこ
→藤原正子(ふじわらのしょうし)

藤原正季 ふじわらのまさすえ
生没年不詳 [別]藤原正季《ふじわらまさすえ》
平安時代後期の公家・歌人。
¶国書(ふじわらまさすえ), 平史

藤原雅隆(1) ふじわらのまさたか
久安3(1147)年～元仁1(1224)年 [別]藤原雅隆《ふじわらまさたか》
鎌倉時代前期の公卿。
¶鎌室(ふじわらまさたか [生]?), 公家(雅隆〔壬生家(絶家)〕 まさたか [没]?), 新潟百, 日人, 平史([没]?)

藤原雅隆(2) ふじわらのまさたか
→藤原家隆(ふじわらのいえたか)

藤原雅正 ふじわらのまさただ
? ～応和1(961)年 [別]藤原雅正《ふじわらまさただ》
平安時代中期の公家・歌人。
¶国書(ふじわらまさただ), 平史

藤原雅忠 ふじわらのまさただ
? ～建武3/延元1(1336)年 [別]藤原雅忠《ふじわらまさただ》
鎌倉時代後期～南北朝時代の官人。
¶鎌室(ふじわらまさただ), 新潮([没]建武3/延元1(1336)年6月5日), 人名, 日人

藤原尹忠 ふじわらのまさただ
*～永祚1(989)年 [別]藤原尹忠《ふじわらのただただ》
平安時代中期の公卿(非参議)。大納言藤原道明の五男。
¶公卿(ふじわらのただただ [生]? [没]永祚1(989)年8月2日), 平史([生]906年)

藤原雅経 ふじわらのまさつね
→飛鳥井雅経(あすかいまさつね)

藤原政連　ふじわらのまさつら
生没年不詳　[別]藤原政連《ふじわらまさつら》
鎌倉時代後期の歌人。
¶国書(ふじわらまさつら)

藤原雅任　ふじわらのまさとう
建治3(1277)年〜元徳1(1329)年9月2日
鎌倉時代後期の公卿(参議)。権中納言藤原雅藤の次男。
¶公卿，公家(雅任〔四条家(絶家)〕　まさとう)

藤原雅俊(1)　ふじわらのまさとし
文永6(1269)年〜元亨2(1322)年12月17日　[別]藤原雅俊《ふじわらまさとし》
鎌倉時代後期の公卿(参議)。権中納言藤原雅藤の子。
¶公卿，公家(雅俊〔四条家(絶家)〕　まさとし)，国書(ふじわらまさとし)

藤原雅俊(2)　ふじわらのまさとし
→飛鳥井雅俊(あすかいまさとし)

藤原政朝　ふじわらのまさとも
天長2(825)年〜寛平1(889)年
平安時代前期の官吏。四条流の開祖。
¶食文

藤原雅豊　ふじわらのまさとよ
室町時代の公家(従二位)。従三位藤原雅藤の子。
¶公家(雅豊〔室町家(絶家)〕　まさとよ)

藤原雅長　ふじわらのまさなが
久安1(1145)年〜建久7(1196)年　[別]藤原雅長《ふじわらまさなが》
平安時代後期〜鎌倉時代前期の公卿(参議)。中納言藤原雅教の長男。
¶鎌室(ふじわらまさなが　[生]久安3(1147)年)，公卿([没]建久7(1196)年7月26日)，公家(雅長〔室町家(絶家)〕　まさなが　[没]建久7(1196)年7月26日)，日人，平史

藤原雅教　ふじわらのまさのり
永久1(1113)年〜*
平安時代後期の公卿(中納言)。参議藤原家政の長男。
¶公卿([没]?)，公家(雅教〔室町家(絶家)〕　まさのり　[没]?)，新潟百([没]1173年)，平史([没]1173年)

藤原蔵規　ふじわらのまさのり
生没年不詳　[別]藤原蔵規《ふじわらのくらのり》
平安時代中期の官人。
¶熊本百，諸系，新潮(ふじわらのくらのり)，日人

藤原雅平　ふじわらのまさひら
寛喜1(1229)年〜弘安1(1278)年9月2日
鎌倉時代前期の公卿(非参議)。非参議藤原家信の次男。
¶公卿，公家(雅平〔法性寺家(絶家)〕　まさひら)

藤原雅藤(1)　ふじわらのまさふじ
*〜正和4(1315)年7月
鎌倉時代後期の公卿(権中納言)。参議藤原顕雅の長男。
¶公卿([生]嘉禎1(1235)年)，公家(雅藤〔四条家(絶家)〕　まさふじ　[生]?)

藤原雅藤(2)　ふじわらのまさふじ
?　〜永享7(1435)年1月2日
室町時代の公家(従三位・非参議)。従二位木幡雅秋の子。
¶公家(雅藤〔室町家(絶家)〕　まさふじ)

藤原正光　ふじわらのまさみつ
天徳1(957)年〜長和3(1014)年2月29日　[別]藤原正光《ふじわらまさみつ》
平安時代中期の公卿(参議)。関白・太政大臣藤原兼通の六男。
¶公卿，国書(ふじわらまさみつ)，平史

藤原当幹　ふじわらのまさもと
貞観6(864)年〜天慶4(941)年11月4日　[別]藤原当幹《ふじわらのあてもと，ふじわらまさもと》
平安時代前期〜中期の公卿(参議)。従五位上・常陸介藤原春継の孫。
¶公卿(ふじわらのあてもと)，国書(ふじわらまさもと)，平史

藤原多子　ふじわらのまさるこ
→藤原多子(ふじわらのたし)

藤原真楯　ふじわらのまたて
霊亀1(715)年〜天平神護2(766)年　[別]藤原真楯《ふじわらまたて》，藤原朝臣真楯《ふじわらのあそんまたて》，藤原朝臣八束《ふじわらのあそみやつか》，藤原八束《ふじわらのやつか》
奈良時代の歌人・官人(大納言)。参議藤原房前の三男。
¶朝日([没]天平神護2年3月12日(766年4月25日))，公卿([没]天平神護2(766)年3月16日)，国史，国書(ふじわらまたて　[没]天平神護2(766)年3月12日)，古代(藤原朝臣真楯　ふじわらのあそんまたて)，古中，コン改，コン4，史人([没]766年3月12日)，諸系，新潮([没]天平神護2(766)年3月12日)，人名，日史([没]天平神護2(766)年3月12日)，日人，百科，万葉(藤原朝臣八束　ふじわらのあそみやつか)，和俳([没]天平神護2(766)年3月12日)

藤原真作　ふじわらのまたなり
→藤原真作(ふじわらのまつくり)

藤原松影　ふじわらのまつかげ
延暦18(799)年〜斉衡2(855)年
平安時代前期の廷臣。
¶諸系，人名，日人，平史

藤原真作　ふじわらのまつくり
生没年不詳　[別]藤原真作《ふじわらのまたなり》，藤原朝臣真作《ふじわらのあそんまつくり》
奈良時代の官人。
¶古代(藤原朝臣真作　ふじわらのあそんまつく

ふ

り），諸系，日人，平史（ふじわらのまたなり）

藤原真友　ふじわらのまとも
→藤原真友（ふじわらのさねとも）

藤原真夏　ふじわらのまなつ
宝亀5（774）年～天長7（830）年　[別]藤原朝臣真夏《ふじわらのあそんまなつ》
平安時代前期の公卿（参議）。右大臣藤原内麿の長男。
¶公卿（[没]天長7（830）年10月11日），国史，古史，古代（藤原朝臣真夏　ふじわらのあそんまなつ），古中，諸系，日人，平史

藤原真光　ふじわらのまみつ
？～天平宝字8（764）年9月
奈良時代の官人（参議）。大師恵美押勝の次男。
¶公卿

藤原衛　ふじわらのまもる
延暦18（799）年～天安1（857）年　[別]藤原衛《ふじわらまもる》，藤原朝臣衛《ふじわらのあそんまもる》
平安時代前期の官人。
¶国書（ふじわらまもる　[没]天安1（857）年11月5日），古代（藤原朝臣衛　ふじわらのあそんまもる），諸系，人名，日人，平史

藤原真従　ふじわらのまより
[別]藤原朝臣真従《ふじわらのあそんまより》
奈良時代の官人。
¶古代（藤原朝臣真従　ふじわらのあそんまより），日人（生没年不詳）

藤原麻呂　ふじわらのまろ
持統9（695）年～天平9（737）年　[別]藤原朝臣麻呂《ふじわらのあそみまろ，ふじわらのあそんまろ》
飛鳥時代～奈良時代の官人（参議）。藤原京家の祖。右大臣藤原不比等の四男。
¶朝日（[没]天平9年7月13日（737年8月13日）），岩史（[生]持統9（695）年？　[没]天平9（737）年7月13日），角史，公卿（[没]天平9（737）年7月13日），国史（[生]？），古史，古代（藤原朝臣麻呂　ふじわらのあそんまろ），古中（[生]？），コン改，コン4，史人（[没]737年7月13日），重要（[没]天平9（737）年7月13日），諸系，新潮（[没]天平9（737）年7月13日），人名，世人（[没]天平9（737）年7月13日），世百，全書，大百，日史（[生]持統9（695）年？　[没]天平9（737）年7月13日），日人，百科（[生]持統9（695）年？），万葉（藤原朝臣麻呂　ふじわらのあそみまろ），歴大（[生]695年？），和俳（[没]天平9（737）年7月13日）

藤原真鷲　ふじわらのまわし
生没年不詳
奈良時代の官吏。
¶日人

藤原御楯　ふじわらのみたて
霊亀1（715）年～天平宝字8（764）年　[別]藤原朝臣御楯《ふじわらのあそんみたて》
奈良時代の官人（参議）。参議藤原房前の六男。
¶公卿（[没]天平宝字8（764）年6月1日），古代（藤原朝臣御楯　ふじわらのあそんみたて），諸系，日人

藤原道明　ふじわらのみちあき
斉衡3（856）年～延喜20（920）年　[別]藤原道明《ふじわらのみちあきら》
平安時代前期～中期の公卿（大納言）。中納言藤原貞嗣の曽孫。
¶公卿（[没]延喜20（920）年6月17日），人名，姓氏京都（ふじわらのみちあきら），日人，平史（ふじわらのみちあきら）

藤原道明　ふじわらのみちあきら
→藤原道明（ふじわらのみちあき）

藤原道家　ふじわらのみちいえ
→九条道家（くじょうみちいえ）

藤原道雄　ふじわらのみちお
宝亀2（771）年～弘仁14（823）年　[別]藤原道雄《ふじわらみちお》
奈良時代～平安時代前期の公家・漢詩人。
¶公卿（[生]天平神護2（766）年　[没]弘仁14（818）年9月23日），国書（ふじわらみちお　[没]弘仁14（823）年9月23日），平史

藤原道兼　ふじわらのみちかね
応和1（961）年～長徳1（995）年　[別]粟田関白《あわたのかんぱく》，藤原道兼《ふじわらみちかね》
平安時代中期の公卿（関白・右大臣）。摂政・関白・太政大臣藤原兼家の四男。
¶朝日（[没]長徳1年5月8日（995年6月8日）），岩史（[没]長徳1（995）年5月8日），角史，公卿（[没]長徳1（995）年5月8日），国史，国書（ふじわらみちかね　[没]長徳1（995）年5月8日），古史，古中，コン改，コン4，史人（[没]995年5月8日），諸系，新潮（[没]長徳1（995）年5月8日），人名，姓氏京都，世人（[没]長徳1（995）年5月8日），世百，全書，大百，日史（[没]長徳1（995）年5月8日），日人，百科，平史，歴大

藤原通子　ふじわらのみちこ
→藤原通子（ふじわらのつうし）

藤原道子　ふじわらのみちこ
長久3（1042）年～長承1（1132）年　[別]藤原道子《ふじわらのどうし》
平安時代中期～後期の女性。白河天皇の女御。
¶諸系，女性（ふじわらのどうし　[没]長承1（1132）年8月17日），人名，日人，平史

藤原通季　ふじわらのみちすえ
寛治4（1090）年～大治3（1128）年　[別]西園寺通季《さいおんじみちすえ》，藤原通季《ふじわらみちすえ》
平安時代後期の公卿（権中納言）。西園寺家系の祖。権大納言藤原公実の三男。
¶朝日（[没]大治3年6月17日（1128年7月16日）），公卿（[没]大治3（1128）年6月17日），国史，国書（ふじわらみちすえ　[没]大治3（1128）年6月17日），古中，コン改（西園寺通季　さいおんじみ

ちすえ　[生]寛治3（1089）年），コン4（西園寺通季　さいおんじみちすえ），コン4（[生]寛治3（1089）年），諸系（西園寺通季　さいおんじみちすえ），人名（西園寺通季　さいおんじみちすえ），日人（西園寺通季　さいおんじみちすえ），平史

藤原道隆 ふじわらのみちたか

天暦7（953）年～長徳1（995）年　[別]中関白《なかのかんぱく》

平安時代中期の公卿（摂政・関白・内大臣）。摂政・関白・太政大臣藤原兼家の長男。

¶朝日（[没]長徳1年4月10日（995年5月12日）），岩史（[没]長徳1（995）年4月10日），角史，京都，京都大，公卿（[没]長徳1（995）年4月10日），国史，古史，古中，コン改，コン4，史人（[没]995年4月10日），重要（[没]長徳1（995）年4月10日），諸系，新潮（[没]長徳1（995）年4月10日），人名（[生]957年　[没]999年），姓氏京都，世人（[没]長徳1（995）年4月10日），世百，全書，大百，日史（[没]長徳1（995）年4月10日），日人，百科，平史，歴大

藤原道継 ふじわらのみちつぐ

天平勝宝8（756）年～弘仁13（822）年　[別]藤原朝臣道継《ふじわらのあそんみちつぐ》

奈良時代～平安時代前期の官人。

¶古代（藤原朝臣道継　ふじわらのあそんみちつぐ），日人，平史

藤原道嗣 ふじわらのみちつぐ

→近衛道嗣(1)（このえみちつぐ）

藤原道綱 ふじわらのみちつな

天暦9（955）年～寛仁4（1020）年　[別]藤原道綱《ふじわらみちつな》

平安時代中期の公卿（大納言）。摂政・関白・太政大臣藤原兼家の次男。

¶朝日（[没]寛仁4年10月16日（1020年11月3日）），岩史（[没]寛仁4（1020）年10月15日），角史，公卿（[没]寛仁4（1020）年10月16日），国史，国書（ふじわらみちつな　[没]寛仁4（1020）年10月16日），古史，古中，コン改，コン4，史人（[没]1020年10月15日），諸系，新潮（[没]寛仁4（1020）年10月15日），人名，世人，全書，大百，日人，平史，歴大

藤原道経 ふじわらのみちつね

生没年不詳　[別]藤原道経《ふじわらみちつね》

平安時代後期の公家・歌人。

¶国書（ふじわらみちつね），日人（[生]1060年頃），平史

藤原通任 ふじわらのみちとう

＊～長暦3（1039）年

平安時代中期の公卿（権中納言）。大納言藤原済時の子。

¶公卿（[生]天延2（974）年　[没]長暦3（1039）年6月），平史（[生]973年？）

藤原通俊（藤原道俊） ふじわらのみちとし

永承2（1047）年～康和1（1099）年8月16日　[別]藤原通俊《ふじわらみちとし》

平安時代中期～後期の歌人・公卿（権中納言）。大宰大弐・非参議藤原経平の次男。

¶朝日（[没]康和1年8月16日（1099年9月3日）），角史，公卿，国史，国書（ふじわらみちとし），古中，コン4，詩歌，史人，諸系，新潮，新文，人名，世人（藤原道俊），全書，大百，日史，日人，百科，文学，平史，歴大，和俳

藤原通具 ふじわらのみちとも

→源通具（みなもとのみちとも）

藤原道直 ふじわらのみちなお

→富小路道直（とみのこうじみちなお）

藤原道長 ふじわらのみちなが

康保3（966）年～万寿4（1027）年　[別]御堂関白《みどうかんぱく》，藤原道長《ふじわらみちなが》

平安時代中期の公卿（摂政・太政大臣）。摂政・関白・太政大臣藤原兼家の五男。兄の後継を甥伊周と争い勝って内覧となる。4人の娘を后にし、3人の天皇の外祖父として摂関政治の最盛期を築き、世に御堂関白と呼ばれた（実際には関白にはなっていない）。晩年には法成寺を建立した。

¶朝日（[没]万寿4年12月4日（1028年1月3日）），岩史（[没]万寿4（1027）年12月4日），角史，京都，京都大，京都府，公卿（[没]万寿4（1027）年12月4日），国史，国書（ふじわらみちなが　[没]万寿4（1027）年12月4日），古史，古中，コン改，コン4，詩歌，史人（[没]1027年12月4日），重要（[没]万寿4（1027）年12月4日），諸系（[没]1028年），人書94（ふじわらみちなが），新潮（[没]万寿4（1027）年12月4日），人名，姓氏京都，世人（[没]万寿4（1027）年12月4日），世百，全書，大百，伝記，日史（[没]万寿4（1027）年12月4日），日人（[没]1028年），百科，仏教（[没]万寿4（1027）年12月4日），平史，歴大，和歌山人，和俳（[没]万寿4（1027）年12月4日）

藤原道良 ふじわらのみちなが

→二条道良（にじょうみちなが）

藤原道信（藤原通信） ふじわらのみちのぶ

天禄3（972）年～正暦5（994）年　[別]藤原道信《ふじわらみちのぶ》

平安時代中期の官人、歌人。勅撰集に48首入集。

¶国史，国書（ふじわらみちのぶ　[没]正暦5（994）年7月11日），古中，詩歌，諸系，人名（藤原通信），日人，平史（[生]？），和俳

藤原通憲 ふじわらのみちのり

嘉承1（1106）年～平治1（1159）年12月13日　[別]信西《しんぜい》，藤原信西《ふじわらのしんぜい》，藤原通憲《ふじわらみちのり》

平安時代後期の政治家。保元の乱の後、平清盛と協力して政務にあたるが、藤原信頼に憎まれ平治の乱で殺された。

¶朝日（藤原信西　ふじわらのしんぜい　[没]平治1年12月13日（1160年1月23日）），岩史（藤原信西　ふじわらのしんぜい），角史，鎌室（ふじわらみちのり　[生]？），京都（藤原信西　ふじわらのしんぜい），京都大（信西　しんぜい　[生]？），京都府，国史，国書（ふじわらみちの

り），古史，古中，コン改（㊓嘉承1（1106）年？），コン4（㊓嘉承1（1106）年？），史人（㊓？），重要，諸系（㊀1160年），新潮（㊓？），人名（㊓？），姓氏京都，世人，世百（信西　しんぜい　㊓？），全書（㊓？），大百（㊓？），伝記，日音，日史（信西　しんぜい），日人（㊀1160年），百科（信西　しんぜい），仏教（信西　しんぜい），平史，歴大

藤原道平 ふじわらのみちひら
→二条道平（にじょうみちひら）

藤原通房 ふじわらのみちふさ
万寿2（1025）年～長久5（1044）年4月27日　㊍藤原通房《ふじわらみちふさ》
平安時代中期の公卿（権大納言）。摂政・関白・太政大臣・准三后藤原頼通の長男。
¶公卿，国書（ふじわらみちふさ　㊓万寿2（1025）年1月10日），平史

藤原道雅（藤原通雅） ふじわらのみちまさ
正暦3（992）年～天喜2（1054）年　㊍左京大夫道雅《さきょうだいぶみちまさ》，藤原道雅《ふじわらみちまさ》
平安時代中期の歌人・公卿（非参議）。内大臣藤原伊周の子。
¶朝日（㊀天喜2年7月20日（1054年8月25日）），公卿（㊓正暦4（993）年　㊀天喜2（1054）年7月20日），国史，国書（ふじわらみちまさ　㊀天喜2（1054）年7月20日），古中，コン4，詩歌（左京大夫道雅　さきょうだいぶみちまさ　㊓993年），諸系，人名（藤原通雅　㊓993年），日人，平史（㊓991年），和俳（㊓正暦4（993）年　㊀天喜2（1054）年7月20日）

藤原通宗 ふじわらのみちむね
？～応徳1（1084）年　㊍藤原通宗《ふじわらみちむね》
平安時代中期～後期の官吏、歌人。
¶国書（ふじわらみちむね　㊀応徳1（1084）年4月12日），日人（㊓1040年頃），平史

藤原通基 ふじわらのみちもと
治安1（1021）年～長久1（1040）年
平安時代中期の公卿（非参議）。関白・大政大臣藤原教通の次男。
¶公卿（㊀長久1（1040）年12月8日），平史

藤原通頼 ふじわらのみちより
生没年不詳　㊍藤原通頼《ふじわらみちより》
平安時代中期の公家・歌人。
¶国書（ふじわらみちより），平史

藤原道頼 ふじわらのみちより
天禄2（971）年～長徳1（995）年
平安時代中期の公卿（権大納言）。関白・太政大臣藤原兼家の孫。
¶公卿（㊀長徳1（995）年6月11日），平史

藤原光昭 ふじわらのみつあきら
？～天元5（982）年
平安時代中期の官人、歌人。
¶平史

藤原光兼 ふじわらのみつかね
鎌倉時代前期の公卿（非参議）。大学頭成信の子。
¶公卿（㊓？　㊀文永3（1266）年），公家（光兼〔式家（絶家）〕　みつかね　㊓1192年　㊀文永2（1265）年？）

藤原光国 ふじわらのみつくに
→日野光国（ひのみつくに）

藤原光定 ふじわらのみつさだ
文永11（1274）年～嘉元3（1305）年7月3日　㊍藤原光定《ふじわらみつさだ》，葉室光定《はむろみつさだ》
鎌倉時代後期の公卿（参議）。参議葉室定藤の子。
¶鎌室（ふじわらみつさだ），公卿（葉室光定　はむろみつさだ），公家（光定〔堀河・岩蔵・葉室1家（絶家）〕　みつさだ），人名，北条（ふじわらみつさだ）

藤原光輔 ふじわらのみつすけ
生没年不詳
平安時代後期～鎌倉時代前期の官人。
¶平史

藤原光隆 ふじわらのみつたか
大治2（1127）年～建仁1（1201）年　㊍藤原光隆《ふじわらみつたか》
平安時代後期～鎌倉時代前期の公卿（権中納言）。左大臣藤原冬嗣・中納言藤原兼輔の裔。
¶朝日（㊀建仁1年8月1日（1201年8月30日）），鎌室（ふじわらみつたか　㊀？），公卿（㊀？），公家（光隆〔壬生家（絶家）〕　みつたか　㊀？），諸系，新潮（㊀建仁1（1201）年8月1日），姓氏富山，日人，平史

藤原光忠 ふじわらのみつただ
永久4（1116）年～承安1（1171）年6月7日
平安時代後期の公卿（中納言）。大納言藤原経実の三男、母は参議藤原為房の娘掌侍為子。
¶公卿（㊓永久3（1115）年），公家（光忠〔大炊御門家〕　みつただ），平史

藤原光親 ふじわらのみつちか
安元2（1176）年～承久3（1221）年　㊍藤原光親《ふじわらみつちか》
鎌倉時代前期の公卿（権中納言）。権中納言藤原光雅の次男。
¶朝日（㊀承久3年7月12日（1221年8月1日）），岩史（㊀承久3（1221）年7月12日），角史，鎌室（ふじわらみつちか），公卿（㊀承久3（1221）年7月），公家（光親〔堀河・岩蔵・葉室1家（絶家）〕　みつちか　㊀承久3（1221）年7月12日），国史，国書（ふじわらみつちか　㊀承久3（1221）年7月12日），古中，コン改，コン4，史人（㊀1221年7月12日），静岡百（ふじわらみつちか），静岡歴（ふじわらみつちか），諸系，新潮（㊀承久3（1221）年7月12日），人名，姓氏京都，世人，日史（㊀承久3（1221）年7月12日），日人，百科，歴大

藤原光継 ふじわらのみつつぐ
？ ～延元3/暦応1(1338)年2月 [別]藤原光継《ふじわらみつつぐ》,堀河光継《ほりかわみつつぐ》,堀川光継《ほりかわみつつぐ》
鎌倉時代後期～南北朝時代の公卿(権中納言)。参議藤原光泰の子。
¶鎌室(ふじわらみつつぐ),公卿(堀川光継 ほりかわみつつぐ),公家(光継〔堀河・岩蔵・葉室1家(絶家)〕 みつつぐ),新潮,人名([没]1336年),長野歴(堀河光継 ほりかわみつつぐ),日人

藤原光経(1) ふじわらのみつつね
大治3(1128)年～治承3(1179)年 [別]藤原光経《ふじわらみつつね》
平安時代後期の公卿。
¶鎌室(ふじわらみつつね),日人,平史

藤原光経(2) ふじわらのみつつね
生没年不詳 [別]藤原光経《ふじわらみつつね》
鎌倉時代前期の歌人。
¶鎌室(ふじわらみつつね),国書(ふじわらみつつね),人名,日人,和俳

藤原光経(3) ふじわらのみつつね
→九条光経(くじょうみつつね)

藤原光連 ふじわらのみつつら
元弘2/正慶1(1332)年～正平20/貞治4(1365)年8月5日 [別]藤原光連《ふじわらみつつら》
鎌倉時代後期～南北朝時代の公家・連歌作者。
¶国書(ふじわらみつつら)

藤原光俊(1) ふじわらのみつとし
治承3(1179)年～？
鎌倉時代前期の公卿(非参議)。参議藤原光能の三男。
¶公卿,公家(光俊〔大炊御門家(絶家)〕 みつとし),日音([没]建長1(1249)年)

藤原光俊(2) ふじわらのみつとし
建仁3(1203)年～建治2(1276)年 [別]真観《しんかん》,藤原光俊《ふじわらみつとし》
鎌倉時代前期の歌人。
¶朝日([没]建治2年6月9日(1276年7月21日)),国史,国書(ふじわらみつとし [没]建治2(1276)年6月9日),古中,コン4,諸系,人名([生]1210年),全書(真観 しんかん),日人,和俳

藤原光長 ふじわらのみつなが
天養1(1144)年～建久6(1195)年 [別]藤原光長《ふじわらみつなが》
平安時代後期～鎌倉時代前期の公卿(参議)。参議藤原為隆の孫。
¶朝日([没]建久6年6月2日(1195年7月10日)),鎌室(ふじわらみつなが [生]康治3(1143)年),公卿([没]？),公家(光長〔海住山家(絶家)〕 みつなが [没]建久6(1195)年6月2日),国書(ふじわらみつなが [没]建久6(1195)年6月2日),新潮([生]康治2(1143)年 [没]建久6(1195)年6月2日),日人([生]1143年),平史

藤原光成 ふじわらのみつなり
？ ～弘安2(1279)年3月26日 [別]藤原光成《ふじわらみつなり》
鎌倉時代の公家・歌人。
¶公卿(生没年不詳),公家(光成〔大炊御門家(絶家)〕 みつなり),国書(ふじわらみつなり)

藤原光範 ふじわらのみつのり
大治1(1126)年～？ [別]藤原光範《ふじわらみつのり》
平安時代後期の公卿(非参議)。非参議藤原永範の次男。
¶鎌室(ふじわらみつのり),公卿,公家(光範〔成季裔(絶家)〕 みつのり),国書(ふじわらみつのり [没]承元3(1209)年11月1日),日人,平史,名画(ふじわらみつのり)

藤原光房 ふじわらのみつふさ
天仁2(1109)年～久寿1(1154)年
平安時代後期の官人。
¶平史

藤原光雅 ふじわらのみつまさ
久安5(1149)年～正治2(1200)年 [別]藤原光雅《ふじわらみつまさ》,葉室光雅《はむろみつまさ》
平安時代後期～鎌倉時代前期の公卿(権中納言)。権大納言藤原光頼の三男。
¶朝日([没]正治2年3月9日(1200年4月23日)),鎌室(ふじわらみつまさ [生]仁平3(1153)年),公卿([生]大治1(1126)年 [没]正治2(1200)年3月9日),公家(光雅〔堀河・岩蔵・葉室1家(絶家)〕 みつまさ [没]正治2(1200)年3月9日),国書(葉室光雅 はむろみつまさ [没]正治2(1200)年3月9日),諸系(葉室光雅 はむろみつまさ),新潮([生]仁平3(1153)年 [没]正治2(1200)年3月9日),日人(葉室光雅 はむろみつまさ),平史

藤原満基 ふじわらのみつもと
→二条満基(にじょうみつもと)

藤原光盛 ふじわらのみつもり
生没年不詳 [別]藤原光盛《ふじわらみつもり》
鎌倉時代後期の歌人。
¶国書(ふじわらみつもり)

藤原光泰 ふじわらのみつやす
建長6(1254)年～嘉元3(1305)年
鎌倉時代後期の公卿(参議)。権中納言藤原光親の曾孫。
¶公卿([没]嘉元3(1305)年3月6日),公家(光泰〔堀河・岩蔵・葉室1家(絶家)〕 みつやす [没]嘉元3(1305)年3月)

藤原光能 ふじわらのみつよし
長承1(1132)年～寿永2(1183)年 [別]藤原光能《ふじわらみつよし》
平安時代後期の公卿(参議)。権中納言藤原俊忠の曽孫。
¶朝日([没]寿永2年2月28日(1183年3月23日)),鎌室(ふじわらみつよし),公卿([没]寿永2(1183)年2月21日),公家(光能〔大炊御門家

(絶家)〕　みつよし), 諸系, 新潮([没]寿永2(1183)年2月28日), 日人, 平史

藤原光頼 ふじわらのみつより
天治1(1124)年～承安3(1173)年 [別]藤原光頼《ふじわらみつより》,葉室光頼《はむろのみつより,はむろみつより》
平安時代後期の公卿(権大納言)。権中納言藤原顕頼の長男。
¶朝日([没]承安3年1月5日(1173年2月18日)), 鎌室(ふじわらみつより), 公卿, 公家(光頼〔葉室家〕　みつより　[没]承安3(1173)年1月5日), 国史, 国書(葉室光頼　はむろみつより　[没]承安3(1173)年1月5日), 古中, コン改(葉室光頼　はむろみつより), コン4(葉室光頼　はむろみつより), 史人([没]1173年1月5日), 諸系(葉室光頼　はむろみつより), 新潮(葉室光頼　はむろみつより　[没]承安3(1173)年1月), 人名, 人名(葉室光頼　はむろみつより), 世人(葉室光頼　はむろのみつより), 日史([没]承安3(1173)年1月5日), 日人(葉室光頼　はむろみつより), 百科, 平史, 歴大(葉室光頼　はむろみつより), 和俳

藤原耳面刀自 ふじわらのみみおものとじ
→藤原耳面刀自(ふじわらのみみのもとじ)

藤原耳面刀自 ふじわらのみみのもとじ
生没年不詳 [別]藤原耳面刀自《ふじわらのみみおものとじ》,耳面刀自《みみのもとじ》
飛鳥時代の女性。大友皇子(弘文天皇)の妃。
¶女性(ふじわらのみみおものとじ), 人名, 日人

藤原三守 ふじわらのみもり
延暦4(785)年～承和7(840)年 [別]藤原三守《ふじわらのただもり》,藤原朝臣三守《ふじわらのあそんみもり》
平安時代前期の公卿(右大臣)。贈太政大臣・左大臣藤原武智麻呂の曽孫。
¶朝日([没]承和7年7月7日(840年8月7日)), 公卿, 国史, 古史, 古代(藤原朝臣三守　ふじわらのあそんみもり), 古中, コン4, 諸系, 人名(ふじわらのただもり), 日人, 平史

藤原宮子 ふじわらのみやこ
？～天平勝宝6(754)年 [別]藤原宮子《ふじわらのきゅうし》,藤原朝臣宮子《ふじわらのあそんみやこ》
奈良時代の女性。文武天皇の妃。
¶朝日(ふじわらのきゅうし　[没]天平勝宝6年7月19日(754年8月11日)), 岩史([没]天平勝宝6(754)年7月19日), 角史, 国史(ふじわらのきゅうし), 古史([没]745年), 古代(藤原朝臣宮子　ふじわらのあそんみやこ), 古中(ふじわらのきゅうし), コン改, コン4, 史人([没]754年7月19日), 諸系(ふじわらのきゅうし), 女性([没]天平勝宝6(754)年7月), 新潮([没]天平勝宝6(754)年7月19日), 人名, 世人([没]天平勝宝6(754)年7月19日), 世百(ふじわらのきゅうし), 全書, 大百, 日史([没]天平勝宝6(754)年7月19日), 日人(ふじわらのきゅうし), 百科, 歴大

藤原武智麻呂(藤原武智麿) ふじわらのむちまろ
天武9(680)年～天平9(737)年 [別]藤原朝臣武智麻呂《ふじわらのあそんむちまろ》
飛鳥時代～奈良時代の官人(左大臣)。藤原南家の祖。中臣御食子の曽孫。
¶朝日([生]天武9(680)年4月　[没]天平9年7月25日(737年8月25日)), 岩史([没]天平9(737)年7月25日), 角史, 郷土奈良(藤原武智麿), 公卿([没]天平9(737)年7月27日), 国史, 古史, 古代(藤原朝臣武智麻呂　ふじわらのあそんむちまろ), 古中, コン改, コン4, 史人([没]737年7月25日), 重要([没]天平9(737)年7月25日), 諸系, 新潮([没]天平9(737)年7月25日), 人名, 世人([没]天平9(737)年7月25日), 世百, 全書, 大百, 日史([生]天武9(680)年4月15日　[没]天平9(737)年7月25日), 日人, 百科, 歴大

藤原宗明 ふじわらのむねあき
鎌倉時代前期の公卿(非参議)。中納言藤原実教の子。
¶公卿(生没年不詳), 公家(宗明〔山科家〕　むねあき)

藤原宗家(1) ふじわらのむねいえ
平安時代中期の三条天皇の皇(曽)孫。敦貞親王の子で、藤原信家の養子。
¶人名

藤原宗家(2) ふじわらのむねいえ
保延5(1139)年～文治5(1189)年閏4月22日 [別]中御門宗家《なかみかどむねいえ》,藤原宗家《ふじわらむねいえ》,藤原信能《ふじわらのぶよし》
平安時代後期の公卿(権大納言)。内大臣藤原宗能の長男。
¶朝日([没]文治5年閏4月22日(1189年6月7日)), 鎌室(ふじわらむねいえ), 公卿, 公家(宗家〔松木家〕　むねいえ), 国書(ふじわらむねいえ), 新潮, 日人, 平史

藤原宗氏 ふじわらのむねうじ
宝治2(1248)年～正和4(1315)年4月24日 [別]藤原宗氏《ふじわらむねうじ》
鎌倉時代後期の公卿(非参議)。参議藤原忠継の三男。
¶鎌室(ふじわらむねうじ), 公卿, 公家(宗氏〔五辻家(絶家)〕　むねうじ), 日人

藤原宗兼 ふじわらのむねかね
生没年不詳 [別]藤原宗兼《ふじわらむねかね》
平安時代後期の公家・歌人。
¶国書(ふじわらむねかね), 平史

藤原宗国 ふじわらのむねくに
生没年不詳 [別]藤原宗国《ふじわらむねくに》
平安時代後期の公家・歌人。
¶国書(ふじわらむねくに)

藤原育子 ふじわらのむねこ
→藤原育子(ふじわらのいくし)

藤原宗子 ふじわらのむねこ
→敬法門院(けいほうもんいん)

藤原宗相 ふじわらのむねすけ
生没年不詳
平安時代中期の官人。
¶平史

藤原宗輔 ふじわらのむねすけ
承暦1(1077)年～応保2(1162)年 [別]藤原宗輔《ふじわらむねすけ》
平安時代後期の公卿(太政大臣)。権大納言藤原宗俊の次男。
¶朝日([没]応保2年1月30日(1162年2月15日)), 鎌室(ふじわらむねすけ), 公卿([没]応保2(1162)年1月27日), 公家(宗輔〔堀川家(絶家)〕 むねすけ [没]応保2(1162)年1月30日), 国史, 国書(ふじわらむねすけ [没]応保2(1162)年1月30日), 古中, 新潮([没]応保2(1162)年1月30日), 人名, 日人, 平史

藤原宗隆(1) ふじわらのむねたか
仁安1(1166)年～元久2(1205)年 [別]藤原宗隆《ふじわらむねたか》
平安時代後期～鎌倉時代前期の公卿(権中納言)。権中納言藤原長方の長男。
¶鎌室(ふじわらむねたか [生]永暦1(1160)年), 公卿([没]元久2(1205)年3月29日), 公家(宗隆〔八条家(絶家)〕 むねたか [没]元久2(1205)年3月29日), 国書(ふじわらむねたか [生]永暦1(1160)年 [没]元久2(1205)年3月28日), 日人, 平史

藤原宗隆(2) ふじわらのむねたか
→藤原宗能(ふじわらのむねよし)

藤原宗忠 ふじわらのむねただ
康平5(1062)年～永治1(1141)年 [別]中御門宗忠《なかみかどむねただ》,藤原宗忠《ふじわらむねただ》
平安時代後期の公卿(右大臣)。権大納言藤原宗俊の長男。
¶朝日([没]永治1年4月20日(1141年5月27日)), 岩史([没]保延7(1141)年4月20日), 角史, 京都(中御門宗忠 なかみかどむねただ), 京都大(中御門宗忠 なかみかどむねただ), 公卿([没]保延7(1141)年4月20日), 国史, 国書(ふじわらむねただ [没]保延7(1141)年4月20日), 古史, 古中, コン改, コン4, 史人([没]1141年4月20日), 諸系, 新潮([没]永治1(1141)年4月20日), 人名, 姓氏京都, 世人, 日史([没]永治1(1141)年4月20日), 日人, 百科, 平史, 歴大, 和俳

藤原致忠 ふじわらのむねただ
生没年不詳
平安時代中期の官人。
¶平史

藤原宗親 ふじわらのむねちか
仁治3(1242)年～乾元1(1302)年12月25日
鎌倉時代後期の公卿(参議)。参議藤原忠継の次男。
¶公卿, 公家(宗親〔五辻家(絶家)〕 むねちか)

藤原宗経(1) ふじわらのむねつね
仁安1(1166)年～? [別]藤原宗経《ふじわらむねつね》
平安時代後期～鎌倉時代前期の公家・歌人。権大納言宗家の子。
¶国書(ふじわらむねつね)

藤原宗経(2) ふじわらのむねつね
鎌倉時代前期の公卿(非参議)。非参議藤原経賢の子。
¶公卿(生没年不詳), 公家(宗経〔吉田家(絶家)1〕 むねつね)

藤原統行 ふじわらのむねつら
[別]藤原朝臣統行《ふじわらのあそんむねつら》
平安時代前期の武官。
¶古代(藤原朝臣統行 ふじわらのあそんむねつら), 日人(生没年不詳)

藤原致時 ふじわらのむねとき
生没年不詳 [別]藤原致時《ふじわらむねとき》
平安時代後期の公家・歌人。
¶国書(ふじわらむねとき)

藤原宗俊 ふじわらのむねとし
永承1(1046)年～承徳1(1097)年 [別]藤原宗俊《ふじわらむねとし》
平安時代中期～後期の公卿(権大納言)。右大臣藤原俊家の長男。
¶公卿([没]承徳1(1097)年5月5日), 国書(ふじわらむねとし [没]永長2(1097)年5月5日), 諸系, 人名([生]1041年), 日音([生]長久2(1041)年 [没]承徳1(1097)年5月5日), 日人, 平史

藤原宗友 ふじわらのむねとも
生没年不詳 [別]藤原宗友《ふじわらむねとも》
平安時代後期の文人。「本朝新修往生伝」の著者。
¶国書(ふじわらむねとも), 仏教, 平史

藤原宗長 ふじわらのむねなが
長寛2(1164)年～嘉禄1(1225)年8月26日 [別]藤原宗長《ふじわらむねなが》,難波宗長《なんばむねなが》
平安時代後期～鎌倉時代前期の公卿(参議)。非参議藤原頼輔の孫。
¶鎌室(ふじわらむねなが [生]?), 公卿, 公家(宗長〔難波家〕 むねなが), 国書(難波宗長 なんばむねなが), 人名, 日人, 平史

藤原宗業 ふじわらのむねなり
仁平1(1151)年～? [別]藤原宗業《ふじわらむねなり》
平安時代後期～鎌倉時代前期の公卿(非参議)。非参議藤原資業の裔。
¶鎌室(ふじわらむねなり), 公卿(生没年不詳), 公家(宗業〔日野家(絶家)1〕 むねなり), 人名, 日人

藤原宗成(1) ふじわらのむねなり
延暦4(785)年～天安2(858)年
奈良時代～平安時代前期の官人。
¶平史

藤原宗成(2)　**ふじわらのむねなり**
応徳2（1085）年～保延4（1138）年
平安時代後期の公卿（参議）。右大臣藤原宗忠の次男。
¶公卿（[没]保延4（1138）年4月26日），平史

藤原宗信　**ふじわらのむねのぶ**
生没年不詳
平安時代後期の官人。以仁王の乳母子。
¶平史

藤原宗教　**ふじわらのむねのり**
→難波宗教（なんばむねのり）

藤原宗平　**ふじわらのむねひら**
建久8（1197）年～文永8（1271）年4月1日
鎌倉時代前期の公卿（参議）。権大納言藤原宗家の孫。
¶公卿，公家（宗平〔松木家〕　むねひら）

藤原宗弘　**ふじわらのむねひろ**
生没年不詳
平安時代後期の宮廷絵師。
¶朝日，日人，平史

藤原宗房　**ふじわらのむねふさ**
文治5（1189）年～寛喜2（1230）年3月7日
鎌倉時代前期の公卿（参議）。権中納言藤原宗隆の長男。
¶公卿，公家（宗房〔八条家（絶家）〕　むねふさ）

藤原統理　**ふじわらのむねまさ**
生没年不詳　[別]藤原統理《ふじわらむねまさ》
平安時代中期の公家・歌人。
¶国書（ふじわらむねまさ），平史

藤原宗通　**ふじわらのむねみち**
延久3（1071）年～保安1（1120）年　[別]藤原宗通《ふじわらむねみち》
平安時代後期の公卿（権大納言）。右大臣藤原俊家の子。
¶朝日（[没]保安1年7月22日（1120年8月17日）），公卿（[没]保安1（1120）年7月22日），国史，国書（ふじわらむねみち　[没]保安1（1120）年7月22日），古中，諸系，日史（[没]保安1（1120）年7月22日），日人，百科，平史

藤原宗行(1)　**ふじわらのむねゆき**
承安4（1174）年～承久3（1221）年　[別]中御門宗行《なかみかどむねゆき》，藤原宗行《ふじわらむねゆき》，葉室宗行《はむろむねゆき》
鎌倉時代前期の公卿（権中納言）。左大弁藤原行隆の五男。
¶朝日（[没]承久3年7月14日（1221年8月3日）），岩史（[没]承久3（1221）年7月14日），鎌室（葉室宗行　はむろむねゆき　[生]安元1（1175）年），公卿（葉室宗行　はむろむねゆき　[没]承久3（1221）年7月），公家（宗行〔中山家（絶家）〕　むねゆき　[没]承久3（1221）年7月14日），国史，古中，コン4，史人（[没]1221年7月14日），静岡百（ふじわらむねゆき　[生]安元1（1175）年），静岡歴（ふじわらむねゆき　[生]安元1（1175）年），諸系（葉室宗行　はむろむねゆき），新潮（葉室宗行　はむろむねゆき　[生]安元1（1175）年　[没]承久3（1221）年7月），人名（[生]1175年），姓氏静岡（ふじわらむねゆき　[生]1175年），日人（葉室宗行　はむろむねゆき）

藤原宗行(2)　**ふじわらのむねゆき**
生没年不詳　[別]藤原宗行《ふじわらむねゆき》
南北朝時代の公家・歌人。
¶国書（ふじわらむねゆき）

藤原宗能　**ふじわらのむねよし**
応徳2（1085）年～嘉応2（1170）年　[別]中御門宗能《なかみかどむねよし》，藤原宗能《ふじわらむねよし》，藤原宗隆《ふじわらむねたか》
平安時代後期の公卿（内大臣）。右大臣藤原宗忠の長男。
¶朝日（[没]嘉応2年2月11日（1170年2月28日）），鎌室（ふじわらむねよし），公卿（[生]応徳2（1083）年　[没]嘉応2（1170）年2月11日），公家（宗能〔松木家〕　むねよし　[没]嘉応2（1170）年2月11日），国史，国書（ふじわらむねよし　[没]嘉応2（1170）年2月11日），古中，新潮（[没]嘉応2（1170）年2月11日），人名，日人，平史（[生]1083年）

藤原宗頼　**ふじわらのむねより**
→葉室宗頼（はむろむねより）

藤原村櫺　**ふじわらのむらすぎ**
生没年不詳
平安時代前期の官人。
¶平史

藤原明子　**ふじわらのめいし**
天長5（828）年～昌泰3（900）年　[別]染殿后《そめどののきさき》，藤原朝臣明子《ふじわらのあそんあきらけいこ》，藤原明子《ふじわらのあきらけいこ，ふじわらめいし》
平安時代前期の女性。文徳天皇の皇后。
¶朝日（[没]昌泰3年5月23日（900年6月22日）），角史，国史，国書（ふじわらめいし　[没]昌泰3（900）年5月23日），古史，古代（藤原朝臣明子　ふじわらのあそんあきらけいこ），古中，コン改（ふじわらのあきらけいこ　[生]天長6（829）年），コン4（ふじわらのあきらけいこ　[生]天長6（829）年），史人（ふじわらのあきらけいこ　[没]900年5月23日），諸系，女性（ふじわらのあきらけいこ　[生]天長6（829）年　[没]昌泰2（900）年5月23日），新潮（ふじわらのあきらけいこ　[没]昌泰3（900）年5月23日），人名（ふじわらのあきらけいこ　[生]829年），姓氏京都，世人（ふじわらのあきらけいこ　[生]天長6（829）年），世百（[生]829年），大百（ふじわらのあきらけいこ　[生]829年），日史（[生]天長6（829）年　[没]昌泰3（900）年5月23日），日人，百科（ふじわらのあきらけいこ　[生]天長6（829）年），平史（ふじわらのあきらけいこ），歴大

藤原茂子　**ふじわらのもし**
？～康平5（1062）年　[別]藤原茂子《ふじわらのしげこ》

平安時代中期の女性。尊仁親王（後三条天皇東宮時代）の御息所（贈皇太后）。
¶諸系，女性（[没]康平5（1062）年6月22日），人名（ふじわらのしげこ），日人，平史（ふじわらのしげこ）

藤原茂明 ふじわらのもちあきら
寛治7（1093）年頃～？　[別]藤原茂明《ふじわらのしげあき,ふじわらもちあきら》
平安時代後期の官吏・漢詩人。
¶国書（ふじわらもちあきら　生没年不詳），諸系，日人，平史（ふじわらのしげあき　[生]1093年ごろ）

藤原基家(1) ふじわらのもといえ
→九条基家（くじょうもといえ）

藤原基家(2) ふじわらのもといえ
→持明院基家（じみょういんもといえ）

藤原元方 ふじわらのもとかた
仁和4（888）年～天暦7（953）年
平安時代中期の公卿（大納言）。贈中納言・参議藤原菅根の次男。
¶朝日（[没]天暦7年3月21日（953年5月6日）），岩史（[没]天暦7（953）年3月21日），公卿（[没]天暦7（953）年3月21日），国史，古史，古中，コン改，コン4，諸系，新潮（[没]天暦7（953）年3月21日），人名，日人，平史，歴大

藤原媓子 ふじわらのもとこ
→藤原媓子（ふじわらのげんし）

藤原元子 ふじわらのもとこ
→藤原元子（ふじわらのげんし）

藤原原子 ふじわらのもとこ
→藤原原子（ふじわらのげんし）

藤原基定 ふじわらのもとさだ
承安1（1171）年～嘉禎3（1237）年11月1日
鎌倉時代前期の公卿（非参議）。権中納言藤原経定の孫。
¶公卿，公家（基定〔堀河2・三条家（絶家）〕もとさだ）

藤原基実 ふじわらのもとざね
→近衛基実（このえもとざね）

藤原元真 ふじわらのもとざね
生没年不詳　[別]藤原元真《ふじわらもとざね》
平安時代中期の歌人。三十六歌仙の一人。
¶岩史，国史，国書（ふじわらもとざね），古中，コン4，人名，日人，平史，和俳

藤原基重 ふじわらのもとしげ
→藤原家通(2)（ふじわらのいえみち）

藤原基輔(1) ふじわらのもとすけ
？～元暦2（1185）年　[別]藤原基輔《ふじわらもとすけ》
平安時代後期の公卿。
¶鎌室（ふじわらもとすけ），国書（ふじわらもとすけ　[没]元暦2（1185）年6月3日），日人，平史

藤原基輔(2) ふじわらのもとすけ
→近衛基輔（このえもとすけ）

藤原元輔 ふじわらのもとすけ
延喜16（916）年～天延3（975）年10月17日　[別]藤原元輔《ふじわらもとすけ》
平安時代中期の公卿（参議）。右大臣藤原顕忠の長男。
¶公卿，国書（ふじわらもとすけ），平史（[生]914年）

藤原基隆 ふじわらのもとたか
承保2（1075）年～長承1（1132）年
平安時代後期の公卿（非参議）。権大納言藤原経輔の曽孫。
¶朝日（[没]長承1年3月19日（1132年4月6日）），公卿（[没]長承1（1132）年3月21日），古史，諸系，姓氏京都，日史（[没]長承1（1132）年3月19日），日人，百科，平史

藤原基忠(1) ふじわらのもとただ
天喜4（1056）年～承徳2（1098）年11月17日　[別]藤原基忠《ふじわらもとただ》
平安時代中期～後期の公卿（権中納言）。大納言藤原忠家の子。
¶公卿，国書（ふじわらもとただ），平史

藤原基忠(2) ふじわらのもとただ
元暦1（1184）年～？　[別]藤原基忠《ふじわらもとただ》
鎌倉時代前期の公卿（非参議）。左大臣藤原隆忠の長男。
¶鎌室（ふじわらもとただ），公卿，公家（基忠〔松殿家（絶家）〕　もとただ），日人

藤原基経 ふじわらのもとつね
承和3（836）年～寛平3（891）年　[別]昭宣公《しょうせんこう》,藤原基経《ふじわらもとつね》,藤原朝臣基経《ふじわらのあそんもとつね》
平安時代前期の公卿（摂政・関白・太政大臣・准三宮）。権中納言藤原長良の三男で良房の養子。光孝天皇を即位させ、初の関白となった。
¶朝日（[没]寛平3年1月13日（891年2月25日）），岩史（[没]寛平3（891）年1月13日），角史，京都，京都大，公卿（[没]寛平3（891）年1月13日），国史，国書（ふじわらもとつね　[没]寛平3（891）年1月13日），古史，古代（藤原朝臣基経　ふじわらのあそんもとつね），古中，コン改，コン4，史人（[没]891年1月13日），重要（[没]寛平3（891）年1月13日），諸系，新潮（[没]寛平3（891）年1月13日），人名，姓氏京都，世人（[没]寛平3（891）年1月13日），世百，全書，大百，伝記，日史（[没]寛平3（891）年1月13日），日人，百科，平史，歴大

藤原基俊 ふじわらのもととし
康平3（1060）年～康治1（1142）年　[別]藤原基俊《ふじわらもととし》
平安時代後期の歌人。
¶朝日（[没]康治1年1月16日（1142年2月13日）），角史，国史，国書（ふじわらもととし　[没]永治2

(1142)年1月16日)，古史，古中，コン改([生]天喜4(1056)年)，コン4([生]天喜4(1056)年)，詩歌([生]?)，史人([没]1142年1月16日)，諸系，人書94(ふじわらもととし　[生]1055年)，新潮([生]?　[没]康治1(1142)年1月16日)，新文([生]?)，人名([生]1055年)，世人([生]天喜4(1056)年　[没]康治1(1142)年1月16日)，世百([生]1055年)，全書，大百，日史([没]康治1(1142)年1月16日)，日人，百科，文学([生]?)，平史([生]1056年)，和俳([生]天喜3(1055)年　[没]康治1(1142)年1月16日)

藤原元名　ふじわらのもとな
仁和1(885)年～康保2(965)年
平安時代中期の公卿(参議)。参議藤原清経の三男。
¶公卿([没]康保2(965)年4月18日)，平史

藤原基長(1)　ふじわらのもとなが
長久4(1043)年～?　[別]藤原基長《ふじわらもとなが》
平安時代中期～後期の公卿(権中納言)。内大臣藤原能長の長男。
¶公卿，国書(ふじわらもとなが)，平史([生]1041年　[没]1107年)

藤原基長(2)　ふじわらのもとなが
?　～正応2(1289)年12月2日
鎌倉時代後期の公卿(非参議)。参議藤原興範の九代孫。
¶公卿，公家(基長〔式家(絶家)〕　もとなが)

藤原元命　ふじわらのもとなが
生没年不詳　[別]藤原元命《ふじわらもとなが》
平安時代中期の貴族、尾張守。
¶愛知百(ふじわらもとなが)，朝日，岩史，角史，国史，古史，古中，コン改，コン4，史人，重要，新潮，姓氏愛知，姓氏京都，世人，全書，大百，日人，平史，歴大

藤原基成(1)　ふじわらのもとなり
生没年不詳
平安時代後期の官人。
¶姓氏岩手，平史

藤原基成(2)　ふじわらのもとなり
→園基成(そのもとなり)

藤原基教(1)　ふじわらのもとのり
建久7(1196)年～建保1(1213)年6月29日　[別]藤原基教《ふじわらもとのり》
鎌倉時代前期の公卿(非参議)。摂政・関白・内大臣近衛基通の四男。
¶鎌室(ふじわらもとのり)，公卿，公家(基教〔北小路・室町家(絶家)〕　もとのり)，日人

藤原基教(2)　ふじわらのもとのり
→鷹司基教(たかつかさもとのり)

藤原基範　ふじわらのもとのり
生没年不詳　[別]藤原基範《ふじわらもとのり》
平安時代後期～鎌倉時代前期の公卿。
¶鎌室(ふじわらもとのり)，日人

藤原元範　ふじわらのもとのり
?　～応永8(1401)年8月3日
南北朝時代～室町時代の公卿(非参議)。非参議藤原房範の子。
¶公卿，公家(元範〔成季裔(絶家)〕　もとのり)

藤原基平　ふじわらのもとひら
→近衛基平(このえもとひら)

藤原基房(1)　ふじわらのもとふさ
?　～康平7(1064)年　[別]藤原基房《ふじわらもとふさ》
平安時代中期～後期の公家・歌人。
¶国書(ふじわらもとふさ)，徳島百(生没年不詳)，徳島歴(ふじわらもとふさ　生没年不詳)，平史

藤原基房(2)　ふじわらのもとふさ
久安1(1145)年～寛喜2(1230)年　[別]松殿基房《まつどのもとふさ》，藤原基房《ふじわらもとふさ》
平安時代後期～鎌倉時代前期の公卿(摂政・関白・太政大臣)。摂政・関白・太政大臣藤原忠通の次男。
¶朝日([没]寛喜2年12月28日(1231年2月1日))，岩史([没]寛喜2(1230)年12月28日)，岡山人(ふじわらもとふさ　[生]天養1(1144)年)，岡山百([生]天養1(1144)年)，岡山歴([没]寛喜2(1230)年12月28日)，角史，鎌室(ふじわらもとふさ)，公卿([生]天養1(1144)年)，公家(基房〔松殿家(絶家)〕　もとふさ　[没]寛喜2(1230)年12月28日)，国史，国書(ふじわらもとふさ　[没]寛喜2(1230)年12月28日)，古史，古中，コン改([生]天養1(1144)年)，コン4([生]天養1(1144)年)，史人([生]1144年，(異説)1145年　[没]1230年12月28日)，諸系([没]1231年)，新潮([没]寛喜2(1230)年12月28日)，人名([生]1144年)，姓氏京都，世人([生]保延6(1144)年)，世百([生]1144年)，全書，日史([没]寛喜2(1230)年12月28日)，日人([没]1231年)，百科([生]天養1(1144)年)，平史，歴大

藤原基通　ふじわらのもとみち
→近衛基通(このえもとみち)

藤原基光　ふじわらのもとみつ
?　～康和2(1100)年3月17日　[別]藤原基光《ふじわらもとみつ》
平安時代中期の宮廷絵師(従五位上内匠頭)。
¶朝日(生没年不詳)，国書(ふじわらもとみつ)，人名，日人(生没年不詳)，平史(生没年不詳)，名画(ふじわらもとみつ)

藤原基行　ふじわらのもとゆき
治承4(1180)年～承久3(1221)年8月13日
鎌倉時代前期の公卿(非参議)。権大納言藤原邦綱の子。
¶公卿，公家(基行〔壬生家(絶家)〕　もとゆき)

藤原基良 ふじわらのもとよし
文治3(1187)年〜？　[別]粟田口基良《あわたぐちもとよし》
鎌倉時代前期の歌人・公卿(権大納言)。大納言藤原忠良の長男。
¶公卿([生]建久2(1191)年)，公家(基良〔粟田口家(絶家)〕　もとよし)，国書(粟田口基良　あわたぐちもとよし　[没]建治2(1276)年12月28日)，人名，日人([没]1277年)，和俳([生]建久2(1191)年)

藤原元善 ふじわらのもとよし
生没年不詳　[別]藤原元善《ふじわらもとよし》
平安時代前期の女性。光孝天皇の女御。
¶国書(ふじわらもとよし)，女性，人名，日人，平史

藤原基頼 ふじわらのもとより
長久1(1040)年〜保安3(1122)年　[別]持明院基頼《じみょういんもとより》
平安時代中期〜後期の貴族、持明院家の祖。
¶コン改(持明院基頼　じみょういんもとより)，コン4(持明院基頼　じみょういんもとより)，諸系，人名(持明院基頼　じみょういんもとより　[生]？)，日人，平史

藤原百川 ふじわらのももかわ
天平4(732)年〜宝亀10(779)年　[別]藤原朝臣百川《ふじわらのあそんももかわ》，藤原雄田麻呂《ふじわらのおだまろ》
奈良時代の官人(参議)。参議藤原宇合の八男。
¶朝日([没]宝亀10年7月9日(779年8月24日))，岩史([没]宝亀10(779)年7月9日)，角史，京都，京都大，京都府，公卿([没]宝亀10(779)年7月9日)，国史，古史，古代(藤原朝臣百川　ふじわらのあそんももかわ)，古中，コン改，コン4，史人([没]779年7月9日)，重要([没]宝亀10(779)年7月9日)，諸系，新潮([没]宝亀10(779)年7月9日)，人名，姓氏京都，世人([没]宝亀10(779)年7月9日)，世百，全書，大百，伝記，日史([没]宝亀10(779)年7月9日)，日人，百科，平史，歴大

藤原盛家 ふじわらのもりいえ
鎌倉時代前期の公卿(非参議)。非参議藤原家清の長男。
¶公卿(生没年不詳)，公家(盛家〔六条・春日・九条・紙屋河家(絶家)〕　もりいえ)

藤原盛方 ふじわらのもりかた
保延3(1137)年〜治承2(1178)年　[別]藤原盛方《ふじわらもりかた》
平安時代後期の歌人。
¶国書(ふじわらもりかた　[没]治承2(1178)年11月12日)，人名，日人，平史，和俳

藤原盛兼 ふじわらのもりかね
建久2(1191)年〜寛元3(1245)年1月5日　[別]藤原盛兼《ふじわらもりかね》
鎌倉時代前期の公卿(権中納言)。参議藤原兼経の裔。
¶朝日([没]寛元3年1月5日(1245年2月3日))，鎌室(ふじわらもりかね)，公卿([生]建久3(1192)年)，公家(盛兼〔楊梅家(絶家)〕　もりかね)，新潮，日人

藤原盛実 ふじわらのもりざね
生没年不詳
平安時代後期の官人。
¶平史

藤原盛重 ふじわらのもりしげ
生没年不詳
平安時代中期の官人。
¶平史

藤原盛季 ふじわらのもりすえ
*〜？
鎌倉時代前期の公卿(非参議)。非参議藤原定季の子。
¶公卿([生]元仁1(1224)年)，公家(盛季〔平松家(絶家)〕　もりすえ　[生]1226年)

藤原守正 ふじわらのもりただ
？〜天慶9(946)年　[別]藤原守正《ふじわらもりただ》
平安時代中期の公家・歌人。
¶国書(ふじわらもりただ　[没]天慶9(946)年11月19日)，平史

藤原盛経(1) ふじわらのもりつね
応保2(1162)年〜*　[別]藤原盛経《ふじわらもりつね》
平安時代後期〜鎌倉時代前期の公卿(非参議)。参議藤原俊経の子。
¶公卿([没]？)，公家(盛経〔大福寺家(絶家)〕　もりつね　[没]嘉禎1(1235)年)，国書(ふじわらもりつね　生没年不詳)

藤原盛経(2) ふじわらのもりつね
生没年不詳　[別]藤原盛経《ふじわらもりつね》
鎌倉時代の公家・歌人。
¶国書(ふじわらもりつね)

藤原盛長 ふじわらのもりなが
嘉禄1(1225)年〜永仁2(1294)年
鎌倉時代後期の公卿(非参議)。非参議藤原長季の子。
¶公卿，公家(盛長〔八条家(絶家)〕　もりなが)

藤原盛憲 ふじわらのもりのり
生没年不詳
平安時代後期の廷臣。
¶新潟百

藤原盛房 ふじわらのもりふさ
生没年不詳　[別]藤原盛房《ふじわらもりふさ》
平安時代後期の歌学者。
¶国書(ふじわらもりふさ)，コン改，コン4，人名，日人，平史，和俳

藤原守文 ふじわらのもりふみ
？〜天暦5(951)年　[別]藤原守文《ふじわらもりふみ》
平安時代中期の公家・歌人。

¶国書（ふじわらもりふみ　[没]天暦5（951）年3月20日），平史

藤原盛雅　ふじわらのもりまさ
生没年不詳　[別]藤原盛雅《ふじわらもりまさ》
平安時代後期の公家・歌人。
¶国書（ふじわらもりまさ），平史

藤原元利万呂　ふじわらのもりまろ
生没年不詳
平安時代前期の官人。
¶平史

藤原守義　ふじわらのもりよし
寛平8（896）年～天延2（974）年
平安時代中期の公卿（参議）。中納言藤原山陰の孫。
¶公卿（[没]天延2（974）年2月4日），平史

藤原師家(1)　ふじわらのもろいえ
万寿4（1027）年～康平1（1058）年
平安時代中期～後期の官人。
¶平史

藤原師家(2)　ふじわらのもろいえ
承安2（1172）年～暦仁1（1238）年　[別]松殿師家《まつどのもろいえ》，藤原師家《ふじわらもろいえ》
鎌倉時代前期の公卿（摂政・内大臣）。松殿家の祖。関白・太政大臣藤原基房の三男、母は太政大臣藤原忠雅の娘従三位忠子。
¶朝日（松殿師家　まつどのもろいえ　[没]暦仁1年10月4日（1238年11月11日）），岩史（[没]暦仁1（1238）年10月4日），鎌室（松殿師家　まつどのもろいえ），公卿（松殿師家　まつどのもろいえ　[没]嘉禎4（1238）年10月4日），公家（師家〔松殿家（絶家）〕　もろいえ　[没]嘉禎4（1238）年10月4日），国史，古中，コン4，史人（[没]1238年10月4日），諸系，新潮（松殿師家　まつどのもろいえ　[生]承安2（1172）年6月20日　[没]暦仁1（1238）年10月4日），人名，日人，平史，北条（ふじわらもろいえ）

藤原師氏　ふじわらのもろうじ
延喜13（913）年～天禄1（970）年　[別]藤原師氏《ふじわらもろうじ》
平安時代中期の歌人・公卿（大納言）。摂政・関白・左大臣藤原忠平の四男。
¶公卿（[没]天禄1（970）年7月14日），国書（ふじわらもろうじ　[没]天禄1（970）年7月14日），諸系，人名，日人，平史，和俳

藤原諸蔭　ふじわらのもろかげ
生没年不詳　[別]藤原諸蔭《ふじわらもろかげ》
平安時代前期の公家。
¶国書（ふじわらもろかげ）

藤原師兼(1)　ふじわらのもろかね
永承3（1048）年～承保3（1076）年
平安時代中期の公卿（参議）。右大臣藤原俊家の次男。
¶公卿（[没]承保3（1076）年3月2日），平史

藤原師兼(2)　ふじわらのもろかね
正平4（1349）年～明徳4（1393）年3月12日　[別]花山院師兼《かざんいんもろかね》
鎌倉時代後期の歌人。
¶国書（花山院師兼　かざんいんもろかね），人名，日人（生没年不詳），和俳（生没年不詳）

藤原諸葛　ふじわらのもろくず
天長3（826）年～寛平7（895）年
平安時代前期の公卿（中納言）。右大臣藤原三守の孫。
¶公卿（[没]寛平7（895）年6月20日），諸系，人名（[生]824年），日人，平史

藤原師実　ふじわらのもろざね
長久3（1042）年～康和3（1101）年　[別]京極太閤《きょうごくたいこう》，藤原師実《ふじわらもろざね》
平安時代中期～後期の公卿（摂政・関白・太政大臣）。摂政・関白・太政大臣・准三后藤原頼通の三男。
¶朝日（[没]康和3年2月13日（1101年3月14日）），岩史（[没]康和3（1101）年2月13日），角史，京都，京都大，公卿（[没]康和3（1101）年2月13日），国史，国書（ふじわらもろざね　[没]康和3（1101）年2月13日），古史，古中，コン改，コン4，史人（[生]1042年2月　[没]1101年2月13日），諸系，新潮（[没]康和3（1101）年2月13日），人名，姓氏京都，世人，世百，全書，大百，日史（[没]康和3（1101）年2月13日），日人，百科，平史，歴大，和歌山人，和俳（[没]康和3（1101）年2月13日）

藤原師輔　ふじわらのもろすけ
延喜8（908）年～天徳4（960）年　[別]九条師輔《くじょうもろすけ》，藤原師輔《ふじわらもろすけ》
平安時代中期の公卿（右大臣）。摂政・関白・左大臣藤原忠平の次男。
¶朝日（[没]天徳4年5月4日（960年5月31日）），岩史（[没]天徳4（960）年5月4日），角史，京都，京都大，公卿（[没]天徳4（960）年5月4日），国史，国書（ふじわらもろすけ　[没]天徳4（960）年5月4日），古史，古中，コン改，コン4，史人（[没]960年5月4日），重要，諸系，新潮（[没]天徳4（960）年5月4日），人名，姓氏京都，世人（九条師輔　くじょうもろすけ），世人，世百（[生]918年），全書，大百，日史（[没]天徳4（960）年5月4日），日人，百科，平史，歴大，和俳

藤原師賢　ふじわらのもろたか
→花山院師賢（かざんいんもろかた）

藤原師高　ふじわらのもろたか
？～治承1（1177）年　[別]近藤師高《こんどうもろたか》，藤原師高《ふじわらもろたか》
平安時代後期の人。後白河院の近習西光（藤原師光）の嫡男。
¶姓氏石川（近藤師高　こんどうもろたか），徳島歴（ふじわらもろたか　[没]治承1（1177）年6月9日），平史

藤原師尹　ふじわらのもろただ
延喜20（920）年～安和2（969）年　[別]藤原師尹《ふ

じわらのもろまさ,ふじわらもろまさ》
平安時代中期の公卿（左大臣）。摂政・関白・左大臣藤原忠平の五男。
¶朝日（[没]安和2年10月15日（969年11月27日）），岩史（ふじわらのもろまさ　[没]安和2（969）年10月15日），角史（ふじわらのもろまさ），公卿（[没]安和2（969）年10月14日），国史（ふじわらのもろまさ），国書（ふじわらもろまさ　[没]安和2（969）年10月15日），古中（ふじわらのもろまさ），コン改，コン4，史人（[没]969年10月15日），重要（[没]安和2（969）年10月），諸系，新潮（ふじわらのもろまさ　[没]安和2（969）年10月15日），人名，姓氏京都，世人，全書，日人，平史（ふじわらのもろまさ）

藤原師継　ふじわらのもろつぐ
→花山院師継（かざんいんもろつぐ）

藤原師嗣　ふじわらのもろつぐ
→二条師嗣（にじょうもろつぐ）

藤原師経(1)　ふじわらのもろつね
寛弘6（1009）年～治暦2（1066）年3月11日　[別]藤原師経《ふじわらもろつね》
平安時代中期の公卿（非参議）。大納言藤原朝光の孫。
¶公卿（[生]？），国書（ふじわらもろつね），平史

藤原師経(2)　ふじわらのもろつね
→大炊御門師経（おおいみかどもろつね）

藤原師長　ふじわらのもろなが
保延4（1138）年～建久3（1192）年　[別]藤原師長《ふじわらもろなが》,理覚《りかく》
平安時代後期の公卿（太政大臣）。左大臣藤原頼長の次男。
¶朝日（[没]建久3年7月19日（1192年8月28日）），鎌室（ふじわらもろなが），公卿，公家（師長〔宇治家（絶家）〕　もろなが　[生]保延4（1138）年2月　[没]建久3（1192）年7月19日），芸能（[没]建久3（1192）年7月19日），高知人，高知百，国史，国書（ふじわらもろなが　[生]保延4（1138）年2月　[没]建久3（1192）年7月19日），古中，コン改，コン4，史人（[生]1138年2月　[没]1192年7月19日），諸系，新潮（[没]建久3（1192）年7月19日），人名（[生]1137年），姓氏愛知（[生]1137年），世人，世百，全書，日音（[没]建久3（1192）年7月19日），日史（[生]保延4（1138）年2月　[没]建久3（1192）年7月19日），日人，仏教（理覚　りかく　[生]保延3（1137）年2月，（異説）保延4（1138）年2月　[没]建久3（1192）年7月19日），平史，歴大

藤原師成　ふじわらのもろなり
寛弘6（1009）年～永保1（1081）年
平安時代中期～後期の公卿（参議）。中納言藤原通任の長男。
¶公卿（[没]永保1（1081）年9月1日），平史

藤原諸成　ふじわらのもろなり
延暦12（793）年～斉衡3（856）年　[別]藤原朝臣諸成《ふじわらのあそんもろなり》
平安時代前期の官人。
¶古代（藤原朝臣諸成　ふじわらのあそんもろなり），平史

藤原師言　ふじわらのもろのぶ
室町時代の公卿（参議）。参議姉小路家綱の子。
¶公卿（生没年不詳），公家（師言〔小一条流姉小路家（絶家）〕　もろこと）

藤原師平　ふじわらのもろひら
？　～治承1（1177）年
平安時代後期の後白河上皇の近臣西光（藤原師光）の子。
¶平史

藤原師尹　ふじわらのもろまさ
→藤原師尹（ふじわらのもろただ）

藤原師通　ふじわらのもろみち
康平5（1062）年～康和1（1099）年　[別]後二条殿《ごにじょうどの》,藤原師通《ふじわらもろみち》
平安時代後期の公卿（関白・内大臣）。摂政・関白・太政大臣藤原師実の長男。
¶朝日（[生]康平5年9月11日（1062年10月16日）　[没]康和1年6月28日（1099年7月18日）），岩史（[生]康平5（1062）年9月11日　[没]承徳3（1099）年6月28日），角史，京都，京都大，公卿（[没]康和1（1099）年6月28日），国史，国書（ふじわらもろみち　[生]康平5（1062）年9月11日　[没]承徳3（1099）年6月28日），古史，古中，コン改，コン4，史人（[生]1062年9月11日　[没]1099年6月28日），諸系，新潮（[生]康平5（1062）年9月11日　[没]康和1（1099）年6月28日），人名，姓氏京都，世人，世百，全書，大百，日史（[没]康和1（1099）年6月28日），日人，百科，平史，歴大

藤原師光　ふじわらのもろみつ
？　～治承1（1177）年　[別]西光《さいこう》,藤原師光《ふじわらもろみつ》，藤原西光《ふじわらのさいこう》
平安時代後期の廷臣、僧。
¶朝日（西光　さいこう），岩史（[没]安元3（1177）年6月1日），角史，鎌室（西光　さいこう），国史，国書（ふじわらもろみつ　生没年不詳），古史，古中，コン改，コン4，史人，重要（西光　さいこう　[没]治承1（1177）年6月1日），諸系，新潮（西光　さいこう），人名，姓氏京都（西光　さいこう），世人（[没]治承1（1177）年6月1日），全書，大百，徳島百（西光　さいこう　[没]治承1（1177）年6月2日），徳島歴（ふじわらもろみつ　[没]治承1（1177）年6月2日），日史（西光　さいこう　[没]治承1（1177）年6月1日），日人，百科（西光　さいこう），平史（西光　さいこう），歴大

藤原師基(1)　ふじわらのもろもと
長元4（1031）年～承暦1（1077）年
平安時代中期～後期の官人。
¶平史

藤原師基(2)　ふじわらのもろもと
→二条師基（にじょうもろもと）

藤原師世　ふじわらのもろよ
？　～正平20/貞治4（1365）年
南北朝時代の公卿（非参議）。藤原済氏の子。
¶公卿，公家（師世〔小一条流姉小路家（絶家）〕　もろよ）

藤原保家(1)　ふじわらのやすいえ
？　～康平7（1064）年
平安時代中期～後期の人。太政大臣為光孫。
¶平史

藤原保家(2)　ふじわらのやすいえ
→持明院保家（じみょういんやすいえ）

藤原安雄　ふじわらのやすお
生没年不詳
平安時代前期の公卿。
¶神奈川人

藤原安宿媛　ふじわらのやすかべひめ
→光明皇后（こうみょうこうごう）

藤原康清　ふじわらのやすきよ
生没年不詳
平安時代後期の官人。
¶平史

藤原安国　ふじわらのやすくに
生没年不詳　[別]藤原安国《ふじわらやすくに》
平安時代中期の公家・歌人。
¶国書（ふじわらやすくに），平史

藤原安子　ふじわらのやすこ
→藤原安子（ふじわらのあんし）

藤原穏子　ふじわらのやすこ
→藤原穏子（ふじわらのおんし）

藤原泰子　ふじわらのやすこ
→高陽院（かやのいん）

藤原禔子　ふじわらのやすこ
→新朔平門院（しんさくへいもんいん）

藤原綏子　ふじわらのやすこ
天延2（974）年～寛弘1（1004）年　[別]藤原綏子《ふじわらのすいし》
平安時代中期の女性。三条天皇の尚侍。摂政藤原兼家の三女。
¶朝日（ふじわらのすいし　[没]寛弘1年2月7日（1004年2月29日）），コン改，コン4，諸系，女性（[没]寛弘1（1004）年2月7日），人名，日人，平史

藤原保実　ふじわらのやすざね
*～康和4（1102）年
平安時代後期の公卿（権中納言）。大納言藤原実季の次男。
¶公卿（[生]康平4（1061）年　[没]康和4（1102）年3月），平史（[生]1060年）

藤原保季　ふじわらのやすすえ
承安1（1171）年～？　[別]藤原保季《ふじわらやすすえ》
平安時代後期～鎌倉時代前期の公家・歌人。
¶公卿（生没年不詳），公家（保季〔六条・春日・九条・紙屋河家（絶家）〕　やすすえ），国書（ふじわらやすすえ），平史

藤原保輔　ふじわらのやすすけ
？　～永延2（988）年　[別]袴垂保輔《はかまだれやすすけ》
平安時代中期の官人。藤原南家の裔だが、盗賊として有名。
¶朝日（[没]永延2年6月17日（988年8月2日）），国史，古史，古中，コン改（袴垂保輔　はかまだれやすすけ），コン4（袴垂保輔　はかまだれやすすけ），コン4，史人（[没]988年6月17日），諸系，新潮（[没]永延2（988）年6月），姓氏京都，日人，平史，歴大

藤原康能　ふじわらのやすたか
→藤原康能（ふじわらのやすよし）

藤原保忠　ふじわらのやすただ
寛平2（890）年～承平6（936）年
平安時代中期の公卿（大納言）。左大臣藤原時平の長男。
¶朝日（[没]承平6年7月14日（936年8月3日）），公卿（[没]承平6（936）年7月14日），国史，古中，コン改，コン4，諸系，新潮（[没]承平6（936）年7月14日），人名，日人，平史

藤原安親　ふじわらのやすちか
延喜22（922）年～長徳2（996）年
平安時代中期の公卿（参議）。中納言藤原山陰の孫。
¶神奈川人，公卿（[没]長徳2（996）年3月8日），平史

藤原康長　ふじわらのやすなが
南北朝時代の廷臣。
¶人名，日人（生没年不詳）

藤原泰憲　ふじわらのやすのり
寛弘4（1007）年～永保1（1081）年
平安時代中期～後期の公卿（権中納言）。権中納言藤原為輔の曽孫。
¶公卿（[没]永保1（1081）年1月5日），平史

藤原保則　ふじわらのやすのり
天長2（825）年～寛平7（895）年　[別]藤原朝臣保則《ふじわらのあそんやすのり》，藤原保則《ふじわらやすのり》
平安時代前期の公卿（参議）。中納言藤原乙叡の孫。
¶秋田百，朝日（[没]寛平7年4月21日（895年5月19日）），岩史（[没]寛平7（895）年4月21日），岡山人（ふじわらやすのり），岡山百，岡山歴（[没]寛平7（895）年4月21日），角史，公卿（[没]寛平7（895）年4月21日），国史，古史，古代（藤原朝臣保則　ふじわらのあそんやすのり），古中，コン改，コン4，史人（[没]895年4月21日），庄内，諸系，新潮（[没]寛平7（895）年4月21日），人名，姓氏京都，世人（[没]寛平7（895）年4月21日），世

百，全書，大百，日史（[没]寛平7（895）年4月21日），日人，百科，福岡百，平史，宮城百，歴大

藤原保昌　ふじわらのやすまさ
天徳2（958）年～長元9（1036）年　[別]藤原保昌《ふじわらやすまさ》
平安時代中期の中級貴族。
¶朝日（[没]長元9（1036）年9月），国史，国書（ふじわらやすまさ　[没]長元9（1036）年9月），古史，古中，コン改，コン4，史人（[没]1036年9月），諸系，新潮（[没]長元9（1036）年9月），人名，姓氏京都，日音，日史（[没]長元9（1036）年9月），日人，百科，平史，和俳

藤原泰通(1)　ふじわらのやすみち
生没年不詳
平安時代中期の官人。
¶平史

藤原泰通(2)　ふじわらのやすみち
久安3（1147）年～承元4（1210）年　[別]藤原泰通《ふじわらやすみち》
平安時代後期～鎌倉時代前期の公卿（権大納言）。参議藤原為通の子。
¶鎌室（ふじわらやすみち　生没年不詳），公卿（生没年不詳），公家（泰通〔坊門家（絶家）〕　やすみち　[生]？　[没]承元4（1210）年9月30日），国書（ふじわらやすみち　[没]承元4（1210）年9月30日），日人，平史

藤原康光　ふじわらのやすみつ
生没年不詳　[別]藤原康光《ふじわらやすみつ》
鎌倉時代前期の公家・歌人。
¶国書（ふじわらやすみつ）

藤原康能　ふじわらのやすよし
？～永仁3（1295）年12月3日　[別]藤原康能《ふじわらのやすたか，ふじわらやすよし》
鎌倉時代後期の公卿（参議）。非参議藤原資能の長男。
¶公卿（ふじわらのやすたか），公家（康能〔実兼裔（絶家）〕　やすよし），国書（ふじわらやすよし），日人（[没]1296年）

藤原八束　ふじわらのやつか
→藤原真楯（ふじわらのまたて）

藤原山蔭（藤原山陰）　ふじわらのやまかげ
天長1（824）年～仁和4（888）年　[別]藤原山蔭政朝《ふじわらやまかげまさとも》，藤原山陰《ふじわらやまかげ》，藤原朝臣山陰《ふじわらのあそんやまかげ》
平安時代前期の公卿（中納言）。参議藤原藤嗣の孫。
¶朝日（藤原山陰　[没]仁和4年2月4日（888年3月20日）），大阪墓（藤原山蔭政朝　ふじわらやまかげまさとも），角史，公卿（藤原山陰　[没]仁和4（888）年2月4日），国史（藤原山陰），国書（藤原山陰　ふじわらやまかげ　[没]仁和4（888）年2月4日），古代（藤原朝臣山陰　ふじわらのあそんやまかげ），古中（藤原山陰），コン改，コン4，諸系，新潮（[没]仁和4（888）年2月4日），人名，姓氏京都，日史（[没]仁和4（888）年2月4日），日人，百科，平史（藤原山陰），歴大

藤原有子　ふじわらのゆうし
→安喜門院（あんきもんいん）

藤原行家(1)　ふじわらのゆきいえ
＊～長治3（1106）年　[別]藤原行家《ふじわらゆきいえ》
平安時代中期～後期の公家・漢詩人・歌人。
¶国書（ふじわらゆきいえ　[生]長元1（1028）年　[没]長治3（1106）年2月19日），平史（[生]1029年）

藤原行家(2)　ふじわらのゆきいえ
生没年不詳　[別]藤原行家《ふじわらゆきいえ》
平安時代後期の公家・歌人。
¶国書（ふじわらゆきいえ），平史

藤原行家(3)　ふじわらのゆきいえ
貞応2（1223）年～建治1（1275）年　[別]九条行家《くじょうゆきいえ》，藤原行家《ふじわらゆきいえ》
鎌倉時代前期の歌人・公卿（非参議）。非参議・藤原知家の子。
¶朝日（九条行家　くじょうゆきいえ　[没]建治1年1月11日（1275年2月8日）），神奈川人，公卿（九条行家　くじょうゆきいえ　[没]建治1（1275）年1月11日），公家（行家〔六条・春日・九条・紙屋河家（絶家）〕　ゆきいえ　[没]文永12（1275）年1月11日），国書（九条行家　くじょうゆきいえ　[没]文永12（1275）年1月11日），諸系，人書94（ふじわらゆきいえ），人名，日人，和俳（九条行家　くじょうゆきいえ　[没]建治1（1275）年1月11日）

藤原行葛　ふじわらのゆきくず
生没年不詳　[別]藤原行葛《ふじわらゆきくず》
平安時代中期の官人・漢詩人。
¶国書（ふじわらゆきくず）

藤原行実　ふじわらのゆきざね
南北朝時代の廷臣。
¶人名，日人（生没年不詳）

藤原行隆　ふじわらのゆきたか
大治5（1130）年～文治3（1187）年　[別]藤原行隆《ふじわらゆきたか》
平安時代後期の官人、安徳天皇の蔵人。
¶朝日（[没]文治3年3月17日（1187年4月27日）），岩史（[没]文治3（1187）年3月17日），鎌室（ふじわらゆきたか），コン4，新潮（[没]文治3（1187）年3月17日），日人，平史

藤原行経　ふじわらのゆきつね
長和1（1012）年～永承5（1050）年
平安時代中期の公卿（参議）。権大納言藤原行成の三男。
¶公卿（[没]永承5（1050）年閏10月14日），平史

藤原行長　ふじわらのゆきなが
生没年不詳
鎌倉時代前期の雅楽家、戦記物語作者。
¶姓氏京都，日音，日人，平史

ふ

藤原行成 ふじわらのゆきなり
天禄3（972）年～万寿4（1027）年 [別]藤原行成《ふじわらのこうぜい，ふじわらゆきなり》
平安時代中期の書家、公卿（権大納言）。太政大臣藤原伊尹の孫。能書家として知られる。三蹟の一人。
¶朝日（[没]万寿4年12月4日（1028年1月3日）），岩史（[没]万寿4（1027）年12月4日），角史，教育，京都，京都大，公卿（[没]万寿4（1027）年12月4日），国史，国書（ふじわらゆきなり [没]万寿4（1027）年12月4日），古史，古中，コン改（[生]天禄2（971）年），コン4，茶道，詩歌，史人（[没]1027年12月4日），重要（ふじわらのこうぜい [生]天禄2（971）年 [没]万寿4（1027）年12月4日），諸系（[没]1028年），新潮（ふじわらのこうぜい [生]天禄2（971）年 [没]万寿4（1027）年12月4日），人名，姓氏京都，世人（[没]万寿4（1027）年12月4日），世百，全書，大百，伝記，日史（[没]万寿4（1027）年12月4日），日人（[没]1028年），美術，百科，仏教（[没]万寿4（1027）年12月4日），平史，歴大，和俳（[没]万寿4（1027）年12月4日）

藤原行房 ふじわらのゆきふさ
？ ～延元2/建武4（1337）年 [別]世尊寺行房《せそんじゆきふさ》，藤原行房《ふじわらゆきふさ》
鎌倉時代後期～南北朝時代の廷臣。
¶鎌室（ふじわらゆきふさ），国書（世尊寺行房 せそんじゆきふさ [没]延元2（1337）年3月6日），諸系（世尊寺行房 せそんじゆきふさ），人名，日人

藤原行道 ふじわらのゆきみち
延暦8（789）年～斉衡1（854）年
奈良時代～平安時代前期の官人。従五位上藤原城主の長子。
¶平史

藤原行盛 ふじわらのゆきもり
承保1（1074）年～長承3（1134）年 [別]藤原行盛《ふじわらゆきもり》
平安時代後期の公家・歌人・漢詩人。
¶国書（ふじわらゆきもり [没]長承3（1134）年11月22日），平史

藤原世数 ふじわらのよかず
生没年不詳 [別]藤原朝臣世数《ふじわらのあそんよかず》
平安時代前期の官人。
¶姓氏群馬（藤原朝臣世数 ふじわらのあそんよかず），新潟百

藤原令明 ふじわらのよしあき
承保1（1074）年～康治2（1143）年
平安時代後期の文人。
¶平史

藤原刷雄 ふじわらのよしお
生没年不詳 [別]藤原刷雄《ふじわらのきよお，ふじわらのさつお》，藤原朝臣刷雄《ふじわらのあそんよしお》
奈良時代の貴族。藤原仲麻呂の子。留学生として入唐。
¶朝日，国史，古史，古代（藤原朝臣刷雄 ふじわらのあそんよしお），古中，コン改（ふじわらのさつお），コン4，史人，諸系，新潮（ふじわらのさつお），人名（ふじわらのきよお），日史，日人，百科，歴大

藤原是雄 ふじわらのよしお
？ ～天長8（831）年4月5日 [別]藤原是雄《ふじわらよしお》
奈良時代～平安時代前期の公家・漢詩人。
¶国書（ふじわらよしお）

藤原令緒 ふじわらのよしお
生没年不詳 [別]藤原令緒《ふじわらよしお》
平安時代前期の公家・漢詩人。
¶国書（ふじわらよしお）

藤原好風 ふじわらのよしかぜ
生没年不詳 [別]藤原好風《ふじわらよしかぜ》
平安時代前期の公家・歌人。
¶国書（ふじわらよしかぜ），平史

藤原良門 ふじわらのよしかど
生没年不詳
平安時代前期の官人。
¶角史，平史

藤原能清 ふじわらのよしきよ
嘉禄2（1226）年～永仁3（1295）年9月1日 [別]一条能清《いちじょうよしきよ》，藤原能清《ふじわらよしきよ》
鎌倉時代後期の公卿（参議）。非参議藤原頼氏の次男。
¶公卿，公家（能清〔一条家（絶家）〕 よしきよ），国書（ふじわらよしきよ），人名，日人，北条（一条能清 いちじょうよしきよ）

藤原良清 ふじわらのよしきよ
生没年不詳 [別]藤原良清《ふじわらよしきよ》
平安時代後期の公家・歌人。
¶国書（ふじわらよしきよ），平史

藤原怟子 ふじわらのよしこ
→藤原怟子（ふじわらのしし）

藤原忯子 ふじわらのよしこ
→藤原忯子（ふじわらのふし）

藤原温子 ふじわらのよしこ
→藤原温子（ふじわらのおんし）

藤原歓子 ふじわらのよしこ
→藤原歓子（ふじわらのかんし）

藤原嬉子 ふじわらのよしこ
→藤原嬉子(1)（ふじわらのきし）

藤原義子 ふじわらのよしこ
→藤原義子（ふじわらのぎし）

藤原吉子 ふじわらのよしこ
→藤原吉子（ふじわらのきっし）

藤原慶子 ふじわらのよしこ
→藤原慶子（ふじわらのけいし）

藤原仁善子 ふじわらのよしこ
→藤原仁善子（ふじわらのにぜこ）

藤原能子 ふじわらのよしこ
→藤原能子（ふじわらののうし）

藤原芳子 ふじわらのよしこ
→藤原芳子（ふじわらのほうし）

藤原妍子 ふじわらのよしこ
→藤原妍子（ふじわらのけんし）

藤原姚子 ふじわらのよしこ
→藤原姚子（ふじわらのちょうし）

藤原忻子 ふじわらのよしこ
→藤原忻子(1)（ふじわらのきんし）

藤原懿子 ふじわらのよしこ
→藤原懿子（ふじわらのいし）

藤原義定 ふじわらのよしさだ
生没年不詳　[別]藤原義定《ふじわらよしさだ》
平安時代中期の公家・歌人。
¶国書（ふじわらよしさだ），平史

藤原能実 ふじわらのよしざね
延久2（1070）年～長承1（1132）年
平安時代後期の公卿（大納言）。摂政・関白・太政大臣藤原師実の四男。
¶公卿（[没]長承1（1132）年9月9日），平史

藤原良実 ふじわらのよしざね
→二条良実（にじょうよしざね）

藤原能季(1) ふじわらのよしすえ
長暦3（1039）年～承暦1（1077）年
平安時代中期の公卿（権中納言）。右大臣藤原頼宗の五男、母は従五位下・相模守藤原親時の娘。
¶公卿（[没]承暦1（1077）年8月1日），平史

藤原能季(2) ふじわらのよしすえ
久寿1（1154）年～？
平安時代後期～鎌倉時代前期の公卿（非参議）。非参議藤原季行の子。
¶公卿，公家（能季〔平松家（絶家）〕　よしすえ）

藤原良相 ふじわらのよしすけ
→藤原良相（ふじわらのよしみ）

藤原良輔 ふじわらのよしすけ
→九条良輔（くじょうよしすけ）

藤原愛敬 ふじわらのよしたか
明和3（1766）年～天保12（1841）年4月23日　[別]藤原愛敬《ふじわらよしたか》
江戸時代中期～後期の公家（一条家諸大夫）。父は正五位下刑部権少輔難波定倫。
¶公家（愛敬〔一条家諸大夫 難波家（藤原氏）〕なるたか），国書（ふじわらよしたか　[生]明和3（1766）年11月6日）

藤原義孝(1) ふじわらのよしたか
天暦8（954）年～天延2（974）年　[別]藤原義孝《ふじわらよしたか》
平安時代中期の官人、歌人。三蹟の一人。
¶朝日（[没]天延2年9月16日（974年10月4日）），国史，国書（ふじわらよしたか　[没]天延2（974）年9月16日），古中，コン4，諸系，人名（[生]？），日人，仏教（[生]天暦7（953）年　[没]天延2（974）年9月），平史，和俳

藤原義孝(2) ふじわらのよしたか
→藤原義孝（ふじわらののりたか）

藤原義忠 ふじわらのよしただ
→藤原義忠（ふじわらののりただ）

藤原能忠 ふじわらのよしただ
鎌倉時代後期の公卿（非参議）。非参議藤原能季の子。
¶公卿（生没年不詳），公家（能忠〔平松家（絶家）〕　よしただ）

藤原良忠 ふじわらのよしただ
？　～正安1（1299）年10月23日
鎌倉時代後期の公卿（非参議）。非参議藤原良基の子。
¶公卿，公家（良忠〔月輪家（絶家）〕　よしただ）

藤原良縄 ふじわらのよしただ
弘仁5（814）年～貞観10（868）年　[別]藤原朝臣良縄《ふじわらのあそんよしただ》
平安時代前期の公卿（参議）。右大臣藤原内麿の孫。
¶朝日（[没]貞観10年12月18日（869年1月4日）），公卿（[没]貞観10（868）年2月18日），国史，古代（藤原朝臣良縄　ふじわらのあそんよしただ），古中，コン改，コン4，諸系，新潮（[没]貞観10（868）年2月18日），人名，姓氏京都，日人，平史

藤原義懐 ふじわらのよしちか
天徳1（957）年～寛弘5（1008）年　[別]藤原義懐《ふじわらよしちか》
平安時代中期の公卿（権中納言）。摂政・太政大臣藤原伊尹の五男。
¶朝日（[没]寛弘5年7月17日（1008年8月20日）），岩史（[没]寛弘5（1008）年7月17日），角史，公卿（[没]寛弘5（1008）年7月17日），国史，国書（ふじわらよしちか　[没]寛弘5（1008）年7月17日），古中，コン改（[生]天暦10（956）年），コン4（[生]天暦10（956）年），史人（[没]1008年7月17日），諸系，新潮（[没]寛弘5（1008）年7月17日），人名，世人，全書，日人，平史，歴大

藤原良近 ふじわらのよしちか
弘仁14（823）年～貞観17（875）年　[別]藤原朝臣良近《ふじわらのあそんよしちか》
平安時代前期の官人。

¶古代（藤原朝臣良近　ふじわらのあそんよしちか），神人，人名（[生]801年），平史

藤原良継　ふじわらのよしつぐ
霊亀2（716）年～宝亀8（777）年　[別]藤原宿奈麻呂《ふじわらのすくなまろ》，藤原朝臣宿奈麻呂《ふじわらのあそみすくなまろ》，藤原朝臣良継《ふじわらのあそんよしつぐ》
奈良時代の官人（内大臣）。参議藤原宇合の次男。
¶朝日（[没]宝亀8年9月18日（777年10月23日）），岩史（[没]宝亀8（777）年9月18日），角史，神奈川人（藤原宿奈麻呂　ふじわらのすくなまろ），公卿（[没]宝亀8（777）年9月18日），国史，古史，古代（藤原朝臣良継　ふじわらのあそんよしつぐ），古中，コン改，コン4，史人（[没]777年9月18日），新潮（[没]宝亀8（777）年9月18日），人名，世人，世百，全書，日史（[没]宝亀8（777）年9月18日），日人，百科，万葉（藤原朝臣宿奈麻呂　ふじわらのあそみすくなまろ），歴大

藤原良経(1)　ふじわらのよしつね
？～天喜6（1058）年　[別]藤原良経《ふじわらよしつね》
平安時代中期～後期の公家・歌人。
¶国書（ふじわらよしつね　[没]天喜6（1058）年8月2日），平史

藤原良経(2)　ふじわらのよしつね
→九条良経（くじょうよしつね）

藤原良尚　ふじわらのよしなお
→藤原良尚（ふじわらのよしひさ）

藤原能仲　ふじわらのよしなか
生没年不詳
平安時代後期の官人。右大臣藤原頼宗の曾孫。
¶平史

藤原能長　ふじわらのよしなが
治安2（1022）年～永保2（1082）年
平安時代中期～後期の公卿（内大臣）。権大納言藤原能信の四男。
¶朝日（[没]永保2年11月14日（1082年12月6日）），公卿（[没]永保2（1082）年11月14日），国史，古中，コン4，諸系，日人，平史

藤原能成　ふじわらのよしなり
長寛1（1163）年～嘉禎4（1238）年7月5日
平安時代後期～鎌倉時代前期の公卿（非参議）。参議藤原忠能の孫。
¶公卿，公家（能成〔鷹司家（絶家）〕　よしなり），平史

藤原吉野　ふじわらのよしの
延暦5（786）年～承和13（846）年　[別]藤原朝臣吉野《ふじわらのあそんよしの》
平安時代前期の公卿（中納言）。参議藤原綱嗣の長男。
¶朝日（[没]承和13年8月12日（846年9月6日）），公卿（[没]承和13（846）年8月12日），国史，古代（藤原朝臣吉野　ふじわらのあそんよしの），古中，コン4，諸系，人名，日人，平史

藤原能信　ふじわらのよしのぶ
長徳1（995）年～治暦1（1065）年　[別]藤原能信《ふじわらよしのぶ》
平安時代中期の公卿（権大納言）。摂政・太政大臣藤原道長の五男。
¶朝日（[没]治暦1年2月9日（1065年3月18日）），公卿（[没]治暦1（1065）年2月9日），国史，国書（ふじわらよしのぶ　[没]康平8（1065）年2月9日），古中，コン改，コン4，史人（[没]1065年2月9日），諸系，新潮（[没]治暦1（1065）年2月9日），人名，日史（[没]治暦1（1065）年2月9日），日人，百科，平史

藤原良教　ふじわらのよしのり
元仁1（1224）年～弘安10（1287）年7月4日　[別]粟田口良教《あわたぐちよしのり》，藤原良教《ふじわらよしのり》，二条良教《にじょうよしのり》
鎌倉時代後期の公卿（大納言）。関白近衛基実の曽孫。
¶鎌室（ふじわらよしのり），公卿（二条良教　にじょうよしのり），公家（良教〔粟田口家（絶家）〕　よしのり），国書（粟田口良教　あわたぐちよしのり），人名，日人

藤原良範　ふじわらのよしのり
生没年不詳
平安時代前期の官人。藤原純友の父。
¶平史

藤原良尚　ふじわらのよしひさ
弘仁9（818）年～元慶1（877）年　[別]藤原朝臣良尚《ふじわらのあそんよしひさ》，藤原良尚《ふじわらのよしなお》
平安時代前期の官人。
¶神奈川人（ふじわらのよしなお），古代（藤原朝臣良尚　ふじわらのあそんよしひさ），諸系，日人，平史

藤原良仁　ふじわらのよしひと
弘仁10（819）年～貞観2（860）年　[別]藤原朝臣良仁《ふじわらのあそんよしひと》
平安時代前期の官人。
¶古代（藤原朝臣良仁　ふじわらのあそんよしひと），諸系，人名，日人，平史

藤原良平　ふじわらのよしひら
→九条良平（くじょうよしひら）

藤原良房　ふじわらのよしふさ
延暦23（804）年～貞観14（872）年　[別]忠仁公《ちゅうじんこう》，藤原朝臣良房《ふじわらのあそんよしふさ》，藤原良房《ふじわらよしふさ》
平安時代前期の公卿（摂政・太政大臣）。左大臣藤原冬嗣の次男。承和の変、応天門の変で他氏を次々に排斥して専権を手にし、人臣最初の摂政となる。
¶朝日（[没]貞観14年9月2日（872年10月7日）），岩史（[没]貞観14（872）年9月2日），角史，京都，京都大，公卿（[没]貞観14（872）年9月4日），国史，国書（ふじわらよしふさ　[没]貞観14（872）年9月2日），古史，古代（藤原朝臣良房　ふじわらの

あそんよしふさ），古中，コン改，コン4，史人（[没]872年9月2日），重要（[没]貞観14（872）年9月2日），諸系，新潮（[没]貞観14（872）年9月2日），人名，姓氏京都，世人（[没]貞観14（872）年9月2日），世百，全書，大百，伝記，日史（[没]貞観14（872）年9月2日），日人，百科，平史，歴大

藤原良相 ふじわらのよしみ
弘仁4（813）年～貞観9（867）年　[別]藤原朝臣良相《ふじわらのあそんよしみ》，藤原良相《ふじわらのよしすけ，ふじわらよしみ》
平安時代前期の公卿（右大臣）。左大臣藤原冬嗣の五男。
¶朝日（[没]貞観9年10月10日（867年11月9日）），岩史（[没]貞観9（867）年10月10日），角史，神奈川人（ふじわらのよしすけ），公卿（[生]弘仁8（817）年　[没]貞観9（867）年10月10日），国史，国書（ふじわらよしみ　[没]貞観9（867）年10月10日），古史，古代（藤原朝臣良相　ふじわらのあそんよしみ　[生]817年，（異説）813年），古中，コン改，コン4，史人（[生]813年，（異説）817年　[没]867年10月10日），諸系，新潮（[没]貞観9（867）年10月10日），人名（ふじわらのよしすけ），姓氏京都，世人（ふじわらのよしすけ　[没]貞観9（867）年10月10日），全書，長野歴（ふじわらのよしすけ），日史（[没]貞観9（867）年10月10日），日人，百科，仏教（[没]貞観9（867）年10月10日），平史，歴大（ふじわらのよしすけ）

藤原能通 ふじわらのよしみち
生没年不詳　[別]藤原能通《ふじわらよしみち》
平安時代中期の公家・歌人。
¶国書（ふじわらよしみち），平史

藤原良通 ふじわらのよしみち
→九条良通（くじょうよしみち）

藤原能基 ふじわらのよしもと
→一条能基（いちじょうよしもと）

藤原良基(1) ふじわらのよしもと
万寿1（1024）年～承保2（1075）年閏4月19日
[別]藤原良基《ふじわらよしもと》
平安時代中期の公卿（参議）。権中納言藤原良頼の長男。
¶公卿，国書（ふじわらよしもと），平史

藤原良基(2) ふじわらのよしもと
嘉禎2（1236）年～正応5（1292）年1月10日
鎌倉時代後期の公卿（非参議）。内大臣九条基家の次男。
¶公卿，公家（良基〔月輪家（絶家）〕　よしもと）

藤原良基(3) ふじわらのよしもと
→二条良基（にじょうよしもと）

藤原能盛(1) ふじわらのよしもり
生没年不詳　[別]藤原能盛《ふじわらよしもり》
平安時代後期の貴族、後白河院近侍。
¶朝日，鎌室（ふじわらよしもり），新潮，日人，広島百（[生]長承1（1132）年ころ），平史

藤原能盛(2) ふじわらのよしもり
生没年不詳
平安時代後期の武官。
¶朝日，平史

藤原能保 ふじわらのよしやす
→一条能保（いちじょうよしやす）

藤原良世 ふじわらのよしよ
弘仁14（823）年～昌泰3（900）年　[別]藤原朝臣良世《ふじわらのあそんよしよ》，藤原良世《ふじわらよしよ》
平安時代前期の公卿（左大臣）。左大臣藤原冬嗣の八男。
¶朝日（[生]？　[没]昌泰3年11月18日（900年12月12日）），公卿（[没]昌泰3（900）年11月18日），国史（[生]？），国書（ふじわらよしよ　[没]昌泰3（900）年11月18日），古代（藤原朝臣良世　ふじわらのあそんよしよ　[生]824年，（異説）822年），古中（[生]？），コン改，コン4，諸系，新潮（[生]弘仁14（823）年？　[没]昌泰3（900）年11月18日），人名，日人，平史（[生]824年）

藤原良頼 ふじわらのよしより
長保4（1002）年～永承3（1048）年
平安時代中期の公卿（権中納言）。中納言藤原隆家の長男。
¶公卿（[没]永承3（1048）年7月2日），平史

藤原世嗣 ふじわらのよつぎ
→藤原世嗣（ふじわらのよつぐ）

藤原世嗣 ふじわらのよつぐ
宝亀10（779）年～天長8（831）年　[別]藤原世嗣《ふじわらのよつぎ》
平安時代前期の廷臣。
¶人名（ふじわらのよつぎ），平史

藤原頼氏 ふじわらのよりうじ
建久9（1198）年～宝治2（1248）年4月5日　[別]一条頼氏《いちじょうよりうじ》，藤原頼氏《ふじわらよりうじ》
鎌倉時代前期の公卿（非参議）。参議藤原高能の三男、母は関白・太政大臣鷹司基忠の娘。
¶公卿，公家（頼氏〔一条家（絶家）〕　よりうじ），国書（ふじわらよりうじ），北条（一条頼氏　いちじょうよりうじ）

藤原頼方 ふじわらのよりかた
生没年不詳
平安時代中期の貴族。
¶平史

藤原頼清 ふじわらのよりきよ
生没年不詳　[別]藤原頼清《ふじわらよりきよ》
鎌倉時代後期～南北朝時代の公家・歌人。
¶国書（ふじわらよりきよ）

藤原頼子 ふじわらのよりこ
？～承平6（936）年　[別]藤原頼子《ふじわらのらいし》
平安時代前期～中期の女性。清和天皇の女御。

¶諸系，女性（ふじわらのらいし　[没]承平6（936）年9月23日），人名，日人，平史

藤原頼定　ふじわらのよりさだ
天治2（1125）年〜養和1（1181）年3月18日
平安時代後期の公卿（参議）。権中納言藤原経定の子。
¶公卿，公家（頼定〔堀河2・三条家（絶家）〕　よりさだ），平史（[生]1127年）

藤原頼実　ふじわらのよりざね
→大炊御門頼実（おおいみかどよりざね）

藤原頼季　ふじわらのよりすえ
？　〜文治2（1186）年
平安時代後期の公卿（非参議）。権中納言藤原清隆の三男。
¶公卿，公家（頼季〔壬生家（絶家）〕　よりすえ），新潟百，平史

藤原頼資　ふじわらのよりすけ
寿永1（1182）年〜嘉禎2（1236）年　[別]広橋頼資《ひろはしよりすけ》，藤原頼資《ふじわらよりすけ》
鎌倉時代前期の公卿（権中納言）。権中納言藤原兼光の四男。
¶朝日（[没]嘉禎2年2月30日（1236年4月7日）），公卿（[没]嘉禎2（1236）年2月30日），公家（頼資〔広橋家〕　よりすけ　[没]嘉禎2（1236）年2月30日），国書（ふじわらよりすけ　[没]嘉禎2（1236）年2月30日），諸系（広橋頼資　ひろはしよりすけ），日人（広橋頼資　ひろはしよりすけ），和歌山人（[生]？）

藤原頼輔　ふじわらのよりすけ
天永3（1112）年〜文治2（1186）年　[別]藤原頼輔《ふじわらよりすけ》
平安時代後期の公卿（非参議）。大納言藤原忠教の四男、母は賀茂神主成継の娘。
¶朝日（[没]文治2年4月5日（1186年4月25日）），大分百（[生]1111年），大分歴（[生]天永2（1111）年），鎌室（ふじわらよりすけ），公卿（[没]文治2（1186）年4月5日），公家（頼輔〔難波家〕　よりすけ　[没]文治2（1186）年4月5日），国書（ふじわらよりすけ　[没]文治2（1186）年4月5日），コン改，コン4，諸系，新潮（[没]文治2（1186）年4月5日），人名（[没]1187年），日人，平史，和俳（[没]文治2（1186）年4月5日）

藤原頼孝　ふじわらのよりたか
生没年不詳　[別]藤原頼孝《ふじわらよりたか》
平安時代中期の公家・歌人。
¶国書（ふじわらよりたか），平史

藤原頼隆　ふじわらのよりたか
建仁2（1202）年〜？　[別]藤原頼隆《ふじわらよりたか》
鎌倉時代前期の公卿（参議）。権中納言藤原顕俊の長男。
¶鎌室（ふじわらよりたか），公卿，公家（頼隆〔堀河・岩蔵・葉室1家（絶家）〕　よりたか），日人

藤原頼忠　ふじわらのよりただ
延長2（924）年〜永祚1（989）年　[別]藤原頼忠《ふじわらよりただ》，廉義公《れんぎこう》
平安時代中期の公卿（関白・太政大臣）。摂政・関白・太政大臣藤原実頼の次男。
¶朝日（[没]永祚1年6月26日（989年7月31日）），岩史（[没]永延3（989）年6月26日），角史，公卿（[没]永祚1（989）年6月26日），国史，国書（ふじわらよりただ　[没]永延3（989）年6月26日），古中，コン改，コン4，史人（[没]989年6月26日），重要（[没]永祚1（989）年6月26日），諸系，新潮（[没]永祚1（989）年6月26日），人名，姓氏京都，世人，全書，日史（[没]永祚1（989）年6月26日），日人，百科，平史，歴大

藤原頼親　ふじわらのよりちか
天禄3（972）年〜寛弘7（1010）年
平安時代中期の官人。
¶平史

藤原頼嗣　ふじわらのよりつぐ
延応1（1239）年〜康元1（1256）年　[別]九条頼嗣《くじょうよりつぐ》，藤原頼嗣《ふじわらよりつぐ》
鎌倉時代前期の鎌倉幕府第5代の将軍（在職1244〜1252）。権大納言藤原頼経（4代将軍）の子。
¶朝日（[生]延応1年11月21日（1239年12月17日）　[没]康元1年9月25日（1256年10月14日）），角史（九条頼嗣　くじょうよりつぐ），神奈川人，鎌倉，鎌室（九条頼嗣　くじょうよりつぐ），京都大（九条頼嗣　くじょうよりつぐ），公卿（[没]康元1（1256）年9月25日），公家（頼嗣〔鎌倉将軍家（絶家）〕　よりつぐ　[没]建長8（1256）年9月25日），国史，古中，コン改（九条頼嗣　くじょうよりつぐ），コン4（九条頼嗣　くじょうよりつぐ），史人（[生]1239年11月21日　[没]1256年9月25日），重要（[没]康元1（1256）年9月25日），諸系（九条頼嗣　くじょうよりつぐ），新潮（九条頼嗣　くじょうよりつぐ　[生]延応1（1239）年11月21日　[没]康元1（1256）年9月25日），人名，姓氏神奈川（九条頼嗣　くじょうよりつぐ），世人（九条頼嗣　くじょうよりつぐ　[没]康元1（1256）年9月25日），日史（[生]延応1（1239）年11月21日　[没]康元1（1256）年9月25日），日人（九条頼嗣　くじょうよりつぐ），百科，北条（ふじわらよりつぐ），歴大（九条頼嗣　くじょうよりつぐ）

藤原頼経(1)　ふじわらのよりつね
？　〜建保4（1216）年　[別]藤原頼経《ふじわらよりつね》
平安時代後期〜鎌倉時代前期の官人。
¶大分歴，鎌室（ふじわらよりつね），諸系（[没]1217年），新潮（[没]建保4（1216）年12月），日人（[没]1217年），平史

藤原頼経(2)　ふじわらのよりつね
建保6（1218）年〜康元1（1256）年　[別]九条頼経《くじょうよりつね》，三寅《みとら》，藤原頼経《ふじわらよりつね》
鎌倉時代前期の鎌倉幕府第4代の将軍（在職1226

〜1244)。関白・左大臣九条道家の三男。初の摂家将軍として鎌倉下向。のち反北条の立場をとり送還された。
¶朝日(㊥建保6年1月16日(1218年2月12日) ㊧康元1年8月11日(1256年9月1日))，岩史(㊥建保6(1218)年1月16日 ㊧建長8(1256)年8月11日)，角史(九条頼経 くじょうよりつね)，神奈川人，鎌倉，鎌室(九条頼経 くじょうよりつね)，京都大(九条頼経 くじょうよりつね)，公卿(㊧康元1(1256)年8月11日)，公家(頼経〔鎌倉将軍家(絶家)〕 よりつね ㊧建長8(1256)年8月11日，国史，古中，コン改(九条頼経 くじょうよりつね)，コン4(九条頼経 くじょうよりつね)，史人(㊥1218年1月16日 ㊧1256年8月11日)，重要(㊧康元1(1256)年8月11日)，諸系(九条頼経 くじょうよりつね)，新潮(九条頼経 くじょうよりつね)㊥建保6(1218)年1月16日 ㊧康元1(1256)年8月11日)，人名，姓氏神奈川(九条頼経 くじょうよりつね)，姓氏京都(九条頼経 くじょうよりつね)，世人(九条頼経 くじょうよりつね)㊧康元1(1256)年8月11日)，世百，全書(九条頼経 くじょうよりつね)，大百(九条頼経 くじょうよりつね)，伝記，日史(㊥建保6(1218)年1月16日 ㊧康元1(1256)年8月11日)，百科，歴大(九条頼経 くじょうよりつね)

藤原頼任 ふじわらのよりとう
? 〜長元3(1030)年
平安時代中期の人。藤原時明男。
¶兵庫百，史史

藤原頼長 ふじわらのよりなが
保安1(1120)年〜保元1(1156)年 ㊨悪左府《あくさふ》，宇治左大臣《うじのさだいじん》，藤原頼長《ふじわらよりなが》
平安時代後期の公卿(左大臣)。摂政・関白・太政大臣藤原忠実の次男。父忠実の偏愛を受け，兄忠通をこえて氏長者になったが，のち失脚。復権をかけて崇徳上皇と結び保元の乱を起こしたが，戦傷がもとで死去。
¶朝日(㊥保安1(1120)年5月 ㊧保元1年7月14日(1156年8月1日))，岩史(㊥保安1(1120)年5月 ㊧保元1(1156)年7月14日)，角史，京都，京都大，公卿(㊧保元1(1156)年7月14日)，公家(頼長〔宇治家(絶家)〕 よりなが ㊥保安1(1120)年5月 ㊧保元1(1156)年7月14日)，国史，国書(ふじわらよりなが ㊥保安1(1120)年5月 ㊧保元1(1156)年7月14日)，古史，古中，コン改，コン4，史人，史人(㊥1156年7月14日)，重要(㊥保安1(1120)年5月 ㊧保元1(1156)年7月14日)，庄内(㊧保元1(1156)年7月14日)，諸系，人書94(ふじわらよりなが)，新潮，人名，姓氏京都，世人(㊧保元1(1156)年7月14日)，世百，全書，大百，伝記，日史(㊥保安1(1120)年5月 ㊧保元1(1156)年7月14日)，日人，百科，平史，歴大

藤原頼業 ふじわらのよりなり
生没年不詳 ㊨寂然《じゃくぜん，じゃくねん》，

藤原頼業《ふじわらよりなり》
平安時代後期〜鎌倉時代前期の歌人。
¶朝日(㊥元永(1118〜1120)頃)，鎌室(ふじわらよりなり)，国書(寂然 じゃくぜん)，詩歌(寂然 じゃくねん)，史人，諸系(寂然 じゃくぜん)，人名，全書(寂然 じゃくねん)，日史，日人(寂然 じゃくぜん)，百科，仏教(寂然 じゃくねん)，平史(寂然 じゃくねん)，和俳

藤原頼成(1) ふじわらのよりなり
平安時代中期の村上天皇の皇孫，具平親王の王子。
¶人名，平史(生没年不詳)

藤原頼成(2) ふじわらのよりなり
? 〜正和5(1316)年6月
鎌倉時代後期の公卿(非参議)。権中納言藤原教成の孫。
¶公卿，公家(頼成〔冷泉家(絶家)2〕 よりなり)

藤原頼信 ふじわらのよりのぶ
生没年不詳
平安時代中期の衛門府官人。
¶平史

藤原頼教 ふじわらのよりのり
? 〜正平7/文和1(1352)年6月30日
南北朝時代の公卿(参議)。権大納言藤原宗頼の裔。
¶公卿，公家(頼教〔葉室家(絶家)2〕 よしのり)

藤原頼範 ふじわらのよりのり
応保2(1162)年〜?
平安時代後期〜鎌倉時代前期の公卿(非参議)。非参議藤原光範の子。
¶公卿，公家(頼範〔成季裔(絶家)〕 よりのり)

藤原頼房 ふじわらのよりふさ
安元2(1176)年〜建長5(1253)年 ㊨藤原頼房《ふじわらよりふさ》
鎌倉時代前期の公卿(非参議)。参議藤原頼定の次男。
¶鎌室(ふじわらよりふさ)，公卿(?)，公家(頼房〔堀河2・三条家(絶家)〕 よりふさ ㊧?)，新潟百，日人

藤原頼通 ふじわらのよりみち
正暦3(992)年〜承保1(1074)年 ㊨宇治関白《うじのかんぱく》，藤原頼通《ふじわらよりみち》，宇治殿《うじどの》
平安時代中期の公卿(摂政・太政大臣・准三后)。摂関政治の最盛期を父道長より受け継ぐ。ただ頼通の娘は皇子を生まなかったので外戚としての地位は揺らぐことになった。また宇治に平等院鳳凰堂を建立したことでも知られた。
¶朝日(㊥正暦3(992)年1月 ㊧承保1年2月2日(1074年3月2日))，岩史(㊥正暦3(992)年1月 ㊧延久6(1074)年2月2日)，角史，京都(㊥正暦1(990)年)，京都大(㊥正暦1(990)年)，京都

府（[生]正暦1（990）年），公卿（[没]延久6（1074）年2月2日），国史，国書（ふじわらよりみち　[生]正暦3（992）年1月　[没]延久6（1074）年2月2日），古史，古中，コン改，コン4，史人（[生]992年1月[没]1074年2月2日），重要（[没]承保1（1074）年2月2日），諸系，新潮（[没]承保1（1074）年2月2日），人名（[生]990年），姓氏京都，世人（[生]正暦1（990）年　[没]承保1（1074）年2月2日），世百，全書，大百，伝記，日史（[没]承保1（1074）年2月2日），日人，百科，仏教（[没]延久6（1074）年2月2日），平史，歴大，和歌山人（[生]990年）

藤原頼宗 ふじわらのよりむね
正暦4（993）年～康平8（1065）年2月3日　[別]藤原頼宗《ふじわらよりむね》
平安時代中期の公卿（右大臣）。摂政・太政大臣藤原道長の次男。
¶朝日（[没]治暦1年2月3日（1065年3月12日）），岩史，公卿，国史，国書（ふじわらよりむね），古中，コン改，コン4，史人（[生]992年，（異説）993年），諸系，新潮，人名，世人，日音，日人，平史，和俳

藤原頼保 ふじわらのよりやす
？～治承3（1179）年　[別]藤原頼保《ふじわらよりやす》
平安時代後期の公家・歌人。
¶国書（ふじわらよりやす　[没]治承3（1179）年1月），平史

藤原頼行 ふじわらのよりゆき
生没年不詳
平安時代中期の軍事貴族。
¶平史

藤原因香 ふじわらのよるか
生没年不詳　[別]藤原因香《ふじわらよるか》
平安時代前期の歌人。
¶国書（ふじわらよるか），人名，日人，平史，和俳

藤原万緒 ふじわらのよろずお
生没年不詳
平安時代前期の人。参議藤原保則の子。
¶平史

藤原頼子 ふじわらのらいし
→藤原頼子（ふじわらのよりこ）

藤原立子 ふじわらのりっし，ふじわらのりつし
→東一条院（ひがしいちじょういん）

藤原隆子 ふじわらのりゅうし
→逢春門院（ほうしゅんもんいん）

藤原亮子 ふじわらのりょうし
→殷富門院（いんぷもんいん）

藤原旅子 ふじわらのりょし
→藤原旅子（ふじわらのたびこ）

藤原麗子 ふじわらのれいこ
→陰明門院（おんめいもんいん）

藤原麗子 ふじわらのれいし
→陰明門院（おんめいもんいん）

藤原廉子 ふじわらのれんし
→阿野廉子（あのれんし）

藤原和香子 ふじわらのわかこ
？～承平5（935）年
平安時代中期の女性。醍醐天皇の女御。
¶諸系，女性（[没]承平5（935）年11月），人名，日人，平史

藤原夫人 ふじわらふじん
→五百重娘（いおえのいらつめ）

藤原南夫人 ふじわらみなみのふじん
→藤原南夫人（ふじわらみなみのぶにん）

藤原南夫人 ふじわらみなみのぶにん
？～天平20（748）年　[別]藤原南夫人《ふじわらみなみのふじん》
奈良時代の女性。聖武天皇の妃。南家藤原武智麻呂の娘。
¶女性（ふじわらみなみのふじん　[没]天平20（748）年6月），日人

敷政門院 ふせいもんいん
元中7/明徳1（1390）年～文安5（1448）年　[別]源幸子《みなもとこうし，みなもとのこうし，みなもとのゆきこ》，庭田幸子《にわたこうし》，敷政門院《しせいもんいん》
室町時代の女性。伏見宮家3代貞成親王（後崇光院）の妃。
¶朝日（源幸子　みなもとのこうし　[没]文安5年4月13日（1448年5月15日）），鎌室（[生]？），史人（[生]？　[没]1448年4月13日），諸系，女性（[没]文安5（1448）年4月13日），新潮（[生]？　[没]文安5（1448）年4月13日），人名，日人

布勢内親王（布施内親王） ふせないしんのう
？～弘仁3（812）年
平安時代前期の女性。桓武天皇の第5皇女。
¶朝日（[没]弘仁3年8月6日（812年9月14日）），国史，古代，古中，女性（[没]弘仁3（812）年8月6日），人名（布施内親王），日人，平史（布施内親王）

布勢大海 ふせのおおあま
[別]布勢朝臣大海《ふせのあそんおおあま》
奈良時代の官人。
¶古代（布勢朝臣大海　ふせのあそんおおあま），日人（生没年不詳）

布勢清直 ふせのきよなお
[別]布勢朝臣清直《ふせのあそんきよなお》
平安時代前期の送唐客使。
¶古代（布勢朝臣清直　ふせのあそんきよなお），人名，日人（生没年不詳）

布勢色布智 ふせのしこふち
生没年不詳
奈良時代の官人。

¶神奈川人，姓氏神奈川

布勢人主 ふせのひとぬし
[別]布勢朝臣人主《ふせのあそみひとぬし》
奈良時代の遣唐判官、歌人。
¶人名，日人（生没年不詳），万葉（布勢朝臣人主　ふせのあそみひとぬし）

布勢御主人 ふせのみうし
→阿倍御主人（あべのみうし）

布勢御主人 ふせのみぬし
→阿倍御主人（あべのみうし）

伏原（家名） ふせはら
→伏原（ふしはら）

両道入姫皇女 ふたじいりひめのおうじょ
→両道入姫命（ふたじのいりびめのみこと）

両道入姫命 ふたじのいりびめのみこと
[別]両道入姫皇女《ふたじいりひめのおうじょ》
上代の女性。垂仁天皇の皇女。日本武尊の妃。
¶古代，諸系，女性，人名（両道入姫皇女　ふたじいりひめのおうじょ），日人

二荒芳徳 ふたらよしのり
明治19（1886）年10月26日～昭和42（1967）年4月21日
明治～昭和期の皇族、内務官僚。大日本少年団連盟理事長。伊予宇和島藩主伊達宗徳の子で、二荒芳之伯爵の養子。東宮職御用掛、貴族院議員、ボーイスカウト日本連盟コミッショナーを歴任。
¶愛媛百，現朝，現情，コン改，コン4，コン5，新潮，人名7，世紀，政治，日人，履歴，履歴2

二荒芳之 ふたらよしゆき
明治22（1889）年3月22日～明治42（1909）年8月18日
明治期の皇族。伯爵。北白川宮能久親王の第5王子。二荒伯爵家を創設。園芸が得意で、新宿御苑の栽培に専心。
¶人名，日人

仏国国師 ぶっこくこくし
→高峰顕日（こうほうけんにち）

布都姫夫人 ふつひめのぶにん
生没年不詳　[別]布都姫夫人《ふつひめふじん》
飛鳥時代の女性。崇峻天皇の夫人か。「事紀」で物部守屋の妹とされる。
¶女性（ふつひめふじん），日人

布都姫夫人 ふつひめふじん
→布都姫夫人（ふつひめのぶにん）

太姫郎姫 ふとひめのいらつひめ
→太姫郎姫（ふとひめのいらつめ）

太姫郎姫 ふとひめのいらつめ
[別]太姫郎姫《ふとひめのいらつひめ，ふとめのいらつひめ》
上代の女性。履中天皇の嬪。
¶女性（ふとひめのいらつひめ），人名（ふとめのいらつひめ），日人

太姫皇女 ふとひめのこうじょ
敏達4（575）年1月～？
飛鳥時代の女性。敏達天皇の皇女。
¶女性

太姫郎姫 ふとめのいらつひめ
→太姫郎姫（ふとひめのいらつめ）

船王 ふなおう
→船王（ふねおう）

道祖王 ふなどおう
？～天平宝字1（757）年　[別]道祖王《ふなどのおう，ふなどのおおきみ》
奈良時代の皇族。新田部親王の王子で、孝謙天皇の皇太子。のちに廃太子とされた。
¶朝日（[没]天平宝字1（757）年7月），岩史（[没]天平勝宝9（757）年7月），角史，国史，古史，古代（ふなどのおおきみ），古中，コン改，コン4，史人（[没]757年7月），諸系，新潮（[没]天平宝字1（757）年7月），世人，全書，大百（ふなどのおおきみ），日史（[没]天平宝字1（757）年7月），日人，百科（ふなどのおう），歴大

道祖王 ふなどのおおきみ
→道祖王（ふなどおう）

舟橋在賢（船橋在賢） ふなばしあきかた
文化1（1804）年7月2日～元治1（1864）年2月4日
江戸時代末期の公家（非参議）。非参議船橋師賢の子。
¶維新，公卿（船橋在賢），公家（在賢〔舟橋家〕　あきかた），幕末（[没]1864年3月11日）

船橋国賢 ふなばしくにかた
→清原国賢（きよはらのくにかた）

船橋相賢 ふなばしすけかた
元和4（1618）年2月23日～元禄2（1689）年10月16日
江戸時代前期の公家（非参議）。非参議船橋秀相の長男。
¶公卿，公家（相賢〔舟橋家〕　すけかた）

舟橋親賢 ふなはしちかかた
享保6（1721）年6月20日～明和5（1768）年12月27日
江戸時代中期の公家。
¶国書

舟橋経賢 ふなはしつねかた
寛永17（1640）年6月23日～宝永5（1708）年1月6日
江戸時代前期～中期の公家。
¶国書

船橋尚賢 ふなばしなおかた
天和2（1682）年3月19日～享保11（1726）年6月10日
江戸時代中期の公家（非参議）。非参議吉田兼敬の次男。
¶公卿，公家（尚賢〔舟橋家〕　ひさかた）

ふ

舟橋業忠（船橋業忠）　ふなばしなりただ
→清原業忠（きよはらのなりただ）

舟橋宣賢（船橋宣賢）　ふなばしのぶかた
→清原宣賢（きよはらののぶかた）

船橋則賢　ふなばしのりかた
宝暦8（1758）年8月25日～寛政9（1797）年閏7月21日
江戸時代中期の公家（非参議）。非参議船橋尚賢の曾孫。
¶公卿，公家（則賢〔舟橋家〕　のりかた）

舟橋秀賢　ふなはしひでかた，ふなばしひでかた
天正3（1575）年～慶長19（1614）年　[別]清原秀賢《きよはらのひでかた》
安土桃山時代～江戸時代前期の公家、明経博士。
¶朝日（[没]慶長19年6月28日（1614年8月3日）），岩史（[没]慶長19（1614）年6月28日），角史（ふなばしひでかた），京都大（ふなばしひでかた），近世，国史，国書（[没]慶長19（1614）年6月28日），コン4，史人（[没]1614年6月28日），諸系，新潮（ふなばしひでかた　[没]慶長19（1614）年6月28日），姓氏京都，世人（ふなばしひでかた），日史（[没]慶長19（1614）年6月28日），日人，百科，歴大

船橋秀相　ふなばしひですけ
慶長5（1600）年～正保4（1647）年9月15日
江戸時代前期の公家（非参議）。非参議船橋国賢の孫。
¶公卿，公家（秀相〔舟橋家〕　ひですけ）

舟橋弘賢（船橋弘賢）　ふなはしひろかた，ふなばしひろかた
慶安1（1648）年2月9日～正徳4（1714）年10月7日
江戸時代前期～中期の公家（非参議）。非参議船橋秀相の三男。
¶公卿（船橋弘賢　ふなばしひろかた），公家（弘賢〔舟橋家〕　ひろかた），国書，諸系

舟橋康賢（船橋康賢）　ふなばしみちかた，ふなはしみちかた
天保12（1841）年11月24日～明治12（1879）年
江戸時代末期～明治期の公家（非参議）。非参議船橋師賢の次男。
¶維新，公卿（船橋康賢　[没]明治12（1879）年11月），公家（康賢〔舟橋家〕　みちかた　[没]明治12（1879）年12月26日），諸系（ふなはしみちかた　[生]1842年），幕末（[没]1879年11月26日）

船橋宗賢　ふなばしむねかた
→清原宗賢（きよはらのむねかた）

船橋師賢（舟橋師賢）　ふなばしもろかた，ふなはしもろかた
天明3（1783）年10月26日～天保3（1832）年5月15日
江戸時代後期の公家（非参議）。非参議船橋則賢の子。
¶公卿，公家（師賢〔舟橋家〕　もろかた），国書（舟橋師賢　ふなはしもろかた）

船橋良雄　ふなばしよしお
明応8（1499）年～永禄9（1566）年11月3日　[別]清原業賢《きよはらなりかた》，清原良雄《きよはらよしお》
戦国時代の公卿（非参議）。非参議船橋宣賢の長男。
¶公卿，公家（良雄〔舟橋家〕　よしお），国書（清原業賢　きよはらなりかた），戦補（清原良雄　きよはらよしお）

舟橋良宣　ふなばしよしのぶ
→清原業忠（きよはらのなりただ）

船王　ふねおう
生没年不詳　[別]船王《ふなおう，ふねのおう，ふねのおおきみ》
奈良時代の皇族（非参議）。天武天皇の孫。
¶朝日，公卿（ふねのおう），国史，古代（ふねのおう），古中（ふなおう），史人，徳島百（ふねのおおきみ），徳島歴（ふねのおおきみ），日史，日人（ふねのおう），万葉（ふねのおおきみ）

船王後　ふねのおうご
？～舒明天皇13（641）年　[別]船王後首《ふねのおうごのおびと》
飛鳥時代の官人。
¶古代（船王後首　ふねのおうごのおびと），コン改，コン4，新潮（[没]舒明13（641）年12月3日），日人（[没]642年）

船王　ふねのおおきみ
→船王（ふねおう）

船沙弥麻呂　ふねのさみまろ
生没年不詳　[別]船沙弥麻呂《ふねさみまろ》
奈良時代の官人・漢詩人。
¶国書（ふねさみまろ）

船田口　ふねのたぐち
[別]船連田口《ふねのむらじたぐち》
奈良時代の官吏。
¶古代（船連田口　ふねのむらじたぐち），日人（生没年不詳）

船副使麻呂　ふねのふくしまろ
生没年不詳　[別]船連副使麻呂《ふねのむらじふくしまろ》
平安時代前期の学者、官吏。
¶古代（船連副使麻呂　ふねのむらじふくしまろ），日人，平史

舟麻呂　ふねのまろ
奈良時代の万葉歌人。
¶人名，日人（生没年不詳）

船橋枝賢　ふねばししげかた
→清原枝賢（きよはらのえだかた）

史氏大原　ふひとうじのおおはら
奈良時代の官人。万葉歌人。
¶万葉

史根麻呂　ふひとのねまろ
→文禰麻呂（ふみのねまろ）

簡子内親王　ふみこないしんのう
→簡子内親王（かんしないしんのう）

文馬養　ふみのうまかい
[別]文忌寸馬養《ふみのいみきうまかい》,文馬養《あやのうまかい》
奈良時代の官人。
¶古代（文忌寸馬養　ふみのいみきうまかい），人名（あやのうまかい），日人（生没年不詳），万葉（文忌寸馬養　ふみのいみきうまかい）

書薬　ふみのくすり
生没年不詳
飛鳥時代の武官。壬申の乱で大友皇子の将。
¶日人

文塩麻呂　ふみのしおまろ
生没年不詳
奈良時代の官吏。
¶日人

文成覚　ふみのじょうかく
[別]文直成覚《ふみのあたいじょうかく》
飛鳥時代の武官。
¶古代（文直成覚　ふみのあたいじょうかく），日人（生没年不詳）

書智徳（書知徳）　**ふみのちとこ**
？～持統6（692）年　[別]書直智徳《ふみのあたいちとこ》
飛鳥時代の官人。舎人として大海人皇子に従う。
¶朝日（生没年不詳），古代（書直智徳　ふみのあたいちとこ），コン改（書知徳），コン4（書知徳），日人（生没年不詳）

文禰麻呂（文根麻呂，書根麻呂）　**ふみのねまろ**
？～慶雲4（707）年　[別]史根麻呂《ふひとのねまろ》,書忌寸根麻呂《ふみのいみきねまろ》
飛鳥時代の官人、壬申の乱で活躍。
¶朝日（[没]慶雲4年9月21日（707年10月21日）），国史（文根麻呂），古代（書忌寸根麻呂　ふみのいみきねまろ），古中（文根麻呂），コン改，コン4，史人（文根麻呂　[没]707年9月21日），新潮（[没]慶雲4（707）年9月21日，（異説）10月24日），人名（史根麻呂　ふひとのねまろ），世人（文根麻呂），日人

文博勢　ふみのはかせ
生没年不詳　[別]文忌寸博勢《ふみのいみきはかせ》
飛鳥時代の官吏。
¶古代（文忌寸博勢　ふみのいみきはかせ），史人，日人

文仁親王　ふみひとしんのう
→秋篠宮文仁親王（あきしののみやふみひとしんのう）

文仁親王妃紀子　ふみひとしんのうひきこ
→秋篠宮紀子（あきしののみやきこ）

文部黒麻呂　ふみべのくろまろ
奈良時代の官人。
¶古代，日人（生没年不詳）

普明院宮照山元瑤法内親王　ふみょういんのみやしょうざんげんようほうないしんのう
→光子内親王(2)（みつこないしんのう）

文室綿麻呂　ふむろのわたまろ
→文室綿麻呂（ふんやのわたまろ）

豊楽門院　ぶらくもんいん
寛正5（1464）年～天文4（1535）年　[別]勧修寺藤子《かじゅうじふじこ》,藤原藤子《ふじわらのとうし》
戦国時代の女性。後柏原天皇の典侍。後奈良天皇の母。
¶朝日（[没]天文4年1月11日（1535年2月13日）），史人（[没]1535年1月11日），諸系，女性（[没]天文4（1535）年1月11日），人名，日人

振媛　ふりひめ
生没年不詳　[別]振媛《ふるひめ》
上代の女性。継体天皇の母。
¶古代，女性，日人（ふるひめ），福井百，歴大

布留今道　ふるのいまみち
生没年不詳　[別]布留今道《ふるいまみち》
平安時代前期の官人・歌人。
¶国書（ふるいまみち），平史

布留高庭（布瑠高庭）　**ふるのたかにわ**
生没年不詳　[別]布瑠高庭《ふるたかにわ》
平安時代前期の文人官僚。
¶国書（布瑠高庭　ふるたかにわ），平史

布瑠道永　ふるのみちなが
[別]布瑠宿禰道永《ふるのすくねみちなが》
平安時代前期の官人。
¶古代（布瑠宿禰道永　ふるのすくねみちなが），日人（生没年不詳）

古人皇子　ふるひとのおうじ
→古人大兄皇子（ふるひとのおおえのおうじ）

古人大兄皇子　ふるひとのおおえのおうじ
？～大化1（645）年　[別]古人皇子《ふるひとのおうじ,ふるひとのみこ》,古人大兄皇子《ふるひとのおおえおうじ,ふるひとのおおえのみこ,ふるひとのおひねのおうじ》
飛鳥時代の舒明天皇と法提郎媛の子。
¶朝日（ふるひとのおおえのみこ），岩史（[没]大化1（645）年9月12日），角史（ふるひとのおおえおうじ），国史，古史（ふるひとのおおえのみこ），古代（古人皇子　ふるひとのみこ），古中，コン改（ふるひとのおおえのみこ），コン4（ふるひとのおおえのみこ），史人（ふるひとのおおえのみこ　[没]645年9月？），重要（[没]大化1（645）年9月），諸系，新潮（[没]大化1（645）年9月），人名（古人皇子　ふるひとのおうじ），世人（古人皇子　ふるひとのおうじ　[没]大化1（645）年9月12日），世百（ふるひとのおひねの

おうじ), 全書(古人皇子　ふるひとのおうじ), 日史([没]大化1(645)年9月12日), 日人, 百科(ふるひとのおおえのみこ), 歴大(古人皇子　ふるひとのおうじ)

古人大兄皇子 ふるひとのおおえのみこ
→古人大兄皇子(ふるひとのおおえのおうじ)

古人大兄皇子 ふるひとのおひねのおうじ
→古人大兄皇子(ふるひとのおおえのおうじ)

古人皇子 ふるひとのみこ
→古人大兄皇子(ふるひとのおおえのおうじ)

振媛 ふるひめ
→振媛(ふりひめ)

武烈天皇 ぶれつてんのう
?　〜＊　[別]小泊瀬稚鷦鷯尊《おはつせのわかさざきのみこと》
上代の第25代の天皇。仁賢天皇と春日大娘の子。
¶朝日([没]武烈8年12月8日(507年1月7日)), 岩史(生没年不詳), 角史, 国史, 古史(生没年不詳), 古代, 古中([没]506年), コン改, コン4, 史人, 重要(生没年不詳), 諸系, 新潮, 人名, 世人(生没年不詳), 全書(生没年不詳), 大百, 日史, 日人, 百科, 歴大(生没年不詳)

不破内親王 ふわないしんのう
生没年不詳　[別]松虫皇女《まつむしのこうじょ》, 不破内親王《ふわのないしんのう》
奈良時代の女性。聖武天皇の第2皇女。
¶朝日, 角史, 国史, 古史, 古代(ふわのないしんのう), 古中, コン改, コン4, 史人, 諸系, 諸系, 女性, 女性(松虫皇女　まつむしのこうじょ), 新潮, 全書, 日史, 日人, 百科, 歴大

文喜女王 ぶんきじょおう
元禄6(1693)年〜元禄15(1702)年　[別]文喜女王《ぶんきにょおう》
江戸時代中期の女性。霊元天皇の第8皇女。
¶人名(ぶんきにょおう), 日人

文喜女王 ぶんきにょおう
→文喜女王(ぶんきじょおう)

文亨女王 ぶんこうじょおう
延享3(1746)年〜明和7(1770)年　[別]文亨尼《もんこうに》
江戸時代中期の女性。有栖川宮職仁親王の王女。
¶女性([生]延享3(1746)年11月25日　[没]明和7(1770)年7月10日), 仏教(文亨尼　もんこうに　[没]明和7(1770)年7月4日)

文察女王 ぶんさつじょおう
承応3(1654)年〜天和3(1683)年　[別]文察女王《ぶんさつにょおう》
江戸時代前期〜中期の女性。後水尾天皇の第18皇女。
¶女性([生]承応3(1654)年7月22日　[没]天和3(1683)年6月1日), 人名(ぶんさつにょおう), 日人

文察女王 ぶんさつにょおう
→文察女王(ぶんさつじょおう)

文山等勝 ぶんざんとうしょう
生没年不詳　[別]等勝《とうしょう》
戦国時代の邦高親王の王子。
¶国書, 人名(等勝　とうしょう), 日人

文秀女王 ぶんしゅうじょおう
天保15(1844)年1月29日〜大正15(1926)年2月15日　[別]大知文秀《だいちぶんしゅう》, 文秀女王《ぶんしゅうにょおう》
江戸時代末期〜大正期の尼僧(円照寺第6世)。伏見宮邦家親王の第7王女。皇族最後の尼門跡。和歌に優れた才を持ち、日記や旅行記も残す。
¶朝日(大知文秀　だいちぶんしゅう　[生]天保14年1月29日(1843年2月27日)　[没]大正15(1926)年2月14日), 郷土奈良, 女性, 女性普, 新潮, 人名(ぶんしゅうにょおう), 世紀(ぶんしゅうにょおう), 日人

文秀女王 ぶんしゅうにょおう
→文秀女王(ぶんしゅうじょおう)

芬陀利華院殿 ふんだりかいんどの
→一条内経(いちじょううちつね)

文智女王 ぶんちじょおう
元和5(1619)年〜元禄10(1697)年　[別]大知女王《だいちじょおう》, 梅宮《うめのみや》, 文智女王《ぶんちにょおう》, 文智尼《ぶんちに》
江戸時代前期〜中期の女性。後水尾天皇の第1皇女。円照寺の開基。
¶朝日([生]元和5年6月20日(1619年7月30日)　[没]元禄10年1月13日(1697年2月4日)), 京都(ぶんちにょおう), 近世, 国史, 国書([生]元和5(1619)年6月20日　[没]元禄10(1697)年1月13日), コン改(ぶんちにょおう), コン4(ぶんちにょおう), 史人([生]1619年6月20日　[没]1697年1月13日), 諸系, 女性(大知女王　だいちじょおう　[生]元和5(1619)年6月　[没]元禄10(1697)年1月), 女性([生]元和5(1619)年6月20日　[没]元禄10(1697)年1月13日), 新潮(大知女王　だいちじょおう), 新潮([生]元和5(1619)年6月20日　[没]元禄10(1697)年1月13日), 人名(ぶんちにょおう), 姓氏京都(梅宮　うめのみや), 日人, 歴大(文智尼　ぶんちに)

文智尼 ぶんちに
→文智女王(ぶんちじょおう)

文智女王 ぶんちにょおう
→文智女王(ぶんちじょおう)

文応女王 ぶんのうじょおう
→永応女王(えいおうじょおう)

文明夫人 ぶんめいふじん
→徳川吉子(とくがわよしこ)

文室秋津 ふんやのあきつ, ぶんやのあきつ
延暦6(787)年〜承和10(843)年　[別]文室朝臣秋津《ふんやのあそんあきつ》

平安時代前期の公卿（参議）。大納言文室浄三（智努王）の孫。
¶朝日（[没]承和10年3月2日（843年4月5日）），公卿（ぶんやのあきつ　[没]承和13（846）年3月27日），国史，古史，古代（文室朝臣秋津　ふんやのあそんあきつ），古中，人名，日人，平史

文屋朝康（文室朝康）　ふんやのあさやす
生没年不詳　[別]文屋朝康《ふんやあさやす》
平安時代前期の歌人。
¶国書（ふんやあさやす），詩歌，日人，平史（文室朝康），和俳

文屋有真　ふんやのありざね，ぶんやのありざね
生没年不詳
平安時代前期の官人。
¶神奈川人（ぶんやのありざね）

文室有季　ふんやのありすえ
生没年不詳　[別]文屋有季《ふんやありすえ》
平安時代前期の公家・歌人。「古今集」に一首入集。
¶国書（文屋有季　ふんやありすえ），平史

文室有房　ふんやのありふさ
[別]文室真人有房《ふんやのまひとありふさ》
平安時代前期の武官。
¶古代（文室真人有房　ふんやのまひとありふさ），日人（生没年不詳）

文室大市（文屋大市，文室太市）　ふんやのおおち
慶雲1（704）年～宝亀11（780）年　[別]文室真人大市《ふんやのまひとおおち》
奈良時代の官人（大納言）。天武天皇の孫。
¶朝日（[没]宝亀11年11月28日（780年12月28日）），公卿（[没]宝亀11（780）年11月28日），国史，古代（文室真人大市　ふんやのまひとおおち），古中，コン改，コン4，史人（[没]780年11月28日），新潮（[没]宝亀11（780）年11月28日），人名（文室太市），世人（文屋大市），日史（[没]宝亀11（780）年11月28日），日人，百科

文室大原　ふんやのおおはら
？～大同1（806）年　[別]三諸大原《みもろのおおはら》，文室真人大原《ふんやのまひとおおはら》
平安時代前期の武官。
¶古代（文室真人大原　ふんやのまひとおおはら），日人，平史（三諸大原　みもろのおおはら）

文室甘楽麻呂　ふんやのかむらまろ
生没年不詳
平安時代前期の官人。
¶平史

文室清忠　ふんやのきよただ
生没年不詳
平安時代中期の官人。
¶平史

文室浄三（文屋浄三）　ふんやのきよみ
持統7（693）年～宝亀1（770）年　[別]文室浄三《ふんやきよみ》，文室真人智努《ふんやのまひとちぬ》，文室智奴真人《ふんやのちぬのまひと》，文室珍努《ふんやのちぬ》，文室智努《ふんやのちぬ》
奈良時代の官人（大納言）。天武天皇の孫。文室真人大原の父。
¶朝日（文室珍努　ふんやのちぬ　[没]宝亀1年10月9日（770年10月31日）），岩史（[没]宝亀1（770）年10月9日），公卿（[没]宝亀1（770）年10月9日），国史，国書（ふんやきよみ　[没]宝亀1（770）年10月9日），古史，古代（文室真人智努　ふんやのまひとちぬ），古中，コン改（文室珍努　ふんやのちぬ），コン4，コン4（文室珍努　ふんやのちぬ），史人（[没]770年10月9日），神人（ふんやきよみ　[生]？），新潮（文室珍努　ふんやのちぬ　[没]宝亀1（770）年10月9日），人名（[生]？），世人（文屋浄三　[生]？），日史（[没]宝亀1（770）年10月9日），日人，百科，万葉（文室智奴真人　ふんやのちぬのまひと），歴大

文室助雄　ふんやのすけお
大同2（807）年～天安2（858）年　[別]文室朝臣助雄《ふんやのあそんすけお》
平安時代前期の官人。
¶古代（文室朝臣助雄　ふんやのあそんすけお），日人，平史

文室珍努（文室智努，文室智奴）　ふんやのちぬ
→文室浄三（ふんやのきよみ）

文室波多麻呂　ふんやのはたまろ
？～弘仁1（810）年
奈良時代～平安時代前期の中級官人。
¶姓氏京都

文室巻雄　ふんやのまきお
弘仁1（810）年～仁和3（887）年　[別]文室朝臣巻雄《ふんやのあそんまきお》
平安時代前期の武官。
¶古代（文室朝臣巻雄　ふんやのあそんまきお），人名，日人，平史

文室真室　ふんやのまむろ
生没年不詳　[別]文室真室《ふんやまむろ》
平安時代前期の漢詩人。
¶国書（ふんやまむろ）

文室宮田麻呂　ふんやのみやたまろ
生没年不詳　[別]文室朝臣宮田麻呂《ふんやのあそんみやたまろ》
平安時代前期の官人。筑前守。
¶朝日，岩史，大阪人，角史，古史，古代（文室朝臣宮田麻呂　ふんやのあそんみやたまろ），コン改，コン4，史人，日人，平史，歴大

文屋康秀（文室康秀）　ふんやのやすひで，ぶんやのやすひで
生没年不詳　[別]文屋康秀《ふんややすひで》
平安時代前期の歌人、六歌仙の一人。
¶朝日（文室康秀），角史，京都（ぶんやのやすひで），京都大，国史，国書（ふんややすひで），古史，古代，古中，コン改（[没]仁和1（885）年，（異説）898年），コン4（[没]仁和1（885）年，（異

説）898年），詩歌，史人，重要（[没]仁和1（885）年？），新潮，人名，姓氏京都（ぶんやのやすひで），世人，全書，大百（ぶんやのやすひで），日史，日人，百科，平史（文室康秀），歴大，和俳

文室如正 ふんやのゆきまさ
生没年不詳　[別]文室如正《ふんやゆきまさ》
平安時代中期の漢学者・漢詩人。
¶国書（ふんやゆきまさ）

文室与伎（文室与企） ふんやのよき，ぶんやのよき
[別]文室真人与伎《ふんやのまひとよき》
奈良時代～平安時代前期の官人。
¶神奈川人（文室与企　ぶんやのよき　生没年不詳），古代（文室真人与伎　ふんやのまひとよき）

文室善友 ふんやのよしとも
生没年不詳
平安時代前期の官人。
¶平史

文室綿麻呂（文屋綿麻呂） ふんやのわたまろ
天平神護1（765）年～弘仁14（823）年　[別]文室朝臣綿麻呂《ふんやのあそんわたまろ》，文室綿麻呂《ふむろのわたまろ》
奈良時代～平安時代前期の公卿（中納言）。大納言文室浄三（智努王）の孫。蝦夷地遠征で功績を残す。
¶朝日（[没]弘仁14年4月24日（823年6月6日）），岩史（[没]弘仁14（823）年4月24日），岩手百，角史，公卿（[没]弘仁14（823）年4月24日），国史，古史，古代（文室朝臣綿麻呂　ふんやのあそんわたまろ），古中，コン改，コン4，史人（[没]823年4月24日），重要，庄内（ふむろのわたまろ　生没年不詳），新潮（[没]弘仁14（823）年4月26日），人名，姓氏岩手，世人（文屋綿麻呂　[没]弘仁14（823）年4月26日），世百，全書，大百，日史，日人，百科，平史，宮城百，歴大

【へ】

平子女王 へいしじょおう
生没年不詳　[別]平子女王《へいしにょおう》
平安時代中期の女性。陽成天皇の皇孫女、元利親王の王女。
¶女性，人名（へいしにょおう），日人

平子内親王 へいしないしんのう
？～貞観19（877）年　[別]平子内親王《ひらこないしんのう》
平安時代前期の女性。仁明天皇の皇女。
¶女性（[没]貞観19（877）年2月14日），人名，日人，平史（ひらこないしんのう）

平子女王 へいしにょおう
→平子女王（へいしじょおう）

平城天皇 へいぜいてんのう
宝亀5（774）年～天長1（824）年
平安時代前期の第51代の天皇（在位806～809）。桓武天皇と皇后藤原乙牟漏の第1皇子。
¶朝日（[没]天長1年7月7日（824年8月5日）），岩史（[生]宝亀5（774）年8月15日　[没]天長1（824）年7月7日），角史，京都，京都大，国史，国書（[生]宝亀5（774）年8月15日　[没]天長1（824）年7月7日），古史，古代，古中，コン改，コン4，詩歌，史人（[生]774年8月15日　[没]824年7月7日），重要（[生]宝亀5（774）年8月15日　[没]天長1（824）年7月7日），諸系，新潮（[没]天長1（824）年7月7日），人名，姓氏京都，世人（[生]宝亀5（774）年8月15日　[没]天長1（824）年7月7日），世百，全書，大百，伝記，日史（[生]宝亀5（774）年8月15日　[没]天長1（824）年7月7日），日人，百科，平史，歴大，和俳（[没]天長1（824）年7月7日）

日置永津 へきのながつ
生没年不詳
平安時代前期の官人。
¶和歌山人

日置道形 へきのみちかた
[別]日置造道形《へきのみやつこみちかた》
奈良時代の官人。
¶古代（日置造道形　へきのみやつこみちかた），日人（生没年不詳）

日置蓑麻呂 へきのみのまろ
→栄井蓑麻呂（さかいのみのまろ）

平群朝臣(1) へぐりのあそみ
奈良時代の歌人。平群広成と同一か？。
¶日人（生没年不詳），万葉

平群朝臣(2) へぐりのあそみ
→平群広成（へぐりのひろなり）

平群清麻呂 へぐりのきよまろ
[別]平群朝臣清麻呂《へぐりのあそんきよまろ》
奈良時代の官人。
¶古代（平群朝臣清麻呂　へぐりのあそんきよまろ），日人（生没年不詳）

平群子首 へぐりのこおびと
生没年不詳　[別]平群臣子首《へぐりのおみこびと》
飛鳥時代の官人。
¶古史，古代（平群臣子首　へぐりのおみこびと），日人

平群子首 へぐりのこびと
→平群子首（へぐりのこおびと）

平群人足 へぐりのひとたり
生没年不詳
奈良時代の官人。
¶新潟百

平群広成 へぐりのひろなり
？～天平勝宝5（753）年　[別]平群朝臣《へぐりのあそみ》，平群朝臣広成《へぐりのあそんひろなり》
奈良時代の官人。遣唐使判官。
¶朝日（[没]天平勝宝5年1月28日（753年3月7日）），

古代（平群朝臣広成　へぐりのあそんひろなり），コン改，コン4，史人（[没]753年1月28日），新潮（[没]天平勝宝5（753）年1月28日），人名（平群朝臣　へぐりのあそみ），日人

平群文屋益人　へぐりのふみやのますひと
[別]平群文屋朝臣益人《へぐりのふみやのあそみますひと》
奈良時代の官人。武内宿禰の子孫。
¶万葉（平群文屋朝臣益人　へぐりのふみやのあそみますひと）

弁基　べんき
生没年不詳
奈良時代の歌僧、官人。
¶国書，仏教

媞子内親王　べんしないしんのう
→寿成門院（じゅせいもんいん）

遍昭（遍照）　へんじょう
弘仁7（816）年～寛平2（890）年　[別]花山僧正《かざんそうじょう》，僧正遍昭《そうじょうへんじょう》，僧正遍照《そうじょうへんじょう》，良峯宗貞《よしみねのむねさだ》，良岑宗貞《よしみねのむねさだ》
平安時代前期の官人、僧、歌人。六歌仙、三十六歌仙の一人。
¶朝日（[没]寛平2年1月19日（890年2月12日）），岩史（[没]寛平2（890）年1月19日），角史，京都，京都大，郷土奈良（僧正遍昭　そうじょうへんじょう），国史（遍照），国書（[没]寛平2（890）年1月19日），古史，古代（遍照），古中（遍照），コン改，コン4，詩歌，史人（遍照　[没]890年1月19日），重要，諸系，新潮（[没]寛平2（890）年1月19日），新文（[没]寛平2（890）年1月19日），人名（僧正遍昭　そうじょうへんじょう　[生]815年），姓氏京都（遍照），世人（[没]寛平2（890）年1月19日），世百，全書，大百（遍照），日音（良岑宗貞　よしみねのむねさだ　[没]寛平2（890）年1月19日），日史（[没]寛平2（890）年1月19日），日人，百科，仏教（[没]寛平2（890）年1月19日），仏史（遍照），文学，平史（遍照），歴大，和俳（[没]寛平2（890）年1月19日）

【ほ】

法円　ほうえん
治承2（1178）年～寛喜3（1231）年
鎌倉時代前期の以仁王の王子。後白河天皇の孫。
¶鎌室，人名，日人，平史

芳子内親王　ほうしないしんのう
？～承和5（838）年　[別]芳子内親王《よしこないしんのう》
平安時代前期の女性。嵯峨天皇の第5皇女。
¶女性（[没]承和5（838）年12月26日），人名（よしこないしんのう），日人（[没]839年），平史（よしこないしんのう）

邦子内親王　ほうしないしんのう
→安嘉門院（あんかもんいん）

褒子内親王　ほうしないしんのう
→崇明門院（すうめいもんいん）

法守親王　ほうしゅしんのう
→法守入道親王（ほうしゅにゅうどうしんのう）

法守入道親王　ほうしゅにゅうどうしんのう
延慶1（1308）年～元中8/明徳2（1391）年　[別]法守親王《ほうしゅしんのう》，法守法親王《ほうしゅほっしんのう》
鎌倉時代後期～南北朝時代の後伏見天皇の皇子。
¶鎌室（法守法親王　ほうしゅほっしんのう　[没]明徳1/元中7（1390）年），国書（法守親王　ほうしゅしんのう　[生]徳治3（1308）年9月14日　[没]明徳2（1391）年9月19日），人名，日人

法守法親王　ほうしゅほっしんのう
→法守入道親王（ほうしゅにゅうどうしんのう）

逢春門院（蓬春門院）　ほうしゅんもんいん
慶長9（1604）年～貞享2（1685）年5月22日　[別]藤原隆子《ふじわらのりゅうし》
江戸時代前期～中期の女性。後水尾天皇の典侍。後西天皇の生母。
¶コン改（蓬春門院），コン4，史人，諸系，女性，新潮，人名，日人，歴大

坊城定資　ぼうじょうさだすけ
→吉田定資（よしださだすけ）

法性寺（家名）　ほうじょうじ
→法性寺（ほっしょうじ）

坊城俊顕　ぼうじょうとしあき
嘉吉3（1443）年～文明3（1471）年5月10日
室町時代の公卿（権中納言）。権大納言坊城俊秀の子。
¶公卿，公家（俊顕〔坊城家〕　としあき）

坊城俊昌　ぼうじょうとしあき
天正10（1582）年～慶長14（1609）年8月17日
安土桃山時代～江戸時代前期の公家（参議）。准大臣勧修寺晴豊の三男。
¶公卿，公家（俊昌〔坊城家〕　としあき）

坊城俊章　ぼうじょうとしあき
→坊城俊章（ぼうじょうとしあや）

坊城俊明　ぼうじょうとしあき
→坊城俊明（ぼうじょうとしあきら）

坊城俊明　ぼうじょうとしあきら
天明2（1782）年1月19日～万延1（1860）年5月26日
[別]坊城俊明《ぼうじょうとしあき》
江戸時代後期の公家（権大納言）。権大納言坊城俊親の子。
¶維新，公卿（ぼうじょうとしあき），公家（俊明〔坊城家〕　としあきら），国書，諸系，幕末（[没]1860年7月14日）

ほ

坊城俊章 ぼうじょうとしあや
弘化4(1847)年～明治39(1906)年　㊊坊城俊章《ぼうじょうとしあき》
江戸時代末期～明治期の公家、陸軍軍人。参与、山形県知事。弁事などを経て三等陸軍将、東北等巡察などを歴任。
¶維新，海越(㊐弘化4(1847)年1月24日　㊒明治39(1906)年6月23日)，海越新(㊐弘化4(1847)年1月24日　㊒明治39(1906)年6月23日)，庄内(ぼうじょうとしあき)，諸系，人名，姓氏京都，渡航(㊐1847年1月24日　㊒1906年6月23日)，日人，幕末(㊒1906年6月23日)，山形百(ぼうじょうとしあき)

坊城俊方 ぼうじょうとしかた
寛文2(1662)年10月3日～？
江戸時代中期の公家(参議)。権大納言坊城俊広の子。
¶公卿，公家(俊方〔坊城家〕　としかた)，国書

ほ

坊城俊克 ぼうじょうとしかつ
享和2(1802)年9月11日～慶応1(1865)年7月20日
江戸時代末期の公家(権大納言)。権大納言坊城俊明の子。
¶維新，公卿，公家(俊克〔坊城家〕　としかつ)，国書，諸系，幕末(㊒1865年9月9日)

坊城俊清 ぼうじょうとしきよ
寛文7(1667)年1月3日～寛保3(1743)年6月30日
江戸時代中期の公家(権大納言)。権大納言坊城俊広の子。
¶公卿(㊒寛保3(1743)年6月29日)，公家(俊清〔坊城家〕　としきよ)，国書

坊城俊完 ぼうじょうとしさだ
慶長14(1609)年11月27日～寛文2(1662)年1月2日
江戸時代前期の公家(権大納言)。参議坊城俊昌の子。
¶公卿，公家(俊完〔坊城家〕　としさだ)

坊城俊定 ぼうじょうとしさだ
建長4(1252)年～延慶3(1310)年12月4日
鎌倉時代後期の公卿(権大納言)。坊城家の祖。中納言吉田経俊の子。
¶公卿，公家(俊定〔勧修寺家〕　としさだ)，国書

坊城俊実 ぼうじょうとしざね
永仁4(1296)年～正平5/観応1(1350)年
鎌倉時代後期～南北朝時代の公卿(権中納言)。権大納言坊城俊定の孫。
¶鎌室，公卿(㊒観応1/正平5(1350)年2月23日)，公家(俊実〔坊城家〕　としざね　㊒貞和6(1350)年2月23日)，国史，国書(㊒貞和6(1350)年2月23日)，古中，史人(㊒1350年2月23日)，諸系，新潮(㊒観応1/正平5(1350)年2月23日)，人名，世人，日人

坊城俊将 ぼうじょうとしただ
→坊城俊将(ぼうじょうとしまさ)

坊城俊政 ぼうじょうとしただ
文政9(1826)年～明治14(1881)年9月16日
江戸時代末期～明治期の公家(参議)。権大納言坊城俊克の子。
¶維新，公卿(㊐文政9(1826)年8月22日　㊒明治14(1881)年9月)，公家(俊政〔坊城家〕　としただ)，諸系，神人(㊐文政9(1826)年8月21日)，幕末

坊城俊親 ぼうじょうとしちか
宝暦7(1757)年8月24日～寛政12(1800)年12月22日
江戸時代中期～後期の公家(権大納言)。権中納言坊城俊逸の子。
¶公卿，公家(俊親〔坊城家〕　としちか)，国書

坊城俊任 ぼうじょうとしとう
*～？
南北朝時代～室町時代の公卿(権大納言)。権中納言坊城俊冬の子。
¶公卿(㊐建武3/延元1(1336)年)，公家(俊任〔坊城家〕　としとう　㊐1346年)

坊城俊名 ぼうじょうとしな
寛正4(1463)年～天文9(1540)年
戦国時代の公卿(権中納言)。権中納言勧修寺経茂の子。
¶公卿(㊒天文9(1540)年6月23日)，公家(俊名〔坊城家〕　としな　㊒天文9(1540)年6月23日)，戦辞(㊒天文9年6月23日(1540年7月26日))，戦人

坊城俊逸 ぼうじょうとしはや
享保12(1727)年～安永2(1773)年
江戸時代中期の公家(権中納言)。権大納言坊城俊将の子。
¶近世，公卿(㊐享保12(1727)年2月23日　㊒安永2(1773)年1月27日)，公家(俊逸〔坊城家〕　としはや　㊐享保12(1727)年2月23日　㊒安永2(1773)年1月27日)，国史，国書(㊐享保12(1727)年12月23日　㊒安永2(1773)年1月27日)，コン改，コン4，史人(㊐1727年12月23日　㊒1773年1月20日)，諸系(㊐1728年)，新潮(㊐享保12(1727)年2月23日　㊒安永2(1773)年3月27日)，人名，姓氏京都，世人，日人(㊐1728年)，歴大

坊城俊秀 ぼうじょうとしひで
応永30(1423)年～寛正6(1465)年6月6日
室町時代の公卿(権大納言)。権大納言坊城俊任の曾孫。
¶公卿，公家(俊秀〔坊城家〕　としひで)

坊城俊広 ぼうじょうとしひろ
寛永3(1626)年～元禄15(1702)年3月3日
江戸時代前期～中期の公家(権大納言)。権大納言坊城俊完の子。
¶公卿(㊐寛永4(1627)年　㊒元禄15(1703)年3月3日)，公家(俊広〔坊城家〕　としひろ)，国書(㊐寛永3(1626)年10月3日)

坊城俊冬 ぼうじょうとしふゆ
元応1(1319)年〜正平22/貞治6(1367)年3月23日
南北朝時代の公卿(権中納言)。権中納言坊城俊実の子。
¶公卿，公家(俊冬〔坊城家〕 としふゆ)，国書

坊城俊将 ぼうじょうとしまさ
元禄12(1699)年10月23日〜寛延2(1749)年1月2日 [別]坊城俊将《ぼうじょうとしただ》
江戸時代中期の公家(権大納言)。権中納言勧修寺俊将の末子。
¶公卿([没]寛延2(1749)年1月1日)，公家(俊将〔坊城家〕 としまさ)，国書(ぼうじょうとしただ)

法提郎媛 ほうていのいらつめ
→蘇我法提郎媛(そがのほほてのいらつめ)

法提郎媛 ほうてのいらつめ
→蘇我法提郎媛(そがのほほてのいらつめ)

法仁入道親王 ほうにんにゅうどうしんのう
正中2(1325)年〜正平7/文和1(1352)年 [別]法仁《ほうにん》,法仁法親王《ほうにんほっしんのう》
南北朝時代の後醍醐天皇の皇子。
¶鎌室(法仁法親王 ほうにんほっしんのう)，人名，日人，仏教(法仁 ほうにん [没]文和1/正平7(1352)年10月25日)

法仁法親王 ほうにんほっしんのう
→法仁入道親王(ほうにんにゅうどうしんのう)

坊門家清 ぼうもんいえきよ
1291年〜文和3(1354)年4月11日
鎌倉時代後期〜南北朝時代の公家(従三位・非参議)。坊門信兼の子。
¶公家(家清〔坊門家(絶家)〕 いえきよ)

坊門院 ぼうもんいん
治承1(1177)年〜承元4(1210)年 [別]範子内親王《のりこないしんのう,はんしないしんのう》
平安時代後期〜鎌倉時代前期の女性。高倉天皇の皇女。賀茂斎院、土御門天皇准母。
¶朝日([生]治承1(1177)年11月 [没]承元4年4月12日(1210年5月6日))，鎌室，史人([没]1210年4月12日)，諸系，女性([没]承元4(1210)年4月12日)，新潮([没]承元4(1210)年4月12日)，人名，世人，日人，平史(範子内親王 のりこないしんのう)

坊門清忠 ぼうもんきよただ
？〜延元3/暦応1(1338)年3月21日 [別]藤原忠信《ふじわらのただのぶ》
鎌倉時代後期〜南北朝時代の公卿(参議)。左近衛中将藤原俊輔の子。建武元年従二位・大蔵卿に任ぜられる。
¶朝日([没]暦応1/延元3年3月21日(1338年4月11日))，岩史，鎌室，公卿，公家(清忠〔坊門家(絶家)〕 きよただ)，国史，国書([生]弘安6(1283)年)，古中，コン改，コン4，史人，諸系，新潮，人名，世人，大百，日史，日人，百科，歴大

坊門国通 ぼうもんくにみち
→藤原国通(ふじわらのくにみち)

坊門資世 ぼうもんすけよ
生没年不詳
南北朝時代の征西将軍宮懐良親王令旨の奉者。大蔵卿。
¶国史，古中，日人

坊門隆清 ぼうもんたかきよ
仁安3(1168)年〜建保2(1214)年 [別]藤原隆清《ふじわらたかきよ,ふじわらのたかきよ》
平安時代後期〜鎌倉時代前期の公卿(参議)。中納言藤原経忠の曽孫。
¶朝日([没]建保2年2月7日(1214年3月19日))，鎌室(藤原隆清 ふじわらたかきよ [生]？)，鎌室，公卿([没]建保2(1214)年2月7日)，公家(隆清〔坊門家(絶家)〕 たかきよ [没]建保2(1214)年2月7日)，諸系，新潮([没]建保2(1214)年2月7日)，日人

坊門忠清 ぼうもんただきよ
生没年不詳 [別]藤原忠清《ふじわらただきよ,ふじわらのただきよ》
鎌倉時代前期の公家。
¶鎌室，諸系，新潮，人名，日人，北条

坊門忠信 ぼうもんただのぶ
文治3(1187)年〜？ [別]藤原忠信《ふじわらただのぶ,ふじわらのただのぶ》
鎌倉時代前期の公卿(権大納言)。非参議藤原信隆の孫。
¶朝日，岩史，角史，鎌倉，鎌室，公卿(藤原忠信 ふじわらのただのぶ)，公家(忠信〔坊門家(絶家)〕 ただのぶ)，国史(藤原忠信 ふじわらのただのぶ)，国書(藤原忠信 ふじわらただのぶ)，古中(藤原忠信 ふじわらのただのぶ)，コン4，諸系，新潮，人名(藤原忠信 ふじわらのただのぶ)，姓氏京都，世人(藤原忠信 ふじわらのただのぶ)，大百，日人，平史(藤原忠信 ふじわらのただのぶ)

坊門忠世 ぼうもんただよ
？〜正応4(1291)年10月24日
鎌倉時代後期の公卿(権中納言)。権中納言平時継の子。
¶公卿，公家(忠世〔平家(絶家)3〕 ただよ)

坊門為輔 ぼうもんためすけ
正嘉2(1258)年〜？
鎌倉時代後期の公卿(非参議)。非参議坊門頼基の次男。
¶公卿，公家(為輔〔坊門家(絶家)〕 ためすけ)

坊門為名 ぼうもんためな
→藤原為名(ふじわらのためな)

坊門親忠 ぼうもんちかただ
生没年不詳
南北朝時代の公家・歌人。坊門清忠の子。
¶国書

ほ

坊門親仲　ぼうもんちかなか
建久5(1194)年〜建長6(1254)年
鎌倉時代前期の公卿(非参議)。権中納言藤原親兼の次男。
¶公卿, 公家(親仲[水無瀬家]　ちかなか)

坊門親信　ぼうもんちかのぶ
→藤原親信(ふじわらのちかのぶ)

坊門俊親　ぼうもんとしちか
鎌倉時代後期の公卿(非参議)。正四位下・左中将藤原俊輔の子。
¶公卿(生没年不詳), 公家(俊親[坊門家(絶家)]　としちか)

坊門信顕　ぼうもんのぶあき
生没年不詳
鎌倉時代後期の公家・歌人。
¶国書

坊門信家　ぼうもんのぶいえ
？〜文永11(1274)年6月1日
鎌倉時代前期の公卿(非参議)。権大納言藤原忠信の子。
¶公卿, 公家(信家[坊門家(絶家)]　のぶいえ), 国書

坊門信兼　ぼうもんのぶかね
？〜元応2(1320)年
鎌倉時代後期の公卿(非参議)。非参議坊門信家の三男。
¶公卿, 公家(信兼[坊門家(絶家)]　のぶかね)

坊門信清　ぼうもんのぶきよ
平治1(1159)年〜建保4(1216)年　㊗藤原信清《ふじわらののぶきよ, ふじわらのぶきよ？》
平安時代後期〜鎌倉時代前期の公卿(内大臣)。坊門家の祖。中納言藤原経忠の曾孫。
¶朝日(㊗建保4年3月14日(1216年4月2日)), 岩史(㊗建保4(1216)年3月14日), 角史, 鎌倉, 鎌室, 京都, 京都大, 公卿(㊗?), 公家(信清[坊門家(絶家)]　のぶきよ　㊗建保4(1216)年3月14日), 国史(藤原信清　ふじわらののぶきよ), 古中(藤原信清　ふじわらののぶきよ), コン4, 諸系, 新福, 新潮(㊗建保4(1216)年3月14日), 姓氏京都, 日史(㊗建保4(1216)年3月14日), 日人, 百科, 平史(藤原信清　ふじわらののぶきよ)

坊門信経　ぼうもんのぶつね
弘長2(1262)年〜嘉元2(1304)年7月13日
鎌倉時代後期の公卿(参議)。参議藤原経業の子。
¶公卿, 公家(信経[大福寺家(絶家)]　のぶつね)

坊門信藤　ぼうもんのぶふじ
生没年不詳
室町時代の公卿(非参議)。非参議坊門信行の子。
¶公卿, 公家(信藤[坊門家(絶家)]　のぶふじ), 国書

坊門信行　ぼうもんのぶゆき
嘉元2(1304)年〜？
鎌倉時代後期〜南北朝時代の公卿(非参議)。非参議坊城信良の子。
¶公卿, 公家(信行[坊門家(絶家)]　のぶゆき)

坊門信良　ぼうもんのぶよし
文永6(1269)年〜元徳2(1330)年6月23日
鎌倉時代後期の公卿(非参議)。非参議藤原信家の曾孫。
¶公卿, 公家(信良[坊門家(絶家)]　のぶよし)

坊門基輔　ぼうもんもとすけ
？〜弘安7(1284)年
鎌倉時代後期の公卿(非参議)。中将藤原清親の子。
¶鎌室, 公卿(㊗文永7(1270)年), 公家(基輔[坊門家(絶家)]　もとすけ　㊗文永7(1270)年), 国書(㊗弘安7(1284)年8月), 日人

坊門頼基　ぼうもんよりもと
寛元3(1245)年〜？
鎌倉時代後期の公卿(非参議)。正四位下・宮内卿藤原師平の子。
¶公卿(生没年不詳), 公家(頼基[小一条流姉小路家(絶家)]　よりもと), 国書

法蓮院宮　ほうれんいんのみや
文明16(1484)年〜明応3(1494)年　㊗今若宮《いまわかみや》
戦国時代の後土御門天皇の第4皇子。
¶人名, 日人

菩岐々美郎女　ほききみのいらつめ
→膳菩岐岐美郎女(かしわでのほききみのいらつめ)

穆子内親王　ぼくしないしんのう
？〜延喜3(903)年　㊗穆子内親王《むつこないしんのう》
平安時代前期〜中期の女性。光孝天皇の皇女。
¶朝日(㊗延喜3年12月5日(903年12月26日)), 国史, 古代, 古中, 女性(㊗延喜3(903)年12月5日), 人名, 日人, 平史(むつこないしんのう)

北陸宮　ほくりくのみや
永万1(1165)年〜寛喜2(1230)年　㊗木曽宮《きそのみや》
平安時代後期〜鎌倉時代前期の以仁王の第1王子。
¶朝日(㊗寛喜2年7月8日(1230年8月17日)), 岩史(㊗寛喜2(1230)年7月8日), 鎌室, 国史, 古中, コン改(㊗永万1(1165)年, (異説)1167年), コン4(㊗永万1(1165)年, (異説)1167年), 公卿(㊗1230年7月8日), 史人, 新潮(㊗寛喜2(1230)年7月8日), 人名, 人名(木曽宮　きそのみや), 日人, 平史, 歴大

星川皇子　ほしかわのおうじ
→星川皇子(ほしかわのみこ)

星川麻呂　ほしかわのまろ
？〜680年　㊗星川臣麻呂《ほしかわのおみまろ》
飛鳥時代の壬申の乱の功臣。

¶古代(星川臣麻呂　ほしかわのおみまろ)，日人

星川皇子 ほしかわのみこ
?　〜479年　㊿星川皇子《ほしかわのおうじ》
上代の雄略天皇の皇子。
¶朝日(生没年不詳)，岡山歴，国史(ほしかわの
おうじ)，古史(生没年不詳)，古代，古中(ほ
しかわのおうじ)，コン改(生没年不詳)，コン4
(生没年不詳)，史人，新潮，人名(ほしかわの
おうじ)，日史(ほしかわのおうじ)，日人(ほ
しかわのおうじ)，歴大(ほしかわのおうじ)

輔子内親王 ほしないしんのう
天暦7(953)年〜正暦3(992)年　㊿輔子内親王
《すけこないしんのう》
平安時代中期の女性。村上天皇の第6皇女。
¶女性(㉑正暦3(992)年3月3日)，人名，日人，
平史(すけこないしんのう)

保科武子 ほしなたけこ
明治23(1890)年3月28日〜昭和52(1977)年3月
18日
明治〜昭和期の女性。宮内庁侍従職女官長。北白
川宮能久親王の第3王女。子爵保科正昭の妻。婚
約中の正田美智子に宮中儀礼を講義。
¶女性，女性普，世紀，日人

穂積親王 ほづみしんのう
→穂積親王(ほづみしんのう)

穂積朝臣(穂積朝臣)ほづみのあそみ
→穂積朝臣(ほづみのあそみ)

穂積老 ほづみのおゆ
→穂積老(ほづみのおゆ)

穂積皇子 ほづみのみこ
→穂積親王(ほづみしんのう)

細川常顕 ほそかわつねあき
宝暦3(1753)年4月18日〜天保2(1831)年4月18日
江戸時代中期〜後期の官人。
¶国書

細川常典 ほそかわつねのり
文政6(1823)年6月21日〜?
江戸時代後期〜末期の官人。
¶国書

細川常保 ほそかわつねやす
明和7(1770)年12月10日〜天保5(1834)年6月5日
江戸時代中期〜後期の官人。
¶国書

細川常之 ほそかわつねゆき
天明4(1784)年7月30日〜嘉永4(1851)年4月28日
江戸時代中期〜後期の官人。
¶国書

細川常芳 ほそかわつねよし
享保14(1729)年7月1日〜文化5(1808)年12月
20日
江戸時代中期〜後期の官人。

¶国書

法性寺為量 ほっしょうじためかず
生没年不詳
南北朝時代の公家・歌人。
¶国書

法性寺為信 ほっしょうじためのぶ
→藤原為信(2)(ふじわらのためのぶ)

法性寺為理 ほっしょうじためのり
→藤原為理(ふじわらのためまさ)

法性寺親忠 ほっしょうじちかただ
㊿法性寺親忠《ほうじょうじちかただ》
室町時代の公卿(非参議)。非参議法性寺親長
の子。
¶公卿(ほうじょうじちかただ　生没年不詳)，
公家(親忠〔法性寺家(絶家)〕　ちかただ)

法性寺親継 ほっしょうじちかつぐ
㊿法性寺親継《ほうじょうじちかつぐ》
室町時代の公卿(非参議)。非参議法性寺親春
の子。
¶公卿(ほうじょうじちかつぐ　生没年不詳)，
公家(親継〔法性寺家(絶家)〕　ちかつぐ)

法性寺親長 ほっしょうじちかなが
延慶2(1309)年〜?　㊿藤原親長《ふじわらちか
なが》，法性寺親長《ほうじょうじちかなが》
鎌倉時代後期〜南北朝時代の公卿(非参議)。法
性寺家の祖。非参議藤原親康の子。
¶公卿(ほうじょうじちかなが)，公家(親長〔法
性寺家(絶家)〕　ちかなが)，国書(藤原親長
ふじわらちかなが)

法性寺親信 ほっしょうじちかのぶ
㊿法性寺親信《ほうじょうじちかのぶ》
室町時代の公卿(非参議)。非参議法性寺親忠
の子。
¶公卿(ほうじょうじちかのぶ　生没年不詳)，
公家(親信〔法性寺家(絶家)〕　ちかのぶ)

法性寺親春 ほっしょうじちかはる
㊿法性寺親春《ほうじょうじちかはる》
南北朝時代〜室町時代の公卿(非参議)。非参議
法性寺親康の子。
¶公卿(ほうじょうじちかはる　生没年不詳)，
公家(親春〔法性寺家(絶家)〕　ちかはる)

法性寺親宗 ほっしょうじちかむね
㊿法性寺親宗《ほうじょうじちかむね》
室町時代の公卿(非参議)。非参議法性寺親継
の子。
¶公卿(ほうじょうじちかむね　生没年不詳)，
公家(親宗〔法性寺家(絶家)〕　ちかむね)

法性寺殿 ほっしょうじどの
→藤原忠通(ふじわらのただみち)

穂積親王 ほづみしんのう，ほずみしんのう
?　〜霊亀1(715)年　㊿穂積皇子《ほずみのみこ，
ほづみのみこ》

飛鳥時代～奈良時代の公卿(知太政官事)。天武天皇の第5皇子。
¶朝日(㊀霊亀1年7月27日(715年8月30日)), 角史, 公卿(ほずみしんのう　㊀霊亀1(715)年7月13日), 国史, 国書(穂積皇子　ほづみのみこ　㊀和銅8(715)年7月27日), 古史, 古代(穂積皇子　ほづみのみこ), 古中, コン改, コン4, 史人(㊀715年7月27日), 諸系, 新潮(㊀霊亀1(715)年7月27日), 人名, 世人, 全書(穂積皇子　ほづみのみこ), 日史(㊀霊亀1(715)年7月27日), 日人, 百科(穂積皇子　ほづみのみこ), 万葉(穂積皇子　ほずみのみこ), 歴大, 和俳(ほずみしんのう)

穂積朝臣 ほづみのあそみ, ほずみのあそみ
㊞穂積朝臣《ほずみのあそみ, ほづみのあそん》
奈良時代の万葉歌人。
¶人名(ほづみのあそん), 日人(生没年不詳), 万葉(ほずみのあそみ)

穂積朝臣 ほづみのあそん
→穂積朝臣(ほづみのあそみ)

穂積五百枝 ほづみのいおえ
㊞穂積臣五百枝《ほづみのおみいおえ》
飛鳥時代の武官。
¶古代(穂積臣五百枝　ほづみのおみいおえ), 日人(生没年不詳)

穂積老 ほづみのおゆ
？～天平勝宝1(749)年　㊞穂積朝臣老《ほずみのあそみおゆ, ほづみのあそんおゆ》
奈良時代の官人。七道巡察使の一人。
¶朝日(㊀天平勝宝1年8月26日(749年10月11日)), 古代(穂積朝臣老　ほづみのあそんおゆ), コン改, コン4, 新潮(㊀天平勝宝1(749)年8月26日), 人名, 新潟百(穂積朝臣老　ほづみのあそんおゆ), 日人, 万葉(穂積朝臣老　ほずみのあそみおゆ)

穂積賀祜 ほづみのかこ
㊞穂積朝臣賀祜《ほづみのあそんかこ》
奈良時代の官人。
¶古代(穂積朝臣賀祜　ほづみのあそんかこ)

穂積咋 ほづみのくい
㊞穂積臣咋《ほづみのおみくい》
飛鳥時代の官吏。
¶古代(穂積臣咋　ほづみのおみくい), 日人(生没年不詳)

穂積皇子 ほづみのみこ
→穂積親王(ほづみしんのう)

穂積百足 ほづみのももたり
？～672年　㊞穂積臣百足《ほづみのおみももたり》
飛鳥時代の廷臣。
¶古代(穂積臣百足　ほづみのおみももたり), 日人

法提郎媛 ほてのいらつめ
→蘇我法提郎媛(そがのほほてのいらつめ)

穂波経条 ほなみつねえだ
安永3(1774)年6月5日～天保7(1836)年12月18日
江戸時代後期の公家(参議)。非参議穂波尚明の孫。
¶公卿, 公家(経条〔穂波家〕　つねえだ)

穂波経尚 ほなみつねなお
正保3(1646)年8月14日～宝永3(1706)年
江戸時代前期～中期の公家(権中納言)。穂波家の祖。権大納言勧修寺経広の次男。
¶公卿(㊀宝永3(1706)年6月11日), 公家(経尚〔穂波家〕　つねかさ　㊀宝永3(1706)年6月12日)

穂波経度 ほなみつねのり
天保8(1837)年11月12日～？
江戸時代末期～明治期の公家(非参議)。左京大夫穂波経治の子。
¶維新, 公卿, 公家(経度〔穂波家〕　つねのり　㊀大正1(1912)年4月10日), 幕末

穂波尚明 ほなみなおあき
享保14(1729)年6月20日～安永5(1776)年4月20日
江戸時代中期の公家(非参議)。権中納言橋本実松の末子、母は参議七条隆豊の娘。
¶公卿, 公家(尚明〔穂波家〕　ひさあき)

穂波晴宣 ほなみはれのぶ
元禄10(1697)年7月12日～明和5(1768)年1月12日
江戸時代中期の公家(非参議)。権中納言勧修寺尹隆の次男。
¶公卿, 公家(晴宣〔穂波家〕　はれのぶ)

火焔皇子 ほのおのおうじ
㊞火焔皇子《ほのおのみこ, ほのほのおうじ》
上代の宣化天皇の第2皇子。
¶古代(ほのおのみこ), 人名(ほのほのおうじ), 日人(生没年不詳)

火焔皇子 ほのおのみこ
→火焔皇子(ほのおのおうじ)

火焔皇子 ほのほのおうじ
→火焔皇子(ほのおのおうじ)

法提郎媛 ほほてのいらつめ, ほほでのいらつめ
→蘇我法提郎媛(そがのほほてのいらつめ)

誉田別尊 ほむたわけのみこと
→応神天皇(おうじんてんのう)

本牟智和気命 ほむちわけのみこと
上代の垂仁天皇の皇子。
¶古代

誉津別命 ほむつわけのみこと
上代の垂仁天皇の皇子。
¶朝日, 古史, 史人, 日史, 日人, 百科

堀川顕基 ほりかわあきもと
正応5(1292)年～?
鎌倉時代後期～南北朝時代の公卿(非参議)。権中納言堀川具俊の子。
¶公卿，公家(顕基〔堀川家(絶家)2〕　あきもと)

堀川顕世 ほりかわあきよ
建長3(1251)年～延慶2(1309)年4月21日
鎌倉時代後期の公卿(権中納言)。権中納言堀川高定の子。
¶公卿，公家(顕世〔堀河・岩蔵・葉室1家(絶家)〕　あきよ)

堀川関白 ほりかわかんぱく
→近衛経忠(このえつねただ)

堀川定親 ほりかわさだちか
正応5(1292)年～?
鎌倉時代後期～南北朝時代の公卿(非参議)。従四位下・左中将源為定の子。
¶公卿，公家(定親〔壬生家(絶家)〕　さだちか)

堀川高定 ほりかわたかさだ
天福1(1233)年～弘安3(1280)年8月23日
鎌倉時代前期の公卿(権中納言)。正四位下・右大弁光俊の子。
¶公卿([生]貞永1(1232)年)，公家(高定〔堀河・岩蔵・葉室1家(絶家)〕　たかさだ)，国書

堀河忠順 ほりかわただまさ
明和2(1765)年5月7日～寛政10(1798)年12月16日
江戸時代中期の公家(非参議)。参議堀河康実の子。
¶公卿，公家(忠順〔堀河家〕　ただまさ)

堀河親実 ほりかわちかざね
安永6(1777)年8月13日～天保5(1834)年6月3日
江戸時代後期の公家(参議)。権中納言裏松謙光の次男。
¶公卿，公家(親実〔堀河家〕　ちかざね)，国書

堀河親俊 ほりかわちかとし
承元1(1207)年～?　[別]藤原親俊《ふじわらのちかとし》
鎌倉時代前期の公卿(権中納言)。権中納言藤原顕俊の次男。近衛家に仕える。
¶朝日([没]正嘉2年2月7日(1258年3月13日))，公卿(藤原親俊　ふじわらのちかとし)，公家(親俊〔堀河・岩蔵・葉室1家(絶家)〕　ちかとし)

堀河親賀 ほりかわちかよし
文政5(1822)年7月20日～明治16(1883)年4月13日
江戸時代末期～明治期の公家(非参議)。権中納言堀河康親の子。
¶維新，公卿([没]明治13(1880)年4月)，公家(親賀〔堀河家〕　ちかよし)，国書，幕末

堀河天皇 ほりかわてんのう
承暦3(1079)年～嘉承2(1107)年7月19日
平安時代後期の第73代の天皇(在位1086～1107)。白河天皇の子。在位期間22年。
¶朝日([生]承暦3年7月9日(1079年8月8日)　[没]嘉承2年7月19日(1107年8月9日))，岩史([生]承暦3(1079)年7月9日)，角史，京都大，国史，国書([生]承暦3(1079)年7月9日)，古史，古中，コン改，コン4，史人([生]1079年7月9日)，重要([生]承暦3(1079)年7月9日)，諸系，新潮([生]承暦3(1079)年7月9日)，人名，姓氏京都，世人，全書，大百，日音([生]承暦3(1079)年7月9日)，日史([生]承暦3(1079)年7月9日)，日人，百科，平史，歴大，和俳([生]承暦3(1079)年7月9日)

堀河俊範 ほりかわとしのり
室町時代の公卿(非参議)。系譜不明。康正元年正三位に叙される。
¶公卿(生没年不詳)，公家(俊範〔平家(絶家)2〕　としのり)

堀川具言 ほりかわともあき
?　～応永25(1418)年11月
室町時代の公卿(権大納言)。応永15年正二位に叙される。
¶公卿，公家(具言〔堀川家(絶家)2〕　ともこと)

堀川具定 ほりかわともさだ
正治2(1200)年～嘉禎2(1236)年3月5日
鎌倉時代前期の公卿(非参議)。大納言堀川通具の長男。
¶公卿，公家(具定〔堀川家(絶家)2〕　ともさだ)，国書

堀川具実 ほりかわともざね
→源具実(みなもとのともざね)

堀川具茂 ほりかわともしげ
室町時代の公卿(参議)。参議堀川具世の子。
¶公卿(生没年不詳)，公家(具茂〔堀川家(絶家)2〕　ともしげ)

堀川具孝 ほりかわともたか
嘉暦1(1326)年～?
南北朝時代の公卿(権中納言)。内大臣堀川具親の次男。
¶公卿，公家(具孝〔堀川家(絶家)2〕　ともたか)

堀川具親 ほりかわともちか
永仁2(1294)年～?
鎌倉時代後期の公卿(内大臣)。権大納言堀川具俊の次男。
¶公卿，公家(具親〔堀川家(絶家)2〕　ともちか)

堀川具俊 ほりかわともとし
文永10(1273)年～嘉元1(1303)年
鎌倉時代後期の公卿(権中納言)。大納言堀川具守の子。
¶公卿([没]嘉元1(1303)年10月26日)，公家(具俊〔堀川家(絶家)2〕　ともとし　[没]嘉元1(1303)年9月)

堀川具信 ほりかわとものぶ
元弘2/正慶1(1332)年～正平11/延文1(1356)年11月7日
南北朝時代の公卿(参議)。内大臣堀川具親の子。
¶公卿，公家(具信〔堀川家(絶家)2〕　とものぶ)

堀川具雅 ほりかわともまさ
元応2(1320)年～＊
南北朝時代の公卿(参議)。内大臣堀川具親の子。
¶公卿([没]？)，公家(具雅〔堀川家(絶家)2〕　ともまさ　[没]暦応3(1340)年7月2日)

堀川具守 ほりかわとももり
建長1(1249)年～正和5(1316)年　[別]源具守《みなもとのとももり》
鎌倉時代後期の公卿(内大臣)。太政大臣堀川基具の長男。
¶鎌室，公卿([没]正和5(1316)年1月19日)，公家(具守〔堀川家(絶家)2〕　とももり)，諸系(源具守　みなもとのとももり)，日人(源具守　みなもとのとももり)

ほ

堀川具世 ほりかわともよ
室町時代の公卿(参議)。文安3年正三位に叙される。
¶公卿(生没年不詳)，公家(具世〔堀川家(絶家)2〕　ともよ)

堀河女御 ほりかわのにょうご
→藤原延子(1)(ふじわらのえんし)

堀河則康 ほりかわのりやす
元和8(1622)年5月13日～貞享3(1686)年5月25日
江戸時代前期の公家(参議)。権中納言堀河康胤の子。
¶公卿，公家(則康〔堀河家〕　のりやす)

堀川通具 ほりかわみちとも
→源通具(みなもとのみちとも)

堀川光有 ほりかわみつあり
？ ～弘和3/永徳3(1383)年8月6日
南北朝時代の公家・歌人。
¶国書

堀河光継(堀川光継) ほりかわみつつぐ
→藤原光継(ふじわらのみつつぐ)

堀川光藤 ほりかわみつふじ
？ ～正中2(1325)年11月9日
鎌倉時代後期の公卿(権中納言)。権中納言堀川顕世の子。
¶公卿，公家(光藤〔堀河・岩蔵・葉室1家(絶家)〕　みつふじ)

堀川基時 ほりかわもととき
生没年不詳
鎌倉時代後期の公家・歌人。
¶国書

堀川基俊 ほりかわもととし
弘長1(1261)年～元応1(1319)年4月3日
鎌倉時代後期の公卿(権大納言)。太政大臣堀川基具の次男。
¶公卿，公家(基俊〔堀川家(絶家)2〕　もととし)，国書

堀川基具 ほりかわもととも
貞永1(1232)年～＊　[別]源基具《みなもとのもととも》
鎌倉時代の公卿(太政大臣)。内大臣堀川具実の子。
¶公卿([没]？)，公家(基具〔堀川家(絶家)2〕　もととも　[没]？)，諸系(源基具　みなもとのもととも　[没]1297年)，日人(源基具　みなもとのもととも　[没]1297年)

堀河護麿 ほりかわもりまろ
明治6(1873)年8月13日～大正15(1926)年8月24日
明治～大正期の子爵。
¶世紀，日人

堀河康実 ほりかわやすざね
寛保1(1741)年10月30日～寛政8(1796)年1月4日
江戸時代中期の公家(参議)。正四位下・中務大輔・讃岐介堀河冬輔の子。
¶公卿，公家(康実〔堀河家〕　やすざね)，国書

堀河康隆 ほりかわやすたか
天保7(1836)年2月15日～明治29(1896)年1月2日
江戸時代末期～明治期の公家(非参議)。非参議堀河親賀の子。
¶維新，公卿([没]明治29(1896)年1月)，公家(康隆〔堀河家〕　やすたか)，幕末

堀河康胤 ほりかわやすたね
文禄1(1592)年9月9日～寛文13(1673)年1月27日
江戸時代前期の公家(権中納言)。堀河家の祖。権大納言高倉永家の孫。
¶公卿，公家(康胤〔堀河家〕　やすたね)

堀河康親 ほりかわやすちか
寛政9(1797)年2月20日～安政6(1859)年9月3日
江戸時代末期の公家(権中納言)。参議堀河親実の子。
¶維新，公卿，公家(康親〔堀河家〕　やすちか)，国書，幕末([没]1859年9月27日)

堀河康綱 ほりかわやすつな
明暦1(1655)年5月13日～宝永2(1705)年6月12日
江戸時代前期～中期の公家(参議)。参議堀河則康の孫。
¶公卿，公家(康綱〔堀河家〕　やすつな)

梵勝 ぼんしょう
生没年不詳　[別]河野宮《こうののみや》
室町時代の皇族。南朝の皇胤で長慶天皇の子孫といわれる。
¶国史，古中，史人，人名，日人

品陀真若王 ほんだまわかのおう
[別]品陀真若王《ほんだまわかのみこ》
上代の景行天皇の孫。

¶古代（ほんだまわかのみこ），諸系，日人

品陀真若王　ほんだまわかのみこ
→品陀真若王（ほんだまわかのおう）

誉田別尊　ほんだわけのみこと
→応神天皇（おうじんてんのう）

本康親王　ほんやすしんのう
→本康親王（もとやすしんのう）

【ま】

前田慰子　まえだやすこ
→有栖川宮慰子（ありすがわのみややすこ）

勾大兄広国押武金日尊　まがりのおおえひろくにおしたけかなひのみこと
→安閑天皇（あんかんてんのう）

蒔田祐親　まきたすけちか
天保6（1835）年〜？
江戸時代後期〜末期の官人。
¶国書

牧義比　まきよしとも
寛保1（1741）年4月15日〜文化2（1805）年2月16日
江戸時代中期〜後期の官人。
¶国書

雅明親王　まさあきらしんのう
延喜20（920）年〜延長7（929）年
平安時代中期の宇多天皇の皇子。
¶人名，日人，平史

雅兼王　まさかねおう
→白川雅兼王（しらかわまさかねおう）

雅子　まさこ
→皇太子妃雅子（こうたいしひまさこ）

政子女王　まさこじょおう
文化14（1817）年4月10日〜明治27（1894）年7月25日　[別]鏽宮《いさのみや》，伊佐宮《いさのみや》
江戸時代後期〜明治期の女性。伏見宮貞敬親王の第11王女。越後国瑞泉寺住職室。
¶女性，女性普，人名，日人

方子女王　まさこじょおう
→李方子（りまさこ）

理子女王　まさこじょおう
→理子女王（さとこじょおう）

栄子内親王　まさこないしんのう
寛文13（1673）年〜延享3（1746）年
江戸時代中期の女性。霊元天皇の第3皇女。
¶女性（[生]寛文13（1673）年8月　[没]延享3（1746）年3月23日），人名，日人

雅子内親王　まさこないしんのう
→雅子内親王（がしないしんのう）

昌子内親王(1)　まさこないしんのう
→昌子内親王（しょうしないしんのう）

昌子内親王(2)　まさこないしんのう
→竹田宮昌子（たけだのみやまさこ）

真子内親王　まさこないしんのう
→真子内親王（しんしないしんのう）

正子内親王(1)　まさこないしんのう
→正子内親王(1)（せいしないしんのう）

正子内親王(2)　まさこないしんのう
→正子内親王(2)（せいしないしんのう）

当子内親王　まさこないしんのう
→当子内親王（とうしないしんのう）

容子内親王　まさこないしんのう
→千容子（せんまさこ）

理子内親王　まさこないしんのう
→理子内親王(1)（りしないしんのう）

雅喬王　まさたかおう
→白川雅喬王（しらかわまさたかおう）

雅尊親王　まさたかしんのう
建長6（1254）年〜康元1（1256）年
鎌倉時代前期の後嵯峨天皇の皇子。
¶鎌室，日人

昌隆親王　まさたかしんのう
→道尊入道親王（どうそんにゅうどうしんのう）

雅富王　まさとみおう
→白川雅富王（しらかわまさとみおう）

雅朝王　まさともおう
弘治1（1555）年〜寛永8（1631）年　[別]白川雅朝《しらかわまさとも》，白川雅朝王《しらかわまさともおう》
安土桃山時代〜江戸時代前期の公卿（参議）。内大臣中院通為の次男。
¶公卿（白川雅朝王　しらかわまさともおう　[生]弘治1（1555）年1月17日　[没]寛永8（1631）年1月23日），公家（[生]天文24（1555）年1月17日　[没]寛永8（1631）年1月23日），国書（白川雅朝　しらかわまさとも　[生]天文24（1555）年1月17日　[没]寛永8（1631）年1月23日），諸系，神人（白川雅朝王　しらかわまさともおう），戦人

雅業王　まさなりおう
長享2（1488）年〜永禄3（1560）年　[別]白川雅業《しらかわまさなり》，白川雅業王《しらかわまさなりおう》
戦国時代の神祇伯。非参議・神祇伯白川資氏王の子。
¶公卿（白川雅業王　しらかわまさなりおう　[没]永禄3（1560）年9月12日），公家（[没]永禄3（1560）年9月12日），国書（白川雅業　しらかわまさなり　[没]永禄3（1560）年9月12日），神人（白川雅業王　しらかわまさなりおう），戦人，

戦補

雅成親王 まさなりしんのう
正治2(1200)年～建長7(1255)年 [別]但馬宮《たじまのみや》,六条宮《ろくじょうのみや》
鎌倉時代前期の後鳥羽天皇の皇子。
¶朝日([生]正治2年9月11日(1200年10月20日) [没]建長7年2月10日(1255年3月19日)),鎌室,国史,国書([生]正治2(1200)年9月11日 [没]建長7(1255)年2月10日),古中,史人([生]1200年9月11日 [没]1255年2月10日),諸系,新潮([生]正治2(1200)年9月11日 [没]建長7(1255)年2月10日),人名,世人,日人,兵庫百

雅陳王 まさのぶおう
→白川雅陳王(しらかわまさつらおう)

治宮 まさのみや
文政5(1822)年～文政5(1822)年
江戸時代後期の光格天皇の第6皇女。
¶人名,日人

雅仁親王 まさひとしんのう
→後白河天皇(ごしらかわてんのう)

ま

正仁親王 まさひとしんのう
→常陸宮正仁親王(ひたちのみやまさひとしんのう)

全仁親王 まさひとしんのう
→全仁親王(ぜんじんしんのう)

正仁親王妃華子 まさひとしんのうひはなこ
→常陸宮華子(ひたちのみやはなこ)

昌平親王 まさひらしんのう
天暦10(956)年～応和1(961)年
平安時代中期の村上天皇の皇子。
¶人名,日人,平史

雅冬王 まさふゆおう
→白川雅冬王(しらかわまさふゆおう)

正躬王 まさみおう
延暦18(799)年～貞観5(863)年
平安時代前期の公卿(参議)。桓武天皇の孫。
¶公卿([没]貞観5(863)年5月1日),国史,古代,古中,諸系,新潮([没]貞観5(863)年5月1日),人名,世人,日人,平史

正道王 まさみちおう
弘仁13(822)年～承和8(841)年
平安時代前期の三品中務卿恒世親王の第1王子。淳和天皇の孫。
¶平史

雅光王 まさみつおう
→白川雅光王(しらかわまさみつおう)

雅望王 まさもちおう
生没年不詳
平安時代前期の仁明天皇の皇孫。
¶古代,諸系,神人,人名,日人,平史

正行王 まさゆきおう
弘仁7(816)年～天安2(858)年
平安時代前期の桓武天皇の皇孫。
¶古代,諸系,人名,日人,平史

当世王 まさよおう
? ～斉衡2(855)年
平安時代前期の桓武天皇の皇孫。
¶人名,日人

勝子内親王 まさるこないしんのう
? ～貞観13(871)年 [別]勝子内親王《しょうしないしんのう》
平安時代前期の女性。文徳天皇の皇女。
¶女性(しょうしないしんのう [没]貞観13(871)年7月28日),平史

増子女王 ますこじょおう
文化12(1815)年～安政6(1859)年
江戸時代末期の伏見宮貞敬親王の第9王女。
¶人名,日人

培子女王 ますこじょおう
正徳1(1711)年～享保18(1733)年
江戸時代中期の伏見宮邦永親王の第4王女。
¶人名

益子内親王 ますこないしんのう
寛文9(1669)年5月18日～元文3(1738)年 [別]益子内親王《えきしないしんのう》
江戸時代中期の女性。後西天皇の第10皇女。
¶国書(えきしないしんのう [没]元文3(1738)年1月4日),女性([没]元文3(1738)年1月17日),人名,日人

温仁親王 ますひとしんのう
寛政12(1800)年～寛政12(1800)年
江戸時代後期の光格天皇の皇子。
¶人名

真苑雑物 まそののさいもち
[別]真苑宿禰雑物《まそのすくねさいもち》
平安時代前期の官人。
¶古代(真苑宿禰雑物 まそのすくねさいもち),日人(生没年不詳)

町顕郷 まちあきざと,まちあきさと
? ～文明11(1479)年
室町時代の公家(非参議)。非参議町経量の孫。父は治部卿正四位下町経時。
¶公卿,公家(顕郷〔町家(絶家)〕 あきさと [没]文明11(1479)年5月26日),高知人(まちあきさと),国書(まちあきさと [生]応永26(1419)年 [没]文明11(1479)年5月26日)

町顕基 まちあきもと
生没年不詳
室町時代の公卿(非参議)。非参議町顕郷の子。
¶公卿,公家(顕基〔町家(絶家)〕 あきもと),戦人

町尻（家名） まちがみ
→町尻（まちじり）

町口経量 まちぐちつねかず
*～天授6/康暦2（1380）年3月10日
南北朝時代の公卿（非参議）。権中納言吉田定資の子。
¶公卿（[生]元亨3（1323）年），公家（経量〔町家（絶家）〕　つねかず　[生]？）

町尻量聡 まちじりかずあき
明和4（1767）年5月10日～文化2（1805）年7月29日
江戸時代中期～後期の公家（非参議）。参議町尻量原の子。
¶公卿，公家（量聡〔町尻家〕　かずふさ）

町尻量輔 まちじりかずすけ
文化1（1804）年～明治7（1874）年　[別]町尻量輔《まちがみかずすけ》
江戸時代末期～明治期の公家（権中納言）。非参議町尻量聡の子。
¶維新（まちがみかずすけ），公卿（[生]享和2（1802）年3月1日　[没]明治7（1874）年6月），公家（量輔〔町尻家〕　かずすけ　[生]享和2（1802）年3月1日　[没]明治7（1874）年6月19日），諸系，幕末（まちがみかずすけ　[没]1874年6月19日）

町尻量原 まちじりかずはら
寛保1（1741）年11月21日～寛政11（1799）年6月23日　[別]町尻量原《まちじりかずもと》
江戸時代中期の公家（参議）。非参議吉田良延の次男。
¶公卿，公家（量原〔町尻家〕　かずはら），国書（まちじりかずもと）

町尻量基 まちじりかずもと
明治21（1888）年3月30日～昭和20（1945）年12月12日
大正～昭和期の華族、陸軍軍人。中将。侍従武官、教育総監部初代化兵監などを歴任。
¶現朝，コン改，コン5，世紀，日人，陸海

町尻量原 まちじりかずもと
→町尻量原（まちじりかずはら）

町尻兼量 まちじりかねかず
寛文2（1662）年11月4日～寛保2（1742）年9月20日
江戸時代中期の公家（権中納言）。権中納言水無瀬氏信の次男。
¶公卿，公家（兼量〔町尻家〕　かねかず）

町尻兼重 まちじりかねしげ
貞享1（1684）年10月28日～元文5（1740）年7月17日
江戸時代中期の公家（参議）。権中納言町尻兼量の長男。
¶公卿，公家（兼重〔町尻家〕　かねしげ）

町尻兼久（町尻説久） まちじりかねひさ
→町尻説久（まちじりときひさ）

町尻兼望 まちじりかねもち
→町尻説望（まちじりときもち）

町尻説久 まちじりときひさ
正徳5（1715）年～天明3（1783）年　[別]町尻兼久《まちじりかねひさ》，町尻説久《まちじりかねひさ》
江戸時代中期の公家（非参議）。権中納言町尻兼量の次男。
¶近世，公卿（まちじりかねひさ　[生]正徳5（1715）年4月24日　[没]天明3（1783）年4月25日），公家（兼久〔町尻家〕　かねひさ　[生]正徳5（1715）年4月24日　[没]天明3（1783）年4月25日），国史，諸系，人名（町尻兼久　まちじりかねひさ），日人

町尻説望 まちじりときもち
元文3（1738）年～天明5（1785）年　[別]町尻兼望《まちじりかねもち》
江戸時代中期の公家。
¶諸系，人名（町尻兼望　まちじりかねもち），姓氏京都（町尻兼望　まちじりかねもち　[生]1736年），日人

町尻具英 まちじりともひで
元和9（1623）年～寛文11（1671）年
江戸時代前期の公家。
¶諸系，人名（[生]？），日人

町資広 まちすけひろ
元中7/明徳1（1390）年～文明1（1469）年11月12日
室町時代の公卿（権大納言）。権大納言町資藤の子。
¶公卿，公家（資広〔日野町家（絶家）〕　すけひろ），国書

町資藤 まちすけふじ
正平21/貞治5（1366）年～応永16（1409）年6月5日
[別]日野町資藤《ひのまちすけふじ》
南北朝時代～室町時代の公卿（権大納言）。権大納言柳原忠光の次男。
¶鎌室（日野町資藤　ひのまちすけふじ），公卿，公家（資藤〔日野町家（絶家）〕　すけふじ），国書，諸系，日人

町資将 まちすけまさ
永正15（1518）年～弘治1（1555）年　[別]町資将《まちすけゆき》
戦国時代の公卿（権中納言）。権中納言菅原章長の次男。
¶公卿（[生]永正15（1518）年3月9日　[没]弘治1（1555）年10月24日），公家（資将〔日野町家（絶家）〕　すけまさ　[生]永正15（1518）年3月9日　[没]弘治1（1555）年10月24日），戦辞（まちすけゆき　[生]永正15年3月9日（1518年4月18日）[没]弘治1年10月24日（1555年11月8日）），戦人

町資将 まちすけゆき
→町資将（まちすけまさ）

町野康俊 まちのやすとし
→三善康俊（みよしやすとし）

町広光 まちひろみつ
文安1(1444)年～永正1(1504)年6月15日
室町時代～戦国時代の公卿(権大納言)。権大納言町資広の子。
¶公卿，公家(広光〔日野町家(絶家)〕　ひろみつ)，国書，戦人

松井永賢 まついながよし
天保10(1839)年～明治33(1900)年5月
江戸時代後期～明治期の官人。
¶国書

松崎万長(松ヶ崎万長，松ヶ崎万長) まつがさきつむなが
安政5(1858)年～大正10(1921)年2月3日　[別]堤
明治期の建築技師、華族(男爵)。堤哲長の次男で甘露寺勝長の養子。建築・土木学の研究のためドイツに渡る。
¶海越([生]安政5(1858)年10月　[没]？)，海越新([生]安政5(1858)年10月)，世紀(松ケ崎万長 [生]安政5(1858)年10月13日)，渡航，栃木歴(松ヶ崎万長)，日人([生]1859年)

松木(家名) まつき
→松木(まつのき)

松園尚嘉 まつぞのひさよし
天保11(1840)年～明治36(1903)年
江戸時代末期～明治期の神職。男爵。春日神社神職、丹生川神社大宮司などを歴任し、還俗して公家社会に復帰し華族となる。
¶諸系，人名，日人

松平節子 まつだいらせつこ
→秩父宮勢津子(ちちぶのみやせつこ)

松平信平 まつだいらのぶひら
→鷹司信平(たかつかさのぶひら)

松殿兼嗣 まつどのかねつぐ
延応1(1239)年～？
鎌倉時代後期の公卿(参議)。大納言松殿忠房の次男。
¶公卿，公家(兼嗣〔松殿家(絶家)〕　かねつぐ)

松殿忠顕 まつどのただあき
長禄1(1457)年～永正16(1519)年6月3日
戦国時代の公卿(参議)。藤原基高の子。
¶公卿，公家(忠顕〔松殿家(絶家)〕　ただあき)，戦人

松殿忠孝 まつどのただたか
→九条忠孝(くじょうただたか)

松殿忠嗣 まつどのただつぐ
永仁5(1297)年～？
鎌倉時代後期～南北朝時代の公卿(権大納言)。参議松殿通輔の子。
¶公卿，公家(忠嗣〔松殿家(絶家)〕　ただつぐ)，国書([没]永和3(1377)年5月12日)

松殿忠房 まつどのただふさ
建久4(1193)年～？
鎌倉時代前期の公卿(大納言)。関白・太政大臣藤原基房の四男、母は皇太后宮亮・美作守藤原行雅の娘。
¶公卿，公家(忠房〔松殿家(絶家)〕　ただふさ)

松殿忠冬 まつどのただふゆ
永仁4(1296)年～正平3/貞和4(1348)年3月15日
鎌倉時代後期～南北朝時代の公卿(権中納言)。権中納言松殿冬房の子。
¶公卿，公家(忠冬〔松殿家(絶家)〕　ただふゆ)

松殿冬輔 まつどのふゆすけ
？　～元中9/明徳3(1392)年1月21日
南北朝時代の公卿(非参議)。権大納言松殿忠嗣の子。
¶公卿，公家(冬輔〔松殿家(絶家)〕　ふゆすけ)，国書

松殿冬房 まつどのふゆふさ
文永7(1270)年～興国3/康永1(1342)年6月26日
鎌倉時代後期～南北朝時代の公卿(権中納言)。摂政・左大臣一条家経の猶子。
¶公卿，公家(冬房〔松殿家(絶家)〕　ふゆふさ)

松殿道昭 まつどのみちあき
元和1(1615)年2月17日～正保3(1646)年6月12日
江戸時代前期の公家(権大納言)。関白・左大臣九条幸家の次男。
¶公卿，公家(道昭〔松殿家(絶家)〕　みちあき)

松殿通輔 まつどのみちすけ
生没年不詳
鎌倉時代後期の公卿(参議)。参議松殿兼嗣の子。
¶公卿，公家(通輔〔松殿家(絶家)〕　みちすけ)，国書

松殿基高 まつどのもとたか
？　～寛正4(1463)年1月17日
室町時代の公家(従三位)。
¶公家(基高〔松殿家(絶家)〕　もとたか)

松殿基嗣 まつどのもとつぐ
建久4(1193)年～？
鎌倉時代前期の公卿(権大納言)。摂政・内大臣松殿師家の子。
¶公卿，公家(基嗣〔松殿家(絶家)〕　もとつぐ)

松殿基房 まつどのもとふさ
→藤原基房(2)(ふじわらのもとふさ)

松殿師家 まつどのもろいえ
→藤原師家(2)(ふじわらのもろいえ)

松殿良嗣 まつどのよしつぐ
*～？
鎌倉時代前期の公卿(非参議)。大納言松殿忠房の長男。
¶公卿([生]貞応1(1222)年)，公家(良嗣〔松殿家(絶家)〕　よしつぐ　[生]1224年)

松波資邑 まつなみすけさと
1713年～寛政4(1792)年7月1日

江戸時代中期の公家（二条家諸大夫）。父は下北面雅楽頭松波光篤。
¶公家（資邑〔二条家諸大夫 松波家（藤原氏）〕 すけさと）

松波資之 まつなみすけゆき
天保1（1830）年～明治39（1906）年 [別]松波遊山《まつなみゆさん》
江戸時代末期～明治期の歌人。皇太后宮舎人。
¶京都大，近文，国書（[生]文政13（1830）年11月19日 [没]明治39（1906）年9月13日），詩歌（松波遊山 まつなみゆさん），人名，姓氏京都，日人（[生]1831年），和俳

松波酊斎 まつなみていさい
享保3（1718）年～寛政5（1793）年 [別]松波光興《まつなみみつおき》
江戸時代中期～後期の漢詩人。
¶国書（松波光興 まつなみみつおき [生]享保3（1718）年8月26日 [没]寛政5（1793）年2月1日），日人

松波光興 まつなみみつおき
→松波酊斎（まつなみていさい）

松波葆光 まつなみやすみつ
宝暦6（1756）年3月7日～文化7（1810）年8月28日
江戸時代中期～後期の官人。
¶国書

松波遊山 まつなみゆさん
→松波資之（まつなみすけゆき）

松木宗顕 まつのきむねあき
万治1（1658）年12月10日～享保13（1728）年4月28日 [別]松木宗顕《まつきむねあき》
江戸時代前期～中期の公家（内大臣）。内大臣松木宗条の子。
¶公卿（まつきむねあき），公家（宗顕〔松木家〕 むねあき），国書

松木宗条 まつのきむねえだ
寛永2（1625）年3月28日～元禄13（1700）年6月24日 [別]松木宗条《まつのきむねなが》
江戸時代前期～中期の公家（内大臣）。正四位下・左中将松木宗保の子。
¶公卿，公家（宗条〔松木家〕 むねえだ），国書（まつのきむねなが）

松木宗隆 まつのきむねたか
天正6（1578）年～寛永5（1628）年 [別]松木宗隆《まつきむねたか》
安土桃山時代～江戸時代前期の公家。
¶姓氏鹿児島（まつきむねたか）

松木宗継 まつのきむねつぐ
応永7（1400）年～享徳1（1452）年12月27日
室町時代の公卿（権大納言）。権中納言松木宗宣の子。
¶公卿，公家（宗継〔松木家〕 むねつぐ），国書

松木宗綱 まつのきむねつな
文安1（1445）年～大永5（1525）年
室町時代～戦国時代の公卿（権大納言）。権大納言松木宗継の子。
¶公卿（[没]大永5（1525）年6月3日），公家（宗綱〔松木家〕 むねつな [没]大永5（1525）年6月3日），国書（[没]大永5（1525）年8月3日），日人

松木宗条 まつのきむねなが
→松木宗条（まつのきむねえだ）

松木宗長 まつのきむねなが
宝永7（1710）年9月1日～安永7（1778）年1月19日 [別]松木宗長《まつきむねなが》
江戸時代中期の公家（准大臣）。内大臣松木宗顕の次男。
¶公卿（まつきむねなが），公家（宗長〔松木家〕 むねなが）

松木宗宣 まつのきむねのぶ
文中1/応安5（1372）年～？
南北朝時代～室町時代の公卿（権中納言）。松木家の祖。権中納言中御門宗重の子。
¶公卿，公家（宗宣〔松木家〕 むねのぶ [没]応永35（1428）年2月29日），国書

松木宗徳 まつのきむねのり
天明2（1782）年9月20日～文政10（1827）年5月21日 [別]松木宗徳《まつきむねのり》
江戸時代後期の公家（参議）。正四位下・右中将松木宗章の子。
¶公卿（まつきむねのり），公家（宗徳〔松木家〕 むねのり）

松木宗房 まつのきむねふさ
天文6（1537）年～文禄2（1593）年6月7日 [別]松木宗房《まつきむねふさ》，松木宗満《まつのきむねみつ》
安土桃山時代の公卿（権中納言）。権大納言飛鳥井雅教の子。
¶公卿（松木宗満 まつのきむねみつ），公家（宗満〔松木家〕 むねみつ），国書（松木宗満 まつのきむねみつ），戦人（まつきむねふさ）

松木宗藤 まつのきむねふじ
延徳2（1490）年～？ [別]松木宗藤《まつきむねふじ》
戦国時代の公卿（権中納言）。権大納言松木宗綱の子。
¶公卿，公家（宗藤〔松木家〕 むねふじ），国書，戦人（まつきむねふじ）

松木宗満 まつのきむねみつ
→松木宗房（まつのきむねふさ）

松木宗美 まつのきむねよし
元文5（1740）年10月12日～天明8（1788）年10月14日 [別]松木宗美《まつきむねよし》
江戸時代中期の公家（権大納言）。准大臣松木宗長の子。
¶公卿（まつきむねよし），公家（宗美〔松木家〕 むねよし）

松虫皇女 まつむしのこうじょ
→不破内親王（ふわないしんのう）

万里小路充房 までのこうじあつふさ
永禄5（1562）年～寛永3（1626）年　[別]万里小路充房《までのこうじみつふさ》
安土桃山時代～江戸時代前期の公家（権大納言）。権大納言勧修寺晴右の三男、母は准大臣勧修寺晴豊の娘。
¶朝日（[生]永禄5年6月24日（1562年7月25日）[没]寛永3年9月12日（1626年10月31日）），近世，公卿（[生]永禄5（1562）年6月24日　[没]寛永3（1626）年9月12日），公家（充房〔万里小路家〕　あつふさ　[生]永禄5（1562）年6月24日　[没]寛永3（1626）年9月12日），国史，史人（[生]1562年6月24日　[没]1626年9月12日），諸系，戦人（までのこうじみつふさ　[没]？），日人

万里小路淳房 までのこうじあつふさ
承応1（1652）年12月27日～宝永6（1709）年11月10日
江戸時代前期～中期の公家（権大納言）。権大納言万里公辞雅房の子。
¶公卿，公家（淳房〔万里小路家〕　あつふさ），国書，諸系（[生]1653年），人名，日人（[生]1653年）

万里小路賢房 までのこうじかたふさ
文正1（1466）年～永正4（1507）年
戦国時代の公卿（参議）。准大臣勧修寺教秀の三男。
¶公卿（[没]永正4（1507）年10月19日），公家（賢房〔万里小路家〕　かたふさ　[没]永正4（1507）年10月19日），国書（[没]永正4（1507）年10月19日），諸系，人名（[生]1467年），戦人，日人

万里小路惟房 までのこうじこれふさ
永正10（1513）年～天正1（1573）年
戦国時代の公卿（内大臣）。内大臣万里小路秀房の子。
¶公卿（[没]天正1（1573）年6月9日），公家（惟房〔万里小路家〕　これふさ　[没]元亀4（1573）年6月9日），国書（[生]永正10（1513）年11月10日　[没]元亀4（1573）年6月9日），諸系，人名，戦人，日人

万里小路季房 までのこうじすえふさ
？～元弘3/正慶2（1333）年　[別]藤原季房《ふじわらのすえふさ》
鎌倉時代後期の公卿（参議）。大納言万小路宣房の次男。
¶朝日（[没]正慶2/元弘3年5月20日（1333年7月2日）），鎌室，公卿（[没]正慶2/元弘3（1333）年5月20日），公家（季房〔万里小路家〕　すえふさ　[没]元弘3（1333）年5月20日），国史，古中，史人（[没]1333年5月20日），諸系，新潮（[没]正慶2/元弘3（1333）年5月20日），人名（藤原季房　ふじわらのすえふさ），日人

万里小路輔房 までのこうじすけふさ
天文11（1542）年～天正1（1573）年
戦国時代の公卿（権中納言）。内大臣万里小路惟房の子。
¶公卿（[没]天正1（1573）年8月5日），公家（輔房〔万里小路家〕　すけふさ　[没]元亀4（1573）年8月5日），諸系，人名，戦人，日人

万里小路資通 までのこうじすけみち
嘉禄1（1225）年～嘉元4（1306）年7月6日
鎌倉時代後期の公卿（非参議）。万里小路家の祖。参議藤原資経の四男。
¶公卿，公家（資通〔万里小路家〕　すけみち）

万里小路孝房 までのこうじたかふさ
文禄1（1592）年10月10日～元和3（1617）年4月1日
江戸時代前期の公家（参議）。権大納言万里充房の子。
¶公卿，公家（孝房〔万里小路家〕　たかふさ）

万里小路建房 までのこうじたけふさ
→万里小路建房（までのこうじたちふさ）

万里小路建房 までのこうじたちふさ
安永9（1780）年11月28日～弘化3（1846）年9月14日　[別]万里小路建房《までのこうじたけふさ》
江戸時代後期の公家（権大納言）。蔵人・右中弁万里小路文房の子。
¶公卿，公家（建房〔万里小路家〕　たけふさ），国書（までのこうじたけふさ）

万里小路稙房 までのこうじたねふさ
宝永2（1705）年1月27日～明和1（1764）年10月10日
江戸時代中期の公家（権大納言）。権大納言万里小路尚房の子。
¶公卿，公家（稙房〔万里小路家〕　たねふさ），国書

万里小路嗣房 までのこうじつぎふさ
→万里小路嗣房（までのこうじつぐふさ）

万里小路嗣房 までのこうじつぐふさ
興国2/暦応4（1341）年～応永8（1401）年　[別]万里小路嗣房《までのこうじつぎふさ》
南北朝時代～室町時代の公卿（内大臣）。准大臣万里小路仲房の長男。
¶鎌室（[没]応永5（1398）年），公卿（までのこうじつぎふさ　[没]応永8（1401）年9月9日），公家（嗣房〔万里小路家〕　つぐふさ　[没]応永8（1401）年9月9日），国書（[没]応永5（1398）年8月6日），諸系，人名（までのこうじつぎふさ），日人

万里小路時房 までのこうじときふさ
応永1（1394）年～長禄1（1457）年　[別]藤原時房《ふじわらのときふさ》
室町時代の公卿（内大臣）。内大臣万里小路嗣房の子。
¶朝日（[生]応永1年12月27日（1395年1月18日）[没]長禄1年11月20日（1457年12月6日）），鎌室，公卿（[没]長禄1（1457）年11月20日），公家（時房〔万里小路家〕　ときふさ　[没]長禄1（1457）年11月20日），国史，国書（[生]応永1（1394）年12月27日　[没]長禄1（1457）年11月20日），古中，史人（[生]1394年12月27日　[没]1457年11月20日），重要，諸系（[生]1395年），新潮（[生]応永1

(1394)年12月27日　[没]長禄1(1457)年11月20日)，人名，姓氏京都，日人([生]1395年)，歴大

万里小路豊房 までのこうじとよふさ
生没年不詳
室町時代の公卿(権中納言)。内大臣万里小路嗣房の子。
¶鎌室，公卿，公家(豊房〔万里小路家〕　とよふさ)，諸系，人名，日人

万里小路正秀 までのこうじなおひで
安政5(1858)年8月16日～大正3(1914)年6月10日　[別]万里小路秀麿《までのこうじひでまろ》，万里小路正秀《までのこうじまさひで》，正秀
明治～大正期の宮内省官吏。男爵。ロシア留学のため岩倉使節一行に同行。
¶海越(万里小路秀麿　までのこうじひでまろ)，海越新(万里小路秀麿　までのこうじひでまろ)，国際(万里小路秀麿　までのこうじひでまろ)，諸系，世紀，渡航(万里小路正秀・万里小路秀麿　までのこうじまさひで・までのこうじひでまろ)，日人

万里小路尚房 までのこうじなおふさ
天和2(1682)年6月26日～享保9(1724)年9月4日
江戸時代中期の公家(権大納言)。権大納言清閑寺熙房の末子、母は権大納言高倉永敦の娘。
¶公卿，公家(尚房〔万里小路家〕　ひさふさ)，国書

万里小路正房 までのこうじなおふさ
享和2(1802)年～安政6(1859)年　[別]万里小路正房《までのこうじまさふさ》
江戸時代末期の公家(権大納言)。権大納言万里小路建房の子。
¶維新，公卿([生]享和2(1802)年12月1日　[没]安政6(1859)年10月22日)，公家(正房〔万里小路家〕　まさふさ　[生]享和2(1802)年12月1日　[没]安政6(1859)年10月22日)，国書([生]享和2(1802)年12月1日　[没]安政6(1859)年10月22日)，コン改(までのこうじまさふさ)，コン4(までのこうじまさふさ)，諸系，日人，幕末([没]1859年11月6日)

万里小路仲房 までのこうじなかふさ
元亨3(1323)年～元中5/嘉慶2(1388)年6月2日
南北朝時代の公卿(准大臣)。参議万里小路季房の子。
¶鎌室，公卿，公家(仲房〔万里小路家〕　なかふさ)，国書，諸系，人名，日人

万里小路宣房 までのこうじのぶふさ
正嘉2(1258)年～？　[別]藤原宣房《ふじわらののぶふさ》
鎌倉時代後期～南北朝時代の公卿(大納言)。非参議万里小路資通の子。
¶朝日([没]貞和4/正平3年10月18日(1348年11月9日))，岩史([没]貞和4(1348)年10月18日)，角史([没]貞和4(1348)年)，鎌室，京都大，公卿，公家(宣房〔万里小路家〕　のぶふさ　[没]貞和4(1348)年10月18日？)，国史([没]1348年)，国書([没]貞和4(1348)年10月18日)，古中([没]1348年)，コン改(藤原宣房　ふじわらののぶふさ)，コン4(藤原宣房　ふじわらののぶふさ)，史人([没]1348年10月18日)，諸系([没]1348年)，新潮，人名(藤原宣房　ふじわらののぶふさ)，姓氏京都([没]1348年)，世人(藤原宣房　ふじわらののぶふさ)，世百([生]1255年？)，全書(藤原宣房　ふじわらののぶふさ)，大百(藤原宣房　ふじわらののぶふさ)，伝記(藤原宣房　ふじわらののぶふさ)，日史，日人([没]1348年)，百科，歴大

万里小路春房 までのこうじはるふさ
宝徳1(1449)年～？
室町時代～戦国時代の公卿(参議)。非参議藤原親長の子。
¶鎌室，公卿(生没年不詳)，公家(春房〔万里小路家〕　はるふさ)，諸系，人名，日人

万里小路秀房 までのこうじひでふさ
明応1(1492)年～永禄6(1563)年11月12日
戦国時代の公卿(内大臣)。参議万里小路賢房の子。
¶公卿，公家(秀房〔万里小路家〕　ひでふさ)，国書，諸系，戦人([没]？)，日人

万里小路秀麿 までのこうじひでまろ
→万里小路正秀(までのこうじなおひで)

万里小路博房 までのこうじひろふさ
文政7(1824)年～明治17(1884)年
江戸時代末期～明治期の公家(権中納言)。権大納言万小路正房の子。
¶維新，京都大，近現，近世，公卿([生]文政7(1824)年6月25日　[没]明治17(1884)年2月)，公家(博房〔万里小路家〕　ひろふさ　[生]文政7(1824)年6月25日　[没]明治17(1884)年2月22日)，国史，国書([生]文政7(1824)年6月25日　[没]明治17(1884)年2月22日)，史人([生]1824年6月25日　[没]1884年2月22日)，諸系，新潮([生]文政7(1824)年6月25日　[没]明治17(1884)年2月22日)，姓氏京都，日人，幕末([没]1884年2月22日)

万里小路房子 までのこうじふさこ
→清光院(せいこういん)

万里小路藤房 までのこうじふじふさ
永仁3(1295)年～＊　[別]藤原藤房《ふじわらのふじふさ》
鎌倉時代後期～南北朝時代の公卿(中納言)。大納言万小路宣房の長男。
¶朝日([没]？)，茨城百(藤原藤房　ふじわらのふじふさ　[没]1380年？)，岩史([生]永仁3(1295)年？　[没]？)，角史([没]？)，鎌室([没]？)，京都([没]康暦2(1380)年？)，郷土茨城(藤原藤房　ふじわらのふじふさ　[没]1380年？)，京都大([没]天授6/康暦2(1380)年？)，公卿([生]永仁4(1296)年　[没]康暦2/天授6(1380)年3月28日)，公家(藤房〔万里小路家〕　ふじふさ　[生]1295年？　[没]？)，国史(生没年不詳)，国書(生没年不詳)，古中(生没年不詳)，コン改(藤原藤房　ふじわらのふじふさ　[没]天授6/康

暦2(1380)年?),コン4(藤原藤房　ふじわらのふじふさ　[没]康暦2/天授6(1380)年?),史人([没]?),諸系([没]?),新潮([没]?),人名(藤原藤房　ふじわらのふじふさ　[生]1296年　[没]1380年),姓氏京都([没]1380年?),世人(藤原藤房　ふじわらのふじふさ　[没]天授6/康暦2(1380)年3月28日?),世百,全書(藤原藤房　ふじわらのふじふさ　[没]1380年?),大百(藤原藤房　ふじわらのふじふさ　[没]1380年),日史([生]永仁3(1295)年?　[没]?),日人([没]?),百科([没]?),歴大([没]?)

万里小路文房 までのこうじふみふさ
宝暦9(1759)年5月4日~天明3(1783)年7月18日
江戸時代中期の公家。
¶国書

万里小路冬房 までのこうじふゆふさ
応永30(1423)年~文明17(1485)年12月21日
室町時代~戦国時代の公卿(准大臣)。内大臣万里小路時房の子。
¶鎌室,公卿,公家(冬房〔万里小路家〕　ふゆふさ),諸系([没]1486年),人名,日人([没]1486年)

万里小路正秀 までのこうじまさひで
→万里小路正秀(までのこうじなおひで)

万里小路雅房 までのこうじまさふさ
寛永11(1634)年3月29日~延宝7(1679)年6月23日
江戸時代前期の公家(権大納言)。参議万里小路孝房の孫。
¶公卿,公家(雅房〔万里小路家〕　まさふさ),国書([没]延宝7(1679)年5月23日)

万里小路政房 までのこうじまさふさ
享保14(1729)年~享和1(1801)年　[別]万里小路政房《までのこうじゆきふさ》
江戸時代中期~後期の公家(権大納言)。権大納言勧修寺高顕の次男。
¶公卿([生]享保14(1729)年3月5日　[没]享和1(1801)年11月26日),公家(政房〔万里小路家〕　まさふさ　[生]享保14(1729)年3月5日　[没]享和1(1801)年11月26日),国書([生]享保14(1729)年3月5日　[没]享和1(1801)年11月26日),コン改(までのこうじゆきふさ),コン4(までのこうじゆきふさ),諸系,日人

万里小路正房 までのこうじまさふさ
→万里小路正房(までのこうじなおふさ)

万里小路通房 までのこうじみちふさ
嘉永1(1848)年5月27日~昭和7(1932)年3月4日
明治~昭和期の公家、官吏。伯爵。奥羽追討総督府参謀として東北に従軍。のち工部省、宮内省に勤務。
¶維新,海越,海越新,諸系,世紀,渡航,日人,幕末

万里小路充房 までのこうじみつふさ
→万里小路充房(までのこうじあつふさ)

万里小路政房 までのこうじゆきふさ
→万里小路政房(までのこうじまさふさ)

万里小路頼房 までのこうじよりふさ
? ~元中6/康応1(1389)年4月26日
南北朝時代の公卿(参議)。准大臣万里小路仲房の次男。
¶公卿,公家(頼房〔万里小路家〕　よりふさ)

円方女王 まとかたのおおきみ
→円方女王(まとかたのじょおう)

円方女王 まとかたのじょおう,まどかたのじょおう
? ~宝亀5(774)年　[別]円方女王《まとかたのおおきみ》
奈良時代の女性。長屋王の王女。
¶古代(まとかたのおおきみ),女性(まどかたのじょおう　[没]宝亀5(774)年12月23日),日人([没]775年),万葉(まとかたのおおきみ)

真砥野媛 まとのひめ
上代の女性。垂仁天皇の妃。
¶古代,女性,日人

眉輪王 まゆわのおう
[別]眉輪王《まゆわおう,まよわおう,まよわのおおきみ》
上代の皇族。仁徳天皇の孫。大草香皇子の子。安康天皇を暗殺。
¶朝日(まよわおう　生没年不詳),国史(まゆわおう),古史(まよわおう),古代(まよわのおおきみ),古中(まゆわおう),コン改(まよわのおおきみ),コン4(まよわのおおきみ),史人(まゆわおう),諸系(まよわおう),新潮,人名(まゆわおう),世人,日史(まゆわおう),日人(まよわおう),百科,歴大(生没年不詳)

真世王 まよおう
? ~承和1(834)年
平安時代前期の王族。従四位上浄原王の子。
¶人名

眉輪王 まよわおう
→眉輪王(まゆわのおう)

眉輪王 まよわのおおきみ
→眉輪王(まゆわのおう)

椀木皇子 まりこのおうじ
→椀子皇子(1)(まろこのみこ)

椀子皇子(1) まろこのみこ
[別]椀木皇子《まりこのおうじ》
上代の継体天皇の皇子。
¶古代,人名(椀木皇子　まりこのおうじ)

椀子皇子(2) まろこのみこ
飛鳥時代の欽明天皇の皇子。
¶古代

椀子皇子(3) まろこのみこ
飛鳥時代の山背大兄王の王子。
¶古代

椀子皇子(4) まろこのみこ
飛鳥時代の聖徳太子の王子。
¶古代

椀子皇子(5) まろこのみこ
飛鳥時代の用明天皇の皇子。
¶古代

椀子皇子(6) まろこのみこ
飛鳥時代の押坂彦人大兄皇子。
¶古代

椀子皇子(7) まろこのみこ
飛鳥時代の橘麻呂皇子の別名。
¶古代

椀子皇子(8) まろこのみこ
飛鳥時代の上殖葉皇子の別名。
¶古代

真若王 まわかおう
上代の景行天皇の皇子。
¶人名，日人

満子女王 まんしじょおう
→満子女王(1)（みつこじょおう）

満誓 まんせい，まんぜい
→笠麻呂（かさのまろ）

茨田王(1) まんたおう，まんだおう
→茨田王（まんだのおおきみ）

茨田王(2) まんたおう
→茨田皇子（まんだのみこ）

万多親王 まんだしんのう，まんたしんのう
延暦7（788）年～天長7（830）年　[別]万多親王《まんたのしんのう》
平安時代前期の桓武天皇の皇子。「新撰姓氏録」の編纂に携わる。
¶朝日（[没]天長7年4月21日（830年5月16日）），角史（まんたしんのう），国史（まんたしんのう），国書（まんたしんのう　[没]天長7（830）年4月21日），古史，古代（まんたのしんのう），古中（まんたしんのう），コン改，コン4，史人（[没]830年4月21日），諸系（まんたしんのう），新潮（[没]天長7（830）年4月21日），人名，姓氏京都，世人，全書，日史（[没]天長7（830）年4月21日），日人（まんたしんのう），百科，平史，歴大

茨田王 まんだのおおきみ，まんたのおおきみ
生没年不詳　[別]茨田王《うまらだのおおきみ，まんたおう，まんだおう》
奈良時代の皇族・官人・万葉歌人。
¶古代（まんたおう），コン改，コン4，史人（まんだおう），新潮，人名，日人（まんたのおおきみ），万葉（うまらだのおおきみ），和俳

茨田関媛 まんたのせきひめ，まんだのせきひめ
[別]関媛《せきひめ》
上代の女性。継体天皇の妃。
¶女性，女性（関媛　せきひめ），人名（まんだのせきひめ），日人（生没年不詳）

茨田皇子 まんだのみこ
[別]茨田王《まんたおう》
飛鳥時代の用明天皇の皇子。
¶古代（茨田王　まんたおう）

【み】

彌 み
→倭王珍（わおうちん）

三笠宮崇仁親王 みかさのみやたかひとしんのう
大正4（1915）年12月2日～　[別]三笠宮崇仁《みかさのみやたかひと》，崇仁《たかひと》，崇仁親王《たかひとしんのう》，澄宮
昭和～平成期の皇族、歴史学者。東京芸術大学客員教授、日本オリエント学会名誉会長。大正天皇の第4皇子、昭和天皇の末弟。著書に「古代オリエント史と私」「帝王と墓と民衆」など。
¶現朝（三笠宮崇仁　みかさのみやたかひと），現情（崇仁　たかひと），現人（三笠宮崇仁　みかさのみやたかひと），現日（三笠宮崇仁　みかさのみやたかひと），コン改（三笠宮崇仁　みかさのみやたかひと），コン4（三笠宮崇仁　みかさのみやたかひと），コン5（三笠宮崇仁　みかさのみやたかひと），史人，諸系，新潮（三笠宮崇仁　みかさのみやたかひと），世紀（三笠宮崇仁　みかさのみやたかひと），世百，全書（三笠宮崇仁　みかさのみやたかひと），大百（三笠宮崇仁　みかさのみやたかひと），日史（崇仁親王　たかひとしんのう），日人，日本（三笠宮崇仁　みかさのみやたかひと），平和（三笠宮崇仁　みかさのみやたかひと），陸海

三笠宮寛仁親王 みかさのみやともひとしんのう
昭和21（1946）年1月5日～平成24（2012）年6月6日　[別]寛仁親王《ともひとしんのう》，三笠宮寛仁《みかさのみやともひと》
昭和～平成期の皇族。三笠宮崇仁親王の第1王子。“ヒゲの殿下”として知られた。日英協会名誉総裁。
¶現日（三笠宮寛仁　みかさのみやともひと），諸系，世紀（三笠宮寛仁　みかさのみやともひと），日人，履歴2

三笠宮信子 みかさのみやのぶこ
昭和30（1955）年4月9日～　[別]寛仁親王妃信子《ともひとしんのうひのぶこ》，三笠宮妃信子《みかさのみやひのぶこ》
昭和～平成期の女性。三笠宮寛仁親王の妃。
¶現日（寛仁親王妃信子　ともひとしんのうひのぶこ），世紀，日人（三笠宮妃信子　みかさのみやひのぶこ）

三笠宮容子内親王 みかさのみやまさこないしんのう
→千容子（せんまさこ）

三笠宮甯子内親王 みかさのみややすこないしんのう
→近衛甯子（このえやすこ）

三笠宮百合子 みかさのみやゆりこ
大正12(1923)年6月4日〜　㊨三笠宮妃百合子《みかさのみやひゆりこ》
昭和〜平成期の皇族。民族衣装文化普及会名誉総裁、日本赤十字社名誉副総裁。太平洋戦争開始直前に結婚、三笠宮崇仁親王の妃となる。
¶現日(三笠宮妃百合子　みかさのみやひゆりこ)、世紀、日人(三笠宮妃百合子　みかさのみやひゆりこ)

三笠宮宜仁 みかさのみやよしひと
→桂宮宜仁親王(かつらのみやよしひとしんのう)

三形王 みかたおう
㊨三形王《みかたのおおきみ》
奈良時代の官人(従四位下)。
¶古代、日人(生没年不詳)、万葉(みかたのおおきみ)

三方王 みかたおう
奈良時代の官人。氷上川継の謀反に加担。また天皇呪詛もおこない流罪となった。
¶古代、日人(生没年不詳)

三形王 みかたのおおきみ
→三形王(みかたおう)

御方大野 みかたのおおの
奈良時代の官人。
¶古代、日人(生没年不詳)

三上景文 みかみかげふみ
寛政1(1789)年8月28日〜?
江戸時代後期の官人。
¶国書

三木嗣頼 みきつぐより
→姉小路嗣頼(あねがこうじつぐより)

三国広見 みくにのひろみ
㊨三国広見《みくにひろみ》、三国真人広見《みくにのまひとひろみ》
奈良時代の官人。
¶古代(三国真人広見　みくにのまひとひろみ)、姓氏石川(みくにひろみ)、日人(生没年不詳)

三国麻呂 みくにのまろ
㊨三国公麻呂《みくにのきみまろ》
飛鳥時代の延臣。
¶古代(三国公麻呂　みくにのきみまろ)、日人(生没年不詳)

三毛入野命 みけいりぬのみこと
→三毛入野命(みけいりののみこと)

三毛入野命 みけいりののみこと
㊨三毛入野命《みけいりぬのみこと》
上代の神武天皇の兄。
¶古代、日人、宮崎百(みけいりぬのみこと)

御子左為世 みこさためよ
→二条為世(にじょうためよ)

御子左為明 みこひだりためあき
→二条為明(にじょうためあき)

御子左為定 みこひだりためさだ
→二条為定(にじょうためさだ)

御子左為重 みこひだりためしげ
→二条為重(にじょうためしげ)

御子左為忠 みこひだりためただ
延慶3(1310)年〜文中2/応安6(1373)年12月18日
㊨二条為忠《にじょうためただ》
南北朝時代の公卿(権中納言)。権中納言御子左為藤の子。
¶公卿、公家(為忠〔御子左2・二条・五条家(絶家)〕ためただ)、国書(二条為忠　にじょうためただ)

御子左為親 みこひだりためつか
?〜興国2/暦応4(1341)年6月4日　㊨二条為親《にじょうためちか》
鎌倉時代後期〜南北朝時代の公卿(非参議)。権大納言原為世の孫。
¶公卿、公家(為親〔御子左2・二条・五条家(絶家)〕ためちか)、国書(二条為親　にじょうためちか)

御子左為遠 みこひだりためとお
→二条為遠(にじょうためとお)

御子左為藤 みこひだりためふじ
→二条為藤(にじょうためふじ)

節仁親王 みさひとしんのう
天保4(1833)年〜天保7(1836)年
江戸時代後期の仁孝天皇の第2皇子。
¶諸系、人名、日人

三沢為之 みさわためゆき
文政9(1826)年〜嘉永3(1850)年1月8日
江戸時代後期の官人。
¶国書

三嶋王 みしまのおう
㊨三島王《みしまのおおきみ》
奈良時代の舎人親王の王子。
¶古代、日人(生没年不詳)、万葉(三島王　みしまのおおきみ)

三島王 みしまのおおきみ
→三嶋王(みしまのおう)

三嶋嶋継 みしまのしまつぐ
生没年不詳
平安時代前期の技術部門の官人。
¶平史

三嶋名継 みしまのなつぐ
天平20(748)年〜弘仁1(810)年　㊨三嶋真人名継《みしまのまひとなつぐ》
奈良時代〜平安時代前期の官人。
¶古代(三嶋真人名継　みしまのまひとなつぐ)、日人

水尾天皇 みずのおてんのう
→清和天皇(せいわてんのう)

水歯郎媛 みずはのいらつめ
上代の女性。景行天皇の妃。
¶女性, 人名, 日人

溝口董子 みぞぐちただこ
→有栖川宮董子(ありすがわのみやただこ)

三田塩籠 みたのしおこ
?～天平12(740)年
奈良時代の官人。
¶古代, 日人

美智子 みちこ
→皇后美智子(こうごうみちこ)

猷子女王 みちこじょおう
享保5(1720)年～享保20(1735)年 ㊼五百宮《いおのみや》
江戸時代中期の伏見宮貞建親王の第1王女。
¶人名

道嶋嶋足(道島島足) みちしまのしまたり
?～延暦2(783)年 ㊼牡鹿嶋足《おがのしまたり, おしかのしまたり》, 道鹿嶋足《みちしましまたり》, 道嶋宿禰嶋足《みちしまのすくねしまたり》, 道嶋足《みちのしまのしまたり》
奈良時代の武官(近衛中将)。内厩頭、播磨守。
¶朝日(㊼延暦2年1月8日(783年2月13日)), 岩手県, 神奈川人, 国史, 古代(道嶋宿禰嶋足 みちしまのすくねしまたり), 古中, コン改(牡鹿嶋足 おがのしまたり), コン改(みちのしまのしまたり), コン4(牡鹿嶋足 おがのしまたり), コン4(みちのしまのしまたり), 史人(道島島足 ㊼783年1月8日), 新潮(みちのしまのしまたり ㊼延暦2(783)年1月8日), 人名(道島島足 みちしましまたり), 姓氏岩手(生没年不詳), 姓氏宮城, 全書(みちのしまのしまたり), 日史(㊼延暦2(783)年1月8日), 日人, 百科, 宮城百, 歴大

道嶋御楯(道島御楯) みちしまのみたて
生没年不詳 ㊼道嶋宿禰御楯《みちしまのすくねみたて》, 道島御楯《みちしまのみたて》
奈良時代～平安時代前期の武士。
¶古代(道嶋宿禰御楯 みちしまのすくねみたて), 姓氏宮城, 日人, 平史(道島御楯), 宮城百

道嶋三山 みちしまのみやま
㊼道嶋宿禰三山《みちしまのすくねみやま》
奈良時代の官人。
¶古代(道嶋宿禰三山 みちしまのすくねみやま), 姓氏宮城(生没年不詳), 日人(生没年不詳), 宮城百

陸良親王 みちながしんのう
→興良親王(おきよししんのう)

道伊都都売 みちのいらつめ
生没年不詳 ㊼越道君羅都売《こし(おち)のきみのいらつめ》, 道君羅都売《みちのきみのいらつめ》

飛鳥時代の女性。天智天皇の夫人。光仁天皇の父である施基皇子の生母。
¶石川百(道君伊羅都売 みちのきみいらつめ), 古代(道君伊羅都売 みちのきみいらつめ), 女性(越道君伊羅都売 こし(おち)のきみのいらつめ), 女性(道君伊羅都売 みちのきみのいらつめ), 姓氏石川(道君伊羅都売 みちのきみのいらつめ), 日人

路大人 みちのうし
?～養老3(719)年
飛鳥時代～奈良時代の官人。持統太上天皇の作殯宮司。
¶朝日(㊼養老3年7月18日(719年8月8日)), コン改, コン4, 新潮(㊼養老3(719)年7月), 日人

道首名 みちのおうとな
→道首名(みちのおびとな)

道首名 みちのおびとな
天智天皇2(663)年～養老2(718)年 ㊼道君首名《みちのきみおうとな, みちのきみおびとな, みちのきみのおびとな》, 道首名《みちのおふとな》
飛鳥時代～奈良時代の官人、学者。大宝律令の制定に参加。
¶朝日, 石川百(道君首名 みちのきみおうとな), 角史, 熊本百(道君首名 みちのきみのおびとな ㊼養老2(718)年4月11日), 国史(㊼?), 古代, 古代(道君首名 みちのきみおびとな), 古中(㊼?), コン改(みちのおふとな ㊼?), コン4(㊼?), 史人(㊼718年4月11日), 新潮(㊼養老2(718)年4月), 人名, 史人, 全書(㊼?), 日史(㊼天智2(663)年?), 日人, 百科(㊼?), 福岡百(㊼養老2(718)年4月), 日人, 百科(㊼?), 福岡百(㊼養老2(718)年4月11日), 歴大(㊼?)

道首名 みちのおふとな
→道首名(みちのおびとな)

路年継 みちのとしつぐ
*～天長4(827)年
奈良時代～平安時代前期の官人。姓は真人。
¶神奈川人(㊼760年), 平史(㊼758年)

路豊永 みちのとよなが
㊼路真人豊永《みちのまひととよなが》, 路豊永《おおじとよなが》
奈良時代の官人、道鏡の師。
¶古代(路真人豊永 みちのまひととよなが), 人名(おおじとよなが), 日人(生没年不詳)

道野王 みちののおう
?～斉衡2(855)年 ㊼道野王《みちのおう》
平安時代前期の桓武天皇の皇孫賀陽親王の第1王子。
¶人名, 日人, 平史(みちのおう)

路益人 みちのますひと
㊼路直益人《みちのあたいますひと》
飛鳥時代の壬申の乱の功臣。
¶古代(路直益人 みちのあたいますひと), 日

人（生没年不詳）

道久王 みちひさおう
→北白川道久（きたしらかわみちひさ）

通仁親王 みちひとしんのう
天治1（1124）年～大治4（1129）年
平安時代後期の鳥羽天皇の第2皇子。
¶人名，日人，平史

道康親王(1) みちやすしんのう
→文徳天皇（もんとくてんのう）

道康親王(2) みちやすしんのう
→文武天皇（もんむてんのう）

陸良親王 みちよししんのう
→興良親王（おきよししんのう）

三使浄足 みつかいのきよたり
[別]三使連浄足《みつかいのむらじきよたり》
奈良時代の官人。
¶古代（三使連浄足　みつかいのむらじきよたり），日人（生没年不詳）

三木嗣頼 みつきつぐより
→姉小路嗣頼（あねがこうじつぐより）

三木良頼 みつきよしより，みつぎよしより
→姉小路嗣頼（あねがこうじつぐより）

光子女王 みつこじょおう
元禄12（1699）年9月14日～元文3（1738）年10月3日　[別]岩宮《いわのみや》
江戸時代中期の女性。伏見宮邦永親王の第2王女。
¶女性，人名

満子女王(1) みつこじょおう
？～延喜20（920）年　[別]満子女王《まんしじょおう，みつこにょおう》
平安時代中期の女性。相輔王の王女。醍醐天皇の更衣。
¶女性（まんしじょおう　生没年不詳），人名（みつこにょおう），日人

満子女王(2) みつこじょおう
→甘露寺満子（かんろじみつこ）

光子内親王(1) みつこないしんのう
天延1（973）年～天延3（975）年
平安時代中期の冷泉天皇の皇女。
¶人名，日人，平史

光子内親王(2) みつこないしんのう
寛永11（1634）年7月1日～享保12（1727）年　[別]元瑤内親王《げんようないしんのう》，光子内親王《こうしないしんのう》，照山元瑤《しょうざんげんよう》，照山元瑤尼《しょうざんげんように》，普明院宮照山元瑤法内親王《ふみょういんのみやしょうざんげんようほうないしんのう》
江戸時代前期～中期の女性。後水尾天皇の皇女。
¶朝日（照山元瑤　しょうざんげんよう　[生]寛永11年7月1日（1634年7月25日）　[没]享保12年10月6日（1727年11月18日）），黄檗（普明院宮照山元瑤法内親王　ふみょういんのみやしょうざんげんようほうないしんのう　[生]寛永11（1624）年閏7月1日　[没]享保12（1727）年10月6日），近世，国史，国書（こうしないしんのう　[没]享保12（1727）年10月5日），史人（[没]1727年10月6日），諸系，女性（[没]享保12（1727）年10月5日），人名，日人，仏教（照山元瑤尼　しょうざんげんように　[没]享保12（1727）年10月6日）

満子女王 みつこにょおう
→満子女王(1)（みつこじょおう）

光実 みつざね
生没年不詳
南北朝時代の公家・歌人。
¶国書

満良親王 みつながしんのう
生没年不詳　[別]花園宮《はなぞののみや》，満良親王《みつよししんのう》
南北朝時代の皇族。後醍醐天皇の皇子。
¶鎌室，高知人（花園宮　はなぞののみや），高知百（花園宮　はなぞののみや），新潮，人名，日人（みつよししんのう）

秀仁親王 みつひとしんのう
→四条天皇（しじょうてんのう）

満仁親王 みつひとしんのう
正平9/文和3（1354）年～応永33（1426）年
南北朝時代～室町時代の亀山天皇の皇孫。常磐井宮全仁親王の王子。
¶鎌室（生没年不詳），諸系，人名，日人

満良親王 みつよししんのう
→満良親王（みつながしんのう）

御堂関白 みどうかんぱく
→藤原道長（ふじわらのみちなが）

三寅 みとら
→藤原頼経(2)（ふじわらのよりつね）

御長近人 みながのちかひと
生没年不詳
平安時代前期の官人。
¶新潟百

御長広岳 みながのひろおか
天平勝宝1（749）年～弘仁8（817）年　[別]御長真人広岳《みながのまひとひろおか，みながのまひとひろたけ》
平安時代前期の中級官人。
¶古代（御長真人広岳　みながのまひとひろおか），姓氏群馬（御長真人広岳　みながのまひとひろたけ），日人，平史

御長広岳 みながのひろたけ
→御長広岳（みながのひろおか）

水無瀬有成 みなせありなり
寛政1（1789）年10月26日～元治1（1864）年8月

28日
江戸時代後期の公家（権大納言）。参議水無瀬忠成の孫。
¶公卿，公家（有成〔水無瀬家〕　ありしげ），諸系

水無瀬氏成 みなせうじしげ
→水無瀬氏成（みなせうじなり）

水無瀬氏孝 みなせうじたか
延宝3（1675）年10月23日～寛保1（1741）年12月7日
江戸時代中期の公家（権中納言）。権中納言水無瀬氏信の子。
¶公卿，公家（氏孝〔水無瀬家〕　うじたか）

水無瀬氏成 みなせうじなり
元亀2（1571）年10月27日～正保1（1644）年　[別]水無瀬氏成《みなせうじしげ》
安土桃山時代～江戸時代前期の公家（権中納言）。権中納言水無瀬兼成の子。
¶公卿（[没]正保1（1644）年10月7日），公家（氏成〔水無瀬家〕　うじなり　[没]寛永21（1644）年9月17日），国書（[没]寛永21（1644）年9月17日），平史（みなせうじしげ）

水無瀬氏信 みなせうじのぶ
元和5（1619）年8月6日～元禄3（1690）年7月15日
江戸時代前期の公家（権中納言）。権中納言水無瀬兼俊の子。
¶公卿，公家（氏信〔水無瀬家〕　うじのぶ）

水無瀬兼俊 みなせかねとし
文禄2（1593）年9月1日～明暦2（1656）年1月1日
江戸時代前期の公家（権中納言）。権中納言水無瀬氏成の子。
¶公卿，公家（兼俊〔水無瀬家〕　かねとし）

水無瀬兼豊 みなせかねとよ
承応2（1653）年12月14日～宝永2（1705）年3月7日
江戸時代前期～中期の公家（参議）。水無瀬則俊の子。
¶公卿（[没]宝永2（1705）年3月8日），公家（兼豊〔水無瀬家〕　かねとよ），国書

水無瀬兼成 みなせかねなり
→水無瀬親氏（みなせちかうじ）

水無瀬静子 みなせしずこ
→久邇静子（くにしずこ）

水無瀬季兼 みなせすえかね
室町時代の公卿（参議）。非参議水無瀬具隆の曾孫。
¶公卿（生没年不詳），公家（季兼〔水無瀬家〕　すえかね）

水無瀬忠成 みなせただなり
→園池成徳（そのいけなりのり）

水無瀬親氏 みなせちかうじ
永正11（1514）年～慶長7（1602）年9月18日　[別]水無瀬兼成《みなせかねなり》
戦国時代～安土桃山時代の公卿（権中納言）。右大臣三条西公条の次男。
¶公卿（水無瀬兼成　みなせかねなり），公家（兼成〔水無瀬家〕　かねなり），国書（水無瀬兼成　みなせかねなり），諸系（水無瀬兼成　みなせかねなり），戦人

水無瀬親兼 みなせちかかね
承安2（1172）年～寛元4（1246）年　[別]藤原親兼《ふじわらのちかかね》
平安時代後期～鎌倉時代前期の公家（権中納言）。中納言藤原親信の三男。
¶公卿（藤原親兼　ふじわらのちかかね　[没]？），公家（親兼〔水無瀬家〕　ちかかね　[没]寛元4（1246）年5月20日），国書（[没]寛元4（1246）年5月27日）

水無瀬親具 みなせちかとも
天文21（1552）年～寛永9（1632）年
戦国時代～江戸時代前期の公家。
¶国書（[生]天文18（1549）年　[没]寛永8（1631）年12月24日），諸系，戦辞（[生]天文18（1549）年　[没]寛永8年12月24日（1632年2月14日）），日人

水無瀬親成 みなせちかなり
生没年不詳
鎌倉時代前期の公家。後鳥羽上皇の臣下。
¶国史，国書，古中，諸系，神史，日人

水無瀬親信 みなせちかのぶ
→藤原親信（ふじわらのちかのぶ）

水無瀬経家 みなせつねいえ
天保4（1833）年4月29日～明治7（1874）年12月5日
江戸時代後期～明治期の公家。
¶国書

水無瀬経業 みなせつねかず
宝永1（1704）年7月10日～宝暦12（1762）年8月10日
江戸時代中期の公家（非参議）。権中納言水無瀬氏孝の次男。
¶公卿，公家（経業〔水無瀬家〕　つねなり）

水無瀬具兼 みなせともかね
*～？
鎌倉時代後期～南北朝時代の公卿（参議）。水無瀬家の祖。摂政・関白・太政大臣藤原忠平の裔。
¶公卿（[生]永仁3（1295）年），公家（具兼〔水無瀬家〕　ともかね　[生]1294年）

水無瀬具隆 みなせともたか
？～応永6（1399）年7月
室町時代の公卿（非参議）。参議水無瀬具兼の子。
¶公卿（生没年不詳），公家（具隆〔水無瀬家〕　ともたか）

水無瀬信成 みなせのぶなり
建久8（1197）年～弘長2（1262）年　[別]藤原信成《ふじわらののぶなり》
鎌倉時代の公家・歌人（参議）。権大納言藤原忠信の子。

¶公卿（藤原信成　ふじわらののぶなり　[没]？），公家（信成〔水無瀬家〕　のぶなり），国書

水無瀬英兼　みなせひでかね
文明17（1485）年～弘治1（1555）年1月12日
戦国時代の公卿（参議）。参議水無瀬季兼の子。
¶公卿，公家（英兼〔水無瀬家〕　ひでかね），戦人

水無瀬師成　みなせもろなり
享保19（1734）年5月26日～宝暦12（1762）年2月5日
江戸時代中期の公家（非参議）。非参議水無瀬経業の子。
¶公卿，公家（師成〔水無瀬家〕　もろなり）

南淵年名　みなぶちのとしな，みなふちのとしな
大同2（807）年～元慶1（877）年　[別]南淵朝臣年名《みなぶちのあそんとしな》，南淵年名《みなぶちとしな》
平安時代前期の公卿（大納言）。従四位下坂田奈弖麿の孫。
¶朝日（[没]元慶1年4月8日（877年5月24日）），公卿（[没]元慶1（877）年4月8日），国史，国書（みなぶちとしな　[没]貞観19（877）年4月8日），古代（南淵朝臣年名　みなぶちのあそんとしな　[生]808年），古中，史人（[生]807年，（異説）808年　[没]877年4月8日，（異説）4月9日），姓氏京都（みなふちのとしな　[生]808年），日人，平史（[生]808年）

南淵永河　みなぶちのながかわ
宝亀8（777）年～天安1（857）年　[別]南淵永河《みなぶちながかわ，みなみぶちながかわ》，南淵朝臣永河《みなぶちのあそんながかわ》
平安時代前期の官人。
¶朝日（[没]天安1年10月12日（857年11月2日）），国書（みなぶちながかわ　[没]天安1（857）年10月13日），古代（南淵朝臣永河　みなぶちのあそんながかわ），コン改（みなみぶちながかわ），コン4（みなみぶちながかわ），人名（みなぶちながかわ），日人，平史

南淵弘貞　みなぶちのひろさだ
宝亀8（777）年～天長10（833）年　[別]南淵弘貞《みなぶちひろさだ，みなみぶちひろさだ》，南淵朝臣弘貞《みなぶちのあそんひろさだ》
平安時代前期の公卿（参議）。従四位下坂田奈弖麿の次男。
¶朝日（[生]宝亀7（776）年　[没]天長10年9月19日（833年11月4日）），公卿（[生]宝亀7（776）年　[没]天長10（833）年9月18日），国史，国書（みなぶちひろさだ　[没]天長10（833）年9月18日），古代（南淵朝臣弘貞　みなぶちのあそんひろさだ），古中，コン改（みなみぶちひろさだ　[生]宝亀7（776）年），コン4（みなみぶちひろさだ　[生]宝亀7（776）年），史人（[没]833年9月19日），新潮（[没]天長10（833）年9月19日），人名（みなぶちひろさだ），世人（[生]宝亀4（773）年），日史（[没]天長10（833）年9月19日），日人，百科，平史

御名部皇女　みなべのおうじょ
→御名部皇女（みなべのひめみこ）

御名部皇女　みなべのこうじょ
→御名部皇女（みなべのひめみこ）

御名部内親王　みなべのないしんのう
→御名部皇女（みなべのひめみこ）

御名部皇女　みなべのひめみこ
[別]御名部皇女《みなべのおうじょ，みなべのこうじょ》，御名部内親王《みなべのないしんのう》
飛鳥時代の女性。天智天皇の皇女。
¶朝日（生没年不詳），古代，女性（みなべのこうじょ　生没年不詳），人名（御名部内親王　みなべのないしんのう），日人（みなべのおうじょ　生没年不詳），万葉

南岩倉具威　みなみいわくらともたけ
明治2（1869）年6月2日～昭和20（1945）年10月
明治～昭和期の渡航者。
¶渡航

南岩倉具義　みなみいわくらともよし
天保13（1842）年11月～明治12（1879）年3月29日
江戸時代末期～明治期の華族。岩倉使節団に同行しアメリカに渡る。
¶海越，海越新，渡航（[生]？）

南淵（家名）　みなみぶち
→南淵（みなぶち）

源明賢　みなもとのあきかた
生没年不詳　[別]源明賢《みなもとあきかた》
平安時代後期の公家・歌人。
¶国書（みなもとあきかた），平史

源顕兼　みなもとのあきかね
永暦1（1160）年～建保3（1215）年　[別]源顕兼《みなもとあきかね》
平安時代後期～鎌倉時代前期の公卿（非参議）。非参議源宗雅の子。
¶朝日（[没]建保3（1215）年2月），鎌室（みなもとあきかね），公卿（生没年不詳），公家（顕兼〔壬生家（絶家）〕　あきかね），国書（みなもとあきかね　[没]建保3（1215）年2月），人書94（みなもとあきかね），新潮（[没]建保3（1215）年2月），日人，平史

源顕国　みなもとのあきくに
永保3（1083）年～保安2（1121）年　[別]源顕国《みなもとあきくに》
平安時代後期の公家・歌人。
¶国書（みなもとあきくに　[没]保安2（1121）年5月29日），平史

源顕定　みなもとのあきさだ
？　～治安3（1023）年
平安時代中期の村上天皇皇孫、為平親王の王子。
¶諸系，人名，日人，平史

源顕重　みなもとのあきしげ
生没年不詳

平安時代後期の神官。村上源氏雅俊の子。
¶神人

源顕資 みなもとのあきすけ
？〜文保1(1317)年5月2日　㊛源顕資《みなもとあきすけ》
鎌倉時代後期の公卿(参議)。権中納言源資平の長男。
¶公卿，公家(顕資〔坊城家(絶家)〕　あきすけ)，国書(みなもとあきすけ)

源顕親 みなもとのあきちか
寛治2(1088)年〜永暦1(1160)年
平安時代後期の官人。
¶平史

源顕綱 みなもとのあきつな
鎌倉時代後期の公卿(非参議)。非参議源成経の長男。
¶公卿(生没年不詳)，公家(顕綱〔久我家(絶家)〕　あきつな)

源章任 みなもとのあきとう
生没年不詳
平安時代中期の官人。
¶兵庫百，平史

源顕仲 みなもとのあきなか
＊〜保延4(1138)年　㊛源顕仲《みなもとあきなか》
平安時代後期の公卿(非参議)。右大臣源顕房の子。
¶朝日(㊊康平7(1064)年　㊋保延4年3月29日(1138年5月9日))，公卿(㊋康平1(1058)年　㊋保延4(1138)年3月29日)，国書(みなもとあきなか　㊊康平7(1064)年　㊋保延4(1138)年3月29日)，コン改(㊊康平2(1059)年　㊋保延5(1139)年)，コン4(㊊康平2(1059)年　㊋保延5(1139)年)，諸系(㊊1064年)，神人(㊋天喜5(1057)年)，人名(㊊1043年　㊋1123年)，日人(㊊1064年)，平史(㊊1064年)，和俳(㊊長久4(1043)年　㊋保安4(1123)年)

源顕信 みなもとのあきのぶ
長承2(1133)年〜？
平安時代後期〜鎌倉時代前期の公卿(非参議)。越後守源信時の男。
¶公卿(生没年不詳)，公家(顕信〔坊城家(絶家)〕　あきのぶ)，平史

源顕平 みなもとのあきひら
建久2(1191)年〜宝治2(1248)年5月24日
鎌倉時代前期の公卿(参議)。非参議源清信の長男。
¶公卿，公家(顕平〔坊城家(絶家)〕　あきひら)

源顕房 みなもとのあきふさ
長暦1(1037)年〜嘉保1(1094)年　㊛源顕房《みなもとあきふさ》，藤原顕房《ふじわらのあきふさ》，六条左大臣《ろくじょうさだいじん》
平安時代中期〜後期の公卿(右大臣)。太政大臣源師房の次男。

¶朝日(㊊嘉保1年9月5日(1094年10月16日))，岩史(㊋寛治8(1094)年9月5日)，角史，公卿(㊋嘉保1(1094)年9月5日)，国史，国書(みなもとあきふさ㊋寛治8(1094)年9月5日)，古史，古中，コン改(㊊万寿3(1026)年)，コン4(㊊万寿3(1026)年)，史人(㊊1094年9月5日)，諸系，新潮(㊋嘉保1(1094)年9月5日)，人名(㊊1026年)，人史(六条左大臣　ろくじょうさだいじん)，姓氏京都，世人(㊊万寿3(1026)年)，日史(㊋嘉保1(1094)年9月5日)，日人，百科，平史，歴大，和俳(㊋嘉保1(1094)年9月5日)

源顕雅 みなもとのあきまさ
承保1(1074)年〜保延2(1136)年
平安時代後期の公卿(権大納言)。右大臣源顕房の子。
¶公卿(㊋保延2(1136)年10月13日)，国史，古中，諸系，日人，平史

源明理 みなもとのあきまさ
生没年不詳
平安時代中期の官人。
¶平史

源顕通 みなもとのあきみち
永保1(1081)年〜保安3(1122)年
平安時代後期の公卿(中納言)。太政大臣源雅実の長男。
¶公卿(㊊？　㊋保安3(1122)年4月8日)，国史，古中，諸系，日人，平史(㊊？)

源顕基 みなもとのあきもと
長保2(1000)年〜永承2(1047)年9月3日　㊛源顕基《みなもとあきもと》
平安時代中期の公卿(権中納言)。権大納言源俊賢の長男。
¶公卿，国史，国書(みなもとあきもと)，古中，コン改，コン4，新潮，人名，日人，平史，和俳

源顕行 みなもとのあきゆき
鎌倉時代後期の公卿(非参議)。非参議源成経の次男。
¶公卿(生没年不詳)，公家(顕行〔久我家(絶家)〕　あきゆき)

源明 みなもとのあきら
弘仁5(814)年〜仁寿2(852)年　㊛源朝臣明《みなもとのあそんあきら》，源明《みなもとあきら》，素然《そねん》
平安時代前期の公卿(参議)。嵯峨天皇の皇子、母は更衣飯高氏。
¶公卿(㊋仁寿2(852)年12月)，国史，国書(みなもとあきら　㊋仁寿2(852)年12月20日)，古代(源朝臣明　みなもとのあそんあきら)，古中，コン改，コン4，新潮(㊋仁寿2(852)年12月20日)，人名，世人，日人(㊋853年)，仏教(素然　そねん　㊋仁寿2(852)年12月)，平史(㊊813年)

源朝子 みなもとのあさこ
→源朝子(みなもとのちょうし)

源朝任　みなもとのあさとう
永祚1(989)年～長元7(1034)年9月16日　㋵源朝任《みなもとあさとう，みなもとのともとう》
平安時代中期の公卿(参議)。大納言源時中の三男，母は参議藤原安親の娘。
¶公卿(みなもとのともとう)，国書(みなもとあさとう)，平史

源淳国　みなもとのあつくに
生没年不詳　㋵源淳国《みなもとあつくに》
平安時代後期の公家・歌人。
¶国書(みなもとあつくに)

源敦定　みなもとのあつさだ
平安時代中期の村上天皇皇孫，為平親王の王子。
¶人名

源宛　みなもとのあつる
生没年不詳
平安時代中期の地方軍事貴族。
¶埼玉人，埼玉百(㋤929年　㋥953年)，平史

源有賢　みなもとのありかた
延久2(1070)年～保延5(1139)年
平安時代後期の公卿(非参議)。参議源資通の孫。
¶朝日(㋥保延5年5月5日(1139年6月3日))，公卿(㋥保延5(1139)年5月5日)，諸系，日音(㋥保延5(1139)年5月5日)，日人，平史

源在子　みなもとのありこ
→承明門院(しょうめいもんいん)

源有資　みなもとのありすけ
元久1(1204)年～文永9(1272)年
鎌倉時代前期の公卿(権中納言)。非参議源時賢の長男。
¶朝日(㋥文永9年7月20日(1272年8月15日))，公卿(㋥文永9(1272)年7月20日)，公家(有資〔庭田家〕ありすけ　㋥文永9(1272)年7月20日)，諸系，日人

源有仲　みなもとのありなか
生没年不詳　㋵源有仲《みなもとありなか》
平安時代後期～鎌倉時代前期の公家・歌人。
¶国書(みなもとありなか)

源有長　みなもとのありなが
生没年不詳　㋵源有長《みなもとありなが》
鎌倉時代前期の公卿。
¶鎌室(みなもとありなが)，国書(みなもとありなが)

源有教　みなもとのありのり
建久3(1192)年～建長6(1254)年8月6日　㋵源有教《みなもとありのり》
鎌倉時代前期の公卿(非参議)。非参議源有通の次男。
¶鎌室(みなもとありのり)，公卿，公家(有教〔堀川家(絶家)1〕ありのり)，国書(みなもとありのり)，日人

源有仁　みなもとのありひと
康和5(1103)年～久安3(1147)年　㋵源有仁《みなもとありひと》
平安時代後期の公卿(左大臣)。後三条天皇の孫。輔仁親王の第2王子。
¶朝日(㋥久安3年2月13日(1147年3月16日))，岩史(㋥久安3(1147)年2月13日)，角史，公卿(㋥久安3(1147)年2月13日)，国史，国書(みなもとありひと)，古史，古中，コン改，コン4，史人(㋥1147年2月13日)，諸系，新潮(㋥久安3(1147)年2月13日)，人名，世百，全書，日史(㋥久安3(1147)年2月13日)，日人，百科，平史，歴大，和俳(㋥久安3(1147)年2月13日)

源有房(1)　みなもとのありふさ
生没年不詳　㋵源有房《みなもとありふさ》
平安時代中期～後期の歌人。
¶国書(みなもとありふさ)，人名，日人，平史

源有房(2)　みなもとのありふさ
生没年不詳　㋵源有房《みなもとありふさ》
平安時代後期の歌人。「中宮亮重家歌合」などに参加。
¶朝日，鎌室(みなもとありふさ)，国史，国書(みなもとありふさ)，古中，人名，日人，平史，和俳

源有雅　みなもとのありまさ
安元2(1176)年～承久3(1221)年　㋵源有雅《みなもとありまさ》
鎌倉時代前期の公卿(権中納言)。参議源雅賢の子。
¶朝日(㋥承久3年7月29日(1221年8月18日))，鎌室(みなもとありまさ)，公卿(㋥承久3(1221)年7月29日)，公家(有雅〔岡崎家(絶家)〕ありまさ　㋥承久3(1221)年7月29日)，国史，古中，コン改，コン4，諸系，新潮(㋥承久3(1221)年7月29日)，日人，平史，山梨百(㋥承久3(1221)年8月29日)

源有政　みなもとのありまさ
生没年不詳　㋵源有政《みなもとありまさ》
平安時代後期の公家・歌人。
¶国書(みなもとありまさ)，平史

源有通　みなもとのありみち
平安時代後期～鎌倉時代前期の公卿(非参議)。中将源有房の子。
¶公卿(生没年不詳)，公家(有通〔堀川家(絶家)1〕ありみち)

源有宗　みなもとのありむね
生没年不詳　㋵源有宗《みなもとありむね》
平安時代後期の公家・歌人。
¶国書(みなもとありむね)，平史

源有元　みなもとのありもと
生没年不詳
平安時代後期の学者。
¶平史

源家賢 みなもとのいえかた
永承3(1048)年～嘉保2(1095)年
平安時代中期～後期の公卿(権中納言)。中納言源資綱の長男。
¶公卿([没]嘉保2(1095)年8月)，平史

源家清 みなもとのいえきよ
生没年不詳　[別]源家清《みなもといえきよ》
鎌倉時代の公家・歌人。
¶国書(みなもといえきよ)

源家定 みなもとのいえさだ
建仁3(1203)年～？
鎌倉時代前期の公卿(非参議)。大納言源貞房の孫。
¶公卿，公家(家定〔壬生家(絶家)〕　いえさだ)

源家時 みなもとのいえとき
生没年不詳　[別]源家時《みなもといえとき》
平安時代後期の公家・歌人。
¶国書(みなもといえとき)，平史

源家俊 みなもとのいえとし
生没年不詳　[別]源家俊《みなもといえとし》
平安時代後期～鎌倉時代前期の公卿(非参議)。近江介源俊光の子。
¶公卿，公家(家俊〔京極家(絶家)〕　いえとし)，国書(みなもといえとし)

源家長 みなもとのいえなが
？～文暦1(1234)年　[別]源家長《みなもといえなが》
鎌倉時代前期の歌人。後白河院皇子承仁法親王、後鳥羽天皇に出仕。
¶朝日([生]嘉応2(1170)年頃)，鎌室(みなもといえなが)，国史，国書(みなもといえなが)，古中，コン改([生]嘉応2(1170)年？)，コン4([生]嘉応2(1170)年？)，史人，新潮，人名([生]1170年？)，世人([生]嘉応2(1170)年？)，全書([生]1173年？)，日音([没]文暦1(1234)年？)，日人，和俳([生]嘉応2(1170)年頃)

源家宗 みなもとのいえむね
生没年不詳
平安時代中期の官人。陸奥守源頼清の子。
¶平史

源生 みなもとのいける
弘仁12(821)年～貞観14(872)年　[別]源生《みなもとのうまる，みなもとのなる》，源朝臣生《みなもとのあそんいける》
平安時代前期の公卿(参議)。嵯峨天皇の皇子、母は従三位笠継子。
¶神奈川人(みなもとのなる)，公卿([没]貞観14(872)年8月2日)，古代(源朝臣生　みなもとのあそんいける)，人名(みなもとのうまる)，日人，平史

源懿子 みなもとのいし
→藤原懿子(ふじわらのいし)

源厳子 みなもとのいずこ
→源厳子(みなもとのげんし)

源効 みなもとのいたる
平安時代前期の仁明天皇の皇子。
¶人名，日人(生没年不詳)

源至 みなもとのいたる
生没年不詳
平安時代前期の公卿。
¶神奈川人

源伊陟 みなもとのいちょく
→源伊陟(みなもとのこれただ)

源浮 みなもとのうかぶ
？～承平3(933)年　[別]源浮《みなもとうかぶ》
平安時代前期～中期の公家・歌人。
¶国書(みなもとうかぶ　生没年不詳)，平史

源生 みなもとのうまる
→源生(みなもとのいける)

源悦 みなもとのえつ
→源悦(みなもとのよろこぶ)

源延信 みなもとのえんしん
→延信王(のぶざねおう)

源巨城 みなもとのおおき
生没年不詳　[別]源巨城《みなもとおおき》
平安時代中期の公家・歌人。
¶国書(みなもとおおき)

源興扶 みなもとのおきすけ
？～元慶8(884)年
平安時代前期の仁明天皇皇孫、人康親王の王子。
¶人名

源興範 みなもとのおきのり
平安時代前期の仁明天皇皇孫、人康親王の王子。
¶人名

源興基 みなもとのおきもと
承和12(845)年～寛平3(891)年　[別]源朝臣興基《みなもとのあそんおきもと》
平安時代前期の公卿(参議)。仁明天皇の孫。人康親王の王子。
¶公卿([没]寛平3(891)年9月11日)，古代(源朝臣興基　みなもとのあそんおきもと)，人名，日人，平史([生]？)

源興 みなもとのおこし
→源興(みなもとのおこる)

源興 みなもとのおこす
→源興(みなもとのおこる)

源興 みなもとのおこる
天長5(828)年～貞観14(872)年　[別]源興《みなもとのおこし》，源朝臣興《みなもとのあそんおこす》
平安時代前期の嵯峨天皇の皇孫。
¶神奈川人(みなもとのおこし)，古代(源朝臣興

みなもとのあそんおこす), 日人, 平史

源脩 みなもとのおさむ
? ～天徳4(960)年
平安時代中期の宮内卿覚の子。
¶平史

源景明 みなもとのかげあきら
生没年不詳 [別]源景明《みなもとかげあきら》
平安時代中期の公家・歌人。
¶国書(みなもとかげあきら), 平史

源和子(1) みなもとのかずこ
→東福門院(とうふくもんいん)

源和子(2) みなもとのかずこ
→源和子(みなもとのわし)

源和広 みなもとのかずひろ
江戸時代中期の公家(非参議・九条家諸大夫)。木工助正六位下源季鑑の養子。安永4年従三位に叙される。
¶公卿([生]宝永3(1706)年 [没]安永4(1774)年閏12月14日), 公家(和広〔九条家諸大夫 芝家(源氏)〕 かずひろ [生]1707年 [没]安永4(1775)年閏12月14日)

み

源兼明 みなもとのかねあき
→兼明親王(かねあきらしんのう)

源兼明 みなもとのかねあきら
→兼明親王(かねあきらしんのう)

源兼氏 みなもとのかねうじ
生没年不詳 [別]源兼氏《みなもとかねうじ》
鎌倉時代の公家・歌人。
¶国書(みなもとかねうじ)

源兼子 みなもとのかねこ
延喜15(915)年～天暦3(949)年 [別]源兼子《みなもとのけんし》
平安時代中期の女性。醍醐天皇の皇女。
¶女性(みなもとのけんし), 人名, 平史([没]972年)

源兼定 みなもとのかねさだ
久安5(1149)年～建保4(1216)年6月16日
平安時代後期～鎌倉時代前期の公卿(非参議)。権中納言源雅頼の長男。
¶公卿, 公家(兼定〔壬生家(絶家)〕 かねさだ)

源兼資 みなもとのかねすけ
天徳4(960)年～長保4(1002)年 [別]源兼資《みなもとかねすけ》
平安時代中期の公家・歌人。
¶愛媛百([生]?), 国書(みなもとかねすけ [没]長保4(1002)年8月6日), 平史

源兼澄 みなもとのかねずみ
生没年不詳 [別]源兼澄《みなもとかねずみ》
平安時代中期の歌人。勅撰集に11首入集。
¶国史, 国書(みなもとかねずみ), 古中, 史人, 人書94(みなもとかねずみ), 人名, 日人, 平史, 和俳

源兼孝 みなもとのかねたか
生没年不詳 [別]源兼孝《みなもとかねたか》
鎌倉時代の公家・歌人。
¶国書(みなもとかねたか)

源兼忠(1) みなもとのかねただ
延喜1(901)年～天徳2(958)年
平安時代中期の公卿(参議)。清和天皇の孫。貞元親王の王子。
¶公卿([没]天徳2(958)年7月1日), 人名([生]900年), 日人, 平史

源兼忠(2) みなもとのかねただ
永暦1(1160)年～承元3(1209)年 [別]源兼忠《みなもとかねただ》
平安時代後期～鎌倉時代前期の公卿(権中納言)。権中納言源雅頼の次男。
¶朝日([没]承元3年3月17日(1209年4月22日)), 鎌室(みなもとかねただ), 公卿(生没年不詳), 公家(兼忠〔壬生家(絶家)〕 かねただ [生]? [没]承元3(1209)年3月), 新潮([没]承元3(1209)年3月17日), 日人, 平史([生]1161年)

源兼胤 みなもとのかねたね
生没年不詳 [別]源兼胤《みなもとかねたね》
鎌倉時代の公家・歌人。
¶国書(みなもとかねたね)

源兼朝 みなもとのかねとも
生没年不詳 [別]源兼朝《みなもとかねとも》
鎌倉時代の公家・歌人。
¶国書(みなもとかねとも)

源兼長 みなもとのかねなが
生没年不詳 [別]源兼長《みなもとかねなが》
平安時代中期の歌人。和歌六人党の一員。
¶国史, 国書(みなもとかねなが), 古中, コン改, コン4, 庄内, 新潮, 人名, 日人, 平史, 和俳

源兼似 みなもとのかねのり
平安時代前期の仁明天皇皇孫、本康親王の王子。
¶人名

源兼昌 みなもとのかねまさ
生没年不詳 [別]源兼昌《みなもとかねまさ》
平安時代後期の歌人。「宰相中将国信歌合」「永久百首」などに出詠。
¶朝日, 国書(みなもとかねまさ), コン改([没]天永3(1112)年), コン4([没]天永3(1112)年), 詩歌([没]1113年), 人名, 日史, 日人, 百科, 平史, 和俳([没]永久1(1113)年)

源兼光 みなもとのかねみつ
生没年不詳 [別]源兼光《みなもとかねみつ》
平安時代中期の公家・歌人。
¶国書(みなもとかねみつ), 平史

源兼康 みなもとのかねやす
生没年不詳 [別]源兼康《みなもとかねやす》
鎌倉時代前期の公家・歌人。

¶国書（みなもとかねやす）

源兼泰　みなもとのかねやす
生没年不詳　㋫源兼泰《みなもとかねやす》
鎌倉時代の公家・歌人。
¶国書（みなもとかねやす）

源兼行　みなもとのかねゆき
生没年不詳
平安時代中期の能書家。
¶朝日，国史，古中，コン4，史人，新潮，全書，日史，日人，美術，百科，平史

源兼善　みなもとのかねよし
？〜元慶3（879）年
平安時代前期の光孝天皇の皇子。
¶人名，日人

源兼能　みなもとのかねよし
生没年不詳　㋫源兼能《みなもとかねよし》
平安時代後期の公卿。
¶鎌室（みなもとかねよし），国書（みなもとかねよし），日人

源緩子　みなもとのかんし
→源綏子（みなもとののぶこ）

源順子　みなもとのきし
→源順子（みなもとのじゅんし）

源基子(1)　みなもとのきし
永承4（1049）年〜長承3（1134）年　㋫源基子《みなもとのもとこ》
平安時代中期〜後期の女性。後三条天皇の女御。
¶朝日（㋚長承3年7月2日（1134年7月24日）），国史，古中，コン改（みなもとのもとこ），コン4（みなもとのもとこ），諸系，女性（㋚長承3（1134）年7月7日），新潮（みなもとのもとこ　㋚長承3（1134）年7月2日），人名（みなもとのもとこ），日人，平史（みなもとのもとこ）

源基子(2)　みなもとのきし
→西華門院（せいかもんいん）

源奇子　みなもとのきし
？〜延喜19（919）年
平安時代前期〜中期の光孝天皇の皇女。
¶人名

源宜子　みなもとのぎし
生没年不詳　㋫源宜子《みなもとのよしこ》
平安時代前期の女性。清和天皇の女御。
¶女性，人名（みなもとのよしこ），日人

源清蔭　みなもとのきよかげ
元慶8（884）年〜天暦4（950）年　㋫源清蔭《みなもときよかげ》
平安時代中期の公卿（大納言）。清和天皇の孫。陽成天皇第1皇子。
¶公卿（㋚天暦4（950）年7月3日），国書（みなもときよかげ　㋚天暦4（950）年7月3日），コン改，コン4，諸系，新潮（㋚天暦4（950）年7月3日），人名，日人，平史，和俳（㋚天暦4（950）年7月3日）

源清兼　みなもとのきよかね
生没年不詳　㋫源清兼《みなもときよかね》
鎌倉時代の公家・歌人。
¶国書（みなもときよかね）

源清　みなもとのきよし
生没年不詳
平安時代前期の嵯峨天皇の皇子。
¶人名，日人，平史

源清経　みなもとのきよつね
生没年不詳
平安時代後期の官人。
¶史人，平史

源清遠　みなもとのきよとお
延喜12（912）年〜？
平安時代中期の陽成天皇の皇子。
¶人名，日人

源清延　みなもとのきよのぶ
＊〜長徳2（996）年
平安時代中期の公卿（非参議）。清和天皇の孫。
¶公卿（㋲？　㋚長徳2（996）年1月17日），平史（㋭926年）

源清信　みなもとのきよのぶ
？〜建保5（1217）年9月
鎌倉時代前期の公卿（非参議）。非参議源顕信の子。
¶公卿，公家（清信〔坊城家（絶家）〕　きよのぶ）

源潔姫　みなもとのきよひめ
弘仁1（810）年〜斉衡3（856）年　㋫源朝臣潔姫《みなもとのあそんきよひめ》
平安時代前期の女性。嵯峨天皇の皇女。
¶朝日（㋚斉衡3年6月25日（856年7月30日）），京都大，古史（㋭809年），古代（源朝臣潔姫　みなもとのあそんきよひめ　㋭？），コン改，コン4，史人（㋚856年6月25日），諸系，女性（㋚斉衡3（856）年6月25日），新潮（㋚斉衡3（856）年6月25日），姓氏京都（㋭809年），日人，平史（㋭809年）

源清平　みなもとのきよひら
元慶1（877）年〜天慶8（945）年
平安時代前期〜中期の公卿（参議）。光孝天皇の孫。是忠親王の王子。
¶公卿（㋚天暦8（945）年1月13日），コン改，コン4，人名，日人，平史

源清鑒　みなもとのきよみ
？〜承平6（936）年
平安時代中期の陽成天皇の皇子。
¶人名，日人，平史

源公忠　みなもとのきんただ
寛平1（889）年〜天暦2（948）年　㋫源公忠《みなもときんただ》

平安時代中期の歌人。三十六歌仙の一人。
¶朝日（[没]天暦2年10月28日（948年12月1日），（異説）10月29日（12月2日）），岩史（[没]天暦2（948）年10月29日），国史，国書（みなもとときんただ　[没]天暦2（948）年10月29日），古中，コン改（[没]天暦2（948）年，（異説）946年），コン4（[没]天暦2（948）年，（異説）946年），史人（[没]948年10月29日），新潮（[没]天暦2（948）年10月18日），人名，日人，平史，和俳

源国明　みなもとのくにあき
康平7（1064）年～長治2（1105）年　[別]藤原国明《ふじわらのくにあき》
平安時代後期の貴族。白河院庁執行別当。
¶朝日（[没]長治2年4月17日（1105年6月1日）），京都（藤原国明　ふじわらのくにあき），京都大（藤原国明　ふじわらのくにあき），国史，古中，姓氏京都（藤原国明　ふじわらのくにあき），日人，平史（藤原国明　ふじわらのくにあき）

源国信　みなもとのくにざね
延久1（1069）年～天永2（1111）年　[別]源国信《みなもとくにざね，みなもとのくにのぶ》
平安時代後期の公卿（権中納言）。右大臣源顕房の次男。
¶朝日（[没]天永2年1月10日（1111年2月19日）），公卿（みなもとのくにのぶ　[没]天永2（1111）年1月10日），国史，国書（みなもとくにざね　[没]天永2（1111）年1月10日），古中，諸系，日人，平史

源国資　みなもとのくにすけ
鎌倉時代後期～南北朝時代の公卿（参議）。参議源親平の子。
¶公卿（生没年不詳），公家（国資〔坊城家（絶家）〕　くにすけ）

源国挙　みなもとのくにたか
？　～治安3（1023）年
平安時代中期の人。光孝源氏。
¶平史

源国珍　みなもとのくにたか
平安時代中期の清和天皇皇孫、貞保親王の王子。
¶人名

源国忠　みなもとのくにただ
生没年不詳　[別]源国忠《みなもとくにただ》
平安時代中期の清和天皇皇孫、貞保親王の王子。
¶国書（みなもとくにただ），人名，平史

源邦長　みなもとのくになが
生没年不詳　[別]源邦長《みなもとくになが》
鎌倉時代後期の公家・歌人。
¶国書（みなもとくになが）

源国信　みなもとのくにのぶ
→源国信（みなもとのくにざね）

源国紀　みなもとのくにのり
？　～延喜9（909）年
平安時代前期～中期の光孝天皇の皇子。
¶人名，日人，平史

源国房　みなもとのくにふさ
生没年不詳
平安時代後期の軍事貴族。
¶平史

源国淵　みなもとのくにぶち
平安時代中期の清和天皇皇孫、貞固親王の王子。
¶人名

源邦正　みなもとのくにまさ
生没年不詳　[別]源邦正《みなもとくにまさ》
平安時代中期の醍醐天皇皇孫、重明親王の王子。
¶国書（みなもとくにまさ），人名，日人，平史

源国盛　みなもとのくにもり
？　～長徳2（996）年？
平安時代中期の官人。
¶平史

源加　みなもとのくわう
[別]源朝臣加《みなもとのあそんくわう》
平安時代前期の嵯峨天皇の皇孫。
¶古代（源朝臣加　みなもとのあそんくわう），日人（生没年不詳）

源兼子　みなもとのけんし
→源兼子（みなもとのかねこ）

源謙子　みなもとのけんし
？　～延長2（924）年
平安時代中期の光孝天皇の皇女。
¶人名

源暄子（源暄子）　みなもとのけんし
生没年不詳
平安時代前期の清和天皇の女御。
¶女性（源暄子），人名，日人

源厳子　みなもとのげんし
？　～元慶2（878）年　[別]源厳子《みなもとのいずこ，みなもとのたけこ》
平安時代前期の女性。清和天皇の女御。
¶朝日（みなもとのいずこ　[生]貞観2（860）年頃　[没]元慶2年6月26日（878年7月29日）），コン改，コン4，女性（みなもとのいずこ　[没]元慶2（878）年6月26日），人名，日人（[没]879年），平史（みなもとのたけこ　[没]879年）

源彦良　みなもとのげんりょう
→源彦良（みなもとのひこよし）

源幸子　みなもとのこうし
→敷政門院（ふせいもんいん）

源香泉　みなもとのこうせん
平安時代前期の光孝天皇の皇子。
¶人名，日人（生没年不詳）

源凝　みなもとのこごる
生没年不詳　[別]源凝《みなもとこごる》
平安時代前期～中期の公家・歌人。

¶国書（みなもとこごる）

源惟清 みなもとのこれきよ
生没年不詳
平安時代後期の官人。
¶平史

源是子 みなもとのこれこ
平安時代前期の光孝天皇の皇女。
¶人名

源是貞 みなもとのこれさだ
→是貞親王（これさだしんのう）

源是茂 みなもとのこれしげ
仁和2（886）年～天慶4（941）年6月10日　[別]源是茂《みなもとこれもち》
平安時代中期の公卿（権中納言）。光孝天皇の皇子、母は近江守藤原門宗の娘。
¶公卿，国書（みなもとこれもち），平史

源是輔 みなもとのこれすけ
生没年不詳
平安時代中期の官人。
¶平史

源伊陟 みなもとのこれただ
天慶1（938）年～長徳1（995）年　[別]源伊陟《みなもとのいちょく》
平安時代中期の公卿（中納言）。醍醐天皇の孫。兼明親王の第1王子。
¶公卿（みなもとのいちょく　[没]長徳1（995）年5月25日），人名（みなもとのいちょく），日人，平史

源是忠 みなもとのこれただ
→是忠親王（これただしんのう）

源是恒 みなもとのこれつね
？　～延喜7（907）年
平安時代前期～中期の光孝天皇皇子。
¶平史

源惟正 みなもとのこれまさ
*～天元3（980）年
平安時代中期の公卿（参議）。文徳天皇の裔。
¶公卿（[生]延喜6（906）年　[没]天元3（980）年4月29日），平史（[生]929年）

源是茂 みなもとのこれもち
→源是茂（みなもとのこれしげ）

源惟康 みなもとのこれやす
→惟康親王（これやすしんのう）

源最子 みなもとのさいし
？　～仁和2（886）年
平安時代前期の女性。光孝天皇の皇女。
¶女性（[没]仁和2（886）年7月7日），日人

源済子 みなもとのさいし
生没年不詳
平安時代前期の女性。清和天皇の女御。
¶朝日，コン改，コン4，女性，人名，日人

源在子 みなもとのざいし
→承明門院（しょうめいもんいん）

源佐芸 みなもとのさげい
平安時代中期の元良親王の王子。
¶人名

源定有 みなもとのさだあり
平安時代前期の文徳天皇の皇子。
¶人名，日人（生没年不詳）

源定兼 みなもとのさだかね
室町時代の公卿（非参議）。少将源定清の子。
¶公卿（生没年不詳），公家（定兼〔白川家（絶家）〕　さだかね）

源定清 みなもとのさだきよ
？　～建武2（1335）年　[別]源定清《みなもとさだきよ》，中院定清《なかのいんさだきよ》
鎌倉時代後期～南北朝時代の公家・武将。
¶鎌室（みなもとさだきよ），人名，姓氏石川（中院定清　なかのいんさだきよ），富山百（中院定清　なかのいんさだきよ　[没]建武2（1335）年12月12日），日人

源定国 みなもとのさだくに
生没年不詳
平安時代後期の官人。
¶平史

源貞子 みなもとのさだこ
→源貞子（みなもとのていし）

源定季 みなもとのさだすえ
？　～長久3（1042）年　[別]源定季《みなもとさだすえ》
平安時代中期の公家・歌人。
¶国書（みなもとさだすえ　[没]長久3（1042）年10月2日），平史

源貞亮 みなもとのさだすけ
生没年不詳　[別]源貞亮《みなもとさだすけ》
平安時代中期の公家・歌人。
¶国書（みなもとさだすけ），平史

源貞恒 みなもとのさだつね
天安1（857）年～延喜8（908）年　[別]源朝臣貞恒《みなもとのあそんさだつね》
平安時代前期～中期の公卿（大納言）。光孝天皇の皇子。
¶公卿（[生]斉衡3（856）年　[没]延喜8（908）年8月1日），古代（源朝臣貞恒　みなもとのあそんさだつね），コン改，コン4，諸系，人名，日人，平史（[生]856年）

源定信 みなもとのさだのぶ
生没年不詳　[別]源定信《みなもとさだのぶ》
平安時代後期の公家・歌人。
¶国書（みなもとさだのぶ），平史

みなもと　　　　　　　　　　　　　558　　　　　　　　　日本人物レファレンス事典

源貞姫　みなもとのさだひめ
弘仁1（810）年～元慶4（880）年
平安時代前期の女性。嵯峨天皇の皇女。
¶女性（㊱元慶4（880）年7月17日），人名，平史
（㊦？）

源定平⑴　みなもとのさだひら
？～建長4（1252）年1月5日　㊤源定平《みなもとさだひら》
鎌倉時代前期の公卿（非参議）。非参議源兼定の子。
¶鎌室（みなもとさだひら），公卿，公家（定平〔壬生家（絶家）〕　さだひら），日人

源定平⑵　みなもとのさだひら
生没年不詳　㊤源定平《みなもとさだひら》，中院定平《なかのいんさだひら》
南北朝時代の公家，武将。村上源氏。左少将，のち右中将。
¶朝日（中院定平　なかのいんさだひら），鎌室（みなもとさだひら），国史（中院定平　なかのいんさだひら），国書（中院定平　なかのいんさだひら），古中（中院定平　なかのいんさだひら），コン改，コン4，史人（中院定平　なかのいんさだひら），新潮，人名，世人，日人

源定房　みなもとのさだふさ
大治5（1130）年～文治4（1188）年　㊤源定房《みなもとさだふさ》
平安時代後期の公卿（大納言）。右大臣源雅定の子。
¶朝日（㊲文治4年7月17日（1188年8月11日）），公卿（㊲文治4（1188）年7月17日），公家（定房〔壬生家（絶家）〕　さだふさ　㊲文治4（1188）年7月17日），国史，国書（みなもとさだふさ　㊲文治4（1188）年7月17日），古中，日人，平史

源定　みなもとのさだむ
弘仁6（815）年～貞観5（863）年　㊤源朝臣定《みなもとのあそんさだむ》
平安時代前期の公卿（大納言）。嵯峨天皇の皇子，母は尚侍従従三位百済慶命。
¶朝日（㊲貞観5年1月3日（863年1月25日）），公卿（㊦弘仁7（816）年　㊲貞観5（863）年1月3日），国史，古代（源朝臣定　みなもとのあそんさだむ），古中，コン改，コン4，諸系，新潮（㊲貞観5（863）年1月3日），人名，世人，日人，平史，歴大

源定宗　みなもとのさだむね
生没年不詳　㊤源定宗《みなもとさだむね》
平安時代後期～鎌倉時代前期の公家・歌人。
¶国書（みなもとさだむね），平史

源覚　みなもとのさとる
嘉祥2（849）年～元慶3（879）年　㊤源朝臣覚《みなもとのあそんさとる》
平安時代前期の仁明天皇の皇子。
¶古代（源朝臣覚　みなもとのあそんさとる），人名，日人

源実　みなもとのさね
？～昌泰3（900）年　㊤源実《みなもとさね》
平安時代前期の公家・歌人。
¶国書（みなもとさね），平史

源信明　みなもとのさねあきら
延喜10（910）年～天禄1（970）年　㊤源信明《みなもとさねあきら，みなもとののぶあきら》
平安時代中期の歌人。三十六歌仙の一人。
¶岩史，国史，国書（みなもとさねあきら），古中，コン改（㊦延喜9（909）年　㊲天禄1（970）年，（異説）965年），コン4（㊦延喜9（909）年　㊲天禄1（970）年，（異説）965年），史人，新潮，人名，新潟百，日音（みなもとののぶあきら　生没年不詳），日人，平史，和俳

源実朝　みなもとのさねとも
建久3（1192）年～承久1（1219）年　㊤源実朝《みなもとさねとも》，千幡《せんまん》，源千幡《みなもとのせんまん》，実朝《さねとも》
鎌倉時代前期の鎌倉幕府第3代の将軍（在職1203～1219）。頼朝と政子の2男。頼家の後将軍になるが，実権は北条一族の手にあり，自らは歌道に精進。「金塊和歌集」として今に残る。1219年鶴岡八幡宮で甥の公暁により殺害され，源氏の正統が絶えることになった。
¶朝日（㊦建久3年8月9日（1192年9月17日）㊲承久1年1月27日（1219年2月13日）），岩史（㊦建久3（1192）年8月9日　㊲建保7（1219）年1月27日），角史，神奈川人，神奈川百人，鎌倉，鎌室（みなもとさねとも），郷土神奈川，公卿（㊲承久1（1219）年1月27日），公家（実朝〔源家（絶家）2〕　さねとも　㊲建保7（1219）年1月27日），国史，国書（みなもとさねとも　㊦建久3（1192）年8月9日　㊲建保7（1219）年1月27日），古中，コン改，コン4，茶道，詩歌，史人（㊦1192年8月9日　㊲1219年1月27日），静岡百，静岡歴，重要（㊲承久1（1219）年1月27日），諸系，人書79，人書79，人書94（みなもとさねとも），新潮（㊦建久3（1192）年8月9日　㊲承久1（1219）年1月27日），新文（㊦建久3（1192）年8月9日　㊲建保7（1219）年1月27日），人名，姓氏神奈川，姓氏静岡，世人（㊲承久1（1219）年1月27日），世百，全書，大百，伝記，富山文（㊦建久3（1192）年8月9日　㊲建保7（1219）年1月27日），日史（㊦建久3（1192）年8月9日　㊲承久1（1219）年1月27日），日人，百科，文学（㊲承久1（1219）年1月27日），歴大，北条（みなもとさねとも），和俳（㊲承久1（1219）年1月27日）

源実基　みなもとのさねもと
生没年不詳　㊤源実基《みなもとさねもと》
平安時代中期の公家・歌人。
¶国書（みなもとさねもと），平史

源重資　みなもとのしげすけ
寛徳2（1045）年～保安3（1122）年
平安時代中期～後期の公卿（権中納言）。権中納言源経成の子。
¶公卿（㊲保安3（1122）年10月10日），新潟百，平史

源重時 みなもとのしげとき
？ 〜康治1（1142）年
平安時代後期の官人。
¶平史

源重信 みなもとのしげのぶ
延喜22（922）年〜長徳1（995）年
平安時代中期の公卿（左大臣）。宇多天皇の孫。敦実親王の王子。
¶朝日（[没]長徳1年5月8日（995年6月8日）），公卿（[没]長徳1（995）年5月8日），国史，古史，古中，コン改，コン4，諸系，新潮（[没]長徳1（995）年5月8日），人名，姓氏京都，日人，平史，歴大

源重光 みなもとのしげみつ
延長1（923）年〜長徳4（998）年7月10日　[別]源重光《みなもとしげみつ》
平安時代中期の公卿（権大納言）。醍醐天皇の孫。代明親王の王子。
¶朝日（[没]長徳4年7月10日（998年8月4日）），公卿，国書（みなもとしげみつ），コン改，コン4，新潮，人名，日人，平史，和俳

源重之 みなもとのしげゆき
？ 〜長保2（1000）年　[別]源重之《みなもとしげゆき》
平安時代中期の官人。歌人。三十六歌仙の一人。
¶朝日（生没年不詳），岩史，国史，国書（みなもとしげゆき），古史（[没]1000年？），古中，コン改，コン4，詩歌，史人，新潮，人名，姓氏京都（[没]1000年？），姓氏宮城，全書（[没]1000年頃），大百，長野歴（生没年不詳），日史，日人（[没]1000年頃），百科（生没年不詳），平史（生没年不詳），宮城百（[没]長保年中），和俳

源資子 みなもとのしし
生没年不詳　[別]庭田資子《にわたすけこ》
南北朝時代の女性。光明天皇の典侍・崇光天皇の後宮。伏見宮初代栄仁親王の母で、後花園天皇の曾祖母にあたる。
¶諸系，女性（庭田資子　にわたすけこ），人名，日人

源黙子 みなもとのしずこ
？ 〜延喜2（902）年
平安時代前期〜中期の女性。光孝天皇の皇女。
¶平史

源鎮 みなもとのしずむ
生没年不詳
平安時代前期の嵯峨天皇の皇子。
¶人名，日人，平史

源順 みなもとのしたがう
→源順（みなもとのしたごう）

源順 みなもとのしたごう
延喜11（911）年〜永観1（983）年　[別]源順《みなもとしたごう，みなもとのしたがう》
平安時代中期の学者、歌人。三十六歌仙の一人。
¶朝日，岩史，角史，京都大，郷土千葉，国史，国書（みなもとしたごう），古史，古中，コン改，コン4，詩歌，史人，重要（[没]永観1（983）年4月），人書94（みなもとしたごう），新潮，新文（みなもとのしたがう），人名，姓氏石川（みなもとのしたがう），姓氏京都，世人（[没]永観1（983）年4月），世百（[生]912年），全書，大百，千葉百，日史，日人，百科，文学，平史，歴大，和俳

源順子 みなもとのじゅんし
貞観17（875）年〜延長3（925）年　[別]源頎子《みなもとのきし》，源順子《みなもとののぶこ》
平安時代前期〜中期の女性。宇多天皇の皇女。
¶女性（源頎子　みなもとのきし　生没年不詳），女性（[没]延長3（925）年4月4日），人名（源頎子　みなもとのきし　[生]？），日人，平史（みなもとののぶこ）

源季兼 みなもとのすえかね
生没年不詳
平安時代後期の官人。
¶朝日，大分歴，日人

源季広 みなもとのすえひろ
生没年不詳　[別]源季広《みなもとすえひろ》
平安時代後期の公家・歌人。
¶国書（みなもとすえひろ），平史

源季房 みなもとのすえふさ
生没年不詳
平安時代後期の官人。
¶兵庫百

源季宗 みなもとのすえむね
永承4（1049）年〜応徳3（1086）年
平安時代後期の公卿（非参議）。侍従に任ぜられ、承暦2年従三位に叙される。
¶公卿（生没年不詳），平史

源俊 みなもとのすぐる
生没年不詳　[別]源俊《みなもとすぐる》
平安時代中期の貴族・歌人。
¶国書（みなもとすぐる），平史

源允明 みなもとのすけあきら
延喜19（919）年〜天慶5（942）年
平安時代中期の醍醐天皇の皇子。
¶人名，日人

源資賢 みなもとのすけかた
永久1（1113）年〜文治4（1188）年2月26日　[別]源資賢《みなもとすけかた》
平安時代後期の歌人・公卿（権大納言）。非参議源有賢の長男。
¶朝日（[没]文治4年2月26日（1188年3月25日）），鎌室（みなもとすけかた），公卿，公家（資賢〔庭田家〕　すけかた），芸能，国史，国書（みなもとすけかた），古中，史人，諸系，新潮，人名，姓氏京都，日音，日人，平史，和俳

源相方 みなもとのすけかた
生没年不詳　[別]源相方《みなもとすけかた》
平安時代中期の公家・歌人。

み

¶国書（みなもとすけかた），平史

源資栄 みなもとのすけしげ
？～文保1（1317）年6月9日　[別]源資栄《みなもとすけひで》
鎌倉時代後期の公卿（参議）。参議源顕資の子。
¶公卿，公家（資栄〔坊城家（絶家）〕　すけひで），国書（みなもとすけひで）

源資茂 みなもとのすけしげ
*～嘉暦2（1327）年8月18日　[別]源資茂《みなもとすけしげ》，白川資茂王《しらかわすけしげおう》
鎌倉時代後期の公家・歌人。
¶公卿（白川資茂王　しらかわすけしげおう　[生]仁治3（1242）年），公家（資茂王〔王家（絶家）〕　すけしげおう　[生]？），国書（みなもとすけしげ　[生]文永10（1273）年）

源資綱 みなもとのすけつな
寛仁4（1020）年～永保2（1082）年1月2日　[別]源資綱《みなもとすけつな》
平安時代中期～後期の公卿（中納言）。権中納言源顕基の長男。
¶公卿，国書（みなもとすけつな），平史

み

源資遠 みなもとのすけとお
生没年不詳
平安時代後期の官人。
¶平史

源資時 みなもとのすけとき
生没年不詳
平安時代後期の堂上の楽人、公家。
¶日音，平史

源資俊 みなもとのすけとし
鎌倉時代前期の公卿（非参議）。非参議源家俊の子。
¶公卿（生没年不詳），公家（資俊〔京極家（絶家）〕　すけとし）

源資信 みなもとのすけのぶ
鎌倉時代前期の公卿（非参議）。非参議源時賢の次男。
¶公卿（生没年不詳），公家（資信〔庭田家〕　すけのぶ）

源相規 みなもとのすけのり
生没年不詳　[別]源相規《みなもとすけのり》
平安時代中期の公家・漢詩人。
¶国書（みなもとすけのり），平史

源資栄 みなもとのすけひで
→源資栄（みなもとのすけしげ）

源佐平 みなもとのすけひら
平安時代中期の元良親王の王子。陽成天皇皇孫。
¶人名

源資平 みなもとのすけひら
貞応2（1223）年～弘安7（1284）年9月23日　[別]源資平《みなもとすけひら》
鎌倉時代後期の歌人・公卿（権中納言）。参議源顕平の長男。
¶鎌室（みなもとすけひら），公卿，公家（資平〔坊城家（絶家）〕　すけひら），国書（みなもとすけひら），人名，日人，和俳

源資雅 みなもとのすけまさ
生没年不詳　[別]源資雅《みなもとすけまさ》
鎌倉時代前期の公卿（非参議）。権中納言源有雅の長男。
¶公卿，公家（資雅〔岡崎家（絶家）〕　すけまさ），国書（みなもとすけまさ）

源資通 みなもとのすけみち
寛弘2（1005）年～康平3（1060）年8月23日　[別]源資通《みなもとすけみち》
平安時代中期の公卿（参議）。大納言源時中の孫。
¶公卿，芸能，国書（みなもとすけみち），コン改（[生]長徳1（995）年），コン4（[生]長徳1（995）年），諸系，新潮（[生]長徳1（995）年），人名（[生]995年），日音，日人，平史，和俳（[生]長徳1（995）年）

源輔通 みなもとのすけみち
*～建長1（1249）年6月7日
鎌倉時代前期の公卿（非参議）。大納言源師頼の孫。
¶公卿（[生]建仁1（1201）年），公家（輔通〔堀川家（絶家）1〕　すけみち　[生]1204年）

源相職 みなもとのすけもと
延喜1（901）年～天慶6（943）年
平安時代中期の官人。
¶平史

源扶義 みなもとのすけよし
天暦5（951）年～長徳4（998）年　[別]源扶義《みなもとのたすよし》
平安時代中期の公卿（参議）。左大臣源雅信の四男、母は大納言藤原元方の娘。
¶公卿（みなもとのたすよし　[没]長徳4（998）年7月25日），国史，古中，史人（[没]998年7月25日），諸系，日人，平史

源冷 みなもとのすさまし
→源冷（みなもとのすずし）

源冷 みなもとのすずし
承和2（835）年～寛平2（890）年　[別]源朝臣冷《みなもとのあそんすずし》，源冷《みなもとのすさまし》
平安時代前期の公卿（参議）。仁明天皇の皇子。
¶朝日（[没]寛平2年2月25日（890年3月19日）），神奈川人，公卿（みなもとのすさまし　[没]寛平2（890）年2月25日），古代（源朝臣冷　みなもとのあそんすずし），コン改（[生]承和2（835）年，（異説）825年，839年），コン4（[生]承和2（835）年，（異説）825年，839年），新潮（[没]寛平2（890）年2月25日），人名，日人，平史

源涼 みなもとのすずしき
生没年不詳
平安時代中期の歌人。

¶平史

源直 みなもとのすなお
→源直(みなもとのなおし)

源澄 みなもとのすめる
平安時代中期の嵯峨天皇の皇子。
¶人名，日人(生没年不詳)

源善成 みなもとのぜんせい
→四辻善成(よつつじよしなり)

源平 みなもとのたいら
㊀源朝臣平《みなもとのあそんたいら》
平安時代前期の源信の子。
¶古代(源朝臣平　みなもとのあそんたいら)，日人(生没年不詳)

源高明 みなもとのたかあきら
延喜14(914)年～天元5(982)年　㊀源高明《みなもとたかあきら》，西宮左大臣《にしのみやさだいじん，にしのみやのさだいじん》
平安時代中期の公卿(左大臣)。醍醐天皇の皇子。藤原氏に疎まれ、多田満仲らの陰謀により左遷された(安和の変)。
¶朝日(㊀天元5年12月16日(983年1月2日))，岩史(㊀天元5(982)年1月18日)，角史，京都，京都大，公卿(㊀天元5(982)年12月16日)，国史，国書(みなもとたかあきら　㊀天元5(982)年12月16日)，古史，古中，コン改，コン4，史人(㊀982年12月16日)，重要(㊀天元5(982)年12月16日)，諸系(㊀983年)，新潮(㊀天元5(982)年12月16日)，人名，姓氏京都，世人，世百，全書，大百，日史(㊀天元5(982)年12月16日)，日人(㊀983年)，百科，平史，歴大，和俳(㊀天元5(982)年12月16日)

源隆国 みなもとのたかくに
寛弘1(1004)年～承暦1(1077)年　㊀宇治大納言《うじだいなごん》，源隆国《みなもとたかくに》
平安時代中期の公卿(権大納言)。権大納言源俊賢の次男。
¶朝日(㊀承暦1年7月9日(1077年7月31日))，京都，京都大，公卿(㊀承暦1(1077)年7月9日)，国史，国書(みなもとたかくに　㊀承保4(1077)年7月9日)，古史，古中，コン改，コン4，詩歌，史人(㊀1077年7月9日)，重要，新潮(㊀承暦1(1077)年7月9日)，人名，姓氏京都，世人，全書，日史(㊀承暦1(1077)年7月9日)，日人，百科，平史，歴大，和俳

源高実 みなもとのたかざね
永承1(1046)年～嘉承1(1106)年
平安時代中期～後期の官人。
¶平史

源隆綱 みなもとのたかつな
*～承保1(1074)年　㊀源隆綱《みなもとたかつな》
平安時代中期の公卿(参議)。権大納言源隆国の次男。
¶公卿(㊀長元6(1033)年　㊀承保1(1074)年9月26日)，国書(みなもとたかつな　㊀寛徳1(1044)年　㊀承保1(1074)年9月26日)，人名(㊀1043年)，日人(㊀1043年)，平史(㊀1033年)

源隆俊 みなもとのたかとし
万寿2(1025)年～承保2(1075)年　㊀源隆俊《みなもとたかとし》
平安時代中期の公卿(権中納言)。権大納言源隆国の長男。
¶公卿(㊀承保2(1075)年3月15日)，国書(みなもとたかとし　㊀承保2(1075)年3月13日)，人名，日人，平史

源高房 みなもとのたかふさ
？～承暦1(1077)年
平安時代中期～後期の人。醍醐源氏。
¶平史

源高雅 みなもとのたかまさ
生没年不詳
平安時代中期の官人。有明親王の孫。
¶平史

源孝道 みなもとのたかみち
？～寛弘7(1010)年
平安時代中期の官吏、漢詩人。
¶日人(生没年不詳)，平史

源尊光 みなもとのたかみつ
平安時代中期の醍醐天皇皇孫、章明親王の王子。
¶人名

源隆保 みなもとのたかやす
生没年不詳
鎌倉時代前期の官人。
¶平史

源高行 みなもとのたかゆき
生没年不詳
平安時代後期の官人。
¶平史

源厳子 みなもとのたけこ
→源厳子(みなもとのげんし)

源尋 みなもとのたずぬ
㊀源朝臣尋《みなもとのあそんたずね》
平安時代前期の源信の子。
¶古代(源朝臣尋　みなもとのあそんたずね)，日人(生没年不詳)

源尋 みなもとのたずね
→源尋(みなもとのたずぬ)

源扶義 みなもとのたすよし
→源扶義(みなもとのすけよし)

源湛 みなもとのたたう
承和12(845)年～延喜15(915)年　㊀源朝臣湛《みなもとのあそんたたう》
平安時代前期～中期の公卿(大納言)。嵯峨天皇の孫。

み

¶朝日（[没]延喜15年5月21日（915年7月6日）），公卿（[生]承和11（844）年　[没]延喜15（915）年5月21日），古代（源朝臣湛　みなもとのあそんたたう），日人，平史

源忠清 みなもとのただきよ
天慶6（943）年～永延2（988）年
平安時代中期の公卿（参議）。醍醐天皇の孫。有明親王の第1王子。
¶公卿（[没]永延2（988）年2月21日），人名（[生]931年），日人，平史

源忠季 みなもとのただすえ
生没年不詳　[別]源忠季《みなもとただすえ》
平安時代後期の歌人。
¶国書（みなもとただすえ），平史

源忠房 みなもとのただふさ
鎌倉時代後期の公卿（権中納言）。順徳天皇の曾孫。
¶公卿（生没年不詳），公家（忠房〔順徳源氏（絶家）〕　ただふさ）

源忠理 みなもとのただまさ
生没年不詳
平安時代中期の官人。
¶平史

源斉頼 みなもとのただより
生没年不詳
平安時代後期の中級貴族。
¶平史

源頼 みなもとのたのむ
生没年不詳　[別]源頼《みなもとたのむ》
平安時代中期の公家・歌人。
¶国書（みなもとたのむ），平史

源為明 みなもとのためあきら
？　～応和1（961）年
平安時代中期の醍醐天皇の皇子。
¶人名，日人，平史

源為定 みなもとのためさだ
平安時代中期の村上天皇皇孫、為平親王の王子。
¶人名

源為成 みなもとのためしげ
生没年不詳　[別]源為成《みなもとためしげ》
平安時代後期の公家・歌人。
¶国書（みなもとためしげ），平史

源為堯 みなもとのためたか
生没年不詳
平安時代中期の箏の名手。
¶平史

源為憲 みなもとのためのり
？　～寛弘8（1011）年8月　[別]源為憲《みなもとためのり》
平安時代中期の官人、文人。
¶朝日，岩史，角史，京都大，国史，国書（みなもとためのり），古中，コン改，コン4，詩歌，史人，新潮，人名，姓氏京都，世人，世百（[没]1013年），全書，日史，日人，百科，仏教，平史，名画，歴大（[生]941年），和俳

源為治 みなもとのためはる
室町時代の公卿（非参議）。従四位上源重治の子。
¶公卿（生没年不詳），公家（為治〔竹内家〕　ためはる）

源為文 みなもとのためふみ
天暦5（951）年～寛弘7（1010）年
平安時代中期の官人、越後守。清邦の子。
¶新潟百

源為理 みなもとのためまさ
？　～寛仁1（1017）年
平安時代中期の官人。
¶平史

源為守 みなもとのためもり
鎌倉時代後期の公卿（非参議）。非参議源資雅の孫。
¶公卿（生没年不詳），公家（為守〔岡崎家（絶家）〕　ためもり）

源為義 みなもとのためよし
永長1（1096）年～保元1（1156）年　[別]源為義《みなもとためよし》
平安時代後期の武将。清和源氏の棟梁。平氏の台頭に危機感を持ち、保元の乱では嫡男義朝と別れて崇徳上皇方に加わり、敗れて刑死した。
¶朝日（[没]保元1年7月30日（1156年8月17日）），岩史（[没]保元1（1156）年7月30日），角史，鎌倉，京都大，国史，国書（みなもとためよし　[没]保元1（1156）年7月30日），古史，古中，コン改，コン4，史人（[没]1156年7月30日），重要，諸系，新潮（[没]保元1（1156）年7月30日），人名，姓氏京都，世人，世百，全書，大百，伝記，日史（[没]保元1（1156）年7月30日），日人，百科，平史，歴大

源為善 みなもとのためよし
？　～長久3（1042）年　[別]源為善《みなもとためよし》
平安時代中期の公家・歌人。
¶国書（みなもとためよし　[没]長久3（1042）年10月1日），平史

源有 みなもとのたもつ
生没年不詳　[別]源朝臣有《みなもとのあそんたもつ》
平安時代前期の源信の子。
¶神奈川人，古代（源朝臣有　みなもとのあそんたもつ），日人

源親兼 みなもとのちかかね
生没年不詳　[別]源親兼《みなもとちかかね》
南北朝時代の官人・連歌作者。
¶国書（みなもとちかかね）

源親長 みなもとのちかなが
生没年不詳　[別]源親長《みなもとちかなが》
鎌倉時代の公家・歌人。
¶国書（みなもとちかなが）

源親教 みなもとのちかのり
生没年不詳　[別]源親教《みなもとちかのり》
鎌倉時代後期の公卿（非参議）。権中納言源資平の三男。
¶公卿，公家（親教〔坊城家（絶家）〕　ちかのり），国書（みなもとちかのり）

源親範 みなもとのちかのり
？ ～寛徳2（1045）年　[別]源親範《みなもとちかのり》
平安時代中期の公家・歌人。
¶国書（みなもとちかのり　[没]寛徳2（1045）年7月30日），平史

源親平 みなもとのちかひら
建長7（1255）年～？
鎌倉時代後期の公卿（参議）。権中納言源資平の次男。
¶公卿，公家（親平〔坊城家（絶家）〕　ちかひら）

源親房 みなもとのちかふさ
生没年不詳　[別]源親房《みなもとちかふさ》
平安時代後期の公家・歌人。
¶国書（みなもとちかふさ），平史

源親行 みなもとのちかゆき
生没年不詳　[別]源親行《みなもとちかゆき》
鎌倉時代前期の古典学者、歌人。「源氏物語」河内本を大成した源氏学者。
¶朝日（[生]文治4（1188）年頃　[没]文永9（1272）年以降？），角史，神奈川人，鎌室（みなもとちかゆき），郷土神奈川（[生]1196年　[没]1286年），国史，国書（みなもとちかゆき），古中，コン改，コン4，史人，新潮，人名，世人，日史，日人，百科，平史，歴大，和俳（[生]文治4（1188）年頃）

源近善 みなもとのちかよし
？ ～延喜18（918）年　[別]源朝臣近善《みなもとのあそんちかよし》
平安時代前期～中期の光孝天皇の皇子。
¶古代（源朝臣近善　みなもとのあそんちかよし），人名，日人，平史

源朝子 みなもとのちょうし
永享9（1437）年～明応1（1492）年　[別]源朝子《みなもとちょうし,みなもとのあさこ》,庭田朝子《にわたあさこ》
室町時代～戦国時代の女性。後土御門天皇の典侍。後柏原天皇の生母、贈皇太后。
¶朝日（みなもとのあさこ　[没]明応1年7月20日（1492年8月13日）），鎌室（みなもとちょうし），諸系，女性（[没]明応1（1492）年7月20日），新潮（みなもとのあさこ　[没]明応1（1492）年7月20日），人名（みなもとのあさこ），日人

源趁 みなもとのちん
[別]安法法師《あんぽうほうし》
平安時代の歌人、中古三十六歌仙の一人。
¶人名，和俳（生没年不詳）

源通子 みなもとのつうし
？ ～承久3（1221）年　[別]源通子《みなもとつうし,みなもとのみちこ》
鎌倉時代前期の女性。土御門天皇の典侍。後嵯峨天皇の生母、贈皇太后。
¶鎌室（みなもとつうし），諸系，女性（[没]承久3（1221）年8月），人名（みなもとのみちこ），日人

源継 みなもとのつぐ
平安時代中期の嵯峨天皇の皇子。
¶人名

源恭 みなもとのつつしむ
[別]源朝臣恭《みなもとのあそんつつしむ》
平安時代前期の源信の子。
¶古代（源朝臣恭　みなもとのあそんつつしむ），日人（生没年不詳）

源勤 みなもとのつとむ
天長1（824）年～元慶5（881）年　[別]源朝臣勤《みなもとのあそんつとむ》
平安時代前期の公卿（参議）。嵯峨天皇の皇子、母は大原金子。
¶神奈川人，公卿（[没]元慶5（881）年5月8日），古代（源朝臣勤　みなもとのあそんつとむ），人名，日人，平史

源経兼 みなもとのつねかね
生没年不詳　[別]源経兼《みなもとつねかね》
平安時代後期の官人・歌人。
¶国書（みなもとつねかね）

源経相 みなもとのつねすけ
？ ～長暦3（1039）年
平安時代中期の宇多源氏時中の子。
¶平史

源経隆 みなもとのつねたか
長保1（999）年～永保1（1081）年　[別]源経隆《みなもとつねたか》
平安時代中期～後期の公家・歌人。
¶国書（みなもとつねたか　[没]永保1（1081）年2月14日），平史

源経任 みなもとのつねとう
長保2（1000）年～長元2（1029）年　[別]源経任《みなもとつねとう》
平安時代中期の公家・歌人。
¶国書（みなもとつねとう），平史（生没年不詳）

源経仲 みなもとのつねなか
生没年不詳　[別]源経仲《みなもとつねなか》
平安時代中期～後期の公家・歌人。
¶国書（みなもとつねなか），平史

源経長 みなもとのつねなが
寛弘2（1005）年～延久3（1071）年6月6日　[別]源経長《みなもとつねなが》

平安時代中期の公卿（権大納言）。権中納言源道方の四男、母は従四位上・播磨守源国盛の娘。
¶公卿，国書（みなもとつねなが），平史

源経成 みなもとのつねなり
寛弘6（1009）年～治暦2（1066）年
平安時代中期の公卿（権中納言）。大納言源重光の孫。
¶公卿（[没]治暦2（1066）年7月11日），日人，平史

源経信 みなもとのつねのぶ
長和5（1016）年～承徳1（1097）年　[別]源経信《みなもとつねのぶ》
平安時代中期～後期の歌人・公卿（大納言）。琵琶桂流の祖。権中納言源道方の六男、母は従四位上・播磨守源国盛の娘。
¶朝日（[没]承徳1年閏1月6日（1097年2月20日）），岩史（[没]永長2（1097）年閏1月6日），角史，公卿（[没]承徳1（1097）年1月6日），国史，国書（みなもとつねのぶ　[没]永長2（1097）年閏1月6日），古中，コン改，コン4，詩歌，史人（[没]1097年閏1月6日），諸系，人書94（みなもとつねのぶ），新潮（[没]承徳1（1097）年閏1月6日），新文（[没]永長2（1097）年閏1月6日），人名，世人，世百，全書，大百，日音（[没]承徳1（1097）年閏1月6日），日史（[没]承徳1（1097）年閏1月6日），日人，百科，文学，平史，歴大，和俳

源経治 みなもとのつねはる
南北朝時代の公卿（非参議）。左中将に任ぜられ正三位に叙される。
¶公卿（生没年不詳），公家（経治〔竹内家〕　つねはる）

源経房 みなもとのつねふさ
安和2（969）年～治安3（1023）年　[別]源経房《みなもとつねふさ》
平安時代中期の公卿（権中納言）。左大臣源高明の四男、母は右大臣藤原師輔の五女。
¶公卿（[没]治安3（1023）年12月12日），国書（みなもとつねふさ　[没]治安3（1023）年10月12日），平史

源常政 みなもとのつねまさ
享保12（1727）年～文化6（1809）年10月12日
江戸時代中期～後期の公家（非参議・三条家諸大夫）。父は従四位下大隅守森常良。文化4年従三位に叙される。
¶公卿，公家（常政〔三条家諸大夫 森家（源氏）〕つねまさ）

源経基 みなもとのつねもと
？～応和1（961）年　[別]源経基《みなもとつねもと》，六孫王経基《ろくそんおうつねもと，ろくそんのうつねもと》，六孫王《ろくそんおう》
平安時代中期の武将。貞純親王の王子。もとは六孫王だったが源氏賜姓。藤原純友の乱の鎮定にあたる。清和源氏の興隆の基礎を築いた。
¶朝日，岩史，江戸東（六孫王経基　ろくそんおうつねもと），角史，京都，京都大，国史，国書（みなもとつねもと　[没]応和1（961）年11月4日），古史，古中，コン改，コン4，埼玉人（[生]延喜17（917）年　[没]応和1（961）年11月4日），埼玉百（[生]917年），史人（[没]961年11月4日），重要，諸系，新潮（[生]延喜17（917）年，（異説）寛平2（890）年　[没]応和1（961）年11月4日），人名，姓氏京都，世人（[生]延喜17（917）年），世百（[生]921年，（異説）925年），全書（[生]916年），大百（[生]917年），多摩（みなもとつねもと　[生]延喜16（916）年），日史（生没年不詳），日人，百科（生没年不詳），福岡百（[没]応和1（961）年11月4日），平史，歴大

源経頼 みなもとのつねより
寛和1（985）年～長暦3（1039）年　[別]源経頼《みなもとつねより》
平安時代中期の公卿（参議）。参議源扶義の次男。
¶岩史（[生]貞元1（976）年　[没]長暦3（1039）年8月24日），角史（[生]康保3（966）年），公卿（[生]貞元1（976）年　[没]長暦3（1039）年8月28日），国書（みなもとつねより　[没]長暦3（1039）年8月24日），古史，コン4（[生]貞元1（976）年），人書94（みなもとつねより），姓氏京都，平史

源貞子 みなもとのていし
？～貞観15（873）年　[別]源貞子《みなもとのさだこ》
平安時代前期の女性。清和天皇の女御。
¶女性（[没]貞観15（873）年1月20日），人名（みなもとのさだこ），日人

源祇子 みなもとのていし
？～天喜1（1053）年5月
平安時代中期の女性。三条天皇の皇孫女、敦平親王の王女。
¶女性，人名

源融 みなもとのとおる
弘仁13（822）年～寛平7（895）年　[別]河原左大臣《かわらさだいじん，かわらのさだいじん》，源朝臣融《みなもとのあそんとおる》，源融《みなもととおる》
平安時代前期の公卿（左大臣）。嵯峨天皇の皇子、母は大原金子。
¶朝日（[没]寛平7年8月25日（895年9月17日）），岩史（[没]寛平7（895）年8月25日），大阪人，角史，神奈川人，京都，京都大，京都府，公卿（[没]寛平7（895）年8月25日），国史，国書（みなもととおる　[没]寛平7（895）年8月25日），古史，古代（源朝臣融　みなもとのあそんとおる），古中，コン改（[生]弘仁14（823）年），コン4，詩歌，史人（[没]895年8月25日），諸系，新潮（[没]寛平7（895）年8月25日），人名，姓氏京都，姓氏宮城（[生]823年），世人，全書，大百，日史（[没]寛平7（895）年8月25日），日人，百科，平史，歴大，和俳（[没]寛平7（895）年8月25日）

源時明 みなもとのときあきら
生没年不詳　[別]源時明《みなもとときあきら》
平安時代中期の官吏、歌人。
¶国書（みなもとときあきら），日人，平史

源時賢 みなもとのときかた
安元2（1176）年～建長7（1255）年9月5日

鎌倉時代前期の公卿(非参議)。権大納言源資賢の三男、母は右大臣徳大寺公能の娘。
¶公卿，公家(時賢〔庭田家〕　ときかた)

源時方 みなもとのときかた
生没年不詳
平安時代中期の官人。
¶平史

源時綱 みなもとのときつな
生没年不詳　[別]源時綱《みなもとときつな》
平安時代中期～後期の官吏、漢詩人。
¶国書(みなもとときつな)，日人，平史

源時俊 みなもとのときとし
生没年不詳
平安時代後期の官人。
¶平史

源時中 みなもとのときなか
天慶6(943)年～長保3(1001)年
平安時代中期の公卿(大納言)。左大臣源雅信の長男。
¶公卿([没]長保3(1001)年12月20日)，平史

源常 みなもとのときは
→源常(みなもとのときわ)

源常 みなもとのときわ
弘仁3(812)年～斉衡1(854)年　[別]源常《みなもとときわ,みなもとのときは》,源朝臣常《みなもとのあそんときわ》
平安時代前期の公卿(左大臣)。嵯峨天皇の皇子、母は更衣飯高氏。
¶朝日([没]斉衡1年6月13日(854年7月11日))，岩史([没]仁寿4(854)年6月13日)，京都大，公卿([没]斉衡1(854)年6月13日)，国史，国書(みなもとときわ　[没]仁寿4(854)年6月13日)，古代(源朝臣常　みなもとのあそんときわ)，古中，コン改，コン4，史人([没]854年6月13日)，諸系，新潮([没]斉衡1(854)年6月13日)，人名，世人(みなもとのときは)，日人，平史

源俊明 みなもとのとしあき
→源俊明(みなもとのとしあきら)

源俊明 みなもとのとしあきら
寛徳1(1044)年～永久2(1114)年　[別]源俊明《みなもととしあきら,みなもとのとしあき》
平安時代中期～後期の公卿(大納言)。権大納言源隆国の三男、母は参議源経頼の娘。
¶朝日([没]永久2年12月2日(1114年12月30日))，公卿(みなもとのとしあき　[没]永久2(1114)年12月2日)，国史(みなもとのとしあき)，国書(みなもととしあきら　[没]永久2(1114)年12月2日)，古中(みなもとのとしあき)，コン改，コン4，史人([没]1114年12月2日)，新潮([没]永久2(1114)年12月2日)，人名(みなもとのとしあき)，世人(みなもとのとしあき)，日史([没]永久2(1114)年12月2日)，日人，百科，平史，歴大(みなもとのとしあき)

源俊賢 みなもとのとしかた
天徳4(960)年～万寿4(1027)年
平安時代中期の公卿(権大納言)。左大臣源高明の三男、母は右大臣藤原師輔の娘。
¶朝日([没]万寿4年6月13日(1027年7月19日))，岩史([没]万寿4(1027)年6月13日)，公卿([没]万寿4(1027)年6月13日)，国史，古史，古中，コン改，コン4，史人([没]1027年6月13日)，新潮([没]万寿4(1027)年6月13日)，人名，日史([没]万寿4(1027)年6月13日)，日人，百科，平史([生]959年)，歴大([生]959年)

源俊定 みなもとのとしさだ
？～文永3(1266)年1月4日　[別]源俊定《みなもととしさだ》
鎌倉時代の公家・歌人。
¶国書(みなもととしさだ)

源俊実 みなもとのとしざね
永承1(1046)年～元永2(1119)年　[別]源俊実《みなもととしざね》
平安時代中期～後期の公卿(権大納言)。権中納言源隆俊の長男。
¶公卿([没]元永2(1119)年6月10日)，国書(みなもととしざね　[没]元永2(1119)年6月8日)，平史

源俊重 みなもとのとししげ
生没年不詳　[別]源俊重《みなもととししげ》
平安時代後期の官人・歌人。
¶国書(みなもととししげ)，平史

源俊平 みなもとのとしひら
？～文永2(1265)年1月6日　[別]源俊平《みなもととしひら》
鎌倉時代の官人・歌人。
¶国書(みなもととしひら)

源俊房 みなもとのとしふさ
長元8(1035)年～保安2(1121)年11月12日　[別]源俊房《みなもととしふさ》
平安時代中期～後期の公卿(左大臣)。太政大臣源師房の長男。
¶朝日([没]保安2年11月12日(1121年12月23日))，岩史，角史，公卿，国史，国書(みなもととしふさ)，古史，古中，コン改，コン4，史人，諸系，新潮，人名，世人，日史，日人，百科，仏教，平史，歴大

源俊雅 みなもとのとしまさ
長治2(1105)年～久安5(1149)年
平安時代後期の公卿(参議)。大納言源能俊の次男。
¶公卿([没]久安5(1149)年9月20日)，平史

源俊頼 みなもとのとしより
天喜3(1055)年～大治4(1129)年　[別]源俊頼《みなもととしより》
平安時代後期の歌人。
¶朝日([没]大治3(1128)年,(異説)大治4(1129)年)，岩史，角史，国史，国書(みなもととしより　生没年不詳)，古史，古中，コン改([生]天喜

3(1055)年？)，コン4([生]天喜3(1055)年？)，詩歌，史人，諸系，人書79([生]1055年？)，新潮([生]天喜3(1055)年？)，新文([生]天喜3(1055)年頃)，人名，世人，世百([生]1056年　[没]1129年？)，全書，大百，富山文([没]大治4(1129)年11月)，日史([生]天喜3(1055)年？)，日人，美術([生]天喜3(1055)年？　[没]大治4(1129)年？)，百科，文学，平史([生]1055年？)，歴大，和俳

源整 みなもとのととのう
？～承平5(935)年　[別]源整《みなもとととのう》
平安時代前期～中期の公家・歌人。
¶国書(みなもとととのう　生没年不詳)，平史

源唱 みなもとのとなう
？～治承4(1180)年
平安時代後期の人。嵯峨源氏。
¶平史

源具顕 みなもとのともあき
→中院具顕(なかのいんともあき)

源具兼 みなもとのともかね
鎌倉時代後期の公卿(非参議)。左中将源師具の次男。
¶公卿(生没年不詳)，公家(具兼〔堀川家(絶家)1〕　ともかね)

源具実 みなもとのともざね
建仁3(1203)年～＊　[別]堀川具実《ほりかわともざね》
鎌倉時代前期の公卿(内大臣)。大納言堀川通具の次男。
¶公卿(堀川具実　ほりかわともざね　[没]？)，公家(具実〔堀川家(絶家)2〕　ともざね　[没]？)，諸系([没]1277年)，日人([没]1277年)

源具親 みなもとのともちか
生没年不詳　[別]源具親《みなもとともちか》
鎌倉時代前期の歌人。後鳥羽院に出仕。
¶朝日([生]文治1(1185)年以前？　[没]弘長2(1262)年9月以降)，国史，国書(みなもとともちか)，古中，日人，平史，北条(みなもとともちか)，和俳

源朝任 みなもとのともとう
→源朝任(みなもとのあさとう)

源具守 みなもとのとももり
→堀川具守(ほりかわとももり)

源具行 みなもとのともゆき
→北畠具行(きたばたけともゆき)

源直 みなもとのなおし
天長7(830)年～昌泰2(899)年　[別]源直《みなもとのすなお》
平安時代前期の公卿(参議)。嵯峨天皇の孫。
¶神奈川人(みなもとのすなお)，公卿([没]昌泰2(899)年12月26日)，平史

源仲章(1) みなもとのなかあき
宝永4(1707)年～天明5(1785)年6月25日
江戸時代中期の公家(非参議・久我家諸大夫)。父は大蔵権大輔正五位下春日仲義。安永9年従三位に叙される。
¶公卿，公家(仲章〔久我家諸大夫 春日家(源氏)〕　なかあきら)

源仲章(2) みなもとのなかあき
→源仲章(みなもとのなかあきら)

源仲章 みなもとのなかあきら
？～承久1(1219)年　[別]源仲章《みなもとのなかあき》，中原仲章《なかはらなかあき》
鎌倉時代前期の儒者、武士。源実朝の近臣。
¶朝日([没]承久1年1月27日(1219年2月13日))，神奈川人(みなもとのなかあき)，鎌倉(中原仲章　なかはらなかあき)，諸系，日史([没]承久1(1219)年1月27日)，日人，平史

源仲興 みなもとのなかおき
？～応永13(1406)年1月26日
南北朝時代～室町時代の公卿(非参議)。応永13年従三位に叙される。
¶公卿，公家(仲興〔春日家(絶家)〕　なかおき)

源長猷 みなもとのながかず
？～延喜18(918)年
平安時代前期～中期の清和天皇の皇子。
¶人名，日人，平史([生]854年)

源仲国 みなもとのなかくに
生没年不詳　[別]源仲国《みなもとなかくに》
平安時代後期の後白河院の近習。院細工所別当。
¶朝日，鎌室(みなもとなかくに)，諸系，日人，平史

源仲重 みなもとのなかしげ
室町時代の公卿(非参議)。寛正4年従三位に叙される。
¶公卿(生没年不詳)，公家(仲重〔春日家(絶家)〕　なかしげ)

源中正 みなもとのなかただ
→源中正(みなもとのなかまさ)

源長経 みなもとのながつね
生没年不詳　[別]源長経《みなもとながつね》
平安時代中期の公家。
¶国書(みなもとながつね)

源仲遠 みなもとのなかとお
？～文永3(1266)年
鎌倉時代前期の後嵯峨院細工所の管領者。
¶朝日([没]文永3年5月26日(1266年6月30日))，日人

源長俊 みなもとのながとし
生没年不詳　[別]源長俊《みなもとながとし》
平安時代後期の公家・歌人。
¶国書(みなもとながとし)

源長具 みなもとのながとも
？ ～文中2/応安6(1373)年11月26日
南北朝時代の公卿(非参議)。応安2年従三位に叙される。
¶公卿，公家(長具〔愛宕家(絶家)〕　ながとも)

源仲業 みなもとのなかなり
生没年不詳　[別]源仲業《みなもとなかなり》
鎌倉時代の官人・歌人。
¶国書(みなもとなかなり)

源仲宣 みなもとのなかのぶ
生没年不詳　[別]源仲宣《みなもとなかのぶ》
平安時代中期の公家・歌人。
¶国書(みなもとなかのぶ)，平史

源長淵 みなもとのながふち
生没年不詳
平安時代前期の官人。清和天皇の皇子。
¶平史

源中正 みなもとのなかまさ
生没年不詳　[別]源中正《みなもとなかただ》
平安時代中期の公家・歌人。
¶国書(みなもとなかただ)，平史

源仲正 みなもとのなかまさ
生没年不詳　[別]源仲正《みなもとなかまさ》
平安時代後期の武士、歌人。「金葉集」などに15首。
¶朝日，国書(みなもとなかまさ)，諸系，人名([没]1156年)，日人，平史，和俳([没]保元1(1156)年)

源長盛 みなもとのながもり
室町時代の公卿(非参議)。従三位に叙される。
¶公卿(生没年不詳)，公家(長盛〔醍醐源氏(絶家)〕　ながもり)

源成経 みなもとのなりつね
貞応1(1222)年～？
鎌倉時代前期の公卿(非参議)。右大臣源顕房の六代孫。
¶公卿，公家(成経〔久我家(絶家)〕　なりつね)

源成信 みなもとのなりのぶ
天元2(979)年～？
平安時代中期の官人。村上天皇の皇孫。致平親王の王子。
¶朝日，コン改，コン4，諸系，人名，日人，平史

源登平 みなもとのなりひら
生没年不詳　[別]源登平《みなもとみちひら》
平安時代中期の公家・歌人。
¶国書(みなもとみちひら)，平史

源済政 みなもとのなりまさ
？ ～長久2(1041)年
平安時代中期の人。宇多源氏。
¶平史

源成雅 みなもとのなりまさ
生没年不詳
平安時代後期の近衛府官人。
¶新潟百，平史

源生 みなもとのなる
→源生(みなもとのいける)

源信明(1) みなもとののぶあきら
生没年不詳
平安時代中期の管絃の名人。
¶平史

源信明(2) みなもとののぶあきら
→源信明(みなもとのさねあきら)

源緩子 みなもとののぶこ
？ ～延喜8(908)年　[別]源緩子《みなもとのかんし》
平安時代前期～中期の女性。光孝天皇の皇女。
¶人名(みなもとのかんし)，平史

源順子 みなもとののぶこ
→源順子(みなもとのじゅんし)

源信定 みなもとののぶさだ
生没年不詳　[別]源信定《みなもとのぶさだ》
鎌倉時代の公家・歌人。
¶国書(みなもとのぶさだ)

源信綱 みなもとののぶつな
生没年不詳
平安時代後期の雅楽家。
¶平史

源宣方 みなもとののぶまさ
？ ～長徳4(998)年
平安時代中期の官人。
¶平史

源延光 みなもとののぶみつ
延長5(927)年～貞元1(976)年6月17日　[別]源延光《みなもとのぶみつ》
平安時代中期の公卿(権大納言)。醍醐天皇の孫。代明親王の第3王子。
¶公卿，国書(みなもとのぶみつ)，コン改，コン4，新潮，人名，日人，平史

源信宗 みなもとののぶむね
？ ～承保1(1074)年　[別]源信宗《みなもとのぶむね》
平安時代中期の三条天皇皇孫、敦明親王の王子。
¶国書(みなもとのぶむね　[没]承保1(1074)年6月30日)，人名，日人，平史

源信義 みなもとののぶよし
生没年不詳　[別]源信義《みなもとのさねよし》
平安時代中期の楽人。
¶人名，日音，日人，平史

源舒 みなもとののぶる
天長9(832)年～元慶5(881)年　[別]源朝臣舒《みなもとのあそんのぶる》

平安時代前期の公卿(参議)。嵯峨天皇の孫。
¶朝日([生]天長5(828)年　[没]元慶5年11月29日(881年12月23日)),公卿([生]天長6(829)年　[没]元慶5(881)年11月29日),古代(源朝臣舒　みなもとのあそんのぶる　[生]832年?　[没]885年),コン改([生]天長9(832)年,(異説)833年),コン4([生]天長9(832)年,(異説)833年),日人,平史

源昇 みなもとののぼる
承和15(848)年～延喜18(918)年　[別]源昇《みなもとのぼる》,源朝臣昇《みなもとのあそんのぼる》
平安時代前期～中期の公卿(大納言)。嵯峨天皇の孫。
¶公卿([生]貞観1(859)年　[没]延喜18(918)年6月29日),国書(みなもとのぼる　[没]延喜18(918)年6月29日),古代(源朝臣昇　みなもとのあそんのぼる),日人,平史

源憲定 みなもとののりさだ
?～寛仁1(1017)年
平安時代中期の公卿(非参議)。村上天皇の孫。為平親王の王子。
¶公卿([没]寛仁1(1017)年6月2日),諸系,人名,日人,平史

み

源則成 みなもとののりしげ
→源則成(みなもとののりなり)

源則忠 みなもとののりただ
天暦3(949)年～?
平安時代中期の醍醐天皇皇孫、盛明親王の王子。
¶人名,日人,平史

源則成 みなもとののりなり
生没年不詳　[別]源則成《みなもとのりしげ》
平安時代中期の公家・歌人。
¶国書(みなもとのりしげ),平史

源則理 みなもとののりまさ
生没年不詳
平安時代中期の官人。
¶兵庫百,平史

源博雅 みなもとのはくが
→源博雅(みなもとのひろまさ)

源光 みなもとのひかる
承和12(845)年～延喜13(913)年　[別]源光《げんこう》,源朝臣光《みなもとのあそんひかる》
平安時代前期～中期の公卿(右大臣)。仁明天皇の皇子。
¶朝日([没]延喜13年3月12日(913年4月21日)),岩史([没]延喜13(913)年3月12日),神奈川人,公卿([没]延喜13(913)年3月12日),国史([生]846年),古代(源朝臣光　みなもとのあそんひかる　[生]846年),古中([生]846年),コン改,コン4,諸系,新潮([没]延喜13(913)年3月12日),人名,姓氏京都,世人,日人,仏教(げんこう　生没年不詳),平史

源彦仁 みなもとのひこひと
→彦仁王(ひこひとおう)

源彦良 みなもとのひこよし
元亨1(1321)年～?　[別]源彦良《みなもとのげんりょう,みなもとひこよし》
南北朝時代の公卿(参議)。順徳天皇の裔。従二位権中納言源忠房の子。
¶鎌室(みなもとひこよし),公卿(みなもとのげんりょう),公家(彦良〔順徳源氏(絶家)〕　ひこよし),国書(みなもとひこよし),人名(みなもとのげんりょう),日人

源久良 みなもとのひさよし
→久良親王(ひさよししんのう)

源英明 みなもとのひであき
→源英明(みなもとのふさあきら)

源英明 みなもとのひであきら
→源英明(みなもとのふさあきら)

源等 みなもとのひとし
元慶4(880)年～天暦5(951)年　[別]源等《みなもとひとし》,参議等《さんぎひとし》
平安時代中期の歌人・公卿(参議)。嵯峨天皇の曽孫。
¶公卿([没]天暦5(951)年3月10日),国書(みなもとひとし　[没]天暦5(951)年3月10日),コン改,コン4,詩歌,人名,日人,平史,和俳

源啓 みなもとのひらく
天長6(829)年～貞観11(869)年　[別]源朝臣啓《みなもとのあそんひらく》
平安時代前期の嵯峨天皇の皇子。
¶神奈川人,古代(源朝臣啓　みなもとのあそんひらく),人名,日人,平史

源寛 みなもとのひろし
弘仁4(813)年～貞観18(876)年
平安時代前期の嵯峨天皇の皇子。
¶神人,人名,日人,平史

源弘 みなもとのひろし
→源弘(みなもとのひろむ)

源寛親 みなもとのひろちか
正徳4(1714)年～安永9(1780)年9月23日
江戸時代中期の公家(非参議・九条家諸大夫)。慈光寺極臈仲学の子で正五位下民部少輔朝山茂雅の養子。安永9年従三位に叙される。
¶公卿,公家(寛親〔九条家諸大夫 朝山家(源氏)〕　ひろちか)

源寛信 みなもとのひろのぶ
生没年不詳　[別]源寛信《みなもとひろのぶ》
平安時代中期の公家・歌人。
¶国書(みなもとひろのぶ),平史

源博雅 みなもとのひろまさ
延喜18(918)年～天元3(980)年　[別]源博雅《みなもとのはくが,みなもとひろまさ》,博雅三位《はくがのさんみ》

平安時代中期の雅楽家、公卿（非参議）。醍醐天皇の孫。克明親王の王子。
¶朝日（[没]天元3年9月28日（980年11月8日）），岩史（[没]天元3（980）年9月28日），音楽，京都，京都大，公卿（[没]天元3（980）年9月18日），芸能（[没]天元3（980）年9月28日），国史，国書（みなもとひろまさ　[没]天元3（980）年9月28日），古史，古中，コン改（[生]延喜18（918）年，（異説）922年），コン4（[生]延喜18（918）年，（異説）922年），史人（[没]980年9月28日），諸系，新潮（[没]天元3（980）年9月28日），人名（[生]？），姓氏京都，世人（[生]？），世百，日音（[没]天元3（980）年9月28日，（異説）9月18日），日史（[没]天元3（980）年9月28日），日人，百科，平史，歴大

源弘　みなもとのひろむ
弘仁3（812）年～貞観5（863）年　[別]源弘《みなもとのひろし，みなもとひろむ》，源朝臣弘《みなもとのあそんひろむ》
平安時代前期の公卿（大納言）。嵯峨天皇の皇子、母は上毛野氏。
¶朝日（[没]貞観5年1月25日（863年2月16日）），公卿（みなもとのひろし　[没]貞観5（863）年1月25日），国書（みなもとひろむ　[没]貞観5（863）年1月25日），古代（源朝臣弘　みなもとのあそんひろむ），コン改，コン4，人名，日音（[生]弘仁2（811）年　[没]貞観5（863）年1月25日），日人，平史

源英明　みなもとのふさあきら
？～天慶2（939）年　[別]源英明《みなもとのひであきら，みなもとのひであき，みなもとふさあきら》
平安時代中期の官人、歌人、漢詩人。宇多天皇の孫、斉世親王の王子。「本朝文粋」に漢詩を収める。
¶朝日（みなもとのひであき），国史，国書（みなもとふさあきら），古中，コン改（みなもとのひであき　[生]延喜11（911）年　[没]天暦3（949）年），コン4（みなもとのひであき　[生]延喜11（911）年　[没]天暦3（949）年），詩歌，諸系，新潮（みなもとのひであきら　[生]延喜11（911）年　[没]天慶2（939）年，（異説）天慶3（940）年），人名（みなもとのひであき　[生]911年　[没]949年），日人，平史，和俳（みなもとのひであき　[生]延喜11（911）年）

源旧鑒　みなもとのふるみ
→源旧鑒（みなもとのもとみ）

源忠　みなもとのほどこす
？～延長9（931）年　[別]源忠《みなもとほどこす》
平安時代前期～中期の公家・歌人。
¶国書（みなもとほどこす　[没]延長9（931）年2月12日），平史

源信　みなもとのまこと
弘仁1（810）年～貞観10（868）年　[別]源信《みなもとまこと》，源朝臣信《みなもとのあそんまこと》
平安時代前期の公卿（左大臣）。嵯峨天皇の皇子。伴善男との対立が応天門の変を引き起こした。
¶朝日（[没]貞観10年閏12月28日（869年2月13日）），岩史（[没]貞観10（868）年閏12月28日），角史，京都大，公卿（[生]大同4（809）年　[没]貞観10（868）年閏12月28日），国史，国書（みなもとまこと　[没]貞観10（868）年閏12月28日），古史，古代（源朝臣信　みなもとのあそんまこと），古中，コン改，コン4，史人（[没]868年閏12月28日），重要，諸系（[没]869年），新潮（[没]貞観10（868）年閏12月28日），人名，姓氏京都，世人（[没]仁和2（886）年），大百，日音（[没]貞観10（868）年閏12月28日），日史（[没]貞観10（868）年閏12月28日），日人（[没]869年），平史，名画，歴大

源正明　みなもとのまさあき
→源正明（みなもとのまさあきら）

源正明　みなもとのまさあきら
寛平5（893）年～天徳2（958）年　[別]源正明《みなもとのまさあき》
平安時代中期の公卿（参議）。光孝天皇の孫。
¶公卿（みなもとのまさあき　[没]天徳2（958）年3月9日），コン改，コン4，人名，日人，平史

源雅家　みなもとのまさいえ
→北畠雅家（きたばたけまさいえ）

源雅賢　みなもとのまさかた
久安4（1148）年～建久3（1192）年　[別]源雅賢《みなもとまさかた》
平安時代後期の公卿（参議）。権大納言源資賢の孫。
¶朝日（[没]建久3（1192）年9月），鎌室（みなもとまさかた　[生]？），公卿（[生]？　[没]建久3（1192）年9月），公家（雅賢〔岡崎家（絶家）〕　まさかた　[生]？　[没]建久3（1192）年9月），諸系，新潮（[生]？　[没]建久3（1192）年9月9日），日音（[没]建久3（1192）年9月），日人，平史

源雅方　みなもとのまさかた
南北朝時代の公卿（非参議）。応安2年従三位に叙される。
¶公卿（生没年不詳），公家（雅方〔壬生家（絶家）〕　まさかた）

源雅兼　みなもとのまさかね
承暦3（1079）年～康治2（1143）年　[別]源雅兼《みなもとまさかね》
平安時代後期の歌人・公卿（権中納言）。右大臣源顕房の子。
¶朝日（[没]康治2年11月8日（1143年12月15日）），公卿，国史，国書（みなもとまさかね　[没]康治2（1143）年11月8日），古中，コン改（[生]承暦4（1080）年，（異説）1079年），コン4（[生]承暦4（1080）年，（異説）1079年），史人（[没]1143年11月8日），諸系，新潮（[没]康治2（1143）年11月8日），人名，日人，平史，和俳

源雅清　みなもとのまさきよ
寿永1（1182）年～寛喜2（1230）年4月2日　[別]源雅清《みなもとまさきよ》
鎌倉時代前期の公卿（参議）。権大納言源通資の次男。
¶朝日（[没]寛喜2年4月2日（1230年5月15日）），公卿，公家（雅清〔唐橋家（絶家）〕　まさきよ），

国書（みなもとまさきよ），姓氏神奈川（生没年不詳）

源正清 みなもとのまさきよ
承平1（931）年〜？　[別]源正清《みなもとまさきよ》
平安時代中期の醍醐天皇皇孫、有明親王の第2王子。
¶国書（みなもとまさきよ），人名，日人，平史（[没]995年？）

源雅言 みなもとのまさこと
安貞1（1227）年〜正安2（1300）年10月26日　[別]源雅言《みなもとのまさとき，みなもとまさこと》
鎌倉時代後期の公卿（権大納言）。権中納言源雅具の子。
¶朝日（[没]正安2年10月26日（1300年12月7日）），公卿（みなもとのまさとき），公家（雅言〔壬生家（絶家）〕　まさこと），国書（みなもとまさこと），日人

源雅定 みなもとのまささだ
嘉保1（1094）年〜応保2（1162）年　[別]源雅定《みなもとまささだ》
平安時代後期の公卿（右大臣）。太政大臣源雅実の次男。
¶朝日（[没]応保2年5月27日（1162年7月11日）），鎌室（みなもとまささだ），公卿（[没]応保2（1162）年5月27日），公家（雅定〔久我家〕　まささだ　[没]応保2（1162）年5月27日），国史，国書（みなもとまささだ　[没]応保2（1162）年5月27日），古中，コン改，コン4，諸系，人書94（みなもとまささだ），新潮（[没]応保2（1162）年5月27日），人名，日史（[没]応保2（1162）年5月27日），日人，百科，平史

源雅実 みなもとのまさざね
康平2（1059）年〜大治2（1127）年　[別]久我雅実《こがまさざね》，源雅実《みなもとまさざね》
平安時代後期の公卿（太政大臣）。右大臣源顕房の長男。
¶朝日（[没]大治2年2月15日（1127年3月29日）），京都大，公卿（[生]康平1（1058）年　[没]大治2（1126）年2月15日），国史，国書（みなもとまさざね　[没]大治2（1127）年2月15日），古史，古中，コン改，コン4，史人（[没]1127年2月15日），諸系，新潮（[没]大治2（1127）年2月15日），人名，姓氏京都（久我雅実　こがまさざね），日史（[没]大治2（1127）年2月15日），日人，百科，平史，和歌山人

源雅重 みなもとのまさしげ
？〜長寛1（1163）年　[別]源雅重《みなもとまさしげ》
平安時代後期の公家・歌人。
¶国書（みなもとまさしげ　[没]長寛1（1163）年12月8日），平史

源雅茂 みなもとのまさしげ
室町時代の公卿（参議）。応永34年正三位に叙される。
¶公卿（生没年不詳），公家（雅茂〔壬生家（絶家）〕　まさしげ）

源政成 みなもとのまさしげ
→源政成（みなもとのまさなり）

源雅亮 みなもとのまさすけ
生没年不詳　[別]源雅亮《みなもとまさすけ》
平安時代後期の装束家。頼長や妻幸子の家司、鳥羽院の判官代。
¶朝日，国書（みなもとまさすけ），新潮，人名，世人，日人，平史

源当純 みなもとのまさずみ
生没年不詳　[別]源当純《みなもとまさずみ》
平安時代前期の公家・歌人。
¶国書（みなもとまさずみ），平史

源雅忠 みなもとのまさただ
→中院雅忠（なかのいんまさただ）

源雅親 みなもとのまさちか
治承4（1180）年〜建長1（1249）年12月5日　[別]源雅親《みなもとまさちか》
鎌倉時代前期の公卿（大納言）。権大納言源通資の長男。
¶鎌室（みなもとまさちか　[生]治承3（1179）年），公卿，公家（雅親〔唐橋家（絶家）〕　まさちか），日人（[没]1250年）

源政綱 みなもとのまさつな
生没年不詳
平安時代後期の官人。
¶平史

源雅光 みなもとのまさてる
→源雅光（みなもとのまさみつ）

源雅言 みなもとのまさとき
→源雅言（みなもとのまさこと）

源当時 みなもとのまさとき
＊〜延喜21（921）年　[別]源朝臣当時《みなもとのあそんまさとき》，源当時《みなもとまさとき》
平安時代前期〜中期の文徳天皇の皇孫。
¶国書（みなもとまさとき　[生]貞観10（868）年　[没]延喜21（921）年5月4日），古代（源朝臣当時　みなもとのあそんまさとき　[生]857年），日人（[生]857年），平史（[生]868年）

源雅俊 みなもとのまさとし
＊〜保安3（1122）年
平安時代後期の公卿（権大納言）。右大臣源顕房の次男。
¶公卿（[生]治暦1（1065）年　[没]保安3（1122）年4月13日），平史（[生]1064年）

源雅具 みなもとのまさとも
元暦1（1184）年〜？　[別]源雅具《みなもとまさとも》
鎌倉時代前期の公卿（権中納言）。権中納言源兼忠の子。
¶公卿，公家（雅具〔壬生家（絶家）〕　まさとも），国書（みなもとまさとも　[生]元暦1（1184）

年頃)

源政長 みなもとのまさなが
長暦2(1038)年～承徳1(1097)年
平安時代中期～後期の楽人。
¶諸系,日音([没]承徳1(1097)年閏1月4日),日人,平史

源雅成 みなもとのまさなり
鎌倉時代後期の公卿(非参議)。権大納言土御門顕方の孫。
¶公卿(生没年不詳),公家(雅成〔土御門家(絶家)3〕 まさなり)

源政成 みなもとのまさなり
? ～永保2(1082)年 [別]源政成《みなもとまさしげ》
平安時代中期～後期の公家・歌人。光孝源氏。
¶国書(みなもとまさしげ 生没年不詳),平史

源雅信 みなもとのまさのぶ
延喜20(920)年～正暦4(993)年 [別]源雅信《みなもとまさのぶ》
平安時代中期の公卿(左大臣)。宇多天皇の孫。敦実親王の王子。
¶朝日([没]正暦4年7月29日(993年8月19日)),岩史([没]正暦4(993)年7月29日),京都大,公卿([没]正暦4(993)年7月29日),芸能([没]正暦4(993)年7月29日),国史,国書(みなもとまさのぶ [没]正暦4(993)年7月29日),古史,古中,コン改,コン4,史人([没]993年7月29日),重要([没]正暦4(993)年7月29日),諸系,新潮([没]正暦4(993)年7月29日),人名,姓氏京都,世人,日音([没]正暦4(993)年7月27日),日人,平史,歴大,和俳([没]正暦4(993)年7月29日)

源雅憲 みなもとのまさのり
? ～正中3(1326)年2月5日
鎌倉時代後期の公卿(権中納言)。権大納言源雅言の次男。
¶公卿,公家(雅憲〔壬生家(絶家)〕 まさのり)

源方弘 みなもとのまさひろ
天延3(975)年～長和4(1015)年
平安時代中期の官人。
¶平史

源雅房 みなもとのまさふさ
→土御門雅房(つちみかどまさふさ)

源雅通(1) みなもとのまさみち
? ～寛仁1(1017)年 [別]源雅通《みなもとまさみち》
平安時代中期の公家・歌人。
¶国書(みなもとまさみち [没]寛仁1(1017)年7月10日),平史

源雅通(2) みなもとのまさみち
元永1(1118)年～安元1(1175)年 [別]源雅通《みなもとまさみち》
平安時代後期の公卿(内大臣)。中納言源顕通の長男。
¶公卿([没]安元1(1175)年2月27日),公家(雅通〔久我家〕 まさみち [没]承安5(1175)年2月27日),国史,国書(みなもとまさみち [没]承安5(1175)年2月27日),古中,史人([没]1175年2月27日),諸系,日人,平史

源雅光 みなもとのまさみつ
寛治3(1089)年～大治2(1127)年 [別]源雅光《みなもとまさてる》
平安時代後期の官吏、歌人。
¶国書(みなもとまさてる [没]大治2(1127)年10月3日),日人,平史

源政職(源正職) みなもとのまさもと
? ～寛仁4(1020)年
平安時代中期の光孝源氏播磨守正四位下国盛の子。加賀守。
¶石川百(源正職 生没年不詳),姓氏石川(源正職),平史

源雅行(1) みなもとのまさゆき
仁安3(1168)年～?
平安時代後期～鎌倉時代前期の公卿(非参議)。大納言源定房の長男。
¶公卿,公家(雅行〔壬生家(絶家)〕 まさゆき)

源雅行(2) みなもとのまさゆき
→北畠雅行(きたばたけまさゆき)

源雅頼 みなもとのまさより
大治2(1127)年～建久1(1190)年 [別]源雅頼《みなもとまさより》
平安時代後期の公卿(権中納言)。権中納言源雅兼の三男、母は大納言源能俊の娘一品宮乳母。
¶朝日([没]建久1年8月3日(1190年9月4日)),公卿([没]?),公家(雅頼〔壬生家(絶家)〕 まさより [没]建久1(1190)年8月3日),国書(みなもとまさより [没]建久1(1190)年8月3日),日人,平史

源益 みなもとのまさる
? ～元慶7(883)年 [別]源朝臣益《みなもとのあそんまさる》
平安時代前期の嵯峨天皇の曽孫。
¶古代(源朝臣益 みなもとのあそんまさる),日人

源勝 みなもとのまさる
? ～仁和2(886)年 [別]由蓮《ゆれん》
平安時代前期の官人、僧。嵯峨天皇の皇子。竹田禅師と称される。
¶朝日([没]仁和2年7月4日(886年8月7日)),コン改,コン4,人名,日人,仏教(由蓮 ゆれん [没]仁和2(886)年7月),平史

源多 みなもとのまさる
天長8(831)年～仁和4(888)年 [別]源朝臣多《みなもとのあそんまさる》
平安時代前期の公卿(右大臣)。仁明天皇の皇子。
¶朝日([没]仁和4年10月17日(888年11月24日)),公卿([没]仁和4(888)年10月17日),国史,古代(源朝臣多 みなもとのあそんまさる),古中,

コン改，コン4，史人（[没]888年10月17日），諸系，新潮（[没]仁和4（888）年10月17日），人名，日人，平史

源全姫 みなもとのまたひめ
弘仁3（812）年～元慶6（882）年
平安時代前期の女性。嵯峨天皇の皇女、清和天皇尚侍。
¶女性（[没]元慶6（882）年1月25日），人名，日人，平史（[生]？）

源希 みなもとのまれ
嘉祥2（849）年～延喜2（902）年　[別]源朝臣希《みなもとのあそんまれ》
平安時代前期の公卿（中納言）。嵯峨天皇の孫。
¶公卿（[生]嘉祥1（848）年　[没]延喜2（902）年1月19日），古代（源朝臣希　みなもとのあそんまれ），日人，平史

源通有 みなもとのみちあり
生没年不詳　[別]源通有《みなもとみちあり》
鎌倉時代前期の公家・歌人。
¶国書（みなもとみちあり）

源通家 みなもとのみちいえ
長承2（1133）年～仁安2（1167）年
平安時代後期の堂上の楽人。
¶日音（[没]仁安2（1167）年7月26日），平史

源通方 みなもとのみちかた
→中院通方（なかのいんみちかた）

源道方 みなもとのみちかた
安和2（969）年～寛徳1（1044）年9月25日　[別]源道方《みなもとみちかた》
平安時代中期の公卿（権中納言）。左大臣源重信の五男、母は左大臣源高明の娘。
¶公卿，国書（みなもとみちかた），平史

源通清 みなもとのみちきよ
保安4（1123）年～？　[別]源通清《みなもとみちきよ》
平安時代後期の公家・歌人。
¶国書（みなもとみちきよ），平史

源通子 みなもとのみちこ
→源通子（みなもとのつうし）

源道成 みなもとのみちしげ
→源道成（みなもとのみちなり）

源通季 みなもとのみちすえ
生没年不詳
平安時代後期の三条天皇玄孫、敦輔王の王子。
¶人名，日人，平史

源通資 みなもとのみちすけ
？～元久2（1205）年7月8日
平安時代後期～鎌倉時代前期の公卿（権大納言）。内大臣源雅通の次男。
¶公卿，公家（通資〔唐橋家（絶家）〕　みちすけ），平史

源通親 みなもとのみちちか
久安5（1149）年～建仁2（1202）年　[別]久我通親《こがみちちか》，土御門通親《つちみかどみちちか》，源通親《みなもとみちちか》
平安時代後期～鎌倉時代前期の歌人・公卿（内大臣）。内大臣源雅通の長男。九条兼実を失脚させ、朝廷内での権力を掌握。後鳥羽天皇の義父、土御門天皇の外祖父として権勢をふるった。
¶朝日（土御門通親　つちみかどみちちか　[没]建仁2年10月21日（1202年11月7日）），岩史（[没]建仁2（1202）年10月21日），角史，鎌倉，鎌室（土御門通親　つちみかどみちちか），京都，京都大（土御門通親　つちみかどみちちか），公卿（[没]建仁2（1202）年10月21日），公家（通親〔久我家〕　みちちか　[没]建仁2（1202）年10月21日），国史，国書（土御門通親　つちみかどみちちか　[没]建仁2（1202）年10月21日），古中，コン改（土御門通親　つちみかどみちちか），コン4（土御門通親　つちみかどみちちか），史人（[没]1202年10月21日），諸系，新潮（土御門通親　つちみかどみちちか　[没]建仁2（1202）年10月21日），人名（土御門通親　つちみかどみちちか），姓氏京都，世人，世百（土御門通親　つちみかどみちちか），全書，大百（土御門通親　つちみかどみちちか），日史（[没]建仁2（1202）年10月21日），日人，百科，平史，歴大，和俳（土御門通親　つちみかどみちちか）

源通光 みなもとのみちてる
→久我通光（こがみちみつ）

源道時 みなもとのみちとき
寛徳2（1045）年～保安1（1120）年　[別]源道時《みなもとみちとき》
平安時代中期～後期の公家・歌人。
¶国書（みなもとみちとき　[没]保安1（1120）年8月22日），平史

源通敏 みなもとのみちとし
→中院通敏（なかのいんみちとし）

源通具 みなもとのみちとも
承安1（1171）年～安貞1（1227）年　[別]久我通具《こがみちとも》，源通具《みなもとみちとも》，土御門通具《つちみかどみちとも》，藤原通具《ふじわらのみちとも》，堀川通具《ほりかわみちとも》
鎌倉時代前期の歌人・公卿（大納言）。堀川家の祖。村上源氏の裔。
¶朝日（土御門通具　つちみかどみちとも　[没]安貞1年9月2日（1227年10月13日）），鎌室（土御門通具　つちみかどみちとも），公卿（堀川通具　ほりかわみちとも　[生]嘉応2（1170）年　[没]安貞1（1227）年9月2日），公家（通具〔堀川家（絶家）2〕　みちとも　[生]1170年　[没]嘉禄3（1227）年9月2日），国史，国書（みなもとみちとも　[没]嘉禄3（1227）年9月2日），古中，史人（[没]1227年9月2日），諸系，人書94（みなもとみちとも），新潮（土御門通具　つちみかどみちとも　[没]安貞1（1227）年9月2日），人名，人名（藤原通具　ふじわらのみちとも），姓氏京都，日人，平史（[生]1170年），和俳（土御門通具　つ

ちみかどみちとも [没]安貞1(1227)年9月2日)

源道済 みなもとのみちなり
? ～寛仁3(1019)年 [別]源道済《みなもとみちなり》
平安時代中期の漢詩人、歌人。
¶朝日，岩史，国史，国書(みなもとみちなり)，古中，コン4，史人，人書94(みなもとみちなり)，人名，日人，平史，和俳

源道成 みなもとのみちなり
? ～長元9(1036)年 [別]源道成《みなもとみちしげ》
平安時代中期の公家・歌人。
¶国書(みなもとみちしげ)，平史

源通平 みなもとのみちひら
→久我通平(こがみちひら)

源登平 みなもとのみちひら
→源登平(みなもとのなりひら)

源通光 みなもとのみちみつ
→久我通光(こがみちみつ)

源通宗 みなもとのみちむね
仁安3(1168)年～建久9(1198)年5月6日
平安時代後期～鎌倉時代前期の公卿(参議)。内大臣源通親の長男。
¶公卿，公家(通宗〔久我家〕 みちむね)，平史

源通能 みなもとのみちよし
? ～承安4(1174)年 [別]源通能《みなもとみちよし》
平安時代後期の公家・歌人。
¶国書(みなもとみちよし [没]承安4(1174)年12月24日)，平史

源道良 みなもとのみちよし
永承5(1050)年～天永2(1111)年
平安時代後期の公卿(非参議)。中納言源資綱の次男。
¶公卿([没]天永2(1111)年4月24日)，平史

源光清 みなもとのみつきよ
生没年不詳
平安時代中期の官人。
¶平史

源密子 みなもとのみつこ
平安時代前期の女性。光孝天皇の皇女。
¶人名

源満季 みなもとのみつすえ
生没年不詳
平安時代中期の官人。
¶平史

源満仲 みなもとのみつなか
延喜12(912)年～長徳3(997)年 [別]源満仲《みなもとみつなか》，多田満仲《ただのまんじゅう，ただのみつなか》
平安時代中期の武将、軍事貴族。多田源氏の祖。安和の変により摂関家と源氏が接近する契機を作った。
¶朝日，岩史，江戸(多田満仲 ただのまんじゅう)，角史([生]延喜13(913)年)，鎌倉([生]延喜13(913)年)，京都，京都大([生]延喜13(913)年)，国史，国書(みなもとみつなか)，古史([生]912年? [没]997年?)，古中，コン改，コン4，埼玉人，史人([生]912年，(異説)913年?)，重要，諸系，新潮，人名，姓氏京都，世人([生]延喜13(913)年)，世百，全書，大百([生]913年 [没]999年)，伝記([生]913年?)，日史([生]?)，日人，百科([生]?)，兵庫人([生]延喜12(912)年4月)，兵庫百(多田満仲 ただのみつなか)，仏教，平史，歴大，和俳

源光長 みなもとのみつなが
? ～寿永2(1183)年
平安時代後期の衛門府官人。
¶平史

源光成 みなもとのみつなり
生没年不詳 [別]源光成《みなもとみつなり》
平安時代後期の官人・歌人。
¶国書(みなもとみつなり)，平史

源盈姫 みなもとのみつひめ
平安時代前期の女性。嵯峨天皇の皇女。
¶人名

源満政 みなもとのみつまさ
生没年不詳
平安時代中期の武将、軍事貴族。六孫王経基の次男。
¶朝日，国史，古中，諸系，日人，平史

源光保 みなもとのみつやす
? ～永暦1(1160)年
平安時代後期の武将・院近臣。鳥羽天皇の義父。
¶朝日，諸系，日人，平史

源光行 みなもとのみつゆき
長寛1(1163)年～寛元2(1244)年 [別]源光行《みなもとみつゆき》
平安時代後期～鎌倉時代前期の政治家、学者。
¶朝日([没]寛元2年2月17日(1244年3月27日))，岩史([没]寛元2(1244)年2月17日)，郷土神奈川，国史，国書(みなもとみつゆき)，古中，コン4，史人([没]1244年2月17日)，人書94(みなもとみつゆき)，人名，世人，全書，日人，平史

源宗明 みなもとのむねあき
[別]源宗明《みなもとむねあきら》
鎌倉時代後期～南北朝時代の公卿(権大納言)。後深草天皇の曽孫。久良親王の子または関白従一位二条道平の子。
¶公卿([生]嘉元1(1303)年 [没]?)，公家(宗明〔後深草源氏(絶家)〕 むねあき [生]1335年 [没]応永11(1404)年)，国書(みなもとむねあきら 生没年不詳)

源宗明 みなもとのむねあきら
→源宗明(みなもとのむねあき)

み

源致方 みなもとのむねかた
天暦5(951)年～永延3(989)年 [別]源致方《みなもとむねかた》
平安時代中期の公家・歌人・連歌作者。
¶国書(みなもとむねかた [没]永延3(989)年3月19日), 平史

源宗城 みなもとのむねざね
? ～承平3(933)年
平安時代前期～中期の宇多天皇の孫。敦固親王の王子。
¶平史

源致親 みなもとのむねちか
→平致親(たいらのむねちか)

源致信 みなもとのむねのぶ
平安時代中期の村上天皇皇孫、致平親王の王子。
¶人名

源宗治 みなもとのむねはる
元応1(1319)年～興国6/貞和1(1345)年2月
鎌倉時代後期～南北朝時代の公卿(非参議)。後嵯峨天皇の曽孫。
¶公卿, 公家(宗治〔後嵯峨源氏(絶家)〕 むねはる), 人名, 日人

源宗雅 みなもとのむねまさ
平安時代後期～鎌倉時代前期の公卿(非参議)。右中弁源雅綱の子。
¶公卿(生没年不詳), 公家(宗雅〔壬生家(絶家)〕 むねまさ)

源宗于 みなもとのむねゆき
? ～天慶2(939)年 [別]源宗于《みなもとむねゆき》
平安時代中期の歌人。光孝天皇皇孫。是忠親王の王子。三十六歌仙の一人。
¶朝日([没]天慶2年11月22日(940年1月4日), (異説)11月23日(1月5日)), 岩史([没]天慶2(939)年11月23日), 神奈川人, 国史, 国書(みなもとむねゆき [没]天慶2(939)年11月23日), 古中, コン4, 史人([没]939年11月22日), 人名, 日人([没]940年), 平史, 和俳

源持房 みなもとのもちふさ
→北畠持房(きたばたけもちふさ)

源基明 みなもとのもとあき
? ～元応1(1319)年
鎌倉時代後期の公卿(非参議)。権大納言堀川基俊の子。
¶公卿, 公家(基明〔堀川家(絶家)2〕 もとあき)

源本有 みなもとのもとあり
[別]源朝臣本有《みなもとのあそんもとあり》
平安時代前期の文徳天皇の皇子。
¶古代(源朝臣本有 みなもとのあそんもとあり), 人名, 日人(生没年不詳)

源基子(1) みなもとのもとこ
→西華門院(せいかもんいん)

源基子(2) みなもとのもとこ
→源基子(1)(みなもとのきし)

源元貞 みなもとのもとさだ
明和8(1771)年～嘉永1(1848)年5月23日
江戸時代後期の公家(非参議・広幡家諸大夫)。父は正五位下丹波守上田元珍。嘉永元年従三位に叙される。
¶公卿, 公家(元貞〔広幡家諸大夫 上田家(源氏)〕 もとさだ)

源基綱 みなもとのもとつな
永承4(1049)年～永久5(1117)年
平安時代後期の公卿(権中納言)。大納言源経信の次男。
¶公卿([生]永承5(1050)年 [没]永久5(1117)年12月30日), 諸系, 日人, 平史([没]1116年)

源基俊 みなもとのもととし
生没年不詳
平安時代後期の官人。
¶平史

源基具 みなもとのもととも
→堀川基具(ほりかわもととも)

源元長 みなもとのもとなが
? ～元慶7(883)年
平安時代前期の光孝天皇の皇子。
¶人名, 日人

源基平 みなもとのもとひら
万寿3(1026)年～康平7(1064)年 [別]源基平《みなもともとひら》
平安時代中期の公卿(参議)。三条天皇の孫。敦明親王の王子。
¶公卿([没]康平7(1064)年5月15日), 国書(みなもともとひら [没]康平7(1064)年5月15日), 諸系, 人名, 日人, 平史

源旧鑒 みなもとのもとみ
? ～延喜8(908)年 [別]源旧鑒《みなもとのふるみ》, 源朝臣旧鑒《みなもとのあそんもとみ》
平安時代前期～中期の光孝天皇の皇子。
¶古代(源朝臣旧鑒 みなもとのあそんもとみ), 人名, 日人, 平史(みなもとのふるみ)

源守賢 みなもとのもりかた
嘉元2(1304)年～?
鎌倉時代後期～南北朝時代の公卿(非参議)。非参議源為守の子。
¶公卿, 公家(守賢〔岡崎家(絶家)〕 もりかた)

源守清 みなもとのもりきよ
? ～正暦3(992)年
平安時代中期の醍醐天皇皇孫、有明親王の皇子。
¶人名

源盛清 みなもとのもりきよ
　生没年不詳　㋽源盛清《みなもともりきよ》
　平安時代後期の歌人。
　¶国書（みなもともりきよ），平史

源盛治 みなもとのもりはる
　室町時代の公卿（非参議）。長禄2年従三位に叙され、翌年出家。
　¶公卿（生没年不詳），公家（盛治〔竹内家〕　もりはる）

源庶明 みなもとのもろあき
　→源庶明（みなもとのもろあきら）

源庶明 みなもとのもろあきら
　延喜3（903）年〜天暦9（955）年　㋽源庶明《みなもとのもろあき，みなもとのもろあきら》
　平安時代中期の公卿（中納言）。宇多天皇の孫。斉世親王の王子。
　¶朝日（みなもとのもろあき㋲天暦9年5月20日（955年6月12日）），公卿（みなもとのもろあき㋲天暦9（955）年5月20日），国書（みなもとのもろあきら㋲天暦9（955）年5月20日），諸系，新潮（みなもとのもろあき　㋲天暦9（955）年5月20日），人名（みなもとのもろあき），日人，平史

源師賢 みなもとのもろかた
　長元8（1035）年〜永保1（1081）年　㋽源師賢《みなもともろかた》
　平安時代中期〜後期の歌人。
　¶国書（みなもともろかた　㋲永保1（1081）年7月2日），人名（㋲？），日人，平史

源師季 みなもとのもろすえ
　寿永4（1188）年〜？
　鎌倉時代前期の公卿（非参議）。大納言源貞房の孫。
　¶公卿，公家（師季〔壬生家（絶家）〕　もろすえ）

源師隆 みなもとのもろたか
　生没年不詳
　平安時代後期の官人。
　¶平史

源師忠 みなもとのもろただ
　天喜2（1054）年〜永久2（1114）年　㋽源師忠《みなもともろただ》
　平安時代後期の公卿（大納言）。太政大臣源師房の四男、母は右大臣藤原頼宗の娘。
　¶角史，公卿（㋲永久2（1114）年9月29日），国書（みなもともろただ　㋲永久2（1114）年9月25日），平史

源師時 みなもとのもろとき
　承暦1（1077）年〜保延2（1136）年　㋽源師時《みなもともろとき》
　平安時代後期の公卿（権中納言）。左大臣源俊房の次男。
　¶朝日（㋲保延2年4月6日（1136年5月8日）），角史，公卿（㋲保延2（1136）年4月6日），国書（みなもともろとき　㋲保延2（1136）年4月6日），コン改，コン4，諸系，新潮（㋲保延2（1136）年4月6日），人名（㋲？），姓氏京都，世人（㋲承保2（1075）年），日人，平史，名画，歴大，和歌山人（㋲1075年），和俳（㋲保延2（1136）年4月6日）

源師俊 みなもとのもろとし
　承暦4（1080）年〜永治1（1141）年12月7日　㋽源師俊《みなもともろとし》
　平安時代後期の公卿（権中納言）。左大臣源俊房の子。
　¶公卿，国書（みなもともろとし），平史

源師仲 みなもとのもろなか
　＊〜承安2（1172）年　㋽源師仲《みなもとのもろなか》
　平安時代後期の公卿（権中納言）。権中納言源師時の三男、母は大納言源師忠の娘待賢門院女房（俊綱の娘か）。
　¶朝日（㋲永久4（1116）年　㋲承安2年5月16日（1172年6月9日）），鎌室（みなもとのもろなか　㋲永久3（1115）年），公卿（㋲永久4（1116）年　㋲承安2（1172）年5月16日），公家（師仲〔堀川家（絶家）1〕　もろなか）㋲1118年　㋲承安2（1172）年5月16日，国書（みなもとのもろなか　㋲永久4（1116）年　㋲承安2（1172）年5月16日），コン改（㋲永久4（1116）年），コン4（㋲永久4（1116）年），新潮（㋲永久3（1115）年　㋲承安2（1172）年6月16日），人名（㋲？），日人（㋲1115年），平史（㋲1115年），和俳（㋲永久4（1115）年）

源師教 みなもとのもろのり
　生没年不詳　㋽源師教《みなもともろのり》
　平安時代後期の公家・歌人。
　¶国書（みなもともろのり），平史

源師房 みなもとのもろふさ
　寛弘5（1008）年〜承保4（1077）年2月17日　㋽源師房《みなもともろふさ》
　平安時代中期の公卿（太政大臣）。村上天皇の孫。具平親王の王子。
　¶朝日（㋲承暦1年2月17日（1077年3月14日）），岩史，角史（㋲寛弘7（1010）年），公卿，国史，国書（みなもともろふさ），古史，古中，コン改（㋲寛弘7（1010）年　㋲寛弘7（1010）年），史人，重要（㋲寛弘7（1010）年？），諸系，新潮，人名（㋲？），姓氏京都，世人（㋲？），世百（㋲1009年），全書（㋲1008年？），大百，日史，日人，百科，平史，歴大，和俳

源師光(1) みなもとのもろみつ
　生没年不詳　㋽源師光《みなもともろみつ》
　平安時代中期〜後期の武将・歌人・漢詩人。
　¶国書（みなもともろみつ），平史

源師光(2) みなもとのもろみつ
　㋽源師光《みなもともろみつ》
　平安時代後期〜鎌倉時代前期の歌人。後鳥羽院歌壇、「正治初度百首」などに出詠。
　¶朝日（㋲天承1（1131）年頃？）　㋲元久1（1204）年？），国史（生没年不詳），国書（みなもとも

ろみつ　生没年不詳），古中（生没年不詳），人名，日人（生没年不詳），平史（生没年不詳），和俳（[生]天承1（1131）年頃？　[没]？）

源師行 みなもとのもろゆき
？　～承安2（1172）年
平安時代後期の官人。
¶平史

源師頼 みなもとのもろより
治暦4（1068）年～保延5（1139）年　[別]源師頼《みなもともろより》
平安時代後期の歌人・公卿（大納言）。左大臣源俊房の長男。
¶公卿（[没]保延5（1139）年12月4日），国書（みなもともろより　[没]保延5（1139）年12月4日），諸系，人名（[生]？），日人，平史，和俳

源泰清 みなもとのやすきよ
承平6（936）年～長保1（999）年
平安時代中期の公卿（非参議）。醍醐天皇の孫。有明親王の王子。
¶公卿，人名，日人，平史

源安 みなもとのやすし
弘仁13（822）年～仁寿3（853）年
平安時代前期の嵯峨天皇の皇子。
¶人名，日人，平史

源保綱 みなもとのやすつな
生没年不詳　[別]源保綱《みなもとやすつな》
平安時代後期～鎌倉時代前期の歌人。
¶国書（みなもとやすつな）

源康俊 みなもとのやすとし
室町時代の公卿（非参議）。文明元年従三位に叙され、翌年出家。
¶公卿（生没年不詳），公家（康俊〔醍醐源氏（絶家）〕　やすとし）

源康仲 みなもとのやすなか
正嘉2（1258）年～徳治1（1306）年6月16日
鎌倉時代後期の公卿（非参議）。従二位・侍従白川資基王の三男。
¶公卿，公家（康仲〔王家（絶家）〕　やすなか）

源泰光 みなもとのやすみつ
仁安2（1167）年～？　[別]源泰光《みなもとやすみつ》
平安時代後期～鎌倉時代前期の公卿（非参議）。大納言源師頼の孫。
¶公卿，公家（泰光〔堀川家（絶家）1〕　やすみつ），国書（みなもとやすみつ）

源保光 みなもとのやすみつ
延長2（924）年～長徳1（995）年　[別]源保光《みなもとやすみつ》
平安時代中期の公卿（中納言）。醍醐天皇の孫。代明親王の王子。
¶朝日（[没]長徳1年5月9日（995年6月9日）），公卿（[没]長徳1（995）年5月9日），国書（みなもとやすみつ　[没]長徳1（995）年5月8日），コン改，コン4，新潮（[没]長徳1（995）年5月9日），人名，姓氏京都，日人，平史

源保望 みなもとのやすもち
平安時代前期の仁明天皇皇孫、本康親王の王子。
¶人名

源行有 みなもとのゆきあり
斉衡1（854）年～仁和3（887）年　[別]源朝臣行有《みなもとのあそんゆきあり》
平安時代前期の文徳天皇の皇子。
¶古代（源朝臣行有　みなもとのあそんゆきあり），人名，日人，平史

源幸子 みなもとのゆきこ
→敷政門院（ふせいもんいん）

源行遠 みなもとのゆきとお
生没年不詳
平安時代後期の官人。
¶平史

源行直 みなもとのゆきなお
？　～興国3/康永1（1342）年8月21日
鎌倉時代後期～南北朝時代の公卿（非参議）。従四位上・修理権大夫源親直の子。
¶公卿，公家（行直〔春日家（絶家）〕　ゆきなお）

源至光 みなもとのゆきみつ
生没年不詳
平安時代中期の官人、雅楽家。
¶平史

源行宗 みなもとのゆきむね
康平7（1064）年～康治2（1143）年　[別]源行宗《みなもとゆきむね》
平安時代後期の歌人・公卿（非参議）。三条天皇の曽孫。
¶公卿（[没]康治2（1143）年12月24日），国書（みなもとゆきむね　[没]康治2（1143）年12月24日），人書94（みなもとゆきむね），人名（[生]？），日人（[没]1144年），平史，和俳

源行頼 みなもとのゆきより
[別]源行頼《みなもとゆきより》
平安時代後期の公家・歌人。
¶国書（みなもとゆきより　[生]永久2（1114）年　[没]治承4（1180）年7月12日），平史（[生]？　[没]1179年）

源善 みなもとのよし
生没年不詳　[別]源善《みなもとよし》
平安時代前期の官人・歌人。
¶国書（みなもとよし），平史

源能明 みなもとのよしあきら
永保1（1081）年～元永1（1118）年
平安時代後期の官人。
¶平史

源能有 みなもとのよしあり
承和12（845）年～寛平9（897）年　[別]源朝臣能有《みなもとのあそんよしあり》，源能有《みなもと

よしあり》
平安時代前期の公卿（右大臣）。文徳天皇の皇子、母は伴氏。
¶朝日（[没]寛平9年6月8日（897年7月11日）），公卿（[没]寛平9（897）年6月8日），国史，国書（みなもとよしあり　[没]寛平9（897）年6月8日），古史，古代（源朝臣能有　みなもとのあそんよしあり），古中，コン改，コン4，史人（[没]897年6月8日），諸系，新潮（[没]寛平9（897）年6月8日），人名，姓氏京都，日人，和俳（[没]寛平9（897）年6月8日）

源義家 みなもとのよしいえ
長暦3（1039）年～嘉承5（1106）年　[別]源義家《みなもとよしいえ》，八幡太郎義家《はちまんたろうよしいえ》，八幡太郎《はちまんたろう》
平安時代中期～後期の武将、軍事貴族。清和源氏の棟梁。前九年の役・後三年の役に参戦。恩賞に私財を分け与え、東国武士の信頼を得る。また武士として初めて院の昇殿を許された。
¶秋田百，朝日（[没]嘉承1（1106）年7月），岩史（[没]嘉承1（1106）年7月4日），岩手百，大阪墓，角史（[生]長暦3（1039）年？），鎌倉，京都，京都大，国史，国書（みなもとよしいえ　[没]嘉承1（1106）年7月4日），古史，古中，コン改（[生]長暦3（1039）年，（異説）1038年，1041年　[没]嘉承1（1106）年，（異説）1105年，1108年），コン4（[生]長暦3（1039）年，（異説）1038年，1041年　[没]嘉承1（1106）年，（異説）1105年，1108年），詩歌，史人（[没]1106年7月），重要（[生]長暦3（1039）年？　[没]嘉承1（1106）年？），庄内（[没]嘉承1（1106）年7月16日），諸系，人書94（みなもとよしいえ），新潮（[没]嘉承1（1106）年7月4日），人名（[生]1041年　[没]1108年），姓氏岩手，姓氏京都，姓氏宮城，世人，世百（[生]1039年？），全書，大百，伝記，栃木百，日史（[没]嘉承1（1106）年7月），日人，百科，平史，宮城百，歴大，和俳

源義国 みなもとのよしくに
？～久寿2（1155）年
平安時代後期の武将・軍事貴族。足利・新田両氏の祖。
¶朝日（[没]久寿2年6月26日（1155年7月27日）），郷土群馬，国史，古中，コン改（[生]寛治5（1089）年，（異説）1091年），コン4（[生]寛治5（1089）年，（異説）1091年），史人（[生]1091年？　[没]1155年6月26日），諸系，新潮（[生]永保2（1082）年　[没]久寿2（1155）年6月26日），人名，姓氏群馬，世人（[生]永保2（1082）年），栃木百（[生]1082年），栃木歴，日史（[没]久寿2（1155）年6月26日），日人，百科，平史（[生]1089年），歴大（[生]1089年）

源宜子 みなもとのよしこ
→源宜子（みなもとのぎし）

源良定 みなもとのよしさだ
[別]源良定《みなもとよしさだ》
南北朝時代の公卿（非参議）。能登権守に任ぜられ従三位に叙されたが、建武4年能登権守を辞す。
¶公卿（みなもとよしさだ　生没年不詳），公家（良定〔壬生家（絶家）〕　よしさだ）

源義忠 みなもとのよしただ
応徳1（1084）年～天仁2（1109）年
平安時代後期の武将、軍事貴族。
¶平史

源嘉種 みなもとのよしたね
生没年不詳　[別]源嘉種《みなもとよしたね》
平安時代前期の歌人。
¶国書（みなもとよしたね）

源義連 みなもとのよしつら
元文4（1739）年～文化3（1806）年1月19日
江戸時代中期～後期の公家（非参議・九条家諸大夫）。父は正四位下宮内権少輔朝山敬長。文化3年従三位に叙される。
¶公卿，公家（義連〔九条家諸大夫 朝山家（源氏）2〕　よしつら）

源能俊 みなもとのよしとし
延久3（1071）年～＊
平安時代後期の公卿（大納言）。大納言源能俊の長男。
¶朝日（[没]保延3年11月25日（1138年1月8日）），公卿（[没]長承3（1134）年），国史（[没]1137年），古中（[没]1137年），日人（[没]1138年），平史（[没]1134年）

源義朝 みなもとのよしとも
保安4（1123）年～永暦1（1160）年　[別]源義朝《みなもとよしとも》
平安時代後期の武将、軍事貴族（下野守、左馬頭）。為義の長男。保元の乱で父・兄弟と争い勝利。のち藤原信頼と結び平治の乱を起こしたが平清盛に敗れ東国落ちの途中殺された。
¶愛知百（[没]1160年1月4日），朝日（[没]永暦1年1月3日（1160年2月11日）），岩史（[没]平治2（1160）年1月3日），角史（[没]永暦1（1160）年？），神奈川人，鎌倉，鎌室（みなもとよしとも），京都，京都大，国史，古史，古中，コン改，コン4，史人（[没]1160年1月3日），重要（[没]永暦1（1160）年1月），諸系，新潮（[没]永暦1（1160）年1月4日），人名，姓氏愛知，姓氏神奈川，姓氏京都，世人，世百，全書（[没]1160年？），大百，伝記，日史（[没]永暦1（1160）年？），日人，百科（[没]永暦1（1160）年？），平史，歴大（[生]1136年）

源誉志乃理 みなもとのよしのり
生没年不詳　[別]源誉志乃理《みなもとよしのり》
江戸時代後期の近衛権中将・因幡守。
¶国書（みなもとよしのり）

源良姫 みなもとのよしひめ
？～元慶8（884）年2月22日
平安時代前期の女性。嵯峨天皇の皇女。
¶女性，人名

源能正 みなもとのよしまさ
生没年不詳　[別]源能正《みなもとよしまさ》
平安時代中期の公家・連歌作者。
¶国書（みなもとよしまさ）

源義光　みなもとのよしみつ
寛徳2（1045）年～大治2（1127）年　[別]新羅三郎《しんらさぶろう》，新羅三郎義光《しんらさぶろうよしみつ》
平安時代中期～後期の武将、軍事貴族。
¶青森人（新羅三郎義光　しんらさぶろうよしみつ），朝日（[没]大治2年10月20日（1127年11月25日）），茨城百（新羅三郎義光　しんらさぶろうよしみつ　[生]？），岩史（[没]大治2（1127）年10月20日），神奈川百，鎌倉（[生]長久2（1041）年），郷土神奈川，系東（[生]1057年），国史，古史，古中，コン改，コン4，滋賀百（新羅三郎　しんらさぶろう　[生]？），史人（[没]1127年10月20日），諸系，新潮（[没]大治2（1127）年10月20日），人名（[生]？），姓氏岩手（新羅三郎義光　しんらさぶろうよしみつ），姓氏静岡（[生]1045年？），世人，世百（[生]？），全書，大百，日音（[生]？　[没]大治2（1127）年10月20日），日史（[没]大治2（1127）年10月20日），日人，百科，平史，山梨百（[没]大治2（1127）年10月20日），歴大

源自明　みなもとのよりあきら
延喜11（911）年～天徳2（958）年
平安時代中期の公卿（参議）。醍醐天皇の皇子、母は参議藤原菅根の娘更衣従四位上淑姫。
¶公卿（[没]天徳2（958）年4月17日），人名（[生]918年），日人，平史

源頼家(1)　みなもとのよりいえ
生没年不詳　[別]源頼家《みなもとよりいえ》
平安時代中期の歌人。
¶国書（みなもとよりいえ），諸系，人名，日人，平史，和俳

源頼家(2)　みなもとのよりいえ
寿永1（1182）年～元久1（1204）年　[別]源頼家《みなもとよりいえ》
鎌倉時代前期の鎌倉幕府第2代の将軍（在職1202～1203）。頼朝と政子の長男。頼朝の死後将軍となったが、妻の実家の比企氏と母の実家の北条氏の対立の中で幽閉され、北条時政により暗殺された。
¶朝日（[生]寿永1年8月12日（1182年9月11日）　[没]元久1年7月18日（1204年8月14日）），岩史（[生]寿永1（1182）年8月12日　[没]元久1（1204）年7月18日），角史，神奈川人，神奈川百，鎌倉，鎌室（みなもとよりいえ），郷土神奈川，公卿，公家（頼家〔源家（絶家）2〕　よりいえ　[没]元久1（1204）年7月18日），国史，古中，コン改，コン4，史人（[生]1182年8月12日　[没]1204年7月18日），静岡百，静岡歴，重要（[没]元久1（1204）年7月18日），諸系，新潮（[生]寿永1（1182）年8月12日　[没]元久1（1204）年7月18日），人名，姓氏神奈川，姓氏静岡，世人（[没]元久1（1204）年7月18日），世百，全書，大百，日史（[生]寿永1（1182）年8月12日　[没]元久1（1204）年7月18日），日人，百科，平史，北条（みなもとよりいえ），歴大

源頼清　みなもとのよりきよ
生没年不詳
平安時代中期の官吏。
¶諸系，日人，平史

源頼定　みなもとのよりさだ
貞元2（977）年～寛仁4（1020）年
平安時代中期の公卿（参議）。村上天皇の孫。為平親王の王子。
¶公卿（[没]寛仁4（1020）年6月11日），諸系，人名，日人，平史

源頼実　みなもとのよりざね
長和4（1015）年～寛徳1（1044）年　[別]源頼実《みなもとよりざね》
平安時代中期の歌人。和歌六人党の一人。
¶朝日（[没]寛徳1年6月7日（1044年7月4日）），国史，国書（みなもとよりざね　[没]長久5（1044）年6月7日），古中，コン改（生没年不詳），コン4（生没年不詳），新潮（[没]寛徳1（1044）年6月7日），人名，日人，平史，和俳（[没]寛徳1（1044）年6月7日）

源頼資　みなもとのよりすけ
？　～治暦2（1066）年
平安時代中期～後期の官人。
¶平史

源頼親　みなもとのよりちか
生没年不詳
平安時代中期の武将。清和源氏の一流大和源氏の祖。
¶朝日，国史，古史，古中，コン改，コン4，史人，諸系，新潮，人名，世人（[生]天慶8（954）年），日史，日人，百科，平史

源頼綱　みなもとのよりつな
*～永長2（1097）年　[別]源頼綱《みなもとよりつな》
平安時代中期～後期の官吏、歌人。
¶国書（みなもとよりつな　[生]？　[没]永長2（1097）年閏1月27日），諸系（[生]1024年），日人（[生]1024年），平史（[生]？）

源頼時　みなもとのよりとき
生没年不詳　[別]源頼時《みなもとよりとき》
鎌倉時代前期の公卿。
¶鎌室（みなもとよりとき），日人

源頼朝　みなもとのよりとも
久安3（1147）年～正治1（1199）年　[別]源頼朝《みなもとよりとも》
平安時代後期～鎌倉時代前期の鎌倉幕府初代の将軍（在職1192～1199）。
¶愛知百（[没]1199年1月13日），朝日（[没]正治1年1月13日（1199年2月9日）），岩史（[没]建久10（1199）年1月13日），岩手百，角史，神奈川人，神奈川百，鎌倉，鎌室（みなもとよりとも），京都，郷土神奈川，京都大，公卿（[没]正治1（1199）年1月13日），公家（頼朝〔源家（絶家）2〕　よりとも　[没]正治1（1199）年1月13日），群馬人（みなもとよりとも），国史，国書（みなもとよりとも　[没]建久10（1199）年1月13日），古史，古中，コン改，コン4，史人（[没]1199年1月13日），静岡百，静岡歴，重要

(㊲正治1(1199)年1月13日),諸系,人書79,人書94(みなもとよりとも),人情,神人,新潮(㊲正治1(1199)年1月13日),人名,姓氏愛知,姓氏岩手,姓氏神奈川,姓氏京都,姓氏静岡,姓氏宮城,世人(㊲正治1(1199)年1月13日),世百,全書,大百,多摩(みなもとよりとも),千葉百,伝記,日史(㊲正治1(1199)年1月13日),日人,百科,仏教(㊲建久10(1199)年1月13日),平史,北条(みなもとよりとも),山梨百(㊲正治1(1199)年1月13日),歴大

源頼信　みなもとのよりのぶ
安和1(968)年～永承3(1048)年
平安時代中期の武将、軍事貴族(清和源氏の棟梁)。平忠常の乱を平定し、源氏の東国進出に道を開いた。
¶朝日,岩史,大阪墓,角史,鎌倉,京都,京都大,国史,古史,古中,コン改,コン4,史人(㊲1048年9月1日),重要,諸系,新潮(㊲永承3(1048)年4月17日),人名,姓氏京都,姓氏群馬,世人,世百,全書,大百,日史(㊲永承3(1048)年4月17日),日人,百科,平史,山梨百(㊲永承3(1048)年4月17日),歴大

源頼政　みなもとのよりまさ
長治1(1104)年～治承4(1180)年　㊨源三位頼政《げんざんみよりまさ》,源頼政《みなもとよりまさ》,源三位《げんさんみ》,源三位入道《げんざんみにゅうどう》,源三位入道頼政《げんざんみにゅうどうよりまさ》
平安時代後期の武将、歌人。平治の乱では中立を守り、平氏政権下で唯一の源氏として三位にまで昇進。しかし以仁王の令旨を奉じて挙兵。王とともに宇治で敗死した。
¶朝日(㊲治承4年5月26日(1180年6月20日)),岩史(㊲治承4(1180)年5月26日),角史,鎌倉(㊲長治2(1105)年),鎌室(みなもとよりまさ),京都(㊲?),京都大,京都府,公卿(㊲治承4(1180)年5月26日),公家(頼政〔源家(絶家)〕よりまさ　㊲治承4(1180)年5月26日),国史,国書(みなもとよりまさ　㊲治承4(1180)年5月26日),古史,古中,コン改(㊲長治1(1104)年,(異説)1102年,1103年),コン4(㊲長治1(1104)年,(異説)1102年,1103年),詩歌,史人(㊲1180年5月26日),重要(㊲長治1(1104)年?　㊲治承4(1180)年5月26日),諸系,人書79(㊲1104年?),人書94(みなもとよりまさ),新潮(㊲治承4(1180)年5月26日),人名,姓氏京都,世人(㊲長治2(1105)年),世百,全書,大百(㊲1105年),伝記,日史(㊲治承4(1180)年5月26日),日人,百科(㊲長治2(1105)年),仏教(㊲治承4(1180)年5月26日),平史,歴大,和俳(㊲治承4(1180)年5月26日)

源頼光　みなもとのよりみつ
天暦2(948)年～治安1(1021)年　㊨源頼光《みなもとよりこう,みなもとよりみつ》
平安時代中期の武将、軍事貴族。鎮守府将軍源満仲の長子。東宮時代の三条天皇に仕えた。
¶朝日(㊲治安1年7月19日(1021年8月29日)),岩史(㊲治安1(1021)年7月19日),角史,鎌倉,京都,京都大,京都府,国史,国書(みなもとよりみつ　㊲治安1(1021)年7月19日),古史,古中,コン改,コン4,史人(㊲1021年7月19日),重要(㊲治安1(1021)年7月19日),諸系,人書79,人書94(みなもとよりみつ),新潮(㊲治安1(1021)年7月19日),人名(㊲?),姓氏京都,世人,世百,全書,大百(㊲945年),日史(㊲天暦2(948)年?　㊲治安1(1021)年7月19日),日人,百科(㊲天暦2(948)年?),平史,歴大,和俳(㊲治安1(1021)年7月19日)

源頼義　みなもとのよりよし
永延2(988)年～承保2(1075)年　㊨源頼義《みなもとよりよし》
平安時代中期の武将、軍事貴族(清和源氏の棟梁)。前九年の役を鎮圧。
¶朝日,岩史,岩手百,愛媛百,大阪墓(㊲承保2(1075)年?),角史,神奈川百,鎌倉,京都大,国史,国書(みなもとよりよし　㊲承保2(1075)年10月12日),古史,古中,コン改(㊲永延2(988)年,(異説)994年　㊲承保2(1075)年,(異説)1082年),コン4(㊲永延2(988)年,(異説)994年　㊲承保2(1075)年,(異説)1082年),史人(㊲承保2(1075)年10月12日),重要,諸系,新潮(㊲永延2(988)年,(異説)正暦5(994)年　㊲承保2(1075)年7月13日),人名(㊲998年),姓氏岩手,姓氏神奈川,姓氏京都,世人,世百,全書,大百,伝記,日史(㊲承保2(1075)年10月12日),日人,百科,平史,宮城百,山梨百(㊲承保2(1075)年7月),歴大

源頼能　(源頼吉)　みなもとのよりよし
生没年不詳
平安時代中期の雅楽家。笛の名人。
¶人名,日音(源頼吉),日人

源悦　みなもとのよろこぶ
*～延長8(930)年　㊨源悦《みなもとのえつ》
平安時代前期～中期の公卿(参議)。嵯峨天皇の孫。
¶公卿(みなもとのえつ　㊲斉衡3(856)年　㊲延長8(930)年1月8日),平史(㊲850年)

源頼光　みなもとのらいこう
→源頼光(みなもとのよりみつ)

源礼子　みなもとのれいし
?　～延喜9(909)年
平安時代前期～中期の女性。光孝天皇の皇女。
¶人名

源連子　みなもとのれんし
?　～延喜5(905)年9月9日
平安時代前期～中期の女性。光孝天皇の皇女。
¶女性,人名

源和子　みなもとのわし
?　～天暦1(947)年　㊨源和子《みなもとのかずこ》
平安時代前期～中期の女性。醍醐天皇の女御。
¶朝日(㊲天暦1年7月21日(947年8月10日)),コ

ン改（みなもとのかずこ），コン4（みなもとのかずこ），女性（㉆天暦1（947）年7月21日，（異説）閏7月11日），人名（みなもとのかずこ　㉆938年），日人，平史（みなもとのかずこ）

源済 みなもとのわたる
生没年不詳　㊊源済《みなもとわたる》
平安時代前期の公家・歌人。
¶国書（みなもとわたる），平史

三野（家名） みぬ
→三野（みの）

美努（家名） みぬ
→美努（みの）

美努王 みぬおう
→三野王（みののおう）

水主内親王 みぬしないしんのう
？～天平9（737）年　㊊水主内親王《みぬしのないしんのう，もいとりのないしんのう，もひとりのひめみこ》
奈良時代の女性。天智天皇の第10皇女。
¶朝日（もいとりのないしんのう　㉆天平9年8月20日（737年9月18日）），古代，女性（みぬしのないしんのう　㉆天平9（737）年8月20日），人名，日人，万葉（もひとりのひめみこ）

弥努摩女王 みぬまじょおう
？～弘仁1（810）年　㊊美努摩内親王《みぬまないしんのう》
平安時代前期の女性。光仁天皇の皇女。
¶古代，女性（㉆大同5（810）年2月），日人，平史（美努摩内親王　みぬまないしんのう）

美努摩内親王 みぬまないしんのう
→弥努摩女王（みぬまじょおう）

三野王（美努王） みのおう
→三野王（みののおう）

三野王（美努王） みののおう
？～和銅1（708）年　㊊三野王《みのおう，みののおおきみ》，美努王《みぬおう，みのおう》
飛鳥時代の官人。敏達天皇の裔。栗隈王の王子。「帝紀及び上古の諸事」を定める。
¶朝日（みのおう　㉆和銅1年5月30日（708年6月22日）），国史（美努王　みのおう），古史（美努王　みぬおう），古代，古中（美努王　みのおう），コン改（みののおおきみ），コン4（みののおおきみ），史人（みのおう　㉆708年5月30日），諸系，新潮（㉆和銅1（708）年5月），日人，万葉（みののおおきみ）

美濃王 みののおう
生没年不詳　㊊美濃王《みのおう，みののおおきみ》
飛鳥時代の皇族、官人。
¶朝日（みのおう），古代，コン改（みののおおきみ），コン4（みののおおきみ），史人（みのおう），日人

三野王 みののおおきみ
→三野王（みののおう）

美濃王 みののおおきみ
→美濃王（みののおう）

美努岡麻呂 みののおかまろ
天智1（662）年～神亀5（728）年　㊊三野岡麻呂《みぬのおかまろ》，美努連岡麻呂《みののむらじおかまろ》
飛鳥時代～奈良時代の官人。遣唐使小商監。
¶朝日（㊤斉明7（661）年　㉆神亀5年10月20日（728年11月25日）），古代（美努連岡麻呂　みののむらじおかまろ），コン改，コン4，新潮（㉆神亀5（728）年10月20日），人名（三野岡麻呂　みぬのおかまろ），日人

美努清名 みののきよな
㊊美努連清名《みののむらじきよな》
平安時代前期の明経家。
¶古代（美努連清名　みののむらじきよな），日人（生没年不詳）

美努浄麻呂 みののきよまろ
㊊美努連浄麻呂《みののむらじきよまろ》
飛鳥時代の中級官人、学者。
¶古代（美努連浄麻呂　みののむらじきよまろ），日人（生没年不詳）

三野連 みののむらじ
飛鳥時代の官人。粟田真人に従い渡唐。
¶万葉

御刀媛 みはかしひめ
上代の女性。景行天皇の妃。
¶古代，女性，人名，日人

三原王（御原王） みはらのおう
？～天平勝宝4（752）年　㊊三原王《みはらおう，みはらのおおきみ》，御原王《みはらのおう》
奈良時代の公卿（非参議）。天武天皇の孫。舎人親王の王子。
¶朝日（みはらおう　㉆天平勝宝4年7月10日（752年8月23日）），公卿（みはらおう　㉆天平勝宝4（752）年7月1日），古代（御原王），コン改（みはらおう），コン4（みはらおう），諸系，日人，万葉（みはらのおおきみ）

三原王 みはらのおおきみ
→三原王（みはらのおう）

三原弟平 みはらのおとひら
㊊三原朝臣弟平《みはらのあそんおとひら》
奈良時代～平安時代前期の官人。
¶古代（三原朝臣弟平　みはらのあそんおとひら），日人（生没年不詳）

三原春上 みはらのはるかみ，みはらのはるがみ
宝亀5（774）年～承和12（845）年　㊊三原春上《みはらはるかみ》，三原朝臣春上《みはらのあそんはるがみ》
平安時代前期の公卿（参議）。天武天皇の皇子一品新田部親王の裔。

¶神奈川人，公卿（みはらのはるがみ [没]承和10（843）年12月18日），国書（みはらはるかみ [没]承和12（845）年11月18日），古代（三原朝臣春上 みはらのあそんはるがみ），日人，平史

御春有輔 みはるのありすけ
生没年不詳 [別]御春有輔《みはるありすけ》
平安時代前期の官人・歌人。
¶国書（みはるありすけ），平史

御春有世 みはるのありよ
[別]御春朝臣有世《みはるのあそんありよ》
平安時代前期の官人。
¶古代（御春朝臣有世 みはるのあそんありよ），日人（生没年不詳）

御春浜主 みはるのはまぬし
生没年不詳
平安時代前期の官人。
¶平史

壬生晨照 みぶあさてる
？ 〜応仁2（1468）年
室町時代の官人。
¶鎌室，諸系，日人

壬生家尹 みぶいえただ
安永5（1776）年6月15日〜天保5（1834）年1月10日
江戸時代後期の公家（参議）。権中納言壬生基貫の末子。
¶公卿，公家（家尹〔壬生家〕 いえただ）

壬生院 みぶいん
慶長7（1602）年〜明暦2（1656）年2月11日
江戸時代前期の女性。後水尾天皇の後宮。
¶近世，国史，コン改，コン4，史人，諸系，女性，新潮，人名，日人

壬生輔世 みぶすけとし
→小槻輔世（おづきすけよ）

壬生匡遠 みぶただとお
→小槻匡遠（おづきただとお）

壬生忠利 みぶただとし
→小槻忠利（おづきただとし）

壬生俊平 みぶとしひら
元禄7（1694）年11月4日〜享保14（1729）年5月26日
江戸時代中期の公家（非参議）。壬生家の祖。従四位下・左少将葉川基章の子。
¶公卿，公家（俊平〔壬生家〕 としひら）

壬生宇太麻呂 みぶのうだまろ
[別]壬生使主宇太麻呂《みぶのおみうだまろ》
奈良時代の万葉歌人、官人（玄蕃頭・外従五位下）。
¶古代（壬生使主宇太麻呂 みぶのおみうだまろ），人名，日人（生没年不詳），万葉（壬生使主宇太麻呂 みぶのおみうだまろ），和俳（生没年不詳）

壬生忠見 みぶのただみ
生没年不詳 [別]壬生忠見《みぶただみ》
平安時代の歌人、三十六歌仙の一人。忠岑の子。
¶朝日，岩史，国史，国書（みぶただみ），古中，コン改，コン4，詩歌，史人，新潮，人名，世人，全書，日人，平史，和俳

壬生忠岑 みぶのただみね
[別]壬生忠岑《みぶただみね》
平安時代前期〜中期の歌人。三十六歌仙の一人。安綱の子。
¶朝日（生没年不詳），岩史（生没年不詳），角史（生没年不詳），京都（生没年不詳），京都大（生没年不詳），国史（生没年不詳），国書（みぶただみね 生没年不詳），古史（生没年不詳），古中（生没年不詳），コン改（生没年不詳），コン4（生没年不詳），詩歌，史人（生没年不詳），新潮（生没年不詳），新文（[生]貞観初頃（860年頃） [没]延喜末頃（920年頃）），人名，姓氏京都（生没年不詳），世人（生没年不詳），世百，全書（生没年不詳），大百，日史（生没年不詳），日人（生没年不詳），百科（生没年不詳），文学（[生]860年？ [没]920年？），平史（生没年不詳），山梨百（[生]貞観初期 [没]延喜末期ごろ），歴大（みぶただみね 生没年不詳），和俳（[生]貞観初頃（860年） [没]？）

壬生晴富 みぶはれとみ
応永29（1422）年〜明応6（1497）年 [別]小槻晴富《おづきはれとみ》
室町時代〜戦国時代の官人。壬生官務家14代当主。「続神皇正統記」の著者。
¶朝日，鎌室（[没]永正1（1504）年），国史，国書（小槻晴富 おづきはれとみ [没]永正1（1504）年11月22日），古中，諸系，新潮（[没]永正1（1504）年11月22日），日人

壬生雅顕 みぶまさあき
鎌倉時代後期〜南北朝時代の公卿（参議）。権中納言壬生雅康の子。
¶公卿（[生]嘉元3（1305）年 [没]貞和5/正平4（1348）年5月12日），公家（雅顕〔壬生家（絶家）〕 まさあき [生]1306年 [没]貞和5（1349）年5月12日）

壬生雅久 みぶまさひさ
？ 〜永正1（1504）年 [別]小槻雅久《おづきまさひさ》
戦国時代の公家。壬生家15代当主。
¶朝日（[没]永正1年11月22日（1504年12月28日）），国史，国書（小槻雅久 おづきまさひさ 生没年不詳），古中，史人（[没]1504年11月22日），諸系，日人

壬生雅康 みぶまさやす
弘安9（1286）年〜正平2/貞和3（1347）年2月22日
鎌倉時代後期〜南北朝時代の公卿（権中納言）。源氏壬生家の祖。村上天皇の裔。
¶公卿，公家（雅康〔壬生家（絶家）〕 まさやす）

壬生基修 みぶもとおさ
→壬生基修（みぶもとなが）

み

壬生基修 みぶもとなが
天保6（1835）年～明治39（1906）年　[別]壬生基修《みぶもとおさ》
江戸時代末期～明治期の尊攘派公家、華族（伯爵）。
¶維新，角史，京都大，近現，国史，コン改，コン4，コン5，史人（みぶもとおさ　[生]1835年3月7日　[没]1906年3月6日），神人（みぶもとおさ），新潮（[生]天保6（1835）年3月7日　[没]明治39（1906）年3月6日），人名，姓氏京都，新潟百別，日人，幕末（[没]1906年3月5日）

壬生基貫 みぶもとぬき
享保10（1725）年7月27日～寛政3（1791）年7月26日
江戸時代中期の公家（権中納言）。権大納言園基香の次男。
¶公卿，公家（基貫〔壬生家〕　もとつら）

壬生基義 みぶもとよし
明治6（1873）年6月15日～昭和11（1936）年10月27日
明治～昭和期の陸軍少尉。伯爵。東宮武官、侍従武官などを歴任。のち鮮満産金会社取締役。
¶人名，世紀，日人

壬生敬義 みぶゆきよし
→小槻敬義（おづきゆきよし）

壬生頼言 みぶよりこと
鎌倉時代後期～南北朝時代の公卿（非参議）。村上天皇の裔。
¶公卿（生没年不詳），公家（頼言〔壬生家（絶家）〕　よりこと）

御間城入彦五十瓊尊 みまきいりひこいにえのみこと
→崇神天皇（すじんてんのう）

御間城姫 みまきひめ
[別]御間城姫命《みまきひめのみこと》
上代の女性。崇神天皇の皇后。
¶古代，諸系，女性，人名（御間城姫命　みまきひめのみこと），日人

御間城姫命 みまきひめのみこと
→御間城姫（みまきひめ）

美作女王 みまさかのじょおう
？　～延暦8（789）年7月7日
奈良時代の王族。系譜不詳。
¶女性

観松彦香殖稲尊 みまつひこかえしねのみこと
→孝昭天皇（こうしょうてんのう）

御真津比売命 みまつひめのみこと
上代の女性。開化天皇の皇女。
¶古代

御馬皇子 みまのおうじ
→御馬皇子（みまのみこ）

御馬皇子 みまのみこ
[別]御馬皇子《みまのおうじ》
上代の履中天皇の皇子。
¶古代，コン改（生没年不詳），コン4（生没年不詳），諸系（みまのおうじ），人名（みまのおうじ），日人（みまのおうじ）

三統公忠 みむねのきんただ
？　～天暦3（949）年　[別]三統公忠《みむねきんただ》
平安時代中期の官人・歌人・漢学者。
¶国書（みむねきんただ），平史

三統真浄 みむねのまきよ
[別]三統宿禰真浄《みむねのすくねまきよ》
平安時代前期の官人。
¶古代（三統宿禰真浄　みむねのすくねまきよ），日人（生没年不詳）

三統理平 みむねのまさひら
仁寿3（853）年～延長4（926）年　[別]三統宿禰理平《みむねのすくねまさひら》，三統理平《みむねまさひら》
平安時代前期～中期の学者、官人。
¶国書（みむねまさひら　[没]延長4（926）年4月4日），古代（三統宿禰理平　みむねのすくねまさひら），人名，日人，平史

三統元夏 みむねのもとなつ
？　～康保1（964）年　[別]三統元夏《みむねもとなつ》
平安時代中期の文章博士。
¶国書（みむねもとなつ），人名，日人（生没年不詳），平史（生没年不詳）

三室戸和光 みむろどかずみつ，みむろとかずみつ
天保13（1843）年～？
江戸時代後期～末期の子爵、神宮大宮司。
¶神人（みむろとかずみつ）

三室戸陳光 みむろどかたみつ
文化2（1805）年9月29日～明治19（1886）年5月12日
江戸時代末期～明治期の公家（参議）。権大納言三室戸能光の次男。
¶維新，公卿（[没]明治19（1886）年5月），公家（陳光〔三室戸家〕　かたみつ），幕末

三室戸資方 みむろどすけかた
宝永7（1710）年9月18日～明和1（1764）年8月7日
江戸時代中期の公家。
¶国書

三室戸資順 みむろどすけまさ
寛文11（1671）年8月11日～享保3（1718）年8月6日
江戸時代中期の公家（非参議）。非参議三室戸誠光の子。
¶公卿，公家（資順〔三室戸家〕　すけまさ）

三室戸誠光 みむろどせいみつ
承応1（1652）年2月～元禄2（1689）年11月5日
江戸時代前期の公家（非参議）。三室戸家の祖。

権大納言柳原資行の次男。
¶公卿，公家（誠光〔三室戸家〕　のぶみつ）

三室戸雄光　みむろどたけみつ
文政5（1822）年12月10日～明治34（1901）年8月3日
江戸時代末期～明治期の公家（参議）。参議三室戸陳光の子。
¶維新，公卿（[没]明治34（1901）年8月），公家（雄光〔三室戸家〕　たけみつ），幕末

三室戸光村　みむろどみつむら
元文4（1739）年10月5日～天明2（1782）年9月8日
江戸時代中期の公家（参議）。権大納言冷泉為村の次男。
¶公卿，公家（光村〔三室戸家〕　みつむら）

三室戸能光　みむろどやすみつ
明和6（1769）年2月24日～嘉永3（1850）年1月2日
江戸時代中期～後期の公家（権大納言）。参議三室戸光村の子。
¶公卿（[生]明和6（1769）年2月20日），公家（能光〔三室戸家〕　やすみつ），国書

三室戸敬光　みむろどゆきみつ
*～昭和31（1956）年
明治～昭和期の華族。宮内庁書記官。子爵。東京高等音楽学院長。貴族院議員。
¶学校（[生]明治6（1873）年5月18日　[没]昭和31（1956）年10月31日），コン改（[生]1872年），コン4（[生]明治5（1872）年），コン5（[生]明治5（1872）年），世紀（[生]明治6（1873）年5月18日　[没]昭和31（1956）年10月31日），政治（[生]明治5年），姓氏京都（[生]1872年），日人（[生]明治6（1873）年5月18日　[没]昭和31（1956）年10月31日），履歴（[生]明治6（1873）年5月18日　[没]昭和31（1956）年10月30日），履歴2（[生]明治6（1873）年5月18日　[没]昭和31（1956）年10月30日）

御室今嗣　みむろのいまつぐ
生没年不詳
平安時代前期の官人。
¶新潟百

御諸別王　みむろわけおう
→御諸別王（みもろわけおう）

三諸大原　みもろのおおはら
→文室大原（ふんやのおおはら）

御諸別王　みもろわけおう
[別]御諸別王《みむろわけおう，みもろわけのおう，みもろわけのきみ》
上代の彦狭島王の王子。上毛野君の祖。
¶郷土群馬（みもろわけのおう　生没年不詳），群馬人（みむろわけおう），国史，古代（みもろわけのおう），古中，コン改（生没年不詳），コン4（生没年不詳），史人，新潮（みもろわけのきみ），人名，世人（みもろわけのおう　生没年不詳），日人（みもろわけのおう）

御諸別王　みもろわけのきみ
→御諸別王（みもろわけおう）

御諸別命　みもろわけのみこと
上代の景行天皇の孫。
¶古代，日人

水谷川忠起　みやがわただおき
嘉永1（1848）年～大正12（1923）年
江戸時代後期～大正期の神職。近衛忠煕の8男。
¶神人

水谷川忠麿　みやがわただまろ
明治35（1902）年～昭和36（1961）年
昭和期の政治家。公爵近衛篤麿の四男で男爵水谷川忠起の養子。
¶郷土奈良

三宅石床　みやけのいわとこ
？～680年　[別]三宅連石床《みやけのむらじいわとこ》
飛鳥時代の官人。
¶古代（三宅連石床　みやけのむらじいわとこ），日人

三宅藤麻呂　みやけのふじまろ
[別]三宅臣藤麻呂《みやけのおみふじまろ》
奈良時代の官人。
¶古代（三宅臣藤麻呂　みやけのおみふじまろ），日人（生没年不詳）

三宅意誠　みやけもとのぶ
天明8（1788）年11月23日～天保8（1837）年6月29日
江戸時代後期の官人・歌人。
¶国書

都在中　みやこのありなか
生没年不詳　[別]都在中《みやこありなか》
平安時代中期の漢詩人。
¶国書（みやこありなか），日人，平史

都貞継　みやこのさだつぐ
延暦10（791）年～仁寿2（852）年
奈良時代～平安時代前期の官吏。
¶日人，平史

都腹赤　みやこのはらあか
→桑原腹赤（くわばらのはらか）

都腹赤　みやこのはらか
→桑原腹赤（くわばらのはらか）

都広田麻呂　みやこのひろたまろ
生没年不詳
平安時代前期の詩人。
¶平史

都御酉　みやこのみとり
？～元慶7（883）年
平安時代前期の官人。宿禰姓、のち朝臣姓。
¶福岡百（[没]元慶7（883）年6月3日），平史

都良香 みやこのよしか
承和1(834)年〜元慶3(879)年 ㊳都朝臣良香《みやこのあそんよしか》,都良香《みやこよしか》
平安時代前期の学者、漢詩人。「文徳実録」の編纂に参加。
¶朝日(㊶元慶3年2月25日(879年3月21日)),岩史(㊶元慶3(879)年2月25日),角史,国史,国書(みやこよしか ㊶元慶3(879)年2月25日),古史,古代(都朝臣良香 みやこのあそんよしか),古中,コン改,コン4,詩歌,史人(㊶879年2月25日),重要,人書94(みやこよしか),新潮(㊶元慶3(879)年2月25日),人名,姓氏京都,世人,世百,全書,大百,日史(㊶元慶3(879)年2月25日),日人,百科,仏教(㊶元慶3(879)年2月25日),平史,歴大,和俳

宮道弥益 みやぢのいやます,みやぢのいやます
生没年不詳 ㊳宮道朝臣弥益《みやぢのあそんいやます》,宮道弥益《みやじいやます》
平安時代前期の豪族(従五位上主計頭)。山城国宇治郡の郡司。
¶朝日(みやぢのいやます),京都,京都大(みやじいやます),古代(宮道朝臣弥益 みやぢのあそんいやます),日人,平史

宮道潔興 みやじのきよき
生没年不詳 ㊳宮道潔興《みやじきよき》
平安時代中期の官人・歌人。
¶国書(みやじきよき),平史

宮道高風 みやじのたかかぜ
生没年不詳 ㊳宮道高風《みやじたかかぜ》
平安時代中期の官人・歌人。
¶国書(みやじたかかぜ),平史

宮道義行 みやじのよしゆき
天徳1(957)年〜長和2(1013)年
平安時代中期の官人。
¶平史

宮道弥益 みやぢのいやます
→宮道弥益(みやじのいやます)

宮主宅媛 みやぬしのやかひめ
㊳宮主宅媛《みやぬしのやかひめ》
上代の女性。応神天皇の妃、和珥臣の祖触使主の娘。
¶古代,女性,人名(みやぬしのやかひめ),日人

宮原村継 みやはらのむらつぐ
生没年不詳 ㊳宮原村継《みやはらのむらつぐ》
平安時代前期の官人・漢詩人。
¶国書(みやはらのむらつぐ),平史

明雲 みょううん
永久3(1115)年〜寿永2(1183)年 ㊳明雲《めいうん》
平安時代後期の天台宗の僧。権大納言久我顕通の長子。後白河天皇、平清盛の戒師。
¶朝日(㊶寿永2年11月19日(1184年1月3日)),岩史(㊶寿永2(1183)年11月19日),鎌室,京都大(㊶永久2(1114)年),国史,国書(めいうん ㊶寿永2(1183)年11月19日),古中,コン改(㊶?),コン4(㊶?),史人(㊶1183年11月19日),諸系(㊶1184年),新潮(㊶寿永2(1183)年11月19日),人名(㊶?),姓氏京都,世百,日史(㊶寿永2(1183)年11月19日),日人(㊶1184年),百科,仏教(㊶寿永2(1183)年11月19日),仏史,平史,歴大

明救 みょうぐ,みょうく
天慶9(946)年〜寛仁4(1020)年
平安時代中期の天台宗の僧(天台座主)。醍醐天皇の皇孫。有明親王の王子。延暦寺阿闍梨。
¶朝日(㊶寛仁4年7月5日(1020年7月27日)),国史(みょうく),古中(みょうく),コン改,コン4,諸系,新潮(㊶寛仁4(1020)年7月5日),人名,日人,仏教(みょうく ㊶寛仁4(1020)年7月5日),仏史(みょうく),平史

妙香華院宮 みょうこうげいんのみや
?〜嘉永3(1850)年
江戸時代末期の孝明天皇の第1皇子。
¶人名

妙光寺家賢 みょうこうじいえかた
→花山院家賢(かざんいんいえかた)

明承法親王 みょうしょうほうしんのう
正平22/貞治6(1367)年〜応永3(1396)年
南北朝時代の後光厳天皇の第11皇子。
¶人名,日人

明仁法親王 みょうにんほうしんのう
?〜応永16(1409)年
南北朝時代〜室町時代の木寺宮世平王(第4世)の王子、後二条天皇の6世の孫。
¶人名

妙法院常胤法親王 みょうほういんじょういんほつしんのう
→常胤法親王(じょういんほうしんのう)

三善清行 みよしきよゆき
承和14(847)年〜延喜18(918)年 ㊳三善宿禰清行《みよしのすくねきよゆき》,三善清行《みよしのきよゆき》,善相公《ぜんしょうこう》
平安時代前期〜中期の学者、公卿(参議)。渡来系氏族の三善宿禰の子孫。
¶朝日(㊶延喜18年12月7日(919年1月11日)),岩史(みよしきよゆき ㊶延喜18(918)年12月6日?),岡山歴(㊶延喜18(918)年12月7日),角史,教育(㊶846年),京都,京都大,公卿(みよしのきよゆき ㊶延喜18(918)年12月6日),国史,国書(㊶延喜18(918)年12月7日),古史(みよしきよゆき),古代(三善宿禰清行 みよしのすくねきよゆき),古中,コン改,コン4,詩歌,史人(みよしのきよゆき ㊶918年12月7日),重要,諸系(㊶919年),人書94,新潮(㊶延喜18(918)年12月7日),人名,姓氏京都(みよしのきよゆき),世人,世百(みよしのきよゆき),全書,大百,日史(みよしのきよゆき ㊶延喜18(918)年12月7日),日人

（[没]919年），百科，平史（みよしのきよゆき），歴大，和俳（[没]延喜18（918）年12月7日）

三善国経 みよしくにつね
生没年不詳　[別]三善国経《みよしのくにつね》
平安時代後期の官人。
¶平史（みよしのくにつね）

三善珍秀 みよしくにひで
生没年不詳
室町時代の公家・歌人。
¶国書

三善定衡 みよしさだひら
生没年不詳
鎌倉時代後期の官人。
¶国書

三善為永 みよしためなが
生没年不詳
南北朝時代の官人・歌人。
¶国書

三善為長 みよしためなが
寛弘4（1007）年～永保1（1081）年　[別]三善為長《みよしのためなが》
平安時代中期～後期の官人。
¶富山百（生没年不詳），平史（みよしのためなが）

三善為康 みよしためやす
永承4（1049）年～保延5（1139）年　[別]三善為康《みよしのためやす》
平安時代中期～後期の文人官僚、算博士、諸陵頭。
¶朝日（[没]保延5年8月4日（1139年8月29日）），岩史（みよしのためやす　[没]保延5（1139）年8月4日），角史（みよしのためやす），国史，国書（[没]保延5（1139）年8月4日），古中，コン改（みよしのためやす　[生]永承4（1049）年，（異説）1050年），コン4（みよしのためやす　[生]永承4（1049）年，（異説）1050年），史人（みよしのためやす　[没]1139年8月4日），重要（みよしのためやす　[生]永承4（1049）年？），神人（[生]永承3（1048）年），新潮（[没]保延5（1139）年8月4日），人名，姓氏京都（みよしのためやす），世人，全書，富山百（[没]保延5（1139）年8月4日），日史（みよしのためやす　[没]保延5（1139）年8月4日），日人，百科，仏教（[没]保延5（1139）年8月4日），平史（みよしのためやす），歴大

三善遠衡 みよしとおひら
生没年不詳
鎌倉時代後期の官人・歌人。
¶国書

三善直信 みよしなおのぶ
生没年不詳
南北朝時代の官人・歌人。
¶国書

三善長衡 みよしながひら
仁安3（1168）年～寛元2（1244）年　[別]三善長衡《みよしのながひら》
平安時代後期～鎌倉時代前期の文士。西園寺公経の家司。
¶朝日（[没]寛元2年3月25日（1244年5月3日）），岩史（みよしのながひら　[没]寛元2（1244）年3月25日），国史，古中，コン4，姓氏京都，日人

三善信貞 みよしのぶさだ
生没年不詳　[別]三善信貞《みよしののぶさだ》
平安時代後期の官人。
¶平史（みよしののぶさだ）

三善信久 みよしのぶひさ
生没年不詳　[別]三善信久《みよしののぶひさ》
平安時代後期の官人。
¶平史（みよしののぶひさ）

三善春衡 みよしはるひら
生没年不詳
鎌倉時代後期の官人・歌人。
¶国書

三善文江 みよしふみえ
生没年不詳　[別]三善文江《みよしのふみえ》
平安時代中期の官人。
¶平史（みよしのふみえ）

三善雅仲 みよしまさなか
生没年不詳　[別]三善雅仲《みよしのまさなか》
平安時代後期の官人。
¶平史（みよしのまさなか）

三善道統 みよしみちむね
生没年不詳　[別]三善道統《みよしのみちむね》
平安時代中期の官吏、漢詩人。
¶国書，諸系，日人，平史（みよしのみちむね）

三善康俊 みよしやすとし
仁安2（1167）年～暦仁1（1238）年　[別]町野康俊《まちのやすとし》
平安時代後期～鎌倉時代前期の幕府問注所執事、評定衆。
¶朝日（[没]暦仁1年6月14日（1238年7月26日）），神奈川人，鎌室，コン改，コン4，諸系，新潮（[没]暦仁1（1238）年6月14日），日人

三善康信 みよしやすのぶ
保延6（1140）年～承久3（1221）年　[別]三善康信《みよしのやすのぶ》
平安時代後期～鎌倉時代前期の官僚。鎌倉幕府初代の問注所執事。
¶朝日（[没]承久3年8月9日（1221年8月27日）），岩史（みよしのやすのぶ　[没]承久3（1221）年8月9日），角史，神奈川人，鎌倉，鎌室，国史，国書（[没]承久3（1221）年8月9日），古中，コン改，コン4，史人（みよしのやすのぶ　[没]1221年8月9日），重要（[没]承久3（1221）年8月9日），諸系，新潮（[没]承久3（1221）年8月9日），人名，世人（[没]承久3（1221）年8月9日），世百，全書，大百，日史（みよしのやすのぶ　[没]承久3（1221）年8月9日），日人，百科，広島百（[没]承久3（1221）年8月9日），平史（みよしのやすのぶ），歴大

三善康衡 みよしやすひら
仁治2(1241)年～正和4(1315)年6月3日
鎌倉時代の官人・歌人。
¶国書

三善行衡 みよしゆきひら
生没年不詳　[別]三善行衡《みよしのゆきひら》
平安時代後期～鎌倉時代前期の官人。
¶平史(みよしのゆきひら)

三善頼衡 みよしよりひら
生没年不詳
南北朝時代の官人・歌人。
¶国書

神王 みわおう
天平9(737)年～大同1(806)年　[別]神王《かみおう,みわのおう》
奈良時代～平安時代前期の官人(右大臣)。天智天皇の曽孫。榎井王の王子。
¶角史，公卿(かみおう　[生]天平15(743)年　[没]大同1(806)年4月24日)，国史，古史，古代，古中，コン改([生]天平10(738)年？)，コン4([生]天平10(738)年？)，史人([没]806年4月24日)，新潮([生]天平10(738)年？　[没]大同1(806)年4月24日)，日史([没]大同1(806)年4月24日)，日人，百科(みわのおう)，平史，歴大

禖子内親王 みわこないしんのう
→禖子内親王(1)(ばいしないしんのう)

三輪逆 みわのさかう
？～用明天皇1(586)年　[別]三輪君逆《みわのきみさかう,みわのきみさかし》
飛鳥時代の敏達天皇の寵臣。
¶国史，古史(三輪君逆　みわのきみさかし　生没年不詳)，古代(三輪君逆　みわのきみさかう)，古中，コン改，コン4，諸系，日人

三輪逆 みわのさかし
→三輪逆(みわのさかう)

三輪高市麻呂 みわのたけちまろ
→大神高市麻呂(おおみわのたけちまろ)

珉子内親王 みんしないしんのう
生没年不詳
鎌倉時代後期の女性。後二条天皇の第2皇女。
¶女性，人名，日人

【む】

武者小路(家名) むしゃこうじ
→武者小路(むしゃのこうじ)

武者小路公香 むしゃのこうじきんか
文政11(1828)年～明治9(1876)年9月12日
江戸時代末期～明治期の公家。
¶維新，幕末

武者小路公隆 むしゃのこうじきんたか
天明5(1785)年6月17日～安政2(1855)年4月20日
江戸時代後期の公家(権大納言)。従四位上・左兵衛佐武者小路実純の子。
¶公卿，公家(公隆〔武者小路家〕　きんなが)

武者小路公種 むしゃのこうじきんたね
寛永8(1631)年～元禄5(1692)年
江戸時代前期の公家。
¶諸系，人名([生]1632年)，日人

武者小路公共 むしゃのこうじきんとも
明治15(1882)年8月29日～昭和37(1962)年4月21日　[別]武者小路公共《むしゃこうじきみとも,むしゃこうじきんとも》
明治～昭和期の外交官。子爵。武者小路実篤の兄。駐トルコ大使、駐独大使などを歴任。
¶現朝，現情，現人，コン改，コン4，コン5，新潮，人名7(むしゃこうじきみとも)，世紀，日人，履歴(むしゃこうじきんとも　[生]明治15(1882)年8月25日)，履歴2(むしゃこうじきんとも　[生]明治15(1882)年8月25日)

武者小路公野 むしゃのこうじきんや
元禄1(1688)年10月3日～寛保3(1743)年
江戸時代中期の公家(権中納言)。准大臣武者小路実陰の子。
¶公卿([没]寛保3(1743)年12月6日)，公家(公野〔武者小路家〕　きんや　[没]寛保3(1743)年6月29日)

武者小路実純 むしゃのこうじさねいと
明和3(1766)年～文政10(1827)年　[別]武者小路実純《むしゃのこうじさねずみ》
江戸時代後期の歌人、公家。
¶大阪人(むしゃのこうじさねずみ　[没]文政10(1827)年4月)，大阪墓(むしゃのこうじさねずみ　[没]文政10(1827)年4月17日)，国書([生]明和3(1766)年5月1日　[没]文政10(1827)年4月17日)，諸系，人名(むしゃのこうじさねずみ　[生]1765年)，日人

武者小路実岳 むしゃのこうじさねおか
享保6(1721)年～宝暦10(1760)年　[別]武者小路実岳《むしゃのこうじさねたけ》
江戸時代中期の歌人・公家(非参議)。権中納言武者小路公野の子。
¶公卿(むしゃのこうじさねたけ　[生]享保6(1721)年10月20日　[没]宝暦10(1760)年8月12日)，公家(実岳〔武者小路家〕　さねをか　[生]享保6(1721)年10月20日　[没]宝暦10(1760)年8月12日)，国書([生]享保6(1721)年10月20日　[没]宝暦10(1760)年8月12日)，諸系，神人([生]享保6(1721)年10月20日　[没]宝暦10(1760)年8月10日)，人名，姓氏京都，日人，和俳(むしゃのこうじさねたけ)

武者小路実陰 むしゃのこうじさねかげ
寛文1(1661)年～元文3(1738)年9月30日
江戸時代中期の歌人・公家(准大臣)。刑部大輔藤原実信の子。

¶朝日（[生]寛文1年11月1日（1661年12月22日）[没]元文3年9月28日（1738年11月9日）），京都大，近世，公卿（[生]寛文1（1661）年11月1日），公家（実陰〔武者小路家〕　さねかげ　[生]寛文1（1661）年11月1日），国史，国書（[生]寛文1（1661）年11月1日），コン改，コン4，史人（[生]1661年11月1日），諸系，新潮，人名，姓氏京都，世人，日人，和俳

武者小路実純　むしゃのこうじさねずみ
→武者小路実純（むしゃのこうじさねいと）

武者小路実岳　むしゃのこうじさねたけ
→武者小路実岳（むしゃのこうじさねおか）

武者小路実建　むしゃのこうじさねたけ
文化7（1810）年2月30日～文久3（1863）年6月24日
江戸時代末期の公家（非参議）。権大納言武者小路公隆の子。
¶維新，公卿，公家（実建〔武者小路家〕　さねたけ），国書，幕末（[没]1863年8月8日）

武者小路実世　むしゃのこうじさねよ
嘉永4（1851）年12月～明治20（1887）年10月25日
明治期の官吏。子爵。外国事情視察のためドイツに留学。
¶海越，海越新，国際，渡航（[生]1850年　[没]1889年10月27日）

武者小路資俊　むしゃのこうじすけとし
？　～応永5（1398）年2月
南北朝時代～室町時代の公卿（権大納言）。右少弁房光の子。
¶公卿，公家（資俊〔武者小路家（絶家）〕　すけとし）

武者小路資世　むしゃのこうじすけよ
応永25（1418）年～延徳2（1490）年6月12日
室町時代～戦国時代の公卿（権大納言）。権大納言武者小路俊宗の子。
¶公卿，公家（資世〔武者小路家（絶家）〕　すけよ）

武者小路資能　むしゃのこうじすけよし
生没年不詳
南北朝時代の公家・連歌作者。
¶国書

武者小路俊宗　むしゃのこうじとしむね
元中4/嘉慶1（1387）年～文安5（1448）年
室町時代の公卿（権大納言）。権大納言武者小路資俊の子。
¶公卿，公家（俊宗〔武者小路家（絶家）〕　としむね）

武者小路教光（武者小路敬光）　むしゃのこうじのりみつ
正中2（1325）年～天授4/永和4（1378）年
南北朝時代の公卿（権中納言）。権大納言柳原資明の子。
¶公卿（[没]永和4/天授4（1378）年7月24日），公家（教光〔武者小路家（絶家）〕　のりみつ　[没]永和4（1378）年7月24日），諸系，人名（武者小路敬光），日人

武者小路縁光　むしゃのこうじよりみつ
嘉吉1（1441）年～大永4（1524）年8月24日
室町時代～戦国時代の公卿（権大納言）。権大納言武者小路資世の子。
¶公卿，公家（縁光〔武者小路家（絶家）〕　よりみつ），国書

正月王　むつきのおう
奈良時代の皇族。用明天皇皇子来目皇子の裔。
¶古代，日人（生没年不詳）

穆子内親王　むつこないしんのう
→穆子内親王（ぼくしないしんのう）

睦仁親王　むつひとしんのう
→明治天皇（めいじてんのう）

六人部王　むとべのおう
→六人部王（むとべのおおきみ）

六人部王（身人部王）　むとべのおおきみ
？　～天平1（729）年　[別]六人部王《むとべのおう》
飛鳥時代～奈良時代の皇族、官人。笠縫女王の父。
¶古代，日人（むとべのおう），万葉（身人部王）

宗岳大頼　むねおかのおおより
生没年不詳　[別]宗岳大頼《むねおかおおより》
平安時代前期の官人・歌人。
¶国書（むねおかおおより），平史

宗子内親王(1)　むねこないしんのう
？　～仁寿4（854）年　[別]宗子内親王《そうしないしんのう》
平安時代前期の女性。嵯峨天皇の皇女。
¶女性（そうしないしんのう　[没]仁寿4（854）年3月20日），人名，日人，平史

宗子内親王(2)　むねこないしんのう
康保1（964）年～寛和2（986）年　[別]宗子内親王《そうしないしんのう》
平安時代中期の女性。冷泉天皇の皇女。
¶女性（そうしないしんのう　[生]康保1（964）年10月　[没]寛和2（986）年7月21日），人名，日人，平史

統子内親王　むねこないしんのう
→上西門院（じょうさいもんいん）

棟貞王　むねさだおう
生没年不詳
平安時代前期の桓武天皇の孫。葛井親王の王子。
¶神人，人名，日人，平史

宗尊親王　むねたかしんのう
仁治3（1242）年～文永11（1274）年
鎌倉時代前期の鎌倉幕府第6代の将軍（在職1252～1266）。後嵯峨天皇の皇子。初の皇族将軍として東下。
¶朝日（[生]仁治3年11月22日（1242年12月15日）[没]文永11年8月1日（1274年9月2日）），岩史（[生]仁治3（1242）年11月22日　[没]文永11（1274）

年8月1日），角史，神奈川人，鎌倉，鎌室，国史，国書（[生]仁治3（1242）年11月22日　[没]文永11（1274）年8月1日），古中，コン改，コン4，詩歌，史人（[生]1242年11月22日　[没]1274年8月1日），重要（[生]仁治3（1242）年11月22日　[没]文永11（1274）年7月29日），諸系，新潮（[生]仁治3（1242）年11月22日　[没]文永11（1274）年8月1日），新文（[生]仁治3（1242）年11月22日　[没]文永11（1274）年7月29日），人名，姓氏神奈川，世人，世百，全書，大百，日史（[生]仁治3（1242）年11月22日　[没]文永11（1274）年8月1日），日人，百科，文学，歴大，和俳（[生]仁治3（1242）年11月22日）

宗良親王　むねながしんのう
→宗良親王（むねよししんのう）

統忠子　むねのただこ
？～貞観5（863）年
平安時代前期の女性。淳和天皇の皇女。
¶平史

致平親王　むねひらしんのう
天暦5（951）年～長久2（1041）年
平安時代中期の村上天皇の皇子。
¶国書（[没]長久2（1041）年2月23日），コン改，コン4，諸系，人名，日人，平史

懐古王　むねふるおう
生没年不詳
平安時代中期の神祇伯。
¶神人

宗康親王　むねやすしんのう
天長5（828）年～貞観10（868）年
平安時代前期の仁明天皇の皇子。
¶古代，人名，日人，平史

宗良親王　むねよししんのう
応長1（1311）年～＊　[別]宗良親王《むねながしんのう》，尊澄《そんちょう》，尊澄法親王《そんちょうほうしんのう，そんちょうほっしんのう》
南北朝時代の後醍醐天皇の皇子。
¶朝日（[没]？），岩史（[没]？），香川人（むねながしんのう　[生]正和1（1312）年　[没]元中2（1385）年），香川百（むねながしんのう　[生]正和1（1312）年　[没]元中2（1385）年），角史（[没]？），鎌室（むねながしんのう　[没]至徳2/元中2（1385）年？），鎌室（尊澄法親王　そんちょうほっしんのう　[没]？），郷土長野（むねながしんのう　[没]1385年），国史（[没]？），国書（むねながしんのう　[没]？），古中（[没]？），コン改（むねながしんのう　[没]元中2/至徳2（1385）年），コン4（[没]至徳2/元中2（1385）年），詩歌（むねながしんのう　[没]？），史人（[没]1385年8月10日？），静岡百（むねながしんのう　[没]元中2/至徳2（1385）年），静岡歴（むねながしんのう　[没]元中2/至徳2（1385）年），重要（[没]元中2/至徳2（1385）年？），諸系（[没]？），人書94（むねながしんのう　[没]1385年），新潮（むねながしんのう　[没]？），新文（むねながしんのう　[没]？），人名（むねながしんのう　[没]1385年），姓氏静岡（[没]1385年？），姓氏長野（[没]1385年），世人（むねながしんのう　[没]？），世百（むねながしんのう　[没]1385年），全書（むねながしんのう　[没]？），大百（むねながしんのう　[没]？），伝記（むねながしんのう　[没]1385年），富山百（[没]？），富山文（むねながしんのう　[没]元中2（1385）年？），長野百（むねながしんのう　[生]？　[没]？），長野歴（[没]至徳2（1385）年），新潟百（むねながしんのう），日史（[没]至徳2/元中2（1385）年？），日人（[没]？），百科（[没]元中2/至徳2（1385）年），仏教（尊澄　そんちょう　[没]至徳2/元中2（1385）年8月），文学（むねながしんのう　[没]？），歴大（[没]？），和俳（むねながしんのう　[没]至徳2/元中2（1385）年）

無文元選　むもんげんせん
元亨3（1323）年～元中7/明徳1（1390）年　[別]円明大師《えんみょうだいし》，元選《げんせん》，聖鑑国師《しょうかんこくし》
南北朝時代の臨済宗の僧。後醍醐天皇の皇子。
¶朝日（[没]明徳1/元中7年閏3月22日（1390年5月7日）），角史，鎌室（元選　げんせん），鎌室，国史，国書（[没]康応2（1390）年閏3月22日），古中，コン改，コン4，史人（[生]1323年2月15日　[没]1390年閏3月22日），静岡百，静岡歴，諸系，新潮（[生]元亨3（1323）年？　[没]明徳1/元中7（1390）年閏3月22日），人名（元選　げんせん），姓氏静岡，世人，日人，仏教（[生]元亨3（1323）年2月15日　[没]元中7/明徳1（1390）年閏3月22日），仏史，仏人（元選　げんせん）

村岡良文　むらおかのよしぶみ
→平良文（たいらのよしぶみ）

村上天皇　むらかみてんのう
延長4（926）年～康保4（967）年
平安時代中期の第62代の天皇（在位946～967）。醍醐天皇の第14皇子。自ら政治を主導し「天暦の治」とよばれる律令政治を行った。
¶朝日（[生]延長4年6月2日（926年7月14日）　[没]康保4年5月25日（967年7月5日）），岩史（[生]延長4（926）年6月2日　[没]康保4（967）年5月25日），角史，京都，京都大，国史，国書（[生]延長4（926）年6月2日　[没]康保4（967）年5月25日），古史，古中，コン改，コン4，詩歌，史人（[生]926年6月2日　[没]967年5月25日），重要（[生]延長4（926）年6月2日　[没]康保4（967）年5月25日），諸系，新潮（[生]延長4（926）年6月2日　[没]康保4（967）年5月25日），人名，世人，世百，全書，大百，日音（[生]延長4（926）年6月2日　[没]康保4（967）年5月25日），日史（[生]延長4（926）年6月2日　[没]康保4（967）年5月25日），日人，百科，平史，歴大（[生]916年），和俳（[生]延長4（926）年6月2日　[没]康保4（967）年5月25日）

村国男依　むらくにのおより
？～天武5（676）年　[別]村国連男依《むらくにのむらじおより》
飛鳥時代の武官。壬申の乱の功臣。
¶朝日（[没]天武5（676）年7月），郷土岐阜（[没]677年），国史，古史，古代（村国連男依　むらくにのむらじおより），古中，コン改，コン4，史人

（[没]676年7月），新潮（[没]天武5（676）年7月），人名，姓氏愛知，世人，日史（[没]天武5（676）年7月），日人，百科，歴大

村雲日栄 むらくもにちえい
安政2（1855）年～大正9（1920）年3月22日　[別]日栄女王《にちえいにょおう》
明治～大正期の尼僧（尼門跡村雲瑞竜寺第10世，日本赤十字京都支部篤志看護婦支会長）。邦家親王の第8王女。村雲門跡保存会、村雲婦人会を設立し、寺院経営に尽力。
¶朝日（[生]安政2年2月17日（1855年4月3日）），近女（日栄女王　にちえいにょおう），史人（[生]1855年2月17日），女性（[没]大正9（1920）年3月），女性普（[生]安政2（1855）年2月17日），人名，世紀（[生]安政2（1855）年2月17日），日人

村氏彼方 むらのうじのおちかた
奈良時代の官人。万葉歌人。
¶万葉

牟漏女王 むろのじょおう
？～天平18（746）年　[別]無漏女王《むろのひめみこ》，牟漏女王《むろじょおう，むろのひめみこ》
奈良時代の女性。美努王の王女、藤原房前の妻。
¶朝日（むろじょおう　[没]天平18年1月27日（746年2月21日）），古史（むろのひめみこ），古代（無漏女王　むろのひめみこ），諸系，女性（[没]天平18（746）年1月），人名，日人

無漏女王（牟漏女王） むろのひめみこ
→牟漏女王（むろのじょおう）

室町院 むろまちいん
安貞2（1228）年～正安2（1300）年5月3日　[別]暉子内親王《きしないしんのう》
鎌倉時代前期の女性。後堀河天皇の第1皇女。
¶朝日（[没]正安2年5月3日（1300年5月22日）），岩史，鎌室，コン改，コン4，史人，諸系，女性，新潮，人名，世人，全書，日史，日人，百科，歴大（[生]1238年）

室町公重 むろまちきんしげ
康元1（1256）年～弘安8（1285）年6月6日
鎌倉時代後期の公卿（参議）。権大納言室町実藤の長男。
¶公卿，公家（公重〔四辻家〕　きんしげ）

室町公春 むろまちきんはる
*～興国1/暦応3（1340）年6月15日
鎌倉時代後期～南北朝時代の公卿（参議）。参議室町実為の子。
¶公卿（[生]正応5（1292）年），公家（公春〔四辻家〕　きんはる　[生]1296年）

室町公大 むろまちきんもと
慶応4（1868）年2月24日～明治40（1907）年9月7日
明治期の華族。
¶日人

室町公康 むろまちきんやす
嘉永6（1853）年～明治23（1890）年
明治期の華族。
¶諸系

室町公行 むろまちきんゆき
寛元1（1243）年～？
鎌倉時代後期の公卿（非参議）。権大納言室町実藤の次男。
¶公卿，公家（公行〔室町家（絶家）1〕　きんゆき）

室町実為 むろまちさねため
建治1（1275）年～永仁6（1298）年10月29日
鎌倉時代後期の公卿（参議）。権大納言室町実藤の三男。
¶公卿，公家（実為〔四辻家〕　さねため）

室町実藤 むろまちさねふじ
安貞1（1227）年～永仁6（1298）年10月13日
鎌倉時代後期の公卿（権大納言）。室町家の祖。太政大臣西園寺公経の四男。
¶公卿，公家（実藤〔四辻家〕　さねふじ）

室町季行 むろまちすえゆき
文永10（1273）年～？
鎌倉時代後期の公卿（非参議）。非参議室町公行の子。
¶公卿，公家（季行〔室町家（絶家）1〕　すえゆき）

室町雅継 むろまちまさつぐ
建保1（1213）年～建治3（1277）年6月16日
鎌倉時代前期の公卿（非参議）。非参議藤原家信の子。
¶公卿，公家（雅継〔室町家（絶家）〕　まさつぐ）

室町雅朝 むろまちまさとも
？～天授6/康暦2（1380）年
南北朝時代の公卿（非参議）。非参議室町雅春の子。
¶公卿，公家（雅朝〔室町家（絶家）〕　まさとも），国書

室町雅春 むろまちまさはる
正応1（1288）年～興国6/貞和1（1345）年9月25日
鎌倉時代後期～南北朝時代の公卿（非参議）。左中将藤原雅持の子。
¶公卿，公家（雅春〔室町家（絶家）〕　まさはる）

【め】

明雲 めいうん
→明雲（みょううん）

明義門院 めいぎもんいん
建保5（1217）年～寛元1（1243）年　[別]諦子内親王《ていしないしんのう》
鎌倉時代前期の女性。順徳天皇の第2皇女。
¶鎌室，女性（[生]建保5（1217）年3月22日　[没]寛元1（1243）年3月29日），人名，日人

め

明子女王(1)　めいしじょおう
㊞明子女王《めいしにょおう》
平安時代中期の女性。陽成天皇の皇孫女、元良親王の王女。
¶人名（めいしにょおう）

明子女王(2)　めいしじょおう
㊞明子女王《めいしにょおう》
平安時代中期の女性。醍醐天皇の皇孫女。
¶人名（めいしにょおう）

明治天皇　めいじてんのう
嘉永5（1852）年～明治45（1912）年　㊞睦仁親王《むつひとしんのう》，睦仁《むつひと》
江戸時代末期～明治期の第122代の天皇（在位1867～1912）。孝明天皇の第2皇子。
¶朝日（㊀嘉永5年9月22日（1852年11月3日）㊁明治45（1912）年7月29日），維新，岩史（㊀嘉永5（1852）年9月22日　㊁明治45（1912）年7月29日），大阪人（㊁明治45（1912）年7月30日），角史，京都（㊁大正2（1913）年），京都大，近現，近文，芸能（㊀嘉永5（1852）年9月22日　㊁明治45（1912）年7月30日），現日（㊀1852年11月3日　㊁1912年7月30日），国際，国史，コン改，コン4，コン5，詩歌，史人（㊀1852年9月22日　㊁1912年7月29日），重要（㊀嘉永5（1852）年9月22日　㊁明治45（1912）年7月30日），食文（㊀嘉永5年9月22日（1852年11月3日）　㊁1911年7月30日），諸系，神史，人書94，新潮（㊀嘉永5（1852）年9月22日　㊁明治45（1912）年7月30日），新文（㊀嘉永5（1852）年11月3日　㊁明治45（1912）年7月30日），人名，姓氏京都，世人（㊀嘉永5（1852）年9月22日　㊁明治45（1912）年7月30日），世百，全書，大百，多摩，伝記，奈良文（㊀嘉永5年11月3日），日史（㊀嘉永5（1852）年9月22日　㊁明治45（1912）年7月30日），日人，日本，幕末（㊁1912年7月30日），百科，仏教（㊀嘉永5（1852）年9月22日　㊁明治45（1912）年7月30日），文学，履歴（㊀嘉永5（1852）年9月22日　㊁明治45（1912）年7月29日），歴大

明子内親王　めいしないしんのう
→明子内親王（あきこないしんのう）

明子女王(1)　めいしにょおう
→明子女王(1)（めいしじょおう）

明子女王(2)　めいしにょおう
→明子女王(2)（めいしじょおう）

明正天皇　めいしょうてんのう
元和9（1623）年～元禄9（1696）年　㊞明正天皇《みょうじょうてんのう》
江戸時代前期～中期の第109代の天皇（女帝、在位1629～1643）。
¶朝日（㊀元和9年11月19日（1624年1月9日）㊁元禄9年11月10日（1696年12月4日）），岩史（㊀元和9（1623）年11月19日　㊁元禄9（1696）年11月10日），角史，京都，京都大，近世，国史，コン改，コン4，史人（㊀1623年11月19日　㊁1696年11月10日），重要（㊀元和9（1623）年11月19日　㊁元禄9（1696）年11月10日），諸系（㊀1624年），女性，新潮（㊀元和9（1623）年11月19日　㊁元禄9（1696）年11月10日），人名，姓氏京都，世人，全書，大百，日史（㊀元和9（1623）年11月19日　㊁元禄9（1696）年11月10日），日人（㊀1624年），百科，歴大

姪娘　めいのいらつめ
→蘇我姪娘（そがのめいのいらつめ）

雌鳥皇女　めとりのおうじょ
→雌鳥皇女（めとりのひめみこ）

鷗鳥皇女　めとりのこうじょ
→雌鳥皇女（めとりのひめみこ）

雌鳥皇女（鷗鳥皇女）　**めとりのひめみこ**
㊞鷗鳥皇女《めとりのこうじょ》，雌鳥皇女《めとりのおうじょ，めとりのひめみこ，めどりのみこ》
上代の女性。応神天皇の皇女。
¶朝日（生没年不詳），国史（めとりのおうじょ），古史（隼総別皇子・雌鳥皇女　はやぶさわけのみこ・めとりのひめみこ），古代，古中（めとりのおうじょ），コン改（生没年不詳），コン4（生没年不詳），史人，女性（鷗鳥皇女　めとりのこうじょ），新潮（鷗鳥皇女），人名（めどりのみこ），日史（隼総別皇子・雌鳥皇女　はやぶさわけのおうじ・めとりのおうじょ），日人（めとりのおうじょ）

雌鳥皇女　めどりのみこ
→雌鳥皇女（めとりのひめみこ）

目子媛　めのこのいらつめ
→目子媛（めのこひめ）

目子媛　めのこひめ
㊞色部《いろべ》，目子媛《めのこのいらつめ》
上代の女性。継体天皇の妃。
¶古史（めのこのいらつめ　生没年不詳），古代，女性，人名，日人（生没年不詳）

【も】

水主内親王　もいとりのないしんのう
→水主内親王（みぬしないしんのう）

孟子内親王　もうしないしんのう
？～昌泰4（901）年　㊞孟子内親王《もとこないしんのう》
平安時代前期～中期の女性。清和天皇の皇女。
¶女性（㊁昌泰4（901）年6月27日），人名，日人，平史（もとこないしんのう）

以仁王　もちひとおう
仁平1（1151）年～治承4（1180）年　㊞高倉宮以仁王《たかくらのみやもちひとおう》，高倉宮《たかくらのみや》，三条宮《さんじょうのみや》
平安時代後期の後白河天皇の皇子。平氏追討の令旨を発し、全国の源氏が蜂起する契機を作った。源頼政とともに宇治で戦死。

も

¶会津（高倉宮以仁王　たかくらのみやもちひとおう），朝日（[没]治承4年5月26日（1180年6月20日）），岩史（[没]治承4（1180）年5月26日），角史，鎌倉，鎌室，京都，京都大，京都府，国史，古史，古中，コン改，コン4，史人（[没]1180年5月26日），重要（[没]治承4（1180）年5月25日），諸系，人書94，人情1，新潮（[没]治承4（1180）年5月26日），人名，姓氏京都，世人（[没]治承4（1180）年5月26日），世百，全書，大百，新潟百，日音（[没]治承4（1180）年5月26日？），日史（[没]治承4（1180）年5月26日），日人，百科，平史，歴大

基王　もといおう
神亀4（727）年～神亀5（728）年
奈良時代の聖武天皇の皇子。
¶古史

基兄王　もとえおう
天長1（824）年～元慶5（881）年
平安時代前期の葛井親王の第1王子。桓武天皇皇孫。
¶人名，日人，平史

元子女王　もとこじょおう
→元子女王（げんしじょおう）

基子内親王　もとこないしんのう
？　～天長8（831）年
平安時代前期の女性。嵯峨天皇の皇女。
¶人名，日人，平史

本子内親王　もとこないしんのう
？　～寛喜1（1229）年
鎌倉時代前期の女性。高倉天皇の皇子守貞親王の王女。
¶人名，日人

孟子内親王　もとこないしんのう
→孟子内親王（もうしないしんのう）

基貞親王　もとさだしんのう
天長4（827）年～貞観11（869）年
平安時代前期の皇族。淳和天皇の皇子。
¶人名，日人，平史（[生]？）

元利親王　もととししんのう
？　～康保1（964）年
平安時代中期の皇族。陽成天皇皇子。
¶人名，日人，平史

元長親王　もとながしんのう
延喜1（901）年～貞元1（976）年
平安時代中期の皇族。陽成天皇皇子。
¶人名，日人，平史

元平親王　もとひらしんのう
？　～天徳2（958）年
平安時代中期の皇族。陽成天皇皇子。
¶人名，日人，平史

元平親王女　もとひらしんのうのむすめ
生没年不詳
平安時代前期の歌人。三品式部卿元平親王は陽成院第2皇子。
¶国書，平史

基棟王　もとむねおう
？　～寛平7（895）年
平安時代前期の公卿（非参議）。系譜不詳。
¶公卿（生没年不詳），平史

本康親王　もとやすしんのう
？　～延喜1（901）年　[別]本康親王《ほんやすしんのう》
平安時代前期～中期の皇族、官人。仁明天皇の第5皇子。
¶朝日（[没]延喜1年12月14日（902年1月26日）），国書（[没]延喜1（901）年12月14日），コン改，コン4，諸系（[没]902年），新潮（[没]延喜1（901）年12月14日），人名，姓氏群馬（ほんやすしんのう），日人（[没]902年），平史

基世王　もとよおう
平安時代前期の皇族。桓武天皇皇孫、仲野親王の王子。
¶人名，日人（生没年不詳）

基良親王　もとよししんのう
？　～天長8（831）年
平安時代前期の皇族。嵯峨天皇皇子。
¶人名，日人，平史

元良親王　もとよししんのう
寛平2（890）年～天慶6（943）年
平安時代中期の公卿、歌人。陽成天皇の皇子。
¶朝日（[没]天慶6年7月26日（943年8月29日）），国史，国書（[没]天慶6（943）年7月26日），古史，古中，人名，日人，平史，和俳

物部会津　もののべのあいづ
飛鳥時代の豪族。
¶古代，日人（生没年不詳）

物部宇麻乃　もののべのうまの
生没年不詳
飛鳥時代の官人。
¶古代，諸系，諸系，日人

物部朴井鮪　もののべのえのいのしび
[別]物部朴井連鮪《もののべのえのいのむらじしび》
飛鳥時代の武将。
¶古代（物部朴井連鮪　もののべのえのいのむらじしび），日人（生没年不詳）

物部雄君　もののべのおきみ
？　～天武5（676）年　[別]朴井雄君《えのいのおきみ》，朴井連雄君《えのいのむらじおきみ》
飛鳥時代の廷臣。壬申の乱で活躍。
¶朝日（朴井雄君　えのいのおきみ　[没]天武5（676）年6月），国史，古代（朴井連雄君　えのいのむらじおきみ），古中，コン改，コン改（朴井雄君　えのいのおきみ），コン4，コン4（朴井雄君　えのいのおきみ），史人（[没]676年6月），諸系，新潮（[没]天武5（676）年6月），人名

も

（[没]677年），世人，日人，歴大

物部尾輿 もののべのおこし
生没年不詳　[別]物部大連尾輿《もののべのおおむらじおこし》,物部尾輿《もののべおこし》
飛鳥時代の廷臣（大連）。大連物部目の孫。大伴金村を失脚させ権力を手にいれる。崇仏論争では排仏を主張して蘇我稲目と対立した。
¶朝日，岩史，大阪人（もののべおこし），角史，郷土奈良，公卿，国史，古史，古代（物部大連尾輿　もののべのおおむらじおこし），古中，コン改，コン4，史人，重要，諸系，新潮，人名，世人，世百，全書，大百，日史，日人，百科，歴大

物部広泉 もののべのこうせん
→物部広泉（もののべのひろいずみ）

物部足継 もののべのたりつぐ
生没年不詳
平安時代前期の武官。
¶平史

物部贄子 もののべのにえこ
生没年不詳　[別]物部贄子連《もののべのにえこのむらじ》
飛鳥時代の豪族。
¶古代（物部贄子連　もののべのにえこのむらじ），諸系，日人

物部日向 もののべのひむか
[別]物部首日向《もののべのおびとひむか》
飛鳥時代の武官。
¶古代（物部首日向　もののべのおびとひむか），日人（生没年不詳）

物部広泉 もののべのひろいずみ
延暦4（785）年～貞観2（860）年　[別]物部広泉《もののべこうせん，もののべのこうせん，もののべひろいずみ》,物部朝臣広泉《もののべのあそんひろいずみ》
平安時代前期の医師（正五位下・内薬正）。医博士兼典薬允。
¶朝日（[没]貞観2年10月3日（860年10月20日）），愛媛百（[没]貞観2（860）年10月3日），国史，国書（もののべひろいずみ　[没]貞観2（860）年10月3日），古代（物部朝臣広泉　もののべのあそんひろいずみ），古中，史人（[没]860年10月3日），新潮（[没]貞観2（860）年10月3日），人名（もののべのこうせん），世人（もののべのこうせん　[没]貞観2（860）年10月3日），全書（もののべこうせん），大百，日人，平史

物部広成 もののべのひろなり
→斎部広成（いんべのひろなり）

物部麻呂 もののべのまろ
→石上麻呂（いそのかみのまろ）

物部目(1) もののべのめ
[別]物部連目《もののべのむらじめ》
飛鳥時代の廷臣（大連）。饒速日命の裔。
¶公卿（生没年不詳），古代（物部連目　もののべのむらじめ），コン改（生没年不詳），コン4（生没年不詳），諸系，日人

物部目(2) もののべのめ
[別]物部連目《もののべのむらじめ》
飛鳥時代の官人。大連。
¶古代（物部連目　もののべのむらじめ）

物部守屋 もののべのもりや
？～用明天皇2（587）年　[別]物部弓削守屋《もののべのゆげのもりや》,物部弓削守屋大連《もののべのゆげのもりやのおおむらじ》,物部守屋《もののべもりや》
飛鳥時代の廷臣（大連）。大連物部目の曽孫。蘇我馬子と対立し、兵を挙げたが敗死した。
¶朝日（[没]用明2（587）年7月），岩史，大阪人（もののべもりや），角史，公卿（物部弓削守屋　もののべのゆげのもりや　[没]用明2（587）年7月），国史，古史，古代（物部弓削守屋大連　もののべのゆげのもりやのおおむらじ），古中，コン改，コン4，史人（[没]587年7月），諸系，神人（もののべもりや），新潮（[没]用明2（587）年7月），人名，世人（[没]崇峻3（587）年7月），世百，全書，大百，伝記，日史（[没]用明2（587）年7月），日人，百科，仏教，歴大

物部宅媛 もののべのやかひめ
[別]宅媛《やかひめ》
飛鳥時代の女性。安閑天皇の妃。
¶古代，諸系（宅媛　やかひめ　生没年不詳），女性，人名（宅媛　やかひめ），日人（宅媛　やかひめ　生没年不詳）

物部八坂 もののべのやさか
飛鳥時代の豪族。
¶古代，日人（生没年不詳）

物部山無媛 もののべのやまなしひめ
[別]山無媛《やまなしひめ》,物部山無媛連《もののべのやまなしひめのむらじ》
上代の女性。応神天皇の妃。
¶古代（物部山無媛連　もののべのやまなしひめのむらじ），女性（山無媛　やまなしひめ），日人

物部弓削守屋 もののべのゆげのもりや
→物部守屋（もののべのもりや）

物部依網抱 もののべのよさみのいだく
[別]物部依網連抱《もののべのよさみのむらじいだく》
飛鳥時代の官人。
¶古代（物部依網連抱　もののべのよさみのむらじいだく），日人（生没年不詳）

物部良名（物部吉名） もののべのよしな
生没年不詳　[別]物部吉名《もののべよしな》
平安時代前期の歌人。
¶国書（物部吉名　もののべよしな），平史

水主内親王 もひとりのひめみこ
→水主内親王（みぬしないしんのう）

桃園天皇 ももぞのてんのう
　寛保1(1741)年2月29日〜宝暦12(1762)年7月12日
　江戸時代中期の第116代の天皇(在位1747〜1762)。歌集「桃園天皇御製」がある。
　¶朝日(㋐寛保1年2月29日(1741年4月14日)㋟宝暦12年7月12日(1762年8月31日)),岩史,角史,京都大,近世,国史,国書,コン改,コン4,史人,重要,諸系,新潮,人名,姓氏京都,世人(㋟宝暦12(1762)年7月21日),全書,大百,日史,日人,百科,歴大,和俳

桃園右大臣 ももぞののうだいじん
　→藤原継縄(ふじわらのつぐただ)

盛明親王 もりあきらしんのう
　延長6(928)年〜寛和2(986)年
　平安時代中期の醍醐天皇の第15皇子。
　¶国史,国書(㋟寛和2(986)年5月8日),古中,諸系,新潮(㋟寛和2(986)年5月8日),人名,世人,日人,平史,歴大

守脩親王 もりおさしんのう
　文政2(1819)年〜明治14(1881)年　㋰昌仁親王《しょうにんしんのう》
　江戸時代後期〜明治期の皇族。伏見宮貞敬親王の第10王子。梨本宮家を創立。
　¶国書(昌仁親王　しょうにんしんのう　㋐文政2(1819)年10月29日　㋟明治14(1881)年9月1日),諸系,人名,日人

守邦親王 もりくにしんのう
　正安3(1301)年〜元弘3/正慶2(1333)年
　鎌倉時代後期の皇族。鎌倉幕府第9代将軍。8代将軍久明親王の子。後深草天皇の皇孫。
　¶朝日(㋟正慶2/元弘3年8月16日(1333年9月25日)),角史,神奈川人(㋐1302年),鎌倉(㋐乾元(1302)年),鎌室,国史,古中,コン改,コン4,史人(㋐1301年5月12日　㋟1333年8月16日),重要(㋟元弘3/正慶2(1333)年8月16日),諸系,新潮(㋐正安3(1301)年5月　㋟正慶2/元弘3(1333)年8月16日),人名(㋐1302年),姓氏神奈川,世人(㋟元弘3/正慶2(1333)年8月16日),全書,大百,日史(㋐正安3(1301)年5月12日　㋟元弘3(1333)年8月16日),日人,歴大

守子内親王 もりこないしんのう
　→守子内親王(1)(しゅしないしんのう)

盛子内親王(1) もりこないしんのう
　?〜長徳4(998)年　㋰盛子内親王《せいしないしんのう》
　平安時代中期の女性。村上天皇の皇女。
　¶女性(せいしないしんのう),人名,日人,平史

盛子内親王(2) もりこないしんのう
　*〜延享3(1746)年
　江戸時代中期の女性。桜町天皇の第1皇女。
　¶人名(㋐1737年),日人(㋐1738年)

守貞親王 もりさだしんのう
　→後高倉院(ごたかくらいん)

森俊斎 もりしゅんさい
　→中山忠光(なかやまただみつ)

護良親王 もりながしんのう
　→護良親王(もりよししんのう)

守永親王 もりながしんのう
　生没年不詳
　南北朝時代の皇族、歌人。尊良親王の王子。
　¶国書

守良親王 もりながしんのう
　→守良親王(もりよししんのう)

守彦親王 もりひこしんのう
　→尊円入道親王(そんえんにゅうどうしんのう)

盛厚王 もりひろおう
　→東久邇盛厚(ひがしくにもりひろ)

盛厚王妃成子内親王 もりひろおうひしげこないしんのう
　→東久邇成子(ひがしくにしげこ)

守部王 もりべおう
　㋰守部王《もりべのおおきみ》
　奈良時代の万葉歌人。舎人親王の王子。
　¶古代,諸系(生没年不詳),日人(生没年不詳),万葉(もりべのおおきみ)

守部王 もりべのおおきみ
　→守部王(もりべおう)

守部大隅 もりべのおおすみ
　生没年不詳　㋰守部連大隅《もりべのむらじおおすみ》,鍛大角《かねちのおおすみ》,鍛冶造大角《かねちのみやつこおおすみ》,鍛冶大隅《かねちのおおすみ》
　飛鳥時代〜奈良時代の官人、学者。大宝律令の編纂者の一人。
　¶朝日,国史,古代(守部連大隅　もりべのむらじおおすみ),古中,コン改(鍛冶大隅　かぬちのおおすみ),コン4(鍛冶大隅　かぬちのおおすみ),新潮(鍛冶大隅　かぬちのおおすみ),人名,人名(鍛大角　かぬちのおおすみ),世人(鍛冶造大角　かぬちのみやつこおおすみ),日人,歴大(鍛冶大隅　かぬちのおおすみ)

守正王 もりまさおう
　→梨本守正(なしもともりまさ)

守正王妃伊都子 もりまさおうひいつこ
　→梨本伊都子(なしもといつこ)

護良親王 もりよししんのう
　延慶1(1308)年〜建武2(1335)年　㋰護良親王《もりながしんのう》,尊雲《そんうん》,大塔宮《おおとうのみや,だいとうのみや》,尊雲親王《そんうんしんのう》,尊雲法親王《そんうんほうしんのう,そんうんほっしんのう》
　鎌倉時代後期〜南北朝時代の後醍醐天皇の皇子。天台座主だったが還俗して後醍醐天皇の討幕を助

ける。建武新政で征夷大将軍。のちに足利尊氏により幽閉され殺された。
¶朝日（㉝建武2年7月23日（1335年8月12日）），岩史（㉝建武2（1335）年7月23日），角史，神奈川人，鎌倉（もりながしんのう），鎌室（もりながしんのう），京都（もりながしんのう），京都大（もりながしんのう），郷土奈良（もりながしんのう），国史（㊈？），古中（㊈？），コン改，コン4，史人（㉝1335年7月23日），重要（㉝建武2（1335）年7月23日），諸系，人書94（もりながしんのう），新潮（もりながしんのう　㉝建武2（1335）年7月23日），人名（もりながしんのう），姓氏京都，世人（もりながしんのう　㉝建武2（1335）年7月23日），世百（もりながしんのう），全書，大百（もりながしんのう），日史（㉝建武2（1335）年7月23日），日人，百科，仏教（尊雲　そんうん），山梨百（もりながしんのう），歴大，和歌山人（もりながしんのう）

守良親王　もりよししんのう
生没年不詳　㋱守良親王《もりながしんのう》
鎌倉時代後期の亀山天皇の皇子。
¶国史，古中，諸系，人名（もりながしんのう），日人

師明親王　もろあきらしんのう
→性信入道親王（しょうしんにゅうどうしんのう）

師成親王　もろなりしんのう
正平16/康安1（1361）年〜？
南北朝時代の皇族。後村上天皇皇子。
¶鎌室，人名，日人（生没年不詳）

文亨尼　もんこうに
→文亨女王（ぶんこうじょおう）

文徳天皇　もんとくてんのう
天長4（827）年〜天安2（858）年　㋱田邑帝《たむらのみかど》，道康親王《みちやすしんのう》，田邑天皇《たむらてんのう》
平安時代前期の第55代の天皇（在位850〜858）。仁明天皇の子。
¶朝日（㉝天安2年8月27日（858年10月7日）），岩史（㊈天安4（827）年㉝天安2（858）年8月27日），角史，京都大，国史，古史，古代，古中，コン改，コン4，史人（㊈827年8月　㉝858年8月27日），重要（㊈天長4（827）年8月　㉝天安2（858）年8月27日），諸系，新潮（㊈天長4（827）年8月　㉝天安2（858）年8月27日），人名，姓氏京都，世人（㉝天安2（858）年8月27日），世百，全書，大百，日音（㊈天長4（827）年8月），日史（㊈天長4（827）年8月　㉝天安2（858）年8月27日），日人，百科，平史，歴大

文武天皇　もんむてんのう
天武天皇12（683）年〜慶雲4（707）年6月15日
㋱軽皇子《かるのおうじ，かるのみこ》，道康親王《みちやすしんのう》
飛鳥時代の第42代の天皇（在位697〜707）。草壁皇子の子。聖武天皇の父。
¶朝日（㉝慶雲4年6月15日（707年7月18日）），岩史，角史，国史，国書，古史，古代，古中，コ

ン改，コン4，史人，重要，諸系，新潮，人名，世人，世百，全書，大百，日史，日人，百科，万葉，歴大，和俳

【 や 】

宅子娘　やかこのいらつめ
→伊賀宅子娘（いがのやかこのいらつめ）

家仁親王　やかひとしんのう
元禄16（1703）年〜明和4（1767）年12月6日
江戸時代中期の皇族。京極宮文仁親王の第1王子。桂宮第7代。
¶近世，国史，国書（㊈元禄16（1703）年4月1日），諸系（㉝1768年），人名，日人（㉝1768年）

宅媛　やかひめ
→物部宅媛（もののべのやかひめ）

宅部皇子　やかべのおうじ
？　〜587年　㋱宅部皇子《やかべのみこ》
飛鳥時代の皇族。宣化天皇の皇子。
¶古代（やかべのみこ），日人

宅部皇子　やかべのみこ
→宅部皇子（やかべのおうじ）

八上女王　やがみのじょおう
㋱八上女王《やがみのひめみこ》
奈良時代の王女。
¶古代（やがみのひめみこ），日人（生没年不詳）

八上女王　やがみのひめみこ
→八上女王（やがみのじょおう）

八口音橿　やくちのおとかし
㋱八口朝臣音橿《やくちのあそんおとかし》
飛鳥時代の官人。
¶古代（八口朝臣音橿　やくちのあそんおとかし），日人（生没年不詳）

陽侯久爾曽　やこのくにそ
㋱陽侯史久爾曽《やこのふひとくにそ》
飛鳥時代の学者。
¶古代（陽侯史久爾曽　やこのふひとくにそ），日人（生没年不詳）

陽胡玉陳　やこのたまふる
㋱陽胡史《やこのふひと》，陽胡史玉陳《やこのふひとたまふる》
飛鳥時代の学者。
¶古代（陽胡史玉陳　やこのふひとたまふる），世人（陽胡史　やこのふひと），日人（生没年不詳）

陽侯人麻呂　やこのひとまろ
㋱陽侯忌寸人麻呂《やこのいみきひとまろ》
奈良時代の官人。
¶古代（陽侯忌寸人麻呂　やこのいみきひとまろ），日人（生没年不詳）

皇族・貴族篇

陽胡史 やこのふひと
→陽胡玉陳（やこのたまふる）

陽胡真身（陽古真身） やこのまみ，やごのまみ
生没年不詳　㊕陽胡史真身《やこのふひとまみ》，陽胡真身《やこのむざね》
奈良時代の官人、学者。大宝律令の修正に従事。
¶朝日（やごのまみ），国史（やこのむざね），古代（陽胡史真身　やこのふひとまみ），古中（やこのむざね），コン改，コン4，史人，新潮，人名，世人（陽古真身），日人，歴大

陽侯麻呂 やこのまろ
生没年不詳
奈良時代の官吏。
¶日人

陽胡真身 やこのむざね
→陽胡真身（やこのまみ）

陽侯玲璆（陽胡玲璆，陽侯令璆） やこのれいきゅう
生没年不詳　㊕陽侯忌寸令璆《やこのいみきれいきゅう》
奈良時代の官人。
¶古代（陽侯忌寸令璆　やこのいみきれいきゅう），新潟百（陽胡玲璆），日人

陽侯令珪 やこのれいけい
㊕陽侯史令珪《やこのふひとれいけい》
奈良時代の官人。
¶古代（陽侯史令珪　やこのふひとれいけい），日人（生没年不詳）

陽侯令珍 やこのれいちん
㊕陽侯史令珍《やこのふひとれいちん》
奈良時代の官人。
¶古代（陽侯史令珍　やこのふひとれいちん），日人（生没年不詳）

八坂入彦命 やさかのいりひこのみこと
上代の崇神天皇の皇子。
¶古代，日人

八坂入媛 やさかのいりひめ
㊕八坂入媛《やさかいりひめ》
上代の女性。景行天皇の妃。
¶朝日，古代，コン改，コン4，女性，人名（やさかいりひめ），日人

野相公 やしょうこう
→小野篁（おののたかむら）

八代女王 やしろのおおきみ
→矢代女王（やしろのじょおう）

矢代女王 やしろのじょおう
生没年不詳　㊕八代女王《やしろのおおきみ》
奈良時代の女主。系譜不詳。
¶国書（八代女王　やしろのおおきみ），女性，日人，万葉（八代女王　やしろのおおきみ）

保明親王 やすあきらしんのう
延喜3（903）年〜延長1（923）年

平安時代中期の醍醐天皇の皇子（皇太子）。
¶朝日（㊕延長1年3月21日（923年4月9日）），国史，古史，古中，史人（㊕903年11月20日㊕923年3月21日），諸系，新潮（㊕延長1（923）年3月21日），人名，世人，日人，平史

恭子女王 やすこじょおう
→浅野恭子（あさのやすこ）

廉子女王 やすこじょおう
？〜承平5（935）年
平安時代前期〜中期の女性。仁明天皇の皇孫女。
¶平史

媞子内親王 やすこないしんのう
→郁芳門院（いくほうもんいん）

悰子内親王 やすこないしんのう
→悰子内親王（そうしないしんのう）

甫子内親王 やすこないしんのう
→近衛甫子（このえやすこ）

禔子内親王 やすこないしんのう
→禔子内親王（ししないしんのう）

休子内親王 やすこないしんのう
→休子内親王（きゅうしないしんのう）

康子内親王 やすこないしんのう
延喜20（920）年〜天徳1（957）年　㊕康子内親王《こうしないしんのう》
平安時代中期の女性。醍醐天皇の皇女。
¶朝日（㊕天徳1年6月6日（957年7月5日）），コン改，コン4，女性（こうしないしんのう）（㊕天暦11（957）年6月6日），人名，日人，平史（㊕919年）

保子内親王 やすこないしんのう
天暦3（949）年〜永延1（987）年
平安時代中期の女性。村上天皇の皇女。
¶女性（㊕永延1（987）年8月21日），人名，日人，平史

靖子内親王 やすこないしんのう
→靖子内親王（せいしないしんのう）

恬子内親王 やすこないしんのう
→恬子内親王（てんしないしんのう）

晏子内親王 やすこないしんのう
→晏子内親王（あんしないしんのう）

綏子内親王 やすこないしんのう
→綏子内親王（すいしないしんのう）

康資王 やすすけおう
？〜寛治4（1090）年
平安時代中期〜後期の神祇伯。父は源延信。
¶神人，平史

安田照矩 やすだてのり
文化11（1814）年11月11日〜？
江戸時代後期〜末期の官人。

¶国書

泰成親王 やすなりしんのう
生没年不詳
南北朝時代～室町時代の後村上天皇の皇子。
¶鎌室，国書，史人，諸系，新潮，人名，日人

泰宮聡子内親王 やすのみやとしこないしんのう
→東久邇聡子（ひがしくにとしこ）

鳩彦王 やすひこおう
→朝香鳩彦（あさかやすひこ）

鳩彦王妃允子内親王 やすひこおうひのぶこないしんのう
→朝香宮允子（あさかのみやのぶこ）

穏仁親王 やすひとしんのう
寛永20（1643）年～寛文5（1665）年
江戸時代前期の皇族。八条宮第3代、後水尾天皇第9皇子。
¶諸系，人名，日人

康仁親王 やすひとしんのう
元応2（1320）年～正平10/文和4（1355）年
南北朝時代の邦良親王の子。後二条天皇の皇孫。
¶鎌室，史人（[没]1355年4月29日），諸系，新潮（[没]文和4/正平10（1355）年4月29日），人名，世人（[没]正平10/文和4（1355）年5月29日），日人

雍仁親王 やすひとしんのう
→秩父宮雍仁親王（ちちぶのみややすひとしんのう）

雍仁親王妃勢津子 やすひとしんのうひせつこ
→秩父宮勢津子（ちちぶのみやせつこ）

矢集虫麻呂（箭集虫麻呂） やずめのむしまろ
生没年不詳　[別]箭集宿禰虫麻呂《やつめのすくねむしまろ》，矢集虫麻呂《やつめのむしまろ》
奈良時代の官人、法律学者。養老律令の編者の一人。
¶朝日（箭集虫麻呂），国史（やつめのむしまろ），古代（箭集宿禰虫麻呂　やつめのすくねむしまろ），古中（やつめのむしまろ），史人，新潮（箭集虫麻呂），人名，世人，日史，日人，百科

八田皇女（矢田皇女） やたのおうじょ
→八田皇女（やたのひめみこ）

八田皇女 やたのこうじょ
→八田皇女（やたのひめみこ）

箭田珠勝大兄皇子 やたのたまかつのおおえのおうじ
？～552年　[別]箭田珠勝大兄皇子《やたのたまかつのおおえのみこ》
飛鳥時代の欽明天皇の皇子。
¶古代（やたのたまかつのおおえのみこ），日人

箭田珠勝大兄皇子 やたのたまかつのおおえのみこ
→箭田珠勝大兄皇子（やたのたまかつのおおえのおうじ）

八田皇女（矢田皇女） やたのひめみこ
[別]八田皇女《やたのおうじょ，やたのこうじょ》，矢田皇女《やたのおうじょ》
上代の女性。応神天皇の皇女。
¶朝日（生没年不詳），国史（やたのおうじょ），古代（矢田皇女），古中（やたのおうじょ），コン改（生没年不詳），コン4（生没年不詳），史人，諸系（やたのおうじょ），女性（やたのこうじょ），新潮，人名（やたのこうじょ），世人（やたのこうじょ　生没年不詳），日史（矢田皇女　やたのおうじょ），日人（やたのおうじょ），百科（矢田皇女），万葉，歴大（やたのおうじょ）

矢田部公望 やたべのきんもち
生没年不詳　[別]矢田部公望《やたべきんもち》
平安時代中期の学者。
¶国史，国書（やたべきんもち），古中，史人，日人，平史

矢田部名実 やたべのなざね
？～昌泰3（900）年　[別]矢田部名実《やたべなざね》
平安時代前期の官人・歌人。
¶国書（やたべなざね），平史

矢集虫麻呂（箭集虫麻呂） やつめのむしまろ
→矢集虫麻呂（やずめのむしまろ）

八瓜入日子王 やつりいりひこのおう
[別]八瓜入日子王《やつりいりひこのおおきみ》
上代の日子坐王の子。
¶古代（やつりいりひこのおおきみ），日人

八瓜入日子王 やつりいりひこのおおきみ
→八瓜入日子王（やつりいりひこのおう）

八釣白彦皇子 やつりのしろひこのおうじ
[別]八釣白彦皇子《やつりのしろひこのみこ》
上代の允恭天皇の皇子。
¶古代（やつりのしろひこのみこ），日人

八釣白彦皇子 やつりのしろひこのみこ
→八釣白彦皇子（やつりのしろひこのおうじ）

柳原（家名） やなぎはら
→柳原（やなぎわら）

柳原淳光 やなぎわらあつみつ
天文10（1541）年7月30日～慶長2（1597）年8月11日　[別]柳原淳光《やなぎはらあつみつ》
安土桃山時代の公卿（権大納言）。権中納言町資将の子。
¶公卿，公家（淳光〔柳原家〕　あつみつ），国書，戦人（やなぎはらあつみつ）

柳原量光 やなぎわらかずみつ
文安5（1448）年～永正7（1510）年8月18日　[別]柳原量光《やなぎはらかずみつ》
室町時代～戦国時代の公卿（権中納言）。権大納言柳原資綱の子。
¶公卿，公家（量光〔柳原家〕　かずみつ），国書，戦人（やなぎはらかずみつ）

柳原前光 やなぎわらさきみつ
嘉永3（1850）年～明治27（1894）年9月2日　[別]柳

原前光《やなぎはらさきみつ》，次郎麿
江戸時代末期～明治期の公家、外交官。宮中顧問官、伯爵。駐清公使となり日清外交で活躍。皇室諸制度の制定に関与。
¶朝日（㊐嘉永3年3月23日（1850年5月4日）），維新（やなぎはらさきみつ），海越（やなぎはらさきみつ　㊐嘉永3（1850）年3月23日），海越新（やなぎはらさきみつ　㊐嘉永3（1850）年3月23日），角史，近現，国際（やなぎはらさきみつ），国史，コン改（やなぎはらさきみつ），コン5（やなぎはらさきみつ），史人（㊐1850年3月23日），諸系，新潮（やなぎはらさきみつ　㊐嘉永3（1850）年3月23日），人名（やなぎはらさきみつ），姓氏京都，世人（㊐嘉永3（1850）年3月），日史（やなぎはらさきみつ　㊐嘉永3（1850）年3月23日），日人，日本（やなぎはらさきみつ），幕末（やなぎはらさきみつ），明治1，山梨百（㊐嘉永3（1850）年3月），履歴（やなぎはらさきみつ　㊐嘉永3（1850）年3月23日），歴大（やなぎはらさきみつ）

柳原茂光　やなぎわらしげみつ
文禄4（1595）年～承応3（1654）年10月6日
江戸時代前期の公家（権大納言）。権大納言柳原淳光の孫。
¶公卿，公家（茂光〔柳原家〕　しげみつ）

柳原資明　やなぎわらすけあき
永仁5（1297）年～正平8/文和2（1353）年7月27日
㊖藤原資明《ふじわらのすけあき》，柳原資明《やなぎはらすけあきら，やなぎはらすけあき，やなぎわらすけあきら》
鎌倉時代後期～南北朝時代の公卿（権大納言）。柳原家の祖。権大納言日野俊光の四男。
¶岩史（やなぎわらすけあきら），鎌室（やなぎはらすけあき），公卿，公家（資明〔柳原家〕　すけあきら），国史（やなぎわらすけあきら），国書（やなぎわらすけあきら），古中（やなぎわらすけあきら），コン改（藤原資明　ふじわらのすけあき），コン4（藤原資明　ふじわらのすけあき），コン4（やなぎはらすけあきら），史人，諸系，新潮（やなぎはらすけあき），人名（藤原資明　ふじわらのすけあき），世人（藤原資明　ふじわらのすけあき），日史（やなぎはらすけあき），日人，百科（やなぎはらすけあき）

柳原資明　やなぎわらすけあきら
→柳原資明（やなぎわらすけあき）

柳原資廉　やなぎわらすけかど
正保1（1644）年6月30日～正徳2（1712）年9月25日
㊖柳原資廉《やなぎはらすけかど》
江戸時代前期～中期の公家（権大納言）。権大納言柳原資行の次男。
¶公卿，公家（資廉〔柳原家〕　すけかど），国書，諸系，人名（やなぎはらすけかど），日人

柳原資定　やなぎわらすけさだ
明応4（1495）年11月6日～天正6（1578）年3月30日
㊖柳原資定《やなぎはらすけさだ》
戦国時代～安土桃山時代の公卿（権大納言）。権中納言柳原量光の子。
¶公卿，公家（資定〔柳原家〕　すけさだ），国書，戦人（やなぎはらすけさだ）

柳原資堯　やなぎわらすけたか
元禄5（1692）年7月14日～正徳6（1716）年4月24日
江戸時代中期の公家。
¶国書

柳原資綱　やなぎわらすけつな
応永24（1417）年～明応9（1500）年閏6月27日
室町時代～戦国時代の公卿（権大納言）。権大納言柳原忠秀の子。
¶公卿，公家（資綱〔柳原家〕　すけつな）

柳原資衡　やなぎわらすけひら
正平18/貞治2（1363）年～応永12（1405）年　㊖柳原資衡《やなぎはらすけひら》
南北朝時代～室町時代の公卿（権大納言）。権大納言柳原忠光の子。
¶鎌室（やなぎはらすけひら），公卿（㊐貞治2/正平18（1364）年），公家（資衡〔柳原家〕　すけひら　㊚応永11（1404）年12月），国書（生没年不詳），諸系，新潮（やなぎはらすけひら　㊚応永12（1405）年12月），日人

柳原資行　やなぎわらすけゆき
元和6（1620）年12月16日～延宝7（1679）年8月12日
江戸時代前期の公家（権大納言）。権大納言柳原茂光の子。
¶公卿，公家（資行〔柳原家〕　すけゆき），国書

柳原隆光　やなぎわらたかみつ
寛政5（1793）年4月23日～嘉永4（1851）年7月9日
㊖柳原隆光《やなぎはらたかみつ》
江戸時代末期の公家（権大納言）。権大納言柳原均光の子。
¶維新（やなぎはらたかみつ），公卿，公家（隆光〔柳原家〕　たかみつ），国書，幕末（やなぎはらたかみつ　㊚1851年8月5日）

柳原忠秀　やなぎわらただひで
明徳4（1393）年～嘉吉3（1443）年3月12日
室町時代の公卿（権大納言）。権大納言町資藤の次男。
¶公卿，公家（忠秀〔柳原家〕　ただひで）

柳原忠光　やなぎわらただみつ
建武1（1334）年～天授5/康暦1（1379）年　㊖柳原忠光《やなぎはらただみつ》
南北朝時代の公卿（権大納言）。権大納言柳原資明の四男。
¶鎌室（やなぎはらただみつ），公卿（㊚康暦1/天授5（1379）年1月19日），公家（忠光〔柳原家〕　ただみつ），国書（㊚永和5（1379）年1月19日），諸系，新潮（やなぎはらただみつ　㊚康暦1/天授5（1379）年1月19日），日人

柳原均光　やなぎわらなおみつ
安永1（1772）年6月8日～文化9（1812）年3月13日
江戸時代後期の公家（権大納言）。権大納言柳原紀光の子。

¶公卿，公家（均光〔柳原家〕　なおみつ），国書

柳原愛子　やなぎわらなるこ
安政2（1855）年〜昭和18（1943）年10月16日
㉕柳原愛子《やなぎはらなるこ》
明治〜大正期の女官。明治天皇の権典侍。大正天皇の生母。
¶近現（㉕1859年），近女（やなぎはらなるこ），現日（㉕1855年4月16日），国史（㉕1859年），コン改（やなぎはらなるこ），コン5（やなぎはらなるこ），史人（㉕1859年5月26日），諸系，女性（やなぎはらなるこ　㉕安政2（1855）年4月），女性普（やなぎはらなるこ　㉕安政2（1855）年4月），新潮（やなぎはらなるこ　㉕安政2（1855）年4月16日），人名7（やなぎはらなるこ），世紀（㉕安政2（1855）年4月16日），大百，日人

柳原紀光　やなぎわらのりみつ
→柳原紀光（やなぎわらもとみつ）

柳原博光　やなぎわらひろみつ
明治22（1889）年3月19日〜昭和41（1966）年12月31日　㉕柳原博光《やなぎはらひろみつ》
明治〜昭和期の軍人。大原伯爵家の3男で、柳原義光伯爵の養子。
¶陸海（やなぎはらひろみつ）

柳原光綱　やなぎわらみつつな
正徳1（1711）年11月29日〜宝暦10（1760）年9月28日
江戸時代中期の公家（権大納言）。権中納言上冷泉為綱の末子。
¶公卿，公家（光綱〔柳原家〕　みつつな），国書

柳原光愛　やなぎわらみつなる
文政1（1818）年〜明治18（1885）年6月28日　㉕柳原光愛《やなぎはらみつなる》
江戸時代末期〜明治期の公家（権大納言）。権大納言柳原隆光の子。
¶維新（やなぎはらみつなる），公卿（㊕文政1（1818）年5月18日　㉕明治18（1885）年5月），公家（光愛〔柳原家〕　みつなる　㊕文政1（1818）年5月18日），国書（㊕文化15（1818）年2月4日），コン5（やなぎはらみつなる），幕末

柳原宗光　やなぎわらむねみつ
元亨2（1322）年〜正平2/貞和3（1347）年6月12日
鎌倉時代後期〜南北朝時代の公家・歌人。
¶国書

柳原紀光　やなぎわらもとみつ
延享3（1746）年〜寛政12（1800）年　㉕柳原紀光《やなぎはらのりみつ，やなぎはらもとみつ，やなぎわらのりみつ》
江戸時代中期〜後期の公家（権大納言）。権大納言柳原光綱の子。
¶朝日（㊕延享3年11月14日（1746年12月25日）㉕寛政12年12月1日（1801年1月27日）），角史，近世，公卿（㊕延享3（1746）年11月14日　㉕寛政12（1800）年1月4日），公家（紀光〔柳原家〕　もとみつ　㊕延享3（1746）年11月14日　㉕寛政12（1800）年1月3日），国史，国書（㊕延享3（1746）年11月14日　㉕寛政12（1800）年1月3日），コン改（やなぎはらもとみつ　㊕延享4（1747）年，（異説）1746年），コン4（やなぎはらもとみつ　㊕延享4（1747）年，（異説）1746年），史人（㊕1746年11月14日　㉕1800年1月3日），諸系，新潮（やなぎはらのりみつ　㊕延享4（1747）年　㉕寛政12（1800）年1月4日），人名（やなぎはらのりみつ　㊕1747年），姓氏京都，世人（やなぎわらのりみつ　㊕延享4（1747）年），全書（やなぎわらのりみつ），日史（やなぎはらもとみつ　㉕寛政12（1800）年1月4日），日人，百科（やなぎはらもとみつ）

柳原義光　やなぎわらよしみつ
明治7（1874）年9月2日〜昭和21（1946）年1月
㉕柳原義光《やなぎはらよしみつ》
明治〜昭和期の渡航者。
¶渡航（やなぎはらよしみつ）

薮公師　やぶきんもろ
安永4（1775）年〜文政4（1821）年9月27日
江戸時代中期〜後期の公家。
¶国書

薮実方　やぶさねふさ
天保8（1837）年〜明治17（1884）年10月9日
江戸時代末期〜明治期の公家。
¶維新，幕末

薮嗣章　やぶつぐあき
慶安3（1650）年閏10月20日〜元禄11（1698）年7月3日
江戸時代前期〜中期の公家（参議）。権大納言薮嗣孝の子。
¶公卿，公家（嗣章〔藪家〕　つぐあき）

薮嗣孝　やぶつぐたか
元和5（1619）年9月6日〜天和2（1682）年5月27日
江戸時代前期の公家（権大納言）。権大納言薮嗣良の子。
¶公卿，公家（嗣孝〔藪家〕　つぐたか）

薮嗣良　やぶつぐよし
→高倉嗣良（たかくらつぐよし）

薮保季　やぶやすすえ
享保16（1731）年11月20日〜寛政11（1799）年4月2日
江戸時代中期の公家（権中納言）。権大納言清水谷雅季の三男。
¶公卿，公家（保季〔藪家〕　やすすえ）

山形女王　やまがたじょおう
？　〜天平17（745）年
奈良時代の女性。高市皇子の王女。
¶人名，日人

山口定厚　やまぐちさだあつ
文政9（1826）年〜明治20（1887）年3月1日
江戸時代後期〜明治期の官人。
¶国書

山口亮仲 やまぐちすけなか
寛文7(1667)年～元禄14(1701)年9月26日
江戸時代前期～中期の官人。
¶国書

山口兄人 やまぐちのえひと
㊗山口忌寸兄人《やまぐちのいみきえひと》
奈良時代の官人。
¶古代(山口忌寸兄人　やまぐちのいみきえひと),日人(生没年不詳)

山口女王 やまぐちのおおきみ
生没年不詳　㊗山口女王《やまぐちのじょおう,やまぐちのひめみこ》
奈良時代の女性。万葉歌人。
¶国書,古代,女性(やまぐちのじょおう),人名(やまぐちのひめみこ),日人,万葉,和俳(やまぐちのじょおう)

山口大麻呂 やまぐちのおおまろ
㊗山口伊美伎大麻呂《やまぐちのいみきおおまろ》
飛鳥時代の官吏。「大宝律令」撰定者の一人。
¶古代(山口伊美伎大麻呂　やまぐちのいみきおおまろ),日人(生没年不詳)

山口佐美麻呂 やまぐちのさみまろ
㊗山口忌寸佐美麻呂《やまぐちのいみきさみまろ》
奈良時代の官人。
¶古代(山口忌寸佐美麻呂　やまぐちのいみきさみまろ),日人(生没年不詳)

山口重如 やまぐちのしげゆき
生没年不詳　㊗山口重如《やまぐちしげゆき》
平安時代中期の官人・歌人。
¶国書(やまぐちしげゆき),平史

山口女王 やまぐちのじょおう
→山口女王(やまぐちのおおきみ)

山口田主 やまぐちのたぬし
生没年不詳　㊗山口忌寸田主《やまぐちのいみきたぬし》
奈良時代の算術家。暦算の第一人者。
¶朝日,古代(山口忌寸田主　やまぐちのいみきたぬし),日人

山口西成 やまぐちのにしなり
延暦21(802)年～貞観6(864)年　㊗山口忌寸西成《やまぐちのいみきにしなり》
平安時代前期の官人。
¶古代(山口忌寸西成　やまぐちのいみきにしなり　㊤796年　㊦858年),日人,平史

山口女王 やまぐちのひめみこ
→山口女王(やまぐちのおおきみ)

山口若麻呂 やまぐちのわかまろ
㊗山口忌寸若麻呂《やまぐちのいみきわかまろ》
奈良時代の歌人。
¶人名,日人(生没年不詳),万葉(山口忌寸若麻呂　やまぐちのいみきわかまろ)

山口正信 やまぐちまさのぶ
文化2(1805)年7月27日～?
江戸時代後期の官人。
¶国書

山前王 やまくまのおおきみ
? ～養老7(723)年　㊗山前王《やまさきのおおきみ》
飛鳥時代～奈良時代の歌人。忍壁親王の王子。
¶詩歌,人名,日人(やまさきのおおきみ　㊦724年),万葉,和俳

山前王 やまさきのおおきみ
→山前王(やまくまのおおきみ)

山科顕言 やましなあきとき
正長1(1428)年～寛正3(1462)年5月8日
室町時代の公卿(権中納言)。参議山科家豊の子。
¶公卿,公家(顕言〔山科家〕　あきとき)

山科家右 やましないえすけ
? ～寛正2(1461)年
室町時代の公卿(非参議)。参議山科教繁の次男。
¶公卿,公家(家右〔山科家(絶家)3〕　いえみぎ)

山科家豊 やましないえとよ
? ～永享3(1431)年1月4日
室町時代の公卿(参議)。権中納言山科教興の子。
¶鎌室,公卿,公家(家豊〔山科家〕　いえとよ),国書,諸系,日人

山科定言 やましなさだとき
文明8(1476)年～明応3(1494)年7月30日
戦国時代の公家。
¶国書5

山階実雄 やましなさねお
→洞院実雄(とういんさねお)

山科実教 やましなさねのり
→藤原実教(ふじわらのさねのり)

山科生静 やましなたかきよ
宝暦9(1759)年10月23日～天保5(1834)年2月9日
江戸時代中期～後期の官人。
¶国書

山科敬言 やましなたかとき
→山科敬言(やましなのりとき)

山科堯言 やましなたかとき
貞享3(1686)年2月3日～宝暦1(1751)年12月5日
江戸時代中期の公家(権大納言)。参議山科持言の子。
¶公卿,公家(堯言〔山科家〕　たかとき),国書

山科生直 やましなたかなお
寛政6(1794)年8月13日～嘉永4(1851)年12月18日
江戸時代後期の官人。
¶国書

山科生春 やましなたかはる
文政1(1818)年～？
江戸時代後期～末期の官人。
¶国書

山科忠言 やましなただとき
宝暦12(1762)年閏4月19日～天保4(1833)年2月26日
江戸時代中期～後期の公家(権大納言)。権中納言山科敬言の子。
¶公卿，公家(忠言〔山科家〕　ただとき)，国書

山科嗣教 やましなつぐのり
生没年不詳
室町時代の公家。
¶鎌室，諸系，日人

山科言緒 やましなときお
天正5(1577)年2月21日～元和6(1620)年2月25日
安土桃山時代～江戸時代前期の公家(参議)。権中納言山科言経の子。
¶公卿，公家(言緒〔山科家〕　ときお)，国書，戦人，戦補

山科言国 やましなときくに
享徳1(1452)年～文亀3(1503)年
戦国時代の公卿(権中納言)。参議山科保宗の子。
¶朝日([没]文亀3年2月28日(1503年3月26日))，鎌室，公卿([没]文亀3(1503)年2月28日)，公家(言国〔山科家〕　ときくに　[生]享徳1(1452)年？月23日　[没]文亀3(1503)年2月28日)，国史，国書([生]宝徳4(1452)年2月23日　[没]文亀3(1503)年2月28日)，古中，コン改，コン4，史人([没]1503年2月28日)，諸系，新潮([没]文亀3(1503)年2月28日)，姓氏京都，戦人，日人

山科言知 やましなときさと
寛政2(1790)年2月26日～慶応3(1867)年10月27日　[別]山科言知《やましなときとも》
江戸時代末期の公家(権大納言)。権大納言山科忠言の子。
¶公卿，公家(言知〔山科家〕　ときとも)，国書(やましなときとも)

山科言継 やましなときつぐ
永正4(1507)年～天正7(1579)年
戦国時代～安土桃山時代の公卿(権大納言)。権中納言山科言綱の子。
¶朝日([生]永正4年4月26日(1507年6月6日)　[没]天正7年3月2日(1579年3月28日))，角史，京都，京都大，公卿([生]永正4(1507)年4月26日　[没]天正7(1579)年3月2日)，公家(言継〔山科家〕　ときつぐ　[生]永正4(1507)年4月26日　[没]天正7(1579)年3月2日)，国史，国書([生]永正4(1507)年4月26日　[没]天正7(1579)年3月2日)，古中，コン改，コン4，史人([生]1507年4月26日　[没]1579年3月2日)，諸系，人書94([没]1576年)，新潮([生]永正4(1507)年4月26日　[没]天正7(1579)年3月2日)，人名，姓氏京都，姓氏静岡，世人([没]天正7(1579)年3月2日)，戦国，戦辞([生]永正4年4月26日(1507年6月6日)　[没]天正7年3月2日(1579年3月28日))，全書，戦人，大百，日史([生]永正4(1507)年4月26日　[没]天正7(1579)年3月2日)，日人，百科，歴大

山科言綱 やましなときつな
文明18(1486)年4月1日～享禄3(1530)年9月12日
戦国時代の公卿(権中納言)。権中納言山科言国の子。
¶公卿，公家(言綱〔山科家〕　ときつな)，国書，戦人

山科言縄 やましなときつな
→山科言縄(やましなときなお)

山科言経 やましなときつね
天文12(1543)年～慶長16(1611)年
安土桃山時代～江戸時代前期の公家(権中納言)。権中納言山科言継の子。
¶朝日([生]天文12年7月2日(1543年8月2日)　[没]慶長16年2月27日(1611年4月10日))，大阪人([生]天文11(1542)年)，京都大，近世，公卿([生]天文12(1543)年7月2日　[没]慶長16(1611)年2月27日)，公家(言経〔山科家〕　ときつね　[生]天文12(1543)年7月2日　[没]慶長16(1611)年2月27日)，国史，国書([生]天文12(1543)年7月2日　[没]慶長16(1611)年2月27日)，古中，コン改，コン4，史人([生]1543年7月2日　[没]1611年2月27日)，諸系，新潮([生]天文12(1543)年7月2日　[没]慶長16(1611)年2月27日)，姓氏京都，戦人，戦補，日史([生]天文12(1543)年7月2日　[没]慶長16(1611)年2月27日)，日人，歴大

山科言知 やましなときとも
→山科言知(やましなときさと)

山科言縄 やましなときなお
天保6(1835)年6月20日～大正5(1916)年11月6日
[別]山科言縄《やましなときつな》
江戸時代末期～明治期の公家(非参議)。権中納言山科言成の子。
¶維新，近現，近世，公卿([没]大正5(1916)年11月)，公家(言縄〔山科家〕　ときなお)，国史，国書，史人，諸系，人名(やましなときつな)，世紀，日人，幕末

山科言成 やましなときなり
文化8(1811)年6月28日～明治3(1870)年閏10月3日
江戸時代末期～明治期の公家(権中納言)。権大納言山科言知の子。
¶公卿([没]明治3(1870)年閏10月)，公家(言成〔山科家〕　ときなり)，国書

山科言総 やましなときふさ
慶長8(1603)年～寛文1(1661)年11月27日
江戸時代前期の公家(権大納言)。参議山科言緒の子。
¶公卿，公家(言総〔山科家〕　ときふさ)

山科言行 やましなときゆき
寛永9(1632)年10月22日～寛文5(1665)年4月25日

江戸時代前期の公家（参議）。権中納言藤谷為賢の三男。
¶公卿（[没]寛文5（1665）年4月24日），公家（言行〔山科家〕　ときゆき），国書

山階宮晃親王　やましなのみやあきらしんのう
文化13（1816）年～明治31（1898）年2月17日
[別]晃親王《あきらしんのう》，済範《さいはん》
江戸時代末期～明治期の皇族、宮廷政治家。伏見宮邦家親王の第1王子。
¶朝日（晃親王　あきらしんのう　[生]文化13年2月2日（1816年2月29日）），維新（晃親王　あきらしんのう），諸系，真宗（晃親王　あきらしんのう　[生]文化13（1816）年2月2日），人名（晃親王　あきらしんのう），日人，幕末（晃親王　あきらしんのう），仏教（済範　さいはん）

山階宮菊麿王　やましなのみやきくまろおう
明治6（1873）年7月3日～明治41（1908）年5月2日
[別]菊麿王《きくまろおう》，山階宮菊麿《やましなのみやきくまろ》
明治期の皇族、海軍軍人。大佐。山階宮晃親王の第1王子。日露戦争当時、八雲で日本海海戦に参加。
¶海越新（山階宮菊麿　やましなのみやきくまろ），諸系，人名（菊麿王　きくまろおう），世紀（山階宮菊麿　やましなのみやきくまろ），渡航（山階宮菊麿　やましなのみやきくまろ），日人

山階宮佐紀子　やましなのみやさきこ
明治36（1903）年3月30日～大正12（1923）年9月1日　[別]佐紀子女王《さきこじょおう》，山階佐紀子《やましなさきこ》
明治～大正期の女性。賀陽宮邦憲王の第2王女、山階宮武彦王の妃。
¶女性（山階佐紀子　やましなさきこ），女性普（山階佐紀子　やましなさきこ），人名（佐紀子女王　さきこじょおう），世紀，日人（佐紀子女王　さきこじょおう）

山階宮定麿王　やましなのみやさだまろおう
→東伏見宮依仁親王（ひがしふしみのみやよりひとしんのう）

山階宮武彦王　やましなのみやたけひこおう
明治31（1898）年2月13日～昭和62（1987）年8月10日　[別]武彦王《たけひこおう》
大正～昭和期の軍人。山階宮菊麿王の第1王子。
¶陸海

山階宮範子　やましなのみやのりこ
明治11（1878）年12月4日～明治34（1901）年11月11日
明治期の皇族。山階宮菊麿王の先妻。
¶女性，女性普

山階宮萩麿王　やましなのみやはぎまろおう
→鹿島萩麿（かしまはぎまろ）

山階宮常子　やましなのみやひさこ
明治7（1874）年2月～昭和13（1938）年2月　[別]菊麿王妃常子《きくまろおうひひさこ》，山階常子《やましなひさこ》，山階宮妃常子《やましなのみやひひさこ》
明治～昭和期の皇族。山階宮菊麿王の後妻。和歌、絵画、裁縫、刺繍など堪能。先妻の子も愛情深く接した。
¶女性（山階常子　やましなひさこ），女性普（山階常子　やましなひさこ），人名（菊麿王妃常子　きくまろおうひひさこ），日人（山階宮妃常子　やましなのみやひひさこ　[生]明治7（1874）年2月7日　[没]昭和13（1938）年2月26日）

山階宮藤麿王　やましなのみやふじまろおう
→筑波藤麿（つくばふじまろ）

山階宮芳麿王　やましなのみやよしまろおう
→山階芳麿（やましなよしまろ）

山科教興　やましなのりおき
？～応永25（1418）年7月19日　[別]山科教清《やましなのりきよ》
室町時代の公卿（権中納言）。権中納言山科教言の三男。
¶鎌室，公卿，公家（教興〔山科家〕　のりおき），国書，諸系（[生]1369年），新潮，日人（[生]1369年）

山科教清　やましなのりきよ
→山科教興（やましなのりおき）

山科教成　やましなのりしげ
治承1（1177）年～延応1（1239）年　[別]藤原教成《ふじわらののりしげ，ふじわらののりなり》
鎌倉時代前期の公卿（権中納言）。非参議藤原実教の子。
¶朝日（[没]延応1年4月13日（1239年5月17日）），鎌室，公卿（藤原教成　ふじわらののりしげ　[没]延応1（1239）年4月13日），公家（教成〔山科家〕　のりなり　[没]延応1（1239）年4月13日），コン改，コン4，諸系，新潮（[没]延応1（1239）年4月13日），日人，平史（藤原教成　ふじわらののりなり）

山科教繁　やましなのりしげ
？～元中8/明徳2（1391）年
南北朝時代の公卿（参議）。左中将山科教行の次男。
¶公卿，公家（教繁〔山科家（絶家）3〕　のりしげ　[没]明徳2（1391）年6月6日）

山科教高　やましなのりたか
？～応永25（1418）年
室町時代の公家。
¶鎌室，諸系，日人

山科教遠　やましなのりとお
正平16/康安1（1361）年～応永28（1421）年
南北朝時代～室町時代の公卿（非参議）。参議山科教繁の子。
¶鎌室，公卿（[没]応永28（1421）年6月29日），公家（教遠〔山科家（絶家）3〕　のりとお　[没]応永28（1421）年6月29日），諸系，日人

や

山科教言 やましなのりとき
嘉暦3(1328)年～応永17(1410)年
南北朝時代～室町時代の公卿(権中納言)。権中納言藤原家成の裔。
¶朝日([生]嘉暦3年6月8日(1328年7月15日) [没]応永17年12月15日(1411年1月9日)), 鎌室([没]応永16(1409)年), 京都大, 公卿([生]嘉暦3(1328)年6月8日　[没]応永16(1409)年12月15日), 公家(教言〔山科家〕　のりとき　[生]嘉暦3(1328)年6月8日　[没]応永17(1410)年12月5日), 国史, 国書([生]嘉暦3(1328)年6月8日 [没]応永17(1410)年12月15日), 古中, コン4, 史人([生]1328年6月8日　[没]1410年12月15日), 諸系([没]1411年), 新潮([没]応永16(1409)年10月25日), 姓氏京都, 日史([生]嘉暦3(1328)年6月8日　[没]応永17(1410)年12月15日), 日人([没]1411年)

山科敬言 やましなのりとき
寛保2(1742)年3月19日～安永7(1778)年2月3日
[別]山科敬言《やましなたかとき》
江戸時代中期の公家(権中納言)。権中納言山科頼言の子。
¶公卿, 公家(敬言〔山科家〕　たかとき), 国書(やましなたかとき)

山科教藤 やましなのりふじ
？ ～応永2(1395)年
南北朝時代の公卿(参議)。権中納言山科教言の長男。
¶鎌室, 公卿([没]応永2(1395)年2月6日), 公家(教藤〔山科家〕　のりふじ　[没]応永2(1395)年2月6日), 諸系, 日人

山科教冬 やましなのりふゆ
？ ～応永16(1409)年
南北朝時代～室町時代の公卿(非参議)。権中納言山科教言の次男。
¶鎌室, 公卿([没]応永16(1409)年7月12日), 公家(教冬〔山科家(絶家)4〕　のりふゆ　[没]応永16(1409)年7月12日), 諸系, 日人

山科持言 やましなもちとき
明暦3(1657)年11月22日～元文2(1737)年8月7日
江戸時代前期～中期の公家(参議)。参議山科言行の子。
¶公卿, 公家(持言〔山科家〕　もちとき), 国書, 諸系, 人名, 日人

山科持俊 やましなもちとし
室町時代の公卿(権中納言)。非参議山科教冬の次男。
¶公卿(生没年不詳), 公家(持俊〔山科家(絶家)4〕　もちとし)

山科元幹 やましなもとみき
生没年不詳
江戸時代後期の官人・歌人・医者。
¶国書

山科保宗 やましなやすむね
応永18(1411)年～寛正4(1463)年8月26日
室町時代の公卿(参議)。参議山科教繁の三男。
¶公卿, 公家(保宗〔山科家(絶家)3〕　やすむね)

山科行有 やましなゆきあり
？ ～永享2(1430)年4月2日
室町時代の公卿(非参議)。非参議山科教冬の長男。
¶公卿, 公家(行有〔山科家(絶家)4〕　ゆきあり)

山階芳麿 やましなよしまろ
明治33(1900)年7月5日～平成1(1989)年1月28日
大正～昭和期の鳥類学者。日本鳥類保護連盟会長。山階宮菊麿王の第2王子。臣籍降下して山階侯爵家を創設。鳥類の研究・保護に尽力し、山階鳥類研究所を設立した。
¶科技, 近現, 現朝, 現情, 現人, 現日, 国史, コン改, コン4, コン5, 新潮, 世紀, 世百新, 全書, 日史, 日人, 日本, 百科, 民学, 履歴, 履歴2

山科頼言 やましなよりとき
享保7(1722)年1月6日～明和7(1770)年12月22日
江戸時代中期の公家(権中納言)。権大納言山科堯言の子。
¶公卿, 公家(頼言〔山科家〕　よりとき), 国書

山背王(1) やましろおう
？ ～天平宝字7(763)年　[別]山背王《やましろのおう,やましろのおおきみ》,藤原朝臣弟貞《ふじわらのあそんおとさだ》,藤原弟貞《ふじわらのおとさだ》
飛鳥時代～奈良時代の官人(参議)。左大臣長屋王の子。
¶公卿(やましろのおう　[生]持統1(687)年 [没]？), 公卿(藤原弟貞　ふじわらのおとさだ [没]天平宝字7(763)年11月), 国史, 古代(藤原朝臣弟貞　ふじわらのあそんおとさだ), 古中, 史人([没]763年10月17日), 新潮([没]天平宝字7(763)年10月17日), 人名(やましろのおおきみ), 世人(やましろのおおきみ), 日人, 万葉(やましろのおおきみ)

山背王(2) やましろおう
→山背皇子(1)(やましろのおうじ)

山代真作 やましろしんさく
→山代真作(やましろのまつくり)

山代氏益 やましろのうじます
生没年不詳　[別]山代宿禰氏益《やましろのすくねうじます》
平安時代前期の官吏。
¶古代(山代宿禰氏益　やましろのすくねうじます), 日人, 平史

山背皇子(1) やましろのおうじ
生没年不詳　[別]山背王《やましろおう》
飛鳥時代の欽明天皇の皇子。
¶朝日(山背王　やましろおう), 日人

山背皇子(2)　**やましろのおうじ**
→山背大兄王（やましろのおおえのおう）

山背大兄王　**やましろのおおえのおう**
？～皇極2（643）年　[別]山背皇子《やましろのおうじ》，山背大兄王《やましろおおえのおう，やましろのおおえおう，やましろのおひねのおう》
飛鳥時代の王族。聖徳太子の子で推古天皇の皇位継承者と目されていたが、蘇我入鹿の攻撃をうけ自殺させられた。
¶朝日（[没]皇極2（643）年11月），岩史（[没]皇極2（643）年11月），角史，国史，古史，古代，古中，コン改，コン4，史人（[没]643年11月），重要，諸系，新潮（やましろおおえのおう　[没]皇極2（643）年11月），人名（やましろのおおえおう），姓氏京都，世人（やましろおおえのおう　[没]皇極2（643）年11月1日），世百（やましろのおひねのおう），全書，大百，日史（[没]皇極2（643）年11月），日人，百科，歴大（山背皇子　やましろのおうじ）

山背王　**やましろのおおきみ**
→山背王(1)（やましろおう）

山背大兄王　**やましろのおひねのおう**
→山背大兄王（やましろのおおえのおう）

山代真作（山背真作）　**やましろのまつくり**
？～神亀5（728）年　[別]蚊屋秋庭《かやのあきにわ》，山代伊美吉真作《やましろのいみきまつくり》，山代忌寸真作《やましろいみきしんさく》
飛鳥時代～奈良時代の官人。文武、元明、元正、聖武4代の天皇に仕えた。
¶朝日（[没]神亀5年11月25日（728年12月30日）），郷土奈良（山代忌寸真作　やましろいみきしんさく），古代（山代伊美吉真作　やましろのいみきまつくり），コン改（山背真作），コン4（山背真作），日人

山田白金（山田銀）　**やまだのしろがね，やまだのしろかね**
生没年不詳　[別]山田史銀《やまだのふひとしろがね》
奈良時代の法律家。
¶古代（山田史銀　やまだのふひとしろがね），史人，人名（山田銀），日史，日人（山田銀），百科，歴大（やまだのしろかね）

山田土麻呂　**やまだのつちまろ**
[別]山田史土麻呂《やまだのふひとつちまろ》
奈良時代の官人。
¶万葉（山田史土麻呂　やまだのふひとつちまろ）

山田春城　**やまだのはるき**
弘仁1（810）年～天安2（858）年　[別]山田春城《やまだはるき》
平安時代前期の学者、官人。
¶コン改（やまだはるき　[生]天長3（826）年），コン4（やまだはるき　[生]天長3（826）年），人名，日人，平史

山田古嗣　**やまだのふるつぐ**
延暦17（798）年～仁寿3（853）年　[別]山田古嗣《やまだふるつぐ》，山田宿禰古嗣《やまだのすくねふるつぐ》
平安時代前期の官人。
¶国書（やまだふるつぐ　[没]仁寿3（853）年12月21日），古代（山田宿禰古嗣　やまだのすくねふるつぐ），人名（[生]808年），徳島百（[没]仁寿3（853）年12月1日），徳島歴（やまだふるつぐ　[没]仁寿3（853）年12月21日），日人（[没]854年），平史

山田御方（山田三方）　**やまだのみかた**
生没年不詳　[別]山田史御方《やまだのふひとみかた》
飛鳥時代～奈良時代の官人、文人。
¶朝日，国史，古史，古代（山田史御方　やまだのふひとみかた），古中，詩歌（山田三方），人名（山田三方），日史，日人，百科（山田三方），山口百（山田史御方　やまだのふひとみかた），和俳

倭建　**やまとたける**
→日本武尊（やまとたけるのみこと）

倭武天皇　**やまとたけるのてんのう**
→日本武尊（やまとたけるのみこと）

日本武尊（倭建命）　**やまとたけるのみこと**
[別]小碓尊《おうすのみこと》，小碓命《おうすのみこと》，倭建《やまとたける》，倭武天皇《やまとたけるのてんのう》，小碓皇子《おうすのみこ》
上代の伝説上の英雄。景行天皇の皇子。
¶朝日，茨城百（倭武天皇　やまとたけるのてんのう），岩史，角史（倭建　やまとたける），群馬人，国史，国書，古史，古代，古中，コン改，コン4，詩歌，史人，静岡百，静岡歴，島根歴（倭建命），重要（生没年不詳），諸系，神史，人書79，人書94，新潮，人名，姓氏愛知，姓氏岩手，姓氏鹿児島，世人（生没年不詳），全書，大百，多摩，千葉百，伝記，長野歴，新潟百，日史，日人，百科，宮崎百，山梨百，歴大，和俳（生没年不詳）

日本足彦国押人尊　**やまとたらしひこくにおしひとのみこと**
→孝安天皇（こうあんてんのう）

倭迹迹姫命　**やまとととひめのみこと**
上代の女性。孝元天皇の皇女。
¶女性，人名

倭迹迹日百襲姫　**やまとととひももそひめ**
→倭迹迹日百襲姫命（やまとととひももそひめのみこと）

倭迹迹日百襲姫命　**やまとととひももそひめのみこと，やまとととびももそひめのみこと**
[別]倭迹迹日百襲姫《やまとととひももそひめ》
上代の女性。孝霊天皇の皇女。
¶朝日（倭迹迹日百襲姫　やまとととひももそひめ），国史，古史（やまとととびももそひめのみ

こと　生没年不詳)，古代，古中，コン改（倭迹迹日百襲姫　やまとととひももそひめ)，コン4（倭迹迹日百襲姫　やまとととひももそひめ)，史人，諸系，女性，神史，新潮（倭迹迹日百襲姫　やまとととひももそひめ)，世人，日史（やまとととびももそひめのみこと)，日人，百科（やまとととびももそひめのみこと)，歴大

倭迹迹稚屋姫　やまとととわかやひめ
上代の女性。孝霊天皇の皇女。
¶女性

東漢駒　やまとのあやのこま
？～592年　[別]東漢直駒《やまとのあやのあたいこま》
飛鳥時代の廷臣。崇峻天皇を暗殺。
¶国史，古史，古代（東漢直駒　やまとのあやのあたいこま)，古中，コン改（東漢直駒　やまとのあやのあたいこま　生没年不詳)，コン4（東漢直駒　やまとのあやのあたいこま　生没年不詳)，史人（[没]592年？)，新潮（東漢直駒　やまとのあやのあたいこま　生没年不詳)，世人（東漢直駒　やまとのあやのあたいこま　生没年不詳)，日史（生没年不詳)，日人，百科（生没年不詳)，歴大（東漢直駒　やまとのあやのあたいこま)

東漢長阿利麻　やまとのあやのながのありま
[別]東漢長直阿利麻《やまとのあやのながのあたいありま》
飛鳥時代の遣唐使節。
¶古代（東漢長直阿利麻　やまとのあやのながのあたいありま)，日人（生没年不詳)

倭漢福因（東漢福因）　やまとのあやのふくいん
生没年不詳　[別]倭漢直福因《やまとのあやのあたいふくいん》，東漢福因《やまとのあやのふくいん》
飛鳥時代の廷臣。遣隋留学生。
¶国史，古史，古代（倭漢直福因　やまとのあやのあたいふくいん)，古中，コン改（倭漢直福因　やまとのあやのあたいふくいん)，コン4（倭漢直福因　やまとのあやのあたいふくいん)，史人（東漢福因)，新潮（倭漢直福因　やまとのあやのあたいふくいん)，世人（倭漢直福因　やまとのあやのあたいふくいん)，日人

和家麻呂　やまとのいえまろ
天平6（734）年～延暦23（804）年　[別]和家麻呂《やまとのやかまろ》，和朝臣家麻呂《やまとのあそんいえまろ》
奈良時代～平安時代前期の公卿（中納言）。贈正二位・大納言高野弟嗣（和乙継）の孫。
¶公卿（[没]延暦23（804）年4月27日)，古代（和朝臣家麻呂　やまとのあそんいえまろ)，姓氏京都，日人，平史（やまとのやかまろ)

大倭五百足　やまとのいおたり
[別]大倭忌寸五百足《やまとのいみきいおたり》
飛鳥時代～奈良時代の大倭国造。従五位上刑部少輔。
¶古代（大倭忌寸五百足　やまとのいみきいおたり)，日人（生没年不詳)

和入鹿麻呂　やまとのいるかまろ
生没年不詳
平安時代前期の神祇伯。
¶神人

和氏継　やまとのうじつぐ
生没年不詳
平安時代前期の官人。
¶新潟百

倭太后（倭大后）　やまとのおおきさき
→倭姫王（やまとひめのおおきみ)

和乙継　やまとのおとつぐ
生没年不詳
飛鳥時代の桓武天皇の皇太后高野朝臣新笠の父。
¶京都，古史，古代，姓氏京都，日人

倭国香媛　やまとのくにかひめ
上代の女性。孝霊天皇の妃。
¶女性，人名，日人

大倭小東人　やまとのこあずまひと
→大和長岡（やまとのながおか)

大倭小東人　やまとのこあずまんど
→大和長岡（やまとのながおか)

大和長岡（大倭長岡）　やまとのながおか
持統天皇3（689）年～神護景雲3（769）年　[別]大倭小東人《やまとのこあずまひと，やまとのこあずまんど》，大和宿禰長岡《やまとのすくねながおか》
飛鳥時代～奈良時代の官人、学者。養老律令の編纂者の一人。
¶朝日（[没]神護景雲3年10月29日（769年12月1日)），岩史（[没]神護景雲3（769）年10月29日)，角史，国史，古史（大和宿禰長岡　やまとのすくねながおか)，古代（大和宿禰長岡　やまとのすくねながおか)，古中，コン4，史人（[没]769年10月29日)，新潮（大倭長岡　[没]神護景雲3（769）年10月29日)，人名（大倭小東人　やまとのこあずまんど)，人名（大倭長岡)，世人（大倭長岡)，全書，日史（[没]神護景雲3（769）年10月29日)，日人，百科（大倭長岡)，歴大

和家麻呂　やまとのやかまろ
→和家麻呂（やまとのいえまろ)

大和吉直　やまとのよしなお
[別]大和真人吉直《やまとのまひとよしなお》
平安時代前期の官人。
¶古代（大和真人吉直　やまとのまひとよしなお)，日人（生没年不詳)

倭彦王　やまとひこのおう
[別]倭彦王《やまとひこおう，やまとひこのおおきみ》
上代の王族。仲哀天皇の5世の孫。
¶京都府（やまとひこおう)，古代（やまとひこのおおきみ)，日人（生没年不詳)

倭彦王　やまとひこのおおきみ
→倭彦王（やまとひこのおう）

倭彦命　やまとひこのみこと
上代の崇神天皇の皇子。
¶古代，人名，日人

倭姫　やまとひめ
→倭姫命（やまとひめのみこと）

倭媛　やまとひめ
上代の女性。継体天皇の妃。
¶女性，人名，日人（生没年不詳）

倭姫王　やまとひめのおう
→倭姫王（やまとひめのおおきみ）

倭姫王　やまとひめのおおきみ
生没年不詳　[別]倭太后《やまとのおおきさき》,倭大后《やまとのおおきさき》,倭姫王《やまとのひめおおきみ,やまとひめのおう》,倭姫皇后《やまとひめのこうごう》
飛鳥時代の女性。古人大兄皇子の王女、天智天皇の皇后。
¶朝日（やまとのひめおおきみ），岩史，国史，国書（倭太后　やまとのおおきさき），古代，古中，コン改（やまとひめのおう），コン4（やまとひめのおう），史人，諸系，女性，新潮（倭姫皇后　やまとひめのこうごう），人名（倭大后　やまとのおおきさき），世人（倭姫皇后　やまとひめのこうごう），日人，万葉（倭大后　やまとのおおきさき），歴大，和俳

倭姫皇后　やまとひめのこうごう
→倭姫王（やまとひめのおおきみ）

倭姫命　やまとひめのみこと
[別]倭姫《やまとひめ》
上代の女性。垂仁天皇の皇女。
¶朝日，国史，古史，古代，古中，コン改（倭姫　やまとひめ），コン4（倭姫　やまとひめ），史人，諸系，女性，神史，新潮，人名，世人，世百，全書，大百，日史，日人，百科，歴大

山無媛　やまなしひめ
→物部山無媛（もののべのやまなしひめ）

山井氏興　やまのいうじおき
天明8（1788）年1月3日～安政4（1857）年2月16日
江戸時代後期の公家（非参議）。非参議山井仍敦の孫。
¶公卿，公家（氏興〔山井家〕　うじおき）

山井氏栄　やまのいうじしげ
正徳5（1715）年12月24日～*
江戸時代中期の公家（非参議）。非参議山井兼仍の三男。
¶公卿（[没]天明4（1784）年），公家（氏栄〔山井家〕　うじひで　[没]？）

山井氏暉　やまのいうじてる
文政4（1821）年7月29日～明治27（1894）年
江戸時代末期～明治期の公家（非参議）。非参議山井氏興の子。
¶公卿（[没]明治27（1894）年10月），公家（氏暉〔山井家〕　うじてる　[没]明治27（1894）年10月12日）

山井兼仍　やまのいかねなお
寛文11（1671）年9月13日～享保4（1719）年8月14日
江戸時代中期の公家（非参議）。山井家の祖。権中納言水無瀬兼俊の孫。
¶公卿，公家（兼仍〔山井家〕　かねなお），国書

山井言範　やまのいことのり
嘉元2（1303）年～正平7/文和1（1352）年6月23日
鎌倉時代後期～南北朝時代の公卿（非参議）。非参議藤原具範の子。
¶公卿，公家（言範〔成季裔（絶家）〕　ときのり）

山井仍敦　やまのいなおあつ
元文4（1739）年5月25日～寛政1（1789）年10月5日
江戸時代中期の公家（非参議）。非参議山井氏栄の子。
¶公卿，公家（仍敦〔山井家〕　なおあつ）

山上憶良　やまのうえのおくら
斉明天皇6（660）年～*　[別]山上憶良《やまのうえおくら,やまのえおくら,やまのえのおくら》,山上臣憶良《やまのうえのおみおくら》
飛鳥時代～奈良時代の万葉歌人。「万葉集」に70首余を残す。「貧窮問答歌」で著名。
¶朝日（[没]天平5（733）年？），岩史（[没]天平5（733）年），角史（[没]天平5（733）年？），国史（[没]？），国書（やまのうえおくら　[生]？　[没]天平5（733）年？），古史（[生]660年？　[没]773年？），古代（山上臣憶良　やまのうえのおみおくら　[没]733年？），古中（[没]？），コン改（やまのえのおくら　[没]天平5（733）年），コン4（やまのえのおくら　[没]天平5（733）年），詩歌（[没]733年？），史人（[没]733年？），重要（[没]天平5（733）年6月），人書94（やまのえおくら　[没]733年），新潮（やまのえのおくら　[没]天平5（733）年？），新文（[没]天平5（733）年頃），人名（[没]733年），世人（[没]天平5（733）年6月？），世百（やまのえのおくら　[没]733年），全書（[没]？），大百（[没]733年），伝記（やまのえのおくら　[生]660年？　[没]？），鳥取百（[没]天平5（733）年ごろ），日史（[没]天平5（733）年），日人（[没]？），百科（[没]天平5（733）年），福岡百（[没]天平5（733）年ごろ），仏教（[没]天平5（733）年？），文学（[没]733年？），万葉（山上臣憶良　やまのうえのおみおくら），歴大（[没]733年？），和俳（[没]天平5（733）年）

山上船主　やまのうえのふなぬし
[別]山上臣船主《やまのうえのおみふなぬし》
奈良時代～平安時代前期の陰陽家。
¶古代（山上臣船主　やまのうえのおみふなぬし），日人（生没年不詳）

山内禎子　やまのうちさちこ
明治18（1885）年～昭和41（1966）年　[別]山内禎子《やまうちさちこ》

明治～昭和期の女性。伏見宮貞愛親王の長女。侯爵山内豊景の妻。大日本婦人会会長、陸軍将校婦人会副会長などを歴任。
¶近女, 高知人(やまうちさちこ), 高知百(やまうちさちこ), 女史, 女性(やまうちさちこ ㊤明治18(1885)年6月 ㊦昭和41(1966)年2月9日), 女性普(やまうちさちこ ㊤明治18(1885)年6月 ㊦昭和41(1966)年2月9日)

山上憶良 やまのえのおくら
→山上憶良(やまのうえのおくら)

山辺皇女 やまのべのこうじょ
→山辺皇女(やまべのひめみこ)

山部赤人 やまべのあかひと
生没年不詳 ㊛山部宿禰赤人《やまべのすくねあかひと》,山部赤人《やまべあかひと》,赤人《あかひと》
奈良時代の歌人。「万葉集」に50首が残る。自然情景の歌が多い。
¶朝日, 岩史, 愛媛百, 角史, 郷土奈良, 国史, 国書(やまべのすくねあかひと), 古史, 古代(山部宿禰赤人 やまべのすくねあかひと), 古中, コン改, コン4, 詩歌(やまべあかひと), 史人, 重要, 人書94(やまべあかひと), 新潮, 新文, 人名, 世人, 世百, 全書, 大百, 伝記, 日史, 日人, 百科, 文学, 万葉(山部宿禰赤人 やまべのすくねあかひと), 歴大, 和歌山人, 和俳

山部王 やまべのおう
?～672年 ㊛山部王《やまべのおおきみ》
飛鳥時代の皇族。系譜不詳。壬申の乱で殺害された。
¶古代, 日人, 万葉(やまべのおおきみ)

山辺皇女 やまべのおうじょ
→山辺皇女(やまべのひめみこ)

山部王 やまべのおおきみ
→山部王(やまべのおう)

山辺皇女 やまべのひめみこ
?～朱鳥1(686)年 ㊛山辺皇女《やまのべのおうじょ,やまのべのこうじょ,やまのべのひめみこ,やまべのおうじょ》
飛鳥時代の女性。天智天皇の皇女。
¶朝日(やまのべのひめみこ ㊦朱鳥1年10月3日(686年10月25日)), 国史(やまのべのおうじょ), 古史, 古代(やまのべのひめみこ), 古中(やまのべのおうじょ), 史人(㊦686年10月3日), 女性(やまのべのこうじょ ㊦朱鳥1(686)年10月), 人名(やまのべのおうじょ ㊦687年), 日人(やまのべのおうじょ)

山村王 やまむらおう
養老6(722)年～神護景雲1(767)年 ㊛山村王《やまむらのおう》
奈良時代の官人(参議)。用明天皇の子の来目皇子の裔。
¶朝日(㊦神護景雲1年11月17日(767年12月12日)), 公卿(やまむらのおう ㊦天平神護3(767)年11月22日), 国史, 古代(やまむらの

おう), 古中, 史人(㊤721年,(異説)722年 ㊦767年11月17日), 新潮(㊛神護景雲1(767)年11月17日), 人名(㊤?), 世人, 日人, 歴大

山本勝忠 やまもとかつただ
慶長13(1608)年11月1日～承応3(1654)年9月16日
江戸時代前期の公家(参議)。山本家の祖。権大納言阿野実顕の末子。
¶公卿, 公家(勝忠〔山本家〕 かつただ)

山本毅軒 やまもときけん
→玉松操(たままつみさお)

山本公尹 やまもときんただ
延宝3(1675)年7月4日～延享4(1747)年9月13日
江戸時代中期の公家(権大納言)。権中納言山本実富の子。
¶公卿, 公家(公尹〔山本家〕 きんまさ)

山本公達 やまもときんたつ
延享2(1745)年10月21日～寛政9(1797)年12月8日
江戸時代中期の公家(非参議)。権中納言山本実靚の子。
¶公卿, 公家(公達〔山本家〕 きんみち)

山本実富 やまもとさねとみ
正保2(1645)年9月7日～元禄16(1703)年12月3日
江戸時代前期～中期の公家(権中納言)。権大納言姉小路公景の三男。
¶公卿, 公家(実富〔山本家〕 さねとみ)

山本実政 やまもとさねのり
文政9(1826)年～明治33(1900)年2月26日
江戸時代末期～明治期の公家。
¶維新, 幕末

山本実福 やまもとさねふく
明和7(1770)年10月8日～天保8(1837)年6月9日
江戸時代後期の公家(参議)。非参議山本公達の子。
¶公卿, 公家(実福〔山本家〕 さねたる)

山本実靚 やまもとさねみる
享保4(1719)年1月18日～天明8(1788)年9月19日
江戸時代中期の公家(権中納言)。権大納言山本公尹の子。
¶公卿, 公家(実靚〔山本家〕 さねみ)

山本昌敷 やまもとしげのぶ
明和7(1770)年～文政5(1822)年8月27日
江戸時代中期～後期の官人・歌人。
¶国書

山本清渓 やまもとせいけい
宝暦4(1754)年～文政6(1823)年 ㊛山本正臣《やまもとまさおみ》
江戸時代後期の国学者。大炊御門家に仕える家柄。従四位下近江守。
¶江文(山本正臣 やまもとまさおみ), 国書(㊦文政6(1823)年9月14日), 人名, 日人

山本利房　やまもととしふさ
元禄11（1698）年8月4日～延享3（1746）年8月23日
江戸時代中期の官人。
¶国書

山本正臣　やまもとまさおみ
→山本清渓（やまもとせいけい）

楊梅兼邦　やまももかねくに
→藤原兼邦（ふじわらのかねくに）

楊梅兼行　やまももかねゆき
→藤原兼行（ふじわらのかねゆき）

楊梅季行　やまももすえゆき
→藤原季行（ふじわらのすえゆき）

楊梅親行　やまももちかゆき
→藤原親行（ふじわらのちかゆき）

楊梅俊兼　やまももとしかね
→藤原俊兼（ふじわらのとしかね）

楊梅盛親　やまももももりちか
生没年不詳　[別]揚梅盛親《あげうめもりちか》
鎌倉時代後期～南北朝時代の公家・歌人。
¶公卿（揚梅盛親　あげうめもりちか），公家（盛親〔楊梅家（絶家）〕　もりちか），国書

矢守平好　やもりひらよし
文政5（1822）年～明治3（1870）年　[別]矢守平好《やもりへいこう》
江戸時代末期～明治期の仁和寺宮諸大夫。征討大将軍となった主嘉彰親王に下参謀として従い東征。
¶維新，人名（やもりへいこう），日人，幕末（[没]1870年9月5日）

矢守平好　やもりへいこう
→矢守平好（やもりひらよし）

【ゆ】

結城秀延　ゆうきひでのぶ
寛延3（1750）年9月24日～享和3（1803）年11月9日
江戸時代中期～後期の官人・故実家。
¶国書

遊義門院　ゆうぎもんいん
文永7（1270）年～徳治2（1307）年　[別]姈子内親王《れいしないしんのう》
鎌倉時代後期の女性。後深草天皇の皇女。
¶朝日（[没]徳治2年7月24日（1307年8月22日）），鎌室，国書（[生]文永7（1270）年9月19日　[没]徳治2（1307）年7月24日），コン改，コン4，史人（[没]1307年7月24日），諸系，女性（[生]文永7（1270）年9月19日　[没]徳治2（1307）年7月24日），新潮（[没]徳治2（1307）年7月24日），人名，世人，日人

祐子女王　ゆうしじょおう
→祐子女王（すけこじょおう）

有子内親王　ゆうしないしんのう
→有子内親王(1)（ありこないしんのう）

祐子内親王　ゆうしないしんのう
長暦2（1038）年～長治2（1105）年　[別]祐子内親王《すけこないしんのう》
平安時代中期～後期の女性。後朱雀天皇の第3皇女。
¶朝日（[生]長暦2年4月21日（1038年5月27日）　[没]長治2年11月7日（1105年12月15日）），女性（[生]長元8（1035）年　[没]長治2（1105）年11月），人名，日人，平史（すけこないしんのう）

祐助親王　ゆうじょしんのう
→祐助法親王（ゆうじょほうしんのう）

祐助法親王　ゆうじょほうしんのう
乾元1（1302）年～正平14/延文4（1359）年4月19日
[別]祐助《ゆうじょ》，祐助親王《ゆうじょしんのう》，祐助法親王《ゆうじょほっしんのう》
鎌倉時代後期～南北朝時代の後二条天皇の第3皇子。
¶鎌室（ゆうじょほっしんのう），国書（祐助親王　ゆうじょしんのう），人名（祐助親王　ゆうじょしんのう），日人，仏教（祐助　ゆうじょ）

雄仁　ゆうにん
文政4（1821）年1月26日～慶応4（1868）年2月11日
江戸時代末期の行者（園城寺156世）。伏見宮貞敬親王の王子。
¶仏教

雄仁親王　ゆうにんしんのう
→嘉言親王（よしことしんのう）

雄略天皇　ゆうりゃくてんのう
[別]大泊瀬幼武尊《おおはつせのわかたけのみこと》
上代の第21代の天皇。允恭天皇の第5皇子。
¶朝日（生没年不詳），岩史（生没年不詳），角史，国史，古史，古代，古中，コン改，コン4，詩歌，史人，重要（生没年不詳），諸系，人書94（生没年不詳），新潮，人名，世人，世百，全書（生没年不詳），大百，伝記，日史，日人，百科，歴大（生没年不詳），和俳（生没年不詳）

行明親王　ゆきあきらしんのう
延長4（926）年～天暦2（948）年
平安時代中期の宇多天皇の皇子。
¶国書（[生]延長3（925）年12月9日　[没]天暦2（948）年5月27日），コン改，コン4，人名，日人，平史（[生]925年）

致子女王　ゆきこじょおう
寛文11（1671）年～享保13（1728）年
江戸時代中期の女性。伏見宮貞致親王の第1王女。
¶人名

勧子内親王　ゆきこないしんのう
→勧子内親王（かんしないしんのう）

幸子女王　ゆきこにょおう
→承秋門院（しょうしゅうもんいん）

ゆ

行中親王 ゆきなかしんのう
寛平9(897)年～延喜9(909)年
平安時代中期の宇多天皇の皇子。
¶人名，日人，平史

敬典親王 ゆきのりしんのう
→覚仁入道親王(かくにんにゅうどうしんのう)

幸仁親王 ゆきひとしんのう
明暦2(1656)年～元禄12(1699)年　㊿有栖川宮幸仁親王《ありすがわのみやゆきひとしんのう》
江戸時代前期～中期の後西天皇の第2皇子。有栖川宮第3代。
¶近世，国史，国書(㊉明暦2(1656)年3月15日 ㊋元禄12(1699)年7月25日)，茶道(有栖川宮幸仁親王　ありすがわのみやゆきひとしんのう)，史人(有栖川宮幸仁親王　ありすがわのみやゆきひとしんのう　㊉1656年3月15日 ㊋1699年7月25日)，諸系，新潮(㊉明暦2(1656)年3月15日 ㊋元禄12(1699)年7月25日)，人名，世人，日人

尹良親王 ゆきよししんのう
？　～応永31(1424)年　㊿尹良親王《ただながしんのう》
南北朝時代～室町時代の皇族。南朝宗良親王の第2皇子か。
¶静岡歴(生没年不詳)，姓氏静岡，長野歴，日人(ただながしんのう)

弓削牛養 ゆげのうしかい
㊿弓削宿禰牛養《ゆげのすくねうしかい》
奈良時代の官人。
¶古代(弓削宿禰牛養　ゆげのすくねうしかい)，日人(生没年不詳)

弓削皇子 ゆげのおうじ
→弓削皇子(ゆげのみこ)

弓削男広 ゆげのおひろ
㊿弓削宿禰男広《ゆげのすくねおひろ》
奈良時代の官人。
¶古代(弓削宿禰男広　ゆげのすくねおひろ)，日人(生没年不詳)

弓削浄人 ゆげのきよと
→弓削浄人(ゆげのきよひと)

弓削浄人(弓削清人) ゆげのきよひと
生没年不詳　㊿弓削浄人《ゆげのきよと》，弓削連浄人《ゆげのむらじきよひと》，弓削清人《ゆげのきよひと》
奈良時代の官人(大納言)。道鏡の弟。
¶公卿(弓削清人)，古史，古代(弓削連浄人　ゆげのむらじきよひと)，史人，日史(ゆげのきよと)，日人，百科(ゆげのきよと)，歴大

弓削是雄 ゆげのこれお
㊿弓削連是雄《ゆげのむらじこれお》
平安時代前期の陰陽家。
¶古代(弓削連是雄　ゆげのむらじこれお)，人名，日人(生没年不詳)，平史(生没年不詳)

弓削薩摩 ゆげのさつま
㊿弓削宿禰薩摩《ゆげのすくねさつま》
奈良時代の官人。
¶古代(弓削宿禰薩摩　ゆげのすくねさつま)，日人(生没年不詳)

弓削女王 ゆげのじょおう
奈良時代の女性。舎人親王の子三原王の王女。
¶古代，女性(生没年不詳)，人名，日人(生没年不詳)

弓削道鏡 ゆげのどうきょう
→道鏡(どうきょう)

弓削御浄広方 ゆげのみきよのひろかた
㊿弓削御浄朝臣広方《ゆげのみきよのあそんひろかた》
奈良時代の官人。
¶古代(弓削御浄朝臣広方　ゆげのみきよのあそんひろかた)，日人(生没年不詳)

弓削皇子 ゆげのみこ
？　～文武天皇3(699)年　㊿弓削皇子《ゆげのおうじ》
飛鳥時代の天武天皇の第6皇子。
¶朝日(㊋文武3年7月21日(699年8月21日))，国史(ゆげのおうじ)，古史，古代，古中(ゆげのおうじ)，コン改，コン4，詩歌，史人(㊋699年7月21日)，諸系(ゆげのおうじ)，新潮(㊋文武3(699)年7月21日)，人名，世人，日史(ゆげのおうじ　㊋文武3(699)年7月21日)，日人(ゆげのおうじ)，百科，万葉，歴大(ゆげのおうじ)，和俳

寛成親王 ゆたなりしんのう
→長慶天皇(ちょうけいてんのう)

湯原王 ゆはらおう
→湯原王(ゆはらのおおきみ)

湯原王 ゆはらのおおきみ
生没年不詳　㊿湯原王《ゆはらおう，ゆはらのおう》
奈良時代の歌人。天智天皇の孫。志貴皇子の王子。「万葉集」に短歌19首。
¶朝日，国史(ゆはらおう)，国書(ゆはらおう)，古史(ゆはらおう)，古代(ゆはらのおう)，古中(ゆはらおう)，詩歌，史人(ゆはらおう)，新潮，人名，世人，全書，日史(ゆはらおう)，日人(ゆはらのおう)，百科，万葉，和俳

夢皇女 ゆめのこうじょ
→磐隈皇女(いわくまのこうじょ)

由蓮 ゆれん
→源勝(みなもとのまさる)

【よ】

永覚 ようかく
→永覚(えいかく)

陽光院 ようこういん
→誠仁親王(さねひとしんのう)

陽光太上天皇 ようこうだじょうてんのう
→誠仁親王(さねひとしんのう)

陽成院 ようぜいいん
→陽成天皇(ようぜいてんのう)

陽成天皇 ようぜいてんのう
貞観10(868)年〜天暦3(949)年 (別)陽成院《ようぜいいん》
平安時代前期の第57代の天皇(在位876〜884)。清和天皇の皇子。
¶朝日((没)天暦3年9月29日(949年10月23日)), 岩史((生)貞観10(868)年12月16日 (没)天暦3(949)年9月29日), 角史, 京都大, 国史, 国書((生)貞観10(868)年12月16日 (没)天暦3(949)年9月29日), 古史, 古代, 古中, コン改, コン4, 詩歌(陽成院 ようぜいいん), 史人((生)868年12月16日 (没)949年9月29日), 重要((生)貞観10(868)年12月16日 (没)天暦3(949)年9月29日), 諸系((生)869年), 新潮((生)貞観10(868)年12月16日 (没)天暦3(949)年9月29日), 人名, 姓氏京都, 世人, 世百, 全書, 大百, 日史((生)貞観10(868)年12月16日 (没)天暦3(949)年9月29日), 日人((生)869年), 百科, 平史, 歴大, 和俳((没)天暦3(949)年9月29日)

用堂 ようどう
? 〜応永3(1396)年 (別)用堂尼《ようどうに》
南北朝時代の禅尼僧。後醍醐天皇の皇女。
¶神奈川人(用堂尼 ようどうに), 鎌室, 女性(用堂尼 ようどうに (没)応永3(1396)年8月8日), 人名, 日人

用堂尼 ようどうに
→用堂(ようどう)

陽徳門院 ようとくもんいん
正応1(1288)年〜正平7/文和1(1352)年 (別)媖子内親王《えいしないしんのう》
鎌倉時代後期〜南北朝時代の女性。後深草天皇の第5皇女。
¶鎌室, 女性((没)観応3(1352)年8月11日), 人名, 日人

永福門院 ようふくもんいん
→永福門院(えいふくもんいん)

用明天皇 ようめいてんのう
? 〜用明天皇2(587)年 (別)橘豊日尊《たちばなのとよひのみこと》
飛鳥時代の第31代の天皇。欽明天皇の皇子。仏教受容を宣言。
¶朝日((没)用明2年4月9日(587年5月21日)), 岩史((没)用明2(587)年4月9日), 角史, 国史, 古史, 古代, 古中, コン改, コン4, 史人, 重要, 諸系, 新潮((没)用明2(587)年4月9日), 人名, 世人, 全書, 大百((生)540年), 日史, 日人, 百科, 仏教((没)用明2(587)年4月9日), 歴大

陽明門院 ようめいもんいん
長和2(1013)年〜嘉保1(1094)年 (別)禎子内親王《ていしないしんのう,よしこないしんのう》
平安時代中期〜後期の女性。後朱雀天皇の皇后。
¶朝日((生)長和2年7月6日(1013年8月15日) (没)嘉保1年1月16日(1094年2月3日)), 国史, 国書((生)長和2(1013)年7月6日 (没)寛治8(1094)年1月16日), 古史, 古中, 史人((生)1013年7月6日 (没)1094年1月16日), 諸系, 女性((生)長和2(1013)年7月6日 (没)寛治8(1094)年1月16日), 新潮((生)長和2(1013)年7月6日 (没)嘉保1(1094)年1月16日), 人名, 姓氏京都, 世人, 日史((生)長和2(1013)年7月6日 (没)嘉保1(1094)年1月16日), 日人, 百科, 平史(禎子内親王 よしこないしんのう)

陽禄門院 ようろくもんいん
応長1(1311)年〜正平7/文和1(1352)年1月28日 (別)藤原秀子《ふじわらしゅうし,ふじわらのひでこ》
鎌倉時代後期〜南北朝時代の女性。光厳天皇の妃。
¶鎌室, 諸系((没)1353年), 女性, 人名, 日人((没)1353年)

与謝女王(誉謝女王) よさのおおきみ
→誉謝女王(よさのじょおう)

誉謝女王 よさのじょおう
? 〜慶雲3(706)年 (別)与謝女王《よさのおおきみ》,誉謝女王《よさのおおきみ》
飛鳥時代の女性。万葉歌人。
¶女性((没)慶雲3(706)年6月24日), 人名(与謝女王 よさのおおきみ), 日人, 万葉(よさのおおきみ), 和俳

嘉彰親王 よしあきしんのう
→小松宮彰仁親王(こまつのみやあきひとしんのう)

克明親王 よしあきらしんのう
延喜3(903)年〜延長5(927)年 (別)克明親王《かつあきらしんのう》
平安時代中期の醍醐天皇の第1皇子。
¶諸系, 人名(かつあきらしんのう), 日人, 平史

代明親王 よしあきらしんのう
→代明親王(よりあきらしんのう)

姣子女王 よしこじょおう
→姉子女王(あねこじょおう)

嫥子女王 よしこじょおう
→嫥子女王(せんしじょおう)

悦子女王 よしこじょおう
→悦子女王(えっしじょおう)

よ

嘉子女王 よしこじょおう
→嘉子女王（かしじょおう）

徽子女王 よしこじょおう
→徽子女王（きしじょおう）

宜子女王 よしこじょおう
→宜子女王（ぎしじょおう）

慶子女王(1) よしこじょおう
平安時代中期の女性。醍醐天皇の皇孫女。
¶人名，日人（生没年不詳）

慶子女王(2) よしこじょおう
嘉禄1（1225）年～弘安9（1286）年
鎌倉時代前期の女性。順徳天皇の皇女。
¶鎌室，女性，人名，日人

嘉言親王 よしことしんのう
文政4（1821）年～明治1（1868）年 [別]純仁法親王《じゅんにんほうしんのう》，雄仁親王《ゆうにんしんのう》，伏見宮嘉言親王《ふしのみやよしことしんのう》
江戸時代末期の皇族。伏見宮邦家親王の第2王子。
¶維新，国書（雄仁親王 ゆうにんしんのう [生]文政4（1821）年1月26日 [没]慶応4（1868）年8月1日），諸系，人名，日人，幕末（[没]1868年9月16日）

僐子内親王 よしこないしんのう
→僐子内親王（ぜんしないしんのう）

姝子内親王 よしこないしんのう
→高松院（たかまついん）

媄子内親王 よしこないしんのう
→媄子内親王（びしないしんのう）

栄子内親王 よしこないしんのう
→栄子内親王（えいしないしんのう）

佳子内親王 よしこないしんのう
→佳子内親王（かしないしんのう）

嘉子内親王 よしこないしんのう
→嘉子内親王（かしないしんのう）

賀子内親王 よしこないしんのう
寛永9（1632）年～元禄9（1696）年 [別]賀子内親王《がしないしんのう》
江戸時代前期の女性。後水尾天皇の第6皇女。
¶女性（がしないしんのう [生]寛永9（1632）年6月5日 [没]元禄9（1696）年8月1日），人名，日人

楽子内親王 よしこないしんのう
→楽子内親王（らくしないしんのう）

喜子内親王 よしこないしんのう
→喜子内親王（きしないしんのう）

吉子内親王 よしこないしんのう
正徳4（1714）年～宝暦8（1758）年
江戸時代中期の女性。霊元天皇の第12皇女。
¶近世，国史，女性（[生]正徳4（1714）年8月22日 [没]宝暦8（1758）年9月22日），人名，日人

休子内親王 よしこないしんのう
→休子内親王（きゅうしないしんのう）

欣子内親王 よしこないしんのう
→新清和院（しんせいわいん）

慶子内親王 よしこないしんのう
→慶子内親王（けいしないしんのう）

好子内親王 よしこないしんのう
→好子内親王（こうしないしんのう）

柔子内親王(1) よしこないしんのう
→柔子内親王(1)（じゅうしないしんのう）

柔子内親王(2) よしこないしんのう
→柔子内親王(2)（じゅうしないしんのう）

善子内親王 よしこないしんのう
承暦1（1077）年～長承1（1132）年 [別]善子内親王《ぜんしないしんのう》
平安時代後期の女性。白河天皇の第2皇女。
¶朝日（[生]承暦1年9月23日（1077年10月12日） [没]長承1年12月1日（1133年1月8日）），コン改，コン4，女性（ぜんしないしんのう [生]承保4（1077）年9月23日 [没]長承1（1132）年12月1日），人名，日人（[没]1133年），平史

珍子内親王 よしこないしんのう
→珍子内親王（ちんしないしんのう）

禎子内親王(1) よしこないしんのう
→禎子内親王(1)（ていしないしんのう）

禎子内親王(2) よしこないしんのう
→陽明門院（ようめいもんいん）

能子内親王 よしこないしんのう
正治2（1200）年～寛元3（1245）年 [別]能子内親王《のうしないしんのう》
鎌倉時代前期の女性。高倉天皇皇子守貞親王の王女。
¶鎌室（のうしないしんのう），女性（[生]正治2（1200）年12月29日 [没]寛元3（1245）年9月24日），人名，日人

芳子内親王 よしこないしんのう
→芳子内親王（ほうしないしんのう）

誉子内親王 よしこないしんのう
→章義門院（しょうぎもんいん）

良子内親王 よしこないしんのう
→良子内親王（ながこないしんのう）

令子内親王 よしこないしんのう
→令子内親王（れいしないしんのう）

娟子内親王 よしこないしんのう
→娟子内親王（けんしないしんのう）

怡子内親王 よしこないしんのう
→怡子内親王（いしないしんのう）

懌子内親王 よしこないしんのう
→五条院（ごじょういん）

禧子内親王 よしこないしんのう
→禧子内親王（きしないしんのう）

嘉子女王 よしこにょおう
→嘉子女王（かしじょおう）

良貞親王 よしさだしんのう
？ ～嘉祥1（848）年
平安時代前期の淳和天皇の皇子。
¶人名，日人，平史

慶滋為政 よししげのためまさ
生没年不詳　[別]慶滋為政《よししげためまさ》
平安時代中期の官人。
¶国書（よししげためまさ），コン改，コン4，諸系，新潮，人名，日人，平史

慶滋保胤 よししげのやすたね
？ ～長保4（1002）年　[別]慶滋保胤《よししげやすたね》，寂心《じゃくしん》
平安時代中期の官人、文人。「日本往生極楽記」の著者。
¶朝日（[没]長保4年10月21日（1002年11月27日）），岩史（[没]長保4（1002）年10月21日），角史，京都，京都大，国史，国書（よししげやすたね　[没]長保4（1002）年10月21日），古史，古中，コン改，コン4，詩歌（[生]934年，（異説）935年　[没]997年），史人（[没]1002年10月21日），重要（[没]長保4（1002）年？），諸系，新潮（[没]長保4（1002）年12月9日），新文（[生]承平3（933）年頃），人名，姓氏京都，世人，世百，全書，大百（[没]997年），日史（[生]承平4（934）年？　[没]長保4（1002）年？），日人，百科（よししげやすたね　[生]承平1（931）年？），兵庫百（寂心　じゃくしん　生没年不詳），仏教（[生]承平1（931）年？），仏史，文学（[生]931年？），平史，名僧，歴大（[生]931年ころ　[没]1002年？），和俳

吉田兼雄 よしだかねお
宝永2（1705）年～天明7（1787）年8月20日　[別]吉田良延《よしだよしのぶ》
江戸時代中期の公家（非参議）。非参議吉田兼敬の孫。
¶近世，公卿（吉田良延　よしだよしのぶ　[生]宝永2（1705）年1月14日），公家（良延〔吉田家〕　よしのぶ　[生]宝永2（1705）年1月14日），国史，国書（吉田良延　よしだよしのぶ　[生]宝永2（1705）年1月24日），諸系，神史，神人，日人

吉田兼和 よしだかねかず
→吉田兼見（よしだかねみ）

吉田兼右（吉田兼佑） よしだかねすけ
→吉田兼右（よしだかねみぎ）

吉田兼敏 よしだかねとし
→吉田兼倶（よしだかねとも）

吉田兼倶 よしだかねとも
永享7（1435）年～永正8（1511）年　[別]吉田兼敏《よしだかねとし》，卜部兼倶《うらべかねとも，うらべのかねとも》
室町時代～戦国時代の神道家、公卿（非参議）。非参議吉田兼名の子。
¶朝日（[没]永正8年2月19日（1511年3月18日）），岩史（[没]永正8（1511）年2月19日），角史，鎌室，京都，京都大，公卿（[没]永正8（1511）年2月19日），公家（兼倶〔吉田家〕　かねとも　[没]永正8（1511）年2月19日），国史，国書（[没]永正8（1511）年2月19日），古中，コン改，コン4，史人（[没]1511年2月19日），重要（[没]永正8（1511）年2月19日），諸系，神史，神人，新潮（[没]永正8（1511）年2月19日），人名（卜部兼倶　うらべかねとも），姓氏京都，世人（[没]永正8（1511）年2月19日），世百（卜部兼倶　うらべかねとも），全書（卜部兼倶　うらべかねとも），戦人，大百（卜部兼倶　うらべかねとも），伝記，日史（[没]永正8（1511）年2月19日），日人，百科，歴大

吉田兼名 よしだかねな
？ ～寛正1（1460）年10月28日　[別]卜部兼名《うらべかねな》
室町時代の公卿（非参議）。大副吉田兼富の子。
¶公卿，公家（兼名〔吉田家〕　かねな），国書（卜部兼名　うらべかねな），神人

吉田兼永 よしだかねなが
→卜部兼永（うらべかねなが）

吉田兼隆 よしだかねなが
→吉田良倶（よしだよしとも）

吉田兼業 よしだかねなり
→吉田良連（よしだよしつれ）

吉田兼敬 よしだかねのり
→吉田兼敬（よしだかねゆき）

吉田兼煕（吉田兼熈，吉田兼煕） よしだかねひろ
正平3/貞和4（1348）年～応永9（1402）年　[別]卜部兼熈《うらべかねひろ》，卜部兼煕《うらべかねひろ》
南北朝時代～室町時代の公卿（非参議）。正四位上・大副・刑部卿吉田兼豊の子。
¶鎌室，公卿（吉田兼煕　[没]応永9（1402）年5月3日），公家（兼煕〔吉田家〕　かねひろ　[没]応永9（1402）年5月3日），国史，国書（卜部兼煕　うらべかねひろ　[没]応永9（1402）年5月3日），古中，史人（吉田兼煕　[没]1402年5月3日），諸系，神史（吉田兼煕），神人（卜部兼熈　うらべかねひろ　[生]正平2（貞和3年）（1347）年），新潮（[没]応永9（1402）年5月3日），日史（[没]応永9（1402）年5月3日），日人，百科

吉田兼見 よしだかねみ
天文4（1535）年～慶長15（1610）年　[別]吉田兼和《よしだかねかず》
安土桃山時代～江戸時代前期の公家（非参議）。非参議吉田兼右の子。
¶京都大，近世，公卿（[生]天文6（1537）年7月5日　[没]慶長15（1610）年9月2日），公家（兼見〔吉田

家〕　かねみ　㉛慶長15（1610）年9月2日），国史，国書（㉛慶長15（1610）年9月2日），古中，史人（㉛1610年9月2日），諸系，神史，神人，新潮（㉛慶長15（1610）年9月2日），姓氏京都，戦国（㊹1552年　㊺1611年），戦辞（吉田兼和　よしだかねかず　㉛慶長15年9月2日（1610年10月18日）），戦人，日史（㉛慶長15（1610）年9月2日），日人

吉田兼右　よしだかねみぎ
永正13（1516）年～天正1（1573）年　㊺吉田兼右《よしだかねすけ》，吉田兼佑《よしだかねすけ》，卜部兼右《うらべかねみぎ》
戦国時代の神道家，公卿（非参議）。非参議船橋宣賢の次男。
　¶京都大（よしだかねすけ），公卿（よしだかねすけ　㉛永正13（1516）年4月20日　㉛天正1（1573）年1月10日），公家（兼右〔吉田家〕　かねみぎ　㉛永正13（1516）年4月20日　㉛元亀4（1573）年1月10日），国史，国書（㉛永正13（1516）年4月20日　㉛元亀4（1573）年1月10日），古中，諸系，神史，神人，新潮（よしだかねすけ　㉛永正13（1516）年4月20日　㉛天正1（1573）年1月10日），人名（よしだかねすけ），世人（吉田兼佑　よしだかねすけ），戦辞（㊹永正13年4月20日（1516年5月21日）　㉛天正1年1月10日（1573年2月12日）），全書（よしだかねすけ），戦人，日史（㉛永正13（1516）年4月20日　㉛天正1（1573）年1月10日），日人

吉田兼満　よしだかねみつ
文明17（1485）年～享禄1（1528）年11月3日　㊺卜部兼満《うらべかねみつ》
戦国時代の公卿（非参議）。非参議吉田兼倶の孫。
　¶公卿，公家（兼満〔吉田家〕　かねみつ），国書（卜部兼満　うらべかねみつ），神人，戦人（㊹明応4（1495）年）

吉田兼敬　よしだかねゆき
承応2（1653）年～享保16（1731）年12月17日　㊺吉田兼敬《よしだかねのり》
江戸時代前期～中期の公家（非参議）。従五位下・刑部少輔・神祇少副吉田兼起の子。
　¶近世，公卿（よしだかねのり　㊹承応2（1653）年10月22日），公家（兼敬〔吉田家〕　かねゆき　承応2（1653）年10月22日），国史，国書（㊹承応2（1653）年10月22日），史人（㊹1653年10月22日），諸系（㉛1732年），神史，神人，日人（㉛1732年）

吉田兼従　よしだかねより
　→萩原兼従（はぎわらかねより）

吉田国俊　よしだくにとし
延慶1（1308）年～？
鎌倉時代後期～南北朝時代の公卿（権中納言）。参議吉田国房の子。
　¶公卿，公家（国俊〔吉田家（絶家）3〕　くにとし）

吉田国房　よしだくにふさ
建治3（1277）年～元徳2（1330）年5月18日

鎌倉時代後期の公卿（参議）。中納言吉田経俊の孫。
　¶公卿，公家（国房〔吉田家（絶家）3〕　くにふさ）

吉田定資　よしださだすけ
建治1（1275）年～元徳2（1330）年7月11日　㊺坊城定資《ぼうじょうさだすけ》
鎌倉時代後期の公卿（権中納言）。中納言吉田経俊の孫。
　¶公卿，公家（定資〔勧修寺家〕　さだすけ），国書（坊城定資　ほうじょうさだすけ）

吉田定房　よしださだふさ
文永11（1274）年～延元3/暦応1（1338）年　㊺藤原定房《ふじわらのさだふさ》
鎌倉時代後期～南北朝時代の公卿（内大臣）。権大納言吉田経長の長男。
　¶朝日（暦応1/延元3年1月23日（1338年2月13日）），岩史（㊺建武5/延元3（1338）年1月23日，角史，鎌室，京都，京都大，公卿（㊹暦応1/延元3（1338）年1月23日），公家（定房〔甘露寺家〕　さだふさ　㊺建武5（1338）年1月23日），国史，国書（㉛延元3（1338）年1月23日），古中，コン改，コン1，史人（㊺1338年1月23日），重要（㉛延元3/暦応1（1338）年1月），新潮（㉛暦応1/延元3（1338）年1月23日），人名，姓氏京都，世人，世百，全書，大百，日史（㉛暦応1/延元3（1338）年1月23日），日人，百科，歴大

吉田資顕　よしだすけあき
？　～元中8/明徳2（1391）年
南北朝時代の公卿（非参議）。永和2年従三位に叙される。
　¶公卿，公家（資顕〔吉田家（絶家）2〕　すけあき），国書

吉田資経　よしだすけつね
　→藤原資経（ふじわらのすけつね）

吉田高経　よしだたかつね
建保6（1218）年～弘安8（1285）年6月5日
鎌倉時代後期の公卿（非参議）。参議藤原資経の三男。
　¶公卿，公家（高経〔甘露寺家〕　たかつね）

吉田隆長　よしだたかなが
建治3（1277）年～正平5/観応1（1350）年2月25日
鎌倉時代後期～南北朝時代の公卿（権中納言）。権大納言吉田経長の次男。
　¶公卿，公家（隆長〔甘露寺家〕　たかなが），国書（㉛貞和6（1350）年2月22日）

吉田為経　よしだためつね
承久4（1210）年～康元1（1256）年　㊺藤原為経《ふじわらためつね，ふじわらのためつね》
鎌倉時代前期の公卿（中納言）。参議藤原資経の長男。
　¶朝日（康元1年6月9日（1256年7月2日）），公卿（藤原為経　ふじわらのためつね　㉛康元1（1256）年6月9日），公家（為経〔甘露寺家〕ためつね　㊺建長8（1256）年6月9日），国書

（藤原為経　ふじわらためつね　[没]建長8（1256）年6月9日），諸系，日人

吉田経俊 よしだつねとし

建保2（1214）年～建治2（1276）年　[別]藤原経俊《ふじわらのつねとし》

鎌倉時代前期の公卿（中納言）。藤原系の吉田家の祖。参議藤原資経の次男。

¶朝日（[没]建治2年10月18日（1276年11月25日）），鎌室，公卿（[没]建治2（1276）年10月18日），公家（経俊〔勧修寺家〕　つねとし　[没]建治2（1276）年10月18日），国史，国書（[没]建治2（1276）年10月18日），古中，史人（[没]1276年10月18日），諸系，新潮（[没]建治2（1276）年10月18日），姓氏京都，日史（[没]建治2（1276）年10月18日），日人，和歌山人（藤原経俊　ふじわらのつねとし）

吉田経長 よしだつねなが

延応1（1239）年～延慶2（1309）年　[別]藤原経長《ふじわらのつねなが》

鎌倉時代後期の公卿（権大納言）。権中納言藤原為経の三男。

¶朝日（[没]延慶2年6月8日（1309年7月15日）），鎌室，公卿（[没]延慶2（1309）年6月8日），公家（経長〔甘露寺家〕　つねなが　[没]延慶2（1309）年6月8日），国史，国書（[没]延慶2（1309）年6月8日），古中，史人（[没]1309年6月8日），諸系，新潮（[没]延慶2（1309）年6月8日），姓氏京都，日人

吉田経房 よしだつねふさ

康治2（1143）年～正治2（1200）年　[別]藤原経房《ふじわらつねふさ，ふじわらのつねふさ》

平安時代後期～鎌倉時代前期の公卿（権大納言）。参議藤原為隆の孫。

¶朝日（[生]康治1（1142）年　[没]正治2年閏2月11日（1200年3月27日）），岩史（[没]正治2（1200）年閏2月11日），角史，鎌倉，鎌室（藤原経房　ふじわらつねふさ），公卿（藤原経房　ふじわらのつねふさ　[生]康治1（1142）年　[没]正治2（1200）年閏2月11日），公家（経房〔甘露寺家〕　つねふさ　[生]1142年　[没]正治2（1200）年閏2月11日），国史，国書（藤原経房　ふじわらつねふさ　[没]正治2（1200）年閏2月11日），古史，古史（藤原経房　ふじわらのつねふさ），古中，コン改（[生]康治2（1143）年，（異説）1142年），コン4（[生]康治2（1143）年，（異説）1142年），諸系（藤原経房　ふじわらのつねふさ），新潮（藤原経房　ふじわらのつねふさ　[没]正治2（1200）年閏2月11日），人名（[生]1142年），姓氏京都，世人，日史（藤原経房　ふじわらのつねふさ　[没]正治2（1200）年閏2月11日），日人（藤原経房　ふじわらのつねふさ），百科（藤原経房　ふじわらのつねふさ），平史（藤原経房　ふじわらのつねふさ），歴大（藤原経房　ふじわらのつねふさ）

吉田良義 よしだなかよし，よしだながよし

天保8（1837）年3月9日～明治23（1890）年3月4日　[別]吉田良義《よしだながよし，よしだよしぎ，よしだよしのり》

江戸時代末期～明治期の公家（非参議）。非参議吉田良煕の子。

¶維新（よしだよしのり），公卿（よしだよしぎ　[没]明治23（1890）年3月），公家（良義〔吉田家〕　なかよし），国書（よしだながよし），諸系，神人（よしだながよし），人名（よしだながよし　[生]？），日人，幕末（よしだよしのり）

嘉種親王 よしたねしんのう

→盈仁入道親王（えいにんにゅうどうしんのう）

吉田冬方 よしだふゆかた

弘安8（1285）年～？

鎌倉時代後期の公卿（権中納言）。権大納言吉田経長の三男。

¶公卿，公家（冬方〔甘露寺家〕　ふゆかた）

吉田宗房 よしだむねふさ

生没年不詳

南北朝時代の南朝公家。北朝側との交渉役。

¶朝日，国史，国書，古中，史人，日人

吉田守房 よしだもりふさ

生没年不詳

南北朝時代の公家・歌人。

¶国書

吉田良義 よしだよしぎ

→吉田良義（よしだなかよし）

吉田良連 よしだよしつれ

宝暦12（1762）年12月16日～文化10（1813）年6月12日　[別]吉田兼業《よしだかねなり》，卜部良連《うらべながつら》

江戸時代中期～後期の公家（非参議）。非参議吉田良倶の子。

¶公卿，公家（良連〔吉田家〕　よしつら），国書（卜部良連　うらべながつら），神人（吉田兼業　よしだかねなり　[没]文化10（1813）年6月5日）

吉田良倶 よしだよしとも

元文4（1739）年12月19日～寛政8（1796）年　[別]吉田兼隆《よしだかねなが》

江戸時代中期の公家（非参議）。非参議吉田兼雄の子。

¶公卿（[没]寛政8（1796）年2月24日），公家（良倶〔吉田家〕　よしとも　[没]寛政8（1796）年2月24日），国書（[没]寛政8（1796）年2月25日），神人（吉田兼隆　よしだかねなが　[没]寛政8（1796）年2月22日）

吉田良長 よしだよしなが

寛政4（1792）年9月10日～天保11（1840）年11月26日　[別]卜部良長《うらべよしおさ》

江戸時代後期の公家（非参議）。非参議吉田良連の子。

¶公卿，公家（良長〔吉田家〕　よしなが），国書（卜部良長　うらべよしおさ），神人

吉田良延 よしだよしのぶ

→吉田兼雄（よしだかねお）

吉田良義 よしだよしのり

→吉田良義（よしだなかよし）

吉田良煕（吉田良煕）よしだよしひろ
文化7（1810）年5月11日～明治1（1868）年
江戸時代末期の公家（非参議）。非参議吉田良長の子。
¶維新，公卿（吉田良煕 ㉔明治1（1868）年4月2日），公家（良煕〔吉田家〕 よしひろ ㉔慶応4（1868）年4月2日），神人（㉔慶応4（1868）年4月），幕末（㉔1868年4月24日）

誉子内親王 よしないしんのう
→章義門院（しょうぎもんいん）

吉永親王 よしながしんのう
？ ～正平14/延文4（1359）年
南北朝時代の伏見天皇の第5皇子。
¶鎌室

熙永親王 よしながしんのう
→永助入道親王（えいじょにゅうどうしんのう）

良成親王 よしなりしんのう
生没年不詳 ㉕長成親王《ながなりしんのう》，良成親王《ながなりしんのう，りょうせいしんのう》
南北朝時代の後村上天皇の皇子。後征西将軍宮。
¶朝日，鎌室（ながなりしんのう），鎌室，国史，古中，コン改（ながなりしんのう），コン4（ながなりしんのう），史人（㉔1395年？），諸系，新潮（ながなりしんのう），人名（りょうせいしんのう ㉔1364年？ ㉕1395年？），世人（りょうせいしんのう），世人（長成親王 ながなりしんのう），全書，日人，福岡百（ながなりしんのう），歴大

善原内親王 よしはらないしんのう
？ ～貞観5（863）年 ㉕善原内親王《よしはらのないしんのう》
平安時代前期の女性。桓武天皇の皇女。
¶女性（よしはらのないしんのう ㉔貞観5（863）年7月21日），人名，日人，平史

能久親王 よしひさしんのう
→北白川宮能久親王（きたしらかわのみやよしひさしんのう）

能久親王妃富子 よしひさしんのうひとみこ
→北白川宮富子（きたしらかわのみやとみこ）

栄仁親王 よしひとしんのう
正平6/観応2（1351）年～応永23（1416）年 ㉕栄仁親王《なかひとしんのう》
南北朝時代～室町時代の皇族。北朝崇光天皇の第1皇子。伏見宮第1代。
¶朝日（㉔応永23年11月20日（1416年12月9日）），鎌室，国史，国書（㉔観応2（1351）年5月 ㉕応永23（1416）年11月20日），古中，史人（㉔1416年11月20日），諸系，新潮（㉔応永23（1416）年11月20日），人名，世人，日史（㉔応永23（1416）年11月20日），日人，百科，和俳

嘉仁親王 よしひとしんのう
→大正天皇（たいしょうてんのう）

宜仁親王 よしひとしんのう
→桂宮宜仁親王（かつらのみやよしひとしんのう）

義仁親王 よしひとしんのう
→義仁法親王（ぎにんほうしんのう）

好仁親王 よしひとしんのう
慶長8（1603）年～寛永15（1638）年 ㉕高松宮好仁親王《たかまつのみやよしひとしんのう》
江戸時代前期の皇族。後陽成天皇の第7皇子（有栖川宮第1代）。
¶近世，国史，国書（㉔慶長8（1603）年3月17日 ㉕寛永15（1638）年6月3日），史人（高松宮好仁親王 たかまつのみやよしひとしんのう ㉔1603年3月17日 ㉕1638年6月3日），諸系，新潮（㉔慶長8（1603）年3月18日 ㉕寛永15（1638）年6月3日），人名，日人

善淵愛成 よしぶちのあいせい
→善淵愛成（よしぶちのちかなり）

善淵愛成 よしぶちのちかなり
生没年不詳 ㉕善淵愛成《よしぶちちかなり，よしぶちのあいせい》
平安時代前期の学者。
¶角史，郷土岐阜，国史，国書（よしぶちちかなり），古中，史人（㉔822年 ㉕890年？），人名（よしぶちのあいせい），姓氏京都（㉔822年 ㉕890年？），日人，平安

善淵永貞 よしぶちのながさだ
弘仁4（813）年～仁和1（885）年 ㉕善淵朝臣永貞《よしぶちのあそんながさだ》
平安時代前期の明経家。
¶郷土岐阜，古代（善淵朝臣永貞 よしぶちのあそんながさだ），人名，日人，平史

善淵広岑 よしぶちのひろみね
㉕善淵朝臣広岑《よしぶちのあそんひろみね》
平安時代前期の明経家。
¶古代（善淵朝臣広岑 よしぶちのあそんひろみね），日人（生没年不詳）

芳麿王 よしまろおう
→山階芳麿（やましなよしまろ）

滋水清実 よしみずのきよみ
㉕滋水朝臣清実《しげみずのあそんきよみ》
平安時代前期の皇族。光孝天皇の皇子。
¶古代（滋水朝臣清実 しげみずのあそんきよみ），人名，日人（生没年不詳），平史（生没年不詳）

吉水僧正 よしみずのそうじょう
→慈円（じえん）

良岑木連 よしみねのいたび
延暦23（804）年～嘉祥2（849）年
平安時代前期の大納言安世の一男。
¶平史

良岑清風 よしみねのきよかぜ
弘仁11（820）年～貞観5（863）年

平安時代前期の大納言正三位安世の第三子。
¶平史

良岑長松 よしみねのながまつ
弘仁5(814)年〜元慶3(879)年 [別]良岑朝臣長松《よしみねのあそんながまつ》
平安時代前期の官人。遣唐使准判官。
¶古代(良岑朝臣長松 よしみねのあそんながまつ), 日音([没]元慶3(879)年11月10日), 日人, 平史

良岑秀崇 よしみねのひでおか
生没年不詳 [別]良岑秀崇《よしみねひでおか》
平安時代前期の官人・歌人。
¶国書(よしみねひでおか), 平史

良峯宗貞(良岑宗貞) よしみねのむねさだ
→遍昭(へんじょう)

良岑衆樹(良峯衆樹) よしみねのもろき
貞観4(862)年〜延喜20(920)年
平安時代前期〜中期の公卿(参議)。大納言良峯安世の孫。
¶公卿(良峯衆樹 [没]延喜20(920)年9月25日), 平史

良岑安世(良峰安世, 良峯安世) よしみねのやすよ
延暦4(785)年〜天長7(830)年 [別]良岑安世《よしみねやすよ》, 良岑朝臣安世《よしみねのあそんやすよ》
平安時代前期の公卿(大納言)。桓武天皇の皇子。
¶朝日([没]天長7年7月6日(830年7月29日)), 岩史(良峰安世 [没]天長7(830)年7月6日), 角史, 公卿(良峯安世 [没]天長7(830)年7月6日), 芸能, 国史(良峯安世), 国書(よしみねやすよ [没]天長7(830)年7月6日), 古史, 古代(良岑朝臣安世 よしみねのあそんやすよ), 古中(良峯安世), コン改, コン4, 詩歌, 史人([没]830年7月6日), 諸系, 新潮([没]天長7(830)年7月6日), 人名, 姓氏京都(良峯安世), 世人, 全書, 日音([没]天長7(830)年7月), 日史([没]天長7(830)年7月6日), 日人, 百科, 平史, 歴大, 和俳

良岑義方(良峯義方) よしみねのよしかた
? 〜天暦11(957)年 [別]良岑義方《よしみねよしかた》
平安時代の画家。良岑安世の曾孫。正四位下左近衛中将。
¶国書(よしみねよしかた), 日人, 平史, 名画(良峯義方)

善統親王 よしむねしんのう
天福1(1233)年〜文保1(1317)年 [別]四辻宮《よつつじのみや》, 善統親王《ぜんとうしんのう》
鎌倉時代の順徳天皇の第6皇子。
¶鎌室(ぜんとうしんのう), 国史, 古中, 人名(ぜんとうしんのう), 人名(四辻宮 よつつじのみや), 日人

令宗允亮 よしむねのただすけ
→惟宗允亮(これむねのただすけ)

慶頼王 よしよりおう
延喜21(921)年〜延長3(925)年 [別]慶頼王《けいらいおう》
平安時代中期の醍醐天皇皇子保明親王の第1王子。
¶諸系, 人名(けいらいおう), 姓氏京都, 日人, 平史

世襲足媛(世襲足姫) よそたらしひめ
[別]大井媛《おおいひめ》, 世襲足媛皇后《よそたらしひめのこうごう》
上代の女性。孝昭天皇の皇后。
¶古代, 女性(世襲足姫), 人名(大井媛 おおいひめ), 日人

四辻(家名) よつじ
→四辻(よつつじ)

四辻公音 よつつじきみと
文明13(1481)年〜天文9(1540)年7月17日 [別]四辻公音《よつつじきんおと, よつつじきんなり》
戦国時代の公卿(権大納言)。権大納言四辻季経の長男。
¶公卿(よつつじきんなり), 公家(公音〔四辻家〕 きんね), 国書(よつつじきんおと), 戦人

四辻公遠 よつつじきみとお
天文9(1540)年〜文禄4(1595)年8月13日 [別]四辻公遠《よつつじきんとお》
安土桃山時代の公卿(権大納言)。権大納言四辻季遠の子。
¶公卿(よつつじきんとお), 公家(公遠〔四辻家〕 きんとお), 戦人

四辻公亨 よつつじきんあきら
享保13(1728)年4月11日〜天明8(1788)年4月25日 [別]四辻公亨《よつつじきんみち》
江戸時代中期の公家(権大納言)。非参議四辻実長の子。
¶公卿, 公家(公亨〔四辻家〕 きんあき), 国書(よつつじきんみち)

四辻公績 よつつじきんいさ
文化8(1811)年〜慶応3(1867)年
江戸時代末期の公家(権大納言)。権大納言四辻公説の子。
¶維新, 公卿([生]文化8(1811)年8月1日 [没]慶応3(1867)年3月9日), 公家(公績〔四辻家〕 きんいさ [生]文化8(1811)年8月1日 [没]慶応3(1867)年3月9日), 諸系, 幕末([没]1867年4月13日)

四辻公理 よつつじきんおさ
慶長15(1610)年〜延宝5(1677)年6月27日
江戸時代前期の公家(権大納言)。権大納言四辻季継の子。
¶公卿, 公家(公理〔四辻家〕 きんまさ)

四辻公音 よつつじきんおと
→四辻公音(よつつじきみと)

四辻公万 よつつじきんかず
→四辻公万(よつつじきんまん)

四辻公説 よつつじきんこと
→四辻公説（よつつじきんとき）

四辻公韶 よつつじきんつぐ
寛文10（1670）年8月4日～元禄13（1700）年
江戸時代中期の公家（参議）。権大納言四辻公理の孫。
¶公卿（[没]元禄13（1700）年7月13日），公家（公韶〔四辻家〕　きんあき　[没]元禄13（1700）年7月12日）

四辻公遠 よつつじきんとお
→四辻公遠（よつつじきみとお）

四辻公説 よつつじきんとき
安永9（1780）年1月1日～嘉永2（1849）年4月19日
[別]四辻公説《よつつじきんこと》
江戸時代後期の公家（権大納言）。権大納言四辻公万の子。
¶公卿，公家（公説〔四辻家〕　きんとき），国書（よつつじきんこと），諸系（よつつじきんこと）

四辻公音 よつつじきんなり
→四辻公音（よつつじきみと）

四辻公彦 よつつじきんひこ
？　～応永7（1400）年4月13日
南北朝時代～室町時代の公卿（権中納言）。権大納言室町実藤の曾孫。
¶公卿，公家（公彦〔室町家（絶家）2〕　きんひこ）

四辻公万 よつつじきんまん
宝暦7（1757）年12月4日～文政7（1824）年7月6日
[別]四辻公万《よつつじきんかず》
江戸時代中期～後期の公家（権大納言）。権大納言四辻公亨の子。
¶公卿，公家（公万〔四辻家〕　きんまん），国書（よつつじきんかず）

四辻公亨 よつつじきんみち
→四辻公亨（よつつじきんあきら）

四辻公賀 よつつじきんよし
天保11（1840）年～明治13（1880）年　[別]四辻公賀《よつじきみよし》
江戸時代末期～明治期の公家（参議）。権大納言四辻公績の次男。
¶維新，公卿（[生]天保11（1840）年7月19日　[没]明治13（1880）年12月），公家（公賀〔四辻家〕　きんよし　[生]天保11（1840）年7月19日　[没]明治13（1880）年12月9日），諸系，新潟百別（よつじきみよし），幕末（[没]1880年12月19日）

四辻実茂 よつつじさねしげ
？　～応永12（1405）年
南北朝時代～室町時代の公卿（権中納言）。権大納言四辻季顕の子。
¶鎌室，公卿（[没]応永12（1405）年3月5日），公家（実茂〔四辻家〕　さねしげ　[没]応永12（1405）年3月5日），諸系，日人

四辻実仲 よつつじさねなか
応永34（1427）年～永正8（1511）年12月17日
室町時代～戦国時代の公卿（権大納言）。権中納言四辻季俊の子。
¶公卿，公家（実仲〔四辻家〕　さねなか）

四辻実長 よつつじさねなが
宝永5（1708）年5月9日～安永8（1779）年6月2日
江戸時代中期の公家（非参議）。権大納言高野保春の次男。
¶公卿，公家（実長〔四辻家〕　さねなが）

四辻季顕 よつつじすえあき
正平8/文和2（1353）年～？
南北朝時代～室町時代の公卿（権大納言）。四辻家の祖。参議室町公春の孫。
¶公卿，公家（季顕〔四辻家〕　すえあき），国書

四辻季賢 よつつじすえかた
寛永7（1630）年5月12日～寛文8（1668）年1月25日
江戸時代前期の公家（権中納言）。権大納言四辻公理の子。
¶公卿，公家（季賢〔四辻家〕　すえかた）

四辻季継 よつつじすえつぐ
天正9（1581）年～寛永16（1639）年5月20日
江戸時代前期の公家（権大納言）。権大納言四辻公遠の次男。
¶公卿，公家（季継〔四辻家〕　すえつぐ），国書（[生]天正9（1581）年12月7日），諸系（[生]1582年），姓氏京都

四辻季経 よつつじすえつね
文安4（1447）年～大永4（1524）年3月29日
室町時代～戦国時代の公卿（権大納言）。権大納言四辻季春の子。
¶公卿，公家（季経〔四辻家（絶家）〕　すえつね），国書，戦人

四辻季遠 よつつじすえとう
→四辻季遠（よつつじすえとお）

四辻季遠 よつつじすえとお
永正10（1513）年7月7日～天正3（1575）年8月2日
[別]四辻季遠《よつつじすえとう》
戦国時代～安土桃山時代の公卿（権大納言）。権大納言四辻公音の次男。
¶公卿，公家（季遠〔四辻家〕　すえとお），国書，戦辞（よつつじすえとう　[生]永正10年7月7日（1513年8月7日）　[没]天正3年8月2日（1575年9月6日）），戦人

四辻季俊 よつつじすえとし
1393年～文明17（1485）年1月22日
室町時代の公卿（権中納言）。権中納言四辻実茂の子。
¶公卿（生没年不詳），公家（季俊〔四辻家〕　すえとし）

四辻季春 よつつじすえはる
応永31（1424）年～文明15（1483）年2月6日
室町時代～戦国時代の公卿（権大納言）。権大納

言四辻季保の養子。
¶公卿，公家（季春〔四辻家（絶家）〕　すえはる），国書

四辻季満　よつつじすえみつ
永禄9（1566）年3月15日～慶長13（1608）年3月13日　[別]鷲尾隆尚《わしおたかひさ，わしのおたかなお》
安土桃山時代～江戸時代前期の公家（参議）。権大納言四辻公遠の子。
¶公卿（鷲尾隆尚　わしのおたかなお），公家（隆尚〔鷲尾家〕　たかなお），戦人

四辻季保　よつつじすえやす
元中6/康応1（1389）年～享徳1（1452）年
室町時代の公卿（権大納言）。権大納言四辻季顕の子。
¶鎌室，公卿（[没]享徳1（1452）年閏8月1日），公家（季保〔四辻家（絶家）〕　すえやす　[没]享徳1（1452）年閏8月1日），諸系，日人

四辻善成　よつつじぜんせい
→四辻善成（よつつじよしなり）

四辻宮　よつつじのみや
→善統親王（よしむねしんのう）

四辻善成　よつつじよしなり
嘉暦1（1326）年～応永9（1402）年　[別]源善成《みなもとぜんせい，みなもとのぜんせい》，四辻善成《よつつじぜんせい》
南北朝時代～室町時代の歌人・公卿（左大臣）。源家系の四辻家の祖。順徳天皇の孫。尊雅王の王子。
¶朝日（[没]応永9年9月3日（1402年9月29日）），岩史（[没]応永9（1402）年9月3日），角史，鎌室（源善成　みなもとぜんせい），鎌室，公卿（よつつじぜんせい　生没年不詳），公家（善成〔順徳源氏（絶家）〕　よしなり　[没]応永9（1402）年9月3日），国史，国書（[没]応永9（1402）年9月3日），古中，コン改，コン4，史人（[没]1402年9月3日），新潮（[没]応永9（1402）年9月3日），人名（源善成　みなもとのぜんせい），世人（よつじよしなり），全書，日史（[没]応永9（1402）年9月3日），日人，平史，歴大，和俳

世良親王　よながしんのう
→世良親王（ときよししんのう）

世良親王　よよししんのう
→世良親王（ときよししんのう）

予楽院　よらくいん
→近衛家熙（このえいえひろ）

代明親王　よりあきらしんのう
延喜4（904）年～承平7（937）年　[別]代明親王《よしあきらしんのう》
平安時代中期の醍醐天皇の皇子。
¶朝日（よしあきらしんのう　[没]承平7年3月29日（937年5月12日）），国書（[没]承平7（937）年3月29日），コン改（よしあきらしんのう），コン4（よしあきらしんのう），人名（よしあきらしんのう），日人，平史

依子内親王　よりこないしんのう
→依子内親王（いしないしんのう）

順子内親王　よりこないしんのう
嘉永3（1850）年～嘉永5（1852）年
江戸時代末期の女性。孝明天皇の第1皇女。
¶人名，日人

順宮厚子内親王　よりのみやあつこないしんのう
→池田厚子（いけだあつこ）

依仁親王　よりひとしんのう
→東伏見宮依仁親王（ひがしふしみのみやよりひとしんのう）

職仁親王　よりひとしんのう
正徳3（1713）年～明和6（1769）年　[別]有栖川宮職仁親王《ありすがわのみやよりひとしんのう》
江戸時代中期の皇族。有栖川宮家第5代。霊元天皇の皇子。
¶朝日（[生]正徳3年9月10日（1713年10月28日）　[没]明和6年10月22日（1769年11月19日）），近世，国史，国書（[生]正徳3（1713）年9月10日　[没]明和6（1769）年10月22日），史人（有栖川宮職仁親王　ありすがわのみやよりひとしんのう　[生]1713年9月10日　[没]1769年10月20日），諸系，新潮（[生]正徳3（1713）年9月　[没]明和6（1769）年10月22日），人名，世人，日人

頼仁親王　よりひとしんのう
建仁1（1201）年～文永1（1264）年　[別]児島宮《こじまのみや》，冷泉宮《れいぜいのみや》
鎌倉時代前期の皇族。後鳥羽天皇の第5皇子。
¶朝日（[没]文永1年5月23日（1264年6月18日）），岡山人（[没]宝治1（1247）年），岡山百（[生]正治2（1200）年　[没]宝治1（1247）年4月12日），岡山歴（[生]建仁1（1201）年7月22日　[没]文永1（1264）年5月23日），鎌室，国書（[生]建仁1（1201）年7月22日　[没]文永1（1264）年5月23日），諸系，新潮（[生]建仁1（1201）年7月22日　[没]文永1（1264）年5月23日），人名，日人，仏教（[生]正治2（1200）年7月22日　[没]宝治1（1247）年4月12日）

依仁親王妃周子　よりひとしんのうひかねこ
→東伏見周子（ひがしふしみかねこ）

【ら】

楽子内親王　らくしないしんのう
天暦6（952）年～長徳4（998）年　[別]楽子内親王《よしこないしんのう》
平安時代中期の女性。村上天皇の第6皇女。
¶女性（[没]長徳4（998）年9月16日），人名，日人，平史（よしこないしんのう）

【り】

理延女王 りえんじょおう
応永30(1423)年12月14日～? [別]理延《りえん》,理延女王《りえんにょおう》
室町時代の女性。伏見宮貞成親王(後崇光太上天皇)の第4皇女。
¶朝日(理延 りえん [生]応永30年12月14日(1424年1月15日)), 鎌室, 女性, 人名(りえんにょおう), 日人([生]1424年)

理延女王 りえんにょおう
→理延女王(りえんじょおう)

理覚 りかく
→藤原師長(ふじわらのもろなが)

利子内親王 りしないしんのう
→式乾門院(しきけんもんいん)

理子内親王(1) りしないしんのう
天暦2(948)年～天徳4(960)年 [別]理子内親王《まさこないしんのう》
平安時代中期の女性。村上天皇の皇女。
¶人名(まさこないしんのう), 日人, 平史(まさこないしんのう)

理子内親王(2) りしないしんのう
*～弘安5(1282)年
鎌倉時代後期の女性。亀山天皇の第3皇女。
¶鎌室([生]建治1(1275)年), 女性([生]文永11(1274)年 [没]弘安5(1282)年8月12日), 人名([生]1275年), 日人([生]1274年,(異説)1275年)

理秀女王(1)(理琇女王) りしゅうじょおう
延徳1(1489)年～天文1(1532)年 [別]理秀女王《りしゅうにょおう》
戦国時代の女性。後土御門天皇の皇女。
¶女性([生]延徳1(1489)年8月26日 [没]天文1(1532)年8月26日), 人名(りしゅうにょおう), 日人(理琇女王)

理秀女王(2) りしゅうじょおう
享保10(1725)年～明和1(1764)年 [別]逸巌理秀《いつげんりしゅう》,理秀女王《りしゅうにょおう》,理秀尼《りしゅうに》
江戸時代中期の臨済宗の尼僧。中御門天皇の第4皇女。
¶朝日(逸巌理秀 いつげんりしゅう [生]享保10年11月1日(1725年12月5日) [没]明和1年11月30日(1764年12月22日)), コン改(りしゅうにょおう), コン4(りしゅうにょおう), 新潮([生]享保10(1725)年11月5日 [没]明和1(1764)年11月30日), 人名(りしゅうにょおう), 日人, 仏教(理秀尼 りしゅうに [生]享保10(1725)年11月5日 [没]明和1(1764)年11月30日)

理秀尼 りしゅうに
→理秀女王(2)(りしゅうじょおう)

理秀女王(1) りしゅうにょおう
→理秀女王(1)(りしゅうじょおう)

理秀女王(2) りしゅうにょおう
→理秀女王(2)(りしゅうじょおう)

理昌女王 りしょうじょおう
寛永8(1631)年～明暦2(1656)年 [別]久巌理昌《きゅうがんりしょう》,理昌女王《りしょうにょおう》
江戸時代前期の尼僧。後水尾天皇の第5皇女。
¶朝日(久巌理昌 きゅうがんりしょう [生]寛永8年1月2日(1631年2月2日) [没]明暦2年1月8日(1656年2月3日)), コン改(りしょうにょおう), コン4(りしょうにょおう), 女性([生]寛永8(1631)年10月2日 [没]明暦2(1656)年1月8日), 新潮([生]寛永8(1631)年1月2日 [没]明暦2(1656)年1月8日), 人名(りしょうにょおう), 日人

理昌女王 りしょうにょおう
→理昌女王(りしょうじょおう)

利仁将軍 りじんしょうぐん
→藤原利仁(ふじわらのとしひと)

理忠女王 りちゅうじょおう
寛永18(1641)年～元禄2(1689)年 [別]義山理忠《ぎざんりちゅう》,理忠女王《りちゅうにょおう》
江戸時代前期～中期の尼僧。後水尾天皇の第15皇女。
¶朝日(義山理忠 ぎざんりちゅう [生]寛永18年8月22日(1641年9月26日) [没]元禄2年8月26日(1689年10月9日)), コン改(りちゅうにょおう), コン4(りちゅうにょおう), 女性([生]寛永18(1641)年8月22日 [没]元禄2(1689)年2月26日), 新潮([生]寛永18(1641)年8月22日 [没]元禄2(1689)年8月26日), 人名(りちゅうにょおう), 日人

履中天皇 りちゅうてんのう
[別]去来穂別尊《いざほわけのみこと》,大兄去来穂別尊《おおえのいざほわけのみこと》
上代の第17代の天皇。仁徳天皇の子。
¶朝日(生没年不詳), 岩史(生没年不詳), 角史, 国史, 古史, 古代, 古中, コン改, コン4, 史人, 重要(生没年不詳), 諸系, 新潮, 人名, 世人(生没年不詳), 全書(生没年不詳), 大百, 日史, 日人, 歴大(生没年不詳)

理忠女王 りちゅうにょおう
→理忠女王(りちゅうじょおう)

理豊女王 りほうじょおう
寛文12(1672)年～延享2(1745)年 [別]理豊女王《りほうにょおう》
江戸時代中期の後西天皇の第11皇女。
¶人名(りほうにょおう), 日人

理豊女王 りほうにょおう
→理豊女王(りほうじょおう)

李方子　りまさこ
明治34（1901）年11月4日～平成1（1989）年4月30日　[別]イ・パンジャ，李方子《いぱんじゃ》，梨本宮方子《なしもとのみやまさこ》
大正～昭和期の皇族、社会福祉事業家（慈行会創立者，明暉園理事長）。梨本宮家に生まれ、朝鮮王期皇太子李垠と結婚。戦後皇籍を離脱し韓国に移住、福祉事業等に尽くした。
¶近女，女史（いぱんじゃ），女性，女性普，新潮，世紀（イ・パンジャ），日人（いぱんじゃ），歴大（梨本宮方子　なしもとのみやまさこ）

竜小二郎　りゅうこじろう
→岩倉具経（いわくらともつね）

良応入道親王　りょうおうにゅうどうしんのう
延宝6（1678）年～宝永5（1708）年　[別]良応法親王《りょうおうほうしんのう》
江戸時代中期の皇族。後西天皇第11皇子。
¶人名（良応法親王　りょうおうほうしんのう），日人

良応法親王　りょうおうほうしんのう
→良応入道親王（りょうおうにゅうどうしんのう）

良基　りょうき
→二条良基（にじょうよしもと）

亮子内親王　りょうしないしんのう
→殷富門院（いんぷもんいん）

良子内親王　りょうしないしんのう
→良子内親王（ながこないしんのう）

良純親王　りょうじゅんしんのう
→良純入道親王（りょうじゅんにゅうどうしんのう）

良純入道親王　りょうじゅんにゅうどうしんのう
慶長8（1604）年～寛文9（1669）年　[別]直輔親王《ただすけしんのう》，良純親王《りょうじゅんしんのう》，良純法親王《りょうじゅんほうしんのう，りょうじゅんほっしんのう》，以心庵《いしんあん》
江戸時代前期の後陽成天皇の第8皇子。
¶朝日（[生]慶長8年12月17日（1604年1月18日）[没]寛文9年8月1日（1669年8月27日）），近世（[生]1603年），国史（[生]1603年），国書（良純親王　りょうじゅんしんのう　[生]慶長8（1603）年12月17日　[没]寛文9（1669）年8月1日），諸系，新潮（良純法親王　りょうじゅんほっしんのう　[生]慶長9（1604）年3月3日　[没]寛文9（1669）年8月1日），人名（良純法親王　りょうじゅんほうしんのう　[生]1603年），世人（良純法親王　りょうじゅんほうしんのう），日人，山梨百（良純法親王　りょうじゅんほうしんのう　[生]？　[没]寛文9（1669）年8月1日），歴大（良純法親王　りょうじゅんほっしんのう）

良純法親王　りょうじゅんほうしんのう
→良純入道親王（りょうじゅんにゅうどうしんのう）

良助　りょうじょ
→良助法親王（りょうじょほうしんのう）

亮性親王　りょうしょうしんのう
→亮性法親王（りょうしょうほうしんのう）

良尚親王　りょうしょうしんのう
→良尚入道親王（りょうしょうにゅうどうしんのう）

良尚入道親王　りょうしょうにゅうどうしんのう
元和8（1622）年12月16日～元禄6（1693）年　[別]良尚《りょうしょう》，良尚親王《りょうしょうしんのう》，良尚法親王《りょうしょうほうしんのう，りょうしょうほっしんのう》
江戸時代前期の天台宗の僧。八条宮智仁親王の第2王子。曼殊院第29世。
¶朝日（[生]元和8年12月16日（1623年1月16日）[没]元禄6年7月5日（1693年8月6日）），京都（良尚法親王　りょうしょうほうしんのう），京都大（良尚法親王　りょうしょうほうしんのう），近世，国史，国書（良尚親王　りょうしょうしんのう　[没]元禄6（1693）年7月5日），コン改（良尚法親王　りょうしょうほうしんのう），コン4（良尚法親王　りょうしょうほうしんのう），史人（[没]1693年7月5日），諸系（[生]1623年），新潮（良尚法親王　りょうしょうほっしんのう　[没]元禄6（1693）年7月5日），人名（良尚法親王　りょうしょうほうしんのう），姓氏京都（良尚法親王　りょうしょうほっしんのう　[生]1623年），日人（[生]1623年），仏教（良尚　りょうしょう　[没]元禄6（1693）年7月5日），和俳（[没]元禄6（1693）年7月5日）

亮性法親王　りょうしょうほうしんのう
文保2（1318）年～正平18/貞治2（1363）年　[別]亮性《りょうしょう》，亮性親王《りょうしょうしんのう》，亮性法親王《りょうしょうほっしんのう》
南北朝時代の皇族。後伏見天皇の皇子。
¶鎌室（りょうしょうほっしんのう　[生]？），国書（亮性親王　りょうしょうしんのう　[生]？　[没]貞治2（1363）年1月30日），人名，姓氏京都（りょうしょうほっしんのう），日人，仏教（亮性　りょうしょう　[没]貞治2/正平18（1363）年1月30日）

良尚法親王　りょうしょうほうしんのう
→良尚入道親王（りょうしょうにゅうどうしんのう）

良助親王　りょうじょしんのう
→良助法親王（りょうじょほうしんのう）

良恕親王　りょうじょしんのう
→良恕入道親王（りょうじょにゅうどうしんのう）

良恕入道親王　りょうじょにゅうどうしんのう
天正2（1574）年～寛永20（1643）年7月15日　[別]良恕《りょうじょ》，良恕親王《りょうじょしんのう》，良恕法親王《りょうじょほうしんのう》
安土桃山時代～江戸時代前期の天台宗の僧。誠仁親王の第3王子。天台座主172世。
¶国書（良恕親王　りょうじょしんのう），人名（良恕法親王　りょうじょほうしんのう），日人，仏教（良恕　りょうじょ）

良助法親王　りょうじょほうしんのう
文永5（1268）年～文保2（1318）年8月18日　[別]良助《りょうじょ》，良助親王《りょうじょしんのう》，良助法親王《りょうじょほっしんのう》
鎌倉時代後期の皇族。亀山天皇の第7皇子。
¶鎌室（りょうじょほっしんのう），国書（良助親王　りょうじょしんのう　[生]文永5（1268）年8月9日），新潮（りょうじょほっしんのう），人名，日人，仏教（良助　りょうじょ）

良恕法親王　りょうじょほうしんのう
→良恕入道親王（りょうじょにゅうどうしんのう）

良深　りょうしん
万寿2（1025）年～承暦1（1077）年　[別]石山僧都《いしやまのそうず》
平安時代中期の真言宗の僧。花山天皇の皇子昭登親王の王子。東寺長者31世。
¶人名（石山僧都　いしやまのそうず），日人，仏教（[没]承保4（1077）年8月24日），平史

良成親王　りょうせいしんのう
→良成親王（よしなりしんのう）

良仁　りょうにん
→覚深入道親王（かくじんにゅうどうしんのう）

亮仁入道親王　りょうにんにゅうどうしんのう
正平10/文和4（1355）年～建徳1/応安3（1370）年
南北朝時代の皇族。後光厳天皇の皇子。
¶鎌室，人名，日人

掄子女王（倫子女王）　りんしじょおう
文永2（1265）年～？
鎌倉時代後期の女性。後嵯峨天皇の皇子一品中務卿宗尊親王の皇女。
¶鎌室（倫子女王），女性（倫子女王　[生]文永2（1265）年9月21日），人名，日人

輪王寺宮能久親王　りんのうじのみやよしひさしんのう
→北白川宮能久親王（きたしらかわのみやよしひさしんのう）

【る】

瑠璃女御　るりのにょうご
？　～寛治3（1089）年　[別]瑠璃女御《るりにょうご》
平安時代中期の女性。三条天皇の第1皇子小一条院（敦明親王）の女御。
¶女性（るりにょうご　生没年不詳），日人，平史

【れ】

霊元天皇　れいげんてんのう
承応3（1654）年5月25日～享保17（1732）年8月6日
江戸時代前期～中期の第112代の天皇（在位1663～1687）。後水尾天皇の第19皇子。「桃蘂集」「一歩抄」の著者。
¶朝日（[生]承応3年5月25日（1654年7月9日）　[没]享保17年8月6日（1732年9月24日）），岩史，京都大（[生]承応2（1653）年），近世，国史，国書，コン改，コン4，詩歌，史人，重要，諸系，新潮，人名，姓氏京都，世人，全書，大百，日史，日人，百科，歴大，和俳

麗子女王　れいこにょおう
→麗子女王（れいしじょおう）

麗子女王　れいしじょおう
生没年不詳　[別]麗子女王《れいこにょおう》
平安時代中期の女性。醍醐天皇の皇子重明親王の王女。
¶女性，人名（れいこにょおう），日人

姈子内親王　れいしないしんのう
→遊義門院（ゆうぎもんいん）

令子内親王　れいしないしんのう
承暦2（1078）年～天養1（1144）年　[別]令子内親王《よしこないしんのう》
平安時代後期の女性。白河天皇の第3皇女。
¶朝日（[生]承暦2年5月18日（1078年6月30日）　[没]天養1年4月21日（1144年5月25日）），国史，古中，史人（[生]1078年5月18日　[没]1144年4月21日），諸系，女性（[生]承暦2（1078）年5月18日　[没]天養1（1144）年4月21日），人名，日人，平史（よしこないしんのう）

礼子内親王(1)　れいしないしんのう
？　～昌泰2（899）年　[別]礼子内親王《いやこないしんのう》
平安時代前期の女性。文徳天皇皇女。
¶人名，日人，平史（いやこないしんのう）

礼子内親王(2)　れいしないしんのう
→嘉陽門院（かようもんいん）

冷泉業家　れいぜいかずいえ
？　～弘和3/永徳3（1383）年2月24日
南北朝時代の公卿（非参議）。刑部卿藤原顕盛の子。
¶公卿，公家（業家〔大福寺家（絶家）〕　なりいえ）

冷泉定親　れいぜいさだちか
応長1（1311）年～？
鎌倉時代後期～南北朝時代の公卿（参議）。権中納言冷泉頼定の子。
¶鎌室，公卿，公家（定親〔冷泉家（絶家）2〕　さだちか），日人

冷泉為章　れいぜいためあき
宝暦2（1752）年4月27日～文政5（1822）年3月19日　[別]冷泉為章《れいぜいためふみ》
江戸時代中期～後期の公家（権大納言）。権大納言冷泉為泰の子。
¶公卿，公家（為章〔冷泉家〕　ためふみ），国書

（れいぜいためふみ）

冷泉為純 れいぜいためあつ
→冷泉為純（れいぜいためずみ）

冷泉為起 れいぜいためおき
寛政2（1790）年6月12日～天保2（1831）年6月1日
江戸時代後期の公家（非参議）。権大納言勧修寺経逸の末子。
¶公卿，公家（為起〔冷泉家（下冷泉）〕　ためおき）

冷泉為景 れいぜいためかげ
慶長17（1612）年～慶安5（1652）年
江戸時代前期の歌人、公家。
¶国書（[生]慶長17（1612）年4月26日　[没]慶安5（1652）年3月15日），諸系，人名，日人，和俳

冷泉為和 れいぜいためかず
文明18（1486）年～天文18（1549）年
戦国時代の歌人・公卿（権大納言）。権大納言冷泉為広の子。
¶公卿（[生]文明17（1485）年　[没]天文18（1548）年7月10日），公家（為和〔冷泉家〕　ためかず　[没]天文18（1549）年7月10日），国史，国書（[没]天文18（1549）年7月10日），古中，静岡百，静岡歴，諸系，人名（[生]1485年），姓氏静岡，戦辞（[没]天文18年7月10日（1549年8月3日）），戦人，日人，和俳（[生]文明17（1485）年）

冷泉為兼 れいぜいためかね
→京極為兼（きょうごくためかね）

冷泉為邦 れいぜいためくに
生没年不詳
南北朝時代～室町時代の公家・歌人。
¶国書

冷泉為訓 れいぜいためさと
→冷泉為訓（れいぜいためのり）

冷泉為栄 れいぜいためしげ
元文3（1738）年7月5日～天明2（1782）年9月3日
[別]冷泉為栄《れいぜいためひで》
江戸時代中期の公家（権中納言）。権大納言冷泉宗家の子。
¶公卿，公家（為栄〔冷泉家（下冷泉）〕　ためひで），国書（れいぜいためひで）

冷泉為成 れいぜいためしげ
→冷泉為成（れいぜいためなり）

冷泉為相 れいぜいためすけ
弘長3（1263）年～嘉暦3（1328）年　[別]藤原為相《ふじわらためすけ,ふじわらのためすけ》
鎌倉時代後期の歌人・公卿（権中納言）。冷泉家の祖。藤原為家の子。
¶朝日（[没]嘉暦3年7月17日（1328年8月22日）），岩史（[没]嘉暦3（1328）年7月17日），角史，神奈川人（藤原為相　ふじわらのためすけ　[生]1260年），神奈川百（[生]？），鎌倉，鎌室，郷土神奈川，公卿（[没]嘉暦3（1328）年7月17日），公家（為相〔冷泉家〕　ためすけ　[没]嘉暦3（1328）年7月17日），国史，国書（[没]嘉暦3（1328）年7月17日），古中，コン改（[生]文応1（1260）年），コン4，史人（[没]1328年7月17日），諸系，人書94，新潮（[没]嘉暦3（1328）年7月17日），新文（[没]嘉暦3（1328）年7月17日），人名（[生]？），世人（[生]文応1（1260）年），世百，全書，大百，日音（[没]嘉暦3（1328）年7月17日），日史（[没]嘉暦3（1328）年7月17日），日人，百科，文学，歴大，和俳（[没]嘉暦3（1328）年7月17日）

冷泉為理 れいぜいためすけ
→冷泉為理（れいぜいためただ）

冷泉為純 れいぜいためずみ
享禄3（1530）年～天正6（1578）年4月1日　[別]冷泉為純《れいぜいためあつ》
戦国時代～安土桃山時代の公卿（参議）。非参議冷泉為豊の子。
¶公卿（れいぜいためあつ　[生]享禄4（1531）年），公家（為純〔冷泉家（下冷泉）〕　ためすみ），国書（[生]享禄3（1530）年2月8日），戦人

冷泉為孝 れいぜいためたか
文明7（1475）年～天文12（1543）年2月18日
戦国時代の公卿（権中納言）。権大納言冷泉政為の子。
¶公卿，公家（為孝〔冷泉家（下冷泉）〕　ためたか），国書，戦人

冷泉為全 れいぜいためたけ
享和2（1802）年5月2日～弘化2（1845）年9月28日
江戸時代後期の公家（参議）。権大納言冷泉為則の子。
¶公卿，公家（為全〔冷泉家〕　ためたけ），国書

冷泉為理 れいぜいためただ
文政7（1824）年～明治18（1885）年　[別]冷泉為理《れいぜいためすけ》
江戸時代末期～明治期の歌人・公家（権中納言）。参議冷泉為全の子。
¶維新，公卿（[生]文政7（1824）年7月1日　[没]明治18（1885）年4月），公家（為理〔冷泉家〕　ためただ　[生]文政7（1824）年7月1日　[没]明治18（1885）年4月25日），国書（[生]文政7（1824）年7月1日　[没]明治18（1885）年4月25日），諸系，人名（れいぜいためすけ），日人，幕末（[没]1885年4月25日），和俳

冷泉為尹 れいぜいためただ
→冷泉為尹（れいぜいためまさ）

冷泉為親 れいぜいためちか
天正3（1575）年9月28日～慶長15（1610）年7月26日
安土桃山時代～江戸時代前期の公家・歌人。
¶国書

冷泉為綱 れいぜいためつな
寛文4（1664）年5月25日～享保7（1722）年3月6日
江戸時代中期の公家（権中納言）。正四位下・左近衛中将冷泉為清の子。
¶公卿，公家（為綱〔冷泉家〕　ためつな），国書

冷泉為経 れいぜいためつね
承応3(1654)年9月21日～享保7(1722)年10月4日
江戸時代前期～中期の公家(権大納言)。権大納言葉室頼業の次男。
¶公卿，公家(為経〔冷泉家(下冷泉)〕　ためつね)，国書

冷泉為富 れいぜいためとみ
応永32(1425)年～明応6(1497)年11月20日
室町時代～戦国時代の公卿(権大納言)。権大納言冷泉為尹の孫。
¶公卿，公家(為富〔冷泉家〕　ためとみ)，国書

冷泉為豊 れいぜいためとよ
永正1(1504)年～？
戦国時代の公卿(非参議)。権中納言冷泉為孝の子。
¶公卿，公家(為豊〔冷泉家(下冷泉)〕　ためとよ)，戦人

冷泉為成 れいぜいためなり
？～元徳2(1330)年9月9日　[別]冷泉為成《れいぜいためしげ》
鎌倉時代後期の公卿(非参議)。権中納言冷泉為相の長男。
¶公卿，公家(為成〔冷泉家〕　ためなり)，国書(れいぜいためしげ)

冷泉為訓 れいぜいためのり
明和1(1764)年10月19日～文政10(1827)年4月13日　[別]冷泉為訓《れいぜいためさと》
江戸時代中期～後期の公家(権大納言)。権中納言風早公雄の次男。
¶公卿，公家(為訓〔冷泉家(下冷泉)〕　ためさと)，国書(れいぜいためさと)

冷泉為則 れいぜいためのり
安永6(1777)年10月27日～嘉永1(1848)年7月23日
江戸時代後期の歌人・公家(権大納言)。権大納言冷泉為章の子。
¶公卿，公家(為則〔冷泉家〕　ためのり)，国書，諸系，人名，日人

冷泉為久 れいぜいためひさ
貞享3(1686)年～寛保1(1741)年
江戸時代中期の歌人・公家(権大納言)。権中納言冷泉為綱の子。
¶公卿([生]貞享3(1686)年1月11日　[没]寛保1(1741)年8月29日)，公家(為久〔冷泉家〕　ためひさ　[生]貞享3(1686)年1月11日　[没]寛保1(1741)年8月29日)，国書([生]貞享3(1686)年1月11日　[没]寛保1(1741)年8月29日)，諸系，人名，日人，和俳

冷泉為栄 れいぜいためひで
→冷泉為栄(れいぜいためしげ)

冷泉為秀 れいぜいためひで
？～文中1/応安5(1372)年6月11日
南北朝時代の歌人・公卿(権中納言)。権中納言冷泉為相の次男。
¶朝日([没]応安5/文中1年6月11日(1372年7月12日))，鎌室，公卿，公家(為秀〔冷泉家〕　ためひで)，国書，諸系，人書94，新潮，人名，日人，和俳

冷泉為広 れいぜいためひろ
宝徳2(1450)年～大永6(1526)年
戦国時代の歌人・公卿(権大納言)。権大納言冷泉為富の子。
¶石川百，公卿([没]大永6(1526)年7月23日)，公家(為広〔冷泉家〕　ためひろ　[没]大永6(1526)年7月23日)，国書([没]大永6(1526)年7月23日)，諸系，人名，姓氏石川，戦辞([没]大永6年7月23日(1526年8月20日))，戦人，日人，和俳

冷泉為章 れいぜいためふみ
→冷泉為章(れいぜいためあき)

冷泉為尹 れいぜいためまさ
正平16/康安1(1361)年～応永24(1417)年　[別]冷泉為尹《れいぜいためただ》
南北朝時代～室町時代の歌人・公卿(権大納言)。権中納言冷泉為秀の孫。
¶鎌室(れいぜいためただ)，公卿(れいぜいためただ　[没]応永24(1417)年1月25日)，公家(為尹〔冷泉家〕　ためまさ　[没]応永24(1417)年1月25日)，国書([没]応永24(1417)年1月25日)，詩歌(れいぜいためただ)，諸系，人名(れいぜいためただ)，日人，和俳(れいぜいためただ)

冷泉為益 れいぜいためます
永正13(1516)年～元亀1(1570)年
戦国時代の歌人・公卿(権中納言)。権大納言冷泉為和の子。
¶公卿([没]元亀1(1570)年8月23日)，公家(為益〔冷泉家〕　ためます　[没]元亀1(1570)年8月23日)，国書([没]元亀1(1570)年8月23日)，諸系，人名，戦人，日人，和俳

冷泉為満 れいぜいためみつ
永禄2(1559)年～元和5(1619)年
安土桃山時代～江戸時代前期の歌人・公家(権大納言)。権中納言冷泉為益の子。
¶公卿([生]永禄2(1559)年4月25日　[没]元和5(1619)年2月14日)，公家(為満〔冷泉家〕　ためみつ　[生]永禄2(1559)年4月25日　[没]元和5(1619)年2月14日)，国書([生]永禄2(1559)年4月25日　[没]元和5(1619)年2月14日)，諸系，人名，日人，和俳

冷泉為村 れいぜいためむら
正徳2(1712)年～安永3(1774)年
江戸時代中期の歌人・公家(権大納言)。権大納言冷泉為久の子。
¶朝日([生]正徳2年1月28日(1712年3月5日)　[没]安永3年7月28日(1774年9月3日))，京都大，近世，公卿([生]正徳2(1712)年1月28日　[没]安永3(1774)年7月29日)，公家(為村〔冷泉家〕　ためむら　[生]正徳2(1712)年1月28日　[没]安永3(1774)年7月27日)，国史，国書([生]正徳2(1712)年1月28日　[没]安永3(1774)年7月28日)，コン改，コン4，詩歌，史人([生]1712年1月

28日　[没]1774年7月29日），諸系，新潮（[没]安永3（1774）年7月29日），人名，姓氏京都，日人，和俳（[没]安永3（1774）年7月29日）

冷泉為紀 れいぜいためもと
安政1（1854）年～明治38（1905）年
明治期の歌人。伯爵、伊勢神宮大宮司。詠歌は千種の宮、千歳之幾久、明治勅題歌集等に収載された。
¶諸系，神人，人名，日人，三重続

冷泉為守 れいぜいためもり
文永2（1265）年～嘉暦3（1328）年11月8日　[別]暁月《ぎょうげつ》，暁月房《ぎょうげつぼう》，藤原為守《ふじわらのためもり》
鎌倉時代後期の歌人。阿仏尼の子。狂歌師の祖ともいわれる。
¶朝日（[没]嘉暦3年11月8日（1328年12月9日）），鎌室（暁月房　ぎょうげつぼう　[生]？），鎌室，国史，国書，古中，詩歌（暁月房　ぎょうげつぼう），史人，諸系，新潮（暁月房　ぎょうげつぼう　[生]？），人名（[生]？），世人（暁月房　ぎょうげつぼう　生没年不詳），日人，仏教（暁月　ぎょうげつ），和俳

冷泉為泰 れいぜいためやす
享保20（1735）年12月6日～文化13（1816）年
江戸時代中期～後期の歌人・公家（権大納言）。権大納言冷泉為村の子。
¶公卿（[没]文化13（1816）年4月7日），公家（為泰〔冷泉家〕　ためやす　[没]文化13（1816）年4月7日），国書（[没]文化13（1816）年4月7日），諸系（[生]1736年），人名，日人（[生]1736年），和俳

冷泉為之 れいぜいためゆき
*～永享11（1439）年
室町時代の歌人。
¶鎌室（[生]明徳4（1393）年？），国書（[生]明徳4（1393）年　[没]永享11（1439）年閏1月15日），諸系（[生]1393年），人名（[生]？），日人（[生]1393年），和俳（[生]？）

冷泉為頼 れいぜいためより
文禄1（1592）年4月18日～寛永4（1627）年4月26日
江戸時代前期の公家（非参議）。権大納言冷泉為満の子。
¶公卿，公家（為頼〔冷泉家〕　ためより）

冷泉経隆 れいぜいつねたか
*～天授6/康暦2（1380）年
鎌倉時代後期～南北朝時代の公卿（参議）。参議冷泉頼隆の子。
¶公卿（[生]延慶2（1309）年），公家（経隆〔冷泉家（絶家）2〕　つねたか　[生]？）

冷泉経頼 れいぜいつねより
？　～永仁1（1293）年8月16日
鎌倉時代後期の公卿（権中納言）。藤原為経の子。
¶公卿，公家（経頼〔冷泉家（絶家）2〕　つねより），国書

冷泉天皇 れいぜいてんのう
天暦4（950）年～寛弘8（1011）年
平安時代中期の第63代の天皇（在位967～969）。村上天皇の子。
¶朝日（[没]寛弘8年10月24日（1011年11月21日）），岩史（[生]天暦4（950）年5月24日　[没]寛弘8（1011）年10月24日），角史，京都大，国史，国書（[生]天暦4（950）年5月24日　[没]寛弘8（1011）年10月24日），古史，古中，コン改，コン4，史人（[生]950年5月24日　[没]1011年10月24日），重要（[生]天暦4（950）年5月24日　[没]寛弘8（1011）年10月24日），諸系，新潮（[生]天暦4（950）年5月24日　[没]寛弘8（1011）年10月24日），人名，姓氏京都，世人（[生]天暦4（950）年5月24日　[没]寛弘8（1011）年10月24日），全書，大百，日史（[生]天暦4（950）年5月24日　[没]寛弘8（1011）年10月24日），日人，平史，歴大

冷泉永親 れいぜいながちか
*～文明5（1473）年10月15日
室町時代の公卿（参議）。権中納言冷泉永基の子。
¶公卿（[生]応永25（1418）年　[没]文明5（1472）年10月15日），公家（永親〔冷泉家（絶家）〕　ながちか　[生]？），国書（[生]応永26（1419）年）

冷泉永宣 れいぜいながのぶ
寛正5（1464）年～？
戦国時代の公卿（権中納言）。参議冷泉永親の子。
¶公卿，公家（永宣〔冷泉家（絶家）〕　ながのぶ），国書（[没]享禄3（1530）年12月6日），戦人（[生]寛正4（1463）年）

冷泉永基 れいぜいながもと
天授3/永和3（1377）年～長禄4（1460）年1月4日
室町時代の公卿（権中納言）。非参議冷泉範定の子。
¶公卿，公家（永基〔冷泉家（絶家）〕　ながもと）

冷泉宮 れいぜいのみや
→頼仁親王（よりひとしんのう）

冷泉範定 れいぜいのりさだ
室町時代の公卿（非参議）。藤原範康の子。
¶公卿（生没年不詳），公家（範定〔冷泉家（絶家）〕　のりさだ）

冷泉政為 れいぜいまさため
文安3（1446）年～大永3（1523）年　[別]下冷泉政為《しもれいぜいまさため》
室町時代～戦国時代の歌人・公卿（権大納言）。権大納言冷泉持為の子。
¶公卿（[没]大永3（1523）年9月21日），公家（政為〔冷泉家（下冷泉）〕　まさため　[生]1445年　[没]大永3（1523）年9月21日），国書（[生]文安2（1445）年　[没]大永3（1523）年9月21日），詩歌，諸系，人名（下冷泉政為　しもれいぜいまさため），戦人，日人，和俳

冷泉宗家 れいぜいむねいえ
元禄15（1702）年7月23日～明和6（1769）年8月18日
江戸時代中期の公家（権大納言）。権大納言冷泉

為経の次男。
¶公卿，公家（宗家〔冷泉家（下冷泉）〕　むねいえ）

冷泉持為　れいぜいもちため
応永8（1401）年～享徳3（1454）年
室町時代の歌人・公卿（権大納言）。下冷泉家の祖。権大納言冷泉為尹の次男。
¶鎌室，公卿（[没]享徳3（1454）年9月1日），公家（持為〔冷泉家（下冷泉）〕　もちため　[没]享徳3（1454）年9月1日），国書（[没]享徳3（1454）年9月1日），諸系，人名（[生]？），日人，和俳

礼成門院(1)　れいせいもんいん
嘉元1（1303）年～元弘3/正慶2（1333）年　[別]後京極院《ごきょうごくいん》，藤原禧子《ふじわらきし，ふじわらのきし》
鎌倉時代後期の女性。後醍醐天皇の中宮。
¶鎌室，国書（後京極院　ごきょうごくいん　[没]元弘3（1333）年10月12日），諸系，女性（[没]元弘3（1333）年10月12日），人名，日人

礼成門院(2)　れいせいもんいん
慶安3（1650）年～享保10（1725）年　[別]孝子内親王《こうしないしんのう》
江戸時代中期の女性。後光明天皇の第1皇女。
¶人名，日人

冷泉頼定　れいぜいよりさだ
？　～貞和2（1346）年7月28日
鎌倉時代後期～南北朝時代の公卿（権中納言）。権中納言冷泉経頼の長男。
¶公卿（生没年不詳），公家（頼定〔冷泉家（絶家）2〕　よりさだ），国書5

冷泉頼隆　れいぜいよりたか
？　～元徳1（1329）年4月13日
鎌倉時代後期の公卿（参議）。権中納言冷泉経頼の次男。
¶鎌室，公卿，公家（頼隆〔冷泉家（絶家）2〕　よりたか），日人

廉義公　れんぎこう
→藤原頼忠（ふじわらのよりただ）

廉仁王　れんにんおう
生没年不詳
南北朝時代の邦省親王の子、後二条天皇の孫。
¶国書

【ろ】

六条顕季　ろくじょうあきすえ
→藤原顕季（ふじわらのあきすえ）

六条顕輔　ろくじょうあきすけ
→藤原顕輔（ふじわらのあきすけ）

六条有言　ろくじょうありあや
→六条有言（ろくじょうありこと）

六条有家　ろくじょうありいえ
明和7（1770）年3月30日～文化12（1815）年8月6日
江戸時代後期の公家（参議）。権大納言六条有栄の四男。
¶公卿，公家（有家〔六条家〕　ありいえ）

六条有起　ろくじょうありおき
元禄14（1701）年11月23日～安永7（1778）年9月9日
江戸時代中期の公家（権中納言）。権中納言六条有藤の子。
¶公卿，公家（有起〔六条家〕　ありおき）

六条有容　ろくじょうありおさ
文化11（1814）年～明治23（1890）年
江戸時代末期～明治期の公家（権中納言）。参議六条有言の子。
¶維新，公卿（[生]文化11（1814）年4月10日　[没]明治23（1890）年3月），公家（有容〔六条家〕　ありおさ　[生]文化11（1814）年4月10日　[没]明治23（1890）年3月19日），諸系，幕末（[没]1890年3月19日）

六条有和　ろくじょうありかず
元和9（1623）年11月14日～貞享3（1686）年閏3月23日
江戸時代前期の公家（権中納言）。参議六条有純の子。
¶公卿，公家（有和〔六条家〕　ありかず）

六条有言　ろくじょうありこと
寛政3（1791）年7月4日～弘化3（1846）年2月19日
[別]六条有言《ろくじょうありあや》
江戸時代後期の公家（参議）。権大納言久世通根の次男。
¶公卿，公家（有言〔六条家〕　ありあや），国書（ろくじょうありあや）

六条有定　ろくじょうありさだ
元中2/至徳2（1385）年～文安5（1448）年
室町時代の公卿（権大納言）。権中納言六条有光の孫。
¶鎌室（[生]応永7（1400）年），公卿（[没]文安5（1448）年10月18日），公家（有定〔六条家〕　ありさだ　[没]文安5（1448）年10月18日），諸系，日人

六条有栄　ろくじょうありしげ
享保12（1727）年9月12日～天明7（1787）年6月9日
江戸時代中期の公家（権大納言）。権中納言六条有藤の末子。
¶公卿，公家（有栄〔六条家〕　ありひで）

六条有純　ろくじょうありすみ
慶長9（1604）年～正保1（1644）年7月13日
江戸時代前期の公家（参議）。権中納言六条有広の子。
¶公卿，公家（有純〔六条家〕　ありすみ）

六条有忠　ろくじょうありただ
弘安4（1281）年～暦応1/延元3（1339）年
鎌倉時代後期～南北朝時代の公卿（権中納言）。

内大臣六条有房の長男。
¶朝日（[没]暦応1/延元3年12月27日（1339年2月6日）），公卿（[没]暦応1/延元3（1338）年12月27日），公家（有忠〔六条家〕　ありただ　[没]暦応1（1338）年12月17日），国書（[没]暦応1（1338）年12月27日），諸系，日人

六条有継　ろくじょうありつぐ
*～永正9（1512）年
室町時代～戦国時代の公卿（権中納言）。権大納言千種具定の子。
¶公卿（[生]永享5（1433）年），公家（有継〔六条家〕　ありつぐ　[生]1435年）

六条有庸　ろくじょうありつね
宝暦2（1752）年10月5日～文政12（1829）年3月23日　[別]六条有庸《ろくじょうありもち》
江戸時代中期～後期の公家（権大納言）。権大納言六条有栄の子。
¶公卿，公家（有庸〔六条家〕　ありつね），国書（ろくじょうありもち）

六条有弘（六条有広）　**ろくじょうありひろ**
永禄7（1564）年～元和2（1616）年
安土桃山時代～江戸時代前期の公家（権中納言）。権中納言六条有継の子。
¶公卿（六条有広　[没]元和2（1616）年5月19日），公家（有広〔六条家〕　ありひろ　[没]元和2（1616）年5月19日），諸系（六条有広），戦人

六条有房　ろくじょうありふさ
建長3（1251）年～元応1（1319）年7月2日　[別]千種有房《ちくさありふさ，ちぐさありふさ》
鎌倉時代後期の歌人・公卿（内大臣）。六条家の祖。正四位下・左少将久我通有の子。
¶朝日（[没]元応1年7月2日（1319年7月19日）），鎌室，公卿，公家（有房〔六条家〕　ありふさ），国史，国書，古中，諸系，新潮，人名（千種有房　ちくさありふさ），日史，日人，和俳

六条有藤　ろくじょうありふじ
寛文12（1672）年7月2日～享保14（1729）年閏9月14日
江戸時代中期の歌人・公家（権中納言）。権中納言六条有和の三男。
¶公卿，公家（有藤〔六条家〕　ありふじ），国書，諸系，人名，日人

六条有光　ろくじょうありみつ
延慶3（1310）年～*
鎌倉時代後期～南北朝時代の公卿（権中納言）。権中納言六条有忠の子。
¶公卿（[没]？），公家（有光〔六条家〕　ありみつ　[没]？），国書（[没]延文2（1357）年4月），諸系（[没]1357年）

六条有庸　ろくじょうありもち
→六条有庸（ろくじょうありつね）

六条有義　ろくじょうありよし
天保1（1830）年～明治36（1903）年4月
江戸時代末期～明治期の公家。
¶維新，幕末

六条院　ろくじょういん
→郁芳門院（いくほうもんいん）

六条斎院　ろくじょうさいいん
→禖子内親王(1)（ばいしないしんのう）

六条左大臣　ろくじょうさだいじん
→源顕房（みなもとのあきふさ）

六条季光　ろくじょうすえみつ
生没年不詳
鎌倉時代後期～南北朝時代の公卿（非参議）。内大臣六条有房の三男。
¶公卿，公家（季光〔六条家〕　すえみつ），国書

六条天皇　ろくじょうてんのう
長寛2（1164）年～安元2（1176）年
平安時代後期の第79代の天皇（在位1165～1168）。二条天皇の皇子。2歳で即位。
¶朝日（[生]長寛2年11月14日（1164年12月28日）[没]安元2年7月17日（1176年8月23日）），鎌室，京都大，国史，古史，古中，コン改，コン4，史人（[生]1164年11月14日　[没]1176年7月17日），重要（[生]長寛2（1164）年11月14日　[没]安元2（1176）年7月17日），諸系，新潮（[生]長寛2（1164）年11月14日　[没]安元2（1176）年7月17日），人名，世人，全書，大百，日史（[生]長寛2（1164）年11月14日　[没]安元2（1176）年7月17日），日人，平史，歴大

六条知家　ろくじょうともいえ
→藤原知家（ふじわらのともいえ）

六条宮　ろくじょうのみや
→雅成親王（まさなりしんのう）

六孫王経基　ろくそんおうつねもと
→源経基（みなもとのつねもと）

六孫王経基　ろくそんのうつねもと
→源経基（みなもとのつねもと）

六代　ろくだい
→平六代（たいらのろくだい）

觮兄麻呂（角兄麻呂）　**ろくのえまろ**
→角兄麻呂（つぬのえまろ）

六角和通　ろっかくかずみち
安永7（1778）年7月7日～天保8（1837）年8月14日
江戸時代後期の公家（参議）。参議六角光通の子。
¶公卿，公家（和通〔六角家〕　かずみち）

六角能通　ろっかくたかみち
文化1（1804）年3月14日～明治1（1868）年9月1日
[別]六角能通《ろっかくよしみち》
江戸時代末期の公家（非参議）。参議六角和通の子。
¶公卿，公家（能通〔六角家〕　よしみち），国書（ろっかくよしみち）

ろっかく

六角知通 ろっかくともみち
元文3 (1738) 年11月5日～天明6 (1786) 年4月7日
江戸時代中期の公家 (非参議)。権大納言園基香
の三男。
¶公卿,公家 (知通〔六角家〕 ともみち)

六角博通 ろっかくひろみち
天保6 (1835) 年～明治33 (1900) 年
江戸時代末期～明治期の有職家,本草学者。宮殿
の事に詳しく,京都禁裏の建築について故実を記
した書を著した。
¶人名,日人

六角益通 ろっかくますみち
天和3 (1683) 年8月3日～寛延1 (1748) 年7月30日
江戸時代中期の公家 (参議)。六角家の祖。権大
納言東園基量の次男。
¶公卿,公家 (益通〔六角家〕 ますみち)

六角光通 ろっかくみつみち
宝暦6 (1756) 年8月7日～文化6 (1809) 年
江戸時代中期～後期の公家 (参議)。非参議六角
知通の子。
¶公卿 (㊁文化6 (1809) 年5月22日),公家 (光通
〔六角家〕 みつみち ㊁文化6 (1809) 年5月21
日)

六角能通 ろっかくよしみち
→六角能通 (ろっかくたかみち)

【 わ 】

わ

倭王興 わおうこう
? ～478年? ㊿興《こう》,倭の五王《わのごお
う》,倭五王《わのごおう》
上代の倭王。世子として宋に朝貢。
¶朝日 (生没年不詳),岩史 (倭の五王 わのごお
う),古史 (倭の五王 わのごおう),古代 (興
こう),コン改 (生没年不詳),コン4 (生没年不
詳),史人 (興 こう),重要 (興 こう),新
潮,世人 (倭五王 わのごおう),全書 (倭の五
王 わのごおう),日人 (生没年不詳)

倭王讃 わおうさん
? ～438年? ㊿讃《さん》,倭の五王《わのごお
う》,倭五王《わのごおう》
上代の倭王。宋へ朝貢。
¶朝日 (生没年不詳),岩史 (倭の五王 わのごお
う),古史 (倭の五王 わのごおう),古代 (讃
さん),コン改 (生没年不詳),コン4 (生没年不
詳),史人 (讃 さん),重要 (讃 さん),新
潮,世人 (倭五王 わのごおう),全書 (倭の五
王 わのごおう),日人 (生没年不詳)

倭王済 わおうせい
? ～462年? ㊿済《せい》,倭の五王《わのごお
う》,倭五王《わのごおう》
上代の倭王。宋に朝貢。
¶朝日 (生没年不詳),岩史 (倭の五王 わのごお

う),古史 (倭の五王 わのごおう),コン改
(生没年不詳),コン4 (生没年不詳),史人 (済
せい),重要 (済 せい),新潮,世人 (倭五王
わのごおう),全書 (倭の五王 わのごおう),
日人 (生没年不詳)

倭王珍 わおうちん
㊿珍《ちん》,倭の五王《わのごおう》,倭五王《わ
のごおう》,彌《み》
上代の倭王。
¶朝日 (生没年不詳),岩史 (倭の五王 わのごお
う),古史 (倭の五王 わのごおう),古代 (珍
ちん),コン改 (生没年不詳),コン4 (生没年不
詳),史人 (珍 ちん),史人 (彌 み),重要
(珍 ちん 生没年不詳),新潮,世人 (倭五王
わのごおう),全書 (倭の五王 わのごおう),
日人 (生没年不詳)

倭王武 わおうぶ
㊿武《ぶ》,倭の五王《わのごおう》,倭五王《わの
ごおう》
上代の倭王。倭王済の子。
¶朝日 (生没年不詳),岩史 (倭の五王 わのごお
う),古史 (倭の五王 わのごおう),古代 (武
ぶ),コン改 (生没年不詳),コン4 (生没年不
詳),史人 (武 ぶ),重要 (武 ぶ 生没年不
詳),新潮,世人 (倭五王 わのごおう),全書
(倭の五王 わのごおう),日人 (生没年不詳)

稚綾姫皇女[(1)] わかあやひめのこうじょ
上代の女性。継体天皇の皇女。
¶女性

稚綾姫皇女[(2)] わかあやひめのこうじょ
→倉稚綾姫皇女 (くらのわかやひめのこうじょ)

若江善邦 わかえのよしくに
生没年不詳
平安時代中期の右衛門府の官人。
¶平史

稚子媛 わかこひめ
上代の女性。継体天皇の妃。
¶女性,人名,日人 (生没年不詳)

若武吉備津彦命 わかたけきびつひこのみこと
→稚武彦命 (わかたけひこのみこと)

稚武彦王 わかたけひこおう
上代の日本武尊の王子。
¶人名,日人

稚武彦命 わかたけひこのみこと
㊿若武吉備津彦命《わかたけきびつひこのみこ
と》,稚武彦命《わかたけひこのみと》
上代の孝霊天皇の皇子。
¶岡山人 (若武吉備津彦命 わかたけきびつひこ
のみこと),岡山歴 (わかたけひこのみと),古
代,諸系

稚武彦命 わかたけひこのみと
→稚武彦命 (わかたけひこのみこと)

獲加多支鹵大王 わかたけるのおおきみ
上代の大王。稲荷山古墳出土の鉄剣銘文中に記載。
¶史人

稚足姫皇女 わかたらしのひめみこ
→稚足姫皇女（わかたらしひめのおうじょ）

稚足彦尊 わかたらしひこのみこと
→成務天皇（せいむてんのう）

稚足姫皇女 わかたらしひめのおうじょ
[別]稚足姫皇女《わかたらしのひめみこ, わかたらしひめのこうじょ, わかたらしひめのひめみこ》
上代の女性。雄略天皇の皇女。
¶古代（わかたらしひめのひめみこ），女性（わかたらしひめのこうじょ），人名（わかたらしのひめみこ），日人

稚足姫皇女 わかたらしひめのこうじょ
→稚足姫皇女（わかたらしひめのおうじょ）

稚足姫皇女 わかたらしひめのひめみこ
→稚足姫皇女（わかたらしひめのおうじょ）

若野毛二俣王 わかぬけふたまたおう
[別]若野毛二俣王《わかぬけふたまたのおう》, 稚野毛二派皇子《わかぬけふたまたのおうじ, わかぬけふたまたのみこ》
上代の応神天皇の皇子。
¶古史，古代（稚野毛二派皇子　わかぬけふたまたのみこ），史人，諸系（稚野毛二派皇子　わかぬけふたまたのおうじ），日史，日人（稚野毛二派皇子　わかぬけふたまたのおうじ），歴大（わかぬけふたまたのおう　生没年不詳）

稚野毛二派皇子 わかぬけふたまたのおうじ
→若野毛二俣王（わかぬけふたまたおう）

稚野毛二派皇子 わかぬけふたまたのみこ
→若野毛二俣王（わかぬけふたまたおう）

明光宮 わかのみや
生没年不詳
南北朝時代の南朝の皇族。
¶長野歴

稚媛 わかひめ
→吉備稚媛（きびのわかひめ）

若松永寿 わかまつえいじゅ
宝暦9（1759）年8月12日～寛政2（1790）年10月5日
江戸時代中期～後期の官人。
¶国書

若松永福 わかまつながとみ
文政4（1821）年～明治19（1886）年
江戸時代末期～明治期の公家（一条家諸大夫）。
¶維新

稚日本根子彦大日日尊 わかやまねこひこおおひひのみこと
→開化天皇（かいかてんのう）

若湯座王 わかゆえのおおきみ
奈良時代の万葉歌人。
¶万葉

和気王 わけおう
？～天平神護1（765）年　[別]和気王《わけのおう》
奈良時代の官人（参議）。天武天皇の曽孫、舎人親王の孫、三原王の子。
¶朝日，公卿（わけのおう　生没年不詳），国史，古史，古代（わけのおう），古中，コン改，コン4，史人（[没]765年8月1日），新潮（[没]天平神護1（765）年8月1日），人名，世人（わけのおう），日史（[没]天平神護1（765）年8月1日），日人，百科（わけのおう），歴大

和気明重 わけのあきしげ
？～永正16（1519）年　[別]半井明重《なかいあきのぶ, なからいあきしげ》
戦国時代の医師。
¶公卿（半井明重　なかいあきのぶ　生没年不詳），公家（明重〔和気1・半井家（絶家）〕　あきしげ），人名，戦人（半井明重　なからいあきしげ　生没年不詳），日人

和気明成 わけのあきなり
？～永享5（1433）年10月9日？
南北朝時代～室町時代の公卿（非参議）。非参議和気清麿の裔。
¶公卿（生没年不詳），公家（明成〔和気1・半井家（絶家）〕　あきなり　[没]永享5（1433）年10月9日？・正長6年10月9日？）

和気清麻呂 わけのきよまろ
天平5（733）年～延暦18（799）年　[別]和気清麻呂《わけきよまろ》, 和気朝臣清麻呂《わけのあそんきよまろ》
奈良時代～平安時代前期の公卿（非参議）。垂仁天皇の裔。道鏡の皇位簒奪の企てを阻止し左遷される。道鏡失脚後に復権。
¶朝日（[没]延暦18年2月21日（799年3月31日）），岩史（[没]延暦18（799）年2月21日），大分歴，大阪人（[没]延暦18（799）年2月），岡山人，岡山百，岡山歴（和気朝臣清麻呂　わけのあそんきよまろ　[没]延暦18（799）年2月21日），鹿児島百，角史，京都，京都大，公卿（[没]延暦18（799）年2月21日），国史，国書（わけきよまろ　[没]延暦18（799）年2月21日），古史，古代（和気朝臣清麻呂　わけのあそんきよまろ　[没]789年），古中，コン改，コン4，史人（[没]799年2月21日），重要（[没]延暦18（799）年2月21日），諸系，神史，神人，新潮（[没]延暦18（799）年2月21日），人名，姓氏鹿児島，姓氏京都，世人（[没]延暦18（799）年2月21日），世百，全書，大百，伝記，日史（[没]延暦18（799）年2月21日），日人，百科，福岡百（[没]延暦18（799）年2月21日），仏教（[没]延暦18（799）年2月21日），平史，歴大

和気貞臣 わけのさだおみ
弘仁8（817）年～仁寿3（853）年
平安時代前期の儒者。
¶岡山人，諸系，人名，日人，平史

和気斉之 わけのさだゆき
生没年不詳
平安時代前期の官人。
¶平史

和気郷成 わけのさとなり
弘和1/永徳1(1381)年～永享9(1437)年8月12日
室町時代の公卿(非参議)。非参議和気清麿の裔。
¶公卿，公家(郷成〔和気家(絶家)2〕　さとなり)

和気巨範 わけのしげのり
㊙和気朝臣巨範《わけのあそんしげのり》
平安時代前期の官人。
¶古代(和気朝臣巨範　わけのあそんしげのり)，日人(生没年不詳)

和気親就 わけのちかなり
*～?
戦国時代の公卿(非参議)。非参議和気清麿の裔。
¶公卿(㊤寛正5(1464)年)，公家(親就〔和気家(絶家)2〕　ちかなり　㊤1463年)

和気彝範 (和気彜範，和気彝範) わけのつねのり
?～仁和4(888)年　㊙和気朝臣彜範《わけのあそんつねのり》，和気朝臣彝範《わけのあそんつねのり》，和気彝範《わけのつねのり》
平安時代前期の中級官人。
¶岡山歴(和気朝臣彝範　わけのあそんつねのり)，古代(和気朝臣彜範　わけのあそんつねのり)，姓氏京都(生没年不詳)，日人，平史(和気彜範　生没年不詳)

和気仲氏 わけのなかうじ
生没年不詳　㊙和気仲氏《わけなかうじ》
南北朝時代の官人・連歌作者。
¶国書(わけなかうじ)

和気仲世 わけのなかよ
延暦3(784)年～仁寿2(852)年　㊙和気仲世《わけなかよ》，和気朝臣仲世《わけのあそんなかよ》
平安時代前期の中級官人。
¶岡山人，岡山百，岡山歴(和気朝臣仲世　わけのあそんなかよ　㊦仁寿2(852)年2月19日)，国書(わけなかよ　㊦仁寿2(852)年2月19日)，古代(和気朝臣仲世　わけのあそんなかよ)，諸系，日人，平史

和気広成 わけのひろなり
?～元中8/明徳2(1391)年　㊙和気広成《わけひろなり》
南北朝時代の公卿(非参議)。非参議和気清麿の裔。
¶公卿，公家(広成〔和気家(絶家)2〕　ひろなり)，国書(わけひろなり　生没年不詳)

和気広世 わけのひろよ
生没年不詳　㊙和気広世《わけひろよ》，和気朝臣広世《わけのあそんひろよ》
奈良時代の官僚、学者。学府・弘文院を創設。
¶朝日，岡山人，岡山百，岡山歴(和気朝臣広世　わけのあそんひろよ)，教育，京都大，国書(わけひろよ)，古史，古代(和気朝臣広世　わけのあそんひろよ)，コン改，コン4，史人，諸系，新潮，人名，姓氏京都，世人，全書，大百，日人，仏教，平史

和気真綱 わけのまつな
延暦2(783)年～承和13(846)年　㊙和気真綱《わけまつな》，和気朝臣真綱《わけのあそんまつな》
平安時代前期の公卿(参議)。非参議和気清麿の五男。
¶朝日(㊦承和13年9月27日(846年10月20日))，岡山人，岡山百(㊦承和13(846)年9月27日)，岡山歴(和気朝臣真綱　わけのあそんまつな　㊦承和13(846)年9月27日)，角史，公卿(㊦承和13(846)年9月27日)，国史，国書(わけまつな　㊦承和13(846)年9月27日)，古史，古代(和気朝臣真綱　わけのあそんまつな)，古中，コン改，コン4，史人(㊦846年9月27日)，諸系，新潮(㊦承和13(846)年9月27日)，人名，姓氏京都，世人，世百，日史(㊦承和13(846)年9月27日)，日人，百科，仏教(㊦承和13(846)年9月27日)，平史，歴大

和気保家 わけのやすいえ
応永13(1406)年～?
室町時代の公卿(非参議)。非参議和気清麿の裔。
¶公卿，公家(保家〔和気家(絶家)2〕　やすいえ)

鷲尾(家名) わしお
→鷲尾(わしのお)

鷲尾隆尚 わしおたかひさ
→四辻季満(よつつじすえみつ)

鷲尾隆敦 わしのおたかあつ
?～応永24(1417)年　㊙鷲尾隆敦《わしおたかあつ》
室町時代の公卿(権中納言)。権大納言鷲尾隆右の子。
¶鎌室(わしおたかあつ)，公卿(㊦応永24(1417)年6月)，公家(隆敦〔鷲尾家〕　たかあつ　㊦応永24(1417)年6月)，諸系，日人

鷲尾隆聚 わしのおたかあつ
→鷲尾隆聚(わしのおたかつむ)

鷲尾隆純 わしのおたかいと
→鷲尾隆純(わしのおたかすみ)

鷲尾隆量 わしのおたかかず
慶長11(1606)年～寛文2(1662)年8月20日
江戸時代前期の公家(権大納言)。内大臣広橋兼勝の次男。
¶公卿，公家(隆量〔鷲尾家〕　たかかず)，国書(㊤慶長11(1606)年10月22日)

鷲尾隆職 わしのおたかしき
嘉元3(1305)年～正平2/貞和3(1347)年2月4日
鎌倉時代後期～南北朝時代の公卿(権中納言)。非参議鷲尾隆嗣の子。
¶公卿，公家(隆職〔鷲尾家〕　たかもと)

わ

鷲尾隆右 わしのおたかすけ
正中1(1324)年～応永11(1404)年 [別]鷲尾隆右《わしおたかすけ》
南北朝時代～室町時代の公卿(権大納言)。権中納言四条隆基の子。
¶鎌室(わしおたかすけ),公卿([没]応永11(1404)年11月17日),公家(隆右〔鷲尾家〕 たかすけ [没]応永11(1404)年11月17日),諸系,日人

鷲尾隆純 わしのおたかすみ
安永4(1775)年8月28日～安政4(1857)年2月13日 [別]鷲尾隆純《わしのおたかいと》
江戸時代後期の公家(権大納言)。権大納言油小路隆前の次男。
¶公卿,公家(隆純〔鷲尾家〕 たかすみ),国書(わしのおたかいと)

鷲尾隆建 わしのおたかたけ
寛保1(1741)年12月29日～文化1(1804)年2月13日
江戸時代中期～後期の公家(権大納言)。権大納言鷲尾隆熈の子。
¶公卿,公家(隆建〔鷲尾家〕 たかたけ),国書

鷲尾隆尹 わしのおたかただ
正保2(1645)年6月16日～貞享1(1684)年9月1日
江戸時代前期の公家(権大納言)。権大納言鷲尾隆量の次男。
¶公卿,公家(隆尹〔鷲尾家〕 たかただ)

鷲尾隆嗣 わしのおたかつぐ
? ～正中2(1325)年9月4日
鎌倉時代後期の公卿(非参議)。鷲尾家の祖。権大納言四条隆親の孫。
¶公卿,公家(隆嗣〔鷲尾家〕 たかつぐ)

鷲尾隆聚 わしのおたかつむ
天保13(1842)年～明治45(1912)年 [別]鷲尾隆聚《わしのおたかあつ》
江戸時代末期～明治期の公家、華族。
¶朝日([生]天保13年12月25日(1843年1月25日) [没]明治45(1912)年3月4日),維新,京都大,近現,国史,史人(わしのおたかあつ [生]1842年12月25日 [没]1912年3月4日),諸系([生]1843年),新潮([生]天保13(1842)年12月25日 [没]明治45(1912)年3月4日),人名,姓氏京都,日人([生]1843年),幕末([没]1912年3月4日)

鷲尾隆遠 わしのおたかとお
応永15(1408)年～長禄1(1457)年10月9日
室町時代の公卿(権大納言)。権中納言鷲尾隆敦の孫。
¶公卿,公家(隆遠〔鷲尾家〕 たかとお),国書

鷲尾隆尚 わしのおたかなお
→四辻季満(よつつじすえみつ)

鷲尾隆長 わしのおたかなが
*～元文1(1736)年
江戸時代中期の公家(権大納言)。権大納言鷲尾隆尹の子。
¶公卿([生]寛文12(1672)年12月19日 [没]元文1(1736)年9月19日),公家(隆長〔鷲尾家〕 たかなが [生]寛文12(1672)年12月19日 [没]元文1(1736)年9月19日),諸系([生]1673年),日人([生]1673年)

鷲尾隆良 わしのおたかなが
→鷲尾隆良(わしのおたかよし)

鷲尾隆熈 わしのおたかひろ
正徳3(1713)年6月5日～安永3(1774)年
江戸時代中期の公家(権大納言)。権大納言大炊御門の次男。
¶公卿([没]安永3(1774)年10月19日),公家(隆熈〔鷲尾家〕 たかひろ [没]安永3(1774)年10月20日)

鷲尾隆賢 わしのおたかます
文化9(1812)年～文久1(1861)年
江戸時代末期の公家。
¶維新,国書([生]文化9(1812)年3月28日 [没]文久1(1861)年3月12日),幕末([没]1861年4月21日)

鷲尾隆康 わしのおたかやす
文明17(1485)年～天文2(1533)年 [別]鷲尾隆康《わしおたかやす》
戦国時代の公卿(権中納言)。権大納言四辻季経の次男。
¶京都(わしおたかやす),京都大,公卿([没]天文2(1533)年3月6日),公家(隆康〔鷲尾家〕 たかやす [没]天文2(1533)年3月6日),国書([没]天文2(1533)年3月6日),茶道,姓氏京都,戦人(わしおたかやす)

鷲尾隆良 わしのおたかよし
? ～永仁4(1296)年 [別]四条隆良《しじょうたかよし》,鷲尾隆良《わしのおたかなが》
鎌倉時代後期の公卿(権中納言)。華道鷲尾松月堂古流の祖。大納言四条隆親の末子。
¶公卿(四条隆良 しじょうたかよし [没]永仁4(1296)年12月5日),公家(隆良〔鷲尾家〕 たかよし [没]永仁4(1296)年12月5日),国書(四条隆良 しじょうたかよし [没]永仁4(1296)年12月5日),諸系(わしのおたかなが),人名(わしのおたかなが),日人(わしのおたかなが)

鷲尾隆頼 わしのおたかより
? ～文明3(1471)年
室町時代の公卿(参議)。権大納言鷲尾隆遠の子。
¶公卿,公家(隆頼〔鷲尾家〕 たかより)

鷲比売(鷲媛) わしひめ
上代の女性。開化天皇の妃。
¶女性,人名(鷲媛),日人

倭の五王(1)(倭五王) わのごおう
→倭王興(わおうこう)

倭の五王(2)(倭五王) わのごおう
→倭王讃(わおうさん)

倭の五王(3)(倭五王) わのごおう
→倭王済(わおうせい)

わ

倭の五王(4)（倭五王）　わのごおう
　→倭王珍（わおうちん）

倭の五王(5)（倭五王）　わのごおう
　→倭王武（わおうぶ）

日本人物レファレンス事典
皇族・貴族篇

2015 年 8 月 25 日　第 1 刷発行
2017 年 5 月 25 日　第 2 刷発行

発 行 者／大高利夫
編集・発行／日外アソシエーツ株式会社
　　　　　〒140-0013 東京都品川区南大井6-16-16鈴中ビル大森アネックス
　　　　　電話 (03)3763-5241 (代表)　FAX(03)3764-0845
　　　　　URL http://www.nichigai.co.jp/
発 売 元／株式会社紀伊國屋書店
　　　　　〒163-8636 東京都新宿区新宿 3-17-7
　　　　　電話 (03)3354-0131 (代表)
　　　　　ホールセール部(営業)　電話 (03)6910-0519

　　　　電算漢字処理／日外アソシエーツ株式会社
　　　　印刷・製本／株式会社 デジタル パブリッシング サービス

不許複製・禁無断転載
〈落丁・乱丁本はお取り替えいたします〉
ISBN978-4-8169-2554-2　　　**Printed in Japan,2017**

本書はディジタルデータでご利用いただくことが
できます。詳細はお問い合わせください。

日本人物レファレンス事典 軍事篇 (近現代)

A5・460頁　定価 (本体15,000円＋税)　2015.4刊

日本近現代の軍事分野の人物がどの事典にどんな見出しで掲載されているかがわかる事典索引。幕末以降の主な兵乱指導者・従軍藩士、旧陸海軍の主要軍人・軍属、自衛隊・防衛庁・防衛省のトップ、兵学者・砲術家・軍事技術者・軍事評論家など、275種393冊の事典から5,600人を収録。人名見出しのもと簡単なプロフィールも記載。

日本人物レファレンス事典
政治・外交篇 (近現代)

A5・2分冊　定価 (本体27,000円＋税)　2014.10刊

日本近現代の政治・外交分野の人物がどの事典にどんな見出しで掲載されているかがわかる事典索引。幕末以降の天皇、将軍、老中、奉行、大臣、首長、議員、使節、大使、民権運動家など、306種481冊の事典から2万人を収録。人名見出しのもと簡単なプロフィールも記載。

東洋人物レファレンス事典
政治・外交・軍事篇

A5・740頁　定価 (本体18,500円＋税)　2014.8刊

東洋の政治・外交・軍事分野の人物がどの事典にどんな見出しで掲載されているかがわかる事典索引。古代中国から現代アジアまで、中国、朝鮮、東南アジアなどの各国にわたる皇帝、国王、大統領、宰相、大使、軍人など、100種300冊の事典から7,000人を収録。人名見出しのもと簡単なプロフィールも記載。

日本の祭神事典
社寺に祀られた郷土ゆかりの人びと

A5・570頁　定価 (本体13,800円＋税)　2014.1刊

全国各地の神社・寺院・小祠・堂などで祭神として祀られた郷土ゆかりの人物を一覧できる。天皇・貴族・武将など歴史上の有名人をはじめ、産業・開拓の功労者、一揆を指導した義民など、地域に貢献した市井の人まで多彩に収録。都道府県ごとに人名のもと、その人物の概略と社寺の由緒や関連行事・史跡等も記述。

データベースカンパニー
日外アソシエーツ

〒140-0013　東京都品川区南大井 6-16-16
TEL. (03) 3763-5241　FAX. (03) 3764-0845　http://www.nichigai.co.jp/